SABERES E INCERTEZAS SOBRE O CURRÍCULO

A Penso Editora é parte do Grupo A, uma empresa que engloba diversos selos editoriais e várias plataformas de distribuição de conteúdo técnico, científico e profissional, disponibilizando-o como, onde e quando você precisar. A Penso Editora é dedicada exclusivamente às Ciências Humanas e está gradativamente substituindo e ampliando a atuação da Artmed Editora no segmento.

S115   Saberes e incertezas sobre o currículo / Organizador,
José Gimeno Sacristán ; tradução: Alexandre Salvaterra ;
revisão técnica: Miguel González Arroyo. – Porto Alegre :
Penso, 2013.
542 p. : il. ; 25 cm

ISBN 978-85-65848-44-2

1. Educação. 2. Fundamentos da educação. 3. Currículo escolar. I. Gimeno Sacristán, José.

CDU 37.01

Catalogação na publicação: Ana Paula M. Magnus CRB-10/2052

JOSÉ GIMENO SACRISTÁN
Universidade de Valência
ORGANIZADOR

SABERES E INCERTEZAS SOBRE O CURRÍCULO

Tradução:
Alexandre Salvaterra

Consultoria, supervisão e revisão técnica desta obra:
Miguel González Arroyo
PhD em Problemas Políticos da Educação pela Stanford University.
Mestre em Ciência Política pela Universidade Federal de Minas Gerais (UFMG).
Professor Titular Emérito da Faculdade de Educação da UFMG.

penso

2013

Obra originalmente publicada sob o título
Saberes e incertidumbres sobre el currículum
ISBN 9788471126184

Copyright © Ediciones Morata S.L., 2010.

Gerente editorial: *Letícia Bispo de Lima*

Colaboraram nesta edição

Editora: *Lívia Allgayer Freitag*

Capa: *Maurício Pamplona*

Preparação de originais: *Lara Frichenbruder Kengeriski*

Leitura final: *Adriana Sthamer Gieseler*

Editoração: *Formato Artes Gráficas*

Reservados todos os direitos de publicação, em língua portuguesa, à
PENSO EDITORA LTDA., uma empresa do GRUPO A EDUCAÇÃO S.A.
Av. Jerônimo de Ornelas, 670 – Santana
90040-340 Porto Alegre RS
Fone (51) 3027-7000 Fax (51) 3027-7070

É proibida a duplicação ou reprodução deste volume, no todo ou em parte,
sob quaisquer formas ou por quaisquer meios (eletrônico, mecânico, gravação,
fotocópia, distribuição na Web e outros), sem permissão expressa da Editora.

SÃO PAULO
Av. Embaixador Macedo Soares, 10.735 – Pavilhão 5 – Cond. Espace Center
Vila Anastácio – 05095-035 – São Paulo SP
Fone (11) 3665-1100 Fax (11) 3667-1333

SAC 0800 703-3444 – www.grupoa.com.br
IMPRESSO NO BRASIL
PRINTED IN BRAZIL

Sumário

Introdução
A função aberta da obra e seu conteúdo 9
José Gimeno Sacristán

Parte I
O que significa o currículo?

1 O que significa o currículo? 16
José Gimeno Sacristán

Parte II
O currículo: texto em contexto – suas determinações visíveis e invisíveis

2 Política, poder e controle do currículo 38
Francisco Beltrán Llavador

3 As forças em ação: sociedade, economia e currículo 54
Mariano Fernández Enguita

4 Currículo, justiça e inclusão 71
Jurjo Torres Santomé

5 A igualdade e a diferença de gênero no currículo 87
Carmen Rodríguez Martínez

6 Os coletivos empobrecidos repolitizam os currículos 108
Miguel González Arroyo

7 Educar a partir da interculturalidade:
exigências curriculares para o diálogo entre culturas 126
José Antonio Pérez Tapias

8 O currículo como espaço de participação: a democracia escolar é possível?............ 137
Juan Bautista Martínez Rodríguez

9 O currículo na sociedade da informação e do conhecimento. 153
José Gimeno Sacristán

Parte III
Âmbitos de configuração e de tomadas de decisão do currículo: as práticas em seu desenvolvimento

10 O currículo formal: legitimidade, decisões e descentralização................................... 174
Francisco Beltrán Llavador

11 O currículo interpretado: o que as escolas,
os professores e as professoras ensinam?... 188
Javier Marrero Acosta

12 O currículo e o livro didático: uma dialética sempre aberta 209
Jaume Martínez Bonafé
Jesús Rodríguez Rodríguez

13 Elaborar o currículo: prever e representar a ação... 226
María Clemente Linuesa

14 O projeto de escola: uma tarefa comunitária,
um projeto de viagem compartilhado 248
Miguel Ángel Santos Guerra

15 O currículo em ação: os resultados como legitimação do currículo 262
José Gimeno Sacristán

16 O currículo em ação: as tarefas de ensinar e aprender – uma análise do método........... 281
Rosa M. Vázquez Recio
J. Félix Angulo Rasco

17 O currículo como marco de referência para a avaliação educativa............................ 299
Juan Manuel Álvarez Méndez

Parte IV
A inserção do currículo no sistema educacional

18 O sentido do currículo na educação obrigatória 316
Rafael Feito Alonso

19 O currículo da educação infantil... 336
Justa Bejarano Pérez

20 O currículo da educação primária 355
Jesús Jiménez Sánchez

21 O currículo da educação secundária 370
Jesús Jiménez Sánchez

22 Discriminados pelo currículo por sua desvantagem: estratégias
do currículo para uma inclusão justa e factível... 385
Miguel López Melero

23 A educação e o currículo no espaço europeu: internacionalizar ou globalizar? 403
J. Félix Angulo Rasco

PARTE V
O currículo em uma aula "sem paredes"

24 O currículo e os novos espaços de aprendizagem 420
J. Félix Angulo Rasco
Rosa M. Vázquez Recio

25 A cidade no currículo e o currículo na cidade 442
Jaume Martínez Bonafé

26 Outras escolas, outra educação, outra forma de pensar o currículo 459
José Contreras Domingo

PARTE VI
A melhoria do currículo

27 A pesquisa no âmbito do currículo e como método para seu desenvolvimento 478
Nieves Blanco García

28 A formação dos professores e o desenvolvimento do currículo 494
Francisco Imbernón Muñoz

29 As reformas e a inovação pedagógica: discursos e práticas 508
Jaume Carbonell Sebarroja

30 Melhorar o currículo por meio de sua avaliação 522
Eustaquio Martín Rodríguez

Apêndice
Sistema educacional espanhol 537

Introdução

A função aberta da obra e seu conteúdo*

José Gimeno Sacristán
Universidade de Valência

O currículo é um conceito que, no discurso sobre a educação, denomina e estabelece uma realidade existente e importante nos sistemas educacionais; um conceito que, ainda que sem dúvida não englobe toda a realidade da educação, tem se convertido em um dos núcleos de significação mais densos e extensos para que seja compreendido no contexto social e cultural e para que possamos entender as diversas formas pelas quais ele tem se institucionalizado. O currículo não é apenas um conceito *teórico*, útil para explicar esse mundo englobado, mas também se constitui em uma ferramenta de regulação das práticas pedagógicas. Trataremos de um conceito cujo uso é generalizado na literatura da pedagogia, na pesquisa, no linguajar das administrações da educação, nos meios de comunicação e entre os professores,[1] ainda que seja relativamente recente entre nós.

O currículo, no sentido que hoje costuma ser concebido, tem uma capacidade ou um poder de inclusão que nos permite fazer dele um instrumento essencial para falar, discutir e contrastar novas visões sobre o que acreditamos ser a realidade da educação, como o consideramos no presente e qual valor ele tinha para a escolaridade no passado. O currículo também nos serve para imaginar o futuro, uma vez que ele reflete o que pretendemos que os alunos aprendam e nos mostra aquilo que desejamos para ele e de que maneira acreditamos que possa melhorar.

O currículo e sua implementação têm condicionado nossas práticas de educação. Portanto, ele é um componente formador da realidade do sistema de educação no qual vivemos; poderíamos dizer que o currículo dá forma à educação. Contudo, as práticas dominantes em determinado momento também condicionam o currículo; ou seja, ele é simultaneamente instituído por meio da realização das práticas.

Essas peculiaridades – entre outras – fazem o conceito do currículo se referir a uma realidade difícil de explicar por meio de uma definição simples, esquemática e esclarecedora, devido à própria complexidade do con-

---

* N. de R.: Esta edição conservou as referências ao contexto do sistema educacional espanhol. Veja a tabela de correspondência entre os sistemas espanhol e brasileiro ao fim do livro.

ceito. Tampouco nos ajuda o fato de que ele seja um campo de estudo recente em nossas disciplinas pedagógicas. Não obstante, acreditamos que podemos nos entender com os leitores se aceitarmos, por ora, dar-lhe um significado simples: *o conteúdo cultural que os centros educacionais tratam de difundir naqueles que os frequentam, bem como os efeitos que tal conteúdo provoca em seus receptores.* A escola "sem conteúdos" culturais é uma ficção, uma proposta vazia, irreal e irresponsável. O currículo é a expressão e a concretização do plano cultural que a instituição escolar torna realidade dentro de determinadas condições que determinam esse projeto.

Toda instituição desse tipo trabalha e defende uma cultura – um currículo – que transmite de múltiplas maneiras; isso é um fato inerente à existência da instituição escolar. O conteúdo cultural é condição lógica para ensinar, e o currículo é a estruturação dessa cultura, de acordo com códigos psicológicos.

Se por um lado o currículo é uma ponte entre a cultura e a sociedade exteriores às instituições de educação, por outro ele também é uma ponte entre a cultura dos sujeitos, entre a sociedade de hoje e a do amanhã, entre as possibilidades de conhecer, saber se comunicar e se expressar em contraposição ao isolamento da ignorância.

Toda essa complexidade nos leva a considerar a teoria do currículo como uma metateoria que engloba discursos teóricos gerados em outros territórios da educação e inclusive externos a ela. Como afirma Kemmis (1986, p. 22),* o currículo deve ser visto como um problema de relação entre a teoria e a prática, de um lado, e entre a educação e a sociedade, de outro. Afinal, o currículo, assim como a teoria que o explica, é uma construção histórica que se dá sob determinadas condições. Sua configuração e seu desenvolvimento envolvem práticas políticas, sociais, econômicas, de produção de meios didáticos, práticas administrativas, de controle ou supervisão do sistema educacional, etc.

---

* KEMMIS, S. *Curriculum theorising*: beyond reproduction theory. Victoria: Deakin University, 1986.

São poucos os elementos, fenômenos, atividades e fatos da realidade escolar que não têm qualquer implicação no currículo e não são afetados por ele. Problemas como o fracasso escolar, a desmotivação dos alunos, o tipo de relações entre professores e alunos, a indisciplina em aula, etc., são preocupações e temas de conteúdo psicopedagógico que, sem dúvida, de alguma maneira se relacionam com o currículo oferecido aos alunos e com a forma como ele é oferecido. Quando os interesses destes não se encontram de modo algum refletidos na cultura escolar, é compreensível que os alunos se mostrem refratários a esta e queiram fugir dela, algo que pode se manifestar por meio de repúdio, enfrentamento, desmotivação, evasão escolar, etc.

A teorização sobre o currículo não pode deixar de ser *uma construção progressivamente mais interdisciplinar que sirva de núcleo para a integração de conhecimentos e contribuições às Ciências da Educação.* Pensamos que nos encontramos diante de um campo intelectualmente instigante e consideramos que seu estudo seja de grande importância para os professores, uma vez que é um tema no qual se pode apreciar de forma paradigmática as relações entre as orientações procedentes da teoria e da realidade da prática, bem como entre os modelos ideais das instituições de educação e o que é possível na realidade. O resultado dependerá, em boa parte, do corpo docente.

Se o conteúdo cultural é a condição lógica da educação, é muito importante analisar como este projeto de cultura "escolarizada" se concretiza nas condições reais de aprendizagem. O fato de que, durante muito tempo, ele tenha feito parte do campo de ação dos administradores e gestores da educação resultou que hoje não seja fácil dispor de uma lista coerente de conceitos e princípios. Enfim, podemos afirmar que não possuímos uma teoria fixada por um consenso criado em torno do currículo.

Um conceito com a transcendência assinalada, devido ao seu poder cognitivo e à sua complexidade inevitável, necessariamente tem de provocar enfoques e tratamentos muito diversos e ser um terreno conflitivo e polêmico. As divergências podem ser encontradas em aspectos muito distintos. Por exemplo, se os processos de ensinar e de aprender são estimulados pelas atividades acadêmicas, quais atividades são apropriadas para que esses processos deem os resultados pretendidos por determinado currículo? Se, cotidianamente, equiparamos tempo de ensino com tempo de educação, que qualidade a educação terá à luz da qualidade que tem o tempo para ensinar (para os professores) e de estar escolarizado (para os alunos)? Uma vez que o currículo é cultura, ele é uma das culturas possíveis. Que conteúdo tem a cultura que cada um de nós considera adequada aos nossos filhos? Se o currículo se constitui como uma seleção cultural que alguém faz sob os parâmetros de uma opção epistêmica, política, social, cultural, de justiça, psicológica e pedagógica, quem tem legitimidade para propor opções? Uma vez que ele atua como se fosse uma partitura a partir da qual os professores executam a prática, que tipo de realização desejamos e que papel conferimos a quem a executa? Exigindo abordagens holísticas e interdisciplinares, é evidente que o currículo pede que sejam feitas leituras de vários ângulos – leituras por meio das quais um leitor pode querer dar hegemonia a seu enfoque. O campo em torno do currículo é um território de inevitável discussão.

Essas e outras questões que poderiam ser feitas não são motivadas somente pela complexidade e transcendência pedagógica do currículo. Sob elas, ocultam-se – ainda que em muitos casos isso passe para o cenário público – ideologias, interesses e motivações de grupos e pessoas muito distintos e distantes e que estão em conflito.

Em uma sociedade democrática, esse pluralismo e os conflitos inevitáveis devem ser abordados explicitamente. É necessário que se tornem públicas as diferenças e que estejamos abertos ao diálogo e à participação de todos os agentes e posições controversas. Em nosso contexto, não dispomos de espaços para esses debates nem discutimos onde eles seriam possíveis; os indivíduos não exigem sua realização. No máximo, há momentos – como é o nosso caso – em que se realiza o ritual no qual se converteram as reformas da educação que são realizadas quase periodicamente. São criados, por exemplo, organismos e agências para a avaliação de resultados dos níveis do sistema, a fim de evidenciar sua eficácia no cumprimento das prescrições do currículo, com o propósito explícito de que aqueles que obtenham bons resultados nas avaliações finais se sintam reconfortados e aqueles que não alcancem os resultados suficientes se sintam na obrigação de fazer algo para melhorar. Supõe-se que os mecanismos envolvidos no desenvolvimento do currículo e as forças necessárias para sua mudança aparentemente funcionam de acordo com os princípios de recompensa e castigo. No entanto, não existe uma política, foros estáveis, organismos ou instituições dedicados à melhoria da qualidade dos currículos, enquanto a qualidade da educação depende do que propusemos que os alunos aprendam ou lhes impomos. Os esforços para que *ninguém fique para trás*, se evite o fracasso escolar e seja real o *slogan aprender ao longo de toda a vida* não são conquistados fazendo-se diagnósticos do sistema, mas contando com programas corretos de política educacional, formação e apoios aos professores que abram caminho para o êxito da educação. Porém, acima de tudo, é imprescindível que haja uma mudança de cultura. Para que tudo isso possa ser corretamente encaminhado, precisamos compartilhar algumas ideias.

O trabalho coletivo que esta obra supõe – que, propositalmente, chamamos de *Saberes e incertezas sobre o currículo* – não é um *vade mecum* com o qual se pretenda dar respostas às inseguranças envolvidas no enfrentamento dos desafios de um futuro imprevisível, para o qual carecemos de experiência coletiva nas famílias, nas escolas e na sociedade. Não podemos transmitir aos jovens ideais sobre o que eles querem ser, proporcionar-lhes a segurança de que eles serão de tal maneira ou mesmo lhes dizer que conteúdos eles teriam de aprender. Tampouco desejamos que este seja o manual que tenha a virtude de alfabetizar aqueles que desejem atuar como docentes. Obviamente, não acreditamos que esta obra possa conter tudo aquilo que se sabe, mas nela podemos concentrar uma relação de temas e problemas sobre o que é possível e é necessário saber, para que sejamos atores do desenvolvimento curricular em qualquer uma das atividades relacionadas com o currículo. Queremos oferecer uma análise do "estado da questão" nos pontos-chave da elaboração do currículo e de seu embasamento. Sugerimos aspectos para reflexão, procuramos dar uma visão geral sobre temas que preocupam os pensadores da educação, pesquisadores e aqueles que trabalham com a gestão da educação, a supervisão, o assessoramento ou a docência.

Se a teoria e a prática do currículo devem contemplar a diversidade cultural e a dos sujeitos, esta mesma teoria deve fazê-lo com base na pluralidade de pensamentos, considerando que isso é uma realidade, seja no que se refere ao seu aspecto científico, ao grau de maturidade alcançado, ao compromisso com a justiça e a igualdade, etc. Essa observação nos exime de dar explicações sobre a diversidade de perspectivas dos vários autores que contribuíram para este manual. Empregamos esse termo no sentido que tem os *handbooks*[2] no contexto anglo-saxão. Para nós, é essencial a diversidade da teoria, por sua capacidade de lançar luz sobre a prática produzida e reproduzida ao nosso redor. Oferecemos uma articulação de perspectivas que possam ajudar a formular os problemas impostos pela distribuição do conhecimento e da cultura no panorama das possibilidades abertas às sociedades atuais, proporcionando um guia para identificar os dilemas, formulá-los e discuti-los em um contexto no qual tão facilmente são manuseadas terminologias inovadoras e é ocultado o conteúdo do currículo, como dissemos no começo. Em vez de apresentar uma espécie de dicionário, que limitaria os significados dos conceitos com os quais elaboramos o discurso, optamos por expor quais são nossas incertezas atuais, sem nos conferir a autoridade de decidir quais seriam os significados das palavras.

A obra é estruturada em seis partes de extensão desigual (segundo sua importância e presença na tradição acadêmica), compreendendo 30 capítulos.

I. O que significa o currículo? Com essa pergunta, procuramos introduzir um esquema geral sem utilizar tecnicismos demasiados, para que os leitores possam entender a complexidade que o currículo hoje apresenta tanto nos estudos sobre o tema quanto nos âmbitos práticos nos quais ele é projetado.

II. O currículo: texto em contexto – suas determinações visíveis e invisíveis. O currículo é um texto que representa e apresenta aspirações, interesses, ideais e formas de entender sua missão em um contexto histórico muito concreto sobre o qual são tomadas decisões e escolhidos caminhos que são afetados pelas opções políticas gerais, as econômicas, o pertencimento a diferentes meios culturais, etc. Isso evidencia a não neutralidade do contexto e a origem das desigualdades entre os indivíduos e os grupos. As condições culturais, o gênero e a pobreza são três fontes importantes de desigualdade que exigem intervenções adequadas para que o currículo seja orientado por critérios de justiça que favoreçam a inclusão social, antes ou depois de sua consideração como problema e proposta de caráter cultural e pedagógico. Hoje, duas preocupações concentram a maior parte da atenção dos estudos, das políticas e das práticas curriculares. Por um lado, há a importância de considerar a condição evidente da pluralidade cultural das sociedades atuais, fato que se choca com a uniformidade dos currículos. Por outro, temos a condição das chamadas *sociedades da informação*, que desestabilizam as formas de pensar e atuar com as quais estamos acostumados, exigem uma revisão das instituições educacionais, de seus conteúdos e de suas metodologias.

III. Âmbitos de configuração e de tomadas de decisão do currículo: as práticas em seu desenvolvimento. Em torno do currículo, são realizados diversos tipos de atividades, ou seja, nele se cruzam práticas diversas. A verdade é que a sua essência e substância é o resultado das transformações que práticas e decisões políticas, organizativas, pedagógicas e de controle (entre outras) provocam sobre ele.

Desde a fase em que se discute e se tem um plano de currículo até o momento em que se podem apreciar os efeitos educacionais sobre seus sujeitos, o plano original será traduzido, interpretado e realizado de uma ou outra maneira por meio de uma metodologia concreta; ele será enriquecido ou empobrecido; ele sempre será transformado pelas práticas das instâncias políticas e administrativas, pelos materiais curriculares, instituições de educação, professores e procedimentos de avaliação. Propõe-se uma visão processual do currículo, a qual nos leva a distinguir entre o projeto educacional ou o texto do currículo explicitamente apresentado (o *currículo oficial*) e a sua realização (o *currículo na prática*). As estratégias de elaboração curricular tentam estabelecer a relação entre ambas as facetas, o que, em uma linguagem mais tradicional, denominava-se *programação do ensino*.

IV. A inserção do currículo no sistema educacional. Por trás das primeiras teorizações sobre o currículo havia um inequívoco interesse em controlá-lo, graças a uma série de regras e mecanismos, a fim de tornar viável uma determinada ordem institucional. Já dissemos que o currículo é um fator constituinte da realidade da educação, e, ao mesmo tempo, é instituído por ela. Esse jogo dialético tem se expressado de maneira singular nos diferentes níveis dos sistemas educacionais, nos quais predominam culturas e tradições pedagógicas singulares, para cuja fixação têm contribuído a função e a valorização social de cada um dos níveis, o destino dos estudantes que os frequentam, a função cultural que acreditam ter de cumprir, as pressões sociais, a visão dos sujeitos escolarizados, etc.

Convém ver essa institucionalização fragmentada do currículo inserida na realidade de nosso sistema de educação, ainda que tais diferenciações entre os níveis sejam praticamente universais em quase todos os sistemas. Se ontem foi a tradição que unificou essa institucionalização, hoje isso é feito pela internacionalização globalizante. Nesta seção, você encontrará capítulos sobre a educação infantil, a educação primária, a educação secundária e o significado da etapa da educação obrigatória. Não nos esquecemos daqueles que têm sido discriminados pelo currículo por sua deficiência e sugerimos estratégias para superar sua segregação e caminhar em direção a uma integração justa, que os inclua e também nos inclua entre eles.

V. O currículo em uma aula "sem paredes". A educação não tem sido uma função e uma atividade social que somente tem lugar na sala de aula, tampouco acreditamos que isso seja possível. Nos dias de hoje, isso não só ainda é verdade como está mais evidente; somos testemunhas desse fato e podemos esperar, sem o temor de nos equivocar, que no futuro imediato essa condição se acentuará, especialmente se as instituições de educação não reinventarem os currículos e as práticas de desenvolvê-los. O currículo efetivo é, em grande parte, o que as crianças e os jovens assimilam em contextos, espaços e momentos de aprendizagem fora da escola. A sociedade talvez veja cada dia com mais naturalidade a possibilidade de conveniência e rentabilidade da "desescolarização da educação". Em vez de perceber esse futuro como uma ameaça, deveríamos considerá-lo uma condição de nosso tempo, como uma oportunidade para renovação dos currículos e das práticas educativas. Em nossa obra, esse tema é investigado por três polos de discussão: considerar a cidade (e não a escola) ambiente determinante do pensamento e promotor da educação, muito mais do que os currículos escolares; integrar as novas tecnologias a serviço de interesses de abertura e ampliação do conhecimento, sob os critérios de justiça e democratização dos saberes; e imaginar as instituições de outra maneira.

VI. A melhoria do currículo. Dada a suma importância do currículo, tanto na teoria quanto na prática da educação, qualquer política, estratégia ou programa para a mudança, reforma ou melhoria da educação implica a revisão do currículo. A condição dinâmica da cultura e do conhecimento na atualidade, a preocupação com o aumento da qualidade da educação e a crescente pressão do mundo de trabalho exigem mudanças qualitativas dos conteúdos e das formas de ensinar. É por essa razão que são cada vez mais frequentes as reformas dos currículos, as quais nem sempre cumprem o que declaram buscar. Essa falta de acerto é, em boa parte, fruto de um excesso de confiança no poder das intervenções da burocracia das administrações, auxiliadas pelos especialistas respectivos, seus fiéis colaboradores.

Acreditamos que uma estratégia de inovação constante e eficaz que não prometa mudanças com resultados milagrosos nem o faça a curto prazo poderia se apoiar em três vértices: em primeiro lugar, a pesquisa feita com e sobre os professores a respeito do desenvolvimento do currículo como estratégia para o desenvolvimento do corpo docente; em segundo, a formação dos professores especificamente voltada para o desenvolvimento do currículo; e, em terceiro, uma prática de avaliação voltada para a melhoria do currículo.

NOTAS

1 Nos contextos educacionais da Espanha, essa ideia foi amplamente divulgada a partir de 1990, quando a Lei de Ordenamento Geral do Sistema Educacional Espanhol (LOGSE) fez a revisão dos conteúdos da educação não universitária. Curiosa e paradoxalmente, hoje, após as reformas que foram implementadas durante o processo do cumprimento dos acordos de Bolonha, o conceito de currículo desapareceu dos planos de estudo para formação dos professores, ficando seus conteúdos diluídos nas chamadas Didáticas Especiais, focadas nos processos de ensinar – e não tanto nos processos de aprender – dos conteúdos das matérias ou disciplinas. Com isso, corre-se o risco de que todo o universo de temas e problemas que a pesquisa, a teoria e as experiências de inovação das práticas relacionadas com o currículo seja esquecido na formação do professorado, relegando-a aos aspectos de caráter mais técnico. Em vez de recorrer a um pensamento que seja mais integrador (de aspectos culturais, sociais, políticos, psicológicos e pedagógicos), lançou-se mão do conceito de *competências*, voltando o discurso para outra direção mais "asséptica". Além disso, essa mutação é o resultado de determinações que os professores veem como arbitrariedades que os confundem e desmotivam.

2 Termo que literalmente significa *livro de mão*, ainda que o conceito não corresponda exatamente ao livro de caráter prático que costumamos chamar de *manual*.

Parte I
O que significa o currículo?

1 O que significa o currículo?

José Gimeno Sacristán
Universidade de Valência

Às vezes, tornamos as coisas um tanto complicadas para entender sua simplicidade óbvia; em outros casos, elas parecem ser simples, e perdemos de vista sua complexidade. Temos uma sensação contraditória ao falar do *currículo*, pois sentimos, por um lado, a necessidade de simplificar para que nos façamos entender, o que nos transforma em seus promotores. Nesse sentido, afirmamos que o currículo é algo evidente e que está aí, não importa como o denominamos. É aquilo que um aluno estuda. Por outro lado, quando começamos a desvelar suas origens, suas implicações e os agentes envolvidos, os aspectos que o currículo condiciona e aqueles por ele condicionados, damo-nos conta de que nesse conceito se cruzam muitas dimensões que envolvem dilemas e situações perante os quais somos obrigados a nos posicionar.

A POTENCIALIDADE REGULADORA DO CURRÍCULO

O conceito de currículo tem sua história, e nela podemos encontrar vestígios de seu uso no passado, sua natureza e a origem dos significados que, hoje, o termo possui. Trata-se de uma realidade que poderia ter sido distinta e que, hoje, também pode ser outra. O termo currículo deriva da palavra latina *curriculum* (cuja raiz é a mesma de *cursus* e *currere*). Na Roma Antiga falava-se do *cursus honorum*, a soma das "honras" que o cidadão ia acumulando à medida que desempenhava sucessivos cargos eletivos e judiciais, desde o posto de vereador ao cargo de cônsul. O termo era utilizado para significar a *carreira*, e, por extensão, determinava a ordenação e a representação de seu percurso. Esse conceito, em nosso idioma, bifurca-se e assume dois sentidos: por um lado, refere-se ao percurso ou decorrer da vida profissional e a seus êxitos (ou seja, é aquilo a que denominamos de *curriculum vitae*, expressão utilizada pela primeira vez por Cícero). Por outro lado, o currículo também tem o sentido de constituir a carreira do estudante e, de maneira mais concreta, os conteúdos deste percurso, sobretudo sua organização, aquilo que o aluno deverá aprender e superar e em que ordem deverá fazê-lo.

Em sua origem, o currículo significava o território demarcado e regrado do conhecimento correspondente aos conteúdos que professores e centros de educação deveriam cobrir; ou seja, o *plano de estudos* proposto e imposto pela escola aos professores (para que o ensinassem) e aos estudantes (para que o aprendessem). De tudo aquilo que sabemos e que, em tese, pode ser ensinado ou aprendido, o **currículo a ensinar** é uma seleção organizada dos conteúdos a aprender, os quais, por sua vez, regularão a prática didática que se desenvolve durante a escolaridade.

Na Idade Média, o currículo se compunha de uma classificação do conhecimento composta do *trivium* (três caminhos ou disciplinas: Gramática, Retórica e Dialética), que hoje chamaríamos de disciplinas instrumentais, e do *cuadrivium* (quatro vias: Astronomia, Geometria, Aritmética e Música), que apresentava um caráter nitidamente mais prático. Essas sete artes constituíram uma primeira organização do conhecimento, que perdurou durante séculos nas universidades europeias. A distinção entre os dois grupos de conhecimentos corresponde a duas orientações na formação dos indivíduos: a orientação que se refere aos modos de adquirir os conhecimentos, por um lado, e aquela que serve ao homem para se sustentar, com uma finalidade mais pragmática, por outro.

O conceito de currículo, desde seu uso inicial, representa a expressão e a proposta da organização dos segmentos e fragmentos dos conteúdos que o compõem; é uma espécie de ordenação ou partitura que articula os episódios isolados das ações, sem a qual esses ficariam desordenados, isolados entre si ou simplesmente justapostos, provocando uma aprendizagem fragmentada. O currículo desempenha uma função dupla – organizadora e ao mesmo tempo unificadora – do ensinar e do aprender, por um lado, e, por outro, cria um paradoxo, devido ao fato de que nele se reforçam as fronteiras (e muralhas) que delimitam seus componentes, como, por exemplo, a separação entre as matérias ou disciplinas que o compõem.

O conceito de *curriculum* se manteve vigente na Inglaterra e depois na cultura anglo-saxã em geral. Seu surgimento e uso no âmbito pedagógico, seu emprego, não foram um fato fortuito. Na tradição anglo-saxã, o seu significado parece ter sido determinado pela confluência de diversos movimentos sociais e ideológicos. Em primeiro lugar, deveu-se à influência que as revisões do ensino da Dialética tiveram sobre as diferentes áreas de estudo. Em segundo lugar, pela visão disciplinadora quanto à organização do ensino e da aprendizagem própria do calvinismo. Por fim, também resultou da expansão do termo ciceriano *vitae curriculum* às novas características de uma escolaridade organizada sequencialmente e levada a cabo pelos calvinistas ao longo do século XVI, similar àquela realizada pelos jesuítas nos países católicos. Ele aparece pela primeira vez na Universidade de Glasgow[1], tendo sido trazido por acadêmicos calvinistas procedentes de Genebra.

O conceito de *currículo* e a utilização que fazemos dele aparecem desde os primórdios relacionados à ideia de seleção de conteúdos e de ordem na classificação dos conhecimentos que representam, que será a seleção daquilo que será coberto pela ação de ensinar. Em termos modernos, poderíamos dizer que, com essa invenção unificadora, pode-se, em primeiro lugar, evitar a arbitrariedade na escolha de *o que será ensinado* em cada situação, enquanto, em segundo lugar, se orienta, modela e limita a autonomia dos professores. Essa polivalência se mantém nos nossos dias.

O currículo recebeu o papel decisivo de ordenar os conteúdos a ensinar; um poder regulador que se somou à capacidade igualmente reguladora de outros conceitos, como o de *classe*[2] (ou turma), empregado para distinguir os alunos entre si e agrupá-los em categorias que os definam e classifiquem. Isso deu lugar a uma organização da prática do ensinar sustentada em especializações, classificações e subdivisões nas instituições educacionais (HAMILTON, 1993). A partir do momento em que eles passaram a admitir um grande número de alunos, foi necessário estabelecer entre estes a distinção de *graus*,[3] os quais, organizados em sequência e de acordo com a complexidade de seus conteúdos, permitiram a transição ao longo da escolaridade, sem etapas bruscas entre um curso e outro. Os graus se tornaram correspondentes às idades dos alunos, e assim o currículo se transformou em um importante regulador da organização do ensino, proporcionando coerência vertical ao seu desenvolvimento. Pressupõe-se que essa coerência resultará na mesma qualidade de aprendizagem. O currículo determina que conteúdos serão abordados e, ao estabelecer níveis e tipos de exigências para os graus sucessivos, ordena o tempo escolar, proporcionando os elementos daquilo que entenderemos como *desenvolvimento* escolar e daquilo em que consiste o progresso dos sujeitos durante a escolaridade. Ao associar conteúdos, graus e idades dos estudantes, o currículo também se torna um regulador das pessoas. Por tudo isso, nos séculos XVI e XVII, o currículo se transformou em uma invenção decisiva para a estruturação do que hoje é a escolaridade e de como a entendemos.

A incorporação do conceito de currículo se deu de acordo com os pressupostos eficientistas da educação escolar e da eficiência da sociedade em geral. Com ela se buscava introduzir uma ordem intermediária baseada no estabelecimento de unidades de tempo menores dentro da escolaridade total: o ano letivo geral que cada estudante deveria completar progressivamente, porém mais amplo do que as *classes*, que eram as unidades de tempo e conteúdos.

Seja por bem ou por mal, o fato é que o ensino, a aprendizagem e seus respectivos agentes e destinatários – os professores e alunos – tornaram-se mais orientados por um controle externo, uma vez que este determinou a organização da totalidade do ensino por meio do estabelecimento de uma ordem sequenciada. Um dos efeitos desse regramento foi o reforço da distinção entre as disciplinas e a determinação concreta dos conteúdos que os professores deveriam cobrir, bem como o refinamento dos métodos de ensino. Dessa maneira, o conceito de currículo delimitou as unidades ordenadas de conteúdos e períodos que tem um começo e um fim, com um desenvolvimento entre esses limites, impondo uma norma para a escolarização. Não é permitido fazer qualquer coisa, fazer de uma maneira qualquer ou fazê-la de modo variável.

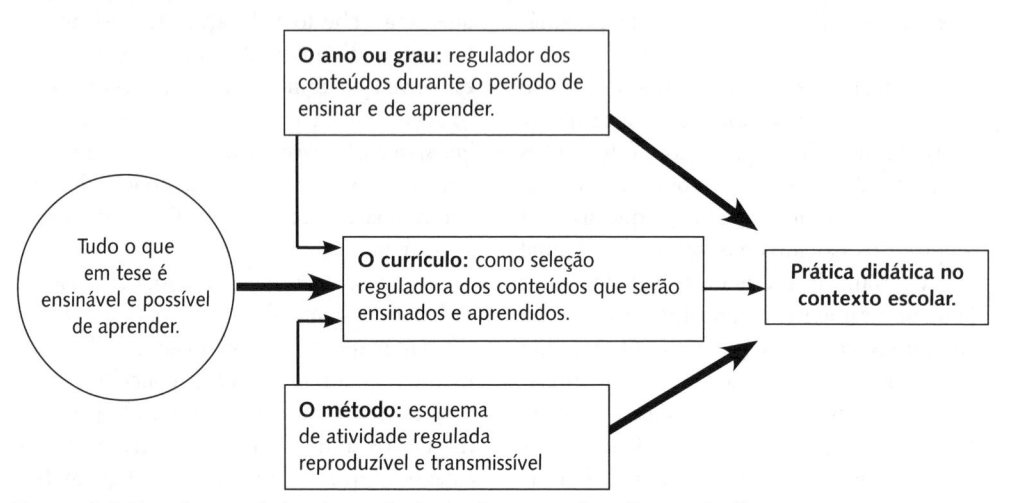

O ano ou grau: regulador dos conteúdos durante o período de ensinar e de aprender.

Tudo o que em tese é ensinável e possível de aprender.

O currículo: como seleção reguladora dos conteúdos que serão ensinados e aprendidos.

O método: esquema de atividade regulada reproduzível e transmissível

Prática didática no contexto escolar.

Figura 1.1 O poder regulador do currículo, junto com outras "invenções".
Fonte: O autor.

Junto com a ordenação do currículo é regulado o conteúdo (o que é ensinado e sobre o que se aprende), são distribuídos os períodos para se ensinar e aprender, é separado o que será o conteúdo do que se considera que deva estar nele inserido e quais serão os conteúdos externos e mesmo estranhos. Também são delimitados os territórios das disciplinas e especialidades e são delimitadas as referências para a composição do currículo e orientação da prática de seu desenvolvimento. Tudo isso, como um conjunto, constituirá o padrão sobre o qual se julgará o que será considerado sucesso ou fracasso, o normal ou anormal, o quanto é satisfatória ou insatisfatória a escola, quem cumpre o que é estabelecido e quem não o faz.

Buscando a gênese desse conceito antigo e consolidado e considerando o acúmulo de significados que vêm sendo sobrepostos a ele, chegamos a uma primeira conclusão: o currículo proporciona uma ordem por meio da regulação do conteúdo da aprendizagem e ensino na escolarização moderna, uma construção útil para organizar aquilo do qual deve se ocupar a escolarização e aquilo que deverá ser aprendido. À capacidade reguladora do currículo foram agregados os conceitos de *classe*, *grau* e *método*, cujas histórias estão entrelaçadas, formando todo o dispositivo para normalização do que era ensinado ou deveria ser ensinado, como fazê-lo, e, uma vez que se fazia uma opção, também ficava determinado aquilo que não se podia ou não se deveria ensinar nem aprender.

De tudo o que foi dito, concluímos que o agrupamento dos sujeitos em *classes* facilitava o regramento da variedade dos alunos. O *método* pedagógico estruturava e proporcionava uma sequência ordenada de atividades que, de maneira reiterada, podem ser reproduzidas. A adoção da ideia de *curso* ou *grau* estabeleceu a regulação do tempo total de escolaridade em uma sucessão de trechos ordenados, como uma escada ascendente de passos que se sucedem. Assim, ficava estabelecida a estrutura essencial da prática educativa da escolaridade moderna que seria realizada por docentes e estudantes.

Em nosso contexto, o conceito de currículo aparece muito tardiamente na produção do pensamento educacional, nas publicações e no seu uso pelos professores. O *Diccionario de la ERA* não o apresentou até a edição de 1983, quando distinguiu duas acepções do termo: plano de estudo (projeto a ser realizado) e *curriculum vitae* (projeto já realizado). Nesse mesmo ano, no registro de publicações com ISBN espanhol, apenas uma publicação apresentava em seu título um desses termos, *curriculum* ou currículo.

A Figura 1.2 reflete o progressivo acúmulo e os ritmos de crescimento desses registros no período 1983-2007. O salto mais notável no crescimento dessa variável ocorreu na dé-

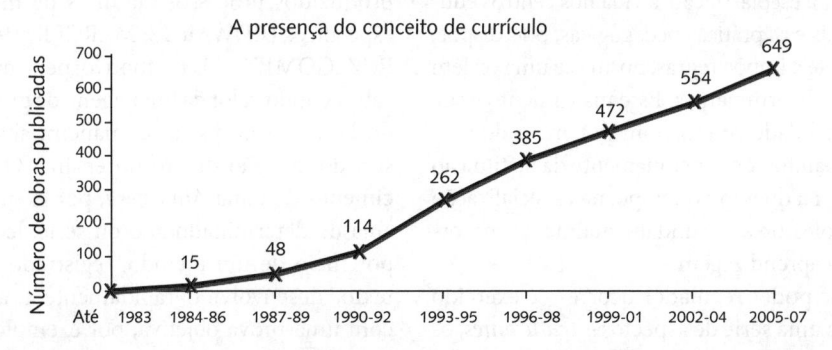

Figura 1.2 Número de obras com ISBN espanhol em cujo título figura o termo *curriculum* ou currículo no período compreendido entre 1983 e 2007.
Fonte: O autor.

cada de 1990, fato que se explica pela ocorrência de diversos fatores: a entrada da produção científica de origem anglo-saxã traduzida para o espanhol, os contatos internacionais de acadêmicos, a divulgação da produção própria e a adoção dessa terminologia por parte da legislação e das autoridades da educação.

A inserção do conceito de currículo no discurso da educação mostrou sua máxima presença quando a escolaridade se converteu em um fenômeno de massa (KEMMIS, 1986). A própria lógica da "educação para todos" exige que, em prol da igualdade, os conteúdos sejam dosados e organizados dentro de um sistema escolar desenvolvido. Sem a contribuição desse conceito, seria muito difícil entender a escolaridade, examiná-la e criticá-la. As implicações do currículo na prática escolar, por um lado, e na sociedade externa à escola, por outro, constituem um capítulo interessante do pensamento pedagógico moderno.

O CURRÍCULO: RECIPIENTE NÃO NEUTRO DOS CONTEÚDOS

Desde suas origens, o currículo tem se mostrado uma invenção reguladora do conteúdo e das práticas envolvidas nos processos de ensino e aprendizagem; ou seja, ele se comporta como um instrumento que tem a capacidade de estruturar a escolarização, a vida nos centros educacionais e as práticas pedagógicas, pois dispõe, transmite e impõe regras, normas e uma ordem que são determinantes. Esse instrumento e sua potencialidade se mostram por meio de seus usos e hábitos, do funcionamento da instituição escolar, na divisão do tempo, na especialização dos professores e, fundamentalmente, na ordem da aprendizagem.

Esse poder regulador ocorre – é exercido – sobre uma série de aspectos *estruturantes*, os quais, juntos com os efeitos que são provocados por outros elementos e agentes, impõem suas determinações sobre os elementos *estruturados*: elementos ou aspectos que são afetados (ver esquema da Figura 1.3). Por exemplo, sobre quando se aprende, que conhecimentos são adquiridos, que atividades são possíveis, que processos são desencadeados e que valor eles têm, o ritmo e a sequência da progressão do ensino e da aprendizagem, o modelo de indivíduo *normal*, etc.

Os denominados *conteúdos* estão sujeitos a essa rede de determinações e nela incluídos; é nela que adquirem sua real importância na prática, algo que não podemos entender sem analisar suas relações com os demais aspectos que incluímos na seção sobre "o estruturado".

A CULTURA CONSTITUÍDA PELOS CONTEÚDOS DO CURRÍCULO É UMA CONSTRUÇÃO PECULIAR

A cultura inserida nos conteúdos do currículo é uma construção cultural especial, "curricularizada", pois é selecionada, ordenada, empacotada, lecionada e comprovada de acordo com moldes *sui generis*. Os usos escolares delimitam o significado do que chega a se converter em uma cultura específica: o *conhecimento escolar*. Na ação de ensinar, não se transmite literatura, conhecimento social ou ciência de modo abstrato, mas um pouco de tudo isso modelado especialmente pelos usos e contextos escolares. No âmbito escolar, são produzidos processos culturais de mediação específicos (EDWARDS; MERCER, 1988; PÉREZ GÓMEZ, 1991), motivo pelo qual não cabe falar do valor da linguagem, da gramática, do latim ou da física de maneira abstrata, e sim do que são dentro do ensino. O conhecimento do tema *Atmosfera*, por exemplo, na aula de determinado ano ou série, lecionado por meio de um método, registrado em um texto, desenvolvido rapidamente e avaliado com uma prova objetiva, por exemplo, não é um conhecimento que os estudantes têm sobre a Terra, pois sua natureza estará modelada pelos códigos que estruturam o currículo.

1. Dimensões ou aspectos estruturais do currículo: a ordem pela qual ele é estabelecido	Elementos e aspectos estruturados ou afetados
– Divisões do tempo: Anos ou cursos da escolaridade sequenciados. Horário semanal repetido ciclicamente. Horário diário, em parte repetido ciclicamente. Concepções do tempo. – Delimitação e organização dos conteúdos: Acessibilidade e fontes de onde a informação pode ser obtida. Demarcação do que se pode e se deve aprender Organização em disciplinas e outras formas de classificação dos conteúdos. A ordem da sequência de conteúdos. Permeabilidade das fronteiras entre os territórios demarcados. Itinerários de progressão nos conteúdos e no tempo. Opções epistêmicas sobre o conhecimento. Sistemas e mecanismos de avaliação das aprendizagens.	Tempo de aprender, tempo livre, etc. Tempo de ensinar. Conhecimentos e saberes valorizados. Atividades possíveis de ensinar ou transmissoras em geral. Atividades possíveis e prováveis de aprendizagem e seus resultados. Comportamentos tolerados e estimulados. Linha e ritmo de progresso. Identidade e especialização dos professores. Orientação do desenvolvimento das pessoas.
2. Outros elementos e agentes: O espaço escolar. Classificações dos alunos. Clima social. Regras de comportamento. O método como ordem das ações. Relações verticais/horizontais. Sistemas de avaliação e controle não curriculares. Ideologias, filosofias e outras abordagens dos processos de ensinar.	

Figura 1.3 Dimensões que regulam o currículo.
Fonte: O autor.

Todos sabem que não é a mesma coisa aprender sobre um tema fora ou dentro do contexto escolar. Portanto, quando se faz a crítica da cultura escolar, é preciso que ela se dirija às *formas* escolares do conhecimento; e, quando se propõe um projeto de cultura para a escolaridade, deveremos avaliá-lo em função do que ele pode chegar a se transformar uma vez traduzido em *conhecimento escolar*. A existência desse conhecimento é uma realidade determinada pelo contexto escolar instituído.

O conceito de *conhecimento escolar* não é novidade. Na verdade, uma das condições da existência do saber-fazer pedagógico tem sido propiciar uma elaboração da cultura que será ensinada, para que fosse assimilável por determinados receptores, desde que Comenio pensou a Didática como a arte de ensinar todas as coisas a todas as pessoas. A *intermediação didática*, como disse Forquin (1989, p. 16) impõe a emergência de configurações cognitivas específicas, os típicos saberes escolares. A ciência, o saber, exigem certa elaboração didática para que possam ser transmitidos de maneira eficaz, assim como a divulgação científica de qualidade, ao ser atraente, torna possível a difusão de conhecimentos sobre genética ou cosmologia, por exemplo, a amplas camadas da população. Essa intermediação, às vezes, tem se mostrado como uma degradação intelectual por parte daqueles que creem que o ensino de valor consiste em mostrar às mentes incultas o espelho deslumbrante das ideias mais bem elaboradas que estão nas disciplinas. O conhecimento escolar elaborado pelos usos escolares e controles externos à escola consegue, em certas ocasiões, acertar na intermediação que se expressa em propostas de textos, atividades e atuações de professores que mantêm a qualidade cultural ou que refletem os valores culturais primários do conteúdo intermediado. Contudo, em muitas outras ocasiões, assistimos a um panorama de caricaturas no que é entendido como saber e conhecimento escolar.

Lembremo-nos que, entre a cultura mais elaborada (pelos especialistas) e a recepção do saber (pelos estudantes), existem agentes culturais mediadores, como os professores, os livros didáticos e demais materiais didáticos. Existe uma cultura que propõe conteúdos para os currículos; há outra cultura mediadora, dos professores; propõe-se um conhecimento peculiar expresso nos materiais didáticos; e, fruto das interações entre tudo isso, surge o conhecimento escolar que é transferido aos alunos. Há inúmeros estudos que já demonstraram tanto o poder mediador cultural dos professores (veja GIMENO SACRISTÁN, 1988, p. 196 e seguintes) quanto a especificidade cultural dos livros didáticos para propor/impor determinados conteúdos (APPLE, 1989; TORRES; 1991). A qualidade do conteúdo que se torna realidade é o resultado de um processo de jogo de perspectivas entre a qualidade cultural e pedagógica dos professores e a dos textos e demais materiais como fontes de informação.

Além desses dois mediadores imediatos, é preciso reconhecer as respectivas tradições que lhes sustentam. Os professores são enquadrados em especialidades e essas se nutrem de tradições fortemente arraigadas nas distintas disciplinas escolares nas quais eles estão socializados. Além dos livros didáticos, existe uma política editorial e cultural além das intenções de servir ao ensino. Aos professores e textos, precisamos acrescentar os usos e as propostas do desenvolvimento do currículo: documentos sobre as exigências curriculares impostos pelas autoridades da educação, normas técnicas às quais os professores devem se submeter e exigências de notas ou conceitos mínimos nas provas de avaliação externa, quando existem.

Não haverá mudança significativa de cultura na escolarização se não forem alterados os mecanismos que produzem a intermediação didática; ou, em outras palavras: toda proposta cultural sempre será mediada por esses mecanismos.

Do ponto de vista da pedagogia prática (da perspectiva dos docentes), nos interessa, sobretudo, a capacidade de influir nos aspectos do campo do estruturado, em como orientar a ação para uma direção que consideramos correta. Todavia, uma vez que não trabalhamos no vácuo nem atuamos sem a existência de uma base, nos encontramos imersos em contextos fortemente marcados pelas opções cristalizadas (por que ou por quem?) nas dimensões estruturantes que predeterminam o que nos parece ser o normal a fazer.

Em boa parte, a existência dessas dimensões é implícita para aqueles que atuam na prática, ou seja, elas são invisíveis. Assim, por exemplo, costuma-se ter como certo que o desempenho de uma matéria do currículo seja realizado em períodos de aula que variam entre 50 e 60 minutos, como também se considera normal que a carga horária dedicada à disciplina Educação para a Cidadania seja menor do que a de Matemática. Também se costuma aceitar que os conteúdos sejam ministrados separados em disciplinas. Nesses três exemplos, partimos de opções não necessárias, que poderiam ser diferentes, mas que apresentam um importante valor ou poder estruturante.

As dimensões estruturantes se originam nas forças criadas pela tradição, que cristalizam na formação do *habitus*[4] a partir do qual entendemos e atuamos na cultura profissional dos docentes, na forma depurada de organizar as instituições de educação, nos regulamentos ditados pelas autoridades da educação, nos materiais curriculares de uso mais frequente, na formação e nos procedimentos de seleção do professorado, etc.

Estamos falando das engrenagens que envolvem o currículo e o modelam, das regras da gramática que o regem. Falamos das regras do jogo, mas temos de decidir de qual jogo se trata, ou seja, o que estamos jogando. No século XVII, esses conteúdos eram a gramática, a teologia e a retórica; hoje, são outros. Eles podem ter mudado, mas as regras que são marcadas pelos aspectos estruturadores que as originaram – ao menos algumas delas – permaneceram, foram transformadas ou fundidas com outras.

O pensamento sobre o currículo tem de desvelar sua natureza reguladora, os códigos por meio dos quais ele é feito, que mecanismos utiliza, como é realizada essa natureza e que consequências podem advir de seu funcionamento. Porém, não basta se deter a isso. Também é preciso explicitar, explicar e justificar as opções que são tomadas e o que nos é imposto; ou seja, devemos avaliar o sentido do que se faz e para o que o fazemos.

OS CONTEÚDOS ACEITOS E OS QUE SÃO MENOSPREZADOS

Uma vez que admitimos que o currículo é uma construção onde se encontram diferentes respostas a opções possíveis, onde é preciso decidir entre as possibilidades que nos são apresentadas, esse currículo real é uma possibilidade entre outras alternativas. Aquilo que está vigente em determinado momento não deixa de ser um produto incerto, que poderia ter sido de outra maneira, e que pode ser diferente tanto hoje como no futuro. Não é algo neutro, universal e imóvel, mas um território controverso e mesmo conflituoso a respeito do qual se tomam decisões, são feitas opções e se age de acordo com orientações que não são as únicas possíveis. Definir quais decisões tomar, após avaliá-las, não é um problema técnico (ou melhor, não é fundamentalmente uma tarefa técnica), pois as decisões tomadas afetam sujeitos com direitos, implicam explícita ou implicitamente opções a respeito de interesses e modelos de sociedades, avaliações do conhecimento e a divisão de responsabilidades.

Agora, precisamos fazer dois tipos de perguntas simples. Em primeiro lugar, a mais importante: o que adotamos como conteúdo e o que deixamos de lado? Afinal, sem os conteúdos, todo o resto se limitaria a um mero formalismo, assim como a gramática, com suas regras, exige significados para que a linguagem não seja uma mera estrutura. Esta seria a parte mais visível do currículo, a que lhe confere corporeidade imediata. Depois, temos de nos fazer as perguntas sobre o valor que o currículo escolhido tem para os indivíduos e para a sociedade, bem como qual valor permanece dentro dessa opção. O conteúdo que regula os aspectos estruturadores sobre os quais falamos tem o mesmo valor para todos? Frequentemente, temos de considerar que toda essa máquina reguladora, junto com seus conteúdos, tem de ser movida por alguém ou algo, ela precisa de energia para funcionar, um impulso ou motivo. A serviço do que ou de quem está esse poder regulador, e como ele nos afeta? O que ou quem pode ou deve exercê-lo? Qual é o interesse dominante no que é regulado? Qual grau de tolerância existe na interpretação das normas reguladoras?

As respostas nos levariam a uma explicação muito longa, que de qualquer modo será dada por outras colaborações dessa obra.

ALÉM DOS CONTEÚDOS: O CURRÍCULO ENTRE O SER E O DEVER SER

É preciso insistir que os significados dos objetivos educacionais não podem estar circunscritos aos conteúdos dos limites estabelecidos pelas tradições acumuladas nas disciplinas escolares. Da mesma maneira, consideramos que tanto essas quanto seus conteúdos são o resultado de certas tradições que podem e devem ser revisadas e modificadas.

A importância fundamental do currículo para a escolaridade reside no fato de que ele é a expressão do projeto cultural e educacional que as instituições de educação dizem que irão desenvolver com os alunos (e para eles) aquilo que consideram adequado. Por meio desse projeto institucional, são expressadas forças, interesses ou valores e preferências da sociedade, de determinados setores sociais, das famílias, dos grupos políticos, etc. Esse projeto idealizado não costuma coincidir com a realidade que nos é dada. A educação não consegue deixar de ser o impulso humano que projeta seus desejos e suas aspirações sobre o que vemos ocorrer ao nosso redor, sobre como o ser humano é e se comporta, como é a sociedade, como são as relações sociais, etc. O ser humano tende, por natureza, a criar um mundo *desejável* que lhe motiva a melhorar, a estabelecer metas para si e a imaginar ideais. A educação é em si mesma um valor desejável, embora saibamos que isso se dê por razões muito diversas. Trabalhamos por algo que valorizamos porque queremos e acreditamos que, com a educação, melhoramos os seres humanos, aumentamos seu bem-estar e desenvolvimento econômico, atenuamos as deficiências sociais, contribuímos para a redenção do ser humano, sua liberação. A educação pode, inclusive, ser um instrumento para a revolução silenciosa da sociedade com base em um projeto iluminista e emancipador. Esse impulso ou tendência ao crescimento e à melhoria de alguma forma deve ser traduzido no currículo que será desenvolvido.

Essa carga utópica introduz uma dinâmica conflituosa, uma vez que o significado transformador desse leque de propósitos educacionais gerais se choca com os moldes dominantes da escolaridade, mais preocupada com o êxito escolar do que com todos esses fins genéricos, aos quais os moldes estruturadores apenas concedem o papel – tão grandiloquente quanto inútil, em muitos casos – de serem considerados referentes transversais. Ao aceitar a elevação do currículo à categoria de projeto educacional, surge uma nítida distância entre o discurso e a realidade. Nesse "abismo teleológico", é inevitável que a ideia de educação se empobreça.

De outro ponto de vista, como considerava Bernstein (1988), o currículo, em termos práticos, é composto por tudo o que ocupa o tempo escolar, então ele é algo mais do que o tradicionalmente considerado: como o conteúdo das matérias ou áreas a ensinar. Caso contrário, não haveria como entender as projeções práticas relacionadas com a educação moral, o fomento de atitudes e sensibilidades, o preparo para entender o mundo, etc. Presumimos que a educação tem a capacidade de servir para o desenvolvimento do ser humano como indivíduo e cidadão, de sua mente, seu corpo e sua sensibilidade.

Esses objetivos devem ser concretizados por meio de conteúdos, períodos de tempo e atividades específicas, e, para que sejam alcançados, é preciso ir além da acepção clássica da cultura acadêmica. Exige-se, portanto, que o currículo seja expresso em um texto que contemple toda a complexidade dos fins da educação e desenvolva uma ação holística capaz de despertar nos sujeitos processos que sejam propícios para o alcance desses objetivos. É preciso evitar a sinédoque de fazer do ensino de conteúdos a única meta das escolas, bem como buscar que os docentes se vejam tanto como profissionais, quanto como docentes-educadores de um texto curricular abrangente, "de ampla cobertura", reconhecendo o princípio de que os fins, e, portanto, as funções da educação escolarizada, são mais amplos do que aquilo que normalmente se reconhece como os conteúdos do currículo. Essa observação serve para não perder de vista aspectos essenciais pelos quais devemos velar nas escolas e nas aulas.

O currículo não pode deixar de pretender, em sua implementação – ou seja, não pode apenas figurar no texto – o alcance pelo menos dos fins de caráter educacional que listamos a seguir, ainda que os resultados que possam ser obtidos não sejam quantificáveis para os analistas tecnocráticos da qualidade da educação. Também consideramos que constituem direitos dos alunos, e, como tais, devem se converter em obrigações dos professores, em vez de apenas ficarem relegados às suas disciplinas:

- Ampliar as possibilidades e as referências vitais dos indivíduos, seja lá de onde vierem. Ou seja, crescer e se abrir para mundos de referência mais amplos deve ser uma possibilidade para todos, ainda que isso se dê de maneira distinta e em medidas desiguais.
- Transformar as crianças em cidadãos solidários, colaboradores e responsáveis, fazendo com que tenham experiências adequadas e sejam reconhecidas como cidadãos enquanto são educadas.
- Fomentar nas crianças posturas de tolerância durante o próprio estudo das matérias, o que implica a transformação destas.
- Consolidar no aluno princípios de racionalidade na percepção do mundo, em suas relações com os demais e em suas atuações.
- Torná-los conscientes da complexidade do mundo, de sua diversidade e da relatividade da própria cultura, sem renunciar à sua valorização também como "sua", à valorização de cada grupo, cultura, país, estilo de vida, etc.
- Capacitá-los para a tomada democrática de decisões.

O CURRÍCULO É RECONHECIDO NO PROCESSO DE SEU DESENVOLVIMENTO

Toda ação consciente para influir nos demais – inclusive a educação – tem sentido para quem a executa. Caso contrário, ela não é mais do que uma rotina ou conduta sem finalidade de comando. A ação de influir sobre o outro, ensinando o outro, seja de forma consciente ou inconsciente (rotineira ou mecânica), provoca e produz ou estimula a elaboração de um significado em quem é sujeito às ações dessa influência. Ambos os aspectos – o sentido para quem educa e o significado construído para quem é educado – podem estar vinculados entre si por relações de causa e efeito, e assim desejamos que ocorra, mas ambos os aspectos pertencem a ordens de realidade distintas. Uma coisa é a intenção de quem deseja reproduzir e alcançar êxitos guiados por determinados fins, realizando determinadas atividades de ensino, outra coisa são os efeitos provocados (as elaborações subjetivas em quem recebe a influência) nos receptores que aprendem. Acabamos de mencionar três ordens de elementos relacionados entre si, mas distintos:

a. Os *fins*, *objetivos* ou *motivos* que nos orientam, que estão contidos no texto explícito do currículo e nos projetos concretos que desenvolvemos dentro dele.
b. As ações e atividades que desenvolvemos, que constituem as práticas ou os métodos visíveis do ensino e podem contribuir em maior ou menor grau para a consecução do ponto anterior, aumentar ou não seu êxito, fazer com que ele acerte mais ou menos. Contudo, não é o currículo em si que constitui um plano escrito, mas o seu *desenvolvimento*. O primeiro é como se fosse a partitura, o segundo seria a música que é executada. Ambos guardam uma relação entre si, embora sejam coisas distintas. Com base na partitura, podem ser desenvolvidas ou executadas músicas diferentes.
c. Os resultados ou efeitos reais provocados nos alunos são realidades que pertencem ao âmbito da subjetividade, mas que não são diretamente visíveis. Eles precisam ser inferidos por meio de nossa observação, exigindo manifestações dos sujeitos, provocando respostas, como as provas de avaliação. Com essas "aproximações", buscamos conhecer os resultados efetivos, mas também nesse caso não cabe pensar que os efeitos reais da aprendizagem sejam idênticos aos resultados constatados ou avaliados. Podemos dar como certo que haja uma relação, mas eles continuam sendo realidades diversas. Como consequência, é absolutamente impossível querer que os objetivos ou fins da edu-

cação e do ensino correspondam aos resultados de aprendizagem, como se fossem aspectos totalmente simétricos.

Se esses três planos do currículo não se correspondem com exatidão, isso nos permite distinguir fases do que é considerada uma visão processual do currículo (GRUNDY, 1998), na qual se pode distinguir a existência de um projeto de educação contido no texto curricular ou currículo explicitamente almejado, que também é chamado de *currículo oficial* (correspondente ao 1º plano da Figura 1.4). As pesquisas demonstram que o currículo deixa de ser um plano proposto quando é interpretado e adotado pelos professores, o que também ocorre com os materiais curriculares (textos, documentos, etc.), autênticos tradutores do currículo como projeto e texto expresso por práticas concretas.

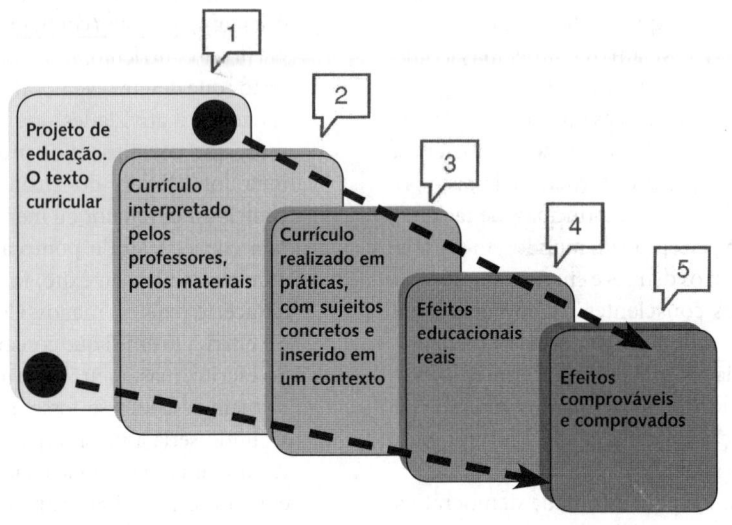

Figura 1.4 Esquema de concepção do currículo como processo e práxis.
Fonte: O autor.

1. Projeto de educação. O texto curricular
2. Currículo interpretado pelos professores, pelos materiais
3. Currículo realizado em práticas, com sujeitos concretos e inserido em um contexto
4. Efeitos educacionais reais
5. Efeitos comprováveis e comprovados

Pode-se pensar no currículo realizado na prática real, com sujeitos concretos e em um contexto determinado (3º plano). Existiria um currículo que corresponde aos efeitos reais da educação escolar situados no plano subjetivo dos aprendizes (4º plano). Por fim, poderíamos falar no currículo expresso nos resultados educacionais escolares comprováveis e comprovados que são refletidos no rendimento escolar, no que se considerará êxito ou fracasso escolar... (5º plano). Esse é o *currículo avaliado*, ou seja, o currículo formado pelos conteúdos exigidos pelas práticas de avaliação e que representa a dimensão visível, mas, ainda que haja outras experiências de aprendizagem não avaliáveis, não devemos nos deixar levar pelo redutivismo positivista para o qual somente conta o que pode ser medido, porque é observável.

O currículo real é constituído pela proposição de um plano ou texto que é público e pela soma dos conteúdos das ações que são empreendidas com o intuito de influenciar as crianças (ou seja, o ensino desse plano). Porém, o importante é o que tudo isso produz nos receptores ou destinatários (seus efeitos), algo como aquilo que a leitura deixa como marca no leitor, que é quem revive seu sentido e obtém algum significado.

Algumas implicações importantes são deduzidas desses postulados ou proposições. A primeira é que, se a influência efetiva sobre as crianças, convertidas em alunos, é de natureza distinta ao que é expresso pelas intenções e pelo conteúdo das ações do ponto de vista de quem as empreende, então os resultados da educação devem ser vistos e analisados da maneira como são expressos (são reproduzidos e produzidos) seus efeitos nos receptores do currículo. Há tempo sabemos que a proposição e a independência dos conteúdos e das intenções do ensino não implicam processos exatamente simétricos na aquisição das aprendizagens. O ponto de vista de uma teoria do currículo (no sentido não forte do termo *teoria*), se desejamos apreciar o que realmente se alcança, deve deslocar o centro de gravidade de nossa atenção do ensinar para o aprender, dos que ensinam para os que aprendem, do que se pretende para o que se consegue na realidade, das intenções declaradas para os fatos alcançados. Ou seja, é preciso nos orientar para a experiência do aprendiz, provocá-la, enriquecê-la, depurá-la, sistematizá-la – como dizia Dewey (1944) – sem dar como certo que se iniciará inexoravelmente pelo fato de que se desencadeie a ação da influência do ensino sobre os alunos. Não é que se deva menosprezar ou substituir o ensino e os que o executam como transmissores, mas a validade do ensino é provada por meio do contraste e da justificação na aprendizagem.

Poderíamos pensar que essa perspectiva é um artifício conceitual que complica desnecessariamente os conceitos e fenômenos que se apresentam da maneira como são e de acordo com o que pensamos deles. Frente a essa singela aceitação do evidente, propomos o princípio da "suspeita epistêmica" no pensamento pedagógico: o que a realidade nos propõe como evidência é somente a parte visível do *iceberg*. O que se esconde abaixo da linha de flutuação pode melhorar seu conhecimento e também corrigir nossa primeira perspectiva. Segundo essa suspeita, podemos pensar que o ensinar não equivale ao aprender, as intenções nem sempre correspondem às práticas, o que queremos ou dizemos pode refletir pouco naquilo que, na realidade, fazemos.

Não obstante, essa perspectiva processual e descentralizadora do currículo, que propõe uma visão deste como algo que ocorre desde ser um plano até se converter em práticas pedagógicas, não tira valor ao texto do currículo. O texto curricular não é a realidade dos efeitos convertidos em significados aprendidos, mas é importante, à medida que difunde os códigos sobre o que deve ser a cultura nas escolas, tornando-os públicos. Esse princípio é válido quando o texto que é proposto é inovador, apesar de termos de controlar as expectativas infundadas para que se produza uma mudança real a partir da publicidade do sentido do texto; o mesmo é verdade quando o texto é regressivo e involutivo. Toda proposta de texto é traduzida pelos leitores. Quando ela é interpretada, pode ser enriquecida e inclusive subvertida pelos leitores. Um texto regressivo sequer diz aos "leitores" algo sobre uma "terra prometida", mas se limita a reafirmar a tradição "tradicional" – a expressão é válida, pois também há tradições de progresso.

Assim, admitindo a importância de dispor de um bom texto curricular, é necessário entender que existe uma separação, pelos motivos já comentados, entre a prescrição de conteúdos no mesmo e a sua organização pedagógica para provocar a experiência da qual serão extraídos os significados. Os professores e a produção de materiais devem ser provocados.

Determinar as competências dos agentes que elaboram e desenvolvem os textos curriculares não somente é uma maneira de assinalar quem tem o poder de fazê-lo, mas também é uma forma de esclarecer as responsabilidades de cada um. Deixemos de ver nas propostas apresentadas pela burocracia das autoridades de ensino a fonte de nossos infortúnios ou o bastão imprescindível para caminhar como se fôssemos inválidos. As administrações do ensino, com as consultas que julguem oportunas, o diálogo e os debates públicos que se considerem necessários, não podem, por meio de suas prescrições, ir além de criar um bom texto; seria inútil pretender outra coisa. Em vez de passar a ser uma agência de seu desenvolvimento, teriam de criar condições e proporcionar meios, mas não suprir as funções dos intérpretes, além de ilustrar, por meio de exemplos convincentes, as novidades do texto.

ORIENTAÇÕES GERAIS DO CURRÍCULO: ENTRE A INSEGURANÇA E O CONFLITO

Os currículos são complexos, como acabamos de ver: existem variações entre os países na hora de sua formulação, e eles são distintos de acordo com os níveis e as especialidades que existem dentro do sistema educacional. Dizer que são distintos não significa tanto que seus conteúdos variem (o que também é verdade), mas que, por exemplo, eles são valorizados de maneira desigual, recebem pressões de diferentes frentes, se dirigem a públicos distintos, etc. É difícil, em função de nossas possibilidades, abordar toda essa complexidade. Por isso, nos limitaremos a assinalar a notoriedade de algumas orientações, enfoques e discursos de caráter geral que são projetados sobre a educação em nossa época e, mais especificamente, sobre os conteúdos culturais do currículo. Repetiremos algumas das polêmicas mais chamativas que vêm sendo produzidas neste campo da atividade e do pensamento humanos.

As polêmicas em torno dos conteúdos dos processos de ensinar constituem, sem dúvida, o debate por excelência na educação. Sobre esses conteúdos são feitas escolhas sobre o papel da escolarização nas sociedades atuais, junto ou competindo com a influência de outros agentes culturalizadores, a responsabilidade da instituição escolar perante a cultura, o tipo de participação que se deseja para os diferentes cidadãos em função da capacitação que lhes é oferecida e pela divisão do capital cultural entre os grupos sociais. Apesar de sua transcendência, esse não é um dos temas que mais tem chamado a atenção; é como se não houvesse um público sensibilizado para tal discussão.

As contraposições, tão frequentes na linguagem cotidiana e mesmo especializada entre as polaridades *progressismo – conservadorismo*, pedagogia *moderna* – educação *tradicional*, educação *a serviço do aluno* – ensino *focado nos conteúdos*, *academicismo* frente ao *psicologismo*, busca de aprendizagens ajustadas a *objetivos previstos* contraposta à importância dos *processos* desencadeados, têm servido e continuam servindo para nos orientar com facilidade no pensamento e na aceitação dos modelos pedagógicos para a prática. Não faltarão, inclusive, aqueles que, levados por uma dialética pendular, chegarão a conceber que a própria consideração dos conteúdos os situa nas esferas de alguma orientação pedagógica "tradicional" da qual tratarão de fugir. Enfim, todos esses dilemas são equacionamentos ou versões do grande dilema: como tem lugar, como deve ser e o que se espera do encontro entre o indivíduo e a cultura ou a sociedade externa.

Boa parte da confusão e de certas polêmicas desmobilizadoras na educação é produzida ao não se partir – como já foi comentado – da diferença entre as formas culturais assentadas como *conhecimento cultural* e a cultura que elas dizem representar. Ao identificá-las, alguns "progressistas" têm jogado fora o bebê com a água suja da banheira: ou seja, eles negam o valor de toda cultura ao repudiar uma cultura escolar ruim e empobrecida. Já outros "conservadores" se escandalizam quando esse conhecimento escolar é criticado, entendendo que a cultura por ele representada é inferiorizada.

Condenados à incerteza, ao diálogo e ao pacto

Se, por um lado, não é missão fácil decidir o texto do currículo para a reprodução ou assimilação cultural e para a recreação e criação do conhecimento, as condições da cultura e da sociedade atuais fazem com que o âmbito do currículo hoje seja mais nitidamente polêmico e as soluções negociadas sobre ele tenham menor tempo de duração.

Se a cultura escolar tem a ver com o estabelecimento ou a revisão de uma hegemonia, a divisão e o acesso aos bens culturais, o destino social dos indivíduos, não cabe esperar a unanimidade nas abordagens nem nas propostas sobre os conteúdos desse projeto. Ainda menos, quando se reconhece bem o pluralismo social e a conveniência de que, nesses debates, participem diferentes setores: administração, professores, pais e mães, agentes sociais, etc.; esses aspectos são importantes e devem ser garantidos em uma democracia. Não há respostas técnicas, soluções universalmente aceitas, nem consensos fáceis ou definitivos para resolver os dilemas impostos, além do uso de alguns lugares-comuns, evidentes para todos. Há apenas propostas provisórias sobre os conflitos culturais que raramente afloram.

Esse sempre será um debate vivo, inacabado e evasivo, pois reflete o caráter aberto, plural e dinâmico da sociedade e da cultura, que, no plano da educação, exige respostas flexíveis, com diálogo e certa dose de relativismo, ainda que claras. Está muito fixada a ideia de que os conteúdos escolares devem adotar os consensos, deixar de lado os conflitos, isolar-se das polêmicas nas quais seria difícil ficar neutro; como se o intento fosse colocar o estudante em uma redoma de cristal, como se, fora da instituição, ele estivesse a salvo de influências contraditórias. A cultura escolar teria outra vitalidade se abarcasse os conflitos culturais e sociais! A pretendida assepsia é exatamente uma das características mais notáveis do *conhecimento escolar*. Introduzir a controvér-sia nos conteúdos e torná-los discutíveis implicaria sanear em grande parte a educação, algo que levaria ao questionamento de posições éticas de falsa neutralidade e acordo inevitável. Se o debate não surge e se instaura um aparente consenso e tranquilidade, isso significa que a educação é privada da possibilidade de participar dele. Os enfoques de caráter tecnocrático, tanto políticos quanto pedagógicos (e sobre o currículo, evidentemente) ocultam suas opções culturais, epistêmicas e políticas em argumentos técnicos que pouco esclarecem os conflitos subjacentes. O currículo é um campo de batalha que reflete outras lutas: corporativas, políticas, econômicas, religiosas, de identidade, culturais, etc. (APPLE, 1986, 1989, 1996).

Nós mesmos, ao valorizar bastante a educação, nos veremos presos a dificuldades, dúvidas e inclusive frustrações. Um dos motivos para a insegurança está na multiplicidade contraditória dos fins da educação. Ampliamos os valores e as facetas aos quais ela deveria atender (queremos uma educação *integral*), ao mesmo tempo em que defendemos a universalização da escolaridade e sua prolongação. Tudo isso tem feito com que sejam inseridas no sistema educacional parcelas da população com origens socioculturais distintas, com diferentes possibilidades, aspirações e destinos. Além disso, a ideologia progressista tem enfatizado que é bom, para se obter uma maior equidade, que toda essa amálgama social se misture em uma escola única, não diferenciada, com uma estrutura cada vez mais extensa de ensino comum, o que implica proporcionar uma cultura comum. Que conteúdos são adequados e aceitos nessa escolaridade comum a uma base social tão heterogênea? A resposta dependerá de um processo de diálogo político e social.

Cada nível tinha seu público; a cada público, era destinada uma cultura diferenciada. O *conhecimento escolar* não é uma categoria internamente homogênea, mas peculiar em diferentes períodos do sistema educacional, pois tem destinatários distintos – ou ao menos os tinha em sua origem. A mistura de públicos revelará conflitos culturais que, outrora, eram ocultos pela divisão e especialização social da cultura, que implica a busca nada fácil de qual cultura se deve compartilhar.

O resgate da subjetividade e da experiência pessoal e cultural

Toda experiência pedagógica (ver a Figura 1.5), toda ação didática supõem o propósito de mediação, correção e estímulo da experiência do encontro entre um sujeito que exerce uma série de funções sobre o sujeito que detém um conteúdo, ou desenvolve diversas capacidades, de modo que sejam transformadas e enriquecidas tais funções e capacidades que, de maneira geral, chamamos de *aprendizagem*. Para que esse encontro seja frutífero, o conteúdo tem de ser significativo, relevante e desafiador, características que têm maior probabilidade de estar presentes se o encontro também tiver sido adequadamente *mediado* e se for motivador. Do contato ou encontro entre o sujeito e o conteúdo, pode-se esperar e desejar que o sujeito desenvolva determinados processos que podem ser denominados de diferentes maneiras e valorizados desigualmente conforme sua importância, sua densidade ou segundo nossas visões particulares sobre o que é desejável e possível; ou seja, de acordo com a orientação educativa que tivermos.

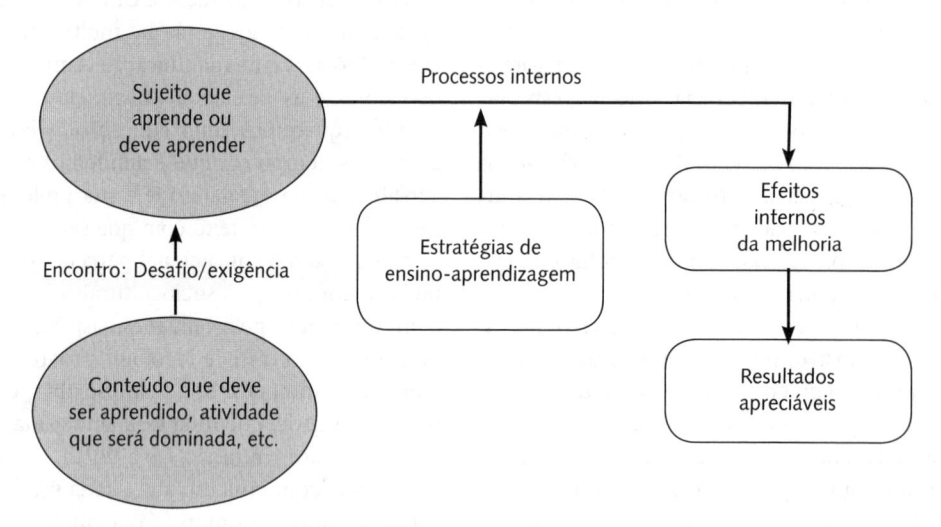

Figura 1.5 A dinâmica da subjetivação do currículo.
Fonte: O autor.

Esses processos internos e seus resultados sobre o aprendiz – que, como sabemos, correspondem à fase decisiva para apreciar o que acaba sendo o currículo – têm sido reconhecidos de maneiras muito distintas, e eles também recebem denominações muito variadas: alcance da perfeição (*areté*, para a cultura clássica grega), *formação* geral (da personalidade e da mente), erudição do pensamento, aquisição de condutas, domínio de *habilidades* e *competências*, *pensamento reflexivo*, *memorização*, *construção* de significados, *aprendizagem relevante*, adoção de valores, desenvolvimento da c*apacidade crítica*, *assimilação* cultural, *instrução*, *disciplina*, *autocontrole*, etc. Observamos anteriormente que esses resultados são êxitos do sujeito, os quais, em certos casos e sob determinadas circunstâncias, podem ser vistos externamente. Podemos observar como se desenvolve a habilidade de dirigir um automóvel, mas não o processo de formação de motoristas responsáveis.

Ao longo da história – e ainda hoje – frente a esse sistema explicativo, adotam-se posicionamentos muito diversos, os quais variam em função de como se atribui valor a cada um de seus elementos e das relações que pode-mos estabelecer. Vejamos alguns exemplos das orientações curriculares básicas.

O estímulo de reprodução na transmissão cultural que os adultos fazem às gerações de jovens, junto com as tradições escolares disciplinadoras (preocupadas com a ordem, a disciplina e o comportamento) e as concepções dogmáticas do ensino, tem investido de autoridade, de caráter relativamente sagrado, os conteúdos do currículo, dando-lhes legitimidade e validade inquestionável, bem como a garantia de que esses conteúdos re-presentem verdades perenes. Isso não corresponde ao valor que hoje sabemos que os currículos têm. Entre as tradições curriculares, a tradição iluminista atribui à cultura o valor de ser um nutriente para o ser humano, ou seja, os conteúdos são os materiais que fazem com que o ser humano se desenvolva até alcançar uma grande plenitude.

Do ponto de vista "tradicional" (que às vezes se aproxima de uma forma de fundamentalismo), costuma-se apoiar posições como "a verdade está no texto e na voz de quem ensina", uma premissa apoiada por uma larga tradição da educação clássica e liberal que indica o critério de relevância do que foi selecionado para o texto curricular. A "cultura escolar" que é reproduzida se autojustifica como a melhor possível; ela nos é apresentada de maneira natural, como O Texto, o cânone indiscutível. Coerentes com esse ponto de vista, as instituições educacionais têm de ser – inevitável e fundamentalmente – reprodutoras. O currículo é obrigado a se limitar aos aspectos acadêmicos, ele é a guia dos processos, a bússola que define a ordem lógica da sequência dos conteúdos; a demonstração de que o currículo foi dominado é o critério de êxito escolar. O papel central que o livro didático assume no desenvolvimento do currículo, seu monopólio da informação ou do conhecimento nas aulas, a dependência que uma parcela importante do corpo docente tem nele, são outros componentes da abordagem reprodutora tradicional (que não é necessariamente tradicionalista). O livro didático se converteu no agente praticamente exclusivo do desenvolvimento do currículo (embora isso ocorra mais em determinados níveis de educação do que em outros).

Para outros, o conteúdo não é algo que nossa mente absorve – como um tecido faz com a água e que pode ser recuperado torcendo-o ou que simplesmente seca, deixando incólume a sua capacidade de absorção – mas, em termos educacionais, é algo valioso ao ser absorvido, incorporado e convertido em tecido. Assim, o importante é a qualidade ou a competência que o conteúdo confere ao aprendiz. Não se trata de substituir os conteúdos pelos processos, como já se disse algumas vezes, ou substituí-lo pelo nada, pelo vazio cultural, como gostam de dizer alguns críticos do sistema educacional atual e defensores nostálgicos de um passado que nunca existiu ou, se existiu, foi para poucos.

A mudança epistemológica em relação ao aluno conta com uma longa tradição na educação primária, porém ela é muito mais recente na secundária obrigatória, onde a lógica da matéria ou disciplina hoje é imposta com facilidade em detrimento de qualquer outra consideração. Inclusive nesse nível, a mudança para a aprendizagem e o processo da construção de significados é vista por parte do professorado como um efeito da perda de qualidade da educação. É como se tudo a que estávamos acostumados a fazer estivesse sendo bem-feito e não coubesse vislumbrar e ensaiar outras possibilidades. Mencionar as necessidades dos alunos é ceder terreno para depois se lamentar do declínio da educação. Hoje, na Espanha, é no nível da educação secundária obrigatória (12-16) que mais se identifica o "bom texto" do currículo com a boa prática e os bons resultados, muito mais do que ocorre na educação universitária. Quando essa lógica falha, busca-se o motivo do fracasso em outro lugar (na família ou no nível de educação anterior).

A crítica progressista ao academicismo – desde o final do século XIX aos dois primeiros terços do século XX – havia tocado na ferida da inadequação da *forma* do conhecimento consolidado como saber escolar, para adequar a forma às necessidades do aluno, conectar o aluno ao seu desenvolvimento e torná-lo um cidadão responsável que entendesse a vida que o rodeia. Os conteúdos da escolaridade implantada não serviam a esses propósitos; sua lógica interna, na melhor das hipóteses, não tinha como servir de guia para o ensino. Aos conteúdos "logocêntricos" opuseram-se a escola "na medida da criança" (Claparéde), os "centros de interesse" (Decroly), a escola ao serviço da experiência e para seu desenvolvimento (Dewey), a escola sem conteúdos e em busca da felicidade (Neill) e outras utopias românticas.

Posteriormente, a psicologia, aceitando o princípio construtivista da elaboração do conhecimento, propôs a aprendizagem como um processo de elaboração e reconstrução interna no qual o novo interage com os significados prévios que os sujeitos têm. O significado supõe o foco nas representações internas da informação, na cultura subjetiva, no que não é compreensível sem que se apele ao significado público compartilhado que é a cultura. Como disse Bruner (1991), a psicologia exige uma inversão cultural que resgate a construção do significado como objeto de atenção preferencial.

A guinada construtivista significa que a cultura escolar rivaliza, sobrepõe-se e relaciona-se com a cultura prévia de referência dos sujeitos. A aprendizagem deve ser um processo de depuração, enriquecimento e ampliação da experiência pessoal alimentada pela experiência social. Ela deve começar onde o aluno estava, progredindo e estabelecendo pontes entre a meta e sua experiência (WATTS; BENTLEY, 1991), essa é a inversão proposta por Dewey (1967). Todo o *conhecimento escolar* deve considerar as concepções prévias do aluno, as representações culturais, os significados populares próprios do estudante como membro de uma cultura real e externa à da escola (ARONOWITZ; GIROUX, 1991; GRIGNON, 1991, 1994). Essa reivindicação é confirmada pela alienação que o aluno sente em relação à cultura escolar que em muitos casos nega a cultura própria do aluno e que produz o afastamento dos jovens das escolas.

Contudo, essas ideias têm efeito contraditório e parcialmente desintegrador, embora Dewey (1944, p. 63) preconizasse em seu credo pedagógico que "o verdadeiro centro de correlação das matérias escolares não é a ciência, a literatura, a história nem a geografia, mas as atividades sociais próprias da criança". Ele também reconhecia que é impossível fazer a seleção e encontrar a direção da cultura escolar na experiência: "os princípios gerais da nova educação não resolvem por si próprios nenhum dos problemas da direção e organização reais ou das práticas das escolas progressistas" (DEWEY, 1967, p. 18). Sob a ótica da experiência cultural subjetiva, a discussão sobre o currículo fica muito atrelada à categoria *aprendizagem* e mais afastada da questão dos conteúdos. Se o critério para introdução de conteúdos na atividade de ensino, assim como para a determinação de sua sequência, é o amadurecimento da experiência, esse critério deverá ser encontrado pelo professor em cada situação, porque não existe como norma generalizável ou como projeto cultural. Ele é uma perspectiva a ser considerada no ato de ensinar que não proporciona uma orientação em relação à decisão fundamental: que cultura propiciar?

O saber a serviço do pragmatismo produtivo

Desde o século XIX, mas especialmente durante todo o século XX, a validade educacional e social do conhecimento científico era medida em função da utilidade prática que se podia fazer desse conhecimento no domínio da natureza. O saber não é válido por poder formar as pessoas, mas na medida em que ajuda a produzir coisas e a controlar processos naturais e sociais. Não se sabe pelo bel prazer de saber, mas para produzir, para aplicar. O interesse pela utilização técnica do saber é inerente à produção industrial e, de maneira ainda mais plena, à sociedade pós-industrial, na qual o domínio da informação é parte da produtividade, um fator agregado aos dois componentes clássicos, o capital e o trabalho.

Como assinalou com precisão Habermas (1987), o valor prático do saber já não reside em sua capacidade de melhorar as pessoas e, por meio da racionalidade proporcionada, permitir-lhes uma vida mais livre, mais humana, não dirigida por dogmas irracionais, melhorando a conduta e as relações entre os homens. Ao contrário, tudo tem de refletir na produtividade econômica. "A ciência – disse o autor – distanciou-se da formação, à medida que impregnou a práxis profissional" (HABERMAS, 1987, p. 338). Ali onde existia uma atividade produtiva ou social qualquer, passa a se desenvolver uma disciplina científica no afã de intervir, regulando a atividade. As atividades laborais em qualquer setor produtivo, inclusive na prestação de serviços e na administração, estão submetidas a essa lei.

A orientação racional moderna na educação está sendo mediada pela visão utilitária de uma sociedade marcada pelo desenvolvimento tecnológico e sua aplicação às atividades laborais e cotidianas. O velho lema da educação progressista do início do século, que sustentava a necessidade de que a escola deveria nos preparar para a vida, hoje, mais do que nunca, é aplicado por meio da pressão crescente do sistema de produção sobre o escolar, selecionando nesse os saberes que lhes são mais úteis. O que se denominou "vocacionalização" dos currículos se converteu em uma força que leva à seleção de conteúdos de acordo com seu valor de aplicação, funcionando como uma ideologia que tende a articular melhor o sistema de ensino ao mercado de trabalho em uma economia com alto desemprego (LAUGLO; WILLIS, 1998). Como consequência, as humanidades, a cultura clássica e as ciências sociais são desvalorizadas dentro dos sistemas educacionais, e são promovidas, por exemplo, a matemática, a ciência, o conhecimento aplicado em geral e os idiomas modernos.

Uma das críticas ao sistema educacional mais frequentes por parte dos interesses dominantes é o desajuste da escola em relação ao sistema laboral. Quanto mais restrito se torna o mercado de trabalho, menos distrações são toleradas por parte da educação. Quanto mais restrições a crise do desemprego impor, mais ajustes serão exigidos. Essas pressões afetam em graus distintos os diferentes níveis escolares, mas são uma realidade para todo o conjunto da difusão do conhecimento.

Muitas vozes alarmistas e fatos contundentes estão começando a minar a fé no progresso técnico-científico, pondo em crise, ao mesmo tempo, a ideologia e a prática que foi criada com base na mesma. A persistência e o aumento das desigualdades entre os indivíduos e os povos, a degradação do meio ambiente, o esgotamento dos recursos não renováveis, os perigos impostos pela técnica e pela ciência desvinculada de valores morais (o desenvolvimento de armas, a manipulação genética) começam a pôr em dúvida a ideia de progresso na qual o binômio tecnologia-ciência se apoia. Tudo isso deveria nos levar a lutar pelo ressurgimento de outros valores, outros conhecimentos, outra ideia de qualidade de vida e bem-estar. A crise do conceito de formação laboral como preparação específica para postos de trabalho que se modificam rapidamente impede que se preveja um ajuste perfeito entre conhecimentos e tarefas, enquanto o vocacionismo pode estar reforçando e legitimando as desigualdades e diferenças de classe, gênero e raça (LAUGLO; WILLIS, 1998). O desafio da educação continua sendo encontrar outras *formas de conhecimento escolar*, resgatar o sentido da formação geral, revisar a racionalidade baseada na chamada *cultura erudita*, sem renunciar a ela, mas admitindo a incapacidade da escola para, por si só, levar a cabo a modernidade iluminista; algo que se costuma esquecer quando se pedem objetivos contraditórios como preparar para a vida, preparar para as profissões e fomentar a independência de juízo dos cidadãos cultos.

PRECISAMOS DE NOVAS LINGUAGENS?

Com o ingresso do tópico do currículo e sua problemática no discurso sobre o ensino, a escolaridade ou a educação – um território intelectual já maduro em outros contextos – foram-nos abertas novas perspectivas que nos facilitaram e também nos obrigaram o estabelecimento de contatos e pontes interdisciplinares com contribuições da filosofia, história, antropologia, sociologia, economia, epistemologia, dos enfoques críticos com a psicologia psicométrica e com um behaviorismo prepotente, mas nada valioso para a abordagem dos problemas impostos por esse antigo, porém renovado, território que era o currículo. Nesse panorama de nossa história recente, produziu-se uma ressocialização dos acadêmicos em contato com um novo universo conceitual, em consonância com uma visão menos idealista da educação, mais próxima da realidade e comprometida com ela, pois discutir ou pesquisar o currículo supõe tocar algo visível e expresso socialmente. Precisamos nos apoiar em uma abordagem mais holística, complexa e estimulante, superando as disquisições burocráticas sobre o *plano de estudos*, o *questionário* ou *programa escolar*; esses são conceitos mais próximos do conceito de currículo[5] que temos entre nós.

Devido ao cruzamento de dimensões, conflitos e realidades que se manifestam no estudo do currículo, esse é um importante campo de pesquisa. Nesse debate, encontramos diversas linhas de trabalho fundamentais: *a)* a sociologia do currículo, discutindo os valores implícitos nos currículos dominantes; *b)* a incipiente história do currículo, que começa a acompanhar o curso da configuração do que entendemos como matérias de estudo; *c)* as críticas à racionalidade moderna, as quais têm posto em evidência suas carências e a ocultação de culturas, públicos e relatos ignorados; *d)* o debate sobre a profissionalização do conhecimento; e *e)* o enfrentamento entre a educação como necessidade de assimilação de cultura e uma perspectiva educacional que visa ao desenvolvimento individual, os interesses do aluno e os significados subjetivos da cultura.

O que devemos fazer com as concepções diversas e os enfoques dispersos que hoje podemos observar nesse campo? Uma rápida busca do termo currículo em Google Books resulta em 60 mil resultados. A mesma busca na Biblioteca do Congresso dos Estados Unidos nos oferece mais de 9 mil resultados. Esclarecer as ideias básicas desse panorama é um dos objetivos dessa recompilação.

O autor vem trabalhando esses problemas há muito tempo, mas principalmente a partir de 1988, quando publicou sua obra *O currículo: uma reflexão sobre a prática*. Nela, o leitor encontrará uma perspectiva mais detalhada sobre o tema.

NOTAS

1 Primeira aparição conhecida do termo *curriculum*, em uma versão de *Professio Regia*, de Peter Ramus, publicada como obra póstuma por Thomas Fregius da Basileia, em 1575. (Biblioteca da Universidade de Glasgow). O *Oxford English Dictionary* indica os registros da Universidade de Glasgow de 1633 como a primeira fonte do termo *curriculum*.
A presença progressiva do termo currículo nas sucessivas leis educacionais espanholas nos indica como o novo conceito foi incorporado. A Lei Geral de Educação de 1970 não chega a mencionar nenhum desses dois termos, enquanto a Lei de Ordenamento Geral do Sistema Educacional Espanhol (LOGSE) de 1990 o faz três vezes e a Lei Orgânica da Educação (LOE) de 2006 o menciona um total de seis vezes.
2 A acepção moderna de "classe" aparece em 1509, nos estatutos do Colégio de Montaigu, em Paris, em cujo programa se encontra pela primeira vez a divisão em *classes*.
3 Unidades que também denominamos de *anos*, termo que designa conteúdos em períodos de tempo que geralmente correspondem ao ano letivo.
4 Para Bourdieeu, o *habitus* é uma estrutura estruturada e estruturante, um sistema de disposições duradouras que os indivíduos interiorizam, organizando as práticas e a percepção des-

tas. São sistemas de esquemas geradores de práticas e representações da realidade. (*La distinción*. Madrid: Taurus, 1988.)

5 Um exemplo significativo da separação entre a tradição anglo-saxã e a nossa pode ser inferido do dado de que o eminente pedagogo espanhol Lorenzo Luzuriaga, ao traduzir, em 1944, obras tão significativas como *The child and the curriculum*, de Dewey, adotou o título *El niño e el programa escolar*. (Buenos Aires: Losada)

De nossa parte, no começo da década de 1980, buscando modernizar o pensamento pedagógico por meio de sua abertura a correntes estrangeiras, tratamos de articular uma síntese entre as orientações de origem anglo-saxã, basicamente, com as tradições mais centro-europeias e meridionais e publicamos a obra *Teoría de la enseñanza y desarrollo del currículum* em 1981 (Salamanca: Anaya) na Espanha, que, alguns anos depois, foi publicada também em Buenos Aires.

REFERÊNCIAS

APPLE, M. *Ideología y currículum*. Madrid: Akal, 1986.

APPLE, M. *Maestros y textos*. Barcelona: Paidós Ibérico, 1989.

APPLE, M. *El conocimiento oficial*. Barcelona: Paidos Ibérica, 1996.

ARONOWITZ, S.; GIROUX, H. *Postmodern education*. Minneapolis: University of Minnesota Press, 1991.

BERNSTEIN, B. *Clases, códigos y control*. Madrid: Akal, 1988.

BRUNER, J. *Actos del significado:* más allá de la revolución cognitiva. Madrid: Alianza, 1991.

DEWEY, J. *El niño y el programa escolar:* mi credo pedagógico. Buenos Aires: Losada, 1944.

DEWEY, J. *Experiencia y educación*. Buenos Aires: Losada, 1967.

EDWARDS, D.; MERCER, N. *El conocimiento compartido*. Barcelona: Paidós Ibérica, 1988.

FORQUIN, J. C. *École et culture*. Brussels: De Boeck, 1989.

GIMENO SACRISTÁN, J. *El curriculum:* una reflexión sobre la práctica. Madrid: Morata, 1988.

GRIGNON, C. La escuela y las culturas populares. *Archipiélago:* cuadernos de crítica de la literatura, Pamplona, n. 6, p. 15-19, 1991.

GRIGNON, C. Cultura dominante, cultura escolar y multiculturalismo popular. *Educación y Sociedad*, Madrid, n. 12. p. 127-136, 1994.

GRUNDY, S. *Producto o praxis del currículo*. Madrid: Morata, 1998.

HABERMAS, J. *Teoría y praxis:* estudios de filosofía social. Madrid: Tecnos, 1987.

HAMILTON, D. Orígenes de los términos educativos 'clase' y 'currículum'. *Revista Iberoamericana de Educación,* Madrid, n. 1, ene./abr. 1993.

KEMMIS, S. *Curriculum theorising:* beyond reproduction theory. Victoria: Deakin University Press, 1986.

LAUGLO, J.; WILLIS, K. *Vocationalizing education*. Oxford: Pergamon Press, 1988.

PÉREZ GÓMEZ, A. I. Cultura escolar y aprendizaje relevante. *Educación y Sociedad,* Madrid, n. 8, p. 59-72, 1991.

TORRES, J. *El currículum oculto*. Madrid: Morata, 1991.

WATTS, M.; BENTLEY, D. Constructivism in the curriculum: can we close the gap between the strong theoretical version and the weak version of theory-in-practice? *The Curriculum Journal*, v. 2, n. 2, p. 171-182, 1991.

PARTE II
O currículo: texto em contexto – suas determinações visíveis e invisíveis

2 Política, poder e controle do currículo

Francisco Beltrán Llavador
Universidade de Valência

O título poderia sugerir que uma coisa é o currículo e outra a política, o poder e o controle que estes possuem em relação a ele; o que não fica claro – depende da leitura feita – e se é o próprio currículo que "possui" política, poder e controle (e logo falaremos se essas são características que o currículo pode ter ou ações relativas às características com as quais se está comprometido), ou seja, se ele cumpre um papel ativo a partir desses pressupostos ou então – uma segunda possibilidade – se o currículo está submetido a processos políticos, ações de poder e mecanismos ou dispositivos de controle; em outras palavras, se ele cumpre um papel passivo. O sentido coloquial que se continua atribuindo com maior frequência a essa expressão é justamente o primeiro: que o currículo está submetido ao jogo das três forças que lhe antecedem no título. Mas é tão imprópria uma explicação restritiva quanto a outra: o currículo, uma vez que acaba sendo formado por esses três (por ora, os chamemos de agentes), converte-se em um fator que, na transformação, adquire a capacidade de atuar em nome de um ou de outro. Como é natural, o presente capítulo não entrará na definição de currículo para evitar reiterações com outras partes desta obra, mas assinalaremos desde o início que, sabendo-se que o currículo tem múltiplas acepções, nessa ocasião não nos referiremos a ele no sentido mais concreto de sua ação em instituições de educação em aula, e sim no âmbito de decisões empreendidas em um nível superior, para dirigir, limitar ou definir as anteriores.

RELAÇÕES MUITO ESTREITAS

Definir o substantivo "política" não é tarefa fácil, tendo-se em conta a amplitude do campo e a multitude de acepções de uso que não são, precisamente, as que aqui mais nos interessam. Poderíamos partir da entrada "política educativa" da qual fala Reinhardt (1980) no *Diccionário de ciencia política*, mas nem ela garante a fidelidade ao sentido que esta última pode adquirir no título deste capítulo, sendo que ela poderia se referir muito bem à política geral em relação ao currículo ou à Política Estatal ou Internacional, que destacamos em letras maiúsculas para distingui-la dessa outra acepção comum. Considerando-se esse pequeno obstáculo e em prol da compreensão do resto do texto, optou-se por uma definição que, sendo academicamente correta – ainda que limitada –, permite encaixar nela ou na sua vizinhança mais próxima os termos poder e controle, além de referir os três ao currículo. Observar-se-á, no entanto, a assimetria com que, nessa primeira parte, são tratados cada um dos três termos, o que se deve não só à sua estreita interconexão, mas também à centralidade que se decidiu conceder ao "poder" entre os outros dois conceitos que dão nome ao capítulo; a única razão que me levou a ele é a confusão que, nos últimos anos, imperou em torno dessa categoria e a sua frequentemente tendenciosa utilização nos estudos curriculares.

A política representa um conjunto de ações empreendidas por um ou mais agentes ou instâncias a fim de conservar ou ganhar poder para defender seus interesses de outros que os consideram ameaças para o alcance dos próprios interesses.

Essa aproximação permite compreender a proximidade entre política e epistemologia, pois mostra que a política não fica à margem dos diferentes momentos de construção e/ou definição curricular; pelo contrario, além de aceitar a explicação usual da presença de ações e agentes, agrega também os interesses de cada qual e os momentos em que essas ações são empreendidas ou não com caráter estratégico.

No mesmo movimento, aparece o termo "poder" (uma presença considerada sub-reptícia conforme algumas correntes de análise do currículo), ao estar incluso na definição anterior, mesmo sem que ele mesmo esteja previamente definido. Delimitá-lo não é tarefa fácil, pois nele entram em jogo concepções muito diferentes que, ao serem seguidas pontualmente, permitir-nos-iam reconstruir praticamente toda a história da Filosofia Política (DUSO, 2005), desde Aristóteles até os filósofos e/ou sociólogos contemporâneos de maior reconhecimento universal (Bauman, Beck Bourdieu, Foucault, Luhmann, etc.), passando por Maquiavel, Hobbes, Rousseau e evidentemente Marx, o qual sabemos que o associava à propriedade e ao controle dos meios de produção, visto que o "poder", como conceito, é elaborado no contexto de uma obrigação política que garante uma ordem na qual deverão estar ausentes os conflitos, ainda que esteja demonstrado que nem todo poder é de natureza política (e não o contrário).

A partir de então, a definição contemporânea de "poder" provavelmente mais ampla, também conhecida como "radical" – talvez porque o autor incluíra tal adjetivo em seu título e/ou pela influência inquestionável dela nos últimos autores citados –, é a atribuída a Lukes (1985), que vem a dizer algo como (cito de memória): "A exerce poder sobre B quando atua contrariamente aos interesses de B". Nessa mesma direção, há importantes trabalhos de Clegg (1980), normalmente fazendo referência à teoria organizativa – e seria injusto não citar a influência de Braverman (1974) em todos eles. O conceito de hegemonia, anterior aos citados acima e que teve origem em Hegel, embora sua reelaboração mais importante tenha ficado nas mãos do marxista Gramsci (1980), levava a superar a polaridade "resistência ou consenso" para aceitar que o poder implicava ambos. No contexto desse importante passo e dos posteriores debates em torno deste (ver Poulantzas, Anderson ou, posteriormente, Laclau, etc.), o grande Foucault desenvolve essas considerações a partir de sua posição particular, extemporânea às concepções marxistas, para conectar poder e conhecimento, inaugurando, assim, com sua influência, uma nova etapa nos estudos curriculares.

Se as contribuições "críticas" anteriores foram beligerantes em relação ao mais convencional funcionalismo, na disputa com ele, visto que este não podia ser eludido, estas dedicavam maior relevância aos estudos relativos ao conflito que, paradoxalmente, permitiriam uma "mudança radical" até Weber, na qual se destacariam suas contribuições em relação às formas de legitimação dos modos institucionalizados do exercício do poder (BEETHAM, 1991). Este constituía, sem dúvida, um reforço à dimensão política no terceiro dos sentidos mencionados para o conceito de "poder" de Lukes.

Minha proposta, para efeitos de compreensão deste último termo, no presente capítulo, é adotar um derivado da acepção cunhada por Weber (1977), que veio a tratá-lo em termos da probabilidade de que alguns indivíduos realizem sua vontade apesar da resistência de outros. Nesse sentido, não parece haver dúvidas de que essa forma de poder é a que melhor se encaixa com a definição anterior de "política" e que também permitirá dar apoio à definição de "controle", como fenômeno (uma operação com propriedade) inseparavelmente ligado à pluralidade de interesses.

Um dos pressupostos da corrente dominante é que todos os atores de uma instituição ou sistema social compartilham os mesmos fins, estabelecidos por responsáveis políticos ou hierárquicos. Não obstante, a aceitação da onipresença de conflitos e de sua remissão, na maior parte dos casos, às diferenças de interesses – expressos ou latentes de uma ou outra maneira – redimensiona o controle em dois sentidos: a) com respeito à sua posição nos processos e/ou produtos e b) em seu domínio por parte de quem busca assegurar com ele que sejam definitivamente "seus" os interesses cumpridos, identificando-os com os da instituição ou sistema. Se não fosse por isso, o aspecto mais neutro do controle mostraria um mecanismo binário de verificação simples que, ao estar inserido em qualquer procedimento que, automaticamente ou disposto a ser ativado por qualquer agente, dá informações instantâneas sobre estar ou não sendo cumprido, ou se cumpriu aquele sobre cujo valor de verdade pergunta-se: "X fez a ação A? Sim/Não; B está sendo cumprido por parte de Y? Sim/Não". Poderá ser comprovada a escassa intensidade da pouca informação qualitativa que confere o controle, mas, em troca se comprovará sua enorme capacidade de proporcionar quantidades colossais de unidades simples de informação.

De toda a extensa, ainda que, a meu ver, necessária introdução anterior, cabe sintetizar que a formação peculiar do currículo, relativa aos processos institucionalizados de ensino e aprendizagem, faz dele um âmbito privilegiado para que possam ser realizadas, por meio do currículo, ações de poder, cuja realização ou êxito político possa ficar submetido a alguns dos múltiplos procedimentos de controle. (Não abordarei, no momento, a demonstração de como o mesmo currículo pode se converter em uma instância de política, de poder e até de controle; quero dizer que destacar sua posição passiva, referente a características ou propriedades sinalizadas, não implica que se deva excluir sua possibilidade de ser, inclusive simultaneamente, agente ativo – no sentido de "fazer ações" – das mesmas.)

Como a modernidade abordou a questão dos saberes e como tem feito sua crítica

O mesmo Kant (2003), considerado com justiça o pai da modernidade – argumentativa ou filosófica, ao menos –, em *El conflito de las faculdades* (1798), limitava as formas e os âmbitos do conhecimento racional, cujo encargo de transmissão ou difusão podia e/ou deveria ser consignado a instituições; se este célebre filósofo é citado, não é pelo seu gênio inegável, mas porque ele iniciaria toda uma série de debates que, fundados em seus escritos e raciocínios, vão constituir um referente explícito para toda a filosofia política posterior (HUTCHINGS, 1996) e, indiretamente, no pensamento sobre os saberes e sua distribuição social do currículo. Como exemplo, podemos tomar um sociólogo lúcido e dificilmente considerado radical (ELIAS, 1994, p. 98), que ensina: "O conhecimento se converteu, no século XX, mais do que em qualquer outra época, em uma mercadoria barata". Mas, um pouco mais adiante, após repassar as funções "civilizadoras" das instituições educativas, continua:

> [...] À medida que os níveis educacionais da população de um país ajudam a incrementar o poder potencial dos governados, os governos se cansam com frequência de apoiar a educação, e sua ajuda às instituições do país deixa de ser entusiasta. [...] Essa atitude ambivalente em relação à expansão do conhecimento se torna ainda mais evidente contra a atitude que adotam muitos governos – e, é claro, os políticos profissionais – em relação a um determinado grupo social [...] "os intelectuais" que estão, em sua maioria, especificamente ligados ao controle, à difusão e à produção do conhecimento. (ELIAS, 1994, p. 99)

Desde Kant, portanto, até uma atualidade caleidoscópia (metáfora para um planeta onde convivem idade da pedra e selvageria hobessiana, racionalidade de extermínios genocidas e megacrises bancárias geradoras de novas fortunas), propagou-se uma nova forma de aceitar o conhecimento – pensamento pós-moderno para alguns ou, algo distinto, o pensamento próprio da pós-modernidade, para outros – uma pretendida crítica ao Iluminismo, cuja derivação na modernidade tardia viu arrastada e poluída a educação intencional e institucional nos excessos de uma "razão racionalista". No entanto, a crítica não se volta especificamente aos discursos kantiano, hebartiano ou orteguiano, para citar alguns filósofos mais conhecidos que trataram da educação. Nascida em um funcionalismo de pretensas origens marxistas, mesmo que de duvidosa ortodoxia (os fundadores foram nada menos que Althusser e epígonos), fundida em uma *mélange* paradoxal com o pensamento da direita norte-americana (Bloom), o pós-estruturalismo francês (Derrida, Deleuze etc.), a filosofia do pensamento débil (Vattimo) e outras criaturas da última metade do século XX, tal crítica situa as intenções educacionais entre os males irreparáveis, produto do mais perverso capitalismo e de sua conspiração delicadamente tecida para propagar seus domínios sobre corpos e mentes. Para o pensamento moderno (histórica e filosoficamente falando), os conhecimentos resultam da conquista progressiva dos códigos com que se pressupunha escrito o universo, seja por uma divindade, cada vez mais discutidas nesses termos de demiurgo, seja por uma humanidade que saiu do estado "natural" que enfrenta a tal natureza para conquistá-la ao mesmo tempo em que conquista sua progressiva liberdade em relação a leis não traçadas por si mesma e pelas quais se sente passivamente oprimida.

Já se quis ver em Descartes o apóstolo premonitório de tal situação, ao dividir *res cogitans* e *res extensa*, embora também em Bacon, com seu primitivo empirismo experimentalista, uma máquina para fazer a natureza falar, um tanto tosca na sua origem, mas que o tempo se encarregaria de refinar. O processo iniciado por eles seguiu se desenvolvendo, poder-se-ia dizer que de maneira muito acelerada (ou atropelada, talvez?), até que, no fim do século XIX e ao longo do XX, foram surgindo vozes que, progressivamente e a partir desses mesmos conhecimentos, contribuiriam para uma maior compreensão e, em consequência, liberação do gênero humano, demonstrando sua relativa debilidade: Darwin, Nietzsche, Freud, Einstein, Heinsenberg, Gödel, etc., para chegar, atravessando a Escola de Frankfurt, na intenção salvadora do estruturalismo e ao chamado "marxismo ocidental", ao pós-estruturalismo e à tão genérica quanto discutida pós-modernidade (LYOTARD, 1984), sancionadora da definitiva morte de um racionalismo cuja persistência só podia continuar sendo explicada pela intenção numantina de alguns de seus seguidores de resistir a aceitar sua disfunção: aqueles que declaram ainda não totalmente completa a promessa moderna (SEBRELI, 1991) ou inclusive aqueles que a negam (LATOUR, 1993).

O que isso representou em termos de crítica aos saberes ou ao conhecimento supôs, naquele momento, uma autêntica bomba-relógio cujo final parece se mostrar inexorável. De fato, a velha, clássica – permitam-me a simplicidade do redutivismo – epistemologia havia nos acostumado a encontrar nos conhecimentos o que Rorty (1989), acertadamente chamou de "o espelho da natureza"; portanto, quanto maiores e mais sofisticados eles forem, maior deveria ser o nosso saber que permitiria o seu domínio. Mas todos os autores mencionados no parágrafo anterior – e alguns outros mais – submeteram essa crença paulatinamente à picareta, mostrando que esta não tinha mais valor do que os ouropéis.

A crítica mais "dura" que atualmente pode ser feita ao conhecimento racionalmente construído não se deriva tanto de seu relativismo, como se quis fazer crer, mas da inexistência de um termo maiúsculo, de uma narrativa universal da qual derivar os critérios para enunciar seu verdadeiro valor. Diante disso, não só os conhecimentos dados como certos e, em consequência, passados a seus canais escolares de distribuição, mas também os métodos "científicos" para sua construção, ficam sob baixa suspeita; lamentavelmente, grande parte do corpo docente tem se deixado arrastar por esse canto de sereias. Todavia, já faz um século que Dewey (1995, 2000), crítico de onde haja epistemologia, não encontrava contradição entre essa carência e a possibilidade e a necessidade da construção e existência de uma escola democrática.

O currículo: de efeitos de verdade a campo de conflitos

O currículo passa, de tal modo, por um processo de produção de efeitos de verdade – como Foucault (1999) os chamaria, retomando a herança nietzscheana – até ser considerado um campo ou uma arena de conflitos, um espaço no qual entram em jogo político as ações de poder sob regras – questionadas – que ditam o controle – não aceito – sobre o curso do desenvolvimento e velam pela – discutível – licitude dos procedimentos. Afinal,

um dos "descobrimentos" derivados da leitura dessas fontes heterodoxas, nas quais também beberam especialistas em estudos curriculares – como Lundgren (1992) na Europa ou Apple e King (1983) nos Estados Unidos, é que o currículo não pode ser abordado como um ente substantivo e essencialista, sempre igual a si mesmo, como o positivismo do século XIX entendeu que eram os saberes disciplinares, e sim que é um processo de construção política cujo sentido se concretiza nos contextos sócio-históricos de sua produção. Isso demonstra o equívoco de falar de "o currículo" (embora se use coloquialmente) em vez de "currículo X", adjetivando-lhe com um lugar institucional inscrito em um momento do desenvolvimento histórico (GIMENO SACRISTÁN, 1988).

As precisões apontadas no parágrafo anterior permitem entender o enunciado geral deste capítulo, isto é, o fato de existir uma política, uma submissão à gestão do poder e, particularmente, um exercício de controle de todos eles atuando não só sobre um currículo anterior a essas influências e que se restabelece ao se submeter às mesmas, mas também que é a política permanente e diferenciada resultante de todas essas tensões políticas, exercícios de poder e efeitos de controle que, afetando e criando simultaneamente as interações entre os seres humanos, a natureza e os saberes prévios sobre esta em prol de sua transformação, perseguem a produção, seleção e valoração de conhecimentos formalizados, dispostos para sua distribuição diferencial. Essa tentativa de descrição minuciosa de um processo se aproxima do que, com relação à interação de política, poder e controle, pode ser entendido sob o nome de currículo.

A pergunta pertinente nesse momento parece ser: se o currículo não é outra coisa (e nada menos) do que o resultado sempre provisório de conflitos ou, como outros preferem defini-lo, a própria arena dos conflitos, o que ou quem são os que se enfrentam nesse terreno, quem são os lutadores e, inclusive, quais são os limites da praça de touros ou do campo de futebol? Se a pergunta não se estende aos motivos da disputa é devido ao que antes já foi dito, muito embora ainda disso resulte algo impreciso, que se lutava por interesses. Mas o que ou quem os representam? E por que se travam conflitos no terreno dos conhecimentos?

ALGUMAS DETERMINAÇÕES DO CURRÍCULO

Nada seria mais incerto, e inclusive falso, que tentar responder às perguntas feitas no final do parágrafo anterior em termos definidos e, ainda menos, universais. Isso não quer dizer que seja impossível se pronunciar a esse respeito; mas, se falamos de currículo em termos de algo que está permanentemente sendo construído e reconstruído, uma vez que esse processo é realizado em contextos diferentes e que afeta os que serão, por sua vez, agentes de reconstruções futuras e imediatas, isso nos dá toda a impressão de havermos entrado em areias movediças.

O currículo, como já foi dito, longe de denominar um objeto, sinaliza com propriedade um momento do complexo processo que acontece quando conhecimentos recém-produzidos, ou acumulados em épocas passadas por sua significação, são submetidos à revisão valorativa, reformatados e colocados em circulação. É evidente que tal processo não se produz no vácuo e que, consequentemente, intervêm fatores desencadeadores, limitantes, condicionantes, reguladores, etc., da ocorrência ou não de tais mudanças e que o façam de uma ou outra maneira.

Fazer uso da existência de "determinações" curriculares é reconhecer a presença de todos esses fatores atuando de forma simultânea ou consecutiva, total ou parcial, global ou local (o que, como se pode observar, introduz uma complexidade ainda maior), de modo que resultam em uma maneira de construir conhecimento formalizado, de valorizá-lo, de selecioná-lo, de distribuí-lo diferencialmente, de submeter a nova valoração os efeitos (pessoais, institucionais, culturais, sociais, etc.) de todo o processo e recomeçá-lo a partir dos novos dados.

As determinações do currículo são apenas tentativas de encontrar respostas que desmintam falsas simplificações (em cada novo currículo, "fazem" isso – no sentido de elaborar e ordenar sua aplicação – os políticos, a Administração ou os acadêmicos) para colocar, em seu lugar, descrições, frequentemente muito complexas e detalhadas, dos movimentos que aconteceram para acabar definindo o que será nada menos do que um formato curricular (o currículo prescrito), muito provavelmente diferente das múltiplas leituras, aplicações ou aquisições que possam ser feitas.

No entanto, não é no próprio currículo nem nos lugares nos quais se tomam decisões sobre essas questões (sejam políticas, administrativas, laborais, empresariais ou outras) que serão encontradas explicações que remetam a algo parecido a uma regularidade nas pautas que guiam esses processos. As lógicas que presidem a construção curricular não são de uma só ordem (nem, sem dúvida, pedagógicas, psicológicas ou de sociologia ou economia normativa) nem, tampouco, pode-se elaborar alguma lei que se refira ao processo de sua construção ou elaboração. Em todo caso, pensando de maneira otimista, poder-se-ia buscar a existência de alguma regularidade que permita definir uma pauta ou critério, por mais aberto que este seja.

Convém esclarecer que, quando uso a expressão "determinações", não o faço no sentido de "determinismo" como relação causal necessária. Trata-se mais de condicionamentos probabilísticos, derivados de diferentes estados, cuja forma final com uma forte correlação entre eles seria imprescindível. É certo que o uso e abuso dessa expressão ou a limitação de sentido desta supõe uma herança do marxismo, mas existe um pensamento determinista que afeta por igual, embora em graus diferentes (forçoso, probabilístico), pessoas, grupos e campos culturais (religião), do conhecimento (antropologia, biogenética), etc. De qualquer maneira, a existência de determinações não impede que estas, por sua vez, não possam desaparecer, transformar-se ou gerar outras novas.

As determinações do currículo poderiam ser reduzidas a relações, produto de instâncias de tomada de decisões ou de forças sociais, econômicas, culturais ou de outra ordem que impedem outros agentes (o corpo docente, por exemplo) instâncias ou relações exteriores de evitar sua influência pois, ao fazê-lo, impossibilitariam, limitariam, otimizariam, etc., o efeito final das ações ou incorreriam em uma provável reprovação ou sanção. Mas, uma vez que esse tipo de "atratores" ou "impulsores" de forças sociais é adotado e naturalizado pelas gerações, acaba se tornando desnecessário lembrar da obrigação de atuar de tal maneira, pois isso faz parte de uma espécie de compulsão inconsciente, um modo assumido de fazer as coisas que, no fundo, não é mais do que a introdução de alguma determinação prévia. Dessa maneira, existem determinações que acabam configurando outras compostas por aquelas somadas (ou melhor, "compostas") de fatores alheios a estas; daí pode-se falar de determinações complexas.

Finalmente, algumas dessas determinações podem chegar a se articular, de modo que, progressivamente, perdem tal característica e se tornam mais rígidas, compondo uma espécie de tecido pouco flexível que suporta muitas das ações, limitando as possibilidades reais (no sentido de legais e factuais) de mudança. Assim, aquelas que antes foram chamadas de determinações complexas não seriam senão as regras que amarram e tornam mais rígidas as outras determinações "simples", que podem acontecer nos diferentes níveis do sistema (sem excluir, obviamente, todos os atores, diretos ou indiretos, do mesmo). É evidente que as regras desse "tecido" não obedecem a razões acadêmicas, educativas ou pedagógicas, e sim a culturas dominantes em uma formação social.

De todas aquelas determinações que poderíamos analisar para dissecar com maior precisão os processos de construção curricular, foram selecionadas as mais afins à política, ao poder e ao controle, por sua onipresença, sua forte influência na formação do currículo e pelos vínculos que mantêm entre si, tendendo a se influenciar e mesmo se reforçar mutuamente.

A articulação dos conceitos-chave de política, poder e controle anteriores ao currículo e à sua transmissão

Não se pode negar a existência de saberes anteriores à confrontação que existe em torno deles. Uma coisa são os conhecimentos já formalizados, prévios a qualquer intervenção atual, e outra é o fato de que o processo de sua circulação mobilize fatores preexistentes, tais como a política, o poder e/ou o controle, que atuem sobre tais saberes em algum dos momentos de sua circulação, alterando-os ou modificando sua forma anterior (que, no caso dos conhecimentos, nunca é alheia aos conteúdos curriculares). Em outras palavras, o currículo remete a uma coleção C de conhecimentos selecionados e formatados que, no processo de sua circulação e transmissão, são inevitavelmente modificados na sua materialidade, de tal forma que quem os recebe se apropria de C', e não de C. O que atua como catalisador é, precisamente, uma articulação de poder, política e controle prévia à transmissão e resultante de uma conjunção de agentes, limites institucionais e outras variáveis da qual, sob o nome de "momento", falarei um pouco mais adiante. Trata-se, em consequência, de determinar as "identidades" das diferentes instâncias de interesse, as respectivas fontes de seu poder e suas contraditórias políticas institucionalizadas resultantes.

Aqueles que são reconhecidos como saberes constitutivos do conhecimento escolarmente transmitido (currículo) são o efeito de outros conhecimentos originais, cuja existência se encontra nas mãos de agentes ou instâncias variados e que têm sido submetidos, antes da sua concretização e transmissão ou durante, a intervenções de ordem mediadora entre uns e outros. Duas advertências a respeito disso: não existem conhecimentos puros prévios, cuja aceitação conferiria ao discurso uma posição essencialista, nem a mediação referida é de natureza monocausal ao ponto que, conhecida em suas variáveis componentes, possa determinar mecanicamente o resultado que irá produzir; a mediação provém da articulação indicada e não unilateralmente de cada um de seus termos.

Voltemos, agora, à identidade das diferentes instâncias e/ou agentes que colocam em jogo seus respectivos interesses até o ponto de defendê-los depositando maior poder nas ações que uns ou outros empreendem, ou seja, politicamente. Todas as políticas possuem uma tradução institucional, que impede que o currículo seja somente uma coleção aleatória de atos de conhecimento (?), ou, ainda mais simples, de conteúdos de conhecimentos empacotados para sua transmissão fiel (alguns, no entanto, pretenderam ambas as coisas ao longo do século XX e talvez também no presente); mas todo currículo tem uma localização, uma cobertura de índole institucional, isto é, uma limitação de normas de natureza jurídica que estabelecem regras, cujo seguimento permite declarar a sua licitude e a discricionariedade com que foram formuladas, que se interpretam e se cumprem, desde que seja garantida a sua heterogeneidade necessária. Dessa maneira, se as políticas são ou estão institucionalizadas, quer dizer que elas estão submetidas a certos limites normativos e seguem algumas regras; e quem dita as políticas dita também as ações que as compreendem, os agentes que as protagonizam e os interesses que se explicitam como sua causa. Outra questão é o fato de que, além do selo institucional com que se apresentam possa ou não sustentar outros tipos de interesses, talvez de licitude duvidosa, ou de práticas políticas – jogos de poder –, talvez de legitimidade discutível, com as quais se pretenda inclinar o jogo a alguns desses interesses (privados *versus* públicos, por exemplo).

Mais uma vez, não se trata de conspiração. O problema é que existem diferentes lógicas presidindo ou sustentando as atuações do sistema educacional e dentro dele, ou seja, de seu conjunto ou órgãos diretores, mas também dos próprios agentes que, longe de compartilhar aquelas, como supunha o paradigma dominante, tratam de impor as próprias. Pois bem, o modo que as primeiras se sustentam é precisamente mediante um conjunto de regras explícitas cujo seguimento é garantido por mecanismos de controle; é, portanto, na detenção do descumprimento ou do desvio dessas regras onde cabe localizar os interesses divergentes particulares dos distintos atores. Quando os agentes, obedientes à sua própria socialização, interagem nos limites institucionais e de acordo com outras circunstâncias, consequência do momento e da situação, ocorre o que antes chamamos de "momento", consistindo na diferença radical entre quaisquer duas ou mais ações educativas institucionalizadas ou conjuntos delas ("políticas"), que parecem se assemelhar pela coincidência de agentes e instituição.

OS EFEITOS DA DIALÉTICA INSTITUCIONAL ESTRUTURA-CULTURA

A existência de um marco normativo, jurídica ou legislativamente sustentado, e das regularizações inscritas no mesmo determina que os lugares destinados a adotar o currículo e trabalhar especificamente no seu processo de circulação, seja em sua produção, distribuição ou valoração, devem se proteger de especificações similares de tais regras (estrutura) para garantir algumas das qualidades do produto ou processo. Por isso, o currículo recebe uma relativa universalidade (relativa ao território ou governo da época, aos formatos dominantes no lugar ou no momento, aos espaços para seu depósito ou transmissão, aos critérios de sua distribuição, etc.) e devem existir múltiplos mecanismos de controle que garantam que cada uma dessas circunstâncias seja adequada ou que não se distorcerá o propósito original, traindo os efeitos pretendidos.

Todo esse conjunto de vias, procedimentos, agentes, meios e mecanismos de distribuição e controle, etc., é adotado sob a forma de um sistema, de modo que a cidadania possa garantir o acesso a um conjunto de conhecimentos que, por se tratarem de bens públicos, não só constituem um direito, mas que, além disso, em nossas sociedades, tais conhecimentos formalizados e distribuídos pelos sistemas educacionais tenham chegado a assumir valor de troca e não só de uso (lembremos da citação anterior de Elias), motivo pelo qual seria uma flagrante injustiça não procurar a sua distribuição diferencial compensadora da carência de outras possibilidades de acesso.

Mas não basta desfrutar do suporte institucional e das garantias que esse compromete, porque em todo o processo entram também em jogo outros fatores, e atuar sobre eles é difícil, uma vez que se tornam mais imprecisos e sua origem é mais longínqua no tempo; trata-se dos efeitos dos diferentes processos de socialização sofridos pelos agentes particulares que se verão envolvidos em algum momento do percurso (cultura). É aqui que entram em jogo questões como as condições familiares (econômicas, sociais ou outras), a escolaridade prévia, os critérios institucionais que possam substituir os anteriores, seja no âmbito das ações como da linguagem, crenças, saúde, histórias particulares desses agentes, seja no âmbito da instituição final receptora (centro escolar) e as condições particulares para a distribuição de poderes dominantes nesta, etc.

Entre ambas as dimensões, a legal, provedora de uma "estrutura" normativa e determinante das regulações comuns a todos os componentes individuais ou corporativos da instituição, e a socializadora, determinante prévia das formas particulares de adoção daquelas regras e constituinte, em seu conjunto, do que pode ser chamado de "cultura", produz-se uma inter-relação peculiar, derivada da dialética universalidade-particularidade, que resulta sempre em efeitos distintos, por mais que algumas das singularidades definidas juridicamente sejam semelhantes. Além disso, visto que o componente catalisador afeta sempre de forma diferente cada um dos membros e que atua de forma igualmente distinta de acordo com os agentes com os quais compartilha – constrói – o espaço institucional, é produzida a originalidade da diferença singular, mesmo se cuidando da simulação das condições do "conjunto" estrutural-cultural.

Por fim, outra das dificuldades ao se referir a isso, prescindindo das descrições dos "atuantes" ou dos processos é que, de fato, algumas características estruturais ou normativas deixam de sê-lo para atuar como elementos de ordem cultural dominante, enquanto, inversamente, alguns traços da cultura dominante podem chegar a adquirir o *status* de norma jurídica ou consuetudinária que, contrapondo a socialização convergente dos membros, é imposta ao conjunto pela via legal. Essa dialética particular, tecida entre estrutura e cultura, produz no comportamento do currículo indefinições de tal ordem que podem chegar a gerar alguns equívocos (no seu sentido geral de "equivocidade") que, não obstante, convém esclarecer para desfazer a confusão que isso gera.

O currículo: aparato ou "dispositivo"? Tecnologia ou "recurso"?

Todo o exposto leva a uma discussão de caráter aparentemente nominalista, mas cuja transcendência se derivará das posições adotadas nela. Frequentemente, o currículo tem sido qualificado como "aparato" (após o marxismo estruturalista de ALTHUSSER, 1975, p. 107 e seguintes), como também em termos de "dispositivo" (no pós-estruturalismo, FOUCAULT, 1985). Como já foi dito, a distinção poderia ser banal; mas convém notar que um "aparato" é uma máquina – ou construção, que, quando aplicada, muda o sistema de forças cuja resultante é um efeito difícil ou impossível de conseguir sem ter mediado o dito mecanismo (nesse sentido, seu funcionamento e seus efeitos se parecem ao das determinações, ainda que seja preciso diferenciá-lo delas). Um "dispositivo", além de não exigir a materialidade do aparato nem de estar sujeito à mecanização, é algo cuja intervenção ou aplicação "dispõe", ou seja, gera ou altera disposições ("é uma máquina para fazer ver e para fazer falar", DELEUZE, 1999); "trata-se de certa manipulação de relações de força, tanto para desenvolvê-las em uma direção concreta quanto para bloqueá-las ou para estabilizá-las, utilizá-las, etc." (FOUCAULT, 1985). Em outros termos, enquanto o grosso do aparato garante o resultado forçando as dimensões às quais se aplica, a sofisticação da forma, a máquina do dispositivo, predispõe para que seja o próprio sujeito ou a instituição que se acredita fazê-lo por sua vontade, sem reconhecer nenhum tipo de força indutora externa a esta.

Visto desse modo, há de se convir que, no currículo, podendo ter sido ambas as coisas, teve mais do primeiro em outras épocas, assim como tem mais do segundo no presente. E essa mudança sutil não é tão banal quando considerada junto a outro par de termos, tão próximos que, com frequência, são utilizados erroneamente como sinônimos, que são os de tecnologia e recursos. Assim como esses últimos indicam a possibilidade de utilizar ou não um instrumento como suporte ou ajuda para uma ação, a tecnologia fala de sua utilização (e não, como um frequente redutivismo indica, do objeto ou artefato), do procedimento envolvido em seu uso e, portanto, dos resultados obtidos "de fato" com esta, ali onde os recursos se refeririam às capacidades, aos ativos ou meios contribuintes da produção, cujo uso poderia modificar as probabilidades de mudar o rumo da ação.

Nenhuma de tais adjetivações se mostra inocente aos efeitos do controle. Porque, assim como o "aparato" designa algo útil para a produção útil, e o recurso, uma possibilidade – e, consequentemente, há uma aparente neutralidade por trás de um e outro –, o "dispositivo", como já foi dito, predispõe ou "coloca em situação de", e a tecnologia implica um saber (*technê*), frente, novamente, à mera possibilidade. Em outras palavras, tanto os dispositivos quanto as tecnologias falam sobre intenções e a capacidade efetiva de sua realização (em relação aos aparatos e outros recursos que denominam apenas probabilidades limitadas dentro de um universo de possibilidades). Quanto ao controle, observa-se que o par aparatos/recursos exige o controle do caráter externo, visível, agenciado por outros; pelo contrário, dispositivos/tecnologia requerem um controle que faça parte de um e/ou outro, visto que na disposição já está implícita a pergunta "se cumprirá ou não", assim como se a tecnologia serve ou não, se cumpre ou não sua função.

Do anterior, infere-se que aceitar o currículo como um dispositivo ou como uma tecnologia significará um deslocamento do controle que incorporará (leia-se: fará parte do seu próprio corpo de conteúdos, procedimentos, regras e socialização) ao mesmo "pacote" curricular um conjunto de mecanismos destinados a regular suas próprias ações e efeitos ou os de outro sistema relacionado com ele, de modo que seja mais previsível seu comportamento ou permitirá cumpri-lo nos termos demandados. Por outro lado, considerá-lo um aparato e/ou recurso o coloca em um lugar contingente, deslocando para outras variáveis a oportunidade de sua utilização e exigindo, em cada caso, a elaboração de mecanismos de controle oportunos, o que os torna explícitos. O controle adota, assim, uma posição central que, no currículo e, portanto, nos sistemas educacionais, pode ou não ter sua visibilidade limitada em graus diferentes. De qualquer forma, visto que não estamos falando de um sistema determinista (como foi explicado anteriormente), e sim de um composto por variáveis aleatórias, será sempre impossível predizer com exatidão o resultado ou os efeitos futuros.

Em consequência, não cabe somente continuar com a afirmação, que agora se comprova um pouco tosca, da dimensão política do controle. Para falar do poder do controle na política, ou, em uma espécie de trava-língua, do deslocamento entre o controle político e as políticas de controle, é quase inevitável remeter-se a Carl Schmitt (BOHORQUEZ MONTOXA, 2006), às funções atribuídas à sua visão das relações entre constituição e Estado, ao resto de suas teorias baseadas em antagonismos e, posteriormente, ao poder conferido para seu uso por parte de uma dimensão pública antes negada. Mas permitam-me abster-me de confiar em autores de legitimidade democrática discutida (ou, se preferir, com posições nazifascistas comprovadas, ainda sujeitas ao revisionismo contemporâneo); sem ele, também pode se considerar como certo que o controle – e, na medida em que é parte integrante de seu corpo, o próprio currículo – tem uma dimensão política, pois, dentro do jogo de oposição e enfrentamento de ações encaminhadas a alcançar maior poder, o simples conhecimento dos movimentos do contrário já confere parcelas adicionais de poder.

O controle é, então, sempre político? Melhor responder que ele é sempre suscetível a cumprir uma função de ordem política. Mas, caso se apele a outra possibilidade, referente às políticas de controle, longe de se tratar de um simples jogo de palavras, é possível ter como consequência uma compreensão mais acertada. Uma política de controle significa, quase literalmente, um conjunto de ações de poder voltadas a obter maior controle por parte de um dos competidores mediante a utilização das tecnologias apropriadas. Nesse caso, o controle não é um meio para adquirir maior poder – como era no caso anterior –, mas pelo contrário, trata-se do propósito principal do exercício político; estabelece-se o combate pela conquista de maiores parcelas de controle, o que implica um conhecimento maior e mais amplo, mais capilarizado em cada pessoa ou ação e de maior extensão, socialmente falando, que aspectos correspondentes menores e aparentemente mais inofensivos.

Assim como as políticas de controle se tornam suspeitas de favorecer totalitarismos pelas informações que colocam à disposição dos poderes, o exercício de um controle de caráter político é, segundo o meu ponto de vista – e quero crer que segundo um ponto de vista democrático –, desejável, porque confere informações sobre as ações a enfrentar e talvez a combater essa ordem. É, sem dúvida, um ponto de vista conservador no sentido que aspira a conservar as posições de poder adquiridas; mas ele faz com que sua culpabilidade seja discutida o menos possível, enquanto visibiliza aquelas posições de poder que, por outro lado, podem representar, terem sido conquistadas e serem defendidas por setores que, em outro sistema, seriam ignorados ou menosprezados, especialmente se são de caráter democrático.

Correspondência entre responsabilidade e controle

Para trabalhar a inscrição do currículo na aparente circularidade do título, é preciso introduzir um componente em cuja correspondência com o controle, o elemento mais simples dos ali assinalados, estão as chaves de sua utilização, segundo instâncias e momentos. Trata-se da responsabilidade, cujo sentido etimológico – transparente no vocabulário de outros idiomas – remete à capacidade, necessidade ou obrigação de responder pelas ações frente às instâncias que demandem, tendo ou não legitimidade democrática para fazê-lo (WAGNER, 1989). Já foi dito que o currículo pode atuar tanto como objeto quanto como sujeito de controle. No primeiro caso, ser objeto de controle significa que existe um mecanismo que presta contas a algum órgão do cumprimento ou não de alguns dos extremos formulados em tal currículo – ou, seria mais preciso dizer, em tal formato curricular – ou dos procedimentos seguidos no seu curso; a questão da responsabilidade, nesse caso, revolve-se conhecendo frente a quem se apresenta à informação gerada por esse controle e quem são os agentes da ação sujeita ao mesmo ou, em outros termos, quem é responsável e diante de que instância pela ação ou omissão relativa a algum dos aspectos do currículo. Se, ao contrário, o currículo se torna sujeito de controle, lhes são atribuídas capacidades que resultam em um instrumento ao qual se pode recorrer para dar conta, etc., a questão é determinar frente a quem e de que se dá conta, não sendo este último próprio do currículo, e sim uma ação ou omissão relativa a ele e imputável a algum de seus agentes.

A diferença entre os dois casos é sutil, já que em qualquer um deles são os agentes que têm de responder, e cabe suspeitar que frente à mesma instância. O que marca o ponto de inflexão é que, se o objeto do controle é o currículo, é nele que se aplicarão os mecanismos apropriados; enquanto, se o currículo é sujeito de controle, ele se converte no mecanismo utilizado para produzir a reposta cuja pergunta logo se fará. No primeiro caso, o que se submete ao controle (e isso pode ser feito mediante mecanismos muitos refinados) é o quê, quem, quanto, como, etc.; o segundo proporciona informações sobre o próprio processo de ensinar e os meios pelos quais isso se desenvolve. A diferença, como já foi dito, é sutil, e é que, nesse segundo caso, o controle é ocultado, ao contrário do primeiro, onde é exteriorizado, atribuindo-lhe corporeidade e presença: um sabe que está sendo submetido a ele e, portanto, que pode lhe pedir que responda, diga do que é responsável e até mesmo perante quem.

Se voltarmos agora àquilo que liga os três elementos do título do capítulo, depois do exposto, pode-se afirmar que os mecanismos de controle fazem parte, como ações de poder, das políticas (WHITE, 1983); mas há algo que diferencia notavelmente essas vias, a princípio legítimas, para o conhecimento das ações e das perguntas pertinentes a esse respeito. O limite de sua licitude determina sua transparência, não só para os agentes, mas também para a cidadania, uma vez que esta é uma instância perfeitamente qualificada e com direito de exigir responsabilidade com respeito à educação que seus concidadãos recebem, sejam ou não seus progenitores ou tutores legais. Em outras palavras, o próprio poder pode se centrar em torno de pessoas, instâncias, momentos, ações, etc., e qualquer núcleo de poder significa uma assimetria dificilmente tolerável em uma sociedade democrática (mas não a autoridade); a forma de evitar sua distribuição desigual ou impedir sua acumulação injusta é dar transparência aos modos em que circula, aos procedimentos pelos quais é agregado a instâncias e aos efeitos derivados das informações das quais provém e frente a quem (em nossa tradição, poderia ser representado pelos três poderes do Estado: legislativo, executivo e judiciário), isto é, sempre está sendo exercido, uma vez que é submetido ao exercício de um controle que vela por obter respostas sobre a legitimidade e licitude de seu uso. Somente políticas e mecanismos de controle transparentes à cidadania podem garantir um poder democrático; quem o exerce de uma maneira oculta, secreta, ou com um monopólio, resistirá ao controle daqueles que, paradoxalmente, exigirão ser os únicos com capacidade para ostentar e receber suas respostas.

Levando em conta que a democracia é uma forma de exercício da política que consiste em canalizar os conflitos sem ter de recorrer para a sua resolução a formas violentas ou ao uso da coerção, a transparência no exercício do controle é uma de suas garantias. No caso do currículo, isso se alcança outorgando a legitimidade de seu exercício a instâncias representativas, obrigadas por conformação e atribuições a essa transparência; por um viés negativo, a definição e o controle do currículo podem trazer à tona ou tornar visíveis todos aqueles resquícios nos quais o poder possa se concentrar de forma imprópria (mecanismos obscuros para a designação de cargos, designação de postos escolares, avaliações impróprias, etc.; atos das autoridades que neguem ou evitem explicações racionais; dotações orçamentárias ou materiais que não respondam a critério de qualidade, etc.).

Autonomia e formas de exercício do controle

O terceiro elemento que se encaixa na correspondência entre controle e responsabilidade é a autonomia. Dada a sua estrita relação, frequentemente se torna difícil distinguir entre os três elementos para sua exposição teórica independente; mas existem recursos que permitem diferenciar quando e em nome de qual elemento se opera. A primeira coisa que cabe dizer sobre a autonomia é que, assim como ela tem sido matizada com outros termos, só deixa de ser adjetivada para efeitos práticos da conversação; no entanto, a autonomia carece de qualquer referência que torne efetivo se referir a ela se não se inscreve nos parâmetros de que ou quem, com respeito a que ou quem e para fazer o quê. Com demasiada frequência, utilizar o termo deixando de lado tais referentes contextuais conduz a armadilhas de linguagem; desse modo, por exemplo, podemos mencionar que a Lei de Educação, que – já revogada – acabou sendo a mais retrógrada aprovada na Espanha democrática (Lei Orgânica da Qualidade da Educação – LOCE, de 2002) era a que mais vezes citava o termo "autonomia". Certamente, quando se utiliza como referência a autonomia que se concede às instituições escolares para gerir seus recursos obtidos das administrações centrais ou autônomas ou conseguidos através de seus próprios meios – ainda alienando recursos públicos –, teríamos de chamá-la autarquia.

A autonomia foi, como se vê no parágrafo anterior, uma das estratégias utilizadas para enfrentar a debilidade dos sistemas educacionais ou a pretensa crise na qual está imersa grande parte dos países ocidentais. É, sem dúvida, uma estratégia combinada com, por exemplo, a "eleição livre" ou a avaliação, e seu uso foi um dos aríetes da direita liberal para obter maior controle sobre os mecanismos educacionais do Estado e o que eles supõem ser o atentado perpetuado por este em relação seus direitos e/ou liberdades individuais. É desnecessário dizer que, segundo os parâmetros que foram assinalados anteriormente, tem sido feito um uso, mais do que discricionário, arbitrário, da autonomia dada ao aluno, às famílias, às instituições de educação e também às Comunidades Autônomas, às Províncias, aos Estados ou, enfim, às unidades públicas descentralizadas.

Em alguns casos, pode ter sido feita uma inferência pela transliteração que faz parecer sinônimas as escolas autônomas com as autogerenciadas; é evidente o erro ao qual se incorre com isso, pois a autonomia se refere, como será detalhado no parágrafo a seguir, à norma, enquanto a autogestão faz o mesmo em relação às operações que os atores realizam no marco delimitado por essa norma: evidentemente, não é a mesma coisa possuir faculdade para definir ou para se apropriar de uma norma à qual se conferirá poder de sanção que operar no seio dos limites de licitude que aquela define. O que, pelo contrário, se faz em todos esses casos é a produção de um desequilíbrio de poder que se traduz em conflitos, na maioria das vezes manifestos, entre os representantes das Administrações (sejam qual forem seus níveis) e os atores, também em qualquer uma de suas modalidades. Tais conflitos costumam adotar principalmente a forma de disputas em torno do financiamento e, concretamente, na Espanha, ainda não terminaram as diferenças em torno da conveniência ou não de que cada centro disponha de um gestor ou administrador, alheio ao corpo docente, que se ocupe dos aspectos que teriam a ver com o que já foi chamado de "vida empresarial" da escola. Para comprovar que não se trata de um fenômeno local, assim com as múltiplas formas de sua utilização, pode-se fazer uma consulta ao livro de Smyth (2001).

A autonomia faz par com sua heteronímia complementar: tanto uma quanto a outra estão compostas da forma mais simples, com o uso da mesma raiz, que vem do grego "*nomos*", lei, e mudam seu prefixo fazendo preceder àquele a partícula "auto" (mesmo) ou "hétero" (diferente). Contudo, nenhum desses termos se refere a uma condição absoluta: em qualquer caso, situação, pessoa, etc., há autonomia até certo grau, sempre complementada por heteronímia ou vice-versa, por mais que, coloquialmente, tenda-se a prescindir do complemento para atribuí-lo a quem desfruta unicamente da característica de maior presença.

A respeito de vínculos ou associações entre esse conceito, a responsabilidade e o controle, uma forma simples de denominar sua relação é estabelecer a correspondência entre quantidades e/ou formas, de tal modo que à maior autonomia corresponda maior responsabilidade, exigindo, por sua vez, maior controle externo; uma grande heteronímia ou dependência da lei supõe um grau de responsabilidade que depende praticamente de um controle muito simples que permita responder se essa lei foi cumprida ou não. O controle burocrático, assim como o técnico, por exemplo, ambos incorporados aos procedimentos ou à própria tecnologia, praticamente permite dar sanção de legitimidade somente ao cumprimento de decisões do tipo "soma zero", isto é, aquelas nas quais, dada uma quantidade finita, restará menos quanto mais se subtrair. O extremo contrário é representado pelo chamado "controle de qualidade", que atribui maior responsabilidade a quem diz outorgar maior autonomia; nesse caso, e nos termos que vêm sendo definidos, o controle – que, como foi dito, é sempre binário – é exercido sobre a resposta ao cumprimento ou não de uma das variáveis a partir da autonomia concedida, mas cuja definição – a das variáveis – foi subtraída aos agentes; ou seja, tem-se uma autonomia para cumprir a norma e, à medida que é mais fiel, a ela é atribuído um termo que resume essa situação sem nomeá-la e que qualifica a fidelidade, sendo esse resumo o termo melhorativo de qualidade. Portanto, os contextos de emergência, implantação e efeitos de um e outro caso não são inócuos em relação à atribuição final.

O que é indiscutível, em todos os casos, é que a difusão ou expansão do termo autonomia (mas com significados tão opostos como aconteceria com o conceito de "qualidade") aconteceu no contexto das relações industriais do chamado "pós-fordismo", com o processo que este conduz de desmantelamento da disposição vertical dos clássicos esquemas "de oficina" e sua substituição por uma diversidade de unidades descentralizadas (na verdade, obedecendo às vantagens da deslocalização) que, inevitavelmente e, ainda que conservando um pequeno núcleo central, tinha de conceder autonomia relativa para ajustar sua produção aos novos contextos de implantação.

A tradução dessas pautas empresariais para o mundo escolar, nos diferentes níveis dos sistemas educacionais, apenas seguiu um padrão que começou na aurora do século XX com as tentativas de planejar tecnologicamente os currículos, seguindo, naquele caso, o guia das primeiras e radicais transformações introduzidas pelo taylorismo, o fayolismo e o fordismo. A vantagem que, nos sistemas educacionais, representa deslocar as tensões e conflitos desde os níveis centrais até as unidades periféricas, de quem se exige a mesma responsabilidade sobre as ações empreendidas para alcançá-las, levou à generalização da aposta por esse modelo em âmbitos que ainda não desfrutavam das vantagens econômicas da deslocalização. Isso nos leva a tratar, mesmo que de modo superficial, por ora, uma questão associada: a descentralização.

DESCENTRALIZAÇÃO DE POLÍTICAS CURRICULARES E CONTROLE DO CURRÍCULO

Por último, e para encerrar este capítulo, não se pode deixar de mencionar a correspondência – novamente, inevitável, em termos genéricos – entre as decisões que afetam o currículo e o controle exercido sobre ele. A evidência das similaridades nas transformações de um e outro se mostra em todas as seções e em todos os parágrafos anteriores, mesmo que talvez com maior transparência nos últimos, nos que evidenciam as mudanças de orientação do currículo "nacional" ou "estatal" de acordo com as reestruturações feitas nos âmbitos produtivos ou empresariais (que, por sua vez, possuem formas particulares de se corresponder de forma cultural e social em termos que aqui não se considera pertinente desenvolver).

Levando em conta que, em todo este texto, o termo currículo foi tomado em uma acepção próxima à sua dimensão política, que o associava às decisões governamentais e não tanto a suas práticas ou ao currículo em ação, não se pode deixar de citar o caráter centralizador ou não dessas decisões, isto é, o seu alcance e o controle sobre elas ou a resposta sobre a sua execução. Poderia parecer uma obviedade, mas é, no entanto, frequente se deparar com situações tais como a decisão de "descentralizar" o currículo, que consiste em livrar os agentes de decisões que corresponderiam à instância que lhes concede autonomia a respeito, mas conservado, no entanto, o controle sobre a realização. Ou então, de efeitos não menos perversos, ditar a autonomia sobre a execução de um currículo elaborado por uma instância central, ao passo que se outorga às periféricas a responsabilidade e o controle. A situação mais absurda, no entanto, que estamos presenciando em alguns de nossos países de referência nos últimos anos, é a de conceder autonomia à periferia para elaborar um currículo ou "traduzi-lo" no que alguns apóstolos chamaram de o último nível de concretização, deixando também ao corpo docente o exercício do controle, em nome dessa mesma autonomia, que, nesse caso, não é mais que o abandono evidente de responsabilidade, visto que as instâncias governamentais se diluíram antes de se renderem – por ignorância dolosa de sua competência –, e as sociais morreram ao longo dos últimos anos, vítimas de uma provocada e não menos culpável inanição política.

Não podemos enfrentar assim (e é esse o caso da Espanha), uma situação pela qual um sistema educacional (?) jamais passou, pois se carece de informações relativas a um controle confiável, seja do processo, seja do produto, ao passo que não é atribuída a ninguém a responsabilidade sobre esse estado de coisas no qual todos supuseram não só sua autonomia, mas o respeito absoluto do resto. A situação, sem chegar à anomalia, é verdadeiramente arriscada para um sistema normativo, de caráter público e alcance universal em um país. Sem a mínima heteronomia ou instância que a exerça, que exija responsabilidade e estabeleça mecanismos de controle, a educação institucional pode se converter em um destroço à deriva, desnorteado, do qual somente a sorte protegerá de males maiores. Nessa situação, não é de se estranhar que se divulguem cada vez mais videntes ou titereiros ambulantes levando um espetáculo infantil risível que se desmonta, satisfeito, depois de ter provocado a inocente distração de um público ignorante.

REFERÊNCIAS

ALTHUSSER, L. *Escritos:* 1968-1970. 2. ed. Barcelona: Laia, 1975.

APPLE, M.; KING, N. Qué enseñan las escuelas? In: GIMENO SACRISTÁN, J.; PÉREZ GÓMEZ, A. *La enseñanza*: su teoría y su práctica. Madrid: Akal, 1983. p. 37-53.

BEETHAM, D. *The legitimation of power*. London: Macmillan, 1991.

BOHORQUEZ MONTOYA, J. P. El poder constituyente, fundamento de la democracia: Carl Schmitt. *Papel Político*, Bogotá, v.11, n. 2, p. 525-556, jul./dic. 2006.

BRAVERMAN, M. *Labor and monopoly capital*. London: Monthly Review Press, 1974.

CLEGG, S. R. *Organization, class and contral*. London: Routledge, 1980.

DELEUZE, G. *Michel Foucault, filósofo*. Madrid: Gedisa, 1999.

DEWEY, J. *Democracia y educación*: uma introducción a la filosofia de la educación. Madrid: Morata, 1995.

DEWEY, J. *La miseria de la epistemologia*: ensayos de pragmatismo. Madrid: Biblioteca Nueva, 2000.

DUSO, G. (Coord.). *El poder para una historia de la filosofía política moderna*. Buenos Aires: Siglo XXI, 2005.

ELIAS, N. *Conocimiento y poder*. Madrid: La Piqueta, 1994.

FOUCAULT, M. *Saber y verdad*. Madrid: La Piqueta, 1985.

FOUCAULT, M. *La verdad y las formas jurídicas*. 6. ed. Barcelona: Gedisa, 1999.

GIMENO SACRISTÁN, J. *El currículum*: una reflexión sobre la práctica. Madrid: Morata, 1988.

GRAMSCI, A. *Notas sobre Maquiavelo, sobre la política y sobre el Estado moderno*. Buenos Aires: Nueva Visión, 1980.

HUTCHINGS, K. *Kant, critique and politics*. London: Routledge, 1996.

KANT, E. *El conflicto de las facultades*. Madrid: Alianza, 2003.

LATOUR, B. *Nunca hemos sido modernos*. Madrid: Debate, 1993.

LUKES, S. *El poder*: un enfoque radical. Madrid: Siglo XXI, 1985.

LUNDGREN, U.P. *Teoría del currículum y escolarización*. Madrid: Morata, 1992.

LYOTARD, J. F. *La condición postmoderna*. Madrid: Cátedra, 1984.

REINDHARDT, O. *Diccionario de ciencia política*. Madrid: Alianza, 1980. p. 502-510.

RORTY, R. *La filosofía y el espejo de la naturaleza*. Madrid: Cátedra, 1989.

SMYTH, J. (Ed.). *La autonomía escolar*: uma perspectiva crítica. Madrid: Akal, 2001.

SEBRELI, J. J. *El asedio a la modernidad*. Buenos Aires: Sudamericana, 1991.

WAGNER, R. B. *Accountability in education*: a philosophical inquiry. London: Routledge, 1989.

WEBER, M. *Estructuras de poder*. Buenos Aires: La Pléyade, 1977.

WHITE, P. *Beyond domination*: an essay in the political philosophy of education. London: Routledge, 1983.

3 As forças em ação: sociedade, economia e currículo

Mariano Fernández Enguita[1]
Universidade de Salamanca

Por trás do termo *currículo*, há dois pressupostos que é preciso explicitar. Primeiro, que não falamos de *aprendizagem*, e sim de *ensinamento*, isto é, de uma ação consciente, deliberada e encaminhada para que a aprendizagem siga certas pautas e alcance certos objetivos. Segundo, que tal ação acontece fora das instituições *primárias*, ou seja, não como resultado inevitável nem como um anexo voluntário das funções próprias destas: a criança na família de origem, a sobrevivência e a reprodução na família de destino, a exploração da terra ou a defesa coletiva na comunidade de um povoado, etc.; que se trata, em contraste, de uma ação independente realizada em uma instituição específica (a escola) por agentes cuja função social é apenas essa (os docentes). Podemos, obviamente, forçar o sentido da palavra: quem se propõe a aprender por conta própria, por exemplo, a andar de bicicleta, pode estabelecer seus objetivos, uma sequência e, portanto, um currículo: primeiro, começar os impulsos com as pernas abertas, na continuação, pedalar, depois frear e se sustentar com um pé no chão, etc.; obedecer aos *10 mandamentos* e cuidar de maneira eficaz de cabras e ovelhas, por outro lado, poderia ser considerado o currículo dos judeus na época do Antigo Testamento, aprendido com a mera vida cotidiana. Mas, para que pudéssemos falar de *currículo*, seria necessário que a sociedade planejasse o ensinamento como uma atividade específica, com atores específicos e em cenários específicos.

Com que finalidade? Se lançássemos essa pergunta em um debate estudantil, a maioria das respostas seria certamente deste teor: *de fato*, a educação quer formar trabalhadores submissos, cidadãos passivos, consumidores ávidos, etc., mas *deveria* buscar a felicidade individual, o desenvolvimento pessoal, uma atitude crítica, etc. Ao contrário de qualquer essencialismo e muito longe de qualquer tipo de messianismo, Durkheim (1922) definiu a educação como

> a ação exercida pelas gerações adultas sobre aquelas que ainda não estão maduras para a vida social. Tem como objetivo estimular e desenvolver na criança certo número de estados físicos, intelectuais e morais que dela exige a sociedade política em seu conjunto e o

meio especial ao qual está particularmente destinada.

Essa definição pode parecer prosaica, até mesmo cínica, e pouco interessante para quem concebe ou deseja concebê-la como um processo de desenvolvimentos interior, à margem da sociedade, ou como o cultivo de não se sabe quais capacidades extraordinárias além desta, mas resume bem o que a sociedade espera: cidadãos conscientes e trabalhadores qualificados. Ser cidadão é fazer parte da sociedade em geral (política, segundo Durkheim), o que requer capacidades similares e compartilhadas, mesmo que alguns cidadãos possam chegar a precisar adquirir ou desenvolver capacidades mais específicas (os governantes, os representantes, os líderes, etc.); ser trabalhador, no sentido mais amplo, exige, em uma sociedade baseada na divisão do trabalho (doméstica, mercantil, burocrática, capitalista ou de qualquer tipo que possa ser), capacidades especiais, correspondentes a uma função concreta, embora também haja outras capacidades comuns (as necessárias para a cooperação e o intercâmbio).

A ESCOLA E A CIDADE

A história da educação anterior à modernidade nos mostra duas situações típicas nas quais surge e floresce algum tipo de escola. Uma é a existência de uma burocracia civil, religiosa ou ambas as coisas, apoiada pelo domínio de algum tipo de saber esotérico, inacessível ao conjunto da população: escribas, sacerdotes ou funcionários a serviço de administrações imperiais com uma organização complexa que requer o manejo de um conhecimento codificado e amplo, de ensinar a ler e escrever as leis, passando por técnicas de medição, cálculo, interpretação de textos, etc. É o caso dos escribas egípcios, dos mandarins chineses, dos monges budistas, dos sacerdotes maias, dos *missi dominici* carolíngios, etc. Cada uma dessas burocracias, que frequentemente é uma *noblesse de rôbe*, tem de cooptar seus novos membros em um processo de transmissão e seleção do conhecimento alheio a qualquer instituição primária como a família ou a comunidade, algo reforçado também por uma elevada probabilidade de que o cargo não seja transmissível por via familiar e, inclusive, que a lealdade à casta burocrática suponha a renúncia à família ou, ao menos, à reprodução. Isso produziu paradoxos como aquele em que a igreja católica primitiva pôde, ao mesmo tempo, se opor frontalmente à alfabetização e à educação, consideradas um veículo do paganismo, mas teve de criar suas próprias escolas em paróquias, monastérios, abadias, etc., imprescindíveis para sua reprodução burocrática.

A outra, e a que aqui mais nos interessa, é a cidade. Seja a *pólis* grega, a *civitas* romana, o *burgo* medieval ou a *città* renascentista, a cidade representa sempre um contexto bem distinto daquilo que, outrora, imperava para a maioria da humanidade, no caso, a aldeia camponesa. Em primeiro lugar, a cidade supõe uma dimensão demográfica maior, mas também e sobretudo uma organização política diferente e uma divisão do trabalho muito mais desenvolvida. Isso requer cultura, valores e instrumentos de comunicação compartilhados acima das diferenças de origem (família, clã, povoado, etc.) e de função (estabelecimento, ofício, associação). A especificidade das burocracias governantes e das cidades nos indica que a escolarização talvez seja tão antiga e tão moderna, tão longínqua e tão recente: uma instituição e atividade antiga, se buscamos seus precedentes minoritários, mas muito tardia se pensamos na sua universalização. Onde quer que tenha existido cidades ou impérios (ou uma mescla – as capitais imperiais), tem havido escolas um tanto parecidas com elas, embora sua universalização tenha tido de esperar a Idade Moderna, especificamente o impulso do Estado moderno, a urbanização e a industrialização.

Por que essa forte tensão escolarizadora da cidade? Porque, baseada no território e não na descendência, ela se contrapõe à família estendida, à linhagem, aos genes, ao clã, à estirpe, etc. Como forma alternativa ampliada e extensa de comunidade, a cidade requer a construção de uma nova identidade coletiva, de uma simbologia comum, de uma cultura compartilhada, que não pode surgir pela mera agregação das comunidades étnicas precedentes, mas que precisa ser criada, transmitida e adquirida de forma específica em estruturas diferentes das familiares, estruturas vertebradas em torno da "ação exercida pelas gerações adultas sobre aquelas que ainda não estão maduras para a vida social" que chamamos de escolas. A escola nasce assim – convém recordar – como o instrumento de socialização do *demos*, em contraponto – nos fins e nos meios – ao *etnos*. Em termos também de Durkheim (embora não me conste que ele o utilizou para esses efeitos), poderíamos considerá-la um instrumento da solidariedade orgânica, própria da divisão do trabalho social avançada, enquanto a família e outras instituições primárias seriam o suficiente para assegurar a solidariedade mecânica (DURKHEIM, 1893).

A cidade, o *demos*, supõe uma ampla presença dos *bens públicos*, entendendo por tais não só, obviamente, o patrimônio ou os serviços públicos como também o que a economia denomina assim, a saber, os bens não rivais ou não excludentes e as externalidades que aumentam em extensão e intensidade quando também aumentam os núcleos populacionais, sua densidade e sua complexidade (SAMUELSON, 1954). A administração, o respeito e o desfrute dos bens públicos requerem certa densidade do tecido social, certo nível de solidariedade e certos mecanismos de decisão compartilhados ou de legitimização das decisões, tudo conduzindo, mais uma vez, para uma cultura aceita pela comunidade, além dos fortes, porém curtos, nexos primários.

A cooperação na produção e o intercâmbio na distribuição, correlatos da divisão do trabalho nos processos produtivos e entre eles, têm outros requisitos. A cooperação na mão de obra ou na fábrica exige instrumentos de informação e de comunicação compartilhados, mais ou menos complexos, e o intercâmbio, principalmente se acontece através do mercado, reclama outro tanto, assim como notáveis doses de ética e confiança. Trata-se dos *vínculos frágeis*, de força muito menor e também muito mais especializados (menos difusos, isto é, menos abrangentes) do que os vínculos *fortes* próprios das instituições familiares ou totais, mas que são os que permitem e fazem funcionar as grandes coletividades. O trabalho artesanal, ao contrário da ocupação camponesa, supõe aprendizagem, manejo de informação compartilhada, certa inovação, e o mercado, diferente da distribuição simples própria da fazenda feudal, demanda ao menos rudimentos de cálculo, certo nível de saber ler e escrever e algum conhecimento do produto.

Enfim, surge a escola com caráter *universal* (dentro dos limites de quem forma a *comunidade*: os homens, os varões, os livres, os nascidos nela, os que possuem propriedades ou exercem ofícios, etc.) ali onde se desenvolve uma estrutura de relações econômicas e políticas, regulares como o mercado, as associações, a obrigação da servidão, os impostos pessoais, etc., e não simplesmente ocasionais como o pagamento de impostos coletivos. A abstração das relações sociais que supõem o desenvolvimento do mercado e a inserção na esfera jurídica da convivência traz consigo a necessária abstração do conhecimento, a substituição do conhecimento concreto e vinculado próprio da economia de subsistência e da atividade agrária ou das atividades artesanais mais tradicionais, assim como das relações adscritas e hereditárias de dependência pessoal, pelo conhecimento abstrato e transferível próprio de uma sociedade mais complexa, aberta e dinâmica.[2]

O modelo da cidade se universalizará, nos planos econômico e político, na forma do mercado (ou a distribuição burocrática) e da industrialização (capitalista ou comunista) do Estado-nação, na sua vertente dupla burocrático-administrativa e democrático-cidadã, e será o desenvolvimento dessas esferas, com suas demandas específicas, que explicará boa parte dos condicionantes e das pressões sobre a escola e, junto com sua própria dinâmica interna, seu desenvolvimento histórico.

A ESCOLA E O ESTADO-NAÇÃO

O Estado é, portanto, a forma moderna da pólis, e a escola, um dos seus principais instrumentos de produção e reprodução, particularmente de sua legitimidade. O Estado moderno é a forma de comunidade política que se converteu em dominante frente a outras formas potenciais de organização das grandes coletividades. Dito isso, duas questões permanecem abertas: a primeira, quem compõe a comunidade. Aqui, estão implicados critérios sobre o papel relativo do território e a descendência comum, e excepcionalmente outros, como a raça ou o credo religioso, mas também por que outorgar relevância a esse nível comunitário (o Estado ou a nação) em vez de a outros mais próximos, como poderiam ser a cidade, o país (no sentido físico), o clã ou a família, ou mais amplos como a civilização (se é que existe algo que possa se delimitar assim) ou a humanidade. Para ele, são necessários alguns critérios aceitos dentro e fora: dentro, pelos cidadãos; fora, pelo sistema de Estados. A segunda questão é como se organiza essa coletividade, desde o mero monopólio da violência até o moderno Estado constitucional (baseado no império da lei), liberal (que respeita os direitos e a autonomia individual), democrático (com participação de todos em decisões coletivas) e social (que assegura um mínimo de recursos e oportunidades). Essas duas questões tiveram uma enorme importância para a escola e, mais concretamente, para o currículo expresso e tácito.

Quem forma a comunidade? Essa delimitação que está por trás das ideias da *polis*, da *república* (no sentido de *res publica*), da sociedade *política* à qual alude Durkheim, do *demos*, etc. Ao se proclamar como tal, o Estado se postula frente a outras possíveis definições ou delimitações, primeiramente frente às máximas e às mínimas: máximas como toda a humanidade ou inclusive conjuntos mais amplos (os seres racionais – que, para alguns, incluirão anjos, alienígenas, quem sabe até mesmo ciborgues –, os primatas superiores, os seres vivos, etc.), e as mínimas, como seriam as unidades básicas de convivência e reprodução (a família estendida ou conjugal, o lar, inclusive o indivíduo). Até a delimitação aparentemente mais simples, as pessoas agrupadas no território, não é tão simples assim: todas as pessoas? Incluindo nativos não residentes e residentes não nativos? A cidadania nasceu excluindo as mulheres, os servos e escravos, os serventes domésticos, os estrangeiros, os presos ou internados, os não proprietários de terras, os não contribuintes, etc. Como se não bastasse, o Estado também se postula frente a outras possíveis delimitações intermediárias entre esse *centro* arbitrário e os extremos, como por exemplo, outras possíveis comunidades de base territorial. Por que a Espanha e não o reino de Aragão, os Països Catalans (os territórios onde o catalão é falado), a Catalunha ou o Vale de Arán, etc., ou, no sentido contrário, a Federação Ibérica ou os Estados Unidos?

O objetivo aqui não é esse debate, apesar de ele ser instigante, mas, pelo que nos interessa, assinalar que a escola foi, é e sempre será um instrumento da produção e reprodução da comunidade política: da que existe, que age por simples inércia e que se quer reproduzir, e daquelas que poderiam existir, que podem ter maior ou menor potencial e que se quer construir. Por isso, onde quer que haja concepções contrapostas sobre qual comunidade deve prevalecer ou inclusive sobre quais devem ser as relações entre sucessivos âmbitos comunitários sobrepostos, a escola se converterá no cenário de um conflito político, administrativo, profissional e ideológico. Dir-se-á que aquela antiga ideia de Althusser (1976) sobre os *aié*, como os chamava Semprún, os *aparatos ideológicos do Estado*, o mais importante dos quais dizia ser a escola, como instrumentos e cenários de um conflito ideológico entre as classes sociais, tendo perdido bastante fôlego em relação à sua versão original (entre um proletariado que se *aburguesa* por suas aspirações de mobilidade, uma burguesia que se *proletariza* ao ceder ante à potente classe profissional-diretora e uma *nova pequena burguesia* triunfante em seu âmbito, os professores que se adonam da instituição), apresenta nova vida, inclusive mais próspera, apenas se compreendermos que a batalha ideológica não é entre diferentes grupos da comunidade (as *classes*), mas entre diferentes comunidades ou definições e delimitações da mesma.

Efetivamente, não há governo, nem mesogoverno, nem aspirante a promover outro âmbito de governo que não faça da escola o objeto privilegiado de seu zelo, seus esforços ou suas maquinações. Os governos no cargo, obviamente, não vacilam em utilizá-la para defender seu projeto de nação, de cidadania. Às vezes, fazem isso de forma particularmente agressiva, como as ditaduras e os governos baseados em partidos nacionalistas e/ou populistas, e às vezes de forma especialmente pacata e tímida, como nos períodos de ressaca após o ultranacionalismo ou quando se precisa do apoio político ou parlamentar de partidos com outros projetos nacionais. A Espanha oferece há mais de 40 anos o exemplo dos delírios excludentes, totalitários e paleoimperais do franquismo e outros tantos exemplos de passividade, resignação, correção política mal-entendida e até mesmo submissão dos governos da democracia frente aos excessos e à pressa para fugir dos nacionalismos periféricos. As chamadas *imersões linguísticas* (na realidade, abafamentos), as deformações da história de tom nacionalista, o provincialismo na transmissão da cultura e o filtro ou inclusive a lenta expulsão do corpo docente que não estão conforme os planos são bons exemplos.

Sempre (ou quase sempre) tem se desejado usar a escola para impor uma língua codificada sobre suas variantes e frente a outras: para codificar e oferecer uma visão unitária e distorcida, tendenciosa e inclusive abertamente manipulada da história; para enaltecer o patrimônio cultural distintivo, real ou suposto, em detrimento do alheio ou do compartilhado; para ressaltar ao mesmo tempo *o que nos une uns aos outros* e *o que nos separa uns dos outros*, isto é, reforçar o *endogrupo* frente ao *exogrupo*. Certamente, não são a mesma coisa uma ditadura e uma democracia, um partido que se eterniza no poder ou outro que se alterna com a oposição, uma plataforma separatista e uma autonomista, etc. *Não é o mesmo, mas é igual*, como diz o provérbio.

Por outro lado, seja qual for a comunidade, ela tem de ser governada de uma forma ou de outra. Ambas as coisas estão relacionadas, pois os projetos excludentes na definição de comunidade tendem a colocar restrições na ação dos *outros* e dos *hereges*. Israel é uma magnífica democracia... para os judeus, o que não impede o imperialismo mais brutal para com os palestinos nem o racismo institucional contra os árabes israelenses. A África do Sul do *apartheid* também era uma democracia, mas não para os negros, nem para os brancos que se solidarizavam com eles. A casta branca de Dixieland era implacável com os amigos dos negros, os *nigger-lovers*. O submundo *abertzale* do País Basco promete maravilhas hiper-democráticas (democracia *social, autêntica, basca,* – ? –) para quem subscreve seus delírios e isolamento, mas, para quem não o fizer, o que toca é a violência ou a morte. Os militantes radicais do separatismo catalão podem atacar a liberdade de expressão de, por exemplo, *Basta ya!, Ciutadans*, o Partido Popular ou até a exibição na *TeleCinco* de uma partida da seleção espanhola... como *resposta* ao seu *anticatalanismo*. (Os nazistas também perseguiam os judeus como *resposta* ao *protocolo dos sábios de Sião*, à instabilidade do sistema financeiro internacional, à conspiração bolchevique, etc.) Mas, apesar dessa relação, aqui trataremos ambas as questões de maneira separada, pois é suficiente. Toda comunidade, então, tem de ser governada de uma forma ou de outra, e a escola, já implicada na definição do âmbito de comunidade, volta a estar na questão de sua organização interna.

As democracias utilizam a escola para fazer publicidade da democracia, e as ditaduras a utilizam para fazer publicidade da ditadura. As diferenças são duas: que a democracia é muito preferível à ditadura por todos seus conceitos e que a primeira permite ser interpretada de diversas maneiras, e inclusive autoriza a oposição com restrições muito escassas, ao passo que a segunda não tolera a dissidência nem a diferença. Em termos práticos, isso implica que a escola da democracia explicará em seu currículo que existem diferentes regimes governamentais, dará liberdade ideológica para seus professores (mas não para doutrinar, pois não podemos nos esquecer de que o público não é livre para ir embora e nem sempre maduro o bastante para se opor, nem que o professor é um servidor público e não um orador no Hyde Park que só escuta quem quer), respeitará as opiniões dos alunos e não indagará a dos pais, etc.

A parte óbvia na função de socialização política da escola está no conteúdo do currículo oficial e na ideologia dos professores. Programas e livros didáticos podem exaltar a ditadura ou a democracia, a submissão pessoal ou a independência, a homogeneidade e a unanimidade ou a diversidade e a pluralidade, o respeito às minorias ou a sua marginalização, etc. Os professores, por sua vez, podem ser mais ou menos conservadores, liberais, moderados, radicais, de esquerda ou de direita, independentes ou submissos, críticos ou conformistas... e podem ser um grupo ideologicamente mais ou menos selecionado, homogêneo ou heterogêneo, etc. É fácil entender como uns e outros possam falhar e ir contra a liberdade, pois é algo que temos vivido e do que temos nos libertado com muito alívio e certo estrondo, mas pode ser ainda mais difícil ver quando fazem o contrário, falhando em detrimento da liberdade, embora, como dizia a letra de *A Internacional*, a máxima é simétrica: *não mais deveres sem direitos, não mais direitos sem deveres.* Uma leitura rápida da antiga *Formación del espíritu nacional* franquista, passando pela *Formación cívica* e a *Educación para la convivencia* da transição até a atual *Educación para la Ciudadanía y los Derechos Humanos* nos daria uma ideia sintetizada do caminho percorrido, embora não deveria fazer com que nos esqueçamos de que a lavagem ideológica (em qualquer direção) nunca foi privativa dessas matérias explicitamente *políticas*, mas tem estado, está e estará presente, em diferentes graus, em todas as demais – inclusive, em pequenas doses, nas que pretendem ser somente técnicas, mas este não é o momento para explicar isso –, no ideário e projetos educacionais e, é claro, em toda a interação informal, ou simplesmente não prevista, entre o professor e o aluno.

A parte menos óbvia, mas não menos importante, está na própria organização escolar. *Faça o que eu digo, não faça o que eu faço* parece ser o que diz a escola para quem faz parte dela, particularmente para quem está nela para aprender. Em nossas sociedades, o discurso da escola, a mensagem que ela transmite é, sem dúvida – quase sempre – inquestionavelmente democrático, mas, será que as suas práticas também são? A rotina escolar, ou seja, a forma como se organiza seu tempo, seu espaço, o conteúdo de suas atividades, sua avaliação, etc., é uma parte muito importante da educação dos alunos e, inclusive, até certo ponto, da de seus pais. Não aprenderei a ser autônomo, por mais que insistam, se estou submetido a uma autoridade alheia a todos os detalhes; não aprenderei a ser solidá-rio se me fazem competir destrutivamente com os demais; não aprenderei a valorizar o conteúdo nem o resultado do trabalho se me obrigam a mudar de atividade a qualquer momento, etc. (FERNÁNDEZ ENGUITA, 1990a, 1990b, 1990c). Se nos limitamos à aprendizagem da liberdade e democracia como forma de convivência, é óbvio que uma escola não pode ser uma pequena *ágora*, pois os alunos são menores, o conhecimento é desigual e hierárquico, o amadurecimento requer autocontrole, etc., mas ela deve ser um cenário no qual imperem a legalidade e a justiça, que são para todas as idades, e deve dar acesso progressivamente ao exercício da liberdade e da democracia. Mas é assim?

Uma das primeiras coisas que um aluno aprende, especialmente quando chega à educação secundária (mesmo que isso comece na educação primária) e pode começar a distinguir e comparar professores, matérias, aulas, experiências, etc., é que nem todos os professores cumprem – ou não cumprem da mesma forma – as normas da instituição, nem todos compartilham critérios sobre a avaliação e a ordem. Muitos fazem, mas outros não. Se isso acontecesse em um contexto reflexivo, sendo expressa e diretamente problema dele, pode ser que enriquecesse ainda mais a aprendizagem, ao menos para os alunos mais maduros; se, pelo contrário, acontece em um contexto de arbitrariedade, no qual um professor faz uma coisa e outro faz outra, ou o mesmo professor faz hoje uma coisa e amanhã outra, ou qualquer um deles diz uma coisa e faz outra, porque não há uma cultura compartilhada, instrumentos de coordenação, um verdadeiro projeto de centro, uma orientação eficaz e aceita nem mecanismos de prestação de contas, então o efeito é desastroso. Pode ser que o final não seja, já que não depende desse único fator, mas seu efeito sem dúvida o é. Se, em uma instituição, que para os alunos é em grande parte disciplinadora (para começar porque são obrigados), há professores que podem faltar com frequência, preparar mal as aulas, ser impontuais, etc., a mensagem é clara: a norma não é igual para todos. Se em uma instituição falsamente igualitária e meritocrática (todos serão tratados como iguais e cada um chegará onde o seu esforço o levar) não houver critérios de avaliação e conduta claros, arbitrariedades podem ser cometidas, etc., aparece uma segunda mensagem: a vara de medição não é a mesma para todos. Podemos dizer, exagerando um pouco, que dois critérios básicos de organização da nossa sociedade foram quebrados na escala escolar: o império da lei (o Estado de direito) e a justiça social (o Estado social).

Contudo, no plano político, nossas sociedades são duas outras coisas: são liberais e são democráticas. Liberais enquanto reconhecem um âmbito de plena autonomia aos in-divíduos, isto é, de liberdade, no qual eles podem tomar soberanamente suas decisões, sempre que os outros não o impeçam de fazê--lo (p. ex., podem decidir onde morar, com quem se casar, a que dedicar seus esforços, em que aplicar seus recursos, etc.), algo que, por mais natural que se possa considerar hoje, nem sempre foi assim. A escola é um lugar onde o aluno deve aprender a exercer a liberdade e fazê-lo de forma responsável, mas não é fácil encontrar a combinação adequada de autoridade e liberdade institucionais para que isso seja possível. Se a instituição se excede no uso da autoridade, se não toma cuidado ao criar e tornar efetivas as esferas de autonomia individual, dificilmente o aluno poderá aprender alguma coisa sobre a liberdade; mas se ela se excede no sentido contrário, o resultado não será melhor, pois, em primeiro lugar, a liberdade deve andar acompanhada da responsabilidade em seu exercício e em sua aprendizagem e, em segundo, a liberdade que o aluno deve conquistar não é só perante a instituição, mas também frente ao grupo de iguais, o que pode chegar a ser asfixiante, e assim como este costuma ajudá-lo perante aquela, esta deve ajudá-lo perante aquele.

A democracia, enfim, poderia ser o ponto forte de nossas escolas. Afinal de contas, não contamos com direções democraticamente eleitas, conselhos escolares democráticos, corpos docentes democráticos, representantes estudantis, associações de pais, a participação de todos os setores? No entanto, o certo é que a direção só é democrática para quem a escolhe, que geralmente é eleita para que não dirija e, em termos práticos, é quem o corpo docente decide que seja, acima e à margem de qualquer outra burocracia; que os corpos docentes podem chegar facilmente a ser castrantes para os próprios professores e conferem funções que não lhes correspondem em detrimento dos diretores e dos conselhos; que os conselhos contam com uma maioria numérica automática de professores e, como se não bastasse, doutrinam cuidadosamente os pais para que entendam que não devem tentar nada sem a anuência do corpo docente; que dos representantes dos alunos não se espera mais do que estar sob as rédeas dos professores, como os *cabos* sob as ordens dos oficiais, qualquer outra pretensão pode lhes trazer um desgosto e sua presença nos conselhos só lhes garante o tédio; que as associações de pais levam uma vida amortecida, em parte pela comodidade de sua própria base, mas também porque tentar algo diferente nem sempre acaba bem; que, quando algo coloca em jogo os interesses reais do corpo docente, como pode fazê-lo a exigência de responsabilidade a um professor manifestamente incomodado ou descumpridor, a jornada ou o calendário letivo, a corporação pode chegar a arrasar as formas democráticas.

Tem sido comentado que, para a chegada da democracia na Espanha, tiveram grande importância, ainda que de modo discreto, as comunidades de proprietários. Milhões de pessoas – nem todos espanhóis, mas um espanhol por família e não de todas as famílias, mas muitos milhões delas – aprenderam com as comunidades de proprietários a exercer a democracia em um período no qual não eram exatamente abundantes as ocasiões para fazê-lo. Os conselhos escolares, com toda a parafernália que os rodeia (eleições, associações, delegados, projetos, candidaturas, etc.) têm um alcance mais universal que aquele das comunidades de proprietários, pois existem mais pais do que proprietários, eles permitem a participação dos adultos de uma família e são mais neutros a respeito de quem o faz, se apenas é um (ainda que sem dúvida as mulheres costumem frequentar a associação de pais, e os homens, as comunidades de proprietários), eles têm o potencial de incorporar os novos membros da sociedade que ainda não fazem parte dela – e talvez nunca o façam – à propriedade imobiliária – boa parte dos imigrantes e a minoria cigana –, incorporam também os alunos... Mas aí terminam as vantagens, que logo em seguida se tornam desvantagens. Muitas das suas competências não chegam nunca a ser exercidas, pois são sequestradas pelo corpo docente, os professores ou a direção; suas decisões têm de ser compatíveis com os interesses do corpo docente; as formas são pisoteadas quando interessa aos *poderes de fato* chegar a certos resultados... mas tudo isso é encoberto e recoberto pela mais enjoada *retórica* democrática. Se voltamos à comparação, a conclusão é simples: as comunidades de proprietários ensinaram a desejar a democracia, os conselhos escolares, a rejeitá-la.

A ESCOLA E A ECONOMIA INDUSTRIAL E DE MERCADO

A vida adulta é, em grande parte, a vida econômica, isto é, a tarefa de satisfazer as necessidades com recursos escassos e suscetíveis a usos alternativos, que devem, portanto, ser produzidos e distribuídos de um modo ou outro. Embora, se perguntássemos a qualquer pessoa, principalmente a alguém *com a pretensão de saber algo*, que características de nossas economias poderiam ter algum efeito sobre a instituição escolar, obteríamos certamente a resposta de que é seu caráter de mercado, capitalista, ou mesmo *neoliberal*, o certo é que há outros aspectos que devemos considerar previamente.

A primeira característica é que vivemos em uma economia não doméstica, não de subsistência ou de autoconsumo. As pessoas não produzem o que consomem e não consomem o que produzem, nem consideradas individualmente, nem tomando como unidade o lar ou sequer (ou menos ainda) recorrendo a estruturas mais amplas como o feudo, a comuna ou outras que hoje se destacam por sua ausência porque tiveram uma importante presença histórica. Os indivíduos e os lares produzem, acima de tudo, bens que outros consumirão, e consomem principalmente bens que outros produziram. Além disso, efetuam em ambientes coletivos, diferentes do lar, uma grande parte de sua produção (como assalariados ou, em geral, como participantes em organizações, que costumam ser empresas, mas podem não sê-lo) e também uma parte considerável de seu consumo (como usuários de equipamentos sociais e usuários de serviços públicos). Isso implica coisas como ter de cooperar no trabalho com pessoas com as quais não se tem uma relação íntima nem afetiva, trocar bens e serviços comprando e vendendo para outros que – assim como nós – atuam seguindo o seu próprio interesse, cuidar do patrimônio e não abusar dos recursos públicos, etc. O sentido negativo supõe, por exemplo, participar no trabalho *sem tirar o corpo fora*, comprar e vender sem tratar de enganar o outro, não depredar os bens públicos, etc., inclusive quando isso não parece ser o mais conveniente no curto prazo, ou sequer no largo prazo, nem para nós, nem para nossos próximos. Em outras palavras, o mercado e a empresa – ou, se uma formulação mais ampla é preferível, a cooperação e o intercâmbio – exigem para funcionar uma boa dose de ética individual e coletiva (FUKUYAMA, 1995). Não há nada de errado em amar o cliente ou o prestador de serviços, nem em se sacrificar por eles, e sim em renunciar a tratá-los como meros meios para nossos fins, em explorá-los. Não se trata sequer de *amar ao próximo como a si mesmo*, nem como aos teus seres mais próximos, embora seja a vez de aplicar a chamada *regra de ouro*: trate os demais como gostarias de ser tratado, ou não faça aos outros o que não desejarias que fizessem contigo. Trata-se, definitivamente, de uma espécie de ética de baixa intensidade, de lançar as bases dos *vínculos fracos* entre as pessoas, os quais nos permitem nos relacionarmos em um clima de confiança com aqueles que não nos unem a não ser por laços ocasionais ou distantes, a diferença dos vínculos fortes próprios da família e outras formas de convivência estreita.[3]

Todavia, no plano mais geral, sem entrar ainda nas transformações sofridas pelo mercado ou pela empresa, isto é, pelo intercâmbio ou a cooperação, poderíamos assinalar outra *contribuição* geral da escola para a economia. Illich (1971) escreveu, há muito tempo, que a escola alimentava o *mito do consumo sem fim*, dizendo, com isso, que a escolarização, ou o consumo de escolaridade, era potencialmente ilimitado, pois, como os títulos escolares são um elemento de competência no mercado de trabalho, todo mundo se veria obrigado a obter mais e mais, isto é, a permanecer mais anos na instituição, motivado pela burocracia profissional do ramo (os administradores e os professores). Creio que Illich ao mesmo tempo acertou e se equivocou. Acertou ao sinalizar o caráter potencialmente ilimitado das necessidades educacionais (Hegel havia feito o mesmo anteriormente para tratar das *necessidades* humanas em geral), algo que outros autores caracterizaram como uma dinâmica *de credenciais* (a necessidade de acumular mais títulos porque o outro candidato também o faz, independente de os empregos realmente precisarem disso para um bom desempenho), assim como a insaciabilidade da burocracia e da profissão. Mas seu erro foi que a escola não incita a qualquer tipo de consumo, ao menos uma vez que tenha sido reconhecida como um direito social e organizada como um serviço público nas sociedades avançadas, e sim a um tipo particular de consumo: *consumir sem pagar*. O que incentiva, na verdade, é o mito e a dinâmica dos *direitos sem limite*. Bons indícios disso são a firme e militante convicção dos estudantes universitários de que seus estudos devem ser pagos por todos, ou seja, fundamentalmente por quem não os utiliza (que são a maioria); a forte inclinação da profissão docente, de seus porta-vozes e organizações, assim como, lamentavelmente, a da esquerda política, para solucionar os problemas da escola com mais escola; ou a afirmação incondicional de que *a educação não é uma mercadoria, e sim um direito*, que esquece que parte dela é um *privilégio* e, em sua incondicionalidade, significa que é necessário expandir mais e mais a oferta gratuita, inclusive a obrigatoriedade... (como quando alguns propõem antecipá-la para os 3 anos, e outros, prolongá-la até os 18), com o que também ocasionalmente se expandem as oportunidades de emprego e promoção da burocracia e a profissão do ramo e dos aspirantes a se incorporar a elas.

Mas óbvio para qualquer observador e para o público em geral é o papel da escola na qualificação do trabalho, ou seja, na formação geral e específica das pessoas para desempenhar funções. Embora em uma sociedade da informação e de serviços tal papel possa se tornar cada vez mais natural, ou se dar por certo, de forma alguma foi assim nas etapas anteriores da história, sequer nas fases anteriores do processo de industrialização e mercantilização da economia (ou de desenvolvimento do capitalismo, se assim preferir). Quando a escola se viu inicialmente promovida pelo surgimento e desenvolvimento das cidades, isso pouco ou nada tinha a ver com a formação para o trabalho, e tal relação não teria ido depois muito mais longe se sua expansão tivesse dependido apenas da reforma religiosa, do sucesso da imprensa ou da criação das nações. Até aí, os meninos (e, às vezes, as meninas) iam para a escola aprender a ler e escrever e fazer cálculos elementares, estudar normas de convivência, dogmas religiosos e pouco mais, e a própria instituição se encarregava de proclamar seu desapego pelo trabalho por meio de seu apego pelas *artes liberais*, em oposição às *artes servis* próprias deste; as classes altas faziam exatamente a mesma coisa, como mostra o seu menosprezo inclusive às artes liberais, desde *as sete artes do cavaleiro* medieval até a celebrada *boutade* do juiz Holmes ao afirmar que aquilo que distingue um cavalheiro não é saber latim, e sim tê-lo esquecido; somente um terceiro grupo, os aspirantes às burocracias civis, religiosas e militares, esses sim, adquiriam na escola conhecimentos e habilidades estreitamente relacionados com sua futura ocupação, aprendiam a escrever para trabalhar como escrivãos, a ler para ser professores, estudavam latim para rezar a missa, etc.

O que empurrou a escola a abordar a aprendizagem para o trabalho foi a expulsão daquilo que é o centro deste. No mundo da economia doméstica, agrária e artesanal, o trabalhador adulto era, ao mesmo tempo, o educador e o instrutor do jovem aprendiz. O fato de o professor ser o pai, ou de os filhos se intercalarem para evitá-lo (como faziam os artesãos ao enviar seus filhos à oficina de outro artesão ou, em outro âmbito, como faziam os nobres ao enviá-los à corte), é algo secundário: o caso é que se aprendia a trabalhar no trabalho. Mas, ao controlar o processo de aprendizagem, os trabalhadores controlavam também o acesso a este, regulavam (limitavam) a oferta, construíam uma identidade coletiva e estabeleciam laços de solidariedade. Com o desenvolvimento da indústria capitalista (ou comunista), os empregadores chegaram rapidamente à conclusão de que deveriam romper essa relação se queriam chegar a controlar o trabalho, ao menos se eles próprios não trabalhavam no local e não tinham como controlar a aprendizagem. Uma vez deslocada a aprendizagem do lugar de trabalho (e ficando confinado aos poucos cenários em que, sem possibilidade de supervisão do processo pelo empregador, teve que ser mantido o sistema de *empreitadas* – isto é, a contratação de uma *equipe de trabalhadores* ou de um *empreiteiro* que, por sua vez, mobilizava outros trabalhadores –: a construção, a mineração, a pesca e pouco mais), quando foi exigido da escola, e só então, que desse aos futuros trabalhadores as capacidades e habilidades gerais e específicas necessárias para o emprego.[4] À medida que a aprendizagem desaparece do trabalho, passa-se a cobrar da escola que o assegure sob a forma da *formação profissional*, para os ofícios, como faz a *carreira universitária* para as profissões; e, à medida que os ofícios se subdividem e proliferam e que o mercado de trabalho se torna mais incerto, com a erosão da realidade e da ideia da ocupação *para toda a vida*, demanda-se ao sistema que assegure não somente uma formação específica, mas, cada vez mais, uma formação de base que permita se mover de um emprego a outro e inclusive, com o tempo, de um negócio/ofício ou profissão a outros. É fácil dizer em alto e bom tom que a mobilidade no trabalho é uma exigência neoliberal, neocapitalista, neofordista, etc., proclamando o direito de manter por toda a vida o posto de trabalho, mas, se a primeira tentativa nesse sentido tivesse sido bem-sucedida, não haveria mais que duas ocupações: caçador e coletor.

A empresa precisa de uma força de trabalho/mão de obra cada vez mais qualificada? É um velho debate se a indústria, particularmente o sistema capitalista, requer um trabalho mais ou menos qualificado. Pode-se mostrar que muitas profissões, ofícios e ocupações sofreram um processo de degradação em termos de qualificação,[5] mas que, ao mesmo tempo, as qualificações do conjunto da força de trabalho aumentaram.[6] O segredo não é esse: quando nasce uma nova ocupação, é normal que esta exija altas qualificações, ao não estarem normalizadas suas tarefas, razão pela qual seu efeito é aumentar a qualificação do conjunto da força de trabalho; quando cresce sua presença na produção, especialmente se chega à produção em massa, os empregadores procuram padronizar suas funções para subdividi-las e conferi-las a trabalhadores menos qualificados, com o efeito agregado de diminuir a qualificação; finalmente, quando a padronização chega no seu auge, as tarefas são absorvidas por máquinas ou computadores, os empregos desaparecem e, por isso, aumenta a qualificação média da força de trabalho restante.[7] O salto da economia da informação e da sociedade do conhecimento restituiu as coordenadas desse problema: a estrutura do emprego se polariza cada vez mais entre uma força de trabalho altamente qualificada, concentrada antes de tudo nos setores quaternário e quinário e nos cargos de direção ou profissionais do resto, e uma mão de obra pouco qualificada, substituível, situada nos setores primário, secundário e (o resto do) terciário.[8] A má notícia é que essa polarização implica a relativa deterioração de muitos cargos de trabalho intermediários antigos; a boa é que as ocupações de alta qualificação crescem mais rápido que o resto.

Em todo caso, o forte desenvolvimento dos setores quaternário e quinário e a rápida mecanização das tarefas rotineiras no primário, secundário e terciário anunciam uma crescente divisão das pessoas pela sua qualificação, cujas consequências se agravam, primeiro, pela mencionada polarização entre empregos de alta e baixa qualificação e, segundo, pelo risco de que uma economia altamente mecanizada necessite absorver cada vez menos uma mão de obra nada ou pouco qualificada. Isso não impede, em nada, que o sistema educacional continue sua expansão, seja na extremidade glamorosa, porque a sociedade do conhecimento absorve mais força de trabalho de alto nível intelectual e obriga parte da população à atualização ou à reciclagem reiteradas, isto é, *à aprendizagem ao longo da vida*; ou na oposta, porque a competência em um mercado de trabalho insuficiente e polarizado estimula a demanda de títulos como arma. Além disso, a instituição escolar se desenvolve na arena pública, democrática, e está submetida a fortes pressões expansionistas, universalizantes, democratizadoras e igualitárias, enquanto a oferta de emprego depende da evolução da produção e implica uma dinâmica restritiva e hierárquica. Em outras palavras, estão presentes a sobre-educação e o subemprego.

Além de ensinar a fazer, e sempre em relação com a produção, encomendou-se ao sistema educacional a função de *ensinar a estar*, inclusive de *ensinar a ser*. O trabalho não requer só conhecimentos como também pautas de comportamento, atitudes e disposições. Não basta saber erguer um muro a prumo, fazer o balanço de uma empresa ou projetar uma porta, também tem de ser capaz de cumprir um horário, terminar um trabalho, resolver um imprevisto, etc., segundo as características do emprego. No início da industrialização, isso provocou a transformação massiva da força de trabalho camponesa e artesanal em industrial, ou seja, proletarilizá-la. Por um lado, ela teve de ser afastada de suas velhas condições de vida, do que se ocuparam a primeira transição (explosão) demográfica, os cercamentos de terras rurais e a ruína e a proibição das corporações de ofício. Por outro lado, teve de ser embutida nas novas condições de trabalho, em parte pela necessidade (ausência de oportunidades alternativas) e em parte pela força (utilização de escravos e servos em plantações e fábricas, outras formas de trabalho forçado, perseguição da mendicância). Essencialmente, o processo consistiu em levá-los a aceitar um horário prolongado e regular, um ritmo de trabalho constante, a submissão à disciplina industrial e a alienação a respeito do conteúdo do trabalho. Fazer isso com as novas gerações não seria questão nem dos capatazes, nem dos alguazis, e sim dos professores, e a escola, que em sua origem havia se organizado imitando o modelo do convento e, em menor escala, do quartel, passou a se inclinar para o modelo da fábrica. Em parte, porque esta representava o tipo de organização mais bem-sucedida e emergente, digna de imitação como modelo de racionalidade e eficácia e, em parte, porque a própria indústria pressionava direta e indiretamente, demandando uma mão de obra adequada às suas necessidades.

Assim se veria aparecer, em breve, movimentos como o do *ensinamento simultâneo*, ou *sistema lancasteriano*, em meados do século XIX, que se propunha especificamente a educar os pobres, as *classes trabalhadoras e industriais*, de acordo com o modelo tutorial, que permitia a um professor instruir mais de uma centena de alunos por meio de alguns poucos alunos assistentes, de nível mais elevado, mas, ao mesmo tempo, exigia um restrito sistema de gestão e disciplina dos alunos, o que lhe garantiu rapidamente a denominação abreviada de *escola-fábrica* e o favor de inúmeros industriais (p. ex., Owen, o inspirador das formas educativas de Marx e Engels), em justa correspondência com seu propósito explícito de trazer para a aula a eficiência da fábrica.[9] No início do século XX, viria outra onda pró-industrial, que, por parte de reformadores como Bobbitt, Cubberley ou Spaulding, tentaria introduzir os princípios, as lógicas e as técnicas do taylorismo,[10] movimento cuja influência vai além das aparências, pois seu legado pedagógico, revestido em uma retórica igualmente pedagógica, sobreviveria à linguagem economista e industrial dos primeiros anos.

Mas o taylorismo (e seus seguidores: fordismo, fayolismo, stajanovismo) já faz parte da história da produção. A organização do trabalho (como também a do capital, da tecnologia e da gestão) evolui no sentido da existência de flexibilidade como resposta a mercados incertos e dinâmicos, ciclos tecnológicos mais breves, uma competência global mais intensa, etc. No que concerne ao trabalho, essa flexibilidade pode ser *externa* ou *interna*, isto é, pode ser obtida mediante a *mobilidade* ou a *versatilidade* do trabalho. Tanto em um caso quanto em outro, e sobretudo no segundo, o trabalhador precisa de uma capacitação mais polivalente, o que antes em nada supunha uma formação básica mais sólida e uma capacidade de aprender desenvolvida que permitam a sua repetida adaptação e atualização; e uma disposição mais proativa, que facilite a integração e participação em equipes ou a iniciativa individual perante problemas, imprevistos e oportunidades. Isso deve ser entendido como um conjunto de exigências ditadas pelas coordenadas sociotécnicas globais de produção e distribuição, independentemente de quais possam ser as relações entre o trabalhador e a empresa, ao mesmo tempo, mais ou menos harmônicas ou conflitantes. É parte do que aprendemos sobre as formas com maior capacidade adaptiva em um contexto de crise e mudança, tais como os *distritos industriais*, a *especialização flexível*, as *novas formas de organização de trabalho*, as *empresas do setor terciário*, etc. Há quem tenha se apressado em tachar tudo isso de *neotaylorismo* ou *neofordismo*, visto que o interesse do empregador continua sendo obter o máximo de trabalho do trabalhador, mas isso vale tanto quanto chamar o capitalismo de neofeudalismo, porque, em ambos os casos, tratava-se de produzir excedente. De fato, esses neoísmos não questionam de forma alguma o capitalismo, mas o que acrescentaram a este o fordismo e o taylorismo.

Inclusive nos segmentos do mercado de trabalho em que predomina a mobilidade sobre a versatilidade, e ainda que, desde o ponto de vista do capital, o do empregador em geral, seja indiferente que o trabalhador demitido fique para sempre desempregado ou encontre emprego imediatamente; do ponto de vista do trabalhador, as novas necessidades são as mesmas: adaptação, versatilidade, iniciativa para procurar emprego ou começar um negócio próprio, capacidade de aprender e de se reciclar, etc. No sentido estrito, seguir uma trajetória bem-sucedida (e não só sobreviver) mediante a mobilidade requer essas características, além de ter versatilidade, visto que a diversidade de aptidões e atitudes entre empregos é maior que dentro de um emprego. Isso colocou em dificuldades um sistema educacional construído a partir de um modelo de organização em grande parte inspirado nas rotinas das fábricas e oficinas e, em todo caso, em si mesmo rotineiro, opressivo, burocrático. Além do fato de que a educação não prepara para o trabalho, parece claro que ela também não forma para a iniciativa, que não propicia atitudes empreendedoras, inclusive é duvidoso que fomente a responsabilidade, pois tudo parece organizado para promover a submissão, a passividade, o *tirar o corpo fora*.

Seria injusto e parcial apresentar a escola como algo homogêneo. No essencial, ela ainda responde à configuração resultante das reformas do século XIX e meados do XX: simultaneidade homogenizadora, disciplinas estanques, rotinas burocráticas, espaços hierárquicos, horários rígidos, métodos centrados no professor, transmissão unidirecional de informações, etc. Mas o último terço do século XX testemunhou uma explosão sem precedentes de críticas ao velho modelo escolar e a proliferação de inovações singulares e reformas generalizadas sob o signo da pedagogia não diretiva, da aprendizagem ativa, da diversificação curricular, do construtivismo, etc. Ainda que parte dessas reformas tenham sido e ainda sejam pura retórica, e muitas inovações tenham passado sem se destacar, podemos afirmar, em conjunto, que foram e são, ao mesmo tempo, uma consequência e um facilitador e catalisador das mudanças no sistema produtivo. O que na linguagem da pedagogia se denomina uma educação mais ativa, crítica, participativa, etc., corresponde bem à demanda de uma força de trabalho mais comprometida, empreendedora, proativa, etc., pelo sistema produtivo ou por parte dele. Mas, ao mesmo tempo, os adolescentes e jovens que seguem essa formação de novo tipo não vão deixar de mostrar, de maneira explícita ou tácita, suas expectativas de lugares de trabalho mais adequados à sua demanda de qualidade de vida, desenvolvimento pessoal, sentido das tarefas, satisfação com as condições, fomento da autoestima. A *pedagogia ativa* combina bem com o *novo espírito do capitalismo*.[11]

A ECONOMIA DA INSTITUIÇÃO E A PROFISSÃO

Na representação do uso entre os professores e, ainda mais, entre seus porta-vozes, sejam estes organizações mais ou menos corporativas ou intelectuais, mais ou menos orgânicas, a sociedade e, mais ainda, a economia, são um mundo de interesses que amenizam a educação: o autoritarismo e a burocracia das administrações, o partidarismo e eleitoreirismo dos políticos e, sobretudo, o egoísmo dos consumidores (incluindo os pais, como *usuários* do serviço), a ânsia de benefícios das empresas e a onda de neoliberalismo que nos invade.[12] A escola, em troca, seria um recinto iluminado pelos valores, além da cultura e do saber, é claro. Nessa representação, a sociedade começa onde a escola termina e vice-versa. O social, e não digamos o econômico, é sempre o que acontece *fora*, frequentemente – temos de pressupor – em contraposição à racionalidade e à moralidade do de *dentro*. Para tal imaginário profissional, o *santuário escolar* estaria sempre *em perigo* devido às ameaças externas.[13] No entanto, não foi demonstrado que a instituição ou a profissão sejam feitas de outro tecido que o resto da sociedade e os demais grupos ocupacionais, razão pela qual se torna imprescindível que nos perguntemos sobre seus efeitos na organização e no currículo.

A escola é um tipo particular de organização, uma *instituição* (como o hospital, a prisão, o quartel ou a igreja, cada um à sua maneira), por exemplo, uma organização na qual um grupo reduzido manipula outro mais amplo (ainda que seja *para o seu bem*). Como em toda outra instituição, seu núcleo de operação é constituído por uma profissão, ou seja, um grupo ocupacional que, a partir da pretensão (fundada ou não) de possuir um conhecimento complexo e exclusivo (*sábio*) e uma vocação altruísta (*liberal*), chegou a um alto nível de autonomia perante os empregadores e clientes-*beneficiários*. Algumas profissões, como advogados e arquitetos, trabalham essencialmente dentro do mercado e para ele; outras, como militares, padres e professores, fazem o mesmo com as burocracias; e outras, enfim, como os médicos, dividem-se. É importante compreender que, assim como nas empresas, o poder está primordialmente no vértice – da propriedade ou da direção – e nas associações na base – o conjunto de associados –; nas instituições, ele está, antes de tudo, no meio, nos profissionais que formam o núcleo operativo. Atendo-nos às organizações escolares, isso supõe que o grosso da capacidade de decisão, de fazer e não fazer, não está nas mãos dos diretores e, muito menos, nas dos alunos e suas famílias, e sim nas mãos dos professores, individualmente ou coletivamente.

As profissões, como qualquer grupo ocupacional, têm seus próprios interesses, mas nunca os denominam assim. Quando exigem salários mais altos, horários mais curtos ou querem evitar a prestação de contas, não falam especificamente disso, mas de desmotivação, reconhecimento social, dignidade profissional, etc. Essa retórica *liberal* apresenta os próprios interesses como interesses gerais. Ela é comum a todas as profissões e seria impossível pagar o valor de seu trabalho (esse é o sentido original do adjetivo: profissão *liberal*) e, ainda depois de fazê-lo, teríamos de continuar agradecendo, pois isso é essencial para sua estratégia individual e coletiva na conquista de *status*. No caso escolar, a retórica é erudita ou pedagógica: *tudo pelo aluno* (mas *sem* o aluno), embora isso só signifique que o discurso do corpo docente deve ser lido sempre duas vezes: a primeira, ao pé da letra; a segunda, em conexão com seus interesses.

Que influência os professores têm sobre o currículo? Muita. Em primeiro lugar, não nos esqueçamos de que os professores não estão só nas aulas: na Espanha, deles saem todos os diretores, inspetores, assessores e formadores do aparato de formação continuada, a maioria das autoridades educacionais, os autores de livros didáticos e outros materiais, os integrantes de comissões de trabalho sobre planos e programas, etc. Em outros países, pode ser que sua presença varie conforme o núcleo de poder ou influência, mas é sempre opressiva no sistema. Em segundo lugar, não só há um currículo oficial, mas também um currículo informal, no qual o docente pondera à sua maneira o conteúdo e os procedimentos recebidos: agrega isto e omite aquilo, detém-se mais em um tema ou atividade ou liquida apressadamente outros, etc., *cada cabeça uma*

uma sentença. Em consequência, não deve ser ignorada a influência sobre o currículo das características do corpo docente: desde as puramente demográficas, *anteriores e exógenas*, digamos, ao seu trabalho (sexo, idade, classe social de origem, convicções políticas, credo religioso, etc.), até as induzidas por este e, portanto, *endógenas* (satisfação no trabalho, integração na organização escolar, identificação com o sistema educacional, atualização profissional, etc.). Em terceiro lugar, os interesses de trabalho dos docentes influenciam, de maneira decisiva, a conformação da estrutura do currículo e a organização da escola, inclusive em seus aspectos aparentemente menos relacionados e ainda que os debates e decisões a esse respeito se desenvolvam sem sair um milímetro da retórica pedagógica.

Cada debate em torno da educação abrangente não é somente sobre quanto e como os adolescentes permanecerão na escola, mas também, por exemplo, sobre até onde chegarão as oportunidades de emprego e promoção de professores e licenciados. A Lei Geral de Educação, por exemplo, conferiu dois anos a mais de escola aos professores ao criar a educação *básica* mais longa do mundo. O debate da Lei de Ordenamento Geral do Sistema Educacional Espanhol (LOGSE) deu aos licenciados a oportunidade de contra-atacar, impondo a exigência de uma licenciatura, mas foi uma vitória pífia, pois as faculdades de educação ofereceram a todos os professores facilidades para se licenciar. A LOE busca o equilíbrio exigindo de ambos um mestrado específico para a educação secundária obrigatória (ESO).

Os debates sobre os planos de estudo não são melhores. Cada vez que entram em questão, sucedem-se as plataformas, mobilizações e chamados à opinião pública de todos e cada um dos grupos sociais: professores e doutores, especialistas, nisso e naquilo e novos subgrupos profissionais justificando como sua mercadoria é imprescindível no mercado administrativo, no qual as decisões dependem mais da capacidade de pressão do lado da oferta do que a capacidade de compra do lado da demanda. Alguns *lobbies*, como o da Sociedad Española de Estúdios Clásicos, chegaram a ser tão poderosos que conseguiram que os alunos aprendam a ser cidadãos na Antiguidade greco-romana, em vez de em uma sociedade capitalista, informativa, liberal, democrática e social.

Os interesses das associações também afetam a organização escolar. Dessa forma, por exemplo, os professores inicialmente se opuseram à escola seriada (dividida por cursos ou níveis) por considerar que exigiria uma estrutura hierárquica e acabaria com sua autonomia, e portanto, como os professores de qualquer outro nível, mas com mais intensidade, opuseram-se de forma sistemática ao dotar os cargos diretivos de competências. As concentrações escolares, abordadas sob a retórica da eficácia, da melhor dotação de equipamentos e serviços e cega aos riscos do transporte no meio rural, à perda de laços comunitários e às vantagens alternativas do apoio entre alunos de diferentes níveis e idades e de seu trabalho mais autônomo na aula unitária, tiveram apoio porque não queriam viver em núcleos rurais nem se deslocar diariamente para eles. Os horários escolares vêm sendo sistematicamente concentrados (e informalmente, reduzidos), apesar das dificuldades das crianças e adolescentes, especialmente os de meios menos favorecidos, para uma atividade escolar continuada e intensiva,[14] e o calendário escolar vem sendo reiteradamente abreviado, apesar de não ter relação nenhuma com as férias familiares e da evidência que o já parco papel igualitário que a escola pode assumir durante o ano letivo desaparece no verão, porque os docentes querem jornadas mais curtas e férias maiores. Os projetos educacionais de centro, os programas transversais e os projetos de aprendizagem são moldados ou dificultados pelo zelo com o qual os docentes se ocupam ao separar sua matéria, seu grupo, suas horas, etc.

A polêmica em torno do papel do *livro didático* ou da *prestação de contas* também deve ser considerada sob essa luz. O livro didático também tem riscos: possibilidade de controle ideológico pelas autoridades (p. ex., sob o franquismo de outrora ou os nacionalismos atuais de todos os tipos); no sentido contrário, neutralização excessiva do conteúdo para não molestar ninguém (p. ex., banalizando a *guerra civil* ou ignorando os conflitos sociais); rigidez frente à diversidade de alunos e distanciamento do seu meio específico. Antes de tudo, ele é o instrumento de uma educação concebida como transmissão de informações e conhecimentos. Tudo isso já foi objeto de críticas, chegando-se a sugerir sua supressão em prol da autonomia do professor para determinar o currículo, mas, para quem conhece de perto o sistema educacional, essa perspectiva é simplesmente horripilante.[15] Se o livro didático fosse suprimido, uma parte dos professores "se viraria" sozinha, sem ele, tão ou ainda melhor do que com ele, a maioria procuraria imediatamente algo que se assemelhasse a ele e muitos outros converteriam suas aulas no reino da banalidade. O *livro didático* deve ser a base, o mínimo garantido (não em quantidade, e sim em qualidade). Uma questão diferente é que se autorize e estimule a usá-los de maneira flexível, ir mais além, ao combiná-lo com outros materiais e atividades; ou que editoras, autoridades e outros provedores possam diversificar sua oferta, talvez uma oferta modular, que daria ao professor maior autonomia na adaptação e no desenvolvimento do currículo. Mas, quando a crítica ao livro didático se torna *diatribe* em nome do *profissionalismo* do docente, como teoria ela é uma ingenuidade, mas, como grito de guerra, ela expressa o desejo, por bem ou por mal, de eliminar uma forma de controle social sobre o trabalho do docente, isto é, de torná-lo independente da sociedade e da democracia.

Mas é óbvio que isso resulta na resistência às avaliações externas, sejam de centros ou professores ou aos resultados dos estudantes e a qualquer forma de prestação de contas, seja à comunidade ou à sociedade (por meio da participação dos pais) ou às autoridades administrativas. Todo processo de produção, seja de bens ou de serviços, precisa de coordenação. Se é estritamente imprevisível, não cabe nada além da supervisão pessoal direta ou da coordenação sobre o desenvolvimento (*adhocracia*). Se não é, cabe normalizar os processos (taylorismo), os resultados (controle de qualidade) ou as qualificações (profissionalização). Logicamente, os docentes preferem a terceira opção: supor que sua formação é suficiente para garantir um processo eficaz, eficiente e legítimo. Mas a verdade é outra: a formação dos professores (educação primária) é tão limitada, e a formação dos licenciados dedicados ao ensinar (educação secundária) é tão pouco específica, que resultam de qualquer forma insuficientes, razão pela qual devem ser combinadas com a avaliação de resultados, seja de forma padronizada, por meio de avaliações externas dos alunos, seja de forma sistemática, mas aberta, por meio de uma avaliação externa e/ou interna especializada, ou, enfim, de uma forma singular e informal por meio da participação do público. Nenhuma análise ou debate sobre a educação nos levará muito longe se não estivermos conscientes dos interesses do grupo e de sua tradução retórica.

NOTAS

1 www.enguita.info.
2 A melhor análise da dimensão modernizadora da cidade ainda é a de Weber (1923).
3 Sobre a importância e o papel desses vínculos fracos, ver Granovetter (1973).
4 Veja Fernández Enguita (1990), em particular os Capítulos II e IV.
5 É a clássica tese sustentada por autores como Braverman (1974).
6 ... ao qual se opõe à tese não menos clássica de Bell (1973).
7 Ver Fernández Enguita (2004).
8 Reich (1991) diria entre analistas simbólicos e trabalho rotineiro.

9 Veja Silver (1965).
10 Callahan (1964).
11 Segundo a definição de Boltanski e Chiapello (1999).
12 A epítome desse corporativismo radical (com todos, menos consigo mesmo) é a conhecida obra de Laval (2003), que tem um lema como título: A escola não é uma empresa.
13 Para uma excelente crítica da ideia da escola como santuário, veja Dubet (2002).
14 Sobre a jornada escolar, e em particular sobre a mobilização corporativa pela sua concentração no turno da manhã, veja Fernández Enguita (2004).
15 Uma crítica competente, ainda que a meu ver, unilateral e incondicional, do livro didático pode ser encontrada em Apple (1988).

REFERÊNCIAS

ALTHUSSER, L. ldéologie et appareils idéologiques d'État: notes pour une recherché. In: ALTHUSSER, L. *Positions*. Paris: Editions Sociales, 1976.

APPLE, M. W. *Teachers and texts*: a political economy of class and gender relations in education. New York: Routledge, 1988.

BELL, D. *The coming of post-industrial society*: a venture in social forecasting. New York: Basic, 1973.

BOLTANSKI, L.; CHIAPELLO, E. *Le nouvel esprit du capitalisme*. Paris: Gallimard, 1999.

BRAVERMAN, H. *Labor and monopoly capital*: the degradation of work in the twentieth century. New York: Monthly Review, 1974.

CALLAHAN, R. *Education and the cult of efficiency*. Chicago: UCP, 1964.

DUBET, F. *Le déclin de /'institution*. Paris: Seuil, 2002.

DURKHEIM, E. *Education et sociologie*. Paris: F. Alcan, 1922.

DURKHEIM, E. *De la division du travail social*: etude sur l'organisation des sociétés supérieures. Paris: Alcan, 1893.

FERNÁNDEZ ENGUITA, M. *La cara oculta de la escuela*: escuela y trabajo en el capitalismo. Madrid: Siglo XXI, 1990a.

FERNÁNDEZ ENGUITA, M. *La profesión docente y la comunidad escolar*: crónica de un desencuentro. Madrid: Morata, 1990b.

FERNÁNDEZ ENGUITA, M. *La jornada escolar*. Barcelona: Ariel, 1990c.

FERNÁNDEZ ENGUITA, M. Educación, economía y sociedade en España. In: GARCÍA DELGADO, J. L.; SOLBES, P.; FERNÁNDEZ ENGUITA, M. *La educación que queremos*: educación, formación y empleo. Madrid: Fund. Santillana, 2004.

FUKUYAMA, F. *Trust*: the social virtues and the creation of prosperity. New York: Free, 1995.

GRANOVETIER, M. The strength of weak ties. *American Journal of Sociology*, v. 78. n. 6, p. 1360-1380, 1973.

ILLICH, I. *Deschooling society*. New York: Harper y Row, 1971.

LAVAL, C. *L'école n'est pas une entreprise*: le néo-libéralisme à l'assaut de l'enseignement public. Paris: La Découverte, 2003.

REICH, R. *The work of nations*: preparing ourselves for 21st-Century capitalism. New York: Knopf, 1991.

SAMUELSON, P. A. The pure theory of public expenditure. *Review of Economics and Statistics*, v. 36, n.4, p. 387-389, 1954.

SILVER, H. *The concept of popular education*: a study of ideas & social movements in the early nineteenth century. London: Macgibbon & Kee, 1965.

WEBER, M. *La ciudad*. Madrid: La Piqueta, 1923.

Currículo, justiça e inclusão 4

Jurjo Torres Santomé
Universidade de La Coruña

A presente crise econômica mundial é um bom momento para repensarmos para que tipo de sociedade estamos nos encaminhando, dado o enorme e autoritário poder das grandes corporações econômicas e a insuficiência de regulações políticas sobre seus modos de operar. Essa situação foi favorecida pelas políticas de enfraquecimento da cidadania e os impedimentos e entraves que, continuamente, vêm surgindo para dificultar a análise e as avaliações do que ocorre. Todas as organizações sociais e comunitárias de orientação progressista têm sido objeto, nas últimas décadas, de tantos ataques que acabaram completamente debilitadas, ao passo que as pessoas que costumam se preocupar com as dimensões do público se converteram em suspeitas. Romperam-se os laços comunitários, mas agora começamos a ver com clareza que, somente recuperando o valor dessas mesmas instituições comunitárias, reforçando o sentido de uma cidadania democrática, responsável e solidária ou, o que dá no mesmo, recuperando o verdadeiro valor e significado da política, podemos sair dessa crise. Essa saída deve ser guiada por um objetivo prioritário: transformar o mundo, suas instituições e seus modos de funcionamento obscuros para construir sociedades mais abertas, justas, democráticas e bem estruturadas, nas quais a cidadania recupere sua razão de ser, isto é, que seja esta quem realmente controle e decida como deve ser o presente e o futuro da humanidade.

CONCEITOS À DERIVA E REDEFINIÇÕES DESMOBILIZADORAS

Para dar poder à cidadania[1] que dá forma a nossas sociedades, é preciso estarmos conscientes de alguns dos principais obstáculos que, neste momento, devemos superar.

Uma das dificuldades do presente é a linguagem, não pelo maior ou menor grau de domínio que a população possa ter de línguas diferentes da sua, e sim porque, a essas alturas já são muitos os conceitos políticos que andam à deriva. Estamos falando de palavras que foram despojadas de seu significado e que, em muitas ocasiões, aparecem já completamente desfiguradas, quando não interpretadas com um sentido completamente oposto do original. Cada vez é mais difícil saber o que se está pretendendo dizer por parte daqueles que recorrem a essas palavras.

Entre as estratégias de manipulação utilizadas pela direita política desde meados do século XX, uma delas é dirigida à redefinição dos conceitos mais progressistas com os quais a esquerda esteve sonhando e lutando por outro mundo melhor: democracia, justiça social, igualdade, fraternidade, solidariedade, redistribuição, reconhecimento, etc. A finalidade dessa apropriação é tratar de "mudar o âmbito associado com uma palavra para que ele caiba na visão de mundo conservadora" (LAKOFF, 2008). Assim, quando a direita fala em recuperar os valores, na verdade o que se propõe é fomentar, mediante a educação, uma maior submissão, obediência e disciplina; e, quando se alude à importância da família, na realidade o que se pretende, na maioria das ocasiões, é recuperar valores patriarcais. Da mesma forma, quando se afirma o direito à vida, está-se falando somente de impedir o aborto, não de apostar em uma verdadeira educação e informação sexual, ou em algo muito mais básico, como lutar contra a fome e a pobreza, que são as principais razões da mortalidade infantil; da mesma maneira, quando, em educação, falam de qualidade e excelência, na verdade o que estão defendendo é que somente os filhos e filhas dos grupos com maior poder econômico e cultural tenham direito a uma educação universitária, etc. Essa tarefa de redefinição direitista da linguagem tem, não obstante, um momento anterior, que é o esforço para esvaziar o conteúdo autêntico de todos aqueles conceitos que tenham maior poder de mobilização social, passando a empregá-los constantemente em contextos bastante burocráticos e rotineiros, nos quais as pessoas tenham de fazer um grande esforço para entender seu verdadeiro alcance e tomá-los como reais. É mais fácil dizer que vamos organizar uma escola democraticamente do que fazê-lo; o mesmo acontece com outras frases largamente escritas, mas raramente postas em prática, como a de organizar um currículo aberto, relevante e significativo para os alunos.

Esses conceitos que surgem no âmbito de filosofias progressistas, quando são legislados e implementados de maneira burocrática e hierárquica, acabam perdendo seu poder de transformação, uma vez que são despolitizados. A partir desse momento, todos os utilizam com excessiva facilidade e, o que é mais importante, sem sequer se verem obrigados a mudar suas práticas e rotinas.

Mediante essa tarefa de apropriação da linguagem progressista, alcança-se também outro importante objetivo, com o qual a direita há tempo vem se esforçando: tentar convencer todas as pessoas de que já não há ideologias nem alternativas políticas em conflito. Um vislumbre nas declarações e nos escritos que abundam nos meios de comunicação nos permite ver rapidamente como esses mesmos conceitos que serviam de bandeira para a denúncia de injustiças e, portanto, para as correspondentes mobilizações reivindicatórias que acabam reduzidas a meros *slogans* e bordões com os quais qualquer pessoa pode embelezar suas frases, pois, na realidade, eles não obrigam a nada.

O que está por trás do aumento das pressões mercantilistas sobre os sistemas educacionais é precisamente essa progressiva despolitização do pensamento, o que imediatamente se traduz nos modos de funcionamento da maioria das instituições públicas e privadas. Esse tipo de reorientação é feito muito frequentemente, junto com discursos catastróficos sobre o que acontece nas instituições escolares. O exagero dos dados sobre o rendimento escolar e sobre as situações problemáticas e conflituosas que têm lugar nas aulas é o que mais contribui para despertar personalidades autoritárias, construídas e reproduzidas como resultado das políticas educacionais, sociais, culturais e militares com que a ditadura se perpetuou durante 40 anos. São personalidades sonolentas ou, em muitos casos, um tanto acomodadas nessas três últimas décadas de democracia, porém que, agora, são despertadas violentamente por uma direita mais jovem, cujos líderes têm muitas facilidades para se servirem de um número muito importante de meios de comunicação; meios com interesses aos quais essas pessoas servem; líderes que foram educados em estruturas escolares classistas, sexistas, racistas e conservadoras, à base, em alguns casos, do silêncio e, em outros, da manipulação das informações sobre a história da humanidade. São os grupos sociais com menor nível cultural e maiores dificuldades de acesso à cultura e às informações relevantes que, consequentemente, são mais facilmente persuadíveis por esses setores da direita política mais populista e demagógica.

É o avanço das ideologias neoliberais e conservadoras que explica o grau de aceitação das políticas de forte reorientação mercantilista e de um maior controle autoritário dos sistemas educacionais (TORRES SANTOMÉ, 2007). Essas políticas se apoiam em uma manipulação de palavras elegantes como "eficácia", "excelência", "qualidade", "competência", etc., ou *slogans* com os quais se possam disfarçar medidas de reorientação dos conteúdos curriculares, das metodologias e modalidades de avaliação a utilizar.

As avaliações externas das escolas, a serviço de certos indicadores que nunca são submetidos a debate público e são feitas mediante o recurso de testes ou provas objetivas, tal como se estão implementando na prática no nosso contexto, contribuem, entre outras coisas, para reforçar a imposição de um currículo cada vez mais padronizado junto com as grandes editoras de livros didáticos; algumas delas verdadeiras empresas multinacionais às quais os governos temem, devido à rede de negócios com que também controlam as principais redes de informação da sociedade: jornais, cadeias de televisão, revistas, portais de internet, etc. Esse tipo de teste de diagnóstico, além do mais, contribui para acentuar as políticas de privatização das escolas e, também, para legitimar a forte pressão que exerce o mundo empresarial para pôr o sistema escolar a seu serviço, promovendo somente aquele conhecimento e aquelas linhas de pesquisa das quais podem obter benefícios econômicos, estratégicos, corporativistas, etc.

O CURRÍCULO EM TEMPOS NEOLIBERAIS E CONSERVADORES EM SOCIEDADES GLOBAIS

É indispensável fazer uma análise, a mais detalhada possível, das medidas que, nas últimas décadas, vêm sendo promovidas pelas principais instituições mundiais e que, por sua vez, são apresentadas perante a opinião pública como o resultado da consulta ao autêntico oráculo de Delfos. Essas instituições, como a OCDE, o Banco Mundial, o Fundo Monetário Internacional, o G-8, a Organização Mundial do Comércio, etc., vêm colaborando com seus diagnósticos e assessorando os governos da maioria dos países do mundo. A análise dos seus movimentos nos permite constatar com facilidade como seus relatórios e pressões são direcionados a reconduzir os sistemas educacionais a modelos de acordo com as filosofias neoliberais. Seus objetivos são convencer as classes dirigentes e, o que também é muito grave, uma grande parte dos cidadãos, de que as instituições escolares devem ter como principal e, aliás, única meta, formar e conscientizar o corpo discente para competir por postos de trabalho no atual mercado capitalista. Esse objetivo se expressaria em uma reorientação dos conteúdos e tarefas escolares marcada pela redução dos conteúdos referidos às ciências sociais, humanidades e artes; e, por outro lado, pelo reforço daqueles conhecimentos e habilidades que capacitam melhor para encontrar um posto de trabalho.

Na realidade, os efeitos das análises e dos conselhos oferecidos por esse tipo de instituição têm como objetivo contribuir para a produção de "capital humano", mas não cidadãs e cidadãos preocupados com os assuntos públicos. Consequentemente, pouco a pouco, estão passando a um plano mais secundário finalidades clássicas de todos os sistemas educacionais, como: contribuir para aumentar os níveis de justiça e igualdade em nossas sociedades, eliminar as formas de discriminação e marginalização, reforçar os modelos e estruturas de participação democrática, fomentar uma cidadania democrática capaz de trazer à luz as repercussões de determinados modelos de globalização, denunciar o aquecimento global, as guerras pelo petróleo, a opressão de determinadas etnias, o neocolonialismo cultural, político e econômico, a fome e as enfermidades em determinadas zonas do planeta, etc.

É muito elucidativo que, nestas últimas décadas, praticamente a cada troca de governo se considere necessário redigir e implementar novas leis de reforma para o sistema educacional. Isso fica ainda mais evidente à medida que, com as políticas de teor mais economicista, proclama-se a aposta em reorientar o que vínhamos denominando sociedades da informação para sociedades baseadas na economia do conhecimento. A ênfase desse *slogan* está em prestar atenção àquela informação e ao conhecimento capaz de funcionar como matéria-prima para obter maiores benefícios econômicos.

Documentos como os que redige a OCDE, urgindo os países a apostarem em uma eco-nomia baseada no conhecimento (ORGANISATION ECONOMIC CO-OPERATION AND DEVELOPMENT, 1996b), põem em destaque os novos modos de funcionamento dos mercados econômicos. Ao mesmo tempo, servem para marcar as tendências e prioridades dos sistemas educacionais e das políticas de pesquisa. É a partir das pressões intimidadoras dessa classe de organizações economicistas, impondo seus tipos de discurso e suas análises da realidade, que, nas últimas décadas, vêm se acelerando os ritmos das medidas destinadas a forçar os sistemas educacionais e as redes de pesquisa a assumirem esse desafio, bem como a reconduzir nessa direção muitos dos investimentos que devem ser feitos pelos governos.

Como fruto desses novos modelos econômicos, as avaliações e os estudos comparativos desempenharam um papel muito importante, tanto para convencer os governos quanto para convencer os próprios cidadãos acerca de estarmos ou não caminhando na boa direção. Os estudos de diagnóstico comparativo, na informação que trazem à luz e quantificam, insistirão naquelas dimensões que, em teoria, são relevantes para ver qual é o caminho já percorrido e o que ainda falta completar.

Não é por casualidade que, na hora de ver em que grau uma sociedade progride, unicamente se trate de quantificar variáveis relacionadas com determinado tipo de dimensões que são um bom termômetro da pujança ou não da economia de mercado, como, por exemplo: o número de computadores pessoais em função do número de habitantes, o percentual de pessoas que têm acesso à internet e com que tipo de conexões e velocidades, o número de telefones celulares, de moradias com antenas parabólicas ou televisão a cabo, o número de transações econômicas realizadas pela internet, etc. Um dos fins implícitos nesse tipo de enquete é constatar o volume de negócios realizado pelo tipo de indústrias que fabricam e comercializam essas tecnologias e, não tanto, o uso que dele fazem aqueles que os conseguem adquirir, os cidadãos.

O que se busca e se exige é o conhecimento imprescindível para incrementar as possibilidades de se fazer negócios, para que as empresas inovem constantemente e, ao mesmo tempo, gerem novas necessidades nas pessoas; e estas, por sua vez, façam o que for preciso para adquirir essas novas mercadorias.

Atualmente, a OCDE, dado o enorme impacto do seu programa (PISA – Programme for International Student Assessment), e sua aparência de instituição neutra, apresenta-se perante a opinião pública e seus governos com suficiente poder e autoridade para impor um modelo do que seria um sistema educacional de qualidade; ou seja, com possibilidades reais de gerar progresso, riqueza, bem-estar e, implicitamente, justiça. Como ressaltam Barneti e Finnemore (1999, p. 713), referindo-se em geral a esse tipo de organizações internacionais, revelam-se como as "missionárias" do nosso tempo, trazendo a boa nova das verdadeiras chaves para o progresso econômico, cultural e social; porém, não se consideram com a obrigação de explicar seus modelos, nem em que se apoiam as garantias de êxito de suas propostas.

Esse tipo de estratégia de reorientação, baseada em dados empíricos apresentados como objetivos e neutros, é mais facilmente aceitável por uma população que está muito acostumada a que lhe apresentem estatísticas como argumentos irrefutáveis. Esses cidadãos, não podemos esquecer, aprenderam em sua passagem pelas instituições escolares a mitificar o valor dos números, entre outras coisas, porque foi nesse tipo de conteúdo que muitos deles encontraram suas maiores dificuldades, chegando a captar unicamente seus aspectos mais mecânicos e irreflexivos. Vivemos em tempos dominados pelas estatísticas, nos quais esse tipo de dados é oferecido continuamente como se fosse uma radiografia certeira e autêntica do que acontece, porém sob variáveis decididas, organizadas e interpretadas em função dos interesses das organizações que as difundem.

A estatística – honrando sua etimologia, do latim *statisticum* para a tradição alemã *Statistik* e para a aritmética política inglesa do século XVII, quando era considerada "a ciência do Estado" – está associada à construção dos Estados, aos projetos de administração de seus territórios, de estruturação dos seus recursos e de unificação de suas culturas e mentalidades (DESROSIÈRES, 2004, p. 23). Os dados do Estado, assim tratados, ofereciam uma descrição objetiva de suas populações e posses, das ações executadas e do que acontecia nessas novas nações. Com os dados assim coletados, facilitava-se o controle e a administração do Estado. Ao mesmo tempo, a publicidade das estatísticas servia para convencer a população de que as medidas públicas e legislativas que o governo ia adotando eram as mais pertinentes para resolver as disfunções que tais estatísticas evidenciavam.

Não podemos deixar de lado o fato de que, atualmente, são os resultados do PISA que têm o maior poder para definir e convencer a população sobre o que é ou não um bom sistema educacional e, consequentemente, uma boa política educacional. Seus resultados aparecem como "inquestionáveis", objetivos e neutros, portanto não se aceita de bom grado que alguém os ponha em dúvida.

Ademais, para evitar que alguém acuse a OCDE de estar introduzindo determinados conteúdos culturais no currículo, de apostar em uma seleção concreta que favoreceria alguns grupos culturais específicos em detrimento de outros, uma de suas últimas estratégias de despiste é a de se servir da linguagem das competências. Trata-se de analisar capacidades cognitivas que, em teoria, poderiam ser desenvolvidas com qualquer lista de blocos de conteúdos da matéria que se avalia. Estamos diante de estudos avaliativos de caráter comparativista e que, por sua vez, apresentam-se como avais de um modelo de "currículo aberto", válido para qualquer seleção de conteúdos. Portanto, também às próprias Administrações agradaria esse tipo de diagnóstico, pois lhes permitiria evitar serem acusadas de qualquer tipo de favorecimento nas escolhas que, tradicionalmente, têm sido feitas no que se costuma denominar "desenho curricular base" (DCB). Estaríamos, assim, diante de um modelo educacional onde o que não precisa de maior atenção nem de grandes debates são os conteúdos, já que a chave está na definição das "competências". Essa filosofia praticada pelo PISA é o que lhe permite aplicar seus testes de avaliação em qualquer país, sem que os resultados, aparentemente, possam se ver afetados pelos conteúdos obrigatórios que uma boa parte dos países exige que sejam trabalhados em suas instituições escolares.

Entretanto, não devemos ignorar que as avaliações do PISA diagnosticam somente três aspectos: a interpretação de textos (porém, não a redação nem a capacidade de se expressar e de raciocinar), a alfabetização matemática e a científica. Uma vez que se tornam públicos esses resultados, imediatamente tais áreas de conhecimento se convertem no principal foco de atenção, tanto por parte da Administração, que, a partir desse momento, dedicará todos os seus esforços a reforçar esse tipo de conteúdos, a fazer com que disponham de mais tempo e recursos, como por parte das famílias e do próprio corpo discente, para o qual já está claro que a lista de matérias de seu plano de estudos está hierarquizada. Presume-se que o importante são os resultados em matemática e ciências, e o resto das matérias e conteúdos fica relegado ao *status* de "matérias banais".

Quando julgamos essa classe de disfunções, é preciso ter presente que, mediante esse tipo de provas, não se avaliam nem os conteúdos obrigatórios dos currículos dessas mesmas disciplinas que o Ministério da Educação e os Conselhos de Educação das Comunidades Autônomas impõem nem obviamente os conteúdos do restante das áreas de conhecimento. Ou seja, não se diagnosticam conhecimentos, procedimentos e valores tão fundamentais como o conhecimento e as habilidades artísticas; a capacidade de interpretar momentos históricos, fenômenos políticos e sociais; as competências comunicativas; a formação literária; a capacidade de análise crítica; a educação afetivo-sexual; o desenvolvimento psicomotor e as habilidades desportivas; nem outras dimensões que são indispensáveis para cidadãos responsáveis no âmbito de sociedades democráticas, tais como: o conhecimento dos Direitos Humanos por parte dos alunos, sua capacidade de resolução de conflitos, sua participação na gestão da vida cotidiana na escola, suas habilidades para o debate, a capacidade de colaboração e ajuda aos demais, seu nível de responsabilidade, seu compromisso com a democracia, seus valores e prioridades na vida, etc. Curiosamente, essas são as áreas de conhecimento mais mal atendidas nas políticas educacionais e, consequentemente, nas programações curriculares da maioria das escolas.

O empenho em uma reorientação neoliberal do conhecimento, incluindo tanto as políticas de pesquisa quanto as de ensino e aprendizagem, é visível também em foros elitistas, como as Reuniões dos Ministros de Educação do G-8 e do G-20. Assim, por exemplo, no encontro do G-8 celebrado em julho de 2009 na cidade italiana de L'Aquila, do qual, além dos líderes dos países-membros do grupo, participaram representantes de outros 20 países e de 10 organizações internacionais, aprovou-se um dossiê intitulado *Sharing responsabilities to advance education for all* (G8 EDUCATION EXPERTS, 2009). Esse texto, além de declarações de intenções mais ou menos altruístas, que, em realidade, não implicam obrigações claras e contundentes, deixa bem claro que, depois da etapa da educação primária, o papel fundamental do sistema educacional, e para o que se requer um professorado competente, é o "desenvolvimento de habilidades para a empregabilidade" (G8 EDUCATION EXPERTS, 2009, p. 6).

Nesse sentido, chama muito a atenção que as escassas revisões e inovações que as autoridades da educação se propõem sobre os conteúdos obrigatórios dos currículos se concentrem nessas dimensões economicistas. Esse é o caso dos novos conteúdos econômicos anunciados para serem incluídos no currículo da educação secundária, denominados *educação financeira*, uma educação que, segundo o Ministro da Educação espanhol, Angel Gabilondo,

> permita que nossos jovens conheçam e entendam o que são coisas como hipoteca, conta corrente ou ação; que lhes ajude a estar preparados para enfrentar o necessário e complicado mundo da economia e das finanças.

Esse plano educacional, segundo o próprio Ministério anuncia, está sendo desenvolvido pelo Ministro da Educação, pelo Banco da Espanha e pela Comisión Nacional del Mercado de Valores (CNMV). Por sua vez, o banco BBVA está elaborando um projeto curricular semelhante, porém dirigido a meninas e meninos da educação primária.

Esses tipos de conteúdos, ainda que bem elaborados, são muito necessários nas sociedades atuais de economia de mercado; porém, se prestarmos atenção no próprio Ministro da Educação, sua introdução é consequência "dos princípios e recomendações da OCDE e (da) Comissão Europeia para o fomento da educação financeira".

Uma educação financeira pactuada com essas instituições logicamente faz com que sejam elas mesmas que elaborem ou, ao menos, assessorem diretamente os livros didáticos em que estejam esses conteúdos, assim como aqueles que realizam os programas de atualização do professorado. O Ministério reconhece explicitamente que seja desejável sua participação nessas tarefas:

> as três instituições desenvolverão as atuações adequadas para desenvolver o programa através da formação de professores e da criação de materiais escolares em distintos suportes (*video games*, programas de simulação, etc.).
>
> A colaboração entre o Ministério da Educação, o Banco da Espanha e a CNMV é fundamental para lecionar a educação financeira como matéria curricular na educação secundária, e alcançar, assim, um dos objetivos básicos aos quais aspira este Plano de Educação Financeira.

Com esse tipo de assessoramento, é fundamental que suspeitemos da orientação dessa classe de conteúdos. Não se trataria de converter as alunas e os alunos em eficientes financistas como os que originaram a atual e gravíssima crise financeira e, consequentemente, econômica e laboral do nosso tempo?

A incorporação dessa matéria no currículo obrigatório gera também outras interrogações cujas respostas vão oferecer novas pistas sobre a continuidade ou não dessa reorientação tecnocrática e mercantilista do currículo escolar: quantas horas por semana essa nova matéria vai ocupar? Em quantos cursos de educação seundária obrigatória ela vai ser oferecida? Dado que o MEC não propôs aumentar o número de dias e horas letivas, de quais matérias e conteúdos já legislados vamos reduzir a carga horária?

As decisões sobre a inclusão desse tipo de conteúdos mostram uma grande coerência com as recomendações não apenas da OCDE, mas também de organizações muito mais visivelmente mercantilistas, dirigidas diretamente pelas grandes empresas multinacionais.

Desde os primeiros momentos da criação da atual União Europeia, as prioridades dos mercados sempre estiveram em primeiro plano. Nos principais grupos de trabalho nos quais estavam presentes as representações dos governos dos distintos Estados europeus, as organizações empresariais sempre desempenharam um importante papel. Suas recomendações e, logicamente, seus mecanismos de pressão, destinados a convencer os governos mais reticentes, foram ficando evidentes nas leis que, desde os primeiros momentos, vêm sendo desenvolvidas.

Nesse sentido, por exemplo, já em 1998, a European Round Table of Industrialists (ERT) – Mesa Redonda Empresarial,[2] um dos grupos de pressão que reúne as multinacionais mais importantes que operam na Europa e que maior influência tiveram na construção da União Europeia, torna público um dossiê com o título *Criação de emprego e competitividade através da inovação* (Job creation and competitiveness through innovation), o qual, além de insistir na necessidade de uma menor regulação e mais políticas de flexibilidade para as contratações de emprego, tampouco se esquece dos sistemas educacionais. Aliás, em momentos nos quais se vem denunciando essa forte ênfase mercantilista nas instituições escolares, não há dúvidas em dizer que ainda é preciso acentuar mais essa interconexão.

> Deve ser colocada maior ênfase sobre o empreendedorismo em todos os níveis da educação. Apesar da necessidade urgente de se gerir melhor a transição da escola para o trabalho, a cooperação escola-indústria é ainda pouco desenvolvida na Europa. (EUROPEAN ROUND TABLE OF INDUSTRIALISTS, 1998, p. 20)

Enquanto, nos dossiês anteriores, essa organização vinha ressaltando a prioridade de que os sistemas educacionais estivessem estreitamente vinculados às necessidades das grandes empresas e negócios, neste ela enfatiza a necessidade de se apostar na "aprendizagem ao longo de toda a vida" do ser humano. Desse modo, ele estará em melhores condições para poder se adaptar às contínuas inovações industriais e seguir sendo uma pessoa com possibilidades de continuar escolhendo entre os novos postos de trabalho que vão surgindo em um mercado cada vez mais competitivo e, além disso, imprevisível.

Essa ideia de aprendizagem ao longo da vida havia sido proclamada como filosofia educacional de referência pela Unesco, primeiramente, na década de 1960, dentro do conceito de educação permanente. Depois, nos anos 1970, voltou a ser retomada em alguns documentos, especialmente em *The planner and lifelong education* (UNITED NATIONS EDUCATIONAL SCIENTIFIC AND CULTURAL ORGANISATION, 1977). Porém, foi no princípio dos anos de 1990 que essa filosofia passou a ser um dos objetivos específicos que a Unesco tratou de incorporar às políticas educacionais de todos os países. E, imediatamente, tornou-se um dos conceitos aos quais a OCDE recorreu, mas para instrumentalizá-lo a serviço exclusivamente da economia, dos mercados econômicos, como se pode constatar no texto *Lifelong learning for all* (ORGANISATION ECONOMIC CO-OPERATION AND DEVELOPMENT, 1996a, 1996). Pouco a pouco, uma concepção humanista e integral da educação vai perdendo peso, enquanto se converte unicamente em capital cultural.

Os interesses da OCDE estão em total acordo com os promovidos pela ERT. Observemos que o atual Ministro da Educação espanhol menciona explicitamente as recomendações da OCDE para implantar a "educação financeira", porém também a ERT exige esse tipo de currículo. Essa organização, no documento antes citado, ressalta, entre as "ações prioritárias" propostas por distintos governos, a de "implantar a educação empresarial básica nos currículos escolares" e insistir mais nos programas de ciência e tecnologia (EUROPEAN ROUND TABLE OF INDUSTRIALISTS, 1998, p. 19).

Desse modo, tampouco podemos desviar nossos olhos das enormes pressões da Organização Mundial do Comércio (OMC), outra das organizações mundiais que maior pressão exercem, tanto para mercantilizar os conteúdos dos programas escolares quanto para liberalizar o mercado da educação e, consequentemente, acelerar os processos de privatização das instituições escolares.

Em uma sociedade na qual os governos e as instituições mais conservadoras tratam de nos convencer do fim da história, e de que não há melhor modelo econômico e social do que o capitalismo, é perigoso que os seus beneficiários mais diretos, o sistema bancário e as bolsas de valores, sejam quem elaborem conteúdos, currículos e materiais, assim como se encarreguem da formação e da atualização dos professores. Em nenhum âmbito legal está escrito que um dos objetivos do sistema educacional seja convencer e introjetar nos alunos uma concepção do mundo e um sistema de valores e de atitudes que sirvam para reproduzir o capitalismo atual e, portanto, concordar que não há alternativas para esse modelo econômico e político. Este convencimento um dia foi explicitado pela conservadora ex-primeira ministra britânica Margaret Thatcher, com seu famoso acróstico TINA (*There is no alternative*, Não há alternativa) (BERLINSKI, 2008). Ensinar a investir na bolsa de valores, por exemplo, implica fazer as novas gerações verem que o bem-estar, a felicidade e o êxito pessoal dependem sempre de incentivos extrínsecos de caráter monetário. Obviamente, com essa estrutura de base, o fomento do espírito crítico será relegado a outros conteúdos e matérias que, além do mais, para uma grande parte da população, são consideradas "matérias banais".

Este momento, em que o mundo está imerso em uma poderosa crise financeira, poderia ser uma boa oportunidade para evidenciar também como são as políticas financeiras e o comportamento usurário dos grandes banqueiros e de prestigiados economistas especializados na bolsa de valores (que, por sua vez, obtiveram seus títulos acadêmicos nas grandes universidades do mundo), que são culpados dessa situação.[3] Não são as classes médias e os grupos mais desfavorecidos os culpados, embora sejam eles que paguem pelas consequências. Não é uma crise resultante de um primeiro mundo que está realizando políticas de justiça social com os países mais pobres, com suas antigas colônias, nem com países dos quais vêm sendo exauridos os recursos materiais e humanos mais valiosos. Essa crise tampouco foi gerada pelos professores e alunos dos sistemas educacionais dos países que mais sofrem com as consequências dela.

Ao contrário. Estamos vivendo em um mundo onde nunca houve tanta gente alfabetizada e com tais níveis educacionais. É o momento de deixar bem claro que, cada vez mais, as políticas economicistas pelas quais se regem as grandes corporações que controlam os mercados depreciam ou não valorizam o suficiente a formação de sua população quando essa não se submete a suas regras de exploração. O atual problema de pessoas com contratos *mileuristas*[*] nos evidencia um mercado onde há um excesso de pessoas qualificadas e uma reduzida oferta de postos de trabalho. Da mesma forma, o problema dos deslocamentos de muitas das empresas dos grandes monopólios multinacionais está servindo para deixar patente que é muito importante que os trabalhadores aceitem se submeter a suas regras de jogo: mais facilidades para demissão, trabalhar muitas horas, com baixo salário e, inclusive, com poucas condições de segurança e maior liberdade para a contaminação e destruição do meio ambiente.

---

[*] N. de T.: De "mil euros". Por extensão, pessoa graduada que ganha mil euros por mês em contratos provisórios.

FUNÇÕES DO SISTEMA EDUCACIONAL E IMPLICAÇÕES NO CURRÍCULO

Todo sistema educacional tem, entre suas finalidades, colaborar para construir as identidades dos meninos e das meninas, entendendo por identidade aqueles conhecimentos, procedimentos, habilidades e valores que cada pessoa aprende, desenvolve e põe em funcionamento para compreender, avaliar e intervir no mundo. Se esses conteúdos (línguas, saberes, crenças, ritos, procedimentos, atitudes, valores, etc.) que se utilizam no meio em que se vive servem para discriminar alguém, vale dizer que estamos perante um sistema educacional injusto, ou seja, classista, e/ou sexista, e/ou racista, e/ou homofóbico, etc. A análise dos possíveis preconceitos nesse tipo de dimensão é o que permite avaliar os níveis de injustiça das instituições docentes.

Jacques Hallak e Muriel Poisson denunciam a existência de corrupção nos sistemas educacionais, entendida como "a utilização sistemática das instituições públicas para a obtenção de benefícios privados, com um impacto significativo sobre a disponibilidade e a qualidade dos bens e serviços educacionais e, consequentemente, sobre o acesso, a qualidade e a igualdade na educação" (HALLAK; POISSON, 2007, p. 29). Um sistema educacional corrupto será, por exemplo, aquele no qual os grupos sociais mais desfavorecidos e necessitados se encontrem com escassos recursos educacionais a seu serviço, e os de pior qualidade. Um compromisso com a justiça social e curricular implica avaliar assiduamente de que modo é expressa essa desigual e injusta distribuição dos recursos existentes. Esse é o caso, por exemplo, das instituições escolares públicas situadas nos bairros em que se inserem os grupos sociais mais desfavorecidos e marginalizados, ou dos núcleos de população rural pobres, mais isolados e com piores acessos. Nas escolas aqui situadas, além do mais, não é raro que os professores sejam os mais novos e inexperientes, obrigados a trabalhar ali porque seus colegas com maior experiência têm mais tempo acumulado de profissão e, consequentemente, costumam solicitar a transferência para instituições escolares menos conflituosas, com melhores recursos e instalações, e situadas em bairros e núcleos de população mais rica.

Outro sinal importante de corrupção é a situação em que vivem muitas famílias quando decidem escolarizar seus filhos e filhas e se dão conta de que não são admitidos nas escolas que desejam e que lhes correspondem porque os professores, as direções das escolas ou seus proprietários estabelecem critérios de admissão segregadores. São várias as denúncias nos meios de comunicação, realizadas por famílias que descobrem como seus filhos foram discriminados por razões de sexo, classe social, capacidades, conhecimentos prévios, etnia, religião, etc. Isso também constitui um atentado contra os direitos da infância consagrados na Convenção sobre os Direitos da Criança, aprovada pela ONU em 20 de novembro de 1989, que diz (entre outros, no Artigo 19.1) que

> Os Estados participantes tomam todas as medidas legislativas, administrativas, sociais e educacionais adequadas à proteção da criança contra todas as formas de violência física ou mental, dano ou sevícia, abandono ou tratamento negligente; maus-tratos ou exploração, incluindo a violência sexual, enquanto se encontrar sob a guarda de seus pais ou de um deles, dos representantes legais ou de qualquer outra pessoa a cuja guarda tenha sido confiada.

Uma cidadania verdadeiramente democrática precisa se pôr em contato com aqueles conteúdos culturais que permitam desenvolver uma compreensão mais racional do mundo em que vivemos; precisam trabalhar com metodologias didáticas que propiciem o desenvolvimento de um pensamento crítico e criativo, que possibilitem entender, argumentar e conviver com pessoas de distintas culturas, ideias e ideais. Essa prática educacional deve vir acompanhada de modelos organizacionais e participativos que fomentem uma maior interação e colaboração com as pessoas dos distintos grupos sociais que habitam o mesmo país.

No âmbito das atuais sociedades capitalistas, um Estado pode alcançar um grande desenvolvimento de seus mercados econômicos e obter o aumento de seu Produto Interno Bruto (PIB), porém isso não quer dizer que tenha cidadãos mais educados. Com uma pequena elite bem formada em áreas científico-tecnológicas e com bons economistas sem muitos escrúpulos, basta uma mão de obra com formação mínima para gerar riqueza, para conseguir benefícios econômicos que redundem nesses reduzidos setores mais privilegiados. Aí está o chamado "milagre econômico da construção" na Espanha, com um mercado bancário guiado por economistas buscando benefícios em prazo muito curto. Tenhamos em conta que é precisamente nessa explosão do crescimento econômico que se acentua mais gravemente o declínio da formação humanista, das artes e, curiosamente, quando mais se agravam as críticas contra a educação transversal e, depois, contra a educação para a cidadania e os Direitos Humanos.

É óbvio que a nova economia está muito ligada à capacidade de produzir e processar informações com a finalidade de construir um conhecimento que contribua para gerar os mercados e serviços que a população demande. Tal conhecimento deve estar constantemente sendo atualizado e renovado, em uma linha de inovação constante para que os novos produtos que se ofereçam no mercado satisfaçam as necessidades de um público educado para consumir cada vez mais. Porém, o que esse tipo de economia tem manifestado é sua capacidade ímpar de gerar mais discriminações e aumentar a distância entre os que têm mais e os que têm menos. Não que o conhecimento técnico produza injustiças por si só, mas, no contexto das novas sociedades da informação, "a desigualdade, a polarização, a pobreza e a miséria pertencem ao âmbito das relações de distribuição/consumo ou da apropriação desigual da riqueza gerada pelo esforço coletivo" (CASTELLS, 1998, p. 96). Trata-se de desigualdades nas relações de produção que, por sua vez, explicam a exploração das classes trabalhadoras e dos trabalhadores e, também da maioria dos processos de discriminação e exclusão social, discriminações que o conhecimento técnico-científico não facilita que aflorem, quando não se contemplam outras estruturas conceituais mais interdisciplinares.

Como um dos frutos do avanço das políticas econômicas neoliberais e das ideologias conservadoras, a economia aparece como a ciência determinadora do que se pode e do que não se deve fazer, algo que também se beneficia do relegamento a planos muito secundários dos discursos filosóficos, éticos e sociológicos e também do reforço, a partir das instituições escolares, de políticas de fragmentação do conhecimento e da pesquisa; e da organização em departamentos e áreas de conhecimento, vigilantes umas das outras, para que nenhuma interfira ou cruze aquelas linhas de conhecimento das quais cada uma se considera proprietária e juíza exclusiva. É essa política educacional que podemos facilmente visualizar na organização dos planos de estudo por disciplinas, como matérias independentes e, portanto, com uma notável ausência de discursos e debates muito mais interdisciplinares. Desse modo, também a divisão do conhecimento em disciplinas vem a contribuir para dificultar a visibilidade dos interesses e funções ideológicas e políticas que completa o conhecimento com o qual se entra em contato.

Dificultar o conhecimento da realidade nas instituições escolares provoca também um fenômeno perverso como o da "infantilização da juventude", tarefa apoiada por programas e materiais curriculares como os livros didáticos que desmotivam os jovens a se interessar pela compreensão de como funciona a sociedade, a refletir de que modo suas atividades e condutas facilitam e reproduzem as estruturas opressivas de poder, incluindo aquelas das quais tanto costumam se queixar durante sua infância e adolescência. Com um currículo de conteúdos e metodologias tão tradicionais, os alunos muito dificilmente conseguem ver as possibilidades que têm de apostar em outro conhecimento, de exercer seus poderes cívicos e de contribuir para atuar de maneiras mais eficazes para construir outro mundo, mais democrático, justo e solidário. Nesse contexto de confusão inquieta, a educação acaba se reduzindo a treinamento, *training*, a domesticação no sentido que Paulo Freire denunciava. À medida que a educação cai em semelhante redutivismo, a democratização de nossas sociedades é afetada e acaba por se converter em uma palavra vazia de conteúdo, em um refrão ou cantilena que serve para se fazer de conta que se está por dentro, que se é moderno.

Poucas vezes os sistemas educacionais foram contemplados sob um ponto de vista mercantilista e utilitarista como na atualidade. Se, no passado, a instituição escolar foi utilizada e manipulada para construir identidades nacionalistas chauvinistas, no presente, sua nova missão é a de preparar mão de obra para aumentar a rentabilidade econômica do capital. O atual mercado de postos de trabalho é a referência dos planejamentos que as administrações escolares levam adiante e, simultaneamente, é o eixo sobre o qual gira a tomada de decisões por parte dos alunos e de suas famílias.

É essa lente mercantilista que explica a debilidade dos estudos de ciências sociais, de humanidades e das artes, frente a algumas ciências experimentais, engenharias e matemáticas que, atualmente, estão em primeiro plano na hora tanto dos diagnósticos quanto da sugestão de alternativas, da elaboração de programas educacionais e do destino dos recursos econômicos disponíveis.

Matemática, ciências e línguas estrangeiras são os "conteúdos-estrela" das novas políticas economicistas. Apresentam-se como os autênticos conteúdos culturais com poder para resolver todos os problemas e garantir um posto de trabalho. Obviamente, são conteúdos indispensáveis; porém, devem ser contemplados com óticas mais interdisciplinares se queremos educar pessoas com capacidade para tomar decisões democráticas bem embasadas, no futuro.

Outro aspecto que também merece mais atenção é o dos recursos didáticos e das metodologias do ensinar e do aprender com as quais se vem trabalhando nas aulas. Não se costuma oferecer aos alunos informações relevantes e significativas que contribuam para desenvolver um pensamento crítico, valores, atitudes solidárias e democráticas. Normalmente, a orientação está muito condicionada por uma vinculação ao modelo produtivo e empresarial dominante. A forma disciplinar na qual são organizadas as aprendizagens, ou seja, a falta de interdisciplinaridade, dificulta a visão das dimensões políticas, sociais, desenvolvimentistas e econômicas que condicionam a atual pesquisa, bem como a produção, a utilização e o acesso ao conhecimento nessas áreas científicas.

As ciências experimentais e a matemática costumam ser associadas com muita facilidade a conceitos e realidades como progresso, desenvolvimento e riqueza. À primeira vista, são áreas do conhecimento menos vinculadas a questões como democracia, ética, solidariedade, ecologia, justiça, etc. Estamos perante matérias nas quais os conteúdos se apresentam, tanto aos próprios professores quanto aos alunos, como mais autoritários, com menos possibilidade de serem submetidos a debate, sobretudo quando esse tipo de conhecimento é fruto de pesquisas desenvolvidas em laboratórios, nos quais sempre é possível controlar a maioria, ou até a totalidade, das variáveis que condicionam os resultados de todos os experimentos realizados nesse contexto um tanto artificial.

Essa peculiaridade das pesquisas positivistas é algo que facilita que as ciências experimentais e a matemática sejam vistas como âmbitos do saber politicamente neutros, uma percepção que é praticamente o contrário do que acontece com as humanidades e as artes.

As ciências experimentais nos explicam como funciona o mundo hoje. No entanto, as artes e as humanidades nos problematizam este mesmo presente. São dimensões-chave para a construção de cidadãos, e não de consumidores e consumidoras. Permitem-nos adivinhar e explicar as origens do atual estado de coisas, assim como construir outras estratégias para mudar aquilo que não gostamos no nosso mundo. As matérias englobadas sob a classificação de artes e humanidades nos permitem imaginar e construir outros mundos, sonhar outras realidades e, na medida em que as vemos como justas e não opressoras para ninguém, mobilizar-nos ativamente para torná-las realidade.

É nas disciplinas sócio-históricas, artísticas e humanas que os alunos têm maior probabilidade de perceber e analisar criticamente os assuntos relacionados com os tradicionais modelos de exploração centrados na classe social, no sexo, na raça, na sexualidade, na religião, no território, etc. Assim, é na hora de trabalhar conteúdos dessas áreas de conhecimento que se realiza uma educação das dimensões afetivas e sociais. Algo muito necessário na atualidade, quando mais se acusa a juventude de não ter valores, de não saber se relacionar nem respeitar seus pais, mães, professores e, em geral, qualquer pessoa adulta que desempenhe cargos de responsabilidade. Não é por acaso que a televisão opta por concursos como "Aula del 63" (Antena 3), nos quais parecem ressaltar as "coisas boas" de um sistema educacional autoritário. Nesse programa, é selecionado um conjunto de estudantes, que são privados de qualquer direito democrático a participar e a decidir e, por outro lado, dos quais continuamente se exige capacidade de esforço, de obediência cega e sem resmungos, tal como era a realidade naqueles anos em que, na Espanha, estávamos submetidos à férrea ditadura do Generalíssimo Franco.

Uma sociedade democrática exige do sistema educacional que forme pessoas democráticas, que possa raciocinar para a tomada de decisões, debater democraticamente e de quem se possa exigir responsabilidades pelo abandono de seus compromissos assumidos.

É o desaparecimento, ou melhor, a ocultação da política o que dificulta enormemente a visualização dos objetivos que deveriam reger as políticas educacionais, algo que explica a pobreza de um bom número das análises do fracasso das redes escolares públicas. Normalmente, não são levadas em consideração as condições nas quais essas instituições trabalham, a precariedade dos seus recursos materiais e do número de profissionais disponíveis, as características da população que atendem, o contexto socioeconômico em que vivem as famílias que para lá enviam suas filhas e filhos. É essa ausência de análise que explica o redutivismo das medidas de choque que as autoridades da educação costumam propor, na maior parte das vezes centradas exclusivamente em práticas tecnocráticas e disciplinares, apoiadas por discursos que culpam exclusivamente os alunos e suas famílias, e, portanto, que desculpam aqueles que têm verdadeira responsabilidade política em tais situações de fracasso escolar e social.

Nas últimas décadas, é sempre a direita, muitas vezes acompanhada pela Conferência Episcopal, que vigia com maior atenção as disciplinas e os conteúdos que tanto o governo central quanto os governos das Comunidades Autônomas legislam. Seu principal foco de atenção são os valores e as filosofias mais conservadores: que só se faça referência ao modelo de família tradicional, à ortodoxia ditada pela religião católica, à sexualidade heterossexual, aos modelos empresariais e de trabalho capitalistas, de livre mercado, às tradições culturais mais classistas e tradicionalistas, à cultura hegemônica que esses grupos estabeleceram, produzem e consomem, ao modelo de Estado mais centralizador e menos respeitoso com relação à pluralidade que caracteriza o vigente modelo autonômico. Seus discursos, de maneira maçante, insistem que a juventude atual vive sem normas, que é amoral e desrespeitosa, porém, ao mesmo tempo, são esses grupos conservadores que mobilizam os meios de comunicação e as famílias para declarar ilegal o estudo da "Educação para a Cidadania e os Direitos Humanos".

Tampouco podemos ignorar o fato de que, em nossa sociedade, a educação de valores está, cada vez mais, sendo confundida com a moralidade religiosa. Aliás, dia após dia, cresce o número de pessoas que pensam que esses aspectos da formação pessoal devem ficar reduzidos ao âmbito familiar; devem ser uma tarefa a cargo das famílias, não das instituições escolares.

A verdadeira prioridade dos grupos conservadores e da Conferência Episcopal se concentra na reprodução cultural; daí sua preocupação pela "retidão" dos conteúdos e, ao mesmo tempo, para que a educação mais humanista e crítica passe a ser vista como perigosa, pois, sob sua perspectiva, correria-se o risco de que os alunos chegassem a se interrogar sobre assuntos que poderiam ser ameaçadores para aqueles que saem mais preparados no atual modelo produtivo, social e político.

Sob o ponto de vista dos grupos economicamente mais poderosos e ideologicamente conservadores, as ciências sociais, as humanidades e as artes – à medida que passam a dirigir seu foco aos assuntos de maior atualidade – têm um potencial perigoso, por isso são dedicados tantos esforços a fim de diminuir-lhes, cada vez mais, o peso no sistema educacional. Interrogar-se sobre a verdade, a bondade, a justiça e a solidariedade não é algo que o governo nem a ampla maioria dos professores deseja converter facilmente no eixo estruturador da seleção de conteúdos, da eleição dos recursos informativos e didáticos, das tarefas escolares que os alunos devem realizar, da avaliação das aprendizagens nas instituições escolares.

Dispomos de indicadores de rendimento em matemática, leitura e ciências. Porém, assim como os indicadores de nossos sistemas econômicos, essas áreas de conhecimento nos oferecem apenas uma radiografia de uma pequena parte do sistema escolar; daí que servir-se unicamente dos resultados que nos oferece o PISA pode fazer com que deixemos de notar outros defeitos mais relevantes na educação das novas gerações e retardar suas soluções.

Tenhamos em conta que carecemos, por exemplo, de "indicadores cívicos", algo que deveria ser preocupante em uma sociedade onde os cidadãos estão sendo redirigidos com a intenção de convencimento de que seu papel mais importante é como espectadores e consumidores. Estão passando a um lugar muito secundário as funções políticas e sociais que são consubstanciais para uma verdadeira cidadania educada e informada.

Uma pergunta evitada, mas que deve guiar sempre o planejamento e a avaliação de um sistema educacional, é qual tipo de cidadania precisamos para manter e melhorar nossas sociedades democráticas.

UM PROJETO EDUCACIONAL PARA UMA SOCIEDADE DEMOCRÁTICA

As novas linguagens educacionais tecnocráticas estão sendo utilizadas como estratégia para desviar a atenção dos conteúdos culturais verdadeiramente relevantes e necessários para entender as modernas sociedades, e nelas participar. A cultura política dominante vive obcecada pelos resultados das avaliações comparativas internacionais, os quais servem para retirar o foco sobre quais conteúdos escolares realmente valem a pena e quais são mais secundários ou inapropriados e, inclusive, injustos.

No momento atual, parece que as autoridades da educação e a maioria da população têm claro quais são os conteúdos mais relevantes que as novas gerações precisam adquirir; como se houvesse um consenso acerca do que ensinar e de seus porquês. Ao menos é o que parece, dada a falta de debate sobre esses assuntos. Portanto, evita-se a natureza política e confli-tuosa do conhecimento e dos próprios processos de escolarização, algo que logo legitima a falta de ênfase na premente necessidade de possibilitar o desenvolvimento do espírito crítico das alunas e dos alunos, a falta de diálogo, de reflexão e de análise crítica nas metodologias didáticas mais empregadas nas instituições de educação. Não prestar atenção nas dimensões políticas e conflituosas do conhecimento é se render ao caminho em que aflora unicamente o conhecimento avalizado e legitimado pelos grupos de poder de cada sociedade.

O desenvolvimento do espírito crítico que aparece como ideal e o compromisso educacional em todas as legislações sobre a educação não é algo que se possa ensinar por meio de metodologias didáticas autoritárias, não participativas ou como uma simples lição de uma determinada disciplina. Pelo contrário; exige um compromisso de toda a instituição, uma filosofia de trabalho que impregne tanto o planejamento quanto o desenvolvimento e a avaliação dos projetos curriculares que nela se desenvolvem. É incompatível com um modelo de estudante passivo e obediente perante qualquer ordem que receba de quem, no momento, detenha o poder.

Educar pessoas autônomas e responsáveis é tarefa concomitante a uma prática pedagógica na qual cada estudante tem de responder por seus atos e poder justificá-los.

As sociedades democráticas globalizadas e multiculturais do presente requerem um tipo de cidadania cuja formação seja conforme três grandes valores: 1) O desenvolvimento da capacidade socrática para a autocrítica e o pensamento crítico sobre as próprias tradições e costumes. 2) A capacidade para ver a si mesmo como membro de um Estado e de um mundo heterogêneo e para compreender os aspectos mais substanciais da história e o caráter dos diversos grupos que a habitam. 3) A capacidade de pensar colocando-se no lugar das outras pessoas (NUSSBAUM, 2009, p. 10-12).

A informação e o conhecimento das realidades distintas às próprias não garantem a formação de cidadãos que orientam seus comportamentos para o respeito e a solidariedade com quem é diferente; já deveríamos ter aprendido que a ignorância e os preconceitos estão por trás da maioria das condutas inadequadas, agressivas e ofensivas.

Focando os conteúdos, a justiça curricular exige contemplar aspectos como inclusão, representação, contribuições e valorizações das pessoas, grupos e culturas que estão presentes nas salas de aula e na sociedade mais ampla, na qual está situada a escola. Esses conteúdos, por sua vez, requerem estratégias metodológicas e recursos adequados que permitam trazer à tona o currículo oculto que os modelos pedagógicos mais tradicionais e sua correspondente organização por disciplinas costumam gerar (TORRES SANTOMÉ, 2005).

É trabalhando com estruturas de conteúdos mais interdisciplinares que faremos com que os alunos, dia após dia, aprendam a se fazer perguntas mais complexas; que não tenham medo de experimentar, de explorar novos caminhos que esses saberes lhe abram. É desse modo que melhor podemos garantir uma autêntica educação de pessoas democráticas, reflexivas e críticas.

Quanto ao perigo do conhecimento especializado disciplinar, é algo sobre o qual também deveríamos ter aprendido alguma coisa. Ao longo do século XX, vimos demasiadas aplicações aterrorizantes: as bombas nucleares são a consequência de uma física ensimesmada e fascinada com suas descobertas, porém sem levar em consideração suas aplicações perversas até que fosse tarde demais.

A ruptura das sociedades se deu, entre outras medidas, organizando seus profissionais por grupos especializados, com competência exclusiva no desenvolvimento de determinadas tarefas e, consequentemente, reduzindo as funções da cidadania. Cada vez mais assuntos são considerados unicamente de incumbência de pessoas especializadas, que não têm obrigação de dar maiores explicações do que fazem e por quais razões. Como explicitou muito bem, já em 1927, John Dewey, "a classe de especialistas se encontra tão inevitavelmente alijada dos interesses comuns que se converte em uma classe com certos interesses privados e um conhecimento privado que, em questões sociais, não é de modo algum um conhecimento. A urna, como se diz frequentemente, é a substituta das balas" (DEWEY, 2004b, p. 168).

Vivemos em um momento em que, cada vez com mais frequência, os assuntos públicos, inclusive os educacionais, aparecem como problemas técnicos a serem resolvidos pelos correspondentes especialistas. Essa é uma das ideias mais perigosas utilizadas pela direita para acabar com o debate das distintas alternativas de que pode lançar mão esse mesmo conhecimento especializado, e também o debate das consequências sociais, econômicas, culturais, políticas e ecológicas que estão vinculadas a cada uma delas.

John Dewey já defendia em sua época que as instituições escolares não são algo independente, à margem da sociedade, mas exatamente o contrário: sua responsabilidade é envolver os alunos em uma constante investigação e interrogação da realidade em que vive, dos temas humanos que preocupam em cada momento. Todo processo educacional requer realizar uma reconstrução ou reorganização da experiência – social e pessoal – "que dá sentido à experiência e que aumenta a capacidade para dirigir o curso da experiência subsequente" (DEWEY, 2004b, p. 74).

Não podemos ignorar que os sistemas educacionais foram e ainda são uma das redes mediante as quais se produz a domesticação das populações, embora com intensidade muito variável, dependendo do grau de organização e de luta dos distintos grupos sociais que operam no interior de cada sociedade. Porém, as salas de aula também são espaços bastante apropriados para ajudar as novas gerações a ver e a construir outras possibilidades. Uma educação verdadeiramente crítica é o melhor antídoto contra o vocabulário "venenoso" com o qual a direita trata de nos vender seu novo disfarce de aceitação de um mundo imoral, autoritário e injusto; realidade contra a qual, obviamente, é necessário se rebelar. Apostar em uma educação a serviço de uma cidadania ativa, com poderes, exige trazer à tona as estratégias de redefinição da linguagem praticada sob novas estruturas conservadoras e recuperar sua capacidade original de mobilização. Conceitos como democracia, justiça, inclusão, solidariedade e dignidade devem continuar servindo para estabelecer com clareza que, sim, existem alternativas para construir um mundo melhor.

NOTAS

1 Neste trabalho, utilizamos o conceito de cidadania em seu aspecto mais inclusivo, considerando cidadãos todas as pessoas que residem em um mesmo território, diferentemente do que a legislação vigente considera. Ou seja, incluímos todas aquelas pessoas que vivem no Estado espanhol, independente de sua situação legal, ou seja, se têm ou não a documentação em dia.
2 Atualmente, a ERT é integrada por 48 personalidades, cada uma delas representando uma das grandes multinacionais que têm sua sede principal na Europa. É presidida por Jorma Ollila, representando a Nokia. Da Espanha, fazem parte César Alierta Izuel, pela Telefônica; Antonio Brufau, pela Repsol YPF; e Pablo Isla, pela Inditex.
3 Já é uma tradição, por parte dos grupos empresariais e das análises econômicas realizadas pelas organizações empresariais e econômicas, atribuir aos sistemas educacionais toda a culpa pelos erros e disfunções do mercado de trabalho e financeiro. Ao contrário, muito raramente as instituições educacionais e os corpos docentes obtêm reconhecimento por fazer bem o seu trabalho.

REFERÊNCIAS

BARNETI, M. N.; FINNEMORE, M. The politics, power, and pathologies of international organizations. *International Organization*, v. 53, n. 4, p. 699-732, 1999.
BERLINSKI, C. *There is no alternative:* why Margaret Thatcher Matters. New York: Basic Books, 2008.
CASTELLS, M. *La era de la información:* economía, sociedad y cultura. Madrid: Alianza, 1998. v.3.
DESROSIÈRES, A. *La política de los grandes números:* historia de la razón estadística. Barcelona: Melusina, 2004.
DEWEY, J. *La opinión pública y sus problemas.* Madrid: Morata, 2004b.
EUROPEAN ROUND TABLE OF INDUSTRIALISTS. *Job creation and competitiveness through innovation.* Brussels: ERT, 1998.
G8 EDUCATION EXPERTS. *Sharing responsibilities to advance education for all.* [S.l.: s.n.], 2009. Report 2009.
HALLAK, J.; POISSON, M. *Currupt schools, corrupt universities:* what can be done? Paris: International Institute for Educational Planning, 2007.
LAKOFF, G. *Puntos de reflexión*: manual del progresista. Barcelona: Península, 2008.
NUSSBAUM, M. C. Education for profit, education for freedom. *Liberal Education*, Ashington, v. 95, p. 6-13, 2009.
ORGANISATION ECONOMIC CO-OPERATION AND DEVELOPMENT. *Lifelong learning for all*: meeting of the Education Committee at Ministerial level, 16-17 January 1996. Paris: OECD, 1996a.
ORGANISATION ECONOMIC CO-OPERATION AND DEVELOPMENT. *The knowledge-based economy.* Paris: OCDE, 1996b.
ORGANIZAÇÕES DAS NAÇÕES UNIDAS. *Convenção sobre os direitos da criança.* [S.l.]: ONU, 1989.
TORRES SANTOMÉ, J. *El curriculum oculto.*8.ed. Madrid: Morata, 2005.
TORRES SANTOMÉ, J. *Educación en tiempos de neoliberalismo.* 2. ed. Madrid: Morata, 2007.
UNITED NATIONS EDUCATIONAL, SCIENTIFIC AND CULTURAL ORGANIZATION. *The planner and lifelong education.* Paris: UNESCO, 1977.

A igualdade e a diferença de gênero no currículo 5

Carmen Rodríguez Martínez
Universidade de Cádiz

As diferenças estão na origem das desigualdades sexuais construídas sob o amparo de teorias acerca do domínio histórico do poder e da cultura por parte dos homens. As diferenças entre homens e mulheres por seu dimorfismo sexual têm justificado desigualdades sexuais e culturais sobre as quais têm se estabelecido tarefas, funções e uma consideração diferente para ambos os sexos em todas as sociedades conhecidas.[1] Essas diferenças foram hierarquizadas dando às mulheres um valor mais baixo na escala social. A maneira como são interpretadas as diferenças e qual é o projeto político de uma sociedade para seus cidadãos e suas cidadãs têm consequências importantes para a definição que fazemos do currículo, do conhecimento e sobre a proposta ética de uma educação que tenha como norte a justiça curricular.

Mesmo que, desde o Iluminismo, mulheres e homens tenham clamado pela igualdade entre os sexos, não foi até os movimentos feministas dos anos de 1960 e 1970 que se conseguiu uma transformação global na situação de vida das mulheres.[2] Nessas décadas, foram conquistadas mudanças importantes na legislação, principalmente nos países desenvolvidos, que equipararam os direitos das mulheres com os dos homens e tornaram possível que elas pudessem ter acesso em condições iguais – ao menos teoricamente – à educação, ao mercado de trabalho, à participação política e à posse de bens. Entretanto, a equiparação legal não correspondeu à real igualdade que, hoje, parece estar impedida por diversas razões.

Desde então, são muitos os avanços educacionais e legais alcançados pelas mulheres em todo o mundo, ainda que nem sempre tenham estado acompanhados de um reconhecimento das mulheres que lutaram para consegui-los.

Se observarmos os relatórios sobre Desenvolvimento Humano e as expectativas de vida, riqueza e educação das mulheres e homens, concluiremos que não há país que trate sua população feminina igual à masculina.[3] As mulheres vivem circunstâncias sociais e políticas desiguais, pois somente são consideradas instrumentos para outros fins. Isso acarreta que tenham menos oportunidades de viver livres de temores e as condena a terem capacidades humanas desiguais (NUSSBAUM, 2002).

Na educação, os dados continuam mostrando enormes disparidades: ainda existem no mundo 776 milhões de analfabetos, dos quais quase dois terços são mulheres. Dos 187 países dos quais dispomos os dados, dois terços haviam alcançado a paridade na escolarização fundamental em 2006, mas somente 37% desses países alcançaram essa paridade na escolarização de alunos e alunas da educação secundária (WATKINS, 2008).[4]

Uma vez que ingressam na escola, as meninas obtêm melhores resultados que seus colegas e têm menor probabilidade de repetir o ano; entretanto, os meninos obtêm maior progresso nas oportunidades de trabalho e na sociedade. Esse é um fenômeno que se dá por igual em todos os países e de maneira especial naqueles em que as meninas têm mais anos de escolaridade.

Ainda que a pobreza e outras desvantagens sociais contribuam para o aumento das desigualdades entre os sexos, é evidente também que as ações positivas dos governos para a melhoria de vida das mulheres têm diferenças importantes entre países que têm o mesmo PIB.[5]

Isso também vale para os países desenvolvidos, pois, ainda que as situações sejam diferentes, mantém-se o denominador comum da supremacia masculina no acesso ao mercado de trabalho, ao poder empresarial, ao poder político e à produção do conhecimento.

Atualmente, existe uma série de aspectos nos quais aparece estancada a evolução das mulheres com respeito à sua participação nos poderes que dirigem o nosso mundo, um dos quais é a produção do conhecimento, um poder-chave quando falamos de currículo e educação.

Para analisar essa situação, revisaremos, em primeiro lugar, como a construção sexual do conhecimento tem sido realizada e quais são as razões que excluem as mulheres do saber. Em segundo lugar, abordaremos algumas investigações sobre rendimentos escolares e discriminações invisíveis no sistema educacional.

A CONSTRUÇÃO SEXUAL DO CONHECIMENTO E O "TELHADO DE VIDRO"

A posição das mulheres na construção e produção do conhecimento

Os estudos das mulheres no currículo, muito mais do que quando nos referimos a outras desigualdades de etnia e classe, têm sido considerados um campo específico e parcial de estudos, e não um problema central da sociedade e da educação.

Kuhn (1962) trata a ciência como uma instituição submetida a pressões históricas e influenciada por fatores culturais, sociais, econômicos e psicológicos. Essa ideia é o ponto de partida das teóricas feministas: o sujeito é alguém histórica e culturalmente situado, e essa análise deve transformar a ciência ao tornar visível a posição que as mulheres têm ocupado e incluí-las em uma forma não estereotipada. Keller (1991) e Harding (1996) definiram a ciência como uma categoria transmitida socialmente, como o gênero, e que deve estar guiada por valores participativos e emancipadores. Entretanto, mesmo que algumas correntes tenham incluído as relações da sociedade com a ciência e alguns estudos tenham conseguido transformar a abordagem e a análise de suas disciplinas, continuam sendo ainda correntes marginalizadas e cometendo erros científicos quando se desviam e inviabilizam as posições que as mulheres ocupam na sociedade ou as tratam por estereótipos.

O fato de que, nos países desenvolvidos, exista uma aparente igualdade normativa reforça as posturas mais reacionárias que defendem uma determinação biológica ou cultural dos papéis sociais e das posições tradicionais das mulheres, novamente amparadas na ciência (agora falando das diferenças na estrutura do cérebro, dos condicionamentos hormonais e genéticos e das pesquisas sobre o comportamento humano), na religião (com uma intervenção mais ativa nas políticas de Estado) e se soma um novo fator para manter as tradições sexistas, o respeito às culturas. Tudo isso se une ao fato de que algumas mulheres excepcionais alcançam postos importantes, o que indica que eles também podem ser ocupados pelas mulheres e justifica a resistência à participação igualitária de direitos com os homens.[6]

Também há uma resistência ao desenvolvimento de ações explícitas para equilibrar as posições de mulheres e homens na sociedade, seja por ideologia, seja por conveniência. Elas justificam a situação atual como fruto da incorporação tardia das mulheres às esferas do poder econômico, político e do conhecimento. Como consequência, espera-se que o tempo e a história consigam equilibrar essa situação, como se a evolução humana, sem as atuações concretas das pessoas e contra a inércia e os costumes, pudesse equilibrar a justiça social.

Os dados nos mostram que as mulheres, desde os anos de 1970, têm conseguido o acesso a todos os níveis da educação nos países desenvolvidos. Não foi um caminho fácil e simples, mas hoje contamos com um número maior de alunas tituladas em estudos superiores[7] e elas obtêm, há alguns anos, melhores rendimentos que os alunos.

Na Espanha, o número de alunas matriculadas em estudos universitários é superior ao de alunos, mesmo que, proporcionalmente, continuem sendo muito poucas as matriculadas nos cursos técnicos[8] (ESPANHA, 2009a). Na população mais jovem, as mulheres demonstram estarem muito mais bem preparadas, elas colam grau em um maior número que eles (44% frente a 34%), suas qualificações são superiores e também o número de bolsas alcançadas (53,9% na formação pessoal como pesquisador), e a maioria delas se forma tendo estudado em outros países.[9]

Entretanto, mesmo tendo mais formação que os homens, sua presença na universidade não fez mudar, em 20 anos, os postos de poder nestas.[10] As professoras e pesquisadoras mostram uma evolução mais lenta.[11] Na União Europeia, as mulheres constituem mais de 50% dos estudantes, mas somente uma média de 15% ocupa cargos acadêmicos de alto nível e, portanto, sua influência na tomada de decisões em pesquisas é limitada.[12]

Esse estancamento na evolução da distribuição igualitária de homens e mulheres no mundo universitário tem sido chamado de "modelo de tesoura" (ESPANHA, 2007). É definido como uma inversão do número de mulheres desde o início da carreira universitária, quando elas são a maioria, até chegar aos níveis superiores, onde existe uma maior presença de homens.

As mulheres encontram uma barreira, um "telhado de vidro", para poder ocupar a mesma posição que os homens. As relações de poder se mantêm, reproduzem-se e supõem um estancamento na consecução da igualdade. O fato de que algumas mulheres realmente consigam e não estimem que exista algum problema cria uma excepcionalidade que parece confirmar a regra de que "quem quiser pode conseguir".[13]

As causas dessas resistências do acesso das mulheres à igualdade no mundo desenvolvido são várias.[14]

Entre elas, pode estar o recente acesso das mulheres à educação. Ainda que atualmente não exista de modo aparente a discriminação por motivo de sexo nas instituições acadêmicas ocidentais, podemos dizer que sua abolição é muito recente. As mulheres tiveram que esperar vários séculos para que fossem admitidas como grupo nas universidades durante a última década do século XIX e princípios do século XX, e muitas delas levaram tempo para receber o título. Na Espanha, o livre acesso sem o consentimento foi alcançado em 1910, e Emilia Pardo Bazán atingiu o cargo de docente em 1916 (GONZÁLEZ GARCÍA;

PÉREZ SEDEÑO, 2002). Nas Academias, elas tardaram ainda mais, pois não começaram a ingressar até meados do século XX.[15]

O telhado de vidro e a miragem da igualdade

A partir dos anos de 1970 e 1980, uma mudança excepcional aconteceu com a terceira onda feminista[16]: as mulheres têm acesso em grande número à universidade, e as lutas se focam na aprovação de leis que permitam uma igualdade, os direitos sexuais e reprodutivos são reivindicados e se faz uma análise crítica dos saberes.

Essas mudanças têm permitido que as mulheres tenham acesso à educação e aos espaços que, tradicionalmente, eram exclusivos dos homens. Contudo, essa presença e incorporação das mulheres somente tem significado a ocupação de espaços anteriormente vedados, já que os códigos de gêneros que regem tais âmbitos mantêm uma hierarquia entre o masculino e o feminino. Novos pares de oposição continuaram sendo constituídos, homólogos às divisões tradicionais que atuam nas divisões das disciplinas, na escolha das carreiras, nas estruturas hierárquicas da escola, nas diferentes posições dos docentes e na exclusão das mulheres do poder (BORDIEU, 2000). A divisão sexual na educação está presente em três princípios práticos: 1) as escolhas de carreira das meninas são uma prolongação das funções domésticas (educação, cuidado e serviço), 2) uma mulher não pode ter autoridade sobre alguns homens e 3) o homem tem o monopólio sobre os objetos técnicos e as máquinas.[17]

O telhado de vidro é produzido de uma forma análoga para o poder e para o saber, mas, enquanto pudermos defender nossa categoria de cidadãs na política; na universidade, o critério de autoridade científica e de excelência são, supostamente, aqueles que dominam (MARTÍNEZ LÓPEZ, 2006). As mulheres ficarão excluídas da hierarquia do saber, e os méritos por si só não servem para que produzam uma mudança significativa que não ocorreu nos últimos 20 anos.

Podemos nos perguntar quais são os mecanismos sutis de poder que mantêm as mulheres em um *status* inferior no mundo da ciência e do conhecimento.

Foucault (1999) aponta a necessidade de desmascarar os processos de poder que são naturais à sociedade e que se enquistam nas relações sociais e nos espaços invisíveis. A ciência e o discurso fazem parte dos procedimentos simbólicos por meio dos quais o poder afeta qualquer manifestação humana. Em sua teoria, Focault fala da capacidade camaleônica do poder e faz uma distinção entre "poder" e "mecanismos de poder", entre "verdade" e "efeito de verdade".

1. Um primeiro aspecto são os modelos de ciência masculinos. A linguagem ou as metáforas que são utilizadas para explicar a ciência e o significado da pesquisa mostram o favorecimento gerado ao estarem construídas sob um universo de dominação masculina. Nesse sentido, a crítica feminista tem agregado inovações epistemológicas interessantes sobre o papel do sujeito cognoscente e a objetividade e neutralidade da pesquisa científica. Haraway (1995) fala do sujeito do conhecimento como um indivíduo particular cujos interesses, emoções e razão estão constituídos por seu contexto histórico concreto. A definição e seleção dos problemas científicos sempre levam a marca dos grupos dominantes e, além disso, são interpretadas para que sejam compreensíveis dentro da nossa cultura, com categorias de pensamento masculino (HARDING, 1996).

O androcentrismo (MORENO SARDÁ, 1986) defenderá que o sexo do saber continua sendo o mesmo e mantém tendências racistas, classistas e de outra índole ao haver se constituído sobre um arquétipo viril masculino vinculado ao exercício do poder. A ciência é construída pelos homens e por uma determinada definição do ser humano. Por exemplo, Gilligan (1985) critica a teoria de Kolberg sobre o desenvolvimento moral, pois ela se baseia em uma pesquisa realizada somente com homens (84 homens), e, quando seus resultados se aplicam às mulheres, mostram-nas como deficientes em um estágio intermediário, no qual a moralidade é concebida em termos interpessoais e a bondade equivale a ajudar e servir os outros (HOWLEY; SPATIG; HOWLEY, 2004).

Durante muito tempo, os papéis sexuais humanos foram descritos atribuindo um comportamento tímido à fêmea e a iniciativa sexual ao macho. Para esses estudos, foram utilizados chimpanzés cujos traços patriarcais são associados à sociedade, em vez de outros primatas como os bononos do Zaire, cuja iniciativa sexual é feminina e eles têm relações sem agressividade. Frans de Waal nos demonstra como, na seleção das espécies estudadas, há uma tendência a favor daquelas que mostram os papéis de gênero usuais no mundo humano (NUSSBAUM, 2005).

2. Um segundo aspecto é o acesso ao poder e ao prestígio acadêmico e, portanto, às redes de produção científica. Os homens dominam os mecanismos de poder na produção científica e nas redes sociais das universidades e seus discursos assumem um tom de verdade que é construído durante toda uma história de apropriação da ciência e domínio da tipografia dos espaços de construção do conhecimento (FOUCAULT, 1999).

O reconhecimento na universidade é obtido tanto com o bom aproveitamento universitário quanto em função da influência e do poder da rede em que o indivíduo se situa (MARTÍNEZ LÓPEZ, 2006). O reconhecimento não somente consiste em realizar um trabalho sério que contribua para o conhecimento, mas que a comunidade científica o visualize e aprove. A Comissão da União Europeia tem ressaltado em diversos relatórios a ausência das mulheres no sistema científico e a perda contínua delas na carreira acadêmica, na qual representam somente 10%. Temas como o sistema de revisão em duplas ou a atribuição de bolsas para pós-doutorado demonstram que não existe somente uma representação masculina no poder universitário, mas também relações de poder e de amizade tendenciosas sexualmente[18] (MARTÍNEZ LÓPEZ, 2006).

3. Um terceiro aspecto é o discurso científico (ou o conjunto de discursos eruditos) que justifica sua eficácia por meio da exigência de critérios que, por sua vez, são uma arma poderosa para manter seu valor hegemônico. As categorias que empregam a objetividade, o sujeito neutro e a consciência histórica têm atribuído o poder da racionalidade à ordem hegemônica masculina. O caráter progressista da racionalidade científica que é apresentado como um pensamento crítico e racional não admite intrinsecamente a possibilidade de críticas.

Ainda que a crítica à ciência seja realizada há anos sob diferentes perspectivas,[19] os discursos têm mantido a ideia de que foram criados em torno de seus procedimentos e categorias, dominados pela estrutura das ciências mais difíceis e, inclusive, foram reforçados nos últimos tempos.

O discurso liberal individualista, próprio da economia neoliberal, não questiona as teorias e as crenças como um componente cognitivo, mas as aproveita para encontrar o meio mais efetivo para sua aplicação. Essas teorias de educação estariam incluídas em um discurso tecnológico que as separam do propósito ou da intenção que todo ato educacional tem. As práticas escolares, segundo essa ideia de ciência aplicada, são sempre melhoradas a fim de que os alunos alcancem um melhor rendimento. Estudamos os processos por meio dos quais os estudantes aprendem, suas características e as dos professores, assim como os determinantes contextuais, sem nos perguntar para onde as práticas escolares nos conduzem e por que são empregadas estas e não outras práticas. Enfim, qual é a determinação das práticas escolares por meio da institucionalização (LUCKMAN, 1996) e do hábito (BORDIEU, 1991).

O discurso liberal individualista tem sido criticado e tradicionalmente denominado como técnico por sua crença cega no marco ideológico. Atualmente, a ideia de progresso no mundo se desenvolve a favor de um relativismo caracterizado pela saturação das informações e a busca de segurança nas ações educativas e se mantém com novos argumentos neoliberais, que procuram, mais do que nunca, o benefício da educação para a sociedade do conhecimento (o êxito escolar), voltando a tornar invisível o doutrinamento do qual a escola se serve. A crítica ao conhecimento estabelecido e a forma de transmiti-lo de acordo com os marcos já criados é feita com mais facilidade.

O pensamento subversivo, proposto por Foucault (1999), ajuda-nos a desmascarar a ciência e o conhecimento, e, por sua vez, também nos ajuda a compreender que não podemos pensar fora do âmbito ideológico de categorias e teorias que ele criou.

4. Um quarto aspecto relacionado à produção científica é que as mulheres não têm afirmado o poder da inovação.

O sistema de relações e classificações com as quais foram criadas relações de poder e domínio em nosso mundo, que continuam sendo reproduzidas (BORDIEU, 2000), faz com que as mulheres, ainda que tenham alcançado a educação nos níveis de acesso e de difusão, ainda sejam raras nos níveis de produção.

No entanto, não tem sido reconhecido o fato de as mulheres deterem os saberes nem a autoridade sobre eles. Elas não têm autoridade como sábias. Elas se incorporam aos conhecimentos criados pelos homens, mas não participam da sua construção.

> A elas tem sido concedido o estar, mas provavelmente não o ser; que estejam com os sábios não implica que sejam sábias. A capacidade de inovação que lhes é negada elas suprirão com dedicação e trabalho constante. (VALCÁRCEL, 2008, p. 125)

As exceções são apresentadas como comprovadoras de que não existe qualquer discriminação, mas somente que "chegam lá" aquelas que merecem.

> As que têm conseguido se destacar quase sempre são extremamente antifeministas, pois justificam sua exceção no fato de serem excepcionais. (VALCÁRCEL, 2008, p. 125)

As mulheres não têm fortalecido o poder da inovação. Elas podem ser boas colaboradoras, responsáveis, trabalhadoras, etc., mas a transgressão ou o desvio da norma é considerado como uma debilidade ou um atentado à lógica. Esse imperativo normativo atua como um controle implícito que, com muita frequência, dificulta a audácia e a imaginação. Existem muitas experiências de como o reconhecimento e o sucesso das mulheres são reprovados. Elas têm de prosperar na ordem estabelecida, não transformá-la (MARTÍNEZ LÓPEZ, 2006). Por isso, elas se comportarão dentro dos percursos esperados com uma liberdade restringida e sem primar pelo risco e pela criatividade. Assim, estar em um segundo escalão se torna rentável.

Entretanto, muitas mulheres e homens têm decidido desenvolver um conhecimento crítico e inovador em relação à ordem esta-belecida, pois têm focado o mundo sob outra perspectiva e desafiado a investigação e a educação tradicional (NUSSBAUM, 2005). Os estudos das mulheres têm tornado possível o desenvolvimento de novas áreas de pesquisa e têm transformado os currículos dos departamentos. Eles utilizam novas metodologias, enriquecendo todos os campos do conhecimento com suas contribuições. A pesquisa acadêmica tem sido enriquecida por seu caráter interdisciplinar. Ela tem desmascarado a superstição e a ideologia sexual das teorias, dos métodos e do próprio conhecimento.

Os novos conhecimentos sobre a vida das mulheres estão mudando a vida acadêmica, a vida política, as leis e as normas que regem nosso mundo.

Sabemos muito sobre a vida das mulheres da Grécia Antiga graças ao trabalho pioneiro de Pomeroy (1990), resultante da leitura de papiros. O mundo da economia se alterou com a introdução do prisma do gênero pelo Prêmio Nobel Sen (1990), que questionou se seria possível falar de prosperidade em um país sem introduzir a situação das mulheres e o fato de utilizar a família como unidade econômica. As ideias de Sen fizeram com que Manhub ul Haq, um economista paquistanês, mudasse os Índices de Desenvolvimento Humano a partir de 1990 no Programa das Nações Unidas para o Desenvolvimento (PNUD). Haraway (1995) buscou pesquisar os preconceitos sexistas em teorias e práticas tecnocientíficas. Okin (1989) questionou as teorias norte-americanas mais influentes na justiça social, que deixavam de lado a situação das mulheres e não consideravam a justiça familiar.

Na Espanha, Durán (1988) introduziu o conceito de trabalho não remunerado no âmbito da economia, para desmascarar a sobrevivência da sociedade capitalista graças ao trabalho doméstico e ao cuidado das mulheres. Astelarra (1983) e Gallego Mendes (1998) revisaram análises político-históricas nas quais a situação das mulheres em determinada época não foi considerada. As tentativas atuais de fundamentar as desigualdades sexuais em hormônios, genes ou condutas adaptativas no desenvolvimento evolutivo têm sido postas sob suspeita por Jayme e Sau (1996). Não há como fazer uma revisão exaustiva de todas as contribuições ao conhecimento com base nos estudos feministas, por seu número e importância, e sempre seria uma revisão injusta, pois deixaríamos de citar muitos estudos pioneiros em suas disciplinas. Uma boa referência na Espanha são os *Libros blancos de estudios de las mujeres* (BALLARÍN; GALLEGO; MARTÍNEZ, 1995; ORTIZ et al., 1998, 1999).

Ainda que existam muitas contribuições sobre as novas perspectivas desses estudos na construção do conhecimento, ainda há muitas lacunas, pois não se tem estudado essas questões com a mesma amplitude e tempo que se estuda a vida dos homens. Além disso, o currículo é formado pelos resultados de pesquisas clássicas, sem incorporar um sentido completo e exato de como era o mundo antigo.

Além disso, nem todo o conhecimento criado pelas mulheres é revisionista do modelo que a elas é relegado, ou seja, de uma posição subordinada aos homens. Muitos dos saberes que se resgatam sobre as mulheres são genealogias de mulheres excepcionais ou conhecimentos como o das bruxas, que se limitavam às qualidades que se esperava das mulheres (VALCÁRCEL, 2008). Inclusive algumas teorias feministas que se opunham às teorias tradicionais evolutivas resultaram na criação de uma falsa dicotomia entre a natureza dos homens e das mulheres (HOWLEY; SPATIC; HOWLEY, 2004). Um exemplo pode ser a obra de Gilligan, cujo descobrimento das diferenças entre as preferências morais de homens e mulheres a leva a falar de dois tipos de moral, a do cuidado, característica do modo de vida das mulheres, e a moral da justiça, própria dos homens. Além disso, falar das diferentes maneiras de saber das mulheres pode ter essencializado a feminilidade sem prestar atenção aos contextos e às suas experiências (HOWLEY; SPATIG; HOWLEY, 2004).

RENDIMENTOS ESCOLARES E ESCOLAS SEGREGADAS

Na nova sociedade da informação, a importância conferida ao conhecimento como um bem necessário para o desenvolvimento econômico, junto aos argumentos neoliberais da economia capitalista, foca seu interesse no controle da educação por meio de padrões comparativos entre países que buscam a excelência. Dentro dessa estrutura, os rendimentos escolares, comparados por meio de relatórios internacionais, são convertidos em uma primeira preocupação. Em qualquer país do mundo as meninas obtêm um rendimento significativamente maior nas áreas da linguagem e os meninos obtêm rendimento um pouco superior na matemática (ORGANISATION ECONOMIC CO-OPERATION AND DEVELOPMENT, 2006; WATKINS, 2008).

As políticas educativas entram nesta dinâmica focando o êxito escolar (mais acadêmico do que social) e sua melhoria, utilizando para isto estratégias de reconhecimento afirmativo[20] que tratam de melhorar as oportunidades do grupo que se encontra em desigualdade. Este tipo de estratégia parece insuficiente, porque cria um *status* inferior para aqueles grupos que não se adaptam ao modelo cultural da escolarização[21], mas se mostra como a única forma de intervenção prática que, a longo prazo, pode transformar as estruturas.

Nas décadas de 1970 e 1990 havia, nos países desenvolvidos, uma preocupação com os códigos de gênero[22] que as escolas transmitiam em seu currículo explícito e oculto e que contribuíam para a reprodução das relações de dominação dos homens sobre as mulheres (APPLE, 1986; TORRES SANTOMÉ, 1991). As políticas afirmativas de reconhecimento para as meninas abordaram os modelos dominantes que eram transmitidos nos livros didáticos (BLANCO, 2000; CAREAGA; GARREATA, 1987; CREMADES et al., 1991; MORENO SARDÁ, 1986, 1992), na linguagem sexista (GARCÍA MESEGUER, 1994; LLEDÓ, 1992; TANEN, 1996; VVAA, 1999), nas relações e no tratamento que as crianças recebiam nas instituições educativas (BRULLETS; SUBIRATS, 1988; CENTRO DE INVESTIGACIÓN, DOCUMENTACIÓN Y EVALUACIÓN, 1992; SUBIRATS, 1991), nas relações das meninas com a Ciência (CENTRO DE INVESTIGACIÓN, DOCUMENTACIÓN Y EVALUACIÓN, 1998; ROMERO SABATER, 1991; RUBIO HERRÁREZ, 1991), na violência escolar (DÍAZ-AGUADO; MARTÍNEZ ARIAS, 2001; HERNÁNDEZ; JARAMILLO, 2000), nos valores dos meninos e os modelos de masculinidade (BARRAGÁN; TOMÉ, 1999) e nas expectativas que os guiavam em seu futuro pessoal, profissional e social.[23] Propuseram-se práticas coeducativas de afirmação (BONAL; TOMÉ, 1996; COBETA; JARAMILLO; MAÑERU, 1996; JUNTA DE ANDALÚCIA, 2006) e inclusive experiências de segregação de meninas e meninos para fortalecer a autoestima daquelas (BALLARÍN, 1992). Por outro lado, as análises alternativas mais transformadoras se focaram no desenvolvimento de uma sociologia feminista crítica que estaria menos orientada para a prática (ARNOT, 2009).

Nos anos de 1990, começa-se a falar, nos países desenvolvidos, sobre o desequilíbrio dos sexos em relação ao êxito escolar e as diferenças de nível de estudos alcançados, que, neste caso, prejudicam os meninos. Não se trata de um problema novo; as diferenças de gênero no rendimento são mencionadas em textos pedagógicos de 1913[24] e de 1958 (ANASTASI apud JAYME; SAU, 1996, p. 181), que já destacavam os maiores rendimentos das alunas ligados às aptidões verbais, à velocidade de percepção e à memória, enquanto os meninos rendiam mais no que se relacionava com números e aptidões espaciais.

A percepção do desequilíbrio entre os sexos em rendimentos escolares contribui para a rápida evolução dessas diferenças nos países desenvolvidos, onde os meninos e as meninas avançam positivamente em termos de êxito escolar, porém, em ritmos diferentes, ampliando o descompasso digital no transcorrer do tempo. Machin e Mcnally (2006) nos mostram como a diferença do rendimento escolar global variou em dois pontos percentuais, no ano de 1969, a 9,7 pontos, em 2003. Na Espanha, as diferenças de evasão escolar ao término da educação obrigatória (16 anos) são de 11 pontos percentuais (31% em média, sendo 36,1% para os meninos e 25,6% para as meninas), e alguns sequer finalizam a educação secundária[25] (ESPANHA, 2009).

Assim, o fato de que o gênero é um dos fatores que influenciam, de maneira determinante, no rendimento educacional se tornou um tema recorrente no debate sobre educação em todo o mundo,[26] subestimando-se em certos momentos a importância da origem étnica, da classe social e do contexto local, ainda que exista um número muito maior de diferenças entre os membros do mesmo sexo do que entre meninos e meninas (ARNOT, 2009). As conclusões das pesquisas são que existem poucas diferenças entre os estudantes que têm um bom rendimento, mas, em média, as meninas estão superando os meninos. O relatório realizado pela Fundação Joseph Rowntree, em junho de 2007, sobre os meninos britânicos, descobriu que os brancos da classe trabalhadora são os que mais têm problemas. Esse grupo representa quase a metade dos que abandonam a escola sem qualificações ou com baixas qualificações.

Atualmente, encontramo-nos em um paradoxo já assinalado por Arnot (2009): por um lado, a preocupação com as necessidades educacionais dos meninos em relação às estratégias afirmativas, e, por outro lado, a preocupação em evitar a discriminação sexual, incitando as mulheres a participar na economia do conhecimento por meio da expansão da ciência, da tecnologia e das tecnologias da informação e da comunicação.

As diferenças na linguagem conferem uma clara vantagem às alunas, pois a escola trabalha com uma cultura majoritariamente escrita e a compreensão de textos é a ferramenta de acesso a qualquer tipo de conhecimento. Encontramos um número superior de meninas leitoras e com uma melhor compreensão de textos.[27] Portanto, o que as meninas aprendem na escola condiciona suas expectativas e escolhas futuras. Para uma aluna, obter melhores resultados não significa uma melhor situação profissional no futuro. A partir do agravante de que essas diferenças de gênero estão sendo utilizadas para entender que a escola discrimina os alunos, começa-se a exigir um ensino diferenciado para meninos e meninas.

Em países como os Estados Unidos, tem surgido um movimento a favor do ensino diferenciado, iniciado por 11 colégios públicos no ano de 2001 e que hoje já conta com 540 escolas. Na Espanha, ressurge o debate, como consequência da aplicação da nova lei da educação, a Lei Orgânica da Educação (LOE), que nega subsídios aos centros que segregam meninos e meninas na sua escolarização, majoritariamente os centros religiosos da Opus Dei, que os separa por razões religiosas.[29]

Estas são reações conservadoras frente aos avanços e êxitos conseguidos com a igualdade dos sexos e que significam mudanças nas formas de pensar e na própria configuração da vida pessoal e social, difíceis de assimilar. Há uma revitalização do determinismo biológico e do determinismo cultural, que sente falta da tradição e do que sempre foi feito, frente a ideias democráticas e de justiça social. Ainda que tenham pouco reconhecimento público, os enfoques feministas na educação têm sido vistos como parte do problema e da causa do desempenho masculino deficiente (ARNOT, 2009).

Diferenças no rendimento e escolas segregadoras

As teorias que criam currículos diferenciados por razões raciais, sociais, sexuais e de outra índole, amparadas na ciência,[30] não são novas no campo da educação. Hoje, voltam a ser utilizadas as diferenças cerebrais entre homens e mulheres, que estão na moda por causa das novas técnicas hormonais e genéticas. São pesquisas de baixa credibilidade que unem de forma automática diferenças em comportamentos e até diferenças naturais (CALVO, 2007; BRIZENDINE, 2008) e se apoiam nas crenças populares e religiosas sobre as diferenças entre homens e mulheres. Em uma enquete com 2.100 alunos de 41 centros universitários nos Estados Unidos, 45% disseram crer que algumas raças são mais evoluídas que as outras.

Como mostra a pesquisa realizada pelo COLECTIVO IOÉ (2006), parte dos professores da Espanha pensa que há uma perda de valores e reivindica um sexismo tradicional. Esses professores também apoiam trajetórias escolares e profissionais separadas em função do sexo. Eles desejariam uma escola segregada, ou que ao menos os alunos e as alunas recebessem uma educação diferente.

Nos últimos anos, houve o ressurgimento do determinismo biológico baseado nas diferenças sexuais que se justificam pelos diferentes comportamentos entre meninos e meninas e entre homossexuais e heterossexuais.[31] Ao considerar os comportamentos como a causa e não a consequência do contexto em que se vive e as experiências, o determinismo biológico se converte, por sua própria essência, em uma teoria de limites (GOULD, 1981, p. 28).

As experiências sobre escolas segregadas para favorecer a aprendizagem de meninos e meninas são difíceis de avaliar, porque têm sido realizadas em um curto período de tempo, um ano ou com apenas um grupo de estudantes. Além disso, têm sido utilizados profissionais formados e comprometidos em melhorar as meninas na área das ciências e autoestima e os meninos no alcance de seus resultados.

Para Warrington e Younger (2004), esses programas são adotados a fim de:

1. adotar uma estratégia para que as meninas participem mais em aula e se estimule a sua capacidade científica;
2. motivar os meninos a trabalhar em colaboração e desenvolver suas habilidades sociais;
3. melhorar o baixo rendimento no idioma e na linguagem dos meninos;
4. limitar o mau comportamento dos meninos.

Sobretudo na década de 1990, foram realizadas experiências com a intenção de alcançar um maior rendimento dos alunos e das alunas. Hoje, as experiências vêm sendo realizadas com uma inspiração mais tradicional porque propõem a segregação como modelo idôneo para sexos que têm características e preferências distintas e, portanto, destinos distintos justificados por essas diferenças.

Sax (2005, 2007), presidente da Associação Americana de Educação Diferenciada por Sexo para a Escola Pública, baseia seu apoio a esses modelos educacionais segregados nas experiências dos colégios privados da elite, com uma consequente seleção dos alunos e um alto custo de ensino. Ele reconhece que os professores sem uma formação específica não mudam os resultados dos alunos.

O problema fundamental é que, durante todos esses anos, as diferenças de gênero foram ignoradas, salvo experiências concretas, como os estereótipos sexuais existentes que têm sido transmitidos por meio do currículo oculto. A normalização e homogeneização é o modelo que prevalece nas escolas, sem admitir a diversidade e as diferenças de aprendizagem de cada menino e cada menina, que levam a "converter cada vez mais a diversidade em sinônimo problemático e indesejado" (COLECTIVO IOÉ, 2006).

Da perspectiva de uma boa parte dos professores, é necessário separar os alunos por níveis, por etnias, por sexos e por afinidades para, posteriormente, submetê-los ao mesmo nível de educação, sem levar em conta seus desejos, motivações ou ritmos de aprendizagem.

As últimas revisões de Office for Standards in Education (2003) concluem que não se pode atribuir à segregação a melhoria do êxito escolar dos alunos. Quando os alunos melhoraram seus resultados, isso ocorria porque as escolas mostravam as seguintes características:

1. Respeito à diversidade de estilos e enfoques de aprendizagem em cada um dos alunos e das alunas.
2. Professores com conhecimentos sobre a linguagem e entusiastas do sistema ativo de ensino e de atividades extraescolares.
3. Boa gestão de classe, onde a disciplina é justa e o elogio é feito com frequência.
4. Acompanhamento e apoio aos meninos e às meninas no seu rendimento, com avaliação de todos os seus trabalhos e com assessoramento claro sobre a melhor forma de melhorar.

5. Estratégias centradas na alfabetização, com apoio intensivo à leitura e à escrita, com materiais de interesse para os estudantes. Eles são estimulados a escrever com frequência, com um equilíbrio entre o recebimento de apoio e a independência.

O problema está no modelo clássico de ensino, que gera desinteresse nos meninos e nas meninas, junto com os modelos de masculinidade que agravam o fracasso escolar dos meninos de baixo *status* por sua aversão à cultura escolar.

Arnot (2009) nos conta como se reforçam as culturas masculinas nas aulas e nas escolas da Inglaterra, recorrendo os docentes a seu conhecimento sobre as diferenças entre meninas e meninos, em uma época em que as pesquisas sociológicas estavam relacionando as estratégias de resistência à cultura escolar com os modelos de masculinidade hegemônicos. Os professores foram orientados por discursos essencialistas sobre o que consideram masculino em estilos de aprendizagem, avaliação, alfabetização e desenvolvimento emocional e psicológico, fazendo confusões com processos de imaturidade ou de dificuldades de aprendizagem e de motivações.

Sukhnandan e Kelleher (2000) sustentam que esses modelos de ensino podem ser problemáticos, porque estimulam diferentes estilos de aprendizagem, reforçando aqueles aspectos onde os alunos e as alunas são fortes e ignorando suas dificuldades. Ainda que possam conduzir a um aumento de rendimento, eles também podem ter efeitos prejudiciais.

Nas escolas segregadas que não possuem programas específicos, os resultados, especialmente dos meninos, podem ser mais baixos. Younger et al. (2005), mostram como, nas salas de aula de meninos, tornou-se mais difícil ensinar e o comportamento piorou. Também se criou um regime machista, que alienou alguns meninos.

Existem muitas evidências pesquisadas sobre o fato de que grupos de classes sociais inferiores, quando são criados por *status* e expectativas culturais, apresentam uma menor evolução. Criam-se guetos muito distantes da cultura e do meio escolar tornando o progresso na escola difícil. Por outro lado, os alunos e as alunas que vivem em um contexto rico culturalmente podem ganhar em resultados acadêmicos, mas perdem na diversidade cultural e na riqueza oferecidas pelas diversas perspectivas. Ainda que o ensino diferenciado possa ter vantagens, conforme algumas premissas, não se conhece seu impacto no longo prazo e a chave do êxito não pode ser a única ética da escola. A solução é criar modelos educacionais menos estereotipados e mais adaptados a seus interesses, não voltar a separar para ensinar de forma diferente.

Discriminações invisíveis que os meninos e as meninas sofrem na escola

Por outro lado, os modelos de feminilidade têm sofrido importantes transformações com a incorporação e participação das mulheres em todas as esferas da vida política, social e cultural. Todavia, essas mudanças nem sempre têm sido acompanhadas de novos modelos de relações entre os gêneros. As opções para as meninas sobre o que se considera próprio do seu sexo estão cada vez menos estereotipadas, enquanto os modelos de masculinidade têm se mantido mais estáticos, os meninos não têm se incorporado da mesma forma aos âmbitos da vida privada e ao espaço doméstico e evitam tudo o que é tradicionalmente considerado feminino.

As diferenças entre alunos e alunas se manifestam, especialmente, entre os que têm rendimentos escolares baixos. Essas diferenças são motivadas pelo tipo de cultura masculina androcêntrica, que segue sendo mantida fora e dentro da escola e que continua determinando os estereótipos sexuais. Para os alunos, o arquétipo viril imperante na sociedade desempenha um papel importante em seu desinteresse pela escola e em seu baixo rendimento; para as alunas, suporá um telhado de vidro em etapas posteriores, com discriminações no trabalho e menores oportunidades sociais e políticas.[32] De fato, algumas pesquisas (SEVERIENS; TEN DAM, 1997 apud ARNOT, 2009) têm sugerido que as preferências pelos estilos docentes, assim como as posturas e os compromissos com o ensino, estão marcados por identidades de gênero e podem ter valor de profecia autocumprida.

As práticas pedagógicas de professores e professoras, as interpretações que são realizadas das atuações de seus alunos e alunas e as expectativas em relação a estes criam a cultura interna da escola e constroem seus valores, atitudes e oportunidades.

Por um lado, existem credos arraigados nos professores mais conservadores sobre as diferenças naturais entre meninos e meninas, justificadas pela tradição ou por sua experiência (COLECTIVO IOÉ, 2006; ARNOT, 2009). Por outro lado, existe a percepção de uma parte importante dos professores de que a causa do fracasso escolar está somente na privação cultural que os estudantes recebem por parte de suas famílias e que prejudica seu trabalho na escola (HOLDEN, 2002). São estudantes cujas experiências anteriores em seus lares, sua motivação para a aprendizagem escolar e seus objetivos para o futuro prejudicam o trabalho dos docentes. Reconhecem o caráter social e externo das causas do fracasso, e não a participação das escolas na criação de bons e maus alunos.

Contudo, as práticas escolares e o currículo intervêm de uma forma clara no êxito escolar e nas desigualdades de gênero, tanto pela percepção dos professores sobre o que se espera dos meninos e das meninas, quanto pela própria estrutura e cultura da organização escolar, que continua transmitindo o lugar que cada pessoa ocupa na sociedade, enfrentando resistências. Existem formas de organização e de ação coletivas, especialmente simbólicas, que contribuem para eternizar as relações entre os sexos e se mantêm, fundamentalmente, em instituições como a escola (BORDIEU, 2000).

Alguns autores (APPLE, 1986; FREIRE, 1995; GIROUX, 1990), superando a sociologia da reprodução, chamam a atenção para o que ocorre dentro das escolas e para como professores, professoras e estudantes se adaptam e resistem às práticas sociais e as intermediam. Os discursos feministas pós-críticos (BENHABIB, 1990; FRASER, 2006; HARDING, 2006) se preocupam em como os estudantes constroem sua objetividade e identidade com base em certas relações entre escola e sociedade. Eles mostram uma maior sensibilidade para as diferentes desigualdades de raça, gênero e sexualidade como variáveis que se cruzam em identidades individuais.

As culturas escolares são sistemas de valores socialmente construídos, crenças e normas que surgem dos resultados das interações entre indivíduos e que sustentam uma série de estereótipos. As organizações possuem uma cultura masculina (LODEN, 1985; MAIER, 1997 apud BARBERÁ, 2005) baseada na competição, na hierarquia, onde o objetivo é ganhar, a resolução de problemas racionais é otimizada e o autocontrole é exigido. As imagens do diretor são congruentes com a imagem masculina, e é por isso que as professoras suportam maior estresse, sentem-se avaliadas com seu trabalho e tendem a ter conflitos de identidade. Isso conduzirá a estados depressivos, desmotivação e insatisfação.

Em qualquer organização, existem, além disso, comportamentos sexistas, um machismo hostil, mais explícito, e outro benevolente, que faz concessões ao inferior, porque dele se esperam comportamentos e atitudes diferentes (KILIANSKI, 1998). Há redes masculinas com rituais tradicionais que não existem no caso das mulheres.

A cultura escolar é composta, entre outras características, por:

1. *A atmosfera, a postura e a disciplina.* Os êxitos acadêmicos se relacionam ao comportamento do estudante. Para Jackson (1998), alguns meninos colaboram ativamente para seu baixo rendimento escolar, como mostra a rejeição à cultura escolar. Além disso, os meninos sofrem pressões para se ajustarem a um conceito de masculinidade pobre e ativo

(MILLARD, 1997; POLLARD; TRIGG, 2000 apud HOLDEN, 2002). A competência na escola faz muitos não terem interesse por aprender. Somente gostam de ganhar, somente se interessam quando sabem que podem ser os melhores. Também se consideram os conflitos e a violência escolar como consequência da reafirmação dos modelos masculinos de supremacia quando se veem ameaçados.[33]

A pesquisa (HOLDEN, 2002) conclui que, de acordo com as percepções dos docentes, os alunos do sexo masculino são os que têm pior conduta e perturbam o ambiente de aula. Sob essa perspectiva, necessitam de um desafio. As alunas, ao contrário, têm maior disposição e são mais amáveis. Em geral, menos descrições positivas são realizadas sobre os meninos, ainda que se considere que eles assumam melhor o risco e sejam mais divergentes em seu pensamento.

As alunas e os alunos de bom rendimento escolar[34] consideram que os meninos de baixo rendimento têm menos disposição para se sentar e escutar porque são muito "espertos" para se submeterem às atividades de aula. Contudo, acredita-se que os alunos com baixo rendimento não têm necessariamente uma atitude antiescola, mas antiesforço. Acredita-se que os professores têm uma expectativa ruim deles e em relação à sua má conduta. Os meninos recebem um tratamento negativo, pois deles se espera, mais do que das meninas, que sejam maus. Eles são conscientes dessa atribuição negativa e de que os professores preferem as meninas. As alunas sabem que são as preferidas porque sorriem e falam suavemente. Enquanto isso, os professores pensam que os comportamentos sejam determinados fora da escola. Isso leva os alunos a adotarem posturas defensivas e de ressentimento porque pensam que nem sempre são tão ruins e que não são tratados de maneira justa. Suas colegas compartilham essa ideia.

Para que as alunas e os alunos não se sintam inferiores em aula, deve existir um ambiente inclusivo no qual as características femininas sejam valorizadas, e a diversidade, respeitada. Assim, favorecemos a aprendizagem mútua, as relações e a expressão das emoções e dos sentimentos. A segregação somente reforça as condutas contrárias e diferenciadas. As relações entre os sexos, quando não são cuidadas e nem se intervêm nelas, podem criar um clima de intimidação, humilhação ou hostilidade no qual se discrimina, exclui e menospreza ou subordina em função do sexo. É importante evitar as condutas de assédio com base no sexo (não somente do tipo sexual).[35]

2. Modelos e estilos de ensino e aprendizagem. A pesquisa de Holden (2002) é baseada nas percepções dos docentes de que os meninos e as meninas têm comportamentos, estratégias e estilos de aprendizagem distintos, enfim, diferentes enfoques de pensamento. Alguns consideram que os meninos necessitam destacar e realizar tarefas mais divertidas. Eles gostam de pesquisas, tecnologia, música, educação física e teatro. Respondem ao humor, à competição e necessitam de disciplina. Preferem tarefas breves e com estrutura prática. As alunas, ao contrário, concentram-se mais tempo, comprometem-se em tarefas de composição aberta, atividades criativas e gostam da dança e do teatro.

Apresentam resultados similares outras pesquisas (ARNOT et al., 1998), nas quais as alunas obtêm melhores resultados que seus colegas nas tarefas de composição aberta, naquelas que estão relacionadas com situações reais e que exigem pensar por elas mesmas. Os alunos se adaptam mais aos enfoques tradicionais de aprendizagem que exigem memorização, que têm certas regras claras e são resolvidos com rapidez. Eles parecem dispostos a sacrificar a compreensão profunda que um esforço constante requer. As meninas obtêm rendimentos piores nos testes e os professores percebem que as favorecem, talvez porque têm diferentes estilos de respostas.

No entanto, essa diferenciação de estilos não coincide com o que os estudantes expressam. Todos os alunos e as alunas preferem estilos de aprendizagem ativos e abordagens que utilizam a imaginação, igualmente apreciada por ambos os sexos.

Os alunos e as alunas com alto rendimento dizem gostar de todas as áreas curriculares, especialmente matemática, arte e escrita criativa. Pode ser que um menino não goste da aula de idioma pátrio pelo estilo de ensino, por ser uma aula totalmente expositiva, mas, se ele se dedicar à redação, dirá que gosta. Os alunos gostam quando podem falar uns com os outros, quando realizam trabalhos em grupos ou em duplas, e ficam entediados quando somente escutam sentados. Eles gostam dos professores divertidos, mas que mantêm o controle.

Os alunos e as alunas de baixo rendimento gostam de matemática e de arte. A linguagem foi mencionada somente pelas alunas de baixo rendimento. Ambos também gostam de história, quando o conteúdo é relacionado com questões vitais. Alguns deles dão exemplos de aulas nas quais se divertiram: ao ser tratado o tema dos dinossauros e com a visita ao museu romano. Esses alunos gostam das mesmas coisas que os alunos de alto rendimento quando se trata de aulas variadas e divertidas.

Enfim, quanto aos estilos de ensino, alunos e alunas preferem fazer um trabalho ativo, participar em discussões, trabalhar em grupo e utilizar a imaginação, ainda que as meninas aceitem com mais facilidade outros modelos de ensino.

3. *Linguagem, conteúdos escolares e escolha das matérias.* Os significados socioculturais transmitidos no conhecimento por meio da linguagem e dos conteúdos escolares são manifestações que ignoram as mulheres em questões de experiências, participação e competências. Eles geram pensamentos e comportamentos na sociedade e nos alunos, pois se difunde uma arqueologia do saber que legitima a ordem social dos discursos que sustentam as sociedades atuais.

Os conteúdos escolares têm uma carga ideológica em todas as escolas do mundo, não somente na discriminação do gênero, mas na discriminação ética, sexual, religiosa, social e na forma de tratar os outros povos, embutida de um sentimento chauvinista e patriótico. Os países em que as religiões, principalmente as monoteístas, intervêm na educação mantêm uma ideologia sexual que defende a natureza e os destinos distintos de homens e mulheres.

Bessis (2008) nos fala do tipo de mensagens que são transmitidas por meio do currículo em países que atualmente estão incorporando a população feminina a seus sistemas educacionais, como as escolas árabes:

> Ao longo de sua escolarização, os meninos árabes aprendem que sua religião é superior às demais, que o resto do mundo é hostil e está composto de adversários que têm como objetivo enfraquecê-los para compensar sua inferioridade, que é proibido discutir a palavra investida de autoridade e que a desigualdade dos sexos se justifica pela inferioridade das mulheres.

Por isso, são necessários exercícios de desconstrução das disciplinas clássicas e da sua própria organização. Além disso, frente à impossibilidade de reciclagem do conhecimento criado durante séculos, necessitamos de novos modelos de ensino que ajudem a situar os textos históricos, filosóficos, literários, etc., em seu contexto histórico.

É difícil classificar as carreiras ou as escolhas de formação em femininas ou masculinas, pois elas vão mudando com o tempo. A medicina e as ciências exatas, por exemplo, eram carreiras tradicionalmente masculinas, mas têm passado a ser majoritariamente femininas.

Embora as meninas aos 16 anos tenham melhores resultados acadêmicos que os meninos, ainda é escasso o número de mulheres que escolhem carreiras científicas e tecnológicas. Assim, um dos objetivos europeus para 2010 é aumentar o número de mulheres na formação de carreiras científicas e técnicas.[36]

Isso tem implicações importantes para as mulheres, suas futuras opções profissionais e seus ingressos: 60% das mulheres trabalhadoras se concentram em 10% das ocupações, enquanto os homens estão subrepresentados em uma série de ocupações[37]. As oportunidades ocupacionais continuam sendo fortemente estruturadas por gênero.

4. *Diferenças em rendimento: a leitura e a escrita.* O fato de que as meninas dominam a linguagem desde muito jovens faz com que a leitura e a escrita sejam consideradas atividades femininas, principalmente quando estão relacionadas com as formas de expressão, exploração da experiência pessoal, poesia, etc.[38]

A maior parte das pesquisas concorda que a qualidade do trabalho e o ritmo do progresso da escrita para todos os estudantes são baixos, mas isso se aplica especialmente aos meninos (OFFICE FOR STANDARDS IN EDUCATION, 1999). Algumas pesquisas (HALL et al., 1997; LLOYD, 1999 apud OFFICE FOR STANDARDS IN EDUCATION, 1993) já indicavam que as meninas leem mais e escrevem ficção com maior cuidado. Os meninos se envolvem menos com a escrita, algo que consideram passivo, reflexivo e, portanto, do sexo feminino. Eles parecem abandoná-la ao entrar na educação secundária.

Na pesquisa de Holden (2002), segundo a perspectiva dos docentes em geral, os meninos não gostam de escrever e as meninas não gostam de resolver problemas. As características que impedem os meninos de evoluir no idioma são uma redação e uma conduta ruim e o gosto pelas atividades mais físicas. Os professores pensam que os meninos preferem atividades de análise, debates orais, e não atividades de leitura e escrita. Todavia, ambos os sexos dizem gostar dessas atividades, com a exceção dos temas de não ficção para alguns meninos. Quase todos preferem os estilos narrativos e a escrita criativa e apreciam temas como histórias de terror e fantásticas.

Não há diferenças entre alunos e alunas de alto rendimento sobre os gostos e o entusiasmo pela leitura. Entre os alunos de baixo rendimento, existem algumas diferenças. As meninas mostram uma atitude mais positiva perante a leitura. Para os meninos, depende dos livros: eles acham que alguns são entediantes e usam palavras difíceis que nunca ouviram antes. Eles gostam de *Guerra nas Estrelas* e de livros de piratas e mistérios; elas preferem histórias de amizade e relações. Alunos e alunas sentem prazer na redação criativa, mas têm problemas com a ortografia e a apresentação. O fato de não terem tempo para fazer o trabalho corretamente por causa das interrupções dos professores os frustra.

Para concluir, os meninos com baixo rendimento não se envolvem com as atividades de linguagem se elas não correspondem a seus interesses. Quando o ensino é ativo, há um grande entusiasmo entre os alunos, eles gostam de trabalhar com os colegas e preferem os trabalhos criativos. Ao mesmo tempo, os meninos expressam frustração e dificuldades com a redação no idioma nativo.

5. *Motivações, expectativas e compromisso com o trabalho.* Os interesses, as motivações e as satisfações criam uma socialização diferencial e influenciam a família, cuja missão atual é motivar as meninas a se formar, os meios de comunicação que transmitem estereótipos sobre o masculino e o feminino e o currículo oculto e explícito das escolas. Algumas pesquisas têm sido focadas nas características motivacionais e de personalidade, na satisfação com o trabalho, no sistema de valores e no compromisso com o trabalho. De fato, durante muitos anos tem se falado na "motivação para o sucesso" (BARBERÁ; LAFUENTE, 1996), para justificar as desigualdades no trabalho entre homens e mulheres. Foi desenvolvida a hipótese sobre o medo do sucesso nas mulheres (HORNER, 1972), segundo a qual as mulheres temem perder sua feminilidade se optam por viver de forma independente e desenvolver sua carreira. Isso reforçou a ideia de que as mulheres são menos ambiciosas e estão menos orientadas ao trabalho profissional. Hoje, temos suficientes evidências empíricas que contradizem essa crença (BARBERÁ; LAFUENTE; SARRIO, 1998). As mulheres são igualmente ambiciosas e querem evoluir profissionalmente.

Também tem se demonstrado que existe uma motivação pelo poder que leva ao reconhecimento em grupos e à visibilidade perante as outras mulheres para obter influência. Segundo Candela e Barberá (2003, apud BARBERÁ, 2005), quando se afirma que as mulheres têm menos interesse pelo poder, se pensa: que poder é esse? A resposta é o poder que se exerce sobre os outros. Para os homens, o poder se baseia na assertividade e, para as mulheres, no apoio e na ajuda aos outros. Por isso, existem teorias que associam o estilo de liderança transformacional (horizontal, participativa e centrada nas pessoas) ao estilo de liderança feminina (RAMOS, 2003 apud BARBERÁ, 2005). Em relação ao compromisso pessoal com o trabalho, não há grandes diferenças entre homens e mulheres. No tema do trabalho, afirma-se que as mulheres valorizam os aspectos intrínsecos ao trabalho (que seja interessante) e os aspectos sociais (o bom relacionamento interpessoal), enquanto os homens valorizam os aspectos extrínsecos (a remuneração e a segurança). Não devemos esquecer que muitas formas de atuar têm sido criadas pelos distintos papéis que as mulheres e os homens têm desempenhado e que é importante começar a valorizar alguns traços e algumas características consideradas femininas sem cair em essencialismos.

Podemos concluir dizendo que não se pode atribuir as diferenças no êxito escolar exclusivamente ao gênero, pois outros fatores, como as classes sociais e a raça, também intervêm. Uma das causas do baixo rendimento dos meninos está nos modelos da cultura masculina que criam resistências à cultura escolar. Podemos afirmar que os efeitos nocivos do tratamento uniforme que a escola dá a todos seus alunos e sua forma de agir com condutas estereotipadas servem como uma profecia de cumprimento obrigatório. É necessário que reconheçamos as diferenças e a diversidade de nossos estudantes como uma riqueza do sistema educacional, dando-lhes voz e desconstruindo os diferentes *status* entre grupos sexuais, de gênero, raça e classe.

CONSIDERAÇÕES FINAIS

Nos últimos 50 anos, têm sido feitas mudanças no nível mundial a respeito da situação das mulheres e do seu acesso ao mundo da educação. Os estudos das mulheres têm contribuído para o desenvolvimento de novos conhecimentos que têm mudado o mundo do conhecimento e o mundo social, mas se construíram novas hierarquias entre o masculino e feminino. Vimos como as mulheres encontram um "telhado de vidro" para serem reconhecidas nas mesmas posições que os homens e que existe um estancamento no acesso à produção do conhecimento. Os mecanismos de poder se enquistam na apropriação dos discursos científicos e no domínio dos espaços de prestígio acadêmico. Além disso, são produzidas reações conservadoras que lutam por certas relações tradicionais e uma revitalização do determinismo biológico e cultural. As diferenças do êxito escolar entre as meninas e os meninos estão sendo utilizadas para reivindicar uma escola segregada e que conserva os estereótipos tradicionais. O tema não é as necessidades educacionais dos alunos, mas a busca de estratégias de reconhecimento afirmativas que evitam a discriminação sexual nas aulas. Até que não consigamos superar o telhado de vidro e participar em todas as esferas da sociedade em igualdade aos homens, não teremos liberdade para decidir sobre nosso futuro marcado sexualmente.

NOTAS

1 Hoje, nenhum antropólogo reconhece a existência de um matriarcado original. Esses mitos somente têm servido, como o mito de Eva, para legitimar a necessidade de uma ordem patriarcal. Já existiram sociedades matrilineares e matrilocais onde o marido ia morar com os parentes da mulher, mas, em todas as modalidades da sociedade humana, os varões adultos são os que detêm a autoridade familiar (PULEO, 1995).

2 Nos anos de 1970, enfrentou-se o problema no nível internacional, com objetivos, medidas e recomendações específicas, tanto no Convênio

para a Eliminação de todas as Formas de Discriminação contra as Mulheres (Cedaw), em 1979, quanto na Década das Mulheres das Nações Unidas (1975-1985).
3 Isso leva ao extremo de que faltam na população mundial 100 milhões de mulheres, como consequência da discriminação de gênero (SEN, 1990).
4 Apesar de que, nesse ano, tenha-se conseguido a paridade entre sexos na educação primária e secundária em 59 dos 176 países sobre os quais se dispõem dos dados, 20 países a mais que no ano de 1999.
5 Com um PIB parecido, podemos comparar Honduras a Índia, ou Zimbábue a Bangladesh. Vemos que, quando a alfabetização feminina aumenta, também aumenta o ingresso das mulheres.
6 Faludi (1993) já nos alertava sobre as ondas conservadoras que não aceitam as mudanças e afirmam que as mulheres não serão felizes com essas mudanças. Ver Lypovestsky (1999) ou o documentário digital "Por que os homens não passam a roupa?".
7 Nos Estados Unidos, 57% de todos os estudantes universitários (College gender gap, *USA Today*, 19 de outubro), 58% no Reino Unido (*The Guardian*, 18 de maio de 2004) e 60% no Irã.
8 Nos estudos universitários, as mulheres são 54,7% das matrículas no primeiro e segundo ciclo, no doutorado são 51,8% e em estudos de mestrado oficiais são 53,6%. Em cursos técnicos, são somente 27,4%.
9 Nas bolsas Erasmus, são 52,4% em graduação, 58,5% em mestrado e 62,8% cm doutorado (ESPANHA, 2009a).
10 A presença das mulheres em cargos universitários é escassa, são somente oito reitoras nas 77 universidades públicas e privadas, 28,9% são vice-reitoras e 28,4% são diretoras de escola, 16,4% são decanas e 19,3% são diretoras de departamentos (ESPANHA, 2007).
11 Para o ano de 1986, era 26,7% e, para o ano de 2006, 36,1%, enquanto o número de catedráticas era, respectivamente, 7,8% e 14,3% (ESPANHA, 2009a, 2009b).
12 Comissão Europeia, *Women & Science*: Latest Statistics and Indicators-She Figures, 2006, p. 55.
13 "As excepcionais", como Valcárcel (2008) as denomina.
14 Nas diversas culturas, as tarefas atribuídas às mulheres têm sido diferentes, com o denominador comum universal da criança e a reprodução sendo estabelecidas como próprios do sexo feminino mais do que como aspectos puramente biológicos.
15 Na Espanha, as primeiras mulheres a terem acesso às academias científicas foram María Cháscales (Real Academia de Farmácia, em 1987) e Margarita Salas (Real Academia de Ciências Exatas, Físicas e Naturais, em 1988).
16 Na realidade, muitas autoras consideram o feminismo da nossa história mais recente como a terceira onda, situando a primeira onda no Iluminismo e a segunda no feminismo sufragista que se estendeu desde o Manifesto Sêneca de 1848 ao fim da Segunda Guerra Mundial (VALCÁRCEL, 2008).
17 Na escolha de qual curso estudar, no ano letivo de 2005-2006, as alunas que escolheram o diploma de professora foram 74,21%, enquanto 68,5% escolheram Ciências Sociais e Jurídicas de curta duração, e 70,06%, Ciências da Saúde. As escolhas majoritárias dos alunos foram: 74,82% em cursos técnicos de curta duração e 69,04% em cursos técnicos de longa duração.
18 Como mostra o *Documento de trabalho dos serviços da comissão: as mulheres e a ciência: utilidade da dimensão do gênero para motivar a reforma científica*. Comissão das Comunidades Europeias, p. 4.
19 Baseadas nas teorias feministas "do ponto de vista" (HARDING, 1996); epistemologias pós-modernas, "pós-estruturalismo" (Haraway, 1995; Butler, 2001).
20 Fraser (2006, p. 72-73) diferencia dois tipos de estratégias para remediar a injustiça: a estratégia de "afirmação", que busca corrigir os resultados desiguais, e a de "transformação", focada nas estruturas sociais subjacentes.
21 O campo do currículo sempre permaneceu em conflito, e os grupos dominantes vêm tentando manter sua hegemonia. As resistências dos grupos à cultura dominante foram estudadas pela sociologia crítica (ESCOFET et al., 1998).
22 Por códigos de gênero, entendemos os modelos de masculinidade e feminilidade que estão presentes nas práticas cotidianas de aula. Eles podem se mostrar por meio de condutas explícitas nas quais se manifestam atuações diferentes para alunas e alunos, ainda que onde atuem melhor seja por meio de ações indiretas e do chamado currículo oculto.
23 Rodríguez Martínez (2006).

24 http://209.85.227.132/translate_c?hl=wa&sl=en&u=http://nationalstrategies.standards.
25 Na Andaluzia, o índice é 38% para os meninos, e a diferença entre meninos e meninas é de 12 pontos (44% para meninos, frente a 31,8%, para meninas).
26 Na Inglaterra, Holden (2006) e Machin e Mcnally (2006); na Nova Zelândia, Coote (1998); na Austrália, Martino (1999); Alloway e Gilbert (1998); e Collins, Kenway e Mclead (2000). Ver revisão de Altonnlee e Praat (2000).
27 Veja as pesquisas realizadas pela Universidade de Suffolk, Wisconsin-Madison e o College de Londres, em 2006. http://209.85.227.132/translate_c?hl=wa&sl=en&u=http:www.literacytrust.org.uk/dat... (27/04/2009).
28 O novo Ministro da Educação dos Estados Unidos (do governo Obama) defendeu anteriormente estes modelos educacionais no Estado de Chicago.
29 Na Espanha, em 2009, há 60 instituições de educação que separam meninos e meninas, dos quais 15 são na Catalunha, 11 em Andaluzia e oito na comunidade de Madri (um centro criado recentemente).
30 Para medir a capacidade cognitiva, o determinismo biológico tem utilizado como principal instrumento quantitativo um teste de inteligência com um importante preconceito cultural e menosprezado o fato de que a inteligência é um fenômeno contextual e variável (MCCARTHY, 1994, p. 37).
31 Basta pesquisar sobre dimorfismo sexual na internet.
32 Site do Departamento de Educação da Inglaterra. http://209.85.227.132/translate_c?hl=es&sl=en&u=http://nationalstrategies.standards... (27/04/2009).
33 Na Andaluzia, mais de 80% das faltas graves de comportamento são cometidas por meninos.
34 Essa pesquisa foi realizada com meninos e meninas de 8 a 10 anos.
35 Em sua pesquisa, Barberá (2005) demonstra como isso ocorre nas organizações de trabalho.
36 Na Europa, a taxa de graduados em ciências, matemática e tecnologia de 20 a 29 anos é de 13 titulados para cada mil habitantes (8,4 mulheres para cada mil e 17,6 meninos para cada mil). Na Espanha, a taxa é de 11,5 titulados para cada mil habitantes (7,1 mulheres para cada mil e 15,7 homens para cada mil) (ESPANHA, 2009).
37 http://209.85.227.132/translate_c?hl=es&sl=en&u=http://nationalstrategies.standards... (acessado em 27/04/2009).
38 http://209.85.227.132/translate_c?hl=es&sl=en&u=http://nationalstrategies.standards... (acessado em 27/04/2009).

REFERÊNCIAS

ALLOWAY, N.; GILBERT, P. (Ed.). *Boys and literacy*. Carlton: Curriculum corporation, 1998.

ALTON-LEE, A.; PRAAT, A. *Explaining and addressing gender differences in the New Zealand compulsory school sector*: a literature review. Welington: Ministry of Education, 2000.

APPLE, M.W. *Ideología y currículo*. Madrid: Akal, 1986.

ARNOT, M. *Coeducando para una ciudadanía en igualdad*. Madrid: Morata, 2009.

ARNOT, M. et al. *Recent research on gender and educational performance*: report to office for standards in education. London: OFSTED, 1998.

ASTELARRA, J. *El sexismo en la sociología*: algunas manifestaciones, soluciones y problemas. Rotterdam: Instituto para el Nuevo Chile, 1983.

BALLARÍN, P. (Ed.). *Desde las mujeres*. Modelos educativos: coeducar/segregar? Granada: Universidad de Granada, 1992.

BALLARÍN, P.; GALLEGO, M.; MARTÍNEZ, I. *Los estudios de las mujeres en las universidades españolas*: 1975-1991. Madrid: Instituto de la Mujer, 1995.

BARBERÁ, E.; LAFUENTE, M. J. Procesos de sexuación e implicaciones de género en la etapa adulta. In: FERNÁNDEZ, J. (Coord.). *Varones y mujeres*. Madrid: Pirámide, 1996.

BARBERÁ, E.; LAFUENTE, M. J.; SARRIÓ, M. *La promoción profesional de Ias mujeres em la Universidad*. Valencia: Promolibro, 1998.

BARBERÁ, E. (Coord.). *Género y diversidad em un entorno de cambio*. Valencia: Universidad Politécnica de Valencia, 2005.

BARRAGÁN, F.; TOMÉ, A. El proyecto Arianne: ampliar los horizontes de las masculinidades. *Cuadernos de Pedagogía*, Barcelona, n. 248, p. 44-47, 1999.

BENHABIB, S. El otro generalizado y el otro concreto: la controversia Kohlberg-Gilligan y la teoría feminista. In: CORNELL, D. *Teoría feminista y teoria crítica*: ensayo sobre la teoría de género en

Las sociedades de capitalismo tardío. Valencia: Artes Gráficas Soler, 1990. p. 119-150.

BESSIS, S. *Los árabes, las mujeres, la libertad*. Madrid: Alianza, 2008.

BLANCO, N. *El sexismo en los materiales educativos de la ESQ*. Sevilla: Instituto Andaluz de la Mujer, 2000.

BONAL, X.; TOMÉ, A. Metodologías y recursos de intervención. *Cuadernos de Pedagogía*, Barcelona, n. 245, p. 56-69, 1996.

BOURDIEU, P. *El sentido práctico*. Madrid: Taurus, 1991.

BOURDIEU, P. *La dominación masculina*. Barcelona: Anagrama, 2000.

BRIZENDINE, L. *El cerebro femenino*. Barcelona: RBA Libros, 2008.

BUTLER, J. *El género en disputa*: el feminismo y la subversión de la identidad. Barcelona: Paidós, 2001.

CALVO, M. *Niñas y niños, hombres y mujeres*: iguales pero diferentes. Córdoba: Almuzara, 2007.

CENTRO DE INVESTIGACION, DOCUMENTACION, Y EVALUCION. *Las desigualdades en la educación em España*. Madrid: CIDE, 1992.

CENTRO DE INVESTIGACION, DOCUMENTACION Y EVALUCION. La investigación sobre educación y género. In: CENTRO DE INVESTIGACION, DOCUMENTACION Y EVALUCION. *Catorce años de investigación sobre las desigualdades en educación en España*. Madrid: MEC, 1998. p. 211-277.

COBETA, M.; JARAMILLO, C.; MANERU, A. El estado de la cuestión. *Cuadernos de Pedagogía*, Barcelona, n. 245, p. 48-55, 1996.

COLECTIVO IOÉ. *Inmigración, género y escuela*: exploración de los discursos del professorado y del alumnado. Madrid: CIDE, 2006.

COLLINS, C.; KENWAY, J.; MCLEOD, J. *Factors influencing the educational performance of males and females in school and their initial destinations after leaving school*. Camberra: Commonwealth., 2000.

COOTE, H. Boys reading: a question of attitude? *English in Aotearoa*, Lyttelton, v. 35, p. 20-24, 1998.

CREMADES, M. et al. *Materiales para coeducar*. El comentario de textos: aspectos cautivos. Madrid: Mare Nostrum, 1991.

DÍAZ-AGUADO, M. J.; MARTÍNEZ ARIAS, R. *La construcción de la igualdad y la prevención de la violencia contra la mujer desde la educación secundaria*. Madrid: Ministerio de Trabajo y Asuntos Sociales, 2001.

DURÁN, M. A. *De puertas a dentro*. Madrid: Ministerio de Educación y Ciencia, 1988.

ESCOFET, A. et al. *Diferencias sociales y desigualdades educativas*. Barcelona: ICE-Horsori, 1998.

ESPANHA. Ministério de Ciencia e Innovación. *Datos básicos del sistema universitário español*: curso 2008-2009. Madrid: MCI, 2009a. Disponível em: <http://www.oei.es/salactsi/Informe2008-2009.pdf>. Acesso em: 14 nov. 2012.

ESPANHA. Ministério de Ciencia e Innovación. *Indicadores del sistema Español del ciência y tecnologia*. Madrid: MCI, 2009b.

ESPANHA. Ministerio de Educación y Ciencia. *Académicas en cifras*. Madrid: MEC, 2007.

ESPANHA. Ministerio de Educación y Ciencia. *Las cifras en educación en España*. Madrid: MEC, 2009.

FALUDI, S. *Reacción. La guerra no declarada contra la mujer moderna*. Barcelona: Anagrama, 1993.

FOUCAULT, M. *El orden del discurso*. Barcelona: Tusquets, 1999.

FRASER, N. La justicia social en la era de la política de la identidad: redistribución, reconocimiento y participación. In: FRASER, N.; HONNETH, A. *¿Redistribución o reconocimiento?* Madrid: Morata, 2006.

FREIRE, P. *La naturaleza política de la educació*: cultura, poder y liberación. Barcelona: Paidós Ibérica, 1995.

GALLEGO MÉNDEZ, M. T. Visión del estado y ciudadanía: los derechos políticos. In: VILLOTA, P. *Las mujeres y la ciudadanía en el umbral del siglo XXI*. Madrid: Editorial Complutense, 1998. p. 83-92.

GARCÍA MESEGUER, A. *¿Es sexista la lengua española?* Barcelona: Paidós, 1994.

GARREATA, N.; CAREAGA, P. *Modelo masculino y femenino en los textos de EGB*. Madrid: Ministerio de Asuntos Sociales, 1987.

GILLIGAN, C. *La moral y la teoria*: psicologías del desarrollo femenino. México: Fondo de Cultura Económica, 1985.

GIROUX, H. A. *Los profesores como intelectuales*: hacia una pedagogía crítica del aprendizaje. Barcelona: Paidós, 1990.

GONZÁLEZ GARCÍA, M. I.; PÉREZ SEDENO, E. Ciencia, tecnología y género. *Revista Iberoamericana de Ciencia, Tecnología, Sociedad e Innovación*, Madrid, n. 2, 2002.

GOULD, S. J. *La falsa medida del hombre*. Barcelona: Antoni Bosch, 1981.

HARAWAY, D. *Ciencia, cybors y mujeres:* la reinvención de la naturaleza. Madrid: Cátedra Feminismos, 1995.

HARDING, S. *Ciencia y feminismo.* Madrid: Morata, 1996.

HARDING, S. Estudios feministas poscoloniales sobre ciencia: recursos desafios, diálogos. In: RODRÍGUEZ MARTÍNEZ, C. (Comp.). *Género y currículo:* aportaciones del género al estudio y práctica del currículo. Madríd: Akal, 2006. p.19-36.

HERNÁNDEZ MORALES, G.; JARAMILLO, C. Violencia y diferencia sexual en la escuela. In: SANTOS GUERRA, M. A. (Coord.). *El herén pedagógico.* Barcelona: Grao, 2000. p. 91-103.

HOLDEN, C. Contributing to the debate: the perspectives of children on gender, achievement and literacy. *Journal of Education Enquiry,* v. 3, n.1, p. 97-110, 2002.

HORNER, M. Towards an understanding of achievement related conflicts in women. *Journal of Social Issues,* n. 28, p. 157-175, 1972.

HOWLEY, A.; SPATIG, L.; HOWLEY, C. EI 'desarrollismo' deconstruido. In: KINCHELOE, J. L.; STEINBERG, S.H.; VILLAVERDE, L. E. (Comp.). *Repensar la inteligência:* hacer frente a los supuestos psicológicos sobre enseñanza y aprendizaje. Madrid: Morata, 2004.

JACKSON, D. Masculine identities. In: EPSTEIN, D. et al. (Ed.). *Failing boys? Issues in gender and achievement.* Buckingham: Open University Press, 1998.

JAYME, M.; SAU, V. *Psicología diferencial deI sexo y el género.* Barcelona: Icaria, 1996.

JUNTA DE ANDALUCÍA. *Plan de igualdad entre hombres y mujeres en educación.* Sevilla: Consejería de Educación, 2006.

KELLER, E. F. *Reflexiones sobre género y ciencia.* Valencia: Edicions Alfons el Magnànim, 1991.

KILIANSKI, S. E. Wanting it both ways: do women approve of benevolent sexism? *Sex Roles:* a journal research. 39 , n.5-6, p. 333-352, 1998.

KUHN, T. S. *La estructura de las revoluciones científicas.* México: Fondo de Cultura Económica, 1962.

LLEDÓ, E. *El sexismo y el androcentrismo en la lengua:* análisis y propuestas de cambio. Barcelona: Universitat Autónoma, 1992.

LUCKMANN, T. *Teoría de la acción social.* Barcelona: Paidós, 1996.

MACHIN, S.; MCNALLY, S. *Gender and student achievement in English schools.* London: Center for the Economics of Education, 2006.

MARTÍNEZ LÓPEZ, C. Las mujeres y la universidad: ambivalencia de su integración. In: RODRÍGUEZ MARTÍNEZ, C. (Comp.). *Género y currículo:* aportaciones del género al estudio y práctica del currículo. Madrid: Akal, 2006. p. 216-228.

MARTINO, W. 'Cool boys', 'party animals', 'squids' and 'poofters': interrogating the dynamics and politics of adolescent masculinities in school. *British Journal of the Sociology of Education,* Oxford, v. 2, n. 200, p. 239-264, 1999.

MCCARTHY, C. *Racismo y curriculum.* Madrid: Morata, 1994.

MORENO SARDÁ, A. *El arquetipo viril protagonista de la historia:* cómo se enseña a ser niña: el sexismo en la escuela. Barcelona: Icaria, 1986.

MORENO SARDÁ, A. *Transmitimos valores sexistas a través de los textos?* Bilbao: Departamento de Educación; Universidades e Investigación, Emakunde; Instituto Vasco de Ia Mujer, 1992.

NUSSBAUM, M. *Las mujeres y el desarrollo humano.* Barcelona: Herder, 2002.

NUSSBAUM, M. *El cultivo de la humanidad:* uma defensa clásica de la reforma en la educación liberal. Barcelona: Paidós Ibérica, 2005.

OFFICE FOR STANDARDS IN EDUCATION. *Boys and English.* London: OFSTED, 1993.

OFFICE FOR STANDARDS IN EDUCATION. *The national literacy strategy:* an evaluation of the first year of de NLS. London: OFSTED, 1999.

OFFICE FOR STANDARDS IN EDUCATION. *Boys achievement in secondary schools.* London: OFSTED, 2003.

OKIN, S. M. *Justice, gender, and the family.* New York: Basic Books, 1989.

ORGANISATION ECONOMIC CO-OPERATION AND DEVELOPMENT. *Informe PISA 2006:* competencias científicas para el mundo del mañana: programa para la evaluación internacional de alumnos. Madrid: OECD, 2006.

ORTIZ, T. et al. *Universidad y feminismo en España:* actualización del libro blanco de estúdios de las mujeres em las universidades españolas. Granada: Universidad de Granada, 1998.

ORTIZ, T. et al. *Universidad y feminismo 11:* los estudios de las mujeres en España (1992-1995). Granada. Colección Femínae, 1999.

POMEROY, S. *Diosas, rameras, esposas y esclavas.* Madrid: Akal, 1990.

PULEO, A. H. Patriarcado. In: AMORÓS, C. (Dir.). *10 Palabras clave sobre mujer.* Estella: Editorial Verbo Divino, 1995. p. 21-54.

RODRÍGUEZ MARTÍNEZ, C. (Comp.). *Género y currículo*: aportaciones del género al estúdio y práctica del currículo. Madrid: Akal, 2006.

ROMERO SABATER, I. De la cantidad a la calidad: las niñas en el sistema educativo. *Infancia y Sociedad*, Madrid, n. 10, p. 25-37, 1991.

RUBIO HERRÁEZ, E. Género/sexo y currículo: la educación científica de Ias niñas. *Infancia y Sociedad*, Madrid, n. 10, p. 133-142, 1991.

SAX, L. *Boys adrift*. New York: Basic Books, 2007.

SAX, L. *Why gender matters*. Lanecove Sydney: Doubleday, 2005.

SEN, A. More than 100 million women are missing. *New York Review of Books*, New York, v. 20, n. 37, p. 61-66, 1990.

SUBIRATS, M. La educación como perpetuadora de un sistema de desigualdad: la transmisión de estereotipos en el sistema escolar. *Infancia y Sociedad*, Madrid, n. 10, p. 43-52, 1991.

SUBIRATS, M.; BRULLET, C. *Rosa y azul*: la transmisión de los géneros en la escuela mixta. Madrid: Ministerio de Asuntos Sociales, 1988.

SUKHNANDAN, L.; KELLEHER, S. *An investigation into gender differences in achievement*. Phase 2: School and classroom strategies. Slough: NFER, 2000.

TANNEN, D. *Género y discurso*. Barcelona: Paidós, 1996.

TORRES SANTOMÉ, J. *El curriculum oculto*. Madrid: Morata, 1991.

VALCÁRCEL, A. *Feminismo en el mundo global*. Madrid: Cátedra, Feminismos, 2008.

VVAA. En femenino y en masculino. *Cuadernos de Educación no Sexista*, Madrid, n. 8, 1999.

WARRINGTON, M.; YOUNGER, M. We decide to give it a twirl: single-sex teaching english comprehensive schools. *Gender and Education*, Lancaster, v. 15, n. 4, p. 339-350, 2004.

WATKINS, K. *Informe de seguimiento de la educación para todos*. Superar la desigualdad: por qué es importante la gobernanza. Paris: UNESCO, 2008.

YOUNGER, M. et al. *Raising boys' achievement*: final report. London: DFES, 2005.

6 Os coletivos empobrecidos repolitizam os currículos

Miguel González Arroyo
Universidade de Minas Gerais

A pobreza está próxima às escolas e se aproxima delas. Entra nas aulas. Não está fora, distante, em sociedades remotas. Não está apenas nos noticiários, em estatísticas chocantes, nem em estudos e análises que poderiam estar nos conteúdos de nossos estudos ou ser objeto de um projeto de trabalho: "a pobreza no mundo" ou "as crianças pobres de rua".

A pobreza está próxima e se aproxima por meio de corpos famintos, desprotegidos, sem horizontes e lutando pela sobrevivência em vários milhões de meninos e meninas e de adolescentes que frequentam as escolas públicas nas cidades e nos campos, em contextos e sociedades empobrecidas. A pobreza está até mesmo em sociedades desenvolvidas, onde ela vai entrando cada vez mais nos corpos dos filhos de imigrantes, de pais e famílias sem trabalho, desempregados e em condições de miséria absoluta. A pobreza nunca deixa de estar evidente nas formas de viver de tantas crianças e jovens que vão às escolas. Não é uma planta exótica.

A pobreza, tão familiar na história das escolas públicas e na história do magistério público, parecia distante, como um capítulo do passado. Outras realidades menos pesadas nos preocupavam: preparar a infância, a adolescência e a juventude para um futuro promissor, para o progresso que avança, para a sociedade do conhecimento e da informática, à convivência democrática e cidadã, à cultura ecológica ou da paz. Dessa maneira, os docentes encontraram novos sentidos para seu ofício e para suas práticas progressistas.

As crianças e os adolescentes pobres que chegam a cada dia em nossas escolas nos colocam uma pergunta: A pobreza é coisa do passado? Não é esta uma realidade incômoda que ainda faz parte da história do magistério, da pedagogia, do currículo e de nossas práticas cotidianas? Como os alunos e as alunas e suas comunidades carentes a veem? Quais projetos curriculares e quais éticas profissionais devem ser aplicados para ensinar e educar essas crianças e adolescentes? Essas questões são desafiadoras para profissionais e escolas em contextos de pobreza e para as teorias pedagógicas e curriculares, pois a vivência da pobreza é uma das experiências mais condicionantes na formação humana, na desumanização de tantos seres humanos desde sua infância.

A presença incômoda dos coletivos empobrecidos no sistema escolar repolitiza os currículos e a docência, que são pressionados a se repensar e se repolitizar com base nas formas reais e históricas de viver ou mal-viver a infância. Imaginários românticos da infância se tornaram imaginários românticos da pedagogia e da docência, da função social das escolas e dos currículos. As crianças pobres submetidas a condições de vida tão precarizadas nos dizem que suas imagens românticas se quebraram e com elas também se quebraram as imagens românticas da docência, da pedagogia, dos currículos e da função social da escola (ARROYO, 2007a, 2008a).

Hoje, as indagações político-pedagógicas mais intrigantes para os cursos de pedagogia e de magistério e para as práticas docentes vêm das formas precarizadas de viver a infância popular, pobre, emigrante, na miséria, com insegurança e desproteção. Como elaborar essas perguntas e como respondê-las? Como elas afetam a docência e os currículos? Este texto enfrenta estas indagações que apontam para os novos sentidos das práticas educativas. Nossa análise se baseia em algumas constatações: a pobreza cresce e tem se tornado extrema e massificada; ela invade a economia e as sociedades que julgavam tê-la erradicado. Não é um problema das sociedades distantes e atrasadas. Afeta todas as instituições, inclusive o sistema público de educação, seu currículo, seus profissionais e as instituições de formação.

Outra constatação articula nossa análise: a sensibilidade das ciências e das políticas tem aumentado, incluindo as ciências da educação e seus docentes. As visões tradicionais da pobreza e dos grupos empobrecidos estão mudando, o que leva à mudança de visões e de modos de intervenção. E o mais importante: os coletivos pobres trazem suas visões da pobreza e se organizam em movimentos exigindo outras visões, outras intervenções e outras políticas.

Nesse quadro de coordenadas perguntamo-nos como os grupos empobrecidos questionam os sentidos da educação. Não nos orienta tanto sugerir quais currículos são necessários para aliviar a pobreza, para que os jovens e as crianças pobres possam aprender. Parece-nos mais desafiador, para o sentido da educação, inverter a relação e enfrentar que perguntas vêm dos grupos pobres para a docência e os currículos.

Quando os pobres são outros, quais mudanças devemos fazer em nossa forma de vê-los, ensiná-los e educá-los? Se nos deixamos indagar pelas mudanças que vêm dos grupos empobrecidos, estaremos mais perto de acertar as ações e práticas docentes em currículos e pedagogias que ensinem, eduquem e recuperem a humanidade roubada de tantas infâncias e adolescências precarizadas.

A POBREZA COMO CARÊNCIA

Comecemos analisando uma visão da pobreza persistente na cultura social: a pobreza como carência, os pobres como carentes. Essa visão tem sido forte na história da pedagogia: escolas para indigentes, necessitados, órfãos, pobres. Entretanto, na atualidade, a visão tradicional da pobreza como carência material de bens para cobrir as necessidades básicas da vida de um ser humano não é a visão mais destacada. Os currículos têm resistido a serem vistos como programas de assistência para a garantia dos níveis mínimos de necessidades para a vida. As escolas e seus docentes resistem a participar de programas de alimentação básica para a infância e a adolescência pobre até nos seus tempos de escola.

Os sistemas de educação, suas políticas e seus currículos são pensados de modo que possam suprir outras carências, as quais se acredita serem as produtoras das carências materiais: as carências de conhecimento e de competências e as carências de valores, hábitos e moralidade. São nessas carências que os currículos, os docentes e as teorias pedagógicas reconhecem seu terreno. A partir dessas carências, a pobreza, as sociedades e as comunidades pobres são analisadas e interpretadas como carentes intelectuais e morais. É a partir delas que se justifica a articulação da educação e do currículo para as sociedades e comunidades e coletivos empobrecidos.

Essa visão redutivista, assim como a espiritualista da pobreza, faz com que o sistema de educação, seus profissionais e o pensamento curricular não tenham como tradição priorizar os efeitos desumanizadores das vivências da pobreza material padecida pela infância e adolescência popular. Existe uma espécie de bloqueio por parte do sistema educacional para reconhecer suas condições de pobres e miseráveis, de pessoas que não têm garantidas as necessidades de vida básicas de um ser humano. Os currículos verão essas pessoas apenas como carentes de conhecimentos e de competências, de valores e de cultura. Oferecerão-lhes pratos de conhecimentos, competências, valores e bons hábitos. Talvez porque o direito à vida, o qual é o primeiro direito humano, não esteja sendo priorizado no campo da educação.

Este bloqueio para reconhecer a centralidade da materialidade do viver humano, do direito à vida digna e justa, à comida, à habitação, ao cuidado e à proteção tem consequências muito sérias na hora de pensar as funções sociais dos currículos e garantir o direito à educação dos grupos empobrecidos. Não apenas se deixa de reconhecer a realidade material da pobreza, mas também tem havido um bloqueio para reconhecer as consequências destas vivências nos processos de humanização e desumanização dos grupos que padecem de pobreza material extrema. Isto produz um distanciamento entre os currículos, os conhecimentos privilegiados e os educandos em sua real existência. Ignorar ou silenciar o peso dos processos materiais de reprodução da existência é fazer com que os próprios grupos empobrecidos sejam ignorados. Eles chegam à escola com séculos de atraso, e a escola ignora seus conhecimentos nas formas precárias de reprodução da sua existência, porque essa brutal realidade não está no terreno próprio do *curriculum* do conhecimento socialmente produzido.

A história real da pobreza e dos grupos que dela padecem não faz parte do conhecimento socialmente construído e sistematizado nos programas curriculares da educação básica e da formação pedagógica e docente. A pobreza e os pobres são vistos como um peso morto do passado, do atraso; logo, não merecem sequer ser objetos do conhecimento curricular e docente. A própria história das sociedades e dos coletivos pobres será vista como pré-história. Sua história, na história da riqueza das nações, será ignorada.

O que há de mais grave nesta visão é que ela impede que os projetos curriculares sequer incluam o pensar a pobreza, os grupos, a infância e a adolescência pobres como objeto de dever da docência e dos currículos. Essa é uma limitação de raiz difícil de desbloquear. A própria teoria pedagógica a tem ignorado e não tem acumulado fundamentos e reflexões para que os educadores que acompanham esses seres humanos em contextos desumanizados conheçam as artes para recuperar a humanidade que a pobreza e o sofrimento extremos lhes roubaram (FREIRE, 1970). Que limites e que possibilidades de formação humana disponibilizar em um meio tão extremo experimentado desde a infância? Repensar estas limitações, reconhecer o peso da reprodução material da existência e das perguntas que essa realidade traz quando é tão precarizada, é um dos desafios para articular o currículo, as políticas de educação, as práticas docentes e a pobreza.

O fato de não reconhecer estas vivências leva o sistema educacional, suas políticas e os currículos a não se envolverem com as políticas sociais destinadas a diminuir a pobreza e suas carências materiais e humanas. Quando, por exemplo, as políticas contra a fome, a violência e a proteção da infância pobre são elaboradas, a tendência é resistir ao envolvimento do sistema escolar com estas políticas ou deixá-las relegadas a programas paralelos, extracurriculares, horários extraclasse ou para alguns professores militantes. Os currículos escolares, em sua rigidez disciplinar, sentem-se ameaçados cada vez que é exigida sua articulação com o conjunto de políticas sociais para que a vida da infância e da adolescência pobre seja menos indigna.

A POBREZA COMO DESQUALIFICAÇÃO PARA O MERCADO DE TRABALHO

As políticas educativas e curriculares têm se tornado menos insensíveis à indignidade da pobreza. Os profissionais das escolas públicas populares convivem com a infância e adolescência e com os jovens e adultos do povo. A sensibilidade às formas precárias de reproduzir sua existência tende a aumentar. As formas de responder a essa realidade vão depender de como o sistema e as teorias pedagógicas e curriculares interpretam a pobreza e veem os coletivos empobrecidos.

Pensemos nas interpretações frequentes: ver esses coletivos como carentes de competências e conhecimentos necessários para que possam se incorporar a um mercado de trabalho cada vez mais exigente, e como, com a carência de competências, são submetidos ao desemprego, ao emprego informal, a viver em condições mínimas de sobrevivência e à pobreza. Ou como, por serem desqualificados, nem sequer exploram de maneira produtiva, sustentável e com iniciativa os recursos que o meio e o entorno lhes oferecem. Eles exploram a terra e os recursos que têm de maneira tradicional e improdutiva.

Nessa interpretação da pobreza incluem-se, como seu campo de ação, o sistema educacional e seus currículos: tornar os pobres mais competentes e aptos a competir com seus concorrentes no mercado de trabalho e de produção cada vez mais competitivo. Nela, entram os programas das agências financeiras internacionais, recomendando aos governos das sociedades carentes a reelaboração dos currículos dando ênfase nas competências.

Esta interpretação da pobreza dos grupos pobres, marginais ao mercado de trabalho, está profundamente relacionada com o pensamento desenvolvimentista dos anos de 1950 e 1960, mas tem perdido sua força nas décadas mais recentes. A inclusão dos setores populares no sistema de educação primária apoiava nesta visão: torná-los competentes para inseri-los nos benefícios do desenvolvimento econômico à medida que estejam capacitados para viver dignamente do trabalho assalariado. Os currículos também se desenvolveram nesta lógica, que foi dominante no pensamento do desenvolvimento econômico prometedor do bem-estar para os grupos pobres. Esta é a visão mais frequente da função social da escola para a infância e adolescência imigrante: capacitá-los para que possam viver do trabalho assalariado superando as vivências de pobreza nos seus países de origem, em um contexto atrasado e sem trabalho. É preciso torná-los participantes da riqueza do mercado que os acolhe.

Essa visão está incorporada de tal maneira que a adesão às propostas curriculares por competências para resgatar os pobres de sua condição é defendida como solução. Uma economia ideal com emprego para todos ainda inspira as políticas educativas e curriculares. Precisamos preparar, sobretudo, os mais pobres, e não mantê-los à margem do mercado de trabalho, prepará-los ao menos para a sua empregabilidade, por meio de um currículo por competências. As avaliações nacionais de desempenho em competências para a empregabilidade passam a ser a síntese dessas políticas educativas. O curioso é que, em tempo de crises no mercado de trabalho, essas crenças não sejam postas em dúvida, mas sejam reafirmadas. Já que o trabalho é escasso, preparemos nossos alunos com maior domínio de competências. Um dos componentes dessa postura é a interpretação que persiste em relacionar pobreza e exclusão do mercado de trabalho. As promessas do pensamento econômico desenvolvimentista continuam sendo muito fortes nas políticas sociais e educativas, frente à miséria que cresce.

Onde está a fragilidade dessa relação entre pobreza, políticas e currículos por competências para a empregabilidade?

O PADRÃO DE TRABALHO ASSALARIADO EM CRISE

Os discursos tão proclamados décadas atrás ainda próximas já não têm mais sua força sedutora. Os persistentes e longos períodos de recessão e estagnação econômica e persistente concentração da riqueza têm levado ao crescimento brutal da pobreza extrema massificada. Por outro lado, o aumento significativo da escolarização dos setores populares não impediu nem reverteu sua histórica condição de pobreza extrema.

Por sua vez, o trabalho formal assalariado entrou em crise. As economias centrais aumentaram a produtividade, diminuindo o número de postos de trabalho. Neste quadro atual agravado pela crise financeira, tenta-se justificar a exclusão e a desigualdade como falta de preparação para a competitividade exigida em tempos de crise. Os derrotados e miseráveis do mundo pagam o preço pela sua incompetência ou pelas suas opções pessoais e coletivas. "A crise do trabalho assalariado, entendida como o aumento exponencial do desemprego estrutural e da precariedade do trabalho, constitui-se em um dos problemas políticos e psicossociais mais agudos da história humana" (FRIGOTTO, 1998, p. 14).

Esse quadro não é conjuntural, ele é histórico, configura o padrão de trabalho das sociedades colonizadas. É um padrão que condena ao não trabalho e aos trabalhos mais precários de miséria e de sobrevivência os grupos sócio--étnico-raciais, de gênero, dos campos e das periferias urbanas. Esse padrão racial de trabalho continua produzindo os destinatários históricos da pobreza extrema. É um desafio o fato de que as teorias pedagógicas e curriculares, bem como as políticas educativas e a própria identidade escolar e docente, continuem ignorando ou não levando a sério esse padrão de trabalho e não tenham uma postura crítica mediante as virtualidades da preparação competente para um trabalho segregador e que se mantém em uma crise permanente. As teorias pedagógicas e do currículo carecem de pesquisas e de reflexão sobre a relação mecânica entre os anos curriculares, domínios de conhecimentos e de competências e a inserção no mercado de trabalho e, consequentemente, a eliminação da pobreza.

As análises críticas do currículo vêm se concentrando nas relações entre currículo, seleção de conhecimentos, poder e cultura. Têm sido ocultadas as íntimas relações entre currículo, conhecimentos, competências, atitudes, valores e o padrão de trabalho. Sobretudo, a questão específica do padrão racial, segregador do trabalho em sociedades colonizadas. Nestes contextos, houve sequer a intenção de incluir os grupos do campo, os negros, os indígenas, os favelados e os pobres no mercado de trabalho formal? Tem havido a intenção de incluí-los nos processos de desenvolvimento, de progresso, de distribuição da riqueza, das terras, do espaço, nos projetos de saúde ou da educação?

Aumentam os estudos sobre esse padrão segregador, racial e do trabalho onde são analisados os mecanismos mais contundentemente reprodutores da marginalidade do mercado de trabalho em que são mantidos os grupos populares (QUIJANO, 2005). O abandono histórico de sua escolarização e de sua formação competente para o trabalho encontra uma de suas razões mais determinantes nesse padrão segregador e racista do trabalho.

Quando os sistemas escolares e suas políticas educativas e curriculares ignoram essa tradição de segregação de trabalho, caem em discursos ingênuos e sem base social, prometendo trabalho para todos desde que se esforcem para passar por processos de qualificação, independentemente de serem negros, pobres, indígenas, favelados ou camponeses. A história real destes grupos esta aí para desmentir estes discursos e crenças ingênuas. Reconhecer o padrão segregador e racista do trabalho em um contexto de crise pode ser um caminho para superar essas crenças milagrosas na preparação dos pobres para o mercado "aberto" de trabalho, para repensar os currículos a fim de que tenham outras funções sociais.

A análise persistente que recai sobre estes grupos sociais, raciais, é a de que são pobres por serem irracionais, atrasados, indolentes, improdutivos, contrários ao trabalho, ao esforço, ao controle do tempo, etc. Eles estão muito distantes do protótipo do trabalhador formal. Chegou-se ao ponto de as políticas de formação do trabalhador terem deixado-os de lado e preferido importar trabalhadores brancos já familiarizados com as competências e os valores do trabalho. Essa política tem sido constante nas sociedades colonizadas e se mantém. Com as empresas internacionais, chegam os gestores e os técnicos qualificados. Perdura a visão de que os povos subdesenvolvidos são contrários ao trabalho.

A questão a ser investigada é o que leva a teoria pedagógica e os programas curriculares a não duvidar da crença tão arraigada de que sua função é retirar os grupos pobres da pobreza, exigindo que eles acompanhem e aprendam com currículos por competências e habilidades o que é preciso para a sua inserção no mercado aberto de trabalho. O que falta é contextualizar as teorias, a concepção e as funções da escolarização e do currículo em contextos específicos como os vividos nas sociedades empobrecidas com padrões de trabalho tão racistas e segregadores. Esse modelo não opera assim somente em tempos de crise de trabalho, mas é persistente até em tempos de crescimento econômico. As teorias pedagógicas e do currículo, ao não levarem em conta essa perversa história do trabalho, acabam tendo como função histórica ocultar os padrões reais de produção da pobreza, da concentração da riqueza, da apropriação da terra, do espaço e do próprio trabalho e conhecimento, da ciência e das competências. As crenças ingênuas de que, partilhando conhecimentos e competências, partilham-se o trabalho, os salários e, consequentemente, elimina-se a pobreza, merecem uma atenção crítica das teorias do currículo.

Conhecer esses padrões de trabalho exige atenção especial nos currículos de formação de educadores e docentes, bem como nos projetos curriculares para os grupos segregados do trabalho, da escola e do conhecimento. É preciso que essa perversa história seja ensinada nos conhecimentos para todos, pois ela é parte da história universal e envolve todas as pessoas, e, de maneira específica, envolve os grupos tão vitimados por essa história. É necessário que ao menos os currículos e as práticas escolares se abram para que as próprias vítimas narrem essa história e mostrem os significados aprendidos nas vivências da segregação em um padrão de trabalho tão segregador. Os programas curriculares de escolas indígenas, quilombolas, rurais e os programas curriculares de formação de seus educadores (Pedagogia da Terra, Formação de Professores do Campo, Indígenas) avançam incorporando essa história. Dos movimentos sociais dos grupos citados, não vêm somente indagações, mas propostas, intervenções nos currículos para que incorporem sua história.

A POBREZA, UMA QUESTÃO SOCIAL

A relação extremamente mecânica entre a pobreza e a não inserção no mercado de trabalho levou a uma relação mecânica entre a saída da pobreza e os currículos por competências para a inserção no mercado de trabalho e a participação consequente na riqueza e no progresso coletivo. Nessa visão, a pobreza é uma questão meramente econômica, de crescimento econômico, de aumento de assalariados e de capacitação para o mercado. Os grandes contingentes de pobres que chegam às escolas públicas populares não são vistos sequer como pobres, nem apenas como empregáveis. A função social da escola, da docência e do currículo se nutre dessa visão reducionista e mercantilizada.

A partir da década de 1970, quando se esgotou o ciclo de crescimento industrial calcado no modelo desenvolvimentista e no modelo de Estado de políticas educativas e curriculares desenvolvimentistas, a pobreza passa a ser pensada sob outros parâmetros: como uma *questão social* que deverá entrar na agenda pública. As políticas públicas do Estado contra a pobreza têm sido do tipo: políticas distributivas para cobrir as necessidades e as carências básicas. Políticas de Renda Mínima em combate à fome. Políticas como: Comunidade Solidária, Bolsa Família, Bolsa Escola, Bolsa Gás, Bolsa Alimentação, Transporte e Fome Zero. Ao reconhecer a pobreza como uma questão social, uma pressão é exercida sobre os governos e suas políticas para reconhecer esta questão e formular políticas sociais (COHN, 2008).

Essas medidas frequentemente tendem a atacar somente os efeitos e as carências elementares dos grupos empobrecidos. Por isso, têm merecido críticas. Entretanto, o reconhecimento de que a pobreza, a miséria e a fome são uma questão social pressiona o Estado a assumir seu dever de enfrentar estas questões como sociais, não como assistenciais ou individuais. Elas significam um avanço no reconhecimento do direito que todo ser humano tem à alimentação, moradia e uma vida digna. Reconhecer a pobreza como uma questão social pode levar ao reconhecimento dos grupos empobrecidos como sujeitos dos direitos sociais e ao dever do Estado, de suas políticas e das instituições públicas a dar a garantia desses direitos. Este é o significado do conjunto de políticas e programas como Fome Zero, Bolsa Família, etc.

As políticas educativas e curriculares não têm incorporado essa visão da pobreza como uma questão social; elas resistem a fazer parte dessas políticas. Tão forte é a visão economista e mercantilista de seu papel para tornar os pobres competentes para o mercado de trabalho, que se resiste a ver a pobreza como uma questão social e se integrar às políticas públicas sociais. É significativo o fato de que estas políticas condicionam recursos como a Bolsa Família à frequência dos filhos na escola. Entretanto, esse dado não tem merecido a atenção da escola e dos seus currículos. Às vezes, ocorrem reações incômodas:

as crianças e os adolescentes pobres vêm à força para a escola, para não perder a Bolsa Família, sem interesse pelos estudos e para se capacitarem para o mercado de trabalho.

As políticas sociais contra a pobreza são vistas como desmotivadoras para o estudo, para a capacitação e para o êxito em aprender o que está nos currículos. É preocupante que, entre tantos estudos que situam a pobreza como uma questão social e em meio a tantas políticas públicas de Estado que garantem o direito à vida, à alimentação e à segurança, as políticas educativas e curriculares e a cultura escolar e docente resistam ao diálogo com tais estudos e políticas sociais.

Quem sabe o motivo para essa reação venha, por um lado, de não ver a infância e a adolescência como pobres, imersos em vivências tão indignas e de vê-los como alunos genéricos e descontextualizados? Por outro lado, ela pode vir da insensibilidade perante a importância do direito à vida e às condições materiais de sua reprodução. Quem sabe, o motivo disto ainda venha de não se reconhecer as estreitas relações entre trajetórias de vida e trajetórias escolares? Como superar essas reações e as motivações que as legitimam?

Nas últimas décadas, a sensibilidade pedagógica tem crescido, resultando na estreita relação entre trajetórias de vida da infância e adolescência e suas trajetórias escolares, sua frequência na escola, sua dificuldade de articular o tempo de escola, de estudo e aprendizagem e tempos de sobrevivência e trabalho. Da mesma maneira, cresce a sensibilidade para as relações tensas entre espaços de educação, socialização na escola e espaços de socialização nas ruas, na exposição à violência e ao tráfico, à exploração sexual infantil e adolescente. As tensões entre a socialização em contextos de pobreza e miséria extrema e a socialização na escola cada dia se tornam mais evidentes, reeducando a sensibilidade profissional (ARROYO, 2006a).

Poucos grupos docentes e escolas têm essa sensibilidade, mesmo que, nas escolas públicas populares, tal realidade chocante esteja presente todos os dias por meio dos corpos de cada menino, menina, adolescente, jovem ou adulto. Esta sensibilidade, ainda que seja de poucos, traduz-se em projetos pontuais e extracurriculares. As reformas curriculares mais recentes inspiradas na pedagogia progressista e curricular continuam fechadas a esta realidade. Os projetos curriculares continuam sendo generalistas, as avaliações nacionais e internacionais dos desempenhos na aprendizagem ignoram esta diversidade brutal de vivências, tempos, espaços e socializações. As exigências serão as mesmas, os processos programados como únicos, bem como os tempos e espaços únicos para aprender o que está no currículo, supostamente único para todos.

Em nome da proclamação do currículo como direito de todos, justifica-se a obrigação que todos têm de aprender sobre a ameaça de reprovação, recuperação ou expulsão; mecanismos de extrema rigidez que se tornam negadores do direito à educação e ao conhecimento, sobretudo para os setores populares na pobreza e miséria externa. Os dados mostram que os reprovados nos cursos escolares tão rígidos são as crianças e os adolescentes pobres, negros e indígenas. A rigidez curricular resulta no aprofundamento da pobreza como questão social em nome do salvamento de alguns que obtiveram êxitos e com bom desempenho nas avaliações generalistas. A "salvação" de poucos, supostamente para sair da miséria e ir para o mercado de trabalho, custa caro para a maioria dos alunos pobres, que são condenados a permanecer na miséria por não aprenderem os conhecimentos e as competências dos currículos rígidos.

Nessa concepção de currículo tão hermeticamente fechada às questões sociais dos grupos pobres, não há lugar para suas vivências, para seus saberes e conhecimentos. Não há lugar para os pobres que tanto tempo roubam de seus tempos de sobrevivência para ter direito a um horário mínimo na escola. A concepção única e rígida de conhecimentos, de currículo, de processos de aprendizagem, de socialização e de avaliação vai se tornando um dos mecanismos de segregação para aqueles aos quais se promete a passagem da pobreza a uma vida digna. O fato de não terem aprendido esses currículos se converteu em uma justificativa para responsabilizar a infância e a adolescência pobres por continuarem na pobreza de seus grupos de origem. Essa concepção insiste em ver a pobreza como uma questão individual ou de alguns grupos, não como uma questão social.

Essa rigidez explica a resistência das políticas educativas e curriculares a se articularem com o conjunto de políticas sociais que incorporam a infância, a adolescência, a juventude e a vida adulta pobres, para a garantia de seus direitos sociais básicos à vida, à segurança e ao tempo e espaço dignos ou menos indignos na cidade, nas periferias, nas favelas e no campo. Por exemplo, o Programa Nacional de Inclusão de Jovens: Educação, Qualificação e Ação Comunitária (ProJovem) pretende ser um programa do governo destinado aos jovens pobres, negros e das periferias. Os currículos destes programas, que têm entre suas finalidades fazer com que o jovem conclua a educação básica, são específicos e não dialogam com os programas curriculares das escolas onde estão os adolescentes e jovens e onde são reprovados com a mesma trajetória de pobreza e miséria. A maior parte das políticas que reconhecem a pobreza como uma questão social tem um caráter socioeducativo. Enquanto isso, não há um diálogo entre os programas curriculares das escolas públicas populares e dos programas socioeducativos para a infância, adolescência e juventude populares.

O reconhecimento da pobreza como questão social e suas implicações para as novas maneiras de tratá-la e para as novas políticas para as comunidades pobres sequer entram nas propostas de renovações curriculares para as escolas públicas. A ignorância e o silêncio dessas novas maneiras de tratar a pobreza talvez se devam à percepção de que, do seu reconhecimento como questão social, e não como carência ou desqualificação para o emprego, venham exigências radicais de redefinição dos desenhos ou mesmo das teorias do currículo.

A POBREZA, UMA QUESTÃO POLÍTICA

Com o avanço do reconhecimento da pobreza como questão social, foi se reconhecendo que tanto a riqueza como a pobreza são seletivas. Elas estão associadas ao padrão de poder, de dominação e de subordinação. Alguns grupos sociais e raciais se perpetuam, concentrando a produção, a terra, a riqueza, o trabalho e o conhecimento, enquanto os coletivos pobres são mantidos subordinados, marginalizados do poder, da terra e da riqueza. Até mesmo em ciclos de prosperidade se polariza a concentração da riqueza, da terra, do solo e do trabalho, e a pobreza se torna mais extrema e massificada. Em nome do crescimento econômico, os agricultores, indígenas e quilombolas são expropriados de suas terras – os *Sem-Terra* –, os grupos das periferias urbanas são empurrados para os terrenos mais indignos – os *Sem-Teto* – e para o trabalho informal de sobrevivência – os *Sem-Trabalho* (CALDART, 2000).

A massificação da pobreza extrema está levando ao seu replanejamento. Para vê-la como questão social, torna-se obrigatório encará-la como uma questão política: como um problema do Estado. Quando os contextos empobrecidos avançam para contextos de pobreza extrema e massificada, os programas de capacitação e assistência individualizada ficam atrasados. Em contextos de pobreza extrema massificada, projetos de salvação individualizados não surtem efeito. Entretanto, o sistema escolar não se altera com essa realidade e continua indo ao encontro de cada criança por meio de ações individualizadas. Essa visão impede que a escola e o currículo se abram à compreensão da infância e adolescência, dos jovens e adultos pobres como membros de coletivos de pobreza extrema massificada.

Há um dado que é novo para nós, mas se tornou mais explícito: os coletivos vítimas dessa pobreza extrema massificada reagem como grupos, organizam-se e exigem um exame político da pobreza. Eles exigem políticas de Estado contra a pobreza, políticas de proteção, política de seus direitos coletivos. Politizam a pobreza e a maneira de como tratá-la, contestam as maneiras tradicionais de tratar sua condição de coletivos pobres como carentes, atrasados, perigosos, irracionais, ineficazes e incompetentes para o mercado, o trabalho e a produção. Consequentemente, contestam as políticas socioeducativas e curriculares que lhes prometem sair desta condição de carentes e se tornarem indivíduos racionais, eficazes e competentes.

Quais questões estão relacionadas com o currículo ao reconhecer a pobreza como uma questão política? As indagações mais radicais vêm da massificação extrema da pobreza e da radicalização política organizada dos grupos empobrecidos frente a esta massificação. As indagações não são sobre formas mais participativas na formulação do currículo e de sua implementação nem sobre quem controla o currículo – nem sequer se eles são multiculturais. Os questionamentos tocam no seu núcleo estruturador: Esses currículos legitimam a relação política em que a pobreza é produzida? Quais visões dos coletivos pobres perpetuam? Ignorantes, irracionais, incultos, atrasados, pré-modernos, inferiores, carentes, inconscientes, incompetentes...? Quais funções dos currículos são propostas para os grupos em extrema pobreza massificada? Que sejam racionais, conscientes, civilizados, modernos, para que possam explorar com eficiência suas terras, seus territórios e contextos, para entrar no mercado de trabalho de maneira individualizada?

À medida que os programas curriculares vão se estruturando nessas lógicas e elas são contestadas pelos grupos pobres organizados, é sobre essa mesma lógica que incidem suas indagações mais radicais. Isso ocorre porque, na raiz dessas lógicas do currículo e do próprio sistema escolar, está uma relação política que conformou uma persistente visão interiorizada dos grupos sociais, étnicos, raciais, pobres, dos campos e periferias urbanas. Essa reação política como vítimas da massificação da pobreza extrema e como destinatários históricos da empresa civilizadora e educativa é histórica.

Os grupos marginalizados tornam pública a relação política na qual estas lógicas se enredam e exigem que sejam superadas nos currículos.

Por outro lado, nas sociedades pobres, hoje são as vítimas da pobreza extrema os sujeitos políticos que mais exigem políticas, não tanto na distribuição de recursos para suprir suas carências, mas políticas que superem o padrão do poder, da apropriação de terras, da riqueza e do solo. Políticas que as reconheçam como sujeitos políticos de plenos direitos, não inferiores. Dessa maneira, esses coletivos questionam um dos núcleos estruturadores dos currículos e do sistema escolar que se alimenta de vê-los e reduzi-los a pré-humanos e pré-civilizados. Esses grupos sociais, raciais, questionam que o sistema escolar e as políticas educativas e curriculares façam parte desta relação política segregadora.

Os coletivos empobrecidos se afirmam mediante sua presença na arena social, política, econômica e cultural como sujeitos de projetos agrícolas, de ocupação da terra e das florestas, projetos de apropriação das riquezas, projetos de uso do espaço humano, de políticas da saúde, da educação... Este caráter *afirmativo* de sua presença na arena política muda o estilo de políticas distributivas que tradicionalmente lhes foram oferecidas como destinatários agradecidos, e exigem políticas e ações *afirmativas de justiça e igualdade*.

A educação é considerada um dos espaços sociais onde há maior demanda de políticas afirmativas e de justiça igualitária. Tratam-se desde demandas sobre a localização das escolas rurais, escolas *quilombolas* e indígenas em suas comunidades, cotas de acesso às universidades para negros, indígenas, quilombos e camponeses, até currículos que incorporem sua história, sua memória, sua cultura, seus saberes e suas racionalidades, seu conhecimento e suas formas de pensar a realidade. Um currículo afirmativo para a formação de professores do campo e no campo e indígenas e quilombolas, cursos específicos para uma formação específica (ARROYO, 2008b). As comunidades negras e indígenas têm conseguido a obrigatoriedade do estudo de sua história, memória e cultura em todos os currículos (Brasil, leis federais: 10.639/2003 e 11.645/2008).

À medida que esses coletivos se afirmam, outros, superando a visão que lhes desvaloriza e na medida em que se tornam presentes, sujeitos do saber, da memória, da história, de compreensões, leituras de si e do mundo, afetam com radicalidade as lógicas estruturadoras dos currículos. Assim, ao colocarem a pobreza extrema massificada como uma questão política, politizam a relação entre currículo e pobreza.

Sintetizemos a pergunta que nos orienta nessa análise: Quais indagações chegam dos coletivos pobres aos currículos, à docência e às políticas de formação docente? A necessidade de repolitizar esses campos de ação educativa e profissional. Seu referencial ético-político tem de considerar os coletivos empobrecidos como sujeito de direitos, direitos específicos à sua história. Se a negação de sua história, sua memória, sua identidade e seus saberes-valores coletivos faziam parte de uma relação política de subordinação-dominação, o seu empobrecimento extremo massificado, na atualidade, perpetua essa relação política. O sistema de educação e os currículos podem e devem ser um espaço de libertação.

Como? Garantindo seu direito de saber essa história, que é universal: uma história de condenados à pobreza como grupos. Essa história, por ser persistente e universal – a pobreza massificada faz parte da vergonha universal –, terá de fazer parte do conhecimento também universal. Ela deverá ser parte obrigatória de todos os currículos. Ela é a história da pobreza, do sofrimento, da fome e não somente de suas vítimas, mas do conjunto de atores que reproduzem essas relações sociais e políticas. Todos temos a obrigação de saber e não reproduzir essa história.

POBREZA E REPRODUÇÃO DOS GRUPOS DIVERSOS FEITOS DESIGUAIS

A pobreza externa massificada nos obriga a questionar quais grupos dela padecem: coletivos diferentes em raças, etnias, gêneros, territórios, florestas, camponeses, das periferias urbanas. Esses grupos são aqueles que se foram feitos diferentes por meio de processos tensos de formação e colonização, foram convertidos em desiguais. A pobreza extrema massificada mantém uma relação íntima e perversa com a produção dos que são diferentes, em desiguais, deficientes e inferiores enquanto coletivos. Mantê-los na pobreza é parte da construção histórica, cultural e social de sua produção de diferentes em desiguais. Esse processo foi determinante para a relação política inerente à colonização, à acumulação e ao projeto de civilização que não foi superado. Uma relação política ainda vigente.

A expropriação violenta de suas terras e territórios, da cultura, dos seus saberes, religiosidades, concepções de si mesmos e do mundo, de seus valores e identidades, foi e continua sendo feita e legitimada em nome da visão inferiorizada que os segregou como selvagens, incultos, pré-humanos e irracionais, pois assim foram e continuam sendo classificados. Essa condição de seres humanos inferiores, uma vez que são diferentes, continua atribuindo a eles a responsabilidade por sua condição histórica de miseráveis. A maneira de tratar a pobreza e seus programas, para os pobres, traz as marcas da reprodução dos diferentes como inferiores. Assim, os grupos são divididos em humanos e subumanos.

Esses processos históricos de geração da pobreza, articulados com a produção dos diferentes em inferiores, tornam-se mais explícitos na presença política organizada dos diferentes-inferiores-pobres. Eles evidenciam que toda a política contra a pobreza tem de estar articulada ou ser uma política contra as desigualdades, contra a visão de inferioridade histórica dos diferentes. Em outras palavras: não é suficiente que os currículos sejam parte de políticas distributivas contra a pobreza e contra as desigualdades sociais, eles devem fazer parte de políticas afirmativas das diferenças socio-étnico-raciais.

A conformação dos grupos diferentes em desiguais e pobres se dá e continua na relação política. A maneira de tratar os grupos diferentes e até mesmo o empreendimento colonizador, civilizador-educativo, era e continua sendo parte de uma relação política. Isso é tão verdade que a civilização-educação é uma relação colonialista e racial. O paradigma é converter os subumanos em humanos. Toda a história de conflitos e precariedades da educação das comunidades pobres está impregnada por estas marcas e relações políticas, de diferenciação desigual. Esta é uma entre outras formas de opressão-subordinação-miséria dos coletivos diferentes que pouco tem sensibilizado os estudos sobre o currículo nas sociedades colonizadas empobrecidas. Talvez isso ocorra porque, para levar em conta tais marcas e paradigmas que impregnam o currículo, teriam de superar a visão dos pobres, dos diferentes como pertencentes àquela parte da humanidade que ainda não é humana, a parte a ser humanizada, civilizada.

"A humanidade moderna não se concebe sem uma subumanidade moderna". "A negação de uma parte da humanidade é sacrificial à medida que constitui a condição para que a outra parte da humanidade se afirme enquanto universal" (SANTOS, 2009, p. 30-31). Dois pensadores anticolonização e antiopressão, Frank Fanon, em *Los condenados de la Tierra* (Os condenados da Terra), e Paulo Freire, em *Pedagogía do oprimido* (Pedagogia do oprimido), colocaram com lucidez esse tenso jogo entre a negação da humanidade aos colonizados e oprimidos para a outra parte da humanidade se afirmar universal.

Santos (2009) prossegue recordando que esta realidade é tão verdadeira hoje como era no período colonial. O pensamento moderno ocidental (poderíamos incluir o pensamento educacional e curricular) continua operando mediante linhas abissais que dividem e separam o mundo humano do subumano, de tal forma que os princípios de humanidade não são postos em causa devido a práticas desumanas como as desumanizações sexuais, sociais, territoriais, étnicas e raciais ou mesmo as desumanizações em forma de pobreza, violência, nova escravidão, trabalho e prostituição infantil, etc.

Os classificados e tratados como subumanos reagem a esta divisão de grupos humanos e subumanos. Eles reagem a que alguns grupos se afirmem como o protótipo universal que eles teriam de aceitar para passar à condição de humanos por meio da educação. Ao questionar o pensamento moderno, a pedagogia moderna e sua divisão em humanos e subumanos, os grupos pobres organizados estão tocando no núcleo do pensamento pedagógico e curricular mais sensível, estão apontando a urgência de repensar os currículos e o pensamento pedagógico repensando a produção dos diferentes em desiguais, em inferiores, a ser promovidos à "maioridade" pela educação.

Temos de reconhecer que está na hora de avançar no reconhecimento da relação entre currículo e diferenças sociais, étnicas, raciais, de gênero, de território. Como avançar? O traço culturalista predominou na relação multiculturalismo e o currículo. Se tem avançado na perspectiva do reconhecimento da diversidade de representações, subjetividades, mentalidades, rituais e práticas simbólicas a serem incorporadas aos programas curriculares. Porém, não podemos esquecer que a relação política de expropriação violenta das culturas fez e ainda faz parte das estruturas de poder, dominação e subordinação. Toda relação intercultural é política. Os próprios grupos segregados repolitizam as confrontações e resistências no campo da diversidade cultural. Mas eles não param aí: levam-nos à materialização das relações sociais e políticas da pluralidade de processos de sua produção de diferentes em desiguais. Levam--nos à relação política por meio da qual suas culturas, seus valores e suas identidades coletivas foram silenciados e segregados, inclusive nos currículos. Levam-nos à relação política em que se tentou exterminar ao negar seus direitos a territórios, terras e a produção da vida.

Articular os currículos e as políticas educativas a políticas de diferenças supõe o reconhecimento das diferenças e, sobretudo, dos processos econômicos, políticos, sociais e culturais que garantam a igualdade na diferença. Isso exige que os currículos se contraponham à produção das diferenças em desigualdades, que ao menos o pensamento educacional e a lógica curricular não legitimem a negação dos diferentes de sua condição de humanidade plena, sem hierarquias e graus de humanidade por diferenças de gênero, raça, classe, etnias e território.

Não é fácil superar, no pensamento educativo e na lógica curricular, esses dualismos entre subumanos e humanos. Mais difícil ainda é deixar de alçar a parte da humanidade vista como humanos ao papel de protótipo universal ao qual os currículos terão que levar os grupos pensados subumanos. Sem a superação dessa polaridade, os projetos curriculares continuarão legitimando a produção dos diferentes em inferiores. Pensados pobres por serem inferiores em humanidade, racionalidade e moralidade.

POBREZA, UMA QUESTÃO MORAL

As características mais constantes da subumanidade e inferioridade atribuídas aos grupos sociais diferentes/inferiores têm sido sua pobreza moral, sua incultura, sua falta de valores e de civilização. As sociedades que vivem em um contexto de pobreza, para as quais são propostos programas curriculares contra a pobreza, são caracterizadas como sociedades primitivas ou como grupos com "mentalidade primitiva", com valores primitivos, principalmente em relação ao trabalho, à produção e à exploração de recursos. São pensados como grupos submetidos a contravalores como a indolência, a preguiça e a imprevisibilidade e contrários ao trabalho e à regularidade do tempo, etc. Enfim, pobres morais. Essa pobreza moral seria o que os mantêm na pobreza material.

Essa visão ainda persiste e é reforçada pela imagem negativa associada a mentalidades primitivas, indolência, aversão ao trabalho formal, preferindo a miséria da economia informal, com soluções fáceis como as drogas, a violência, os assaltos e os roubos. É a imagem que, a cada dia, repete-se nos noticiários sobre os pobres primitivos e imorais das favelas e vilas, uma imagem que a própria escola popular reproduz da infância e adolescência pobre, violenta, ameaçadora, instável, indisciplinada, irresponsável e preguiçosa nos estudos. Essa pobreza moral vem desde a infância e de suas origens sociais, étnicas e raciais; desde a infância de sua história (ARROYO, 2007b).

Essa caracterização explica o foco dado às políticas socioeducativas corretivas, moralizadoras e civilizadoras. Se o problema da pobreza é de moralidade primitiva ou de imoralidade, nada mais eficaz contra a pobreza do que a educação e a reformulação dos currículos. A pobreza como questão educativa, não social nem política.

Programas educacionais moralizadores são mais fáceis e mais baratos, porém menos eficazes que as políticas econômicas, sociais e tecnológicas. Ver os contextos e os coletivos empobrecidos como pobres de valores e controles morais é mais aceitável aos organismos de financiamento e até à cultura pedagógica do que reconhecê-los como miseráveis, famintos, presos à pobreza material extrema e massificada.

Uma consequência para os currículos e as políticas educativas é que, nessa visão moralizante, eles não são elaborados para ensinar ou transmitir conhecimento, nem para o domínio das ciências e das tecnologias para sair da pobreza e sequer para o domínio das competências requeridas pelo mercado de trabalho. Como a pobreza é reduzida a uma questão moral, os currículos são pensados e elaborados para civilizar e moralizar os pobres. Essa é uma visão que se perpetua nos currículos e na função desejada dos sistemas públicos destinados aos grupos populares. As campanhas que visam a mais educação, mais tempo ou a que toda a infância (pobre) vá à escola buscam tirar as crianças das ruas, da violência, das drogas, dos contextos imorais das favelas e dos valores primitivos de suas comunidades pobres, para socializá-las em valores de dedicação, frequência, ordem e trabalho.

O pensamento educacional e curricular teria que ser repensado à luz desta constante visão dos grupos diferentes produzidos como desiguais em humanidade e de maneira tão incisiva, subumanos em moralidade. Essa caracterização, muito persistente, reproduz uma relação política e racial da educação, dos projetos curriculares com os grupos desiguais e pobres. Seria de esperar que a pedagogia fizesse uma análise histórica vendo essa "falta de bons hábitos" e essa "mentalidade primitiva", se existem, não como inerentes à sua origem racial, étnica, mas como uma produção histórica colonizadora e segregadora dos coletivos em situações de pobreza extrema.

A polarização moral vem se dando em uma perpetuação perversa de uma relação política, racial de dominação-submissão. Ela tem uma história e possui uma forma concreta nas relações entre coletivos, nações do Norte, civilizados, de padrões de moralidade altos e eficientes, de trabalho, de modos sérios e produtivos de tratar a terra, dos bens e as comunidades ou nações do Sul, não civilizadas, imorais, indolentes, perigosas e improdutivas na maneira de tratar suas terras e bens.

A desapropriação das terras indígenas e dos agricultores familiares, assim como a expropriação das riquezas dos países pobres, tem sido e ainda é justificada pela sua mentalidade primitiva e incapacidade de explorá-las produtivamente: pela sua falta de valores. No dia em que o sistema escolar, as políticas educativas e os currículos moralizadores e civilizadores reeducarem as comunidades e sociedades pobres em valores e moralidade, as relações políticas, econômicas e comerciais poderão ser outras. Consequentemente por ora, as prioridades serão as políticas educativas, curriculares e moralizantes para os pobres.

A visão que desvaloriza é uma das dimensões mais desumanas. A visão inferiorizante da moralidade, da ética das comunidades diferentes é antipedagógica. É uma das causas do atraso teórico das políticas educativas e curriculares e do próprio pensamento educacional. Quando essas visões são transplantadas aos sistemas educacionais e aos currículos em contextos pobres, as consequências são ainda mais perniciosas.

POBREZA E SUBCIDADANIA

Nas sociedades latino-americanas, as lutas contra as ditaduras foram propícias para o avanço da consciência da cidadania. Os movimentos anticolonização e o conjunto de movimentos sociais podem ser vistos como movimentos que favoreceram o avanço dos direitos dos cidadãos. O direito à educação se destaca nessa dinâmica de avanço desses direitos. A relação entre cidadania e educação é reafirmada pela diversidade de coletivos organizados em movimentos.

Quando cidadania e educação se referem aos coletivos pobres, diferentes ou desiguais, esta relação se torna mais complexa e tensa. A educação não é pensada como um direito da cidadania, e sim como uma pré-condição a ela, como um atestado para serem reconhecidos ou não como cidadãos. Estes grupos ainda estarão em uma subcategoria de cidadãos, na outra margem de uma cidadania regulada, condicionada: uma subcidadania. Eles são subcidadãos porque são vistos como subumanos; sua cidadania territorial e política é incompleta e nela são mantidos os grupos populares, pobres. A pobreza caracteriza não somente a marginalização social e política, mas também a marginalização da cidadania e do território.

Essa condição histórica de subcidadãos, de cidadania regulada e condicionada nas quais as comunidades pobres são classificadas, obriga-nos a nos perguntarmos sobre os mecanismos reguladores, condicionantes do percurso para a cidadania plena.

Destacam-se entre os condicionantes: o estudo, a educação, a moralização e o trabalho. O condicionante mais proclamado nos discursos é a educação. Ela se assume como reguladora oficial de quem serão os reconhecidos como cidadãos ou subcidadãos. Até mesmo os progressistas pedagógicos defenderam "a educação para a cidadania", partindo do pressuposto conservador de que nem todos são cidadãos incondicionais.

O condicionante mais determinante da subcidadania dos pobres é o trabalho, a exclusão dos pobres do padrão de trabalho, da propriedade e da riqueza. Ser pobre é o sinônimo mais preciso para ser classificado como subcidadão. A ideia é que a disciplina do trabalho é condicionante e formadora da disciplina da cidadania. Capacitar tais grupos para o trabalho é visto como o caminho de preparação para a cidadania.

O movimento operário redefine esse condicionante. A conquista dos direitos do trabalho tem sido historicamente um caminho para a conquista e a aprendizagem dos direitos da cidadania. O reconhecimento democrático do trabalho tem acompanhado o reconhecimento desta. Em tempos e contextos de recessão dos direitos de trabalho, o reconhecimento democrático dos direitos dos cidadãos é colocado em risco. Por aí passam as relações tensas entre o direito ao trabalho, à terra, à habitação, à vida e os direitos da cidadania.

Vimos como os grupos populares se fazem presentes na arena política, como sujeitos políticos plenos, passando por cima de regulamentos e condicionantes de sua cidadania plena. Deste modo, eles contradizem o discurso progressista da "educação para a cidadania", bem como todo o aparato de condicionantes que os classificaram historicamente como subcidadãos. Consequentemente, perdem força o discurso e as políticas educativas e curriculares pensadas para passar os pobres para a conquista da cidadania.

Os próprios coletivos populares, por meio de suas ações, apontam a outra direção: estar mais atentos aos processos de afirmação da cidadania que se dão na dinâmica das sociedades empobrecidas e, especificamente, estar mais atentos às ações dos coletivos em reações e movimentos sociais. É necessário reconhecer que, na própria vivência perversa da negação histórica dos Direitos Humanos, sociais, políticos e culturais coletivos, vai sendo gestada a consciência de uma cidadania coletiva e plena.

É preciso direcionar os currículos e a prática escolar a essa direção, elaborar os currículos de direitos que deem a devida atenção a essa história de construção dos direitos de trabalho e da cidadania. Uma história na qual os coletivos empobrecidos não são vítimas, e sim sujeitos do avanço dos direitos.

A POBREZA E AS LUTAS POR ESPAÇOS

Pensemos em outra articulação possível e rica entre currículo-educação-cidadania e pobreza. Relegar os grupos populares, pobres, à condição de subcidadãos tem significado lhes negar o direito a participar da comunidade política, relegando-os às selvas, às margens de territórios mais precários ou às favelas, vilas e periferias ou às terras improdutivas afastadas, excluí-los dos espaços do Estado, das instituições públicas, dos sistemas de saúde, de transporte, de educação, ou relegá-los a serviços de péssima qualidade. A pobreza tem sido excluída dos espaços da cultura nobre e da justiça. A subcidadania não é uma imagem, mas uma segregação territorial. A cartografia das cidades em contextos de pobreza revela, com brutal evidência, esta cartografia espacial da pobreza.

Nessa concretização territorial da subcidadania dos pobres, suas lutas por espaços, terra, florestas, habitação, transporte, postos de saúde e pela escola fazem todo sentido político. A luta pelos direitos do trabalho levou à aprendizagem dos direitos dos cidadãos, as lutas por terra e espaços levam à aprendizagem da cidadania territorial e política. O que pode significar a tentativa de articular o sistema escolar e seus currículos com esta consciência e estas lutas pelos direitos a espaços de cidadania? Em primeiro lugar, uma escola como espaço digno de cidadãos, digna em sua materialidade e espacialidade. Mas também é preciso entender a luta pela escola e pela universidade dentro do conjunto de suas lutas por espaços, por cidadania territorial e política.

A negação persistente da escola pública faz parte da negação persistente dos espaços, da cidadania espacial e política. A territorialização da cidadania exige a desterritorialização da subcidadania em que foram reclusos, desde a senzala até as favelas e vilas. As escolas públicas ainda trazem entre nós uma ideia de território dos pobres, dos subcidadãos. Até mesmo os currículos populares, as avaliações, a maneira de tratar a infância e adolescência, os jovens e adultos populares e pobres nas escolas são territorializados: saem dos espaços nos quais os pobres subcidadãos foram reclusos e entram em um sistema escolar público igualmente recluso e pobre.

O território da escola pública poderia significar sair dos espaços de reclusão para espaços públicos de cidadania plena. Configurar as escolas como espaços realmente públicos de cidadania igual e justa exige repensar as escolas como um espaço pobre para pobres. Seria possível afirmar as escolas como espaços de cidadania somando com os movimentos sociais que vinculam suas lutas pela escola a suas lutas por espaços de cidadania plena.

O CURRÍCULO COMO ESPAÇO DE DISPUTA DOS POBRES

Como repensar o currículo como espaço de cidadania e dos pobres neste novo-velho quadro de articulação do direito a ocupar espaços como condição da cidadania territorial e política justa?

Os pobres, suas vivências, saberes, culturas e concepções de si e da realidade não têm encontrado espaço nos projetos curriculares. Esse espaço esteve e continua sendo ocupado por saberes, valores, culturas, racionalidades e concepções de mundo, de história, de campo, de cidade e de sociedade dos grupos que se impõem como membros legítimos do território nacional e político. A classificação dos pobres, dos diferentes, considerados desiguais como subumanos e como subcidadãos conduziu a que suas culturas e conhecimentos tenham ficado fora da cultura e da política, do conhecimento e do poder, e inclusive fora do currículo. Não ficaram somente fora das ciências nobres, das teorias e epistemologias, mas dos currículos da educação primária elementar, onde se concentra a infância-adolescência empobrecida.

Recordo-me da aula inaugural na Universidade Federal de Minas Gerais do curso de Pedagogia da Terra para educadores e educadoras do Movimento de Trabalhadores Sem--Terra e da Via Campesina. O grito político era "ocupemos o latifúndio do Saber". A mesma imagem de ocupação de terras para garantir seu direito à vida é empregada para ocupar o espaço da universidade, latifúndio do saber onde, por séculos, era-lhes proibido entrar. Não somente entrar eles, mas suas vivências, seus conhecimentos, sua concepção de si e do mundo. Uma luta por territórios, inclusive o do saber.

Ao conseguir entrar nestes espaços reservados, eles lutam para que nos currículos entrem suas experiências, conhecimentos, racionalidades e concepções. O currículo passou a ser um espaço de disputa dos grupos populares como tantos outros espaços de cidadania justa e igualitária. Eles denunciam que, assim como a terra foi privatizada, os currículos também foram privatizados, inclusive no sistema público. As condições de acesso são regidas por critérios privados de mérito e de êxito, e não por direitos, critérios que os excluíram como subcidadãos. As lutas por cotas e políticas afirmativas se contrapõem à ocupação destes espaços públicos privatizados por valores privados.

Assim como na cartografia espacial das cidades, nos campos temos espaços, terras degradadas, improdutivas e terras nobres, produtivas, no sistema escolar e nos currículos também temos níveis nobres, de conhecimentos superiores, para os capazes e racionais, com mérito, e níveis inferiores, elementares, para os subcidadãos. Essa cartografia curricular reproduz a cartografia social e a cidadã. Repensar e reformular essa cartografia seria uma forma de converter os currículos em espaços de cidadania justa e igualitária. Recordemos que a divisão e separação na estrutura curricular e de conhecimentos e as polaridades entre saberes nobres (para os bem-sucedidos) e saberes elementares (para os fracassados) tem sido uma das formas de segregação social e racial. A tendência tem sido que as zonas, os níveis nobres e superiores segreguem as comunidades pobres devido às suas carências intelectuais, morais e civilizadoras. Estamos em tempos nos quais esses castelos, "latifúndios do saber", sentem-se ameaçados pelos grupos "irracionais, não civilizados e não capacitados". O sistema escolar público e seus currículos estão entre outras muitas fronteiras de ocupação dos movimentos sociais populares e pobres.

Quais concepções de outros conhecimentos e de outras racionalidades devem ser repensadas? Podemos supor que o conhecimento legitimado no currículo é o conhecimento único, universal? Que outras estruturas, outros projetos curriculares são capazes de reconhecer, incorporar, dialogar com outros conhecimentos, racionalidades e sujeitos do conhecimento? Os espaços curriculares estariam abertos às vivências e aos conhecimentos produzidos nas cruéis experiências da pobreza, inclusive da pobreza extrema massificada?

Essa abertura somente será possível mediante a substituição de certos ideais de racionalidade por outros novos, com o reconhecimento de um novo tipo de saber produzido por meio de experiências extremas. Se toda a experiência humana produz conhecimentos, quais conhecimentos são produzidos em experiências tão radicais como a pobreza coletiva extrema?

O CURRÍCULO E AS VIVÊNCIAS DA POBREZA

Uma das questões mais instigantes para os currículos em contextos empobrecidos é se haverá espaço em seu projeto para as experiências sociais e políticas dos coletivos pobres e para os conhecimentos que as experiências da pobreza produzem. Os filhos dos pobres estão ingressando nas escolas, mas suas vivências ainda ficam de fora ou entram como inferiores e desqualificadas, como se não fossem conhecimentos.

A vivência da pobreza produz uma variedade riquíssima de experiências. O radicalismo humano que implica vivenciar a fome, a miséria, o sofrimento, o desemprego e a falta de horizontes desde a infância torna densas essas experiências. Entre as comunidades populares, existe a necessidade e a urgência de comunicar e compartilhar tais experiências na diversidade de espaços de sociabilidade. Entretanto, há um espaço onde não se encontra lugar para estas vivências: a escola e os currículos.

O argumento para não incorporar essas experiências pode ser que o sistema escolar e os currículos não são o lugar ideal para indagações deste caráter. Mas há perguntas mais instigantes que aquelas que vêm das vivências da pobreza, da miséria e do sofrimento humano tão extremos? Tem sido nesses momentos que o ser humano se interroga sobre o significado da sua existência, da vida e até mesmo sobre o significado da sua cultura, de seus valores, das ciências e tecnologias, dos conhecimentos acumulados e da herança cultural. Se o sofrimento humano tem provocado o pensamento, as culturas e as ciências e tecnologias, por que não encontra lugar no sistema escolar, nos seus currículos, nos projetos de educação e, sobretudo, na educação das comunidades tão penalizadas pela fome, pela miséria e pelo sofrimento?

Voltamos à questão envolvida nas relações entre currículo e coletivos empobrecidos: não há lugar para essas indagações porque os que vivem tais experiências de sofrimento, fome e miséria e delas padecem são grupos vistos como subumanos, subcidadãos e inferiores. Consequentemente, suas vivências não merecem espaço ou atenção em nobres centros de saber, cultura e conhecimento. Suas indagações sequer são reconhecidas como merecedoras da condição de indagações curriculares.

As consequências são muito sérias. A escola, o sistema educacional e, mais especificamente, os currículos, tornaram-se pobres em experiências e, sobretudo, muito pobres em perguntas ao se negarem à inclusão das vivências extremas dos numerosos grupos humanos empobrecidos. Seus currículos são pobres, repetitivos, sem graça, porque se fecham às vivências mais desafiadoras da condição humana: produzir-reproduzir a vida em suas materialidades mais determinantes.

Os currículos, as ciências e o conhecimento se tornariam mais ricos se não desperdiçassem essa riqueza de vivências e indagações que chegam às escolas públicas por meio dos corpos sofridos de meninos, meninas, adolescentes, jovens e adultos populares pobres. O problema talvez esteja em redefinir o conteúdo estruturante do currículo. Em vez de indagar sobre um futuro promissor e progressista, é preciso dar maior atenção às vivências do presente, que é determinante e universal para a condição humana. O que mobiliza os seres humanos com maior radicalidade ao fazer perguntas são as formas dignas de produzir a vida, de superar formas indignas de sobrevivência. Todo o conhecimento tem se confrontado com esse núcleo estruturador universal da condição humana. Assim, os currículos e os conhecimentos, as culturas, as ciências e os valores se tornariam universais.

Este princípio universal, a produção da vida digna e justa, origem de todo o conhecimento, cultura, concepção de ser humano e do mundo, permitiria, por seu caráter de experiência universal, dialogar com as indagações dos currículos em vez de segregar e silenciar as vivências da pobreza e suas indagações.

Os currículos devem ser universais, não particulares, devem ser abertos ao diálogo desta rica diversidade. Essa pode ser uma das contribuições dos coletivos populares empobrecidos ao chegar às escolas: enriquecer os currículos para que deem conta de uma verdadeira e plena universalidade, para que incorporem todo o conhecimento e toda a herança cultural à qual todos nós, os seres humanos, temos direito.

REFERÊNCIAS

ARROYO, M. Experiências de inovação educativa: o currículo na prática da escola. In: MOREIRA, A. F. (Coord.). *Currículo: políticas e práticas*. Campinas: Papirus, 2006a.

ARROYO, M. *Imagens quebradas:* trajetórias e tempos de alunos e mestres. 4. ed. Petrópolis: Vozes, 2007a.

ARROYO, M. Quando a violência infanto-juvenil indaga a pedagogia. *Educação e Sociedade,* Campinas, v. 28, n. 100, 2007b.

ARROYO, M. A infância interroga a pedagogia. In: SARMENTO, M.; GOUVEA, M. (Coord.). *Estudos da Infância*. Petrópolis: Vozes, 2008a.

ARROYO, M. Os coletivos diversos repolitizam a formação. In: DINIZ-PEREIRA, J.; LEÃO, G. (Coord.). *Quando a diversidade interroga a formação docente*. Belo Horizonte: Autêntica, 2008b.

CALDART, R. *Pedagogia do Movimento Sem-terra*. Petrópolis: Vozes, 2000.

COHN, A. Programas de transferência de renda e a questão social no Brasil. *Travessias:* revista de ciências sociais e humanas em língua portuguesa, Coimbra, n 6-7, 2008.

FREIRE, P. *Pedagogia do oprimido*. Rio de Janeiro: Paz e Terra, 1970.

FRIGOTTO, G. Educação, crise do trabalho assalariado e do desenvolvimento: teorias em conflito. In: FRIGOTTO, G. (Coord.). *Educação e crise do trabalho*. Petrópolis: Vozes, 1998.

QUIJANO, A. Colonialidade do poder, eurocentrismo e América Latina. In: LANDER, E. (Coord.). *A colonialidade do saber, eurocentrismo e ciências sociais, perspectivas latino-americanas*. Buenos Aires: CLACSO, 2005.

SANTOS, B. Para além do pensamento abissal: das linhas globais a uma ecologia de saberes. In: SANTOS, B.; MENESES, M. (Coord.). *Epistemologias do sul*. Coimbra: CES, 2009.

7 Educar a partir da interculturalidade: exigências curriculares para o diálogo entre culturas

José Antonio Pérez Tapias
Universidade de Granada

É famosa a declaração de Fernando de los Ríos nas Cortes Constituintes da II República quando, ao abordar a questão crucial da laicidade do Estado, disse que "na Espanha, o revolucionário é o respeito". Recordamo-nos frequentemente desse lúcido diagnóstico de um político socialista – que foi Ministro da Justiça e de Estado e também ocupou a pasta de Ensino Público – não somente porque na Espanha atual continua sendo necessário aprofundar a aprendizagem do respeito recíproco, mas porque, em nossas sociedades complexas onde convivem pessoas de diversas procedências e de diferentes culturas, o respeito se converte na indispensável chave necessária para afirmar que seja possível uma vida em comum à altura da dignidade humana.

Respeito significa reconhecer o outro, cuidando para que seus direitos não sejam menosprezados, recebendo-o no espaço comum da convivência enquanto possibilitamos a expressão de sua alteridade. É a atitude moral básica que torna possível a relação entre seres humanos, deixando para trás, de um lado, a imposição mediante a força que mantém as relações humanas na órbita do domínio, e, por outro lado, a indiferença que desvaloriza essas relações, às vezes inclusive sob a codificação das mesmas. Falar de respeito é falar de reconhecimento, exige verificar como aprofundar esse reconhecimento para impor o respeito que requer foco na ética que emerge por meio da interculturalidade e que ela volte como discurso normativo para redescobrir valores, reformular princípios, refazer critérios e trazer novas pautas para a orientação moral de nossos comportamentos (BILBENY, 2004).

Não há nada de errado em dizer que, na educação para a convivência e nessa vertente mais depurada da mesma, a educação para a cidadania – a qual, além de ser uma disciplina, deve impregnar toda a tarefa educacional –, a aprendizagem do respeito, por meio da aprendizagem do reconhecimento, é peça fundamental. Sempre foi assim, mas isso é especialmente verdadeiro em uma sociedade cujo pluralismo hoje se intensifica com uma maior diversidade cultural, até o ponto que consideremos que a verdadeira educação democrática deve ser por força intercultural. Por sua vez, uma educação intercultural será entendida cabalmente como educação democrática radicalizada, que levará à busca transcultural de princípios, critérios e normas de convivências às consequências pedagógicas que educar de forma democrática implica (PÉREZ TAPIAS, 2002, p. 36-74).

A INTERCULTURALIDADE COMO NOVO "LUGAR" DA REFLEXÃO ÉTICA E DA AÇÃO EDUCATIVA

O fato de que, em nossa época, reflitamos sobre a interculturalidade não se deve a um capricho intelectual nem a uma moda acadêmica. Foram os acontecimentos que nos levaram a esse ponto. Tais fatos, que respondem a dinâmicas de diversas índoles, em especial aos intensos fluxos migratórios que estamos conhecendo, condensam-se em algo que podemos formular dizendo que ficou para trás na história o tempo no qual a cada sociedade correspondia uma cultura ou, se quisermos colocar de modo mais concreto, o tempo em que podíamos pensar na sociedade e atuar nela de acordo com a existência de uma cultura hegemônica. Essa correlação entre uma sociedade e uma determinada cultura, que tanto foi abusada ideologicamente, em nossos dias é insustentável. Quem quiser atuar, especialmente na vida pública, como se essa correspondência ainda estivesse vigente, se lançará contra a realidade. Nossa sociedade abriga em seu seio uma extraordinária diversidade cultural, que incrementou exponencialmente sua pluralidade interna. Essa já não é dada somente pelas distintas ideologias, concepções morais ou confissões religiosas geradas sob uma única matriz cultural, mas a essa diversidade se somam diferenças culturais trazidas por indivíduos e grupos vindos de longe, o que resulta em uma metamorfose sociológica de enorme magnitude. As reações a essa mudança que nos levam a falar da "pluralidade complexa" de nossas sociedades – a situação é muito similar na maioria dos países de nosso "mundo globalizado" – têm levado a rotas distintas em alguns casos. Seja como for, impõe-se a necessidade de articular respostas coletivas viáveis perante a urgência de reestruturar a convivência social.

A diversidade cultural que a realidade social apresenta em nossos dias tem sido rotulada como "multiculturalidade", também com a consciência de que responde a processos inevitáveis e irreversíveis, os quais, sem dúvida, lançaram novos questionamentos sobre como reconstruir a convivência social e sobre qual base normativa fazê-los (BAUMANN, 2001). Especialmente nas sociedades ocidentais, com os antecedentes com os quais contávamos para abordar situações análogas às que hoje temos diante de nós em escala muito maior, as alternativas para orientar essa multiculturalidade (se deixarmos de lado procedimentos tão pouco civilizados como a expulsão ou o aniquilamento) têm sido fundamentalmente duas.

A primeira alternativa é a assimilacionista, que consiste em fazer com que os culturalmente diferentes assumam previamente as pautas culturais da sociedade receptora de imigrantes. Seria uma espécie de reconversão cultural, com o que se supõe a renúncia à própria identidade, e em tal caso seria o caminho traçado para quem quiser evitar a exclusão ou a expulsão e quiser se integrar, ainda que seja pagando o preço da aculturação que lhes torna "deslocados culturais" sem retorno (TODOROV, 1998, p. 26-30). Se o preconceito de maior grau da civilização servia de repressor para justificar tal estratégia político-cultural, a condição para sua viabilidade era a aplicação a minorias suscetíveis de serem tratadas dessa forma pela maioria social e por seus representantes políticos. Esse processo ocorreu em formações sociais muito diversas, desde a Espanha dos Reis Católicos em relação a judeus e mouros em virtude de seus primórdios nacionalistas e católicos, por exemplo, até – respeitando as distâncias – a República Francesa, com todo seu legado iluminista e revolucionário, a respeito dos argelinos ou outros emigrados da antiga metrópole.

A segunda é uma via diferencialista, em nossa contemporaneidade reeditada como um multiculturalismo propriamente dito. Nesse caso, o caminho não foca o reforço da coesão social absorvendo ou eliminando as diferenças, mas a união das mesmas – ainda que seja com base na desconfiança ou mesmo no temor de algumas culturas a respeito de outras (LEVY, 2003) – compartimentando a sociedade. Tal estratégia tem sido historicamente aplicada e muito usada no mundo anglo-saxão, de acordo com o pressuposto de que a cultura dominante mantém seus *status* sobre as demais, por mais que lhes conceda um reconhecimento que permite a elas se colocar em determinado nicho social.

Se a primeira dessas vias facilitava uma maior coesão social, ainda que à custa da desvalorização da diferença; a segunda coloca em jogo um reconhecimento mais explícito da diferença, ainda que nesse caso implique uma maior fragmentação social, que pode chegar ao segregacionismo (TODD, 1996). A questão é que, com suas respectivas vantagens e seus inconvenientes, ambas as soluções acabam se mostrando insuficientes em um contexto de mercado onipresente, de comunicações mais fluentes no âmbito da globalização, de movimentos migratórios intensificados, de coletividades diferenciadas que já não podem ser tratadas como minorias, de uma consciência mais desenvolvida das identidades culturais e de uma maior sensibilidade quanto a reivindicações democráticas de participação política em igualdade de condições. Ademais, tudo isso contribui, por sua vez, para que as relações entre os culturalmente diferentes se estabeleçam por múltiplos vetores e que, em consequência, produzam-se processos de miscigenação cultural das maneiras mais imprevisíveis, de sobreposições de culturas, de "empréstimos" de umas a outras, de inter-relação entre elas, inclusive às vezes baseadas no enfrentamento. Em virtude de todos esses cruzamentos e hibridismos – nisso insiste, do México, com análises muito esclarecedoras, García Canclini (2001) –, surge o espaço da "interculturalidade" e deste deriva a ideia de que essa relação "entre" culturas também deve ser concebida com um enfoque normativo que permita abrir um espaço a favor de um novo modo de articular as diferenças em nossas sociedades, tirando todas as consequências do fato, conscientemente assumido, de que já não se sustenta, sequer como cobertura ideológica, a equação que afirmava que uma sociedade se correlacionava a uma cultura. Enfim, em cada sociedade, encontramos pessoas de diferentes culturas que têm o novo desafio de organizar a vida em comum com critérios de justiça.

Assim sendo, somos obrigados a fazer uma nova abordagem da reflexão ética, e é fácil deduzir por que também tudo isso leva a uma reformulação profunda da ação educativa, uma vez que a educação nunca deixa de incluir uma dimensão moral. Em nossos dias, não podemos pretender, ainda que haja quem o tente fazer, a despeito dos fatos, uma prática educativa elaborada com critérios de assimilação. Além de não responder ao reconhecimento sobre em que o respeito ao outro deve se basear, o assimilacionismo se depara com a realidade de seus limites, ou seja, com a resistência ativa daqueles aos quais é imposto, aqueles que, tendo maior consciência de seus direitos, rechaçam o modelo cultural que lhes desejam impor. E, no outro extremo, na prática educativa também ficam patentes os limites do diferencialismo multiculturalista, sobretudo no que diz respeito à integração social que a educação para o respeito às diferenças deve abordar: o retrocesso a comunidades fechadas a que o multiculturalismo pode levar nega factualmente o objetivo da integração social e, com ela, a efetiva inclusão democrática de todos que a educação não pode deixar de almejar.

A interculturalidade, situada metaforicamente "entre" uns e outros, onde convergem e se sobrepõem as diferentes culturas de comunidades que convivem em um mesmo espaço social, é o "lugar" ético e o "lugar" para a ação educativa. Por sua própria natureza, muitas de nossas escolas mostram às claras essa condição, concretizando espacialmente no âmbito educacional essa ideia de "lugar". De fato – ainda que isso seja constatável muito mais na escola pública do que na privada, com o suposto desequilíbrio que deve ser corrigido em prol de uma escola que seja um espaço de acolhimento ao outro e, portanto, um "espaço de justiça" (CULLEN, 1997, p. 165) –, a muitas delas aflui um corpo discente heterogêneo que leva consigo, às vezes, uma notável heterogeneidade de pertencimentos culturais. A questão, então, é como conduzir essa situação, o que implica a transcendência da multiculturalidade à interculturalidade, do fato à norma, de modo que nossas escolas sejam efetivamente um terreno fértil para o "cruzamento de culturas" (PÉREZ GÓMEZ, 1998, p. 16). Trata-se, consequentemente – dito com um jogo de palavras muito apreciado por Ignacio Ellacuría –, não meramente de *carregar* uma situação decorrente da diversidade cultural em aula, mas de se *encarregar* dela com a maior lucidez, quanto à análise da mesma e das possibilidades e dificuldades que engloba, para *cuidar* do que deve ser uma educação intercultural elaborada da melhor maneira possível em escolas que, na qualidade de comunidades educativas interculturais em uma sociedade democrática, devem apostar claramente na inclusão (GIMENO SACRISTÁN, 2001, p. 151).

CONDIÇÕES E OBJETIVOS DE JUSTIÇA PARA O DIÁLOGO INTERCULTURAL, TAMBÉM NO ÂMBITO EDUCACIONAL

Descoberto esse "lugar" da interculturalidade como a nova "clareira no bosque" – para utilizar a expressão conhecida de Heidegger, recentemente resgatada por María Zambrano – no qual se entrecruzam os vetores das culturas que coexistem em um mesmo espaço social, é válido se situar nela para elaborar esse discurso normativo que nos permita articular a convivência baseada em valores e princípios suscetíveis de serem compartilhados por todos, não anulando as diferenças, mas com base nelas. Como todo discurso normativo é acompanhado de pretensões de universalidade, é preciso que sejamos muito conscientes de que elaborar uma ética universalista com base nas diferenças implica um esmerado trabalho prévio para que tal coisa seja possível. Esse trabalho começa fazendo com que todos nós que encontramo-nos no "lugar" da interculturalidade, nos reconheçamos efetivamente como interlocutores válidos, aceitando-nos uns aos outros como tais, com plena capacidade de argumentação e debate em busca desses pilares construídos "de baixo para cima", sobre os quais possamos levantar uma ética comum que, sendo intercultural, possa ser concebida como "transcultural". Mas, antes de chegar a isso, para que esse objetivo seja acessível como resultado de um diálogo franco e sério, do modo como foi proposto, por exemplo, pela ética discursiva de Habermas, é necessário preparar bem as condições. Um discurso ético, resultante do diálogo, com pretensões de orientar a ação educativa, além de conseguir a incidência política, implica a reconstrução prévia das condições que o tornam possível. Podemos assinalar várias.

O diálogo intercultural não pode fluir se não for um diálogo livre de preconceitos. Esses tópicos negativos a respeito do outro que é diferente, que estigmatizam aquele sobre quem recaem, constituem o primeiro obstáculo que deve ser removido. Isso não é fácil, pois os preconceitos vivem arraigados no imaginário social, alimentando meios e rechaços além do que geralmente admitimos intelectualmente. Um conhecimento crítico das realidades culturais dos outros e das nossas próprias é um instrumento indispensável para deixar para trás os óculos preconceituosos que impedem de, de fato, tratar o outro como interlocutor que é ouvido de verdade.

É evidente que, para essa tarefa de erradicação de preconceitos, a educação é fundamental, mas é preciso acrescentar que essa mesma tarefa educativa requer um contexto social adequado e em especial no que se refere ao ambiente familiar, de tal maneira que o empenho educacional não se converta em uma tarefa inacabada, como fazia a personagem mítica Penélope, que desmanchava de noite o que tecia durante o dia para dar tempo para que seu saudoso Ulisses chegasse. Nesse caso, ao contrário, o ir e vir entre o tecer e o desmanchar, ou seja, entre alimentar por um lado os preconceitos que por outro lado estão sendo erradicados, acaba consumindo o tempo disponível para gerar um clima de convivência propício à inter-relação de pessoas e comunidades culturalmente diversas.

Existem condições econômicas e sociais que tornam impossível qualquer diálogo autêntico, que exige ao menos uma aproximação simétrica entre quem participa dele. Dialogar no espaço da interculturalidade implica, pois, gerar condições econômicas adequadas entre os envolvidos, eliminando a exploração no trabalho, o ingresso na economia informal ou a marginalidade nos modos de vida. Enrique Dussel fez bem ao recordar que, com o silenciamento dos empobrecidos, não existe diálogo que tenha valor (DUSSEL, 2006). Convocar para o diálogo a quem se encontra segregado pela exclusão social é uma farsa, e também devemos chamar à atenção a prática educacional planejada como ação dialógica e voltada a formar para o diálogo, pois quem não sai dessas situações de exclusão leva em seu âmago a negação daquilo que lhes querem ensinar. Enfim, é fundamental à credibilidade de quem educa e do sistema no qual sua ação acontece na educação.

Se passarmos a contemplar certas condições epistemológicas e culturais, concordaremos que também algumas delas são indispensáveis como condições mínimas para dialogar a sério. Se não forem revisadas as posições etnocêntricas sobre as quais se sustentaram de forma histórica justificativas falsas do próprio em detrimento do alheio, as exaltações indevidas da nossa civilização que nos fazem considerar as outras civilizações expoentes da barbárie e as explicações insustentáveis de tanta violência ao longo da história, então o diálogo será impossibilitado desde o início. Mas há algo mais: para dialogar a sério, é preciso renunciar ao monopólio da verdade, ao querer sempre ter razão – é necessário aprender, como disse Gadamer, a reconhecer que não se "tem" razão (PÉREZ TAPIAS, 2004) –, a pretender ocupar um lugar privilegiado, ainda que no mesmo diálogo intercultural. Por alguma razão, a tunisiana Bessis (2002) expõe como, no caso dos ocidentais, tudo isso implica deixar para trás um complexo de superioridade que trazemos conosco há séculos. E, de passagem, dado o peso das religiões nas tradições culturais e o modo como se estabelece o diálogo inter-religioso – qual é a peça fundamental para o diálogo intercultural, inclusive em sociedades seculares –, podemos prever que a contribuição ecumênica das religiões para a convivência entre os diferentes será plenamente convincente quando os mesmos renunciarem à administração de uma verdade absoluta da qual se sentem depositárias. Somente assim, apagando os pavios do que Tariq Alí chama "choque de fundamentalismos" – são esses, mais que as supostas civilizações, os que chocam (ALÍ, 2005) – tornar-se-á verdade o que o teólogo Hans Küng nos propôs: a paz entre as religiões conduzirá ao caminho para a paz entre as nações e culturas (KÜNG, 2006, p. 133). Não temos dúvida de que as conclusões na educação resultantes de tudo isso têm enorme transcendência, começando pelo que implica educar no âmbito de um projeto de diálogo cuja finalidade é a renúncia a toda pretensão absolutista – o que não significa adotar qualquer tipo de relativismo – ou pelo que envolve a educação com base em uma variedade de abordagens que vão além dos "lugares comuns" da própria cultura e colocam em questão as pretensões etnocêntricas que costumam acompanhá-las.

Uma ética baseada na interculturalidade e feita para ela, elaborada de acordo com o diálogo entre os diferentes, não pode pretender o estabelecimento de uma moral que seja perfeitamente idêntica para todos. Isso suporia uma abordagem extremista contrária ao respeito à pluralidade. Ao contrário, ao estabelecer uma moral universalista "de baixo para cima", isto é, sem imposições etnocêntricas e baseando-a nesse espaço de encontro que John Rawls denominou consenso entrecruzado, é preciso definir muito bem o que podemos e devemos acordar (RAWLS, 1996). Não podemos esquecer os pontos de partida: aquilo que nas diferentes tradições culturais é entendido como bom, com a ressalva, todavia, de que isso mesmo tem diferentes apreciações em muitas dessas tradições. O objetivo, pois, é buscar em conjunto o que pode ser bom para todos, que será esse denominador comum que deixa para trás outras coisas, mas que cada um pode considerar irrenunciável para a vida em comum e com tratamento igual para todos. Ou seja, esse denominador comum do bom de cada um é o que pode ser reconhecido como justiça entre todos, o que implica um dever indesculpável no tratamento recíproco que temos de nos dar. É assim que se deve delimitar o perímetro do núcleo ético comum do que podemos entender como justo, vinculado à dignidade das pessoas e aos Direitos Humanos nos quais tal dignidade se baseia.

Portanto, em torno da justiça podem ir se estruturando os valores universais, valores que vão aflorando no diálogo entre os culturalmente diferentes, os quais serão indispensáveis para uma convivência democrática tanto nos espaços mais delimitados de nossas respectivas sociedades quanto no espaço mais amplo do mundo globalizado no qual todos estamos relacionados, ainda que sob situações muito distintas.

A diferença e relação – a dialética – entre as diferentes concepções daquilo que é bom e de uma ideia comum do justo devem possibilitar uma melhor relativização dos objetivos de justiça, que devem ser adotados por todos, inclusive deixando de lado os valores de liberdade e igualdade que são agregados a esses objetivos com o preconceito particularista que o Ocidente lhes tem imposto de modo exagerado, por exemplo, com um conceito muito individualista de liberdade ou muito homogeneizador de igualdade, permitndo, ao mesmo tempo, a revisão do que em diferentes culturas tem sido entendido como bom, com base em uma noção de justiça mais relativizada, para que a partir dessa "dialógica" – como diria Edgar Morin (1994, p. 83) – o que é aceito por cada tradição como bom se torne melhor, ou seja, mais "humanizado" e "humanizador". A tarefa humanizadora de educar deve ser feita, portanto, com base na sensibilidade à justiça, o que implica desde o respeito às diferenças e a concordância de que o pluralismo é um valor, mas que não significa que se deva aceitar como válido tudo o que faz parte da pluralidde daquilo que surge. É nesse rumo que deve caminhar uma educação transcultural, que jamais poderá deixar para trás essa "humilde virtude" da tolerância, entendida como a tolerância receptiva que o próprio Paulo Freire colocava como fundamento de sua pedagogia libertadora (FREIRE, p. 23).

RECONHECIMENTO, RESPEITO E AÇÃO: RESPOSTAS AO IMPERATIVO INTERCULTURAL

A interculturalidade não é somente um "lugar" sociológico, mas, como temos afirmado e insiste González R. Arnáis, é uma "categoria ética" (GONZÁLEZ, 2008), ao ponto que, de acordo com o pensador pioneiro Raimon Panikkar, podemos falar de um "imperativo intercultural", ou seja, um mandato moral que descobrimos como dever inevitável (PANIKKAR, 2002, 2003). Podemos formulá-lo como a obrigação moral de ativar o diálogo entre os culturalmente diferentes, cada qual se abrindo a uma alteridade diversa, para buscar os acordos necessários sobre as questões de justiça que vamos resolver para tornar viável a vida em comum em nossas sociedades e, atualmente, também a sobrevivência em nosso mundo globalizado.

Descobrir o imperativo dessas características e, consequentemente, aceitá-lo como tal somente pode ser resultado de uma sensibilidade e razão morais amadurecidas sob as novas circunstâncias e a influência de interpelações éticas perante as quais não podemos nos evadir. Por sua própria natureza, a formulação de um "imperativo intercultural" traduz o dever imposto por quem já está inserido em uma dinâmica de reconhecimento do outro, ao mesmo tempo exigente e fecunda. Os "caminhos do reconhecimento" (RICOEUR, 2005) devem ser percorridos ao ponto que hoje é fato uma interculturalidade a partir da qual, e não por dedução de uma reciclada falácia naturalista, formulamos o dever de uma interculturalidade que se impõe como norma.

Sob esse ponto de vista do amadurecimento pessoal e coletivo para a interculturalidade, é preciso passar por tais caminhos do reconhecimento até o ponto assinalado, no qual o imperativo mencionado é assumido individualmente como ação moral e socialmente como ação politicamente estruturada. Cabe considerar tal processo de amadurecimento como o eixo de uma educação moral pela qual deve passar a aprendizagem da convivência se queremos viver juntos de forma digna, sendo, ao mesmo tempo, como há anos assinalou de forma enfática Alain Touraine, "iguais e diferentes" (TOURAINE, 1997).

Não existe vida sem reconhecimento (HONNETH, 1997). Necessitamos ser reconhecidos, ainda que seja por meio do confronto e do antagonismo, como Hegel ressaltou. E, assim que nossos olhos se abrem para a luz desse mundo e buscam o olhar do outro, ou antes, desde que a pele do recém-nascido se vê reconfortada pelas carícias maternas. O reconhecimento pelos outros deve ser seguido da capacidade de reconhecimento recíproco, entre iguais – e, portanto, o fundamento da convivência democrática –, onde uns e outros levam esse conhecimento mútuo que é mais do que o mero conhecer, é o "re-conhecimento praxeológico" dos acordos imprescindíveis, ainda que com discordâncias, para viver juntos (TODOROV, 1995, p. 37 e 177). Porém, indo mais além, como culminação desse caminho de re-conhecimento no qual a reciprocidade aprofunda ao máximo a base na qual a obrigação moral pode se assentar – inclusive de se ater ao que foi pactuado – aparece esse reconhecimento do outro pelo eu de cada um, descobrindo-o como o tu que interpela e como ele que, à distância, exige um tratamento justo. Como ensinou Emmanuel Lévinas, é no amadurecimento do reconhecimento que realmente se baseia o respeito incondicional que o outro (me) engaja (LÉVINAS, 1995, p. 228-229).

O "imperativo intercultural" coloca em jogo essa terceira forma de reconhecimento, a do outro por mim ou, coletivamente, a dos outros por nós, ressaltando a escuta da alteridade que o respeito forja como atitude moral por excelência: o respeito ao outro, às suas palavras, à sua dignidade inviolável e aos que devem ser seus direitos irrevogáveis.

E esse respeito não se encontra na paralisia da inação, mas envolve a interpelação do diferente, do outro instinto, envolvendo, por sua vez, tudo aquilo que torna possível o entendimento para, a partir da diferença, reconstruir o que devem ser as relações entre iguais, isto é, entre aqueles que, em virtude do mútuo reconhecimento, respeitam-se por seus direitos iguais.

Se o respeito é moralmente necessário, e o reconhecimento, indispensável, isso não significa que seja fácil consegui-los. Por isso falamos de dever, inclusive quando é difícil por circunstâncias iniciais muito alheias ao entendimento mútuo. No caso das diferenças culturais, se, por um lado, não se deve exagerá-las até os excessos insustentáveis do relativismo cultural extremo, por outro, não se deve minimizá-las com ingênuas abordagens antropológicas ou desejos excessivamente otimistas cheios de boa vontade. O entendimento é possível, mas, às vezes, exige tanto paciência quanto empenho. Não se dissipam facilmente mal-entendidos acumulados durante séculos, distanciamentos por vezes milenares, sem falar nas relações entre culturas distintas que se encontraram violentamente devido ao colonialismo, ao imperialismo ou à guerra. E, de qualquer maneira, é indesculpável a tarefa parcimoniosa da "tradução", da apropriação de códigos, da hermenêutica de algumas tradições culturais em relação a outras. Mas o diálogo é necessário e possível, algo comprovado pela própria experiência da humanidade, hoje e outrora. Por isso, se, por vezes, a estranheza é componente inevitável da aproximação dos diferentes, convém levar em conta que, como Maalouf (2009, p. 208) escreveu, também "somos 'os outros' para todos os outros", o que envolve uma cura saudável em busca da humildade, indispensável para estabelecer relações frutíferas com os outros.

O diálogo que o "imperativo intercultural" provoca busca se prolongar na ação; não no mero ativismo, mas na ação dotada de sentido, na ação moralmente orientada que deve proporcionar uma concretização tanto no âmbito educacional quanto no político. Para tal concretização, é pertinente a referência imposta pelo horizonte de um novo conceito de cidadania. Nesse sentido, embora se tenha falado muito da cidadania multicultural (KYMLICKA, 1996; 2003), muitos de nós pensamos que é melhor uma "cidadania intercultural", com a qual o respeito aos direitos que a condição de cidadãos supõe a qualquer sujeito não está limitada a questões culturais, inclusive as adscrições nacionais (PÉREZ TAPIAS, 2007, p. 137-196).

A identidade cultural é relevante, assim como sentimento nacional, mas nem a comunidade cultural nem o perímetro da nacionalidade devem ser definitivamente determinantes para o reconhecimento dos direitos dos indivíduos, o fundamento de uma lógica coerente de inclusão democrática (HABERMAS, 1999, p. 189-227). A "cidadania intercultural", antecipação da cidadania cosmopolita com a qual Kant sonhava utopicamente, precisa ser pensada e colocada em prática como cidadania "metanacional", em uma época na qual as culturas devem ser reconhecidas, mas não sacralizadas, da mesma maneira que as nações devem ser respeitadas em vez de serem relativizadas. Tendo-se como base esse sério jogo de reconhecimentos das múltiplas camadas de nossas sociedades pluralistas, que querem viver em democracia, é preciso conjugar os direitos coletivos a fim de proteger as diferenças culturais legítimas e os direitos individuais, mantendo-os sempre em primeiro lugar, de acordo com o que expressa o aforismo de Sêneca que pulsa em toda atitude de respeito para os outros e até para si mesmo: "o homem é o sagrado para o homem". O reconhecimento pressuposto pela diversidade cultural, com suas demandas e exigências, não implica sacralização alguma das realidades culturais (VILLORO, 1998).

INTERCULTURALIDADE EM TEMPOS DE CRISE: RECONHECIMENTO E RESPEITO NO CURRÍCULO

O mundo que nasceu com a queda do Muro de Berlim – o final do confronto entre blocos, do qual em 2009 comemoramos 20 anos – não foi o do "fim da história" que Francis Fukuyama quis ver se reerguendo sobre os ombros de um mercado capitalista dotado de democracias liberais (FUKUYAMA, 1992). Tampouco devemos considerar que ele seja o mundo desses conflitos extremos e onipresentes que Samuel P. Huntington prognosticou como "choque de civilizações" (HUNTINGTON, 1997). Não faltam, entretanto, fontes de tremendos mal-entendidos e trágicos desencontros que tornam difícil a saída do "desajuste do mundo" do qual fala o já citado Maalouf (2009), com nossas civilizações esgotadas ao ponto de se encontrarem em um momento crítico para retomada do fio humanizador do verdadeiramente civilizatório como vetor que cruza nossas culturas múltiplas.

Existem razões para termos esperança, mas seríamos cegos se não atentássemos ao que Gramsci continuaria considerando motivos para o "pessimismo do entendimento". Alguns deles têm nos evidenciado a crise econômica do capitalismo global na qual estamos imersos, a qual, com toda sua profundidade, acentua até hoje a precariedade dos trabalhadores e o empobrecimento dos expulsos do mercado. A crise econômica, que nos atinge desde 2008, cuja saída aparentemente não será por meio de uma transformação séria do capitalismo – como poderiam assinalar os indicadores –, aumentou as desigualdades e relegou as diferenças a um segundo plano. Por um lado, isso tem desarticulado muitos diferencialismos ilusórios, que abordavam as diferenças culturais como se as desigualdades sociais, de raiz econômica, não existissem. Por outro lado, isso inclui o perigo de esquecer diferenças que hoje estão por aí, junto às desigualdades.

Durante a atual crise, é necessário manter uma visão capaz de se ater à "lógica da complexidade" e se aprofundar nos entrelaçamentos da realidade social. Agora, mais do que nunca, devemos apostar na interculturalidade, pois não somente o fato da diversidade cultural em nossa sociedade é irreversível, mas o mapa de sua desigualdade social também se desenha culturalmente. Portanto, é necessário articular as diferenças eliminando as desigualdades e trabalhar contra a desigualdade, conjugando as diferenças. Não devemos perder de vista o fato de estarmos em crise; quando os recursos se tornam escassos e o Estado de Bem-Estar Social mostra seus limites, crescem os preconceitos e a xenofobia, para a recusa do diferente e a desatenção ao imigrante. Portanto, é de suma importância elaborar de forma intercultural as políticas sociais e os objetivos da coesão social. É preciso evitar que, com as limitações econômicas, ampliem-se o que Wieviorka chama, com base na sociologia, de "espaços do racismo" (WIEVIORKA, 1998), justamente para continuarmos saindo do racismo e passarmos à interculturalidade (GARCÍA; SÁEZ, 1998). Portanto, em meio à crise, se ninguém se vê marginado pela falta de recursos, também ninguém se verá humilhado por suas diferenças. É necessário que se trate os outros com o devido respeito, ou seja, com a solidariedade que seus direitos exigem. Reivindicamos isso como diferentes e a isso aspiramos como iguais.

No campo da educação, onde a crise também mostra seu impacto, surge a tentação de relegar a um segundo plano aquilo que é relativo a uma educação intercultural, como se, nesses momentos, isso não fosse importante, uma vez que a ênfase recai na necessidade de colocar em dia um sistema educacional que poderá responder melhor à formação necessária para que os indivíduos possam se inserir em um mercado muito difícil, no qual o trabalho se tornou um bem escasso e a educação deve indicar como uma economia precisa inovar para ser mais competitiva. Para tudo isso, parece que não importa muito uma interculturalidade na qual poderíamos nos demorar quando a economia ia bem, mas não agora. Um erro crasso!

É muita miopia pensar que, na realidade social de nossos dias, podemos resolver a problemática educacional que nos é tão urgente – fala-se constantemente da crise na educação – prescindindo do que a interculturalidade supõe como "lugar" e como norma. Assim, podemos dizer, parafraseando Kant, que tal miopia, além de desconsiderar a situação demográfica que temos na Espanha, por exemplo, e de não extrair disso as devidas consequências econômicas mediante análises sociológicas fidedignas, acarreta uma indiferença moral mais que culpável. Não podemos voltar a pensar e atuar na educação como se, durante essas últimas décadas, não tivessem ocorrido mudanças tão drásticas em nossa sociedade que a tornaram uma "sociedade de imigração"; não podemos continuar pensando e agindo sem considerar os processos de hibridização e miscigenação que estão ocorrendo perante nossos olhos; não podemos continuar pensando e agindo com o pensamento arrogante de que nossa cultura hegemônica é o padrão e a medida à qual todos os demais devem se submeter; em suma, não podemos continuar pensando e agindo como se os outros não existissem nem estivessem conosco. E, menos ainda, não podemos continuar assim em tudo que se refere à educação.

Contudo, se fizéssemos um balanço consciente e sem artimanhas sobre o que foi conseguido ao longo de uma série de anos nos quais falamos muito sobre a interculturalidade e, mais especificadamente, a educação intercultural, certamente teríamos de concordar que, com muita frequência, não nos aprofundamos nas questões. Não podemos dizer que as exigências da interculturalidade, que a urgência de aprofundar o reconhecimento dos diferentes ou que a aprendizagem do respeito, conforme assinalamos, realmente tenham sido ouvidos e tenham afetado, por exemplo, os planejamentos curriculares que imperam em nosso sistema educacional. Ao contrário, salvo pinceladas epidêmicas e muitas chamadas de boa-vontade à tolerância, o conteúdo das matérias, as formas de avaliação, os livros didáticos e os modos de ensinar continuam sendo feitos conforme as pautas da cultura dominante, ou seja, as pautas de um país ocidental – ainda que em uma posição excêntrica ao núcleo duro do Ocidente –, "branco", majoritariamente de influência social e cultural católicas, marcado pela cultura patriarcal, pelo passado colonial com resquícios do imperialismo que ainda perduram – por uma sociedade estratificada onde as classes dominantes continuam conservando notáveis parcelas de poder – mesmo sob a democracia –, como podemos notar especialmente no sistema educacional (por meio do qual o próprio sistema social é reproduzido), etc.

Em uma era conservadora como esta na qual estamos vivendo e que ameaça continuar sendo conservadora por mais que evidenciemos o neoliberalismo como ideologia política responsável pela crise econômica que passamos, existem motivos para temer que a amálgama compacta não vá mudar, com ingredientes neoconservadores bem como neoliberais, com base nos quais são traçados os conteúdos curriculares que o sistema educacional se encarrega de veicular (APPLE, 1996). Isso é tão patente em tudo o que se refere aos elementos que o currículo mostra abertamente, que podemos dizer que, embora se mostre com mais força no "currículo oculto", por meio dele fica ainda mais evidente se cabem os conteúdos e valorizações da cultura que, com sua hegemonia, continuam submetendo os outros inclusive ao preço da aculturação de suas próprias tradições até se chegar ao "conformismo cultural" exigido (APPLE, 1986). Perante a ameaça de que isso continue, temos de dizer, ao menos, que devemos ter cuidado para que as urgências da crise econômica não afoguem o que é importante para o futuro da educação.

Está na hora, pois, de levar a sério a interculturalidade no currículo. Somente dessa maneira as propostas de educação intercultural, abrindo caminho à imprescindível capacitação para o diálogo entre os indivíduos culturalmente diversos, ficarão entre os discursos bem intencionados, incapazes de afetar a realidade. O agravante já não será a melancolia por tanta energia e tempo gastos inutilmente, mas as cobranças impostas por uma realidade social mais tensa, com mais contradições, na qual o fracasso de uma tão necessária educação intercultural será o sinal mais claro de que faltou a política de reconhecimento exigida por uma sociedade onde convivem indivíduos tão numerosos e diferentes e que aproveitamos em nossa citação, na qual convocamos – segundo as palavras de Fernando de los Ríos – à "revolução do respeito", que deveria tornar todos nós mais dignos e nossa sociedade, mais justa.

REFERÊNCIAS

ALI, T. *El choque de los fundamentalismos*: cruzadas, yihads y modernidad. Madrid: Alianza, 2005.
APPLE, M. W. *Ideología y currículo*. Madrid: Akal, 1986.
APPLE, M. W. *Elconocimiento oficial*:la educación democrática en una era conservadora. Barcelona: Paidós, 1996.
BAUMANN, G. *El enigma multicultural*: um replanteamiento de las identidades nacioneles, étnicas y religiosas. Barcelona: Paidós, 2001.
BESSIS, S. *Occidente y los otros*: historia de una supremacía. Madrid: Alianza, 2002.
BILBENY, N. *Ética intercultural*: la razón práctica frente a los retos de la diversidad cultural. Barcelona: Ariel, 2004.
CULLEN, C. *Crítica de las razones de educar*. Buenos Aires: Paidós, 1997.
DUSSEL, E. *Ética de la liberación en la edad de la globalización y de la exclusión*. Madrid: Trotta, 2006.
FUKUYAMA, F. *El fin de la historia y el último hombre*. Barcelona: Planeta, 2002.
GARCÍA CANCLINI, N. *Culturas híbridas*: estragias para entrar y salir de la modernidade. Buenos Aires: Paidós, 2001.
GARCIA, A.; SÁEZ, J. *Del racismo a la interculturalidad*: la competencia de la educación. Madrid: Narcea, 1998.
GIMENO SACRISTÁN, J. *Educar y convivir en la cultura global*. Madrid: Morata, 2001.
GONZÁLEZ, R. A. *Interculturalidad y convivencia*: el 'giro intercultural' de la filosofía. Madrid: Biblioteca Nueva, 2008.
HABERMAS, J. *La inclusión del outro*: estudios de teoría política. Barcelona: Paidós, 1999.
HONNETH, A. *La lucha por el reconocimiento*: por una gramática de los conflictos morales. Barcelona: Crítica, 1997.
HUNTINGTON, S. P. *El choque de civilizaciones y la reconfiguración del orden mundial*. Barcelona: Paidós, 1997.
KÜNG, H. *Proyecto de una ética mundial*. Madrid: Trotta, 2006.
KYMLICKA, W. *Ciudadanía multicultural*: una teoría liberal de los derechos de las minorías. Barcelona: Paidós Ibérica, 1996.
KYMLICKA, W. *La política vernácula*: nacionalismo, multiculturalismo y ciudadanía. Barcelona: Paidós Ibérica, 2003.
LÉVINAS, E. *Totalidad e infinito ensayo sobre la exterioridad*. Salamanca: Sígueme, 1995.
LEVY, J. T. *El multiculturalismo del miedo*. Madrid: Tecnos, 2003.
MAALOUF, A. *El desajuste del mundo*: cuando nuestras civilizaciones se agotan. Madrid: Alianza, 2009.
PANIKKAR, R. La interpelación intercultural. In: GONZÁLEZ, R.; ARNÁIZ, G. (Coord.). *El discurso intercultural*: prolegómenos a una filosofia intercultural. Madrid: Biblioteca Nueva, 2002.
PANIKKAR, R. *El diálogo indispensable*: paz entre las religiones. Barcelona: Península, 2003.
PÉREZ GÓMEZ, A. *La cultura escolar em la sociedad neoliberal*. Madrid: Morata, 1998.
PÉREZ TAPIAS, J. A. *Educación democrática y ciudadanía intercultural*: cambios educativos em época de globalización. Córdoba: Publicaciones del Congreso Internacional de Educación, 2002.
PÉREZ TAPIAS, J. A. Hermenéutica de las tradiciones y diálogo entre culturas: aportaciones desde Gadamer. In: ACERO, J. J. et al. (Ed.). *Ellegado de Gadamer*. Granada: Universidad de Granada, 2004. p. 497-518.
PÉREZ TAPIAS, J. A. *Dei bienestar a la justicia*: aportaciones para una ciudadanía intercultural. Madrid: Trotta, 2007.
RAWLS, J. *El liberalismo político*. Barcelona: Crítica, 1996.
RICOEUR, P. *Los caminos del reconocimiento*. Madrid: Trotta, 2005.
TODD, E. *El destino de los inmigrantes*: asimilación y segregación en las democracias occidentales. Barcelona: Tusquets, 1996.
TODOROV, T. *La vida en común*:ensayo de antropología general. Madrid: Taurus, 1995.
TODOROV, T. *El hombre desplazado*. Madrid: Taurus, 1998.
TOURAINE, A. *¿Podremos vivir juntos?* Iguales y diferentes. Madrid: PPC, 1997.
VILLORO, L. *Estado plural, pluralidad de culturas*. Mexico: Paidós Ibérica, 1998.
WIEVIORKA, M. *El espacio del racismo*. Barcelona: Paidós Ibérica, 1998.

O currículo como espaço de participação: a democracia escolar é possível?

8

Juan Bautista Martinéz Rodríguez
Universidade de Granada

INTRODUÇÃO

Ao nos perguntarmos sobre a possibilidade ou conveniência de que as instituições de educação funcionem como uma "democracia escolar", encontramos respostas que serviram para outras condições socioculturais e partiram de outros pressupostos. A natureza da escola é dinâmica: como instituição, está sempre se transformando em termos de seus principais agentes e condições, e seus fundamentos são inadequados. É preciso defini-la constantemente e construir seu sentido buscando referências morais e políticas que permitem que a democracia se renove nas instituições educativas reinvente-se e se refresque.

A variedade de experiências[1] e ensaios, não isentos de erros e fracassos, assim como as narrativas, tem centrado seu interesse em questões fundamentais: *a)* quais são as decisões tomadas pelas instituições escolares, pelo Estado, pelas famílias e pela comunidade local, e, portanto, quais são os assuntos e de que maneira os professores e os alunos intervêm nas suas decisões; *b)* quais finalidades lhes orientam e quais são os resultados obtidos; *c)* que respostas as instituições escolares dão aos assuntos comunitários provocativos e controversos (pobreza, desigualdades, exclusão social) que exigem compreensão política e ética da vida econômica e social; *d)* quais são as relações de poder que se estabelecem; *e)* quem decide e quais são os conhecimentos selecionados nos currículos.

Vamos revisar nosso legado composto pelas intenções de aplicar princípios "democratizantes" a fim de obter uma maior participação e integração de professores, alunos e famílias. Isso exigiria *a)* mudanças nas estruturas de participação nas escolas ou salas de aula, *b)* mudanças na democratização do conhecimento, renovando os conteúdos escolares "oficiais" ou tradicionais para lhes dar maior sentido para quem os aprende, *c)* inovação das metodologias de ensino e aprendizagem tornando-as mais cooperativas e conferindo maior envolvimento por parte dos alunos, para que sejam mais integradoras de diferentes identidades dos sujeitos que frequentam as instituições escolares. Esse legado tem sido defendido e situado frente a "outras" pedagogias denominadas "bancárias", "venenosas", "autoritárias", "neoliberais", "fundamentalistas" ou "dogmáticas".

REDEFINIR O SENTIDO E A NATUREZA DOS CENTROS EDUCATIVOS: MICROPOLÍTICAS PARA UM CURRÍCULO DEMOCRÁTICO

Os centros escolares funcionam como lugares onde a cultura de massas se insere (baseada na rapidez e na satisfação imediata) e um utilitarismo generalizado é desenvolvido, permitindo que os grupos escolares colaborem nos processos de desigualdade social. A cultura escolar não pode concorrer com culturas com maior capacidade de seduzir as crianças e os adolescentes (DUBET, 2008, p. 48). É evidente que os centros escolares hoje recebem indivíduos que perturbam "a ordem" escolar, que procedem de culturas "estranhas" e que, sendo escolas de massas, devem reconhecer a singularidade e os direitos dos indivíduos. O desamparo dos professores, que se sentem esquecidos, traz a nostalgia de outros tempos, cujos inconvenientes são esquecidos.

Como aplicar princípios democratizadores em instituições submetidas a essa *transformação irremediável* que supõe o enfraquecimento das autoridades tradicionais, o aumento da profissionalização, o reconhecimento da diversidade e os direitos de todos os indivíduos? Como afirma Dubet (2008, p. 63), essa transformação não é provocada pela contaminação liberal que vem de fora das escolas, mas pela crise de um modelo escolar que se tornou antiquado e que reflete

> os interesses dos indivíduos e dos grupos mais capacitados para promover seus interesses, isto é, as classes médias e altas, enquanto as classes populares não estão em condições nem se consideram legítimas para promover seus interesses escolares... é necessário redefinir a vocação e a natureza da escola democrática.

Na instituição escolar, como unidade de execução e não de negócio, convivem uma variedade de agentes e interesses de grupos discrepantes (BELTRÁN; BLASCO, 2007) que concordam em termos de valores e defendem princípios tão contrapostos como a igualdade, a eficácia, a competitividade, o altruísmo, o interesse pelo trabalho ou a irresponsabilidade. Tratando-se de uma democracia escolar nova e atualizada, que práticas são aconselháveis? Derouet (2008, p. 114) fala da pluralidade de olhares na "genealogia da autonomia das instituições escolares" e nos aconselha, dizendo que é necessário examinar outras maneiras de gestão, coordenação e decisão que permitam que as *instituições de educação funcionem sem que exista acordo* entre seus membros. Porém, é possível desenvolver um Projeto Educacional ou um Projeto Curricular Escolar que aceite os acordos e resolva os desacordos entre os agentes escolares? Ainda perduram as tradições abrangentes e igualitárias que inspiraram a Lei de Ordenamento Geral do Sistema Educacional Espanhol (LOGSE) de 1990 junto às tradições mais elitistas e seletivas que propuseram a LODE de 2002. Na Espanha, as instituições de educação se adaptam à legislação nacional e das Províncias Autônomas à sua maneira, muitos copiam das editoras seus projetos e desenvolvem as políticas educacionais nacionais e das Províncias Autônomas com corpos diretores coesivos, diretores conservadores que resistem a qualquer inovação, corpos docentes todo-poderosos que aplicam uma ideologia funcionarial, instituições divididas entre os grupos de "professores de universidade" e de "professores de escola" na nova estrutura colegial. Em cada centro localizam-se diferentes redes de comunicação, compreensão e decisão democrática sobre os assuntos escolares; não obstante, uma instituição deve apresentar uma unidade de funcionamento democrática sem que exista acordo entre seus membros.

Fazer uma síntese dos desafios que as instituições educativas têm hoje em sua democracia escolar interna pode não bastar e ser uma simplificação. Dubet (2008, p. 57) nos ajuda proporcionando uma relação de assuntos-chave muito próprios da tradição centro-europeia que aqui retratamos:

a. Autonomia dos atores e controle central: o papel da avaliação. A margem de autonomia dos atores, defendida sob uma perspectiva liberal, ameaça a fragmentação social que somente pode ser assegurada com o controle público no próprio centro. A avaliação burocrática ou mercantilista da escola deve ser substituída por uma avaliação que una profissionais, usuários e especialistas, levando em conta que os critérios de avaliação são múltiplos e contraditórios e que não podem ser reduzidos à medição da mera aprendizagem de conhecimentos por parte dos alunos, pois seu bem-estar e suas competências sociais devem ser igualmente importantes em uma avaliação democrática.

b. A identificação e o desenvolvimento de uma cultura comum como instrumento de integração social e para evitar o aumento de desigualdades e da distância entre as culturas.

c. A ajuda e colaboração (dos docentes) é um instrumento de apoio imprescindível. O ofício do docente muda de natureza e as condições externas o pressionam de maneira que sintam uma falta de reconhecimento por seu trabalho.

d. A dependência e propriedade das instituições escolares: ao nos perguntarmos a quem essas instituições pertencem, consideramos que não podem pertencer aos grupos de interesses privados, aos usuários, aos profissionais da educação e nem às fundações ou ordens religiosas. Não se trata de um assunto de funcionários, mas de pertencer a um poder político na mais elevada de suas acepções.

e. Como se entende a justiça escolar em uma comunidade com interesses dominantes. Igualdade de oportunidades, com a possibilidade de que todo aluno possa adquirir os bens escolares mínimos aos que tem direito. Um modelo meritocrático pode ser percebido como um sistema extremamente cruel, ao entender que quem fracassa fracassou por culpa própria. Portanto, é necessário adequar o sistema de qualificações às condições sociais, de maneira que as instituições escolares não aumentem a desigualdade baseadas em seus sistemas de valorização.

f. Identificação do território escolar reafirmando, de uma maneira adaptada, sua legitimidade educacional intervindo sobre a educação dos meios de comunicação de massa ou deliberando com as famílias qual é o tipo de cidadão que queremos formar.

As condições para a garantia da democratização da vida escolar são abordadas sob perspectivas macropolíticas (ANGULO RASCO et al., 2008) e micropolíticas (BALL, 1994) em absoluta interação, a fim de assegurar que a escola responda às necessidades educacionais dos setores mais desfavorecidos. Mas não existe, na Espanha, uma teorização ordenada sobre as perspectivas políticas das instituições de educação, ainda que as contribuições e revisões que têm sido divulgadas nos apontem dimensões de análise e evidências sobre a importância de analisar as relações de poder nessas instituições. Considerar as escolas e as salas de aulas como culturas de poder nos ajuda a entender por que a aplicação bem-sucedida de estruturas de participação não garante uma participação autêntica (FERNÁNDEZ ENGUITA, 1993). Porém, segundo Anderson (2002, p. 184), essa perspectiva cultural também faz parte de uma nova maneira de compreender as micropolíticas de participação, já que considera que, há pouco tempo, a maior parte das pesquisas sobre políticas educacionais se centrava na legislação geral e das Províncias Autônomas, na atuação dos conselhos escolares e nas funções da equipe diretiva. Mais recentemente, as propostas da escola como unidade de inovação têm sido orientadas no âmbito anglo-saxão e em uma *micropolítica da vida da escola* (BALL, 1994; ANDERSON, 2002). Dessa maneira, entende-se melhor o modo pelo qual as escolas são políticas de maneira silenciosa ou ao menos oculta, pois o poder é exercido por meio das interações cotidianas da escola e das aulas (SAN FABIÁN, 1992; SANTOS, 1997); além disso, deveremos explorar como o poder e a ideologia introduzem nas escolas estruturas, práticas, atitudes e um funcionamento aparentemente natural (SAN FABIÁN et al., 2004).

As escolas são lugares de constante luta política e cultural: professores, pais e direção lutam uns com os outros por recursos, compromissos ideológicos e significado da escola. Os estudantes lutam com os professores pelo controle; ambos se veem como a cultura dominante por questões como identidade e *status*. As reformas participativas não podem ser entendidas sem compreender que a participação é intermediada pela política e pela cultura, mas a construção da cultura e da política, implícita na maioria dos estudos sobre participação, tende mais a ocultar do que a esclarecer essas lutas.

AS PROPOSTAS DE PROMOVER A "VOZ DOS ALUNOS" NO DESENVOLVIMENTO DO CURRÍCULO

As tentativas de democratizar a sociedade punham em dúvida a legitimidade das autoridades educacionais, culturais e institucionais. O reconhecimento das contribuições de grupos e as exigências de certos movimentos de renovação ou identidades correspondem a propostas de fortalecimento desses grupos sociais. Assim se estendeu a ideia de dar, recuperar ou desenvolver "a voz" das crianças, dos jovens, dos estudantes, das mulheres ou dos incapacitados. Dar voz aos estudantes, consultá-los, escutá-los, interpretá-los e dialogar com eles são ações relativas à mesma metáfora que surge como consequência da necessidade de reconhecer um grupo que se considera esquecido e ao qual tenha sido negada a palavra. É um movimento de identificação do protagonismo dos alunos que pretende produzir a sua participação na tomada de decisões no contexto escolar e de aula. Nesse sentido, os movimentos de melhoria escolar, o reconhecimento dos direitos da criança, as propostas de educação para a cidadania (MARTÍNEZ BONAFÉ, 2002) e algumas tradições da pedagogia progressista exigem a mudança dos papéis dos alunos a fim de envolvê-los mais em tarefas escolares. Esse fenômeno também é chamado de *atribuição de poderes aos estudantes*. As experiências e discussões sobre "a voz dos alunos" pertencem a diferentes tradições, sendo conceito problemático por suas variadas aplicações escolares.

Uma revisão crítica oferece sugestões e orientações para o papel dos alunos no currículo do século XXI e sua participação na construção de uma democracia escolar. Por isso, como fez Fielding (2004, p. 295-311), perguntamo-nos se com as propostas de "dar voz aos alunos" se mantém o *status quo*, se as relações de poder são incrementadas, se os pressupostos do gerencialismo são desmistificados e se as metodologias e condições favorecem a submissão dos alunos.

No recente manual da AERA, Mitra (2009) recorre à evolução internacional recente da voz do aluno (VA) por meio das seguintes fases:

1. Críticas que (ARNOT; REAY, 2007) consideram que a VA proposta pelos governos da Europa é uma falsa pretensão em um período de crescimento da desigualdade.
2. Outros descrevem esses esforços como próprios da ideologia neoliberal como formas neoliberais de cooptação (BRAGG, 2007). Alguns autores se esforçam criticamente na necessidade de desenvolver uma perspectiva autêntica que dê novas obrigações às escolas para o desenvolvimento de todas as vozes e valorize como a classe social e a etnia

podem ajudar a silenciar ou fortalecer as vozes.

Todas as iniciativas de voz se distinguem daquelas outras dos governos conservadores que raramente têm buscado compreender os significados das escolas. Ao revisar os estudos sobre "a voz", encontramos que se aceitam, no âmbito anglo-saxão, três perspectivas (MITRA, 2009, p. 823).

Os estudantes considerados como "fonte de dados"

Despreza-se a importância das informações que os estudantes podem oferecer sobre suas próprias experiências e como desenvolvê-las melhor. Os dados teoricamente proporcionam novas informações que devem ter uma repercussão nas mudanças. Obtém-se um ponto de vista monolítico, generalizado e padronizado, com professores que intervêm em sua classe considerando fato que os alunos sejam uma única voz complementar à sua e dependente dela. Portanto, temos de reconhecer as grandes diferenças que existem entre comunidades, identidades e experiências com trajetórias muito singulares.

A consulta aos estudantes como colaboradores na comunidade de aprendizagem

A forma da VA é considerada uma *consulta* na qual os professores e estudantes falam sobre as aulas. Os alunos são convidados a oferecer uma retroalimentação sobre o conteúdo do currículo, o estilo das aulas e as propostas metodológicas. Interessa o que os estudantes dizem sobre suas experiências e as decisões tomadas pelos docentes como consequência. A consulta pode fazer com que os estudantes, no fim, envolvam-se com a formação de seus professores.

Os estudantes como colaboradores na formação dos professores e como avaliadores do sistema escolar

Os estudantes participam na elaboração e no desenvolvimento da mudança na escola. Eles começam a participar de programas estudantis como pesquisadores, para analisar três questões: a voz do estudante, suas experiências com os professores e a avaliação do sistema escolar. São divulgados sistemas de avaliação do professor para a reforma do ensino e são propostas comissões mistas de estudantes e alunos para intervirem nas decisões futuras das escolas. São desenvolvidas experiências nas quais os estudantes propõem um desenvolvimento interdisciplinar e proporcionam oportunidades para participar na formação do currículo. Eles participam em práticas de justiça social buscando fórmulas contra a xenofobia e o racismo, inclusive com a participação dos próprios alunos que se veem afetados. Eles participam, pois, como copesquisadores, a fim de valorizar as políticas das escolas (MITRA, 2009, p. 819).

Porém, os trabalhos que, na atualidade, voltaram a promover o papel dos estudantes nas instituições de educação têm sido realizados sob a perspectiva de *desconstrução*. Fielding (2004, p. 295-311) explora os problemas largamente ignorados de muitos trabalhos sobre a "voz dos alunos", identificando três situações diferentes:

1. Os problemas de *falar sobre os alunos* envolvem uma construção de "outros" pouco problemática se inventa o "outro" de modo mais cômodo (a maneira pela qual os professores falam dos alunos ou dos pais sem estarem na presença deles). Como vão acomodando os preconceitos sobre certos estudantes às novas situações ou realidades diferentes, mudando a linguagem, mas desativando a mudança, não se provoca

mudança alguma. Como os pontos de vista dos alunos são reinterpretados pelos professores ou pelas equipes diretivas e traduzidos de uma maneira contaminada inconsciente ou racionalmente. Por último, como se *apropriam* da construção ou do fomento de uma ideia procedente de uma pessoa (aluno, mulher, imigrante, etc.), validando-a com base no grupo dominante que consolida seu poder.

2. Os problemas de *falar para os alunos ou pais* implicam interpretar suas necessidades. A posição social ou a identidade daquele que fala condiciona a maneira pela qual ele enxerga e compreende o mundo, o que repercute na vida de quem é objeto do discurso e de quem é silenciado e não pode falar. Essas epistemologias androcêntricas ou adultocêntricas dificultam a compreensão e interpretam mal quem tem outras necessidades. Por outro lado, é preciso admitir que certas posições privilegiadas são discursivamente perigosas, pois ao falar reforçam sua posição de poder, oprimindo o grupo que é traduzido ou interpretado. O problema da identidade e de pertencer a um grupo também acarreta versões e pontos de vista particulares sobre aqueles outros baseadas em posições privilegiadas.

3. Escutando as vozes dos alunos, essas são inscritas nas estruturas e circunstâncias históricas de relações de poder. Há duas versões: a versão de quem fala e a de quem escuta, situando-se em identidades e contextos diferentes, sendo importante o que se diz e o efeito que produz. Esse posicionamento não determina a verdade ou o significado. O contexto histórico da relação é definitivo, e é necessária sua consciência e compreensão para entender quem é desfavorecido ou oprimido. Incluir as vozes silenciadas pode ser fortalecedor ou liberador, e essas vozes também podem ser manipuladas. Portanto, isso é um quadro incompleto da relação e situação interpretada por quem escuta. Aquele que não fala está ausente, não decide, é desprovido de voz.

A necessidade do diálogo nos obriga a buscar *soluções* (FIELDING, 2004, p. 305) falando sobre outros ou para outros, buscando aproximações alternativas. Obstruímos o diálogo quando tentamos resistir à reafirmação de nossos próprios interesses, de maneira que a reinterpretação dos estudantes é construída mantendo o *status quo*. A seleção dos dados ou dos procedimentos de avaliação, por exemplo, supõe um perigo de controle evidente, pois é feita com base em uma posição interessada de alguns dos agentes escolares. A qualidade moral e política de nossas práticas tem sido determinada com base em pressupostos que devem ser reaprendidos. O contexto da efetividade escolar é um instrumento de controle hierárquico, unidirecional e fortemente focado e interessado, e sobre esses valores as práticas recebem valor e são legitimadas. É preferível uma aprendizagem recíproca ou mútua.

Há vozes que escutamos, outras não. Depreciamos aquelas mais escandalosas e transgressoras ou aquelas outras vozes com dificuldades emocionais ou de comportamento. Todos reconhecem a grande riqueza que existe no setor marginalizado escolar. Para comprová-la, devemos revisar os pressupostos da nossa maneira de fazer.

> Isso supõe reconhecer nosso posicionamento discursivo. Temos certeza de que nossa posição de relativo poder e nosso interesse próprio e pessoal não distorce nossos juízos? Para nos assegurar, devemos orientar nossas relações de poder e a necessidade de estarmos abertos à crítica. Negociam-se muitas coisas em aula, e as negociações são significativas do uso do poder utilizado por professores e alunos. É necessário se esforçar para avançar nesse sentido. (FIELDING, p. 307, 2004)

Muitas vezes não escutamos aqueles que têm dificuldades, razão pela qual acabamos não entendendo a situação e tomando decisões equivocadas.

"A VOZ DO ALUNO" É UMA VOZ SOCIAL EXTERNA QUE SE RECONTEXTUALIZA COMO VOZ PEDAGÓGICA

Na prática diária, na realidade o que fazemos é reforçar algumas vozes em relação a outras a fim de articular um tipo de voz que atenda nossas expectativas como professores que desejam ouvir respostas "corretas". Empregando uma análise desconstrutiva, admitiremos que nosso trabalho como professores é habitualmente inspirado por nossos próprios interesses sociais, nossa cultura experiencial e nossas convicções políticas. Otimizar as vozes da minoria com uma atitude paternalista costuma ser contraproducente para o reconhecimento dessas mesmas vozes. Da mesma maneira, provocar as vozes silenciadas dos alunos pode facilmente ignorar as desigualdades das relações de poder e não justamente entre as categorias sociais. Essas revisões são próprias do que foi denominado uma pedagogia pós-crítica.

As propostas progressistas têm exigido a participação dos alunos no desenvolvimento das reformas e em seus direitos de intervir, colaborar nas atuações e propor intervenções. Contudo, em uma análise mais global, é necessário reconhecer que a voz dos estudantes não pode receber a responsabilidade da reforma educativa, pois se trata de uma reforma com uma dimensão também social. O aumento dessa voz para o aprimoramento da escola não pode ser separado da transformação do governo do Estado (FIELDING apud ARNOT; READY, 2007, p. 31). Se analisamos a reforma dos serviços públicos (a voz dos usuários e dos clientes), comprovamos as possibilidades para legitimar a mercantilização neoliberal da educação. Efetivamente, a voz como um conceito proporciona um instrumento legitimador válido para manter a atenção longe das desigualdades sociais que aumentam gravemente.

Os pesquisadores devem distinguir entre a identidade social formada no exterior da escola e aquelas classificações propriamente escolares. Ou seja, as identidades sociais são dominantes nas aulas e não podem ser apresentadas a todos os estudantes com uma só voz, unitária e neutra. As classes sociais devem ser consideradas como um contexto de comunicação e interação para que possamos compreender a voz dos estudantes. Por essa razão, quando consultamos os estudantes, é necessário reconhecer suas mensagens produzidas nos contextos de discurso, que se distinguem pela classe social, etnia, gênero, idade, nacionalidade, etc. Dessa maneira, há muitas vozes invisíveis em uma voz. Assim, as vozes dos estudantes não são variáveis independentes que podem ser utilizadas para o aprimoramento da escola, mas elas podem oferecer informações, devido aos papéis desempenhados pelos estudantes na organização do ensino, e também pelas desigualdades sociais associadas à ela.

As vozes sociais e as vozes pedagógicas interagem de maneira contraditória e conflitante, assim como as vozes dependentes e as vozes "em formação". Nessa relação encontra-se o poder educacional e político da voz dos alunos, que devemos explorar. Para abordar o problema, Arnot e Reay (2007, p. 323) argumentaram que ainda que os estudantes, como tais, tenham uma voz comum pedagógica segundo a linguagem da aprendizagem criada pelas pedagogias escolares, é necessário distinguir quatro diferentes tipos de falas ou vozes nas aulas:

– O tipo de linguagem (fala) e as formas de comunicação utilizados pelo professor e o ensino na aula que supõem toda uma *linguagem acadêmica* restrita e própria da pedagogia, e que para compreendê-la é necessário conhecer esses

códigos de linguagem e ter as competências para o entendimento dos significados que circulam na aula. Os alunos de classes sociais diferentes terão competências diferentes e estas afetarão seu êxito escolar.
- A linguagem própria da *identidade,* em função das categorias sociais (subvozes de gênero, classe social, cultura própria, idade, nacionalidade, etc.) que os estudantes utilizam para se envolver com os compromissos escolares ou deles se desvencilhar e para apostar pelo êxito ou fracasso escolar. No desenvolvimento de uma identidade, são criados laços afetivos, cumplicidades comunicativas, formam-se amizades e se estabelecem códigos peculiares. Cada classe social, cada gênero, cada etnia ou idade cultiva sua própria "subvoz" e a reinterpreta no contexto da aula.
- Os *conteúdos* abordados pelos estudantes nas aulas têm características diversas em razão das quais se tornam mais abstratos ou concretos, teóricos ou práticos, habituais ou estranhos para cada um dos alunos. As características das mensagens passadas pelos conteúdos abstratos podem implicar dificuldades para alunos de níveis sociais baixos, pois requerem competências de alto nível cognitivo para que se possa aplicar o conhecimento a situações novas. Assim, portanto, a classe social ou o gênero são variáveis mediadoras que discriminam as competências nas aprendizagens.
- A linguagem e as representações dos estudantes (*código de fala*) assumindo os papéis que determinam a relação educacional. As crianças e os jovens descrevem sua identidade como aprendizes, sua confiança na relação, seu processo de envolvimento em sua formação, seu grau de controle na seleção, sequência, ritmo e avaliação do currículo. Não é fácil para os alunos se apropriarem do código educacional e assumirem seus papéis pedagógicos. Nos contextos em que são ocultos os princípios que governam a transmissão do currículo (pedagogias invisíveis), os estudantes pechincham e negociam para decidir os critérios intrínsecos que determinam a aprendizagem. Professor e aluno têm diferentes vozes especializadas e também são diferenciados pelas distintas categorias ou subvozes (idade, gênero, habilidade, etnia, etc.).

Portanto, *consultar os alunos pressupõe* mudar as relações hierárquicas, fazer os professores vencerem seus medos e limites e abordarem suas relações conflitantes com os alunos, os quais precisam de habilidades e de familiaridade no contexto de comunicação e de uma boa relação com o professor. Ingenuamente, espera-se que o aluno mais dependente formule suas próprias necessidades de uma maneira muito madura, com a linguagem apropriada e no momento certo. Por meio do processo de consulta aos estudantes, corre-se o perigo de ocultar aspectos de estratificação social da escolarização. A aparente neutralidade com a qual os alunos são consultados transfere a responsabilidade do êxito aos estudantes e não ao restante das condições. Por isso, há certa aparência de democracia, a qual, contudo, é inexistente. A consulta dos professores aos estudantes lhes proporciona condições para refletir e também a possibilidade de considerar os efeitos de suas práticas pedagógicas nos diferentes grupos sociais e contextos de socialização.

NOVOS ENTENDIMENTOS SOBRE AS "EXPERIÊNCIAS" DOS ESTUDANTES NAS AULAS

Para resolver esse tipo de inconveniente, algumas propostas para compreender o papel dos estudantes no currículo têm buscando interpretar e representar as experiências deles por meio de suas perspectivas e identidades próprias. Cook-Sather (2007, p. 829) tem trabalhado o conceito de *translation*. Interpretar é uma ação que requer uma mesma linguagem, e podemos dizer que os alunos e professores usam diferentes línguas e discursos. Traduzir os alunos ou os pais é formar uma versão em outra linguagem. É preciso traduzir um texto, uma experiência, uma lição, uma pessoa ou grupo para que ele seja compreensível. Traduzir é algo mais do que reconceituar, é uma forma de revisão feita por uma pessoa diferente. Trata-se de compreender de uma nova maneira, de revisar novamente o que já foi revisado. Nós, pesquisadores, devemos ser traduzidos e também traduzir nossas atitudes, aproximações e a nós mesmos.

Aproximamo-nos das experiências dos estudantes não somente para conhecê-los porque falam com linguagens diferentes e vivem em diferentes mundos em termos de práticas. Cook-Sather (2007) e Thiessen e Cook-Sather (2007) propõem que traduzamos nossa compreensão dos termos evocados pelos estudantes: suas ideias, identidades, papéis e esquemas, para poder compreender suas experiências como estudantes. Ele apresenta um novo esquema para traduzir a voz deles.

- *Traduzir as ideias*. Começar interpretando os conceitos básicos: menino, menina, escola, professor, aluno, etc. Ou abordar a ideia de justiça, o que é justo ou injusto ou a ideia do que se entende por violência ou castigo. Os adultos têm uma ideia de justiça quando se referem aos castigos ou aos direitos. Podemos transformar nossa ideia de justiça, nossas interpretações das ideias das pessoas jovens. Os estudantes expressam seus conceitos de injustiça com base em seus valores morais e a interpretam de acordo com sua maneira de participar na escola. Necessitamos reinterpretar nosso conceito de injustiça à luz das interpretações dos estudantes. Fazer "colas", copiar dos colegas, enganar, mentir, ocultar, etc., é justo para os estudantes, devido à pressão escolar, ao castigo ou às notas ruins.
- *Traduzir as identidades*. A identidade social do que é um menino e do que é uma menina. Essas categorias são de gênero e caracterizam certos pressupostos nas identidades dos estudantes, assim como "burros" e "inteligentes", repetentes, maus e bons alunos, etc.
- *Traduzir os papéis*. Assumem-se papéis diferentes de "orientador" ou "professor", "estudante" ou aluno. Porém, esses conceitos podem ser redefinidos. Cada professor define tais conceitos de uma maneira diferente; há preconceitos e estereótipos que caracterizam as identidades. Assim, surge a necessidade de reinterpretar o papel de "representante", de "tutor", etc., ou de como entendemos o "participar" na aula. É necessário construir uma cultura da "escuta". Se o papel de professor é adotado como sendo um papel entre iguais, isso afeta também como os outros professores se sentem em relação às suas experiências. É necessário compreender, identificar e traduzir os papéis dos estudantes. Os estudantes podem mudar de personagens passivos para agentes ativos dependendo da relação estabelecida e da hierarquia que for imposta ou pressuposta.
- *Traduzir os estudantes como informantes e cointérpretes* do que ocorre em aula. É fundamental saber como os alunos interpretam os trabalhos em aula, o sentido que isso tem e que eles lhe dão e o sentido que nós, professores, queremos dar e como reinterpretamos nosso trabalho a partir do que os alunos interpretam.
- *Traduzir o esquema de referência*. Para que os estudantes traduzam os fatos como cointérpretes é necessário conhe-

cer o esquema de referência de quem faz essas traduções. Os estudantes são habitualmente vistos sob a perspectiva dos adultos, e essa perspectiva pressupõe um esquema de referência que eles traduzem (COOK-SATHER, 2007, p. 853). A mudança no esquema de referência desencadeia uma mudança na identidade dos sujeitos. Isso implica que professor e estudante aprendam a observar com um esquema de referências diferente.
- *Traduzir a atitude do pesquisador.* Curiosidade, abertura, flexibilidade, receptividade, etc. Coloca-se em evidência o tipo de relação "do especialista" com os outros.

Em síntese, a interpretação ou tradução compartilhada pode ser uma fonte para o rejuvenescimento e o desenvolvimento profundo das experiências nas quais todos estão envolvidos, o que coloca em jogo o modelo especializado de aprendizagem. Isso convida à redefinição dos papéis de professor ou aluno, à compreensão das possibilidades e limites da instituição, à mudança dos focos de atenção e dos esquemas de interpretação na relação entre adultos e estudantes, a se abrir ao inesperado ou ao que não é aceito sem considerar a todos como um grupo homogêneo.

OS DESEJOS DE PARTICIPAÇÃO COMO TECNOLOGIA SOFISTICADA DO CONTROLE DO PODER

A avaliação progressiva das teorias pós-modernas tem provocado uma mudança significativa nas propostas de participação educacional. Barker (apud ANDERSON, 2002) e Masschelen e Quaghebeur (2008, p. 53) advertem quanto a um crescimento local do controle pelos próprios trabalhadores, um *controle coordenado* onde a participação é entendida como um conjunto de formas de controle com procedimentos, instrumentos e técnicas de participação que pressupõem uma compreensão concreta do poder. Nos anos de 1990, constatamos (MARTÍNEZ RODRIGUÉZ, 1993) que "a participação" havia sido convertida *no lobo na pele do cordeiro da domesticação*. Entre outras razões, isso se deu devido aos efeitos do discurso do mercado na concepção do funcionamento do centro (escola, empresa, privatização, etc.) e ao abandono de reflexões, teorizações e práticas mais políticas (PÉREZ GÓMEZ, 1998; TORRES, 2001) que têm empobrecido o capital cultural pedagógico. Os efeitos da escolarização total necessária têm tido repercussões por meio dos discursos neoconservadores do controle da liberdade moral das classes médias.

A participação na tomada de decisões do currículo deveria proporcionar aos grupos desfavorecidos mais possibilidades de participação na vida organizacional, porém, na prática, geralmente se comprova o contrário. A participação se converte em uma forma de manipulação, no sentido de que reforça o poder de grupos de professores e dirigentes com interesses similares. Os filhos de famílias de maior *status* econômico e mais ativos são beneficiados pelo uso de estratégias participativas em relação aos jovens com menos recursos e possibilidades. A participação não produz efeitos equalizantes: pelo contrário, os resultados desiguais da participação ocorrem em parte pelos numerosos modos nos quais a participação pode ser limitada, apesar das boas intenções. Há uma tendência a ver os administradores, educadores, pais e, com menos frequência, os alunos, mas como os protagonistas na participação escolar, mas o uso comum dessas categorias está distorcido. Administradores escolares e professores tendem a compartilhar uma cultura profissional e frequentemente se aliam em oposição aos pais, geralmente monopolizando as decisões compartilhadas com os Conselhos Escolares. Os modelos que conferem aos professores mais poder na tomada de decisões costumam estar limitados à participação docente e tendem a reforçar o controle profissional, dando-lhe prioridade em relação às preocupações dos pais, cujas opiniões são consideradas problemáticas para o funcionamento do centro (ANDERSON, 2002, p. 56). Por meio da regulação política, acaba-se dando o poder de decisão aos profissionais da escola em detrimento dos pais, com a justificativa de que professores estão sempre nas escolas. Assim, favorece-se um "monólogo profissional", em vez de se treinar os professores para cooperar com a variedade de cidadãos e organizações.

A participação é uma forma de manipulação, pelo fato de que dar mais poder de decisão aos pais somente aumenta o poder dos pais de classe média e alta que sabem como se relacionar com a direção ou com o tutor e cooptar a instituição para defender seus interesses dentro do sistema. Nas escolas com uma população socioeconômica diversa, os que têm tempo, interesse e capital cultural necessários para a participação costumam ser os pais de classe média cuja socialização é similar à do pessoal da escola, muitos dos quais também são pais (ANDERSON, 2002, p. 168). Por outro lado, a participação se torna enormemente limitada quando os diretores controlam o conhecimento e os recursos da escola e defendem seu espaço administrativo utilizando corpos docentes e conselhos escolares como meios para a difusão das informações e apoio à sua gestão, evitando temas polêmicos e controversos por meio da decisão sobre os temas que serão ou não debatidos. Os professores não desafiam a autoridade administrativa, pois temem sanções dos pais ou da administração, além do fato de compartilharem uma perspectiva profissional da administração. Anderson (2002, p. 168) afirma que os pais tendem a carecer de informações e da familiaridade que os integrantes da escola dispõem e não têm claros os parâmetros de seu poder. Eles também compartilham muitas características e, portanto, interesses com os professores e diretores. Além disso, geralmente a ordem do dia dos conselhos escolares é controlada pelos diretores e limitada a temas considerados seguros, considerando os desacordos como afrontas pessoais, restringindo a discussão, suprimindo o conflito e limitando a discussão a questões não polêmicas (FERNÁNDEZ ENGUITA, 1993). Finalmente, como a supervisão do centro sobre as normas e os procedimentos dos conselhos é mínima, elas são frequentemente descumpridas. Resumindo, as micropolíticas de participação se desenvolvem de tal modo que, inclusive quando a participação é cuidadosamente organizada, em geral o poder e a influência permanecem nas mesmas mãos.

Frequentemente, o aumento do controle profissional ou democrático parecer ter o efeito de aumentar a autorregulação mais que o poder na base. O aumento do controle profissional nas escolas pode ser um desenvolvimento positivo, na medida em que aumenta o sentido de eficácia dos professores. Paradoxalmente, o conhecimento profissional dos professores vem sendo desvalorizado socialmente, ainda que eles tenham conseguido adequar a lógica institucional às suas necessidades pessoais e ao seu interesse em um processo claro de individualização e "privatização" da atividade profissional.

UM CURRÍCULO DEMOCRÁTICO É POSSÍVEL?

Nas escolas e nas aulas se pratica, com respeito aos conteúdos, um *secretismo* e um silêncio que os adultos docentes mantêm com o apoio dos pais e das mães. Manter certos conteúdos relevantes como secretos, impróprios ou perigosos para os alunos é uma forma de conservadorismo moral que opera como controle ideológico e instrumento de poder. Isso se reflete na seleção "boba" de conteúdos nos livros escolares, na proibição implícita dos professores em relação ao tratamento de certos temas e orientações e no controle moral das equipes docentes sob a pressão dos setores ultraconservadores. Esse secretismo curricular também é defendido, em parte, com o argumento da "inocência" dos alunos, por sua maior debilidade e fragilidade perante os conteúdos perigosos da vida real e da televisão, que não protege os segredos "adultos".

Existem evidências que nos mostram a *exclusão dos alunos, aos quais se nega o acesso aos conhecimentos* relacionados com tabus ou "inapropriados para a idade", devido a concepções mais ou menos paternalistas sobre a infância e a juventude. Isso leva, em termos de decisão curricular, à supressão de conteúdos e à perda de fontes de conhecimento. Podemos mostrar alguns exemplos:

- Os conteúdos relacionados com o campo da economia política e doméstica, o desenvolvimento de direitos sociais, o cuidado compartilhado de idosos e crianças, os divórcios.
- Os conteúdos relativos à moral e aos valores básicos para viver juntos: moralidades laicas e religiosas, a moral básica mínima.
- Relativos ao âmbito da violência, seja ela física ou simbólica, social ou profissional (*mobbing*), entre iguais (*bullying*) ou desiguais, contra as mulheres (de gênero) ou mesmo contra "estrangeiros" e "imigrantes". Violência entre grupos ou povos, crenças ou ideologias. Violência como resultado de exclusões e desigualdades ou como efeito de condições materiais ou psicossociais. A recuperação da memória coletiva e a compreensão da história recente.
- Especificamente, os conceitos que têm a ver com os sentimentos e as sexualidades: o contrato social e sexual igualitário, a gravidez na adolescência, o prazer sexual, a gravidez, os abortos, modelos de família diferentes da família nuclear tradicional.
- Os conceitos que têm a ver com assuntos políticos: políticas de bem-estar, serviços públicos e sociais, políticas da vida "privada", economias sociais, políticas públicas e Direitos Humanos. A gestão do meio urbano e rural.
- Conceitos que têm a ver com as epistemologias científicas e/ou humanistas que se aplicam no conhecimento selecionado, difundido e proposto por programas e livros didáticos. A eliminação dos conteúdos controversos e a diversidade de tradições científicas e perceptivas.
- As editoras filtram o patrimônio cultural e científico das comunidades. Essa redução de conteúdos é realizada na aplicação de teorias sobre os alunos que os consideram seres "incompletos, imaturos, irresponsáveis e inocentes", para os quais é necessário selecionar conhecimentos iguais para todos, que não sejam controversos, que não abordem assuntos problemáticos ou conflitantes, que sejam reconhecidos pelos professores, que evitem as temáticas obscenas ou violentas. Essa simplificação ingênua dos conteúdos faz com que eles se apresentem de maneira enciclopédica e aparentemente neutra. Com isso submetem-se as instituições de educação a um isolamento no qual nas aulas somente são trabalhados conteúdos acadêmicos descontextualizados, abstratos, familiares para o professor, não controversos.

Que as instituições educativas não têm funcionado como instituições democráticas, salvo pouquíssimas exceções, e que, em seus currículos, não se têm "ensinado a democracia" é uma queixa que, na realidade, não tem produzido alarme social. Ao mesmo tempo, consideramos que o conhecimento deve chegar a todos e por meio de formatos e estruturas curriculares que reproduzam desigualdades na formação. Gimeno Sacristán (2005) sugeriu uma série de princípios para desenvolver o currículo; e Knight (2001), de maneira mais sintética, orienta as *aulas demo-*

cráticas por meio de uma série de condições para a democratização delas:

- Dispor de uma autoridade democrática na qual o professor é persuasivo e está preparado para negociar.
- Deve-se buscar a inclusão em vez da exclusão, situar todos os estudantes no centro.
- Trabalhar com a produção do conhecimento relevante relacionado com a atividade social, econômica e a participação cultural nas comunidades e sociedade mais amplas.
- Defender certos direitos básicos relacionados com a liberdade de expressão, a privacidade, a liberdade de movimentos. A tomada de decisões participativa deve ser a norma.
- A igualdade é debatida e praticada em diversas situações e conteúdos.
- Proporcionar um ambiente ideal para a aprendizagem, no qual os estudantes possam arriscar-se, suportar os esforços mesmo que não sejam necessários, desenvolver o sentido de competência, descobrir ou dar sentido às ações, associar-se, experimentar, entusiasmar-se, ter propriedades e trabalhar de forma criativa.

No mesmo sentido e com pretensões parecidas, são propostos processos democráticos nos quais os estudantes se envolvam com a tomada de decisões em aula (WOOD, 1998, p. 784) propondo que o currículo inclua: uma alfabetização crítica que dê aos estudantes facilidades pessoais e políticas na linguagem, permitindo avaliar o que é lido e ouvido; construir e nomear os modelos de vida social preferidos; o capital cultural que use as próprias histórias dos estudantes, suas vidas e seus contextos a fim de aumentar a consciência cultural. Por meio dessas alternativas sociais, os estudantes estarão oferecendo alternativas ao *status quo*, agregando bens sociais. Os processos democráticos também devem incluir valores democráticos sobre os quais os estudantes possam debater e experimentar a igualdade e a comunidade.

Sugerimos, além disso, uma educação para a cidadania como disciplina e tema multidisciplinar, um conjunto de princípios metodológicos e organizativos, um movimento de revitalização ética, uma série exigente de Direitos Humanos e experiência escolar onde se reflitam as ideias, os valores e os comportamentos das identidades e culturas dos estudantes (BANKS, 2009). Fazendo parte desse conjunto o currículo formal com conteúdos disciplinares e transversais do Plano de Estudos; o currículo informal (valores e conhecimentos adquiridos por meio dos colegas e meios de comunicação); e o currículo não formal: processos de decisão institucionais ou não, dentro e fora da escola.

A atual inundação do discurso da cidadania com diversas teorias políticas e grupos sociais e de poder responde a pressões, em parte, e pode ser entendida como um movimento laico, político, social e humanista baseado nos princípios da modernidade com diferentes matrizes ideológicas e diversas demandas conjunturais como: *a)* proposta de Instrução Cívica perante a desafeição política, *b)* pedagogia da democracia, *c)* resposta à exigência do desenvolvimento dos Direitos Humanos (civis, políticos, sociais e econômicos), *d)* solução à violência e aos conflitos (convivência, pacifismo), *e)* necessidade do desenvolvimento da igualdade entre homens e mulheres, *f)* busca pela integração de grupos ou identidades, *g)* requisito para a relação inter ou multicultural, *h)* desenvolvimento do pluralismo ideológico e moral.

Entretanto, a proposta curricular de Educação para a cidadania na Espanha tem provocado reações singulares e "imprevistas" e acarretado uma instrumentalização política exasperada, que tem suas origens nas condições históricas de nosso contexto, explicável com base no papel da Igreja Católica na educação espanhola e nos pressupostos que afetam a proposta curricular da disciplina. A retórica política está deixando ocultas as autênticas discrepâncias, intenções e interesses dos agentes envolvidos.

Para dar resposta à atual situação, é aconselhável analisar as questões-chave que têm a ver com: *a)* a concepção moral tradicional do papel da mulher na família, *b)* a defesa do setor conservador católico da vinculação entre religião e moral, *c)* a exclusão do doméstico e suas condições de reprodução desigual das decisões políticas, do público e do social, *d)* a redução da Educação para a Cidadania a temas formais, ocultando que as práticas das emoções, da sexualidade e da moral (não religiosa) estabelecem o eixo substancial da tentativa de viver juntos como cidadãos e *e)* desafiar a divisão público/privada, o que significa afirmar que assuntos privados como a sexualidade, a moral e a vida em família são questões que também exigem a atenção pública, como demonstramos em Martínez Rodriguez(2008).

ELIMINAR BARREIRAS PARA A PARTICIPAÇÃO

As tentativas de aumentar a participação são sinceras, mas concebidas e instrumentadas de maneira pobre, ou incorporadas a uma lógica institucional ou social que dificulta a participação: falta de experiências democráticas, ausência de espaços públicos estruturados para enfrentar os conflitos e incômodos da discussão política, o medo de assumir riscos e o incômodo da autenticidade dos processos. Isso envolve o entendimento das contradições, das faltas de autenticidade e das agendas ideológicas do atual discurso de participação e a criação de novos discursos que respondam às ideias democráticas mais amplas de justiça social e que desativem as barreiras que impedem a participação.

As estruturas de participação bem instrumentadas criavam entusiasmo e esforço renovado por parte dos educadores, enquanto as estruturas mal preparadas provocam sobrecarga de trabalho, conflitos de papéis e tensões com os outros educadores e os diretores. Fatores mais sutis no nível informal (tais como o medo da sanção social e profissional) tendem a colocar obstáculos à participação autêntica (ANDERSON, 2002, p. 182).

Abordamos evidências (MARTÍNEZ RODRIGUEZ, 1998; 2005) sobre a falta de reconhecimento nas salas de aula a respeito dos direitos básicos humanos e da criança. O direito e sua interpretação permitem a Lundy (2007, p. 927) identificar algumas das barreiras para a implementação efetiva e completa do direito à educação. Nesse sentido, ele propõe um modelo para interpretação do Artigo 12 dos Direitos da Criança (ORGANIZAÇÕES DAS NAÇÕES UNIDAS, 1989), que permite aos agentes de decisão proporcionar quatro elementos: espaço, voz, audiência e influência:

– **Espaço:** o aluno deve ter a oportunidade de expressar seu ponto de vista (espaço determinado no tempo e nas condições de expressão e participação).
– **Voz:** o aluno deve ter facilidade para expressar seu ponto de vista independentemente da capacidade inicial que tenha ou se supõe que tenha e sem a pressão habitual do grito docente nem as limitações administrativas como desculpa.
– **Audiência:** o ponto de vista deve ser escutado, e para isso exige-se treinamento por parte dos docentes, diretores e pais. Com paciência e adaptação às expectativas dos estudantes, são estabelecidos diferentes canais de intervenção e representação.
– **Influência:** o ponto de vista deve ser apresentado como apropriado. A "imaturidade" para expressar as próprias opiniões não exime de importância o conteúdo nem o espaço necessário para sua incidência.

NOTAS

1   Veja as seguintes redes: Internacional de Escuelas Democráticas, Comunidades de Aprendizaje, Escuelas Aceleradas, MECEP (FREINET), Ciudades Educadoras, Escuelas que Aprenden, Proyecto Atlántida.

REFERÊNCIAS

ANDERSON, G. L. Hacia una participación auténtica: desconstrucción de los discursos de las reformas participativas en educación. In: NARODOWSKI, M. *Nuevas tendencias en políticas educativas.* Barcelona: Granica, 2002.

ANGULO RASCO, J. F. et al. *Democracia, educación y participación en las instituciones educativas.* Morón: MECEP, 2008.

ARNOT, M.; REAY, D. A sociology of pedagogic voice: power, inequality and pupil consultation. *Discourse:* studies in the cultural politics of education, v. 28, n. 3, p. 311-325, 2007.

BANKS, J. A. Human rights, diversity, and citizenship education. *Educational Forum,* v. 73, n. 2, p. 100-110, 2009.

BELTRÁN, F.; BLASCO, J. La democracia escolar. *Revista del Fórum Europeo de Administradores de la Educación,* v. 15, n. 1, p. 23-25, 2007.

BRAGG, S. Student voice and govern mentality: the production of enterprising Subjects. *Discourse:* studies in the cultural politics of education, v. 28, n. 3, p. 343-358, 2007.

COOK-SATHER, A. Resisting the impositional potential of student voice work: lessons for liberatory educational research from poststructuralist feminist critiques of critical pedagogy. *Discourse:* studies in the cultural politics of education, v.2 8, n. 3, p. 389-403, 2007.

DEROUET, J. L. Pluralidad de mundos y coordinación de la acción: el ejemplo de los centros escolares. In: FERNÁNDEZ ENGUITA, M.; TERRÓN, E. (Coord.). *Repensando la organización escolar:* crisis de legitimidade y nuevos desarrollos. Madrid: Akal, 2008.

DUBET, F. ¿Cambios institucionales y/o neoliberalismo? In: FERNÁNDEZ ENGUITA, M.; TERRÓN, E. (Coord.). *Repensando la organización escolar:* crisis de legitimidade y nuevos desarrollos. Madrid: Akal, 2008.

FERNÁNDEZ ENGUITA, M. *La profesión docente y la comunidad escolar:* crónica de un desencuentro. Madrid: Morata, 1993.

FIELDING, M. Ransformative approaches to student voice: theoretical underpinnings, recalcitrant realities. *British Educational Research Journal,* v. 30, n. 2, p. 295-311, 2004.

GIMENO SACRISTÁN, J. *La educación que aún es posible.* Madrid: Morata, 2005.

KNIGHT, T. Longitudinal development of educational theory: democracy and the classroom. *Journal of Education Policy,* v. 16, n. 3, p. 249-263, 2001.

LUNDY, L. Voice is not enough: conceptualizing article 12 of the united nations convention on the rights of the child. *British Educational Research Journal,* v. 33, n. 6, p. 927-942, 2007.

MARTÍNEZ BONAFÉ, J. (Coord.). *Vivir la democracia en la escuela:* instrumentos para intervenir en el aula y en el centro. Sevilla: Kikiriki, 2002.

MARTÍNEZ RODRIGUEZ, J. B. La participación democrática, piel de cordero de la domesticación. *Cuadernos de Pedagogía,* Barcelona, n. 214, 1993.

MARTÍNEZ RODRÍGUEZ, J. B. *La Educación para la ciudadanía.* Madrid: Morata, 2005.

MARTÍNEZ RODRÍGUEZ, J. B. La ciudadanía se convierte em competencia: avances y retrocesos. In: GIMENO SACRISTÁN, J. et al. *Las competencias:* qué hay de nuevo? Madrid: Morata, 2008.

MARTÍNEZ RODRÍGUEZ, J. B. *Evaluar la participación en los centros educativos.* Madrid: Escuela Espanola, 1998.

MASSCHELEIN, J.; QUAGHEBEUR, K. Participation for better or for worse? *Journal of Philosophy of Education,* Oxford, v.39, p. 1, 2008.

MITRA, D. L. Student voice and student roles in education policy and policy reform. In: SVKES, G.; SCHNEIDER, B.; PLAK, D. N. (Ed.). *Handbook of education policy research.* New York: Routledge, 2009.

ORGANIZAÇÕES DAS NAÇÕES UNIDAS. *Convenção sobre os direitos da criança.* [S.l.]: ONU, 1989.

PÉREZ GÓMEZ, A. I. *La cultura escolar em la sociedad neoliberal.* Madrid: Morata, 1998.

SAN FABIÁN, J. L. Gobierno y participación en los centros escolares: sus aspectos culturales. In: CONGRESO INTERUNIVERSITARIODE ORGANIZACIÓN ESCOLAR, 2., 1992, Sevilla. Cultura *es-*

colar y desarrollo organizativo. Sevilla: Grupo de Investigación Didáctica de la Facultad de Filosofía y Ciencias de la Educación, 1992.

SAN FABIÁN, J. L. et al. Micropolíticas y gestión escolar. *Organización y Gestión Educativa*, n. 4, jul. 2004.

SANTOS, M. A. *El crisol de Ia participación*: Investigación sobre la participación en consejos escolares de centro. Madrid: Escuela Española, 1997.

TORRES, J. *Educación en tiempos de neoliberalismo.* Madrid: Morata, 2001.

WOOD, G. Democracy and the curriculum. In: BEYER, L., APPLE, M. (Ed.). *The curriculum*: problems, politics, and possibilities. New York: State University of New York Press, 1998. p. 177-198.

O currículo na sociedade da informação e do conhecimento

9

José Gimeno Sacristán
Universidade de Valência

Tudo o que na educação parece ser simples, estável e evidente para nossas mentes se torna complexo, movediço e complicado quando pedimos que sejam explicados os novos conceitos que surgem no discurso sobre os temas educativos. Em primeiro lugar, veja o emaranhado de significados que se relacionam com os termos *conhecimento* e *informação*. Sociedade do conhecimento ou sociedade da informação?

Ao utilizar a expressão *sociedade do conhecimento*, não nos referimos a um *protótipo* de sociedade modelo, única e homogênea, caracterizada em sua totalidade (em suas atividades, relações, forma de pensar, tomadas de decisão, valores, etc.), por sua relação com o conhecimento e dependência dele, como também não existe sociedade que esteja de alguma maneira configurada por determinados saberes. O conhecimento é uma característica decisiva e distintiva em toda sociedade, embora sua natureza, sua presença e seu peso variem conforme a sociedade, assim como variou em certos momentos de sua história. O que se denomina sociedade "*do conhecimento*" é uma etapa das sociedades desenvolvidas nas quais a informação e o conhecimento têm maior relevância e são mais necessários para seu funcionamento e sua manutenção. Isso não quer dizer que toda a sociedade se reduza a essa característica. Também é válido lembrar que na *sociedade do conhecimento* nem todos participam como iguais, sejam indivíduos, grupos, países ou culturas; isto é, nesse sentido, não estamos nem mesmo em sociedades homogêneas.

Nas sociedades cujo funcionamento depende em maior medida do conhecimento, surgem novos estilos de vida, multiplicam-se as possibilidades de adquirir conhecimentos, aparecem novas formas de aprendizagem, novas oportunidades de estabelecer relações de trocas com os demais, novas demandas de atividades profissionais no mercado do trabalho, novas oportunidades de lazer, o horizonte de referências se amplia, etc. Em termos gerais, podemos afirmar que aumentam as oportunidades para os indivíduos, ainda que também surjam novas discriminações, novos motivos para desigualdade e outras exclusões.

Como é lógico, todo movimento, proposta, discurso ou problema relativo a um fenômeno social relacionado com o currículo nessas sociedades ou ao conhecimento e à informação – enfim, relacionado com a cultura – não pode deixar indiferente quem está envolvido com a educação (que, de certa forma, somos todos nós) e, mais especificamente, está envolvido com as instituições educativas em cujo currículo estão explicitados os conhecimentos e as informações que quem se beneficia delas deve adquirir. A maior parte das práticas educacionais se relaciona com a reprodução, elaboração ou aplicação do conhecimento. As implicações educacionais e, mais concretamente, para o currículo, serão necessariamente transcendentais.

O QUE SIGNIFICA VIVER "NA" SOCIEDADE DO CONHECIMENTO

Deixando de lado, por enquanto, as diferenças e as sobreposições entre os conceitos de *sociedades da informação* e *sociedades do conhecimento* como realidades coincidentes ou não, agora chamamos a atenção ao fato de que, de certa maneira, todas as sociedades têm sido e são *sociedades da informação* e/ou *do conhecimento*, e que, em todas elas, essa condição tem sido explicitada de alguma forma nas ideias que embasam as instituições educativas, na valorização que se tem delas e de suas práticas. Em qualquer sociedade, como se se tratasse de uma invariante antropológica necessária, existiram no passado e ainda existem no presente atividades relacionadas à criação, à transmissão ou comunicação dos conhecimentos e das informações de muitos tipos diferentes entre indivíduos, grupos – estáveis ou não – e entre culturas. Em todas elas existiram e ainda existem pautas de criação e distribuição do conhecimento, regulando quem tem acesso a que e quando pode ter tal acesso. Todas as sociedades têm contado com serviços secretos para obter, reagir desinformando e utilizar a informação a serviço do interesse de alguns. Em todas elas têm se inventado e mantido figuras pessoais e instituições especializadas na comunicação do saber. Toda sociedade elabora alguma regra para adquirir e difundir conhecimentos aos mais jovens. Sempre houve países, classes sociais, grupos e indivíduos que detêm mais poder que os outros, controlando as informações consideradas valiosas para a defesa de sua hegemonia. Ao longo da história aqueles que tinham mais informações e sabiam como buscá-las, obtê-las e regulá-las, podiam trabalhar melhor, alcançar mercados mais amplos, ter mais oportunidades de participação na sociedade e no seu governo e aproveitar a vida com mais refinamento.

Além disso, sem compartilhar a informação e o conhecimento, sem passá-los de uns para os outros, não existiria sociedade, não existiria esse cimento que une os indivíduos em conglomerados aglutinados pelo compartilhamento de uma tradição, certas crenças religiosas, um idioma, uma história. Isso não significa que não existam discrepâncias e enfrentamentos, mas estes se dão nas sociedades maduras e por meio de caminhos onde a diferença e o contraste podem ser aceitos.

Contudo, se toda a sociedade é "*do conhecimento*", ela é, foi e pode chegar a ser de muitas maneiras. Não existe uma única forma de ser para tal sociedade. A singularidade da nova sociedade se encontra nas peculiaridades de como se entende e utiliza um tipo de conhecimento como dominante, quem pode acessá-lo, dependendo de como é regrado e distribuído, considerando quem legitima o conhecimento valioso, distinguindo do que não o é, até onde suas aplicações se orientam, etc. O problema, para nós, reside em analisar e avaliar as peculiaridades que aquela hoje chamada *sociedade da informação e do conhecimento* tem, assim como as possibilidades para sua melhoria. É necessário fazer isso sem esquecer que esses aspectos não são alheios a indivíduos e grupos humanos e que eles têm uma dimensão moral, pois implica a igualdade-desigualdade de possibilidades de se beneficiar do bem da informação e do conhecimento. Sobre esses problemas, o relatório da United Nations Educational, Scientific and Cultural (2005, p. 17 e 18) ressalta o seguinte:

> Hoje, como ontem, o domínio do conhecimento pode vir acompanhado de uma variedade importante de desigualdades, exclusões e lutas sociais.
>
> Uma sociedade do conhecimento deve garantir o aproveitamento compartilhado do saber. Uma sociedade do conhecimento tem o poder de integrar cada um de seus membros e promover novas formas de solidariedade com as gerações presentes e futuras. Não deveriam existir marginalizados na sociedade do conhecimento, já que ela é um bem público que deve estar à disposição de todos.

Que *conhecimento* constitui a atualmente denominada sociedade do conhecimento? A que categoria de saberes ela se refere? O que é incluído e o que é excluído em suas concepções? Quem é admitido para participar nos circuitos por onde circulam (o que hoje denominamos *redes*) e quem fica de fora? Como isso afeta a circulação e a distribuição de seus conteúdos na educação e, mais particularmente, nos *currículos*? Esses são problemas importantes.

A partir das respostas que dermos a essas perguntas, poderemos estabelecer as bases da filosofia que adotamos perante a sociedade em que estamos ou para a qual estamos nos encaminhando.

O essencial, a ideia de que exista uma sociedade plenamente caracterizada pelo conhecimento, decorre de toda uma tradição que acreditou na emancipação humana, graças à apropriação subjetiva da cultura e que participou da crença de que o conhecimento é necessário para o crescimento da produção material e da reforma social. Essa nova sociedade do conhecimento está vinculada à ideia de racionalidade e de progresso, assim como também está relacionada à possibilidade de que se realize a utopia de uma nova *Cidade de Deus*, na qual todos podem ser salvos com a posse do saber. Com a Segunda Guerra Mundial provou-se que a informação e o conhecimento considerados importantes são valiosos para o desenvolvimento da tecnologia que a luta pela superioridade militar requeria. Consequentemente, o utilitarismo se aplicou ao saber e à informação que logo tiveram uma projeção no desenvolvimento econômico e social pós-guerra.

A EDUCAÇÃO E O CURRÍCULO NÃO SÃO ALHEIOS ÀS MUDANÇAS SOCIAIS E CULTURAIS

O que, em determinada sociedade, em determinado momento, considera-se cultura importante, se infiltrará necessariamente nas diversas ocupações que foram desempenhadas naquela sociedade. Não pode deixar de acontecer o mesmo com o currículo, que representa o projeto de uma sociedade e é composto de uma seleção de conteúdos e de uma escolha de valores.

Do exposto, derivam duas ideias importantes para compreender as projeções complexas que a sociedade da informação tem sobre os âmbitos nos quais a educação acontece; tanto os âmbitos escolares quanto quaisquer outros. Primeiramente, é necessário considerar que essa projeção será distinta de acordo com o significado que dermos ao termo *sociedade do conhecimento*. Se destacarmos nela aqueles aspectos relativos às mudanças no sistema produtivo, a educação será apreciada como um fator para responder às necessidades do mercado de trabalho da forma mais adequada possível. Se ressaltamos a característica do amplo fluxo da informação e das possibilidades de acesso à mesma, as projeções serão diferentes. Em segundo lugar, destacamos o fato de que a educação e as instituições que a oferecem são (e eram), *per se*, agentes de reprodução, elaboração e aplicação da informação ou para essas funções. A seleção, a organização e o desenvolvimento dos conteúdos são ações próprias da sociedade do conhecimento. Não é nenhuma novidade dentro da teoria sobre o currículo fazer a análise e a crítica das formas de ensinar (hoje, poderia ser dito informar), extraindo consequências para atualizar os conteúdos (agora, assimilados à informação). Essa informação nos leva à conclusão de que a incorporação das instituições educativas à nova sociedade exigirá uma mudança da cultura "informacional" que hoje está sedimentada nelas. Em outras palavras, o currículo para essa nova sociedade implica a remoção de mecanismos, hábitos, rotinas e mudanças de cenário; não é o problema de adotar ou não as novas tecnologias. A sociedade da informação tem formas de conceber, comunicar e aplicar a informação que diferem das formas escolares, dado que estas nasceram e têm se mantido para outras formas de conceber o conhecimento ou a informação e para desempenhar outras funções na sociedade.

Diversos argumentos costumam ser mencionados para justificar a necessidade de conectar e sintonizar os sistemas educacionais em geral e dos currículos em particular com esse novo modo:

a. Pela importância que o domínio do conhecimento tem para o incorporar-se ao mundo do trabalho e porque está relacionado com o progresso econômico (CARNOY, 2001; CASTELLS, 1997). Já faz muito tempo que os economistas vêm relacionando a educação com o desenvolvimento, a produtividade, etc. Toda uma corrente importante do pensamento sobre o currículo se refere à relação de dependência que ele tem dos sistemas e das políticas econômicas (APPLE, 1986).

b. Por sua transcendência *política* e *social*, ao produzir, na nova condição da sociedade, mudanças que afetam o conteúdo do direito à educação e às exigências mínimas necessárias para seu cumprimento em condições de igualdade. Hoje são requeridas novas alfabetizações para poder participar em muitas esferas da sociedade se não se quer perder as oportunidades de inclusão social que são oferecidas.

c. A sociedade da informação, ao se apoiar no valor do conhecimento e ao destacar desse modo o papel das funções intelectuais, acentua a distância entre o trabalho intelectual e o manual, relegando a formação prática a trabalhos de baixa qualificação, enquanto, para o emprego de qualidade, é cada vez mais necessária uma formação mais complexa, mais ampla e flexível. A nova sociedade prima pelos saberes com aplicação prática, ainda que com uma base sólida de formação básica e, em geral, quem tem um melhor nível educacional, intelectual ou acadêmico.

d. Porque, se a sociedade realmente possui a característica de estar marcada de forma indefectível pelo conhecimento, o sujeito que cresce nela terá certas condições prévias que terão sido adquiridas fora da escolaridade, as quais devem ser levadas em conta no desenvolvimento da educação. De fato, as condições da sociedade da informação modelam o aluno ainda antes de ele começar as aulas.

e. Porque, como já foi dito, cabe pensar que essa sociedade, pretensamente nova, ainda que seja difícil de controlar, deve ser domesticada e submetida de forma política a certas propriedades de acordo com certos valores. É importante compreender que essa noção de sociedade da informação que tem se popularizado refere-se a um projeto concreto e que outros diferentes são possíveis. Não devemos considerar inquestionável que a educação e, mais precisamente, a educação desenvolvida nas instituições escolares, tenha que ser contemplada como algo que deve se acomodar a uma realidade que, como se fosse autônoma, é imposta inexoravelmente pela realidade factual exterior. A sociedade da informação não é determinista e se torna realidade de certa forma, dependendo das decisões que são tomadas em diferentes frentes (na educação e entre outras). A educação pode condicionar o rumo para desenvolvimentos mais humanizados e justos para uma outra sociedade. Dependendo da forma e do modo como fazemos, a educação terá um papel ou outro. Pensamos que é a educação que deve utilizar essas novas possibilidades, e não que ela seja utilizada ou ocupada por elas. Devemos evitar que ocorra que a informática seja uma solução em busca de um problema.

f. Se as formas institucionalizadas conhecidas por educar não se incorporam à dinâmica das novas necessidades, o que ocorrerá é que aparecerão novas formas educacionais à margem "do escolar". Mas, nesse sentido, considera-se por isso algum tipo de mandato ameaçador às instituições de educação? Acreditamos que não, e tampouco se realiza uma política coerente a respeito.

g. As possibilidades pedagógicas das novas tecnologias da informação podem facilitar o nascimento de novos ambientes de aprendizagem mais atrativos. Ainda que, no momento, o efeito visível mais imediato seja a abertura de fontes de informação já existentes e o poder de criar novas fontes.

h. A relação e o equilíbrio entre agentes educacionais e o peso relativo de cada um deles se transforma. Existe uma espécie de condição antropológica que tem levado toda a sociedade a inventar recursos e instituições que se encarregam de "querer ensinar" e que favorecem, estimulam e incutem uma série de aprendizagens especiais às quais é necessário dedicar tempo. As instituições escolares são uma especialização desse querer ensinar que não refletem, necessariamente, o querer aprender de quem se vê obrigado a estar nelas. Sempre foi assim, mas, nas condições atuais, isso está explícito. Enfim, os centros educativos são âmbitos singulares, mas não exclusivos, que servem para informar e educar porque fazem isso durante um tempo determinado. Eles têm se "especializado" em certos conteúdos, têm uma finalidade prioritária e operam de uma forma singular. Se pudermos extrair alguma característica importante disso, é que as aulas, os professores, as bibliotecas das instituições acadêmicas e os laboratórios de universidades são, precisamente, âmbitos, agentes, criadores, colaboradores e emissores relevantes na nova sociedade.

Ou seja, deparamo-nos com o fato de que estamos diante de um novo *contexto* e um novo *texto* para a educação, o qual incidirá nas propriedades que orientam a prática educativa, nos métodos de desenvolvê-la, assim como nos modelos de organização do ensino nos níveis macro, médio e micro. A frente que a educação se impõe a partir dessas considerações é mais complexa e imprecisa. Lança-se o desafio de favorecer um clima e certas atitudes de abertura ao diferente que nos é mostrado no mundo da comunicação globalizada, enquanto somos solidários com as causas de quem temos por perto, assim como o desafio de desenvolver estratégias para ganhar causas que nos ligam a quem está mais distante. Somente as instituições de educação que dispõem da independência necessária das forças que dominam o mercado da oferta privada e da pública, que são salvas do peso das burocracias e do controle político podem introduzir a formação que fornece aos cidadãos em potencial uma alavanca na dinâmica pouco democrática já visível na sociedade da informação, como até hoje ocorre.

Evidentemente, esses fenômenos não são alheios à educação ou ao currículo desenvolvido nas instituições educativas. Não o são para o sistema educacional cujo propósito é difundir e facilitar a aquisição do conhecimento compartilhado por meio do sistema escolar. Graças à escolarização progressiva de mais indivíduos e durante mais tempo, a sociedade vem progressivamente se tornando a *sociedade do conhecimento*. São os indivíduos mais qualificados pelo sistema educacional os que estão nessa sociedade e a formam. Essa sociedade, que agora se qualifica como peculiar, somente cria raízes em terrenos privilegiados pela educação escolarizada, que foi a invenção antiga e moderna mais visível dedicada a distribuir o conhecimento na sociedade.

O discurso sobre a *sociedade da informação* tem se convertido em uma narrativa que trata de dar sentido à especificidade das sociedades da modernidade tardia em que vivemos e, como não poderia deixar de ser, também tem aparecido como metáfora a partir da qual uma nova narrativa para a educação seria construída. As preocupações e os discursos sobre a sociedade da informação e suas projeções adquirem, à primeira vista, um significado especial para a educação, pois esta vem desempenhando a função de cultivar o conhecimento e difundir a informação, e porque qualquer fenômeno que afete as fontes das quais os sujeitos obtêm capital cultural repercutem direta ou indiretamente nas práticas educacionais. Termos como sociedade da informação ou do conhecimento e educação aparecem inter-relacionados em seus significados, ainda que obedeçam a lógicas que podem ser, em parte, coerentes e, em parte, contraditórias.

Somamos, às grandes perguntas que fazíamos à sociedade do conhecimento, outras, agora referentes ao sistema educacional e ao currículo escolar. As instituições de educação têm levado em conta as novas condições da sociedade? Com que bagagem, usos e profissionalismo as enfrentamos? Como e no que podem colaborar para melhorá-la? Se não existe uma sociedade da informação inevitável (isto é, que haja possibilidades de orientar sua implantação e seu desenvolvimento por diversos caminhos), então, qual modelo de sociedade da informação a educação deve buscar? A educação será um elemento determinante no desenvolvimento da sociedade da informação? Será uma sociedade de cientistas e técnicos ou também de humanistas, pensadores críticos e reformadores sociais? De que maneira esses dilemas afetam o currículo?

A PRODUTIVIDADE E O MERCADO GLOBALIZADO COMO PRIORIDADES DA SOCIEDADE DA INFORMAÇÃO

Na nova era de uma economia que tem como motores do desenvolvimento e da inovação as capacidades mentais, as possibilidades de criar e ter acesso ao conhecimento, a educação e a pesquisa aparecem como as fontes de energia para acessar, sustentar e permitir o avanço do desenvolvimento e do bem-estar. A sociedade da informação é uma realidade e somente tem sido uma possibilidade de desenvolvimento nas sociedades altamente educadas ou escolarizadas, em sociedades em que amplas camadas da população podem participar na criação, na aplicação, na gestão, no uso e no consumo do conhecimento. São necessárias pessoas altamente educadas, pois somente elas são potenciais trabalhadoras e cidadãs plenas nessa sociedade. Somente os instruídos e cultos podem dar lugar à sociedade do conhecimento, somente eles podem participar e se aproveitar dela. As sociedades com populações sem altos níveis de preparo não podem ter as características das denominadas "sociedades do conhecimento".

A escolaridade primária já não é suficiente como suporte do novo modelo produtivo nos países mais desenvolvidos, mas urge dispor de uma educação secundária que seja a base de uma formação geral mais elevada que sustente um nível de educação superior e proporcione pessoas altamente capacitadas. Ao caracterizar a sociedade como "da informação" ou "do conhecimento", está-se afirmando diretamente a importância que nela tem o saber, a circulação do conhecimento, suas aplicações e seu papel nas relações sociais. Como a educação tem, entre suas missões essenciais, a difusão, crítica e revisão de alguns saberes durante a escolaridade e o desenvolvimento das capacidades humanas, a *sociedade da informação* exige e é uma *sociedade da educação* porque faz alusão ao caráter essencial que nela têm os conhecimentos fundamentais.

Hoje, não podemos deixar de admitir que a educação e a formação são fatores do desenvolvimento econômico. Essa relação está tão clara que se tornou algo muito comum levar em conta dados, por exemplo, como o número de anos de escolarização como variáveis independentes na explicação do desenvolvimento econômico. A sociedade do conhecimento faz referência, ainda que sem querer, a uma *economia do conhecimento*. Não podemos nos esquecer de que a sociedade do conhecimento é a denominação que a fase histórica de um novo capitalismo recebe, na qual o conhecimento é um componente essencial do progresso material e da produtividade (CASTELLS, 1997).

A crença de que a educação das pessoas constitui um fator para o progresso econômico da sociedade à qual pertencemos está bastante consolidada. A educação, desde que surgiu a teoria do capital humano, é apreciada como um valor, um investimento rentável para o desenvolvimento econômico. Na economia do mundo digital, com mais razão, a produtividade se vê submetida à pressão da competitividade entre os países e as regiões econômicas do mundo, na qual a formação dos trabalhadores é um fator condicionante. Essa competitividade implica valorizar, selecionar e promover o conhecimento que é mais apropriado; uma opção que não seja alheia aos currículos dos distintos níveis e modalidades da educação.

Nessa abordagem economicista à sociedade da informação podemos detectar alguns enfoques com ênfases distintas. Ogilvie (2002) distingue ao menos quatro perspectivas para compreender com mais exatidão a relação entre sociedade e conhecimento: *a)* Uma sociedade organizada em torno da produção do conhecimento no mesmo sentido que se distingue uma sociedade agrária porque suas atividades giram em torno da produção agrícola; *b)* Uma segunda perspectiva parte do fato de que os países avançados são sociedades do conhecimento nas quais o avanço tecnológico é hoje mais importante para o crescimento econômico do que era antes; *c)* Uma terceira perspectiva diz que os países avançados são sociedades do conhecimento, tanto que o sucesso econômico hoje é determinado pela habilidade dos indivíduos, e que a acumulação e transformação é tal que os produtos e mercados atuam de forma mais eficiente e flexível com a informação; *d)* Uma quarta perspectiva entende que as sociedades avançadas são as do conhecimento no sentido de que os indivíduos que não dispõem da habilidade de compreender e transformar o conhecimento – ou seja, sem altos níveis de educação – têm mais dificuldades para encontrar emprego e para conseguir determinados postos de trabalho.

Ainda que algumas dessas concepções não tenham base empírica, o certo é que hoje o conhecimento é mais determinante na economia do que foi no passado. Também é certo que, nas sociedades do conhecimento, a educação é mais longa do que fora nas sociedades anteriores.

A proposta de ligar o currículo à economia e ao trabalho se traduz em diretrizes muito distintas de acordo com o nível de emprego ao qual se refere. Da perspectiva econômica, a sociedade do conhecimento não tem, à primeira vista, implicações diretas sobre o sistema educacional que não se relaciona com a preparação para o trabalho. Portanto, nem mesmo se projeta sobre os que são mais jovens, aqueles que não são agentes econômicos. Ainda que a escolarização – e, especificamente, o currículo – dos mais jovens (que são os empregados de amanhã) não tenha por que se ver afetada por essa perspectiva utilitarista do conhecimento, na sociedade do conhecimento ela o é pelas seguintes razões:

a. A formação básica constitui, cada vez mais, a plataforma sobre a qual a formação profissional se sustenta, ela proporciona uma formação geral mais sólida. Durante o período de escolarização não se pode perder de vista o ingresso ao mercado de trabalho, mas essa meta demanda uma bagagem bem assentada, que somente uma formação geral poderá proporcionar.
b. Na sociedade do conhecimento, o trabalho que vale a pena é aquele que se associa ao progresso da economia, que exige saber adaptar, criar, valorizar e aplicar o conhecimento. Considerando que hoje as possibilidades dos indivíduos perante a educação são distintas, a competição pelo alcance do nível de formação exigido pelo trabalho mais qualificado na sociedade do conhecimento deixa importantes camadas da população condenadas à exclusão. Em relação ao passado, o desafio mais destacável da educação atual na sociedade do conhecimento reside em estendê-la e intensificá-la, redobrando o esforço para evitar que muitos indivíduos acabem sendo excluídos.

A lógica do mercado unida à aceleração de inovações às quais as atividades que configuram essa nova sociedade estão submetidas não atende necessariamente aos interesses públicos ou às necessidades de grupos e indivíduos marginalizados. A implantação de novas tecnologias tem efeitos positivos e negativos para os seres humanos e em medidas desiguais para uns e outros: podem colaborar em sua emancipação ou subjugá-los, torná-los mais livres e autônomos ou dependentes e alienados, respeitados em sua privacidade ou mais controlados, mais solidários ou mais competitivos, mais cultos ou mais embrutecidos, mais bem informados ou mais tendenciosamente orientados com relação à realidade, situados diante da realidade ou ocultos dela, participantes ativos ou consumidores passivos, etc. Há todo um novo espaço para a ética nessa nova sociedade (SALEHNA, 2002), que pode manter e acentuar deficiências e imoralidades existentes, enquanto gera outras novas. Sob essa perspectiva, que parte do rechaço ao determinismo tecnológico, a educação como força reflexivamente orientada deveria ter um valor essencial na criação de uma cultura emancipadora e democrática nas novas condições sociais.

A SOCIEDADE DO CONHECIMENTO PRESSUPÕE UMA NOVA CULTURA

As sociedades do conhecimento são consequências do capitalismo avançado, ainda que seja preciso compreendê-las como possuidoras de outras dimensões que não sejam a da projeção econômica da informação ou o seu impacto no emprego; ao menos essa dimensão não deve ser a única. O desenvolvimento dessas sociedades avançadas tem provocado múltiplas e profundas mudanças, que deveriam ser consideradas relevantes na hora de compreender os comportamentos dos educandos, assim como ao elaborar as políticas educacionais e planejar o desenvolvimento do currículo. As transformações mais importantes afetam características como a educação, a cultura, a comunicação, os estilos de vida, as relações humanas, o lazer, assim como a psicologia dos sujeitos e suas identidades.

São sociedades da aprendizagem em contextos diversos que dão oportunidades para o desenvolvimento dos indivíduos e dos povos, para o desenvolvimento da democracia, para o cumprimento do direito à educação e à justiça curricular ou para o incremento das desigualdades. Não podemos esquecer as projeções e implicações sociais, morais, políticas e na formação dos sujeitos afetados – queiramos ou não – por um contexto cultural determinado pela natureza e presença do conhecimento. A *sociedade mundial da informação* em gestação – como foi dito no relatório elaborado pela United Nations Educational,

Scientific and Cultural (2005) já citado – somente terá seu verdadeiro sentido se for convertida em um meio a serviço de um objetivo mais elevado e desejável: a construção no nível mundial de *sociedades do conhecimento* que sejam fontes do desenvolvimento para todos, e, sobretudo, para os países menos avançados.

A seguir, apresentamos (Tabela 9.1) uma relação de aspectos que são afetados, os quais se referem aos indivíduos, às atividades, às relações sociais e humanas, às formas e fontes de conhecimento e às relações entre os agentes da educação, criando, com tudo isso, a necessidade de fazer uma análise do que temos feito e do que podemos fazer no futuro.

Tabela 9.1. Efeitos destacáveis das sociedades da informação com repercussões diretas e imediatas na educação e nos currículos escolares

Dimensões	Aspectos nos quais as mudanças são produzidas	Como os indivíduos são afetados
a) Atividades individuais e sociais	Trabalho Lazer Educação Saúde Criação e difusão do conhecimento Criação e difusão da cultura Atividades da vida cotidiana	Novas oportunidades de trabalho Novas oportunidades de lazer Novas possibilidades de educação Qualidade de vida Participação na criação e recepção do conhecimento Comportamentos, percepções, etc., pessoais
b) Relações sociais	Maneiras de exercer o poder e controle Formas de governo Igualdade de acesso	Como sua liberdade é afetada Possibilidades de participação Novas fontes de desigualdade e novas formas de exclusão
c) Os indivíduos e as relações entre eles	Comunicações em geral	Mais oportunidades de comunicação com os demais para fins diversos
	Socialização: fontes	Mudanças no peso de agentes de socialização tradicionais e modernos
	Capitais	Novos capitais e novas oportunidades
	Identidades	Identidades baseadas nas novas realidades, mais complexas e instáveis
	Autonomia dos indivíduos	Mais autônomos ou manipulados?
	Vida privada	Possibilidades contraditórias
	Comunicações interpessoais	Mais bem comunicados ou mais isolados?
d) O conhecimento e a informação	Que tipo de conhecimento e de informação?	Que tipo de novos saberes e formas de aprender?
e) Os contextos e as fontes de informação	Que tipo de informação pode ser adquirida pelos diferentes contextos e fontes?	Mudança na capacidade e no domínio de certos contextos e fontes sobre os outros

Fonte: O autor.

Sem dúvida, essas mudanças estão configurando uma nova cultura e uma sociedade que certamente será diferente da atual. Somente podemos adivinhar como ela será pelo que se sucede na atualidade. Há um panorama no qual é preciso fazer perguntas e manifestar dúvidas sobre como podemos estabelecer novos princípios e novas estratégias para selecionar o currículo, dar coerência às experiências fragmentadas dos estudantes, estimular e ajudar os professores para que façam uma simbiose criadora entre o que vale a pena conservar do "antigo" e o que é mais importante no "moderno". Pensar que papel as instituições podem adotar nesse contexto é urgente e até agora não foi respondido de maneira satisfatória no programa modernizador que lhes foi encomendado.

Porém, apesar de todas as incertezas, esses temas já foram pensados no passado. A escola iluminista é a metáfora que mais claramente reflete a ideia da virtude de aprender para conhecer e de aprender certas coisas e não outras. Uma ideologia do aprender foi elaborada e se concretizou uma tradição de conteúdos e determinados hábitos de ensiná-los.

Não é necessário um grande esforço para recordar as críticas às "escolas" que esqueceram seu papel para dar sentido ao mundo percebido pelos jovens fora da classe, a crítica ao currículo dominante incapaz de compor um mapa de conhecimentos relevantes, significativos e interessantes para os alunos. As críticas aos projetos de reforma do sistema educacional costumam denunciar as políticas que adotam modelos de controle de resultados sem a previsão de estratégias e modelos para que os professores não fiquem ultrapassados ou sintam que seu conceito próprio sobre a prática se perde ou oscila sem ser reposto. As demandas da *sociedade da informação* aos sistemas escolares para que reformulem seus pressupostos, suas pautas de comportamento institucional e seu currículo apontam reclamações que não diferem de forma substancial das que foram feitas para aproveitar o uso em aula da biblioteca, dos depósitos externos do conhecimento ou do capital cultural das pessoas que não são professores.

Há algum tempo (HUSÉN, 1974; HUTCHINS, 1968) vem-se falando da "sociedade da aprendizagem" como um novo meio social no qual a aquisição de conhecimentos não tem lugar unicamente nos espaços e horários das instituições educativas, mas que existem outros cenários e contextos não escolares para aprender – de informação (e de formação) – e que, nessa sociedade da aprendizagem, será necessário aprender ao longo de toda a vida. Drucker (1969) propôs a ideia de que em uma sociedade do conhecimento o mais importante é "aprender a aprender". O Relatório Faure adotou uma posição parecida em 1972. Delors et al., (1996) destacava como o modelo de aprendizagem foi difundido muito mais além do universo dos educadores, admitindo-se a necessidade de uma formação contínua em consonância com os processos acelerados de inovação que estão ocorrendo em todos os demais âmbitos da atividade humana.

DESENVOLVIMENTOS PRÁTICOS POSSÍVEIS DA EDUCAÇÃO NA SOCIEDADE DO CONHECIMENTO

A projeção que a sociedade do conhecimento tem sobre o currículo é importante e complexa, oferece múltiplas facetas e possibilita várias melhorias. Seria necessário um vasto programa de pesquisa para organizar o que já sabemos e as incertezas sobre as quais devemos fazer indagações.

- Que currículo dá respostas mais coerentes com a nova condição da sociedade moderna em geral? Como tornar possível que conteúdos sejam introduzidos nas práticas educacionais e se realizem as atividades mais convenientes a fim de proporcionar um conhecimento suficiente das características dessa nova sociedade?
- Que instrumentos intelectuais são mais adequados para entender a nova sociedade, seus efeitos sobre nós, em nossa vida cotidiana, no trabalho, nas atividades de entretenimento, nas relações sociais, etc.? Tais mudanças determinam os valores e as motivações, as ideias, os contextos, as prioridades dos indivíduos e da sociedade.
- É preciso esclarecer as transformações e os desequilíbrios que os agentes educacionais experimentam, o peso relativo

da família, dos professores, das mídias, dos iguais e de instituições variadas, como consequência da penetração das novas tecnologias para a comunicação.
- Como uma instituição educativa que não possui o controle dos fluxos de conhecimentos e informações é configurada; como organizar seu espaço e seu tempo em uma situação tão fluída, com novos meios e com a aparição de entornos de aprendizagem distintos dos que têm configurado a cultura das organizações que temos?
- Como fazer com que todos e todas tenham a oportunidade de ter acesso às possibilidades oferecidas pelos novos meios e usá-las sem discriminações e sem que ninguém "fique para trás"?
- Como extrair as consequências para o desenvolvimento do currículo, ser consciente das práticas de rotina que freiam as mudanças necessárias, das metodologias de ensino-aprendizagem (ensinar-aprender), do surgimento de um novo contexto de ensino-aprendizagem, de novas maneiras e instrumentos para se comunicar, expressar e aprender?
- Que consequências surgem no exercício do direito à educação em condições de igualdade, como a disponibilidade de políticas e a realização de programas para acabar com as desigualdades?

Analisando mais a fundo, nos é mostrada a possibilidade de seguir trajetórias distintas e desiguais na aquisição do conhecimento. A existência da separação epistêmica entre zonas ou especialidades, a relevância acadêmica dessas especializações e seu desigual valor de transformação nas atividades de trabalho evidenciam as diferenças e desigualdades que se relacionam às distintas "categorias" do conhecimento. Especializar-se nelas pressupõe se situar em posições diferentes nas dinâmicas da sociedade do conhecimento. A cisão do saber que Snow (1977), por exemplo, denominou as duas culturas (ocupa-

das, respectivamente, dos âmbitos exterior e interior do ser humano), ou outras classificações (ciências da natureza e ciências do espírito, ciências da natureza e humanas, ciências *versus* letras, etc.) permitem possibilidades desiguais a sujeitos distintos na nova sociedade.

Essa ressalva nos faz prever consequências para a educação em geral e, mais concretamente, no interesse que diferentes segmentos sociais podem ter pelas distintas especializações do saber, assim como nas pressões para ocupar o tempo escolar.

O conhecimento e suas especializações não são neutros e são valorizados de forma desigual pela sociedade e pelos seus setores de acordo com seus interesses e segundo o capital cultural do qual os setores sociais mais influentes dispõem, segundo tradições culturais, em função de sua aplicabilidade no mercado de trabalho, da implantação que tiveram e têm no próprio sistema de ensino, etc. Portanto, a disponibilidade, o cultivo e o domínio dessas especialidades constituem formas diferentes e, talvez, desiguais de participar na sociedade do conhecimento. Convém saber como esta se apresenta na atualidade, pois a partir da realidade presente criamos o futuro.

UMA NOVA NARRATIVA PARA PENSAR O PRESENTE E O FUTURO DO CURRÍCULO

Problemas de concepção que são opções para a educação

É importante, agora, elucidar as principais diferenças entre os conceitos de *informação* e *conhecimento*, porque adotar um ou outro pode ter importância para a concepção da educação, em geral, e do currículo, em particular. Utilizamos termos na linguagem comum que, como ocorre no caso dos verbos de ação *saber, aprender, conhecer, informar-se*, etc., referem-se a ações mentais que têm lugar no interior dos sujeitos e cujo significado se sobrepõe em muitas ocasiões; como ocorre também com os substantivos correspondentes: o(s) *saber(es)*, o aprendido ou *aprendizagem*, o *conhecimento* e a *informação*. Mas as principais distinções que apreciamos em cada um desses termos permitem tornar mais preciso o discurso a fim de que compreendamos a realidade e em que sentido desejamos que ela mude.

A *informação* se refere à ação e ao efeito de informar, ao intercâmbio, à comunicação, à transação ou ao transporte de dados, fatos ou saberes por meio de algum tipo de linguagem; refere-se a algo que é sabido por alguém. Aqueles que têm informação a adquiriram ou têm conhecimentos que fazem falta àqueles que não a tem. É como o significado objetivável ou objetivado que é acumulável, que permite ampliar ou adquirir saberes sobre uma determinada matéria, aos conhecimentos comunicados. A *informação* é aquilo sobre o qual alguém se informa ou pode se informar. Poderíamos dizer que é algo que existe independentemente dos sujeitos, algo que se condensa em alguma forma de codificação. A *informação* é algo quase material, é o conteúdo emitido e que circula pelos diversos meios e formas de *comunicação* – o que se transmite –, é o *significado codificado* mais bem instruído ou educado no sentido de possuir mais informação.

O *conhecimento* é entendido como a ação e o efeito de conhecer, o entendimento ou a inteligência. Dizemos que se perde e se recupera o conhecimento ou se tem o conhecimento de... como um estado psicológico pontual no funcionamento dos sentidos e das funções intelectuais. O conhecer e o conhecimento se referem aos processos ou às atividades internas de elaboração ou de transformação de dados, informações ou saberes. Entendemos também que ele pode ser obtido como o *corpus* elaborado e sistematizado que é expresso e despersonalizado em uma obra escrita, por exemplo.

Os verbos *informar* e *informar-se* apontam atividades cujo significado está mais nitidamente diferenciado a respeito do verbo *conhecer* do que os substantivos *informação* e *conhecimento*. Não obstante, o plural *conhecimentos* faz alusão aos saberes e às informações acumulados, objetivados e transmissíveis.

Essa discussão não tem fim nem podemos esperar que cheguemos ao estabelecimento de definições inequívocas dos termos dos quais nos valemos para expressar o que pensamos, sentimos ou queremos. Adotemos a posição de que o discurso em torno da *informação* e do *conhecimento* nos servirá para fazer as seguintes distinções:

Tabela 9.2. A carga desigual de significados entre informação e conhecimento

A informação se refere mais a:	O conhecimento se refere mais a:
Saberes objetivados que estão fora de nós.	Processos de elaboração interna dos sujeitos e de seus produtos objetivados.
Não é necessariamente sistematizada ou organizada. Ela é mais fragmentada.	Tem algum tipo e nível de organização, ainda que seja somente sob o ponto de vista do sujeito.
Admite o tratamento pelas "máquinas".	Sua elaboração e organização são processos genuinamente humanos porque implicam o exercício de ações intelectuais.
Algumas pessoas têm mais que outras.	Algumas pessoas são capazes de realizar essa atividade interna de forma mais complexa que outras, considerando mais ou menos dados, informações e conhecimentos prévios.
Sua existência é independente dos sujeitos.	Sem a implicação dos sujeitos, a informação não passa a ser conhecimento para eles.

Fonte: O autor.

Da informação ao conhecimento: a que se pode aceder?

Tanto no sentido subjetivo quanto no objetivo, a informação e o conhecimento são muito variados, de acordo com o que se referem, com a extensão que têm, sua complexidade e seu nível de elaboração. Podemos conhecer poucas ou muitas coisas, podemos dispor de conhecimentos mais ou menos superficiais, mais ou menos elaborados e integrados entre si, procedentes de culturas variadas e de períodos distintos. As informações circulam pelos meios de comunicação, pelas escolas, pelas conversas, pelos livros, pelas revistas, pela internet, etc. As informações circulam pelos meios de comunicação e, por meio deles, chegam aos indivíduos, com esses mesmos contrastes.

Ao propor um esquema sobre o percurso que ocorre da informação ao conhecimento, queremos apontar, apesar de todas as imprecisões linguísticas dos termos *informação* e *comunicação*, uma diferença essencial. Sob o ponto de vista do sujeito, o essencial é a apropriação da informação para que, uma vez transferida e transformada em conhecimento subjetivo, passe a ser o conteúdo de determinados processos cognitivos. Essa possibilidade da apropriação dependerá da informação, do sujeito e do tipo de relação que se estabeleça entre os mesmos.

a. O acervo universal da informação e do conhecimento

Atualmente, é importante a grande quantidade de informações existente que constitui a base do potencial para nutrir os processos que dão lugar à produção de conhecimentos na chamada sociedade da informação; a qual gostaríamos que fosse denominada "sociedade do conhecimento". À medida que os seres humanos foram ampliando o horizonte de seus contatos fora de seu território e de seu meio original de vida, foram obtendo e acumulando saberes, conhecimentos e informações muito variados que se mantiveram graças à sua permanência na memória coletiva e sua reprodução por meio de narrações. A informação recordada se tornou objetiva e foi fixada em livros e bibliotecas; hoje, isso é feito em bases de dados e seus suportes. Tanto o acervo que acumula a memória coletiva quanto a informação objetiva existente são incomensuráveis e inabarcáveis. Graças à escrita, à imprensa e, hoje, às possibilidades da digitalização de sons, imagens, textos e construções virtuais, uma grande gama de saberes foi gerada, constituindo o grande acervo existente e potencialmente acessível, mas não abarcável.

Ao longo da história da humanidade, podemos encontrar exemplos de uma paixão por acumular todo o saber e torná-lo disponível, com foi o caso da Biblioteca de Alexandria. Ela foi criada nos séculos IV a III a.C.; no tempo de Júlio César (séc. I a.C.) contava com 700 mil volumes (pergaminhos), manuscritos oriundos de todo o mundo conhecido e cópias para empréstimo. Em 1990, na apresentação do projeto da nova Biblioteca Alexandrina, manifestou-se a vontade de que servisse "de testemunho de um momento decisivo na história do pensamento humano: [...], um empreendimento original que abarque a totalidade e diversidade da experiência humana".[1] A Biblioteca Digital Mundial, um projeto liderado pela Biblioteca do Congresso dos Estados Unidos, que está dando seus primeiros passos, é a última amostra desse afã compilador universalista.[2]

As telecomunicações, e, especialmente, a ferramenta internet, permitem que o crescimento das informações seja progressivo e cada vez mais veloz. As possibilidades que esse fenômeno de acumulação promete são tão imensas como desconhecidas, sendo difícil dispor de alguma forma de organização desse acervo – algum tipo de grande índice ou glossário – para facilitar que se possa localizar aquilo que em determinado momento nos interessa ou do qual precisamos ou que, pelo menos, que possamos saber que as informações estão disponíveis para obtê-las; ou seja, que haja alguma ordem e algum mapa para navegar. Nesse oceano de informações, existem, não obstante, arquipélagos de pequenos conjuntos de informação organizados de forma coerente e fixados em nosso mapa. É fácil se perder. Uma abordagem a essa possibilidade – ou melhor, uma necessidade – de dispor de coordenadas para a "navegação", hoje, é desempenhada os buscadores inteligentes, como o Google.

b. O conhecimento disponível

É evidente que um acervo universal de conhecimento ou de informação não está disponível como tal em uma base de dados ou em uma biblioteca universal e, da maneira como está disponível, não pode ser totalmente acessível nem o seria para todos da mesma maneira. As possibilidades de armazenamento vêm aumentando de forma exponencial nos últimos tempos, mas o acesso totalmente aberto à informação é, e continuará sendo, uma utopia dificultada por limitações nas bases de dados, pelos custos dos processos de digitalização, pela insuficiência de navegadores e pelo preconceito que alguns meios de informação têm; a própria escola pode ser um obstáculo.

c. A informação acessível

Sendo realistas, o que conta para a educação e para o desenvolvimento do currículo é a informação que está realmente acessível. Na realidade, na sociedade da informação, nem toda a informação circula abertamente pelas redes de comunicação. Diversos tipos de empecilhos dificultam essa potencialidade: falta de disponibilidade de tecnologia para seu acesso, limitações locais, carência de recursos documentais, disponibilidade de tempo, apropriação e controle privados do conhecimento "valioso", tributações dos produtos culturais, pressões e privilégios das corporações de criadores e difusores do conhecimento (os direitos autorais, por exemplo), censura, tradições nas disciplinas que determinam o cânone que distingue o conhecimento, classificando-o em territórios localizados junto aos filtros que as próprias tradições de ensino de matérias impõem aos distintos níveis educacionais.

O desafio – e essa é a função do currículo – é permitir que os sujeitos se apropriem abertamente de mais e melhores informações, com algumas reservas. A informação por si mesma não nos serve, mas sim a informação que seja relevante, tenha coerência interna (organização) e que possua a funcionalidade para poder ser aproveitada – com uma metodologia pedagogicamente adequada –, para despertar e sustentar os processos de formação que consideramos convenientes. Somente assim a informação poderá ser convertida em conhecimento significativo, enriquecedor das capacidades do ser humano. Somos nós que, sob uma visão pedagógica, devemos encontrar a funcionalidade das TIC, em vez de serem elas e os interesses que as rodeiam que lhes imponham seu modelo educacional.

Em todo caso, o desafio de elaborar um currículo e desenvolvê-lo, a fim de nutrir a cultura subjetiva de nossos estudantes nesse mundo sobrecarregado de informações, implica a definição do problema do que selecionar com mais urgência e dificuldade. Tal seleção é realizada nos movendo em circunstâncias de muita incerteza e provisoriedade, quando a participação democrática é mais complexa, ocorrendo tudo isso em um contexto de globalização (GIMENO SACRISTÁN, 2001) e no centro de processos de transformações sociais aceleradas.

d. O acesso real à informação

Pouco serve estar em um mundo pletórico de informação potencialmente acessível se não se tem acesso a esse mundo.

A informação à qual os estudantes podem ter acesso está submetida às regras que imperam no âmbito curricular, no projeto (na seleção e formatação dos conteúdos) e no desenvolvimento do currículo (sua realização nos processos de ensinar-aprender). O frequente excesso de regulamentação à qual a cultura escolar é exposta a converte em um bloco cultural muito rígido que reflete não somente no que se considera valioso para ser ensinado e aprendido em cada momento, mas também nas fronteiras entre os conteúdos agrupados nas disciplinas, muito presentes na cultura profissional dos docentes. Porém, sobretudo, essa regulamentação é importante, pois delimita a fronteira entre a cultura interna – a dos currículos – e a externa ao mundo escolar. A primeira é regulada por tradições rígidas com fortes delineamentos fronteiriços e isolada da informação que circula fora dela. Na sociedade da informação, a ordenação da cultura regulamentada interna propiciada pelo currículo pode ser um empecilho para o desenvolvimento dos sujeitos que têm oportunidades de ter acesso ao mundo cultural exterior. As aulas fechadas nas instituições, isoladas da bagagem cultural acessível, são a realidade contestada já hoje por outras formas de aprender. No mundo aberto, inabarcável, e disperso de uma sociedade na qual tanta informação flui e tanto conhecimento é acessível, o problema é o contrário: a desregulamentação, a falta de critério, a desorientação, a carência de estruturas e esquemas para ordenar a aprendizagem, para consolidar uma ordem no pensamento e uma coerência na ação.

O acesso a fontes, redes e recursos é uma condição da sociedade da informação. Sua realização dependerá da educação prévia dos sujeitos, do domínio de idiomas, da capacitação para selecionar, do treinamento autodidata, da riqueza e variedade dos ambientes: familiar, da cidade, oferecido pelos meios de comunicação, do exigente mundo laboral, social e cultural.

O acesso ao conhecimento é facilitado e orientado por fatores sociais e culturais que hoje refletem as diferenças e desigualdades no conhecimento. Citaremos alguns exemplos. Admitimos com naturalidade que, por trás das especialidades, escondem-se valorações desiguais dos saberes; aceitamos que as especialidades escolhidas têm consequências para o presente e o futuro de quem escolhe entre uma e outra das ramificações existentes. Sabemos que, dentro de um plano de estudos, há matérias mais valorizadas que outras; como existe uma desigual valorização da *teoria* e da *prática*, o menosprezo pelas artes dentro dos currículos, o pouco lugar dado aos estudos sobre as mulheres, a desigual presença que têm as artes, como o desenho, que, por sua vez, tem mais espaço que o teatro, por exemplo. São notórias as desiguais oportunidades de acesso a uma especialidade ou outra.

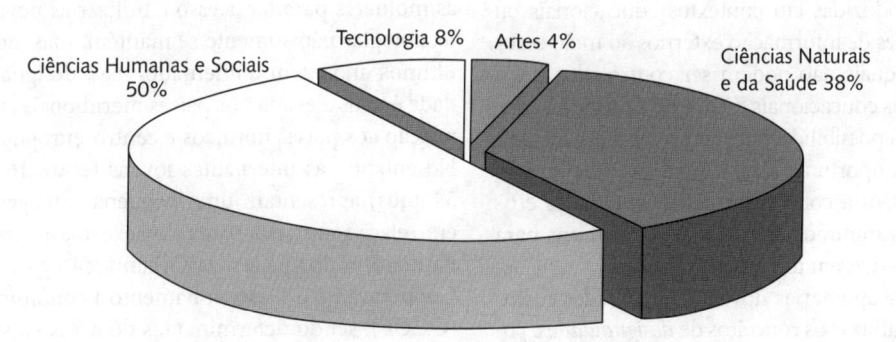

Tecnologia 8% Artes 4%
Ciências Humanas e Sociais 50%
Ciências Naturais e da Saúde 38%

Figura 9.1. Percentual de mulheres que escolhem as distintas modalidades de bacharelado (2007-2008). Fonte: Espanha (2009).

Assim, por exemplo, podemos observar uma presença desigual de estudantes nas diversas áreas de bacharelado e nos grupos de titulações que se relacionam aos tipos de conhecimentos dos estudos universitários na Espanha.

Observamos que a metade dos bacharéis cursa as especialidades de Ciências Humanas e Sociais (mais as mulheres do que os homens).

Assim também, no nível universitário, as Ciências Humanas, Sociais e Jurídicas acolhem quase a metade da população estudantil.[3] No entanto, esses estudos atraem as dotações orçamentárias para pesquisa e desenvolvimento de sete a oito vezes menos que as engenharias. Os órgãos internacionais costumam destacar a conveniência de inverter essas tendências para que a educação se acomode melhor ao sistema de produção. Mas algo deve estar ocorrendo quando os sujeitos preferem ingressar em outros campos do conhecimento; essa distribuição desigual não pode ser fruto do acaso.

e. Quem tem acesso

Uma "nova" sociedade não pode deixar de ser pensada em termos de melhoria da cultura e das práticas democráticas, de mais coesão, capacidade de inclusão e maior justiça. Isso implica e exige uma educação com as mesmas características, e outro tanto deve ser exigido do currículo – ou seja, dos conteúdos, que devem ser pensados para que esses requisitos sejam viáveis. Uma sociedade do conhecimento democrática, inclusiva e justa exige de um sistema educacional instituições, alfabetizações, um currículo e o desenvolvimento de determinadas práticas de acordo com essa sociedade pretendida.

A justiça a que aspiramos tem mudado suas exigências nas sociedades da informação, porque se somam a ela novos fatores e mecanismos de discriminação e porque essas desigualdades são produzidas em contextos educacionais ou em redes de informação externos ao meio escolar, os quais não podem ser controlados pelos sistemas educacionais. O direito de todos à educação, à possibilidade de ter acesso a ela, à igualdade de oportunidades, às políticas distributivas que visam a compensar as desigualdades e os direitos mínimos que devem ser comuns para todos requerem um replanejamento.

Para apontar as novas desigualdades costuma-se utilizar os conceitos de *desigualdade* e *pobreza digital*, manifestados na dotação desigual de meios ou recursos disponibilizados aos usuários (sejam eles indivíduos, famílias, grupos sociais, culturais e econômicos, países, etc.), ou manifestados no grau de conhecimento e nos distintos tipos de utilização que diferentes usuários fazem ou podem fazer. Com o conceito de "pobreza digital" busca-se assinalar o nível mínimo de acesso, disponibilidade para o uso e consumo das diversas possibilidades das TIC.

Se a internet representa o fenômeno mais destacado da sociedade da informação, então seria necessário considerar a desigualdade do acesso a ela, seus usos e o tipo e valor de informação à qual se tem acesso. São regras que marcam que tipo de sociedade está sendo construída: uma sociedade na qual a presença dos homens é maior que a das mulheres, na qual os jovens participam mais que os adultos, na qual os desempregados têm menos presença; uma sociedade na qual, à medida que se tem maior nível de escolaridade cursada, mais frutífero é o uso das TIC; onde quem vive em pequenos povoamentos tem menos oportunidades que quem reside nas grandes cidades.[4]

O gênero pode ser convertido em mais um fator de inclusão (ou de exclusão) social na sociedade do conhecimento – tanto ou mais do que hoje ocorre. Vejamos dois exemplos:

1. Ainda que ambos os sexos utilizem de forma similar as ferramentas de comunicação (*e-mail*, *chats*, etc.), as mulheres utilizam a internet com menos frequência e intensidade que os homens. A desvantagem digital desfavorável às mulheres para ter acesso e utilizar as novas tecnologias não somente se mantém, mas, nos últimos anos, tem aumentado. Essa desigualdade é mais elevada nos países meridionais em relação aos países nórdicos e centro-europeus. No entanto, as internautas jovens (entre 16 e 34 anos) apresentam uma pequena vantagem em relação aos seus pares do sexo masculino na maioria dos países da Organização para a Cooperação e o Desenvolvimento Econômico (OCDE), sendo determinantes do acesso a situação de trabalho das mulheres e o nível educacional por elas alcançado. O fato de estarem ou não empregadas aumenta ou diminui de forma bastante notável o uso que as mulheres fazem da internet. A tendência geral é que, quanto maior o nível de estudos, menor é a diferença entre homens e mulheres e vice-versa.

2. As diferenças de gênero que se mostram também na escolha dos estudos universitários (Figura 9.2) confirmam o fato de que, ainda que a mulher chegue aos estudos universitários em maior número que os homens, ela o faz cursando certas modalidades do conhecimento em detrimento de outras. Além disso, ainda que a presença das mulheres seja superior à dos homens na maioria dos diferentes tipos de estudos, elas, entretanto, têm uma baixa representação entre os doutorandos que apresentam uma tese de doutorado. Isso significa que não estamos instalados na sociedade do conhecimento de qualquer maneira, de forma abstrata, mas sob a regulação de normas que afetam a valorização e distribuição do conhecimento na sociedade.

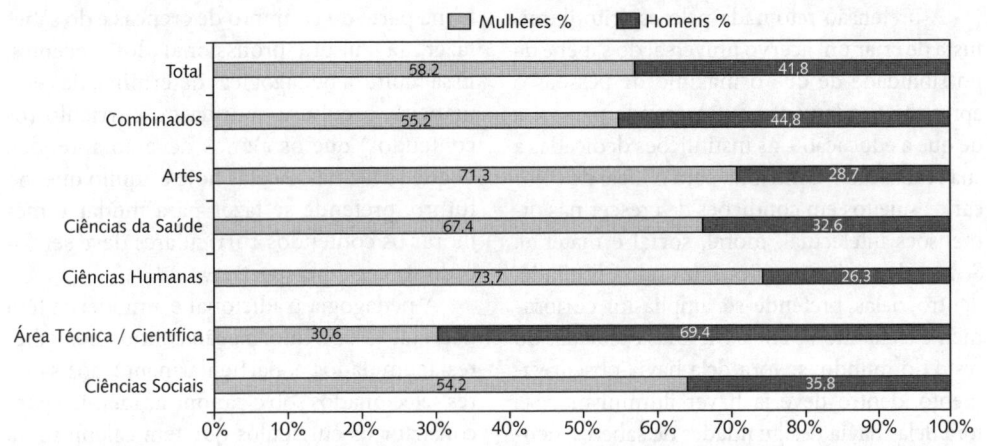

	Mulheres %	Homens %
Total	58,2	41,8
Combinados	55,2	44,8
Artes	71,3	28,7
Ciências da Saúde	67,4	32,6
Ciências Humanas	73,7	26,3
Área Técnica / Científica	30,6	69,4
Ciências Sociais	54,2	35,8

Figura 9.2 Percentual de mulheres e de homens que cursam diferentes tipos de estudos universitários. Fonte: Espanha (2008).

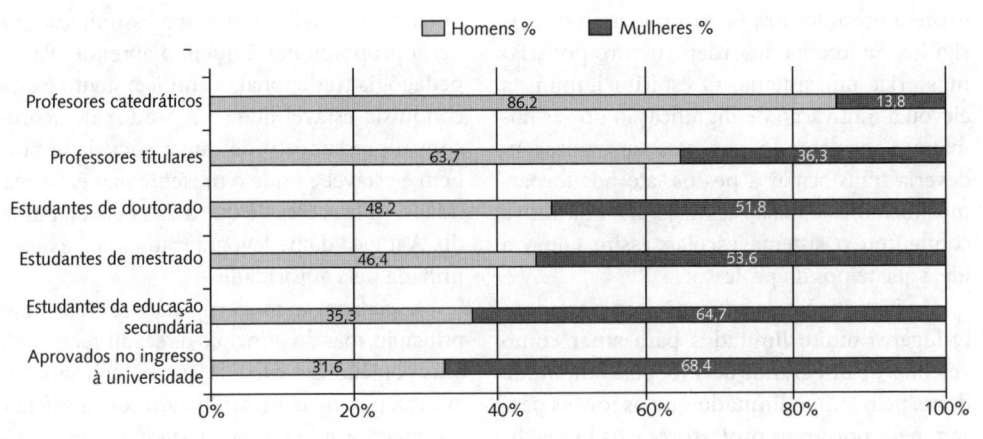

	Homens %	Mulheres %
Profesores catedráticos	86,2	13,8
Professores titulares	63,7	36,3
Estudantes de doutorado	48,2	51,8
Estudantes de mestrado	46,4	53,6
Estudantes da educação secundária	35,3	64,7
Aprovados no ingresso à universidade	31,6	68,4

Figura 9.3 A presença desigual das mulheres nas categorias de professores na Universidade. Fonte: Espanha (2008).

Uma sociedade justa exige uma educação justa e esta tem de desenvolver um currículo bem pensado que a torne viável. Uma sociedade do conhecimento justa exige, de um sistema educacional, instituições de educação, uma alfabetização, um currículo e o desenvolvimento de certas práticas de acordo com essa sociedade almejada. A justiça a que aspiramos tem mudado suas exigências nas sociedades da informação. O direito de todos à educação, a possibilidade de ter acesso a ela, a igualdade de oportunidades, as políticas distributivas que buscam compensar as desigualdades e o mínimo que devem ser comuns para todos requerem um replanejamento.

ALGUNS DESAFIOS EM RELAÇÃO AO CURRÍCULO

A pretensão retomada pelo espírito iluminista de criar um acervo universal do saber e da possibilidade de que o máximo de pessoas o aproveite fundamenta outra grande paixão: a de que a educação – as instituições dedicadas à sua realização – contribua para o ideal de colocar os sujeitos em condições de crescer nas dimensões intelectual, moral, social e material. Se fora dessas instituições, o mundo é limitado, dentro delas pretende-se ampliá-lo, curiosamente fechando-se em si mesmas e isoladas do resto do mundo; se fora dela havia obscurecimento, dentro deveria haver iluminismo. Se, fora delas havia desigualdades de saberes, dentro, eles poderiam se igualar. Se fora é difícil encarar a evidência do ser e do sentido das coisas, dentro isso poderia ser ensinado. Se fora existem preconceitos, dentro poderíamos corrigi-los. Se fora há desordem, dentro poderíamos criar um sistema. O espírito iluminista elevou a motivação de dignificação do ser humano, considerando que essa aprendizagem deveria transformar a pessoa, até nos tornarmos melhores e mais racionais. Essa narrativa configurou o sistema escolar, assim como a ideia que temos do professor.

As instituições de educação são claramente lugares muito limitados para atuar como veículos de um grande acervo, pela amplitude deste, pelo tempo limitado que os jovens passam nele, por ter os professores e os livros didáticos como fontes dominantes de informação e, principalmente, porque costumamos ter rotinas seletivas para entrar no mundo do estoque global da informação. No primeiro capítulo deste livro falou-se sobre algumas das condições históricas nas quais o conceito de currículo surgiu e se manteve como um mecanismo e instrumento de regulação dos conteúdos a serem abordados pelos professores nas aulas. Essas práticas, graças à sua permanência no tempo, têm dado lugar a uma cultura pedagógica dominante (PÉREZ GÓMEZ, 1998) que tem sido um filtro para a seleção dos conteúdos e determina o ensino, define os critérios pelos quais os estudantes serão avaliados. Além disso, essa cultura se torna parte do conjunto de crenças e do saber fazer da cultura profissional dos docentes. Essa "cultura pedagógica" determina, de certa maneira, a cultura contida no currículo (os conteúdos) que os alunos deverão aprender. O que se faz nas escolas hoje e aquilo que, no futuro, pretende-se fazer para mudar e melhorar os conteúdos curriculares deve ser focado sob essa perspectiva.

A pedagogia tradicional e a moderna têm dado tal valor à informação contida nos saberes acumulados e, particularmente, aos saberes selecionados sob o cânone acadêmico para construir os currículos que têm calcificado a cultura no sistema escolar, como se sua finalidade estivesse contida em si mesma, vinculando-a aos ritos escolares que desvirtuam os potenciais benefícios que sua assimilação poderia proporcionar a quem a aprende. Para a pedagogia tradicional, o conhecimento é uma conquista estável que se reproduz de acordo com o pressuposto de que a sociedade também é estável e onde o presente não é, na realidade, outra coisa do que a vivência do passado. A lógica da pedagogia tradicional é determinada pela autoridade.

A pedagogia moderna não se vale desse princípio, mas do princípio de seguir renovando seus conteúdos à medida que o conhecimento avança, porém, compartilhando com a orientação anterior a fé em que a ordem interior dos sujeitos – o saber que resulta da aprendizagem – deve se acomodar e ser guiada pela racionalidade inerente à informação do conhecimento sistematizado. A escola deve se acomodar ao ritmo do progresso social, em geral, e ao ritmo do saber, em particular, em uma carreira cada vez mais acelerada em um mundo que se acredita ainda dominável graças ao conhecimento científico. O crescimento acumulativo do saber e sua acelerada revisão tornam cada vez mais difícil a tarefa de pensar em um possível mapa de informações ordenado para que, se possa, a partir da ação de ensinar, construir aquela ordem interior nos sujeitos com uma identidade coerente quando o universo exterior se "desordena" e se torna mais complexo. A confiança no poder da educação teve de passar da segurança no conhecimento como conteúdo do ensino à busca de outra ordem interior: o que as aprendizagens formais proporcionavam que poderia capacitar o aluno para continuar aprendendo, acreditando que o mundo é ainda previsível e que a linha marcada pelo progresso ainda continua.

Querer aprender, saber aprender, poder realizar a aprendizagem, distinguir o essencial do irrelevante, ter um pensamento racional e ordenado, distinguir o que são fatos do que são opiniões, saber argumentar e se expressar da maneira mais precisa, correta e bela possível, já eram metas indispensáveis para a melhoria da condição humana quando a sociedade não se chamava de sociedade "da informação". Seja por bem ou por mal, esta tem sido uma das missões da escolaridade. A educação proporcionada pelas instituições escolares se justificou, ao menos em uma parte importante, pela sua capacidade de transmitir e difundir conhecimento ou informação em um sentido amplo e, se a sociedade *da informação* existe, onde seja ou para quem seja, deve-se ao êxito que a educação teve.

A informação da sociedade do conhecimento, como ocorria com a contemplada pelo modelo clássico ao qual fizemos alusão em primeiro lugar, tem de se converter em *capacitação* do sujeito para entender o mundo que representa a sociedade complexa para adquirir a condição de ser reflexivo e inserido na mesma de forma ativa. Informações sobre o existente e sobre conhecimentos elaborados disponíveis não se tornam *saberes* para os sujeitos receptores pelo fato de se mostrarem ou porque eles se colocam em contato com os mesmos.

A sociedade do conhecimento ou da informação propõe novos sentidos ao conhecimento "ensinável", regulamentações muito distintas desses conteúdos, formas de colocar os aprendizes em contato com os conteúdos, novas fórmulas de controle, assim como uma ruptura das coordenadas espaço temporais tradicionais com as quais se regulava um artefato cultural construído, como é o currículo. Na verdade, até podemos duvidar da utilidade do conceito regulador do currículo na nova situação.

Em suma, as mudanças que nos fazem pensar em um processo de ensinamentos diferente têm sua motivação nas seguintes características:

Tabela 9.3 Respostas às novas demandas para o currículo

a) Muda o conteúdo para o currículo.	Diversidade de conteúdos. Graus de relevância muito diversos que devem ser filtrados. Fontes de informação diferentes. Graus de elaboração e organização da informação que não são fáceis de integrar.
b) Aparecem novos suportes do saber.	Documentação escrita digitalizada. Ampliam-se os objetos visíveis. Tudo o que pode ser digitalizado é aproveitado e incluído: textos, imagens, sons, etc.
c) A importância das condições de acesso às informações.	Disponibilidade material de meios. Condições de uso. Restrições no acesso. Saber o que convém aprender.
d) Progredir nas condições dos sujeitos.	Condições favoráveis dos sujeitos. Tempo disponível. Institucionalização. Objetivos dos sujeitos para a busca.

Fonte: O autor.

NOTAS

1 Declaração de Aswan. Fevereiro de 1990.
2 Declaração de Aswan. Fevereiro de 1990.
3 Estudo da oferta, demanda e matrícula de ingressantes nas universidades públicas e privadas. Ano letivo de 2007-2008.
4 Perfil sociodemográfico dos internautas. Análise de dados do INE. Primeiro semestre de 2006.

REFERÊNCIAS

APPLE, M. *Ideología y currículum*. Madrid: Akal, 1986.
CARNOY, M. *El trabajo flexible en la era de la información*. Madrid: Alianza, 2001.
CASTELLS, M. *La era de la información: economía, sociedad y cultura*. Madrid: Alianza, 1997.
DELORS, J. et al. *La educación encierra um tesor*: informe a la UNESCO de la Comisión Internacional sobre la Educación para el Siglo XXI. Madrid: UNESCO, 1996.
DRUCKER, P. *The age of discontinuity*. New York: Harper and Roy, 1969.
ESPANHA. Ministério da Ciência e Inovação. *Dados básicos do sistema universitário espanhol:* ano letivo 2008-2009. Madrid: MCI, 2008.
ESPANHA. Ministério da Educação. *Dados e cifras 2009-2010*. Madrid: MEC, 2009.
GIMENO SACRISTÁN, J. *Educar y convivir en la cultura global*. Madrid: Morata, 2001.
HUSÉN, T. *The learning society*. London: Methuen, 1974.
HUTCHINS, R. *The learning society*. London: Penguin, 1968.
OGILVIE, E. Educational objectives in advanced countries: some economic consideration. In: SMITH, B. (Ed.). *Liberal education in* a *knowledge society*. Chicago: Open Court, 2002. p. 35-65.
PÉREZ GÓMEZ, A. I. *La cultura escolar em la sociedad neoliberal*. Madrid: Morata, 1998.
SNOW, C. P. *Las dos culturas y un segundo enfoque*. Madrid: Alianza, 1977.
UNITED NATIONS EDUCATIONAL, SCIENTIFIC AND CULTURAL ORGANIZATION. *Hacia las sociedades del conocimiento*. Paris: UNESCO, 2005.

PARTE III
Âmbitos de configuração e de tomadas de decisão do currículo: as práticas em seu desenvolvimento

10 O currículo formal: legitimidade, decisões e descentralização

Francisco Beltrán Llavador
Universidade de Valência

O currículo que passará a ser empregado, assumindo para isso os formatos outorgados, dependerá, tanto em seu conteúdo quanto nos próprios formatos, não apenas das determinações tratadas no restante desta obra, mas também e, sobretudo, das decisões adotadas para cada caso e situação, por parte das instâncias administrativas que estão legitimadas para assumir essa capacidade; ainda que isso não negue a faculdade de ações mediante as quais outros níveis – inclusive, às vezes, o mesmo nível – improvisem ou articulem diferentes modos de oferecer resistência à adoção prática de tais decisões.

A MACROPOLÍTICA DO CURRÍCULO E SUAS IMPLICAÇÕES NOS ÂMBITOS MICRO: ESTRUTURAS CURRICULARES E RELAÇÕES DE PODER

No Capítulo 2 foi dada uma definição *ad hoc* de "política" que permite seu entendimento em termos de luta (MOUFFE, 1999) e, consequentemente, não pretende eliminar uma das contrapartes; ao contrário, acarreta um permanente enfrentamento entre elas. Essa acepção de política enfatiza a dimensão móvel e inacabada do currículo, seu processo de reconstrução permanente derivada das posições de seus agentes principais. Não importa quais eles sejam, ainda estando vinculados ao particularismo de cada caso, nunca será possível excluir, como mínimo, o Estado ou algum dos poderes que o integram e representam, a Sociedade Civil e as outras dimensões potentes da vida coletiva, como a economia, a tecnologia, etc.

Tais instâncias, que, para a cidadania, os professores ou mães/pais dos alunos, poderiam parecer muito distantes ou mesmo alheias à vida escolar cotidiana são, certamente, as que interagem entre si preparando o terreno para afirmar nele as estruturas variáveis nas quais se inserirá e se construirá o currículo. Mais particularmente, no território definido pelos atores assinalados, podem ser gerados movimentos aos quais se pode atribuir a produção de tensões entre a estrutura do sistema, seus atores mais diretos e o núcleo de identidade que singulariza cada uma dessas instituições ou organizações.

De tudo isso, põe-se de manifesto que tanto a macro quanto a micropolítica escolar, citadas respectivamente nos parágrafos anteriores, compõem uma rede oculta que aponta a existência de um substrato inferior do currículo onde se definem as condições que, na superfície, poderiam parecer resultado do exercício de um poder invisível, como relações que se estabelecem entre pessoas e/ou instâncias (o que não deve ser interpretado de forma errônea nem como uma conspiração); um poder evidenciado nos efeitos, aparentemente irrevogáveis, de um determinado currículo. Esse assunto foi abordado em um capítulo anterior, estabelecendo que tal rede oculta era formada pelo que chamamos de determinações complexas.

Política estatal e economia capitalista como estruturas para as regulações curriculares centralizadas

Certamente, a política originada no seio de um Estado, nunca homogêneo em seus componentes, leva, mediante seu aparato legislativo, ao estabelecimento entre as partes, se não opostas, ao menos heterogêneas, de acordos que, sob o formato de normas respaldadas juridicamente, estruturarão e delimitarão os espaços antes assinalados, no interior dos quais regirão sucessivamente as regras do poder; é o traçado dessas regras que confere licitude a um currículo determinado. Em síntese e lido de trás pra frente, começando pelas conclusões, todo o currículo está determinado, mas sua licitude dependerá de que ele siga algumas regras estabelecidas pelo poder dominante – que nunca é exclusivo – ele resulta da confrontação entre facções do Estado cuja vitória é determinada pelo estabelecimento de normas legislativas que impõem os limites da obrigação.

Não obstante, falar de Estado sem lhe conferir mais precisão ou adjetivações pode conferir significado ou torná-lo essencial sem reparar que ele sempre responderá a uma formação social particular, em nosso caso, capitalista[1], cuja denominação remete às características de um momento ou fase particular de seu desenvolvimento.

Esse processo, que sempre ocorre, varia, entretanto, em função da instância legitimada para tomar as decisões relativas à "estruturação", no sentido utilizado por Bernstein (1990), para quem esta se refere aos valores que predominam no contexto micro, ou no contexto comunicativo, o qual, baseando-se em um determinado valor de classificação, fica regulado em uma disposição que se torna classificatória; a regra "de realização" que o preside é a que seleciona práticas e textos, uma vez que, com isso, cria um campo especializado (BERNSTEIN, 1993, p. 66). Portanto, é necessário levar em conta que as regulações nem sempre procedem daquilo que é ditado ou da intervenção direta de uma instância macro, e sim de ações derivadas dos códigos utilizados pelos distintos agentes ou, melhor ainda, como diria Latour (2005), dos "atuantes", termo que compreende não somente pessoas, mas também objetos, animais, conceitos ou processos.

Assim, a economia capitalista, operando sob a forma do Estado resultante de suas fases anteriores de desenvolvimento, ao mesmo tempo em que era definida a maior parte das políticas nacionais referentes aos sistemas educacionais e ao currículo, constituiu uma combinação que permite explicar não somente a concentração de algumas decisões, mas, particularmente, as decisões relativas ao currículo; pois o Estado também opera em um nível micro (onde são postas em prática as regras determinadas pelas instâncias de nível superior).

Não obstante, é necessário insistir que tanto o Estado quanto a economia – na realidade, ambas instâncias costumam atuar como se estivessem embutidas entre si, se inter-relacionando-se, mais que seguindo o ditado uma das outras – estão nas condições e sob os limites definidos pelo capitalismo em sua fase de desenvolvimento correspondente. Isso significa que a política se estabelece no Estado e por ele; a política estatal tem uma vertente interna, referente à tensão entre os grupos ou setores de interesse ou classe representados nele, e também uma manifestação externa resultante do domínio provisório ou das alianças estabelecidas entre alguns desses setores. Porém, tais alianças são sempre de caráter estratégico, pois elas se transformarão enquanto houver os interesses perseguidos pelas diferentes facções ou os traços que cada setor vê para a consecução dos próprios. Portanto, quando falamos de "política estatal e economia capitalista como marcos..." (tal como no título deste parágrafo) não se deve entender o "e" de ligação como se se tratasse de uma aliança prévia que opera sempre e em todos os casos, e também na mesma direção. Precisamente, o interesse dessa seção reside em assinalar que as expressões "política estatal" e "economia capitalista" se referem a realidades que não somente são internamente variadas, mas também podem ser encontradas em uma disputa ou um confronto aberto entre eles, e, portanto, a segunda parte do enunciado do título ("como estruturas para as regulações curriculares centralizadas") inclui mais uma possível contradição: que as regulações curriculares sejam ditadas por uma instância central e que, apesar disso, tais regras permaneçam inscritas em diferentes estruturas correspondentes a lógicas distintas, próprias de interesses divergentes.

Fontes de legitimidade do currículo, intervenções sobre ele e o seu âmbito de aplicação

A partir do assinalado, podemos deduzir facilmente que o currículo, como qualquer outro instrumento ou processo, como qualquer outro "atuante", para dar conta e sustentar suas atuações ou os efeitos derivados destas, precisa também do que tem sido chamado "fontes de legitimação", uma expressão que demonstrou ser enganosa, pois modificou nossa percepção destas, nossas próprias ações ou intervenções, os alvos aos quais estas foram dirigidas e até as responsabilidades e os responsáveis.

A legitimidade é um fato em todo sistema de dominação e representa o consentimento outorgado ao poder por parte dos dominados; tomada como o efeito resultante da legitimação de uma pessoa, coisa ou atuação determinada, vem a significar o saldo de lhe aplicar um respaldo de natureza legal para que a decisão ou a ação a que ela conduz seja acatada, obedecida, aceita ou simplesmente tolerada como lícita. Desse modo, pode-se apreciar que a legitimidade não é outra coisa que não o efeito de consentir à submissão a regulação de certas políticas. Suas chamadas "fontes", consequentemente, seriam o lugar do qual se deriva a capacidade de fazer que tais políticas sejam aceitas. Esses "lugares" podem ser fruto de uma construção do saber – que remeteria aos efeitos assinalados por Focault – ou também apontar para o dado que supostamente fundamenta – e justifica – a aceitação. Dentre os primeiros, tradicionalmente (desde aproximadamente a segunda metade do século XIX) foram adotados três espaços epistemológicos com relação à legitimação do currículo: a filosofia, a psicologia e a sociologia. Os segundos remeteriam à origem do poder e aos argumentos de sua sustentação e aceitação, como Max Weber ilustrou sob formas de tipos ideais, em forma já canônica.

Uma revisão de cada um dos primeiros espaços assinalados, que se justifica por seu caráter acadêmico, em relação às políticas que regulam o currículo e com a abordagem feita no processo que dá lugar à sua aceitação implícita ou, em certas ocasiões, explícitas, poderia ser muito reveladora dos formatos de elaboração do currículo em diferentes lugares e, sobretudo, épocas.

DÉFICITS DE LEGITIMAÇÃO E CRISE DO INTERVENCIONISMO ESTATAL

Um sério problema para a indagação anterior deriva do paradoxo pelo qual o próprio

Estado, como lugar último de produção dos processos de legitimação, ao entrar em alguma das crises periódicas que acompanham o desenvolvimento capitalista (HABERMAS, 1975; OFFE, 1990), seria quem erode a legitimidade que tem sido prestada aos seus "derivados", incluindo nesse caso a legitimidade do currículo centralizado. Levemos em conta que as epistemologias assinaladas não deixam de ser uma forma de conhecimento formalizado, um currículo submetido às mesmas tensões de ordem "macro" que afetam aqueles que supostamente depois lhe outorgarão fundamento.

As consequências dessas diminuições na capacidade de legitimação são a debilidade progressiva das possibilidades do Estado para obter o consentimento da cidadania para algumas de suas decisões, sem ter de recorrer à coerção; motivo pelo qual se faz preciso, em tais casos, uma intervenção ou uma série delas que restaure a legitimidade perdida. O Estado capitalista democrático ainda resiste, apesar dos déficits assinalados pelos autores supracitados, para algumas de suas crises cíclicas e seus efeitos devastadores em grandes setores da população (exploração irresponsável dos recursos naturais, desemprego estrutural ou outras consequências do chamado "desenvolvimento desigual"). De fato, as democracias capitalistas produzem não tanto uma crise de legitimação – como pudemos afirmar para outros momentos de nossa história (BELTRÁN LLAVADOR, 1991) –, mas múltiplas "pequenas" crises das intervenções estatais, algumas de cujas manifestações resulta um progressivo déficit de legitimação.

A partir de tais pressupostos, poderia se falar em "crises intervencionistas", porém o que acontece é que a presença no seio do Estado de interesses mais plurais, representados por frações que aspiram a algo e disputam por maiores parcelas de poder, faz com que as decisões que obedecem ao atributo com que se apresenta o Estado como árbitro para dirimir os conflitos sociais não sejam tão monolíticas ou mesmo, dito de outra maneira, contenham em si a ambiguidade própria de quem quer se mostrar como uma instância homogênea, mas que abriga a divergência em seu seio. A forma Estado a que nos referimos, devido ao seu crescente e fracionado, porém notável, "déficit de legitimidade", perde a confiança da população em suas intervenções ou na neutralidade destas; ou seja, é como se, progressivamente, fossem se deteriorando os elementos do vestido com o qual se apresenta ou fosse se desgastando o brilho de seus adornos, se volta progressivamente mais transparente ou menos cuidadoso para ocultar que não é uma formação monolítica que poderia arbitrar interesses alheios, mas que são os próprios interesses plurais e divergentes em seu seio que regem essas intervenções.

O currículo, considerado uma dessas intervenções nas quais o Estado central ou centralista tem tradicionalmente ditado suas regras e resoluções e exigido seu cumprimento geral como gesto de unidade do que se mostrava separado ou divergente, não pode deixar de revelar a si e as divergências que sofre em seu seio, por meio de suas decisões curriculares.

O currículo como regra: caráter extra--acadêmico do ditame das regulações

Se, como assinalamos anteriormente, existem regras que regem a "redação" do currículo, esse mesmo pode se definir, mais que como um complexo de regulações, como uma sobrerregulação complexa que contém as instruções para compor as regras simples ditando novas formas de fazer relativas não tão somente aos conhecimentos, mas também ao resto das atuações no seio das instituições educacionais. Quando, nesse contexto fala-se de "formas de ação", estas, longe de se circunscreverem a processos cujos agentes são as pessoas da instituição, referem-se a tudo aquilo – coisa, pessoa, processo – que "atua" em diferentes momentos e formatos, de forma individual ou combinada, produzindo certos efeitos que, por sua vez, inclinarão ou determinarão, segundo os casos, novas formas de ação, transformando-se em "atuantes".

Não se pode, portanto, externalizar ou diferir a responsabilidade sobre o currículo apenas ao seguimento de uma regra alheia às instituições acadêmicas, assim como tampouco à elaboração, composição ou apresentação provisória de seu formato, quase sempre muito definido em seus termos, seja somente produto de regras ditadas por agências externas, distantes das práticas educacionais, nem mesmo obediente – ou não – a toda a rede de instituições da qual fazemos parte e a que se chamou, em algum momento, "a sociedade", como "cultura" aos processos de socialização.

Extensão dos efeitos regulativos em sistemas carentes de centro de decisão

Não é "o tempo", mas as transformações operadas pela formação social do capitalismo, em suas múltiplas e interconectadas facetas, que têm feito com que a macropolítica venha se inclinando progressivamente para a adoção de formatos descentralizados para a maior parte das decisões que, até então, competiam ao Estado como instância central e a quem, com toda lógica, exercia o controle sobre sua execução. Pensemos nos déficits de legitimação aos quais antes nos referimos e nas necessidades consequentes de restaurar essa perda em vez de diluir as responsabilidades. Na Espanha – somente como exemplo próximo ao autor, que acredita que isso também teve lugar em muitos outros países durante os últimos 30 anos, aproximadamente –, esse fenômeno se estabeleceu de maneira mais ou menos abrupta, ainda que não coincidente em sua totalidade com as razões assinaladas, mas devido a circunstâncias histórico políticas concretas, na Constituição de 1978, hoje vigente, no que receberia o nome de "Estado das Autonomias", aludindo a uma subdivisão territorial que, mais do que isso, era toda uma transformação das estruturas de um Estado que, progressivamente, iria "transferindo" algumas das suas até então competências exclusivas para os governos das diferentes unidades territoriais e políticas na união orgânica das quais iria se transformar a partir de então.

DETERMINAÇÕES DO CURRÍCULO E DECISÕES QUE O CONFIGURAM

Em outro lugar, Beltrán Llavador (1994, p. 369) definiu genericamente as "determinações do currículo" como *"tudo aquilo que delimita as possibilidades de atuação curricular"*. Estudar as determinações do currículo ou tratar de fixá-las é tentar conhecer melhor seu funcionamento, posto que não se trata, como já falamos, de um objeto, mas de um processo. Mas o currículo atua correspondendo às decisões que certas instâncias adotam a respeito. É importante entender que não se trata de que algumas (decisões) sejam a causa das outras (determinações), mas que existe uma relação peculiar entre decisões e determinações que não é, em absoluto, mecânica; por essa razão, tampouco deve se entender que a decisão seja prévia à determinação, mas que pode estar se tomando por parte de uma ou outra instância no mesmo momento em que o currículo atua. De fato, grande quantidade das determinações curriculares não obedece fielmente às decisões tomadas previamente, uma vez que as primeiras tendem a configurar uma rede invisível que pode inibir a decisão tomada a respeito.

Lógicas tecnoburocráticas ou tecnomercantilistas das intervenções políticas

A descentralização que tem afetado certas decisões curriculares tem trazido consigo uma transformação de maior dimensão, uma vez que afeta as lógicas que atravessam as próprias ações do currículo ou relativas a ele. Em algum momento não tão remoto de nossa história, podemos definir o currículo como "tecnoburocrático", à medida em que era a resultante do cruzamento de duas dessas lógicas então dominantes: a técnica ou tecnocrática, o que fazia do currículo uma espécie de processo algorítmico como resultado da aplicação do qual deveriam produzir aprendizagens, não necessariamente integradas, pontuais, escalares (no sentido de magnitude física carente de direção, ao qual basta um número – ou não precisa de um vetor direcional – para representá-la), de tal modo que a falta de um não teria porque impedir a produção de outros posteriores. Da lógica burocrática, apesar de ser comum o conhecimento de como ela funciona, resgatamos para o caso um traço distintivo: remitir suas atuações às disposições normativas de uma figura, administrativa ou política, que encabeça uma cadeia hierárquica da qual os professores são o último elo, e são quem, consequentemente, deverão aplicá-la. O estudo pormenorizado de como se produziu esse processo na Espanha – por outra parte quase universal – pode ser encontrado em Beltrán Llavador (1991).

Mas a lógica tecnoburocrática deveria substituir, em um processo com pormenores distintos do anterior conforme descrito por Beltrán Llavador (2005), uma lógica tecnomercantilista. Essa, como a anterior, torna um de seus componentes o funcionamento tecnocrático, substitui burocracia por mercado. A operação não é exatamente alheia à descentralização nem às lógicas econômicas e políticas que a aconselhavam, pois sabemos que, assim como aquela pode aumentar paradoxalmente a burocracia, também, certamente, ao aproximar as instâncias de decisão à cidadania, permite outros mecanismos de retomada daquela lógica. No entanto, a chave do seu funcionamento é exatamente a primeira parte de ambas as expressões, podemos dizer que é "perversa" (sociologicamente falando – BOUDON, 1980): o fato de atribuir a instâncias técnicas as decisões sobre o currículo introduz a cisão da sequência decisão-execução, própria dos métodos organizativos das primeiras fases do capitalismo industrial. O segundo dos conceitos de ambos os termos compostos (burocracia ou mercado) refere-se aos modos de distribuição, execução e controle. Assim, enquanto a burocracia recorre a corpos de especialistas, selecionados mediante um processo universal e ideologicamente neutro, que se encarregam de sua preparação para o acesso ao posto; o mercado, como se sabe, entrega a distribuição às forças "frustradas" que o movem segundo uma lógica própria e crítica que tem a ver com o processo de intercâmbio de mercadorias do qual se geram benefícios em termos de valor acumulável.

Simplificando, a diferença entre tecnoburocracia e tecnomercantilismo, ambos referentes às lógicas que embasam os diferentes momentos do currículo, é que ambas recomendam ou demandam a existência de uma instância técnica, que deve ser pronunciada em termos de decisões, uma vez que é a única em tese competente para isso; porém, uma vez que isso ocorre e se associa com a burocracia, segue-se à especialização uma regulação dos procedimentos – incluindo os de valoração e controle – que serão sempre comuns e com tendência à sua centralização; enquanto a segunda, tomando a lógica do mercado, em função da intervenção técnica dos especialistas, colocará em circulação – com os mesmos mecanismos que regem as mercadorias –, as ações circulares que, a partir desse momento, provarão sua capacidade, seu valor e, enfim, suas possibilidades de sobrevivência como qualquer outra mercadoria, ficando submetidas às leis de oferta e demanda, geração da mais-valia, acumulação, etc., que regem as dinâmicas capitalistas.

CONSEQUÊNCIAS DAS REGULAÇÕES CURRICULARES EM SISTEMAS EDUCACIONAIS DESCENTRALIZADOS

Caso se aplique ao currículo o que foi demonstrado no parágrafo anterior, em sistemas centralizados ou descentralizados, facilmente será possível deduzir que convém mais aos primeiros uma lógica tecnoburocrática, enquanto a descentralização é favorecida pela lógica tecnomercantil (ou vice-versa: são as distintas lógicas econômicas que aconselham a adoção de modelos políticos). Todavia, talvez convenha expressá-lo segundo se traduz uma ou outra lógica em termos de regulações.

As regras são, sem dúvida, o aspecto mais importante que torna qualquer sistema organizado; as regras são os próprios fatores de sua organização. Trata-se de pautas de ação de cujo seguimento se esperam determinados efeitos; como consequência, aplicar regras a um grupo de objetos, ações, pessoas, significa definir as regras, isto é, os critérios ordenadores que deverão ser cumpridos por certos "atuantes" para que tenham um efeito articulado, seja previsto ou não.

As regulações curriculares se referem precisamente a esse conjunto de regras, pautas ou normas que o currículo, como objeto ou como processo, e tudo ou todos que nele interveem devem seguir para obter o efeito esperado em termos do êxito do ensinar/aprender, mas que, como veremos, vai muito além disso.

É evidente que, se existem regras, é por que: *a)* alguém as ditou (e, como consequência, cuida de seu cumprimento); *b)* elas emergiram da própria auto-organização do sistema. Quando os sistemas são centralizados, seu funcionamento se torna mais eficiente com critérios de especialização e, portanto, prestam-se mais à existência de uma instância que dite as regras e, em todos os casos, de alguma outra instância, que depende hierarquicamente da outra, à qual será delegada a vigilância do cumprimento. Os sistemas descentralizados, ao contrário, obedecem por definição diferentes centros de decisão, cada um dos quais poderá ditar suas próprias regras de funcionamento.

No que concerne ao currículo, podemos encontrar exemplos de ambos os casos, com diferentes resultados. Os sistemas centralizados costumam ser, como já foi dito, mais eficientes, porém deixam os centros de decisão mais afastados dos cidadãos, o que dificulta sua participação direta. Por outro lado, eles permitem o estabelecimento de critérios unificados ou convergentes de comparação e controle. Os sistemas descentralizados supõem maior pluralidade curricular e possibilitam mais divergências, as quais podem vir a se converter em desigualdades; além disso, como os currículos não são apenas coletâneas de conteúdos, mas formas de ação (simplificando duas acepções popularmente adotadas), sua descentralização implica a pluralidade de itinerários ou caminhos a transitar que poderiam divergir, conduzindo a formas de controle *ad hoc*, sendo que o controle é o elemento de maior importância em toda a organização (CLEGG, 1989). Enfim, a adoção de critérios de centralização ou descentralização nas políticas curriculares tem uma implicação inevitável e relevante no ditado e na verificação do cumprimento das regras que, de alguma maneira, constituem, como já foi dito, o substrato ou a malha invisível que determina o sistema de ordem nos conhecimentos e seus processos de construção, distribuição e valoração do que chamamos de currículo.

Nas epígrafes a seguir, tentaremos fazer uma análise mais precisa das consequências derivadas do que acabamos de mencionar.

Articulações entre a legitimidade das decisões, sua autonomia e o controle pelo Estado

Decisões e determinações, como foi assinalado, apontam para diferentes momentos, instâncias e efeitos; todavia, estão estreitamente relacionadas, ao ponto que seria mais adequado se falar de sua "articulação", definindo-a, para o caso, como a reação entre ambas de modo que o movimento de cada uma esteja condicionado ao outro movimento que produza aquela com a qual se articula, ambos os movimentos resultando em um único efeito conjunto. Esse não é tanto o caso das decisões e determinações que afetam o currículo, mas mais da legitimidade que embasa ambas. A legitimidade – como a qualidade que presta licitude a algo à medida que consegue seu acatamento – envolve tanto quem lhe presta ou confere quanto quem a recebe ou a ela se submete, por um motivo ou outro. Weber já demonstrou que as fontes de tal legitimidade não são necessariamente legais, elas o são quando correspondem ao estado atual de "desenvolvimento" histórico e adotam determinadas formas para sua sustentação e exercício, para sua organização, ou seja, são as que têm sido chamadas de "burocracia".

Seria o caso das fontes de legitimidade serem distintas das decisões curriculares e as fontes de legitimidade das determinações do currículo? Por exemplo – de acordo com Weber, que já foi citado –, seria o caso de que as decisões respondessem a uma legitimidade legal e as determinações a uma legitimidade carismática ou, quem sabe, histórica? É evidente que isso não só é possível e se encaixa com a definição antes dada sobre articulação, como é exatamente o nosso caso. Em uma das seções iniciais, falou-se de três fontes epistemológicas que permitem a legitimação de um currículo. Contudo, nada foi dito – já que a linha de raciocínio não aconselhava isso naquele momento – a respeito da possibilidade de encontrar legitimações de outra índole, como agora estamos fazendo. A fonte que, naquele momento, chamamos de "epistemológica", evitando os tipos empregados por Weber, poderia corresponder em determinado momento a praticamente qualquer uma das três fontes citadas por ele: seria histórica, uma vez que a herdamos das construções científicas que são produto de nossa história (especialmente a partir do Iluminismo), como objetos – e, muitas vezes, como processos – de conhecimento; carismática, uma vez que, em alguns casos, a inclusão de certos conteúdos curriculares e sua forma responde mais à figura ilustre daquele a quem se atribui seu "descobrimento" (Pitágoras, Curie, Newton, etc.) do que ao lugar objetivo que esses conhecimentos hoje ocupam no tecido com o qual se reconstrói o mundo atual; legal, por fim, uma vez que as decisões curriculares, ao menos no que se refere aos conteúdos de conhecimento que serão distribuídos e nas formas de fazê-lo, respondem a disposições que receberam sanção legislativa e cujo descumprimento poderia ser seguido de alguma penalidade.

Sem dúvida, apesar das considerações anteriores, as decisões curriculares tendem a ser adotadas pelas instâncias de quem é responsável por elas, com grau de autonomia suficientemente amplo para que imperem a convenção ou o costume, os interesses de outra ordem (sejam políticos, econômicos, acadêmicos ou outros) e mesmo de uma ordem que poderíamos chamar de sem razão/ideológica. O *spin* ou amplitude da autonomia (diferente de seu "grau") é, logicamente, maior quanto mais descentralizadas forem as instâncias de decisão curricular; porém, ao mesmo tempo, isso torna mais difícil o controle por parte de uma instância central, como o Estado quanto ao uso e aos efeitos da aplicação dessa autonomia previamente reconhecida: "*A tendência tecnocrática é, no entanto, incorporar o controle nos mesmos mecanismos, na própria definição do conhecimento (útil, válido ou valioso, científico, etc.) e nas técnicas da gestão*" (BELTRÁN LLAVADOR, 2000, p. 44). A situação não deixa de evitar conflitos de competências, que se agravam quando se trata de defini-los por meio de acordos institucionais nos marcos normativos locais correspondentes.

COERÊNCIA DAS LÓGICAS DOMINANTES E DAS DECISÕES NOS SISTEMAS DESCENTRALIZADOS

Uma segunda consequência, associada à regulação curricular descentralizada, tem implicações de natureza, ordem e visibilidade mais diretamente sociais. O princípio da competividade é, de certa maneira, inerente ao capitalismo, motivo pelo qual deriva de muitas das lógicas imperantes neste. Também as diferentes explicações racionais ou lógicas que presidem determinadas atuações profissionais são submetidas a esse princípio. Por exemplo, pode-se opor uma lógica mercantil a outra acadêmica ou a lógica da eficiência à lógica da eficácia, mais simples, a do desenvolvimento pessoal à da ocupação de um nicho social, etc. Quando isso ocorre, entra em jogo a coerência dos princípios e das práticas a partir das quais se supõe que as atuações docentes ganham sentido, de tal modo que um princípio da natureza docente pode ser acompanhado de um procedimento eficientista ou vice-versa, um princípio mercantil (já que incorporamos os papéis de atores e atuantes) pode tentar se conjugar a um procedimento que conduza a um desenvolvimento pessoal alheio ao mercado.

As contradições que estamos assinalando não são, em absoluto, exceções, e basta fazer uma análise rigorosa das práticas docentes dominantes em relação aos conteúdos do ensino para identificá-las. Em um sistema centralizado, é mais fácil sua identificação e a disposição de medidas que procurem evitar tais contradições, ainda que seja certo que o efeito contrário, o da imposição das mesmas, também seja mais simples. Os professores, em tais casos, não apenas – como já foi dito – são ou podem ser portadores da mesma contradição, mas, como instâncias de tomadas de decisão e/ou determinação, conforme o caso, terão a oportunidade de articular em outros termos essas relações de forma que tendam a "corrigir" as divergências lógicas que são apresentadas a eles, ainda que seja para proteger sua própria integridade mental.

Contudo, quanto menor for a autonomia desfrutada por esses professores em relação às decisões curriculares, mais segura ou efetiva será a correção praticada pelas instâncias centrais: o custo será a anulação de parte da capacidade decisória do professor e, como consequência, de seu profissionalismo.

O controle da equidade e da eficiência do sistema no caso dos sistemas educacionais descentralizados

Um terceiro caso da questão (os efeitos das regulações curriculares nos sistemas educacionais descentralizados) é aquele representado pelo caráter regulador que os sistemas descentralizados podem apresentar, especialmente no que se refere aos efeitos sociopolíticos. A equidade, palavra que etimologicamente provém de "igualdade", desde a Antiguidade é associada a uma forma de justiça na qual o tratamento que cada um recebe é aquele que corresponde a seus méritos ou deméritos (MOLINER, 1977), até o ponto em que se chegou a estabelecer um dos princípios fundamentais do direito; como consequência, a equidade busca impedir que "nenhuma das partes seja injustamente beneficiada em prejuízo da outra" (MOLINER, 1977). Assim, o princípio pode ser igualmente utilizado por posições liberais quando argumentam que o tratamento equitativo pode beneficiar o outro em prejuízo de si próprio; esse é o tipo de argumento empregado, por exemplo, para defender a segregação dos alunos com níveis acadêmicos diferentes, os quais, de acordo com aqueles alunos que se servem do princípio, fazem com que o nível geral de conhecimentos em aula caia, em prejuízo daqueles que são capazes de acompanhar ritmos de aprendizagem mais acelerados.

Diante do que foi dito anteriormente, a eficiência é um princípio não de caráter jurídico, mas organizativo, administrativo ou produtivista (sua definição provém das formulações de Fayol, de quem foram desviados alguns princípios teóricos para atribuí-los a Taylor), segundo os quais se procura obter o máximo benefício de uma ação com investimentos mínimos. Os benefícios, como os investimentos, podem ser tangíveis (equipamentos, pessoas, dinheiro, etc.) ou intangíveis (tempo, esforço, conhecimentos, etc.), sendo sua diferença reconhecida de acordo com a eficácia com a qual os investimentos buscam o alcance das metas e dos objetivos propostos, sem colocar em jogo os benefícios dos processos empregados para isso. O exemplo clássico é o fato de que um artesão pode ser muito eficaz em seu trabalho, ainda que a mesma produção fosse mais rápida ou econômica em uma cadeia de produção.

Das determinações anteriores, podemos inferir a dificuldade envolvida em todos os casos, mas especialmente na vigilância para que se cumpra a justiça distributiva, o estabelecimento de regulamentos que permitam controlar e também sempre garantir ambos os princípios. Com a mesma clareza, poder-se-ia dizer – em uma resposta que, sob o ponto de vista da macropolítica, parece excessivamente simplista – que se deve abandonar toda pretensão de eficiência em prol da simples eficácia; mas os sistemas educacionais são, como já tivemos a oportunidade de assinalar, responsabilidade do Estado, o que, consequentemente, repercute em seu custo sobre a arrecadação dos cidadãos (outro assunto é o da aplicação de princípios de fiscalização justos ou não); portanto, a eficiência se traduz, até certo ponto, em uma possibilidade de se associar com o princípio da equidade.

A questão que, sem dúvida, interessa elucidar é a de que os efeitos que as possíveis regras destinadas à defesa de tais princípios afetariam de certa maneira os sistemas educacionais que foram descentralizados segundo estes. Para isso, peço licença para tornar a citar a mim mesmo, nesta ocasião, literalmente:

> É com a eficiência elevada à categoria de princípio que a descentralização tratará de introduzir elementos de controle onde houver espaços para a autonomia e, portanto, possibilidades para obter resultados divergentes; pois, para o resto dos espaços, já existem forças mercantis mais homogeneizadoras das práticas de ensinar do que as diretorias das escolas, conseguindo, com sua presença, os mesmos resultados que seriam possíveis se houvesse uma forte centralização. Descentralização e retorno do mercado se mostram, portanto, como sendo dois termos da mesma equação; ambos tratam, enfim, de socializar a produção, mas manter o controle privado sobre a mesma, ou, dizendo com mais crueza, de socializar os custos preservando os benefícios em mãos privadas. Todavia e, ao menos no que concerne à educação, não se tem demonstrado que existe uma estreita relação entre a descentralização e a eficiência, talvez porque "não haja uma fórmula simples para estabelecer uma relação entre a autoridade descentralizada e o uso eficiente dos recursos" (Elmore, 1993, p. 50). Também ainda não foi demonstrado que a eficiência na educação coincida com o uso eficiente dos recursos, o que nos permite duvidar inclusive de sua pertinência como indicador do valor ou do mérito educativo. No que pese tudo isso, a mera adjetivação do educativo como eficiente já desvincula sua definição da esfera do público para remetê-la a uma questão de natureza estritamente técnica, motivo pelo qual hoje, em um contexto de "culto à eficiência", a descentralização justifica intervenções técnicas que mostram, em um círculo vicioso, a falta de necessidade de outras intervenções de natureza política. (BELTRÁN LLAVADOR, 2000, p. 44-45)

Núcleo cultural universalista *versus* atenção particularista aos diferentes "públicos" nos sistemas descentralizados

O último efeito a ser comentado entre os que provocam a regulação do currículo nos sistemas descentralizados se refere à posição relativa e ao tratamento diferencial e particular em um sistema (o centralizado) focado ao universal. Aparentemente, tudo levaria a pensar que as respostas do sistema descentralizado favoreceriam mais o respeito às particularidades; não obstante, devemos levar em conta que qualquer sistema educacional cumpre, como uma de suas funções básicas, a distribuição equitativa – assim como se assinalou em uma seção anterior – da herança cultural da humanidade para todos os setores atuais desta. Sem dúvida, um defeito atribuível aos currículos centralizados tem sido a centralização nos conhecimentos definidos como úteis ou valiosos pelas classes dominantes e também para elas; além disso, os processos de aquisição e posse dos bens que são genericamente conhecidos como "bens culturais" não são alheios ao que Bourdieu (1988) dissecou magnificamente em sua pesquisa sobre "a distinção". Todavia, certo relativismo cultural mal-entendido, trazido por algumas correntes pós-modernas ou a incompreensão de suas colocações, tem levado à outorga do mesmo valor e, portanto, à proposta de um tratamento semelhante, ainda que diferencial para certas práticas reunidas sob o termo "práticas culturais", as quais introduzem nas regras gerais que a humanidade tem adotado para garantir os direitos básicos de todos os cidadãos, fissuras que as contrapõem ou desafiam abertamente, reivindicando o direito à diferença. Um caso paradigmático é o do ensino para os ou nos grupos indígenas em países onde eles se tornaram minorias de população, reduzidos em número, mas ainda com arraigados costumes, ritos e outras ações individuais ou coletivas que são reprovados pelo grupo social dominante, o qual, por sua vez, adotou os padrões chamados "ocidentais" e herdados do Iluminismo europeu.

O mito da autonomia dos professores em sistemas educacionais descentralizados

Um argumento que tem sido bastante difundido nas últimas décadas é que a descentralização educacional favorece a autonomia docente ou, ao menos, uma maior autonomia relativa. Há diferentes argumentos com os quais se pode discutir essa afirmação; um deles apenas mencionarei, por ser extremamente evidente para merecer maior atenção, e me deterei em um segundo argumento, que merece uma análise mais profunda.

O primeiro argumento é que a autonomia forma "um par" organizador com o controle, de modo que a maior autonomia também exige maior controle e vice-versa: pouca autonomia exige pouco controle porque este já vem incorporado nos próprios mecanismos da produção (neste caso, do conhecimento) ou de sua distribuição. Caso se queira maior precisão, poder-se-ia argumentar que o controle que os sistemas que estão muito regrados necessitam é um controle muito pontual e fragmentado, enquanto uma maior desregulamentação não exige tanto controle (que apenas é um mecanismo binário de verificação) quanto à avaliação, sobretudo, dos processos.

O segundo argumento se relaciona à própria natureza da autonomia. Em geral, pouco ou nada definida e utilizada sob muitas coisas implícitas nos processos de ensinar, em particular, a autonomia passou a ser entendida como a capacidade dos professores ou das escolas de tomarem suas próprias decisões, aplicá-las e controlá-las (ou as três coisas) até um *laissez fair*, traduzível em uma espécie de "ninguém pode me dizer o que tenho de fazer, pois para isso tenho autonomia". Aliás, é muito curioso que os docentes utilizem mais o verbo ter do que ser nesse caso, ou seja, eles dizem "ter autonomia", e não "ser autônomo", talvez porque este último pareça reservado a certos exercícios nos quais os profissionais se encarregam verdadeiramente de todos os processos envolvidos, inclusive os administrativos, como a tributação, os seguros médicos ou certos tipos de gastos (e também de benefícios), ao contrário dos funcionários ou dos empregados subordinados.

Na realidade, cabe interpretar a autonomia remetendo-se a seu sentido etimológico, como aquele uso da norma que é próprio, ainda que implique a adoção desta, mas, ao contrário da "heteronomia" que representaria o acatamento rigoroso da norma alheia, sem a possibilidade de introduzir nela qualquer discricionariedade. Contudo, para o caso que nos interessa, relativo ao funcionamento dos sistemas organizados ou dos elementos que as compõem, a autonomia é uma qualidade relacional que somente pode ser definida com precisão em cada caso, situando-a no espaço definido por três parâmetros: autonomia do que ou de quem, autonomia a respeito do que ou quem e autonomia para fazer o quê. Seja tratando de sujeitos individuais ou coletivos, é válido o que foi dito anteriormente ou, ao contrário, a indefinição de algum dos parâmetros anteriores permite fazer uso espúrio do termo. Para dar um exemplo, quando submetida à simples operação de contar palavras, realizada por qualquer processador de texto, a lei de educação espanhola que, desde a Lei de 1970 (inclusive), mais vezes utilizou o termo autonomia foi a lei "da qualidade" (LOCE), uma triste recordação devido à influência tão marcante que teve na efetiva capacidade dos professores e das escolas, especialmente as públicas, submetendo ambos às forças do mercado onde, é claro, os dois atores não teriam como desfrutar maior autonomia, e sim maior autossuficiência econômica e desregulamentação normativa.

Esta última expressão representa uma significativa diferença com relação à autonomia. As regulamentações não impedem a autonomia; o que elas poderiam fazer seria não se pronunciar com respeito ao papel que se concede àqueles sobre os quais se impõem. Por outro lado, um sistema muito pouco regulamentado ou regulamentado por muitas escolas distintas que tenham a capacidade de fazê-lo exige a dotação simultânea de mecanismos não tanto de controle, mas mais de vigilância a respeito das formas particulares nas quais é utilizada a norma, em prol da discricionariedade de sua aplicação. O sistema desregulamentado se torna, ao contrário do que poderia parecer, um sistema mais propenso à vigilância e com um maior número de lugares e instâncias para exercê-la do que os sistemas nos quais tal vigilância se traduz em um controle binário do cumprimento, seja instalado ao longo do processo, seja ao final dele.

Os contextos, enfim, de racionalidade mercantilista (e não a presença no mercado, em termos simples, já que o problema não é a existência ou não de mercado, a sua presença) favorecem a autossuficiência que é uma autonomia de ordem econômica, ou seja, possibilitam múltiplas decisões a respeito do modo pelo qual os professores ou as escolas deveriam obter os recursos necessários para seu funcionamento, dando-lhes certa liberdade para isso, que, na verdade, significaria liberá-los para as dinâmicas dominantes no mercado, ou seja, as leis anteriormente assinaladas da oferta e demanda, da acumulação simples, etc. Assim, em tais contextos, o Estado central deveria velar pe-lo cumprimento dos princípios de justiça social, especialmente no que se refere aos direitos básicos – subsistência, saúde, educação –, ainda que isso implique o aumento do número de seus regramentos e o controle sobre seu cumprimento, ou seja, o aparente detrimento da autonomia em prol de uma distribuição mais equitativa.

Um novo protagonista nas análises: a "governança"

Nos últimos anos, tem entrado em cena um novo protagonista conceitual e ideológico chamado para ter uma ação confusa, embora ampla, no que se refere ao planejamento e ao funcionamento dos sistemas de educação, assim como outros que não são, por ora, o caso. Trata-se da "governança" (está disponível na internet *O livro branco sobre a governança europeia*, da Comissão das Comunidades Europeias, de 25 de julho de 2001, e, também focando a educação, o relatório da United Nations Educational, Scientific and Cultural [2008], difícil de resumir, talvez devido às suas quase 500 páginas). O termo, que mais uma vez é um anglicismo procedente de *governance*, onde tem o sentido ou a denotação genérica de governo, foi incorporado à língua espanhola pela Real Academia Española de la Lengua com o sentido de unir as forças do Estado, da Sociedade Civil e do Mercado em prol de um melhor desenvolvimento social e institucional; como o ilustre Doutor *Honoris Causa* da Universidade de Valência, o professor Vidal Beneyto, comentou em um excelente artigo sobre o tema, cuja referência perdi, *Academia locuta causa finita*.

Busquín (2001), que não é exatamente um dos apóstolos mais beligerantes da causa, refere-se ao termo como:

> [...] os novos métodos de administração dos assuntos públicos baseados na interação das autoridades políticas com a Sociedade Civil: os atores privados, as organizações públicas e os grupos de cidadãos. Esse conceito associa os aspectos relativos à qualidade dos processos de tomada de decisão à participação dos cidadãos nos assuntos públicos [...]

Como se pode observar, a diferença principal entre ambas as definições está na presença explícita ou não do agente "mercado". Contudo, esse não é o único elemento de indeterminação do conceito; segundo utilizam uns ou outros organismos internacionais, sua ênfase se situará nos Direitos Humanos (Berd), na *accountability* (OCDE) ou mesmo no terrorismo (FMI) (HERRERA, 2004). Como esse mesmo autor, pesquisador do CRNS de Paris, assinala:

> [...] o que se pretende não é o aumento da participação democrática dos indivíduos e dos povos no processo de tomada de decisões nem o respeito a seu direito ao desenvolvimento, mas obrigar os Estados nacionais a desregulamentar os mercados, ou seja, a regulá-los unicamente com as forças do capital mundial dominante.

Atribuindo a culpa da debilidade econômica (leia-se da diminuição do nível de benefícios) aos Estados e à irresponsabilidade de seus agentes, o que a governança vem a propor é o abandono das funções totais (inclusive de defesa) do Estado às mãos das paradoxais (des)regulamentações mercantis. Se destacamos esse tema ao final dessa seção que trata das decisões dos sistemas descentralizados, é para ressaltar que, apesar do que se poderia deduzir do dito anteriormente (que nossa aposta é na centralização), ambos são termos que, mais uma vez, assumem significado dentro do contexto em que são empregados e conforme a finalidade que têm. Assim, a aposta na "governança" é pela centralização máxima, inclusive nas mãos de um hipotético governo mundial, que se ergueria como garantia (inclusive por meios bélicos) para dar aspecto humano a um mercado cada dia mais selvagem. Em tal caso, é evidente, nossa posição teria de ser a favor da descentralização. É indubitável que poderemos encontrar muitos outros pronunciamentos, inclusive com significado contrário ao do conceito que estamos tratando; se a opção foi por reforçar a referência, isso de modo algum foi por maniqueísmo, mas para comprovar, mais uma vez, o quão exigente é a análise de nossa realidade, que pede um estado de alerta permanente e traduzível, como nossa responsabilidade intelectual, na constante indagação crítica sobre as condições do presente e as consequências que delas poderiam derivar.

NOTA

1 "Entretanto, o fator decisivo para a formação do tipo de Estado europeu moderno foi a economia monetária capitalista, que surgiu nas cidades do norte da Itália e foi, pouco a pouco, sendo imposta, e também o simultâneo aperfeiçoamento tecnológico das forças produtivas, baseadas no avanço das ciências naturais" (EUCHNER, 1980, p. 241-247).

REFERÊNCIAS

BELTRÁN LLAVADOR, F. *Política y reformas curriculares*. Valencia: Universidad de Valencia, 1991.

BELTRÁN LLAVADOR, F. Las determinaciones y el cambio del currículum. In: ANGULO, F.; BLANCO, N. (Coord.). *Teoría y desarrollo del currículum*. Archidona: Algibe, 1994. p. 369-383.

BELTRÁN LLAVADOR, F. Nuevo tecnocratismo y descentralización educativa. In: BELTRÁN LLAVADOR, F. *Hacer pública la escuela*. Santiago de Chile: LOM, 2000. p. 41-55.

BELTRÁN LLAVADOR, F. *Travesías de las organizaciones educativas (y otros desórdenes)*. Alzira: Germanía, 2005.

BERNSTEIN, B. *Poder, educación y conciencia: sociología de la transmisión cultural*. Barcelona: El Roure, 1990.

BERNSTEIN, B. *La estructura del discurso pedagógico*. Madrid: Morata, 1993.

BOUDON, R. *Efectos perversos y orden social*. Mexico: Premiá, 1980.

BOURDIEU, P. *La distinción. criterio y bases sociales del gusto*. Madrid: Taurus, 1988.

BUSQUIN, P. Hacia un espacio europeo de investigación. *The IPTS Report*, v.52, p. 5-9, 2001.

CLEGG, S. R. *Frameworks of power*. London: Sage, 1989.

ELMORE, R. F. School descentralization: who gains? Who loses? In: HANNAWAY, J.; CARNOY, M. (Eds.). *Descentralization and school improvement*. San Francisco: Jossey-Bass, 1993. p. 33-54.

EUCHNER, W. Estado. In: DICCIONARIO DE CIENCIA POLITICA. Madrid: Alianza, 1980. p. 241-247.

HABERMAS, J. *Problemas de legitimación en el capitalismo tardío*. Buenos Aires: Amorrortu, 1975.

HERRERA, R. Buena gobernanza contra buen gobierno? In: REBELIÓN. Miércoles: [s.n]: 2004.

LATOUR, B. *Reensamblar 10 social*: uma introducción a la Teoría del Actor-Red. Buenos Aires: Manantial, 2005.

MOLINER, M. *Diccionario de uso el español*. Madrid: Gredos, 1977. v. 1.

MOUFFE, CH. *El retorno de lo político*. Barcelona: Paidós Ibérica, 1999.

OFFE, C. L. *Contradicciones del estado del bienestar*. Madrid: Alianza, 1990.

UNITED NATIONS EDUCATIONAL, SCIENTIFIC AND CULTURAL ORGANIZATION. *Overcoming inequality*: why governance matters. Paris: UNESCO, 2008.

11 O currículo interpretado: o que as escolas, os professores e as professoras ensinam?

Javier Marrero Acosta
Universidade de La Laguna

Os profetas podem ensinar conhecimentos privados; os professores devem tratar de conhecimentos públicos. (STENHOUSE, 1984, p. 31)

Uma primeira resposta seria afirmar que o que as escolas, os professores e as professoras ensinam é uma adaptação pedagogicamente transfigurada da cultura valiosa disponível na sociedade.

O que os professores transmitem não é somente aquilo que fazem em aula ou na escola com os alunos. Às vezes, vai além do espaço e do tempo. Torna-se mais fácil falar do que eles devem ensinar e como isso deve ser feito do que falar do conteúdo que eles, de fato, ensinam. Por que o que é ensinado é somente aquilo que se comunica aos estudantes em aula? E quanto à visão do conhecimento do professor demonstrada diariamente aos alunos? E a relação emocional e afetiva que se mantém entre professores e alunos? Quando um professor ou uma professora diz que ensina matemática, está dizendo que ensina os conceitos e procedimentos básicos, os mecanismos de análise dos problemas substantivos, uma determinada maneira de entender ou estaria ele ensinando todas essas coisas? Somente ensinamos quando "narramos", falamos sobre algo com os alunos ou também quando "damos aula com os alunos de boca calada"?[1] Ao falar do que é ensinado, é possível separar o conteúdo da forma?

Ou então, qual a relação entre o que é ensinado pelo professor e o que é aprendido pelo aluno? Ensino e aprendizagem se correspondem? Quanto do que é ensinado é aprendido pelos alunos? Quanto do que os alunos aprendem é fruto daquilo que foi ensinado pelos professores?

Para responder a algumas dessas questões, partiremos de uma breve alusão ao currículo prescrito ou estabelecido, próximo ao contexto compartilhado pela mediação docente. A seguir, focaremos os conhecimentos oferecidos aos professores para ensinar, conhecimentos sobre o conteúdo, pedagógicos, de gestão de aula, sobre os alunos, etc., e, por último, analisaremos o papel do trabalho em grupo como estrutura necessária para entender o que é ensinado.

DO CURRÍCULO ESTABELECIDO AO CURRÍCULO INTERPRETADO PELOS PROFESSORES

Tudo começa pela decodificação da cultura disponível (ver a Figura 11.1). Entre o currículo estabelecido e o currículo que os alunos aprendem há um mediador decisivo, que é o professor. Essa ideia faz parte do pensamento pedagógico há muito tempo dentro do que foi denominado o "paradigma mediacional focado no professor" (PÉREZ GÓMEZ, 1992). O professor intervém em um currículo que vem codificado por meio do que chamamos de currículo oficial ou prescrito, que é, por sua vez, o resultado de um processo de seleção cultural. "Assim, o *capital cultural* declarado como conhecimento oficial é fruto de compromissos; ele deve atravessar um sistema complexo de filtros e decisões antes de ser declarado legítimo", como assinala Apple (1996, p. 87). Os professores recebem – uma vez legitimado pelo poder legislativo – um marco curricular que deve ser interpretado e adaptado a contextos específicos – escolas ou salas de aula –, em certas condições impostas. No entanto, como os professores interpretam essa partitura do currículo para o ensino nas escolas e nas salas de aula?

CULTURA SOCIAL E POLÍTICA CURRICULAR

↓

Currículo prescrito

↓

é interpretado por meio do

Refletir sobre a racionalidade, a coerência e o ajuste de conteúdos e tarefas → **Pensamento prático do docente** ← *Refletir sobre a compatibilidade, o equilíbrio e a vigilância epistêmica do saber*

↓

*Conteúdos
Tarefas e atividades
Métodos e estratégias
Condições para a aprendizagem
Objetivos comuns e competências* → **Currículo ensinado restringido / ampliado** ← P (professor)
S (saber)
E (aluno)

↓

Currículo aprendido

↑

CULTURA INSTITUCIONAL

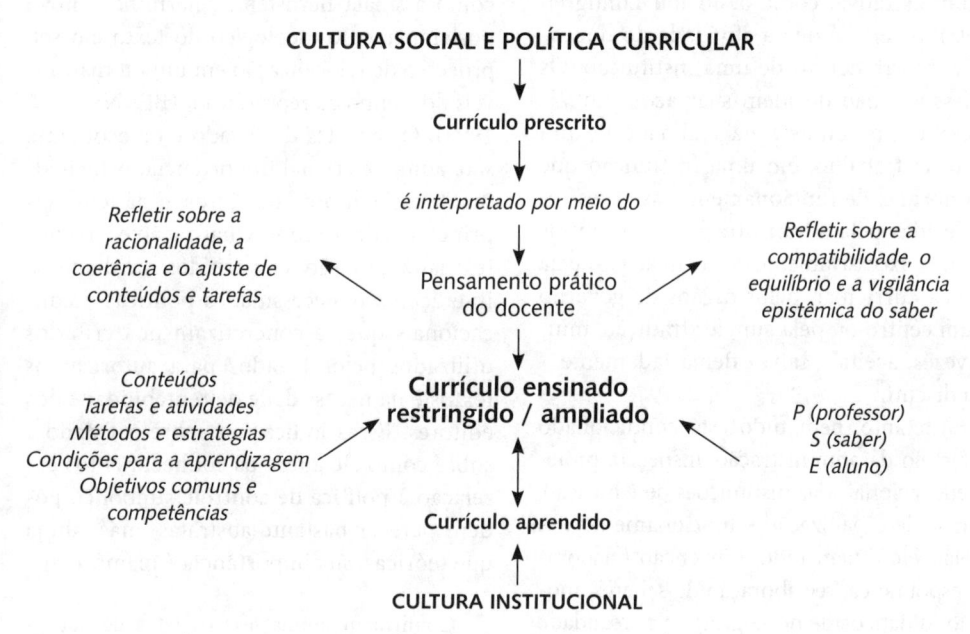

Figura 11.1. Saberes, processos e esferas de decisão do que se ensina.
Fonte: O autor.

Da esfera política à prática pedagógica: decodificação e recontextualização

O processo de transformação do currículo da esfera técnico-política à prático-pedagógica exige, entre outros processos, a mediação dos professores. O que os professores ensinam é o resultado de um processo de decodificação – interpretação, significação, recriação, reinterpretação, etc. – de ideias, condições e práticas disponíveis na cultura, que se tornam mais ou menos visíveis e viáveis em um contexto situacional de interação e intercâmbio de significados. Ele não somente intermedia os conteúdos, mas sobre as pautas de controle dos alunos nas aulas. Uma cultura escolar que, recordemos, inicia sendo social e institucional e logo se torna experiencial e acadêmica (PÉREZ GÓMEZ, 1998). Isso implica interpretar o professor como um mediador decisivo entre o currículo estabelecido e os alunos. Além disso, implica entender como os espaços escolares realmente são lugares de reconstrução do conhecimento e da prática prefigurada pelos currículos, impostos de fora da instituição educacional. Como consequência, o ensino e o próprio currículo são entendidos como um processo de construção social na prática.[2]

Ainda que, inicialmente, o currículo seja o resultado de um longo processo de codificação histórica, política, cultural, econômica e administrativa, como assinalou Lundgren (1992), o certo é que a atividade do docente transcorre dentro de uma instituição. Os professores não decidem suas ações no vácuo, mas no contexto da realidade de um posto de trabalho, em uma instituição que tem normas de funcionamento, às vezes estabelecidas pela administração – em outras ocasiões, excessivamente determinadas –, pela política curricular, pelos órgãos de governo de um centro ou pela simples tradição, muitas vezes, aceita – talvez demasiadamente – sem discutir.

Entretanto, nem tudo está condicionado (por meio da administração, inspeção, projetos educacionais das instituições de educação, normas de organização e funcionamento das escolas, etc.), nem tudo é invenção (elaboração espontânea, reelaboração de saberes, inovação didático-metodológica). Na realidade da classe, os saberes ensinados são o resultado de uma mescla de tradição e inovação pedagógica.[3] Conservação e inovação são a cara e a coroa da vida do saber que é ensinado. "O currículo é tanto o texto quanto o contexto no qual se interceptam produção e valores; é o ponto de inflexão entre imaginação e poder" (INGLIS, 1985, p. 142).

O consenso sobre o que se considera conhecimento para todos é o resultado de um processo de transformação no qual o conhecimento se separa de seu contexto social e acadêmico original, "recontextualiza-se" e se modifica pelas normas políticas que governam seu novo assentamento (BERNSTEIN, 1988). Editoras, assessores pedagógicos e autoridades educacionais estatais e locais – cuja tarefa é reproduzir, e não produzir conhecimento – atuam em conjunto como agentes reconceitualizantes. Os acordos políticos e as necessidades educacionais podem alterar radicalmente a forma e a organização do conhecimento. Assim, quando o conhecimento se converte em conteúdo para a escola, ocorre que "o princípio de descontextualização, como assinala Bernstein, determina o novo posicionamento ideológico do texto em seu processo de relocalização em um ou mais níveis do campo da reprodução" (BERNSTEIN, 1993). Os agentes do Estado e da economia são, aqui, de crucial importância, principalmente os editores de livros didáticos. Os princípios de descontextualização e a recontextualização são construídos mediante a interação das necessidades políticas e educacionais que se concretizam nos critérios utilizados pelos Estados para autorizar os textos e na necessidade de rentabilidade dos editores. Essas indicações sobre o Estado e sobre como ele altera os conhecimentos em relação à política de controle simbólico podem parecer bastante abstratas, mas, ainda que teóricas, sua importância é primordial.

> Confirmam minha tese os fatos de que os currículos dependem das desigualdades de poder e de um conjunto de relações sociais que, em última instância, desempenham um papel importante ao determinar de quem é o capital cultural difundido e "relocalizado" em nossas escolas. Somente se entendemos essa interação entre as forças que atuam sobre a regulação do governo e as forças feitas sobre a economia das editoras de livros didáticos, podemos determinar como funciona essa descontextualização e relocalização. (APPLE, 1996, p. 88-89)

Uma mediação condicionada: Autonomia e profissionalismo para decidir o que se ensina

As possibilidades de autonomia e competências docentes interagem de forma dialética com as condições da realidade. O professor não seleciona as condições sob as quais realiza seu trabalho. As visões dos professores como funcionários, executores ou projetistas devem ser relativizadas. Entre outras razões, porque o professor pode planejar pouco e sempre tem de executar (GIMENO SACRISTÁN, 1988). À medida em que o currículo é a expressão social da instituição, isso gera consequências tanto para o comportamento dos alunos quanto para os professores: por um lado, o currículo é uma estrutura que condiciona a estrutura do posto de trabalho e, por outro lado, oferece – ou impõe – a este uma série de materiais, guias e regulamentos que claramente incidem em suas práticas como professor dirigindo e orientando, em muitos casos, de forma definitiva. O âmbito de decisões docentes é, consequentemente, limitado tanto pelas fontes de conhecimento, que estão delimitadas pela cultura dominante, quanto pelas condições materiais de seu trabalho.

O local de trabalho dos professores e professoras é uma configuração histórica que expressa o papel atribuído à escola. Um exemplo claro temos no perfil dos professores de educação primária e na sua formação inicial que quase nunca traz bons resultados – por ser insuficiente e inadequada – nos diferentes sistemas educacionais (ESTEVE ZARAZAGA, 1997). Uma análise superficial da realidade nos mostra que os professores fazem políticas por baixo ou, em outras palavras, rompem a linha política imposta de cima, ainda que dentro de certos limites. As concepções dos professores sobre a educação, sobre o valor dos conteúdos e os processos ou capacidades – hoje acrescentaríamos competências –, a percepção das necessidades dos alunos, sobre suas condições de trabalho, etc., levaram ao fato de interpretar de forma pessoal o currículo. Quando uma professora ou um professor julga um conteúdo, toma decisões sobre o mesmo e lhes atribui uma determinada ênfase no seu ensinar, ele está, sem dúvida, condicionado por influências externas, mas também reflete sua própria cultura, suas ponderações pessoais, suas atitudes frente ao ensino de certas áreas, suas concepções implícitas sobre o ensino[4], etc.

BUSCAR O SENTIDO DA PRÁXIS

Os professores têm de buscar o sentido do que é ensinado nos contextos específicos em que o ensino ocorre. O que se ensina na escola é uma reinterpretação de conhecimentos e saberes disponíveis na cultura por meio de um prolongado processo de reflexão, individual e coletiva, sobre o sentido desta. Assim, como consequência, é uma recriação – nem sempre feliz – dos saberes considerados valiosos pela sociedade. A seleção da cultura que se comunica efetivamente nas salas de aula responde a critérios de ampliação-redução; a uma interpretação cuja aplicação é arbitrária e depende de uma variedade de fatores modulados pelas escolas, algumas vezes em grupo e, em outras, individualmente.

Jackson (1991) afirmou que o ensino é um processo de acomodação constante. Nem o professor nem os estudantes podem prever com alguma certeza exatamente o que vai acontecer a seguir. Os professores mais experientes aceitam esse estado de coisas e chegam a considerar a surpresa e a incerteza como riscos naturais de seu meio ambiente. Eles sabem, ou acabam sabendo, que a via do progresso educacional se assemelha mais ao voo de uma mariposa do que à trajetória de uma bala. Isso implica uma atitude de busca reflexiva por significados para resolver os dilemas da prática. A interação entre significados e usos práticos – condicionados pela formação e pela experiência –, as condições da prática na qual exercem e as novas ideias configuram um campo-problema do qual surgem soluções ou ações de professores que são resultantes ou compromissos a favor de um extremo a outro desse triângulo (ver Figura 11.2). "É, afirma, o triângulo de forças da práxis pedagógica" (GIMENO SACRISTÁN, 1988, p. 212).

```
                    SIGNIFICADOS E USOS PRÁTICOS
                          ↗           ↖
              Formação e experiência    Compromissos
                    ↙                       ↘
        CONDIÇÕES  ←→  Recursos e meios  ←→  NOVAS IDEIAS
        DA PRÁTICA
```

Figura 11.2 O triângulo de forças da práxis pedagógica.
Fonte: O autor.

Dilemas práticos dos docentes que influenciam aquilo que ensinam

O que os professores ensinam tem a ver, em parte, com a resposta aos dilemas de sua práxis. Alguns desses dilemas foram descritos por Tabachnick e Zeichner (1982, p. 61), que os tomam como pontos de referência para as perspectivas que os professores adotam, as quais modelam seu pensamento e sua ação. Os autores assinalam, entre outras coisas, a consideração de que o conhecimento é público *versus* algo pessoal cujo sentido está precisamente no fato de que tem relação com a experiência do indivíduo; a crença de que o conhecimento é produto *versus* um processo no qual convém ressaltar o próprio processo de sua elaboração, revisão e validação, utilizando-o como um recurso para pensar e raciocinar mais que assimilar algo dado; ou então, o conhecimento como algo certo que representa a verdade estabelecida, que tem de ser assimilada pelos alunos *versus* algo problemático, provisório e experimental que sofre um processo de construção e que está submetido a influências sociais, políticas, culturais e históricas em geral.[5]

Todas essas dimensões, traduzidas em perspectivas pessoais, serão decisivas para as atitudes, a seleção e a concretização de critérios por parte dos professores na hora de ponderar, selecionar, lecionar conteúdos, selecionar atividades de aprendizagem, estabelecer critérios de valorização do que é aprendido na escola, etc. A mediação do professor na concretização do significado do currículo se dará, sem dúvida, guiada por esses critérios epistemológicos de significação educativa evidente para fomentar um estilo de ensino determinado. A formação, a cultura geral, a interação que, no professor, estabelece-se entre o conhecimento de conteúdos e a diferenciação de aspectos relativos à estrutura deles com outros conhecimentos e valorações pedagógicas serão as responsáveis pelo papel real da mediação que o professor tem quando ensina.

Reconstrução permanente da práxis

Um dos fatores principais para o desenvolvimento profissional do docente será a formação, a utilização e a reconstrução permanente de seu pensamento prático reflexivo como garantia relativamente autônoma e adequada às exigências de cada situação pedagógica. Mas como provocar a reconstrução do pensamento pedagógico vulgar dos docentes? Como promover uma aprendizagem onde as teorias possam servir como ferramentas conceituais para questionar as concepções próprias, interpretar a realidade de forma racional e projetar estratégias convincentes de intervenção? Trata-se da transformação consciente de seus pressupostos, valores, ideias e hábitos, como consequência de prolongados e motivados processos de reflexão, debate e experimentação em contextos reais. Como afirma Pérez Gómez (1998, p. 192)

> a vida cotidiana de qualquer profissional prático depende do conhecimento tácito que ele ativa e elabora durante sua própria intervenção. O docente, frente à pressão das múltiplas e simultâneas demandas da vida em aula, ativa seus recursos intelectuais no sentido mais amplo da palavra (conceitos, teorias, crenças, dados, procedimentos e técnicas) para elaborar um diagnóstico rápido dela, valorizar seus componentes, projetar estratégias alternativas e prever, no que for possível, o curso futuro dos acontecimentos, etc.

Portanto, provocar a reconstrução do pensamento pedagógico vulgar implica, necessariamente, um processo de desconstrução dos esquemas de pensamento e da ação acrítica empiricamente consolidados. Ou seja, requer a remoção dos obstáculos epistemológicos que, de acordo com a ideologia pedagógica dominante e a prática socializadora da escola, vêm sendo incorporados ao pensamento, ao sentimento e à ação dos futuros docentes, até constituir um pensamento pedagógico prático mais ou menos consciente e tácito: o conjunto de suas teorias e crenças implícitas (MARRERO ACOSTA, 2009).

As margens de autonomia didática dos professores estão condicionadas pela natureza das disciplinas que lecionam. Essa autonomia vai depender de fatores como a natureza do saber sábio de quem procede, da tradição disciplinar-curricular, das exigências organizativas, dos recursos que demanda e de seu poder na estrutura de decisões pedagógicas: influência decisiva na promoção dos alunos, mais tempo para a docência, pressão dos colégios invisíveis, etc. Lecionar língua ou matemática, matérias privilegiadas em um currículo oficial, não é a mesma coisa que lecionar música ou ciências sociais. "A história de cada sistema educacional condiciona uma tradição para os professores, com margens de autonomia que costumam se diferenciar em diferentes níveis do sistema educacional" (GIMENO SACRISTÁN, 1988, p. 215). Entretanto, essa diversidade é um dos potenciais da educação.[6]

USAR OS CONHECIMENTOS PRÁTICOS REFLEXIVOS DOS PROFESSORES PARA INTERPRETAR O CURRÍCULO

As concepções e os conhecimentos práticos são um dos filtros mais importantes na seleção, organização e transmissão dos conhecimentos. Uma das funções dos professores em relação à recriação da cultura escolar é a transposição dos conteúdos culturais, saber sábio, em conteúdos separados pedagogicamente para serem ensinados, saber ensinado. "Um professor é uma pessoa cuja tarefa consiste em ajudar os alunos a se introduzirem em uma comunidade de conhecimentos e de capacidades, em lhes proporcionar algo que outros já possuem", como afirma Stenhouse (1984, p. 31). Esse algo é uma seleção de capital intelectual, emocional e técnico com o qual a sociedade conta, o que os antropólogos denominam "cultura". Entretanto, a escola não pode transmitir toda a cultura da nossa sociedade. Quando seleciona os conteúdos a serem ensinados, ela o faz porque os acha importantes e valiosos ou porque pensa que são interessantes para serem ensinados. A escola é mais que uma fábrica de conhecimentos, ela é uma distribuidora.

Portanto, convém conhecer e levar em conta as características dessa mediação, pois elas constituem um filtro importante na interpretação da cultura acadêmica. A partir dessas concepções prévias, os professores trocam, modificam, alteram, estragam, desarmam, destroem ou inovam o que é ensinado em suas aulas.

Parece haver um consenso de que o conhecimento dos professores é, antes de tudo, um conhecimento prático.[7] Esse conhecimento prático é fruto da interação entre uma formação inicial – essencialmente teórica e vicarial – e a experiência adquirida por meio do contato com o meio escolar, de caráter eminentemente subjetivo, situacional e contextual. Vejamos o que aprendemos sobre o conhecimento dos docentes.

O que os primeiros estudos agregam ao conhecimento docente

Os primeiros estudos *sobre* o conhecimento dos professores apareceram estreitamente vinculados ao processamento da informação. Shavelson e Stern (1981, p. 373) expuseram os dois pressupostos essenciais sobre os quais se sustenta em conjunto essa corrente. Em primeiro lugar, "os professores são profissionais racionais que, assim como outros profissionais, como os médicos, fazem juízos e tomam decisões em um ambiente complexo e incerto". Em segundo lugar, "o comportamento de um professor é guiado por seus pensamentos, juízos e decisões" (ainda que se tenha consciência da lacuna que existe na explicação das relações entre pensamento e ação).

Planejam para antecipar a ação

Um dos aspectos estudados sob essa perspectiva tem sido o *planejamento didático*. Os professores projetam e planejam sua prática docente antes e depois da interação em aula, das fases pré-ativa e pós-ativa. Os pesquisadores dedicados à análise dos processos de planejamento conceituaram essa ideia de duas maneiras diferentes. Primeiro, como "um conjunto de processos psicológicos básicos por meio dos quais uma pessoa representa o futuro, revisa os meios e fins e constrói um sistema ou estrutura que lhe sirva de guia na sua futura atividade". Segundo, como o que "fazem os docentes quando dizem que estão planejando" (CLARK; PETERSON, 1986, p. 454). Entende-se que a primeira definição seja orientada sob uma perspectiva psicológica (cognitiva), e a segunda, ao contrário, seja feita em um terreno muito mais descritivo e fenomenológico.

Ainda assim, têm sido estudados os tipos de planejamento e suas funções e modelos descritivos. Os resultados mais evidentes sobre esses temas podem ser resumidos nos seguintes pontos. Primeiro, o modelo de planejamento cíclico, não linear. Segundo, os planos funcionam como "imagens" ou "esquemas mentais" (SHAVELSON; STERN, 1981), que reduzem a incerteza da ação em aula, mas não a eliminam. Terceiro, a atividade é a unidade básica de programação e ação (CLARK; YINGER, 1979). Quarto, existem fatores internos (como as concepções do conteúdo, as características pessoais, a idade e as crenças) e fatores externos (administrativos, outras influências pessoais, recursos, etc.) que intervêm no planejamento do ensino (MARCELO, 1987). Quinto, os professores sustentam distintas concepções sobre o planejamento (MARRERO, 2002).

Tomam decisões em condições de incertezas

Um segundo aspecto de interesse sob a perspectiva dos estudos do processamento da informação tem sido a análise da *tomada de decisões*. O docente é um profissional que continuamente toma decisões e atribui valor aos efeitos causados por meio das ações praticadas com os alunos. Dois foram os modelos oferecidos sobre a tomada de decisões interativa. Um, o modelo de Clark e Peterson (1986), baseado em quatro vias por meio das quais um docente enfrenta as situações em aula (observação, tolerância de sinal, alternativas disponíveis, novas condutas). O segundo modelo, de Shavelson e Stern (1981), introduz o conceito de rotina como elemento-chave na tomada de decisões. No sentido de que as rotinas aliviam "o volume de decisões conscientes que os docentes devem tomar durante sua intervenção, permitindo atender e observar o fluxo real dos acontecimentos" (PÉREZ GÓMEZ; GIMENO SACRISTÁN, 1988, p. 42).

De sua parte, Lampert (1985) nos oferece uma explicação diferente. Para essa autora, os problemas práticos enfrentados pelos docentes impõem dilemas práticos para os quais não existem soluções definitivas, porque provavelmente eles têm muito a ver com os dilemas gerais da escolaridade. Os docentes aprendem mais a conviver com os problemas do que a solucioná-los, convertendo-se de fato em negociadores ativos entre interesses contrapostos que enfrentam constantemente.[8]

Adotam teorias e crenças para ensinar

Outro aspecto que tem interessado os pesquisadores são as *teorias e crenças*. Os professores adquirem, desenvolvem e sustentam crenças e teorias sobre a prática. As crenças têm sido entendidas como proposições, premissas que as pessoas mantêm sobre o que consideram verdadeiro. Já o conhecimento intencional não exige uma condição de verdade contrastada e cumpre duas funções no processo de ensinar. Em primeiro lugar, as crenças influenciam a forma como os professores aprendem; e, em segundo lugar, as crenças influenciam nos processos de mudança que os professores podem tentar fazer.

Pajares (1992) sintetizou os resultados da pesquisa das crenças dos professores em diversos princípios, entre os quais temos: *a)* As crenças são formadas quando somos bastante jovens e elas tendem a ser perpetuadas, superando contradições causadas pela razão, pelo tempo, pela escola ou pela experiência. *b)* Conhecimento e crenças estão inter-relacionados, mas o caráter efetivo, avaliativo e episódico das crenças se converte em um filtro pelo qual todo novo fenômeno é interpretado.

c) Quanto mais antiga for uma crença, mais difícil será promover sua mudança. As novas crenças são mais vulneráveis às mudanças. *d)* A mudança de crenças nos adultos é um fenômeno muito raro. Os indivíduos tendem a manter crenças baseadas em um conhecimento incompleto ou incorreto.[9]

Outro tópico de interesse têm sido as *teorias implícitas* dos professores, consideradas unidades organizativas do conhecimento social. As pessoas organizam seu conhecimento sobre o mundo a partir de teorias implícitas (RODRIGO; RODRÍGUEZ; MARRERO, 1993). Elas são chamadas "teorias" porque compõem um conjunto mais ou menos organizado do conhecimento sobre o mundo físico ou social, ainda que seu grau de organização e coerência interna esteja muito distante do que as teorias científicas parecem ser. Elas são "implícitas" porque não costumam ser acessíveis à nossa consciência. Além de serem dispositivos epistêmicos de construção da realidade, as teorias permitem gerar inferências – portanto, ultrapassam o que é meramente situacional – e projetar planos de ação baseados em metas – são propositivas – (POZO et al., 2006; RODRIGO, 1994). Elas convivem, pois, com outras formas de representação da realidade.

Os ingredientes do cenário sociocultural – contexto espaço-temporal que contém uma grande trama de pessoas com intenções, motivos e metas, pessoas que realizam atividades e tarefas significativas para a cultura e que, seguindo determinados formatos interativos e tipos de discursos, negociam uma representação compartilhada do conteúdo destas – constituem uma invariação biológica e cultural (LITTLE; MCLAUGHLIN, 1993). Mas há também variações. Atores, motivações e metas, tipos de atividades e tarefas e modalidades de negociação de seus significados podem variar, dando lugar a diferentes tipos de cenários (RODRIGO; ARNAY PUERTA, 1997).

As teorias implícitas do professor são uma peça essencial nos modos de intervir e interpretar a aprendizagem em grupo de estudantes, nas redes de intercâmbio de significados que, por meio de mitos, rituais, perspectivas e ideologias, dominam a instituição escolar (PÉREZ GÓMEZ, 1998). Trata-se de sínteses de experiências prático-pedagógicas que são construídas no cenário da cultura escolar. "Se as teorias implícitas estão relacionadas com construção do pensamento e formam esquemas de ação social, vemo-nos obrigados a concluir que elas constituem um fenômeno inevitável na realidade de ensino" (RODRÍGUEZ SÁNCHEZ, 2003, p. 45).

Saber o que os professores pensam, como agem e por que fazem tais coisas; tornar visível – ou explícito – como os professores resolvem os dilemas da prática educacional por meio de suas próprias teorias implícitas e suas histórias nos permite observar como surge toda uma série de representações sobre as políticas para reformar, reestruturar e reconceituar a educação. Permite-nos "tornar visível" o arcabouço cognitivo com que ensinam. Em muitos casos, colocam em evidência a superficialidade das perspectivas administrativas sobre a mudança e a melhoria escolar e, em geral, contribuem para a produção de uma ampla gama de conhecimentos profissionais que emergem do próprio docente (GOODSON, 2004). Mas devemos ser prudentes com as implicações éticas que um conhecimento dessa índole tem. O saber e as pessoas não podem ser convertidos em uma mercadoria manipulável de forma ordenada e eficiente como ocorre no mercado (MARRERO ACOSTA, 2009).[10]

Existem diferenças entre experientes e novatos

Outro aspecto de interesse para a pesquisa sobre o conhecimento dos professores tem focado uma diferença que se mostrou essencial para a compreensão do ensino. Os estudos identificam diferenças importantes entre os *docentes experientes e os docentes novatos* na prática de ensinar. Veenman (1984) afirma que existem diferenças na percepção dos problemas de classe entre os novatos e experientes. A princípio, os problemas que preocupam os professores novatos são a disciplina e a ordem na classe, enquanto para os professores experientes, o que mais preocupa é saber como seus estudantes aprendem sua matéria.[11]

Já Westerman (1991) identificou três diferenças importantes entre os experientes e novatos. Em primeiro lugar, na integração do conhecimento, os docentes experientes analisam cognitivamente a tarefa, relacionam o conteúdo com outras matérias do currículo, levam em conta as habilidades, estilos de aprendizagem, interesses e motivações dos alunos. Por outro lado, os novatos carecem de um conhecimento holístico do currículo. Em segundo lugar, a respeito das condutas dos alunos, os experientes costumam prestar muita atenção àqueles alunos que se afastam do curso da tarefa, enquanto os docentes novatos, em geral, somente percebem as condutas manifestas. Em terceiro lugar, em relação à interação entre os três estados (pré-ativo, interativo e pós-ativo), os docentes experientes têm uma visão abrangente desses estados, enquanto os docentes novatos têm uma visão mais linear deles.

O que os estudos a partir do conhecimento dos docentes nos ensinam

Um segundo grupo de pesquisas são os estudos do conhecimento *a partir* os docentes (ANGULO RASCO, 1999). Ele supõe o ingresso no mundo do conhecimento pessoal prático dos professores, aquele conhecimento sobre as situações de aula e dos dilemas enfrentados. O trabalho pioneiro é o estudo de caso de Elbaz (1981, 1983, 1991). A autora identificou aquilo que denominou "conhecimento prático", suas orientações (situacional, pessoal, social, experiencial, teórica), conteúdos (conhecimento de si mesmo e do seu papel como docente, do ambiente educativo, da matéria, conhecimento curricular e da instrução) e os níveis de organização (regras práticas, princípios práticos, imagens). Esse trabalho foi seguido de outros, como o trabalho de Clandinin (1986), que enfatizou que o conhecimento experiencial das professoras é organizado, fundamentalmente, por meio de "imagens". Ele assinala que as imagens relacionam a vida privada à profissional, têm caráter histórico, possuem uma dimensão moral e um tom emocional. Para contrabalançar a influência psicológica de certos estudos sobre o conhecimento docente, tem sido enfatizada a importância da narrativa ou de histórias de vida (BOLÍVAR, 1999; GOODSON, 2004).

A gestão da aula e das tarefas acadêmicas como eixo do que ensinam

Os docentes têm de desenvolver um conhecimento de gestão de aula, e também de gestão do currículo. A gestão da turma implica conseguir e manter a cooperação nas atividades que preenchem o tempo escolar e servem a propósitos educativos (CARTER; DOYLE, 1987). Tais atividades têm duas dimensões básicas: *a)* a estrutura social, pela qual os estudantes se organizam para realizar um trabalho atribuí-do em aula; *b)* a estrutura de tarefas acadêmicas que os estudantes realizam sobre as matérias. Já quanto à gestão do currículo, Doyle (1986) afirma que o currículo existe na aula em forma de tarefas acadêmicas que os docentes atribuem aos estudantes em razão da matéria.

O conceito de "tarefa" indica quatro aspectos-chave do trabalho do estudante na aula: "o objetivo ou produto final a ser alcançado, um espaço-problema ou um conjunto de condições e recursos disponíveis para a tarefa, as operações cognitivas envolvidas na conexão e no uso de recursos para alcançar o objetivo e a importância dada ao trabalho feito" (DOYLE, 1986, p. 366). E é nesse sentido que as tarefas implicam a explicitação e a elaboração do que foi ensinado.

O currículo (o conteúdo), dirá Doyle (1983), é um componente significativo dos programas de ação na aula e do tipo de tarefas acadêmicas que o docente planeja ou propõe ao aluno. Há quatro fatores-chave para definir e gerir o trabalho e as tarefas acadêmicas. Primeiro, a estruturação da tarefa acadêmica. Segundo, o ensino explícito dos requisitos e das operações da tarefa utilizáveis para realizar um trabalho. Terceiro, o controle do trabalho acadêmico. E quarto, a gestão da avaliação.

Por último, os trabalhos de Doyle (1983) identificam diferentes tipos de tarefas e as dimensões associadas às mesmas: tarefas de memorização, de rotina, de compreensão e de opinião. Quanto às dimensões, ele assinala duas: a ambiguidade (a possibilidade de que uma resposta possa ser admissível) e o risco (o rigor dos critérios de avaliação que um docente utiliza e a probabilidade de que tais critérios possam ser cumpridos pelos alunos na situação de aula). Doyle e Carter (1987) concluem seus trabalhos assinalando que os professores costumam armazenar um conhecimento situado do conteúdo curricular, dos processos sociais, das tarefas acadêmicas e das intenções e possibilidades de compreensão dos alunos, que lhes permite tomar novas decisões e administrar o ambiente da aula.

As tarefas acadêmicas, como elementos nos quais se inter-relacionam a atividade dos professores e dos alunos, são atividades nas quais a prática pedagógica[12] se expressa. Portanto, as tarefas acadêmicas são unidades significativas de análise do profissionalismo dos professores em contextos naturais e têm um valor essencial na hora de analisar o que eles ensinam, por sua função de condensação de ideias, regras práticas e adequação de conteúdos, recursos e procedimentos metodológicos e didáticos.

A reflexão é a chave

A *reflexão* é a chave e o motor para tornar explícito e acessível o conhecimento do ofício,[13] a relação entre pensamento reflexivo e processo educativo que apontava Dewey (1989). Graças à reflexão, o conhecimento do ofício supõe uma "experiência transformada", da mesma maneira que transformar a experiência pressupõe uma reflexão sobre esta (SCHÖN, 1983; 1987). Mas a reflexão não pode vir separada da ação

> A ação genuinamente humana, aquela que merece tal nome, é sempre reflexa e se reflete, e isso quer dizer que tem efeitos duradouros na pessoa que a realiza e não somente no meio no qual é desenvolvida. O que fazemos e como agimos define quem somos. Portanto, um efeito desse reflexo da ação (reflexão é o processo ou o resultado de refletir e fazer uma reflexão) é a geração de consciência sobre a ação, que é expressa em forma de representações, memórias ou esquemas cognitivos e crenças que podem se comunicar, nutrindo a memória com o material para pensar sobre as ações passadas e presentes e para orientar as ações futuras[...] Refletir sobre a prática é inerente aos seres humanos. O bom é que nos damos conta de que os professores são humanos, agem como tais, mais do que como especialistas de uma prática especializada, como é a docência. (GIMENO SACRISTÁN, 1998, p. 120-121)

Uma prática reflexiva supõe "uma postura, uma forma de identidade ou um *habitus*" (BOURDIEU, 1991). Dito de outra maneira, "não basta que quem ensina domine os conhecimentos e as capacidades práticas de sua matéria se não dominar também a maneira pela qual acontece o processo de aprendizagem dos alunos em relação às situações de organização que ele ou ela criam na aula" (HERNÁNDEZ; SANCHO, 1989, p. 72).

Isso é o que, sob outra perspectiva, nos revela Grossman (1990), que distingue vários tipos de conhecimentos docentes: conhecimento pedagógico geral (relacionado com o ensino, seus princípios gerais, a aprendizagem e os alunos, assim como o tempo de aprendizagem acadêmica, o tempo de espera, o trabalho em pequenos grupos, a gestão da turma; técnicas didáticas, estruturas das turmas, planejamento dos processos de ensinar, teorias do desenvolvimento humano, processos de planejamento curricular, avaliação, cultura social e influências do contexto no ensinar, história e filosofia da educação, aspectos legais da educação, etc.); conhecimento da matéria (o saber sobre a disciplina que ensinamos, ter uma boa desenvoltura da disciplina que lecionamos; esse conhecimento também influencia o que é ensinado e como); conhecimento do conteúdo (inclui diferentes componentes, dos quais são os mais representativos: conhecimento sintático – o corpo de conhecimentos gerais de uma matéria, os conceitos específicos, as definições, as convenções e os procedimentos – e substantivo – domínio dos paradigmas de pesquisa em cada disciplina, do conhecimento em relação a questões como a validade, as tendências, as perspectivas e a pesquisa no campo de sua especialização); o conhecimento didático do conteúdo (representa a combinação adequada entre o conhecimento da matéria a ser ensinada e o conhecimento pedagógico e didático que se refere a como ensinar a matéria); e o conhecimento contextual (adaptar seu conhecimento geral da matéria aos alunos e às condições particulares da escola).

Um conhecimento construído, social e distribuído

Por fim, esse caráter interativo do conhecimento dos professores com o ambiente é o que tem levado sua definição como um conhecimento construído, social e distribuído. O que foi comentado até agora nos propõe a ideia de que o conhecimento dos professores é construído pela interação com as experiências anteriores e atuais, em contato com a prática, assim como em relação às atividades de formação nas quais os professores participam. Mas, além de seu caráter *construído*[14], o conhecimento dos professores tem outras dimensões. Putnam e Borko (2000) fazem uma proposta que amplia as estreitas abordagens da pesquisa individualista, que foi a que tratou da análise do conhecimento dos professores de forma isolada. Eles propõem considerar que o conhecimento dos professores, além de construído, deve ser entendido como *um conhecimento contextualizado, social e distribuído*.[15]

Esta última característica do conhecimento – distribuído – consiste em não residir em uma só pessoa, mas em estar distribuído entre indivíduos, grupos e ambientes simbólicos e físicos. Pressupõe-se a ideia de que, para o desenvolvimento de tarefas complexas, nenhuma pessoa possui a totalidade de conhecimentos e habilidades de forma individual. Admitir esses princípios nos leva a entender que é o trabalho em equipe que conduz a um melhor uso do conhecimento, que leva à melhoria da capacidade de resolução de problemas. A ideia do conhecimento distribuído tem sido motivada pelo impacto das Novas Tecnologias, principalmente a internet (AREA, 2005; MARCELO, 2002).

De tudo o que comentamos aqui, podemos concluir assinalando que os estudos sobre o pensamento do professor, especialmente aqueles que se detêm à análise das teorias implícitas, assim como estudos sobre a formação do pensamento prático, evidenciam que, sem dúvida:

> o substrato pedagógico do docente, configurado pela incorporação lenta, persistente e não reflexiva da cultura docente, é fator decisivo para a determinação da conduta acadêmica e profissional do docente em interação com as exigências imediatas de seu cenário concreto de atuação. (PÉREZ GÓMEZ, 1998, p. 165)

Isso afeta tudo o que os professores ensinam, de forma individual ou colegiada (NIETO, 2006).

DAR FORMA À PRÁTICA: MOLDAR, ADAPTAR E TOMAR DECISÕES SOBRE O QUE SE ENSINA

Ao ensinar, os professores convivem – algumas vezes com coerência e outras com contradição (p. ex., os livros didáticos) – com uma variedade de filtros seletivos de cultura que nem sempre se ajustam de forma adequada às exigências de um código de comunicação que permita e facilite o intercâmbio de significados. Há problemas de comunicação evidentes que devem ser corrigidos. O principal desafio consiste em tornar significativa a comunicação e os intercâmbios de conhecimentos e saberes educacionais aos alunos, que são o foco principal da aprendizagem. Nisto consiste, de alguma maneira, dar forma à prática.

Um esquema formal do que é o ensinar

Se o currículo é uma ponte entre as intenções e a realidade, então é necessário analisar a natureza essencial da ação de ensinar enquanto prática social de comunicação e intercâmbio de conteúdos culturais que são obtidos em um meio institucionalizado e com valores relacionados com a cultura. Fenstermacher (1994, p. 38) sugere uma espécie de esquema formal para limitar a significação do que é ensinar a uma espécie de definição essencial válida para qualquer situação na qual ações desse tipo possam ser manifestadas. A situação de ensinar existe sempre que nos são apresentadas as cinco condições seguintes:

1. Existe uma pessoa P que possui um
2. conteúdo C que
3. deseja proporcionar ou transmitir
4. a uma pessoa R, que inicialmente carece do C de tal modo que
5. P e R se envolvem em uma relação com o propósito de que R adquira o C.

Porém, em uma definição desse tipo, não faltam problemas, como aponta o mesmo autor: R tem de estar disposto a receber C? Por acaso, não pode existir a ação de ensinar sem que haja uma P em pessoa? Temos procedimentos autodidáticos guiados por materiais e programas de computador que dão suporte a tarefas prévias de preparo que, no caso do ensino presencial, são realizadas por um professor. Entretanto, P tem de dominar C ou basta colocar R em contato com C? Podemos dizer que P ensina R, se este não aprende?

Por menos que nos aprofundemos, aparece a complexidade. Estendendo o conceito de *ação de ensinar* às tarefas docentes, consideramos de responsabilidade do professor atividades como avaliar, preparar as aulas, elaborar unidades e materiais, controlar o grupo de alunos na classe, manter a disciplina, relacionar-se com os pais, colaborar na organização das escolas, realizar trabalhos com os alunos fora da escola, organizar as chamadas tarefas extracurriculares, etc. A essa amplitude de tarefas possíveis sob o significado de processo de ensinar, soma-se outra fonte de complexidade, partindo da diferenciação diacrônica que Jackson (1991) fez, distinguindo a ação pré-ativa (preparação da prática), a prática interativa ou reativa (a própria interação na turma, com os alunos) e a prática pós-ativa (formada pelas atividades do professor, uma vez que essa interação for concluída).

A transposição didática dos saberes

Chevallard (1997) fala da necessidade que o professor tem de aprender a adequar, de forma didática, o conhecimento de acordo com as características do aluno e do conteúdo, afim de que ele seja transmitido da forma mais adequada. O autor denomina isso de a *transposição didática do conteúdo*.

Por que essa transposição didática é necessária? Para exercer a vigilância epistemológica. A transposição didática designa a passagem do saber sábio ao saber ensinado. "O funcionamento didático do saber é distinto do funcionamento acadêmico, pois há dois regimes do saber, inter-relacionados, mas não sobrepostos" (CHEVALLARD, 1997, p. 25). O sistema didático – representado pelo professor, pelos alunos e pelo saber ensinado segundo Chevallard – faz parte de um entorno imediato, que é onde se pensa a ação de ensinar (noosfera), e de outro entorno mais amplo, que é a sociedade. Assim, um dos problemas que precisam ser resolvidos para o funcionamento desse sistema aparentemente simples é o da compatibilidade entre o sistema e o seu entorno. Os saberes se desgastam, e o saber ensinado também. Esse desgaste exige uma revisão constante do saber que é ensinado. A crise do ensino é a expressão do desgaste do saber que se ensina.

Lee Shulman já manifestava a necessidade dos professores construírem pontes entre o significado do conteúdo curricular e a construção do significado realizada pelos alunos, afirmando que:

> [...] os professores realizam essa façanha de honestidade intelectual mediante uma compreensão profunda, flexível e aberta do conteúdo; compreendendo as dificuldades mais prováveis que os alunos terão com essas ideias [...]; compreendendo as variações dos métodos e modelos de ensino para ajudar os alunos na construção do conhecimento; e estando abertos para revisar seus objetivos, planos e procedimentos à medida que a interação com os estudantes se desenvolve. Esse tipo de compreensão não é exclusivamente técnica nem somente reflexiva. Não é somente o conhecimento do conteúdo nem o domínio genérico de métodos de ensino. É uma mescla de tudo o que falamos anteriormente e é, principalmente, um conhecimento pedagógico. (SHULMAN, 1986, p. 12)

Por fim, Robert Yinger propõe a dimensão ecológica do conhecimento, entendendo que o conhecimento não existe nos indivíduos, mas nas relações produzidas entre eles e o ambiente em que se desenvolvem. A vida da aula, nesse sentido

> é constituída pelos sistemas culturais, físicos, sociais, históricos e pessoais que existem tanto dentro quanto fora da aula [...] A responsabilidade do professor na turma consiste em compreender os diálogos que estão ocorrendo dentro e entre todos os sistemas e reconhecer quais são apropriados para a atividade da turma. O professor atua como guia e sujeito que transfere a estrutura, a ação e a informação incluída em cada sistema. (YINGER, 1991, p. 31)

O princípio da readaptação didática

O que se ensina na aula tem um caráter histórico, portanto, é temporal e sequencial. Há o "antes" e o "depois". Saber em que momento do processo se está é essencial para garantir a adequação dos conhecimentos, sua consolidação significativa e relevante para quem aprende, a progressão no processo de aprender e de ensinar. Ir do simples ao complexo, do concreto ao abstrato, do fácil ao difícil, dos conceitos gerais aos particulares, etc., exige ter clara consciência do processo, do tempo didático, dos momentos de aceleração e desaceleração impostos pelo ato de ensinar. O "princípio de readaptação didática" que queremos introduzir aqui garante a continuidade e o equilíbrio do processo, seus retornos, reiterações e revisões, que conduzem, finalmente, à meta desejada. Além disso, esse princípio ajuda a medir e compensar microprocessos com macroprocessos de ensinar e aprender, e provoca um maior equilíbrio entre as sequências de atividades e tarefas acadêmicas na classe e na escola.

Já a readaptação jurídica não admite retornos nas fases de juízo uma vez superadas, e na readaptação didática, é possível revisar o processo de ensinar, voltar ao início sob outro foco, assim como readaptar e ajustar atividades, tarefas e recursos para propiciar um ensino mais relevante.

O tempo do ensinar é fundamental para facilitar o acesso ao saber.[16] O tempo da didática tem uma relação estreita com a capacidade que o docente tem de marcar a duração da exposição ao seu saber. O professor sabe antes que os alunos. Por isso, ele pode prever e traçar uma trajetória, um itinerário, de onde poderá levar os alunos durante a aprendizagem. Porém, além disso, ele conhece a natureza diferente dos conceitos, princípios e procedimentos que irá ensinar. Portanto, ele conhece a amplitude e profundidade dos conteúdos. A readaptação com que os professores e a escola ensinam deverão se ajustar às condições materiais da duração do tempo escolar e do tempo de aprendizagem que ocorre sob a tutela do docente.

A ESTRUTURA SOCIAL DO TRABALHO DOCENTE E SUA MEDIAÇÃO NO CURRÍCULO ENSINADO

O que os professores ensinam na aula e na escola é uma síntese de elaborações individuais e/ou coletivas – de algum modo, ainda que não sempre – de conhecimentos culturais disponíveis para serem ensinados (ver Figura 11.3). De um lado, as escolas têm a responsabilidade de construir e dar sentido – de forma coletiva e democrática – à coerência curricular (BELTRÁN LLAVADOR; SANMARTIN ALONSO, 2002; GUARRO PALLÁS, 2002). Elas devem dar coerência ao currículo em contextos de decisão compartilhados, ainda que não necessariamente coincidentes. Por outro lado, no mundo da aula – da turma –, cada professor reelabora e adapta – às vezes, a um ponto impensável – o que foi organizado previamente – pelo centro, pelos professores do departamento, etc. – em função das coordenadas socioculturais dos alunos. Trata-se de otimizar a aprendizagem situada e contextualizada.

Nesse sentido, é necessário abordar as implicações que o exercício profissional coletivo dos docentes tem para o que eles definitivamente ensinam. Em primeiro lugar, porque boa parte dos objetivos ou das competências educacionais deve ser fruto de uma atuação coletiva e colegiada de vários docentes, em uma escola ou em uma mesma zona de escolarização. Em segundo lugar, porque o estilo da educação não marca um professor de forma individual, ele é competência do grupo ou da instituição em geral. Em terceiro lugar, porque qualquer atuação docente se insere em uma determinada filosofia educacional, atendendo à sua cultura e às coordenadas sociopolíticas que, como vimos, a condicionam ou projetam.

| SABERES | PROCESSOS | ÂMBITOS DE DECISÃO |

Saber sábio → Decodificação Cultural ← Sociedade: Políticas de conhecimento

Saber acadêmico → Cultura acadêmica ← Educação: Políticas curriculares

Transposição didática ← Especialistas, cientistas, editores

Saber pedagógico → CURRÍCULO ENSINADO ← Escolas Projeto de educação

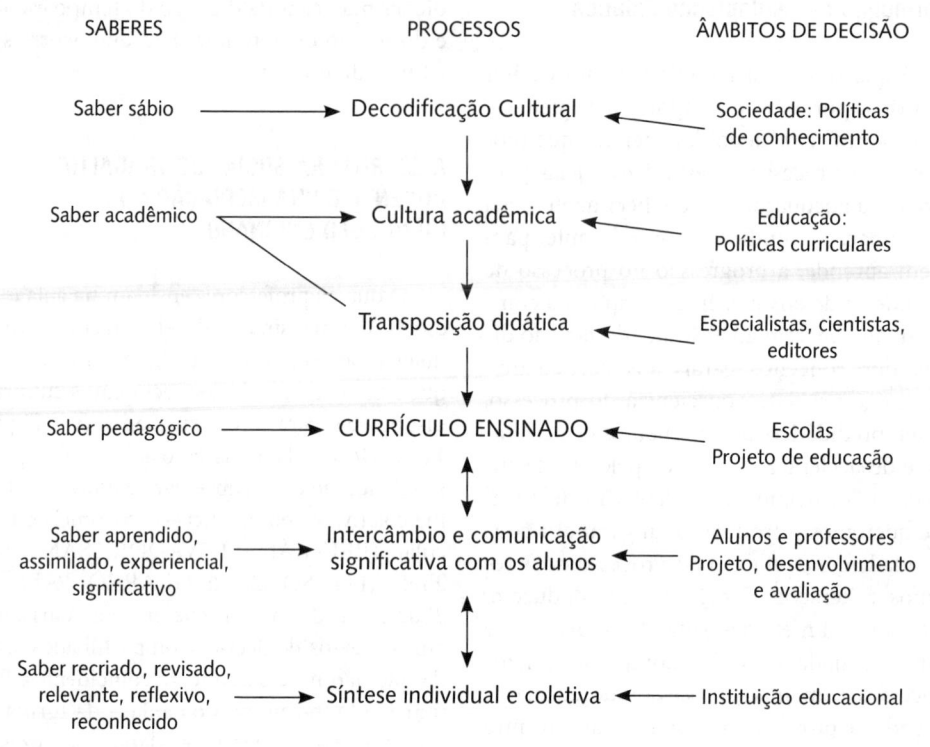

Saber aprendido, assimilado, experiencial, significativo → Intercâmbio e comunicação significativa com os alunos ← Alunos e professores Projeto, desenvolvimento e avaliação

Saber recriado, revisado, relevante, reflexivo, reconhecido → Síntese individual e coletiva ← Instituição educacional

Figura 11.3 Do currículo prescrito ao currículo ensinado.
Fonte: O autor.

Ensinar no âmbito de uma cultura docente

Como afirma Hargreaves (1994), podemos distinguir duas dimensões da cultura docente: o conteúdo – ou os valores, as crenças, as atitudes, os hábitos e os pressupostos sustentados e compartilhados por um grupo de docentes – e a forma, os padrões de relação e a interação entre os docentes, as condições determinadas nas quais o trabalho docente se desenvolve. Assim, um dos aspectos que se encontra em um momento decisivo de mudança são os valores que constituem o conteúdo do que se ensina. Uma tendência marcante de ênfase nas habilidades técnicas e de gestão é o isolamento dos professores e a desconexão com os alunos, que parecem assinalar o início das mudanças desses momentos. Entretanto, essas características não determinam, de modo algum, a atuação definitiva do pensamento dos docentes nem do que eles ensinam.

> Nossas escolas têm de caminhar em direção ao horizonte para se tornarem comunidades de profissionais que discutem e compartilham com seriedade certos valores, princípios e acordos básicos sobre os conteúdos e as aprendizagens, onde se estipulam e exigem compromissos sobre como focar o ensino e a aprendizagem, prestam-se contas públicas do que se faz e quais são os resultados e se vão tomando decisões pertinentes para avançar no atendimento do direito devido à educação. Temos de ver as escolas como organizações vivas, não burocráticas; inteligentes, não rotineiras; acolhedoras, não impessoais; eticamente responsáveis, não autossuficientes. (HARGREAVES, 1994)

Nesse processo, o planejamento colegiado dos processos de ensinar – tanto na escola quanto nas aulas – converte-se em uma ferramenta essencial para a tradução, explicitação, reflexão e colaboração entre o docente e seus alunos, e entre seus colegas docentes. O planejamento dos processos de aprendizagem, enquanto antecipação – imaginação e recriação, diagramação e esboço –, permite tornar explícitos os critérios de seleção e organização do que, por fim, ensina-se nas aulas, ou ao menos permite uma primeira abordagem. É um aspecto que incide diretamente na necessidade de articular um ambiente de colaboração na escola a fim de atender às decisões nas quais todos os professores devem estar envolvidos.

O fenômeno conhecido como competitividade e balcanização (FULLAN; HARGREAVES, 1992) evidencia claramente como a fragmentação disciplinar – um aspecto muito característico da educação universitária e da educação secundária – implica a configuração de espaços fechados – departamentos e áreas de conhecimento – onde se perde a visão de conjunto do projeto de educação da instituição a favor dos interesses e da visão restritiva de um grupo disciplinar reduzido ao qual pertence. Isso dá lugar a características tais como: fraca permeabilidade entre subgrupos, elevada permanência e estabilidade dos subgrupos e orientação e compromisso político como defesa de interesses disciplinares (HARGREAVES, 1994).

Por isso, torna-se necessário resgatar a confiança[17] no trabalho coletivo como identidade e potencialidade do exercício da docência, além da desmotivação, do desencanto e da frustra-ção dos docentes (TORRES SANTOMÉ, 2006). Nesse sentido, inserem-se propostas como a de Perrenoud (2007) e suas 10 novas competências para a docência, à medida em que tratam de otimizar a capacidade de mobilizar recursos cognitivos variados para enfrentar as diversas situações que hoje a ação de ensinar exige. Entre estas encontra-se a capacidade de trabalhar em grupo.

A mediação coletiva do que se ensina

O sentido de cooperação – em qualquer de suas formas, não todas igualmente eficazes – no trabalho docente tem sido um tema muito recorrente no discurso pedagógico dos últimos anos. Talvez isso seja um modismo ou mesmo uma característica permanente da educação. Seja como for, consideramos que há muitas razões que justificam a necessidade desse tópico para entender o que as escolas ensinam.

Além da capacidade de trabalhar em grupo de forma eficaz, detectar, analisar e combater as resistências e obstáculos relacionados com a cooperação, os professores têm de saber discernir entre os problemas que requerem uma cooperação intensa. Saber trabalhar em equipe no momento oportuno, quando for mais eficaz, encontrar modalidades de trabalho cooperativo ideais em função dos problemas a serem resolvidos (PERRENOUD, 2007).

Tarefas como elaborar um projeto de equipe, compartilhando representações comuns, confrontar e analisar de forma conjunta situações complexas ou enfrentar crises ou conflitos comuns se unem a outras tarefas mais relacionadas à epistemologia do conhecimento que se ensina. Isto é, analisar o valor dos conteúdos e processos ou habilidades propostos pelo currículo, como o conhecimento é concebido, como é ordenado, que papel se confere à sua relação com a experiência do que aprende, qual é sua transcendência social e sua relação com a vida cotidiana, qual é sua origem, como se valida, como evolui, qual é a ponderação de seus componentes, como se comprova sua possessão, qual é a vigência e o alcance desses saberes disciplinares em um mundo de incertezas e mudanças, etc., são questões que devem acabar determinando o conhecimento prático de cada docente. É importante apelar a uma elaboração compartilhada, por meio de equipes docentes conscientes de seu trabalho, suficientemente organizadas e capacitadas para abordar, sem rodeios, o que se ensina nas instituições de educação.

Em síntese, o que as escolas e os professores ensinam é o resultado de um sistema complexo no qual decisões, pensamentos, relações e condições se entrecruzam para lidar com a gestão do saber – em outras palavras, a gestão da ignorância – tanto na sua dimensão individual quanto coletiva. Os professores não são homogêneos, nem ensinam o mesmo. Entretanto, é possível delimitar invariantes quanto ao que deveria ter sido ensinado.

Se o que os professores e as escolas ensinam é uma adaptação transfigurada de forma pedagógica da cultura valiosa disponível na sociedade – tese com a qual iniciamos este capítulo –, então eles ensinam a experiência pública do saber; a possibilidade de nos dar acesso a um saber que pode nos libertar; a oportunidade de conhecer – ao menos uma vez – a felicidade do redescobrimento do saber sábio; a possibilidade de obter saberes que nos tornam indivíduos racionais; a necessidade de transmitir uma clara consciência de compromisso com a sociedade e a democracia; a contribuição a uma vibrante Sociedade Civil.[18]

NOTAS

1 Trata-se de uma boa expressão cunhada por Finkel (2008).
2 Sem reconstrução cultural produzir-se-ia o colapso, a descontinuidade entre o passado e o futuro. Sem se abrir ao novo, à criação dos sujeitos da sociedade e da cultura para metas de desenvolvimento, plenitude e bem-estar desejáveis que melhoram a dada condição humana, a educação não seria "progressiva" [...] Ou seja, o currículo tem de recorrer à tradição de controvérsia cultural e de conflitos sociais que a embasam [...] Nesse sentido de criar espaços de autonomia e para promovê-la, é fundamental um programa da modernidade que faça frente a uma longa história de fundamentalismo pedagógico" (GIMENO SACRISTÁN, 1998, p. 193).
3 Certa ocasião, enquanto comentavam sobre o difícil equilíbrio entre tradição e inovação no *jazz*, Paco de Lucía disse a Winto Marsalis: "A mente pede inovação; o coração pede tradição". "Perfeito", comenta Marsalis, "tradição e inovação não se contradizem".
4 A tortuosa evolução do conceito da profissão docente – como profissional ou semiprofissional – tem sido objeto de numerosas críticas e revisões conceituais (ENGLUND, 1996; LABAREE, 1999; SHULMAN, 1998). Shulman define com precisão os conhecimentos fundamentais para o ensino como um conjunto codificado de conhecimentos, habilidades, interpretações e tecnologias, de disposições éticas e responsabilidades coletivas, assim como os meios para sua representação.
5 Partindo de todas essas diferenciações sobre o conhecimento, que tem repercussão nas perspectivas profissionais dos professores e em diferentes opções metodológicas, Gimeno Sacristán e Pérez Gómez (1992) distinguiram uma série de dimensões genéricas que, a princípio, podem afetar qualquer área do currículo e que lhes permitiram constatar diferenças idiossincráticas entre professores que, em sua opinião, confirmam a existência de mentalidades coletivas que compartilham determinados pressupostos. Algumas dessas dimensões genéricas são: a utilidade dos conteúdos curriculares para entender problemas vitais e sociais; a cultura do currículo como uma cultura comum para todos os alunos; a inclusão de problemas conflitantes e políticos nos conteúdos a serem ensinados; a consideração do conhecimento como algo objetivo e verdadeiro frente a posições relativistas, históricas e construtivistas; ou mesmo a concepção de áreas ou disciplinas como lugar de expressão de diversas opções por parte dos professores.
6 Elias Canetti retrata em sua autobiografia – *La lengua absuelta* (1985, p. 90) – um bom exemplo do significado dessa diversidade: "A diversidade de professores era extraordinária; é a primeira diversidade da vida da qual estamos conscientes. Aqueles que ficam tanto tempo ininterrupto perante alguém, mostrando cada movimento, sendo incessantemente observados, como foco de interesse hora após hora, sempre durante o mesmo período delimitado do qual não conseguem fugir;... o mistério que rodeia o resto de suas vidas durante o tempo que não fazem sua representação cotidiana perante nós; e, além disso, a alternância dos personagens que vão aparecendo, um após o outro, no mesmo lugar, no mesmo papel, com o mesmo objeto, eminentemente comparáveis... todos esses elementos juntos transformam em algo muito distinto a escola oficial, geram uma escola que ensina a diversidade dos seres humanos; e, se uma pessoa a leva um pouco a sé-

rio, ela acaba se tornando a primeira escola consciente para o conhecimento do homem.

7 Mas, ainda que seja certo que exista um consenso generalizado sobre a consideração do conhecimento dos professores como um conhecimento prático, não é menos certo que se reconheça também, ainda que por meio de uma disputa, que os professores desenvolvem um tipo de conhecimento transformado na ação prática que assume certas habilidades, competências e disposições, que sugere uma ênfase especial, uma sensibilidade ao ensino, mais que um conhecimento de proposições (GRIMMETT; MACKINNON, 1992).

8 Por um lado, esses estudos têm contribuído para uma visão dos docentes como sujeitos que pensam, julgam e tomam decisões, mas, por outro, os modelos explicativos utilizados tendem a aproximar a lógica do pesquisador ao docente, daquilo que o pesquisador entende por racional e coerente; além disso, o excessivo psicologismo e logicismo dessas pesquisas (ANGULO RASCO, 1999) costuma esquecer com frequência que as situações docentes em aula estão fortemente determinadas pelo seu caráter moral (TOM, 1980, 1984).

9 Como assinala corretamente Sola Fernández (1991, p. 664), "saber e conhecer são dois conceitos epistêmicos em cuja base há alguma crença, o que nos deixa diante da situação de esclarecer esse conceito vago e impreciso ou ambíguo". Mais adiante, a autora pontualiza: "a explicação das crenças deve ser feita buscando identificar suas causas, no sentido geral dos antecedentes, as razões que as pessoas dizem ter para acreditar e os motivos que as incentivam a isso" (SOLA FERNÁNDEZ, 1999, p. 667).

10 Os estudos que temos feito sobre as teorias implícitas assinalam um conjunto de cinco grandes tipos de teorias ou sínteses de crenças sobre o ensino: dependente, interpretativa, emancipadora, expressiva e produtiva.

11 O que, de certo modo, coincide com o estudo de Bain (2005), no caso dos professores universitários.

12 "Sempre se admitiu na educação o princípio que o método é capaz de moldar os efeitos potenciais dos conteúdos sem cair na absolutização metodológica, visto que a forma pedagógica da tarefa e o conteúdo desta são aspectos indissociáveis, duas dimensões de uma mesma realidade, que influenciam uma a outra" (GIMENO SACRISTÁN, 1988, p. 264).

13 Sennett (2009) aprofunda – O artesão (2009) – nas características do ofício – ou na habilidade para fazer as coisas bem –, como cultura material e conhecimento tácito que são transmitidos, como bens de capital social, por meio da interação social.

14 Boghossian (2009, p. 179) examina de forma crítica as concepções relativistas e construtivistas sobre a verdade e o conhecimento, assinalando suas principais debilidades, e conclui: "nossas intuições nos dizem que as coisas têm uma maneira de ser que é independente das opiniões humanas, que somos capazes de ter crenças objetivamente razoáveis sobre como as coisas são e que essas crenças são vinculantes para todas aquelas pessoas capazes de apreciar – independentemente de sua origem social e cultural – a evidência correspondente".

15 Kincheloe (2001) revisa essa questão sob a ótica do pensamento pós-formal.

16 Esse aspecto tem sido amplamente desenvolvido por Gimeno Sacristán (2008, p. 54), o qual sustenta que "o que a experiência nos diz é que existe uma inadequação entre os ritmos escolares, cuja estrutura provém do século XX, e entre os objetivos e as práticas educacionais; algo importante a se levar em conta na hora de compreender os efeitos do ensino e da educação".

17 Giddens (1995, p. 55) afirma que a confiança "é baseada em uma certeza na confiança das pessoas adquirida nas experiências mais antigas da infância de uma pessoa". A confiança é, em certo sentido, criativa, pois supõe um passo ao desconhecido, ainda que, por outro lado, implique também – de forma consciente ou inconsciente – enfrentar a possibilidade de privação de auxílio, socorro ou apoio.

18 Emilio Lledó, em um diálogo recente com Juan Cruz sobre a condição humana, afirmava – recordando seu período como docente na Universidade de La Laguna (Ilhas Canárias) – "Eu amava a filosofia. Gostava do que lecionava, minha suposta especialidade. Amava o que lecionava. Mas, além disso, queria amar aqueles a quem ensinava. E isso pela simples razão de que, nesse espaço de ensino, de amar os demais, de ter interesse pelos outros, você está criando um espaço coletivo. É maravilhoso descobrir que esse senhor que está falando, esteja ou não sobre o tablado, mas ele está falando, está criando um espaço onde sua individualidade –

a não ser que seja um pouco tolo – não tem a menor importância, mas o que importa é o espaço, o âmbito. E isso é para mim um dos privilégios mais extraordinários do ensinar. A possibilidade de comunicar, de TE comunicar. Porque, de alguma forma, a comunicação do ensino é dar um pouco de você mesmo. Não somente em filosofia ou em literatura, onde isso parece mais fácil, mas inclusive em química orgânica ou em sintaxe grega. Você dá, comunica sua forma de entender, converte em palavras sua experiência pessoal, seu trabalho pessoal, o mais rigoroso, o mais sério e sólido que conseguiu... Eu ficava engrandecido. É um privilégio poder ensinar. Educar é criar liberdade. A liberdade é a essência do ensino" (LLEDÓ, 2011).

REFERÊNCIAS

ANGULO RASCO, J. F. De la investigación sobre la enseñanza al conocimiento docente. In: PÉREZ GÓMEZ, A.; BARQUÍN RUIZ, J.; ÂNGULO RASCO, J. F. (Ed.). *Desarrollo profesional del docente*: política, investigación y práctica. Madrid: Akal, 1999. p. 261- 319.

APPLE, M. *Official knowledge*: democratic education in a conservative age. New York: Routledge, 1996.

AREA, M. *La educación en el laberinto tecnologia*: de la escritura a las máquinas digitales. Barcelona: Octaedro, 2005.

BAIN, K. *Lo que hacen los mejores professores universitarios*. Valencia: PUV, 2005.

BELTRÁN LLAVADOR, F.; SAN MARTIN ALONSO, A. *Diseñar la coherencia escolar*. Madrid: Morata, 2000.

BERNSTEIN, B. *Clases, códigos y control*: II Hacia una teoría de las transmisiones educativas. Madrid: Akal, 1988.

BERNSTEIN, B. *La estructura del discurso pedagógico*. Madrid: Morata, 1993.

BOGGHOSSIAN, P. *El miedo al conocimiento*: contra el relativismo y el constructivismo. Madrid: Alianza Editorial, 2009.

BOLÍVAR, A. (Dir.). *Ciclo de vida professional del profesorado de secundaria*: desarrollo personal y formación. Bilbao: Mensajero, 1999.

BOURDIEU, P. *El sentido práctico*. Madrid: Taurus, 1991.

CANETTI, E. *La lengua absuelta*. [S.l: s.n.], 1985.

CARTER, K.; DOYLE, W. Teachers' knowledge structures and comprehension processes. In: CALDERHEAD, J. (Comp.). *Exploring teachers' thinking*. London: Cassell, 1987. p. 147-160.

CLANDININ, D. J. *Classroom practice*: eacher images in action. London: Falmer Press, 1986.

CLARK, C. M.; PETERSON, P. L. Procesos de pensamiento de los docentes. In: WITTROCK, M. C. (Comp.). *La investigación de Ia enseñanza*. 3. ed. Barcelona: Paidós Ibérica, 1986. v. 3, p. 443-539.

CLARK, C. M.; YINGER, R. Three studies on teacher planning. *Research Series*, Michigan, n. 55, jun. 1979.

CHEVALLARD, I. *La transposición didáctica*: del saber sabio al saber enseñado. Buenos Aires: Aique, 1997.

DEWEY, J. *Cómo pensamos:* nueva exposición de la relación entre pensamiento reflexivo y proceso educativo. Barcelona: Paidós, 1989.

DOYLE, W. Academic work. *Review of Educational Research*, v. 53, n. 2, p. 159-199, 1983.

DOYLE, W. Classroom organization and mangement. In: WITTROCK, M. C. (Comp.). *Handbook of research on teaching*. 3. ed. New York: MacMillan, 1986. p. 392-431.

DOYLE, W.; CARTER, K. Choosing the means of instruction. In: RICHARSON-KOEHLER, V. (Comp.). *Educators handbook. a research perspective*. New York: Longman, 1987. p. 188-206.

ENGLUND, T. Are professional teachers a goodthings? In: GOODSON, I. F.; HARGREAVES, A. *Teachers' professional lives*. London: Falmer Press, 1996.

ELBAZ, F. The teacher's 'practical knowledge': report of a case study. *Curriculum Inquiry*, v. 11, n. 1, p. 43-71, 1981.

ELBAZ, F. *Teacher thinking: a study of practical knowledge*. London: Crom Helm, 1983.

ELBAZ, F. Research on teacher'knowledge: the evolution of a discouse. *Journal of Curriculum Studies*, v. 23, n. 1, p. 1-26, 1991.

ESTEVE ZARAZAGA, J. M. *La formación inicial de los profesores de secundaria*. Barcelona: Ariel, 1997.

FENSTERMACHER, G. The knower and the known: the nature of knowledge in research on teaching. *Review of Research in Education*, v. 20, p. 3-56, 1994.

FINKEL, D. *Dar clase con la boca cerrada*. Valencia: PUV, 2008.

FULLAN, M.; HARGREAVES, A. *What's worth figthing for?* Working together for your school? London: Open University Press, 1992.

GIDDENS, A. *Modernidad e identidad del yo*. Barcelona: Península, 1995.

GIMENO SACRISTÁN, J. *EI currículum:* una reflexión sobre la práctica. Madrid: Morata, 1988.

GIMENO SACRISTÁN, J. *Poderes inestables en educación*, Madrid: Morata, 1998.

GIMENO SACRISTÁN, J. *El valor del tiempo en educación*. Madrid: Morata, 2008.

GIMENO SACRISTÁN, J.; PÉREZ GÓMEZ, A. I. El pensamento pedagógico de los profesores: un estúdio empírico sobre la incidencia de los cursos de aptitud pedagógica (CAP) y de la experiencia professional en el pensamiento de los profesores. *Investigación en la escuela*, n.17, 1992.

GOODSON, I. F. (Ed.). *Historias de vida del profesorado*. Barcelona: Octaedro, 2004.

GRIMMET, P. P.; MACKINNON, A. M. Craft knowledge and the education of teachers. *Review of Research in Education*, Washington, v. 18, p. 385-456, 1992.

GROSSMAN, P. *The making of a teacher:* teacher knowledge and teacher education. Chicago: Teacher College Press, 1990.

GUARRO PALLÁS, A. *Currículum y democracia:* por un cambio de la cultura escolar. Barcelona: Octaedro, 2002.

HARGREAVES, A. *Changing teachers, changing times*. London: SAG, 1994.

HERNANDEZ, F.; SANCHO, J. *Para ensenar no basta con saber la asignatura*. Barcelona: Paidós, 1989.

INGLIS, F. *The management of ignorance:* a political theory of curriculum. London: Basil Blackwell, 1985.

JACKSON, P. W. *La vida en las aulas*. Madrid: Morata, 1991.

KINCHELOE, J. L. *Hacia una revisión crítica del pensamiento postformal*. Barcelona: Octaedro, 2001.

LABAREE, D. F. Poder, conocimiento y racionalización de la enseñanza. Genealogía del movimiento por la profesionalidad docente. In: PÉREZ GÓMEZ, A. I. et al. *Desarrollo professional de profesional del docente:* política, investigación y práctica. Madrid: Akal, 1999. p. 16-51.

LAMPERT, M. How do teachers manage to teach? Perspective on problem in practise. *Harvard Educational Review*, v. 55, n. 2, p. 178-194, 1985.

LITTLE, J.; MCLAUGHLIN, M. Perspectives on cultures and contexts of teaching. In: LITTLE, J. W.; MCLAUGHLIN, M. W. (Ed.). *Teachers' work:* individuals, colleagues, and contexts. New York: Teacher College Press, 1993. p. 1-8.

LLEDÓ, E. *Diálogo com Juan Cruz*. [S.l.: s.n.], 2011. Disponível em: <http://www.cajacanarias.tv/?cid=foros&cid=16&vid=condicion>. Acesso em: 30 nov. 2012.

LUNDGREN, U. P. *Teoría del currículum y escolarización*. Madrid: Morata, 1992.

MARCELO, C. *El pensamiento del profesor*. Barcelona: CEAC, 1987.

MARCELO, C. Aprender a ensenar para la sociedade del conocimiento. *Education Policy Analysis Archives*, v. 10, n. 35, ago. 2002. Disponível em: <http://epaa.asu.edu/ojs/article/view/314/440>. Acesso em: 17 nov. 2012.

MARRERO ACOSTA, J. (Ed.). *EI pensamiento re-encontrado*. Barcelona: Octaedro, 2009.

NIETO, S. *Razones del profesorado para seguir con entusiasmo*. Barcelona: Octaedro, 2006.

PAJARES, M. F. Teachers' beliefs and educational research: cleaning up a messy construct. *Review of Educational Research*, v. 62, n. 3, p. 307-332, 1992.

PÉREZ GÓMEZ, A. I. Enseñanza para la comprensión. In: GIMENO SACRISTÁN, J.; PÉREZ GÓMEZ, A. I. *Comprender y transformar la enseñanza*. Madrid: Morata, 1992. p. 78-114.

PÉREZ GÓMEZ, A. I. *La cultura escolar en la sociedade neoliberal*. Madrid: Morata, 1998.

PÉREZ GÓMEZ, A. I.; GIMENO SACRISTÁN , J. Pensamiento y acción en el profesor: de los estúdios sobre la planificación al pensamiento práctico. *Infancia y Aprendizaje*, v. 42, p. 37-63, 1988.

PERRENOUD, P. H. *Diez nuevas competencias para enseñar*. Barcelona: Graó, 2007.

POZO, J. I. et al. *Nuevas formas de pensar la enseñanza y el aprendizaje*. Barcelona: Graó, 2006.

PUTNAM, R.; BORKO, H. What do new views of knowledge and thinking have to say about research on teacher learning? *Educational Researcher*, v. 29, n.1, p. 4-15, 2000.

RODRIGO, M. J. Etapas, contextos, domínios y teorías implícitas en el conocimiento social. In: RODRIGO, M. J. (Comp.). *Contexto y desarrollo social*. Madrid: Síntesis, 1994. p. 26-43.

RODRIGO, M. J.; ARNAY PUERTA, J. (Comp.). *La construcción del conocimiento escolar*. Barcelona: Paidós, 1997.

RODRIGO, M.; RODRÍGUEZ, A.; MARRERO, J. *Las teorías implícitas:* una aproximación al conocimiento cotidiano. Madrid: Visor, 1993.

RODRÍGUEZ SÁNCHEZ, A. *El conocimiento escolar*: la experiencia educativa del conocimiento en un aula a través de un proceso de investigación-acción. Málaga: Universidad de Málaga, 2003. Tesis Doctoral inédita.

SENNETT, R. *El artesano*. Barcelona: Anagrama, 2009.

SCHÖN, D. *The reflective practitioner*. New York: Basic Books, 1983.

SCHÖN, D. *La formación de profesionales reflexivos*: hacia un nuevo diseño de la enseñanza y el aprendizaje en las profesiones. Barcelona: Paidos, 1987.

SHAVELSON, R.; STERN, P. Investigación sobre el pensamiento pedagógico del profesor, sus juicios, decisiones y conductas. In: GIMENO SACRISTÁN, J.; PÉREZ GÓMEZ, A. I. (Comp.). *La enseñanza*: su teoría y su práctica. Madrid: Akal, 1981. p. 372-419.

SHULMAN, L. Those who understand: knowledge growth in teaching. *Educational Researcher*, v. 15, n. 2, p. 4-14, 1986.

SHULMAN, L. Theory, practice, and the education of professional. *The Elementary School Journal*, v. 98, n. 5, p. 511-526, 1998.

SOLA FERNÁNDEZ, M. El análisis de las creencias del profesorado como requisito de desarrollo profesional. In: PÉREZ GOMÉZ, A. I; BARQUÍN RUÍZ, J.; ANGULO RASCO, J. F. (Comp.). *Desarrollo profesional del docente*: política, investigación y práctica. Madrid: Akal, 1999. p. 661-683.

STENHOUSE, L. *Investigación y desarrollo del currículum*. Madrid: Morata, 1984.

TABACHNICK, R.; ZEICHNER, K. *The impact of the student teaching experience on the development of teacher perspectives*. [Sl.: s.n.], 1982. Trabajo presentado a la reunión annual de la AERA.

TOM, A. R. Teaching as a moral craft: a metaphor for teaching and the teacher education. *Curriculum Inquiry*, v. 3, n. 1, p. 313-323, 1980.

TOM, A. R. *Teaching as a moral craft*. New York: Longman, 1984.

TORRES SANTOMÉ, J. *La desmotivación del profesorado*. Madrid: Morata, 2006.

VEENMAN, S. Perceived problems of beginning teachers. *Review of Educational Research*, v. 54, n. 2, p. 143-178, 1984.

WESTERMAN, D. A. Expert and novice teacher decisión making. *Journal of Teacher Education*, v. 42, n. 4, p. 292-305, 1991.

YINGER, R. *Working knowledge in teaching*. [S.l.: s.n.], 1991. Trabajo presentado en la ISATT Conference.

O currículo e o livro didático: 12
uma dialética sempre aberta

Jaume Martinéz Bonafé
Universidade de Valência

Jesús Rodríguez Rodríguez
Universidade de Santiago de Compostela

Em plena era digital, os livros didáticos continuam sendo o dispositivo didático hegemônico para o desenvolvimento curricular nas aulas de educação primária e secundária e, com uma intensidade crescente, também na educação infantil. Nesse capítulo, pretendemos problematizar essa prática pedagógica, colocando em dia o conhecimento científico a respeito desse fato, situando o enfoque problematizador tanto na análise do livro didático quanto na teoria curricular que o sustenta e nas políticas curriculares que o revitalizam.

CURRÍCULO, MODERNIDADE E TEXTO: O DISCURSO

O currículo foi pensado como o dispositivo escolar que concretiza o texto para a sua reprodução. Na análise de Lundgren (1992), o currículo é *o texto* que leva à reprodução social e cultural. Da mesma forma, Gimeno Sacristán (1989) diz que o currículo concretiza, em um complexo cruzamento de práticas de diferentes níveis institucionais, a seleção cultural para a escola. O desejo de universalizar as luzes da Razão tem, na escola como instituição, sua máquina principal e, no currículo, a engrenagem para essa máquina. O sonho da Modernidade se torna discurso: universalização e texto. Cultura para todos e elevação do saber à categoria científica. As disciplinas, segundo a ordem e seleção da Academia, constituem o texto que deve ser reproduzido.

Nossa intenção não é fazer uma síntese breve de uma arqueologia do currículo que ainda não foi escrita na Espanha, mas acreditamos que é necessário situar o problema do livro didático no contexto discursivo do currículo na Modernidade. Porque esse é o contexto que lhe dá sentido e coerência: um projeto cultural pretensamente totalizador, que explique o mundo e que lhe atribua significado pela razão iluminista, como uma enciclopédia. Nesse contexto discursivo, o livro didático é o artefato que dá forma material a um modo de proceder pedagógico para a reprodução cultural. O currículo se torna texto e sua materialização *coloniza* a vida na aula. Obviamente, no complexo campo da teorização curricular, esse é um enfoque restritivo sobre o significado do currículo: texto para a reprodução; deixe de lado o processo, a experiência, o acontecimento, a diferença e a subjetividade. Todavia, para nossa análise, é somente nesse enfoque restritivo que o livro-texto didático ocupa seu lugar proeminente.

NOSSAS PERGUNTAS

Se o livro didático inclui o currículo apresentado na escola, ou seja, a cultura selecionada para a reprodução escolar, as perguntas que nos fazemos em relação a esse fato podem ter diferentes abordagens. Em primeiro lugar, quais culturas e saberes são apresentados nos textos, e como eles são produzidos e apresentados? Quais significados são produzidos e transmitidos em relação aos sujeitos, ao mundo, à produção científica, às diferenças, etc.? Em segundo lugar, perguntamo-nos: quais culturas e saberes os livros didáticos produzem? Qual teoria dos professores, das aulas, dos estudantes, da construção do conhecimento e da relação com o ambiente são significativas no uso do livro didático? Por fim, uma terceira questão nos conduz às políticas de controle do currículo e ao papel do dispositivo estratégico que o livro didático desempenha em relação a essas políticas. Entretanto, qual é o estado atual da questão? Quais foram as perguntas nas pesquisas desenvolvidas sobre o livro didático? Sem querer exaurir a questão, mas com o desejo de deixar em dia o campo da problematização pedagógica, faremos agora uma síntese de até onde nossa leitura conseguiu chegar. Nosso interesse não esconde a vontade não apenas de descrever as presenças, mas de destacar as ausências e debilidades desse campo de investigação.

AS PESQUISAS E O ESTADO DE UMA RELAÇÃO PROBLEMÁTICA

A produção do material curricular responde a uma relação teórico-prática no âmbito mais amplo da educação e no âmbito mais restritivo do currículo. Nossa intenção é analisar essa relação tomando como referente fundamental a revisão das pesquisas sobre o tema desenvolvidas nas últimas décadas. Na criação e modificação dos diferentes discursos pedagógicos, encontramos um número importante de linhas de pesquisa que tiveram como propósito fundamental o estudo do significado e da função dos livros e materiais didáticos, significado que muda conforme o discurso revestido. Trata-se de um campo acadêmico que tem atraído o interesse não somente de pedagogos, mas também de diversas disciplinas relacionadas à sociologia, às ciências da computação, ao jornalismo ou à economia, entre outras. Da mesma forma, estamos tendo a oportunidade de observar a evolução desse tema em relação à Tecnologia Educativa como disciplina pedagógica.

Contamos com uma importante bagagem de trabalhos e pesquisas no contexto espanhol e internacional, cuja revisão pode nos ajudar a compreender aspectos diferentes e substanciais da relação entre as políticas de reforma, a produção do texto escolar e os poderes que se entrecruzam nessa relação, de modo que tudo isso resulte em uma forma de apresentação do currículo aos estudantes e professores. Da mesma forma, ao fazer essa revisão, podemos nos perguntar se as diferentes propostas da reforma educacional e curricular chegaram a implementar inovações significativas no material curricular e no livro didático para a mudança e para a melhoria das práticas de ensinar.

Nossa pesquisa investiga as práticas, a presença do livro didático hegemonizando essas práticas, as mudanças e estabilidades e o modelo escolar para o qual tais práticas contribuem. Do mesmo modo, interessa-nos conhecer o que se pergunta, o que se pesquisa e o que se esquece na pesquisa sobre o livro didático. Com esse propósito, revisamos um número importante de relatórios, resultados, tendências, jornadas e encontros de pesquisa publicados na literatura especializada sobre os livros-texto e os materiais didáticos. Entre as fontes consultadas estão, além das revistas científicas e profissionais sobre a educação, as bases de dados ERIC, DIALOG, DIALNET, ISOC e da Universidade de Harvard, entre outras. Consideramos como referências principais os trabalhos de Børre Johnsen (1996), a revisão bibliográfica de Watt (1991, 2007), o estudo de Woodward, Elliot e Nagel (1988), a revisão de Mikk (2000) e a monografia sobre materiais curriculares publicada na revista *Investigación en la Escuela* de 2008. Da mesma maneira, tivemos muito presentes as publicações derivadas dos congressos da Iartem, o colóquio internacional que aconteceu em Montreal – *Le manuel scolaire* – em 2006, as Atas do Congresso promovido pelo Ministério de Educação chileno sobre o livro didático de 2006 e a recente conferência que ocorreu em Madagascar de 2008. Também procedemos à revisão das diferentes dissertações de mestrado e teses de doutorado defendidas nas universidades espanholas; e, obviamente, resgatamos nossas próprias pesquisas. Também tivemos muito presentes algumas pesquisas realizadas no ambiente acadêmico latino-americano.

As principais linhas de pesquisa

Na seleção, organização e classificação dos resultados da pesquisa, detivemo-nos fundamentalmente naqueles estudos que têm como referência principal a análise dos meios e materiais curriculares, e de cujos resultados seria de esperar que se obtivessem conclusões que nos permitissem conhecer o que realmente acontece com a influência das matérias na prática educacional e poder identificar propostas de melhoria em seu projeto e implementação. Além disso, a revisão de algumas dessas questões nos permitirá ampliar o conhecimento e a reflexão sobre a continuidade – e, quem sabe, o fortalecimento – da hegemonia do livro didático na apresentação e concretização das práticas curriculares.

Entre a diversidade de linhas de pesquisas existentes, para nosso propósito destacaremos as seguintes:

a. Os estudos relacionados com o *papel e a influência nas práticas de aula dos livros didáticos e materiais curriculares e os processos de seleção dos mesmos* vinculam uma linha de pesquisa consolidada a uma longa tradição no âmbito acadêmico. Seu foco está voltado para o uso real dos materiais e recursos para o desenvolvimento curricular nas salas de aula, tratando de analisar o caráter determinante dos livros didáticos e de outros materiais curriculares sobre as práticas de ensinar e aprender. Em linhas gerais, podemos dizer que as pesquisas destacam que os professores usam os livros didáticos como o principal recurso de instrução, ainda que não se possa afirmar que esse seja o único meio empregado. Por outro lado, os professores manifestam uma clara dependência dos materiais comerciais.

Um problema específico de pesquisa em relação a esse âmbito constitui as pesquisas relacionadas às *causas e aos motivos que determinam a seleção feita pelos professores entre um ou outro material,* nas quais se têm prestado atenção especial à análise da influência da regulação no mercado de venda dos livros didáticos, sua relação com o processo de seleção e com os mecanismos e as estratégias de avaliação que vêm sendo usados nos corpos docentes para a seleção dos recursos educacionais. Um número importante de pesquisas analisadas identificou que os grupos e as redes de profissionais, administradores e especialistas do mercado editorial desempenham papéis cruciais nesses processos de decisão curricular. Por outro lado, não parece ser uma prática habitual imprimir edições experimentais para submetê-las à prova em aula. Nesse sentido, boa parte dos estudos também evidencia que a maioria dos editores pressupõe que o autor já provou sua técnica e seu conteúdo em aula antes de escrever seu material. Mesmo assim, trabalhos realizados nos últimos anos indicam que os professores selecionam os livros didáticos e os materiais fundamentalmente com base na informação e propaganda que as editoras proporcionam, priorizando essa opção em relação a outras, como a visita e a consulta às livrarias ou por meio da internet, ou até mesmo por meio do diálogo e do intercâmbio profissional a respeito.

b. Outras pesquisas se ocupam *do discurso ideológico por trás dos materiais,* analisando questões relacionadas à análise dos valores e conteúdos de caráter moral e cívico, aspectos relacionados à discriminação sexual, étnica ou racial, à transmissão de ideologias políticas, enfoques sobre o desenvolvimento e a sustentabilidade, etc. Mesmo que se trate de um dos campos mais tradicionais de pesquisa no contexto espanhol, ainda existem aspectos inexplorados, como as pressões que podem ser realizadas sobre os autores por meio dos editores, para evitar que o produto editorial entre em conflito com o que é majoritariamente assumido como politicamente correto. Vejamos, a seguir, uma síntese rápida de algumas das principais modalidades e dos resultados de estudos que configuram essa linha de pesquisa.

Boa parte dos estudos dentro desse âmbito está relacionada com *os estereótipos da mulher reproduzidos nos materiais didáticos.* Esses trabalhos evidenciam claramente o tratamento discriminatório que a mulher sofre nos materiais curriculares, criando a necessidade de uma revisão das características desses recursos. Em linhas gerais, o sexismo e a discriminação se manifestam de forma muito clara nos materiais. Nas análises dos autores, essas formas se mostram de maneira tácita, subliminar (consciente ou inconsciente), como a mulher aparece em condição de inferioridade e é evidentemente discriminada, tanto no aspecto qualitativo quanto no quantitativo: faltam representações de mulheres, os homens protagonizam o âmbito político; utiliza-se o masculino como genérico na maioria das ocasiões; existe uma falta de adequação da mulher à situação atual; o feminino não tem uma definição autônoma, mas depende da definição do masculino, e a presença das mulheres nos exemplos e nas definições dos dicionários é realmente escassa. Trata-se de um âmbito de estudo já consolidado na pesquisa educacional, e os resultados obtidos evidenciam de maneira explícita o caráter sexista dos materiais. No contexto espanhol, os primeiros trabalhos profundos se situam na década de 1980 (GARRETA; CAREAGA; CASTRILLO, 1987; MORENO, 1987), com uma preocupação especial do Ministério da Cultura/Instituto da Mulher; entretanto, os avanços não impedem que, na atualidade, continuemos encontrando preconceitos sexistas em alguns manuais.

Outro dos temas com especial relevância nesse âmbito dos estereótipos é a *discriminação étnica ou racial,* na qual fica clara a existência de diversas estratégias para a manutenção de preconceitos sociais. Um tipo de estudos de especial interesse se relaciona com a influência, o controle e o poder ideológico que os livros didáticos exercem sobre o desenvolvimento curricular. No âmbito espanhol, foram fundamentais os livros de Apple (1984, 1989) e, posteriormente, os trabalhos de Gimeno Sacristán (1989, 1991, 1995), Martínez Bonafé (2001, 2002, 2008) e Torres (1989a, 1991, 1994). Uma linha de pesquisa recente nesse âmbito se relaciona com o *estudo da cultura da sustentabilidade* presente nos livros didáticos. Nesse sentido, o trabalho de Ecologistas em Ação (2007), no qual se estuda esse tema em uma amostra de 60 livros didáticos de educação primária e secundária, é de grande interesse para a abordagem ao conceito de sustentabilidade presente nos textos. No trabalho se destaca, entre outros assuntos, o futuro disfarçado pelo deslumbramento da tecnologia e do desenvolvimento, a irrelevância das soluções que estão sendo propostas e o silenciamento das soluções relevantes.

c. A pesquisa também se ocupou da *análise dos aspectos formais nos livros didáticos e em outros materiais curriculares.* Nas últimas décadas, encontramos um número importante de trabalhos e pesquisas sobre o assunto; a maior parte deles insiste na necessidade de prestar maior atenção às ilustrações, evitando as imagens contraditórias, estereotipadas e descontextualizadas. Por outro lado, alguns desses trabalhos (VÄISÄNEN, 2006) fazem referência ao modo como o simbolismo dos materiais se constitui em uma ferramenta poderosa por meio da qual se projetam determinadas ideologias e valores.

d. Investigou-se também *a repercussão das políticas e dos processos da Reforma Educacional sobre as características dos materiais.* As reformas propostas nos sistemas educacionais deveriam acarretar mudanças nas decisões sobre os materiais (elaboração, adaptação, possível reconceitualização dos mesmos, etc.). Nos estudos de Woodward, Elliott e Nagel (1988) ou Ninomiya (2005), entre outros, abordam-se questões como o interesse dos governos em subsidiar propostas de novos livros didáticos e querer adaptá-los à filosofia das reformas, bem como o interesse por parte das administrações de querer estabelecer medidas de controle sobre os materiais que estão sendo produzidos. No contexto espanhol, essa também tem sido uma das problemáticas com maior produção de pesquisas.

e. Também encontramos um número importante de trabalhos sobre *a função e o estudo dos materiais nas diferentes áreas do currículo e nas didáticas específicas,* os quais evidenciam que as editoras que produziram material com base na implementação da reforma do sistema educacional não optaram, em geral, por inovações substanciais. O livro didático continua sendo concebido, em grande parte, como manual único; o conceito de *ciclo* não foi realmente adotado e os aspectos mais bem resolvidos são os formais, sendo os piores aqueles de atenção à diversidade. Da mesma forma, existem grandes déficits em muitos materiais no âmbito das intenções educacionais e ainda que em alguns materiais este seja um aspecto especialmente cuidado, em outros há certos estereótipos (especialmente nas ilustrações) que podem ser considerados discriminatórios; a maioria das editoras mostra uma linha e abordagem unificadas nos diferentes materiais editados; contudo, muitos dos textos editados mostram inadequação entre o currículo apresentado neles e o discurso reformista.

f. Um campo de especial interesse, mas raramente pesquisado, é o relacionado à *análise do livro didático e outros materiais como discurso curricular e de profissionalismo docente.* Nesse sentido, os trabalhos de Cantarero Server (2000) e de Martínez Bonafé (2002) ressaltam o papel claramente subordinado dos professores ao projeto docente que se expressa nos livros didáticos e em outros materiais. Do mesmo modo, as *pesquisas sobre editores e materiais didáticos e o que temos chamado de economia política do material curricular* têm especial interesse em relação ao tema apresentado anteriormente. Dentro desse grupo de pesquisas poderíamos incluir aquelas que têm a ver com como "os interesses pessoais, institucionais e tradicionais influenciam o processo de desenvolvimento do livro didático" (BØRRE JOHNSEN, 1996, p. 226). Um dos autores que mais se aprofundou nesse âmbito foi Apple (1984), em *Economía política de la publicación de libros de texto,* Apple (1989), *Maestros y textos,* e Apple (1993), *El libro de texto y la política cultural.* O autor analisa, entre outros aspectos, as relações de poder que ocorrem no mundo editorial, as características sociológicas dos autores e de outros profissionais que participam na edição dos livros didáticos, na distribuição do trabalho nas editoras em função do gênero, entre muitos outros aspectos.

No contexto espanhol, o trabalho de Martínez Bonafé dedicou especial atenção à questão na qual se analisa a relação entre a variedade e a diversificação da oferta e a riqueza pedagógica potencial do material curricular. Por outro lado, as características particulares do mercado e a legislação indicam o enorme poder regulador sobre a prática docente. O que se compra e o que nos deixam comprar são perguntas impostas pela economia política no centro da prática pedagógica. Enfim, as questões sobre o controle sugerem abordagens sobre a uniformização da vida na classe e a interiorização do controle como uma forma de "liberação" profissional no ensino.

Estamos perante uma oferta variada? Em nenhum caso, no mercado espanhol, a oferta é inferior a 16 títulos por disciplina, ainda que se dê a circunstância de que uma mesma editora apresente textos diferentes para uma mesma matéria. Aparentemente, isso coloca os professores diante de um considerável leque de possibilidades de seleção. Mas o que mostram as pesquisas a respeito é que não existe uma variedade real de possibilidades de desenvolvimento curricular. Praticamente todos os livros ensinam o mesmo da mesma maneira. E, se nos aprofundarmos um pouco mais no estudo, comprovaremos que tampouco existem diferenças substanciais entre o que se editava antes da Lei de Ordenamento Geral do Sistema Educacional Espanhol (LOGSE) e o que foi publicado depois dela.

Estamos frente a um consumo variado? Talvez pudéssemos deduzir de uma oferta editorial plural que haja um consumo diversificado. Contudo, os dados indicam outro cenário, menos heterogêneo: a julgar pelos números que o Ministério de Educação e a Associação de Editores de Livros Didáticos (Anele) proporcionam, dois grandes oligopólios – o Grupo Anaya e o Grupo Santillana – disputam o consumo majoritário e controlam quase 50% da produção total. Além disso, observa-se um processo crescente de concentração e internacionalização da oferta em um menor número de grupos empresariais, mais poderosos.

Existe diversidade na forma e estrutura de apresentação do currículo? O sinal da continuidade de uma episteme pedagógica está presente na forma do texto, permanecendo inalteráveis as respostas à pergunta: quem fala, sobre o que se fala e como se fala na prática

institucional da transmissão cultural? Um esquema comum em nossos livros didáticos é o seguinte: uma sequência ordenada de núcleos temáticos com uma estrutura de tarefas similar em cada um dos temas (leitura da informação, atenção preferencial a conceitos e ideias que deverão ser destacados, e atividades, basicamente com lápis e papel, que deverão ser realizadas a partir da informação selecionada no núcleo temático; além de provas de avaliação que normalmente resultam de uma seleção de atividades já realizadas nos distintos núcleos temáticos sobre os quais a prova versa). Por outro lado, poderíamos pensar que a forma e a estrutura poderiam ser uma variável dependente do conteúdo curricular. Ou seja, nem todas as lições de uma mesma matéria, nem as lições de matérias curriculares diferentes têm por que manter a mesma estrutura. Mas o que a análise mostra é uma homogeneidade formal absoluta: na estrutura de tarefas, na temporalização, nos ritmos, etc.

Um mercado fortalecido e seguro? O Relatório sobre o setor editorial do ano de 2007 (FEDERACIÓN DE GREMIOS DE EDITORES DE ESPAÑA, 2008) em relação à edição e aos títulos vivos em catálogo, destaca que, no ano de 2007, comparado ao ano de 2006 (70.520), foram editados 2,3% títulos e 5,8 % exemplares a mais (357,56 milhões), com uma tiragem média de 5.070 exemplares por título. Destaca também que, os livros didáticos não universitários, de literatura, ciências sociais e humanas e os livros infantis e juvenis concentram 74,9% dos títulos editados e 65,5% dos exemplares. Destacamos que para o ano de 2007 o total de títulos que as editoras mantêm em catálogo alcançou 369.588, 6,6% a mais que no ano anterior. Quanto à venda dos livros no mercado interno, destacam-se os aumentos que os livros de divulgação geral, os técnico-científicos, universitários e os livros didáticos tiveram. Nesse último caso, o faturamento foi de 803,69 milhões de euros, representando a maior fatia do mercado em relação a outros livros (25,7%), o que representa 9,1 milhões de euros de aumento em relação ao ano anterior. Se compararmos os dados, por exemplo, com os do ano de 1999 (483 milhões de euros), podemos observar que, em 9 anos, quase duplicamos o volume de vendas.

Outro campo diferente de problematização é o da *legislação sobre a aprovação ou legalização* dos livros didáticos e suas repercussões no ambiente e na prática educacional. De todos os estudos que Børre Johnsen (1996) faz nesse campo, cabe destacar as seguintes questões: existem políticas de aprovação bastante díspares quanto ao modo que se controla e supervisiona o material educativo; a existência de material mais variado e diverso traz consigo o fato de que os sistemas e os próprios critérios de aprovação devam sofrer mudanças importantes. Quanto aos aspectos políticos da produção e do mercado de livros didáticos, Børre Johnsen (1996, p. 242), afirma que as políticas editoriais não serviram aos objetivos da inovação educacional que foram incorporados aos currículos.

No contexto espanhol, destaca-se o trabalho de Gimeno Sacristán (1995), realizado a partir da análise dos ISBNs e observando a evolução da edição dos livros didáticos. Nele, o autor esmiúça e ressalta os interesses comerciais que se encontram por trás do mercado de livros didáticos, as diferenças que existem entre o mercado dos materiais escolares e os universitários e também as relações que se estabelecem entre essa cultura "mercantilista" e as disposições administrativas vigentes.

Existem estudos voltados à análise da evolução experimentada pela indústria editorial. Entre esses trabalhos, poderíamos assinalar os de Verdugo Matês (1998, p. 103) sobre a evolução da indústria editorial na Galícia e onde se enfatiza que os livros didáticos constituem o principal segmento de edição em galego. No contexto espanhol, o trabalho de Pérez Sabater é de grande ajuda para analisar os processos de produção e comercialização dos livros didáticos. A revisão de Watt (2007), centrada no contexto dos Estados Unidos, constitui um texto fundamental para conhecer a pesquisa realizada nos últimos anos sobre a evolução e as vicissitudes da indústria editorial.

g. A análise dos *processos de comercialização dos livros didáticos* constitui um grupo especial de pesquisas nesse âmbito, e, de um modo especial, as relacionadas com a análise dos *programas de gratuidade*. Nesse sentido, nos últimos anos, a Associação Nacional de Editores de Livros Didáticos, a Federação de Associações de Editores da Espanha e a Confederação Espanhola de Organizações de Donas de Casa, Consumidores e Usuários (CEACCU) têm realizado vários estudos e relatórios com o propósito de analisar os diferentes modelos e as diferentes propostas de gratuidade existentes, e as implicações que, fundamentalmente sob o ponto de vista econômico, existem para o mercado editorial em geral, e para as famílias. Em geral, trata-se de estudos de mercado que colocam em evidência as implicações econômicas importantes em torno do setor dos livros didáticos. Em linhas gerais, observa-se a falta de um maior aprofundamento das implicações da adoção de outras medidas do ponto de vista do desenvolvimento curricular, e especialmente as limitações das propostas de inovação e renovação pedagógica que questionam a hegemonia do livro didático.

h. Outro dos âmbitos relevantes para o estudo do currículo apresentado nos textos é o relacionado às *Guias de avaliação e análise de textos*. Levamos em conta para essa seção, por um lado, aqueles trabalhos que se relacionam com a elaboração de propostas e modelos de avaliação e estudos realizados para constatar o efeito ou a utilização dessas propostas de avaliação. Também nos deparamos com um número importante de pesquisas que diferentes modelos de avaliação elaboraram e aplicaram com o propósito de se questionar sobre os diferentes aspectos dos materiais. Em linhas gerais, deparamo-nos com uma diversidade de guias e modelos de avaliação e, ainda que haja a necessidade de elaborar novas propostas, o principal problema está na falta de formação para seu uso, no desconhecimento de sua existência e no fato de que, em muitos casos, não interessa a difusão desse tipo de instrumentos que podem ameaçar os interesses de alguns produtores de materiais ao verem criticados seus enfoques educacionais. Algumas das propostas mais complexas podem ser vistas em Delgado de Paiva (2008) e Martínez Bonafé (1995). Do mesmo modo, há orientações interessantes e diferentes guias de avaliação na página de Aula de Edição da Universidade de Valência.[1] E, quanto aos resultados dos estudos empregados pelas Guias de avaliação, eles mostram que, sob uma perspectiva curricular, os livros didáticos apresentam carências notáveis tanto no nível de elaboração como de sugestão de propostas de trabalho.

i. Um âmbito de especial interesse é o relacionado às *pesquisas sobre a elaboração de materiais alternativos*. Nesse tipo de pesquisas, analisa-se fundamentalmente as características dos materiais e os recursos didáticos que foram elaborados pelos próprios professores como práticas alternativas aos livros didáticos com o propósito de implantar iniciativas que ajudem a contextualizar e adaptar as propostas de ensino-aprendizagem à realidade do aluno e a favorecer a implantação de iniciativas de pesquisa do currículo pelos próprios professores. As conclusões desses estudos, conforme aparecem reunidas na monografia de *Investigación en la Escuela* (TRAVÉ GONZÁLEZ; POZUELOS ESTRADA (2008, p. 6) e nas conclusões do congresso *A elaboracíon e adaptación dos materiais curriculares* (RODRÍGUEZ RODRÍQUEZ, 2006), são o "caráter minoritário que alcançam essas propostas entre os docentes. Mesmo que constituam, por um lado, opções atualizadas, fundamentadas e experimentadas; por outro, não dispõem de crédito administrativo nem de produção e difusão adequadas, exigindo, além disso, em muitos casos, formação específica dos professores, obstáculos que dificultam em grande parte sua propagação e disseminação" (TRAVÉ GONZÁLEZ; POZUELOS ESTRADA, 2008, p. 6).

Nos últimos anos, também nos deparamos com algumas pesquisas relacionadas com o estudo do livro didático eletrônico, as implicações nos processos de ensino-aprendizagem nas diferentes modalidades de texto e os processos de apropriação dos conteúdos dos materiais impressos e digitais. Outros temas de preocupação acadêmica e de pesquisa se relacionam com a identidade, os recursos das regiões fronteiriças, as crenças e atitudes dos professores frente às mídias ou à formação exigida para a crítica profissional, entre outros.

A ANÁLISE: SOBRE AS PERGUNTAS E AS RESPOSTAS

Uma primeira conclusão, após a revisão da situação dessa problemática, é que há pouca pesquisa sobre o livro didático em relação à sua relevância e determinação na prática educacional. Ainda assim, o que se deseja é uma abordagem que problematize o texto a partir de uma teoria do currículo. Certamente, sem que se deseje ou possa exaurir o assunto, tem se assinalado importantes pesquisas que, realizadas sob diferentes perspectivas problematizadoras, mostram um fato incontestável: a presença hegemônica do livro didático em aula, trazendo até a atualidade uma longa tradição na história do currículo. Deve ficar claro para todos que, sendo tão intenso nos últimos anos o discurso sobre as TIC em classe e tão espantoso o desenvolvimento das tecnologias no mercado, todavia, a edição, publicação e venda de livros didáticos em certos casos se mantém, e em outros, casos vem aumentando consideravelmente. Como assinala o próprio relatório da Anele,[2] a presença dos livros didáticos como *recurso* para o ensinar é superior à de qualquer outro recurso didático. Por isso mesmo, e apesar do complexo mapa que mostramos na epígrafe anterior, a primeira leitura que fazemos dessa realidade é a pobreza ou escassez – quantitativa, mas também qualitativa, o que trataremos de mostrar nas ausências – nas pesquisas sobre o livro didático. Para darmos um exemplo acadêmico, no contexto espanhol não há mais de uma dezena de teses de doutorado voltadas para a problematização do texto escolar baseada em uma teoria do currículo e/ou que analisem os processos de desqualificação profissional que o desenvolvimento curricular regulado pelo livro didático exerce sobre os professores.

De acordo com o parâmetro da uniformidade e com o uso habitual dos livros didáticos em aula, a escola mostra uma imagem de normalidade. Porém, sabemos que esta é uma imagem construída socialmente. A organização da vida na classe regulada pelo texto escolar é um discurso pedagógico e curricular satisfatório para determinados setores ideológicos, sociais e profissionais, além dos setores diretamente envolvidos com o benefício de sua produção e distribuição. Mas o que, fundamentalmente, pretende-se ressaltar aqui é esse processo de *naturalização* desse tipo determinado de material curricular, pressupondo que uma prática educacional é adequada à medida que tem o material curricular presente de um modo relevante.

A segunda conclusão tem a ver com o discurso sobre o conteúdo curricular distorcido pelos estereótipos. Apesar de essa parte ser a mais prolixa da pesquisa sobre o livro didático, o que ela vem mostrando é que a abordagem da mulher, as diferenças étnicas, a sustentabilidade ambiental ou a democracia social continuam padecendo de preconceitos ideológicos em muitos livros didáticos. Entretanto, e essa seria a terceira conclusão, enquanto as pesquisas se limitam a esses e outros aspectos deficitários relacionados à estrutura e apresentação do conteúdo, as abordagens problematizadoras sobre a própria teoria curricular e o modelo pedagógico que o livro didático segue são menos frequentes. Como sabemos, a pedagogia Freinet, o trabalho por projetos ou as propostas do currículo como processo em Stenhouse são incompatíveis com o uso do livro didático. Curiosamente, as últimas décadas mostraram diferentes políticas de reforma educacional e, durante um longo período pré-LOGSE, falou-se da reforma como um processo importante de experimentação curricular. Todavia, reproduzindo como inquestionável o modelo curricular que lhe precedia, no final, aquelas tentativas se transformaram nas mesmas práticas de aula reguladas pelos mesmos livros didáticos. O que as pesquisas consultadas nos mostraram na época é que os livros didáticos pós-LOGSE tinham poucas diferenças substanciais quando comparados aos anteriores.

A seguinte conclusão tem a ver com a tentativa dos livros didáticos de responder com eficiência aos objetivos marcados no currículo, e as propostas de atividades que são feitas nos mesmos constituem uma espécie didática de circuito fechado no qual o que se propõe no livro determina, em grande medida, o desenvolvimento curricular em aula. Por isso mesmo é difícil encontrar um tratamento adequado para certas estratégias didáticas de amplo consenso no discurso pedagógico renovador: o projeto que surgiu na assembleia, o contexto como fonte de problematização e o campo de pesquisa, o vínculo do currículo com a experiência subjetiva, com o início independente, com o reconhecimento da diferença, a bibliografia e a história de vida, o recurso a experiências culturais da vida cotidiana, etc.

Outra questão tem a ver com as políticas de controle curricular. Há pouco tempo, o texto escolar devia passar, na Espanha, por uma autorização prévia do Ministério da Educação, e essa política fiscalizadora foi combatida pelas vozes progressistas e pelos movimentos pedagógicos mais inovadores. Atualmente, o texto escolar foi liberado desse controle prévio, mas as influências políticas continuam se mostrando presentes de muitas maneiras, algumas mais sutis. Tal é o caso das políticas de gratuidade do texto escolar, cada vez mais generalizadas em Municípios e Comunidades Autônomas, independentemente do partido que governe. Até onde sabemos, não existem ainda estudos que estabeleçam uma relação entre essa suposta política de justiça social – aspecto discutível por si mesmo – e as práticas de desenvolvimento curricular e as inovações didáticas. Nossa hipótese é que essa medida governamental reforça a homogeneização, dificulta a possibilidade de alternativas e acentua a onipresença do texto escolar na apresentação e realização do currículo. Entretanto, se fazemos uma revisão de algumas das campanhas de gratuidade dos livros didáticos, observamos que, em linhas gerais, foram realizadas sem um debate prévio de caráter pedagógico e profissional; nem se considerou o valor da proposta entre as diferentes instituições e os diferentes grupos diretamente envolvidos com o tema ou interessados nele. Muito poucas pessoas se perguntaram o porquê da gratuidade dos livros didáticos e não de outros materiais e recursos, e temos dado boas-vindas de modo acrítico ao benefício econômico que isso representa para uma boa parte das famílias. A gratuidade tem pressuposto que o possível debate curricular sobre o significado pedagógico desse recurso se encontra em um segundo plano, quando não tende a desaparecer. O interesse é transferido ao desenvolvimento de práticas e campanhas políticas, centradas fundamentalmente na busca de votos, e é reforçado por interesses econômicos, o que contribui, em boa parte, para o esquecimento do interesse pedagógico pelo tema.

Por outro lado, mas ainda dentro desse mesmo enfoque baseado na economia política, carecemos de pesquisas que problematizem o poder e a influência das grandes empresas editoras sobre o mercado e sobre a política educacional relacionada com o livro didático. Como temos ressaltado, as diferentes mudanças governamentais – tanto no governo central quanto nos autônomos – e as políticas de reforma educacional que lhes acompanharam jamais questionaram a necessidade do texto escolar, e em alguns casos, inclusive a reforçaram.

Porém, destacar a onipresença é, ao mesmo tempo, alertar sobre os vínculos com o desenvolvimento profissional docente. Há mais de três décadas, Michael Apple advertiu sobre a contribuição do texto escolar naquilo que denominou proletarização e desqualificação do docente. Na Espanha, algumas pesquisas aprofundaram essa questão, porém ela continua sendo um dos aspectos menos reconhecidos quando surge o debate entre os professores. Como é possível não entender que o uso continuado de determinada ferramenta de trabalho acabe formando uma mentalidade sobre o próprio trabalho? Para empregar os conceitos proporcionados por Bourdieu, a presença do livro didático deve ser vista inserida no campo social da educação configurado por relações objetivas e históricas entre posições ancoradas em certas formas de poder (ou capital). E essa presença no interior desse campo configura um *habitus* docente no qual tal conjunto de relações histórias se "depositam" dentro dos corpos dos indivíduos sob a forma de esquemas mentais e corporais de percepção, apreciação e ação. Assim, compreende-se que a liderança para a transformação dificilmente possa vir do interior do corpo docente. Por outro lado, não conhecemos nenhum curso de formação no qual se analise, em chave de identidade profissional ou desautorização da autonomia dos professores, as determinações do livro didático sobre o posto de trabalho.

Entretanto, há pouca preocupação em pesquisar as práticas alternativas a esses recursos hegemônicos. Faltam estudos que analisem a fundo as propostas e as práticas existentes que constituem uma alternativa real aos livros didáticos. Seria interessante, por exemplo, aprofundar a ampla e complexa trajetória da pedagogia Freinet no ambiente de aula, as diferentes redes docentes que hoje incentivam o trabalho por projetos ou as magníficas experiências de trabalho com as bibliotecas escolares que se desenvolvem em muitas escolas. Ao contrário, a pesquisa dominante costuma reiterar os aspectos mais formais e irrelevantes sob o ponto de vista da transformação do currículo, o que vem a colocar em evidência o predomínio de uma racionalidade tecnocrática na teoria e na prática curricular.

Talvez seja devido a essa racionalidade dominante que se aja de um modo autista perante questões importantes relacionadas com o texto escolar. Citemos algumas, sobre as quais não existe problematização: a facilidade para sobreviver na mediocridade quando sofremos com os critérios públicos sobre a qualidade e as avaliações públicas sobre sua implementação e impacto; ou a facilidade com que, sem essas avaliações prévias, chega-se à classe e se coloca à disposição dos professores e dos alunos com os quais – como temos assinalado – não tem havido consulta e discussão para a avaliação. Outra questão é a familiaridade – no redundante duplo sentido – com a qual as famílias aceitam sem críticas um objeto que concretiza a cultura escolar na qual jovens e crianças são socializadas; enquanto se concretizam e regulam, igualmente, o estilo e as possibilidades docentes que eles experimentam na escola.

Essa presença é compartilhada em outros países e sistemas educacionais, mas algumas instituições têm criado outros mecanismos para poder supervisionar e garantir as práticas de usos adequados em relação aos recursos. Trata-se de práticas que são acompanhadas de processos de formação que ajudam os professores a selecionar e utilizar adequadamente os recursos educacionais. Não obstante, algumas dessas estratégias vêm sendo utilizadas como dispositivos legitimadores, já que, por trás de uma aparente neutralidade e da configuração de grupos de especialistas para analisar os materiais, costumam-se encontrar estratégias de poder que estabilizam e neutralizam as possibilidades de mudança.

Por meio da análise das pesquisas sobre as práticas educacionais, destaca-se uma teoria implícita do posto de trabalho docente que realça uma relação separada entre concepção e execução, mantendo o professor exclusivamente em segundo plano. O professor subordinado ao interesse técnico dos recursos e, em boa parte, suas atividades e propostas, estão subordinadas a uma interpretação tecnológica da prática docente e de suas ferramentas de uso nessa prática. A falta de formação que comentávamos anteriormente ajuda a legitimar o interesse exclusivamente técnico pelos materiais, dificultando experiências de reflexão e pesquisa com ferramentas e recursos alternativos.

Por outro lado, no contexto atual, caracterizado pela incorporação progressiva das TIC nas instituições de educação, podemos dizer que não se está favorecendo o desenvolvimento de práticas alternativas em relação aos livros didáticos. Ainda que numerosos trabalhos evidenciem o papel desempenhado pelas TIC na difusão de recursos e nas possibilidades de colocar à disposição dos professores estratégias e medidas que favoreçam a elaboração de materiais alternativos aos livros didáticos, certamente alguns estudos evidenciam que o livro-texto continua sendo a principal referência na estrutura e no desenvolvimento da atividade docente.

AUSÊNCIAS E NECESSIDADES NA PESQUISA SOBRE O LIVRO DIDÁTICO

Como assinalamos, os processos de colonização da vida em aula pelo texto escolar ainda são raramente explorados. O estudo sobre a triangulação entre as práticas docentes, os usos do livro didático e os processos de qualificação e desenvolvimento profissional é especialmente relevante. Também é escassa, em nosso contexto espanhol – em relação a outros países –, a pesquisa sobre as decisões tomadas nas editoras e sua repercussão na qualidade pedagógica do texto. Os poucos estudos ou relatórios que existem no contexto hispânico relacionados com o tema se centram fundamentalmente na avaliação da venda dos livros didáticos ou na análise dos efeitos que os diferentes modelos de gratuidade têm nos processos de produção dos livros didáticos. Tampouco tem se prestado atenção especial à diversidade política e cultural relacionada com a questão das Províncias Autônomas do Estado espanhol, nem se conhecem pesquisas especialmente preocupadas com a percepção que os alunos têm sobre seus próprios livros. Por outro lado, seria interessante conhecer o impacto que os novos recursos que vão sendo incorporados nas escolas causam na dinâmica organizativa. Que estratégias de resistência e de mudanças os professores exercem na chegada dos materiais? Que decisões levam as escolas a não usá-los? Que mudanças os materiais acarretam na prática dos professores? Também seriam necessários estudos comparados entre Comunidades Autônomas, estudos sobre as características e análises dos materiais produzidos em contextos educacionais não escolares; sobre o impacto das novas tecnologias nos processos de elaboração, uso e avaliação dos recursos curriculares impressos; ou a análise da formação que assessores, inspetores e outros profissionais de apoio aos professores têm sobre os materiais curriculares ou o modo no qual essa questão se contempla nos currículos da formação inicial dos professores, entre outros.

Por fim, como já ressaltamos em outras ocasiões (MARTÍNEZ BONAFÉ, 2002; RODRÍGUEZ RODRÍGUEZ, 2003), seria conveniente analisar o impacto dos programas de gratuidade, prestando atenção especial aos interesses que se ocultam por trás de seu financiamento e às implicações curriculares acarretadas na prática escolar. Outro campo de especial interesse, já mencionado na monografia de *Investigación en la Escuela* (2008), está relacionado com o estudo da dicotomia existente entre os avanços da pesquisa didática e as exíguas repercussões que a prática educacional tem. Por que se produz essa disfunção? Qual é a opinião dos pesquisadores, dos docentes e da administração sobre esse distanciamento? Por que a difusão da pesquisa educacional não chega aos centros de educação? As editoras estão interessadas na pesquisa sobre materiais? Que soluções poderiam ser propostas?

LINHAS DE DESENVOLVIMENTO DA PESQUISA

a) O papel e a influência nas práticas dos livros didáticos e materiais curriculares e os processos de seleção de recursos

AREA, M. Un estudio sobre las decisiones docentes de uso del libro de texto em situaciones de enseñanza. In: VILLAR, L. M. (Ed.). *Pensamientos de los profesores y toma de decisiones*. Sevilla: Universidade de Sevilla, 1986a. p. 422-435.

AREA, M.; CORREA, A. D. La investigación sobre el conocimiento y actitudes Del profesorado hacia los médios: una aproximación al uso de los médios em la planificación y desarrollo de la enseñaza. *Qurriculum*, v. 4, p. 79-100, 1992.

BAUTISTA, A. El uso de los médios desde los modelos de curriculum. *Comunicación, lenguage y educación*, n. 3-4, p. 39-42, 1992.

CASTANO, C. *Análisis y evulución de las actitudes de los profesores hacia los médios de enseñanza*. Bilbao: Universidad del País Vasco, 1994.

CORREA, A. D.; AREA M. Qué opinan los profesores de EGB sobre el uso del libro de texto en las escuelas. *Qurriculum*, v. 4, p. 101-106, 1992.

MONEDERO MOYA, J. J. Uso y evaluación de materiales educativos durante el desarrallo del curriculum: ¿Qué hacen los profesores? ¿Qué pueden hacer? *Pixel-Bit*: Revista de Médios y Educación, v. 12, p. 55-64, 1999.

b) O discurso ideológico subjacente nos materiais

BLANCO NIEVES, N. La dimensión ideológica de los libros. *Kikiriki*, v. 61, p. 50-56, 2001.

CABA COLLADO, M. A.; LÓPEZ ATXURRA, R. Actividades de participación y desarrollo de competências de ciudadanía em los libros de texto de educación primaria de la comunidad autónoma Vasca. *Revista de Educación*, n. 336, p. 377-396, 2005.

COLÁS, P. El libro de texto y las ilustraciones; enfoques y perspectivas en la investigación educativa. *Enseñanza*, v. 7, p. 41-50, 1989.

ECOLOGISTAS EN ACCIÓN. *Educación y ecologia*: el curriculum oculto antiecológico de los libros de texto. Madrid: Popular, 2007.

FERNÁNDEZ GARCÍA, C. M. Análisis de libros de texto de ESO en relación con el tema de la Unión Europea: aportaciones de la investigación educativa a la práctica escolar. Iber: didáctica de las

Ciencias Sociales, Geografia e Historia, v. 49, p. 83-96, 2006.

GIMENO SACRISTÁN, J. Los materiales y la enseñanza. *Cuadernos de Pedagogía*, Barcelona, n. 194, p. 10-15, 1991.

GUIJARRO OJEDA, J. R. Valores de otredad (cultura y género) em libros de texto de inglés para primaria. *Encuentro*: Revista de Investigación e Innovación en la Clase de Idiomas, v. 15, p. 32-38, 2005.

JARES, X. R. Los libros de texto. *Cuadernos de Pedagogía*, Barcelona, n. 380, p. 54-69, 2008.

LLUCH BALAGUER, X. Multiculturalidad: invisible en los libros de texto. *Cuadernos de Pedagogía*, Barcelona, v. 328, p. 82-86, 2003.

LÓPEZ ATXURRA, R.; CABA COLLADO, M. La formación sociopersonal del ciudadano em los libros de texto de conocimiento del media (segundo ciclo de primaria). *Bordón*, v. 54, n. 1, p. 69-82, 2003.

MARTÍNEZ BONAFÉ, J. Los libros de texto como práctica discursiva. *RASE*: revista de la asociación de sociologia de la educación, v. 1, n. 1, p.62-73, 2008.

MARTÍNEZ BONAFÉ, J. *Políticas del libro de texto escolar*. Madrid: Morata, 2002.

SENÍS FERNÁNDEZ, J. Valores, literatura y libros de texto (una propuesta para el estudio de los valores en los libros de texto de primaria. *Anuario de Investigación em Literatura Infantil y Juvenil*, v. 2, p. 215-230, 2004.

TORRES, J. Libros de texto y control del curriculum. In: TORRES, J. *Globalización e interdisciplinariedad*: el curriculum integrado. Madrid: Morata, 1994. p. 153-185.

Minorias

ALEGRET, J. L.; MORERAS, J.; SERRA, C. *Cómo se enseña y cómo se aprende a ver al outro*: las bases cognitivas del racismo, la xenofobia y el etnocentrismo en los libros de texto de EGB, BUP y FP. Barcelona: Universitat Autónoma, 1991.

CALVO, T. *Los racistas son los otros*: gitanos, minorias y derechos humanos en los textos escolares. Madrid: Tecnos, 1989.

GARCÍA CASTAÑO, F. J.; GRANADOS MARTÍNEZ, A. Racialismo en el currículum y em los libros de texto: la transmisión de discursos de la diferencia en el currículum oficial de la Comunidad Autônoma Andaluza y en los libros de texto de la educación primaria. In: BESALÚ, X.; CAMPANI, G.; PALAUDÁRIAS, J. M. (Comp.). *La educación intercultural em Europa*: um enfoque curricular. Barcelona: Pomares-Corredor, 1998. p. 181-209.

GRUPO ELEUTERIO QUINTANILLA. *Libros de texto y diversidad cultural*. Madrid: Talasa, 1998.

Mulher, sexismo, etc.

BLANCO GARCÍA, N. El *sexismo em los materiales educativos de la ESO*. Sevilla: Instituto de la Mujer, 2000.

BLANCO GARCÍA, N. Los saberes de la mujeres y la transmissión cultural em los materiales curriculares. *Investigación em la Escuela*, v. 65, p,11-22, 2008.

GARRETA TORNER, N.; CAREAGA CASTRILLO, P. *Modelos masculino y femenino en las textos de texto*. Madrid: Instituto de la Mujer, 1987.

HERNÁNDEZ GARCÍA, J.; FERNÁNDEZ ALONSO, R. El sexismo em los libros de texto. *Educadores*, v. 169, p. 29-59, 1989.

HOSTER CABO, B. Proyecciones literarias de Andalucia: la imagen de la mujer em los textos. *Escuela Abierta*, n. 1, p. 195-222.

MARTÍN MUNOZ, G.; VALLE SIMÓN, B.; LÓPEZ PLAZA, M. *El Islám y el mundo árabe*: guía didáctica para professores y formadores. Madrid: Agencia Española de Cooperación Internacional, 1996.

MORENO, A. *El arquétipo viril protagonista de la historia*: ejercicios de lectura no androcéntrica. Barcelona: La Sal, 1987.

NAVARRO, J. M. *El islam en las aulas*. Barcelona: Icaria, 1997.

ROSA ARRILILLAGA, A. El sexismo em los libros de texto y de lectura Del País Vasco: um argumento de reflexión. In: MARCOS NÚÑEZ, E.; GUERRERO, M. (Coord.). *Actas IV encuentro internacional sobre el libro escolar y el documento didáctico em educación primaria y secundaria*. Badajoz: Universidad de Extremadura, 1994.

c) O simbólico no discurso do texto escolar

CHAGAS DEIRÓ, M. *As belas mentiras*. São Paulo: Moraes, 1987.

COLÁS, P. El libra de texto y las ilustraciones; enfoques y perspectivas em la investigación educativa. *Enseñanza*, v. 7, p. 41-50, 1989.

COLÁS, P.; GONZÁLEZ RAMÍREZ, T. El diseno formal em los libros de texto: papel de las imágenes en el diseno instruccional. In: NÚÑEZ, M.; GUER-

RERO, M. (Coord.). *Actas IV encuentro internacional sobre el libro escolar y el documento didáctico em educación primaria y secundaria*. Badajoz: Universidad de Extremadura, 1993.

GARCÍA RODRIGUEZ, M. Análisis de los diseños gráficos sobre fenômenos microscópicos em los libros de texto y comprensión de los mismos por los alumnos. In: VVAA. *Actas del III encuentro nacional sobre el libro escolar y el documento didáctico en educación primaria y secundaria*. Valladolid: Universidad de Valladolid, 1993.

PACHÓN RAMÍREZ, A. Las ilustraciones en los libros de texto: análisis icônico. In: MARCOS NÚÑEZ, E.; GUERRERO, M. (Coord.). *Actas del III encuentro nacional sobre el libro escolar y el documento didáctico en educación primaria y secundaria*. Badajoz: Universidad de Extremadura, 1994.

VALBUENA BARRASA, M. Las imágenes de los primeros textos Del niño: lo masculino y lo femenino. In: VVAA. *Actas del III encuentro nacional sobre el libro escolar y el documento didáctico en educación primaria y secundaria*. Valladolid: Universidad de Valladolid, 1993.

VALLS, R. Las imágenes em los manuales escolares españoles de Historia ¿ilustraciones o documentos? Diseño y unidades didácticas. *IBER*, v. 4, p. 105-119, 1995.

d) A repercursão das políticas e dos processos de reforma educacional sobre as características dos materiais

CALLEJA REINA, M. Los materiales curriculares básicos para educación primaria editados por la Junta de Andalucía: evalución de su utilidad. *Bordón*, v. 50, n. 2, p. 159-169.

GIMENO SACRISTÁN, J. Materiales y textos: contradicciones de la democracia cultural. In: MÍNGUEZ, J. G.; BEAS, M. *Libro de texto y construcción de materiales curriculares*. Granada: Proyecto Sur, 1995.

MARTÍNEZ BONAFÉ, J.; ADELL, J. Viejos y nuevos recursos y tecnologias en el sistema educativo. In: GIMENO SACRISTÁN, J.; CARBONELL SEBARROJA, J. (Coord.). *El sistema educativo*: una mirada crítica. Barcelona: Ciss-Praxis, 2004.

RODRÍGUEZ RODRÍGUEZ, J.; MERI TROJAN, R. La concepción de los materiales curriculares impresos em los documentos normativos de Brasil. *Revista de Ciencias de la Educación*, v. 189, p. 95-118, 2002.

ZAYAS, F.; RODRÍGUEZ GONZALO, C. Los libros de texto em los tiempos de la Reforma. *Cuadernos de Pedagogía*, Barcelona, v. 330, p.25-30.

e) Estudos relacionados às diferentes áreas do currículo e às didáticas específicas

COUSO, D.; HERNÁNDEZ, M.; PINTÓ, R. Las propiedades acústicas de los materiales. *Alambique*: didáctica de las ciencias experimentales. Barcelona, v. 79, p. 66-79, 2009.

FERNÁNDEZ TRUÁN, J. C. Los materiales didácticos em educación física. *Escuela Abierta*, v. 1, p. 223-248.

HERRERA, S. El tratamiento de los parametros musicales en el material didáctico. In: MARCOS NÚÑEZ, E.; GUERRERO, M. *Actas del IV encuentro nacional sobre el libro escolar y el documento didáctico en educación primaria y secundaria*. Badajoz: Universidad de Extremadura, 1994.

LLORENTE, E. et al. Análisis de libros de texto de expresión plástica y visual de educación primaria. *Revista de Psicodidáctica*, v. 14, p. 149-160, 2002.

NUÑO, T.; RUIPÉREZ, T.; VÁZQUEZ, J. R. La reforma en los libros de texto de ciencias de la natureza de la ISO. *Psicodidáctica*, v. 5, 1998.

PRO BUENO, A. El Studio de los materiales em los libros de texto de ciências para el mundo contemporâneo. *Alambique*: didáctica de las ciencias experimentales, Barcelona, p.79-94, 2009.

f) A análise do livro didático e de outros materiais didáticos como discurso curricular e de profissionalismo docente

CATERERO SERVER, J. *Materiales curriculares y descualificación docente*. Valencia: Universidad de Valencia, 2000.

LÓPEZ HERNANDÉZ, A. Libros de texto y profesionalidad docente: avances em supervisión educativa. *Revista de la Asociación de Inspectores de Educación de Espanha*, v.6, 2007.

MARTÍNEZ BONAFÉ. *Profesorado y reformas em el umbral del siglo XXI*. Madrid: Miño y Dávila, 2004.

g) A economia política do livro didático

APPLE, M. W. *Maestros y textos*: uma economia política de las relaciones de clase y de sexo en la educación. Barcelona: Paidós Ibérica, 1989.

GIMENO SACRISTÁN, J. Materiales y textos: contradicciones de la democracia cultural. In: MÍN-

GUEZ, J. G.; BEAS, M. *Libro de texto y construcción de materiales curriculares*. Granada: Proyecto Sur, 1995.
PÉREZ SABATER, T. El mercado editorial: producción y comercialización de los libros de texto. *Kikiriki*, v. 61, p. 30-38, 2001.
VERDUGO MATES, R. M. *A indústria editorial em Galiza*. Santiago de Compostela: Laiovento, 1998.

h) Guias de avaliação e análise de textos

AJAGAN LESTER, L. Evaluando las evaluaciones. In: CHILE. Ministerio de Educación. *Seminario internacional de textos escolares*. Santiago: Gobierno de Chile, 2007. p. 328-336.
DELGADO DE PAIVA, M. F. *As dificuldades de aprendizagem e os materiais curriculares*: um estudo dos manuais escolares do primeiro ciclo do ensino básico. Santiago: Universidade de Santiago, 2008.
GONZÁLEZ GARCÍA, E. Del uso y abuso de los libros de texto: critérios de selección. *Revista de Educación de la Universidad de Granada*, v. 18, p. 269-281, 2005.
MARTÍNEZ BONAFÉ, J. Interrogando al material curricular (guión para el análisis y la elaboración de materiales para el desarrollo del curriculum). In: MÍNGUEZ, J. G.; BEAS, M. *Libro de texto y construcción de materiales curriculares*. Granada: Proyecto Sur, 1995.
MEJÍA BOTERO, W. A priori, in fieri y a posteriori: una evalución integral de los libros de texto escolar. In: ESPANHA. Ministerio de Educación. *Seminario Internacional de Textos Escolares*. Santiago: MEC, 2007.
PARCERISA, A. *Materiales curriculares*: cómo elaborarlos, seleccionarlos y usarlos. Barcelona: Graó, 1996.
ROSALES LÓPEZ, C. Avaliación de medios. *Revista Galega de Educación*, 1995.
VVAA. *Análisis de recursos educativos desde la perpectiva no sexista*. Barcelona: Laertes, 1996.

i) A elaboração dos próprios materiais

AREA, M. *Unidades didácticas e investigación en el aula*. Las Palmas: Librería Nogal, 1993.
CLARK, R.; COCA, G. *L'elaboració de material propi: avantatges i inconvenients*. Guix, n. 243, p. 25-28, 1998.
CROVI DRUETTA, D. M. *Metodologia para la producción y evalución de materiales didácticos*. Mexico: Felafacs, 1990.
HEREDIA ANCONA, B. *Manual para la elaboración de material didáctico*. Mexico: Trillas, 1980.

LÓPEZ FACAL, R. Lo que hemos aprendido de nuestras equivocaciones: acerca de la experimentación de un proyecto curricular. In: GRUPO DIDÁCTICA DE LAS CIENCIAS SOCIALES. *La experimentación curricular en Ciencias Sociales*: planteamientos y perspectivas. Sevilla: Alfar, 1996.
MARTÍN HERNÁNDEZ, U. *Diseño de materiales curriculares para la enseñanza del patrimônio histórico*. [S.l.]: La Laguna, 1999.
MARTÍNEZ BONAFÉ, Á. *Proyectos curriculares y práctica docente*. Sevilla: Díada, 1991.
MARTÍNEZ BONAFÉ, Á. *Vivir la democracia en la escuela*: herramientas para intervenir en el aula y en el centro. Sevilla: MCEP, 2002.
MONTERO, L.; VEZ, J. M. La elaboración de materiales curriculares y el desarrollo profesional de los profesores. *Curriculum*, n. 4, p. 131-141, 1992.
MORERAS, J. Com abordar els llibres de text des de la diversitat. *Guix*, n. 184, p. 9-14, 1993.
MUNOZ IBARES, M. A.; MAGAÑA, C. *Creación de materiales para la innovación educativa con nuevas tecnologias*. Málaga: Universidad de Málaga, 1998.
RODRÍGUEZ MUNOZ, V.; VELLOSILLO GONZÁLEZ, I. La biblioteca en el aula: sugerencias para la elaboración de una unidad didáctica. *Educación y Biblioteca*: Revista de Educación y Recursos Didácticos, n. 31, p. 54-57, 1992.
RODRÍGUEZ RODRÍGUEZ, J. et al. Una semana sin libros de texto. *Cuadernos de Pedagogía*, Barcelona, n. 314, p. 26-29, 2002.
RODRÍGUEZ RODRÍGUEZ, X. *A elaboración e adaptación dos materiais curriculares*. Santiago de Compostela: Nova Escola Galega, 2006.
SORIANO, E. *Trabajemos los recursos en el aula*. Bilbao: CISS, 2000.
VENEGAS FONSECA. M. C. *El texto escolar*: cómo apravecharlo. Colombia: Ministerio de Educación Nacional, 1992.

Manuais, atas e livros de referência relacionados à pesquisa.

BORRE JOHSEN, E. *Libros de texto en el calidoscópio*: estúdio crítico de la literatura y la investigación sobre los textos escolares. Barcelona: Pomares, 1996.
BRUILLARD, É. et al. *Caught in the web or lost in the textbook*. Caen: IARTEM, 2006.
ESCUDERO, J. M. Nuevas reflexiones en torno alos medios de enseñanza. *Revista de Investigación Educativa*, n. 1, p. 19-24, 1983.

MARTÍNEZ BONAFÉ, J. *Políticas del libro de texto escolar*. Madrid: Morata, 2002.
MIKK, J. *Textbook*: research and writing. Frankfurt: Main, 2000.
MÍNGUEZ, J. G.; BEAS, M. *Libro de texto y construcción de materiales curriculares*. Granada: Proyecto Sur, 1995.
RODRÍGUEZ RODRÍGUEZ, J. Materiales curriculares. In: MIRALLES LUCENA, R. (Coord.). *¿Quién manda en la escuela?* Barcelona: Wolters Klu, 2008.
RODRÍGUEZ RODRÍGUEZ, J. Os materiais curriculares en Galicia. Vigo: [s.n], 2009.
WATT, M. G. *Instructional materials in autralian education*: a review and annotated bibliography of research. Tasmania: University of Tasmania, 1991.
WATT, M. G. Research on the textbook publishing industry in the United States of America. *IARTEM E-Journal*, v. 1, n. 1, Aug. 2007.
WOODWARD, A.; ELLIOT, D. L.; NAGEL, K. C. *Textbook in school and society*: an annotated bibliography and guide to research. New York: Garland, 1988.

NOTAS

1 http://auladeedicion.uv.es/.
2 http://www.anele.org;#informes.

REFERÊNCIAS

APPLE, M. W. *El libro de texto y la política cultural*. [S.l: s.n.], 1993.
APPLE, M. W. *Ideología y curriculum*. Madrid: Akal, 1984.
APPLE, M. W. *Maestros y textos:* una economía política de las relaciones de clase y de sexo en la educación. Barcelona. Paidós, 1989.
BØRRE JOHNSEN, E. *Libros de texto en el calidoscópio:* estudio crítico de la literatura y la investigación sobre los textos escolares. Barcelona: Pomares, 1996.
CANTARERO SERVER, J. *Materiales curriculares y descualificación docente*. 2000. Tese (Doutorado) – Departamento de Didáctica y Organización Escolar, Universidade de Valencia, Valencia, 2000.
DELGADO DE PAIVA, M. F. *As dificuldades de aprendizagem* e os *materiais curriculares:* um estudo dos manuais escolares do primeiro ciclo do ensino básico. Santiago: Universidad de Santiago, 2008.
ECOLOGISTAS EM AÇÃO. *Educación y ecologia*: el curriculum oculto antiecológico de los libros de texto. Madrid: Popular, 2007.
FEDERACIÓN DE GREMIOS DE EDITORES DE ESPAÑA. *Informe sobre el sector editorial año* 2007. [S.l: s.n], 2008.
GARRETA TORNER, N.; CAREAGA CASTRILLO, P. Modelos masculino y feminino en los textos de EGB. Madrid: Ministerio de Cultura, 1987.
GIMENO SACRISTÁN, J. El currículo, una reflexión sobre la práctica. Madrid: Morata, 1989.
GIMENO SACRITÁN, J. Los materiales y la enseñanza. *Cuadernos de Pedagogía*, Barcelona, n. 194, p. 10-15, 1991.
GIMENO SACRISTÁN, J. Materiales y textos: contradicciones de ia democracia cultural. In: MÍNGUEZ, J. G.; BEAS, M. *Libro de texto y construcción de materiales curriculares*. Granada: Proyecto Sur, 1995.
LUNDGREN, U. *Teoría del curriculum y escolarización*. Madrid: Morata, 1992.
MARTÍNEZ BONAFÉ, J. Óxido sobre o curriculum em plena era digital: crítica a la tecnologia del libro de texto. *Kikiriki:* cooperación educativa, v. 61, p. 22-29, 2001.
MARTÍNEZ BONAFÉ, J. Interrogando al material curricular: guión para el análisis y la elaboración de materiales para el desarrollo del curriculum. In: MÍNGUEZ, J. G.; BEAS, M. *Libro de texto y construcción de materiales curriculares*. Granada: Proyecto Sur, 1995.
MARTÍNEZ BONAFÉ, J. *Políticas del libro de texto escolar*. Madrid: Morata, 2002.
MARTÍNEZ BONAFÉ, J. Los libros de texto como práctica discursiva. *RASE:* Revista de la Asociación de Sociología de la Educación, v. 1, n. 1, p. 62-73, 2008.
MIKK, J. *Textbook:* research and writing. Frankfurt: Peter Lang, 2000.
MORENO, A. *El arquetipo viril protagonista de la historia:* ejercicios de lectura no androcéntrica. Barcelona: La Sal, 1987.
NINOMIYA, A. School reforms and textbooks improvement. In: HORSLEY, M.; KNUDSEN, S.; SELANDER, S. (Ed). *Has past passed?* Textbooks and educational media for the 21st century. Bratislava: Stockholm of Institute of Education Press, 2005.

RODRÍGUEZ RODRÍGUEZ, J. *Diseño y evaluación de materiales didácticos.* Santiago de Compostela: Universidad de Santiago de Compostela, 2003.

RODRÍGUEZ RODRÍGUEZ, X. (Coord.). *A elaboración e adaptación dos materiais curriculares.* Santiago de Compostela: Nova Escola Galega, 2006.

TORRES, J. Libro de texto y control del currículum. *Cuadernos de Pedagogía,* Barcelona, n. 168, p. 50-55, 1989.

TORRES, J. *El currículum oculto.* Madrid: Morata, 1991.

TORRES, J. Libros de texto y control del curriculum. In: TORRES, J. *Globalización* e *interdisciplinariedad:* el currículum integrado. Madrid: Morata, 1994. p. 153-185.

TRAVÉ GONZÁLEZ, G.; POZUELO ESTRADA, F. J. (Coord.). *Monográfico materiales curriculares para la innovación y la investigación.* Sevilla: Díada, 2008.

VÄISÄNEN, J. Visual texts in Finnish history textbooks. In: BRUILLARD, É. et al. *Caught in the web or lost in the textbook?* Caen: IARTEM, 2006.

VERDUGO MATÊS, R. M. *A indústria editorial em Galiza.* Santiago de Compostela: Laiovento, 1998.

WATT, M. G. *Instructional materials in australian education*: a review and annotated bibliography of research. Tese (Doutorado) – University of Tasmania, Tasmania, 1991.

WATT, M. G. Research on the textbook publishing industry in the United States of America. *Lartem e-Journal,* v. 1, n. 1, 2007.

WOODWARD, A.; ELLIOT, D. L.; NAGEL, K. C. *In school and society:* an annotated bibliography and guide to research. New York: Garland, 1988.

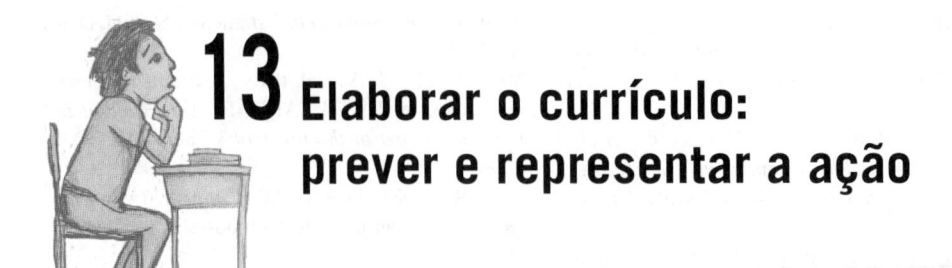

13 Elaborar o currículo: prever e representar a ação

María Clemente Linuesa
Universidade de Salamanca

ELABORAR O CURRÍCULO: REPRESENTAR E PREVER A AÇÃO EDUCACIONAL

Sob uma perspectiva histórica, elaborar o currículo é uma atividade relativamente recente no âmbito educacional. Iniciou nas décadas de 1940 e 1950 nos Estados Unidos e, embora, em 1918, Bobbit, em seu livro *The curriculum*, já tivesse estabelecido as bases para o planejamento da organização escolar, seu discurso foi retomado por outros autores para a elaboração curricular apenas três décadas depois.

A ideia de planejar os processos de ensinar surgiu com a pretensão de torná-lo tão eficiente quanto a produção empresarial, por isso não podemos estranhar que os primeiros modelos, gerados a partir de tais pressupostos, tenham imitado os modelos empresariais. Como veremos, esta não é, em absoluto, a única forma de entender o projeto curricular; o planejamento da ação pode ser entendido a partir de outros pontos de vista e de outra filosofia. Elaborar e planejar são ações que devem ser preenchidas com conteúdo e existem distintas formas de concebê-lo. Então, o que significa elaborar ou planejar o currículo?

Se considerarmos que a representação e a ação são dois componentes do comportamento humano, podemos dizer que planejar o currículo entra no que chamamos de processos de representação, porque pressupõe que temos uma ideia da realidade, dos valores que se quer transmitir, e se fazem propostas concretas para agir nessa realidade, enquanto a ação é o conjunto de processos elaborados para a mudança de tal realidade e que identificamos por meio do desenvolvimento curricular. Como, corretamente, assinala Angulo Rasco (1994), nem sempre fica clara a fronteira entre projeto e desenvolvimento curricular.

A representação no âmbito educacional pode se referir a assuntos distintos, como teorizar sobre o fato educacional, prescrever ou tomar decisões para atuar sobre ele, refletir sobre os valores ou a cultura que se considera importantes de serem transmitidos, pensar a própria prática, pensar sobre os problemas que nela surgem, sobre os alunos que não têm interesse, sobre o que aprendem com facilidade, etc. Na realidade, o que fazemos é deliberar a respeito do que podemos, queremos e vamos fazer. Todos esses aspectos poderiam constituir elementos do processo de projeto curricular. Jackson (1992) cunhou o conceito de *preatividade* para nomear uma das fases do que se considera processo docente: aquilo que o professor faz quando não está com seus alunos, frente à *interatividade*, ou seja, as ações que o professor executa com os alunos.

Portanto, o projeto curricular constitui um tipo de atividade que consiste não somente em tomar *decisões* que têm a ver com o que queremos alcançar e o que faremos para tanto, mas supõe também *refletir* sobre porque tomaremos determinadas decisões e realizaremos uma ou outra prática. O projeto curricular é configurado como um conjunto de reflexões, propostas, prescrições e previsões para a ação, mas esses elementos têm outras leituras e interpretações diferentes. Se entendermos o currículo como uma tecnologia, o planejamento e o projeto curricular serão uma atividade essencialmente técnica, um modelo perfeitamente ordenado, formalizado, racional e fechado ao qual tudo deverá se enquadrar. Um modelo de gestão científico, ao estilo taylorista de gestão empresarial (TYLER, 1973). Nessa linha, concebe-se o currículo como uma ação autônoma, com um sentido incluído independentemente de onde se realizará a ação prescrita. O projeto é, nesse caso, um objeto em si mesmo, um produto para um consumo mais ou menos indiscriminado, como um livro didático. Mas pode ser entendido como um processo de *reflexão* tanto sobre nossas intenções quanto sobre a realidade na qual atuaremos. Se entendermos que a educação engloba um mundo de valores formado por pessoas cuja educação está cheia de incertezas e indeterminações, o que entendemos sobre como elaborar o currículo será um processo de reflexão sobre esses valores e sobre a prática, e defenderemos que elaborá-lo exige um processo de planejamento flexível e próximo dessa prática, mais próximo ao mundo artístico, necessariamente aberto a certa dose de improvisação tanto ou mais do que de técnica.

Entender o projeto curricular de forma tecnológica ou prática tem a ver com diferentes modelos ou formas de interpretar tanto o currículo quanto as relações entre a teoria e a prática, assunto que será analisado neste capítulo.

É preciso assinalar que, ao contrário de outros campos nos quais se realizam tarefas de projeto e planejamento, o projeto da e para a ação educacional tem características próprias. A natureza multidimensional da educação, que tem alguns aspectos técnicos, mas, sobretudo, aspectos pessoais, sociais, ideológicos, etc., converte o planejamento da educação em uma atividade muito diferente da empresarial. A ação educacional frequentemente requer decisões imediatas e até mesmo improvisadas e complexas. O docente se move em um *habitat* onde deve realizar, de forma simultânea, tarefas distintas e responder a demandas variadas. Por isso, todo projeto educacional e curricular se verá irremediavelmente filtrado pela anuência e projeção de um professor em concreto que dirige e exerce a ação educacional.

Além das diferentes maneiras de entender o projeto curricular e da complexidade que isso implica, o currículo é planejado em diferentes níveis ou âmbitos, que requerem elaboração e decisões específicas. No *âmbito político-administrativo*, são tomadas decisões sobre aspectos gerais que afetam o sistema educacional, como a seleção cultural para cada uma das suas etapas. No *âmbito do centro* como marco geral da vida escolar, são decididas questões que afetam diferentes séries e matérias de maneira global. No *âmbito da aula* como espaço da prática e da interação educacional, reflete-se sobre determinados alunos, sobre experiências particulares, são programadas unidades didáticas, etc.

Portanto, elaborar o currículo não é um assunto tão linear, técnico e concreto como possa parecer, e sim uma atividade complexa. Neste capítulo, trataremos de abordar alguns desses aspectos. Serão analisadas as distintas maneiras de entender o projeto curricular sem perder de vista os três eixos principais que constituem a respostas a três grandes perguntas inevitáveis em todo processo de planejamento educacional: que fins buscamos, qual cultura selecionamos e como pensamos realizar a prática.

MODELOS DE PLANEJAMENTO CURRICULAR: A RACIONALIDADE TÉCNICA/A RACIONALIDADE PRÁTICA

A racionalidade técnica: os modelos tecnológicos

A ideia de planejar o currículo nasceu, como assinalamos, do desejo de eficácia no processo de ensinar. Esse ideal configura um modelo de projeto curricular que denominamos técnico e se sustenta em dois grandes princípios: racionalizar o processo e dotá-lo de bases que lhe dê valor científico. Segundo esse ponto de vista, a *racionalidade* será garantida por uma tomada de decisões corretamente ordenada e formal. A *cientificidade* virá das bases nas quais tais decisões se nutrem, que, em geral, são distintas, ainda que próximas, da educação. Assim, levam-se em consideração fundamentos psicológicos, sociológicos, filosóficos e inclusive históricos (JOHNSON, 1970; TYLER, 1973; WHEELER, 1976). Essa abordagem acarreta uma separação notável entre as teorias nas quais o currículo se sustenta, ou seja, suas bases, e o projeto ou plano que deriva delas.

Além da fundamentação nas fontes assinaladas, o modelo tecnológico tem seu eixo na prescrição dos objetivos, elemento-chave do modelo que serve como base para a tomada de decisões no plano educacional. Segundo esse princípio, planejar ou elaborar o currículo implica a realização de uma série de operações, que basicamente poderíamos sintetizar na Figura 13.1.

```
Formular objetivos → Selecionar experiências e meios de aprendizagem → Avaliar resultados
```

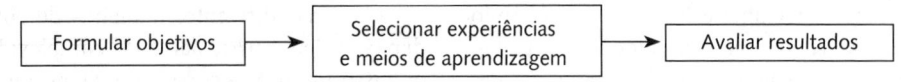

Figura 13.1 Operações no projeto do currículo.
Fonte: O autor.

Esses três componentes serão considerados, interpretados e resolvidos por diferentes autores de maneira relativamente distinta. Analisaremos, em primeiro lugar e mais detalhadamente, a abordagem de Tyler (1973), por se tratar do que poderíamos considerar a mais pragmática dentro do modelo tecnológico do projeto curricular. O próprio autor a define como: "[...] um método racional para encarar, analisar e interpretar o currículo e o sistema de ensino de qualquer instituição de educação" (TYLER, 1973, p. 7).

Podemos visualizar seu esquema na Figura 13.2.

Por se tratar de um método ou procedimento, o projeto curricular não busca dar respostas às suas perguntas, mas às perguntas que o esquema considera que todo processo de projeto deve responder: que objetivos desejamos alcançar, quais experiências educacionais devemos selecionar, como essas experiências devem ser organizadas para que sejam eficazes e como avaliaremos se os objetivos propostos foram alcançados.

Esses quatro aspectos configuram, assim, os elementos do projeto curricular, embora o autor subentenda que todos eles sejam, na realidade, meios para alcançar os objetivos, razão pela qual sua escolha deverá ter fundamentos sólidos, baseados em uma filosofia e em certos valores. Para fundamentar essa filosofia, Tyler (1973) estabeleceu fontes ou bases nas quais o currículo se sustenta, considerando que nenhuma delas seria suficiente para uma seleção correta dos objetivos. Em primeiro lugar, considera essencial o estudo dos próprios sujeitos, o qual chama *bases psicológicas*, que consiste

```
BASES DO CURRÍCULO ──────▶  Psicológicas – Sociológicas – Conteúdos disciplinares
                                              │
                                              ▼
FILTROS PARA SELECIONAR        Filosofia
OBJETIVOS            ──────▶   Psicologia da aprendizagem
                                              │
                                              ▼
                               Selecionar objetivos educacionais
PLANEJAMENTO DO CURRÍCULO      Selecionar experiências
                     ──────▶   Organizar experiências
                               Avaliação
```

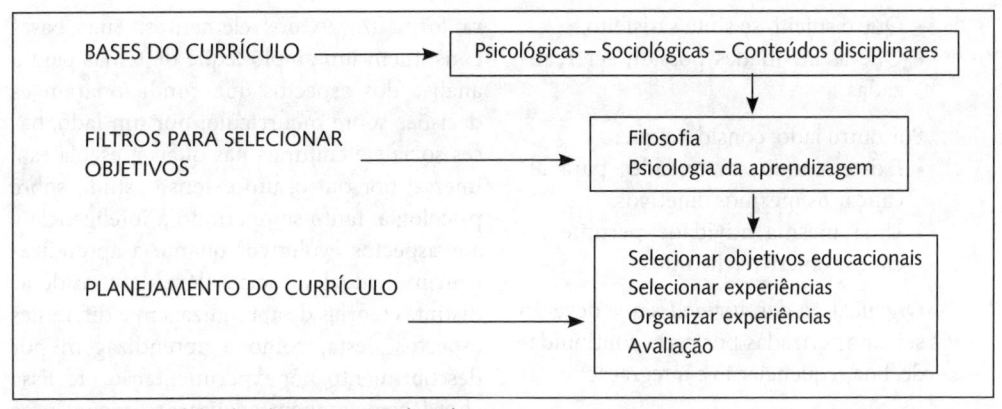

Figura 13.2 Modelo de planejamento de Tyler.
Fonte: Tyler (1973).

em encontrar e definir as necessidades e os interesses da aprendizagem dos sujeitos e deixar bem claro quais mudanças de conduta se espera que eles produzam. Em segundo lugar, devem ser analisadas as *bases sociais*, como Tyler chama o estudo da vida contemporânea, da vida extracurricular e das necessidades da sociedade, estudos que nos darão argumentos para interpretar os valores desejados para a educação. Outra fonte relevante é a dos *conteúdos*, entendendo por conteúdos o conhecimento que provém dos especialistas nas *disciplinas escolares* e que dá resposta à pergunta: como uma matéria pode contribuir para a educação dos jovens que não se especializarão nela?

A partir dessas fontes de informação, a *filosofia* atuará como uma espécie de filtro, selecionando os valores mais elevados para a escola, que serão traduzidos em objetivos. Igualmente atuará como filtro a *psicologia da aprendizagem*, que permitirá conhecer quais mudanças podem ser esperadas com cada aprendizagem, quais objetivos são mais fáceis de alcançar, quanto tempo será necessário para alcançar cada um deles em função de sua dificuldade e quais serão as condições para atingir certos objetivos.

Por trás desse processo informativo e deliberativo, realizar-se-á o planejamento ou o projeto curricular, no qual se tomarão decisões sobre quatro aspectos:

1. *Formulação de objetivos*, para a qual o autor estabelece algumas regras:
   - Os objetivos serão enumerados para serem relacionados com cada uma das atividades.
   - Os objetivos serão enunciados descrevendo as mudanças que se espera alcançar nos alunos, não o que os professores farão. Não se trata, por exemplo, de expressar que o professor explique o princípio de Arquimedes, e sim que o aluno, por meio de uma conduta, mostre que o domina. Os objetivos são mudanças que o sujeito alcança como consequência da aprendizagem.
   - Especificar o aspecto da vida (o autor chama de conteúdo) no qual se aplicará tal conduta, por exemplo: o aluno elaborará um trabalho sobre *nutrição*. Tyler oferece tabelas com entrada dupla, nas quais um eixo das coordenadas propõe a conduta que refletirá o objetivo e o outro o conteúdo ao qual a conduta se refere.

2. *Seleção de atividades*, para a qual ele estabelece uma série de normas ou características:
   - Que se pratique o tipo de conduta que vai ser aprendido.

- Que o sujeito se sinta satisfeito.
- Que as atividades possam ser realizadas.

Por outro lado, considera que:
- Existem muitas atividades para alcançar os mesmos objetivos.
- Uma mesma atividade permite alcançar objetivos distintos.

3. *Organização das atividades* que deverão ser caracterizadas por certa continuidade, boa sequenciação e integração.
4. *Avaliação* para comprovar que os objetivos foram atingidos; assim, se esses são formulados em termos de conduta, a precisão da avaliação ficará mais fácil.

Vemos, pois, que o projeto do currículo é entendido como uma série de estratégias muito formais que permitem, seguindo um processo racional de fins e meios, esclarecer a ação educacional.

Na mesma linha tecnológica, outros autores, como Johnson (1970), acrescentam alguma outra fonte, como a história, para elaborar o currículo. Esse autor faz uma clara separação entre currículo (objetivos e conteúdos) e ensino, ao qual chama de planos educacionais, sejam questões organizativas da turma, sejam da instituição educativa.

O modelo tecnológico foi evoluindo em direção a duas posições: uma, representada por Taba (1974), que, com a análise das próprias deficiências, introduziu mudanças para tornar o processo de elaboração mais reflexivo e menos formal, com bases teóricas mais ricas e propostas mais globais; enquanto outra posição simplificou ainda mais a proposta de Tyler (1973) considerando que a definição de objetivos constituía a dimensão realmente importante e inclusive única para garantir a eficácia de qualquer proposta curricular.

A primeira postura, que situamos somente em determinados aspectos dentro desse modelo técnico, oferece uma perspectiva globalizante. A autora expõe pautas para a reflexão e a tomada de decisões, superando a mera formalização dos elementos. Suas bases constituem um amplo leque de temas para a análise dos aspectos que condicionaram as decisões sobre o currículo: por um lado, bases sociais e culturais nas quais a escola está imersa; por outro, um extenso estudo sobre psicologia, tanto se referindo à inteligência e aos aspectos evolutivos quanto à aprendizagem individual e social, além de considerar distintas teorias de aprendizagem e diferentes aspectos desta, como a aprendizagem por descobrimento, por experimentação, etc. Essa abordagem também analisa as funções e os tipos de conhecimento escolar.

Quanto à outra postura, extremamente formalista, vamos nos ater a dois exemplos (por serem os mais conhecidos no contexto espanhol). Nos dois casos, os objetivos constituem não só o eixo do planejamento, mas também o elemento quase suficiente para elaborar o currículo. Trata-se do modelo Gagné (1979) e da chamada *pedagogia por objetivos*.

O modelo de Gagné pode ser descrito como um exemplo de planejamento de destrezas ou capacidades. O autor propôs que o projeto de ensino ou instrução se baseie na análise de tarefas. Tal análise permitiria estabelecer tipos de aprendizagem ou capacidades. Estes constituiriam, por sua vez, tipos de objetivos que Gagné ordenou em uma taxonomia cuja única base é psicológica e que se comporia de cinco capacidades: *Habilidades intelectuais, Estratégias cognitivas, Informação verbal, Habilidades motoras e Atitudes*. Desse modo, os objetivos constituíam tipos de aprendizagem seguindo uma ordem hierárquica dos mais simples aos mais complexos.

A ideia de Gagné é que, uma vez enunciados os objetivos que deverão ser selecionados em uma das cinco classes de sua taxonomia, seriam estabelecidas tanto as condições internas que o sujeito deve possuir para desenvolver essa capacidade (alcançar o novo objetivo) quanto as condições externas ou os meios com que será alcançada.

O outro grande exemplo que outorga a definição dos objetivos o peso e a força do planejamento é dado pelo modelo denominado *objetivos operativos*. O princípio no qual ele se sustenta é o seguinte: um bom programa é aquele cujos objetivos se prescrevem expressos em termos de conduta ou, em outras palavras, no próprio objetivo se enunciará a *conduta* do sujeito que mostrará o objetivo alcançado. Essa condição essencial é acompanhada por uma descrição das *condições* sob as quais tal ação se realizará, assim como a delimitação inequívoca do grau em que se considera tal objetivo como alcançado, ou seja, o critério avaliador será enunciado com nitidez na definição do objetivo (MAGER, 1977). Planejar o currículo consiste em programar objetivos formalizados com as condições descritas, de tal maneira que um projeto curricular será eficaz se os objetivos cumprirem as condições formais enunciadas, ou seja, esse é um assunto mais técnico do que valorativo.

Para facilitar a escolhas dos objetivos, surgiram as denominadas taxonomias, listas de tipos de objetivos, sejam referidas a tipos de aprendizagem, como a que descrevemos, de Gagné (1979), seja de ordem mais mentalista, como a de Bloom (1973). Esta última pretendeu constituir uma descrição dos tipos de conhecimento ainda quando não tinha o respaldo de nenhuma teoria da inteligência ou do conhecimento. Na realidade, ela surgiu baseada na análise de perguntas de centenas de avaliações, o que também nos dá uma ideia da relação que, em toda essa corrente, sempre existe entre objetivos e avaliação.

Essa foi a linha de maior influência em nosso país. Nos anos de 1970, foi introduzida a ideia do planejamento curricular ou planejamento didático. Primeiro, foi difundida no meio universitário e, alguns anos mais tarde, no final dos anos de 1970 e início dos anos de 1980, foi implantada entre os professores de educação primária e secundária por meio de cursos profissionalizantes. Ela tratava de ensinar aos professores como fazer suas programações de aula, as quais consistiam basicamente em resumir em um documento a seleção e a formalização dos objetivos.

Esquematizamos o modelo da pedagogia por objetivos na Figura 13.3.

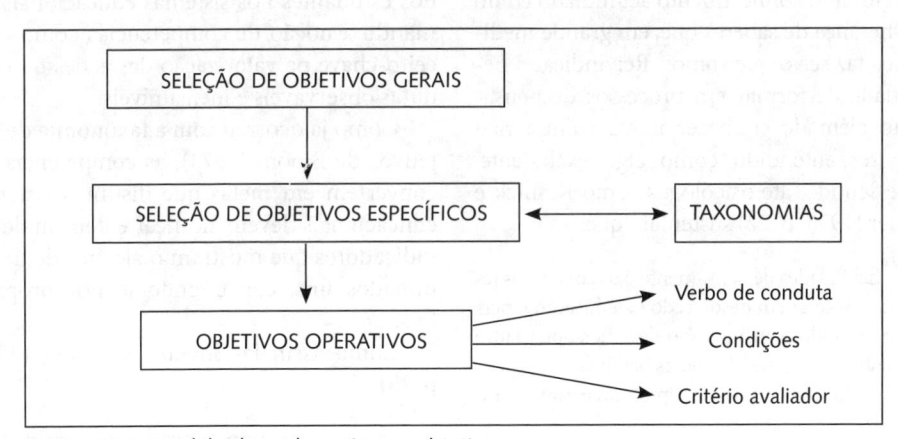

Figura 13.3 Modelo de pedagogia por objetivos.
Fonte: O autor.

A pedagogia por objetivos, como ressaltou Gimeno Sacristán (1982), nasceu para o entretenimento e buscou extrapolar suas possibilidades em todos os âmbitos da educação. Ela foi proposta por sua pretendida *cientificidade* (uma linguagem especializada e esquemas de qualificação), por seu *caráter objetivo* (todos podem trabalhar com uma estrutura comum) e por uma aparente *simplicidade* (aparato claro para planejar). No entanto, a realidade é que ela propiciou mais tecnicismo do que cientificidade. Ela não distinguia entre fins e resultados e identificava resultados com condutas, e estas, com objetivos. Além disso, as taxonomias apresentam uma visão somativa do conhecimento, não contemplam a transferência nem o descobrimento na aprendizagem e se sustentam em bases psicológicas irrelevantes, que hoje são insustentáveis. Estão mais próximas de uma educação reprodutora do que construtiva, sua dificuldade para planejar determinadas áreas do conhecimento é notável. Na realidade, confunde-se a racionalidade com o tecnicismo.

Em todo caso, é necessário ressaltar que toda essa corrente tão psicologista, no fundo, partia da ideia questionável de que a educação deve proporcionar aos alunos, sobretudo, destrezas e habilidades, considerando que os conteúdos das disciplinas são algo efêmero e intranscedente e que o mais importante é criar nos sujeitos estratégias para pensar, adquirir informação, manejar informação, etc. Trata-se de uma meia verdade que tem levado algumas pessoas a pensar que se pode educar à margem da cultura, dos conteúdos que preenchem e configuram o conhecimento acumulado como uma herança de saberes que, em grande medida, nos faz ser o que somos. Reivindicar a necessidade de formar em processos de pensamento além de conhecer nossa cultura não pode ser entendido como algo excludente. Nesse sentido, até psicólogos como Resnick e Klopfer (1996, p. 22) sustentam que:

> As habilidades de pensamento e os conteúdos temáticos se unem desde cedo na educação e permeiam todo o ensino. Não devemos optar entre enfatizar os conteúdos ou as habilidades de pensamento. Não é possível aprofundar um sem o outro.

Por outro lado, como evidenciaram distintos autores, a visão dos objetivos proposta por essa corrente excluiria, por incompatibilidade, ao menos os objetivos das áreas artísticas como, por exemplo, o que Eisner (1995) denomina objetivos expressivos.[1]

Em todo caso, o modelo tecnológico não melhorou o ensino no sentido desejado, não alcançou a eficácia pretendida, devido, em grande medida, ao fato de que suas considerações banalizaram a prática, encarando-a como uma simples derivação do projeto, sob o pressuposto de que um bom plano garante um bom ensino.

O modelo tecnológico foi criticado e até certo ponto superado nas décadas de 1980 e 1990 por planejamentos mais abrangentes e práticos, mas, antes de entrar na descrição do modelo prático, devemos nos referir ao renascer dos planejamentos tecnicistas na primeira década do século XXI com uma nova linguagem: a *pedagogia por competências*.

Poderíamos dizer que se trata de uma linguagem técnica, e que, mais uma vez, essa nova pedra filosofal para melhorar o ensino não procede do âmbito profissional, dos professores, e sim das administrações educacionais e não educacionais, como, por exemplo, a OCDE, que é uma organização avaliadora dos sistemas educacionais (a responsável pelo Relatório PISA). Essa organização tem estabelecido níveis ou indicadores de rendimento dos estudantes nos sistemas educacionais tomando a noção de competências como conceito-chave na valorização das ações ou condutas observáveis e mensuráveis.

Como já ocorreu com a taxonomia de objetivos de Bloom (1973), as competências se convertem em metas que distintos sistemas educacionais devem alcançar e deixam de ser indicadores que mostram o alcance de determinados fins, convertendo-se nos próprios fins.

Como assinala Gimeno Sacristán (2008, p. 25):

> Essa extrapolação converte as competências em instrumentos normativos [...] Assim, as competências serão fins, conteúdos, guias para selecionar procedimentos e propostas para a avaliação.

A nova linguagem promovida pela OCDE a partir da realização dos sucessivos Relatórios DeSeCo[2] tem gerado uma definição própria de competência bastante complexa e abrangente, a fim de estabelecer um marco que possa ser assumido pelos distintos governos. Pérez Gomez (2008, p. 77) resume essa versão de competência do seguinte modo:

> a capacidade de responder a demandas complexas e realizar diversas tarefas de forma adequada. Supõe uma combinação de habilidades, práticas, conhecimentos, motivação, valores, posturas, emoções e outros componentes sociais e de comportamento que se mobilizam conjuntamente para a consecução de uma ação eficaz.

Essa definição pode ser adequada para definir grandes metas, como as estabelecidas pelas administrações, assim, o Ministério de Educação propõe competências básicas como as seguintes: competências em comunicação, competência matemática, competência digital, etc. Ela pode ser útil em projetos profissionalizantes nos quais se identificam grandes categorias de competências, como as propostas por Perrenoud (2004) para ser professor; mas talvez seja questionável para oferecer aos professores um marco ao elaborar programas concretos.

No entanto, também se entende por competência algo mais específico, como a definição proposta por Roelofs e Sanders (2007, p. 137): "[...] habilidade de ter rendimentos concretos".

Nesse caso, estaríamos muito próximos de uma visão vizinha da pedagogia por objetivos, que acabamos de analisar. De acordo com tais situações extremas, o conceito de competência para planejar o currículo por parte dos professores se torna excessivamente amplo e impreciso ou se inscreve em uma filosofia que se converte na precisão e na medição em valores absolutos. Por outro lado, a linguagem das competências apresenta outros inconvenientes no projeto curricular que os professores realizam, como os seguintes:

1. A educação não é um produto, mas um processo, o que torna extremamente difícil estabelecer medidas concretas, absolutamente precisas e definitivas quando definimos uma competência. Como decidir se um sujeito tem competência leitora em um momento determinado? Como medimos seu grau de competência? Para que finalidades? Quando ele conseguiu ser plenamente competente em algo? Podemos afirmar com precisão que uma pessoa tem habilidades para assumir uma nova situação, para tomar uma iniciativa, para ser justo, etc.? Portanto, as competências se relacionam melhor com um ideário amplo com programas fechados e mensuráveis.

2. A distinção entre valorização e medição é fundamental na educação. Na escola, muitas metas educacionais relevantes não se traduzem facilmente em condutas suscetíveis de uma medição exata, mas nem por isso deixam de ser metas valiosas e desejáveis.

3. As competências podem ser aprendidas, mas isso não significa que cada competência seja adquirida mediante um tipo concreto de exercícios, Gimeno Sacristán (2008). Elas são alcançadas a partir de experiências variadas em relação aos conteúdos das matérias e às experiências escolares socializadoras, por meio de valores que a escola transmite e que nem sempre são explícitos. Um aluno não poderá resolver um problema de física se não tiver claros os fundamentos teóricos nos quais esses problemas se sustentam. E como fazer com que alguém seja competente para tratar com pessoas de diferentes culturas? Isso não pode ser ensinado mediante uma série de atividades regradas, nem sequer por meio do estudo de certos conteúdos, mas a aquisição de tal competência exigirá um amplo processo de experiências com pessoas diferentes. Na realidade, como afirma Bernstein (1998, p. 175): "[...] as competências são intrinsecamente criativas, adquiridas de modo informal e tácito em interações informais. São êxitos práticos".

4. A definição de competências precisas não é um exercício fácil, nem mesmo no âm-

bito da formação profissional, como ressaltou Eraut (1994). Como se trata de competências muito gerais, sua definição é inevitavelmente vaga e imprecisa, e, se tentássemos especificá-las mediante subcompetências parciais, elas seriam tão numerosas que seu manejo seria muito difícil, a não ser que se tratassem de simples destrezas ou exercícios de treinamento.

5. Na elaboração de um currículo por competências, existe o perigo de encarar a educação de uma forma psicológica, como já aconteceu com a pedagogia por objetivos. Parece duvidoso pensar que se pode "aprender a aprender" ou "aprender a pensar" como estratégias autônomas sem a interferência da cultura. Como ressalta Torres (2008), para alcançar ambos os propósitos é necessário partir de conteúdos culturais sobre os quais se pensará ou aprenderá. A educação sem conteúdos parece uma clara falácia. É difícil acreditar que se possa planejar um currículo com base em objetivos operativos ou competências concretas sem pressupor o legado cultural dos conteúdos, selecionando desses conteúdos o que for adequado social, epistemológica e psicologicamente ou sem considerar a experiência escolar como um processo muitas vezes indireto de vivências e valores transmitidos no longo processo de escolarização.[3]

Na atualidade, além desse enfoque das competências, o modelo tecnológico permanece tendo continuidade na tradição psicologicista americana que caracterizou, e ainda caracteriza, muitas decisões educacionais. Trata-se de propostas que entendem o projeto curricular como uma derivação direta e exclusiva da psicologia. Superando a perspectiva behaviorista, essas propostas têm feito da psicologia cognitiva, cujo potencial explicativo é muito mais poderoso e científico, a base sustentadora das propostas curriculares a partir de diferentes perspectivas. O livro coordenado por Resnick e Klopfer (1996) é um exemplo de proposta de projeto curricular para áreas como a linguagem oral e escrita, a matemática e a ciência tomando como base os conhecimentos que a psicologia cognitiva oferece para essas áreas, além de estabelecer um currículo para desenvolver o pensamento, justamente por meio dessas áreas de conteúdos.[4] Mas não somente essa linha vem sendo perpetuada no ponto de vista tecnicista: em outros contextos, tanto americanos quanto europeus, autores como Dijkstra (2004) propõem o projeto curricular sob um ponto de vista próximo ao de Tyler, no qual se estabelecem determinadas fontes e necessidades que derivam de um plano ou currículo escrito que consta de objetivos, conhecimentos e habilidades, tarefas para desenvolvê-los, estratégias de implementação e avaliação. Muitos desses planos têm seu melhor expoente no projeto de novas tecnologias, sobretudo em programas que costumam ser denominados de exercício-prática.

A racionalidade prática

Ao expor os modelos tecnológicos, constatamos muitos de seus problemas. Taba (1974) descreve alguns:
- A falta de clareza e de compatibilidade entre as ciências básicas e os princípios da educação.
- A pluralidade de valores de nossa cultura, a qual impõe à educação valores que às vezes podem ser contraditórios, como a eficácia frente à justiça social no âmbito escolar.
- A separação entre teoria e prática. De fato, Taba reivindica uma estreita relação entre a prática e a teoria, outorgando um papel essencial à prática como geradora do currículo, segundo suas próprias palavras:

> Se a sequência do currículo fosse invertida, ou seja, se os professores fossem convidados primeiro a experimentar os aspectos específicos do currículo e, depois, a partir de tais experiências, se planejasse sua estrutura, a elaboração do currículo adquiriria uma nova dinâmica. (TABA, 1974, p. 23)

Um dos pioneiros na concepção prática do currículo foi Schwab (1974; 1983), o qual profetizou a morte do currículo entendido sob uma linha tecnicista. Ele propôs que o currículo deveria se centrar na deliberação prática, que seria também um ingrediente substancial no conhecimento do qual o projeto curricular se nutriria. Nessa perspectiva, podemos destacar autores já clássicos, como Walter (1971) e Reid (1978).

Essa visão do projeto curricular tem um relevante expoente na figura de Stenhouse, autor que, na década de 1970, estabeleceu uma estreita colaboração com os professores da educação secundária, dando origem a uma nova forma de pensar, projetar e desenvolver o currículo. Seu texto *Investigación y desarrollo del currículum* (STENHOUSE, 1984) constitui toda uma maneira de entender o currículo. A linha que chamaremos de prática ou processualista constitui uma alternativa de grande alcance tanto na teoria quanto na prática curricular. Os termos desenvolvimento do currículo e prática são expressos com profusão em muitos dos textos que falam do currículo, tanto no âmbito anglo-saxão, como vimos em Stenhouse (1984), quanto no âmbito iberoamericano (GIMENO SACRISTÁN, 1988).

São precisamente as críticas ao tecnicismo, à burocratização, à desconsideração das ideologias e à desconexão com a prática que o modelo técnico implica que dão origem a uma nova maneira de entender o projeto do currículo como uma alternativa que toma como referência a reflexão sobre a própria experiência, sobre os valores transmitidos pelo ensino e sobre a cultura na qual a escola se sustenta (Gimeno, 1988 e Gimeno e Pérez Gómez, 1992).

Nesse novo paradigma, o professor elaborará o currículo tomando e analisando o conhecimento teórico disponível, mas, sobretudo, utilizará o conhecimento obtido por ele mesmo da reflexão sobre sua própria prática, sobre sua experiência como docente e como profissional reflexivo (SCHÖN, 1998). O professor se bastará também em suas intuições provenientes do sentido comum e de suas vivências. Esses três tipos de conhecimento se inter-relacionam para criar uma proposta curricular, que, nas palavras de Stenhouse (1984), será levada à classe como uma *hipótese*, e não como um plano fechado.

Tal afirmação parece congruente com a ideia de que a ação educacional real se desenvolve em circunstâncias sempre particulares, levando em conta que, nos processos de interação, o professor se vê impeloido a dar respostas constantes a problemas e circunstâncias não previstas, utilizando um conhecimento prático que é ativado na própria ação (SCHÖN, 1998). Esse conhecimento constitui, como foi ressaltado, uma fonte que alimenta as análises do professor para planejar sua ação. O planejamento entendido do ponto de vista processual ou prático é perfeitamente expresso na própria definição que Stenhouse (1984, p. 29) dá ao currículo:

> Um currículo é uma tentativa de comunicar os princípios e as características essenciais de um propósito educacional de tal forma que permaneça aberto à discussão e à crítica e possa ser levado efetivamente à prática.

De tal definição, extraímos consequências distintas:

A primeira delas nos inclina a pensar que o planejamento consiste mais em estabelecer grandes metas e princípios do que em especificar condutas concretas.

A segunda é que um projeto curricular não é um plano fechado que deve ser cumprido de forma incondicional, e sim uma proposta aberta e possível que o professor leva como guia e que pode e deve, caso seja conveniente, ser modificada na prática.

A terceira é que qualquer plano educacional, por ser uma proposta de valores, deve ser tanto mais discutido criticamente como formulado e cumprido.

Outros autores, como Schön (1998) e Jackson (1992), superaram o modelo tecnológico, não somente como Stenhouse fez, oferecendo uma maneira de trocar o sentido que o projeto curricular tem, mas indo muito além, ressaltando a relevância da prática frente às ações proativas ou de planejamento; defendendo não somente que o currículo é a ação educacional, mas que as fontes de conhecimento para ele na realidade provêm do conhecimento prático dos professores, a partir de sua experiência na prática.

Por isso, projetar o currículo nessa linha prática não se foca em formar decisões técnicas; seus autores não apresentam pautas formais para projetar o currículo nem existe uma obsessão por formular objetivos; o que nos oferecem é um conjunto de princípios que nos ajudarão a tomar decisões e que resumimos na Tabela 13.1.

Tabela 13.1 Modelo processual

Considerações para abordar o planejamento
• Fazer considerações para abordar o planejamento. • Refletir sobre a prática. • Considerar conhecimentos e experiências dos alunos. • Prever consequências possíveis. • Analisar limitações. • Considerar os conteúdos e as atividades como elementos fundamentais do currículo. • Dispor de uma diversidade de materiais e exemplos. • Oferecer os recursos necessários. • Trabalhar em equipe.

Fonte: O autor.

ÂMBITOS DE PLANEJAMENTO CURRICULAR

Abordaremos essa questão sob dois pontos de vista. O primeiro se refere à discussão sobre a conveniência de que esses âmbitos existam e sobre quem tem a competência para elaborar o currículo em cada um deles. O segundo é relativo a quais aspectos configuraram as decisões de maior interesse em cada um deles.

Diferentes autores têm realizado propostas sobre os âmbitos ou níveis nos quais o currículo é decidido. Por exemplo, Saylor, Alexander e Lewis (1981) propuseram três níveis na elaboração do currículo: o primeiro, eles denominaram *determinações políticas;* o segundo, aquele no qual se *elaboram planos e materiais* para utilizar em diferentes contextos e situações educacionais (p. ex.: livros didáticos e materiais curriculares); e um terceiro nível, no qual se tomariam decisões para cada *aula determinada*. No contexto da Espanha e vinculada à reforma que teve lugar nos anos de 1990, definitivamente a Lei de 1990 (Lei de Ordenamento Geral do Sistema Educacional Espanhol) (COLL, 1987) colocou três níveis escalados na tomada de decisões sobre o currículo: o nível político ou das administrações, o nível das instituições de educação e o da aula. Esse modelo parece se basear no modelo proposto por Goodlad (1979), que propôs o que denominou um *nível social* e outro *institucional* (relativo às instituições e especialistas que realizam projetos e o nível da *instrução*), que é de responsabilidade dos professores. Gimeno Sacristán (1992) propôs, por outro lado, quatro âmbitos inter-relacionados, mais que níveis em dependência vertical, que denominou *político-administrativo*, de *instituição*, de *aula* e, por fim, o âmbito no qual se elaboram *livros e materiais* para o ensino. De nossa parte, analisaremos os aspectos e as decisões do âmbito político, no qual as Administrações da Educação tomam determinadas decisões que afetam de forma geral os integrantes da comunidade que governam. Do âmbito do centro escolar, um espaço organizativo que busca dar coerência a um projeto educacional amplo, que afeta o transcorrer da trajetória escolar dos alunos. E, do âmbito de aula, o lugar interativo, onde, de forma específica, tem lugar o processo de ensinar-aprender.

O âmbito político

A primeira questão que podemos nos fazer é sobre a própria existência ou, caso se queira, a legitimidade desse nível de decisão. Ainda que devamos levar em conta que, na maioria dos países, existe de forma direta ou indireta um currículo mínimo de cumprimento compulsório, ao menos nas etapas obrigatórias, esse assunto merece alguma reflexão. Em termos gerais, as decisões que se tomam nesse âmbito têm a ver com a cultura transmitida ou, em outras palavras, com a seleção de outros conteúdos que serão obrigatórios. É o chamado currículo básico (*core curriculum*), também denominado *currículo comum ou nuclear*, definido por Goodlad e Su (1992, p. 338) como: "[...] uma especificação daqueles campos considerados essenciais para todos os estudantes".

A decisão de que exista um currículo básico tem diferentes conotações. Por um lado, é preciso definir qual ou quais culturas devem ser selecionadas e transmitidas pela escola, assunto que envolve decisões de tipo moral, ideológico e social. Por outro lado, uma questão não menos importante se refere a qual é a natureza do conhecimento que deve ser transmitido, que tipos ou formas de conhecimento são valiosas para a educação.

A primeira dessas questões tem gerado um debate bastante recorrente, agravado nos tempos pós-modernos por uma escola cada vez mais multicultural. Esse debate começa com a inevitável pergunta: Deve existir um currículo básico, comum e obrigatório? Algumas razões a favor de sua existência têm sido ressaltadas por Hargreaves, Earl e Ryan (1998): o currículo otimiza a igualdade de oportunidades, a cultura comum e os direitos da educação. Outros autores, como Kirk (1989), em sua obra clássica *O currículo básico*, defendiam sua existência e davam resposta a certas objeções realizadas por seus oponentes, defendendo que suas possíveis limitações seriam resolvidas com respostas dos professores durante o trabalho profissional. Em todo caso, para o autor, o currículo comum constitui uma garantia para a igualdade, é a base de uma educação integral, reforça a abrangência, é uma referência sobre aquilo que o sistema deve exigir como o mínimo de qualidade de educação. Se é um currículo do mínimo, deixa certas parcelas ou margens de decisão às escolas e aos professores.

As objeções ao currículo básico têm sido realizadas com maior contundência pela chamada pedagogia crítica, da qual um dos representantes mais relevantes é Apple (1996). O autor questionou muitos dos aspectos que caracterizam o currículo ou que são mostrados como pontos fortes: a suposta cultura comum que o currículo implica (para ele, uma imposição neoconservadora); igualmente se questiona a suposta virtualidade de criar coesão social e objetividade, assuntos difíceis de conseguir dadas as diferenças culturais, econômicas e sociais com as quais os alunos iniciam.

Em todo caso, a tendência a prescrever um currículo oficial é majoritária em quase todos os países do mundo, com grande coincidência nos currículos oficiais de Estados com influência, situação e inclusive culturas distintas, como foi bem comprovado pelo trabalho de Benavot et al. (1991).

Se as vantagens superam os inconvenientes e deve existir um currículo básico, podemos nos perguntar: que traços e elementos caracterizam esse currículo? Nesse aspecto, Beltran (2006) sustenta que os critérios para a sua configuração têm sido variados, como, por exemplo, o valor dos conteúdos, ou seja, seu valor intrínseco, sua relevância e utilidade social, o desenvolvimento da mente e a herança cultural. Mas essas questões, tampouco, são alheias de visões contrapostas. Decidir quais conteúdos são relevantes ou estabelecer o valor intrínseco dos conteúdos são assuntos com uma grande carga ideológica. Basta um rápido olhar para constatar duas grandes formas de pensar sobre o conhecimento. Uma delas denominaremos realista, para a qual o valor do conhecimento reside em sua capacidade de refletir uma realidade externa com certo grau de confiabilidade. Sob essa perspectiva, a relevância do conhecimento educacional se encontra no fato de que ele nos permite alcançar uma realidade objetiva. Tal conhecimento provém, principalmente, das disciplinas científicas e é um conhecimento acadêmico.

A outra posição é relativista, costuma ser denominada de sociocrítica ou socioconstrutivista. Essa visão considera que tanto o conhecimento geral quanto o escolar são uma construção social que reflete determinados valores sociais dominantes. De acordo com esse enfoque, não se pode dizer que o conhecimento seja objetivo, pois seu valor dependerá de sua utilidade para o grupo. Conforme tal abordagem, cada cultura configura o conhecimento mais coerente com seus valores e mais proveitoso socialmente.

Dada a relevância do tema, poderíamos citar um grande número de trabalhos, tanto no âmbito internacional quanto no nacional, que, durante décadas, vêm buscando analisar e propor quais seriam os conteúdos básicos para um currículo comum e básico; por exemplo, Skilbeck (1982).

Stenhouse (1984) propõe distintos âmbitos dos quais se pode extrair o currículo escolar: o primeiro, das *disciplinas acadêmicas*, como saberes procedentes de comunidades de estudo. O segundo, do campo das *artes* provenientes de grupos menos estruturados de sujeitos particulares. O terceiro, as habilidades *básicas*. E, em quarto lugar, as *línguas*. Por último, segundo as *convenções e valores* inseridos em todo o ensino escolar.

Em nosso contexto espanhol, Pérez Gómez (1998) propõe que os conteúdos do currículo devem ter quatro tipos de virtualidades: explicativa e aplicada, artística-criativa, político-moral e psicopedagoga. Torres (1994a, 1994b e 2008), além de reivindicar o valor do conhecimento e, portanto, dos conteúdos na educação, faz propostas tanto para a seleção quanto para a organização dos conteúdos no currículo.

Gimeno Sacristán (2005), com o significativo título *La educación que aún es posible* (A educação que ainda é possível), oferece-nos uma extensa e profunda análise sobre a cultura necessária para uma sociedade globalizada e então chamada sociedade da informação, advertindo que os objetivos da educação escolarizada são mais amplos que a simples transmissão de conteúdos e oferecendo princípios que tornariam os conteúdos mais educativos.

Bourdieu e Gros (1990) nos proporcionam um marco, fruto de um amplo debate nacional na França, que permite estabelecer bases não somente sobre como serão os conteúdos, mas também sobre como devemos utilizá-los:

- A educação deve priorizar as maneiras de pensar dotadas de validade e aplicabilidade geral, em relação a outras formas que possam ser mais simples na sua aquisição. Propõe o pensamento dedutivo, experimental, histórico, o estilo crítico e reflexivo, os métodos qualitativos. Além disso, estima a necessidade de conceder um lugar importante a certas técnicas, como o uso de dicionários, a utilização de fichários, o manejo de bases de dados, a informática, a interpretação de gráficos ou de tabelas, as formas de comunicação oral e escrita.
- Os programas devem ser um marco de atuação, não instrumentos coercitivos. Eles devem ser interpretados por especialistas e professores e postos em prática de forma flexível. Devem distinguir o obrigatório do opcional.
- A aspiração à coerência deve favorecer a interdisciplinaridade, que evitará re-

petições e desconexões de conhecimento.
- Deve ser feita uma revisão periódica dos programas, buscando introduzir conhecimentos exigidos tanto pelo avanço científico quanto pelas necessidades sociais.

Relacionado com essas considerações há outro assunto não menos relevante que se refere ao papel que as administrações desempenham na tomada de decisões claramente pedagógicas. Sem prejuízo da legitimidade que elas têm para selecionar a cultura mais conveniente, pensamos, entretanto, que não seria tão legítimo entrar em aspectos profissionais de competência exclusiva dos professores. Por exemplo: prescrições sobre questões metodológicas, sobre formas de avaliação, opções sobre tipos de agrupamento, etc., são, sem dúvida, decisões próprias da função docente. Os limites do âmbito administrativo estão em assinalar os objetivos e conteúdos mínimos exigíveis para cada etapa escolar, ditar pautas sobre distribuição, estabelecer os máximos e mínimos da seletividade, otimizar políticas de criação de materiais, criar normas que regulem o sistema de maneira que permita uma transição dos estudantes por ele mesmo.

Na Tabela 13.2, propomos os elementos curriculares que as administrações deveriam decidir.

Tabela 13.2 Modelo processual

Âmbito das administrações
• Selecionar objetivos gerais do sistema. • Selecionar a cultura escolar. • Estabelecer áreas de conteúdos. • Estabelecer o que seria opcional. • Criar uma política de materiais.

Fonte: O autor.

O âmbito do centro educacional

A instituição de educação, como unidade de análise, tem assumido nos últimos anos um grande protagonismo para alcançar uma educação de qualidade (BELTRÁN; SAN MARTIN, 2000; BOLIVAR, 2000; SANTOS GUERRA, 2000), com o objetivo de dar coerência e continuidade à trajetória de cada aluno, exercer a autonomia (um conceito sem dúvida controverso)[5], mas que permite gerar mudanças e inovações próprias, articular o trabalho docente mediante estratégias colaborativas entre os professores (Hargreaves, 1996) e estratégias participativas entre os membros da comunidade extraescolar, etc. Por isso, há razões importantes para que a escola, enquanto organização, realize projetos estratégicos e culturais comuns. Na Espanha, esse contexto de projeto curricular é relativamente recente (ESCUDERO, 1994).

Foi com a reforma dos anos de 1990 que, por meio das prescrições dos ministérios, se urgiu aos centros educacionais a realização de projetos próprios. Ainda assim, no princípio, provavelmente por falta de preparo dos professores e pela ausência de uma cultura de colaboração, não se conseguiu um grande envolvimento dos docentes (CLEMENTE, 1999, 2003), ainda quando a realização desses projetos parecesse ser de grande interesse para oferecer uma maior qualidade na trajetória dos alunos, por diversos motivos:

A instituição de educação é o *contexto organizador do processo da educação*. É uma *importante* fonte de *experiências educacionais*. Nela, os *estilos pedagógicos* do docente devem ser coordenados de maneira que os professores proponham *planos congruentes* para os alunos. É o marco idôneo onde se *apresentam e desenvolvem propostas de inovação e melhoria*, além do *desenvolvimento profissional dos docentes* de maneira coordenada e produtiva.

Como esses projetos devem ser? Quais são seus elementos constitutivos e as decisões que devem ser tomadas?

Normalmente consideramos que os projetos escolares podem ser concebidos de forma complementar de duas maneiras: por um lado, projetos que determinem questões mais ou menos estáveis para a escola. Por outro, projetos de melhoria e inovação que sempre serão particulares de cada instituto e, portanto, não prefigurados de antemão. Por isso, referiremo-nos somente aos primeiros projetos mencionados.

As questões curriculares que afetam em sua totalidade centro educacional se relacionam às decisões que os fazem se comportar como um organismo, e por isso se tratam de decisões que afetam de forma global àqueles que integram a escola. Resumimos essas questões na Tabela 13.3.

Tabela 13.3 Modelo processual

Âmbito do centro educacional
• Linhas metodológicas. • Atividades gerais; • Selecionar e coordenar conteúdos. • Decidir a oferta de opções. • Estabelecer critérios de avaliação. • Decidir como se fará o agrupamento dos alunos. • Estabelecer o uso de espaços e do tempo. • Avaliação da instituição de educação.

Fonte: O autor.

Todas essas decisões curriculares devem se apoiar em três pilares fundamentais: o desenvolvimento profissional da docência da escola; a coordenação com outras escolas, tanto próximas quanto distantes, que podem enriquecer a vida da instituição de educação; e a formação dos docentes por meio de um intercâmbio de experiências e materiais. Por último, as relações com a comunidade e a abertura ao entorno, nas palavras de Fernández Enguita (2001).

O âmbito da aula

Elaborar o currículo para a aula implica adotar as decisões mais singulares e concretas dentro dos espaços curriculares. A aula é o lugar onde a aprendizagem é produzida, é o currículo em ação, por isso não podemos deixar de considerar que é nesse âmbito onde a cultura selecionada no currículo base e o método selecionado pela escola como unidade organizadora se tornam reais. Sendo assim, as decisões mais relevantes nesse âmbito têm a ver, por um lado, com a seleção dos conteúdos concretos (somente até certo ponto) e a organização desses conteúdos para que possam ser realmente convertidos em cultura escolar e, por outro lado, com a seleção de procedimentos, atividades e tarefas que permitam que a aprendizagem seja mais efetiva e valiosa. Planejar nesse âmbito escolar tem uma dimensão muito centrada na prática, de maneira que devemos optar por modelos de elaboração de currículos que nos permitam uma análise constante do que nela ocorre. O modelo de processo que Stenhouse (1984) considera se baseia na ideia de que são as experiências do aprendizado e do conhecimento relevante que tornam o currículo valioso. Por isso, acompanhando o autor, pensamos que o projeto nesse âmbito em que o protagonista é o professor conhecedor de sua turma, de seus alunos, de suas possibilidades e limitações, e também contando com sua experiência, deve se centrar principalmente na organização dos conteúdos, na seleção e organização das atividades, na seleção dos meios e recursos necessários e na avaliação constante, tanto dos sujeitos quanto das próprias práticas curriculares. Resumimos os elementos próprios desse âmbito da aula na Tabela 13.4.

Tabela 13.4 Modelo processual

Âmbito da aula
• Reflexão sobre os objetivos e fins. • Seleção, organização e sequenciação dos conteúdos. • Seleção de tarefas ou atividades. • Seleção de materiais e recursos. • Adequação e organização de espaços e tempos. • Avaliação, seleção de técnicas, do que será avaliado, em que momento, etc.

Fonte: O autor.

Uma vez que alguns desses aspectos são tratados de maneira monográfica em outros capítulos do livro, neste capítulo ocupar-nos-emos de analisar os três primeiros aspectos.

Objetivos

Selecionar objetivos para o currículo nesse âmbito implica delimitar os fins estabelecidos em outros; tal afirmação não deve ser entendida no sentido de pô-los em prática da mesma forma antes descrita e criticada, simplesmente se trata de contextualizá-los para os alunos e tentar fazer com que respondam às diferentes dimensões que a educação tem. Assim, pensar nos objetivos é definir metas, mas também significa analisar os processos do próprio ensino a fim de valorizar o que alcançamos. Alcançar objetivos é muito mais que enunciá-los com antecedência.

Além disso, não podemos esquecer o valor intrínseco dos conteúdos, se são relevantes, adequados para os alunos e estão bem organizados. Assim como as tarefas ou atividades que realizamos não são somente ações que buscam adquirir conhecimentos isolados, as atividades propiciam, muitas vezes, múltiplos fins, como, por exemplo, uma atividade em grupo além do conteúdo determinado que permita que os alunos aprendam, é uma estrutura de socialização que lhes ajudará a alcançar objetivos de colaboração, de compreensão e respeito sob o ponto de vista dos outros, ajudará no uso da linguagem, etc. Por tudo isso, as intenções de um projeto curricular não se reduzem somente a serem expressas antes de agir nem a descrever condutas dos sujeitos para comprovar seu rendimento.

Conteúdos

Quanto ao que diz respeito aos conteúdos (e uma vez já selecionados por outras instâncias), talvez nos projetos de aula devêssemos aplicar critérios mais adequados aos sujeitos reais de maneira que, seguindo o pensamento de Dewey, sejam próximos à experiência dos sujeitos e ao contexto social onde ela se insere (DEWEY, 1995). Para selecionar e organizar conteúdos, podemos nos fazer perguntas e nos basear em critérios de ordem diversa: epistemológico, socioideológico, psicológico e pedagógico. Alguns deles, principalmente o epistemológico e socioideológico, também podem ser levados em conta na seleção dos conteúdos em outros âmbitos.

O *critério epistemológico* se refere ao caráter de cada ciência, aos diversos tipos de conhecimento e ao caráter científico ou não das disciplinas escolares. Aplicar esse critério significa nos questionarmos como uma matéria deve ser apresentada, se devemos tratar de seus aspectos metodológicos ou apresentá-la como um resumo sequencial dos avanços conseguidos pelos cientistas até o momento. Todas essas particularidades implicam, além disso, diferenças essenciais para conhecer cada matéria de estudo e, o que é mais importante, cada tipo de disciplina requer, como Stodolsky (1991) mostra, planejamentos didáticos de certo modo diferenciais. Por outro lado, a ciência avança pela superação de paradigmas que vão se tornando obsoletos quando surgem outros com maior rigor e poder explicativo. Não obstante, é necessário reconhecer que isso provavelmente não deve ser transferido à escola de forma automática, visto que alguns paradigmas são excessivamente complexos para determinados níveis educacionais e outros estão em fase de construção. Nesse sentido, devemos nos perguntar o que é mais adequado para os diversos momentos da escolarização. Um exemplo que poderia ilustrar essa questão é o caso do ensino de um idioma: uma vez passado o período em que a criança já desenvolveu sua linguagem e a língua é o objeto de estudo, cabe considerar qual é o paradigma mais adequado para o seu ensino. Durante alguns anos entendeu-se que o último paradigma era o mais adequado, motivo pelo qual foram adotados os enfoques que a linguística ia desenvolvendo. A escola deixou, em um período breve, de dar à matéria um enfoque tradicional sob um ponto de vista do estruturalismo para adotar a gramática gerativa, com toda sua complexidade. Tais mudanças fizeram com que o idioma se convertesse em uma disciplina de grande dificuldade e com índices de fracasso escolar notáveis.

Outra pergunta relevante é o papel que o conhecimento vulgar pode desempenhar em toda construção do conhecimento científico e como esse assunto deve ser considerado, principalmente nos níveis mais elementares.

O *critério socioideológico* nos leva a considerar que a escola é um elemento-chave na socialização da criança, motivo pelo qual se canaliza o que chamamos de cultura social. Especificamente os conteúdos, talvez mais do que qualquer outro componente curricular, proporcionam um caminho importante para transmitir as diversas visões e culturas sobre a realidade. Por isso, é importante nos fazermos perguntas como as seguintes: a visão de cada disciplina deve ser monolítica ou requer a abordagem de pontos de vista particulares e até mesmo diferentes que refletem diversos valores e ideologias? Conteúdos considerados "pouco acadêmicos" devem ser selecionados? Conteúdos que ressaltam valores claramente ideológicos devem ou não ser incluídos? Dar um sentido prático ou teórico às disciplinas, trabalhá-las como verdades absolutas ou como verdades historicamente construídas ou valorizar mais uns conteúdos do que outros, tudo isso são opções que implicam "decidir" sobre os conteúdos educacionais.

É preciso considerar o que se busca ao selecionar conteúdos determinados, se sua utilidade social, cultural ou ambas. Esses aspectos são complementados pela importância que o contexto sociocultural da escola deve ter na hora da seleção de conteúdos. O nível de muitas crianças, é, às vezes, um freio para trabalhar diversos conteúdos, mas também deve ser um desafio adequá-lo para que os conteúdos possam ser assimilados sem que se acumulem deficiências e lacunas básicas. Por isso, esse critério deve ajudar na avaliação das carências socioculturais dos alunos e na adequação da seleção dos conteúdos por parte do professor.

O *critério psicológico* tem um caráter distinto dos anteriores, além disso, ele é essencial para organizar e pôr em sequência os conteúdos, e não somente para selecioná-los.

Parece relevante analisar até que ponto se leva em conta o nível de desenvolvimento do aluno e considerar como fazer do aprendizado algo significativo. Se for interessante adotar um ponto de vista construtivista, será necessário decidir que valor se concederá à ação, à experiência, à reflexão, à autoaprendizagem, etc., como princípios para a aquisição de conteúdos.

O *critério pedagógico* se refere, por um lado, aos condicionantes estruturais da instituição de educação e, por outro, à própria concepção curricular dos professores. Também devemos considerar aspectos como o preparo do professor, a experiência profissional, os hábitos de trabalho em grupo e a forma em que as rotinas de trabalho se refletem, etc.

Por fim, é preciso ressaltar que esses critérios devem ser interpretados como um marco para a discussão, e não como uma lista a ser aplicada, porque a seleção de conteúdos para o ensino não pode ser entendida como uma questão técnica, e sim como uma opção cultural.

As formas básicas de organização do conteúdo escolar costumam ser agrupadas em três modalidades: disciplinas, áreas e currículos integrados. As disciplinas, como forma de organização dos conteúdos escolares, têm sua base na divisão do conhecimento realizado nas universidades e institutos de pesquisa. Não obstante, no âmbito escolar, elas adquirem formas peculiares e não são, como sustenta Chervel (1991), simples adaptações do conhecimento científico. Diversos autores validaram essa fórmula como a mais adequada e científica, ainda que hoje uma ideia tão segmentada do conhecimento não se sustente nem no nível da pesquisa (FOUREZ, 2008; GIBBSONS et al., 1997).

As disciplinas ou matérias configuram um modo de conhecimento acadêmico baseado na especificidade e no aprofundamento do conhecimento. Seu valor educacional provém de sua procedência científica, mas, como muito bem provou Cuesta (1997), as disciplinas são algo mais: elas integram discursos, conteúdos e práticas que interagem e se transformam pelos usos das instituições de educação. As disciplinas frequentemente configuram práticas reprodutoras e apresentam o conhecimento como verdades absolutas, de forma segmentada, como se a realidade assim o fosse, razão pela qual os alunos frequentemente percebem o conhecimento por meio delas como algo alheio, muito pouco relacionado com a vida, com os problemas sociais e mesmo vitais e de pouca aplicação na realidade. Apesar da longa tradição e do uso das disciplinas, seu questionamento tem levado à proposição de diversas alternativas, sendo que a mais próxima é constituída pelas áreas, uma espécie de reagrupamento de disciplinas em função da proximidade de conteúdos ou de metodologias comuns. No que diz respeito à prática escolar, isso frequentemente se traduz no fato de que, em um mesmo livro, aparece uma área e não uma matéria, mas se sequencia a soma das matérias que a compõem ou o professor as trata desse modo.

As fórmulas mais alternativas de organizar o conhecimento escolar são os currículos integrados (TORRES, 1994b), sobretudo a globalização e a interdisciplinaridade. Ambas têm em comum sua visão integradora do conhecimento, ainda que resultem de motivações e argumentos diferentes:

a) A globalização foi, a princípio, proposta por Decroly (1950) e Decroly e Monchamp (1986), os quais pretendiam adequar o conhecimento ao modo de pensar das crianças mais jovens, pensamento que consideravam sincrético e global. Baseados nessa ideia, surgiram os centros de interesse como unidades globais cuja base temática era composta pelos interesses e necessidades infantis. Evidentemente, as propostas concretas de Decroly, que preferia os centros de interesse e o método a seguir, foram recuperadas e mudadas por seus muitos seguidores, numerosos professores progressistas que, na década de 1920, adotaram os princípios da globalização. De fato, a ideia original continua tão vigente quanto em sua origem, enriquecida por um conhecimento sobre a psicologia infantil que veio corroborar o pensamento do autor belga.[6]

b) A interdisciplinaridade consiste na relação de conhecimentos de diversas matérias para construir um conhecimento novo. Não é um assunto que diga respeito ao ensino de forma exclusiva, visto que também se dá na pesquisa e nas áreas de conhecimento científico, ainda que, aqui, estejamos nos referindo somente aos conteúdos educacionais.

A interdisciplinaridade apresenta o conhecimento de forma relevante social e culturalmente, focando problemas que exigem respostas globais, propiciadas pela contribuição de diversos campos do saber. Ela busca, além disso, evitar a repetição de conhecimentos comuns a muitas disciplinas ou temáticas. A interdisciplinaridade permite compreender a vinculação entre muitas realidades e, inclusive, contribuiria para criar hábitos de pensamento mais abertos em valores e ideologias distintas, além de propiciar a colaboração, evitar a falta de compreensão e até mesmo a hierarquização entre áreas de conhecimento. Com respeito aos professores, ela possibilitaria um modelo de colaboração e não do isolamento tão frequente nas instituições escolares, assim como o uso de materiais diferentes do livro didático.[7]

Atividades

No que diz respeito às atividades, devemos considerar que elas constituem o elemento mais específico e relevante da aula, uma vez que articulam a própria prática e são muito mais que configuradoras de aprendizagem. De fato, as atividades, como nenhum outro elemento, permitem analisar o transcurso da ação educacional e verificar quais são os esquemas práticos do professor. Por outro lado, elas intermediam em grande parte a ideia que o aluno tem da escola e configuram o que chamamos de metodologias. As atividades, além de produzir a aprendizagem, dão forma à vida social da classe, por isso, quando as propomos, estamos elaborando a prática nesse sentido duplo.

Quanto ao aspecto socializador, ao planejar as atividades, devemos levar em conta vários assuntos:
- Criar coesão e consenso entre os professores.
- Propiciar aos alunos certas rotinas e hábitos que tornem as relações mais ágeis.
- Estabelecer normas claras e precisas sobre as relações e ações dos alunos e do professor.
- Escolher o agrupamento.
- Organizar e controlar o grupo.

Quanto à aprendizagem, devemos considerar diversos aspectos relacionados aos alunos, ao professor, aos conteúdos, assim como aos meios e aspectos organizativos:
- Com respeito ao aluno, como sujeito ativo da aprendizagem, levaremos em conta vários elementos: *a)* a motivação que gera a atividade; a adequação à sua maturidade; a adequação temporal desta às possibilidades do sujeito; a conexão com experiências prévias; os meios de expressão do sujeito que estimula; os padrões de comunicação que fomenta; os valores que promove; os processos de aprendizagem que permitem gerar compreensão, opinião, descobrimento, procedimentos, memorização, etc.

Também devemos considerar a relação das atividades com outros elementos:
- Com respeito ao professor, devemos pensar, por exemplo, em seu preparo para realizar as atividades, se elas podem ser desenvolvidas de maneira particular ou se requerem a intervenção de outros professores.
- Com respeito aos conteúdos, perguntar-mo-nos os tipos de conteúdos e abordagens que podem ser trabalhados com as diferentes atividades previstas, bem como a possibilidade de organizá-los.

- Com respeito aos meios e recursos: sua variedade, a disponibilidade, quem elabora os materiais.
- Com respeito aos aspectos organizativos, é preciso definir o lugar de realização; o grau de ambiguidade ou de direção das ações que os alunos devem realizar; a adequação espacial e temporal; a sequenciação; o equilíbrio entre os tipos de atividades e coerência entre elas; a compatibilidade com outros professores para realizá-las.

Trata-se, portanto, de prever seu valor, suas possibilidades e as possíveis limitações.

Elaborar o currículo implica, como resumidamente descrevemos, prever a ação: definir os fins, selecionar a cultura e representar a ação educacional.

NOTAS

1 Stenhouse (1984) supunha a existência de quatro classes de objetivos: de *entretenimento, instrutivos,* de *iniciação,* de *indução;* dos quais somente as duas primeiras poderiam se concretizar nessa linha.
2 DeSeCo: Definição e Selação de Competências-chave.
3 Para uma análise da educação por competências, veja o livro de Gimeno Sacristán (2008).
4 Recordemos os manuais de Psicologia da Educação dos anos de 1970, por exemplo: Klaus Meier (1977); Stones (1972); que eram claramente propostas instrutivas em didáticas especiais.
5 Sobre essa questão, diversas abordagens podem ser vistas na monografia: *Autonomía de los centros educativos, Revista de Educación,* número 333 de 2004.
6 Para uma análise mais aprofundada desse tema, ver Torres (1994b).
7 Dada a dificuldade de nos estendermos neste espaço sobre exemplos de currículos integrados, remetemos a distintas obras onde podem ser encontrados exemplos de grande interesse: Taba (1974); Tann (1990); Torres (1994b); Gardner, Feldman e Krechevesky (2000).

REFERÊNCIAS

ANGULO RASCO, J. F. A que llamamos currículo? In: ANGULO RASCO, J. F.; BLANCO, N. *Teoría y desarrollo del currículo.* Archidona: Aljibe, 1994.

APPLE, M. *Política cultural y educación.* Madrid: Morata, 1996.

BELTRÁN, F. La comprensividad como principio político del currículum común. In: BELTRÁN, F. (Coord.). *La gestión escolar de los câmbios del currículum en la enseñanza secundaria.* Buenos Aires: Mino y Dávila, 2006.

BELTRÁN, F.; SAN MARTIN, A. *Diseñar la coherencia escolar.* Madrid: Morata, 2000.

BENAVOT, A. et al. El conocimiento para las masas: modelos mundiales y currícula nacionales. *Revista de Educación,* n. 295, p. 317-344, 1991.

BERNSTEIN, B. *Pedagogía, control simbólico e identidad:* teoría, investigación y crítica. Madrid: Morata, 1998.

BLOOM, B. *Taxonomía de objetivos de la educación.* Alcoy: Marfil, 1973.

BOLÍVAR, A. *Los centros educativos como organizaciones que aprenden.* Madrid: La Muralla, 2000.

BORDIEU, P.; GROS, F. Principios para una reflexión sobre las contenidos de la enseñanza. *Revista de Educación,* n. 292, p. 417-424, 1990.

CHERVEL, A. Historia de las disciplinas escolares: reflexiones sobre un campo de investigación. *Revista de Educación,* n. 295, p. 59-111, 1991.

CLEMENTE, M. Es posible una cultura de colaboración entre el profesorado? *Revista de Educación,* n. 320, p. 205-221, 1999.

CLEMENTE, M. Es el desarrollo curricular em centros una innovación sin interés? El punto de vista de los prácticos de la educación. *Cultura y Educación,* v. 15, n. 2, p. 193-207, 2003.

COLL, C. *Psicología y currículum.* Barcelona: Laia, 1987.

CUESTA, R. *Sociogénesis de una disciplina escolar.* Barcelona: Pomares, 1998.

DECROLY, O. *Iniciación general al método Decroly:* ensayo de aplicación a la escuela primaria. 4. ed. Buenos Aires: Losada, 1950.

DECROLY, O.; MONCHAMP, E. *El juego educativo:* iniciación a Ia actividad intelectual y motriz. Madrid: Morata, 1986.

DEWEY, J. *Democracia y educación.* Madrid: Morata, 1995.

DIJKSTRA, S. The integration of curriculum design, instructional design, and media choice. In: SEEL, N. M.; DIJKSTRA, S. *Curriculum plans and processes in instructional design*. New York: Lawrence Erlbaum Associates, 2004.

EISNER, E. *Educar la visión artistic*. Barcelona: Paidós Ibérica, 1995.

ERAUT, M. Developing Professional knowledge and competence. London: Routledge, 1994.

ESCUDERO, J. M. La elaboración de proyectos de centro: una nueva tarea y responsabilidad de la escuela como organización. In: ESCUDERO, J. M.; GONZÁLEZ, M. T. *Profesores y escuela ¿Hacia una reconversión de los centros y la función docente?* Madrid: Pedagógicas, 1994.

FERNANDES ERGUITA, M. *Educar en tiempos inciertos*. Madrid: Morata, 2001.

FOUREZ, G. *Cómo se elabora el conocimiento*. Madrid: Narcea, 2008.

GAGNÉ, R. *Las condiciones del aprendizage*. Mexico: Interamericana, 1979.

GARDNER, H.; FELDMAN, D. H.; KRECHEVESKY, M. (Comp.). *El proyecto spectrum*. Madrid: Morata, 2000.

GIBBSONS, M. et al. *La nueva producción del conocimiento*. Barcelona: Pomares-Corredor, 1997.

GIMENO SACRISTÁN, J. F. *La pedagogia por objetivos*: obsesión por La eficiência. Madrid: Morata, 1982.

GIMENO SACRISTÁN, J. F. *El curriculum uma reflexión sobre la práctica*. Madrid: Morata, 1988.

GIMENO SACRISTÁN, J. F. Ambitos de diseño. In: GIMENO SACRISTÁN, J. F.; PÉREZ GOMÉZ, A. *Comprender y transformar la enseñanza*. Madrid: Morata, 1992.

GIMENO SACRISTÁN, J. F. *La educación que aún es posible*. Madrid: Morata, 2005.

GIMENO SACRISTÁN, J. F. Diez tesis sobre La aparente utilidad de las competências. In: GIMENO SACRISTÁN, J. F. *¿Educar por competências? ¿Que hay de nuevo?* Madrid: Morata, 2008.

GOODLAD, J. *Curriculum inquiry*: the study of curriculum practice. New York: McGraw-Hill, 1979.

GOODLAD, J.; SU, Z. Organization of the curriculum. In: JACKSON, P. H. (Ed.). *Handbook of research on curriculum*. New York: MacMillan, 1992.

HARGREAVES, A.; EARL, L.; RYAN, J. *Una educación para el cambio*. Barcelona: Octaedro, 1998.

JACKSON, P. H. (Ed.). *Handbook of research on curriculum*. New York: MacMillan, 1992.

JOHNSON, H. *Currículum y educación*. Barcelona: Paidós Ibérica, 1970.

KLAUSMEIER, H. *Psicología educativa*. Mexico: Harla, 1977.

KIRK, G. *El curriculum básico*. Barcelona: Paidós Ibérica, 1989.

MAGER, R. F. *Formulación operativa de objetivos didacticos*. Madrid: Marova, 1977.

PERÉZ GOMES, A. I. *La cultura escolar em la sociedad neoliberal*. Madrid: Morata, 1998.

PERÉZ GOMES, A. I. Competencias o pensamiento práctico? La construcción de los significados de representación y acción. In: GIMENO SACRISTÁN, J. F. (Comp.). *¿Educar por competencias ? ¿Que hay de nuevo?* Madrid: Morata, 2008.

PERRENOUD, P. H. *Diez nuevas competencias para enseñar*. Barcelona: Graó, 2004.

REID, W. *Thinking about curriculum*. London: Routledge, 1978.

RESNICK, L.; KLOPFER, L. Hacia curriculum para desarrollar el pensamiento: uma visón general. In: RESNICK, L.; KLOPFER, L. *Currículum y cognición*. Buenos Aires: Aiqué, 1996.

ROELOFS, E.; SANDERS, P. Hacia um marco evaluar la competencia de los profesores. *Revista Europea de Formación Prefesional*, v. 40, p. 135-153, 2007.

SANTOS GUERRA, M. A. *La escuela que aprende*. Madrid: Morata, 2000.

SAYLOR, J.; ALEXANDER, W.; LEWIS, A. *Curriculum planning for better teaching and learning*. New York: Holt, 1981.

SCHAWB, J. J. *Un enfoque práctico para la elaboración del currículum*. Buenos Aires: El Ateneo, 1974.

SCHAWB, J. J. Un enfoque práctico como lenguaje para el currículum. In: GIMENO SACRISTÁN, J. F.; PÉREZ GÓMEZ, A. I. (Comp.). *La enseñanza*: su teoria y su práctica. Madrid: Akal, 1983. p. 197-209.

SCHÖN, D. A. *El profesional reflexivo*: cómo piensam los profesionales cuando actúan. Barcelona: Paidós Ibérica, 1998.

SKILBECK, M. *A core curriculum for the common school*. London: University of London, 1982.

STENHOUSE, L. *Investigación y desarrollo del curriculum*. Madrid: Morata, 1984.

STODOLSKY, S. *La importancia del contenido em la enseñanza*. Barcelona: Paidós Ibérica, 1991.

STONES, E. *Psicología de la educación*. Madrid: Morata, 1972.
TABA, H. *Elaboración del currículo*. Buenos Aires: Troquel, 1974.
TANN, C. S. *Diseño y desarrollo de unidades didácticas en la escuela primaria*. Madrid: Morata, 1990.
TORRES, J. Contenidos interdisciplinares y relevantes. *Cuadernos de Pedagogía*, Barcelona, n. 225, p. 19-24, 1994.
TORRES, J. *Globalización* e *interdisciplinariedad*: el currículum integrado. Madrid: Morata, 1994b.
TORRES, J. Obviando el debate sobre la cultura en el sistema educativo: cómo ser competentes sin conocimientos. In: GIMENO SACRISTÁN, J. (Comp.). *Educar por competencias ¿Qué hay de nuevo?* Madrid: Morata, 2008.
TYLER, R. *Principios básicos del currículum*. Buenos Aires: Troquel, 1973.
WALTER, D. A naturalistic model for curriculum development. *School Review*, v. 80, p. 51-65, 1971.
WHEELER, D. *El desarrollo del currículum escolar*. Madrid: Santillana, 1976.

14 O projeto de escola: uma tarefa comunitária, um projeto de viagem compartilhado

Miguel Ángel Santos Guerra
Universidade de Málaga

As metáforas iluminam certas partes da realidade e escurecem outras. Elas possuem, contudo, uma excelente capacidade de explicação (MORGAN, 1990). Apesar dessa obscuridade que elas projetam, irei utilizar a metáfora de uma viagem para falar do projeto de uma escola. Uma viagem que a tripulação de um barco faz, às vezes, em mares agitados e, em outras, em águas calmas. Trata-se de uma viagem que, necessariamente, tem de seguir uma única direção, já que o barco não pode se dirigir a vários destinos ao mesmo tempo. Quem decide para onde se vai? Como fazem? O que cada membro da tripulação tem de fazer?

Não existe vento favorável para um barco à deriva. Dito de uma maneira mais contundente: não há nada mais estúpido do que se atirar de cabeça na direção equivocada.

Seria patético ver todos os membros da tripulação exaustos, pondo carvão na caldeira, limpando, conferindo os motores ou cozinhando para todos e completamente alheios à direção e ao sentido para onde estão rumando. Seria trágico se, quando alguém perguntasse ao capitão até onde o barco vai, ele respondesse que não sabe ou que não tem tempo para buscar a rosa dos ventos e que sequer sabe quando ele se perdeu. E se o barco está navegando a todo o vapor rumo a um *iceberg* ou a um abismo? E se está indo a todo o vapor sem rumo? E se está dando voltas em círculos concêntricos? Faria mais sentido se a tripulação reduzisse a marcha e estudasse melhor a maneira e o sentido da navegação.

O barco é a unidade funcional de navegação. Cada seção tem uma tarefa e uma função, mas o barco navega em uma direção. E um passageiro que caminha da proa à popa para se opor à direção do barco não deixará de seguir o rumo dele.

O capitão não é o único que decide o destino do embarcação, o único responsável por decidir qual é a velocidade mais adequada nem o agente exclusivo das decisões. O capitão coordena toda a equipe de navegação, cria um clima favorável, motiva as pessoas, colabora para que todos se sintam cômodos em seus postos e exige o cumprimento das obrigações.

É necessário que a tripulação tenha autonomia para organizar "sua" viagem, respeitando as leis da navegação. É preciso também que a tripulação desfrute das condições necessárias para ter uma boa viagem.

É preciso avaliar. Perguntar-se se está na direção certa, se está avançando da forma e com o ritmo adequado e se é necessário melhorar as condições da viagem. Não faz sentido viajar sem rumo ou para um lado ou a um destino ao qual não se sabe se já se chegou. Também é preciso se perguntar o que se aprende enquanto se navega. O que se aprende sobre convivência, sobre geografia, sobre navegação.

A ESCOLA COMO UNIDADE FUNCIONAL
(O barco é a unidade básica da viagem)

Estamos habituados a conceber a classe como a unidade básica da ação educacional institucional. Faz sentido. Afinal, na classe, desenvolve-se uma parte substancial do currículo. Mas a consideração da escola como unidade funcional de planejamento, intervenção, avaliação e mudança tem mais sentido, mais ambição e mais potência. Não há aluno que resista a 10 professores que estejam de acordo.

Se uma professora está muito interessada em desenvolver um enfoque coeducacional e os demais se mostram não somente indiferentes como depreciativos perante seus propósitos e suas estratégias, a eficácia do projeto será baixa.

Se um professor tem grande interesse em que seus alunos e alunas escrevam com bom estilo, evitando erros de ortografia e equívocos gramaticais, e outro professor se furta dessa pretensão, inclusive defendendo a abolição da ortografia, o resultado da ação do primeiro professor será pobre.

Se um professor insiste no valor da língua culta e os outros professores não somente o tacham de brega, mas também se mostram grosseiros e antipáticos, o resultado será fraco. Se um professor se preocupa com que a escola esteja limpa e organizada, e outros jogam papéis no chão, a eficácia da intervenção será mínima.

Se alguns professores pretendem que o nível de conhecimento seja elevado enquanto outros não dão importância à aprendizagem, alegando que o importante é que os alunos aprendam a ser pessoas boas, é provável que as aprendizagens sejam irrelevantes.

Se, para alguns professores, a disciplina é a pedra fundamental do trabalho na escola, enquanto outros provocam a desordem e o caos, pouco se avançará em uma boa direção.

Se o professor de matemática do 2º ano não leva em conta o nível alcançado no 1º ano e inclusive ridiculariza seu colega do ano anterior, o problema de descordenação estará garantido.

No entanto, planejar, intervir e avaliar de maneira colegiada não exige somente atitudes colaborativas como estruturas que garantam o diálogo, o intercâmbio, a discussão e o acordo. Pouco se fala dessas estruturas, pressupondo-se que "basta querer para poder". Não é bem assim. Da mesma maneira, também não está correta a assertiva contrária: "basta poder para querer".

A escola não é um conjunto de aulas particulares simultâneas. A escola é muito mais (FEITO ALONSO; LÓPEZ RUIZ, 2008; SANTOS GUERRA, 2009a). Ela é um projeto da comunidade compartilhado que se desenvolve em um contexto e em um momento por meio da ação programada, intencional e consensual de todos seus membros.

Para que a escola se converta em um projeto compartilhado, com fins comuns e estratégias de ação planejadas e bem desenvolvidas, é preciso que exista:

- Uma equipe de professores e professoras unida, coesa e equilibrada e que se configure precisamente para desenvolver um projeto.
- Estabilidade na equipe, pois, se ela variar consideravelmente de um ano para o outro, será difícil manter a continuidade e integrar os novos membros ao projeto.
- Coordenação de caráter vertical, horizontal e integral, o que exige momentos e espaços que permitam realizá-la de forma real, e não de modo meramente formal.
- Planejamento da ação por meio de um projeto que vai se concretizando em momentos e lugares preestabelecidos.

O planejamento exige previsão de fins, meios e condições.
- Para que um ambiente seja realmente colegiado e eficaz, é necessário adaptá-lo ao contexto no qual a escola está inserida. Não é um bom projeto de uma escola aquele que pretende servir a todas as escolas.
- Participação. Não há projeto da comunidade se não existe uma participação real, intensa, substancial e permanente. O projeto não deve ser o fruto do trabalho e do compromisso de poucos.
- Autonomia institucional, tanto curricular quanto organizativa. É necessário adaptar o projeto a um contexto concreto, e pouco se pode fazer se as diretrizes deixam pouca margem de manobra.
- Dotação dos recursos necessários, tanto humanos quanto materiais, para poder desenvolver o projeto elaborado. O melhor dos planos fica reduzido a nada se não contar com os meios necessários para implantação.
- Avaliação rigorosa e sistemática (Stake, 2008) do projeto. Não são suficientes as boas intenções nem os bons planos. Alguns projetos bem concebidos fracassam totalmente e nunca se chega a saber o porquê. Não existe vento favorável para um barco à deriva.

O projeto da escola é um projeto da comunidade (ANTÚNEZ, 1987). E todos estão na comunidade. Cada um precisa contribuir com o que a sua condição exige. A colaboração de todas as pessoas que integram a comunidade educacional é necessária.

COMPARTILHAR OS CÓDIGOS PARA ELABORAR UM PROJETO EM COMUM
(Compartilhar as ideias para fazer um projeto coerente de viagem em comum)

Existe um problema de enorme envergadura quando se pretende elaborar, desenvolver e avaliar um projeto de escola: a utilização de códigos compartilhados. A linguagem é como uma escada pela qual subimos rumo à comunicação e à libertação, mas pela qual descemos rumo à confusão e à dominação.

Muitos discursos produzidos nas escolas, na política e na sociedade estão enrustidos pela semântica. Palavras como educação, qualidade, convivência e valores são prejudicadas por acepções tão díspares que podemos estar dizendo não somente coisas distintas, mas coisas contraditórias, quando utilizamos as mesmas palavras. Portanto, o problema não consiste em que não nos entendamos, mas em crer que nos entendemos.

- Quando um docente diz que "é necessário priorizar a aprendizagem de valores", está dizendo o mesmo que outro que emprega essa mesma expressão? Não necessariamente. Um fala de educação e outro de doutrinação. O primeiro leva em conta a liberdade dos indivíduos, o segundo não.
- Quando, ao elaborar o projeto, um professor diz que "é preciso aprender a conviver na escola", está ele dizendo o mesmo que outro professor que utiliza a mesma expressão? Não necessariamente. Um se refere ao fortalecimento do autoritarismo, enquanto o outro fala do aprofundamento da democracia.
- Quando alguns dizem que é necessário "desenvolver o espírito crítico dos alunos", dizem o mesmo que aqueles que se põem a escutá-los? Não necessariamente. Alguns pensam que, dessa competência, exclui-se a crítica à instituição e aos professores.
- Quando um docente afirma que é necessário favorecer a participação das famílias na escola, ele diz o mesmo que outro que pronuncia essa mesma frase? Não necessariamente. O primeiro fala de que podem organizar atividades extracurriculares, e o segundo, que têm de intervir ativamente na elaboração do projeto.

– Quando várias pessoas dizem que é necessário educar por competências (GIMENO SACRISTÁN, 2008), estamos falando da mesma coisa? Qual é o conceito de competências que temos? Como pensamos que eles podem ser desenvolvidos? Até que nível esses conceitos devem ser alcançados?

Se os códigos não forem compartilhados, haverá confusão. Cedo ou tarde, descobrir-se-á que não há consenso nas questões essenciais e que um novo esclarecimento é necessário.

Existem, de nosso juízo, quatro códigos que devem ser compartilhados para a elaboração, o desenvolvimento e a avaliação do projeto da escola.
  a. Código semântico: É necessário compartilhar as acepções das palavras, os significados das frases e os conteúdos das afirmações que parecem indiscutíveis.
  b. Código ideológico: Para elaborar um projeto compartilhado, é necessário compartilhar um código ideológico básico. Em um projeto, não se trata de atender somente às dimensões técnicas.
  c. Código ético: Embarcar em um projeto compartilhado não significa somente compartilhar as técnicas. É preciso estar e se sentir na mesma onda ética para que se possa construir um projeto coerente (SANTOS GUERRA, 2009b; TORREGO; MORENO; OLMEDILLA, 2007).
  d. Código de conceitos: É preciso compartilhar critérios sobre níveis, sobre graus de exigências, sobre quais são os níveis mínimos de objetivos que devem ser alcançados com as práticas educacionais.

Ainda que promover essas aproximações e compartilhar tais códigos exija tempo e esforço, no longo prazo, a rentabilidade é grande, já que permite avançar de forma mais clara e eficaz. É necessário dedicar algum tempo antes de iniciar uma viagem, para planejar aonde se quer ir, como se pretende chegar lá, quais os meios com os quais contamos e como vamos nos certificar de que estamos avançando em uma boa direção e se chegamos onde pretendíamos ir.

O CONHECIMENTO DO CONTEXTO COMO EIXO DAS DECISÕES
(Conhecer os mares pelos quais se navega e as peculiaridades do barco no qual a viagem é realizada)

Não se pode realizar um bom projeto de escola sem levar em conta o contexto no qual ele vai ser realizado. Referimo-nos a vários tipos de contexto, todos eles de enorme relevância.

O contexto cultural

A cultura neoliberal (PÉREZ GÓMEZ, 1998; TORRES SANTOMÉ, 2001) se sustenta em alguns eixos ideológicos e pragmáticos que violam muitos pressupostos da educação. Por isso, a escola e seu projeto precisam ter um enfoque obrigatoriamente anti-hegemônico.

Individualismo exacerbado: cada um tem de se preocupar com o que é seu, porque o alarme que soa é o dramático "salve-se quem puder".

Competitividade extrema: trata-se de ganhar dos outros, sejam esses os colegas, as turmas, as instituições de educação, as instituições autônomas ou os países. O importante não é dar o melhor de si, mas estar na frente de todos.

Obsessão pela eficácia: os resultados marcam a pauta da boa prática. O que importa é conseguir objetivos visíveis e quantificáveis que garantam àqueles que os alcançam uma boa classificação.

Império das leis de mercado: você vale o que você consome; o valor das coisas que você possui determinará o seu próprio valor.

Hipertrofia da imagem: e, consequentemente, o valor do desenho de produto, da força da moda, o prestígio das marcas.

Relativismo moral: tudo vale para alcançar os objetivos, sejam eles fama, dinheiro ou poder.

Privatização de bens e serviços: se você quer saúde, pague por ela. Se você quer educação, pague por ela. Se você quer segurança, pague por ela.

O contexto imediato

A escola está situada em um determinado contexto socioeconômico que é preciso conhecer. O projeto, para ter eficácia e significado, precisa estar contextualizado. Para isso, devemos levar em conta:

Nível socioeconômico: qual é o nível do bairro e da família que levam seus filhos à escola.

Peculiaridades culturais: qual é a tecitura cultural na qual essas famílias estão imersas.

Expectativas acadêmicas: que aspirações as famílias têm sobre o desenvolvimento educacional dos filhos e sobre seu futuro profissional.

Configuração familiar: qual é a configuração familiar na qual os alunos e as alunas da escola se encontram.

O contexto institucional

A escola é uma instituição heterônoma. Ela depende de muitas prescrições. Provavelmente de mais prescrições que qualquer outra. Já foi até definida como "instituição paralítica", pois não pode se mover sem a ajuda de agentes externos.

Prescrições legais: é preciso conhecer as prescrições que regem a dinâmica do funcionamento da instituição educativa.

Condições organizativas: quais são as condições estruturais das quais se dispõe.

Recursos humanos e materiais: para desenvolver um projeto, é preciso contar com os recursos humanos e materiais necessários.

Tempo disponível: o projeto é condicionado de acordo com o tempo de que se dispõe para sua elaboração, seu planejamento e seu desenvolvimento.

Espaços utilizados: é necessário levar em conta os espaços reais e virtuais de que se dispõe para o desenvolvimento do projeto.

É preciso levar em conta que tipo de instituição a escola é e quais são suas características como organização. Não se pode esquecer que ela tem um currículo pré-fixado, um recrutamento forçado de seus clientes, uma tecnologia problemática, um funcionamento muito mal articulado, uma intensa pressão social e objetivos ambíguos, quando não contraditórios.

OS AGENTES DO PROJETO
(Os integrantes da tripulação)

A participação de toda a comunidade educacional é indispensável para a realização de um bom projeto. O envolvimento de todos os membros da comunidade é muito importante para que o projeto faça sentido e tenha força.

São eles:
a direção;
os professores;
os alunos;
as famílias;
os funcionários;
o(s) representante(s) da Prefeitura.

A participação na elaboração, no desenvolvimento e na avaliação de um projeto gera envolvimento, motivação e aprendizagem. Quando os interessados forem mais protagonistas do que ocorre na escola, será mais fácil que estejam envolvidos em sua atividade. À medida que aqueles que elaboram a viagem tiverem decidido qual será o destino, na decisão sobre os meios e as condições da viagem, será mais fácil que possam fazê-la de forma bem-sucedida e prazerosa.

Em que a comunidade educacional participará? Em tudo, cada um de acordo com seu nível de responsabilidade e capacidade pessoal e profissional. Nas aprendizagens, no governo, na convivência e no estabelecimento das condições.

A participação deve ter canais e estruturas que a veiculem. Não basta querer e saber participar. É preciso poder participar. Para isso, são necessárias estruturas de tempo e espaço.

EXIGÊNCIAS ORGANIZATIVAS PARA O DESENVOLVIMENTO DE UM BOM PROJETO
(Exigências organizativas para a realização da viagem)

Para elaborar um bom projeto, é preciso contar com as condições necessárias. Mencionaremos algumas:

Tempo para o planejamento: para que haja um bom planejamento colegiado, é necessário ter tempo para que se possa fazê-lo. Não basta querer fazer bem as coisas, nem saber fazê-las, é preciso ter as condições para poder realizá-las de forma adequada.

Coordenação vertical, horizontal e integral: estamos falando de um projeto compartilhado, de uma viagem na qual todos participam no sentido da navegação e na necessidade de chegar a esse destino.

Autonomia institucional: para poder realizar um projeto contextualizado, é preciso que a escola tenha a necessária autonomia curricular, organizativa e econômica.

Pressuposto econômico: às vezes, tem-se a impressão de que os projetos educacionais são implementados exclusivamente com boas intenções e muito entusiasmo, sem que o dinheiro imprescindível apareça de lugar algum.

Se não houver condições, far-se-á um projeto, mas, de projeto, ele só terá o nome. Cumpriremos os trâmites, mas não teremos impacto na vida da instituição (SANTOS GUERRA, 2006).

ESCREVER O PROJETO
(Escrever com detalhes o plano de viagem)

É necessário colocar o projeto por escrito. Não porque isso seja exigido pela administração, mas porque isso traz muitas vantagens. Em primeiro lugar, ajuda a ordenar o pensamento frequentemente caótico e errático que existe sobre a educação. Para escrever, é preciso ordenar o pensamento, estruturar, argumentar. Para escrever um projeto comum, é preciso pensar, dialogar, persuadir, ceder e chegar a consensos. Trata-se de um projeto compartilhado da comunidade, não de um projeto da direção da escola ou de um grupo influente.

Não basta completar um formulário ou preencher um modelo padronizado. Há alguns erros e equívocos na elaboração dos projetos. Mencionaremos cinco deles:

a. Impor a elaboração e aprovação de um projeto para todos na mesma forma. Isso vale tanto para uma instituição de educação grande ou pequena, uma escola com longa experiência no desenvolvimento de um projeto ou outra que não tivesse a mínima experiência de trabalho compartilhado, um instituto pacífico ou outro instalado em uma zona de conflito.

b. Impor certos prazos, que tornam impossível a elaboração de um bom projeto. Não é razoável pedir que um projeto seja elaborado e aprovado em poucos meses. Essa falta de margem levou à precipitação e ao formalismo. Tinha-se um projeto aprovado, mas poucos haviam participado de sua elaboração e havia sido utilizado "um modelo padronizado" que desrespeitava as exigências essenciais de um projeto autêntico de escola.

c. Elaborar o projeto entre duas ou três pessoas da direção. Não havia um projeto de escola, mas "um projeto (do diretor e dois ou três iluminados) da escola".

d. Uma aprovação meramente formalizada. Levava-se o projeto elaborado ao Conselho Escolar e, sem leitura prévia, era preciso aprová-lo porque o prazo estava acabando. A contagem dos votos favoráveis garantia a sua aprovação, mas tornava impossível a leitura, o estudo e a discussão do projeto.

e. Uniformidade dos projetos. "Modelos de projetos" que desvirtuavam a essência destes se multiplicaram. Afinal, um projeto deve estar contextualizado, deve servir para *uma* escola, porque cada escola é diferente e cada contexto é peculiar.

O que é um bom projeto? Não é simplesmente um documento bem elaborado, pois, se não serve para guiar a experiência, trata-se de um documento inerte. A expressão "elaboramos um bom projeto" é pouco rigorosa, ao se referir exclusivamente ao documento escrito sem levar em conta sua aplicabilidade e sua potencialidade para inspirar a ação.

O projeto deve ser flexível. As exigências de seu desenvolvimento podem tornar necessário que sejam feitas algumas mudanças ao longo do percurso. Na metáfora que estou utilizando para ilustrar o tema, torna-se óbvio que a duração de uma viagem, o surgimento de imprevistos, a presença de novas circunstâncias, etc., exigem mudanças no que foi previsto inicialmente.

É preciso escrever o projeto e também escrever sobre ele. Ou seja, é preciso contar a experiência. É de enorme interesse para outros profissionais mostrar o que estão fazendo, como estão fazendo e que dificuldades estão sendo superadas a cada dia (CELMAN; CANTERO, 2001). Essa seria uma fonte de ideias e também de entusiasmo e comprometimento.

PROCESSOS DE AUTOAVALIAÇÃO INSTITUCIONAL
(Como saber se a viagem está sendo realizada de acordo com os planos)

As escolas são instituições que funcionam dando as costas para o êxito. Ou melhor, sem a necessidade de definir em que ele consiste. Jamais vi fecharem uma escola porque os objetivos previstos não foram alcançados, salvo quando se trata de uma instituição privada que não tenha alcançado a rentabilidade econômica desejada.

Uma instituição que se fecha à autocrítica está condenada a repetir suas rotinas, a perpetuar seus erros, a manter suas limitações. É a própria instituição que se pergunta como "vai essa escola", como vai seu projeto, como o planejamento inicial está se desenvolvendo. Também é ela, à luz das evidências, que toma a decisão de mudar ou acelerar o rumo.

O diretor de uma escola argentina da qual sou padrinho enviou a seus colegas um texto no qual lhes propunha realizar um processo original de autoavaliação. Cito aqui alguns de seus parágrafos:

> Entendemos a escola como uma unidade complexa, multidimensional e de várias faces, que têm como principal missão contribuir para a melhoria da sociedade por meio da formação de pessoas como cidadãos críticos, responsáveis e honrados. A escola também pode ser entendida como uma organização capaz de aprender consigo mesma e, assim, poder melhorar suas práticas.
>
> Hoje, necessitamos parar para, enfim, perguntarmo-nos: como vai a escola? Todos temos algo a dizer sobre ela e sua vida institucional, queremos avaliar a escola e o que ocorre dentro dela, entendendo o processo avaliativo como uma instância de aprendizagem mútua, diálogo e compreensão dos fenômenos para a sua melhoria.
>
> Não é fácil simplesmente rotular realidades tão complexas como as quais se vive na escola; muitas vezes, as pessoas cheias de critérios somente contemplam a perspectiva quantitativa da avaliação, ocultando, às vezes, realidades muito ricas para a análise que tem a ver com posturas mais qualitativas. Essas razões nos levam a pensar em um insólito instrumento de avaliação que nos permita uma leitura da realidade sob o olhar do docente. Isso consiste em uma carta pessoal escrita à instituição, onde se podem manifestar as carências, os pontos fortes e também diversas propostas [...]

O texto continua, sugerindo diversas categorias de análises, organizando o processo e propondo que uma comissão prepare, baseando-se nas cartas, um documento para que se possa estudar, em uma jornada institucional, tudo o que deriva das cartas escritas pelos docentes.

Por que não ampliar a iniciativa aos pais e às mães, aos alunos, ao pessoal da administração e dos serviços? Por que não desenvolver iniciativas desse tipo, por meio das quais a instituição possa responder à pergunta "como vamos"?

Quando a iniciativa da avaliação é externa e imposta, podem aparecer resistências e reações de manipulação do comportamento e da opinião que tendem a oferecer uma boa imagem da escola. Mas, quando a iniciativa é interna e assumida por todos, é mais fácil encaminhar o processo de reflexão rumo à melhoria.

Para isso, é preciso ter compromisso e querer ser perfeccionista. Mas também é preciso dispor do tempo e dos estímulos necessários. Gasta-se tempo com o planejamento da viagem e a navegação, mas não há tempo para pensar se o rumo é bom e se a marcha tem as condições e a velocidade adequadas.

AVALIAÇÃO EXTERNA DA ESCOLA
(Prestar contas sobre a viagem)

Quem pode duvidar da necessidade e da importância da avaliação do projeto da escola? A simples racionalidade de perguntar se foi alcançado o que se pretendeu é uma razão suficiente. Mas há muitas outras: a responsabilidade social e moral de utilizar bens materiais e pessoais, a possibilidade de melhorar o que está sendo feito, a coerência com a prática que se realiza na escola e a conveniência de considerar toda a comunidade como unidade de ação são algumas dessas razões.

Creio que ninguém duvide da conveniência e, inclusive, da necessidade de avaliar as instituições escolares. Mais importante do que fazer a avaliação, e inclusive mais importante do que fazê-la bem, é saber a serviço de quem ela se coloca. Por isso, quero deixar registrado, nestas páginas, alguns princípios nos quais uma avaliação positiva e enriquecedora deve se basear.

Primeiro princípio: A avaliação que nasce da decisão dos protagonistas é potencialmente mais benéfica para a mudança do que aquela imposta pelas instâncias superiores ou proposta por agentes externos.

Quando os protagonistas têm interesse em conhecer como estão trabalhando, que resultados estão conseguindo e que repercussão sua atividade e suas atitudes estão tendo, é fácil que se dê uma colaboração intensa, não se artificialize o comportamento, não haja posturas defensivas, adotem-se as conclusões, que exista uma atitude aberta e uma disposição rigorosa à reflexão.

O fato de que a iniciativa seja dos protagonistas não quer dizer que não seja frutífero contar com a presença de agentes externos, com facilitadores do processo de avaliação. São exatamente esses agentes os que podem acabar com o isolamento institucional e o fechamento em si mesmas que as organizações costumam criar.

O importante é estabelecer um clima (formação dos profissionais, tamanho das organizações, configuração das equipes de professores, sensibilidade às iniciativas de desenvolvimento, facilidade de meios, etc.) no qual seja fácil que a iniciativa surja e se desenvolva.

Segundo princípio: O controle da avaliação deve estar nas mãos dos avaliados.

O fato de que os protagonistas da ação também sejam os protagonistas da avaliação faz com que a sensação de ameaça desapareça e que se otimize a sensação de ajuda. De fato, uma forma para conseguir que ninguém se sinta ameaçado pela avaliação é lhe assegurar a capacidade de controlar o conteúdo e o destino dos boletins escolares. O processo de negociação inicial e a negociação do boletim final são essenciais para o seu respeito. Não é que se deva fazer o boletim de forma adequada, mas que se saiba negociar.

A negociação deve ser escrita, clara, concreta e transparente em suas intenções e seus processos. Não se negocia para sempre, mas se deve ter uma negociação interativa durante todo o processo. A elaboração dos sistemas de avaliação que defendo tem um caráter emergente, ela depende dos avatares que são produzidos durante seu desenvolvimento.

Terceiro princípio: A avaliação deve ser regida por regras éticas que garantam o respeito às pessoas, a confidencialidade dos relatórios, o anonimato dos avaliados e a privacidade dos profissionais.

A avaliação deve ser mais um processo ético do que um processo técnico. Isso não quer dizer que ambas as características sejam incompatíveis, mas, às vezes, vela-se mais pela segunda do que pela primeira. Uma vez que a educação é um problema de natureza moral, a avaliação deve assegurar que o principal objetivo dela e sua dinâmica interna se assentem sobre a ética.

Esses princípios aos que me refiro não vêm de fora, de um código exterior objetivo e absoluto, mas da discussão democrática e respeitosa entre avaliadores e avaliados. Uma das formas para conseguir que a avaliação seja ética é se preocupar com os valores que estão presentes no funcionamento da instituição de educação.

House (1994), em um livro já clássico, disse que a avaliação não deve se preocupar somente com os valores do programa ou da escola, mas deve se preocupar com os valores da sociedade. Ou seja, os avaliadores devem representar a voz e os direitos dos que sequer têm oportunidade de receber os serviços que estão sendo avaliados.

Quarto princípio: A avaliação deve ser educacional, tanto porque ela pretende sê-lo por si própria como porque leva em conta os valores educacionais da instituição de educação.

Uma avaliação que somente tem como objetivo medir os resultados dos exames não leva em conta os valores educacionais, já que também é importante saber como se obtêm esses resultados, como se ajuda a quem não os alcança, como são as relações, como a participação se desenvolve, como a autoridade age, como se combate a discriminação, como se assistem os desfavorecidos, etc.

A educação admite diversas perspectivas. Não há unanimidade sobre o que se entende por educação, mas a avaliação tem de se preocupar com as concepções postas na instituição escolar e pela coerência entre a teoria e a prática. O avaliador não é uma pessoa asséptica, não é um técnico que maneja instrumentos que não têm nada a ver com uma determinada forma de entender a educação, a escola e a sociedade. O avaliador é a pedra angular do processo de avaliação e deve estar comprometido com os valores. A proclamação de neutralidade costuma ser um símbolo de ingenuidade ou uma demonstração de malícia.

A avaliação, como um processo que tenta compreender para melhorar, deve ser educativa por si só, já que promove a reflexão, a compreensão, a emancipação e a melhoria da prática profissional. Não seria educativo pretender conseguir o melhoramento da prática por meio de alguns métodos pouco respeitosos com as pessoas, suas propostas, atitudes e formas de atuação.

Quinto princípio: A avaliação deve dar voz aos participantes em condições de liberdade que possam garantir a opinião verdadeira.

Não se pode realizar uma avaliação rigorosa sem que os alunos, professores, pais e prestadores de serviços emitam sua opinião sobre o funcionamento da instituição escolar.

Para que essa opinião tenha algum valor, é necessário que se manifeste em certas condições que garantam a autonomia e a independência. Não será assim se não existir a segurança de que se respeitará o anonimato. Um aluno pode opinar coagido pelo temor das represálias, pela chantagem afetiva, pela pressão emocional, pelo repúdio dos companheiros, etc.

Pode ser que as opiniões sejam contraditórias. É fácil, pelo menos, que não sejam coincidentes. Nesse caso, é preciso dizer que ninguém tem o privilégio da interpretação correta, da verdadeira interpretação dos fatos, das motivações e dos valores, etc. Ninguém (nem pessoas, nem grupos) tem o privilégio da verdade. A avaliação serve, precisamente, de plataforma de debate que torna possível o aprofundamento na compreensão da realidade educacional das instituições.

As explicações discrepantes, o que alguns autores chamam de *casos negativos,* não devem ser submetidas à opinião geral, em uma única interpretação. Algumas vezes, essas posições discrepantes a respeito da opinião majoritária têm um forte potencial significativo. Se todos dizem que estão de acordo com a direção de uma escola privada e somente um pequeno grupo mostra sua discordância com o caráter autoritário desta, seria muito significativo descobrir que esse pequeno grupo é composto por pessoas inteligentes e comprometidas.

Sexto princípio: A avaliação deve estar atenta aos processos que ocorrem na instituição, e não somente aos resultados alcançados pelos alunos.

A simplificação é um recurso fácil, mas enganoso. Fazer medições dos resultados se torna simples, mas dificulta uma compreensão profunda. Não é somente detestável a falta de rigor, a previsão é ruim. O principal problema é que se faz uma valoração injusta a respeito daqueles que não podem competir nas mesmas condições ou que tiveram maus resultados devido à falta de responsabilidade de terceiros.

A avaliação exclusiva dos resultados inclui uma filosofia tecnocrática que, se em todos os campos se mostra suspeita e discutível, é ainda mais no âmbito da educação, onde é mais evidente que o fim não pode justificar os meios. Não é que seja muito difícil a precisão e a justiça na consecução dos resultados, é que se costuma silenciar todo o fenômeno de causalidade (por que ocorrem esses resultados?) e o problema preocupante dos efeitos secundários.

Ainda supondo que os resultados tenham sido alcançados por meios legítimos, em condições de igualdade e em benefício dos protagonistas, não precisamos nos perguntar, ao avaliar as instituições educativas, sobre os efeitos secundários que foram gerados nesse processo? O que foi aprendido enquanto se alcançavam esses resultados? E se os efeitos secundários (não pretendidos) forem devastadores? Os efeitos sub-reptícios constituem um problema delicado, já que se produzem de forma constante, oculta e difusa.

Sétimo princípio: É preciso utilizar métodos sensíveis para captar a complexidade, diversos métodos para garantir o rigor e métodos adaptados para que possam ser aplicados com êxito em um contexto escolar concreto.

Para realizar uma avaliação que possa alcançar um alto nível de compreensão do que se sucede na instituição educativa, não precisamos nos limitar a utilizar métodos simplificados que somente permitem um conhecimento superficial da realidade ou quantificar os resultados. Se apenas um método é utilizado, é fácil que se obtenha uma informação parcial e distorcida. Se o método não se adapta às características da escola, ele pode gerar resistências ou dados de baixa qualidade.

A utilização de questionários que pretendem medir as variáveis que não contextualizam a quantificação e cujos resultados são imediatamente submetidos à padronização e à comparação inclui riscos notórios. Não é que os questionários não devam ser utilizados, mas, se somente se aplica esse tipo de instrumento, não se evitam riscos evidentes: os informantes podem dar uma opinião falsa, podem oferecer informações bem intencionadas, mas pouco verdadeiras, refletir uma opinião momentânea (não permanente), quantificar sem distinções, não expor a gênese ou as explicações dos processos, etc.

Oitavo princípio: A avaliação deve estar preocupada com a melhoria da prática profissional, não somente com a obtenção do conhecimento verificado na educação.

Ao se fazer a avaliação, podem existir intenções espúrias. Uma vez realizada a avaliação, pode-se utilizá-la com fins ilegítimos (para fiscalizar os professores, controlar de forma autoritária, conseguir publicidade para o patrocinador, comparar de maneira injusta, tomar decisões arbitrárias se apoiando em sua neutralidade aparente, etc.).

Os sistemas educacionais que têm implantado o *assessment* (a medição de resultados e classificação das instituições de educação de acordo com a quantia destes para então estabelecer um sistema de recompensas) correm o risco de prejudicar quem iniciou em desvantagem. Como os alunos que viajam todo ano para a Inglaterra, têm pais que falam inglês, dispõem de professores particulares de inglês, terão as mesmas notas que alunos que não possuem nenhuma dessas vantagens? Como os alunos que têm famílias consideradas uma segunda escola vão obter resultados similares aos alunos que não dispõem em seus lares de um ambiente de estudo e cujos pais não só não lhes ajudam, mas lhes convidam a menosprezar a cultura com seu exemplo e suas palavras? Bernstein (1990) insiste na injustiça que implica acelerar os ritmos de ensino nas escolas de modo que não possam ser seguidos dentro destas e que haja a necessidade de completá-los extraclasse.

Nono princípio: Com base nas avaliações, devem ser elaborados boletins escritos e públicos que se convertam em plataformas de debates, não apenas para os participantes, mas também para quem tenha interesse pela educação.

Existe uma grande resistência em colocar por escrito o resultado das explorações, das indagações, das avaliações sobre a educação. Em parte, porque isso exige um rigor, um tempo e uma prática com os quais não contamos. Em parte, porque há a insegurança de que a avaliação feita possa servir para quem não participou dela.

A possibilidade de transferir as avaliações é uma questão que deve ser discutida e desenvolvida por meio da divulgação dos boletins. Uma boa parte da possibilidade de transferir deve ser colocada nas mãos do leitor, que se pergunta: *isso que acontece na escola avaliada ocorre também na minha?* Os contextos similares, a afinidade epistemológica e a descrição minuciosa dos boletins escolares facilitarão a transferência dos progressos.

O caráter democrático da avaliação que proponho exige uma difusão dos boletins escolares, ainda que, logicamente, uma vez que se tenha sido alcançado consenso por parte dos protagonistas.

O conhecimento da educação implica saber o que acontece nas escolas (SIMONS, 1987). Esse conhecimento exige a elaboração de relatórios escritos que vão além das opiniões informais e fragmentadas que todos os protagonistas emitem diariamente sobre o ensino.

Os relatórios devem ser escritos em uma linguagem simples, acessível não somente aos protagonistas, mas a todos os cidadãos interessados pela educação. Quero dizer que é preciso evitar a linguagem crítica, esotérica, que oculta das pessoas a realidade e a coloca exclusivamente nas mãos dos técnicos.

Décimo princípio: Quando existem avaliadores externos, eles devem agir como facilitadores do juízo dos protagonistas, e não como juízes ou conselheiros que prejudiquem o profissionalismo.

Os avaliadores externos não são os encarregados de dizer aos protagonistas o que eles fazem bem e o que fazem mal. Seu trabalho não é para aconselhar os avaliados nas decisões que eles devem tomar. Quando se age dessa maneira, desprofissionaliza-se os professores. Se reconhecermos, de uma forma tácita, que *os profissionais de educação não sabem o que é preciso fazer, que não são capazes de saber se o estão fazendo bem ou mal e que, enfim, não podem tomar as decisões necessárias que promovem mudanças;* se procedemos desse modo, necessitaremos constantemente que agentes externos emitam o juízo de valor sobre a natureza das práticas profissionais.

Em certas ocasiões, os profissionais que exigem dos avaliadores essa atitude de professores e esse juízo inquestionável são os mesmos. Outras vezes, são os próprios avaliadores aqueles que, de forma equivocada, adotam essa atitude. Esse enfoque é mais provável em tempos de mudança, já que, se as inovações procedem de instâncias superiores, gera-se uma sensação de insegurança que nos leva a perguntar: *É isso o que me pedem? Estou fazendo direito? Como poderia fazer melhor?* Se a mudança fosse o inverso, se a necessidade de mudança fosse ascendente e estivesse baseada na profunda compreensão da realidade, a atitude seria diferente.

Com seus boletins, suas avaliações e suas análises, os avaliadores permitem que os protagonistas possam emitir um juízo mais rigoroso, sobretudo se levarmos em conta que os avaliadores podem obter uma informação de maior qualidade ao não terem interesses em jogo e não estarem intermediados pelas tensões e pelo desempenho de papéis. Eles podem receber uma informação mais sincera por parte dos protagonistas que se sentem pressionados por ameaças ou por atitudes hostis.

O PAPEL DA DIREÇÃO EM UMA ESCOLA DEMOCRÁTICA
(O papel do capitão na realização da viagem)

A equipe diretora desempenha um papel importante na elaboração, no desenvolvimento e na avaliação do projeto (LÓPEZ YÁÑEZ, 2002; MIÑANA, 1999; LAPENA; MORA; VERA, 2006; WOYCIKOWSK, 2008). A equipe não é a autora, mas a promotora. Não é a criadora, e sim a coordenadora. Não é o *factótum*, mas quem torna possível a participação de todos.

Existem tarefas pedagogicamente ricas na realização do projeto e tarefas pedagogicamente pobres. As tarefas pedagogicamente ricas têm a ver com o estímulo, a coordenação, a formação, a pesquisa, o exemplo, a criação do clima, o desenvolvimento da confiança, etc. As tarefas pedagogicamente pobres estão relacionadas com a burocracia, o controle, a representação, a imposição, a vigilância, o castigo, etc. Em quais tarefas se coloca mais ênfase? A quais se dedica mais tempo? Quais são as tarefas que exigem mais zelo?

É claro que, para dirigir bem um projeto, é necessário contar com uma boa equipe. O diretor não é a pessoa que substitui quem não sabe, não quer ou não tem a motivação suficiente para trabalhar com empenho.

O diretor, como *primus inter pares*, lidera o trabalho e a iniciativa, fazendo com que todos se sintam necessários para construir um projeto de escola e para desenvolvê-lo de forma eficaz. Se acreditarmos que somente o diretor pode pensar, ninguém acabará pensando. Se acreditarmos que somente ele pode decidir, ninguém acabará decidindo. Se acreditarmos que somente ele pode se responsabilizar pelas coisas, ninguém acabará se responsabilizando por coisa alguma.

Pensamos que o diretor deve ser como os ferormônios da maçã. Quando você coloca uma maçã em uma bolsa e coloca, junto a ela, frutas verdes, estas vão amadurecer por influência. Ou seja, o diretor gera as condições para que quem trabalha ao seu lado melhore, amadureça e cresça profissionalmente.

A cada dia, insiste-se mais na necessidade de utilizar a inteligência emocional. E usá-la para exercer a liderança (ABARCA, 2009) é especialmente necessário.

AS CONDIÇÕES NECESSÁRIAS
(A empresa naval precisa ter barcos bons e dotá-los de tudo o que for necessário para fazer uma viagem tranquila)

A Administração da educação tem de legislar de maneira racional e efetiva. Ela não tem de carregar prescrições, anulando, assim, a autonomia dos projetos. Não deve governar com desconfiança e mesquinhez.

As instituições escolares não poderão fazer projetos contextualizados, originais e eficazes se não tiverem a autonomia necessária. Por outro lado, a organização, a estabilidade e as condições de trabalho das equipes têm de ser as adequadas para que seus projetos consigam perdurar.

Quando não é feita assim, a escola pública estará em condições de inferioridade em relação ao planejamento estável das equipes que trabalham nas escolas privadas, com uma continuidade temporal garantida e uma diacronia homogênea à medida que o aluno vai avançando no sistema.

Não se pode organizar um projeto estável se muitos professores abandonam a escola a cada ano. Os que se vão não têm o interesse nem o envolvimento necessários, e os que ficam podem subestimar as contribuições de quem, ao ter de ir embora, está decidindo o que aqueles que ficam devem fazer.

As condições não caem da árvore como frutas maduras. É preciso lutar para consegui-las. Para isso, é necessário fé, compromisso e perseverança. Também é necessário praticar a valentia cívica, que é uma virtude democrática que nos faz lutar por causas que, de antemão, sabemos serem perdidas.

AS ARTICULAÇÕES DO SISTEMA
(Antes e depois da viagem)

Nenhuma escola é uma unidade de ação isolada dentro do sistema educacional. Existem algumas unidades de ação antes, e outras depois. Como se articula a passagem de uma para outra? As articulações do sistema (ANTÚNEZ, 2007; GIMENO SACRISTÁN, 1996) exigem um tratamento eficaz para não converter os escolares em vítimas. Em uma etapa, dizem-lhes que estão bem, e, na seguinte, dizem-lhes que estão mal.

O problema das articulações é que elas não pertencem a nenhuma das partes que unem. A coordenação entre as escolas é uma exigência do sistema educacional. Ainda que nem toda a tarefa das instituições tenha caráter propedêutico, não se pode esquecer que o sistema educacional pode ser considerado uma unidade com lógica e sentido.

Propomos algumas iniciativas que poderiam ser implementadas e analisadas de forma conveniente:

- Permutar professores que trabalharam temporariamente na etapa anterior ou vão trabalhar na seguinte.
- Realizar experiências de coordenação sobre competências (e seu nível de êxito), sobre metodologias ou normas de convivência de determinadas etapas.
- Organizar visitas às instituições de nível superior para se familiarizar com seus espaços e, sobretudo, com os profissionais que trabalham nelas.
- Articular os projetos de modo que se leve em conta o que foi feito antes e o que vai ser realizado depois.
- Coordenar o que se faz antes e depois é uma exigência para que quem transita de uma etapa a outra não sofra os desajustes próprios da fragmentação e da falta de perspectiva. Como na viagem à Ítaca de que o poeta Kavafis fala, obtêm-se muitas aprendizagens enquanto se navega. A viagem é, por si só, uma parte fundamental do empenho. Viajar é estar chegando. Aprende-se a conviver, a decidir, a dialogar, a pensar, a trabalhar e a se esforçar.

Viajar até Ítaca é o mais importante que Ítaca nos proporciona. Elaborar um bom projeto de viagem (um bom projeto de escola) é uma parte do êxito dela. Não basta formalizar um plano de viagem, é necessário que esse plano possa ser alcançado e, de fato, posto em prática.

Contar a história da viagem ajudará a compreender a realidade com mais rigor. Muitas concepções errantes ou caóticas sobre a viagem, quando submetidas ao rigor de uma boa redação, podem ser mais bem entendidas. E os leitores poderão aprender com as experiências vividas pelos outros.

REFERÊNCIAS

ABARCA, N. *Inteligencia emocional en el liderazgo*. Madrid: Aguilar, 2009.
ANTÚNEZ, S. *Proyecto educativo de Centro*. Barcelona: Graó, 1987.
ANTÚNEZ, S. *La transición entre etapas*. Barcelona: Graó, 2007.
BERNSTEIN, B. *Poder, educación y conciencia*. Barcelona: El Roure, 1990.
CELMAN, S.; CANTERO, G. *Gestión escolar en condiciones adversas:* una mirada que reclama e interpreta. Buenos Aires: Aula XXI, 2001.
FEITO ALONSO, R.; LÓPEZ RUIZ, J. I. (Coord.). *Construyendo escuelas democráticas*. Barcelona: Hipatia, 2008.
GIMENO SACRISTÁN, J. *La transición a la educación secundaria*. Madrid: Morata, 1996.
GIMENO SACRISTÁN, J. *¿Educar por competencias? ¿Qué hay de nuevo?* Madrid: Morata, 2008.
HOUSE, E. *Evaluación, ética y poder*. Madrid: Morata, 1994.
LÓPEZ YÁNEZ, J. (Coord.). *Dirección de centros educativos:* un enfoque basado en el análisis organizativo. Madrid: Síntesis, 2002.
MIÑANA BLASCO, C. *En un vaivén sin hamaca:* la cotidianidad del directivo docente. Bogotá: Universidad Nacional, 1999.
MORGAN, G. *Imágenes de la organización*. Barcelona: Rama, 1990.
PÉREZ GÓMEZ, A. I. *La cultura escolar em la sociedad neoliberal*. Madrid: Morata, 1998.
SANTOS GUERRA, M. A. Hagan um proyecto de centro, ya! *Cuadernos de Pedagogía*, Barcelona, n. 361. p. 78-81, 2006.
SANTOS GUERRA, M. A. *Escuelas para la democracia:* cultura, organización y dirección de centros escolares. Madrid: Wolters Kluwer, 2009a.
SANTOS GUERRA, M. A. (Coord.). *La pasión por el género*. Málaga: Universidad de Málaga, 2009b.
SIMONS, H. *Getting to know schools in a democracy:* the politics and ethics of school evaluation. London: The Falmer, 1987.
TORREGO, J. C.; MORENO OLMEDILLA, J. C. *Convivencia y disciplina en la escuela*. Madrid: Alianza, 2007.
TORRES SANTOMÉ, J. *Educación en tempos de neoliberalismo*. Madrid: Morata, 2001.
VERA, J. M.; MORA, V.; LAPENA, A. *Dirección y gestión de centros docentes*. Barcelona: Graó, 2006.
WOYCIKOWSKA, C. (Coord.). *Cómo dirigir un centro educativo*. Barcelona: Graó, 2008.

15 O currículo em ação: os resultados como legitimação do currículo

José Gimeno Sacristán
Universidade de Valência

Na tradição mais difundida do pensamento educacional, o currículo é entendido como o texto que reúne e estrutura o conhecimento que deverá ser compartilhado e reproduzido ou produzido nos estudantes sob a ordem de um determinado formato. A educação não pode deixar de ser reprodução, e o currículo é seu texto e a partitura na qual a encontramos codificada. Esse é um dado da realidade, não uma ideia ou tentativa de valorização. O processo de ensinar não deixa de ser mais um aspecto de socialização cultural que dá continuidade à sociedade e à cultura. Outra questão é o que é reproduzido e como é feita a reprodução. Evidentemente, não é o mesmo entender que o currículo responde à função de selecionar academicamente, que a tradição seja reproduzida de maneira tradicional como se fosse um legado incontestável ou que se faça de forma crítica.

Nessa missão de dar continuidade à cultura, pretendemos que a escola difunda entre os mais jovens uma cultura elaborada. Se pensarmos mais em termos de cultura do que em termos de conhecimento na hora de definir a missão da escolarização, faremos com que aquilo que se pode compreender melhor na partitura que reúne os conteúdos – o currículo – seja uma plataforma mais ampla e abrangente que os conteúdos das matérias ou disciplinas. Quando se diz que o currículo é "tradicional" em um sentido depreciativo, não o fazemos pretendendo lançar por terra a tradição cultural ou os conteúdos, mas para reclamar o poder, selecionar outros conteúdos e desenvolvê-los com formas de ensinar alternativas às tradicionalistas.

O CURRÍCULO SE EXPRESSA EM TRANSFORMAÇÕES SUBJETIVAS

O fato de começarmos o presente capítulo com essas considerações tem a finalidade de ressaltar alguns raciocínios que consideramos interessantes para sua compreensão.

Primeiro, relembrar uma obviedade: dos conteúdos que formam a partitura curricular, deriva-se uma determinação inicial para a forma de desenvolvê-la na prática, ou seja, o que chamamos de metodologia: tarefas e atividades inter-relacionadas dos professores e dos estudantes. Stenhouse (1984, p. 134) sugeria que, naturalmente, "onde existe uma forma de conhecimento, uma especificação de conteúdo, é preciso saber dirigir". Ainda assim, sempre cabe estabelecer princípios metodológicos mais gerais (e até universais) aplicados a grupos de certos conteúdos.

É o mesmo que dizer que certo tipo de alimento exige instrumentos para manejá-lo e certas maneiras de cozinhá-lo e comê-lo, assim como o ensino do idioma inglês é bem diferente do ensino da matemática, por exemplo. Esse argumento é utilizado de maneira inapropriada por orientações e posições sobre a educação que consideram que tal determinação é a única importante na hora de ensinar. Se fosse assim, não existiria a gastronomia e a arte de comer bem, nem mesmo as diferentes formas de ensinar inglês poderiam ser observadas, etc. E, assim como fizemos essa correspondência ou determinação do método a partir do conteúdo das disciplinas, poderíamos transferir a proposta para a realização de qualquer tema ou tópico curricular. Um currículo composto de temas polêmicos com implicações importantes sobre a vida ou a sociedade, sobre o qual podemos ter opiniões distintas e propostas que estimulem a indagação, não é o mesmo que um currículo no qual partimos de conteúdos não problemáticos para aprendê-los de uma maneira não tão viva.

Evidentemente, os métodos pedagógicos são, por diversas razões, elaborações que obedecem a outras determinações, além das que provêm do conteúdo. Porém, lembremos que a posição epistêmica, a essência de um conteúdo, sua projeção na vida, o grau de interação de conteúdos multidisciplinares e os interesses que ele desperta são fundamentais para a educação pelo poder que têm de determinar a natureza do currículo e as possibilidades de desenvolvê-lo. Tanto é assim, que a esperança de melhorar a educação sem mudar os conteúdos é ingênua.

Alguns "progressismos" ingênuos cometeram o erro de negar o conteúdo por si, descuidar todo o conteúdo ou a tradição herdada, como se o desenvolvimento das capacidades intelectuais e do espírito fossem o resultado de um processo de autodesenvolvimento de germes inatos, como ocorria com as ideias inatistas de Platão. O erro dos "tradicionalistas" foi, por outro lado, defender que sua visão estática dos conteúdos é a única herança que vale a pena ser reproduzida e que tudo deve ser feito tal como eles o entendem. O debate não é entre uma pedagogia de conteúdos e uma pedagogia vazia de conteúdos, mas sobre quais são os conteúdos que propomos e com que metodologia eles são ensinados e aprendidos.

Completaremos o ponto de partida recordando que os objetivos da educação, em certas ocasiões, exigem a realização de atividades que não têm a condição estrita de conteúdos e devem ser consideradas parte integrante do currículo. É o caso do cultivo da sensibilidade estética, dos hábitos de vida saudável ou da promoção da tolerância, por exemplo.

Segundo, ao expormos em outra ocasião (GIMENO SACRISTÁN, 2005) o que deveria importar para a educação (a promessa das intenções ou o plano dos efeitos), fizemos o seguinte esclarecimento:

> Toda ação de influenciar os demais – e a educação é uma delas – tem um sentido para quem a empreende. Caso contrário, não é mais que uma rotina. A ação de influenciar ensinando provoca a produção e a elaboração de um significado em quem recebe as ações de influência. Ambos – o sentido para quem educa e o significado construído para os educandos – podem estar vinculados entre si por relações de causa e efeito, mas os dois aspectos pertencem a ordens ou planos diferentes. Uma coisa é a intenção de quem deseja reproduzir e produzir, outra são os efeitos (as elaborações subjetivas em quem é influenciado) nos receptores. Por isso, a impossibilidade total de pretender que os objetivos ou fins da educação e do ensino correspondam a resultados de aprendizagem totalmente simétricos, como se os resultados fossem

uma cópia dos objetivos ou esses fossem os efeitos antecipados. O currículo real, como um texto, é composto da soma dos conteúdos das ações empreendidas com o objetivo de influenciar os jovens; o que eles produzem nos receptores ou destinatários (seus efeitos) será como a impressão obtida pelo leitor, aquele que revive seu sentido, obtendo um significado. Frequentemente, supomos que intenção e significado provocado coincidem ou devem coincidir, mas a distância inevitável entre o ensinar e o aprender é a que existe entre a intenção da ação de influenciar e o seu desenvolvimento na prática. Portanto, temos o conteúdo da influência empreendida pelo agente da ação e sua conseguinte implementação, de um lado, e os significados (os resultados) alcançados pelos destinatários, de outro.

Algumas derivações importantes se deduzem dessa afirmação [...], os resultados da educação devem ser vistos e analisados pela maneira como seus efeitos nos receptores do currículo se expressam (se reproduzem e produzem). Há muito tempo, sabemos que a desconexão dos conteúdos e das intenções de ensino não está vinculada aos processos exatamente simétricos de aquisição das aprendizagens. Do ponto de vista de uma teoria do currículo [...], se queremos apreciar o que se consegue, é preciso deslocar o centro de gravidade do ensinar para o do aprender, dos que ensinam a quem aprende, do que se pretende ao que é efetivamente alcançado na realidade, das intenções declaradas aos fatos alcançados. Isto é, é necessário se orientar para a experiência do aprendiz [...]. Isso não quer dizer que temos de menosprezar ou substituir o ensino e os que ensinam como transmissores, mas que a validade do ensino encontra sua prova de contraste e justificação na aprendizagem [...].

A mudança epistemológica em relação ao aluno conta com uma tradição longa na educação primária, porém muito mais curta na secundária. É nela que hoje a lógica da matéria se impõe com facilidade sobre qualquer outra consideração. Inclusive é na educação secundária que, com frequência, vê-se a mudança como causa de deterioração da qualidade do ensino por algum setor de professores. É como se estivéssemos fazendo bem tudo o que estamos acostumados a fazer e não coubesse vislumbrar e testar outras possibilidades. Quando se analisam defeitos no sistema de ensino, atribui-se a culpa a ter deixado de fazer as coisas como "quando se fazia bem". Citar as necessidades dos alunos é ceder terreno para depois lamentar o declínio do ensino. Hoje e entre nós, é na educação secundária que mais se identifica um "texto bom" de currículo com uma boa prática e bons resultados, muito mais, inclusive, do que ocorre na educação universitária. Quando essa lógica falha e não se obtém os resultados esperados, busca-se o motivo em outro local (na família, no nível anterior, no aluno e na sua falta de capacidade, ou no esforço insuficiente), nunca no próprio texto ou na ação dos agentes que o desenvolveram [...].

Em vez de se preocupar e ficar obcecado com a qualidade do ensino, é preciso falar mais da qualidade da aprendizagem [...]. Durante o século XX, a abordagem voltada para a criança – os mais jovens – fez com que este fosse um ponto de referência para o pensamento educativo em geral e para os enfoques curriculares em particular; o foco na aprendizagem é a síntese dessa orientação e da exigência de uma sociedade na qual o conhecimento desempenha um papel importante. (GIMENO SACRISTÁN, 2005, p. 111)

Quaisquer que sejam as finalidades que amparam um projeto ou plano curricular, e ainda que se justificasse a seleção de determinados conteúdos, tudo isso acabará em uma construção inoperante de boas intenções se não conseguirmos provocar transformações internas nos que aprendem – processos ou ações mentais – para a aquisição de novos significados, sua organização e reelaboração, a transformação da maneira de pensar e de se comportar, o aperfeiçoamento da capacidade de argumentar e o aumento da conscientização em relação aos fenômenos que o rodeiam.

Para que se produzam os efeitos desejáveis, os processos terão de ser válidos e de duração adequada, discorrendo em um ritmo apropriado. Que tipo de tarefas provocam no estudante os processos de aprendizagem de qualidade em relação aos conteúdos apropriados? Uma primeira resposta é que, se o que é realizado é a memorização do conteúdo, não se pode esperar que processos de aprendizagem de qualidade se desencadeiem.

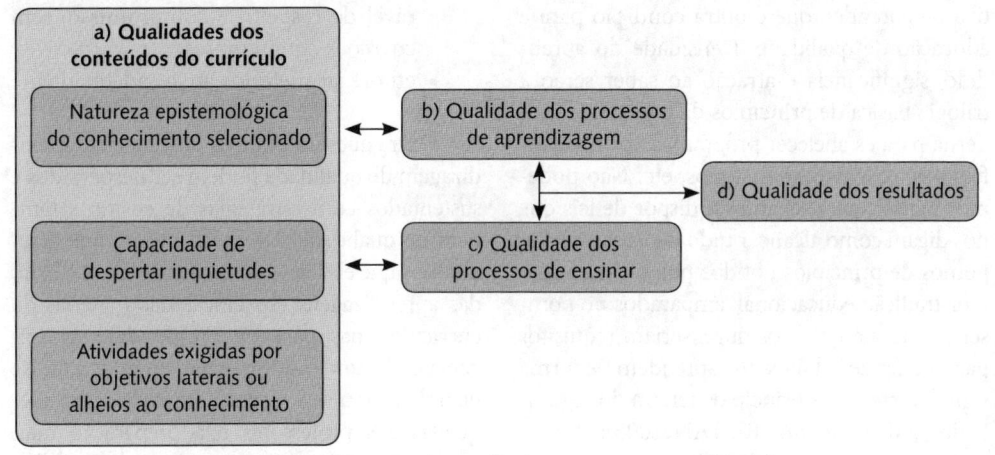

Figura 15.1 Condições para a obtenção de resultados nos processos de ensinar.
Fonte: O autor.

Dizer "aprendizagem de qualidade" equivale a reconhecer que outros não o são ou que existe uma graduação de qualidade entre eles. Isto é, na realidade, não pensamos que os processos internos permitam estabelecer como resultados a aprendizagem ou o fracasso (não se trata de se alcançar algo ou não, como se estivéssemos perante um sucesso ou um fracasso). Essas valorações dicotômicas são demasiado simplificadoras e fazem com que se veja a aprendizagem como algo que ocorre ou não, quando, na realidade, pode-se pensar que se produzem aprendizagens com qualidades e de qualidades muito diferentes, segundo as maneiras de abordagem e aproveitamento da potencialidade dos conteúdos na direção que nos indicam as finalidades educacionais. Sempre aprendemos. Dito de outra forma: ninguém merece um "zero". Até somos capazes de aprender o absurdo; algo que não costuma ocorrer em outras espécies distintas da humana. As qualidades da aprendizagem se traduzem em dimensões como: o grau de superficialidade, se é mnemônico ou permi-te raciocinar, se se integra ou não com os significados prévios, se é capaz de iludir o aprendiz, se tem utilidade para a vida, se é esquecido rapidamente ou é permanente...

Os conteúdos do currículo, que, em tese, podem servir para a construção da mente, não produzem crescimento pessoal algum quando se reproduzem como simples erudição superficial, e tampouco dão lugar a um treinamento para que as qualidades mentais, hipoteticamente preexistentes, exercitem-se e, dessa forma, aperfeiçoem-se. Os materiais culturais aprendidos sob o exercício da razoabilidade se transformam em competências mentais e espirituais; significados adquiridos que enriquecem a experiência como dotação ativa dos sujeitos, como ressaltou Dewey (1995). Ou seja, tal processo ocorre quando os conteúdos do currículo constituem uma dotação agregada ao ser humano por meio da qual se capta o mundo, com uma significação moral, social e política agregada: os conteúdos do currículo são o fundamento da liberdade resguardada de poderes e submissões irracionais.

Uma primeira condição para dizer que uma aprendizagem será de qualidade é se ele tem a qualidade da significância e a da densidade ou relevância daquilo que foi adquirido. Sem tais condições, o aprendido não adere ao aprendiz nem este se interessará em querer continuar aprendendo com uma atitude positiva de aprender, que é outra condição para a educação de qualidade. Densidade do aprendido, significância e atração ao saber serão a trilogia básica de princípios da pedagogia moderna para estabelecer programas, formar professores, desenvolver métodos, etc. Não podemos pensar que chegamos a dispor de leis que nos digam como alcançar tudo isso, mas, se dispomos de princípios obtidos por meio da melhor tradição educacional, amparados no bom-senso e na pesquisa, os quais seriam requisitos para ajudar aos alunos que aprendem de forma significativa. Esses princípios seriam do seguinte tipo (GIMENO SACRISTÁN, 2005):

- adequar a dificuldade de ensinar aos pontos de partida dos educandos;
- tornar os conteúdos compreensíveis para estes;
- ordenar o processo de aprender e nele atender às inter-relações entre conteúdos e práticas de ensinar para uma compreensão coerente;
- relacionar o currículo às circunstâncias dos sujeitos e do mundo em que vivem;
- buscar a aplicabilidade do aprendido em um sentido amplo e colocar em jogo todas as capacidades possíveis: manuais, intelectuais, expressivas, sociais, etc.;
- incentivar o aluno a se expressar nas formas de realização próprias do ser humano: expressão oral, escrita, imagem, etc.;
- despertar o interesse para uma aprendizagem motivado de forma intrínseca;
- ir em busca de fontes variadas de informação e de diversos meios para obtê-la.

Se, além disso, consideramos que devemos estimular uma aprendizagem geradora de atitudes favoráveis à aprendizagem permanente, seria preciso:
- favorecer a autoaprendizagem;
- permitir que se façam determinadas seleções nos conteúdos;
- praticar métodos de estudos racionais e hábitos de trabalho adequados;
- criar nas instituições um clima favorável de respeito e compromisso, sem coerções nem temores;
- empregar métodos ativos adequados.

Outra questão é que os processos de aprendizagem de qualidade podem ser despertados e sustentados com estratégias de ensino e também de qualidade. Não somente porque acreditamos que eles devem ser eficazes para o êxito das aprendizagens específicas das matérias do currículo, mas para que respondam às exigências de um modelo geral de educação de qualidade. Ou seja, necessitamos de ações adequadas aos professores e à preparação mais conveniente do entorno imediato de trabalho; aspectos que não se improvisam nem se geram de forma espontânea a partir do simples exercício da prática, mas que requerem dedicação e indagação metodológica permanente (ver Capítulo 28).

O currículo previsto – o texto curricular – não gera, por si só, a experiência que significa a prática, mesmo que seu projeto incorpore muitas recomendações. As tentativas e experiências de colocar à disposição dos professores unidades ou "pacotes" curriculares preparados para serem levados em prática demonstraram que, ainda que possam servir de ajuda para desenvolver a autoaprendizagem e servir de exemplos estimulantes, o cenário, o clima e a dinâmica de conduzir um grupo ou dirigir uma classe requerem atuações de pessoas especificamente capacitadas para isso.

As possíveis orientações para guiar processos de ensino de qualidade são muito numerosas e variadas. A escolha adequada deve ser adotada em cada situação, dependendo do conteúdo, do sujeito, do nível de escolaridade, da finalidade, da disponibilidade de recursos... Como princípios gerais a serem levados em consideração, e a título de exemplo, propomos as seguintes orientações (GIMENO SACRISTÁN, 2005, p. 170):

- Utilizar na educação de qualidade os métodos de ensino e de outras atividades de aprendizagem adequados a cada momento e habilidade que se deseja alcançar.
- Explorar todas as possibilidades de aplicação dos saberes e das habilidades adquiridas: na expressão pessoal, no exercício da crítica, no mundo das atividades sociais, profissionais e não profissionais.
- Apresentar os conteúdos por meio de instrumentos variados, utilizando as possibilidades das novas tecnologias.
- Realizar tarefas variadas: individuais e em grupo, leitura, experimentos, etc.
- Aproveitar recursos pessoais, além do professor.
- Utilizar ao máximo as possibilidades dos recursos documentais variados e os proporcionados pelas redes de informação.
- Buscar situações possíveis de aplicação, como a resolução de problemas, casos práticos, práticas de laboratório, estudos de campo, trabalho com modelos, etc.
- Possibilitar e fomentar o exercício das capacidades de expressão e de execução prática nos contextos educativos e nas atividades acadêmicas, provocando a realização de alguma produção (não somente a tomada de notas, mas ensaios, apresentações audiovisuais, etc.), favorecendo a expressividade e as capacidades de comunicação (em trabalhos escritos, discussões, etc.) dos estudantes.
- Estimular e favorecer a busca, ordenação e depuração das informações existentes.
- Propiciar a formação permanente no horizonte de uma sociedade na qual o conhecimento tem um papel relevante exige o fomento das atividades de estudo independente e devidamente orientadas.

A interrogação – continua Stenhouse (1984) – é se podemos projetar um currículo tratando de definir as ações que ocorrerão nas salas de aula para condicionar e dirigir o processo de aprender dos estudantes e do ensinar dos professores; isto é, sintonizando os processos que se realizam no ensinar e no aprender. Esse enfoque do currículo é denominado processo pelo autor citado, cuja viabilidade ele mesmo ressaltou no Projeto de Humanidades. Se queremos que o estudante indague como uma forma de aprender, então o ensino deve ser entendido, igualmente, como indagação. Não é necessário pedir ou dar aos docentes um livro de receitas a serem reproduzidas, ainda que ele possa oferecer exemplos. Consequentemente, os materiais curriculares não podem ser fechados nem deterministas, mas devem ser abertos, variados e estimulantes. Tampouco, poderá se avaliar em termos de busca de resultados observáveis ou simples de detectar.

Dos conteúdos, desprende-se o nível do profissionalismo e a identidade dos professores e, enfim, do conteúdo, derivar-se-á o que se entenderá como os resultados relevantes do ensino e os critérios de qualidade da educação institucionalizada.

Resumindo: na prática real (ver esquema da Figura 15.1, p. 266), o currículo que verdadeiramente e de maneira efetiva se expressa em uma cultura subjetivada é aquele que tem a potencialidade de transformar e incrementar ou enriquecer as capacidades dos educandos [isto é, os resultados do ensino (d) são os incrementos e as transformações dessa cultura pessoal]. Esses resultados são a consequência de uma interação entre os processos de ensino de qualidade (b) que promovem processos da aprendizagem de qualidade (c); interação que se alimenta de um currículo (a) elaborado a partir de conteúdos apropriados, selecionados e organizados com um formato que estimule a participação ativa e criadora de processos de ensino-aprendizagem de qualidade. Apenas os conteúdos relevantes, significativos, atraentes e desafiadores podem despertar a energia da motivação intrínseca que estimulará esses processos.

A PERDA DE SIGNIFICADOS NOS RESULTADOS

Enfim, como foi dito, o projeto e o desenvolvimento do currículo se justificam pelos efeitos que produzem em seus destinatários. O que hoje conta não são as vontades e propostas do texto ou projeto do currículo, salvo para tê-las como referência a fim compará-las com os resultados. Ou seja, as promessas e os discursos de pouco servem se os fatos não têm nada a ver com o declarado. Os reformadores, administradores, políticos, diretores e professores, às vezes pouco interessados em acompanhar o destino de seus programas e propostas, deveriam levar muito em conta essa prevenção e apreciar os resultados obtidos efetivamente em vez de pressupor que sua palavra se transforma por si só, quando, além disso, sabemos o quão complexa e resistente é a realidade.

Contudo, o que, no final, consideramos resultados (que são expressos, em geral, ou se tornam públicos) são como uma apreciação que supomos coincidir ou ser o reflexo dos efeitos reais. Na verdade, os resultados que reconhecemos como tais não são estritamente as marcas desses efeitos, mas uma representação que fazemos do exterior a partir de nós mesmos. Não temos nem podemos ver ou observar as estruturas cognitivas e as mudanças que as afetam.

Por esta última razão, os resultados são uma construção em um sentido duplo. Por um lado, eles são ganhos do sujeito (se formam em seu interior) adquiridos como consequência da participação pessoal em atividades que desencadeiam determinados processos de ensino-aprendizagem sob certas condições concretas do sujeito e do contexto em que tais processos ocorrem. Por outro lado, os resultados são uma construção produzida ou criada com base na linguagem e em seu uso na vida cotidiana, na linguagem científica e nos usos instituídos em determinado contexto da prática. Usamos um exemplo relativo à avaliação dos estudantes.

O dado que fixamos e tornamos público como resultado, que se expressa no que denominamos nota ou qualificação (aprovado, ou "nota 6"), é mais o produto de um hábito do que a expressão de uma informação que consideramos refletir os efeitos reais experimentados pelos sujeitos. No melhor dos casos, esse número ou essa nota é uma informação pobre a partir da qual podemos intuir ou deduzir os resultados subjetivos reais. Chama-nos a atenção o contraste entre essa pobreza e a transcendência que existe para as pessoas, para a sociedade e para o próprio sistema educacional. (Esse processo de construção é refletido no esquema representado na Figura 15.2)

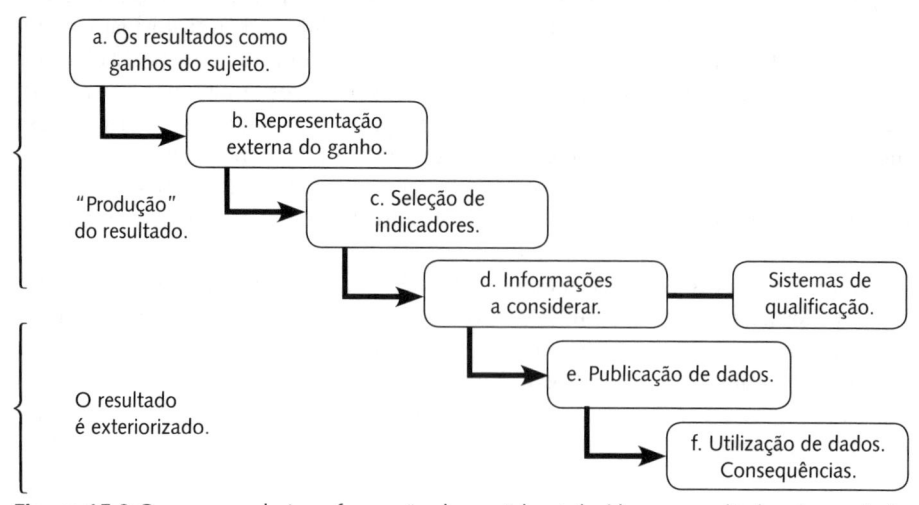

Figura 15.2 O processo de transformação do sentido atribuído aos resultados do currículo.
Fonte: O autor.

a. Partimos do seguinte postulado: os resultados são ganhos do sujeito, efeitos subjetivos que supõem mudanças internas, ganhos ou transformações nas capacidades dos educandos, mudanças em seus valores, interesses e gostos ou na estrutura e nas formas de seu pensamento, de seu comportamento ou de sua capacidade e formas de expressão. Poderíamos dizer que os resultados refletem qualquer uma das mudanças que tenham lugar, mesmo que o que nos interesse sejam as mudanças de caráter educacional – relativas aos objetivos e conteúdos do currículo – que ocorrem nos sujeitos entre o começo e o término, sempre provisório, do tempo de aprendizagem. São efeitos de crescimento que supomos ser do sujeito, e também sabemos que há efeitos colaterais ou secundários que não representam progresso ou ganho algum, e inclusive podem ser claramente negativos.

Esse primeiro nível de significado do que são os genuínos resultados efetivos do currículo não nos é acessível para que possamos observar os resultados diretamente, como se se tratasse de uma variável do tipo de crescimento em estatura, por exemplo, mas apenas podemos nos aproximar deles e os acessar de forma indireta, por meio de relatos do próprio sujeito que aprende, de seu "pensamento em voz alta" ou, graças à observação da realização de tarefas que ele empreende por iniciativa própria, sugeridas e, inclusive, obrigatórias. O problema que nos é imposto por essa pretensão de ver de fora o que é um estado interno é sua validade ou adequação entre o que apreciamos e a realidade das transformações que acontecem. Em termos mais concretos, por exemplo, quando um professor diz que o estudante fez progresso em uma turma, em um curso ou escola de idiomas, será que aquilo que o professor entende por progresso coincide com o real progresso? Ou então, será que uma carteira de motorista que avaliza uma capacidade muito concreta realmente reflete a capacidade de conduzir um veículo? Existe um hiato inevitável entre o obtido e o apreciado, o quê, em última análise, não é senão uma amostra da debilidade do conhecimento para dar conta da realidade humana na educação ou em qualquer outra de suas projeções. Essa observação é importante em nosso caso, perante a frequente falta de tato para qualificar, avaliar, emitir um parecer ou diagnosticar ações frequentes dos professores que são realizadas, em muitos casos, sem a prudência, sensibilidade, provisoriedade e o relativismo que essa debilidade epistêmica nos exige. A denominada avaliação de formação tem como característica principal ser uma tentativa de penetrar nos processos, no estado no qual os sujeitos se encontram e poder avaliar os resultados reais conseguidos pela educação.

b. A representação externa do alcance de resultados. A natureza fugaz do que realmente são os êxitos que tratamos de superar nos sujeitos com diversos recursos. Para isso, o que fazemos é tomar conceitos e discursos já existentes ou criar linguagens *ad hoc* que articulamos em uma espécie de pequenas ou modestas teorias para representar o que não podemos apreciar diretamente, determinando, dessa forma, seu significado. Como se trata de fixar nos conceitos o que supomos ser uma realidade complexa, é lógico que existem linguagens que variam, competem e até se enfrentam, que mudam com o transcurso do tempo, de acordo com tradições teóricas ou modos de pensar, momentos históricos ou diversos interesses. Não é, pois, inocente a escolha entre uma linguagem ou outra.

É frequente recorrer ao uso de conceitos e de expressões, tanto no pensamento informal – menos estruturado – quanto no pensamento mais elaborado, com os quais compreendemos o mundo da educação de forma ordenada. Para falar de resultados, recorremos a referências muito diversas, selecionando conceitos que empregamos, dando-lhes um sentido próprio (p. ex., falamos da melhoria da formação intelectual, da aquisição de habilidades básicas, de competências ou do aprender a aprender). Em outras ocasiões, apelamos para conceitos bipolares formando categorias opostas (sucesso e fracasso, aprendizagem significativa frente à memorização, motivada ou desmotivada). Frequentemente, fazemos estimativas utilizando conceitos que representam graus dentro de uma escala (alto nível, atrasado, "primeiro da classe", resultado excelente, nota nove em uma escala de 0 a 10); outros se referem a categorias dentro de uma taxonomia ou classificação (aprendizagem motora, meta-aprendizagem). Podem ser termos que se referem a elementos de um sistema (faculdades espirituais, fatores e inteligência, características do caráter, etc.).

Por diversas razões, a pobre ou a mais rica informação que conseguimos obter dos resultados reais e dos processos que conduziram a eles é drasticamente reduzida quando os resultados do ensino-aprendizagem se resumem a uma categoria, uma qualificação e, inclusive, a um número, como amostra dos resultados do desenvolvimento do currículo. O que acontece quando a apreciação dos resultados não consegue deduzir os ganhos obtidos pelos sujeitos e qual atitude devemos tomar perante essa deficiência? Nesse caso, há explicações diversas. Vejamos algumas.

DISTINGUIR QUALIDADES NA APRENDIZAGEM POR MEIO DA SEPARAÇÃO DOS TIPOS DE RESULTADOS

Têm sido desenvolvidas iniciativas com base em diversos campos e com diversas intenções a fim de classificar de forma hierárquica os resultados da aprendizagem. Em primeiro lugar, sendo exigentes para diferenciar a qualidade dos resultados do ensino ou para mostrar aspirações mais elevadas ao selecionar as atividades tanto do ensino quanto da aprendizagem. Em segundo lugar, mais do que servir de guias para a elaboração e o desenvolvimento do currículo, as taxonomias têm sido utilizadas na seleção de ítens para elaborar provas de avaliação. Mencionaremos dois exemplos clássicos bastante conhecidos (Bloom e Biggs) e um terceiro mais atual, de Bateson, para que o leitor tenha uma ideia do valor desses modelos para categorizar o que ocorre na caixa-preta que é o interior das pessoas. Atualmente, estamos assistindo à eclosão de uma nova via de aproximação para explicar os efeitos da aprendizagem: as competências. Dedicaremos atenção mais específica a este tema mais adiante.

Bloom empreendeu o projeto de classificar os resultados da educação levando em conta a diferenciação de três aspectos: o cognitivo, o afetivo e o psicomotor. Em 1956, a parte relativa ao aspecto cognitivo foi finalizada, sendo publicada em espanhol em 1971. A escala hierárquica da Taxonomia de Bloom é composta de seis níveis em ordem ascendente de complexidade e qualidade cognitiva:

1. Conhecimento. Refere-se a recordar ou reconhecer a informação aprendida sobre ideias, fatos, datas, nomes, símbolos, definições, etc.
2. Compreensão. Significa entender o que foi aprendido. Ela é alcançada ao se apresentar a informação de outra maneira, quando se relaciona com outras aquisições, expõe-se, resume, etc.
3. Aplicação. O aluno seleciona, utiliza dados e o que aprendeu para completar um problema ou uma tarefa. Ele aplica as habilidades adquiridas a novas situações.
4. Análise. O aluno distingue, classifica e relaciona o que vê e aprecia perante um fato ou uma pergunta e estabelece hipóteses.
5. Síntese. O aluno cria, integra e combina ideias aplicando o conhecimento e as habilidades anteriores para produzir algo original.
6. Avaliação. Consiste na capacidade de emitir juízos com base em critérios preestabelecidos.

Biggs e Collis (1982) elaboraram uma hierarquia de cinco níveis denominada SOLO (Structure of Observed Learning Outcomes), que atuaria como referência para a ordenação dos resultados observáveis da aprendizagem cognitiva nas diversas áreas ou matérias do currículo. As categorias de resultados, ordenadas de forma progressiva de menor à maior importância, são as seguintes:

1. Pré-estrutural: Pertencem a essa categoria aquelas aprendizagens do aluno que resultam em aquisições de informações desconectadas, sem organização nem sentido.
2. Desestruturados: Quando se produzem conexões simples e óbvias, ainda que seu significado não seja firme.
3. Multiestrutural: Quando certo número de conexões pode ser estabelecido, mas a metaconexão entre elas se perde, desaparece ou não existe, assim como o significado do todo como um conjunto.
4. Nível relacional: O estudante é capaz de compreender o significado das partes e de suas relações dentro do todo.
5. Multirrelacional: No plano amplo do nível da abstração, o estudante estabelece relações não somente dentro de uma determinada matéria, mas vai além e é capaz de generalizar e transferir os princípios e as ideias por trás de algumas delas.

Convém recordar que boa parte desses esforços para criar taxonomias ordenando hierarquicamente os resultados da aprendizagem obedecia aos projetos cujos objetivos eram dispor de um banco de itens para construir provas de exames e de diagnóstico.

Bateson (1999) nos proporciona o terceiro exemplo. Ele distingue três tipos de aprendizagem e especifica as orientações correspondentes para seu ensino, as quais têm sentido em relação aos três tipos de orientações pedagógicas relacionadas com os tipos de sociedade: a pedagogia tradicional, a moderna e a que é exigida pela sociedade da informação. Os três tipos de aprendizagem são: a) a direta ou primária, b) a de segundo grau ou aprendizagem dêutera (o aprender a aprender) e c) a de terceiro grau, que é representada pelo aprender a desaprender. A Tabela 15.1 apresenta o resumo dessa classificação.

Adquirir a capacidade de pensar com os materiais assimilados, aplicá-los a situações diferentes da qual foram aprendidos, ordenar e hierarquizar as informações, filtrá-las, argumentar e desenvolver raciocínios e ler entrelinhas são algumas das características da aprendizagem de segundo grau. Ele se nutre dos efeitos produzidos como consequência de ter certas experiências descontínuas de qualidade, aprendendo conteúdos substanciais; um resultado derivado não somente do conteúdo, mas basicamente da forma de aprendê-lo, do método, do contexto e do envolvimento pessoal na aprendizagem. Ainda que queiramos provocar de forma contínua – e é preciso que isso seja feito –, não temos garantias de êxito. É necessário consolidar a ideia de que se trata de um subproduto derivado de outros processos, devendo, pois, anular a ideia ingênua de que essa aprendizagem dêutera, como Bateson (1999) denomina, possa ser alcançado prescindindo de conteúdos educativos, como se os mecanismos mentais pudessem se desenvolver sem se nutrir de estímulos.

A diferença entre os três exemplos de taxonomias comentados nos permite entender a dificuldade para chegar a um comum acordo sobre uma ordenação de tipos de aprendizagem para capturar os resultados subjetivos do processo de ensinar-aprender; compreendendo que essas categorias ou tipos de aprendizagem são aquisições transversais dos alunos, válidas para qualquer conteúdo, para qualquer matéria; isto é, são meta-aprendizagens. Tudo isso complica as possibilidades dos professores cuja formação e prática de desenvolvimento do currículo têm estado muito ligadas às disciplinas ou matérias.

Tabela 15.1 Os tipos de aprendizagem e as orientações para o processo de ensinar, segundo Bateson

	Tipos de aprendizagem e orientações para o processo de ensinar		
	Pedagogias tradicional e moderna		Pedagogia na sociedade da informação
Tipos de aprendizagem	Aprendizagem direto ou primário	Aprendizagem de segundo grau e aprendizagem dêutera: aprender a aprender	Aprendizagem de terceiro grau ou aprender a desaprender
Aprendizagem relevante: em que consiste?	• No melhor dos casos, consiste na apropriação intelectual de conteúdos aprendidos de maneira significativa; ou seja, o que o aluno entende ou compreende. Ela converte a informação em conhecimento ou saber, em capacidade ou competência subjetiva.	• Cria estilos de aprendizagem de acordo com um tipo de prática. • Consiste em adquirir habilidades cognitivas, saber como usar o conhecimento disponível, como ordená-lo, as formas de tratar a informação, como pensar utilizando os segmentos do que já é conhecimento, o saber buscá-lo, argumentar com ele, reelaborar o aprendido, aplicá-lo, etc.	• É a capacidade para mudar as formas de pensar se colocando fora delas. É o hábito de não se habituar.
Funções	• Conhecer e interpretar o mundo possível na escolaridade.	• Capacitar para continuar conhecendo o mundo fora da escola e depois da escolaridade.	• Flexibilidade para transformar os modos de aprender.
Qualidades	• A finalidade é inerente ao conteúdo. • O poder dar conta do que foi assimilado é a prova de sua aquisição. • Presume-se que é contínua, cumulativa, sistemática e de valor ou vigência permanentes. • É ordenada segundo sua lógica interna.	• Não se pode adquirir de forma sistemática, no entanto, é efeito indireto das aprendizagens de primeiro grau. • Depende do modo por meio do qual se ensina e aprende, de como os conteúdos são trabalhados. • É difícil programar ou aprender a pensar.	• Saber sobre o saber, para poder decidir o que é conveniente saber.
Suposições sobre os sujeitos e o contexto social e cultural	• Válida para uma sociedade e cultura estáveis onde o sujeito não muda de contexto. • O conhecimento tem um valor de uso constante. • O que é ensinado representa o cânone valioso. • O ensino se mantém por sua própria inerência, submetido às tradições do passado. • Segurança no conhecimento valioso. • Divisão de papéis entre quem aprende e quem ensina. • Coerência entre a ação de agentes diversos, autoridade segura. • Mundo estável: a aprendizagem conserva seu valor se as circunstâncias não se alteram fora do previsível, o que já não depende do sujeito que aprende nem dos processos de ensinar. • Estruturas de pensamento e de vida estáveis: atividades, formas sociais que permanecem, cultura e valores indiscutíveis. • Segurança para abordar os problemas.	• Aprender a ir além daquilo que é dado e do que é conhecido, mas dentro de um modelo estável de progresso. • Pressupõe uma identidade pessoal coerente para que esta possa ir sendo modelada continuamente, mas eventualmente se estabilizando. • Tem-se uma perspectiva temporal na qual a vida é previsível. • Acredita-se na validade de modelos de raciocínios compartilhados.	• Sociedade que está submetida a processos de transformação. Contextos novos e imprevistos. • Mundo sem estruturas ou com muitas lógicas operando de cada vez. • Pluralidade e relativismo. Relatividade e provisoriedade de conhecimento. • Dispersão de influências e de estímulos. Autoridade descoordenada, dispersa ou múltipla. • Mundo complexo, globalizado e aparentemente desorganizado.

Fonte: O autor.

Com todas essas categorias para fazer distinções nos ganhos da aprendizagem, podemos, de alguma maneira e até certo ponto, apreender os efeitos reais do currículo, ainda que estes sejam internos. Essas categorias constituem o filtro por meio do qual leríamos o mundo da interioridade dos sujeitos. O tipo de filtro que aplicamos condicionará a informação seletiva (inevitavelmente distorcida?) com a qual operaremos. Segundo a maneira como representamos os êxitos do currículo, os professores perceberão e atuarão na prática, farão as avaliações e, enfim, desse modo, encontraremos – construiremos – o sentido da eficácia da educação. Por meio desses mecanismos, tem lugar uma decisiva seleção de significados que se darão ao currículo, com consequências importantes, pois desse modo se discriminará o que importa e o que não. Enquanto alguns buscarão nos resultados o alcance de algumas competências, outros verão seu valor formativo e outros ainda poderão ver, de forma simples, alguns êxitos que lhes fazem merecer a qualificação de "aprovado".

Essa condição irremediável de separação entre o mundo subjetivo e as apreciações externas nos colocará sempre a dúvida sobre a correspondência entre a apreciação objetiva que fazemos e a realidade interior. Não obstante, temos uma ampla margem para melhorar a informação sobre os resultados do currículo que poderia nos oferecer matizes sobre os efeitos da aprendizagem. Essa informação pode ser obtida a partir do que se observa nas narrações pessoais do sujeito, do que é adquirido por procedimentos informais, no trato pessoal e enquanto se dão os processos de ensinar-aprender nas salas de aula; em geral, utilizando toda a metodologia qualitativa. Os professores podem ter uma informação muito mais fidedigna do que os alunos estão conseguindo interiormente ao observar como eles trabalham e desenvolvem as tarefas que ocupam o tempo das atividades acadêmicas do que a informação que pode ser proporcionada pela realização de um exame ou a aplicação de um teste. As provas externas de caráter abrangente, por mais que se diga que tenham um caráter diagnóstico, não têm como nos dar acesso aos resultados reais de sujeitos igualmente reais.

A DIFICULDADE DE CAPTAR O SIGNIFICADO DOS GANHOS DO CURRÍCULO NA REALIDADE COTIDIANA

A distância à qual aludimos (que existe entre as transformações que o currículo gera e as apreciações que realizamos de fora por meio de mecanismos de redução da informação sobre os sujeitos e os processos de aprendizagem) aumenta quando, em vez de nos aproximarmos mais para ver o que acontece no interior dos sujeitos, o que fazemos é aprimorar as ferramentas que dão justificativas para não se tentar e até deslegitimar qualquer tentativa. Em outras palavras, o que costumamos fazer é nos distanciar do conhecimento pessoal dos alunos e alunas, desenvolvendo estilos pedagógicos mais personalizados, substituindo-os pelo conhecimento proporcionado por exames, por provas de caráter diverso (inclusive as denominadas provas objetivas, popularmente chamadas de "teste de múltipla escolha"), nas quais parece que temos mais confiança. Dito de maneira mais crua, é como se, na família, mediante a necessidade de conhecer os filhos, lhes aplicássemos provas com "lápis e papel" em vez de nos aproximarmos pessoalmente deles. Giner de los Ríos dizia que temos de examinar porque já não é possível conhecer o aluno. Da mesma maneira, poderíamos dizer que avaliamos o sistema porque não o compreendemos. Uma longa história de domínio positivista na educação, de predomínio dos métodos quantitativos, de influência da psicometria, de não dar voz nem credibilidade ao receptor – o aluno –, em quem se cumprem ou não as promessas do currículo e de busca da eficiência em detrimento da capacidade de compreender de forma holística a complexidade da educação são, entre outras, as causas dos filtros com os quais vemos os ganhos dos alunos.

Na história cultural da humanidade – e o mesmo pode ser dito da história da educação –, produziu-se um fenômeno e um momento singular, ao qual costumamos não dar a importância devida que teve para o pensamento e o desenvolvimento das práticas. Referimo-nos ao "descobrimento" por parte de instituições que têm uma missão de controle sobre os indivíduos, de insistir que sejam registrados por escrito dados, relatórios, expedientes ou dossiês das vidas das pessoas, as circunstâncias dos ganhos que tiveram ou que lhes afetaram. Foucault (1976), em sua obra *Vigiar e punir*, abordou de modo aguçado esse tema que afeta quem está em instituições penitenciárias, reformatórios, hospitais, hospitais psiquiátricos, instituições educativas, etc. Hoje, poderíamos estender o problema às bases de dados do controle de fronteiras, da polícia, das agências tributárias, das companhias de seguros ou de cartões de crédito, etc. Na educação, essa intenção marcou um antes e um depois.

Imaginemos a diferença que existe entre receber a notícia de ter sido aprovado ou reprovado em uma prova, informação que será registrada no boletim do aluno. Por acaso se buscam informações sobre os resultados do ensino-aprendizagem que não se destinam a constar nos registros acadêmicos e nos livros de qualificações do professor? É possível imaginar que um estudante chegue e entre em uma instituição educacional sem histórico prévio, tal como ocorria com os alunos da Universidade de Salamanca no século XVI?

Quando, por diversas razões, os ganhos de alguém têm de ser registrados por escrito – seja no papel ou eletronicamente, hoje – e se, além disso, referem-se a numerosos grupos de indivíduos ou a sistemas complexos – os sistemas nacionais de educação –, a informação sobre as aprendizagens adquiridas que pode ser controlada é reduzida, chegando a quase se pressupor que avaliamos os progressos reais, quando o que fazemos, na verdade, é reduzir essa realidade ao que avaliamos. Tememos que essa óptica simplificadora dê mais um passo: que o que é ensinado seja apenas o que tem relação com objetivos, conteúdos e categorias de aprendizagem que podem ser avaliados. Os resultados da educação são os resultados das práticas de avaliação que elevam a capacidade exigida para superar as provas à categoria de resultados relevantes, ou, em outras palavras, reduzem as capacidades desenvolvidas por meio do desenvolvimento do currículo à capacidade de superar as provas.

Hoje, os resultados da educação são os significados que se escondem por trás de categorias simples, porém controláveis, como: passar de ano ou nível, ser aprovado ou reprovado, obter uma média de 7,5, estar em determinada posição na lista de países do Relatório PISA. Esquece-se que, apesar da falta de objetividade que pode-se atribuir às metodologias que têm sido menosprezadas e rechaçadas para conhecer "mais perto" os resultados, seria preciso contrapor as perdas de significados que admitem os procedimentos que acabam, por exemplo, qualificando um sujeito como merecedor de uma suspensão, assim como o esquecimento da carga desigual de poder que supõe o fato de que alguém possa dizer a outro que ele foi ou não aprovado.

Há quem considere que o caminho a seguir é melhorar as provas com o duplo objetivo de que, de um lado, melhore-se a capacidade de diagnosticar situações individuais e de grupos e que, de outro, o sistema curricular se adapte aos tipos de exigências impostos pelas provas. Esse argumento serve tanto para que um estudante adapte sua aprendizagem àquilo que o professor exige (e como ele o exige), demonstrando o domínio do conteúdo, quanto para o caso da avaliação dos sistemas educacionais com avaliações externas, a fim de detectar as competências básicas. Neste caso, os defensores do potencial das avaliações externas consideram não somente sua capacidade de diagnosticar, mas também a capacidade de dar sinais ao sistema, aos agentes sociais e administradores do mesmo, de qual é o conteúdo relevante e como ele deve ser aprendido. Isso significa apontar os resultados desejáveis, que serão os avaliados. A réplica está na pergunta: E, além disso, somente vale a pena o que é avaliado dessa forma?

Seleção de indicadores

Se não é fácil "ver" os efeitos da aprendizagem de forma direta quando falamos no plano dos indivíduos, pense o que ocorrerá quando se estiver diante da necessidade de considerar um grupo em seu conjunto ou chegar à ousadia epistêmica de valorar a situação educacional de um país e compará-la com a de outro[1]. Se tentássemos colocar diante de nós toda a informação qualitativa que, apesar de impedimentos como os mencionados, é possível obter dos processos internos ou subjetivos, estaríamos perante um universo de informações absolutamente imanejável. Trabalhar com informações exaustivas sobre os resultados da aprendizagem em relação a um grupo de indivíduos, ao sistema educacional ou à hora de avaliar os efeitos de um programa político, por exemplo, torna-se impossível. Se queremos trabalhar com grupos de sujeitos, não podemos controlar – ainda que se pudesse, de forma hipotética – toda a informação possível de acumular sobre o grupo, se o que poderíamos saber de cada sujeito não for condensado. Isso é o que se faz quando se recorre aos indicadores que resumem em poucas variáveis representativas a informação sobre os sujeitos, à custa de perder as informações sobre os processos que são idiossincráticos a eles.

A mesma situação acontece no plano individual quando, por exemplo, os resultados reais são equiparados a uma pontuação em uma escala numérica, para poder fixá-la em um expediente acadêmico.

Qualquer tentativa ou pretensão de comprovar os resultados com outra finalidade distinta à de querer conhecer, na medida do possível, as transformações internas dos sujeitos, deverá utilizar os procedimentos de condensação mencionados. Podemos registrar de forma exaustiva os resultados de um aluno com as informações reunidas em um relatório, por exemplo. Discutir os resultados de um pequeno grupo pode ser feito do mesmo modo, mesmo que com dificuldade. Discutir sobre uma escola ou ciclo escolar somente elaborando estatísticas não é possível. Em vez de poder generalizar, deve-se sintetizar e suprimir conhecimento. Que capacidade o Relatório PISA tem de nos oferecer informações sobre os resultados efetivos de aprendizagem dos estudantes espanhóis ao constatar que o país ocupa um determinado lugar em relação aos demais ou obtém uma determinada pontuação em resultados de aprendizagem de competências básicas da Língua? Pouca, evidentemente.

Esses processos de empobrecimento ou de economia da informação estão sendo legitimados pelas políticas e práticas de diagnóstico e avaliação externa para avaliar a qualidade em termos da eficácia dos dispendiosos sistemas educacionais. Assim, por exemplo, hoje são feitos esforços para melhorar os indicadores a fim de comparar o nível de domínio adquirido em algumas competências básicas em diferentes países. Dá-se muito menos importância à pobreza de informação a partir da qual rotulamos um aluno como atrasado, repetente, fracassado ou suspenso.

Além das razões de economia da informação sobre os sujeitos, quando pretendemos ter acesso aos resultados do desenvolvimento do currículo, essa preocupação desigual a favor das avaliações de resultados a partir de variáveis que simplificam a realidade tem outras motivações. Em primeiro lugar, no sistema educacional, nas administrações ou nas associações de professores, não existe uma grande preocupação em entender os significados que aquilo que se ensina e aprende têm para os alunos. Parece que esses temas somente preocupam e são considerados próprios para realizar pesquisas ou, ocasionalmente, são objeto de alguma enquete pontual. Não se trata de perguntar aos alunos o que poderíamos lhes ensinar, mas perguntar qual é sua experiência ao ter de aprender.

Em segundo lugar, a desigualdade em todos os aspectos entre os professores – os adultos, em geral – e os alunos (em desvantagem) estabeleceu uma tradição de relações nas quais não atentamos para valor de diagnóstico que as vozes dos mais jovens têm. Administradores, professores e diversos especialistas focam seus sistemas de percepção sobre os mais jovens a fim de penetrar em um conceito geralmente pouco sutil dos resultados, limitando-se àquelas categorias para cujo diagnóstico não se exige o acúmulo de informações complexas como a que podem oferecer as provas objetivas, os exames, os testes, etc.

O recente dossiê publicado pela Organisation for Economic Co-operation and Development, (2009), TALIS (Teaching and learning international survey), é um exemplo da falta de preocupação pelo conhecimento, crenças e atitudes dos professores sobre como os processos de ensino-aprendizagem afetam o ganho dos alunos, apesar de declarar em seu título esses dois processos. É esclarecedora a ausência não só da voz dos alunos, mas também do fato de que sequer se presta atenção às opiniões que eles têm sobre os professores.

Em terceiro lugar, na atualidade, o que domina é a orientação utilitária da educação (especialmente nos níveis de educação secundária e superior), para a qual o que mais importa é que os educandos alcancem as competências valiosas para o ingresso no mundo do trabalho e a preservação da competitividade das economias. Essa visão da educação está relegando a segundo plano os valores da cultura e os enfoques mais voltados ao desenvolvimento e à formação do indivíduo, o valor de educar na democracia para a cidadania, a educação para a racionalidade crítica, a sensibilidade perante as manifestações da cultura, a desigualdade e a justiça ou a liberdade e autonomia dos cidadãos livres. Essa tendência está sendo reforçada com as políticas de avaliação externa, que influenciam o sistema de ensino graças à capacidade de legitimação da auréola do poder das administrações e dos órgãos internacionais que as aplicam. Obviamente, buscar resultados visíveis e constatáveis de forma objetiva e, além disso, em curto prazo, é uma pretensão inócua. A orientação utilitarista não somente prima pelo útil, mas desvaloriza as orientações diferentes da sua e, portanto, também os resultados alcançados na prática.

Consequentemente, no discurso tratamos os resultados do currículo em dois contextos teóricos e de prática muito distintas. Um como forma de entender os reais efeitos no processo de apropriação dos conteúdos do currículo pelos sujeitos. Essa forma de compreensão é a que nos interessa quando avaliamos o desenvolvimento do currículo em uma instituição educativa, onde se busca compreender os progressos dos estudantes considerados individualmente ou em pequenos grupos (uma classe, uma escola). O segundo contexto refere-se a quando não é possível penetrar no conhecimento dos processos educacionais e é inevitável a redução do significado do que constitui o êxito ou se querem ver resultados de grupos muito numerosos (um nível de ensino, o sistema de ensino de um país) ou, simplesmente, quando é preciso fazer uma referência ao valor de candidatos para o desempenho de determinado posto de trabalho. No primeiro caso, tratamos de compreender fenômenos para poder melhorar as práticas do bom ensino para a aprendizagem de qualidade, descobrindo o que acontece na "caixa-preta". No segundo caso, pressupõe-se muito facilmente que a informação e os dados manejados representam os efeitos reais sem que nada seja questionado sobre a validade e a representatividade que os resultados têm ou não quanto às intenções do currículo adotado como programa no texto curricular.

AS COMPETÊNCIAS COMO SUBSTÂNCIA DO CURRÍCULO

> Educação é o que fica depois de esquecer o que foi aprendido na escola. (Albert Einstein)

Esquecemos o que aprendemos nas escolas, obviamente, mas, de tudo o que foi aprendido e depois esquecido ficam, talvez (por maior que seja nosso pessimismo), vestígios, facilidades para fazer certas coisas, a melhoria de alguma capacidade específica ou alguma outra de caráter geral. A marca da disciplina pode permanecer nas formas de raciocinar, comportar-se, nas maneiras de focar as coisas ou desenvolver argumentos, na melhoria dos hábitos de trabalho, etc. Esses efeitos ou resultados causados por não sabemos exatamente o quê, como e quando foram gerados, e que, com toda a probabilidade, somente serão visíveis depois de passado algum tempo, que pode ser longo, são "um amálgama de ganhos", os quais não podemos dizer que tenham origem no estudo de determinada matéria, nem mesmo na influência de um bom professor em especial. Eles são o resultado complexo de processos de aprendizagem e de diversas práticas que podem ser aplicadas a diferentes situações. Esse mesmo comentário serviria para dar uma noção do que são as competências. É por isso que nos manifestamos perguntando o que há de novo na revitalização desse conceito.

Einstein qualificou ironicamente o que é a educação, pois com sua expressão certamente não quis dizer que a educação realmente era assim, mas o que não seria desejável da escola. Não é nova a visão de que essas qualidades, a sedimentação de muitas experiências, são resultados valiosos que merecem ser metas da educação, que terão de ser contempladas na formulação do currículo e na seleção das formas de desenvolvimento.

A filosofia clássica grega utilizou o termo polivalente *areté* para expressar a excelência ou perfeição; a capacidade de pensar, de falar e trabalhar com sucesso. Era o eixo da educação do jovem grego para se converter em um homem. Em sua acepção mais pedagógica, entendia-se que os meios para alcançá-la eram a disciplina e o domínio do corpo mediante a ginástica e também as artes da oratória, música e filosofia. Ou seja, a *areté* era uma aspiração de ganho mais ambicioso, de perfeição, do que aquela que pode se obter da aprendizagem de saberes parciais desconectados entre si.

Com base na pedagogia da inspiração humanista, tratou-se a formação (aquisição de uma nova forma) como a meta de estudo exercido sobre conteúdos apropriados. Um autor clássico dessa corrente, Willmann (1948, p. 16-17, Tomo II), afirma o seguinte:

> A compreensão de que a aprendizagem e a prática e a assimilação de conhecimentos e habilidades não se reduzem a finalidades exteriores, mas que também têm uma função a ser realizada no interior da pessoa, podendo e devendo oferecer ao homem estimáveis qualidades, perfeições de caráter geral, não é um pensamento reservado para os graus superiores da cultura, mas que se apresenta mesmo em formas de vida absolutamente primitivas [...]
>
> Em nosso conceito de formação perdura parte da ideia de *paideia* helênica e se luta contra a pressão dos interesses práticos que tentam limitá-la.

Com o discurso educacional e outros afins, como a psicologia e outras disciplinas, ao longo da história temos adotado conceitos como: habilidade, destreza, competência, aptidão, etc., para delimitar significados que podemos incluir no capítulo de resultados da educação e, mais concretamente, no currículo. Seu ganho é um efeito acumulado de processos nunca terminados. Seu alcance é o fruto para o qual contribuem as experiências de aprendizagem e formas múltiplas de conteúdos que devemos aprender e interiorizar. No uso da linguagem comum (e inclusive científica), ao empregar cada um desses termos, damo-nos conta de que são multivalentes e que, portanto, inevitavelmente pensamos com clara ambiguidade. Não somente empregamos uma linguagem imprecisa, como as opções para usá-la dependem de um determinado contexto de valores que trazem consigo e preservam sua própria história.

O conceito de competência é bastante preciso no campo do qual procede e no qual se fixou – o mundo da formação – e produz muitos problemas quando o transferimos a outros campos mais complexos. A educação é mais complexa do que o conceito de competência pode significar. A não ser que a formulação das competências seja tão geral e abrangente que as convertamos em uma maneira de reescrever os fins ou objetivos da educação. Assim, por exemplo, o que há de novo em dizer que a área curricular da linguagem era chamada de língua, com as seções dedicadas à linguagem oral (falar e escutar) e à escrita (ler e escrever), enquanto hoje ela se chama Competência Linguística?

Se a introdução do conceito de competência supõe a intenção de transcender e ir além de aprender conteúdos não integrados, adotá-la como um método para tudo (formular o currículo, programar seu desenvolvimento, avaliar seus efeitos, formar os professores, etc.) é uma transferência exagerada que traz sérios inconvenientes (GIMENO SACRISTÁN et al., 2006).

Em sua origem, o conceito de competência e seu uso estão estreitamente ligados ao mundo da formação de trabalho e empresarial, de onde foram exportados para outros contextos, como a educação e, hoje, o tratamento do currículo. É um conceito plural (competência, para quê?) que está sendo reelaborado. Seu resgate tem sido em todo o sistema educacional, com pequenas nuances segundo os níveis do sistema. Nas universidades, vem sendo empregada a definição de perfis profissionais das diferentes carreiras ou titulações. Uma concepção rígida e burocrática desconhecedora dos limites das competências tem guiado a aplicação do modelo de educar por competências de forma uniforme a estudos muito diversos, desde as Engenharias até a Literatura; uma aplicação que poderíamos dizer ser contra a natureza em muitos casos. Não somente é necessário conhecer os limites epistêmicos do conceito, dada a dificuldade de universalizá-lo, mas também é preciso saber os interesses que o conceito traz consigo e que se projetam no uso que se faz dele.

Barnett (2001, p. 108) afirma que o uso desse novo vocabulário na educação superior (habilidades, vocações, transferível, competência, resultados, aprendizagem experiencial, capacidade e empresa, etc.) evidencia que a sociedade moderna está realizando uma nova definição do conhecimento e do raciocínio. É sintomático o fato de que as definições tradicionais do conhecimento já não são consideradas adequadas para os problemas da sociedade contemporânea. Esse vocabulário não é um mero adorno de uma nova moda (que, por outro lado, não contribuiria com nada de novo), mas representa uma mudança epistemológica no caráter do próprio conhecimento, do que na universidade se considera como conhecimento e fins valiosos, desvalorizando outros conhecimentos que não coincidem com os interesses dominantes.

Nos níveis não universitários, as competências estão sendo utilizadas como um procedimento para regular e controlar os objetivos e conteúdos mínimos do currículo exigido de todos, como um guia para ordená-los a partir de uma lógica distinta à dos agrupamentos das matérias, disciplinas ou áreas tradicionais, assim como para orientar as atividades de ensinar--aprender. A regulação se realiza por meio das prescrições escritas correspondentes impostas a todo o sistema e aos fabricantes dos textos escolares; prescrições que poderão ser pouco eficazes, pois, como veremos, as competências precisam considerar outros elementos além das informações e das sugestões que os materiais curriculares podem conter. O controle por competências buscará nas avaliações que os professores realizam o reflexo dos resultados dos processos de ensino mais fáceis de ver, uma comprovação difícil de fazer devido à falta de experiência na cultura profissional dos docentes nessa linha de atuação. O controle externo do sistema baseado em competências proporciona indicadores para realizar e aplicar as provas correspondentes, as quais unicamente conseguem diagnosticar aspectos parciais das competências devido às limitações dos instrumentos e métodos possíveis de aplicar. Hoje, órgãos como a OCDE ou a UE são os que estão propiciando esse enfoque.

O que a competência tem de específica?

A polissemia do conceito exige que cheguemos a um acordo sobre o significado que vamos lhe dar. Das múltiplas versões de competência que tem se dado, mencionaremos algumas significativas. a) Referindo-se ao ambiente profissional, entende-se que a competência é "a capacidade dos indivíduos de aprender a realizar atividades que exijam planejamento, execução e controle independentes" (segundo a Federação Alemã de Empresários de Engenharia, de 1985). A competência alude ao conjunto de conhecimentos, destrezas e atitudes necessárias para exercer uma profissão ou um trabalho concreto. b) Referindo-se às ações do ser humano, a competência é um saber atuar em determinadas situações de acordo com um padrão determinado. c) Baseando-se em seus componentes, em outras ocasiões se refere à capacidade de mobilizar recursos cognitivos para enfrentar um tipo de situação, o conjunto de atitudes, destrezas, habilidades e conhecimentos exigidos para executar determinadas atividades produtivas. Concebe-se como um aglu-

tinado de conhecimentos e destrezas relacionadas para atuar de forma eficaz no alcance de um objetivo.

Estamos nos referindo a um saber que se converte em ações, na capacidade de atuar em contextos reais, o que não se reduz ao saber ou ao saber-fazer, que se mostra na tomada de decisões, como reação a demandas, como o desempenho de ações. O distintivo da competência e do sujeito competente é a atuação, o conhecimento dinâmico que exige educação, experiência e atitudes apropriadas para colocar tudo isso oportunamente no desencadeamento da ação. O essencial não é que se possua determinados conhecimentos, mas o uso que fazemos deles integrados coerentemente em uma ação eficaz.

Sob tal concepção da competência, esse conceito pode ser útil para elaborar um currículo que tenha que tomar decisões no mundo real das profissões ou atividades de certa complexidade da vida cotidiana. Sem dúvida, é certo que, nesse sentido, todas as pessoas esperam que o piloto do avião em que viajam seja o mais competente possível, como pedirão o mesmo do cirurgião que vai lhes operar ou do bombeiro que precisa apagar um incêndio.

Entretanto, há um abismo de significados entre pedir aos alunos e desejar que consigam competências voltadas à ação, mas referentes ao currículo padronizado. Ser competente em geografia não apenas significaria saber seus conteúdos, mas saber e atuar nos contextos onde ela possa estar envolvida e preparar o aluno para que saiba projetá-la. Como pensar que é possível lançar esse desafio aos professores, os quais, ao agir, não podem dar saltos no vazio com suas concepções sobre a educação ou nas tarefas com as quais a educação se desenvolve? Se as competências são dignas de serem levadas em conta para a elaboração e o desenvolvimento do currículo, elaboremos programas de pesquisa, apoiemos programas de inovação, mas não nos imponhamos via intervenção burocrática planejamentos que queiram reconverter os resultados da educação dessa maneira. Temos experiência de sobra sobre o fracasso desse tipo de reformas (GIMENO SACRISTÁN et al., 2006).

Os desafios para configurar um currículo que dê respostas às demandas da sociedade atual não exigem instrumentos tão sofisticados. Necessitamos de sujeitos bem-educados para que sejam competentes desempenhando funções de trabalho, sendo bons cidadãos, competentes para descobrir a manipulação, lutar pela justiça, defender o patrimônio artístico, etc. Não são metas o que nos falta, nem desconhecemos os caminhos para avançar até elas.

NOTA

1 Os indicadores que estão sendo consolidados na Espanha, de acordo com as políticas de convergência com a União Europeia e as propostas da OCDE, são os seguintes:
Indicadores referentes ao contexto econômico, social e educacional da população.
Indicadores sobre os recursos.
Os números referentes à escolarização.
Processos educacionais.
Resultados dos alunos.
Indicadores de resultados.
Rs3. Competências-chave aos 15 anos.
Rs3.1 Competências-chave aos 15 anos em leitura.
Rs3.2 Competências-chave aos 15 anos em matemática.
Rs3.3 Competências-chave aos 15 anos em ciências.
Rs5. Distorção idade/ano.
Rs5.1 Distorção idade/ano dos alunos da educação obrigatória.
Rs5.2 Alunos repetentes.
Rs6 Evasão escolar prematura.
Rs7 Taxas de graduação.
Rs7.1 Taxa bruta de graduação em educação secundária obrigatória.
Rs7.2 Taxas brutas de graduação em educação secundária pós-obrigatória.
Rs7.3 Taxas brutas de graduação em educação superior.
Rs7.4 Títulos superiores em ciências, matemática e tecnologia.

REFERÊNCIAS

BARNETT, R. *Los límites de las competencias*. Barcelona: Gedisa, 2001.

BATESON, G. *Una unidad sagrada*: pasos ulteriores hacia una ecología de la mente. Barcelona: Gedisa, 1999.

BIGGS, J.; COLLIS, K. *Evaluating the quality of learning*: the SOLO taxonomy. New York: Academic Press, 1982.

DEWEY, J. *Democracia y educación*. Madrid: Morata, 1995.

FOUCAULT, M. *Vigilar y castigar*: nacimiento de la prisión. Madrid: Siglo XXI de España, 1976.

GIMENO SACRISTÁN, J. *La educación que aún es posible*: ensayos acerca de la cultura para la educación. Madrid: Morata, 2005.

GIMENO SACRISTÁN, J. et al. *La reforma necesaria*. Madrid: Morata, 2006.

ORGANISATION FOR ECONOMIC CO-OPERATION AND DEVELOPMENT. *Teaching and learning international survey*. Paris: OECD, 2009.

STENHOUSE, L. *Investigación y desarrollo del curriculum*. Madrid: Morata, 1984.

WILLMANN, O. *Teoría de la formación humana*. Madrid: CSIC, 1948. t. II.

O currículo em ação: as tarefas de ensinar e aprender – uma análise do método

Rosa M. Vázquez Recio
J. Félix Angulo Rasco
Universidade de Cádiz

> O método equivale a dizer "ordem".
> (TITONE, 1976, p. 465)

INTRODUÇÃO

Uma das definições de currículo que mais tem nos guiado em nossos respectivos trabalhos e atuações educacionais é, sem dúvida, a definição de Stenhouse (1987), quando afirmou que um projeto curricular são duas coisas: uma nova maneira de entender o conhecimento e uma nova maneira de ensiná-lo. Recordar essa frase em um momento no qual o conhecimento tem sido praticamente esquecido e substituído pelas chamadas competências, agregando, além disso, a questão do método de ensino, não deixa de ser no mínimo paradoxal. Porém, sem dúvida, não seremos nós que deixaremos de nos espantar, nem evitaremos notar os paradoxos nos acontecimentos que estamos vivendo. Mas a razão principal de mencionar tal definição se encontra no fato de que, nela, Stenhouse, com a simples e elegante perspicácia que sempre teve, assinalou o que talvez sejam as duas grandes questões que qualquer educador e docente disposto a trabalhar com um currículo e não somente com livros didáticos tem de enfrentar: o caráter versátil do ensino e a previsibilidade deste.

O ensino tem muitas formas de ser concretizado na realidade das aulas. Nesse sentido, é fácil encontrar em referências bibliográficas ou notar em conversas que os docentes mantêm em sua prática diferentes modelos e métodos de ensino que guardam entre si uma estreita relação. Desde as concepções vinculadas ao ensino pela leitura/transmissão baseada em um modelo de conduta no qual o docente e seu homônimo, o livro didático, constituem-se na única fonte de conhecimento válida e no único responsável pela gestão da aprendizagem dos alunos (esse somente precisa memorizar e demonstrar o que aprendeu mediante a reprodução daquilo que foi explicado pelo docente de forma lógica) aquelas concepções nas quais a comunicação entre os sujeitos envolvidos (entre docentes e alunos e entre alunos) desempenha um papel-chave nos processos de construção do conhecimento, nas quais o docente assume um papel mais versátil e os alunos assumem maiores parcelas de responsabilidade e compromisso pela sua aprendizagem.

Reconheçamos ou não – segundo a posição extrema na qual nos situamos –, o ato educacional, como um ato de comunicação intrinsecamente social, está cheio de incerteza e imprevisibilidade, traços inerentes a toda ação humana (ANGULO RASCO, 1989). Ainda que exista certo grau de previsibilidade na vida social, o que nos permite fazer planos e projetos que fogem do caráter episódico ou momentâneo e porque "a capacidade de planejar e de nos comprometer em projetos de longo prazo é condição necessária para dar sentido à vida" (MACINTYRE, 1987, p. 134), precisamos ser conscientes da "onipresente imprevisibilidade da vida humana, que também faz com que todos nossos planos e projetos sejam permanentemente vulneráveis e frágeis" (MACINTYRE, 1987). Essa condição da ação revela que os docentes, longe de serem sujeitos passivos, refletem e interpretam de maneira abrangente tanto o contexto da ação como ela própria.

Entretanto, o reconhecimento do caráter não previsível da prática de ensinar obedece também a uma maneira de entender não somente o ensino, mas também a ação humana que só muito recentemente foi admitida. Na realidade, pensar no ensino pressupõe a busca de padrões fixos de atuação. A metodologia didática, como veremos na seção seguinte, afinal de contas, não é outra coisa senão a busca de procedimentos explícitos, "transferíveis" e reconhecíveis de agir no ensino e na classe (HAMILTON, 1981, 1989, 1991, 1999).

Então, podemos mesmo assim falar de métodos de ensino sem cair na prescrição, sem nos deixar levar pela uniformidade? Acreditamos que sim, mas temos de aceitar que as opções metodológicas sempre implicam uma tomada de decisão a respeito da própria prática, que exigem a análise reflexiva que o docente realiza em relação à opção metodológica e na qual seu conhecimento teórico e prático tem um papel-chave.

Mas, antes de aprofundar essa ideia, gostaríamos de fazer uma revisão breve de algumas das tentativas de classificação dos métodos de ensino mais importantes.

A CLASSIFICAÇÃO IMPOSSÍVEL

Classificar tendências no campo da educação é, evidentemente, uma atividade complicada. Em algumas ocasiões, nos movemos com certa leveza conceitual que muitas vezes torna impossível o entendimento do sentido que embasa a mesma classificação. Entretanto, a tenacidade com que temos procurado formas de classificar os métodos de ensino não deve nos surpreender; à luz de nossa história, parece coerente possuir uma espécie de tabela periódica dos métodos para poder utilizá-los segundo a situação convenha e em razão de suas propriedades intrínsecas. Uma das primeiras classificações é a que Renzo Titone realizou em sua época; uma classificação que perdurou no desolado panorama pedagógico da época. Segundo Titone (1976, p. 464), "[...] a ação docente deve ser submetida a determinadas condições e leis que possam garantir sua eficácia. Esse controle tem validade e segurança por se apoiar nos ditames da ciência e da prudência". Que condições ou regras são essas? Não é fácil responder a essa questão que o mesmo autor coloca, pois, em seu manual, que foi o livro de cabeceira sobre didática por muito tempo, não fica clara a razão das distintas classificações e muito menos seu valor teórico. Desse modo, o autor diferencia quatro métodos: métodos lógicos, modo de ensino, formas de ensinar e procedimentos de ensinar[1].

Encontramos outras duas tentativas de classificação no trabalho também pioneiro de Joyce e Weils (1980)[2], e no trabalho posterior de Aebli (1995). Se Titone foi um texto utilizado com satisfação na Espanha, o texto de Joyce e Weils (1980)[3] é, deixando de lado as distâncias ideológicas, sua contraparte no mundo anglo-saxão. Um trabalho desenvolvido – ampliado – foi publicado por Nuthall e Snook (1973) no *Second handbook of research on teaching*[4]. Joyce e Weils (1980) classificam os métodos em quatro famílias (de processamento da informação, de personalidade, sociais e de condutas), com seus respectivos métodos concretos. A título de ilustração, para a família "personalidade", os métodos concretos são: ensino não diretivo, sinética (desenvolvimento da criatividade), conscientização e reunião de classe (saúde mental por meio da dinâmica de grupos).

Ainda que a classificação de Joyce e Weils seja, *prima facie*, muito mais ajustada que a de Titone, não é isenta de problemas. Um dos seus problemas mais evidentes é a mistura de distintos níveis conceituais. Assim, por exemplo, o desenvolvimento cognitivo parece mais um acontecimento que uma metodologia, e podemos dizer algo parecido do pensamento indutivo, ao qual pode ser aplicado de forma mais correta a aprendizagem por descobrimento, como Nuthall e Snook (1973) assinalaram. Já Aebli (1995) publicou outra classificação das metodologias de ensino. Sua proposta não é meramente descritiva; primeiro porque, como a linha de apoio de seu livro indica, trata-se de uma classificação baseada na psicologia, e segundo porque sua convicção psicológica se encontra próxima da psicologia genética. Não é, pois, uma recompilação como tal, mas um marco para o ensino. Aebli inclui três dimensões: os meios de ensino, a estrutura de ação e as funções no processo de aprendizagem. Cada uma delas desenvolve diferentes métodos didáticos. Assim, a título de ilustração, os meios de ensino contemplam os métodos de narrar e referir, mostrar, contemplar e observar, ler com os alunos, escrever e redigir textos.

Parece, observando a proposta anterior, que a pretensão do autor não está em propor metodologias, mas em combinar estratégias claramente práticas que possam ser empregadas pelos docentes. Além disso, se analisamos com atenção o que o autor denomina métodos didáticos – meios – daremo-nos conta de que se trata de um tipo de atuação normalizada nas escolas; também sendo estendida às estruturas e funções. O ponto distintivo é, aqui, como dizíamos antes, o psicológico: a psicologia genética que embasa cada uma das estratégias quando o autor passa a explicá-la em detalhes[5].

Por fim, não gostaríamos de deixar de lado o que poderia ser considerada a última tentativa de classificação. Referimo-nos ao trabalho de Oser e Baeriswyl que aparece na quarta edição do *Handbook of research on teaching*. Os autores oferecem uma distinção que deve ser levada em conta. Em vez de falar diretamente de metodologia do ensino, eles utilizam a expressão coreografia de ensino; um conceito que tomam emprestado da dança. Para os autores, existem dois níveis de ensino. Um explícito – pode ser visto – que compreende as ações dos docentes, suas improvisações e adaptações às demandas da aula. O outro nível é o denominado modelo básico, que consiste daquelas concatenações de operações ou grupos de operações que são necessárias para cada aprendiz e que não podem ser substituídas por qualquer outra. Essas concatenações são determinadas pelas regras da aprendizagem psicológica e pelo tipo de objetivo a ser alcançado são hipóteses sobre os processos de aprendizagem da criança que estimulamos ou apoiamos com estruturas visíveis. Esse "modelo básico", tal como os autores denominam, é invisível e somente pode ser inferido pelo próprio aprendiz. Não obstante, dito assim, parece mais um processo psicológico individual – pertence aos alunos – do que um componente substancial da metodologia de ensino.

Portanto, não é preciso se empenhar muito para ver que qualquer um dos exemplos de modelo básico pode ser perfeitamente explicitado e isso não impede que os docentes mantenham o grau de liberdade prática em sua aplicação, que os autores corretamente reconhecem. Outra questão que queremos analisar são as consequências da construção de conceitos, solução de problemas ou qualquer outro dos modelos que assinalam. Consequentemente, é necessário nos aprofundarmos na psicologia do aluno, mas isso não tem relação direta com o modo de entender o ensino e classificar as metodologias possíveis.

Concluindo, conforme o autor no qual nos basearmos, encontrar-nos-emos com classificações distintas e além do fato de que algumas estratégias se repetirão em uma ou outra taxonomia que adotarmos, o certo é que talvez necessitemos empregar outros parâmetros que, sem ter de retornar às classificações, permitam-nos entender a prática educacional e sua relação com o currículo.

ESCLARECIMENTOS SOBRE OS NÍVEIS DE ANÁLISE

A literatura sobre o pensamento docente (ANGULO RASCO, 1999) tem nos mostrado que a unidade básica de pensamento sobre a prática de ensino para os docentes é a tarefa, ou seja, a atividade. As tarefas, como assinalou Gimeno Sacristán (1988, p. 261), são microcontextos de aprendizagem: "mudando as tarefas modificamos os microambientes de aprendizagem e as possíveis experiências dentro deles".

As tarefas são o tipo de atividade que os docentes selecionam e preparam para criar com os alunos um ambiente de aprendizagem; ou seja, um contexto de aprendizagem. Porém, as tarefas marcam pautas de atuação que, por si sós, não têm sentido, ao menos que as relacionemos com o que podemos considerar estratégias metodológicas. Tais estratégias correspondem a alguns dos "métodos" incluídos nas classificações anteriores. Por exemplo, trabalhar em grupo, realizar um experimento, fazer um relatório, são tarefas que existem porque se encontram legitimadas por uma metodologia docente, como se fosse uma visão global sobre o ensino, a educação e a aprendizagem. É a metodologia que se conecta com o currículo para colocá-lo em ação e para realizá-lo em cada uma das tarefas que os alunos elaboram durante um determinado curso de ação. Explícito ou implícito, o enfoque metodológico está sempre presente.

Agora, podemos retomar e recontextualizar as ideias de Oser e Baeriswyl. Um enfoque metodológico é um marco de atuação que os docentes selecionam para organizar seu trabalho e, o que é mais importante, a atuação dos alunos. Ao ser um marco, não pretende estipular de forma concreta aquilo que cada docente deve fazer em aula. Ele orienta a prática educacional e o ensino, mas não os prescreve de forma mecânica. Na verdade, serve como um marco para escolher as estratégias e, com isso, o tipo de atuação dos alunos. Por sua vez, o enfoque metodológico deve ser coerente com o currículo, ou seja, com a concepção do conhecimento cultural inscrito nele; ainda que também com a ideia de aprendizagem, desenvolvimento, socialização e valores que os docentes tenham.

Ao contrário, então, do que Oser e Baeriswyl indicavam, o explícito é justamente as estratégias e as tarefas, sendo quase sempre implícito o enfoque metodológico que o docente adota. Por outro lado, a coreografia se mantém no sentido que Stenhouse (1987) também dava ao currículo, vendo-o como meio para a arte de ensinar. Se, como assinalam Oser e Baeriswyl, currículo e metodologia são os elementos-chave da coreografia ou o roteiro da obra de teatro, como enfatiza Stenhouse (1987), a prática docente é a atuação docente, é a arte de ensinar (Figura 16.1).

Levando essas ideias em conta, selecionamos uma série de concepções metodológicas, as quais têm um forte caráter pragmático: o ensino para a compreensão,[6] o estudo de caso e a narração. Nossa seleção não cobre todas as opções possíveis, mas acreditamos que tenhamos conseguido descrever algumas das mais importantes que podem ser encontradas atualmente. Vamos nos deter nelas a seguir.

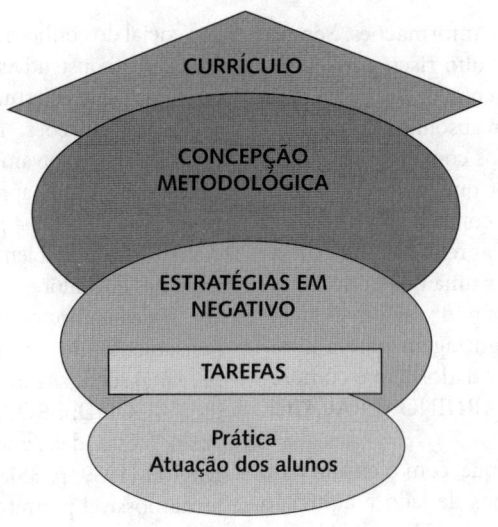

Figura 16.1 Do currículo à prática.
Fonte: O autor.

A tarefa de ensinar para a compreensão

A busca da compreensão ou a preocupação com ela tem sido um tema central no desenvolvimento do pensamento filosófico: "o objetivo da filosofia não pode ser alcançado somente por meio do conhecimento, e sim com uma melhor compreensão" do mundo, das ideias e dos acontecimentos, lembra-nos Mason (2003, p. 1)[7]. Mas essa busca também é um elemento – não isento de controvérsia – de análise sociológica e etnográfica, ao menos se nos basearmos em Weber (1969). Na educação, afirma Perrone (1998), a compreensão possui também uma história importante e reconhecida desde os tempos do movimento progressista na educação feito por John Dewey até sua extensão nos projetos educacionais[8] e curriculares dos anos de 1960 de Bruner (1972, 1988) e sua revitalização no Projeto Zero (1988 – 1989)[9] da Universidade de Harvard, feito por Howard Gardner, David Perkins e Vito Perrone (PERRONE, 1998; STONE WISKE, 1998a, 1998b).[10]

O ensino para a compreensão se converteu em um projeto curricular e educacional por si só, que teve – inicialmente – uma duração de cinco anos, voltado para o ensino de história, matemática, ciência e inglês. Contudo, com o passar do tempo, os âmbitos e os exemplos têm se ampliado de forma considerável[11].

a. *O que chamamos de compreensão e ensinar para a compreensão?*

A compreensão[12] não é meramente a "aplicação de rotinas a uma situação" nem a aquisição e expressão consequente de aprendizagens por memorização, listas de termos e outros conjuntos de informação e dados. A compreensão – assinalam – relaciona-se com o pensamento e, por isso, ela pode ser considerada a "habilidade para pensar de forma flexível com o que se conhece". Ela não tem a ver com a utilização de estruturas mentais rígidas para "pensar" e decidir, mas com a capacidade de sintonizar e dialogar com os problemas empregando o conhecimento e a experiência prática que já possuímos (SCHÖN, 1983, 1987).

Para nos situar no tema e acompanhar o trabalho de Doyle (1983), a compreensão dos alunos não tem a ver com as típicas tarefas de memorização de dados ou informações, nem com a aquisição de certas rotinas concretas ou com a mera expressão de "opções pessoais". A compreensão é um processo complexo que não pode ser delimitado nem encaixado em procedimentos concretos ou alcançado por meio da acumulação de informações. Sempre envolve ambiguidade e alto risco em seu desenvolvimento, e isso acontece porque não há respostas concretas nem absolutas, como, tampouco, não há perguntas convergentes. Nesse sentido, podemos dizer que "a aprendizagem para a compreensão é como a aprendizagem de uma atuação, como aprender a improvisação do *jazz* ou a manter uma boa conversa. A aprendizagem de dados pode ser um elemento crucial para a aprendizagem para a compreensão, mas aprender dados não é compreender" (ACTIVE LEARNING PRACTICE FOR SCHOOL, 200?).[13]

Isso não quer dizer que, com o ensino para a compreensão, deixemos de lado a aquisição de fatos, dados e informações. Na realidade, durante o processo de compreensão, o aprendiz não somente emprega e utiliza de modo flexível os conhecimentos prévios na situação nova, mas também adquire novos conhecimentos. Trata-se de que, com a compreensão, o aprendiz seja capaz de entender a nova situação em suas diversas dimensões e implicações, captando os elementos básicos desta e conectando-os de forma coerente com o conhecimento prévio, buscando uma solução viável para o problema – caso se trate disso – construindo um argumento ou elaborando um produto.

Gardner (1991) assinalou que nas escolas se costuma maximizar a aquisição de resultados de memorização, rituais ou convencionais: "tais resultados são produzidos quando os estudantes respondem simplesmente vomitando os novos dados, conceitos e conjuntos específicos de problemas que lhes foram ensinados" (GARDNER, 1991, p. 24). Ao contrário, no ensino para a compreensão, os alunos desenvolvem sua própria compreensão aprendendo novos conhecimentos. Porém, para isso, é necessária uma abordagem diferente, muito mais indireta e prática: a criação de condições e ambientes que permitam a criação de compreensão por parte do aprendiz (ANGULO RASCO, 2005a, 2005b).

Todas essas ideias que estamos expondo se vinculam também às perspectivas de aprendizagens afins, tais como a teoria da construção social do conhecimento, a aprendizagem situada e o construtivismo. "Como educadores, queremos que os estudantes não somente retenham informações, mas também desejamos que eles desenvolvam uma compreensão profunda sobre o que aprenderam. Queremos que se tornem cientistas, pensadores críticos, solucionadores de problemas e que adotem decisões baseadas em valores. Se almejamos esses objetivos, necessitamos ensinar com maior ênfase no pensamento de ordem elevada (*higher-order thinking*) sobre as implicações do que foi aprendido" (GOOD; BROPHY, 1997, p. 399). Relativizando essa ideia, e seguindo Brown, Collins e Duguid (1989, p. 35), "o aprendiz cognitivo se torna possível permitindo aos alunos a aquisição, o desenvolvimento e o uso de ferramentas cognitivas em domínios de atividades autênticas. Aprender, fora e dentro da escola, contribui para a interação social colaborativa e a construção social do conhecimento".

b. *Elementos-chave da tarefa de ensinar para a compreensão*

A ideia de ensinar para a compreensão se apoia em uma série de elementos-chave que, sob esse enfoque, pretendem dar respostas às questões típicas e básicas de todo processo de ensinar. Assim, os elementos são: a) tópicos generativos, b) objetivos de compreensão, c) atuações de compreensão e d) avaliação contínua. A cada um desses elementos, correspondem as questões: o que deveríamos ensinar? Qual é uma compreensão valiosa? Como ensinar para a compreensão? E, por fim, como os docentes e os alunos podem conhecer o que foi compreendido e como podem desenvolver uma compreensão mais profunda, respectivamente (ACTIVE LEARNING PRACTICE FOR SCHOOL, 200?). Vejamos cada um deles[14]:

- *Tópicos generativos*. Os "tópicos generativos" (*Generative Topics*) são questões, conceitos, temas e ideias que possuem suficiente profundidade, significância, conectividade e variedade de perspectivas para apoiar o desenvolvimento da compreensão dos alunos.

- *Objetivos de compreensão.* Os objetivos de compreensão indicam, com clareza, o que se espera que os alunos compreendam. Com os objetivos, definem-se de um modo muito mais específico as ideias, os conceitos, os processos, as relações e as questões que serão parte do processo de indagação que permite e gera a compreensão.[15] Logo a seguir, mostraremos um exemplo.
- *Atuações de compreensão.* As atuações de compreensão são, sem dúvida, o elemento-chave, pois elas constituem as experiências de aprendizagem na qual o estudante desenvolverá e colocará "em funcionamento" sua própria compreensão. Em outras palavras, nas atuações de compreensão, os alunos aplicam o conhecimento a situações específicas e variadas de tal maneira que tenham que ir além do que lhes é conhecido e das informações que possuem. Essas atuações devem apresentar as seguintes características: a) que o estudante use o que conhece em situações novas e de maneira inovadora, b) que lhes ajudem a construir e demonstrar sua compreensão e c) que exija que o estudante mostre sua compreensão de uma maneira apreciável. Por outro lado, as atuações de compreensão podem ser, a princípio, tão variadas quanto a imaginação dos docentes e a determinação dos alunos permitirem.
- *Avaliação contínua.* A avaliação da compreensão dos alunos deve ser um processo muito distinto da administração de qualquer tipo de provas ou exames com lápis e papel. Para que a avaliação promova a compreensão "é necessário informar os alunos e os docentes do que os primeiros compreendem e de como proceder subsequentemente ao ensino e à aprendizagem" (ACTIVE LEARNING PRACTICE FOR SCHOOL, 200?). Trata-se tanto de um processo interativo entre docente e aluno como de um ambiente de aprendizagem que promove a reflexão sobre o trabalho e a atividade realizada, um debate e uma discussão com os alunos de forma individual e com outros grupos de trabalho.

O estudo de caso: outra forma de ensinar e de narrar

O estudo de caso representa, sem dúvida, uma mudança de abordagem na formação dos professores e, consequentemente, no papel dos alunos nos processos de ensino e de aprendizagem. É importante ressaltar aqui que a mudança profissional "não tem tanto a ver com a educação formal recebida, e sim com a forma na qual as práticas dos professores que tivemos foram internalizadas" (WASSERMANN, 1994, p. 39). A partir dessas primeiras considerações, cabe se perguntar o que torna particular e único o estudo de caso, o que o diferencia de outros métodos também de natureza experiencial ou, preferindo-se, com sentido fortemente narrativo.

Delimitando o sentido do estudo de caso

Historicamente, o emprego de casos no ensino remonta ao final do século XIX, na Universidade de Harvard. Os casos eram o elemento central da formação de advogados e juristas; mas foi apenas no início do século XX que o estudo de caso começou a ser usado para a formação em distintos campos, tais como os da economia empresarial, medicina clínica, ciência e também educação (DOYLE, 1983; FREEMAN HERREID, 1994, 1997; MERSETH, 1996). Mas o que se entende por "estudo de caso"? Basicamente, ele significa o ensino baseado em casos. Esclarecer seu sentido exige nos situarmos no elemento que o delimita, isto é, os casos. Nas palavras de Wassermann (1994, p. 19-20), "os casos são instrumentos educacionais complexos que assumem a forma de narrativas[16]. Um caso inclui informações e dados: psicológicos, sociológicos, científicos, antropológicos, históricos e de observação, além de material técnico. Ainda que os casos se centrem em áreas temáticas específicas como história, pediatria, governo, direito, negócios, educação, psicologia, desenvolvimento infantil, enfermagem, etc., eles são, por natureza, interdisciplinares. Os bons casos se constroem em torno de problemas ou 'grandes ideias': pontos importantes de um tema que merecem uma análise a fundo. Em geral, as narrativas se baseiam em problemas da vida real apresentados a pessoas reais".

Há três elementos-chave nessa definição: a) os casos sempre incluem informações e dados, b) os casos se constituem em torno de problemas e/ou ideias complexas e amplas, e c) os casos têm um caráter narrativo. Começando pelo terceiro dos elementos, a narrativa é a via de conhecimento que nos coloca em contato com o mundo e a experiência humana. Nesse sentido, um caso sempre vem a ser constituído de acontecimentos, êxitos, situações reais ou recriadas a partir de fatos produzidos em algum momento. Como assinalam Naumes e Naumes (2006, p. 23), os casos representam um tipo especial de narração de contos (mais textual que oral). Seu caráter especial não reside na ficção (no sentido pleno de um conto ou uma fábula), mas em oferecer aos alunos uma imagem realista do mundo, carregada de estratégias para atuar na realidade social e cultural da qual participamos e fazemos parte de forma insolúvel. Por isso, é importante insistir na ideia de que os casos sempre envolvem acontecimentos reais, tangíveis, cheios de significação que, devido a seu caráter concreto, ajudam os alunos a alcançar uma visão conceitual e emotiva em relação ao tema de estudo. Essa abordagem direta da realidade na qual os alunos participam e vivem faz com que eles sintam o desejo de apre(e)ndê-la e compreendê-la.

Por outro lado, os casos são histórias com uma mensagem que sempre ensinam algo; não são simples relatos para entreter, como insiste Freeman Herreid (1997). Nesse sentido, o método do estudo de caso cumpre uma função didática e moral (ou de valor). Por essa razão, todo caso tem uma estrutura conceitual na qual os dados e as informações – estamos nos referindo ao segundo elemento da definição de Wassermann (1994) – guardam entre si uma lógica de argumentação. Essa estrutura abarca, de maneira compacta, o conjunto de elementos que devem ser extraídos a partir de uma análise reflexiva com a finalidade de aprender a partir do caso. Sua contribuição sempre permite viajar na definição dupla macro-micro, ou seja, podemos alcan-çar um conhecimento geral a partir de casos (exemplos) particulares e, por outro lado, também transferir conhecimentos gerais à análise reflexiva do particular. Com tudo isso, os alunos têm como alcançar um conhecimento abrangente e profundo da realidade estudada; um conhecimento guiado de forma interpre-tativa, pois, como assinala Gudmundsdottir (1998, p. 63), "os relatos nunca são meras cópias do mundo, como fotografias; eles são interpretações". Consequentemente, podemos dizer que o ensino baseado no estudo de caso se caracteriza por promover processos didáticos de caráter dialético.

Critérios para a seleção de um caso

Os critérios básicos para selecionar um caso são os seguintes (FREEMAN HERREID, 1997; WASSERMANN, 1994):

- *Que conte uma história*. Como já salientamos, um caso deve contar uma história na qual se relate uma experiência ou um acontecimento educacional.
- *Relevância pedagógica*. Um caso precisa possuir certo sentido educacional, de tal maneira que seja relevante em termos pedagógicos. A relevância se relaciona com a qualidade do caso e seu poder para estimular a reflexão sobre os acontecimentos e as ações educacionais.
- *Relevância temporal*. Ainda que um caso usualmente seja uma narração de uma ação, ele também deve possuir relevância histórica; ou seja, o que se narra deve possuir certa classe de relação e coerência com a temática (educacional) para a qual o caso está sendo utilizado.
- *Qualidade da história*. Sendo uma narração, um caso deve ter – também – qualidade como história contada. Isso

ocorre porque seu objetivo é comunicar – contar – uma história e o que ocorreu de tal maneira que não somente possa ser compreendida pelo leitor, mas que o ajude e provoque a reflexão sobre suas ações e seus próprios pensamentos.
- *Fontes realistas.* Um caso é um exemplo realista, conta uma história que aconteceu ou poderia ter acontecido. Nesse sentido, não é somente uma ficção ou uma fantasia; ainda que a forma narrativa possa envolver ou ressaltar aspectos emocionais.
- *Inteligibilidade-estrutura.* A estrutura do caso deve ser inteligível, de tal maneira que o leitor possa adquirir uma visão global do caso.
- *Valor social e empatia emocional.* Um caso envolve emocionalmente o leitor. Os valores subjacentes ao caso deverão se basear em critérios fundamentais, como a dignidade humana, a atitude crítica, o direito de aprender, a autonomia e a liberdade dos indivíduos, etc.
- *Dilemas.* Em geral, os casos não deveriam mostrar ou supor soluções únicas aos problemas, permitindo que o leitor ou a leitora reflita sobre as diferentes alternativas e os cursos de ação.

Tipos de caso

Existem diferentes tipos de caso e, ainda que a classificação mais utilizada seja aquela feita em relação à forma dos materiais que o compõem e enriquecem, acreditamos que é muito importante levar em conta a estrutura, a utilidade e o objetivo educacional do caso (NAUMES; NAUMES, 2006). Selecionamos a seguinte lista, bastante suscinta (Quadro 16.1):

Quadro 16.1 Tipos de caso

Documentos atuais	Esses casos podem ser obtidos de exemplos históricos ou também podem ser criados de forma hipotética (de acordo com temáticas e problemáticas reais) para seu uso em aula.
Escritas criativas	É possível criar dilemas para os estudantes, descrevendo uma situação voltada a um problema concreto que tenha de ser resolvido. O dilema, normalmente, surge no final da descrição do caso.
Audiovisuais	Podemos dispor de uma variedade de registros audiovisuais para contextualizar um problema que seja considerado um caso. Imagens, gravações e vídeos podem ser selecionados para mostrar tal problema.
Simulações	As simulações podem ser jogos de computador, mas também *role-plays* ou outras dinâmicas de grupo que representem a situação problemática.
Casos descritivos	O caso apresenta um conceito explicado ou desenvolvido por ele próprio. Esse tipo de caso é o mais completo e interessante.
Casos avaliativos	Exigem que o estudante comece a aplicar certa classe de teorias ou conceitos a fim de compreender o "caso". Costumam ser muito simples e breves.
Casos focados na decisão	São orientados para o uso de conceitos e fatos, para tomar decisões e criar planos de ação e intervenção. Colocam ao estudante uma situação que, além da compreensão da própria situação, exige o emprego de habilidades de análise.

Fonte: O autor.

A lista que acabamos de mostrar é, sem dúvida, analítica. Na prática da metodologia de casos podemos encontrar – e empregar – casos híbridos (p. ex.: uma combinação de diferentes tipos).

O registro e a elaboração de um caso

Como insistimos, um caso deve ser um exemplo "verdadeiro", um acontecimento narrado. Contudo, para escrever um deles, para relatar o que ocorreu, devemos colher informações e dados. As informações e sua diversidade são elementos-chave para a qualidade do próprio caso; para a qualidade educacional do registro de caso, tal como entendia Stenhouse (1987). Temos, pois, de prestar muita atenção à coleta de registros e dados. O ponto-chave se encontra na diversidade de fontes de informação que utilizaremos para o caso; fontes que serão empregadas pelos alunos quando o enfrentarem. Por isso, recomendamos o uso de imagens, documentos oficiais, outros textos – jornais –, fragmentos de narrativa (poesias, contos, etc.), filmes, vídeos, informações digitais (páginas da internet), entrevistas registradas, etc. Todas essas informações formarão, como dissemos, o caso (Figura 16.2):

Figura 16.2 Fontes para o caso.
Fonte: O autor.

Por outro lado, e quanto à estrutura, um caso pode empregar distintas estruturas. Uma delas poderia ser a seguinte (ANGULO RASCO, 2008):

a. *História do caso (o acontecimento):* cada caso ou acontecimento possui uma história que deve ser contada com detalhes.
b. *Ambiente macroecológico do caso:* os casos ocorrem em contextos físicos e organizativos concretos, que devem ser descritos.
c. *Ambiente microecológico do caso:* em certas ocasiões o caso ocorre em âmbitos muito específicos – como as salas de aula –, que também devem ser descritos com detalhes.
d. *Ambiente humano do caso:* em um caso estão envolvidas pessoas (mães, pais, amigas e amigos, docentes, etc.), com seus papéis e suas características próprias. Sua inclusão descritiva neste também é muito importante.
e. *Ambiente educacional-curricular do caso:* uma vez que o caso tem por objetivo ensinar, temos de incluir informações, dados, etc., relacionados com os conteúdos curriculares que os alunos terão de abordar.

Sugestões para "ensinar" com o estudo de caso

Wassermann (1994) indica que o melhor ponto de apoio para ensinar por meio da metodologia do estudo de caso é incluir uma série de perguntas críticas. A seleção de perguntas "boas" (críticas) ajudará os alunos a refletirem sobre o caso e a focar a temática do mesmo. Assim, perguntas críticas seriam: Do que trata o caso? Quem está implicado nele? Poderia ser elaborada uma hipótese sobre o que ocorreu, a partir dos dados e das evidências disponíveis?

Não obstante, não podemos esquecer que as perguntas devem ser claras em sua formulação e motivar o pensamento e a reflexão do estudante, sem que ele sinta qualquer imposição. De maneira alguma se trata de elaborar um questionário. Também temos de levar em conta que não existem "verdades" ou respostas únicas para os casos. As situações sociais e educacionais são suficientemente dilemáticas e complexas para que fujamos de soluções fechadas e simplistas. Fazer os alunos pensarem é um objetivo de enorme valor em si mesmo, e a metodologia de casos pode facilitar esse processo. A seguir, mostramos um exemplo singelo. Trata-se de um caso para a formação nos estudos de psicopedagogia (SUÁRES; ANGULO RASCO, 2007) (Quadro 16.2):

Quadro 16.2 Exemplo de caso

Em um IES rural se coletam informações sobre o contexto sociocultural e se detectam as seguintes variáveis:
- Em uma população de 250 alunos, 15% deles desconhecem seus pais, por terem sido abandonados.
- 20% dos alunos são imigrantes, principalmente romenos e marroquinos.
- As mães trabalham no setor de serviços fora de sua cidade (são basicamente faxineiras) e no setor agrícola.
- Os pais trabalham no setor de serviços, no setor agrícola e na construção, também em outra cidade.
- Estudo realizado na instituição de educação: a média de tempo dedicado ao estudo pelos alunos é de uma hora por dia. Nos finais de semana não se estuda.
- O corpo docente muda todos os anos. De um total de 24 professores, seis são permanentes.
- Treze alunos assistem à aula de apoio à integração, como alunos com dificuldade de aprendizagem.
- As estatísticas dos resultados acadêmicos mostram uma alta taxa de fracasso escolar em todas as áreas e nas diferentes sessões de avaliação, e o controle exige da orientadora medidas de melhoria perante tais resultados. *Que medidas proporias?*

Fonte: O autor.

Narrar: era uma vez...

> O homem é sempre um narrador de histórias; vive rodeado por suas histórias e as alheias, ele vê por meio delas tudo o que acontece e trata de viver como se a estivesse contando. (SARTRE, 1983, p. 53)

Desde nossa infância, vivemos e convivemos com narrativas ou relatos, e isso porque o ser humano – parafraseando Sartre – é um narrador *per se*. Quem jamais ouviu – ou contou – um conto, uma história ou uma fábula? Não nos sentimos persuadidos e cativados pelo texto narrado? Vencidos pela arte do conto, não aprendemos coisas devido ao fato de ele suscitar em nós, ao menos, uma tranquilidade, um sentimento, um pensamento ou uma reflexão? Como Issacharoff e Madrid (1994, p. 100) apontam,

> as narrativas são uma constante em todas as culturas. Não é necessário provar que existe – e sempre existiu – a necessidade de relatar e escutar contos, histórias, etc. As crianças não conseguem viver sem contos. E muitos adultos dedicam grande parte de seu tempo para contar e escutar histórias, sonhos, acontecimentos da vida cotidiana, descrever a experiência presente e a passada.

Fica evidente que a narrativa é um fato constatado e reconhecido em nossa vida cotidiana. Assim, cabe nos perguntarmos se o mesmo ocorre quando nos situamos na escola. Se, como McEwan e Egan (1998, p. 14) argumentam, "a narrativa é imanente ao discurso corrente e ao expressivo", a resposta seria afirmativa. Todavia, foi comprovado que esse reconhecimento explícito da narrativa no âmbito do ensino e a aprendizagem não tem ocorrido. Esse silêncio que omite – de forma intencional – a narração no saber pedagógico e na sua prática encontra sua razão de ser no entendimento de que a narrativa, por ser inerente a ambos os tipos de discursos – corrente e expressivo –, distancia-se do discurso da pedagogia canônica, a qual tem se nutrido do discurso positivista, tornando inconcebível a comunhão entre narração e conhecimento. Logicamente, com essa abordagem, não se consegue entender tal união, porque o único conhecimento que se admite como válido é o lógico-científico, próprio, por outro lado, das ciências naturais; um conhecimento, diga-se de passagem, que vem sendo utilizado para explicar não somente os fenômenos naturais, mas também os fenômenos sociais e as ações humanas. Essa desconfiança em relação à narrativa vem a ser a mesma que se mostrou em relação a outras fórmulas de expressão e recursos figurados, como a metáfora (VÁZQUEZ RECIO, 2002).

Com tudo isso, a narrativa nos é mostrada, em boa medida, como um assunto controverso e problemático, se o abordamos sob uma tradição pedagógica mais ortodoxa. Geralmente, a narração soa como expressão literária, de caráter estético e próprio da arte das letras. Todavia, e como a bibliografia recente vem demonstrando (BRUNER, 1994, 1997; EDWARDS; MERCER, 1987; JACKSON, 1991; MCEWAN; EGAN, 1998; MERCER, 1997; RICOEUR, 1995, 1996; WELL, 2001), a narração – bem como a linguagem em geral – extrapola a teoria literária. Cabe dizer que a narrativa assume uma importância teórica que excede qualquer explicação de tipo meramente literário. De fato, a narrativa e sua concretização expressiva, o relato ou a narração, constituem-se como objeto de estudo em diferentes disciplinas (Literatura, Linguística, Sociologia, Psicologia, Antropologia) (MCEWAN; EGAN, 1998), as quais nos permitem, pelas suas particularidades e diferenças, ter uma visão holística e abrangente do fenômeno narrativo. A tudo isso é necessário acrescentar – e é isso que justifica a importância de considerar a narrativa nas práticas de ensino e para elas –, que a narração está vinculada à vida ou à experiência humana; a narração é conhecimento e veículo expressivo da experiência humana. Nas palavras de Ricouer (1995,

p. 146), "a narração enquanto construção da trama (a história que se conta) é mimese das ações humanas [...] visto que a narração se origina na vida e retorna a ela". As ações humanas se tornam inteligíveis por meio da narração ou, dito de outra forma, as ações humanas permitem caracterizar a narrativa (MCINTYRE, 1987; RICOEUR, 1996). Por sua parte, a educação é vida, está repleta de vida e faz parte da vida dos sujeitos que se encontram imersos nos processos de socialização e aquisição de cultura. Portanto, a narrativa deve ter seu lugar e reconhecimento nos processos educacionais.

A objetivação da experiência humana se torna possível por meio do discurso narrativo, pois esse não somente relata fatos, ideias, atos, mas também ações, sonhos, desejos, emoções e sentimentos de quem narra sua vida. A narração sempre se realiza "da perspectiva da vida de alguém e dentro do contexto das emoções de alguém" (MCEWAN; EGAN, 1998, p. 10). Portanto, toda narração se mostra uma representação conceitual-dinâmica por meio da consciência de quem é artífice da história narrada. Isso é o que Bruner (1994, p. 37) denomina subjetificação. Por esse motivo, nunca pode haver duas narrações iguais: ainda que estas façam referência a histórias que se transmitem de geração para geração, a contribuição particular dada por cada sujeito já faz com que toda narrativa seja única.

Por outro lado, os sujeitos constroem e interpretam sua experiência mediante a criação de histórias ou narrações, nas quais os outros e suas histórias têm importante participação. O sujeito constrói sua identidade a partir da relação de alteridade que estabelece com o outro e/ou os outros, sempre em um contexto discursivo inserido em determinados referentes socioculturais compartilhados. Ao mesmo tempo, essa criação da narração vem a ser uma recriação da própria vida a partir da memória e das recordações, que não tem um caráter somente individual, mas também social (MIDDLETON; EDWARDS, 1992). Como diria Ricoeur (1998), é difícil e complicado não admitir e recorrer à memória coletiva no processo de constituição da narrativa como manifestação tangível de nossa identidade.

Nossa experiência individual e coletiva está cheia de significados que podem ser expressos e compartilhados com os outros graças à narração. A narração, ao transferir significados, cria e recria um sentido e um lugar nos quais um aspecto do real – ou da experiência humana – torna-se observável, visível, de uma maneira total para o próprio narrado e para os outros. E, sem dar lugar a dúvidas, esse fato faz parte insolúvel dos processos de ensino e aprendizagem.

A narração na escola: o sentido próprio do método narrativo

Uma vez que as últimas reflexões feitas permitem reconhecer que a narração não pode ficar fora das propostas da ação educacional, existem outras razões e circunstâncias que consolidam sua plena consideração. Indiscutivelmente, muito se relaciona com as mudanças que aconteceram no âmbito das ciências sociais como consequência do reconhecimento dado à investigação social e educacional, de cunho qualitativo-etnográfico-biográfico. Nesse sentido, "o tema da narrativa no ensino e na aprendizagem atualmente tem grande importância para a pesquisa de pedagogia em todo o mundo [...]. Além disso, esse tema começa a ter influência sobre a própria prática de ensinar" (MCEWAN; EGAN, 1998, p. 20).

Obras de referência como *La vida en las aulas*, de Jackson (1991), *El discurso en el aula*, de Cazden (1991) ou *El conocimiento compartido*, de Edwards e Mercer (1987), evidenciam que o discurso, nos diferentes formatos que pode adotar – por exemplo, a narração – é parte constituinte dos processos de ensino e de aprendizagem, os quais são intrinsecamente sociais. Assim, com um pouco de observação orientada, é possível constatar que a presença da narração – nosso foco de atenção – é um fenômeno mais frequente e comum do que se quer dar a entender por meio das posições mais tradicionais de ensino. O discurso em aula transcende os muros do discurso oficial do currículo e isso se dá porque os intercâmbios de comunicação nesse espaço social estão cheios de fatos, acontecimentos e representações, mas também de emoções, sentimentos e afetividade. E a narração é isso. Os processos comunicativos são permanentes e inerentes a todo processo de ensino e aprendizagem, pois isto é a linguagem, em seu sentido amplo e pleno. E sua presença pode ser afirmada quando, no ambiente escolar, atendemos às explicações que dão corporeidade aos conteúdos ou se estruturam no currículo, ou ao relato de um sucesso ou um acontecimento.[17] Segundo as palavras de Jackson (1998, p. 25), "na escola, os estudantes de todas as idades passam grande parte de seu tempo escutando relatos". O formato adotado pelo conhecimento que se coloca em jogo na aula em relação aos conteúdos, ainda que respeitando a estrutura de código elaborado, não é o mesmo que aquele que foi pensado pelo docente: esse "tem transformado seu saber sobre os conteúdos em algo diferente do que era, em algo que tem aplicação no ensino" (GUDMUNDSDOTTIR, 1998, p. 57).

Com base nessa consideração do saber pedagógico, utilizando as palavras de Shulman (GUDMUNDSDOTTIR, 1998, p. 52), o ensino somente pode ser entendido como uma ação interpretativa e reflexiva com a qual se busca dar vida ao currículo. Organizar um currículo que se considera desagregado ou organizar o que o docente sabe sobre o ensino somente é viável mediante processos de reflexão que lhe permitam tomar consciência do que tem de ser feito. Cada encontro reflexivo supõe uma interpretação narrativa distinta, uma vez que sua existência narrada está ligada à sua existência temporal e a um contexto que exige respostas diferentes a cada momento. Aceitar essa flexibilidade mental, expressa no formato narrativo, é uma maneira de reconhecer que os conteúdos não se mantêm com um caráter fechado e impermeável, mas que, ao contrário, estão dispostos a serem revisados e reformulados. O conhecimento transformado em narrativa permite, como relato que passa a ser, promover um pensamento narrativo, organizado e divergente nos alunos. E isso se dá porque "o ato de narrar desencadeia, por si só, uma atividade organizadora e ordenadora que exerce sua força esquematizadora sobre a mesma realidade à qual se refere" (BEGUÉ, 2003, p. 69). Enfim, o método narrativo não busca a verdade nem respostas corretas e precisas, mas a semelhança com a vida, como diria Bruner (1994), particularidade que já foi assinalada anteriormente. É esse vínculo com a vida, precisamente, que caracteriza o método narrativo.

Por outro lado, a narração cumpre, de uma maneira ou outra, uma função digamos didática que, seguindo a tradição medieval, nos permite falar dela como *exemplum*. Esse, no amplo sentido do termo e como é usado hoje, é entendido como um relato ou uma história, fábula, parábola ou descrição que pode servir de prova para apoiar uma explicação (LACARRA, 1986).[18] Uma função didática que traz consigo uma função moral ou de valor (PENDLEBURY, 1998), porque nossa narração – como compreensão interpretativa da realidade – é seletiva: "os valores e as narrativas são instrumentos de interpretação que constituem uma prática, mas também são uma perspectiva extremamente seletiva com a qual contemplamos o mundo que nos rodeia" (GUDMUNDSDOTTIR, 1998, p. 59).

Com essa abordagem, fica claro que o docente desenvolve seu ensino em chaves narrativas (as quais não são as únicas que entram em jogo no ato de ensinar). Entretanto, o simples fato de adotar esse formato não implica, por si só, que se complete o processo de ensino e aprendizagem. A aprendizagem é alcançada graças ao efeito combinado que se dá com as chaves narrativas dos alunos. Ou seja, para apreender o relato que o docente transmite, os alunos tiram partido de chaves de interpretação da mesma natureza, isto é, de caráter narrativo, sempre sobre pano de fundo de compreensão implícita da experiência própria e social. Somente desse modo o conhecimento pode chegar a ser compartilhado, porque, digamos assim, ambos "falam a mesma linguagem": a narratividade da experiência que se constitui por meio do uso da linguagem em atos de fala. Com tudo isso, a vida nas salas de aula é incorporada por meio das narrativas[19], as quais vêm a ser o elemento aglutinador da vida dos membros de uma cultura e serão o veículo para conservar os sentidos compartilhados. Tanto os docentes quanto os alunos, nesse processo compartilhado, colocam em jogo uma modalidade de pensamento de índole idêntica: o pensamento narrativo (BRUNER, 1994, 1997).

Essa forma de conhecimento, que se complementa com a modalidade paradigmática ou lógico-científica (BRUNER, 1994, p. 24),[20] garante a construção significativa da experiência, recriando-a a partir das representações da realidade guiadas de forma interpretativa. A narração confere uma estrutura e um significado à realidade, uma vez que incide nas representações internas, na visão e na imagem que a pessoa tem do mundo. Tais representações não têm valor de verdade nem de certeza absoluta, mas de semelhança com a experiência. As recriações resultam em mundos possíveis, que são mundos narrativos, por meio dos quais é possível tanto compreender a realidade de diferentes maneiras quanto comunicá-la e compartilhá-la com os demais (GUDMUNDSDOTTIR, 1998, p. 65). Ambos os processos exigem, para seu alcance – e para conseguir a construção de significados compartilhados –, um contexto comunicativo cujas pautas de relação e ferramentas culturais sejam reconhecidas por todos os narradores.

Elementos para estruturar uma narração (storytelling)[21]

Contar uma história requer, no mínimo, transmitir e converter relações e acontecimentos da vida cotidiana em ensaios, memórias, autobiografias, contos ou breves narrativas. Uma modalidade muito extensa se encontra em empregar meios digitais como suporte e meio de edição da história. Lambert recomenda levar em conta os seguintes elementos

estruturais, válidos não somente para as histórias digitais (*digital storytelling*):
  a. *Ter um ponto de vista.* O ponto de vista indica a relação que a história tem com quem a conta ou escreve.
  b. *Criar uma situação dramática.* É necessário indicar a origem da nossa história e tentar manter a atenção dos leitores aos quais a história se dirige.
  c. *Conteúdo emocional.* Conseguir o envolvimento emocional dos leitores.
  d. *Enfatizar a própria voz e complementá-la com imagens e música.*
  e. *Lembrar de usar uma variação de sons.*
  f. *Economia de meios.* Pode-se contar uma história de maneira efetiva com um número reduzido de elementos audiovisuais.
  g. *Tempo.* O sentido do ritmo e do tempo são elementos-chave em uma história.

O método narrativo (*storytelling*, "a arte de contar histórias") nos é apresentado como uma via para o ensino e aprendizagem que permite abordar o currículo a partir de chaves próximas às experiências dos sujeitos implicados no processo educacional. A narração vem a se constituir em um instrumento mental imprescindível para os processos de ensino e de aprendizagem. De alguma maneira, por sua própria constituição, podemos dizer que chega a ser uma forma de pensamento quando, com ela, não somente conseguimos oferecer informações do mundo, tanto próximo quanto distante, mas, sobretudo, estruturá-las e dotá-las de significação com base em uma descrição guiada de forma interpretativa. Dessa maneira, a narrativa nos é apresentada como a expressão de nossa forma de compreender o mundo, na qual estão inseridas as chaves de significação com as quais o interpretamos. Com nossas narrações estamos interpretando o mundo, e o fazemos sempre com base em uma estrutura conceitual que, por sua vez, leva-nos a criar e recriar o que já conhecemos. Não obstante, o método apresenta certas dificuldades, à medida que sua projeção adequada depende de vários fatores aos quais é necessário prestar atenção, tais como: o que é selecionado para ser contado, o contexto social dentro do qual se narra, as intenções e razões de quem relata, a competência da pessoa para narrar (Figura 16.3).

O amor entre a Parreira e o Eucalipto

Era uma vez uma casa no campo e ao redor dela uma parreira muito bela e coquete, ao lado de uma árvore muito alta sem folhas e quase sem galhos que vivia apaixonada pela parreira que nunca havia se dado conta dele.
As flores diziam ao Eucalipto:
- Não se magoe com ela!
Você tem de esperar que suas folhas e seus galhos cresçam.
A árvore lhes respondeu que faltava pouco para que suas folhas nascessem.
Imediatamente caiu a noite, e no outro dia estava ela cheia de folhas.
Mas não era suficiente para que a Parreira o notasse, ainda que estivessem frente a frente e que o Eucalipto estivesse belíssimo.
Uma noite, algumas pessoas malvadas se reuniram para cortar a Parreira, e o Eucalipto se deu conta daquilo que iriam fazer e disse:
- Lutarei por meu amor, não permitirei que a matem!
Assim o fez: começou a soltar de repente um poderoso odor, tão forte que a Parreira que estava dormindo se despertou; olhou para cima para saber de onde vinha esse odor tão forte, descobriu que era a árvore que sempre havia estado ao lado dela, olhou-a e se deu conta que ela também a amava.
O Eucalipto ficou tão feliz que não se deu conta de que os homens malvados lhe cortavam um galho, pois estavam surpreendidos com o forte odor da árvore e decidiram levar algo da árvore, se esquecendo da Parreira.
Assim o Eucalipto cumpriu a promessa de lutar por seu amor.
Diz a lenda que desde então o Eucalipto se enche de perfume e a Parreira, sem a necessidade de vê-lo, também o ama.

Autora: Constanza E. Núñez Bravo
7º ano da educação básica

Figura 16.3 Escola Básica Rural G-420 Santiago Buera. Los Perales de Marga-Marga Quilpué. Chile-2009.
Fonte: O autor.

NOTAS

1 Além das formas citadas, Titone revisa exemplos metodológicos como a Autoatividade, a Globalização do Aprendizado (A Escola de Decreoly), a Individualização (Escolas Primárias de Genebra), a Individualização de Grupos Heterogêneos (Plano Dalton) e a Socialização (onde a pedagogia personalizada e os métodos de Freinet se mesclam) (TITONE, 1976, p. 142).
2 Ainda que a primeira edição do livro seja datada de 1972, ele não é anterior ao de Titone, cuja primeira edição é datada de 1966.
3 A primeira edição é de 1972. O livro foi publicado em Castella em 1985.
4 Nuthall e Snook (1973, p. 49) fazem a distinção entre três modos dominantes: modelo de controle behaviorista, modelo de aprendizagem por descobrimento e modelo racional. Por falar nisso, vale a pena mencionar que anos depois do livro de Joyce e Weils, Gage (1978) publicou seu célebre *The scientific basis of the art of teaching*. As conexões são mais que evidentes.
5 Não podemos nos estender nesse ponto. Mas o trabalho de Ablei continua sendo muito recomendável.
6 Essa concepção metodológica também tem uma sólida base epistemológica, uma vez que se trata de uma concepção com forte conteúdo teórico (p. ex., está solidamente fundamentada nas teorias psicológicas, neurológicas, literárias e sociais).
7 Por exemplo, nos ilustres trabalhos de Gadamer (1977) e de Wittgenstein (2008).
8 Ver Torres (1994), onde se analisa exaustivamente o referido projeto.
9 O Projeto Zero era originalmente um instituto de pesquisa da Harvard Graduate School of Education centrado no estudo da cognição humana em uma ampla variedade de contextos. Martha Stone Wiske trabalhou como Gestora de Projetos até passar a liderar – praticamente – o movimento de ensino para a compreensão.
10 Outras fontes onde a compreensão se constitui em um tema-chave podem ser encontradas nos trabalhos de Doyle (1983) de Good e Brophy (1997).
11 Veja os exemplos dados na página da internet oficial do projeto: http://learnweb.harvard.edu/ALPS/tfu/index.cfm.
12 Grande parte do conteúdo sobre a compreensão foi tirada dos documentos elaborados pelo Grupo de Pesquisa L.A.C.E. para o Projeto Europeu titulado MoTFAL. Ver: Angulo Rasco (2005a, 2005b).
13 As referências obtidas na página da internet oficial do projeto serão citadas como (TfU).
14 Tirado de Angulo Rasco (2005a; 2005b). Ver também os trabalhos sobre o mesmo assunto em Stone Wiske (1998a).
15 Stone Wiske (1998b) indica que os objetivos de compreensão foram surgindo paulatinamente no próprio desenvolvimento do processo como uma das demandas dos docentes participantes. A autora enfatiza que, de maneira alguma, os objetivos de compreensão são objetivos de conduta ou os típicos objetivos formulados por meio de uma série de verbos como analisar, avaliar, etc.
16 Por isso, o assim denominado ensino de caso (*case teaching*) consiste em narrativas e descrições de ensino construídas especificamente para a formação docente.
17 Para Ricoeur (1986, p. 17), "um acontecimento não é somente um sucesso, algo que ocorre, mas também é um componente narrativo".
18 O *exemplum* aparece como uma modalidade da prosa medieval (também conhecida como prosa didática, os contos), ainda que Santo Ambrósio já falasse dele no século VI: "os exemplos persuadem mais que as palavras".
19 Essa abordagem exige uma concepção flexível da narração, indo além de uma caracterização estrutural do texto narrativo. Este também nos situa no âmbito da ação ou do ato humano. Desse modo, e segundo Gudmundsdottir, (1998, p. 54), "a narrativa é constituída por uma série de atos verbais simbólicos ou de conduta que se enlaçam com o propósito de contar a alguém que algo aconteceu".
20 Bruner (1994) estabelece esse caráter complementar entre ambas as modalidades de pensamento, mas insistindo que são irredutíveis entre si. "As tentativas de reduzir uma modalidade à outra ou de ignorar uma às expensas da outra inevitavelmente nos fazem perder a rica diversidade abarcada pelo pensamento" (1994, p. 23). A modalidade paradigmática do pensamento "se ocupa de causas gerais e de sua determinação, e emprega procedimentos para garantir referências verificáveis e para verificar a

verdade empírica. Seu âmbito é definido não somente pelas entidades observáveis, mas também pela série de mundos possíveis que podem ser gerados de forma lógica e verificados frente às entidades observáveis" (Bruner, p. 24).

21 Ver também os trabalhos de Lambert. Um exemplo de DST realizado pelos alunos de uma escola rural pode ser encontrado no caso *The birth of literacy. A case in primary School*, do projeto CaMOT, no seguinte endereço: http://www.camot.es/?q=node/319. O conto é denominado "Pinito, rei de Bolonha" e é a história – inventada – de um camaleão.

REFERÊNCIAS

ACTIVE LEARNING PRACTICE FOR SCHOOL. *Teaching for understanding*. [S.l]: ALPS, [200?]. Disponível em: <http://learnweb.harvard.edu/alps/tour/about.cfm>. Acesso em: 21 nov. 2012.

AEBLI, H. *12 formas básicas de enseñar*: una didáctica basada en la psicología. Madrid: Narcea, 1995.

ANGULO RASCO, J. F. Hacia una nueva racionalidade educativa: la enseñanza como práctica. *Investigación en la escuela*, n. 7, p. 23-37, 1989.

ANGULO RASCO, J. F. De la investigación sobre la enseñanza al conocimiento docente. In: ANGULO RASCO, J. F.; PÉREZ GÓMEZ, Á. I.; BARQUÍN RUIZ, J. *Desarrollo profesional del docente*: política, investigación y práctica. Madrid: Akal, 1999. p. 261-319.

ANGULO RASCO, J. F. *Guía de implementación MoTFAL*. [S.l: s.n], 2005a.

ANGULO RASCO, J. F. *Pedagogical Framework*. [S.l: s.n], 2005b.

ANGULO RASCO, J. F. *CaMoT*: the case method as a method to educate teachers: case method framework. [S.l: s.n], 2008.

BEGUÉ, M. F. *Paul Ricoeur*: la poética del sí mismo. Buenos Aires: Biblos, 2003.

BROWN, J. S., COLLINS, A.; DUGUID, S. Situated cognition and the culture of learning. *Educational Researcher*, v. 18, n.1. p. 32-42, 1989.

BRUNER, R. J. *Hacia una teoría de la instrucción*. Mexico: Uteha, 1972.

BRUNER, R. J. *Desarrollo cognitivo y educación*. Madrid: Morata, 1988.

BRUNER, R. J. *Realidad mental y mundos posibles*: los actos de la imaginación que dan sentido a la experiencia. 2. ed. Barcelona: Gedisa, 1994.

BRUNER, R. J. *La educación, puerta de la cultura*. Barcelona: Visor, 1997.

CAZDEN, C. B. *El discurso en el aula*. Madrid: Paidós, 1991.

DOYLE, W. Academic work. *Review of Educational Research*, v. 53, n. 2. p. 159-199, 1983.

EDWARDS, D.; MERCER, N. *El conocimiento compartido*: el desarrollo de la comprensión en el aula. Madrid: Paidós, 1987.

FREEMAN HERREID, C. Case studies in science: a novel method of science education. *Journal of College Science Teaching*, feb. 1994. Disponível em: <http://sciencecases.lib.buffalo.edu/cs/pdfs/Novel_Method.pdf>. Acesso em: 18 nov. 2012.

FREEMAN HERREID, C. What is a Case? Bringing to science education the established teaching tool of law and medicine. *Journal College Science Teaching*, v. 27, n. 2, p. 92-94, 1997.

GADAMER, H. G. *Verdad y método I*. Salamanca: Sígueme, 1977.

GARDNER, H. *The unschooled mind*: how children think and how schools should teach. New York: Basic Books, 1991.

GAGE, N. L. *The scientific basis of the art of teaching*. New York: Teachers College Press, 1978.

GIMENO SACRISTÁN, J. *El currículum*: una reflexión sobre la práctica. Madrid: Morata, 1988.

GOOD, T.; BROPHY, J. E. *Looking in classrooms*. United States: Longman, 1997.

GUDMUNDSDOTTIR, S. La naturaliza narrativa del saber pedagógico sobre los contenidos. In: MCEWAN, H.; EGAN, K. (Comp.). *La narrativa en la enseñanza, el aprendizaje y la investigación*. Buenos Aires: Amorrortu, 1998. p. 52-71.

HAMILTON, D. Orígenes de los terminus 'clase' y 'currículum'. *Revista de educación*, n. 295, p. 187-205, 1981.

HAMILTON, D. *Toward a theory of schooling*. London: The Falmer Press, 1989.

HAMILTON, D. De la instrucción simultánea y el nacimiento de la clase en el aula. *Revista de Educación*, n. 296, p. 23-42, 1991.

HAMILTON, D. Adam Smith y la economía moral del sistema del aula. *Revista de Estudios del Currículum*, v. 2 , n. 1, p. 11-38, 1999.

ISSACHAROFF, M.; MADRID, L. *Pensamiento y lenguaje*: el cerebro y el tiempo. Madrid: Editorial Fundamentos, 1994.

JACKSON, P. H. *La vida en las aulas*. Madrid: Morata, 1991.

JACKSON, P. H. Sobre el lugar de la narrativa en la enseñanza. In: MCEWAN, H.; KIERAN, E.

(Comp.). *La narrativa en la enseñanza, el aprendizaje y la investigación*. Buenos Aires: Amorrortu, 1998. p. 25-51.

JOYCE, B.; WEILS, M. *Models of teaching*. Englewood Cliffs: Prentice-Hall, 1980.

LACARRA, M. J. *Cuentos de la edad media*. Madrid: Castalia, 1986. p. 9-85.

MCINTYRE, A. *Tras la virtud*. Barcelona: Crítica, 1987.

MASON, R. *Understanding understanding*. Albany: State University of New York, 2003.

MCEWAN, H.; EGAN, K. (Comp.). *La narrativa en la enseñanza, el aprendizaje y la investigación*. Buenos Aires: Amorrortu, 1998.

MERSETH, K. Cases and the case method in teacher education. In: SIKULA, J. (Ed.). *Handbook of research on teacher education*. New York: Simon & Schuster, 1996. p. 722-746.

MIDDLETON, D.; EDWARDS, D. *Memoria compartida*: la naturaleza social del recuerdo y del olvido. Barcelona: Paidós Ibérica, 1992.

NAUMES, W.; NAUMES, M. J. *The art & craft of case writing*. New York: M. E. Sharpe, 2006.

NUTHALL, G.; SNOOK, I. Contemporary models of teaching. In: TRAVERS, R. M. (Ed.). *Second handbook of research on teaching*. Chicago: Rand McNatty College, 1973. p. 47-76.

PENDLEBURY, S. Razón y relato en la buena práctica. In: MCEWAN, H.; EGAN, K. (Comp.). *La narrativa en la enseñanza, el aprendizaje y la investigación*. Buenos Aires: Amorrortu, 1998. p. 86-107.

PERRONE, V. Why do we need a pedagogy of understanding? In: STONE WISKE, M. (Ed.). *Teaching for understanding*: linding research with practice. San Francisco: Jossey-Bas, 1998. p. 13-38.

RICOEUR, P. *Du texte à l'action*. París: Seuil, 1986.

RICOEUR, P. *Tiempo y narración*. Mexico: Siglo XXI, 1995. v.1

RICOEUR, P. *Sí mismo como otro*. Madrid: Siglo XXI, 1996.

SARTRE, J. P. *La nausea*. Barcelona: Seix- Barral, 1983.

SCHÖN, D. A. *The reflexive practitioner*: how professionals think in action. New York: Basic Books, 1983.

SCHÖN, D. A. *Educating the reflective practitioner*: toward a new design for teaching and learning in the professions. San Francisco: Jossey-Bass, 1987.

STENHOUSE, L. *La investigación como base de la enseñanza*. Madrid: Morata, 1987.

STONE WISKE, M. (Ed.). *Teaching for understanding*: linking research with practice. San Francisco: Jossey-Bass, 1998a.

STONE WISKE, M. The importance of understanding. In: STONE WISKE, M. (Ed.) *Teaching for understanding*: linking research with practice. San Francisco: Jossey-Bass, 1998b. p. 1-9.

SUÁREZ, A.; ANGULO RASCO, J. F. *Práctica de Madurez*: la vida en los institutos. Cádiz: Universidad de Cádiz, 2007. Material docente de la signatura Diseño, Desarrollo e Innovación Docente.

TITONE, R. *Metodología didáctica*. Madrid: Rialp, 1976.

TORRES, J. *Globalización e interdisciplinariedad*: el currículo integrado. Madrid: Morata, 1994.

VÁZQUEZ RECIO, R. La presencia de la metáfora en el discurso educativo: algo más que un recurso figurado. *Universitas Tarraconensis*: revista de Ciencies de l'Educació, v. 26, p. 29-44, 2002.

WASSERMANN, S. *El estudio de casos como método de enseñanza*. Buenos Aires: Amorrortu, 1994.

WEBER, M. *La acción social*: ensayos metodológicos. Barcelona: Península, 1969.

WELLS, G. *Indagación dialógica*: hacia una teoría y una práctica socioculturales de la educación. Barcelona: Paidós, 2001.

WITTGENSTEIN, L. *Investigaciones filosóficas*. Barcelona: Crítica, 2008.

O currículo como marco de referência para a avaliação educativa

17

Juan Manuel Álvarez Méndez
Universidade Complutense de Madri

A AVALIAÇÃO EDUCACIONAL: ENTRE A SIMPLICIDADE DO EXAME E A COMPLEXIDADE DA APRENDIZAGEM

A avaliação educacional ocupa um lugar de destaque no currículo. Não é exagero pensar que as práticas habituais, mais do que as explicações conceituais, o estruturam profundamente, incidindo no programa e no valor do que entra ou não no currículo, do que vale e do que não vale, do que conta e do que é simplesmente para ocupar espaço. Fala-se de *avaliação*, que é um processo, mas, na realidade, estamos nos referindo a um *exame*, uma ação pontual e isolada, e os dois termos são transformados impropriamente em sinônimos. Assim, a parte é confundida com o todo, bem como o instrumento com o objeto de conhecimento, o adjetivo com o substantivo, o que foi ensinado com o que foi aprendido, o medido com o avaliado, o que mais pontua com o que mais vale, até se transformarem no motivo condutor do processo educativo. O exame e, com ele, a qualificação ao final do ano letivo, mais que a avaliação, determina e dá forma ao currículo. O exame passa a desempenhar funções supervalorizadas, que extrapolam os objetivos para os quais foi pensado como simples recurso auxiliar. Somente quando se reduz a uma simples matéria técnica, a avaliação pode ser vista como um assunto simples. Porém, sua redução é um engano. A prática da avaliação é muito mais complexa do que os recursos e as técnicas de uso podem abarcar. Conforme Norris (1998, p. 216) assinala, referindo-se à avaliação curricular, os recursos "são simplesmente instrumentos rudimentares em comparação com as complexidades do aprender, do ensinar, das aulas e das escolas".

Uma questão central e básica para conhecer e entender a avaliação em sua complexidade e como proceder com ela é saber qual é o conhecimento que vale a pena aprender e, por conseguinte, qual conhecimento vale a pena ser ensinado. Sob essa abordagem, a pergunta inevitável é: *o que e com que finalidade ensinamos?* A pergunta remete ao que entendemos por conhecimento valioso e, portanto, merecedor de ser ensinado, o que significa, como corolário, que seja a parte da cultura que vale a pena ser aprendida. Essa é uma questão que nos abre caminho ao entendimento do que pode ser avaliado e como deve ser avaliado, e, sobretudo, orienta-nos como entender *para que* serve a avaliação e *quais finalidades ela tem*. Essas são perguntas-chave de reflexão que chamam a atenção sobre o valor da avaliação por si mesma na sua *função formativa* e abrem caminho para o entendimento de que a avaliação não é um fim por si mesmo, e sim um elemento que deve permanecer integrado ao currículo, que deve agir a serviço de quem aprende e de quem ensina, e a serviço da ação didática, porque ela mesma é um recurso valioso de aprendizagem que garante a aprendizagem (ÁLVARES MÉNDEZ, 2001).

É evidente que existem outras finalidades às quais a educação serve, existem outras funções que ela deve desempenhar que, na prática, atuam de um modo antagônico entre si. Elas são derivadas da *função somativa*, que por razões alheias aos interesses didáticos, é exigida da avaliação educacional (certificação, promoção, seleção, exclusão). A questão importante é saber em qual delas cada projeto curricular aposta, com qual função cada docente se compromete, a qual se dá mais peso nas disposições administrativas e nas práticas docentes e em que momentos do processo ela adquire importância.

Se é fácil entender que os conteúdos ensinados são uma opção cultural ou científica entre múltiplas opções possíveis (GIMENO SACRISTÁN, 1998), pode-se pensar que qualquer forma de avaliar o conhecimento adquirido é uma opção entre outras. Segundo a teoria curricular ou o enfoque adotado na definição do currículo, a resposta a essas questões pode variar muito no plano da elaboração, no da ação e no das consequências para os sujeitos avaliados. Logicamente, cabe pensar que a *leitura do mundo* de uma ou outra forma incidirá nas formas de escolher os conteúdos, na forma de apresentá-lo, na maneira de ensiná-lo e de aprendê-lo e na forma de avaliá-lo. O que deve ficar claro é que essas opções não são meros caprichos, elas têm seu ponto de vista definido, respondem a expectativas díspares, a interesses distintos, defendem valores diferentes, por mais que, sob um enfoque racionalista, essas questões tendam a ser resolvidas com propostas técnicas, ideologicamente neutras. Assim costuma ocorrer com a avaliação, na qual a introdução da cultura das "provas de cruzinhas" tem marcado o campo da avaliação dos alunos.

A CULTURA DA AVALIAÇÃO NA PRÁTICA ESCOLAR

O sistema de avaliação forma, dentro do sistema educacional, uma cultura com traços e características que o identificam como um campo específico: cria uma *linguagem* própria no sistema escolar; fala de *modelos* de avaliação; origina *tendências* dentro do mesmo; é reconhecido como uma *área com identidade própria* que conta com *autores* especializados e seus próprios *meios de comunicação*. O sistema dispõe de *métodos* e *técnicas* que caracterizam a área, ele tem *códigos de entendimento implícitos* que permitem interpretar os dados que proporciona, inventa *símbolos* de valor acadêmico, mas de alcance social muito amplo que representam realidades convencionais (as *qualificações*, em sentido geral, e suas chaves o aceitam como reflexo fiel do nível de conhecimento, definem o nível de inteligência e diferenciam com rigor matemático os graus de excelência).

Perguntar a razão de ser da avaliação no meio escolar não deixa de ser surpreendente, dado que a percepção é de que ela sempre esteve nesse meio. Torna-se difícil imaginar que possa existir uma instituição sem a presença permanente da avaliação (JACKSON, 1991). A realidade, por outro lado, é que a avaliação tem uma história muito recente, pois como a conhecemos hoje, ela somente apareceu em meados do século XX. A proposta curricular de Tyler constitui uma referência obrigatória para entender sua trajetória.

Por que a avaliação educacional é necessária? Por que necessitamos avaliar? A resposta direta e que, por si só, justifica a presença da avaliação nos processos de ensino e de aprendizagem parece simples: necessitamos avaliar porque queremos conhecer quem ensina e quem aprende, porque necessitamos melhorar a partir do conhecimento proporcionado pela educação, porque é parte da aprendizagem e ela mesma é a aprendizagem e, portanto, quem aprende necessita reforçar sua aprendizagem com a tomada de consciência sobre seu próprio progresso. E a avaliação desempenha esse papel na sua função formativa. Não se constrói conhecimento sem avaliá-lo.

Parte do problema, ou talvez esse seja *o problema*, é que a avaliação em sua função formativa se confunde com o exame, com o controle, com o exercício do poder e com a função certificadora dele derivada, própria da avaliação somativa (*qualificação*), que se exerce paradoxalmente no mesmo ato de avaliar/examinar e com os mesmos recursos (PERRENOUD, 2001). Assim, produz-se uma dissociação de funções difícil de reconciliar entre o professor formador e o professor examinador, o professor-agente de formação e o professor-agente de acreditação e de seleção, o professor que trabalha com autonomia profissional na aula e o professor obrigado por normas burocrático-administrativas que estão acima dele, o professor que interpreta e valoriza diariamente na aula um saber adquirido e o professor que o avalia com o uso de uma escala numérica que somente no imaginário coletivo lhe dá as credenciais para proceder de maneira *natural* outorgando-lhe graus de representatividade e de significância dos quais a qualificação carece intrinsecamente (CARDINET, 1988).

Se queremos representar a cultura tradicional da avaliação, não há nenhum recurso, nenhuma imagem, nenhuma expressão mais indicada para nomear o *exame* e a *qualificação* que expresse o resultado, como já foi indicado. É síntese do que se entende fora dos círculos de especialização ao falar de avaliação e que representa a tradição psicométrica. O fato de que o exame seja o instrumento que valida os conhecimentos adquiridos e que sirva de referência para a acreditação dos mesmos, na função somativa-qualificadora da avaliação, outorga-lhe um peso tão decisivo que determina todo o currículo escolar, por mais que pareça separado do currículo no plano das ideias e no das práticas. Ele funciona de modo independente e intempestivo. De fato, sua realização corta o processo. A mecânica de aplicação obedece a um raciocínio simples: o aluno vai postergando a aprendizagem, na atitude de aprender *para depois*, na expressão de Elliott (1990, p. 213), aceitando que a aprendizagem se siga ao ensino limitado à transmissão de informações.

DO ENSINO TRADICIONAL E DO CULTO AO EXAME À CULTURA DA AVALIAÇÃO ALTERNATIVA: NOVAS ORIENTAÇÕES DIDÁTICAS

O ensino tradicional se caracteriza, em termos gerais, por ser transmissivo, linear, centrado no professor, que explica, e no aluno, que escuta e toma notas. A aprendizagem é interpretada como uma cópia e acumulação de informações que o professor transmite. A avaliação vem a ser a comprovação de que o aluno entendeu (consegue repetir) as explicações do professor. O aluno que aprende é aquele que passa nas provas de controle ou exames, sejam quais forem suas fórmulas.

Os exames tradicionais se centram na averiguação ou na comprovação de um modo simples, se os estudantes dão a resposta correta (ou coincidente com a informação transmitida). Eles não buscam valorizar a qualidade do pensamento elaborado nem o nível de compreensão do aluno. A apreciação do resultado, que (pre)ocupa mais que o processo de aprendizagem em si, traduz-se em uma *nota*, que *objetiva* a qualidade da resposta e lhe outorga um significado – um valor imaginário – de conveniências. Desse modo, vincula-se artificialmente o número associado à qualidade da resposta à capacidade de quem aprende, sem que se estabeleça – e isto é impossível – uma relação causal entre o primeiro e as outras duas. Quando a resposta é considerada boa, o próprio exame valida um saber global e o considera adquirido "para sempre". Como os alunos dão a resposta ou como a constroem ou a elaboram vem a ser, em muitos casos, de interesse secundário ou sequer interessa: torna-se muito complexa a averiguação ou se tem como certo que, no acerto, está implícita a causa. Quando eventualmente se presta atenção a esse fato, ele somente é considerado importante enquanto dura o exame. Por isso, não há como saber ou distinguir em que casos a resposta está correta porque se baseia em um conhecimento elaborado e reflexivo ou quando a resposta foi dada por casualidade ou mesmo se deve a um erro ou a um jogo de adivinhações ou é fruto da sorte ou, caso contrário, quando a resposta não é a esperada e nem mesmo há como saber se ela se deve a um desconhecimento, a um despiste, à falta de atenção, a uma falha de automatismo da memória, ou se deve ao fato de que o aluno não faz ideia de como elaborar ou dar a resposta correta ou de mesmo realizar uma tarefa. Tampouco existem formas de saber quando a resposta é fruto da elaboração ou da reflexão, ou quando é uma devolução fiel da informação recebida, da palavra prestada; ou, o que é mais chocante, quando a resposta que se considera correta – e, portanto, que leva a pensar que o aluno sabe o assunto – se deve a qualquer outra contingência.

Essa leitura, esquematizada em suas principais características, corresponde a uma visão tradicional do ensino e da avaliação que se quer considerar superada. Como base, há uma interpretação do que é a aprendizagem a partir da capacidade de retenção da informação transmitida. Essa função reflete uma atitude passiva do aluno que entra em conflito direto com as tendências atuais, as quais giram em torno da ideia do aprendiz como construtor ativo do conhecimento. Existem mudanças nas declarações formais sobre o sentido e o significado da aprendizagem que estão levando a uma reestruturação ampla do ensino. A mudança aponta para um enfoque da aprendizagem preocupado com o conhecimento relevante, pertinente, significativo, que leve o aluno a participar como ator na apropriação do saber e que não permaneça como espectador do mesmo. Estamos falando de uma aprendizagem que leva quem aprende a refletir, a compreender e a atuar, se for preciso, aplicando o conhecimento a situações concretas ou a contextos nos quais as soluções devem ser construídas de acordo com as circunstâncias, partindo dos conhecimentos prévios. Falamos de uma aprendizagem que não se dá pelo simples fato de receber informações, por meio de uma atitude passiva, como uma transmissão linear que obriga o desenvolvimento da atenção que conduz à aprendizagem rotineira, de memória, repetitiva, mas também a transformá-la em uma ação arrazoada, criteriosa, inteligente. Essa aprendizagem se dá em contextos sociais específicos e diferenciados.

Essa nova perspectiva sobre o ensino implica uma mudança na aprendizagem e obriga a busca de outras formas inovadoras de avaliá-la. Os enfoques tradicionais já não conseguem satisfazer as exigências que nos são apresentadas. Se a aprendizagem, como apontam as pesquisas epistemológicas e curriculares sociocognitivas recentes, exige participação e construção ativa de significados por parte de quem aprende em contextos específicos, as fórmulas tradicionais anteriores já não valem mais. O que o aluno deve colocar em prática são as competências próprias da aprendizagem autônoma e que lhe dão autonomia (que por isso é relevante e significativo) e que podem ser ativadas graças ao conhecimento adquirido.

A base desse novo enfoque está em uma epistemologia preocupada com o saber e com a capacidade de aprendizagem mais do que com a qualificação e a classificação das informações acumuladas e a partir delas. Ainda assim, se levarmos em conta as experiências fracassadas anteriores, parece precipitado pensar que a *função formativa* está destinada a desempenhar um papel central na nova narrativa – a lógica do discurso conduz a esse raciocínio. Portanto, hoje se trata da *avaliação para a aprendizagem* a serviço de quem aprende. Ela promove a *avaliação formativa* usando múltiplos recursos que reúnem evidências para adaptar a atividade do ensino à busca das necessidades da aprendizagem.

Uma vez que se aceita que o conhecimento se constrói e a aprendizagem é um processo de criação de significado pessoal a partir das informações que chegam ao sujeito que aprende e sobre a base de conhecimentos que ele já possui, a avaliação que deriva desses princípios implica o fomento do debate sobre as novas ideias e o pensamento divergente, criativo, autônomo, crítico (análise, elaboração de hipóteses, contraste de fontes de informação, distanciamento da imediatez das fontes), com possibilidades de estabelecer relações variadas e soluções diferentes. Isso implica, por sua vez, abrir as possibilidades à utilização de múltiplos recursos para coletar informações relevantes que permitam uma avaliação formativa sólida e contrastada. O exame não é suficiente. Abre-se um leque de possibilidades para debates, diálogos, entrevistas, explicações e exposições na classe entre companheiros, resoluções de problemas, diários de trabalho, pastas de aprendizagem ou portfólios. E, sempre que o contexto permitir, para a aplicação das informações e do conhecimento adquirido a situações desconhecidas.

Quando o professor realiza os ajustes necessários ao longo do processo educacional a partir das observações e das correções dos exames, deve transformar os resultados da avaliação em experiências de aprendizagem, em ações instrutivas de intervenção, que permitam estabelecer relações com as necessidades de aprendizagem dos alunos. A chave é mudar o uso que se faz dos resultados, e não somente mudar os recursos. Como adverte Heritage (2007), o trabalho do professor consiste em "garantir que o estudante receba apoio apropriado, de tal modo que a nova aprendizagem seja internalizada de maneira progressiva e que, ao final, torne-se parte do rendimento independente do estudante".

O raciocínio fundamental subjacente a esse enfoque é que *saber* é algo mais que recordar.

Desse ponto de vista, o que fazem as provas tradicionais e as qualificações que sintetizam o conhecimento expresso por meio delas é uma representação do mesmo. Elas não têm como averiguar que tipos de estratégias cognitivas os alunos utilizam para elaborar suas respostas nem quanto tempo essa informação dura na memória do aluno, o que reforça a visão do conhecimento representada pelo exame: somente interessa saber no momento preciso em que se realiza a prova. Uma vez superada essa etapa, o saber mostrado se dá por definitivo.

Um dos principais problemas que os alunos enfrentam nessa relação com o conteúdo da aprendizagem é, como advertiram há tempo Weston e Evans (1988, p. 15), "que o sistema de avaliação é efetivo em registrar o que os alunos não podem fazer, mas é muito menos bem-sucedido em identificar e elaborar as destrezas e o conhecimento que eles adquiriram".

O paradoxo é que não é fácil encontrar alternativas que promovam o consenso, e as que aparecem (entre elas: *avaliação alternativa, avaliação por portfólios de trabalho ou de aprendizagem ou simplesmente portfólios, avaliação compartilhada, avaliação ligada ao currículo, avaliação autêntica, avaliação para a aprendizagem* como expressões "novas"; *autoavaliação, coavaliação*, mais conhecidas, e a sempre presente nos discursos, a *avaliação formativa* e *contínua*) nem sempre irão se ajustar ou adquirir *status* de representação válido nas salas de aula. Isso mostra parte da complexidade existente sobre o tema da avaliação em suas práticas, ainda que limitado à avaliação educacional do aluno. O peso da tradição, como assinala Eisner (1998, p. 101), é muito forte, e nela "a cultura da avaliação é tão persistente nas escolas que as manifestações dessa cultura são coletivamente mais poderosas, na formação das prioridades diárias, que aqueles momentos especiais dedicados aos exames formais".

O que se pode comprovar é que ainda há muito caminho a percorrer em uma etapa na qual estamos (re)descobrindo as potencialidades construtivas, que pode nos oferecer uma avaliação contextualizada que gira em torno da ideia de melhoria daquilo que envolve e, portanto, que esteja próxima à ação. Isso é o que se espera de uma avaliação *formativa* renovada e real, que será também *contínua*, segundo estabelecem os documentos que promovem a reforma do Espaço Europeu de Educação Superior (EEES) e, por extensão, a reforma de todo o sistema educacional. Consequentemente, o discurso sobre a avaliação está mudando – Broadfoot e Black (2004, p. 19) falam de revolução –, mesmo que as práticas habituais continuem presas à tradição.

Da transmissão de informações e da acumulação passiva destas por parte do estudante, na nova narrativa, passa-se a destacar o papel ativo e de protagonista do sujeito que aprende. Saindo de uma tradição de exames centrados na *qualificação* e na *classificação*, os atuais esforços passam a uma forma de entender a avaliação como parte da aprendizagem, centrada no saber, na compreensão e na inteligência e mais preocupada em mostrar o que os alunos conhecem do que com a pontuação que lhes é atribuída.

A formação dos alunos busca capacitá-los para atuar perante situações novas, desconhecidas e para aplicar os conhecimentos adquiridos, para criar respostas inovadoras em contextos que estejam ligados à vida real. Essa é uma visão distinta da aprendizagem e da avaliação. Os novos enfoques apontam para o reconhecimento da *autonomia do estudante* na aprendizagem. A chave nessa mudança fundamental de orientação passa por reconhecer nos professores a capacidade e competência própria de seu trabalho – o reconhecimento de sua autonomia profissional – e envolve lhes dar as oportunidades e os recursos para colocar em prática os conhecimentos adquiridos durante sua formação, em sua experiência acumulada e nas suas tarefas didáticas diárias. Essa visão também envolve lhes dar oportunidades para que possam criar experiências de aprendizagem alternativas mais poderosas – não pode ser diferente a avaliação se o processo como um todo não for diferente – e implica ajudar os alunos a refletirem sobre esse processo e assumir o controle de sua própria aprendizagem. A *avaliação formativa* aparece de novo como ideia potente e abarcadora dos bons propósitos. Essa é a "revolução silenciosa" proposta por Hopkins (2004, p. 14) para a avaliação educacional personalizada.

Nesse contexto de mudanças, a avaliação, a princípio (e por princípios), é pensada para ajudar, orientar, incentivar e facilitar a aprendizagem; para conhecer, pesquisar e validar os conhecimentos adquiridos, e não para selecionar/excluir/eliminar os menos dotados, com base em uma lei não escrita de que nem todos os alunos podem aspirar ao êxito, pois nem todos podem ter acesso ao saber (ANTIBI, 2005).

A atenção se centra em um fato elementar: não existe mudança possível nem confiável na educação que não envolva uma mudança real na avaliação, tanto no plano das ideias quanto no das práticas, tanto nas disposições burocrático-administrativas quanto no uso que se faz delas. Talvez esse fato possa servir para referência e reflexão sobre a baixa incidência que têm os discursos de reforma das práticas dos professores. Não se trata de que sejam esses os responsáveis pelo hiato produzido entre o dizer e o fazer, entre as disposições e os usos da avaliação, e sim que primeiro *se diz*, mas não se atendem às exigências necessárias para quem deve colocá-las em prática. Se autoproclamarmos em nosso discurso uma reforma como *construtivista* e, em sentido amplo, a chamamos de *construtivista e significativa* – portanto, não competitiva nem comparativa ou individualista, e sim individual, entre outras características consideradas inevitáveis na tradição escolar –, a avaliação deve ser concebida e praticada dessa maneira, assim como o ensino, e não somente a aprendizagem. Se aceitarmos que o aluno é responsável pela sua aprendizagem, da mesma maneira ele tem de ser responsável pela sua avaliação. Para praticar a avaliação, é preciso pôr à disposição dos professores os recursos burocráticos e administrativos necessários, não somente os didáticos; é necessário otimizar e *normalizar* outras formas de concretizá-la e expressá-la, que não sejam exclusivamente o *exame* com os usos e as funções que hoje conhecemos. E, se não for possível transformar esse instrumento *auxiliar* que tanto condiciona a implementação do *currículo*, é melhor não mudar o discurso, já que é por meio dele que se abrem as portas a novas ideias, novas expectativas, novas experiências, afinal sabemos que as bases sobre as quais as ideias se baseiam são estáticas.

Se aceitarmos que a avaliação é um dos elementos curriculares-chave, a pedra angular na qual se apoia a credibilidade da reforma, os professores têm de ter o respaldo legal e administrativo suficiente para praticá-la de *outro modo* e devem ter a oportunidade de expressá-la por outros meios descritivos (um relatório, por exemplo) que não sejam somente as *notas*. Para isso, é necessário elaborar novos critérios, procedimentos e recursos que atuem de um modo coerente com o discurso, como deve acontecer com as novas propostas que estão surgindo a partir do EEES, se queremos fazer com que as pessoas acreditem na nova narrativa que elas expressam (ÁLVAREZ MÉNDEZ, 2008; DOCHY; SEGERS; DIEDRICK, 2002).

O CURRÍCULO COMO MARCO DE REFERÊNCIA GLOBAL: A INTEGRAÇÃO DA AVALIAÇÃO NO CURRÍCULO

A avaliação educativa tem sentido quando está integrada ao currículo, fazendo parte dele, e não como um adendo final isolado. Se quisermos manter a coerência de todo o processo, é importante que, no seu desenvolvimento, todos os elementos que o compõem sejam entendidos como um todo que adquire sentido enquanto tal. Não se pode considerar o tratamento da avaliação dos conceitos e das práticas incluídas como separado de todo o processo (BOUDE FALCHIKOV, 2005).

Assim, é difícil pensar em uma avaliação educacional, qualquer que seja o adjetivo empregado – *tradicional, formativa, autêntica, alternativa, centrada na aprendizagem* – se não há uma referência clara a uma teoria curricular que sirva de estrutura de referência por meio da qual se possa interpretar o processo didático. Nela, ocorrem o ensino e a aprendizagem, ainda que essa relação, como assinalam Madaus e Kellaghan (1992, p. 119), seja conflitiva pela falta de consenso sobre o que é o currículo e o que ele envolve.

Na tradição pedagógica, existem dois grandes paradigmas que obedecem a dois tipos de racionalidades opostas e deram origem a perspectivas diferenciadas na sua elaboração do que é o currículo e o que ele envolve. Um paradigma corresponde à visão positivista; outro, à visão hermenêutica do conhecimento. O positivismo, que se identifica com o behaviorismo na psicologia, derivou de uma *interpretação técnica do currículo*. A hermenêutica é uma *interpretação prática do currículo* que coincide com sua visão psicológica do construtivismo (construção e compreensão de significados). Para o primeiro, o que vale são os dados empíricos, os observáveis, os controláveis, a conduta. Para a hermenêutica, o que realmente se torna relevante e significativo são os processos de elaboração, assimilação, construção, compreensão, pois obedecem a ações mentais ou ações de construção dos sujeitos que aprendem.

Reconhecendo que a avaliação educacional ocupa um lugar destacado no currículo, o que importa saber é a relevância que é outorgada a ela em relação ao marco conceitual que abarca e explica o currículo, a relação que guarda com os demais elementos e o equilíbrio que estabelece com eles. O processo de avaliar vem a ser uma função da percepção teórica que inspira o currículo e que guia todo o processo de ensino e aprendizagem e, dentro deste, da avaliação. Um enfoque teórico que parte da interpretação do currículo como planejamento detalhado dos objetivos perceberá a avaliação como uma atividade que possa determinar se os objetivos foram alcançados (TYLER, 1973). Essa visão marcou, por muito tempo, as tendências e as propostas de reforma que conhecemos, independentemente do fato de que os marcos teóricos de referência tenham sido distintos. As incongruências epistemológicas passam despercebidas perante o fato de que, em seu desenvolvimento, o sistema *funciona*.

A leitura dos processos deve ser diferente se a interpretação do currículo é feita de forma racional prática, próxima a uma visão construtivista. Se a concepção da aprendizagem é distinta, a avaliação deve ser distinta e diferenciada. Se o papel de quem aprende é ativo, participativo, *construtor e responsável*, então, na avaliação, o papel do sujeito avaliado deve ser de ator e participante desta. Se na concepção behaviorista a avaliação feita pelo professor (*heteroavaliação*) é a forma mais indicada para controlar a eficácia da programação, aqui a *autoavaliação* e a *coavaliação*, ambas formas de *avaliação compartilhada* e que representam competências educacionais fundamentais de aprendizagem, são opções válidas, coerentes, necessárias para consolidar os princípios que esta segue. O paradoxo é que, na prática, não ficam tão claras as diferenças entre as opções teóricas e as consequências práticas, e por isso mesmo seguimos amarrados a formas de avaliação muito desvinculadas dos marcos conceituais que as explicam.

Como *marco integrador* no qual todos os elementos constituintes adquirem sentido, o currículo proporciona um ponto de referência, não um instrumento prático de avaliação. Como tal, ele oferece argumentos para dar coerência e coesão (trabalho em equipe, projeto curricular comunitário) às atuações de todos os professores, ainda que, no plano operacional, cada um deles possa fazer uso daqueles procedimentos ou recursos que considere mais apropriados à situação e às condições, contexto e tipo de alunos com os quais trabalha. O importante, em todos os casos, é ter claro por que e para que interessa coletar as informações buscadas com as perguntas formuladas ou os problemas que o aluno deve resolver e quais serão os usos que cada um fará da informação obtida. Se somente "serve" para detectar erros e para qualificar, a avaliação será uma opor-tunidade de aprendizagem perdida. Se, com ela, o professor puder reconduzir as atividades que assegurem o processo sustentado de quem aprende, a avaliação terá cumprido com a tarefa de formação que deve desempenhar.

A RAZÃO DE SER DA AVALIAÇÃO EDUCATIVA OU FORMATIVA: A AVALIAÇÃO A SERVIÇO DE QUEM APRENDE

A afirmação seguinte vale como premissa do que hoje se entende por avaliação formativa: *em ambientes de formação, em ambientes de aprendizagem, a avaliação que almeja ser formativa deve agir sempre e em todos os casos a serviço de quem aprende*. Esta é a razão de ser da *avaliação formativa*, porque a avaliação, em ambientes de formação, é fonte de conhecimento e recurso de aprendizagem, porque ela mesma é uma oportunidade maior de aprendizagem, não tanto uma prestação de contas pendente.

O que a avaliação educativa nunca deve deixar, se realmente ela visar uma educação baseada no direito democrático fundamental na sociedade atual, é de trabalhar sempre e em todos os casos a favor de quem aprende. Ainda que ela desempenhe outras funções, a função primordial da avaliação educacional é promover e assegurar a aprendizagem do aluno, partindo da premissa de que a avaliação deve apoiar, em primeiro lugar, as necessidades de quem aprende. Este é o sentido profundo e pedagógico de sua razão de ser, em sua função formativa. Ao trabalhar nessa direção e com esse propósito, ela trabalha a serviço de quem ensina.

A função do professor é assegurar que o aluno receba o apoio, o estímulo e a orientação adequada de tal modo que esteja preparado para novas aprendizagens. Nesse sentido, entendemos que a avaliação dos alunos é um componente integral do processo de ensino e é componente crítico para uma aprendizagem valiosa, relevante, além de eficaz. Em contextos de formação, a avaliação é a oportunidade imprescindível para a aprendizagem. Para quem aprende, é o protagonista, e, enquanto for a parte interessada em um processo que lhe afeta, esse é *seu* processo. Para quem ensina, também é imprescindível, uma vez que a avaliação representa o momento no qual coloca em prática seu conhecimento e suas competências profissionais e exige que o docente explique e explicite os princípios e os critérios da avaliação, dialogar com os alunos, contrastar interesses diferentes, buscar as estratégias de aprendizagem e recorrer com isso às vias complexas que levam a esse objetivo fundamental.

A nova narrativa sobre avaliação, que hoje está vinculada à racionalidade prática do currículo e coincide com o enfoque construtivista sobre a aprendizagem, enfatiza a dimensão formativa da avaliação dando prioridade a essa função em relação a outras, das quais não esquece. O tema não é novo nas formas de expressar o currículo, e a tentativa tem sido feita por meio de projetos de reforma anteriores sobre outros enfoques incompatíveis com este, o que pode explicar a escassa incidência que tem na prática. De fato, a diferenciação entre avaliação *formativa* e *somativa* nasce historicamente com outros propósitos no currículo, fiel aos princípios do behaviorismo. Scriven propôs a distinção entre *avaliação somativa* e *avaliação formativa*, diferença pensada para ser utilizada no campo da avaliação de programas, inovação que surgiu com grande força na época, justificada pela necessidade de ajustar a relação qualidade/custo/benefícios dos programas que eram experimentados a fim de aumentar o nível educacional nos Estados Unidos, em busca de uma maior eficácia e rentabilidade econômica. Bloom, Hastings e Madaus (1971) foram quem aplicou a diferenciação entre *formativa* e *somativa* na avaliação dos alunos, partindo do esquema curricular de R. W. Tyler. Desde então, essa dicotomia, irreconciliável em seus termos se a analisarmos rigorosamente, é mantida acima dos discursos que as reformas orientam, sejam quais forem as referências teóricas (ÁLVAREZ MÉNDEZ, 2003, p. 115). Hoje, com as contribuições de pesquisas provenientes do campo da Epistemologia (Hermenêutica), da Psicologia (Construtivismo) e da Educação (Didática Crítica), estão sendo criadas as condições, ao menos no discurso, para fazer da avaliação um recurso de aprendizagem, e elas justificam a necessidade da avaliação formativa, acima de outras dimensões e de funções agregadas que costumam acompanhar a avaliação ao mesmo tempo em que encobrem as dimensões mais interessantes em contextos de formação.

AS CONDIÇÕES PARA UMA AVALIAÇÃO FORMATIVA COMPROMETIDA COM A MUDANÇA

O fracasso escolar é um dos desafios permanentes enfrentados pela educação, desafio este que justifica reformas e inflama debates. A avaliação tem contribuído muito pouco para resolver esse tema, por mais que seja chamada a oferecer ajuda e apoio a quem aprende, e por mais que, baseada em posturas teóricas, insista-se que a avaliação deve estar a serviço de quem aprende. Sente-se a necessidade de renovar o discurso pedagógico, buscam-se alternativas, não é fácil lidar com a ajuda que a avaliação pode oferecer àqueles alunos que querem aprender e evitar o fracasso escolar. Diante dessa situação, surgem duas perguntas-chave: os sistemas de avaliação que conhecemos contribuem para melhorar a aprendizagem? E, por extensão, em função dos novos enfoques, surge outra pergunta: O que torna *formativa* a avaliação na nova narrativa?

Uma interpretação muito frequente, ainda que seja muito pobre, é que a avaliação é "formativa" porque é feita com frequência e *informa* os alunos sobre seu progresso (sua *qualificação*). Digamos que esta é uma condição, mas não é suficiente. Além dessa interpretação tão simplista e mais além das definições que as diferenciam formalmente – faz tempo que Cronbach (1980), ao falar da avaliação de programas, apostou na avaliação *formativa* advertindo sobre a inconveniência de manter a diferença –, cabem outras leituras e todas partem de uma condição prévia: para que *seja formativa, a avaliação deve envolver o aluno em todas as etapas do processo*. É imprescindível que, antes de chegarem ao momento crítico da avaliação, os alunos estejam ativamente envolvidos e comprometidos com sua própria aprendizagem (ÁLVAREZ MÉNDEZ, 2001; BÉLAIR, 2000; BLACK; WILIAM, 1998; BLACK, 2004; HERITAGE, 2007; HOPKINS, 2004; WIGGINS, 1990). Para torná-la crível além de possível, é importante desenvolver nos alunos a capacidade de autorregulação da aprendizagem, de tal modo que possam colocar em prática sua capacidade reflexiva para saber o que aprenderam e valorizar a qualidade e a consistência do que aprenderam, isto é, seu nível de compreensão *(autoavaliação)*.

Sobre essas bases, podemos estabelecer as condições para que a avaliação educacional seja recurso de aprendizagem, de ajuda, de orientação, de estímulo.

Para que a avaliação seja formativa, é condição...

- Que ela seja justa, equânime na elaboração das perguntas, na correção das respostas e no uso que o professor faz dos resultados.

  Se o professor trabalha a favor do aluno, é necessário que ele provoque, mediante perguntas que devem ser enfrentadas, a resposta mais conveniente e oportuna, a aplicação mais apropriada, a explicação mais convincente e argumentada e a demonstração mais precisa. Isso implica realizar tarefas que sejam compreensíveis, razoáveis, contextualizadas e apresentadas com clareza ao aluno. Com esse propósito, é indispensável que o aluno entenda o que lhe é pedido e o nível de exigência que garanta o êxito. Para isso, torna-se imprescindível que os critérios de realização e os critérios de avaliação sejam explícitos, transparentes, públicos e, algo ainda mais importante, que o aluno participe de sua elaboração (a *autoavaliação* é uma consequência dos princípios dos quais se parte, não uma concessão e, menos ainda, um capricho). Com essas coordenadas, a avaliação educacional, a avaliação do sujeito que aprende, pode ser mais equitativa, mais razoável, mais holística, mais explicativa e, enfim, mais justa (GIPPS; STOBART, 2004, p. 33).

- Que ela atue a serviço de quem aprende, que ajude a superar os erros com a correção argumentada dos mesmos, que seja um recurso para a melhoria e motivação do aluno. Com a informação agregada pelo professor na correção das tarefas e dos trabalhos, o aluno poderá autorregular sua própria aprendizagem e, ao fazê-lo, aprenderá a se *autoavaliar*.

- Que forneça informações inteligíveis e a tempo para superar as dificuldades, compreensíveis para o aluno e valiosas para que cada um progrida adequadamente em sua aprendizagem e ninguém fique para trás, seja excluído ou marginalizado. Que a informação seja útil para que cada aluno compreenda suas debilidades, seus erros, suas deficiências e possa, com isto e com a ajuda do professor, superar os obstáculos e melhorar suas expectativas de êxito.

  Quando a correção de qualquer exercício, de qualquer tarefa, de qualquer prova, vem acompanhada da informação que explica o erro ou o ponto falho ou débil da resposta do aluno, esta mesma informação compreensível se torna o elemento de reforço da aprendizagem e de retroalimentação para novas aprendizagens. Quem não compreende o erro não consegue deixar de cometê-lo.

- Que preste atenção a *como* o aluno aprende, não somente a *o que* o ele aprende, e preste atenção às estratégias que o aluno utiliza a fim de obter um bom resultado. Às vezes, as estratégias nos desvendam o processo de elaboração; noutras, o engano ou o ocultamento da própria ignorância; em outras, levam o aluno a dar uma resposta devido a raciocínios equivocados, mas seguem uma lógica determinada de autoproteção.
- Que assegure a igualdade de oportunidades para a aprendizagem, o que não significa dizer tratar todos da mesma forma (DUBET, 2005).
- Que os critérios nos quais a avaliação se baseia para a valoração e a qualificação sejam explícitos, claros, inteligíveis, transparentes e, melhor ainda, que sejam alcançados mediante deliberação, diálogo, debate entre as partes envolvidas, alunos e professores (BLACK, 2004, p. 19; GIPPS, 1998).
- Que a informação que agregue seja valiosa para que o professor possa ajustar com mais acerto o ensino às necessidades e dificuldades que o aluno encontra em sua aprendizagem e possa introduzir mudanças e melhorias no processo.
- Que a informação trazida ao aluno seja valiosa para poder compreender os seus pontos fracos no processo de aquisição (erros, problemas, dificuldades, lacunas) e os pontos fortes (acertos) em seu progresso, de tal maneira que contribua para a consolidação de uma aprendizagem abrangente constante.
- Que a avaliação esteja integrada ao processo e às atividades de ensino e aprendizagem normais, e contribua para melhorá-los. Que conscientize o professor do que se espera dele, por exigências burocrático-administrativas não tão explícitas, que desempenhe funções contraditórias e excludentes (formativa somativa, de ajuda de seleção, de promoção de seleção, de integração de exclusão, etc.). A primeira coisa que deve estimular, fomentar, contribuir e assegurar a avaliação que se orgulha ser *formativa* é a formação, é a aprendizagem. Essa função pedagógica prioritária não pode ser desempenhada com um único exame final, que englobe toda a matéria de um curso ou um ano para longos períodos de explicações e de aulas. Para que seja formativa, a avaliação precisa multiplicar as fontes de informação.
- Que atue em contextos de confiança, de respeito e de responsabilidade compartilhada. A desconfiança não tem lugar quando a vontade se move por interesses de formação. Por isso mesmo, uma condição é que atue sempre e em todos os casos com base no compromisso exigido pelas ações morais. Ela mesma o é. Os *maus usos*, as *más práticas*, não têm espaço nesse terreno.
- Que informe e prepare quem aprende sobre a capacidade de aprendizagens futuras, não somente sobre aprendizagens passadas. Apenas assim poderá provocar, fomentar e otimizar novas aprendizagens, que vão além da retenção momentânea de conteúdos acumulados.
- Que estimule a aprendizagem e consiga que o aluno centre sua atenção e seus esforços no valor dos conteúdos que aprende, não tanto na *qualificação* que busca como resultado de uma determinada prova (*exame*).
- Que leve a aprendizagem da autoavaliação por parte de quem aprende. A boa prática docente que deriva da avaliação formativa é concluída em um exercício de *autoavaliação*, que faz parte da aprendizagem. A relação não é acidental, mas sequencial e lógica, e é a única resultante razoável de um único processo. A *autoavaliação* é uma parte essencial na construção de significado do processo de aprendizagem e de formação. Em seu exercício, o aluno pode se conscientizar sobre as estratégias de

aprendizagem que utiliza na valoração deste, o que por sua vez evidencia as próprias estratégias empregadas *quando* aprende, *o que* aprende e *como* está aprendendo. Também poderá compreender o grau de compromisso com o qual o faz, e com que fins o realiza. Ela busca, com a prática da autoavaliação, que o aluno vá se convertendo em aprendiz responsável e autônomo, que vá se apropriando do que fica sob sua responsabilidade, que é a aprendizagem. E o professor, que em nenhum caso fica à margem, irá colocando em prática seu conhecimento e sua responsabilidade profissional.

- Que permita que o professor conheça o progresso de seus alunos e as dificuldades que encontram na aprendizagem dos conteúdos de modo que possam adaptar e orientar seu trabalho docente para ajudar a satisfazer as necessidades dos alunos, que serão imprevisíveis e diferentes de acordo com cada caso. Por essa razão, a avaliação formativa também deve ser *pessoal e individual*.
- Que utilize os resultados para recuperar aqueles alunos que necessitam ajuda na sua aprendizagem, não para excluí-los, mas ajustando o ensino às suas necessidades.
- Que centre a atenção na análise do trabalho e no progresso dos alunos, e não tanto na qualificação final.
- Que não considere definitivos os resultados de uma prova de avaliação, mas que ofereça propostas de melhoria a partir deles.
- Que a informação obtida, qualquer que seja o instrumento ou recurso utilizado – tenha suas preferências, mas não descarte nenhuma –, seja utilizada a serviço de quem aprende, como seguimento do processo de aprendizagem, reconhecendo as dificuldades que o aluno enfrenta, a fim de adaptar o trabalho docente às necessidades, muitas vezes imprevistas e particulares em cada caso.
- Que envolva todos, professores e alunos, na elaboração das perguntas ou dos problemas, na resolução e na busca de resultados.

E o que a torna contínua, além de formativa?

Toda avaliação formativa tem caráter de continuidade e de seguimento. O que a faz ser *contínua* é a constante e dupla vigilância *epistemológica (coerência conceitual)* e *didática (coesão prática)* à qual se vê obrigada: ao aplicá-la, o aluno se (in)forma e assegura a aprendizagem relevante progressiva.

A avaliação é *contínua*...

– Porque quem aprende está permanentemente recebendo informações apropriadas e adequadas às suas necessidades a fim de evitar erros definitivos. Isso porque essas informações são decisivas e porque lhes ajuda a compreender as causas que provocam tais erros.

– Porque, das informações constantes pessoais e arrazoadas dos níveis de compreensão dos conteúdos explicados-transmitidos na classe e nos livros didáticos ou nos apontamentos, o professor tem elementos informativos de juízo para tomar medidas corretivas de apoio a tempo, sem esperar pelo momento-chave no qual as decisões são tomadas, como são as *notas* e o que delas se deriva (*reprovado, aprovado*: repetição/exclusão ou promoção).

– Porque, da informação sistemática e regular que o aluno recebe sobre a compreensão dos conteúdos explicados-transmitidos e sobre seu rendimento, sobre sua aprendizagem e sua valorização, este poderá ir melhorando seu próprio processo de aquisição e de apropriação de saberes.

O que torna a avaliação *contínua* é a necessidade de seguir o processo de ensino e de aprendizagem a fim de assegurar o progresso sustentado do aluno de modo que ele possa atuar em consequência para seguir no processo de aprendizagem. Esta vem a ser uma condição da dimensão formativa da avaliação. Ao garantir o seguimento, o aluno aprende, o aluno se forma e a aprendizagem continuada de quem aprende é garantida.

PARA CONCLUIR

O princípio de solução para a mudança na avaliação educacional, uma vez que comprovamos como ocorre o discurso que a sustenta, passa pela necessidade de que os professores saibam o que é a *avaliação formativa*, o que ela implica e as possibilidades que oferece. É necessário, em primeiro lugar, que nela se criem as possibilidades e que ela se converta em um recurso valioso, crível e factível, que agregue informações úteis para estimular e reorientar a aprendizagem dos alunos, se necessário.

Não se trata de inventar fórmulas complicadas, técnicas impossíveis: é, antes de tudo, uma questão de mudança de mentalidade; de mudança nos usos que costumam ser habituais nas práticas tradicionais de avaliação. Trata-se de converter a avaliação educacional em uma oportunidade a mais de aprendizagem. Se os professores conseguirem mudar os usos da avaliação (avaliar para aprender e a serviço de quem aprende, não somente para qualificar, para controlar, para disciplinar), conseguirão que os alunos mudem seu estilo de aprendizagem orientado apenas para o êxito no exame e que aprendam de um modo mais razoável, ajustados às novas exigências do desenvolvimento de competências cognitivas superiores (capacidade de análise, de síntese, de aplicação, de pensamento pessoal crítico e criativo, de compreensão, etc.). Não existe caminho mais direto para mudar a mentalidade do currículo tradicional do que mudar o sentido e as práticas de avaliação. A razão é simples de explicar: a avaliação constitui parte essencial e decisiva do *currículo real*, "o que conta" para os alunos, o que eles percebem como tendo valor, porque é o que mais dá pontos.

A *avaliação formativa* somente tem sentido para quem quer fazer de seu trabalho docente um ato de educação. Por meio de sua prática, os professores podem obter dados de referência para melhorar não somente a aprendizagem dos alunos, mas também a sua própria prática docente. Ensino, aprendizagem e avaliação são os elementos básicos que constituem a coluna vertebral do processo didático em torno dos conteúdos culturais, científicos e técnicos que constituem o tronco da cultura comum. Para isso, os professores, como indica Bates (1984, p. 130), necessitam saber o que os alunos estão aprendendo, se estão aprendendo o que eles tentam ensinar e o que podem aprender além do previsto. Para esses fins, as provas objetivas e os exames tradicionais não servem, visto que não abordam esse tipo de informações. Esta é uma das razões que justificam a necessidade de uma nova cultura de avaliação que desenvolva um enfoque distinto. Bastaria tornar a avaliação uma atividade de formação, uma prática de aula real, com peso específico no reconhecimento do progresso sustentado pelos alunos, o que levaria, por sua vez, ao reconhecimento da responsabilidade profissional dos docentes.

A aposta é em uma avaliação *alternativa*. A proposta não deve surpreender, se levamos em conta que a nova narrativa educacional, como expressão do discurso atual, também adota este enfoque na Declaração de Intenções. Para torná-la realidade, é necessário superar práticas tradicionais de avaliação que se mostram incompatíveis com os objetivos que daqui derivam (*autonomia, responsabilidade, construção do conhecimento, pensamento crítico, compreensão, autoavaliação, capacidade de comunicação, etc.*). Hoje, dispomos de novos argumentos procedentes de diversas fontes (epistemológicas, socioculturais, psicológicas, didáticas) a favor dessa nova orientação.

Com respeito à avaliação, a informação coletada e disponibilizada por este enfoque inovador é a mais plural em ideias e em fontes, mais transparente, mais compreensível que as simples qualificações, sem renunciar à complexidade que representa. Nela, são necessários os argumentos, as razões, as explicações e, como recurso epistemológico, o diálogo, o respeito, a participação de quem ensina e de quem aprende.

Como condição que possibilite tantas boas intenções, tantos projetos inovadores, é imprescindível que atuemos baseados na união entre as ideias e a prática, entre a concepção e a implementação do currículo. A avaliação é um elemento dinâmico integrante, não isolado, do currículo. Ela faz parte estrutural dele. Como tal, os novos desafios no ensino e na aprendizagem devem ser seguidos de novos desafios na avaliação, se pretendermos manter a coerência e a coesão necessárias à implementação do discurso inovador atual.

REFERÊNCIAS

ÁLVAREZ MÉNDEZ, J. M. *Evaluar para conocer, examinar para excluir.* Madrid: Morata, 2001.
ÁLVAREZ MÉNDEZ, J. M. *La evaluación a examen:* ensayos críticos. Buenos Aires: Miño y Dávila, 2003.
ÁLVAREZ MÉNDEZ, J. M. Evaluar el aprendizaje en una enseñanza centrada en competências. In: GIMENO SACRISTÁN, J. (Comp.). *¿Educar por competencias? ¿Qué hay de nuevo?* Madrid: Morata, 2008. p. 206-235.
ANTIBI, A. *La constante macabra o como se ha desmotivado a muchos estudiantes.* Madrid: El Rompecabezas, 2005.
BATES, R. J. Educational versus managerial evaluation in schools. In: BROADFOOT, P. (Ed.). *Selection, certification and control*: social issues in educational assessment. London: The Falmer Press, 1984. p. 127-143.
BÉLAIR, L. M. *La evaluación en la acción:* el dossier progresivo de los alumnos. Sevilla: Díade, 2000.
BLACK, P. Raising standards through formative assessment. In: PERSPECTIVES on pupil assessment: a paper presented to the GTC conference new relationships: teaching, learning and accountability. London: GTC, 2004. p. 16-18.
BLACK, P.; WILIAM, O. Inside the black box: raising standards through classroom assessment. *Phi Delta Kappan International,* v. 80, n. 2, 1998. Disponível em: <http://blog.discoveryeducation.com/assessment/files/2009/02/blackbox_article.pdf>. Acesso em: 18 nov. 2012.
BLOOM, B. S.; HASTINGS, J. T; MADAUS, G. F. *Evaluación del aprendizaje.* Buenos Aires: Troquel, 1971.
BOUD, O.; FALCHIKOV, N. Redesigning assessment for learning beyond higher education. *Research and Development in Higher Education,* v. 28, 2005. Disponível em: <http://epress.lib.uts.edu.au/research/handle/10453/2131>. Acesso em: 18 nov. 2012. Acesso restrito.
BROADFOOT, P.; BLACK, P. Redefining assessment? The first ten years of assessment in education. *Assessment in Education:* Principles, Policy & Practice, v. 11, n. 1, p. 7-26, 2004.
CARDINET, J. La objetividad de la evaluación. In: HUARTE, F. (Coord.). *Temas actuales sobre psicopedagogía y didáctica.* Madrid: Narcea, 1988. p. 92-102.
CRONBACH, L. *Toward reform of program evaluation.* San Francisco: Jossey Bass, 1980.
DOCHY, F.; SEGERS, M.; DIEDRICK, S. Nuevas vías de aprendizaje y enseñanza y sus consecuencias: una nueva era de evaluación. *Boletín de la Red Estatal de Docencia Universitaria,* v. 2, n. 2, mayo 2002.
DUBET, F. *La escuela de las oportunidades. ¿Qué es una escuela justa?* Barcelona: Gedisa, 2005.
EISNER, E. W. *El ojo ilustrado:* indagación cualitativa y mejora de la práctica educativa. Barcelona: Paidós, 1998.
ELLIOTT, J. *La investigación-acción em educación.* Madrid: Morata, 1990.
GIMENO SACRISTÁN, J. *Poderes inestables en educación.* Madrid: Morata, 1998.
GIPPS, C. La evaluación del alumno y el aprendizaje en una sociedad en evolución. *Perspectivas,* v. 28, n. 1, p. 33-49, 1998.
GIPPS, C.; STOBART, G. Fairness in assessment. In: PERSPECTIVES on pupil assessment: a paper presented to the GTC conference new relationships: teaching, learning and accountability. London: GTC, 2004. p. 31-36.
HERITAGE, M. Formative assessment: what do teachers need to know and do? *Phi Delta Kappan,* v. 89, n. 2, 2007.
HOPKINS, D. *Assessment for personalized learning: the quiet revolution.* In: PERSPECTIVES on pupil assessment: a paper presented to the GTC

conference new relationships: teaching, learning and accountability. London: GTC, 2004. p. 10-15.

JACKSON, W. *La vida en las aulas*. Madrid: Morata, 1991.

MADAUS, G. F.; KELLAGHAN, T. Curriculum evaluation and assessment. In: JACKSON, W. (Ed.). *Handbook of research on curriculum:* a project of the American Educational Research Association. New York: MacMillan, 1992. p. 119-154.

NORRIS, N. Curriculum evaluation revisted. *Cambridge Journal of Education,* v. 28, n. 2, p. 207-219, 1998.

PERRENOUD, P. H. Évaluation formative et évaluation certificative: postures contradictoires ou complémentaires? *Formation professionnelle Suisse,* n. 4, p. 25-28, 2001.

TYLER, R. W. *Principios básicos del currículo.* Buenos Aires: Troquel, 1973.

WESTON, P.; EVANS, A. *Assessment certification and the needs of young people;* a European Inquiry and Conference Report. Brighton: National Foundation for Educational Research, 1988.

WIGGINS, G. The case for authentic assessment. *Practical Assessment, Research & Evaluation,* v. 2, n. 2, 1990. Disponível em: <http://pareonline.net/getvn.asp?v=2&n=2>. Acesso em: 18 nov. 2012._____. e STOBART, G. (2004). "Fairness in assessment", em: *Perspectives on Pupil Assessment.* Documento presentado en la GTC conference New Relationships: Teaching, Learning and Accountability. Londres. P. 31-36.

HERITAGE, M. (2007). "Formative Assessment: What Do Teachers Need to Know and Do?, em: *Phi Delta Kappan, vol.* 89, n° 2. modificación el12 de mayo de 2008. Consultado en línea en: http://www.pdkintl.org/kappan/k_v89/k0710her.htm

HOPKINS, D. (2004). *"Assessment for personalized learning: The quiet revolution",* em: *Perspectives on Pupil Assessment.* Documento presentado en la GTC conference New Relationships: Teaching, Learning and Accountability. Londres, p. 10-15.

JACKSON, Ph. W. (1991). *La vida en las aulas.* Madrid. Morata.

MADAUS, G. F. e KELLAGHAN, T. (1992). "Curriculum Evaluation and Assessment", em: JACKSON, Ph. (Ed.) (1992). *Handbook of Research on Curriculum. A Project of the American Educational Research Association.* Nueva York. MacMillan. p. 119-154.

NORRIS, N. (1998). "Curriculum Evaluation Revisted", em: *Cambridge Journal of Education.* Vol. 28, n° 2, p. 207-219.

PERRENOUD, Ph. (2001). "Évaluation formative et évaluation certificative: postures contradictoires ou complémentaires?", em: *Formation professionnelle Suisse,* n° 4, p. 25-28. Consultado en línea: http://www.unige.ch/fapse/SSE/teachers/perrenoud/php_main/php_2001/2001_13.html

TYLER, R. W. (1973). *Principios básicos del currículo.* Buenos Aires. Troquel.

WESTON, P. e EVANS, A. (1988). *Assessment Certification and the Needs of Young People;* a European Inquiry and Conference Report. Brighton. National Foundation for Educational Research.

WIGGINS, G. (1990). "The case for authentic assessment", em: *Practical Assessment, Research & Evaluation,* 2(2). Consultado en línea el 19 mayo de 1999 em: http://PAREonline.netlgetvn.asp?v=2&n=2

PARTE IV
A inserção do currículo no sistema educacional

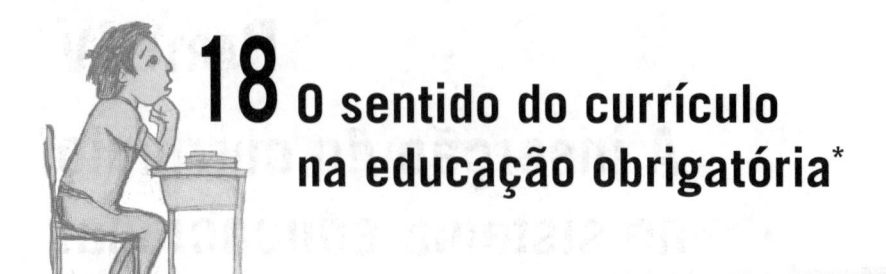

18 O sentido do currículo na educação obrigatória*

Rafael Feito Alonso
Universidade Complutense de Madri

O Artigo 6 da Lei Orgânica da Educação (LOE, 2/2006 de 3 de maio) entende por currículo "o conjunto de objetivos, competências básicas, conteúdos, métodos pedagógicos e critérios de avaliação de cada um dos ensinos regulados na presente Lei". Enfim, o currículo se refere às pretensões explícitas que a escola pretende alcançar. Diferente é o que ocorre na realidade, que se detecta por meio da análise do currículo oculto. Por exemplo, a escola tem a pretensão de ser igualitária. Todavia, o fracasso e o êxito escolar são distribuídos entre as diferentes classes sociais de um modo desigual. O mesmo pode ser dito a respeito do desejo de não ser sexista. Apesar de a escola ser muito provavelmente a esfera menos sexista da sociedade, é certo afirmar que as meninas têm desempenho inferior – salvo a exceção de alguns países – que os meninos em matemática e que elas tendem a ser a maioria esmagadora em certos cursos universitários como Enfermagem, Magistério, Psicologia, Serviço Social, etc. Ou, da mesma forma, a escola

quer motivar a cooperação entre os alunos e, entretanto, cria um cenário no qual prima a competitividade e o individualismo egoísta é recompensado.

A educação obrigatória deve ter como objetivo conseguir que praticamente 100% dos jovens saiam da escola convertidos em pessoas cultas e solidárias, com capacidade para continuar aprendendo ao longo da vida, com interesse pela leitura, pelas manifestações artísticas e pelos avanços científicos. Enfim, deveríamos almejar que a escola crie cidadãos participativos, responsáveis e trabalhadores inovadores.

Em outras palavras, queremos pessoas que leiam jornais, livros e outros materiais; que frequentem exposições artísticas de tipos muito diversos (do cinema ao teatro, passando por museus, representações musicais e um longo etecetera); pessoas que, de acordo com suas possibilidades, viajem e conheçam outros mundos; que pratiquem esportes; que sejam capazes de compreender os rudimentos das explicações científicas de nosso mundo. Tudo isso está ótimo, mas não basta. A

---

* N. de R.: Ver tabela de equivalência entre os sistemas educacionais na Espanha e no Brasil ao fim desta obra.

elite nazista também fazia isso. Ela era capaz de se deleitar com Wagner enquanto, a poucos metros, milhares de seus semelhantes eram exterminados. Também é preciso aprender a conviver, amar o próximo, a respeitar quem não pensa como nós, a participar democraticamente na vida da pólis. E isso não se aprende escutando o professor ou lendo livros. É preciso que se pratique isso todos os dias: a democracia não se aprende, pratica-se.

É preciso educar as pessoas para um mundo em transformação contínua, o que exige uma postura de abertura e de flexibilidade mental incompatível com a rigidez acadêmica hegemônica em nossa escola atual.

Este capítulo tem como objetivo sugerir ideias sobre como deveria ser o currículo dos níveis obrigatórios do sistema educacional em uma sociedade na qual as fontes de criação e distribuição de conhecimento se diversificaram enormemente, e os conhecimentos científicos crescem exponencialmente. Vivemos em uma sociedade na qual não se podem prever quais conhecimentos – além da alfabetização básica – serão imprescindíveis em um futuro próximo. Isso se choca de frente com a concepção canônica do conhecimento escolar: haveria uma gama de conteúdos intocáveis que devem ser transmitidos por meio das diferentes disciplinas? Por outro lado, quem define quais são esses conhecimentos canônicos intocáveis? Os conhecimentos escolares são o fruto de uma seleção frequentemente originária de uma arbitrariedade inaceitável.

O problema é que, do modo como funciona a escola, esses conteúdos são esquecidos com assombrosa facilidade, e raramente os alunos os incorporam em seus esquemas interpretativos da realidade. Sem dúvida, seria necessário atuar de outra maneira. Seria preferível que os estudantes trabalhassem por projetos multidisciplinares ou centros de interesse, de modo a integrar uma problemática concreta de qualidades e con-teúdos de diferentes áreas curriculares.

A opção que parece clara deveria consistir na complexa e apaixonante tarefa de proporcionar ferramentas às pessoas para que, por si mesmas, sejam capazes de buscar, selecionar e criar conhecimentos. Ou seja, deveríamos nos inserir em um cenário educacional no qual aprender fosse divertido, em um cenário que estivesse conectado ao desenvolvimento pessoal e permitisse que os indivíduos fossem mais livres, mais solidários e mais criativos.

A sociedade espanhola optou por escolarizar toda a população entre os 6 e os 16 anos e, além disso, ela o realiza em um sistema comum: todos os meninos e as meninas compreendidos entre essas idades estudam nas mesmas instituições de educação e, basicamente, têm o mesmo tipo de professores. Essa é uma mudança de dimensões tremendas, que nos obriga a batalhar com uma diversidade quase tão enorme como a da sociedade em seu conjunto. A educação primária já está habituada a essa diversidade. Contudo, o mesmo não ocorre com a secundária, que parte dos professores e da sociedade considera que deveria ser extremamente seletivo.

Tanto a educação primária como a secundária obrigatória (ESO) são níveis com finalidade prórpia. Isso quer dizer que eles não devem ser concebidos em função do nível seguinte. Não faz sentido a mentalidade propedêutica de trabalhar com os alunos de educação primária em função do que lhes espera na secundária obrigatória (13 a 16 anos), ou fazer o mesmo na secundária obrigatória em função do *bachillerato*. De fato, as normas atuais favorecem esse caráter propedêutico. Sabemos que o último ano da educação secundária obrigatória é um ano no qual já se orienta claramente os alunos para as especialidades da educação média, de modo que esse nível pressupõe que tenham sido cursadas matérias específicas na secundária obrigatória. O cúmulo da hipocrisia é a existência de dois tipos de matemática: a "A", para os menos "sabidos" (os das "humanas"); e a B, para os mais "sabidos" (os das "ciências"). Isso é pura e simplesmente uma fraude contra a lei. Significa converter certas matérias do último ano da educação secundária obrigatória na primeira disciplina ou no ano inicial de um curso hipotético, *bachillerato* no qual o aluno ainda não se inscreveu.

A escola que temos hoje foi, na realidade, pensada para a minoria que a criou: proprietários e grandes profissionais do sexo masculino de raça branca. Para o resto – classes trabalhadoras, mulheres, minorias étnicas –, em suas origens, a escola não ia além da alfabetização básica ou sua possível derivação até sua formação profissional ou para o matrimônio burguês. Isso é o que explica seu forte caráter propedêutico e segregador. O paroxismo é alcançado no segundo ano do *bachillerato*, ano letivo que, em vez de servir para a aprendizagem, converteu-se em uma espécie de academia para passar no exame de acesso*. A maioria das aprendizagens da educação obrigatória é concebida sob a óptica do estudante que, presumivelmente, vai chegar à universidade. Somente assim é que se explicam tantos conhecimentos inúteis, acadêmicos e descontextualizados. O resultado é a segregação. A preocupação principal da escola – e isso fica muito claro na educação secundária obrigatória (13 a 16 anos) – parece ser a de como se livrar dos alunos menos acadêmicos. Inclusive, sendo esse nível tão abrangente, existem mil e uma maneiras para se livrar de tais alunos: desde a repetição de ano à pré-formação profissional, passando pela agrupação de níveis ou pela diversidade curricular e pelos inevitáveis programas de recuperação escolar – afinal, o que é necessário compensar? Qualquer coisa, exceto pensar no êxito escolar para todos! Se isso fosse feito, a escola não faria distinções, como se essa fosse sua função principal; está claro que essa é a função para os grupos conservadores.

Este capítulo se divide em tantas epígrafes quanto o número de elementos que compõem a definição oficial de currículo: objetivos, conteúdos, métodos, avaliação e competências (das quais, dado seu o caráter inovador e holístico, falaremos no final).

---

* N. de R.: Equivalente ao vestibular no Brasil.

OBJETIVOS

Que sentido deve ter o currículo na educação obrigatória, ou seja, na educação primária e na secundária obrigatória? Em parte, já se respondeu a essa questão na Introdução. Esses dois níveis correspondem aos 10 anos mínimos (de 6 a 16) que todo cidadão e toda cidadã têm de passar no sistema educacional. As aprendizagens aqui adquiridos têm de garantir a criação de pessoas capazes de se expressar corretamente tanto de forma oral quanto por escrito; de fazê-lo – ainda que em menor grau – em outro idioma; de se transformarem em leitores com capacidade de compreensão de textos e certo prazer pela leitura, com sensibilidade artística (tanto passiva como ativa); capazes de se situar em uma perspectiva histórica e de compreender como a sociedade funciona e de entender a lógica científica; hábeis no manejo de algumas novas tecnologias e predispostas a conviver em uma sociedade cada vez mais intercultural, participando em sua vida política.

Como conseguir tudo isso? Sem dúvida, podemos afirmar que a escola atual está longe de alcançar essa lista de boas intenções. Os objetivos que marcam a Lei Orgânica da Educação (LOE) para cada uma das etapas educacionais são – e talvez não pudesse ser de outra forma – excessivamente polissêmicos. Assim, para exemplificar, o Artigo 5º da LOE coloca que "o sistema educacional tem como princípio básico a educação permanente" e, para isso, "preparará os alunos para aprenderem por si mesmos". Um professor conservador poderia considerar que o que ele faz já satisfaz esse requisito. Ele dita o que deve ser anotado ou segue o livro didático na aula e, de tarde, os alunos aprenderão por si mesmos o que viram de manhã. Ferrés e Prats (2008) indicavam que isso significa considerar que "o trabalho do professor finaliza onde deve iniciar o esforço dos estudantes. O professor é considerado responsável pela explicação do conteúdo, não pelo envolvimento dos alunos".

Quando falamos dos objetivos dos níveis que aqui nos interessam, o mesmo acontece.

O Artigo 17º estabelece que os objetivos da educação primária são, entre outros, conhecer e apreciar os valores e as normas de convivência. Isso pode variar simplesmente de os alunos estarem conscientes de que existem normas que, para eles, é como se houvessem caído do céu a situação em que eles são os responsáveis pela sua elaboração e por seu seguimento. O mesmo poderia ser dito da pretensão de que eles deveriam adquirir habilidades para a prevenção e para a resolução de conflitos. A lei não explica como tais habilidades são desenvolvidas. Mais uma vez, se os alunos não fazem parte da elaboração das normas, é difícil que adquiram essas habilidades. Da mesma forma, a lei coloca que é preciso utilizar de maneira apropriada o idioma espanhol. Apropriada pode significar não cometer erros de ortografia ou ser capaz de elaborar e expressar opiniões próprias. O modo como a instituição de educação se organiza é fundamental para o alcance de seus objetivos.

CONTEÚDOS

Existem, no mínimo, dois aspectos que devem ser levados em conta em relação aos conteúdos da educação obrigatória. O primeiro é o aspecto relativo à sua seleção, ou seja, quais conteúdos serão considerados básicos para a formação dos futuros cidadãos. O segundo é como sequenciar os conteúdos dos anos e matérias, como determinar o que uma criança de determinada idade pode aprender.

Seleção de conteúdos

Em um mundo no qual os saberes são cada vez mais provisórios, torna-se especialmente problemático definir quais conteúdos devem ser incluídos na educação obrigatória. Aqui, as posições oscilam desde quem considera certos saberes imprescindíveis a quem acredita que a escola deve ser um cenário no qual a única matéria seria aprender para a vida.

A primeira posição, com diferentes matizes, é a posição hegemônica. O Estado determina quais são as matérias que devem ser cursadas e seus respectivos conteúdos. Nem todas as matérias têm a mesma relevância: em algumas delas, o estudante deve ser aprovado para que possa ir para o ano seguinte ou obter a titulação na educação primária ou secundária, ou lhes são concedidas maior importância nas avaliações finais. Esse seria o caso da língua pátria (ou das línguas pátrias) e da matemática. A língua estrangeira, ou seja, o inglês, torna-se cada dia mais importante. Outras matérias são clássicas do currículo, como é o caso das Ciências Naturais e Sociais. O resto tem uma importância escolar menor, até o extremo de que, dependendo de conjunturas políticas ou acadêmicas, elas podem minguar, e inclusive desaparecer ou simplesmente ser eliminadas por um governo incompetente, como foi o caso do ensino de inglês na *Educação para a cidadania* da Comunidade Valenciana durante o ano letivo de 2008-09.

Por que alguns conteúdos adotam a forma de matéria no currículo? Por que alguns conteúdos que parecem essenciais são omitidos? Sabemos que é cada vez mais importante que os cidadãos se preocupem com sua própria saúde, que adquiram hábitos alimentares saudáveis, etc. Todavia, não existe nenhuma matéria chamada Medicina nem médicos que façam parte do corpo docente. Por que um físico pode lecionar Física na secundária e um médico não pode fazer o mesmo com Medicina? O mesmo pode ser dito do Direito. Se o desconhecimento da lei não exime o seu cumprimento, por que não estudar Direito na educação obrigatória? Ou, ainda, o que podemos dizer a respeito do conhecimento dos meios de comunicação? Onde se aprende a fazer o uso reflexivo e crítico desses conhecimentos?

Não busco afirmar, com isso, que os alunos de educação primária ou secundária contem com professores advogados ou médicos. De fato, a educação primária conta com a maioria de professores gerais e um ou outro especialista. Nos dois primeiros anos da educação secundária obrigatória, existe uma difícil mescla de professores de educação primária e secundária (especialistas na sua matéria e somente nela). No terceiro e quarto ano da ESO somente lecionam os professores deste nível. Gostaríamos que os professores de todos os níveis tivessem conhecimentos suficientes nessas áreas que não correspondem a disciplinas.

A questão é, sem dúvida, complexa. Boa parte das matérias-chave – com certeza as do *trivium* e *quadrivium*[1] – existe desde a Antiguidade, sobreviveram durante a Idade Média e chegaram aos nossos dias. Os diferentes grupos profissionais-acadêmicos se convertem em um elemento de pressão. Qualquer redução de horário docente de uma disciplina é considerada uma afronta intolerável. O resultado final é um currículo sobrecarregado com mais de 11 matérias nos primeiros anos da ESO.

O problema não acaba aqui. Uma vez escolhidas quais matérias fazem parte do currículo, resta refletir sobre a questão mais difícil: quais serão os conteúdos. Por que na ESO se aprende em matemática os polinômios ou a resolução de equações de segundo grau e muito pouco de estatística? Santiago Fernández (membro do grupo pedagógico Adarra)[2] assinalava que uma coisa é a matemática como ciência e outra, a matemática escolar. Os cidadãos se deparam regularmente com problemas de matemática quando fazem compras, viajam, se alimentam. Por exemplo, com um mapa de rede de metrô no qual se identificam linhas, horários, frequência ou preços diferentes dos bilhetes, poderia-se ensinar a maioria dos conteúdos que a educação primária necessita. Em muitas ocasiões, a matemática que a sociedade exige não corresponde ao que é ensinado em aula.

Outro exemplo. Que sentido tem a aprendizagem de uma explicação tão telegráfica e inútil sobre mais de uma dezena de poetas da "geração de 27" ou de uma ladainha de novelistas atuais? No 4º ano da ESO existe a disciplina de Literatura e Língua Espanhola. Tomo como referência o livro didático de Akal (MARTINÉZ; MUÑOZ; CARRIÓN, 2008). Dois terços dele se dedicam à linguística, e um terço, e isso é quase nada, à literatura em espanhol – ou seja, inclui-se a América hispânica – dos séculos XIX e XX. Uma vez que se quer falar de todos os autores considerados importantes, não resta opção senão recorrer a um absurdo epítome de cada um deles. Via de regra, são apresentados apenas um par de exemplos.

Gerardo Diego (1896–1987). Sua extensa obra poética é caracterizada por sua variedade formal e temática. Nela, convivem a vanguarda ultraísta e criacionista, o neopopulismo, o gongorismo e os modelos clássicos. Alguns de seus títulos são *Imagen, Manual de espumas, Fábula de Equis y Zeda, Alondra de verdad*, etc.
José Maria Merino conjuga em seus relatos o gosto por narrar uma experimentação técnica: *Novela de Andrés Choz, El caldero de oro, La orilla oscura* [...].

A coisa adquire tons grotescos. Em nenhum lugar do livro se explica o que é neopopulismo, nem outros "ismos". Entretanto, se alguém recorre à Wikipédia, encontra uma explicação fácil. Ao que parece, com livros didáticos como esse, pretende-se – supõe-se – formar um público leitor. Será que alguém consegue imaginar um rapaz de 15 anos se interessando pelos rodeios da poesia de Gerardo Diego depois dessa descrição fantasmagórica? Se recorrermos a um autor mais recente, como Merino, a descrição é tão sucinta que nem a mente mais esclarecida – nem sequer as dos próprios autores do texto – poderia reconhecer a singularidade de sua obra.

Sequência de conteúdos

Nossa escola segmenta os saberes em disciplinas – e isso fica mais claro na secundária do que na primária, e ainda mais do que na educação infantil – concebidos como compartimentos estanques até o extremo de que se pode ver em um ano toda a história da música atravessando períodos que ainda não foram vistos na história geral. Ou se pode estudar em uma disciplina um movimento artístico desconsiderando que ele tenha – como é habitual – manifestações na música, mas também na pintura ou na literatura. Na educação secundária, cada professor é responsável por sua disciplina e raramente se vê forçado a saber o que o companheiro da sala ao lado pode estar fazendo. Não é em vão que se diz, com ironia, que o único elemento que conecta as salas de aula entre si são os tubos da calefação.

A sequência dos conteúdos por ano letivo e dentro de cada ano pressupõe que os alunos devem se interessar pelos conteúdos tratados no momento que a escola julgar apropriado. Nesse esquema, mostra-se problemático inclusive que os alunos possam se aprofundar em alguma questão pela qual sintam mais interesse, já que não resta outra solução se não avançar no programa do livro didático. Não é raro que os professores reprimam o desejo dos alunos de se aprofundarem em um tema, argumentando que se trata de uma questão que se verá mais adiante ou em outro ano, ou simplesmente que nesse momento "não interessa".

O habitual é que quando, por exemplo, estuda-se história, os alunos memorizam datas e acontecimentos-chave. O mesmo acontece com os personagens históricos destacados. Isso resulta em uma compreensão superficial e no baixo interesse pelo tema abordado. Os alunos não chegam a desenvolver habilidades fundamentais, como escrever, pesquisar e resolver problemas, que só podem ser adquiridas quando se dedica tempo e energia suficientes para analisar uma única questão, como poderia ser a Grande Depressão. Os alunos aprendem muito mais quando se concentram em poucos temas, de modo que possam ser estudados detalhadamente. Não é apenas uma questão de aprender sobre esses temas, mas de desenvolver um pensamento analítico que pode ser aplicado em outras questões, independentemente de que tenham sido vistas ou não na escola.

Ainda que seja correto que a separação entre educação primária e secundária corresponde a diferentes estágios da evolução da mente humana, não são poucas as vezes que meninos e meninas, inclusive os mais jovens, fazem perguntas com respostas muito difíceis. Já que, cada vez mais, eles têm acesso às novas janelas de conhecimento – seja por meio de consultas na internet que fazem com seus familiares ou pela televisão –, é imprescindível que a escola se abra a esse contexto e busque a colaboração de pessoas e instituições que poderiam ajudar na construção de respostas a um presente cada vez mais complexo.

MÉTODOS PEDAGÓGICOS

O funcionamento da escola responde ao que se poderia considerar, com muitas dúvidas, como relevante para suas origens no século XX. No período industrial, até os anos de 1970, a escola se baseava no esquema de aprender e repetir, na ideia de que aquilo que se aprendeu na escola – em menor medida na universidade – serviria para o seu desenvolvimento ao longo da vida ativa. Por exemplo, um trabalhador da Sociedade Espanhola de Automóveis de Turismo não tinha a expectativa de que os conteúdos da sua atividade de trabalho variassem significativamente ao longo de sua vida ativa. A formação inicial na escola junto com alguma formação permanente ou *in situ* seriam suficientes. Darling-Hammond (apud KOHN, 2004) dizia que as tarefas segmentadas que enfatizam a limpeza e a rapidez, a obsessão com as campainhas e os horários, poderiam estar vinculados à ética dos Estados Unidos do século XIX em um contexto no qual os trabalhos não exigem nenhum tipo de explicação profunda.

Entretanto, hoje, as coisas são radicalmente diferentes. A OCDE considera que uma pessoa jovem que ingressa no mercado de trabalho precisará enfrentar um mínimo de cinco ou seis mudanças de emprego. Além disso, os componentes de um emprego se tornam mais complexos com o passar do tempo. Basta, por exemplo, levar o automóvel a uma oficina mecânica para comprovar a introdução de novas tecnologias, até mesmo nos setores, há pouco, muito artesanais.

É raro o profissional que não precisa estar em contato frequente com pessoas de outros países e que possivelmente também falam outro idioma e têm outra visão cosmopolita com os quais é preciso se entender. Nossos bairros, nossas escolas – sobretudo, as públicas – se enchem de pessoas procedentes de outras culturas com quem temos de conviver.

A Lei Orgânica da Educação (LOE) estabelece os objetivos, conteúdos e critérios de avaliação com certa clareza e certo grau de precisão. No entanto, não podemos dizer o mesmo a respeito dos métodos pedagógicos, os quais, contudo, inserem-se no marco mais frouxo dos princípios pedagógicos. Isso deixa plena liberdade para que cada professor ou professora interprete à sua maneira como deve agir em aula.

> Se pretendemos que os alunos aprendam a trabalhar em grupo, manejem e dominem as novas tecnologias ou tenham iniciativa e espírito crítico, não podemos deixar ao livre arbítrio dos professores a faculdade de dar aulas exclusivamente expositivas, sem utilizar computadores nem o laboratório ou formular perguntas abertas. (MENTXACA, 2008, p. 84)

A seguir, falaremos da necessidade de superar a pedagogia transmissiva e passar à globalização curricular, à conveniência de que os alunos investiguem e dialoguem em um cenário pedagógico pluralista.

A pedagogia transmissiva: um exemplo de esforço inútil

Para o enfoque convencional (ou tradicional) sobre o ensino, dominante em nossa escola, o conhecimento existe fora da consciência humana, de tal modo que a aprendizagem se reduz à sua absorção e à memorização por parte de alguns estudantes que são considerados maleáveis. O conhecimento é aprendido com o propósito de que as pessoas deem continuidade à cultura e à sociedade da maneira como ela é. É preciso diferenciar entre aprendizagem por repetição, na qual se memoriza a informação sem relacioná-la, com o conhecimento anterior à aprendizagem significativa, na qual os alunos devem se esforçar para relacionar o novo conhecimento àquele que possuíam e com aquilo que acontece no momento da aprendizagem (NOVACK, 2002).

Para a educação progressista (*progressive education*), o conhecimento se cria e estrutura de forma individual e coletiva. Aprender é um processo pelo qual se constrói o conhecimento e os indivíduos são consequentemente construídos e se desenvolvem. A construção do conhecimento tem como objetivo uma sociedade melhor.

Aqui, estão em jogo duas ideias-chave de Freire (1980). De um lado, sua crítica ao que ele denominava educação bancária, uma educação que concebe as cabeças dos estudantes como recipientes vazios que devem ser preenchidos com conteúdos que procedem do professor ou dos livros didáticos. Por outro lado, sua proposta de que os seres humanos são seres para a transformação, e não para a adaptação.

Sabemos da tremenda ineficácia do método transmissivo. Ele serve, na melhor das hipóteses, para uma aprendizagem no curto prazo, que permite a aprovação em um exame após o outro. De modo algum, ele permite adquirir uma visão mais ampla – sem falar distinta – do mundo. Um velho provérbio chinês diz "escuto e esqueço, vejo e lembro, faço e aprendo".

Predomina, especialmente na ESO, a estratégia didática que consiste na leitura de anotações por um professor e no acompanhamento, quase doentio, dos livros didáticos. Em nossa cultura, entende-se que ensinar consiste em que o professor fale e os alunos escutem e, de vez em quando, façam alguma pergunta para esclarecer algo. Sem dúvida, existem pessoas que são capazes de aprender escutando. Há vários estudos dos anos de 1960 (apud JOHNSON; JOHNSON, 1999) que explicitam que a atenção dos alunos àquilo que o docente diz diminui à medida que a explicação se desenvolve. A pauta, basicamente, é a seguinte: cinco minutos de adaptação, cinco minutos de assimilação de material, confusão e tédio com redução veloz da assimilação, baixo nível mantido durante a maior parte da explicação e certo resgate de atenção no final.

Na maior parte do tempo, ensinamos, especialmente na ESO, diferentes fragmentos do universo divididos em disciplinas escolares. Em algumas das escolas inovadoras, em vez de os alunos aprenderem sobre literatura na aula de Língua e História, eles aprendem sobre ela em uma aula totalmente diferente onde eles abordam um tema, como a Revolução Francesa, de tal maneira que analisam como a literatura, a arte, a atividade política e os panfletos descrevem o período. Em vez de simplesmente falar, os professores organizam equipes de trabalho, indicando aos alunos quais são os documentos ou os livros-chave que permitem a interpretação desse período tão agitado e crucial.

O modelo educacional se baseia na abordagem da psicologia behaviorista, que considera que se aprende melhor a partir de fragmentos que vão se agregando uns aos outros em seções letivas sucessivas. Já há algum tempo sabemos que 80% das pessoas aprendem de modo mais eficaz quando lhes apresentam primeiro uma visão global, holística do tema a ser abordado para, a seguir, vê-lo em partes. Dessa forma, nossa escola pretende, de modo inconsciente, favorecer os 20% que têm um cérebro particularmente analítico (THOMAS, 2006).

A globalização curricular

A fragmentação curricular talvez tenha feito sentido em determinado momento, mas não hoje. Capra (1998) explicava em que havia consistido a revolução científica do século XX: a passagem do pensamento analítico ao sistêmico. As propriedades das partes somente podem ser compreendidas no contexto do conjunto, no sistema ao qual pertencem. "Compreender as coisas de forma sistêmica significa literalmente colocá-las em um contexto e estabelecer a natureza de suas relações" (CAPRA, 1998, p. 47). Na lógica cartesiana, o comportamento das coisas pode ser explicado a partir das propriedades das partes que a compõem. "Fazer uma análise significa isolar algo para estudá-lo e compreendê-lo, enquanto o pensamento sistêmico enquadra essa coisa dentro do contexto de um todo superior" (CAPRA, 1998, p. 49). A psicologia da Gestalt se move nessa direção: o todo é mais que a soma de suas partes. Capra se refere ao surgimento de uma fome de totalidade.

Tudo isso coloca uma questão interessante e fundamental para o ensino: se tudo está conectado a tudo, como podemos esperar algum dia compreender algo? Uma vez que todos os fenômenos estão inter-relacionados, para explicar qualquer um deles, precisaremos compreender todos os demais, o que obviamente se torna impossível. O que transforma o planejamento sistêmico em uma ciência é o descobrimento de que existe um conhecimento aproximado.

Contrariamente ao que se costuma pensar, menos é mais. O conjunto de habilidades que se adquire com a análise de um problema específico permite desenvolver estratégias que permitem analisar outros problemas similares ou até distintos.

> A solução de problemas, vista como uma atividade interdisciplinar, é a mais eficaz das competências fundamentais, já que compreende o reconhecimento, a abstração, a generalização e a avaliação de padrões, assim como o desenvolvimento dos planos de ação baseados nesses processos. (GARCÍA JURADO VELARDE, 2009)

Os alunos estão muito conscientes sobre essa limitação. Em uma pesquisa etnográfica realizada por Hernández e Sancho (2004), recorria-se à seguinte observação de uma aluna: "Como queres que aprendamos? Somente (o faremos) se nos explicarem coisas que nos interessem. Vem uma pessoa à turma que nos fala sobre a arte do século XVIII e outra que nos fala do sintagma nominal".

Outro aluno assinalava coisas similares. "Como podem nos pedir para juntar as coisas? Não posso juntar verduras com copos. Portanto, o que temos de aprender é aprender a mania que cada um de vocês tem".

Em uma entrevista, perguntou-se aos alunos se havia alguns temas que para eles era relevante explorar e o que lhes interessava aprender. Com bastante segurança, os alunos expressaram as seguintes inquietudes:
- Entender o mundo contemporâneo.
- A diversidade como fonte de desigualdade social.
- Por que continua havendo guerras.
- Por que as faixas urbanas existem.

Todos são temas intercurriculares e que estabelecem o desafio de se uma escola de ESO estaria disposta a se organizar em torno dessas questões, que são muito parecidas às propostas por Jackson e Davies (2000):
- Nossa história é uma história de progresso?
- As estatísticas mentem?
- A gravidade é um fato ou uma teoria?
- De que modo os animais são como os humanos? E vice-versa?
- O que significa ser livre em uma sociedade democrática?
- Que desastres naturais têm mais probabilidade de ocorrer onde vivemos?
- A história se repete?

A aventura de pesquisar

Em um cenário com essas características, a visitação à biblioteca, a consulta e a leitura de livros de tipos muito diferentes se convertem nos verdadeiros protagonistas da aprendizagem. É lamentável o contraste que se detecta entre o uso das bibliotecas na educação primária e secundária, reflexo do excessivo peso da cultura acadêmica na secundária e da terrível dependência do livro didático em ambos. Os alunos da primária frequentam mais a biblioteca do que os da secundária (MIRET et al., 2005). Setenta e cinco porcento dos professores da secundária declaram não ir à biblioteca com seus alunos e somente 20% dos professores facilitam o acesso à biblioteca durante a aula, enquanto 9% trabalham com os alunos ou dão alguma aula nela. Mais de 60% dos professores declaram nunca recomendar leituras aos seus alunos e sequer programar atividades para ensinar a utilização das fontes de informação. O que sempre acontece é que, quando se recomenda a leitura dos livros, eles são obras de ficção. Raramente se pensa na leitura de livros de história, de química ou de matemática. Obviamente, teria de haver uma transformação nos métodos de ensino para que a biblioteca se tornasse protagonista.

O mesmo que se diz das bibliotecas é aplicável ao uso das novas tecnologias. Tradicionalmente, a escola tem reagido à introdução de qualquer novidade tecnológica e inclusive pré-tecnológica. A adoção da caneta esferográfica e a substituição do lápis pela caneta também provocou um pequeno terremoto. Como renunciar ao lápis, cujos escritos podem ser apagados com plena liberdade, frente ao caráter um pouco menos indelével da fatídica tinta da caneta? Mais recente, a polêmica sobre o uso ou a proibição das calculadoras ainda está na mente de várias gerações. Mais uma vez, estaríamos perante uma invenção do diabo que impediria o desenvolvimento das capacidades de fazer cálculo de nossos jovens. Hoje, o ridículo continua com a proibição de apresentar trabalhos escritos pelo computador, para evitar a estratégia de recortar e colar textos de *sites* da internet. Eles preferem o trabalho de ter de copiar de uma enciclopédia em papel. Desde quando o copista tem de se inteirar das coisas que copia? Já dizia Ortega que o esforço inútil, como esse que a escola propõe, conduz à melancolia.

Assim como acontece com os livros – mesmo os que não são livros didáticos –, as novas tecnologias – principalmente a internet – abrem a possibilidade da aventura intelectual de entrar em territórios novos ou inexplorados quanto se trabalha na escola inovadora.

A necessidade de cenários deliberativos

Não resta dúvida alguma de que, para que seja possível uma convivência harmônica, para que a democracia seja uma prática cotidiana em nossas vidas, é preciso que as pessoas sejam capazes de se expressar corretamente tanto de forma privada quanto pública, de escutar com atenção e cortesia aos demais e de participar em um debate civilizado.

Somente na educação infantil (de 6 a 12 anos) o uso da assembleia é generalizado como um espaço no qual os alunos podem verbalizar suas experiências, seus processos de aprendizagem e seus sentimentos. Na educação secundária, o espaço mais parecido com esse, ao menos em teoria, seriam as monitorias; na Espanha, dependendo das Comunidades Autônomas, há uma ou duas monitorias por semana. Não se sabe muito bem o que se faz nesses horários. Em muitas ocasiões, a monitoria é uma espécie de hora de estudo assistido.

O desejável seria que todas as disciplinas tivessem, ao menos parcialmente, um formato de assembleia, que fossem cenários nos quais se pudessem trocar pontos de vista elaborados e arrazoados sobre os conteúdos curriculares. Infelizmente, sabemos que a maior parte do ensino consiste em que o aluno escute, em vez de falar e ser ouvido.

> Aprender a falar, dominar uma linguagem que permita um mínimo de expressão, que não conduza à criação de círculos fechados de pessoas com as quais um indivíduo pode se entender, não tem nada de espontâneo. Quase a metade dos jovens argentinos que completa a educação secundária tem dificuldade para compreender um texto. A experiência cotidiana nos confirma que muitas pessoas, os jovens e os nem tão jovens, não conseguem expressar com clareza o que pensam. Isso não ocorre somente na Argentina: na França, um de cada 10 jovens entre 17 e 25 anos não lê nem escreve corretamente. O linguista francês Alain Bentolila considera que essa situação gera o que ele denomina insegurança linguística. A incapacidade de expressar com precisão o próprio pensamento em palavras e de receber o pensamento do outro com precisão acaba colocando os jovens em um verdadeiro gueto social. Essa falência os condena à exclusão, os incentiva à rebelião e, possivelmente, também à violência. A insegurança linguística resulta, assim, em uma grave desigualdade social. (ETCHEVERRY, 2006)

Quando os alunos podem falar, descobrem universos novos e são capazes de incorporar os conhecimentos ao seu modo de interpretar o mundo.

Em uma experiência com alunos do 3º e 4º ano da educação secundária obrigatória (15 e 16 anos) no colégio Montserrat em Barcelona, pesquisou-se a partir de diversas fontes documentais do século XX (POZO ROSELLÓ, 2006). Todos os alunos reconheceram que a experiência é uma maneira diferente e muito valiosa de aprender história, os fatos foram gravados e puderam ser contextualizados e lhes dar sentido. Visto sob certa superficialidade, o século XX é percebido como o século da ciência, da tecnologia, dos grandes descobrimentos. Entretanto, e isso é o que causou verdadeira consternação entre os alunos, eles não estavam cientes de que o século XX também foi o século das guerras mundiais, do holocausto, das grandes fomes, etc. Esse tipo de trabalho incentivou vários dos alunos a ir além, a continuar aprendendo, despertou-lhes o interesse em ler jornais, ver as notícias, perguntar aos avós por suas recordações e ler alguma novela histórica.

Pelo contrário, o silêncio fortalece as ideias errôneas, os pré-julgamentos, os preconceitos. É difícil, ou mesmo impossível, haver mudança de atitudes e predisposição para entender se os alunos permanecem condenados ao silêncio. Em uma entrevista, o professor Jonathan Osborne do King's College da Universidade de Londres, para o jornal *El País*, em 15 de maio de 2006, referiu-se a essa ideia.

P. Fale também da importância do debate em aula.
R. É importantíssimo. Os professores poderiam promover discussões nas aulas se preocupando menos em ensinar a ideia correta e mais em explicar porque a ideia incorreta é equivocada. Já foi demonstrado que os alunos que entendem esse método têm um conhecimento mais seguro do motivo pelo qual a ideia certa é correta.

Wagensberg (2008), diretor do Museu de Ciência da Fundación La Caixa, planejava criar uma disciplina dedicada à conversação.

A favor do pluralismo pedagógico: as inteligências múltiplas

A escola entroniza dois tipos de inteligência, as quais considera como entidades fixas e naturais que os indivíduos não podem modificar. Trata-se das inteligências lógico-matemática e linguística. Sem dúvida, elas são fundamentais, mas, como explicou Gardner (1983), existem outras inteligências responsáveis por progressos imprescindíveis para a humanidade. O Quadro[3] seguinte sintetiza os diferentes tipos de inteligência e, como podemos ver, constituem todo um programa de atenção à diversidade, às distintas maneiras que as pessoas têm de aprender e que rompe com o molde homogeneizador da nossa escola.

Quadro 18.1 Inteligências múltiplas

INTELIGÊNCIA	A PESSOA SE DESTACA EM	GOSTA DE	APRENDE MELHOR
LINGUÍSTICA--VERBAL	Leitura, escrita, narração de histórias, memorização de datas e pensa por meio de palavras.	Ler, escrever, contar histórias, falar, memorizar, fazer jogos com palavras.	Lendo, escutando e vendo palavras, falando, escrevendo, discutindo e debatendo.
LÓGICA--MATEMÁTICA	Matemática, raciocínio, lógica, resolução de problemas, pautas.	Resolver problemas, questionar, trabalhar com números, experimentar.	Usando pautas e relações, classificando, trabalhando com o abstrato.
ESPACIAL	Leitura de mapas, gráficos e desenhos, resolução de labirintos, montagem de quebra-cabeças, imaginação de coisas, visualização.	Projetar, desenhar, construir, criar, sonhar acordado, olhar desenhos.	Trabalhando com desenhos e cores, visualizando, usando sua imaginação, desenhando.
CORPORAL--CINESTÉSICA	Atletismo, dança, arte dramática, trabalhos manuais, utilização de ferramentas.	Mover-se, tocar e falar, linguagem corporal.	Tocando, movendo-se, processando informações por meio de sensações corporais.
MUSICAL	Cantar, reconhecer sons, recordar melodias, ritmos.	Cantar, cantarolar, tocar um instrumento, escutar música.	Com ritmo, melodia, cantando, escutando música e melodias.
INTERPESSOAL	Entendendo as pessoas, liderando, organizando, comunicando, resolvendo conflitos, vendendo.	Ter amigos, falar com as pessoas, reunir-se com as pessoas.	Compartilhando, comparando, relacionando, entrevistando, cooperando.
INTRAPESSOAL	Entendendo a si próprio, reconhecendo seus pontos fortes e suas dificuldades, estabelecendo objetivos.	Trabalhar sozinho, refletir, seguir seus interesses.	Trabalhando sozinho, fazendo projetos no seu próprio ritmo, tendo seu espaço, refletindo.
NATURALISTA	Entendendo a natureza, fazendo distinções, identificando a flora e fauna.	Participar na natureza, fazer distinções.	Trabalhando no meio natural, explorando seres vivos, aprendendo sobre plantas e temas da natureza.

Fonte: O autor.

Como disse García Marquez em uma entrevista, o importante na educação das crianças é encontrar o brinquedo que levam dentro de si. O escritor colombiano foi um estudante desastroso até que um professor percebeu sua paixão pela leitura, pelas palavras transformadas em um brinquedo (MARTÍN GARZO, 2008). Por outro lado, no caso de Paul McCartney, nenhum professor detectou seus excepcionais dons musicais (ROBINSON, 2009).

AVALIAÇÃO

O modo pelo qual se avalia condiciona tanto o tipo de docência quanto seus conteúdos. Se a avaliação se centra na repetição de dados, em resolver problemas cuja solução já se conhece previamente, em aplicar fórmulas e técnicas similares, estamos reproduzindo o modelo de escola atualmente hegemônico. Isso apresenta problemas muito sérios, pois é um modelo de uso e descarte. De fato, a maior parte dos alunos se nega a começar a estudar mais do que três dias antes dos exames, porque pura e simplesmente esqueceria os conteúdos, coisa que de fato ocorrerá poucas horas depois da avaliação. No caso da Espanha, há um problema extra. As provas internacionais que o PISA realiza avaliam competências, o modo pelo qual os alunos aplicam os conhecimentos a situações reais e novas. Uma escola como a espanhola, que avalia basicamente os fatos, fica em clara situação de desvantagem.

Cada vez são mais variadas as provas de avaliação que aplicamos tanto aos alunos e suas escolas quanto ao sistema educacional em seu conjunto. Por um lado, há provas externas – tanto censitárias como de amostra – que entidades como a OCDE realizam – o famoso Relatório PISA – como o Ministério de Educação e as diferentes secretarias de educação. E, por outro lado, há as avaliações internas, feitas pelas escolas para todos seus alunos, as quais, muitas vezes, dependem dos professores de cada matéria.

Em certas ocasiões, as provas, como se assinalava anteriormente, podem ser contraditórias. O PISA avalia as competências, e as instituições de educação espanholas privilegiam a memorização. Isso é algo que se detecta claramente na última avaliação do 6º ano da educação primária feita pelo Ministério de Educação da Espanha. Os resultados obtidos mostram que os alunos são melhores nas aprendizagens passivas do que nos que requerem criatividade ou capacidade de autonomia. Na língua espanhola e no inglês, os alunos são bons na interpretação de textos e deixam muito a desejar na expressão escrita. Em matemática, detecta-se a dificuldade habitual de resolução de problemas.[4]

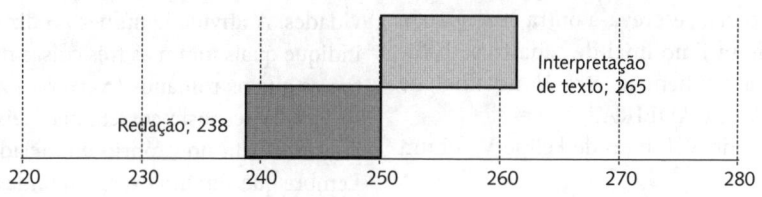

Gráfico 18.1 Resultados na interpretação de texto e expressão em língua espanhola.
Fonte: O autor.

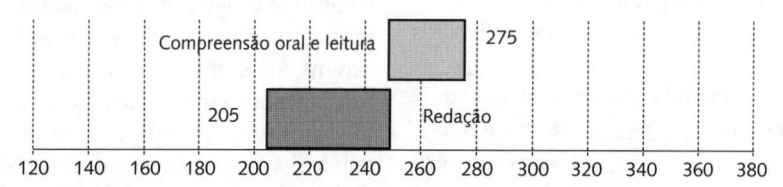

Gráfico 18.2 Resultados na compreensão e expressão em língua inglesa.
Fonte: O autor.

Gráfico 18.3 Resultados por capacidades em matemática.
Fonte: O autor.

As avaliações feitas em cada grupo ou turma podem ser muito diversas, dependendo do professor. Não obstante, geralmente são empregados exercícios dos livros didáticos. Em uma interessantíssima obra, Merchán (2005) menciona uma série de exemplos inquietantes. Nos livros didáticos espanhóis, há exercícios consistentes em responder perguntas cujo conteúdo se encontra no livro didático. Aqui estão três tipos de exames frequentes na educação secundária.

a. Exemplos de perguntas tipo múltipla escolha, de rápida correção.
Como se chamam as cidades que surgem no caminho de Santiago?
Metrópoles-burgos-califado.

b. Risque as palavras erradas e escreva abaixo a frase verdadeira completa. Caso a frase seja correta, escreva-a outra vez, abaixo. Escreva a letra F no final de cada frase FALSA. Escreva também a letra V no final de cada frase VERDADEIRA.
1. Fernando VII, filho de Felipe V, foi um rei liberal.
1. _____

c. Complete as seguintes frases:
A Guerra da Independência dos Estados Unidos se desenvolveu entre ____ e ____, podendo ser dividida em duas etapas: a 1ª aconteceu entre ____ e ____ e se caracterizou por: _____. A 2ª aconteceu entre ____ e ____ e se caracterizou por _____.

Às vezes, as perguntas parecem querer induzir a um pensamento complexo. É o que acontece com questões do tipo: "analise as causas e as consequências da Revolução Francesa". Infelizmente, não se trata do que os alunos pensam ou do seu parecer a respeito, mas de que repitam o que já foi falado.

Enfim, o que se transmite é um conhecimento simplificado, de memorização e acadêmico. No que pesem as intenções no sentido contrário, aprender história é basicamente memorizar, repetir uma e outra vez nomes, datas e frases.

Mostramos aqui um exemplo da redução dos saberes, essa vez obtido de um livro de 5º ano da educação primária. Nele se explica que os romanos, além de conquistarem a Península Hispânica, a romanizaram, ou seja, trouxeram até o local sua língua, sua forma de vida e suas crenças.

Na mesma página, são apresentadas as atividades. A atividade número 5 diz o seguinte: indique quais foram as três coisas mais importantes que os romanos trouxeram à Península Ibérica. A resposta correta não deixa dúvidas: já está escrita no próprio enunciado do livro. Lembre que, em um exercício onde a realidade imita a arte, uma das cenas do filme *A vida de Brian* no qual o líder da Frente Judaica de Liberação se dirige a uma assembleia e pergunta sarcasticamente: o que os romanos nos trouxeram? Após um breve silêncio de indecisão, um militante lembra o aqueduto, a seguir outro acrescenta "o vinho", outro diz "a ordem pública" e assim sucessivamente. Nosso livro didático pretende ser o líder que espera a reiteração passiva e mecânica das opiniões.

Contraste esse tipo de pergunta com as apresentadas na Suécia (DARLING-HAMMOND; MCCLOSKEY, 2009).

Suécia: Avaliações vinculadas a situações do mundo real

As avaliações suecas costumam ser trabalhos e perguntas de respostas abertas nas quais os alunos devem demonstrar seu conhecimento sobre os conteúdos e suas habilidades analíticas, lidando com situações do mundo real que podem experimentar em suas próprias vidas. A título de exemplo:

- Pergunta para alunos de 5º ano (11-12 anos): Carl volta do colégio à sua casa de bicicleta às quatro da tarde. Ele leva aproximadamente um quarto de hora. Durante a tarde, retornará à escola porque tem uma festa que começa às seis da tarde. Antes da festa, ele deve comer. Quando chega à sua casa, sua avó o chama, ela é sua vizinha, e quer que ele leve sua correspondência antes que vá à festa. Ela também deseja que ele leve seu cachorro a passear e então converse um pouco com ela. Para que coisas Carl tem tempo antes que comece a festa? Escreva e descreva como raciocinou.
- Pergunta na educação superior: Em 1976, Lena tinha um salário mensal de 6.000 coroas suecas. Em 1984, seu salário subiu para 9.000 coroas. Em moeda corrente, seu salário subiu 50%. Quanto mudou o preço fixo? Em 1976, o Índice de Preços ao Consumidor era 382; em 1984, era 818.

Não é estranho que, nessas condições, os alunos espanhóis aprendam a memorizar sem compreender o que eles supostamente aprenderam. Os professores estão conscientes disso. Na página da internet de uma escola de educação secundária[5] se detectam os problemas dos alunos. Aqui, vemos o que a escola diz sobre seus problemas de compreensão.

Falhas principais em seu sistema de estudo: Quando se analisam seus hábitos de estudo com perguntas indiretas e com possibilidades de respostas abertas, descobrem-se duas deficiências graves, que afetam 90% dos alunos.

- Mau planejamento do tempo e controle deficiente das condições ambientais, ambas questões fundamentais para o alcance de uma boa concentração.
- Falta de um método de estudo adequado, sistemático e ativo, baseado na compreensão do que se quer aprender. A maioria estuda de forma anárquica, memorizando e repetindo, por isso o estudo se torna tedioso e pouco eficaz, o que aumenta a insegurança e a insatisfação do aluno.

Também se detectam importantes falhas nos seguintes campos:

- Na preparação para os exames. O que os alunos normalmente fazem é memorizar a matéria um dia antes do exame, aquilo que pode "cair" na prova, quando o normal seria se dedicar à revisão de toda a matéria assimilada com antecipação.
- Na leitura. Para eles, é mais fácil memorizar algo mecanicamente do que fazer um esforço para extrair as ideias principais e compreender o conteúdo do que foi lido, base do uso posterior da memória compreensiva.
- Nas anotações. Os alunos tendem a copiar tudo o que podem da explicação do professor, sem pensar se estão entendendo ou não.
- Na atitude perante os estudos. Aproximadamente 20% dos alunos têm atitudes negativas perante os estudos, as disciplinas, os professores, a escola, etc. Existe uma clara ausência de motivação.

O diagnóstico é muito certeiro. Entretanto, não são analisadas as causas. É como se o tipo de docência habitual na secundária – e se supõe que também nesta escola – nada tivesse a ver com o modo como os alunos interpretam sua atividade acadêmica. No entanto, o mais grave de tudo é que não se propõe nenhum tipo de solução a esse problema: os alunos são o que fizermos deles.

COMPETÊNCIAS

A introdução da aprendizagem por competências é uma ocasião de ouro para rever o sentido da atividade educacional; o que se pode esperar de uma pessoa que passa no mínimo 10 anos sendo escolarizada; o que é imprescindível que ela deva ter adquirido nesses 10 anos a fim de que possa se desenvolver como ser trabalhadora, cidadã, membro de uma família e de uma comunidade.

A ideia de competência se refere ao fato de que os meros conhecimentos não bastam, apesar de serem o inevitável ponto de partida das competências. Não se alcança a competência linguística da escrita, por exemplo, somente sabendo as regras gramaticais, conjugando os verbos e fazendo exercícios. É precisa algo mais. Saber escrever exige ser capaz de ordenar ideias, estruturá-las, conectar um parágrafo a outro, ter uma visão do conjunto do que se quer dizer, buscar e comparar informações. E, dependendo do tipo de texto, também é preciso uma tomada de posição, uma interpretação, um enfoque. Do mesmo modo que os retratos de Velázquez relatam seus gostos e suas fobias, são raros os textos que não envolvem a emoção, a paixão, o ponto de vista pessoal.

Podemos dizer que uma pessoa é competente quando ela é capaz de resolver problemas reais, os quais, por definição, são sempre complexos. Raciocinar de forma abstrata sobre o tempo que um objeto de peso conhecido leva para cair no chão não é a mesma coisa que raciocinar sobre uma situação real. Não é o mesmo, por exemplo, que estudar a queda de uma folha de papel solta ou amassada, que consideremos ou não o efeito do vento, etc.

Saber significa ser capaz de utilizar o que foi aprendido em novas situações. Não é aceitável que um indivíduo conheça a Lei de Ohm e, ao mesmo tempo, seja incapaz de explicar o funcionamento do circuito de uma lanterna elétrica. A aprendizagem por competências garante a transferência dos conhecimentos a situações novas, inesperadas, em transformação.

McClelland (1973), na década de 1970, já explicava que o expediente acadêmico não proporciona informações suficientes para prever, de maneira confiável, a adequação das pessoas aos diferentes postos de trabalho nem para imaginar sua possível carreira profissional. A partir daí, surge o conceito de competência como elemento que permite conhecer essas questões.

No que pese a novidade do discurso sobre as competências, a reflexão sobre a aprendizagem para a vida tem suas raízes em toda uma tradição pedagógica de mais de um século de existência (Freinet, Dewey e *tutti quanti*). Estamos falando de algo parecido ao conflito cognitivo de Piaget, a essa situação na qual os conhecimentos previamente adquiridos não são suficientes para encontrar uma resposta e não resta outro remédio senão buscar novas soluções. Enfim, aprender por competências significa insistir na capacidade de enfrentar problemas reais e encontrar uma solução satisfatória.

Oriol Homs explicava isso muito bem ao falar da formação profissional na Espanha. Hoje, já não se avalia o trabalhador por sua capacidade de desempenhar tarefas predeterminadas, mas por sua capacidade de resolver os incidentes que têm lugar no processo produtivo, de modo que sua iniciativa e sua implicação se tornem fundamentais. A idade já não é o principal sustento da experiência (deixa de ter validade o adágio de que o diabo sabe mais por ser velho do que por ser o diabo), mas o fato de ter sido capaz de enfrentar e resolver essas situações novas em forma de incidentes e de elementos imprevisíveis. Os trabalhadores formados na previsibilidade do fordismo têm muita dificuldade nisso. Por um lado, eles estão habituados à rotina, a seguir protocolos imutáveis e, por outro lado, têm muito presente a ideia de hierarquia, de que apenas certos empregados têm capacidade de decisão e de pensamento.

O calvário não acaba aqui. Cada vez mais, trabalhar em equipe é mais habitual.

> A organização fordista mediava a comunicação no interior da organização, em um sistema de transmissão vertical de ordens ou critérios preestabelecidos. Entretanto, a qualidade das interações entre a equipe foi, progressivamente, adquirindo importância, para a melhoria do rendimento das organizações.
> [...]
> [...] Espera-se que o trabalhador preste um serviço ao cliente, e isso requer determinadas habilidades e atitudes que, tradicionalmente, não eram valorizadas e, portanto, sequer faziam parte do processo de formação do trabalhador.
> Essas transformações convertem o trabalho em menos linear e homogêneo. Já não é necessária a comunicação direta entre quem manda e o subordinado, mas que se dedique mais tempo para estabelecer critérios em reuniões de coordenação. Executa-se o trabalho mais em equipe, em rede e de forma estruturada, a partir de projetos. (HOMS, 2008, p. 137-138)

De acordo com a definição oficial da Comissão Europeia, competência é a capacidade demonstrada de utilizar conhecimentos e destrezas. O conhecimento é o resultado da assimilação de informações que se dá no processo de aprendizagem. A destreza é a habilidade para aplicar os conhecimentos e utilizar técnicas a fim de completar tarefas e resolver problemas.

Segundo o sociólogo suíço Perrenoud (1999), as competências permitem enfrentar uma situação complexa, construir uma resposta adaptada. Ou seja, que o estudante seja capaz de dar uma resposta que não tenha sido previamente memorizada. Um exemplo disso pode ser visto nas perguntas que costumam ser feitas nos Relatórios PISA (VILCHES; GIL PÉREZ, 2008).

Para beber durante o dia, Pedro tem uma taça de café quente a uma temperatura aproximada de 90°C e uma taça com água mineral fria a uma temperatura de cerca de 5°C. O tipo e o tamanho das duas taças são idênticos e o volume de cada uma das bebidas também é o mesmo. Pedro deixa as taças em um lugar onde a temperatura é de aproximadamente 20°C. Quais serão provavelmente as temperaturas do café e da água mineral após 10 minutos?

A. 70°C e 10°C.
B. 90°C e 5°C.
C. 70°C e 25°C.
D. 20°C e 20°C.

Não existe nenhuma fórmula para resolver essa questão. Basta proceder com o bom senso, raciocinar e excluir as respostas improváveis. Esse seria o caso da alternativa D (não parece plausível que ambas as bebidas atinjam em tão pouco tempo a mesma temperatura), da C (o recipiente mais frio não vai superar a temperatura ambiente) e da B (a temperatura tem de modificar). A alternativa A parece ser a mais provável entre as quatro.

A abordagem das aprendizagens a partir das competências trata de lutar contra os saberes mortos e contra a fragmentação do conhecimento em disciplinas. Sabemos da enorme dificuldade para envolver os saberes acadêmicos em situações concretas da vida cotidiana. Esse é um dos elementos-chave das competências: sua transferibilidade e seu caráter prático. Aqui está um dos possíveis vetores que pode promover a igualdade educacional. No estudo etnográfico realizado por Willis (1988) em Coventry em meados da década de 1970, os meninos de classe trabalhadora se queixavam de que os conhecimentos escolares nada tinham a ver com a realidade. Inclusive, alguns deles citavam que na fábrica seus pais se esquivavam dos engenheiros, os quais desconheciam os segredos do processo produtivo: muita teoria e pouca prática.

No âmbito da formação profissional leva-se em conta de modo mais nítido essa aplicabilidade. Oriol Homs assinalava três possíveis interpretações da competência. A primeira entende a competência "como a iniciativa e a responsabilidade que o indivíduo assume perante as situações profissionais que enfrenta" (HOMS, 2008, p. 140). Uma segunda interpretação se centra na "inteligência prática das situações, a qual se baseia nos conhecimentos adquiridos e os transforma à medida que se enfrenta uma diversidade de situações" (HOMS, 2008, p. 141). Finalmente, a terceira interpretação se refere ao trabalho coletivo "em torno de uma mesma situação, de compartilhar os desafios e assumir as áreas de corresponsabilidade. Esse terceiro enfoque agrega a dimensão coletiva inerente a todo processo de trabalho. São os indivíduos que mobilizam as competências, mas se exige a competência coletiva de uma rede de atores para conseguir um resultado satisfatório" (HOMS, 2008, p. 141).

Com o desenvolvimento das competências, quer-se formar um indivíduo não somente para que possa participar do mercado de trabalho. O fundamental é que cada um seja capaz de desenvolver um projeto pessoal de vida. A escola deve formar pessoas com capacidade para aprender permanentemente: leitores inquietos, cidadãos participativos e solidários, mães e pais dedicados, trabalhadores inovadores e responsáveis. De acordo com o projeto DeSeCo (Definição e Seleção de Competências) da OCDE, cada competência deve:

- Contribuir para resultados valorizados pelas sociedades e pelos indivíduos.
- Ajudar os indivíduos a responder a uma série de demandas em diversos contextos.
- Ser importante não somente para os especialistas, mas também para os indivíduos.

No projeto DeSeCo, são três as competências fundamentais. Elas têm como grande vantagem, ao contrário do que veremos na proposta da União Europeia, o fato de serem competências metacurriculares: interagir de um modo efetivo, interagir com pessoas e controlar a própria vida. O quadro a seguir resume de modo esquemático a proposta.

Quadro 18.2 Competências do projeto DeSeCo

Competências	Características	Razões
Ferramentas para interagir de modo efetivo (instrumentos socioculturais).	• Habilidade para usar a linguagem, os símbolos e os textos de forma interativa. • Habilidade para usar o conhecimento e a informação de forma interativa. • Uso da tecnologia de modo interativo.	• Necessidade de se atualizar no uso das tecnologias. • Necessidade de adaptar as tecnologias aos propósitos de cada um. • Necessidade de diálogo com o mundo.
Interação com pessoas heterogêneas.	• Relacionar-se produtivamente com os demais. • Cooperar, trabalhar em equipe. • Gerir e resolver conflitos.	• Necessidade de enfrentar a diversidade em sociedades pluralistas. • Importância da solidariedade. • Importância do capital social.
Controle da própria vida.	• Contextualizar. • Projeto de vida. • Defender e assegurar os direitos, os interesses, os limites e as necessidades.	• Necessidade de se sentir realizado e de estabelecer objetivos. • Exercer direitos e assumir responsabilidades. • Necessidade de compreender o ambiente e seu funcionamento.

Fonte: O autor.

Talvez essas competências pudessem ser excessivamente genéricas. Assim, em 2006, o Diário Oficial da União Europeia publicou um texto, *Competências-chave para a aprendizagem permanente,* que trata de especificar de maneira mais detalhada as competências no âmbito escolar. No quadro seguinte, podemos ver a lista de competências propostas pela União Europeia e sua tradução à realidade espanhola, a qual deu lugar a uma série de livros, sobre cada uma das oito competências, publicados pela Alianza Editorial, dirigida por Alvaro Marchesi.

Quadro 18.3 Relação entre as competências propostas pela União Europeia e as utilizadas na Espanha

União Europeia	Espanha
1. Comunicação na língua materna. 2. Comunicação em língua estrangeira.	1. Competência em comunicação linguística.
3. Competência matemática e competências básicas em ciência e tecnologia. 4. Competência digital.	2. Competência matemática.
	3. Competência no conhecimento e na interação com o mundo físico. 4. Tratamento da informação e competência digital.
5. Aprender a aprender. 6. Competências sociais e cívicas.	5. Competência para aprender a aprender. 6. Competência social e cidadã.
7. Sentido de iniciativa e espírito empreendedor.	7. Autonomia e iniciativa pessoal.
8. Consciência e expressão culturais.	8. Competência cultural e artística.

Fonte: O autor.

CONCLUSÕES

Em geral, os países mais bem-sucedidos em termos de educação optam por ser extremamente meticulosos na seleção e formação dos futuros profissionais. É algo similar ao que ocorre com as titulações em Medicina: são tão caras que é raro o país que não estabelece limites rígidos quanto ao número de estudantes que podem cursar esses estudos. A ordem é, consequentemente, não formar muitos mais profissionais – médicos ou professores – do que se imagina necessário em um futuro previsível. Os melhores sistemas educacionais recrutam seus professores entre 10% do melhor de cada grupo. Na Coreia, são 5%, e, na Finlândia, 10% (BARBER; MOURSHED, 2009).

Se os professores são bem formados, se torna relativamente fácil elevar os níveis de autonomia curricular das escolas. De fato, isso é o que acontece em países como a Finlândia (o número um na classificação do relatório PISA). De fato, na Espanha (DARLING-HAMMOND; MCCLOSKEY, 2009), o currículo oficial é muito reduzido. Anteriormente, o currículo consistia de centenas de páginas de prescrições excessivamente detalhadas.

Os métodos pedagógicos nos países mais avançados insistem no trabalho em equipe, na cooperação entre estudantes. Assim, é raro ver em uma aula um professor ditando textos aos alunos. A avaliação, como já vimos, é substancialmente distinta.

O desafio enfrentado pela escola é de dimensões colossais. Em seu acordo de Lisboa de 2000, a União Europeia se uniu para se transformar na primeira economia do conhecimento mundial. Em termos educacionais, isso se traduz em conseguir que ao menos 85% dos jovens entre 20 e 24 anos adquiram, no mínimo, uma credencial de educação secundária superior (no caso da Espanha, o nível de *bachillerato* – a formação básica de caráter profissional – ou o nível técnico – a formação profissional de grau médio).

Quando somente uma exígua minoria concluía a ESO – constituída fundamentalmente por filhos e filhas dos grupos dominantes e parte das classes subalternas –, não havia nenhum problema. A questão agora é radicalmente distinta. Uma economia competitiva exige uma força de trabalho cada vez mais qualificada.

Isso não é tudo. Ser um cidadão em uma democracia sempre tem sido uma questão complexa – desde a Antiguidade grega. Hoje se exige dos cidadãos que opinem sobre questões cada vez mais complicadas, desde as mudanças climáticas até o uso das células-tronco. Uma democracia autêntica exige cidadãos cultos, e essa é uma tarefa que, em boa parte, compete à escola.

NOTAS

1 O *trivium* (lat. "três vias ou caminhos") reunia as disciplinas literárias (relacionadas à eloquência). Eram elas a Gramática (a ciência do uso correto da língua, como falar), a Dialética (a ciência do pensamento correto, como buscar a verdade) e a Retórica (a ciência da expressão, que ensina a "colorir" as palavras). O *quadrivium* (lat. "quatro caminhos") reunia as disciplinas científicas relacionadas à matemática. Tratava-se da Aritmética (ensina os números), a Geometria (ensina a calcular), a Astronomia (ensina a cultivar o estudo dos astros) e a Música (ensina e produzir notas musicais). Obtido em http://es.wikipedia.org/wiki/Artes_liberales.
2 Segundo informava *Escuela,* 19 de março de 2009. 3820 (449).
3 Obtido em http://portal.perueduca.edu.pe./basicaespecial/articulos/art01_10-03-06.doc (28 de julho de 2009).
4 www.institutodeevaluacion.mepsyd.es.
5 http://www.educa.madrid.org/web/ies.cardenalherrera.madrid/pe04.htm.

REFERÊNCIAS

BARBER, M.; MOURSHED, M. *Informe McKinsey.* [S.l: s.n], 2009.
BROTONS, J. R.; GÓMEZ, R.; VALBUENA, R. *Conocimiento del medio.* Madrid: Anaya, 2002. p. 67.
CAPRA, R. *La trama de la vida:* una nueva perspectiva de los sistemas vivos. Barcelona: Anagrama, 1998.
DARLING-HAMMOND, L.; MCCLOSKEY, L. Tendencias en la evaluación del logro escolar: la experiencia de cinco países con alto rendimiento educativo. *Mejoras prácticas,* v. 11, n. 31, 2009. Disponível em: <http://www.oei.es/pdf2/preal_series_mejores_practicas_31.pdf>. Acesso em: 18 nov. 2012.
ETCHEVERRY, G. J. La otra inseguridad. *Clarín,* 9 abr. 2006.
FERRÉS, J.; PRATS, J. *La educación como industria del deseo:* un nuevo estilo comunicativo. Barcelona: Gedisa, 2008.
FREIRE, P. *Pedagogía del oprimido.* Madrid: Siglo XXI, 1980.
GARCÍA JURADO VELARDE, R. *El desarrollo de las competencias a partir de tareas enfocadas a la solución de problemas.* [S.l: s.n], 2009.
GARDNER, H. *Frames of mind:* the theory of multiple intelligences. New York: Basic Books, 1983.
HERNÁNDEZ, F.; SANCHO, J. M. *El clima escolar en los centros de secundaria.* Madrid: CIDE, 2004.
HOMS, O. *La formación profesional en España:* hacia la sociedad del conocimiento. Barcelona: Fundación La Caixa, 2008.
JACKSON, A. W.; DAVIES, G. A. *Turning Points 2000*: educating adolescents in the 21st century. New York: Teachers College, 2000.
JOHNSON, D. W.; JOHNSON, R. J. *Aprender juntos y solos:* aprendizaje cooperativo, competitivo e individualista. Sao Paulo: Aique: 1999.
KOHN, A. *What does it mean to be well educated?* Boston: Beacon Press, 2004.
MARTÍN GARZO, M. La educación de los niños. *El País,* 15 jun. 2008.
MARTÍNEZ, J. A.; MUÑOZ, F.; CARRIÓN, M. A. *Lengua Castellana y literatura.* Madrid: Akal, 2008. 4ª série da Educação Secundária Obrigatória (ESO).
MCLELLAND, D. Testing for competence rather than for "intelligence". *American Psychologist,* v. 8, n. 1, p. 1-14, 1973.
MENTXACA, I. LOE: una nueva ley, um viejo problema sin resolver. *Cuadernos de Pedagogía,* Barcelona, n. 377, 2008.
MERCHÁN, F. J. *Enseñanza, examen y control:* profesores y alumnos en la clase de historia. Barcelona: Octaedro, 2005.
MIRET, I. et al. Usos, usuarios y algunas paradojas. *Cuadernos de pedagogía,* Barcelona, n. 352, dic. 2005.
NOVAK, J. D. Prólogo. In: BALLESTER VALLORI, Antoni. *El aprendizaje significativo en la práctica:* cómo hacer el aprendizaje significativo en el aula. 2002. Disponível em: <http://www.aprendizajesig-

nificativo.es/mats/El_aprendizaje_significativo_en_la_practica.pdf>. Acesso em: 19 nov. 2012.

PERRENAUD, P. H. *Construire des compétences dès l'école*. Paris: ESF, 1999.

POZO ROSELLÓ, M. Instantáneas históricas. *Cuadernos de Pedagogía*, Barcelona, n. 355, mar. 2006.

ROBINSON, K. *The element*: how finding your passion changes everything. London: Viking, 2009.

THOMAS, P. L. The cult of prescription-or, a student ain't no slobbering dog. In: STEINBERG, S. R.; KINCHELOE, J. L. *What you don't know about schools*. New York: Palgrave MacMillan, 2006.

VILCHES, A.; GIL PÉREZ, D. PISA y la enseñanza de las Ciencias. *Cuadernos de Pedagogía*, Barcelona, n. 381, jul. 2008.

WAGENSBERG, J. El estímulo, la conversación y la comprensión. *Cuadernos de Pedagogía*, Barcelona, n. 381, jul. 2008.

WILLIS, P. *Aprendiendo a trabajar*: cómo los chicos de la clase obrera consiguen trabajos de la clase obrera. Madrid: Akal, 1988.

19 O currículo da educação infantil

Justa Bejarano Pérez
Universidade de Valência

A educação infantil corresponde à primeira etapa da escolarização da criança, ela precede a educação obrigatória; é uma etapa que compreende a educação dos mais jovens oferecida sob as denominações de educação maternal, de infantes, pré-escolar, pré-primária, jardins de infância, escolas infantis, creches, etc. A educação infantil hoje se preocupa com os meninos e as meninas de idade entre 0 e 6 anos.* Na Espanha, ela está dividida em dois ciclos: o primeiro ciclo para crianças de 0 a 3 anos e o segundo ciclo para crianças de 3 a 6 anos. Ambos os ciclos acontecem em instituições específicas e têm características próprias quanto ao seu funcionamento, aos profissionais que nelas trabalham, por seu caráter assistencial e educativo, pelas características próprias do desenvolvimento da criança pela importância social que têm, assim como pelas preocupações que geram.

Na elaboração do currículo da educação infantil, as atuações para seu desenvolvimento são determinadas, como assinalam Apple e King (apud GIMENO SACRISTÁN, 1983), por uma série de subsistemas e contextos que se entrecruzam, dentre os quais cabe destacar:

a. A bagagem histórica pré-escolar criada pelas formas passadas de viver as experiências da educação infantil.
b. O contexto público e administrativo, configurado conforme a política geral do Estado, ao regular, por meio da legislação e coordenação do Sistema Educacional, a educação, que deve ser igual para todos, provendo os meios necessários para torná-la possível. Essas medidas correspondem ao fato de que a etapa da educação infantil é hoje reconhecida como um direito.
c. O contexto mais imediato da aula, onde a prática pedagógica tem lugar, configurado por professoras e professores, por alunos e alunas, pelas características próprias da instituição educativa: elementos materiais, normas, relações interpessoais, conteúdos ou áreas a serem desenvolvidos e metodologias ativas que tornam possível os objetivos propostos.

---

* N de R.: No Brasil, a educação infantil é de 0 a 5 anos. Por se tratar do contexto espanhol, optou-se por manter a nomenclatura utilizada no país de origem, e, a título de esclarecimento, foi inserida no fim da obra uma tabela de equivalência entre os sistemas educacionais brasileiro e espanhol.

d. O contexto pessoal e social determinado pelas experiências que cada indivíduo tem e traz à vida escolar (tanto por parte dos alunos quanto dos professores), nos quais se cruzam as concepções sobre o sujeito da educação, seus interesses, suas aptidões e destrezas. As inovações otimizadas pelos próprios profissionais que analisam sua ação na aula e divulgam suas experiências bem-sucedidas serão elementos importantes para a criação de um clima ou outro.

Queremos ressaltar algumas das circunstâncias do surgimento histórico da educação infantil para poder explicar as características do seu currículo.

ORIGENS DA EDUCAÇÃO INFANTIL E DE SUA INSTITUCIONALIZAÇÃO

Para compreender como a educação infantil chegou àquilo que é na atualidade, precisamos ver sua trajetória histórica, as concepções da infância, as práticas de cuidado dos menores e os diferentes fatores que influíram na sociedade a fim de que as pessoas passassem a ver a necessidade de que as crianças pequenas fossem escolarizadas, em vez de cuidadas e educadas à margem das instituições.

Entre os fatores influenciadores, temos de destacar os ideológicos, que deram forma à evolução das concepções sobre a infância, a qual sempre esteve relacionada com a situação do núcleo familiar e suas condições socioeconômicas. À medida que às crianças foram sendo atribuídas características próprias, diferentes das dos adultos, surgiram instituições destinadas à sua educação e ao seu cuidado.

A história da infância não é propriamente a história real das crianças, e sim das representações que fazemos delas. Quando analisamos como aconteceu a evolução da educação infantil, partimos – estejamos ou não cientes disso – de um tipo de pessoa ou menor generalizado, ainda que sempre tenha havido diferentes "tipos" de infância relacionados às distintas classes sociais, ao sexo, etc., sendo que a própria escolar tem contribuído para a criação da imagem da criança (VARELA, 1986; GIMENO SACRISTÁN, 2003a, 2003b). A ideia dominante da infância procede, em boa medida, da cultura das classes média e alta, que impuseram seus meios de educação e socialização específicos (governantas, aias, etc.), bem diferentes dos meios do proletariado. A escola pública e o Estado interventor, que proibia o trabalho infantil, foram pilares importantes da origem do que hoje ainda é uma ilusão libertadora das crianças menos favorecidas.

A educação infantil não tem tido, na sociedade ocidental, uma relevância coerente com a importância que o discurso atribui às crianças. Ela não é um projeto autônomo de seu surgimento ao apogeu, mas tem estado ligada mais estreitamente à evolução da família ou, melhor, da mãe/mulher e das necessidades que em cada momento vão aparecendo, segundo as ideologias dominantes e correspondentes à classe econômica e cultural à qual pertencia. Por isso, para analisar suas origens e seu desenvolvimento, é preciso considerar a evolução da mentalidade que fez surgir e marcou sua evolução, assim como o desenrolar das realizações que respondiam a uma série de necessidades. Isso é muito importante porque, de outro modo, o currículo da educação infantil não poderia ser compreendido.

A história da infância é um pesadelo do qual estamos começando a despertar faz muito pouco tempo, embora atualmente as crianças ainda sejam expostas a maus-tratos, abandono, mortes violentas e abusos sexuais.*

A educação e o cuidado das crianças pequenas sempre se deram na família, principalmente a cargo das mães, e, se essas não podiam cuidar delas, delegavam a tarefa a avós, filhos mais velhos, etc. Assim também aconteceu na Roma Antiga e em outras culturas da Ásia, África, América, etc.

---

* Ver os sucessivos relatórios publicados pela UNICEF sobre o estado da infância no mundo entre 2005 e 2007.

Quando as mulheres tiveram de abandonar seus lares para ingressar no mercado de trabalho no século XIX, seja devido à imigração – como foi no caso dos Estados Unidos, onde mais de cinco milhões de famílias estrangeiras (entre 1815 e 1860) entraram no país – ou mesmo devido à incorporação das mulheres trabalhadoras aos hospitais e às fábricas em épocas de guerra ou em momentos posteriores, quando a mulher continuou trabalhando nas fábricas, os meninos e as meninas pequenos eram abandonados em suas casas, com a pouca atenção de um irmão mais velho, de uma vizinha qualquer, tendo de se virar sozinhos ou vagabundear pelas ruas. Essa situação acarretou a necessidade de buscar soluções e isso implicou a intervenção filantrópica de senhoras ricas e organizações de caridade ou beneficência, preocupadas com a falta de higiene e com o abandono das crianças nas ruas. Para realizar esse trabalho de proteção, elas atuaram em primeiro lugar organizando creches diurnas, a fim de proporcionar assistência às crianças.

Na Europa, surgem nessa época as *dame schools* na Inglaterra, os asilos de crianças na Alemanha, as *crèche* (berçários) ou "asilos" na França e Itália. Na Espanha, surgem asilos, orfanatos, casas de misericórdia, hospícios, etc.

A maioria dessas "creches" tinha simplesmente uma função de custódia, e era dirigida por senhoras com uma ou duas ajudantes que se ocupavam da limpeza do local e das crianças. Essas casas eram consideradas como a última solução para aquelas crianças pobres que não podiam ser atendidas por suas famílias. Negrín afirma que o objetivo buscado por essas casas de acolhimento era "proteger as crianças da vagabundagem e da mendicidade e livrar as ruas de pedintes e incidentes deploráveis" (NEGRÍN FAJARDO, 1985, p. 103). O ensino proporcionado consistia na aprendizagem de orações e práticas religiosas, além de jogos sedentários e cânticos.

No que se refere à Espanha, figuras como Pablo Montesinos ajudaram na proteção da infância e no início da educação infantil com a criação da Escola de Virio, em 1839, e "asilos infantis" (1850), onde se acolhiam crianças menores de 6 anos, e os mais jovens eram amamentados por amas de leite assalariadas. Concepción Arenal, por meio de seus escritos contra a caridade individualizada e sobre a preocupação com a infância, contribuiu, junto com outras vozes do momento, para a proibição, em 1873, do trabalho de menores de 16 anos em minas, oficinas e fábricas; para que, em 1876, se decretasse a criação de jardins de infância; em 1878 se criminalizasse a exploração de menores em espetáculos públicos que lhes sujeitavam a riscos físicos; e para que em 1900 se aprovasse uma lei estabelecendo as condições de trabalho das mulheres e das crianças.

Algumas creches não ofereciam somente segurança e limpeza, mas também entretenimento e ensino dos bons costumes sociais. Em torno de 1890, algumas das melhores casas começaram a oferecer programas educacionais, contratando pessoas que ensinavam costura, leitura e dobradura de papel (origami), e também eram oferecidos serviços às mães sobre problemas familiares, costura, cozinha, puericultura, etc. Mais adiante, na década de 1900, foram criadas as escolas maternais, destinadas às crianças de mães com maior *status*. É o caso da escola criada por mulheres universitárias (em regime de cooperativa) em Chicago, no ano de 1915, a qual proporcionava às crianças jogos, atividades com pintura, blocos, areia, etc., no horário das 8h30min às 16h30min. Assim, as mães tinham liberdade para estudar. Essa experiência teve muito sucesso, a ideia prosperou rapidamente e, nas duas décadas seguintes, foram abertas muitas outras escolas maternais e jardins de infância. Procurava-se educar as crianças sob a direção de uma professora, de forma amável, promovendo habilidades verbais, hábitos e conhecimentos do ambiente.

Nas décadas de 1930 e 1940, devido aos efeitos da "Grande Depressão" nos Estados Unidos e da crise econômica na Europa, a sociedade necessitava da criação de postos de trabalho e, com a finalidade de gerar emprego para professores, enfermeiras, cozinheiros, etc., foram disponibilizados fundos públicos para melhorar os centros infantis. Foram criados centros diurnos para as crianças mais jovens, e as crianças um pouco maiores eram postas em escolas, com os mesmos horários. Essa foi a primeira intervenção do Estado nesse nível.

Na Espanha, essa época corresponde à criação da República que, sob o princípio iluminista de estender a educação a todas as crianças do país, criaram-se "salas de berçários" para crianças com menos de 2 anos, refúgios infantis para crianças de 2 a 4 anos e jardins de infância para crianças de 4 a 6 anos. Eram oferecidos gratuitamente alimentos, roupas e jogos oferecidos por empresas, sindicatos e Prefeituras.

Na Espanha, esse florescimento das creches e das escolas maternais foi interrompido com a Segunda Guerra Mundial e com a Guerra Civil.

A Lei da Educação Primária de 1945 somente fala de escolas maternais para crianças de 2 a 4 anos e escolas infantis para crianças de 4 a 5 anos.

Entre 1950 e 1965, essas instituições eram um serviço marginal para as classes econômicas mais desfavorecidas. Não obstante, as crianças que estavam nas escolas continuaram, e a educação pré-escolar permanecia nas mãos das professoras, admitindo crianças que tinham idade mais próxima à da escolaridade obrigatória.

Ainda que a evolução histórica na Europa e América tenha sido diferente e os modelos educacionais também fossem distintos para crianças ricas e pobres, a evolução dos tipos de instituição foi similar.

Esse desenvolvimento das creches teve lugar em cidades com ampla população, pois era lá que se localizavam as fábricas nas quais as mulheres iam trabalhar. Nos povoados com pouca população, as mulheres trabalhavam no campo e costumavam levar seus filhos pequenos, os deixavam com algum familiar ou os levavam às antigas escolas de "Amiga", um sistema que sempre esteve presente na Espanha. A "Amiga" era uma mulher que se ocupava das crianças pequenas como se fossem suas, enquanto as mães trabalhavam. A "Amiga" ensinava o que sabia: costura, contos, jogos, etc., e cobrava pouco dinheiro ou às vezes era paga com produtos do campo.

Essa evolução histórica teve grande transcendência para a infância, junto com o nascimento da família moderna, ao transformar o menino (mas não tanto a menina) em um personagem essencial dentro do processo de transformação familiar. A família começa a se servir da instituição como um sistema de apoio, conferindo às crianças uma identidade de filho-aluno.

Essa sensibilidade perante a infância foi reforçada pelos organismos internacionais, quando a Declaração dos Direitos da Criança foi formulada pela Organização das Nações Unidas (ONU) em 1959, estabeleceu a necessidade de fomentar "uma infância feliz e desfrutar, para seu próprio bem e da sociedade, dos direitos e das liberdades próprias a elas, ficando a cargo dos pais, dos homens e das mulheres em geral, das autoridades locais e dos governos, reconhecer esses direitos e lutar por eles". A data tardia dessa Declaração chama nossa atenção: ela dava continuidade a outras tentativas, como a Declaração de Genebra de 1934, a qual afirmava que "a criança deveria estar em condições de se desenvolver de modo normal, material e espiritual". Em 1948, foi criada a Organização Mundial para a Educação Pré-escolar como organismo consultivo da Unesco. Em 1961, foi feita aos Ministérios de Educação Pública a Recomendação nº 53 da Unesco sobre a Organização da Educação Pré-escolar, que resume o consenso internacional sobre a filosofia e as peculiaridades dessa etapa educacional, sua organização, a recomendação das atividades a serem realizadas, o pessoal, as características dos edifícios, as medidas de aplicação, etc.

Esses acordos internacionais deram, na década de 1960, um novo impulso ao renascimento das creches. Os relatórios que destacavam a importância desse nível de educação não ignoraram esse impulso. É o caso do Relatório Plowder, de 1967, que assinalava os benefícios de se prestar assistência às creches para as crianças e seus pais. O Relatório Seebohm, de 1968, recomendava a criação de mais vagas em creches e em grupos de jogos para filhos de famílias numerosas, para mães doentes ou separadas.

Na Espanha, as creches e os jardins de infância cresceram em número nesses mesmos anos, como consequência do extenso movimento de emigração do meio rural para as cidades e a consequente entrada das mulheres no mundo do trabalho fora do lar. O fato de que, no contexto espanhol, as famílias numerosas eram muitas (fenômeno relacionado com a influência da moral católica e a impossibilidade de se oferecer os meios para controle da natalidade) facilitou que os mais jovens pudessem, ao menos de forma ocasional, ser cuidados por algum irmão mais velho sem sair de casa.

A tradição renovadora não chegou a desaparecer durante o franquismo e, lentamente, foram tomando forma iniciativas de caráter privado, que recuperaram os princípios da escola ativa e renovadora existente antes da Guerra Civil (1936-1939). Neste sentido, cabe destacar o papel da Instituição Rosa Sensat, em Barcelona, com Marta Mata à frente, que se preocupou com a educação da primeira infância, ajudando na expansão do movimento das creches que tornaram importante este setor.

Os movimentos a favor da emancipação das mulheres, o controle de natalidade e a formação de famílias nucleares e monoparentais geram um conjunto de necessidades de escolarização dos menores e as mudanças de mentalidade favorável para admitir que outros agentes especializados substituam a tutela familiar, cuja assistência é dada em lugares específicos. Não podemos esquecer, como assinala Stewart, que, em nossa sociedade, os valores estão mudando no sentido de que os pais e as mães creem que, além de educar os filhos, eles também têm que se dar conta de que precisam mostrar confiança nos "especialistas" que podem lhes ajudar.

Os pais e as mães foram se socializando em uma nova pedagogia que muitos deles primeiro aceitaram como necessária e, depois, como conveniente, mesmo que os conflitos entre essa pedagogia e as concepções dos pais e das mães não tenham deixado de existir.

A gênese de baixo para cima que esse setor experimentou explica que se venham ocupando dele instâncias e instituições diversas. Na Espanha, por exemplo, surgiram e têm sido mantidas por ministérios da Educação, do Trabalho, da Saúde ou da Assistência Social, pelas Prefeituras, empresas, instituições docentes e de caridade, instituições privadas, etc. Isso se traduz em uma heterogeneidade de ofertas nas quais não se tem controle sobre o modelo que seguem, sobre o currículo, a capacitação do pessoal que nelas trabalha, as condições materiais, o horário de abertura e permanência, etc. Tudo isso seguramente acontece em detrimento da coerência e do princípio de igualdade de oportunidades.

A IMPORTÂNCIA DA EDUCAÇÃO INFANTIL NOS DADOS SOBRE A ESCOLARIZAÇÃO

> É necessário passar da concepção de uma infância de necessidades a uma infância de direitos que, com base nas atuações práticas, não leve a menosprezar os recursos e as potencialidades dos meninos e das meninas desde o nascimento. (UNITED NATIONS CHILDREN'S FUND, 2009)

Os dados sobre a evolução da escolarização na educação infantil nos dão alguma ideia sobre a consideração que esse nível merece em termos sociais, políticos e educacionais. Esses dados não somente nos falam da dimensão quantitativa de um setor que experimentou um processo acelerado de expansão, mas que, a partir deles, saberemos com mais segurança as necessidades que deverão ser atendidas em um futuro imediato, além de que também apontam como o currículo vai se condensando em uma proposta que dará sentido a uma prática que avança além das concepções teóricas que caracterizam esse nível.

O nível da educação infantil tem experimentado um processo contínuo de expansão, ainda que com uma diferença notável entre as etapas de 0 a 3 anos e a de 4 a 5 anos[1]. Segundo os dados oferecidos pelo Instituto Nacional de Estatística da Espanha, no ano letivo de 1981–82, a escolarização dos meninos e das meninas de 6 a 14 anos chegava a 100% da população, enquanto a escolarização das crianças de 2 a 5 anos somente alcançava 50%. Aos 2 anos, a escolarização era de 5%, mas na idade de 5 anos, praticamente toda a população já estava escolarizada.

Os dados, mostrados na Tabela 19.1, refletem o desenvolvimento desigual dos dois ciclos quanto às taxas de escolarização, que são muito mais elevadas para a idade de 4 e 5 anos e mais baixas para as idades de 2 e 3 anos. Enquanto os incrementos são constantes para crianças em idade pré-escolar (4 e 5 anos), ciclo no qual a escolarização havia chegado a cerca de 85%; no 2º ciclo (2 e 3 anos), curiosamente, a taxa tem se mantido em torno de 11% e, inclusive, no ano letivo de 1982-83, decresceu.

Tabela 19.1 Taxas de escolarização nas idades de 0-6 anos entre 1976 e 1983

Ano Letivo	Jardins de infância (2-3 anos)	Crianças em idade pré-escolar (4-5 anos)	Totais (0–6 anos)
1976–77	10,9	63,5	37,0
1979–80	10,6	80,9	45,5
1982–83	9,8	84,6	48,5

Fonte: González-Anléo (1985).

No espaço de uma dúzia de anos, a escolarização da etapa pré-obrigatória cresceu em 11% para toda a população, enquanto, no segundo ciclo (crianças de 4-5 anos), o crescimento foi de mais de 20%.

Em 1985, a escolarização das crianças de 5 anos era de 97%, a das de 4 anos era de 85%, a das de 3 anos era de 11% e a das de 2 anos era de 4,8%. Na Tabela 19.2. podem ser observados os crescimentos por idades e ciclos (constituídos depois da LOGSE – Lei de Ordenamento Geral do Sistema Educacional Espanhol) por meninos e meninas de 0-2 anos no primeiro ciclo e de 3-5 anos no segundo ciclo).

Tabela 19.2 Evolução das taxas líquidas de escolarização na educação infantil entre 1984-2006

	Menos de 1 ano	1 ano	2 anos	3 anos	4 anos	5 anos
1983–84	0	0	0	15,3	77,3	98
1994–95	0,8	4,3	11,2	57,3	99,7	100
2005–06	4,3	15,8	29,9	95,9	96,7	100
Crescimento 1983/84 a 1994/95	0,8	4,3	11,2	42	22,4	2
Crescimento 1994/95 a 2005/06	3,5	11,5	18,7	38,6	-3	0

Fonte: Espanha (1985).

Isto é, o nível de escolarização pré-escolar cresce de cima para baixo, a partir do patamar dos 5 anos – o crescimento máximo –, idade próxima ao sistema educacional obrigatório, em direção às crianças mais jovens. Esses incrementos são o resultado da demanda crescente, explicada pelas necessidades das famílias e, uma vez que foram comprovados os bons resultados diante do fato evidente de que a educação pré-escolar favorecia o êxito no que hoje é a primária, melhorando o princípio de igualdade de oportunidades.

Essas tendências começaram a se firmar desde a promulgação da Lei Geral de Educação de 1970, que dava instruções para os primeiros anos da educação geral básica relativas à sua coordenação com o 2º ciclo da educação infantil, reconhecendo seu valor propedêutico para a educação obrigatória, que iniciava aos 6 anos. Isso começava a permitir que se fosse consolidando a ideia de que nível pré-escolar pudesse ser entendido como um direito.

O retraimento da demanda crescente na educação das crianças menores foi a resposta ao estancamento do processo de incorporação da mulher ao trabalho fora do lar, da diminuição da natalidade e da crise econômica. Entre os anos de 1983 e 1992, a diminuição da população infantil na faixa de 2-5 anos foi notável (em 1988, p. ex., 65 mil crianças a menos foram matriculadas). Isso permitiu que os recursos fossem mais dedicados a incrementar a escolarização dos menores (abaixo dos 4-5 anos).

Neste início do século XXI, a educação infantil experimenta um novo auge com o aumento da natalidade, fenômeno muito ligado à imigração. Na Espanha, entre 1983 e 2006, podemos apreciar um aumento notável das taxas de escolaridade nas idades do primeiro ciclo da educação infantil, que chegaram a 4,3 pontos percentuais em meninos e meninas com menos de 1 ano, a 15,8 nos meninos e meninas com 1 ano, a 29,9 nos de 2 anos, a 95,9 pontos na idade de 3 anos, a 96,7 pontos aos 4 anos e a 100% nos 5 anos em todos os anos letivos analisados. (Ver Tabela 19.2 e Gráfico 19.1.)

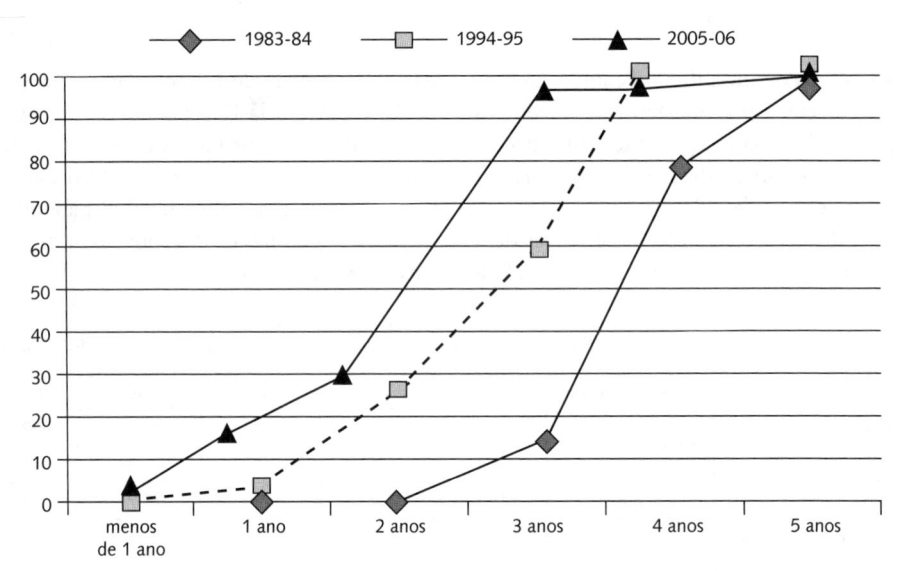

Gráfico 19.1 Representação gráfica da evolução da escolarização na educação infantil.
Fonte: Espanha (2006).

O relativo pouco tempo ao longo do qual o nível da educação infantil foi configurado e tomou forma – ao longo de poucas décadas – fez com que este nível não trouxesse consigo (como ocorre mais na educação secundária do que na educação primária) os esquemas e as formas de saber fazer distanciadas do pensamento moderno, mas que se apoie em uma concepção mais atual do aluno e que se desenvolva na educação infantil formas pedagógicas mais "suaves", práticas de controle e conteúdos de certa forma diferentes.

O nível de "quantidade" da escolaridade desfrutado era de 2,1 anos em 1986-1987, de

2,8 anos em 1996-1997 e de 3,2 anos em 2001-2002. Atualmente, os esforços das administrações se concentram na escolarização dos meninos e das meninas menores de 3 anos.[2]

Esses indicadores nacionais são muito desiguais nas diferentes Comunidades Autônomas: País Basco, Catalunha, Aragão, Comunidade de Madri e Galícia, ainda que o maior crescimento – que também é desigual – tenha sido sentido em Melilha, Andaluzia, Aragão, Comunidade Valenciana e Comunidade de Madri. (Ver Gráfico 19.2.)

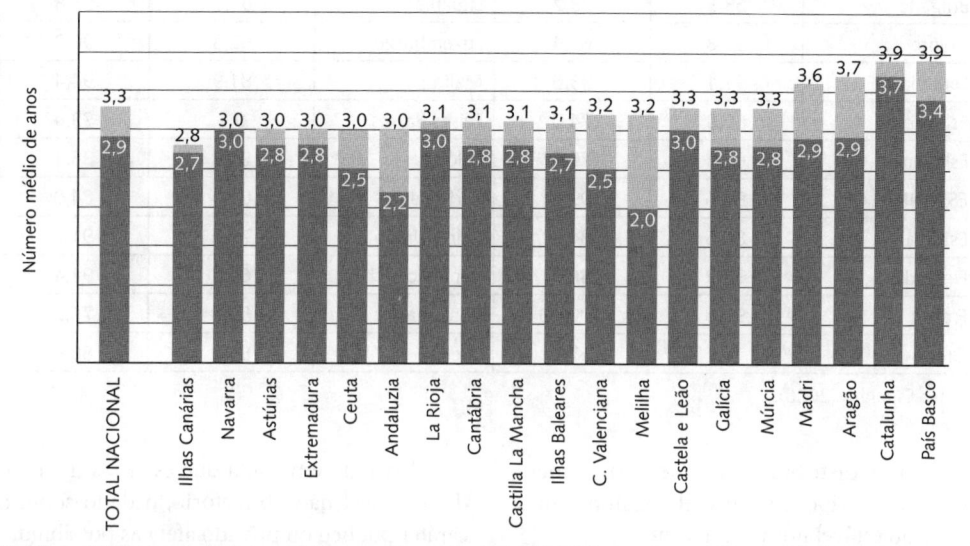

Gráfico 19.2 Escolarização média na educação infantil (0-5 anos) por Comunidades Autônomas. Comparação entre os anos letivos 1996-97 e 2003-04.
Fonte: Espanha (2006).

Essas são diferenças que correspondem às desigualdades de renda (PIB), o que demonstra que as oportunidades dependem do território em que se vive. O currículo deve ser julgado e escolhido levando em consideração sua dimensão restauradora da justiça nos menos favorecidos, seja nesse caso por território ou por qualquer outra causa. Essa preocupação deve se agravar, levando em conta o efeito multiplicador dos primeiros déficits na história acadêmica posterior dos sujeitos.

A Espanha figura entre os países com as mais altas taxas de escolarização pré-escolar dentro da União Europeia, já que se situa apenas abaixo da França, Bélgica e Itália na escolarização aos 3 anos e da França e Bélgica aos 4 anos. (Ver Tabela 19.3.)

QUEM ATENDE À DEMANDA DA EDUCAÇÃO INFANTIL?

O ensino público e privado divide igualmente a escolarização da educação infantil (ver Tabela 19.4). O ensino público se ocupa mais do segundo ciclo da etapa, enquanto o privado se ocupa tanto do primeiro quanto do segundo ciclo.

Dos alunos, 93,4% estão matriculados em escolas com financiamento do governo, correspondendo a 67,4% de escolas públicas e 26% de escolas privadas com alunos do sistema público, segundo os dados referentes ao ano letivo 2007-08. Somente 6,6% dos alunos se encontram escolarizados em escolas privadas que também recebem alunos do sistema

Tabela 19.3 População escolarizada na União Europeia (27) nas idades de 3 e 4 anos

	3 anos	4 anos		3 anos	4 anos
União Europeia	72,3	85,6	Hungria	72,6	90,7
Alemanha	72,7	84,6	Irlanda	1,9	45,5
Áustria	47,5	82,5	Itália	97,3	100,00
Bélgica	100,0	100,00	Letônia	65,7	72,2
Bulgária	58,3	73,2	Lituânia	51,2	56,8
Chipre	31,8	61,4	Luxemburgo	62,3	96,3
Dinamarca	91,1	93,5	Malta	81,9	94,4
Eslováquia	60,8	74,0	Países Baixos	0,1	73,4
Eslovênia	66,8	75,9	Polônia	27,8	38,1
ESPANHA	94,6	99,3	Portugal	61,4	84,0
Estônia	80,6	84,2	Reino Unido	77,6	91,7
Finlândia	37,9	46,7	República Tcheca	65,3	91,4
França	99,5	100,00	Romênia	55,8	76,2
Grécia	–	57,8	Suécia	84,2	88,9

Fonte: Espanha (2006).

público. A distribuição de meninos e meninas em um tipo ou outro de ensino tem se mantido estável nos últimos anos.

As escolas privadas que também recebem alunos do sistema público (ou seja, cujas vagas são pagas pelo Estado) atendem majoritariamente às crianças do primeiro ciclo da educação infantil (56,3%), enquanto o ensino público atende o segundo ciclo em maior medida (68,2%). A oferta não pública é composta, basicamente, de escolas privadas com alunos do sistema público, que são financiados pelo Estado. As instituições de educação privadas são pagas pelos pais, ainda que alguns desses recebam "o cheque escolar" (o custo de uma vaga escolar em uma escola pública) ou uma bolsa de estudos como ajuda estatal. Mesmo quando as escolas particulares representam 12,4% do total da Educação, elas atendem a 46,5% dos meninos e das meninas de 0 a 3 anos.

Entre 2002 e 2008, cresceu em 5% a oferta das escolas privadas para esse ciclo, enquanto o crescimento das escolas públicas para este nível foi de 1,7%.

Levando em conta que estamos tratando de um nível não obrigatório, o dado sobre o caráter público ou privado afeta as possibilidades de estabelecer controles de qualidade, condições da docência e auxiliares, ter ou não filtros de entrada e continuidade na educação primária. Estas são as vantagens que o ensino público pode ter, sempre que não se bloqueia ou não se deixa de estimular a criatividade pedagógica característica desse nível ou não adquira mimeticamente o caráter *pré-escola*.

A educação infantil pública (especialmente o ciclo dos 3-5 anos) se dá em maior parte nos institutos de educação primária dentro dos quais assume com facilidade o caráter de uma primeira etapa, mesmo que se possam encontrar instituições dependentes de Prefeituras e de outras entidades oficiais que atendem às crianças de 0-3 anos (jardins de infância, escolas infantis, etc.). As escolas privadas que também recebem alunos do sistema público escolarizam predominantemente as crianças de 3 a 5 anos em seus respectivos institutos de educação primária. As escolas de educação infantil particulares escolarizam em escolas infantis, etc.

Tabela 19.4 Distribuição percentual dos alunos de níveis de ensino de regime geral não universitário por titularidade/financiamento (anos 2007-08)

Ano	Ensino público		Ensino privado que recebe alunos do sistema público		Ensino privado	
	2002–03	2007–08 (1)	2002–03	2007–08 (1)	2002–03	2007–08 (1)
TOTAL Sistema	67,4	67,4	25,7	26,0	6,9	6,6
Educação infantil	65,3	64,0	20,0	23,6	14,7	12,4
Primeiro ciclo (2)	42,0	43,7	16,6	9,7	41,5	46,5
Segundo ciclo	68,2	68,2	20,4	26,2	11,3	5,6
Educação primária	66,6	67,4	30,0	29,1	3,4	3,5
Educação especial	50,0	54,7	46,7	44,2	3,4	1,1

(1) Alunos escolarizados em instituições de educação autorizadas pelas administrações educacionais.
(2) Alunos escolarizados em instituições de educação autorizadas pelas administrações educacionais. Para este ciclo, o ensino privado que recebe alunos do sistema público corresponde ao ensino subsidiado.
Fonte: Espanha (2008a, 2008b).

O CURRÍCULO VISÍVEL E O INVISÍVEL DA EDUCAÇÃO INFANTIL

Enfim, por motivos diversos, a história provocou uma necessidade – a de assumir o cuidado, o desenvolvimento e a educação das crianças menores – que é preciso satisfazer com alguma resposta, conforme dizia Gonzalez-Anleo (1985):

> A educação infantil vem se convertendo progressivamente em uma necessidade das sociedades modernas, em parte devido às mudanças que aconteceram nas famílias: lares cada vez menores, ausências prolongadas dos pais, insuficiência da instituição familiar ao cumprir suas funções educacionais em relação aos seus filhos; e, em parte, pelo princípio de igualdade de oportunidades, símbolo-chave da política educacional.

Um vazio que precisava ser ocupado

Mialaret (1976, p. 64) acredita que

> [...] devido à pressão das necessidades e da situação econômica e política, criou-se ou se deixou de criar um estabelecimento de educação pré-escolar sem saber muito bem quais eram suas finalidades e a exigência em matéria de local, material, patrimônio e pessoal; por isso, surgiu uma certa insatisfação.

Digamos que o vazio permitiu e exigiu um preenchimento *a posteriori* com algum conteúdo, o qual, por sua vez, necessitava de uma explicação.

A fórmula, majoritariamente, foi criar espaços e períodos ao lado do aparato escolar, o qual, devido ao seu uso crescente, converteu-se na porta de passagem para seu uso obrigatório, de fato, a esse sistema. Existiam e existem outras formas para isso, mas a que mencionamos tem sido a dominante. Adotando o sistema escolar, adotava-se também o currículo como instrumento para concretizar a oferta de uma educação estruturada, uma vez que ele é um meio para organizar a prática.

Não obstante, devemos lembrar que, na Europa, em 12% dos lares de família, toma-se conta dos meninos e das meninas de 0 a 6 anos. Na Espanha, isso é pouco mais de 15%, na Alemanha e Finlândia, menos de 10%. A dinâmica da aprendizagem, seu contexto, os conteúdos, etc., são muito distintos, de acordo com a fórmula empregada para realizar a educação.

No âmbito da União Europeia, são distinguidos três modelos de provimento da educação infantil (EURYDICE, 2009): *a)* Modelo centrado na criança. *b)* Programas e serviços de assistência e cuidado. *c)* Programas centrados na família. O primeiro modelo é o dominante, nele se enquadra o modelo institucionalizado que conhecemos. É desenvolvido em escolas específicas, está ao cuidado de profissionais especializados, tem um enfoque pedagógico do currículo, pode ser completado com estratégias de participação e colaboração das famílias e tem um papel essencial no setor público. A revisão da pesquisa demonstra que esse modelo é o mais eficaz, sobretudo, quando é combinado com a colaboração dos pais. O segundo modelo, de programas de assistência e cuidado, serve-se de pessoal pouco especializado e não se ajusta a nenhum currículo estruturado. No terceiro modelo, centrado na família, são desenvolvidos programas dirigidos a satisfazer as diversas necessidades da família.

Como vimos anteriormente, a educação infantil é oferecida majoritariamente por instituições que permanecem integradas ao sistema escolar, como base dele, de forma que – ainda que não seja obrigatória – ela converte-se em algo que antecede a educação primária como uma função propedêutica, sem a garantia de ser reconhecida como parte do direito à educação, com a função ineludível de prevenir dificuldades ou atrasos e lhe outorgando uma função compensadora.

A "utilidade escolar" dos níveis infantis escolarizados

Nesse sentido, Husen (1985) faz uma síntese das conclusões obtidas com a revisão dos programas educacionais na educação infantil:

- Cursar a educação infantil repercute de forma positiva no rendimento escolar posterior e reduz significativamente o número de crianças que têm de ir às aulas de recuperação.
- A educação infantil facilita a aprovação dos alunos na educação primária.
- As crianças que estiveram na educação infantil obtêm o nível de qualificações que suas escolas esperavam delas.
- Os 10 programas analisados por este autor contribuem de forma positiva. É necessário assinalar que esses programas não têm unicamente a missão de preparar para a escolaridade obrigatória, embora tenham efeitos sobre ela, mas têm uma fundamentação exclusivamente psicopedagógica.

O êxito escolar posterior claramente se dá nas crianças de lares com menos recursos econômicos (BELLER, et al., 1981), melhorando seu aspecto físico, seus cuidados com a higiene e a alimentação, seu desenvolvimento cognitivo, levando ao aumento significativo da inteligência e à aceleração de seu desenvolvimento.

A educação infantil contribui para a melhoria das relações sociais, para a desinibição das meninas e dos meninos, torna-os mais cooperativos, permite-lhes estabelecer interações mais complexas, adquirir mais confiança em si mesmos e ter mais fluência verbal, vocabulário e complexidade na linguagem.

Apple e King (apud GIMENO SACRISTÁN; PÉREZ, 1983) concluíram em suas pesquisas que as crianças menores que haviam sido escolarizadas tinham resultados muito melhores na educação obrigatória do que aquelas que não haviam tido o período pré-escolar. A socialização ao espaço escolar havia sido feita e era um período que tais crianças tinham ganhado para prestar atenção, a fim de aprender outros aspectos relacionados à cultura e à escola.

Os jardins de infância, as escolas maternais e de crianças em idade pré-escolar, uma vez que não surgiram em momentos, lugares e circunstâncias idênticas, eram escolas muito diferentes, bem como o currículo desenvolvidos nelas. Em alguns casos, essas creches se limitaram a "abrigar" as crianças, dando-lhes segurança física (o que evidencia seu caráter assistencial), enquanto outras trabalharam de forma que criaram um modelo próprio de educação infantil (em razão de seu caráter educacional). Ao longo do tempo, os currículos para a Educação Pré-Escolar têm sido muito díspares entre si, como consequência de diversas situações sociais e das necessidades que as crianças tinham em determinadas épocas, otimizando uma faceta ou outra do indivíduo. Como disse Frabboni (1986, p. 26), as escolas que atendem aos membros passaram "da concepção da infância como a idade que deve ser protegida para a concepção de uma idade social na qual deve-se educar".

Que significado têm os conteúdos?

Ao discutir, planejar ou desenvolver os *conteúdos do currículo* da educação infantil, devemos considerar que esse termo tem uma significação singular nesse nível. Ele não se refere tanto ao que deve ser assimilado, mas ao que o aluno deve experimentar para adquirir uma série de habilidades básicas. Ou seja, que leve em conta de forma organizada e sistemática a totalidade de atividades e experiências de aprendizagem das quais o aluno deve ser o protagonista, sob a tutela e responsabilidade direta da escola, segundo proposta abordada por Dewey (1943) em sua obra *Experiencia y educación*, publicada em 1938. Esse currículo centrado no aluno busca que os meninos e as meninas tenham vivências e experiências que despertem seu desenvolvimento, que sejam ricas e globais, em interação com outros sujeitos, que utilizem materiais e os manipulem em contextos específicos: na classe, no bairro, no lar, nas bibliotecas, nas brinquedotecas, etc.

Como a experiência é uma vivência autêntica, pessoal e se desenvolve em condições concretas, ao falar de currículo nesse caso temos de compreender também como é a seleção e a ordenação das oportunidades possíveis no meio ambiente. De acordo com Bronfenbrenner (1987), o desenvolvimento é determinado pela riqueza de estímulos proporcionados pelos ambientes nos quais nos desenvolvemos: "O desenvolvimento – diz o autor – é um produto da interação entre uma pessoa em crescimento e as peculiaridades de um meio ambiente que muda, evolui e se transforma". A sala de aula não é somente um lugar físico, mas um meio que tem certas características próprias, no qual o menino e a menina, pelo fato de viverem nela, têm experiências, vivem papéis, participam de atividades que se repetem (atividades agradáveis), aprendem a se comportar na companhia de outros iguais, a se socializar e a conhecer sua cultura a fim de se sentirem membros de um grupo e pertencerem a ela.

Esse modo de encarar a experiência nos leva a pensar que os efeitos que esperamos alcançar com o *currículo experiencial* não podem ser separados de outros efeitos adquiridos em outros *nichos espaciais* que atuam de forma paralela ao escolar (família, parque, bairro, brinquedotecas, viagens, etc.).

Como se formou o currículo deste nível de educação?

O consenso sobre a missão que a educação infantil deve cumprir e os fins que precisam ser concretizados em seu currículo foi resumido por Mialaret (1976, p. 38) nestes termos:

1. Levar em conta a realidade psicológica da criança como algo próprio e singular.
2. Admitir que as reações psicológicas da criança são peculiares e que não devem ser interpretadas com base no significado que têm para o adulto.
3. A metodologia a ser usada com eles será ativa, algo que não se impõe, mas se organiza espontaneamente buscando as metas educacionais.
4. Preparar para a vida, para entender o mundo que a circunda, explorá-lo, etc.

5. Fomentar a autoconfiança para sanar dificuldades e buscar a independência pessoal.

O currículo não costuma ser (ou não costuma ser em sua globalidade) o resultado deduzido de uma teoria, de algumas ideias ou objetivos ideais. Como foi dito no começo, são múltiplas as determinações que ele tem e não se mostram no mesmo momento nem operam todas ao mesmo tempo. Na realidade, o currículo da educação infantil é composto de um amálgama de contribuições que foram feitas com o passar do tempo, no qual podemos comprovar a existência de ingredientes procedentes das seguintes determinações:

a. A primeira determinação do currículo provém do fato de que o nível da educação infantil visa complementar o cuidado familiar, do que se deduz a necessidade de contemplar nos currículos as necessidades dos pequenos no que se refere ao cuidado físico, à sua segurança e à criação de hábitos de vida saudável: alimentares, de higiene, descanso, etc. A professora e o professor são, antes de tudo, *tutores*, o que não quer dizer que essa faceta seja a mais valiosa ou a mais valorizada, mas, se não for atendida, o "pacto implícito" entre as famílias e as instituições de educação infantil se quebra. Essas necessidades sobre o que os meninos e meninas devem *aprender* não precisam ser ensinadas em um sentido estrito, como ocorre com os conteúdos, mas dependem da prática continuada de comportamentos apropriados na vida cotidiana, como se fossem decantações do currículo oculto. Em outras palavras: não se ensinam hábitos de higiene senão praticando-os ao longo do tempo escolar, cuidando do próprio corpo, das instalações e dos objetos das escolas. É a experiência o que conta.

Nas primeiras escolas maternais (na década de 1920), o currículo era orientado principalmente para a formação de hábitos e a promoção da saúde física.

b. Muitas das formas de saber fazer na educação são pautas aprendidas das tradições de cuidar e orientar as crianças menores. Uma vez adaptados os pequenos, aparece a necessidade de "adoçar" o ambiente escolar para que se torne favorável ao desenvolvimento e não seja motivo de aversão às escolas. Esta evidência, junto com a valorização da afetividade como algo positivo nas relações dentro da família nuclear, projetam no currículo a importância e a necessidade de atender a vida emocional (LÓPEZ SÁNCHEZ, 2009) e o desenvolvimento afetivo. Contribui para essa valorização a projeção das teorias freudianas na educação. Deve-se à psicanálise a preocupação com a projeção que a infância tem na vida adulta, a sexualidade infantil, a importância do fundo emocional inconsciente nas relações com os demais, o valor do autoconceito, a sensibilidade ao clima escolar, a influência dos tratamentos repressivos na saúde mental e a segurança das pessoas com problemas de saúde, a importância do conhecimento profundo dos professores sobre si mesmos, etc. (PALOMERO, 2006).

c. Do mesmo modo que ocorreu com as projeções da psicanálise nos séculos XIX e XX (o último às vezes é denominado o século "da criança"), com base em outros campos disciplinares e de pesquisa (trazendo junto a ideia de Rousseau da bondade natural da criança), vêm se fazendo contribuições teóricas sobre a criança menor e sua educação que (como é o caso da Pedologia, Pedagogia, Psicologia, Pediatria, Psicanálise, Marxismo, etc.) contribuíram para formar uma ideia moderna da educação e dos cuidados adequados à infância, servindo também de crítica às práticas vigentes que são regidas de acordo com estes princípios. As figuras, um pouco distantes no tempo, de Pestalozzi (1746-1827) e Froebel (1783-1856), somadas às frutíferas concentrações de figuras da relevância de Montessori (1870--1956), Dewey (1870-1957), Decroly (1871--1932), Freinet (1870-1966), Wallon (1879--1962), Neil (1883-1972), Claparede (1873--1940), Piaget (1896-1980), Vygotsky (1896--1934) e as irmãs Agazzi (1870-1945) nos ofereceram as bases do pensamento, e os métodos que, na Europa, foram chamados de *Educação Nova* ou *Escola Nova*, e nos Estados Unidos foram denominados de *Educação Progressista*. Essa bagagem de ideias e ensaios realizados às vezes por muitos docentes e instituições constituíram estilos diferenciados de educação em geral e para a educação infantil. Essas inovações se assentaram mais facilmente nesse nível do que em outros níveis carregados de tradições centenárias. Hoje, praticamente em todos os países da UE[10] predomina uma orientação *centrada na criança*.

d. Das experiências que existem na prática – passada ou presente – que se constituíram e se reconhecem como modelos exemplares, não necessariamente ligados a determinados autores, mas que desenvolvem a educação se apoiando em pressupostos que a identificam. Este é o caso de Reggio Emilia, na Itália, do Projeto Spectrum, nos Estados Unidos, ou do movimento Rosa Sensat, na Catalunha (Espanha). Muitas outras experiências permanecem no anonimato.

e. Os diferentes níveis do sistema educacional são elementos agregados, que trazem consigo sua própria história e estão envolvidos por uma espécie de cultura que lhes torna singulares. Uma aula de educação infantil se parece pouco com uma de educação secundária. A escola incluirá os alunos e professores em tais culturas, como Gimeno Sacrintán (2003a, 2003b) afirma:

> A instituição escolar e as práticas que nela se desenvolvem não nasceram somente em cenários de desenvolvimento, onde os atores podem melhorar ou fracassar em suas atuações, mas os modos de viver nelas são o que fazem o ator. A criança vai à escola e esta faz a criança.

Os componentes regrados do currículo

Essas culturas se mesclam e se colonizam entre si. Se também levamos em conta a determinação que elas provocam em outros níveis da educação infantil, como esta é a porta de entrada, explica-se que sobre ela recaiam pressões para que seu currículo responda ao fato de ser o nível *pré-escolar*. Uma realidade visível, tal como se reflete nas áreas que se estabelecem no currículo prescrito ou oficial. (Ver Quadro 19.1.)

No currículo da educação infantil, além da dimensão de *cuidado* à qual já aludimos, combinam-se as duas tradições fundamentais: a *centrada na criança,* que propõe áreas como o desenvolvimento motor, cognitivo, afetivo e social, as atividades lúdicas, o jogo, etc.; e, por outro lado, a tradição *pré-escolar,* que supõe matemática, língua, estudo do meio ambiente, etc.

Na maioria dos países europeus, quando a educação infantil se insere na estrutura escolar, as diretrizes gerais incluem objetivos, áreas, atividades, enfoques metodológicos e avaliação; mas, quando não inclui as instituições não escolares, ainda que sua orientação seja educacional, ela somente assinala objetivos a serem alcançados de forma muito geral, dando muita autonomia em seu funcionamento. Como são orientações, os institutos desfrutam de um grau de liberdade e autonomia para aplicar metodologias, adquirir materiais, realizar atividades, mas respeitando os objetivos.

No Quadro 19.1, são apresentadas as disposições legais que, em nosso caso, regulam o currículo da educação infantil pertencentes às diferentes reformas que a tem afetado mais diretamente.

A partir da promulgação da Lei Geral de Educação de 1970 e das orientações desenvolvidas, configurou-se um currículo próprio para a educação infantil, a partir do qual começaram a mudar as formas de agir daquelas professoras que mantinham as crianças de 4 e 5 anos esperando na fila com as cartilhas para que aprendessem a ler de forma mecânica e a escrever "amostras", descuidando outras atividades prévias que hoje são consideradas necessárias. Criou-se um novo estilo de agir na escola com as crianças pequenas, aumentando o uso de jogos, materiais próprios para ordenar, modelar, ler contos, surgiu a possibilidade de sair da sala de aula ou de coordená-la com espaços livres para que a criança pudesse se mover, ou com espaços delimitados, dando a possibilidade ao aluno de escolher livremente atividades a realizar, etc.

Quadro 19.1 Os conteúdos básicos da educação infantil na Espanha

Leis	Denominação	Características ressaltadas pelas normas básicas
Lei Geral de Educação, 1970.	Educação pré-escolar	**Fins:** 1. A educação infantil tem como objetivo principal o desenvolvimento harmônico da personalidade da criança. 2. A educação infantil, que tem caráter voluntário, compreende até os 5 anos e está dividida em duas etapas, que se desenvolverão: A) No jardim de infância, para crianças de 2 e 3 anos, a formação, ainda que originada de forma sistemática, terá um caráter semelhante à vida no lar. B) No centro de menores, para crianças de 4 e 5 anos, a formação tenderá a promover as virtualidades da criança. **Objetivos:** 1. Alcançar o desenvolvimento harmônico da personalidade da criança nos aspectos neurofisiológicos, mental e social. 2. Favorecer a expressão de sua originalidade nas atividades: dinâmicas de linguagem, artísticas, de observação e reflexão. 3. Facilitar a integração ao grupo em seu aspecto triplo de: comunicação, colaboração e responsabilidade. 4. Ajudar na aquisição de atitudes e valores morais e religiosos. 5. Criar em torno da criança um meio rico que favoreça o desenvolvimento sistemático de atitudes e atividades. 6. Tratar de alcançar, mediante atitudes lúdicas, os objetivos anteriores. (Novas orientações pedagógicas, 1978. p. 5.) As normas também estabelecem objetivos específicos e atividades para a idade de 2 anos, de 3 anos e para 4 e 5 anos. De todas, podemos ressaltar atividades como: – Atividades que têm como objetivo alcançar a autonomia pessoal (saber se vestir/despir, comer sozinho, lavar as mãos, recolher brinquedos, respeitar um turno, etc.). – De motricidade grossa. – De motricidade fina. – De expressão, criação e representação oral, dinâmica, rítmica e plástica. – De observação e conhecimento do ambiente. – Conhecimento e ajuste corporal. Com outra disposição legal posterior refletida nos Programas Renovados, as áreas curriculares da educação pré-escolar são as mesmas que as do primeiro ciclo da EGB: Língua espanhola (compreensão e expressão oral, leitura e escrita); Matemática (iniciação à classificação e seriação, experiência pré-numérica); Experiência social e natural (conhecimento de si mesmo, conhecimento do meio, desenvolvimento no meio); Educação física (contato com os objetos, conhecimento e ajuste corporal); Comportamento afetivo-social (afirmação de si mesmo, preparação para a educação sexual, valores e comportamento); Ensino religioso, de acordo com a opção dos pais. (Programas Renovados para a Educação Pré-Escolar e o Ciclo Inicial, 1981). Isto fez que o modelo escolar entrasse nas aulas da educação infantil e a tornasse mais escola que pré-escola.

(continua)

Quadro 19.1 Os conteúdos básicos da educação infantil na Espanha (continuação)

Leis	Denominação	Características ressaltadas pelas normas básicas
Lei de Ordenamento Geral do Sistema Educacional Espanhol (LOGSE), 1990.	Educação infantil	Confere-se a este nível educacional uma identidade própria. Ele compreende desde os 0 aos 6 anos e é divido em dois ciclos: Primeiro ciclo de 0 a 3 anos, e segundo ciclo de 3 a 6 anos, com caráter não obrigatório. **Fins:** A educação infantil contribuirá para o desenvolvimento das seguintes capacidades nas crianças: a) Conhecer seu próprio corpo e suas possibilidades de ação. b) Relacionar-se com os demais por meio das distintas formas de expressão e de comunicação. c) Observar e explorar seu ambiente natural, familiar e social. d) Adquirir progressivamente autonomia em suas atividades habituais. Os conteúdos educacionais serão organizados em áreas que correspondam aos próprios âmbitos da experiência e do desenvolvimento infantis e serão abordados por meio de atividades globalizadas que sejam interessantes e tenham significado para a criança. **Objetivos:** Descobrir, conhecer e controlar progressivamente o próprio corpo, formando uma imagem positiva de si próprio, valorizando sua identidade sexual, suas capacidades e limitações de ação e expressão, e adquirindo hábitos básicos de saúde e bem-estar. Agir de forma cada vez mais autônoma em suas atividades habituais, adquirindo progressivamente segurança afetiva e emocional e desenvolvendo suas capacidades de iniciativa e confiança em si mesmo. 1. Estabelecer relações sociais em um âmbito cada vez mais amplo, aprendendo a articular progressivamente os próprios interesses, pontos de vista e contribuições com os demais. 2. Estabelecer vínculos fluídos de relação com os adultos e com seus pares, respondendo aos sentimentos de afeto, respeitando a diversidade e desenvolvendo atitudes de ajuda e colaboração. 3. Observar e explorar o ambiente imediato com uma postura de curiosidade e cuidado, identificando as características e propriedades mais significativas dos elementos que os formam e algumas das relações que se estabelecem entre eles. 4. Conhecer algumas manifestações culturais de seu ambiente, mostrando atitudes de respeito, interesse e participação em relação a elas. 5. Representar e evocar aspectos diversos da realidade vividos, conhecidos ou imaginados e expressá-los mediante as possibilidades simbólicas que o jogo oferece e outras formas de representação e expressão. 6. Utilizar a linguagem verbal ajustada às diferentes situações de comunicação habituais, para compreender e ser compreendido pelos outros, expressar suas ideias, sentimentos, experiências e desejos, avançar na construção de significados, regular a própria conduta e influir na dos demais. 7. Enriquecer e diversificar suas possibilidades de expressão mediante a utilização dos recursos e meios a seu alcance, assim como apreciar diferentes manifestações artísticas de sua idade.

(continua)

Quadro 19.1 Os conteúdos básicos da educação infantil na Espanha (continuação)

Leis	Denominação	Características ressaltadas pelas normas básicas
Lei Orgânica da Educação (LOE), 2006.	Educação infantil	Mantém sua própria identidade com caráter educacional e os dois ciclos e continua sendo não obrigatória, mas é gratuita para o segundo ciclo, de 3 a 6 anos. No primeiro ciclo, promover-se-á especialmente a aquisição de hábitos elementares de saúde e bem-estar, a melhoria de suas habilidades motoras, o desenvolvimento da linguagem, o estabelecimento de vínculos afetivos com os demais e a regulação progressiva da expressão de sentimentos e emoções. No segundo ciclo, iniciar-se-á a aprendizagem da leitura e escrita em função das características e experiências de cada criança, a iniciação em habilidades numéricas básicas, nas tecnologias da informação e na comunicação e expressão plástica e musical. **Fins:** 1. A finalidade da educação infantil é a de contribuir para o desenvolvimento físico, afetivo, social e intelectual dos meninos e das meninas. 2. Em ambos os ciclos; promover-se-á progressivamente o desenvolvimento afetivo, dos movimentos e hábitos de controle corporal, a manifestações da comunicação e da linguagem, as pautas elementares de convivência e a relação social, assim como o descobrimento das características físicas e sociais do meio. Além disso, ajudará as meninas e os meninos a elaborar uma imagem positiva e equilibrada de si mesmos e a adquirir autonomia pessoal. **Objetivos:** A educação infantil contribuirá para o desenvolvimento das capacidades das meninas e dos meninos que lhes permitam: a) Conhecer seu próprio corpo e o dos outros, suas possibilidades de ação e aprender a respeitar as diferenças. b) Observar e explorar seu contexto familiar, natural e social. c) Adquirir progressivamente autonomia em suas atividades habituais. d) Desenvolver suas capacidades afetivas. e) Relacionar-se com os demais e adquirir progressivamente pautas elementares de convivência e relação social, assim como praticar a resolução prática de conflitos. f) Desenvolver habilidades comunicativas em diferentes linguagens e formas de expressão. g) Ser iniciado nas habilidades lógico-matemáticas, na alfabetização e no movimento, gesto e ritmo. **Áreas:** 1. Os conteúdos educacionais da educação infantil serão organizados nas áreas correspondentes a âmbitos próprios da experiência e do desenvolvimento infantil e serão abordados por meio de atividades globalizadas que sejam de interesse e tenham significado para as crianças. 2. Os métodos de trabalho em ambos os ciclos se basearão em experiências, atividades e jogos e serão aplicados em um contexto de afeto e confiança, a fim de otimizar sua autoestima e integração social. As áreas do segundo ciclo da educação infantil são as seguintes: – O conhecimento de si próprio e o desenvolvimento da autonomia pessoal. – O meio físico, natural, social e cultural. – As linguagens: comunicação e representação.

Fonte: O autor.

Ainda assim, com os Programas Renovados, com o estabelecimento de objetivos concretos a serem atingidos e por serem as áreas curriculares as escolares, os professores voltaram a ensinar os mais jovens de modo sério, utilizando muitas fichas como material de atividades, reduzindo a possibilidade de realizar experiências vivenciadas pelas crianças.

Com a LOGSE, em 1990, estabeleceu-se o nível da educação infantil dos 0 aos 6 anos, conferindo-lhe uma identidade própria, incorporando como novidade o uso de uma língua estrangeira em atividades comunicativas relacionadas às rotinas e situações habituais da aula. A partir daí, o currículo – com poucas variações importantes – foi estabilizado e todos aceitamos que, sem lhe retirar a importância, os meninos e as meninas nessas idades "devem fazer outras coisas além de ler e escrever", devem desfrutar a escola, levantar-se de seus assentos ou brincar sobre o tapete, enquanto aprendem a conviver com outras crianças e a respeitar as diferenças, a se socializar em sua cultura e vivenciá-la como membro pertencente a ela, aprender a observar e se questionar sobre o que há em seu entorno, saber representá-lo, etc. Estas são ações prévias que devem ser trabalhadas a fim de que a criança alcance a maturidade. Esses objetivos, que costumam estar ocultos, se veem refletidos nas aprendizagens rápidas que a professora de educação primária proporciona, esquecendo todo o trabalho realizado pela professora da educação infantil. Não obstante, quando finalizam a etapa, as crianças sentirão que aquela era outra escola, ao menos, enquanto os pedidos conservadores por métodos mais exigentes, mais ordem ou resultados claros não dissolvem os ambientes dourados que, nos sistemas dos países ricos, temos construído para uma infância mais feliz, desinibida e sem rupturas com a vida familiar.

NOTAS

1 A partir da estrutura que regula a LOGSE (1990), os ciclos serão de 0-2 e 3-5 anos.

2 O Ministério da Educação, Política Social e Esporte da Espanha está desenvolvendo o Plano "Educa3", o primeiro programa integral de incentivo à criação de novos postos de educação para crianças com menos de 3 anos, que implicará um investimento total de 1,087 bilhão de euros entre 2008 e 2012. O financiamento será feito 50% pelo Ministério da Educação e 50% pelas Comunidades Autônomas.

REFERÊNCIAS

BELLER, E. K. et al. In: JORNADAS INTERNACIONALES SOBRE EXPERIENCIAS Y ALTERNATIVAS A LAS INSTITUCIONES INFANTILES Y JUVENILES, 1., 1981, Madrid. Madrid: Delegación de Educación y Centros Escolares, 1981.

BRONFENBRENNER, U. *Ecología del desarrollo humano*. Barcelona: Paidós, 1987.

DEWEY, J. *Experiencia y educación*. Buenos Aires: Losada, 1943.

ESPANHA. Ministério de Educación, Cultura y Deporte. *Datos y cifras de la educación em España 2007/2008*. Madrid: MEC, 2008a.

ESPANHA. Ministério de Educación, Cultura y Deporte. *Sistema estatal de indicadores de la educación*. Madrid. MEC, 2006.

ESPANHA. Ministério de Educación, Cultura y Deporte. *Evaluación de la educación infantil en España*: informe del estudio piloto 2007. Madrid: MEC, 2008b.

EURYDICE. *Tackling social and cultural lnequalities through*: early childhood education and care in Europe. Brussels: EACEA, 2009. Disponível em: <http://eacea.ec.europa.eu/about/eurydice/documents/098EN.pdf >. Acesso em: 19 nov. 2012.

FRABBONI, F. *La educación del niño de 0 a 6 años*. Madrid: Cincel, 1986.

GIMENO SACRISTÁN, J. *El alumno como invención*. Madrid: Morata, 2003a.

GIMENO SACRISTÁN, J. *Poderes inestables en educación*. Madrid: Morata, 2003b.

GIMENO SACRISTÁN, J.; PÉREZ, A. (Comp). *La enseñanza:su teoría y su práctica*. Madrid: Akal, 1983.

GONZÁLEZ-ANLEO, J. *El sistema educativo español*. Madrid: Instituto de Estudios Económicos, 1985.

HUSEN, T. *The internacional enciclopedia of education*. Oxford: Pergamom Press, 1985. v. 3.

LÓPEZ SÁNCHEZ, F. *Las emociones en la educación*. Madrid: Morata, 2009.

MIALARET, G. *La educación preescolar em el mundo*. Paris: UNESCO, 1976.

NEGRIN FAJARDO, O. Educación preescolar. In: ESCOLANO BENITO, A. (Coord.). *Diccionario de ciencias de la educación*: historia de la educación II. Madrid: Anaya, 1985. p.103-104.

PALOMERO, J. L. ¿Sigue vigente el psicoanálisis? La polémica continua. *Revista Interuniversitaria de Formación del Profesorado*, v. 20, n. 2. p. 233-255, 2006.

UNITED NATIONS CHILDREN'S FUND. *Estado mundial de la infancia*. New York: UNICEF, 2009.

VARELA, J. Aproximación genealógica a la moderna percepción social de los niños. *Revista de Educación*, n. 281, p. 155-177, 1986.

O currículo da educação primária*

Jesús Jiménez Sánchez
Inspetor de Educação de Aragão

Desde sua configuração como etapa edueducacional, a educação primária na Espanha tem mudado de nome (grau elementar, primeiro ensino, educação geral básica, etc.), mas mantém suas "constantes vitais". Em seus mais de 150 anos de história, as sucessivas leis educacionais classificaram de formas diferentes os professores (educação geral básica – EGB) e as escolas (grupos escolares, colégios, etc.), incrementaram progressivamente a obrigatoriedade, estenderam a gratuidade até chegar a toda a população e aumentaram os conteúdos curriculares. Mas, no fundo, a educação primária não mudou tanto: inicia aos 6 anos e se prolonga até a pré-adolescência, conserva uma estrutura interna dividida em séries (anos letivos) e ciclos, e a leitura, a escrita e a aritmética continuam sendo o eixo central do currículo escolar.

RAÍZES HISTÓRICAS DA ETAPA

Para entender como o currículo é configurado na educação primária atual, convém voltar nosso olhar para trás sobre os marcos fundamentais que estabeleceram o caminho dessa etapa educacional tanto no sentido organizativo quanto no curricular.

Da educação primária à educação geral básica

A educação primária foi regulada na Espanha pela primeira vez com a Lei de Instrução Pública (Lei Moyano, 1857). Ela começava aos 6 anos e se dividia em duas etapas. A etapa elementar (6-9 anos) era obrigatória para todos e gratuita para os que não podiam pagá-la e se limitava à leitura, escrita e doutrina cristã, a alguns princípios de gramática e aritmética e, se o professor ou a professora tinham o preparo adequado e os recursos suficientes, certas noções de indústria, comércio e agricultura, substituídas para as meninas por "atividades próprias de seu sexo". A etapa primária superior (9-12 anos) era reservada para quem ia continuar os estudos na educação secundária, geral-

---
* N. de R.: Ver tabela de equivalência entre os sistemas educacionais da Espanha e do Brasil ao fim desta obra.

mente em escolas católicas, e incluía algumas noções de história e geografia da Espanha, física e história natural e alguns princípios de geometria, desenho geométrico e agrimensura. Em todo o caso, deve-se assinalar que não existia um programa oficial nem livros didáticos.

Esse esquema utilitário da educação primária se manteve durante várias décadas, apesar das várias mudanças produzidas no sistema educacional espanhol. O Plano de Estudos de 1901, de Romanones, o mais conhecido, não chegou a se desenvolver nos programas oficiais concretos, e os professores tiveram que, durante muitos anos, elaborar seus próprios programas e livros didáticos ou copiá-los da imprensa pedagógica da época. Esse "inexistente" Plano Romanones permaneceu inclusive durante a II República, pois os esforços das reformas republicanas se dedicaram sobretudo a mudanças estruturais (escola única, gratuidade e obrigatoriedade, etc.) sem poder chegar a propor nos novos programas escolares as intenções de Fernando de los Ríos extraídas da Instituição Livre de Ensino.

Não foi assim que aconteceu durante a ditadura do general Franco, obcecado por erradicar todo vestígio da etapa anterior. Desde o primeiro momento, a ditadura trabalhou em três frentes: depuração do magistério, doutrinamento nos princípios do nacional-catolicismo e férreo controle ideológico por parte da inspeção. Nesse cenário, os conteúdos dos programas escolares têm grande importância. Com a Lei da Educação Primária, de 1945, manteve-se a estrutura dos ciclos, um elementar e outro preparatório para a educação secundária, e, às matérias instrumentais, são adicionadas outras (Educação Física, Ciências Naturais, Trabalhos Manuais e Físicos, etc.), mas o peso real quem leva são as matérias com forte carga ideológica, como a Religião e a Formação do Espírito Nacional, que incluía Geografia e História.

Entretanto, apenas em 1953 foram publicados os primeiros Questionários Nacionais para a educação primária, um extenso texto que avançava em alguns conceitos pedagógicos de certo interesse e que não chegou a ser bem aceito na crua realidade escolar dos anos de 1950; sua aposta nas "disciplinas", por exemplo, não deu em nada, pois é justamente nesses anos que se viveu a idade de ouro das enciclopédias.

Assim, chegamos à Lei Geral de Educação e Financiamento da Reforma Educacional (LGE) de 1970. A LGE implica uma mudança transcendental na estrutura do sistema educacional espanhol: são definidos os níveis educacionais desde a pré-escola até a Universidade, são ampliadas a obrigatoriedade e a gratuidade até os 14 anos, são criados os serviços de orientação, são estabelecidos os diferentes corpos docentes, etc. Uma das mudanças mais ambiciosas, ainda que controversas, foi a aparição da educação geral básica (EGB), um nível de oito anos de duração que incluía a primeira etapa (6-10 anos), com cinco anos e equivalente ao ensino primário anterior, e uma segunda etapa (11-14 anos), com três anos, que incorporava o antigo *bachillerato* elementar às escolas e seria ministrada por professores especializados.

Com a Lei Villar, assim conhecida a LGE por ter sido promovida pelo Ministro Villar Palasí, apareceram também novos programas escolares que introduziram conceitos não formulados no âmbito oficial até então e que perduram na atualidade. Na primeira etapa da educação geral básica acentuava-se o caráter global do ensino, insistia-se na recuperação, etc. Essa formulação de conceitos pedagógicos teria repercussões importantes nas metodologias docentes e na própria organização escolar. Os programas escolares eram expressos oficialmente como "organizações pedagógicas" sobre conteúdos, métodos, avaliação e organização do tempo escolar que as instituições de educação e professores devem seguir com certo grau de autonomia. O programa dava grande importância às áreas instrumentais e era organizado em quatro áreas de expressão e duas de experiências.

Porém, em breve, começaram a ser introduzidas modificações no currículo, que se tornara superado pelos acontecimentos. Com a chegada da democracia, era lógico que alguns programas elaborados sob a ditadura franquista teriam de ser adaptados ao novo marco constitucional e à configuração do novo Estado das Autonomias. Os Programas Renovados, de 1981, dividiam a primeira etapa da EGB em dois ciclos (inicial e médio), tomando o ciclo – e não a série (ou ano) – como unidade para efeitos de programação, avaliação e promoção dos alunos. Além disso, foram introduzidas novidades destacáveis no currículo, como a organização da área de Ciências Sociais em círculos concêntricos (localidade, comarca, região ou nação e Espanha), o estabelecimento da Ética como "alternativa" à Religião ou o ensino da "língua materna distinta do espanhol". Mas o que realmente importou foi a mudança efetuada na própria determinação do currículo. Da prescrição de um programa único estatal, passa-se agora a concretizar certos ensinos mínimos obrigatórios e a fixar o tempo letivo mínimo das distintas áreas para todo o território espanhol, deixando, na mão das Comunidades Autônomas com competências a intervenção nesse aspecto, a responsabilidade de ampliar esses requisitos mínimos estatais no exercício de sua própria autonomia.

A educação primária como etapa independente

Com a Lei de Ordenamento Geral do Sistema Educacional Espanhol (LOGSE, de 1990), desaparece a educação geral básica (EGB) na Espanha e se configura um novo modelo, a educação primária, que começa aos 6 anos e tem seis séries de duração divididas em três ciclos, algo comum em muitos países europeus. Os programas, não obstante, não diferem muito dos que vinham sendo lecionados nos ciclos inicial e médio da extinta EGB. Introduziu-se o idioma a partir do segundo ciclo da educação primária e se garantiu plenamente o estudo e o uso da língua materna como veículo curricular e, às áreas mencionadas, são agregados como temas "transversais" aspectos relacionados à educação de pedestres, ambiental, sexual, do consumidor, para a paz, a saúde e a igualdade entre sexos. As transformações, pois, são menores, talvez porque a educação primária apenas causasse problemas e fosse preciso dedicar toda a atenção ao "projeto" da educação secundária obrigatória (ESO), a etapa mais complexa do sistema educacional.

O esquema da educação primária da LOGSE se mantém na seguinte Lei de Qualidade da Educação (LOCE) de 2002, que apenas introduziu algumas modificações, limitando-se à mudança de nomes (p. ex., de *conhecimento médio*, passou a ser "acadêmico" de Ciências, Geografia e História) e a introdução de uma nova matéria chamada Sociedade, Cultura e Religião, com duas opções, uma confessional e outra não confessional, mas obrigatória para todos os alunos. A grande obsessão dos promotores da LOCE era a reorientação ideológica, o que explica em grande parte todas suas referências à "cultura do esforço" e aos "valores", entendidos como tais sendo os mais conservadores.

A Lei Orgânica da Educação (LOE) de 2006 direciona a ordenação geral da LOGSE quanto aos níveis, às etapas, aos ciclos e, no caso da educação primária, inclusive quanto às áreas de ensino. Ela retoma o Conhecimento do Meio, e a Religião se torna obrigatória para todas as instituições de educação, mas é voluntária para os alunos. O resto praticamente segue igual, com as áreas relacionadas à linguagem (o espanhol, a língua própria da comunidade e a língua estrangeira), a matemática, a educação artística e a educação física. Todavia, surgem alguns pontos destacáveis, como uma maior promoção das línguas estrangeiras (antecipação de uma primeira língua estrangeira ao primeiro ciclo e a possibilidade de introduzir uma segunda língua no terceiro ciclo) ou a preocupação com a leitura, os valores e as tecnologias de informação e a comunicação que serão trabalhados em todas as áreas. A maior novidade é a introdução de uma matéria nova no terceiro ciclo, a Educação para a Cidadania e os Direitos Humanos, na qual se prestará atenção especial à igualdade entre homens e mulheres.

A estrutura da educação primária na LOE é muito similar à do resto dos países da União Europeia. Trata-se de uma etapa obrigatória que inicia aos 5-6 anos em quase todos os países e que costuma durar seis anos consecutivos, divididos em dois ou três ciclos. A educação primária é considerada um nível independente (CINE1), e as matérias costumam ser as mesmas em todos os países.

A REALIDADE DA ESCOLARIZAÇÃO

Evolução da população escolar

O grande impulso à escolarização na Espanha aconteceu nos anos de 1970, com a Lei Geral da Educação. De 1970 até 1985, a população escolar de alunos na EGB aumentou em mais de um milhão e meio. O crescimento foi muito forte no início da década de 1970, mas desacelerou em certa medida até a metade dos anos de 1980, momento em que começa um decréscimo que se prolongaria durante anos. O crescimento é especialmente importante no ensino privado, que quase duplica seu número de matrículas nos cinco primeiros anos da LGE, até alcançar 40% do total, percentual que vem diminuindo muito lentamente desde então. Podemos dizer, portanto, que a LGE desenvolvimentista beneficiou, sobretudo, as escolas privadas, que contavam com colégios de maior tamanho nas grandes cidades, enquanto as públicas deviam se estabelecer também nas pequenas escolas rurais e que, além disso, em função da gratuidade, recebia a correspondente subvenção econômica em suas escolas, a maior parte delas dirigidas por entidades religiosas.

Quando chegou a LOGSE, de 1990, já havia iniciado o decréscimo do número de alunos nos níveis básicos, pois os grupos de população eram muito menores que os da década anterior. Se, à redução da natalidade espanhola, que se tornou uma das taxas mais baixas do mundo, somarmos o fato de que a nova educação primária perdia os dois últimos anos da EGB, compreenderemos o retrocesso da população escolar no ensino tanto privado quanto público, que juntos chegaram a "perder" quase um milhão de alunos somente nos primeiros cinco anos de implementação da LOGSE.

Do ano de 2005 até então, a tendência se inverte, e a LOE se encontra em um panorama diferente. A escolarização aumenta anualmente em um ritmo superior a 2%. Segundo dados do Ministério da Educação, nos anos de 2008-09, por exemplo, estavam matriculados na educação primária um total de 2.662.532 alunos, o que significa 2,4% a mais em relação à 2006-07. O aumento dos alunos se produz, sobretudo, no setor público, com percentagens próximas a 3% de um ano letivo a outro, enquanto esse aumento é de apenas 1% no ensino privado.

Distribuição entre ensino público e privado

O setor privado tem uma grande presença no sistema educacional espanhol, muito superior à do resto dos países da União Europeia, com exceção da Bélgica e dos Países Baixos. No ano letivo de 2007–08, a educação pública escolarizava 67,4% do total de alunos da educação primária, enquanto a educação privada ficava com 32,6% dos alunos, destes, 29,1% correspondendo a escolas privadas (conveniadas) que também recebem alunos do sistema público e 3,5% a escolas que não adotam essa estratégia. A distribuição entre público e privado é muito desigual territorialmente. Por um lado, em algumas Comunidades Autônomas de alta renda (Ilhas Baleares, Catalunha, Navarra, etc.), os institutos privados ocupam muito mais espaços que em outras (Andaluzia, Castilha-La Mancha, etc.), onde os institutos públicos acolhem 8 ou 9 de cada 10 alunos. Por outro lado, também se apreciam diferenças sensíveis dentro de uma mesma comunidade autônoma, pois o ensino privado coloca suas escolas nas grandes cidades, deixando para as públicas o restante do território.

Um dado a levar em conta é que o ensino público, que experimentou certa redução nos anos dos governos do PP, começa a ganhar percentual de escolarização nos últimos anos. Esse aumento é produzido, mais do que por decisões políticas, por dois fatores fundamentais: o aumento da natalidade no começo do século XXI e a afluência da população imigrante. As estatísticas oficiais oferecem um crescimento espetacular da imigração durante os anos de "bonança econômica", o que tem repercussão direta na escolarização, sobretudo nos primeiros níveis de ensino. Na educação primária havia 34.923 mil alunos estrangeiros matriculados no ano letivo de 1997-98 em escolas e colégios, e, 10 anos mais tarde, esse número aumentou para 292.457 mil. A maior parte dos imigrantes é escolarizada no setor público, onde representa 14,1% do total da população escolar frente a somente 5,3% da privada, com os seguintes efeitos na organização curricular das escolas.

Tabela 20.1 Evolução da escolarização na etapa

Ano letivo	Total de alunos na educação primária ou EGB (1º a 6º ano)	Alunos em escolas públicas	Alunos em escolas privadas
1990–91	3.526.294	2.307.006	1.219.288
1995–96	2.779.238	1.827.564	951.674
2000–01	2.491.648	1.660.087	831.561
2005–06	2.483.364	1.659.602	823.762
2006–07	2.583.033	1.702.246	835.787
2007–08	2.600.466	1.751.547	848.919

Fonte: O autor.

Os alunos

Os alunos da educação primária compõem o grupo estudantil mais numeroso de todo o sistema educacional espanhol. São mais de dois milhões e meio de estudantes distribuídos em mais de 100 mil unidades localizadas em 13 mil escolas, das quais três quartos são públicas.

Os alunos apresentam uma grande diversidade quanto à sua composição. Em primeiro lugar, pela procedência social e cultural, pois a toda população da idade correspondente a essa etapa obrigatória é escolarizada. Em segundo, pelo tipo de escola onde o ensino acontece, desde grandes escolas urbanas a pequenas escolas do meio rural, às vezes, independentes. Em terceiro lugar, por suas capacidades intelectuais, uma vez que os alunos com dificuldades educacionais estão juntos com os outros alunos nas escolas comuns.

Todavia, eles apresentam uma homogeneidade sob o ponto de vista psicológico. A etapa ocupa a faixa etária considerada o período das operações concretas, que abarca desde os 6 ou 7 anos até o início da etapa do pensamento formal, no começo da adolescência. A "vida escolar", em seu sentido mais amplo (colégio, atividades extracurriculares, etc.), concentra os interesses de meninos e meninas dessas idades.

A CULTURA DA ETAPA

Como na maioria dos países europeus, a educação primária constitui um nível educacional independente e com identidade própria, com objetivos específicos e um currículo diferenciado. Porém, além dessa identidade de "boletim oficial", ela é uma etapa reconhecida por sua própria "cultura", assentada em sua longa trajetória como etapa ministrada pelo mesmo tipo de professores (ou, na maior parte, professoras), nas mesmas instituições (escolas) e com esquemas organizativos e práticas educacionais de aula que não mudaram de forma substancial.

Os objetivos da educação primária, assim como do restante das etapas educacionais, vêm mudando conforme as sucessivas leis educacionais modificam a estrutura geral do sistema. Em cada nova reforma na educação, não somente se modificava a organização dos níveis, mas se projetava um determinado perfil no qual as intenções educacionais, sociais e políticas eram expressas.

Os objetivos da educação primária da última lei de 2006 (a LOE) são expressados em forma de capacidades. São 14 capacidades, a maior parte com tradução direta nas áreas tradicionais de ensino: conhecer e utilizar de maneira apropriada a língua espanhola e a segunda língua oficial da comunidade autônoma e desenvolver hábitos de leitura; desenvolver as competências matemáticas básicas; conhecer e valorizar seu contexto natural, social e cultural, etc. Outras capacidades têm um caráter mais geral e não estão ligadas a uma área concreta: iniciação à TIC, educação de pedestres e prevenção de acidentes de trânsito, etc. E algumas delas focam fundamentalmente a formação de valores: exercício ativo da cidadania, respeito à diferença, desenvolvimento de capacidades afetivas, habilidades para a prevenção e para a resolução pacífica de conflitos, etc.

Essencialmente, esses objetivos explícitos de forma oficial servem para "maquiar" semanticamente as três finalidades fundamentais da etapa: escolarizar toda a população durante sua infância, acostumá-la a viver em uma sociedade ordenada e hierarquizada e lhe proporcionar uma série de conhecimentos e habilidades básicas que lhe sirvam posteriormente.

A escola do tipo "creche"*

A escolarização plena tem sido sempre um objetivo social e político. Para muitos, ela é inclusive a principal finalidade dessa etapa:

---

* N. de R.T.: No Brasil, o termo "creche" vem sendo substituído por "centro de educação infantil".

todos os meninos e meninas têm de estar na escola de segunda a sexta-feira em um horário que coincida, na medida do possível, com o horário de trabalho de seus pais. A atual organização social incentiva a função da escola como "creches" de meninos e meninas. Muitas famílias se veem obrigadas a deixar seus filhos na escola uma ou duas horas antes do começo da jornada letiva e a buscá-los no fim da tarde, depois das aulas de recuperação ou das atividades extracurriculares, assim seus filhos passam 10 ou mais horas diárias escolarizados de uma ou de outra forma.

A implantação da jornada letiva continuada, que tanto desagrada os professores e é vista com receio por muitos pais e mães, não soluciona o problema dessa longa permanência das crianças em um "ambiente" escolar, pois as aulas vespertinas são substituídas por atividades complementares e extracurriculares. E assim provavelmente continuará sendo, enquanto não forem tomadas medidas na Espanha, como aquelas tomadas em outros países, que realmente possibilitem a conciliação da vida laboral com a escolar e favoreçam o ócio criativo da infância, tanto nas jornadas do calendário escolar quanto nas férias.

A ambientação ao meio escolar

A escolarização durante o mínimo de 25 horas semanais permite o alcance de um objetivo não declarado explicitamente, mas igualmente presente na instituição escolar: a ambientação à ordem de uma organização regrada e hierarquizada como a escola. Sem dúvida, a aula favorece a socialização conjunta de meninos e meninas, máxima em certas idades, nas quais o espaço escolar é o foco de suas vidas, e eles estão em pleno desenvolvimento de suas personalidades. Nessa etapa em que passam de crianças a alunos, há uma transformação substancial na relação com seus professores. Basta ver as diferenças entre uma aula de educação infantil (cantinhos com tapetes, etc.) e uma classe de educação primária, onde imperam a ordem, os horários, as escrivaninhas, os livros didáticos, etc.

Caráter instrumental

A educação primária tem caráter instrumental tanto na Espanha quanto no restante dos países europeus. O núcleo central é formado pelas áreas instrumentais, fundamentalmente a linguagem e a matemática, às quais hoje se agregam as línguas estrangeiras ou a TIC, imprescindíveis no mundo atual. O restante das áreas serve de suporte e cenário onde são desenvolvidos e aplicados às aprendizagens instrumentais ou, como no caso da Educação Artística e Física, as disciplinas são dirigidas ao desenvolvimento pessoal, com o qual também adquirem um caráter instrumental. No entanto, continua-se concedendo pouca importância a outras aprendizagens instrumentais (leitura, técnicas de estudo, etc.) que são igualmente necessárias para o desenvolvimento do currículo, facilitam a aquisição do restante da aprendizagem e, até certo ponto, previnem o abandono escolar prematuro.

As competências básicas como referência

As áreas têm sua própria estrutura no currículo, seu próprio horário e seus próprios professores, mas devem ser organizadas tomando como referência as competências básicas estabelecidas para toda a educação básica.

Na estrutura da proposta realizada pela União Europeia, foram identificadas oito competências básicas: competência em comunicação linguística, competência matemática, competência no conhecimento e na interação com o mundo físico, tratamento da informação e competência digital, competência social e cidadã, competência cultural e artística, competência para aprender, autonomia e iniciativa pessoal.

Já que não existe uma relação unívoca entre o ensino de determinadas áreas e o desenvolvimento de diferentes competências, as áreas de ensino têm de se organizar de forma flexível, com o objetivo de que cada uma possa contribuir para o desenvolvimento de várias competências. Devemos levar em conta que algumas competências somente podem ser alcançadas como consequência do trabalho em várias áreas e se complementar, além disso, implementando medidas organizativas nas instituições de educação.

A estruturação do currículo em torno de uma série de competências básicas poderia supor uma mudança substancial na organização da etapa nas instituições de educação e na prática das aulas. Mas, para que isso seja possível, seria necessário vencer as inércias que, há anos, afligem nosso sistema educacional na configuração do próprio marco normativo, a estratificação dos professores, o governo das escolas e muitos outros aspectos que não têm sido abordados com a suficiente decisão nas sucessivas reformas educacionais. A distância entre as intenções dos decretos e a dinâmica real da etapa em instituições de educação é tão grande que o currículo baseado em competências poderia se reduzir a uma simples maquiagem para nos adaptar à estética europeia, mas sem consequências apreciáveis para a melhoria da qualidade de ensino.

A determinação do currículo oficial

O currículo oficial é determinado em vários níveis de decisão. Primeiramente, o Estado fixa por decreto os aspectos básicos do currículo que constituem os conteúdos mínimos da etapa. Além disso, cada comunidade autônoma estabelece para seu território um currículo próprio, do qual devem fazer parte os conteúdos mínimos fixados pelas normas estatais, ocupando 65% dos horários escolares ou 55%, nas Comunidades Autônomas que tenham uma segunda língua oficial. Por último, os institutos de educação desenvolvem e completam o currículo estabelecido pelas administrações educacionais e o incluem em seu projeto educacional, e os professores o transferem à prática da aula.

Este esquema é colocado sob suspeita quando os conteúdos curriculares mínimos estatais não são tão "mínimos" como se anuncia, quando em alguns governos autônomos se aumentam ainda mais os conteúdos ou quando as escolas se limitam a "adaptar" ou simplesmente a copiar projetos curriculares que são oferecidos enlatados e etiquetados. Enfim, o currículo acaba sendo determinado pelos livros didáticos e tudo vai por água abaixo.

Os conteúdos e sua distribuição por ciclos e anos

Para fins organizativos e curriculares, cada um dos três ciclos da etapa constitui uma unidade básica, embora, na prática, ele funcione por cursos ou anos quanto a horários, materiais, escolha de professores, etc. O professor encarregado deve permanecer com o mesmo grupo de alunos durante todo o ciclo, mas, em muitos casos, a interinidade de sua situação, sobretudo no meio rural, impede a desejada continuidade.

Os conteúdos são distribuídos por ciclos e com um modelo de organização em círculos concêntricos ou em espiral: os mesmos blocos de conteúdos de cada área são repetidos nos três ciclos, ainda que com conteúdos ampliados. Depois, vem a distribuição por cursos ou anos, que, na maioria das escolas, costuma ser feita conforme os materiais e textos escolares são definidos, normalmente de forma independente para cada área e sem levar em conta que, para adquirir determinados conhecimentos, são necessárias certas ferramentas que outra área distinta proporciona.

Por outro lado, a especialização dos professores em algumas áreas não favorece a globalidade na organização da etapa. Segundo a LOE, os professores têm competência em todas as áreas, menos nas aulas de música, educação física e idiomas estrangeiros, que são dadas por professores com a especialização ou qualificação correspondente. As áreas são divididas, portanto, entre o professor generalista ou encarregado e os especialistas em determinadas áreas, de modo similar ao que acontece em alguns países europeus. A especialização levada ao extremo dificulta a coordenação e não contribui para a qualidade, o que coloca em evidência o uso ineficiente dos recursos.

A conexão com as etapas contíguas

A educação primária é a primeira parte no sistema educacional espanhol que integra a educação básica. Porém, o fato de ter alcançado a escolarização efetiva desde os 3-4 anos até os 16 anos, no mínimo, a converte em uma etapa intermediária que, indiscutivelmente, tem de ser coordenada com as etapas anterior (não obrigatória) e posterior (também obrigatória).

A organização em ciclos deveria favorecer a conexão com as etapas próximas, mas a coordenação pedagógica entre etapas, e inclusive entre os ciclos de uma mesma etapa, é mais um desejo que uma realidade. A transição entre etapas é um dos pontos fracos do nosso sistema, como o próprio Conselho Escolar do Estado reconhece em seus relatórios anuais.

Sob o ponto de vista formal, os alunos que procedem do segundo ciclo da educação infantil chegam ao primeiro ciclo da educação primária com um relatório personalizado sobre sua evolução e seu progresso pessoal. Outro tanto acontece com a passagem para a educação secundária obrigatória, já que, ao finalizar a educação primária, cada aluno deve dispor de um relatório individual confidencial sobre o grau de aquisição de aprendizagens, os objetivos alcançados e as competências básicas adquiridas, com especial atenção às aprendizagens que possam condicionar seu progresso educacional.

A obrigatoriedade desses relatórios personalizados supõe, sem dúvida, certa garantia para os alunos. Mas não existirá uma coordenação adequada entre etapas enquanto não se elaborar projetos educacionais conjuntos. Isso já vem sendo feito na maior parte dos colégios que oferecem educação infantil e educação primária, embora ainda restem questões por resolver, entre outras, o modelo de ensino da leitura. A coordenação com a educação secundária obrigatória é mais complicada por mais que ambas as etapas conformem a educação básica, pois normalmente são oferecidas em instituições de educação distintos e com uma "filosofia" diferente quanto à sua organização, distribuição de áreas ou matérias, tipo de professores, etc.

As metodologias da etapa

A organização geral da etapa condiciona, sem dúvida, o trabalho do professor em aula. Porém, convém recordar que, embora deva se ater a um programa estabelecido oficialmente e referendado pela própria escola, todo professor tem como ajustá-lo à sua programação de aula em função da metodologia que pretende seguir e dos materiais disponíveis.

Não existe uma metodologia característica da etapa, mas uma pluralidade de práticas que vai desde a denominada instrução direta à concepção construtivista do ensino e da aprendizagem. O mais frequente é basear o trabalho de aula na atividade do aluno, mas o professor é quem determina as estratégias de aprendizagem. Não obstante, não podemos falar de uma metodologia predominante, mas de distintos estilos de ensinar que dependem diretamente de cada professor.

A estrutura helicoidal do currículo deveria oferecer o emprego de estratégias que tomem como referência os conhecimentos prévios dos alunos para que eles desenvolvam as diferentes capacidades. Assim se costuma fazer nos dois primeiros ciclos da etapa, nos quais as vivências pessoais do aluno são tomadas como ponto de partida para a aquisição de novos conhecimentos. No terceiro ciclo, entretanto, lança-se mão com frequência do livro didático para a apresentação do tema objeto de estudo, ainda que se introduzam exemplos da vida cotidiana e se utilizem materiais complementares elaborados pelo próprio professor.

Em todo caso, os métodos de instrução direta estão muito bem assentados, sobretudo as estratégias nas quais o professor guia seus alunos no processo de aprendizagem: exposição do tema, formulação de perguntas de forma individual e coletiva, realização de exercícios no caderno do aluno e correção dos exercícios e deveres de casa.

Romper com esse esquema não é tarefa fácil. A inflação de conteúdos no currículo oficial, a distribuição do horário escolar em aulas consecutivas de uma hora para encaixar as áreas e seus especialistas e inclusive a exigência de "ver todo o programa" que muitos professores impõem a si mesmos, às vezes urgidos pelas próprias famílias, servem de limitações para o avanço das metodologias renovadoras.

Novos espaços e novos recursos

O desenvolvimento do currículo exigirá a revisão da tradicional organização dos períodos e espaços escolares, a introdução de novos recursos nas escolas e a superação das fronteiras escolares.

Os colégios necessitam de espaços novos e mais flexíveis para as monitorias, trabalhos em grupos pequenos, seminários para professores de um mesmo ciclo, salas multiuso, refeitórios, bibliotecas, etc. Porém, além disso, para poder aproveitar as potencialidades do currículo, é preciso ampliar os espaços de ensino e aprendizagem com passeios, pequenas pesquisas que implicam consulta a fontes, enquetes com as famílias, etc. Tudo isso já está acontecendo, pois a educação primária sempre foi um campo de experiências pedagógicas interessantes, que, sob diferentes prismas, melhora substancialmente o currículo oficial.

Todavia, a mudança que pode ter maior projeção no médio prazo é oferecida pela tecnologia da informação e comunicação (TIC). Evidentemente, somente o fato de introduzi-la nas salas de aula não melhora o ensino, mas ela coloca à disposição dos professores um instrumento com grande potencial para a transformação profunda da classe e da maneira que se ensina. A TIC é utilizada como ferramenta para o desenvolvimento do currículo em quase todos os países europeus, e, nas experiências realizadas nas salas de aula onde se dispõe de quadros digitais, constata-se uma mudança metodológica, com uma maior interação entre o professor e seus alunos, o que melhora substancialmente o processo de ensino e aprendizagem. Para que possamos obter os frutos desejados, é preciso insistir na formação prévia dos professores e em sua motivação para que utilizem os novos recursos de forma habitual em suas aulas junto com os outros recursos mais "tradicionais".

A atenção à diversidade

Os princípios de equidade e inclusão que inspiram todo o sistema educacional têm uma tradução direta nesta etapa, onde deve se colocar uma ênfase especial na atenção à diversidade dos alunos, na atenção individualizada, na prevenção das dificuldades da aprendizagem e na implementação de mecanismos de reforço assim que se detectem as dificuldades.

Para tornar os princípios efetivos, será preciso atuar em duas frentes de cada vez. Por um lado, realizar adaptações curriculares que, em certos casos, consistirão em pequenos ajustes dirigidos aos alunos com atrasos ou distorções idade/ano e, em outros casos, serão adaptações significativas para os alunos com necessidades educacionais especiais.

Por outro lado, tomar medidas quanto à escolarização. Os alunos com necessidades educacionais especiais integrados em escolas ordinárias podem permanecer durante um ano letivo a mais no mesmo ciclo e prolongar sua escolarização em um ano na etapa. Assim, flexibiliza-se a escolarização dos alunos com alta capacidade intelectual de forma que se possa antecipar o ano no início da escolarização, na etapa ou reduzir a duração desta. Os alunos incorporados tardiamente à escola, muitas vezes com carências graves no idioma de escolarização do próprio colégio, podem ser escolarizados em uma série inferior à correspondente à sua idade e receber uma atenção especial simultânea à sua escolarização em grupos ordinários, para que possam se integrar plenamente e superar sua dificuldade o quanto antes.

Por último, revisar o processo de instrução na aula. Todo professor deve ajustar o desenvolvimento do currículo e introduzir experiências significativas em função de cada aluno (identidade cultural, situação familiar e social, capacidade, motivação, etc.) e, logo que se detectem dificuldades de aprendizagem, colocar em prática mecanismos de reforço tanto organizativos quanto curriculares. Consequentemente, será necessário revisar os sistemas de apoio atuais, tão abundantes nessa etapa e em vários casos muito pouco efetivos, introduzindo maior flexibilidade (individualizados, em grupos pequenos, etc.) no seu planejamento, na sua organização e na coordenação com os diferentes professores que dão aulas ao grupo ordinário de alunos.

A avaliação

A avaliação desempenha um papel primordial na etapa, tanto na valorização do progresso do aluno quanto no processo do ensino e aprendizagem que o currículo desenvolve. Se ela tem um caráter formativo, serve como mecanismo de autorregulação para o aluno e o professor.

A avaliação dos alunos será contínua e global. Ela será levada a cabo tendo em conta os diferentes elementos do currículo e tomando como referência fundamental os critérios de avaliação das áreas para valorizar o grau de aquisição das competências básicas.

Isso significa que a avaliação deve valorizar o progresso do aluno em todas as áreas sob uma perspectiva global e contínua. Para que seja contínua, será preciso utilizar diferentes instrumentos (observação sistemática, exame de tarefas, portfólios ou pastas dos alunos, "controles" periódicos, etc.) ao longo do ano e do ciclo. Para que seja considerada global, o professor da área terá de integrar experiências e aprendizagens em uma visão global da área que lecionar e estabelecer conexões com as áreas que contribuem para o desenvolvimento das mesmas competências. Nessa linha de avaliação global e contínua, é preciso entender a promoção automática dentro de um mesmo ciclo e a tomada de decisões colegiadas na hora de decidir a promoção de ciclo ou de etapa.

As avaliações de diagnóstico constituem um segundo tipo de avaliação, uma das novidades introduzidas no ano de 2006 pela LOE. Os exames da educação primária espanhola avaliam todos os alunos ao término do primeiro ciclo da etapa; seu conteúdo aborda as competências básicas do currículo e eles não têm efeitos acadêmicos para os alunos. Esse tipo de avaliação tem duas funções principais. A primeira pretende ser formativa e orientadora para as es-colas, e a segunda pretende ser informativa. Quanto à primeira, não podemos esquecer que aproximadamente um quarto dos alunos não acaba a etapa aos 12 anos e que, por conseguinte, essa avaliação realizada na metade da etapa é um bom elemento de reflexão que servirá para que cada escola possa organizar para o terceiro ciclo medidas de apoio e reforço para os alunos que delas necessitem e para analisar, avaliar e reorientar, se for o caso, as atuações desenvolvidas nos dois primeiros ciclos da etapa. Quanto à segunda, os resultados devem ser apresentados à comunidade de ensino, mas, em nenhum caso, podem ser utilizados para o estabelecimento de classificações das instituições de educação.

Por fim, não podemos esquecer as avaliações gerais da etapa e do sistema educacional. As avaliações amostrais de diagnóstico permitem obter dados representativos tanto no âmbito dos governos autônomos da Espanha quanto no conjunto do país e, consequentemente, servir de referência às autoridades do ensino para a adoção de medidas de melhoria para as escolas e, caso se queira, para introduzir modificações no currículo oficial, mas não são as únicas que podem ser utilizadas com essa finalidade. As avaliações gerais de âmbito estatal ou dos governos autônomos que são periodicamente realizadas sobre diferentes etapas ou aspectos do sistema e as avaliações internacionais sobre rendimento escolar (PISA, PIRLS, TIMSS, TALIS, etc.) das quais esse país participa permitem orientar as tomadas de decisão por parte das autoridades de ensino e de todos os setores envolvidos na educação.

É de singular importância a avaliação que, com uma periodicidade de quatro anos, o Ministério da Educação vem realizando desde a implantação da LOGSE. Na avaliação correspondente à educação primária, são avaliados os rendimentos dos alunos do último ano da etapa, em quatro áreas básicas: conhecimentos gerais, língua espanhola, língua inglesa e matemática. De acordo com a transformação curricular estabelecida pela LOE, na última edição, em 2007, conferiu-se relevância especial à aquisição de competências básicas, o que permite oferecer informações ricas sobre rendimentos pormenorizados nessas áreas e sobre muitos outros aspectos da etapa.

Os professores da etapa

A educação primária sempre foi ministrada por professores e professoras. Ainda que nos colégios se conte cada vez mais com profissionais qualificados nos serviços de apoio e orientação (psicólogos, pedagogos, logopedistas, fisioterapeutas, assistentes sociais, etc.), com professores específicos para certas áreas (Religião) e com pessoal de administração e serviços, praticamente todos os docentes de classe são do magistério. Porém, além disso, professores especializados também ministram o segundo ciclo da educação infantil e um número significativo deles está restrito aos dois primeiros anos da educação secundária obrigatória. Os professores da educação primária formam o corpo docente mais numeroso de todo o sistema educacional.

O mapa dos professores na etapa

O mapa dos professores que lecionam na educação primária apresenta uma série de características que os diferenciam claramente das outras etapas ou dos outros níveis de ensino.

a. *Incremento progressivo de pessoal.* O aumento do quadro de professores tem sido constante nos últimos anos, especialmente a partir do momento de desaparição do chamado "território MEC", em 1999, com as transferências de competências às Comunidades Autônomas de "via lenta". Quando comparado ao aumento testemunhado na escola privada, o aumento na pública foi muito superior e ocorreu à medida que diminuía de forma notável o número de alunos tanto em um quanto em outro setor. Isso explica por que o número médio de alunos por unidade escolar (20,3) e por professor (12,3) seja inferior à média da União Europeia (EU) e da OCDE. Uma baixa relação entre docente e corpo discente, especialmente notável na escola pública, permite dispor de professores para organizar atividades de apoio e reforço que atendam à diversidade dos alunos e às pequenas escolas do meio rural, algumas com apenas quatro alunos matriculados, atendidos por um tutor e por professores especializados correspondentes às matérias diferenciadas.

b. *Mais mulheres na profissão.* Assim como no resto dos países da UE, a educação primária é uma profissão preferencialmente feminina. Três de cada quatro docentes da etapa são mulheres. Além disso, observamos uma feminilização crescente de docentes da etapa, tanto na escola pública quanto na privada, tendência que presumivelmente continuará nos próximos tempos, já que as mulheres representam cerca de 90% dos estudantes que cursam os estudos da graduação para professores. As mulheres já representam 80% do total de docentes da educação primária e, no entanto, somente 47% dos cargos diretivos dos institutos de educação primária são ocupados por mulheres.

c. *Média de idade alta.* O corpo docente dessa etapa é o de maior faixa etária de todo o sistema educacional. Um terço dos professores em atividade tem 50 anos ou mais, e outros tantos já superaram os 40 anos. A renovação da geração de professores se produz muito lentamente, apesar das aposentadorias antecipadas e incentivadas pelas administrações educacionais. Essa média de idade, superior à de muitos países europeus, tem inegáveis consequências na hora de organizar as escolas e implantar reformas curriculares que busquem modificar práticas docentes fortemente arraigadas ao longo de toda uma vida profissional.

Tabela 20.2 Evolução do conjunto de professores na educação primária na Espanha

ANO LETIVO	PÚBLICA			PRIVADA			TOTAL
	Mulheres	Homens	Total	Mulheres	Homens	Total	
1995–96	101.105	56.107	157.212	45.521	19.052	61.573	218.785
2000–01	149.583	53.890	203.473	53.739	14.617	68.356	271.829
2005–06	159.836	52.533	212.369	53.602	15.206	68.808	281.177
2007–08	177.205	53.544	230.749	61.650	16.864	78.514	309.263

Fonte: O autor.

A IDENTIDADE PROFISSIONAL DOS PROFESSORES DA EDUCAÇÃO PRIMÁRIA

O grupo de professores de educação primária tem muitos pontos em comum com o restante dos professores, ainda que apresente características próprias muito definidas.

A educação primária compartilha duas características dominantes com os professores de educação infantil, onde a proporção de mulheres é ainda maior. De um lado, o interesse de escolher uma carreira dirigida diretamente à docência, conforme evidenciam algumas enquetes realizadas com estudantes das faculdades de educação, como a enquete da Fundación SM, ao assinalar que cerca da metade dos estudantes escolheram essa profissão por vocação, o que contrasta com as respostas dadas pelos futuros professores de secundária, e que mais de 80% dos professores e professoras jovens não pensam em deixar o trabalho docente ainda que encontrem outro trabalho similar. Por outro lado, a formação inicial é oferecida nas mesmas universidades e com muitos pontos em comum (matérias principais, práticas nas escolas), como se comprova nos planos de estudos das graduações de professores de educação infantil e primária. Porém, além disso, todos os professores das escolas de educação infantil e primária fazem parte do mesmo corpo docente, participam em igualdade nos diferentes órgãos diretivos e coletivos da instituição de educação, têm o mesmo calendário, o mesmo horário letivo e uma imagem social similar.

As diferenças são maiores com os professores da educação secundária, não somente pela formação inicial e condições de trabalho, mas também por pertencer a corpos distintos, com diferentes interesses e posturas perante a educação. Compartilham com eles sua insatisfação com o trabalho, que aumenta conforme passam os anos. Ainda que se tenham incrementado de forma significativa os apoios na educação primária (1,62 professor por grupo como média) e as condições dentro da aula sejam muito menos conflitivas que na educação secundária obrigatória, mais de um terço dos professores e das professoras com mais de 20 anos de serviço tem uma percepção profissional negativa, declaram-se desmotivados e frustrados e esperam ansiosamente a aposentadoria antecipada.

Os professores de educação primária formam um grupo preocupado com a educação e preparado para desenvolver o currículo e cuidar das dimensões afetiva, social e moral de seus alunos. Apesar de fazerem uma avaliação positiva da etapa e acreditarem que ela melhorou nos últimos anos, segundo refletem algumas enquetes, muitos deles têm uma sensação de abandono que atribuem fundamentalmente à falta de expectativas profissionais e à pouca valorização social de seu trabalho, sobretudo por parte das famílias que transferem à escola toda a responsabilidade pela educação de seus filhos. Tudo isso se traduz em falta de motivação e desgaste da autoestima pessoal e coletiva, seguramente o traço mais característico do grupo de professores de primária. A sensação que muitos professores têm de repetir sempre os mesmos conteúdos letivos, mas com alunos cada vez mais diversos, necessariamente é associada à rotina escolar e, consequentemente, dificulta as transformações curriculares e o avanço da prática docente nessa etapa educacional.

INSTIGAÇÕES E DESAFIOS DA EDUCAÇÃO PRIMÁRIA

A educação primária é, seguramente, a etapa mais "tranquila" de todo o sistema educacional. Ela "avança adequadamente" e sem sobressaltos. Esta é a imagem que se depreende, ao menos, das avaliações oficiais. A última avaliação dessa etapa realizada pelo Ministério da Educação concluiu que, de 1999 a 2007, observa-se uma constante melhora em todas as áreas, com um incremento significativo nos resultados dos conhecimentos sobre o meio ambiente e a matemática, e um pequeno progresso na língua espanhola.

Entretanto, essa imagem de estabilidade não pode fazer com que nos esqueçamos dos três grandes desafios enfrentados como parte de um sistema educacional obrigado a melhorar permanentemente a qualidade do serviço público da educação para poder dar resposta às novas realidades sociais.

Alfabetizações úteis

Se, outrora, o objetivo central da educação primária era a alfabetização infantil, a sociedade da informação e do conhecimento impõe a necessidade de uma nova alfabetização. Os meninos e as meninas manejam com desenvoltura as novas tecnologias que, com velocidade cada vez maior, são colocadas no mercado, mas têm enormes dificuldades para acompanhar os programas escolares.

Talvez essas dificuldades provenham da insistência no excesso de conhecimentos e do descaso com procedimentos e técnicas. Assim, é relativamente frequente encontrar alunos precoces de 10 anos que são linguistas e matemáticos, que sabem morfologia, sintaxe e equações, mas que são incapazes de compreender um simples texto, escrever corretamente uma redação ou aplicar os conceitos matemáticos à resolução de problemas da vida cotidiana. Por isso, é necessário dedicar um tempo diário à leitura, instrumento imprescindível para o desenvolvimento das competências básicas.

A missão dessa etapa continuará sendo a consolidação do "básico" (leitura, escrita e cálculo), mas aparece a necessidade de novas "alfabetizações", como o domínio de línguas estrangeiras e o manejo da TIC, que serão de grande utilidade para o progresso educacional do aluno e para que este se mova com desenvoltura em um mundo globalizado.

Aprender a conviver entre iguais

Na educação primária espanhola não existem problemas graves de convivência, e esse é o cenário adequado para o desenvolvimento de hábitos e a formação de valores. Normalmente, dedica-se muito pouco tempo para reflexão com os alunos sobre os assuntos que lhes interessam, para o desenvolvimento das habilidades sociais e o espírito crítico, para a aquisição de bons hábitos de trabalho e estudo e para o fomento de sua capacidade empreendedora social.

Considerar a formação de valores e a criação de atitudes de respeito e tolerância é de especial importância, por ser a base fundamental para o exercício da cidadania ativa. As escolas podem ampliar as oportunidades de participação de toda a comunidade educacional incluindo representantes dos alunos em seu conselho escolar e adotando medidas que promovam e incentivem a colaboração efetiva entre a família e a escola.

A participação favorecerá a obtenção de um clima de responsabilidade compartilhada que permitirá atender à crescente diversidade dos alunos em salas de aula cada vez mais complexas de gerir. Garantir o direito de todos a uma educação de qualidade somente será possível com uma escola integradora das diferentes "diversidades" quanto a gênero, cultura, classe social, capacidades, etc. Já não se pode manter a distinção tradicional e esquemática entre os alunos que podem acompanhar o ritmo de aprendizagem estabelecido e aqueles outros que ficam para trás e as crianças para as quais precisamos planejar atividades de reforço e apoio. Atender à diversidade exige novas abordagens e que se volte a pensar o currículo da etapa, modificar a cultura e a organização da escola e revisar o processo de instrução na aula. Essa é a única maneira de avançar rumo a um modelo de educação multicultural que, educando na diversidade, ofereça uma resposta a todos os alunos e a cada um deles.

Prevenir as dificuldades

A prevenção de dificuldades contribuirá para a melhoria da qualidade global da etapa e para que se consiga o êxito escolar, entendido como o progresso de cada aluno em função de suas capacidades. No programa de reformas planejadas na Espanha, a fim de alcançar os objetivos de Lisboa, colocava-se especificamente para a educação primária o objetivo de reduzir a distorção idade/ano (correspondência entre a idade do aluno e o ano acadêmico que cursa) a 5% ao término da etapa. Para consegui-lo, foram implementadas uma série de medidas, como a adaptação do ensino às características e necessidades dos alunos, a identificação das dificuldades de aprendizagem ao mesmo tempo que surgem e a intervenção em cada caso com as medidas de apoio e reforço oportunas. Como recorda mais uma vez o Relatório anual do Conselho Escolar do Estado (2009), não podemos esquecer que "o abandono escolar prematuro e o elevado índice de fracasso escolar ao término do ensino básico se forjam na educação primária, quando os alunos afetados acumulam inúmeras carências que se tornam difíceis de superar na etapa educacional seguinte". Não deixar ninguém para trás é o grande objetivo da educação primária.

21 O currículo da educação secundária

Jesús Jiménez Sánchez
Inspetor de Educação de Aragão

A educação secundária é a etapa mais complexa do sistema educacional em todos os países europeus. Criada na Espanha há 150 anos como um nível (o *bachillerato*) distintivo para as classes médias, elitistas, seletiva e focada nos estudos universitários, essa etapa começou a mudar na segunda metade do século XX com a introdução de estudos profissionais para atender às exigências de uma sociedade industrial avançada que, atuando como autênticos paladinos da sociedade, estendiam a escolarização a amplos setores da população e incorporavam a mulher em um nível educacional reservado até então aos jovens das "classes abastadas". Atualmente, a educação secundária se generalizou, todos os jovens até os 16 anos são escolarizados na educação secundária inferior obrigatória, e todos os países procuram alcançar a escolarização total da população jovem no *bachillerato* ou na formação profissional de grau médio, os dois sistemas que compõem a educação secundária pós-obrigatória.

RAÍZES HISTÓRICAS DA EDUCAÇÃO SECUNDÁRIA

Em um século e meio de vida independente na Espanha, a educação secundária passou por quase meia centena de reformas. Destacaremos somente as mais importantes, pinçando as características que podem ajudar a entender como ela tem sido elaborada com o tempo, estando em permanente mudança, mas sempre articulada em torno do *bachillerato*.

Do início ao *bachillerato* tradicional

A educação secundária é um produto da burguesia europeia do século XIX e aparece com a criação dos sistemas educacionais nacionais. Na Espanha, ela se articulou em meados do século XIX, embora as primeiras bases se encontrem na Constituição de Cádiz (Dossiê Quintana, 1814). A educação secundária é considerada de grande importância

---

* N. de R.: Ver tabela de equivalência entre os sistemas educacionais na Espanha e no Brasil ao fim desta obra.

por ser a instrução das elites cidadãs, ela se converte em um campo de batalhas políticas entre liberais e moderados. Os liberais desejavam um *bachillerato* laico, dirigido a toda a população como continuação da educação primária e oferecido por escolas públicas, enquanto os moderados queriam um *bachillerato* com forte peso na religião, pensado para que somente as classes abastadas pudessem ir à universidade. Dois bons exemplos dessas posturas são o Plano Geral de Instrução pública (Duque de Rivas, 1836, liberal) e a Lei de Instrução Pública (Lei Moyano, 1857, moderado), que estabelece o primeiro organograma do sistema escolar espanhol, com uma educação secundária dividida em dois períodos (elementar e superior), e um currículo com 19 disciplinas, a maioria de conteúdo humanista.

Apesar dos vaivéns políticos e das permanentes mudanças dos planos de estudos (alguns apenas duraram dias), o enciclopedismo foi uma constante do *bachillerato* ao longo de todo o século. Esse esquema se manteve durante as primeiras décadas do século XX, ainda que no início incipiente da industrialização na Espanha, ela tenha aberto suas portas a um segundo *bachillerato* técnico (Plano Bugallal, 1903) e, pouco depois, aos ramos das letras e das ciências (Plano Callejo, 1928). A mudança poderia ter incentivado os projetos renovadores (coeducação, dois idiomas modernos, etc.) da Segunda República, especialmente a experiência do Instituto-Escola promovida pela Instituição Livre de Ensino, mas a Guerra Civil acabou com qualquer tentativa de modernização.

O *bachillerato* no período franquista

Não havia acabado a contenda e a zona franquista já havia imposto um plano de estudos que retornava o "*bachillerato* universitário" elitista com a intenção de convertê-lo no "instrumento mais eficaz para rapidamente influir na transformação da sociedade e na formação intelectual e moral de suas futuras classes diretoras". O currículo tinha um viés humanista evidente, onde as línguas clássicas (latim e grego) adquiriram grande protagonismo, acompanhadas "por um conteúdo eminentemente católico e patriótico". Esse *bachillerato* começava com um exame de ingresso aos 9 anos, constava de sete períodos letivos e culminava com um exigente "exame do Estado" escrito e oral de aprovação obrigatória para quem quisesse obter o título de *bachiller* ou ingressar na Universidade. A ordenação de "outros ensinos de caráter mais prático e de utilitarismo mais imediato a que venham recorrer outros setores sociais" se deixava para mais adiante e não chegaria até uma década depois, quando, em 1949, sem alterar o *bachillerato* tradicional, criou-se o *bachillerato* técnico ou profissional e apareceram os institutos profissionalizantes.

Ainda que dentro das coordenadas próprias do franquismo, o panorama começou a mudar com a Lei de Ordenação do Ensino Médio, de 1953, com o ministro Ruiz Giménez. A formação do espírito nacional, a religião e a educação física são "fundamentais e obrigatórias", além do ensino das tarefas domésticas para as meninas, mas são introduzidas matérias que conformarão o currículo em reformas posteriores. O *bachillerato* tinha duas etapas: elementar e superior. A etapa elementar tinha quatro anos, começava aos 10 anos, com um exame de ingresso, e acabava com uma prova de grau (revalidação), que conferia um título com validade para seguir estudando, ingressar em certos postos da administração pública e de empresas privadas, etc. A etapa superior, de dois anos, diferenciava-se em duas áreas (ciências e letras) e finalizava-se com um segundo filtro ou revalidação, que dava acesso a um curso pré-universitário (o "Preu") antes do exame para ingresso na universidade. A possibilidade de ter acesso com o título elementar a certos trabalhos, junto com as mudanças sociais próprias de um desenvolvimento incipiente, propiciou um forte incremento da demanda social do *bachillerato*, o que explica a aparição de filiais, de colégios livres anexados e de estudos noturnos e a distância. Assim aconteceu a popularização dele, ainda que somente na etapa elementar, pois a superior era reservada para os poucos que se dirigiam aos estudos universitários.

O *bachillerato* massificado dos anos de 1960 teve muitos problemas, entre eles o elevado índice de fracasso escolar nos exames de conclusão, que chegava a superar 50%, o que se devia à falta e instabilidade dos professores, sobretudo na escola pública. Solucionar esses problemas era um dos objetivos principais estabelecidos pelo "Livro Branco", que lançaria as bases da Lei Geral de Educação, de 1970. O *bachillerato* elementar foi unido à última etapa da educação primária para criar a segunda etapa da educação geral básica (EGB), obrigatória e gratuita. A educação secundária foi organizada em duas modalidades paralelas: uma, de tom mais acadêmico e propedêutico, configurada pelo *bachillerato* unificado e polivalente (BUP), unificada por conduzir a um título único depois de três anos e polivalente por incluir, além das matérias comuns, outras optativas, que o aluno podia escolher livremente, atividades técnico-profissionais e, por último, pelo curso de orientação universitária (COU); e outra modalidade, de caráter mais definitivo e próximo do mundo do trabalho, constituída pela formação profissional (FP), com um grau elementar de dois anos (FP1), um segundo grau (FP2) e um terceiro grau que nunca chegou a ser implantado. Assim, configurava-se um sistema dual, pois se tinha acesso ao BUP com o título de graduado escolar ao acabar com êxito a EGB e bastava o certificado de escolaridade para realizar os estudos de FP1. À FP2, tinha-se acesso por meio do BUP ou da FP1. Enfim, existia um "ano-ponte" até a Universidade, o COU, ao qual se tinha acesso por meio do BUP ou da FP2.

Da LOGSE à LOE

A ordenação dos ensinos médios na Espanha, estabelecida pela Lei Geral de Educação (LGE), teve uma vigência de 20 anos, algo incomum naquele sistema educacional, mas logo modificações foram introduzidas, não somente pelo fato de a situação política ter mudado com a chegada da democracia, mas pelo fracasso manifesto de algumas de suas medidas. Um número importante de jovens de 14 e 15 anos entrava no mercado de trabalho (emprego ou subemprego) ou ficava ocioso sem nada mais do que uma educação básica incompleta; a formação profissional (FP1) nunca deslanchou acadêmica e socialmente, as taxas de fracasso escolar seguiam crescendo em um *bachillerato* que havia incorporado as tradicionais duas opções e ia adquirindo um tom cada vez mais acadêmico e menos polivalente, etc.

Porém, a verdadeira mudança da educação secundária não chegaria até meados da década de 1980 e ocorreria de forma gradual e depois de um processo de experimentação. O objetivo era alcançar um modelo de organização que superasse, entre outras deficiências, a escolha precipitada de uma profissão, o academicismo do *bachillerato* e a persistente discriminação da formação profissional de primeiro grau. A reforma experimental começou em 1983 no território do MEC e estruturava os ensinos médios em dois ciclos: um de dois anos, obrigatório e comum para todos os alunos de 14 a 16 anos, e um segundo ciclo, de outros dois anos (16-18), que permitia optar entre cinco modalidades de *bachillerato*. Também foram feitas reformas experimentais, mas com modelos diferentes, na Catalunha (sistema de créditos e opções) e no País Basco (agrupamentos por níveis em um ciclo comum). A avaliação dessas experimentações demonstrava que era possível ampliar o período de ensino total, comum para todos os alunos e oferecido nas mesmas instituições educativas.

A reforma experimental dos ensinos médios serviu de base para a elaboração da LOGSE. O nível de educação secundária compreendia três etapas: a educação secundária obrigatória (ESO), o *bachillerato* e a formação profissional (FP) específica de grau médio. A grande novidade é a ESO, uma etapa de quatro anos (12-16) básica, obrigatória e gratuita, com uma titulação única e um currículo comum organizado em nove áreas de conhecimento obrigatórias e algumas optativas no segundo ciclo da etapa. Foi estabelecido um *bachillerato* de dois anos, organizado em quatro modalidades (Artes, Ciências da Natureza e da Saúde, Humanidades e Ciências Sociais e Tecnologia) e com matérias comuns a todas elas, matérias próprias de cada modalidade e matérias optativas. A FP não constituía um nível com entidade própria, nem era considerada, portanto, uma ramificação paralela da educação secundária, e sim um conjunto de matérias dirigidas à preparação dos alunos para a atuação em um campo profissional.

Tentou-se modificar essa ordenação da LOGSE com a Lei de Qualidade (LOCE), uma lei que retomava esquemas muito tradicionais, mas que não chegou a ser implantada. Promovida pela ideologia conservadora e neoliberal, a LOCE, de 2002, tentava estabelecer diferentes "itinerários" formativos nos últimos anos da ESO, o que, em essência, buscava classificar os alunos de 15 anos em função de suas capacidades e do itinerário acadêmico ou profissional que deveriam seguir. Pretendia-se devolver ao *bachillerato* seu tradicional caráter acadêmico e seletivo, reestabelecendo a prova final (a *reválida* – "revalidação") para focá-lo nos estudos universitários, e a FP se torna intencionalmente decomposta como uma via paralela à qual se podia ter acesso por meio de uma prova que comprovasse certas capacidades profissionais. Não obstante, nesse mesmo ano foi aprovada a Lei Orgânica das Qualificações e da Formação Profissional (LOCFP), que ordena em um sistema único os três subsistemas de formação profissional específica, contínua e ocupacional e cria o Sistema Nacional de Qualificações e Formação Profissional.

A organização da educação secundária estabelecida na Lei Orgânica da Educação (LOE) segue em linhas gerais o esquema geral da LOGSE, embora introduza certos detalhes que poderiam ser encontrados na LOCE. A educação secundária obrigatória é considerada uma etapa comum de quatro anos, ainda que dividida em dois blocos: três primeiros anos letivos, nos quais se introduz certa optatividade, e um quarto, que é de orientação, com matérias comuns e optativas. Mantém-se o *bachillerato* de dois anos com uma mesma titulação, mas organizados em três modalidades com matérias comuns, de modalidade e optativas. O ensino de formação profissional se organiza de forma modular e tomando como referência o catálogo nacional de qualificações profissionais.

Essa ordenação é similar à do restante dos países europeus. A educação secundária obrigatória equivale à educação secundária inferior europeia (CINE2): junto com a educação primária, constitui a educação básica e obrigatória e tem uma estrutura "integrada", na qual os alunos cursam um currículo comum e têm uma formação geral. A educação secundária pós-obrigatória, equivalente a educação secundária superior europeia (CINE 3), é formada pelo *bachillerato* e pela formação profissional (FP) de grau médio.

A REALIDADE DA ESCOLARIZAÇÃO

Cerca de três milhões de alunos e alunas cursam a educação secundária na Espanha, seja obrigatória ou pós-obrigatória. Desde aquela primeira rede pública de institutos (um por Província e dois em Madri) onde os filhos da burguesia do século XIX estudavam, ou os 119 institutos de *bachillerato* que de forma inalterável se mantiveram durante os primeiros 20 anos do franquismo até os cerca de mil institutos públicos e os 800 institutos privados que oferecem a ESO, o *bachillerato* e os ciclos de FP, a educação secundária não deixou de crescer quanto ao número de alunos e professores, à oferta de serviços de educação, etc.

As políticas educacionais de cada momento tiveram uma influência decisiva na evolução dos alunos, ainda que não se possa esquecer que o crescimento das taxas de natalidade tenha pressionado a escolarização. Assim se explica que, dos 216.744 alunos que estudavam o *bachillerato* tradicional no ano letivo de 1953–54, passou-se a 1.207.006 em 1968-69, ao ser criado o *bachillerato* elementar, que, nos anos de 1970, o BUP-COU "perdesse" 400 mil estudantes ao ser implantada, com a LGE a segunda etapa da EGB e o ensino de FP, e que nos de 1990 o *bachillerato* e a FP1 diminuíssem o número de alunos ao aparecer a ESO como uma nova etapa secundária.

A queda da natalidade no final do século passado começa a ser observada com a virada para o século. A ESO é a etapa que perde mais alunos, apesar da incorporação da população imigrante a essa etapa obrigatória. O mesmo acontece com o *bachillerato*, ainda que a perda de alunos seja menor. Entretanto, a FP experimenta um forte crescimento nos últimos anos, em parte devido ao aumento das taxas de escolarização de jovens menores de 20 anos, que continuam sendo inferiores à média europeia, e em menor medida ao "transbordamento" de estudantes do *bachillerato* aos estudos profissionais. Além disso, observa-se um aumento significativo dos estudos a distância, tanto no *bachillerato* quanto na FP, e nos programas de garantia social ou de qualificação profissional inicial.

A incorporação da mulher à educação secundária foi muito lenta, e, até a década de 1970, apenas se observa um crescimento do percentual de população feminina no *bachillerato* e, em menor medida, em alguns setores da FP. A participação percentual de mulheres é superior à dos homens no *bachillerato* e quase igual nos ciclos de FP. A divisão entre "profissões masculinas e femininas" está desaparecendo, mas muito lentamente; as mulheres são majoritárias no *bachillerato* das Ciências Humanas e Sociais e nas áreas profissionais de Administração, Comércio, Saúde e Serviços Socioculturais.

Por outro lado, não podemos esquecer que, no começo deste século, observou-se um forte aumento dos alunos estrangeiros, muito importante nos níveis obrigatórios e de menor impacto nos não obrigatórios, passando de 22.558 alunos matriculados no ano letivo de 1998–99 na ESO a 213.530 no ano letivo de 2008-09.

Três quartos dos alunos do *bachillerato* e do FP estudam em institutos públicos, mas o percentual da escola privada passa para 44% do total dos estudantes na ESO. Mais da metade dos alunos de *bachillerato* está na modalidade das Humanas e Ciências Sociais, e aproximadamente 40% está nas Ciências da Natureza e da Saúde, sobrando apenas 10% para o restante. Na FP, as áreas com maior número de estudantes são as de Administração, Sanidade, Eletricidade e Eletrônica.

A CULTURA DA EDUCAÇÃO SECUNDÁRIA ESPANHOLA

Na Espanha, a educação secundária é formada por duas etapas (a ESO – educação secundária obrigatória – e o *bachillerato*), que têm uma organização de currículo muito diferente e por ensinos profissionais que respondem às propostas que ultrapassam o âmbito estritamente educacional. Portanto, torna-se muito complicado definir somente uma "cultura" própria da educação secundária, seria melhor se falássemos de três culturas diferentes (ESO, *bachillerato* e formação profissional), que convivem em uma mesma escola. Não obstante, entre os três tipos de ensino, podemos encontrar certos elementos comuns que têm influência direta no currículo de cada um deles.

Tabela 21.1 Relação entre as modalidades de educação secundária, número de estudantes e tipo de instituição entre 1994 e 2009 na Espanha

Alunos na educação secundária	EDUCAÇÃO SECUNDÁRIA OBRIGATÓRIA			BACHILLERATO (1)			FORMAÇÃO PROFISSIONAL DE GRAU MÉDIO (2)			FORMAÇÃO PROFISSIONAL DE GRAU SUPERIOR (3)			TOTAIS
	Públicos	Privados	Total	Públicos	Privados	Total	Públicos	Privados	Total	Públicos	Privados	Total	
1994-95	—	—	0	1.186.318	447.114	1.633.432	321.055	158.289	479.344	306.166	104.084	410.250	2.523.026
1994-95	239.269	43.568	282.837	1.156.324	399.314	1.555.638	248.031	133.492	381.523	350.270	104.570	454.840	2.674.838
2000-01	1.277.596	664.027	1.941.623	586.465	180.053	766.518	138.400	53.289	191.689	189.281	66.789	256.070	3.155.900
2004-05	1.230.389	624.631	1.855.020	486.763	159.411	646.174	169.507	61.858	231.365	173.764	52.200	225.964	2.958.523
2008-09	1.194.629	615.669	1.810.298	465.770	162.971	628.741	186.487	63.228	249.715	174.188	49.079	223.267	2.912.021

(1) Inclui os alunos de *bachillerato* LOGSE (Regime Ordinário, de Adultos e a Distância), BUP/COU (Presencial e a distância) e *bachillerato* experimental.
(2) Inclui os alunos de FP I.
(3) Inclui os alunos de FP II.
Fonte: O autor.

Ainda que as finalidades concretas sejam distintas, na hora de estabelecer o currículo é preciso partir dos mesmos princípios de qualidade, equidade e flexibilidade para entender a educação secundária como um processo de aprendizagem que deve ter continuidade ao longo da vida. A principal finalidade da ESO é fazer com que os alunos adquiram os elementos básicos da cultura e consolidem os hábitos de estudo e de trabalho desenvolvidos na educação primária, e a principal finalidade do *bachillerato* é lhes proporcionar uma melhor formação e maturidade. Porém, entre as finalidades da ESO e do *bachillerato*, também estão preparar os estudantes pra seguir estudando e formá-los para o exercício da cidadania ativa, além de proporcionar uma formação que lhes permita a inserção no mercado de trabalho. Os ensinos de formação profissional estão voltados, sobretudo, para prepará-los para a atividade no campo profissional. Consequentemente, o currículo dos três tipos de estudos deve ter flexibilidade suficiente para permitir a passagem de um nível a outro e lhes facilitar sua incorporação ao mercado de trabalho e a adaptação às modificações profissionais que talvez encontrem no futuro.

Conforme acontece no restante das etapas educacionais, na Espanha o currículo dos diferentes tipos de educação secundária é estabelecido em vários níveis de decisão. O Estado fixa alguns ensinos básicos que, então, cada Comunidade Autônoma concretiza para seu território e as escolas adaptam ao seu contexto socioeconômico e cultural. O Estado leva em consideração as grandes diferenças territoriais que possibilitam essa forma de definir o currículo, destacaremos unicamente as características gerais.

A ESO, uma etapa comum progressivamente diversificada

A ESO é organizada em quatro anos, que geralmente são cursados entre os 12 e 16 anos, embora se possa permanecer até os 18 anos cursando a etapa. De acordo com os princípios da educação comum e da atenção e diversidade, ele se organiza em dois "ciclos": um comum, que reúne os três primeiros anos, e outro mais aberto, formado pelo último ano da etapa.

O currículo tem como referência fundamental as oito competências básicas. Em cada um dos três primeiros anos todos os alunos têm de estudar várias matérias em comum: Ciências Naturais; Ciências Sociais, Geografia e História; Educação Física; Matemática; Língua Estrangeira; Língua Espanhola e Literatura e, se houver, a Segunda Língua Oficial e sua Literatura. Outras matérias (Música, Educação Artística, Tecnologia e Educação para a Cidadania) são oferecidas somente em um dos três anos. Além disso, conforme se avança na etapa, vai se ampliando a oferta de matérias, as Ciências da Natureza são divididas no terceiro ano e é introduzida alguma optativa como uma segunda língua estrangeira e Cultura Clássica. Porém, devemos ter presente que nos dois primeiros anos somente se pode cursar o máximo de duas matérias a mais que na educação primária, para assim facilitar a transição entre as duas etapas.

O último ano da etapa tem um caráter orientador tanto para os estudos pós-obrigatórios quanto para a incorporação ao mercado de trabalho. Isso explica por que o currículo é composto de três blocos: um de seis matérias obrigatórias, entre as quais se incluem Educação Ético-Cívica e a Segunda Língua Oficial; outro bloco mais aberto de várias matérias (Informática, Segunda Língua, Latim, etc.) determinadas pela administração, entre as quais o aluno deve escolher três; e um terceiro bloco, com uma lista mais ampla e matérias optativas.

A distribuição das 30 horas semanais entre as diferentes matérias varia conforme a Comunidade Autônoma, mas, geralmente, as disciplinas instrumentais têm maior carga horária (Linguagem e Matemática), assim como acontece na primeira etapa da educação secundária de praticamente todos os países europeus.

Ao contrário do que acontece na etapa anterior à educação primária, a Informática aparece como matéria independente, o que deixa a Tecnologia da Informação e Comunicação para ser trabalhada como tema multidisciplinar, assim como a interpretação de textos, a expressão oral e escrita, a comunicação audiovisual e o ensino de valores.

A flexibilidade dos *bachilleratos*

O *bachillerato* faz parte da segunda etapa pós-obrigatória da educação secundária e compreende dois anos acadêmicos, mas pode ser cursado em regime ordinário durante quatro anos, consecutivos ou não, o que favorece o reingresso das pessoas que deixaram de estudar, de forma presencial ou a distância.

A principal característica do *bachillerato* é a sua flexibilidade. Ele se organiza em três modalidades: Artes, Ciências e Tecnologia, e Ciências Humanas e Sociais. A modalidade de Artes pode ser dividida em uma ênfase em artes plásticas, projeto e imagem, e outro em artes cênicas, música e dança. Nas outras duas modalidades podem ser organizados blocos de matérias, o que, na prática, significa estabelecer novas ênfases, como fizeram algumas administrações educacionais. Em vez de somente falar *bachillerato*, parece mais adequado, portanto, falar de diferentes *bachilleratos* que desembocam em um mesmo título de *bachiller*.

O currículo é composto de matérias comuns, matérias de modalidade e matérias optativas. As matérias comuns às três modalidades são as de Ciências para o Mundo Contemporâneo, Educação Física, Filosofia e Cidadania, História da Filosofia, História da Espanha, Língua Estrangeira, Língua Espanhola e Literatura e, se houver, a segunda língua e a oficial e a sua literatura. O resto das matérias varia conforme a modalidade, e os alunos dispõem de uma grande possibilidade de escolha.

Cada modalidade traz consigo uma série de matérias específicas que servem para aprofundar o âmbito próprio da respectiva modalidade. O aluno deve cursar um mínimo de cinco matérias da modalidade escolhida, mas pode completar sua formação com alguma matéria própria de outra modalidade e escolher entre as várias matérias optativas que as instituições de educação oferecem. Esse esquema organizativo permite que o aluno ou aluna que tenha cursado o primeiro ano do *bachillerato* possa passar para o segundo ano em uma modalidade diferente.

Uma formação profissional baseada em competências

A formação profissional no sistema educacional é definida como um conjunto de ações formativas, e não tanto como um "nível" acadêmico organizado de forma similar ao restante do ensino. O currículo é estabelecido em função das capacidades necessárias para exercer uma profissão. Consequentemente, a referência fundamental é o título, convertido em instrumento de certificação das qualificações e competências próprias de uma determinada profissão enquadrada em uma das 26 famílias profissionais incluídas no Catálogo Nacional de Qualificações Profissionais.

A FP (formação profissional) é ordenada em ciclos formativos que conduzem ao título de Técnico, no caso dos ciclos de nível médio, e de Técnico Superior nos de nível superior. Além de sua identificação com referenciais europeus, cada título especifica o perfil profissional ao qual se refere, determina o ensino do ciclo formativo correspondente, concretiza os recursos necessários para lecioná-lo e estabelece uma série de conexões com outros ensinos regrados (*bachillerato*) e com os outros dois subsistemas (contínuo e ocupacional) da FP.

A formação é organizada em módulos profissionais constituídos por áreas de conhecimento teórico-práticas que estão associadas a unidades de competências profissionais, pessoais e sociais. Não podemos esquecer que, além de qualificar profissionalmente, essa formação tem como finalidade o desenvolvimento da personalidade, com especial atenção à aprendizagem permanente. Nesse sentido, são incluídas competências básicas estabelecidas nas recomendações europeias, módulos específicos de formação sobre TIC, idiomas e prevenção de acidentes de trabalho, módulos relacionados à orientação e às relações de trabalho e ao desenvolvimento do espírito empreendedor.

A FP específica normalmente é lecionada em escolas de educação secundária, mas, no currículo dos ciclos formativos, é incluído um módulo de formação em centros de trabalho, e, nos de ciclos superior, um módulo profissional de projeto.

Diferentes metodologias na educação secundária

Evidentemente, com processos de formação tão diferentes, não pode existir somente uma metodologia, sequer um modo de ensinar predominante na educação secundária. Talvez o único aspecto comum seja a importância que a orientação educacional, psicopedagógica e profissional tem nos processos de ensino caracterizados pela flexibilidade.

Em função de sua autonomia, as escolas têm capacidade para desenvolver e adaptar o currículo em função da diversidade e dos interesses dos seus alunos, e podem adotar experimentações, planos de trabalho, formas de organização e, inclusive, ampliar o horário letivo em determinadas condições. A tutoria adquire uma relevância especial na educação secundária obrigatória (ESO), já que se trata de uma etapa básica, mas fica muito restrita na etapa pós-obrigatória, limitando-se, em muitos casos, à coordenação das qualificações outorgadas pelos professores de cada matéria específica.

Avaliação e aprovação

A avaliação tem grande transcendência, não somente por seu papel decisivo em todo o processo de ensino e aprendizagem e sua estreita relação com a qualidade, mas porque toda a educação secundária culmina em um título que possibilita a promoção dos alunos a outros estudos ou à sua incorporação ao mercado de trabalho.

Na educação secundária obrigatória a avaliação é contínua, o que, a princípio, deveria descartar os exames ou as provas trimestrais, quase sempre escritas, como único instrumento para medir os conhecimentos adquiridos e utilizar técnicas e recursos variados (observação sistemática em aula, portfólios, trabalhos em grupo, estudos de caso, etc.) que permitissem ao professor avaliar mais adequadamente o progresso do aluno e estabelecer medidas de reforço educacional tão logo se detectem as dificuldades. A avaliação é diferenciada de acordo com as matérias do currículo, o que implica que cada professor se responsabilize por sua disciplina, e, para realizar uma avaliação "boa" e justa do que foi aprendido, o professor deve ter como referência fundamental os critérios de avaliação integrados ao currículo, além de valorizar sobretudo o grau de aquisição das competências básicas. De maneira primordial, nessa etapa básica a avaliação deve ter um caráter formativo, motivador e orientador, para que sirva como mecanismo de reflexão e autorregulação, tanto para o aluno quanto para o professor.

No *bachillerato*, a avaliação também é contínua e diferenciada por matérias, mas, na maioria das ocasiões, reduz-se a um exame no qual se avaliam os conhecimentos. A tradição do antigo *bachillerato* e a própria estrutura do atual não favorecem uma avaliação a serviço da aprendizagem, mas o tradicional exame de perguntas e respostas. Isto não quer dizer que se possa prescindir do exame no *bachillerato*, pois, se corretamente implantado e "bem utilizado", ele pode ser um instrumento adequado de mensuração e desempenhar um papel construtivo, mas não deveria se transformar no único recurso para comprovar a maturidade acadêmica do aluno.

A avaliação nos ciclos formativos da FP é realizada por módulos profissionais e, ainda que se precise contemplar os objetivos gerais do ciclo, os critérios de avaliação são estabelecidos em função das características de cada módulo. No caso do módulo profissional das instituições de educação, para outorgar a qualificação de estar ou não apto, deve-se levar em conta a opinião do representante da empresa.

Os resultados da avaliação têm consequências lógicas na aprovação de um ano a outro e na transição de níveis. Passa-se de um ano a outro com aprovação total ou com uma ou duas matérias pendentes e se articulam atividades de recuperação e provas extraordinárias tanto na ESO quanto no *bachillerato*. Com o título de graduado na ESO, chega-se diretamente ao *bachillerato* e a todos os ensinos de grau médio: formação profissional, artes plásticas, projetos e esportes. Com o título de *bachiller*, tem-se acesso à educação superior: formação profissional de grau superior, estudos universitários, ensinos artísticos e de esportes superior. Não obstante, é possível ter acesso à formação profissional no mercado de trabalho prestando-se uma prova e sempre que se reúnam uma série de requisitos quanto à idade e à experiência de trabalho.

A *selectividad*

Em todos os países europeus, o requisito mínimo para se ter acesso aos estudos universitários é o título de educação secundária superior ou seu equivalente; no caso da Espanha, o *bachillerato* ou a formação profissional (FP) superior. Na maioria dos países, somam-se outros requisitos, como a aprovação em um exame, como acontece com os exames de acesso à universidade (PAU), para quem possui o título de *bachiller*, os quais popularmente são chamados de *selectividad*.

Os atuais exames de seleção constam de uma prova geral e outra específica. A geral tem quatro partes: comentário de texto, questões sobre uma das matérias comuns da educação secundária, exame oral e escrito sobre língua estrangeira e exame sobre uma matéria da modalidade. A prova específica é voluntária e consiste em um exame sobre qualquer uma das matérias da modalidade escolhida pelo estudante.

Na realidade, a *selectividad* apenas cumpre sua função seletiva para determinadas carreiras, pois cerca de 90% dos *bachilleres* são chamados na primeira convocação de aprovados, em junho. A verdadeira seleção acontece nos próprios centros de *bachillerato*, já que a taxa de reprovação no segundo *bachillerato* continua sendo muito alta em algumas escolas. A função principal da *selectividad* é a ordenação dos aprovados para chegar, por meio de concurso, a determinadas carreiras com *numerus clausus* ou àquelas nas quais a demanda por vagas é superior à oferta, situação que somente acontece nas universidades públicas.

A configuração das provas condiciona a organização do currículo do *bachillerato*. A nota final do exame é obtida como resultado da nota média ponderada de 60% da nota média do *bachillerato* e de 40% da classificação obtida na fase geral da prova de acesso à universidade, somando também as qualificações da fase específica, caso seja necessário, devido à alta concorrência. Levando em conta que as matérias do *bachillerato* são adscritas às áreas de conhecimento de títulos universitários e que a nota obtida na seleção tem validade para o acesso a qualquer universidade espanhola, os alunos escolhem seu percurso com matérias que correspondam aos estudos universitários que querem cursar posteriormente, e o segundo ano do *bachillerato* é visto em muitas instituições de educação como um "ano de orientação universitária".

Por último, é preciso assinalar que os estudantes que possuem o título de técnico superior com formação profissional podem chegar ao ensino de nível universitário sem a necessidade de realizar um exame de seleção. Somente se utilizará a nota média do ciclo formativo para os casos nos quais o número de candidatos a uma carreira universitária for superior à oferta de vagas.

As escolas de educação secundária

A educação secundária é oferecida em escolas muito diferentes, não somente pela titularidade (pública ou privada) destas, mas pelo tipo de estudos que oferecem. No setor privado, a maioria das escolas é "integrada", sobretudo as de tamanho maior, nas quais se lecionam todas as etapas, desde a educação infantil ao *bachillerato*. Na pública, a escola mais comum é o Instituto de Educação Secundária (IES), uma nova escola criada a partir da LOGSE, ao transformar os institutos BUP e FP para que, em um mesmo lugar, ofereçam-se a ESO, o *bachillerato* e vários outros ciclos de FP; assim, tentavam evitar a linha dupla de institutos de primeira classe (BUP) e de segunda (FP). Não obstante, a ESO também é oferecida por colégios públicos de educação primária, quase sempre no meio rural. Por outro lado, é preciso considerar os institutos onde somente é oferecida a FP, quase sempre centros muito especializados e, em alguns casos, considerados centros de referência nacional.

Independentemente de sua oferta educacional, todas as escolas precisam cumprir certos requisitos adequados ao espaço e aos equipamentos, além de reunir as condições pertinentes à segurança, acessibilidade e sustentabilidade. Por outro lado, devem dispor de meios e recursos suficientes para garantir o desenvolvimento do currículo, que será mais ou menos especializado e de um ou outro tipo, dependendo da oferta acadêmica.

Em qualquer caso, toda escola de educação secundária deveria contar com três recursos imprescindíveis no momento atual. Em primeiro lugar, recursos suficientes para o ensino de idiomas, desde professores qualificados para lecionar algumas matérias de forma bilíngue a informações e meios para facilitar a participação em programas europeus (Comenius, Erasmus, Leonardo) e viagens e intercâmbios escolares, etc. Em segundo lugar, dispor de meios que favoreçam a utilização da TIC de forma habitual, desde quadros digitais a redes que permitam a formação a distância, etc. Por último, de uma "biblioteca" que disponha de materiais variados (livros e revistas, material de informática e audiovisual, etc.) e organizada como um "centro de recursos de apoio e informação", onde os alunos possam trabalhar individualmente ou em grupo em espaços diferenciados, com um bom sistema de empréstimo e informações, etc.

Além desses três elementos necessários para o desenvolvimento do currículo, é preciso considerar uma nova organização das escolas. É necessário ir além de uma "especialização", pois não faz sentido que escolas próximas ofereçam os mesmos estudos pós-obrigatórios, e estabelecer conexões entre a educação secundária e desta com centros universitários e de trabalho. Por outro lado, é preciso ressaltar que há uma maior autonomia das escolas na definição dos quadros de funcionários e, inclusive, na provisão de seus postos de trabalho, o que seguramente implica uma maior eficiência na utilização dos recursos e afetaria diretamente a melhoria da qualidade.

OS PROFESSORES DA EDUCAÇÃO SECUNDÁRIA

Para oferecer a educação secundária, é necessário ter o título de licenciado, engenheiro ou arquiteto, ou o título de graduação universitária. Contudo, para lecionar alguns módulos de formação profissional (FP), podem se habilitar, para efeitos de docência, outros titulados universitários e, inclusive, determinados módulos podem ser dados por profissionais qualificados mesmo que não tenham titulação universitária. Com esse leque de possibilidades, se entenderá, portanto, a variedade de procedência dos atuais professores da educação secundária, bem diferente da situação de outros períodos. Atualmente, os professores do setor público se agrupam em somente três corpos docentes: catedráticos, professores de educação secundária e professores técnicos de FP.

O mapa de professores

O mapa de professores que lecionam na educação secundária apresenta características diferentes de outros ensinos:

a. É o grupo docente mais numeroso, depois dos professores da educação primária, e o que mais incrementou seus efetivos nos últimos tempos, como consequência lógica da ampliação da escolaridade obrigatória até os 16 anos com a ESO, a introdução de mais disciplinas opcionais e a ampliação da educação profissional. Dos 20 mil professores que davam aula nos institutos de *bachillerato* no início da década de 1970, um quarto deles, interinos ou não permanentes (temporários), passou-se a mais de 70 mil na atualidade, três quartos em escolas públicas.

b. Assim como acontece no resto dos países da União Europeia, as mulheres representam mais da metade dos professores da educação secundária, ainda que o percentual (56%) seja menor que o da educação primária e infantil. No corpo de professores técnicos de FP, contudo, as mulheres representam somente 38% do total.

c. Embora o problema seja menos sério do que no corpo docente em geral, os professores da educação secundária têm uma média de idade bastante elevada. Um terço tem mais de 50 anos, um terço tem entre os 40 e 50 anos e somente um terço é mais jovem.

d. Um terço de nosso professores tem mais de 20 anos de experiência e 85% desfrutam de estabilidade na profissão (Informe Talis, 2009), já que, nos últimos anos, reduziu-se sensivelmente a proporção de professores temporários no ensino público.

e. O número médio de alunos por turma e por professor na Espanha é similar ao da maioria dos países da União Europeia.

A cultura do professor da educação secundária

O professor da educação secundária tem um perfil diferente do professor da educação primária. Os poucos estudos existentes sobre as razões pelas quais decidiram se dedicar ao ensino, conforme estudo realizado pela Fundação SM, evidenciam essas diferenças. Somente um pequeno percentual dos professores da educação secundária escolheu o ensino por "vocação", e não tem claro se vai se dedicar à docência durante toda sua vida, ainda que acabem se aposentando como professores. Como assinala esse estudo, "a impressão é de que o futuro professor da educação secundária está dividido entre seu interesse científico e profissional pelo âmbito em que cursou sua licenciatura e sua motivação pela dedicação docente".

Sua formação apresenta diferenças notáveis com relação à dos professores. Geralmente, a formação pedagógica inicial do professor da educação secundária vem sendo muito escassa, já que o Certificado de Aptidão Pedagógica (CAP) apenas cumpria essa função, o que o levou a ser substituído por um mestrado universitário de um ano de duração, com uma parte teórica diferenciada por especialidades e outra prática, em escolas da educação secundária. Os professores da educação secundária estão conscientes dessa falta de formação pedagógica inicial e a suprem em parte por meio da participação em atividades de formação permanente, sobretudo nas áreas nas quais se sentem menos capacitados, como o ensino de alunos com necessidades educacionais especiais, a utilização didática da TIC e o ensino em um contexto multicultural.

Os professores da educação secundária estão conscientes de que sua missão já não consiste somente em "explicar sua matéria" e de que a situação atual das instituições de educação e do desenvolvimento do currículo lhes exige dominar novas competências profissionais, algumas relacionadas com questões emocionais. Entretanto, um percentual significativo desses professores segue preso ao velho modo do "professor de *bachillerato*" tradicional, refletindo-se no espelho das aulas universitárias, chegando, em certas ocasiões, a desvalorizar o trabalho que os professores do primeiro ciclo da ESO e os técnicos de FP realizam em sua própria escola.

A falta de formação para enfrentar as novas situações e a "mentalidade universitária" de muitos professores de educação secundária, unida à complexidade da vida nas escolas, explica em grande parte o mal-estar docente e o fato de que muitos se considerem derrotados ou descontentes. Porém, também é preciso considerar que um percentual importante dos professores com vários triênios de serviço e sexênios de formação opta por lecionar aulas no *bachillerato*, deixando a ESO, que é a etapa mais conflitante, para os professores mais jovens, frequentemente interinos. Se as escolas dispusessem de maior autonomia, seus diretores tivessem mais iniciativa para distribuir as tarefas e os departamentos funcionassem como verdadeiras equipes docentes, algo que hoje não acontece na maioria dos institutos, o bem-estar individual e coletivo dos professores de educação secundária certamente melhoraria.

PROVOCAÇÕES E DESAFIOS DA EDUCAÇÃO SECUNDÁRIA

A educação secundária é o nó górdio dos sistemas educacionais em todos os países europeus envolvidos em contínuas reformas para tentar dar uma resposta satisfatória às questões impostas à escolarização generalizada da população desde os 12 até, pelo menos, os 18 anos. Cada país busca soluções adequadas que possam encaixar dentro de seu próprio modelo educacional, mas todos enfrentam desafios e conflitos muito similares: a configuração de um tronco comum no currículo anterior ao da educação secundária e uma progressiva diversificação em etapas posteriores, a transição entre as diferentes etapas que formam a educação secundária, a conexão dos títulos acadêmicos com a vida de trabalho ativa, a gestão de certos institutos de educação secundária que apresentam uma grande complexidade organizativa, o estabelecimento de sistemas de bolsas e subsídios que garantam o direito de todos à educação e à equidade no acesso à educação secundária pós-obrigatória, a implementação de medidas que certifiquem a qualidade, os vínculos da educação secundária com os estudos superiores universitários, a revalorização da figura do professor, etc. Dentre os desafios pendentes, destacamos três de singular importância: o abandono escolar prematuro, a melhoria do rendimento dos alunos e a convivência escolar.

O abandono escolar prematuro

Quase um terço dos jovens espanhóis não conclui a educação secundária obrigatória e, consequentemente, não pode continuar estudando e está fadado a engrossar o grupo de desempregados que ocupa postos de trabalho mal remunerados e com condições precárias.

Diversos fatores influenciam o abandono escolar prematuro. Alguns estão relacionados às características individuais (dificuldades de aprendizagem, baixa autoestima, etc.) e familiares (nível cultural, expectativas dos pais sobre seus filhos, etc.). Outros se explicam por causas sociais (emprego rápido, mas precário, modelos de "sucesso" social sem esforço apresentados pela televisão, etc.). Porém, outros têm uma relação estreita com o sistema educacional (resultados acadêmicos ruins, falta de apoio e recursos dos centros, reprovações escolares acumuladas, etc.).

O percentual da população entre 18 e 24 anos que abandona prematuramente o sistema educacional na Espanha é um dos mais altos da União Europeia, afeta muito mais os homens do que as mulheres e apresenta diferenças muito significativas entre as Comunidades Autônomas. Esse elevado abandono prematuro tem consequências evidentes e negativas no plano pessoal, produtivo, social e educacional.

Esse "fracasso escolar", o tendão de Aquiles do sistema educacional espanhol, é uma das maiores preocupações das administrações educacionais e vêm para atacá-lo sendo propostas uma série de medidas de atenção à diversidade.

Além de adaptações curriculares significativas para os alunos com necessidades educacionais especiais, são contemplados na LOE programas de diversificação dirigidos aos alunos do terceiro ano da ESO, que precisam de uma organização particular do currículo, e aos repetentes do segundo ano. Eles incluem uma série de medidas (agrupações flexíveis, desdobramentos de grupo, apoio em grupos ordinários, integração de matérias em âmbitos, etc.) que podem facilitar que esses alunos alcancem as competências básicas. Os programas de qualificação inicial, que se estruturam em módulos, dirigem-se a jovens com mais de 16 anos que não alcançaram os objetivos da ESO e têm como objetivo principal facilitar o seu acesso ao mercado de trabalho ou fazer com que possam retornar aos estudos no caso de os terem abandonado prematuramente.

Por outro lado, têm sido implantados Planos de Reforço, Orientação e Apoio (PROA) para os alunos com maior risco de exclusão social, programas de "acompanhamento escolar" em horários extracurriculares para aqueles que não podem receber apoio suficiente no seio familiar, programas de apoio às escolas com maiores dificuldades, etc.

o percentual de graduados no FP melhora sensivelmente.

Porém, o grande desafio para os próximos anos é melhorar os resultados na educação secundária obrigatória. A distorção idade/ano (alunos e alunas que repetiram de ano) é muito elevada; nos anos de 2007-08, por exemplo, somente 57% dos alunos alcançou o quarto ano da ESO com 15 anos, a idade que corresponde ao último ano da etapa.

Os resultados obtidos pelos alunos espanhóis de 15 anos no Relatório PISA demonstram que eles estão abaixo da média OCDE em competências básicas. Dos seis níveis de rendimento, três quartos de nossos alunos estão nos níveis intermediários, mas é preciso considerar que 20% se situam nos níveis inferiores de rendimento, que o PISA considera de risco. Ainda que algumas Comunidades Autônomas obtenham rendimentos muito satisfatórios em ciências e matemática, os resultados globais em competência leitora são preocupantes.

As avaliações de diagnóstico previstas após o término do segundo ano da ESO e as avaliações internacionais podem contribuir para a tomada de decisões sobre a organização das instituições de educação e a definição do seu currículo. Porém, elas têm servido de "desculpa" para mudar os enfoques e as metodologias no desenvolvimento do currículo.

Melhorar o rendimento dos alunos

A maioria dos países inclui entre seus objetivos de qualidade a melhoria do nível que os estudantes alcançam nas competências. Nos últimos anos, o percentual dos jovens de 25 a 34 anos que têm realizado estudos superiores aumentou sensivelmente, mas a Espanha ainda está muito longe de conseguir que 85% da população entre 20 e 24 anos complete com êxito uma das modalidades da educação secundária superior, um dos objetivos da União Europeia. As taxas de alunos que finalizam com êxito o *bachillerato*, contudo, são similares às do resto dos países da União Europeia, e

A convivência nas escolas

A diversidade e heterogeneidade dos alunos, a estrutura organizativa "desacoplada" (*loosely coupled*) na divisão de responsabilidades e a ampla oferta de ensinos oferecidos tornam as escolas espaços complexos, especialmente as escolas públicas. Nas escolas de educação secundária, convivem adolescentes de 12-14 anos com jovens de 18 anos ou mais, alunos que querem seguir estudando com outros (chamados "atrasados"), obrigados a permanecer nas salas de aulas, meninos e meninas procedentes de diferentes grupos sociais e de distintos bairros ou povoados rurais, etc. Professores com diferentes formações, situações profissionais, condições de trabalho e, inclusive, "mentalidades" distintas em relação ao processo de ensino trabalham com educação obrigatória e pós-obrigatória, acadêmica e profissional.

Não é de estranhar, portanto, que a convivência seja um assunto complicado de trabalhar. A convivência escolar, em geral, é boa na maior parte das escolas da Espanha, como atestam o Observatório estatal da convivência escolar e os relatórios anuais do Defensor do Povo, mas, com certa frequência, produzem-se alterações notáveis causadas por pequenos grupos e episódios esporádicos de violência e assédio moral, divulgados e exagerados pelos meios de comunicação.

Resolver esses problemas pontuais, arbitrar medidas preventivas para evitá-los e criar um clima positivo que favoreça uma relação fluida e respeitosa entre os alunos e destes com seus professores é um dos objetivos principais que se colocam de diferentes instâncias. Têm sido criados observatórios da convivência e firmados acordos de âmbito estatal e autônomo, têm sido realizadas pesquisas nacionais e internacionais sobre o tema e muitas escolas de educação secundária têm elaborado seus próprios planos de convivência.

As medidas envolvem diferentes âmbitos. *Em primeiro lugar,* a revisão das normas sobre convivência, com especial atenção aos regimentos das escolas para delimitar claramente direitos e deveres. *Em segundo lugar,* a introdução da convivência no currículo escolar, com a educação em valores como tema presente em todas as áreas e a implantação da disciplina de Educação para a Cidadania e os Direitos Humanos. *Em terceiro lugar,* a formação dos professores nessa matéria, a difusão de "boas práticas" de convivência e o apoio e a dotação de recursos para que possam aplicar metodologias ativas e participativas, posto que onde as propostas construtivistas são mais frequentes, existe um clima de classe mais positivo e uma maior disciplina, prevalecendo uma proposta de transmissão direta de conhecimento. Por último, o fomento da participação e do envolvimento das famílias e a colaboração dos agentes sociais, tanto das instituições do contexto imediato à escola quanto como dos meios de comunicação, especialmente da televisão. Somente por meio de um modelo integrado de educação para a convivência que contemple globalmente estas e outras medidas se poderá enfrentar um dos maiores desafios da educação secundária.

Discriminados pelo currículo 22 por sua desvantagem: estratégias do currículo para uma inclusão justa e factível

Miguel López Melero
Universidade de Málaga

INTRODUÇÃO

A educação das crianças com diferentes deficiências deve se basear no fato de que simultaneamente à deficiência haja tendências psicológicas em uma direção oposta; deve-se oferecer oportunidades de compensação para vencer a deficiência e devem estar tais possibilidades em primeiro plano no desenvolvimento da criança e devem ser incluídas nos processos educacionais como sua força motriz. Estruturar todo o processo educativo de acordo com a linha das tendências naturais da supercompensação não significa atenuar as dificuldades naturais desta, mas usar todas as forças para sua compensação, apresentar somente as tarefas e em uma ordem que respondam ao caráter gradual do processo de formação de toda a personalidade sob um novo ponto de vista. (VYGOTSKY, 1995, p. 32-33)

No mundo da educação e especialmente da educação especial, existe uma cultura geral de que há dois tipos diferentes de alunos: o, digamos, "normal" e o "especial", e logicamente somos convencidos de que o aluno "especial" exige diferentes maneiras e estratégias de aprendizagem, motivo pelo qual foram desenvolvidas distintas práticas educativas da exclusão à inclusão, passando pela segregação e pela integração.[1] Para chegar a essa dicotomização, tem se empregado muito tempo e esforço em busca de uma classificação diagnóstica para determinar quem é "normal" e quem é "especial". Durante muito tempo, tem se pensado que a melhor resposta educacional à diversidade seria criar grupos homogêneos.

Desde o início desejamos expressar que este capítulo fala sobre o currículo necessário para o desenvolvimento cognitivo e a cultura de todas as pessoas, incluídas, em especial, as socialmente conhecidas como "deficientes mentais", por isso nos parece oportuno esclarecer duas questões prévias. Uma questão é o conceito de diversidade, a outra, o conceito de deficiência intelectual. Entendemos a diversidade como a peculiaridade mais humana das pessoas, e ela tem a ver com um conceito mais amplo relacionado à etnia, ao gênero, à deficiência, à religião, à procedência, etc. Contudo, centrar-nos-emos aqui na diversidade cognitiva. Quanto ao conceito de deficiência intelectual, na literatura mais específica, costuma-se fazer a distinção entre "deficiência", "desvantagem" e "incapacidade". Entendemos por deficiência a perda de uma função corporal normal em uma pessoa; por incapacidade, quando essa pessoa não pode fazer algo ao seu redor devido à deficiência ou a desvantagem que se produz em alguém ou sobre alguém devido a tal incapacidade. Neste capítulo, vamos nos referir às pessoas com déficit cognitivo como tendo uma desvantagem intelectual.

Esclarecidos esses conceitos, é preciso lembrar que a heterogeneidade em nossas escolas hoje é um fato inquestionável. A presença de crianças de etnias e religiões distintas, de competências cognitivas e culturais diferentes e de procedências também muito diversas está propiciando um enriquecimento cultural de um valor humano e pedagógico incalculável. Essas diferenças existem e precisam ser levadas em conta na hora de fazer qualquer proposta curricular.

Em nosso ponto de vista, o respeito às diferenças desses alunos na busca de igualdade educativa é algo de grande valor em nossas escolas. A igualdade educativa não é entendida somente como a igualdade de oportunidades, mas também como a igualdade de desenvolvimento das competências cognitivas e culturais. Igualdade na diversidade é a expressão que melhor define nosso pensamento de equidade em relação ao que cada pessoa deve receber em função do que necessita e nem todo mundo deve receber o mesmo (currículo comum *versus* currículo idêntico). O conceito de equidade confere precisão ao conceito de igualdade, ao atender à singularidade e à diversidade humana em suas diferenças. Essas diferenças, longe de serem um obstáculo, devem ser consideradas uma oportunidade para aprendizagem (AINSCOW, 2001); ainda que eu compartilhe com Nussbaum (2006) a ideia de que as pessoas com deficiência não têm as mesmas oportunidades de aprendizagem que o resto dos alunos e inclusive que, quando se encontram dentro de uma sala de aula, costuma ocorrer o que Young (2000) denomina "exclusão interna", originando "zonas de discriminação". Juntos na mesma aula, mas separados pelo currículo.

Ninguém como Robert Barth, professor de Harvard, descreveu tão bem o valor da cultura da diversidade:

> Eu preferiria que meus filhos estivessem em uma escola na qual se desejassem as diferenças, onde se prestasse atenção a elas e elas fossem comemoradas como boas notícias, como oportunidades de aprendizagem. A questão que preocupa muitas pessoas é: "Quais são os limites da diversidade a partir dos quais uma conduta é inaceitável? [...] Mas a pergunta que eu gostaria de fazer seria mais ou menos assim: Como podemos fazer uso consciente e deliberado das diferenças de classe social, gênero, idade, capacidade, raça e interesses como recursos para a aprendizagem?" [...] As diferenças nos oferecem grandes oportunidades de aprendizagem. As diferenças constituem um recurso gratuito, abundante e renovável. Gostaria que nossa necessidade compulsiva de eliminar as diferenças fosse substituída por um interesse igualmente obsessivo pelo uso delas, a fim de melhorar os processos de ensinar. O importante das pessoas – das escolas – é a diferença, não a igualdade. (BARTH, 1990, p. 514-515, apud STAINBACK; STAINBACK, 2001, p. 26)

Sabemos que nos sistemas educacionais democráticos foi instaurada a igualdade de oportunidades como a fórmula mágica para fazer justiça e para dar a cada qual o que necessita; entretanto, consideramos que falar de oportunidades equivalentes é mais democrático do que falar de igualdade de oportunidades. É mais democrático e justo porque o que deve garantir um sistema educacional de qualidade é a oferta de oportunidades equivalentes para obter o máximo de suas possibilidades, precisamente porque suas peculiaridades o exigem. O fato de que esses objetivos sejam comuns a todos os alunos não significa que todas as crianças devam alcançá-los da mesma forma, mas que os professores devem saber buscar as estratégias mais adequadas segundo as peculiaridades de cada um. Mas não se adaptando a elas, e sim transformando o ambiente, se queremos promover o desenvolvimento cognitivo. A base do currículo escolar é o *que* precisam aprender os alunos com deficiências e *como* essa aprendizagem deve ser realizada. A formação do professor, nesse sentido, desempenha um papel relevante.

Também queremos abordar neste capítulo que somente se alcançarão tais competências cognitivas e culturais se a aprendizagem escolar produzir, além de educação, desenvolvimento (VYGOTSKY, 1995). Deste modo evitaremos a discriminação curricular, dado que a heterogeneidade nas aulas deixará de ser um problema para adquirir o conhecimento, convertendo-se em um "abono" de aprendizagem (DARLING-HAMMON, 2001). Esperamos que a leitura deste capítulo motive os professores de nossas escolas e nossos institutos de educação e lhes ofereça orientações para realizar práticas educativas mais inclusivas.

CURRÍCULO E DIVERSIDADE INTELECTUAL: O VALOR DA DIFERENÇA

A ideia de buscar certos objetivos da educação levando em conta a diversidade do ser humano tem sido uma aspiração em muitos modelos educativos. É preciso ressaltar também que a natureza humana não é uma máquina que se constrói de acordo com um padrão preestabelecido; não podemos continuar aceitando sem reflexão alguma que "a inteligência" seja inata, mas que a inteligência, considerada como desenvolvimento dos processos cognitivos, é algo que se adquire e se desenvolve quando os ambientes educacionais oferecerem oportunidades para isso (COLE, 2004; GOULD, 1987; KOZULIN, 2001; LLOMOVATTE; KAPLAN, 2005; VYGOTSKY, 1995). Ou seja, que cada criança, independente de sua "carga intelectual", geneticamente falando, pode adquirir

as funções cognitivas para pensar com lógica, para perceber e atender de maneira estruturada; para organizar a informação recebida, conhecer como se deve aprender e saber aplicar o aprendido; para saber se relacionar com os demais, dar respostas lógicas às questões colocadas e oferecer soluções às situações problemáticas que acontecem na sua vida cotidiana.

Se considerarmos que o desenvolvimento tem sua origem na aquisição de ferramentas culturais, as dificuldades apresentadas pelas pessoas com capacidades diversas podem ser modeladas com as ferramentas da cultura. Se a educação oferecida a essas pessoas omite a cultura, estamos negando a elas os principais instrumentos que toda pessoa usa para se desenvolver. Desse modo, muitas delas acabarão se comportando como deficientes, porque foram "educadas" em um contexto deficitário sob o ponto de vista cultural.

Esta afirmação se baseia em três pressupostos: primeiro, que as pessoas com déficit cognitivo estão, geralmente, destinadas a uma educação sem significado, culturalmente vazia, que impede o desenvolvimento das funções psicológicas superiores. Segundo, que o desenvolvimento das funções psicológicas superiores depende de um contexto culturalmente rico. E, terceiro, foi demonstrado que as mudanças de atitude em relação às competências das pessoas com déficit intelectual realmente propiciam resultados outrora impensáveis no seu desenvolvimento cognitivo.

Para superar esses três pressupostos, propomos a aplicação do Enfoque Histórico-Cultural na educação:

a. *O desenvolvimento não acontece de maneira natural, mas cultural.* Existe uma concepção generalizada de que o desenvolvimento é produzido de maneira natural, como algo que cedo ou tarde chega. Assim, há quem não ensine a ler porque chegará o momento para isso quando se tiver a maturidade necessária. (Às vezes, se não acontece de forma natural, há um abandono na educação e, consequentemente, uma atrofia intelectual). E também existe outra concepção, que não fala do desenvolvimento como algo natural, mas como algo cultural. Esta visão do desenvolvimento humano por meio da cultura é o pensamento de Vygotsky, que afirma que: "um bom ensino é aquele que antecede o desenvolvimento", por isso não é preciso esperar, mas ensinar desde o primeiro momento. É com base nisso que o autor afirma que a aprendizagem vem antes do desenvolvimento.

b. *A unidade das leis de desenvolvimento nos sujeitos normais e nos "atrasados".* Consideramos que esse princípio deve ser interpretado como se existisse uma única lei do desenvolvimento: todo mundo se desenvolve. Alguns de uma maneira, e outros de outra maneira, mas há sempre um desenvolvimento inteligente. Devido ao fato de que "o atraso tem sido considerado uma coisa, e não um processo" (VYGOTSKY, 1995, p. 101), foram elaboradas duas linhas educativas, uma condicionada pelas causas biológicas no desenvolvimento e outra por causas sociais, esquecendo-se da unidade das leis de desenvolvimento.

c. *A visão coletiva do conhecimento.* "O grupo é a fonte do desenvolvimento das funções psicológicas superiores, em particular, na criança com retardo mental" (VYGOTSKY, 1995, p. 109). A escola tem como objetivo o desenvolvimento das funções psicológicas superiores, e estas se obtêm por meio dos elementos simbólicos da cultura e de seu mundo de significados. Portanto, as pessoas com déficit intelectual devem ser educadas juntas às demais, e não em ambientes isolados.

d. *Uma criança resolve qualquer questão de conhecimento com a ajuda do outro.* Esse é o conceito da Zona de Desenvolvimento Proximal, metáfora criada por Vygotsky para explicar como os seres humanos aprendem com a ajuda dos demais. Essa zona simbólica de significados e comportamentos representa não somente os processos de amadurecimento que já foram completados, mas também aqueles que estão em processo de amadurecimento.

Na vida cotidiana, isso significa que, com a ajuda dos demais, alcança-se a aprendizagem máxima da pessoa com déficit intelectual. A aprendizagem compartilhada gera inteligência compartilhada de tal maneira que um processo interpessoal se transforma em outro, intrapessoal. Sob o meu ponto de vista, essa é a origem da aprendizagem cooperativa e solidária.

e. *Conhecimento espontâneo e conhecimento científico.* O procedimento de funcionamento do conhecimento espontâneo ao científico é o seguinte: enquanto o primeiro lentamente sobe dando lugar aos conceitos científicos, estes descem até os conceitos espontâneos, os quais se desenvolvem por meio dos científicos (VYGOTSKY, 1977). Ou seja, as representações mentais que os indivíduos adquirem durante o desenvolvimento, por meio do mundo de significados espontâneos, permitem-lhes formar as estruturas cognitivas que, mais tarde, a escola lhes proporciona, em contato com as aprendizagens mais sistemáticas ou formais. Assim, nas pessoas com certas deficiências, o conhecimento espontâneo e o mundo de significados são muito pobres, por estarem isolados da vida cotidiana, motivo pelo qual elas devem aprender de maneira sistemática ("científica") as coisas mais simples, que os demais adquirem de maneira espontânea.

De fato, tem sido tradicional, em condições excepcionalmente precárias, oferecer pedagogias simplistas e redutivistas, e inclusive inadequadas, como já bem expunha Vygotsky, Luria e Leontiev (1986, p. 35-36):

> Um ensino orientado a uma etapa do desenvolvimento já realizada é ineficaz sob o ponto de vista do desenvolvimento geral da criança; ele não é capaz de orientar o processo de desenvolvimento, mas o faz com atraso.

Entretanto, não se pode sair dessa situação com práticas pedagógicas simples; são necessárias práticas educativas complexas que lhes levem a obter um desenvolvimento mais completo de suas competências cognitivas e culturais. Sob meu ponto de vista, o Enfoque Histórico-Cultural oferece muitas possibilidades para alcançar essas práticas pedagógicas.

Evidentemente, não pretendemos negar a existência do déficit intelectual. Porém, é preciso compreender que talvez essa condição não seja inata a ninguém: ela é construída à medida que o contexto não ofereça possibilidades de desenvolvimento.

O CURRÍCULO DUPLO E AS ADAPTAÇÕES CURRICULARES: UMA SOLUÇÃO RUIM

É viável criar processos de ensino e aprendizagem em uma aula onde todos os meninos e todas as meninas possam aprender juntos, independentemente das peculiaridades cognitivas, culturais, étnicas ou religiosas de cada um?

A resposta a essa pergunta supôs duas concepções contrapostas e enfrentadas pelas práticas educativas. Uma dessas concepções é a dos profissionais que defendem a ideia de que a escola deve oferecer um currículo comum, e a outra é a concepção daqueles que pensam que o currículo deve ser duplo. Sabemos que essas práticas educativas coexistem no sistema educacional espanhol, separando os alunos em diversos grupos, denominados eufeministicamente "flexíveis", tais como turmas de recuperação, aulas de integração para estrangeiros e outros alunos com dificuldades de adaptação, aulas de educação especial, etc., com propostas curriculares muito diferentes, mas com duas características muito comuns em todas elas: a primeira é a redução nas expectativas de aprendizagem por meio das conhecidas "adaptações curriculares", e a segunda é a impossibilidade de interação, total ou parcial, com o resto da turma. Quando se tira os alunos de sua turma, como se restitui o conhecimento que o aluno e o resto de seus companheiros estavam construindo?

Didaticamente falando, isso significa decidir *a priori* que se ofereça a determinados alunos uma educação de menor qualidade, renunciando a certas expectativas de aprendizagem ao fazer uma adaptação curricular, seja ela escrita ou não, com o qual, logicamente, não serão alcançados os mesmos resultados nem alcançado o mesmo desenvolvimento em função de suas peculiaridades. As adaptações curriculares são interpretadas como uma redução do currículo, sendo eliminados os objetivos ou os conteúdos, sem levar em consideração os enriquecimentos prescritivos do processo de ensino-aprendizagem.

O planejamento, o desenvolvimento e a avaliação das adaptações, que deve ser um processo colaborativo entre o professor-tutor, os professores de apoio, a equipe de orientação e a família, converteram-se em uma decisão absolutamente individual e arbitrária dos professores de apoio (ECHEITA, 2006). Às vezes, a perversidade do sistema ainda é maior e o currículo é reduzido se apoiando na ideia de que existem pessoas que, devido a determinadas características, têm uma inteligência inferior, assim como ressaltam as teorias do déficit:

> Entende-se por teorias do déficit aquelas teorias fundamentalmente psicológicas que são atribuídas às pessoas que não apresentam o mesmo nível de rendimento educativo, uma carência de inteligência ou de habilidades básicas devido a seu gênero, idade, cultura ou situação social. As teorias do déficit fundamentam programas de educação compensatória que se baseiam em compensar os déficits cognitivos, linguísticos ou sociais, em vez de contribuir para o desenvolvimento das capacidades dos sujeitos. (ELBOJ SASO et al., 2006, p. 42)

Esse imaginário sobre as competências cognitivas das pessoas diferentes as estigmatizarão durante toda a vida, quando a verdade é que todos os seres humanos vêm ao mundo com o desejo de aprender, alguns o farão de uma maneira; outros, de outra. Somente é necessário buscar meios para que todas as pessoas tenham a oportunidade de demonstrar esse desejo de aprender.

Voltando à pergunta: é possível desenvolver processos educativos de qualidade para todos os alunos? Se o currículo duplo não é a resposta, o que devemos fazer para que todos os alunos adquiram as aprendizagens necessárias para levar uma vida autônoma?

Nossa proposta, sem cair em um otimismo pedagógico cego, é manter expectativas razoáveis nas possibilidades cognitivas das crianças com déficit intelectual: todas as pessoas têm a capacidade de aprender, o necessário é somente uma educação adequada. E só se consegue essa educação adequada convertendo as salas de aula em comunidades democráticas de aprendizagem (FLECHA, 1997). Trata-se de gerar uma cultura escolar na qual se considerem todas as meninas e todos os meninos competentes para a aprendizagem, ressaltando suas competências e não suas incapacidades. A fim de argumentar, amparamo-nos de novo no Enfoque Histórico-Cultural e, concretamente, na tese básica de que o desenvolvimento humano é educação e que a aprendizagem cultural não é somente a acumulação de conhecimentos, mas implica a própria construção das ferramentas da mente (construção de estratégias). Ou seja, o conhecimento não se produz por meio da acumulação de fenômenos, fatos e dados, mas por meio da reorganização mental que estes produzem.

Vygotsky defendia que a verdadeira educação das pessoas cognitivamente diferentes somente poderia ser alcançada mediante o desenvolvimento compensatório das formas superiores de atividade intelectual, que, por meio de um "desvio", substituiriam as funções perdidas. O autor fala de maneira concreta dos processos compensatórios e, fundamentalmente, da substituição. Se uma pessoa tem dificuldades de memória, seu processo de memorização pode ser substituído pelo processo da combinação do pensamento. Por exemplo: se lhe é apresentada uma longa série de números que ela não tem como reter, ela a substitui por letras, figuras, palavras ou imagens, e, por meio dessa substituição, ela aprende os números. Essa pessoa com dificuldades de memória alcançará os mesmos resultados que outra, mas de outra maneira. Uma coisa é a profundidade do desenvolvimento da memória e outra é o modo de utilizá-la. Enfim, o que desejamos grifar é que a pessoa com déficit intelectual não é formada somente de deficiências, mas constitui um todo organizado que se equilibra e compensa (relações interfuncionais).

Então, como construir essa compensação necessária para que a pessoa com déficit intelectual não veja seu desenvolvimento ser prejudicado? Para responder, recorremos aos efeitos de uma vacina no organismo humano. Por exemplo: o que ocorre em nosso organismo quando se vacina uma menina ou um menino contra a rubéola?

O que ocorre é que, estando saudáveis, injetamos-lhes o tóxico virulento com o qual essa criança sofre uma pequena enfermidade ("reação orgânica frente ao tóxico"), depois de pouco tempo ela se restabelece e, por muitos anos, permanece protegida contra a enfermidade.

O que aconteceu com o organismo? Ele simplesmente criou uma superestrutura orgânica. Ou seja, o organismo adquiriu imunidade, não somente venceu a pequena enfermidade que se produziu com a inoculação da vacina, mas se tornou mais saudável. O organismo produziu mais defesas que as necessárias para vencer a enfermidade. Esse é um processo orgânico, paradoxal à primeira vista, que transforma a doença em saúde ("supercompensação"). Vygotsky nos oferece um modelo educacional que, como uma superestrutura, compensa a limitação ou insuficiência, desde "o menos" da deficiência "ao mais" da compensação. Portanto, os processos de compensação não devem estar voltados para a eliminação da "deficiência" (deficiência primária ou orgânica), mas para a eliminação das dificuldades criadas pela deficiência (deficiência secundária ou social). Vygotsky (1995) se entusiasma ao afirmar que a compensação era mediada. Ou seja, que, se a origem do déficit é orgânica, a sua superação deve ser social.

Esse é o papel da mediação: saber buscar rotas alternativas (estratégias) para superar o déficit. Para onde devem estar dirigidas essas rotas alternativas? A resposta é para a aquisição e o desenvolvimento das funções psicológicas superiores. Assim, a aprendizagem mediada é concebida como a via humana do desenvolvimento cognitivo e cultural.

Talvez a educação seja a mesma e a diferença esteja nos meios, nos procedimentos e no tempo necessário para alcançá-la. Daí a importância de saber selecionar os conteúdos culturais, porque deles dependerá o desenvolvimento cognitivo e cultural das pessoas. Oferecer um currículo ou outro não é ingênuo: aqui está uma das maiores desigualdades, que depende de que, nas escolas, ofereça-se um currículo adaptado ao deficiente, portanto, muito concreto, ou, ao contrário, que o procedimento da escola seja o alcance do pensamento abstrato para vencer os deficientes, e não se adaptar a eles.

> Já foi provado que um sistema de ensino baseado exclusivamente em meios visuais e que exclui tudo o que concerne ao pensamento abstrato não somente não ajuda as crianças atrasadas a superar uma capacidade natural, mas, na realidade, consolida tal incapacidade, uma vez que, ao insistir no pensamento visual, matam-se as sementes do pensamento abstrato nas crianças. A criança atrasada abandonada a si própria não pode alcançar nenhuma forma evolutiva de pensamento abstrato e, precisamente por isso, a tarefa concreta da escola consiste em fazer todos os esforços para encaminhar a criança nessa direção, a fim de desenvolver o que lhe falta. (VYGOTSKY; LURIA; LENTIEV, 1986, p. 35)

De acordo com o que foi dito anteriormente, se, para o desenvolvimento cognitivo, é necessária cultura, e estamos falando de cultura de qualidade, o que se oferece por meio das adaptações curriculares é uma subcultura, produz-se, logicamente, um subdesenvolvimento. Por isso, pensamos que Vygotsky (1995) e seus seguidores criticam a ideia de que o processo de transformação qualitativa das estruturas mentais de cada criança com deficiências seja independente da aquisição dos conhecimentos culturais que se aprende na escola. Muito pelo contrário, o desenvolvimento cognitivo sempre é determinado pela cultura, a tal ponto que as mudanças e transformações serão alcançadas por meio do uso dos instrumentos culturais.

Se isso é verdade, e de acordo com nossa experiência o é (LÓPEZ MELERO, 2003, 2004), já podemos tirar uma conclusão: somente se pode reconduzir as forças biológicas por meio da cultura. Se confiamos nos princípios de ação oferecidos pelo Enfoque Histórico-Cultural, a educação especial tradicional não faz sentido, e, no entanto, projeta-se um futuro esperançoso para as pessoas cognitivamente diferentes desde a escola comum, isto é, desde a escola inclusiva ("superestrutura"). É claro que a pessoa cega continua cega, a surda continua com seu problema de audição e a paralítica continua com sua paralisia, mas o que deve ser construído é a crença de que ser cego, surdo, paralítico ou ter síndrome de Down não é uma deficiência da natureza, mas uma peculiaridade "qualitativa" dos seres humanos. Na cultura escolar devemos buscar modelos que, como superestruturas, possibilitem que as pessoas excepcionais melhorem suas competências cognitivas e culturais, como seres com habilidades distintas que são (ARIAS BEATÓN, 2005), para evitar as influências sociais que os façam viver uma tragédia pessoal de consequências horríveis (BARTON, 1998, 2008).

Quando os professores se conscientizarem de que a deficiência não é somente uma deficiência, mas também é a fonte da força necessária para sair dele (os efeitos da vacina), será quando a educação das pessoas com déficit intelectual deixará de ser especial e se converterá, simplesmente, em educação. Com a vacina gera-se saúde e não doença: este é o princípio. "Tudo o que não me destrói me deixa mais forte, devido ao fato de que, da compensação da debilidade, surge a força, e, das deficiências, surgem as capacidades" (STERN apud VYGOTSKY, 1995,

p. 7). É preciso construir uma pedagogia que transforme as dificuldades em possibilidades (FREIRE, 1997).

Sob nosso ponto de vista, o método de projetos reúne as condições necessárias para conseguir isso, e concretamente o método de *projetos de pesquisa* do Projeto Roma[2] nos afasta daquela ideia aristotélica do ensino com livros e nos introduz completamente na construção social do conhecimento. Para isso, temos de reconceitualizar o sentido e as funções dos professores, do currículo e dos alunos, tanto na escola tradicional quanto na escola moderna (uma escola sem exclusões).

ESTRATÉGIAS DIDÁTICAS PARA CONSTRUIR UM CURRÍCULO SEM EXCLUSÕES

Educar todos os alunos sem distinção é a principal finalidade da escola pública. Entretanto, ainda existem escolas onde grande número de meninos e meninas não têm a oportunidade de adquirir nem de compartilhar a cultura. Elas lhes roubam o direito de aprender (DARLING-HAMMON, 2001). Por isso, a primeira estratégia é *devolver a todas as crianças seu direito de aprender*.

Esse direito é algo que existe na retórica escolar, e quem vai dizer o contrário? No entanto, o ensino em algumas escolas se reduz a um conjunto de procedimentos que apenas resulta em outra aprendizagem significativa e relevante. Nesse sentido, a formação dos professores é a pedra angular de qualquer inovação educacional, e estou convencido de que, quando realmente se buscam as estratégias mais adequadas para que todas as pessoas aprendam, o primeiro beneficiado é o próprio professor, por isso *aprender enquanto ensinamos* se converte na segunda estratégia docente. De acordo com isso, abordaremos, sinteticamente, quais têm sido as funções dos professores, do discente e do currículo na escola tradicional e quais devem ser na escola inclusiva.

Em primeiro lugar, os professores do sistema tradicional desempenhavam três funções: atuar como transmissores do material de aprendizagem, avaliar o progresso e os êxitos dos alunos e atuar como modelos de pessoas cultas e de formação completa (KOZULIN, 2000). No sistema inclusivo, o papel do docente é muito distinto: primeiro, ele deve saber trabalhar em salas de aula muito heterogêneas (em termos de etnia, gênero, deficiências, religião, procedência, multilinguismo, etc.), portanto já não podemos pensar em um indivíduo "protótipo", mas na heterogeneidade de meninos e meninas e, além disso, temos de aprender outros sistemas de ensino para dar resposta à complexidade do contexto de aula (seminários, oficinas, projetos, etc.).

Em segundo lugar, no sistema tradicional o discente era, antes de tudo, um receptor do material de aprendizagem empregado pelo docente, ele tinha de absorvê-lo de forma passiva e saber participar somente no momento em que lhe fosse solicitado. No sistema inclusivo, a posição do discente é outra. Reconhece-se que a aprendizagem escolar, além de produzir educação, produz desenvolvimento. Não é necessário esperar que o aluno amadureça, mas que a própria aprendizagem produza essa maturidade, ou seja, esse desenvolvimento (VYGOTSKY, 1995). Por tudo isso, os alunos, longe de serem meros receptores passivos da informação e de normas, aprendem de maneira ativa, explorando, selecionando e transformando o material de aprendizagem.

Em terceiro lugar, o currículo também é outro. No sistema tradicional, ele continha informações e regras para a aprendizagem de tais informações. No sistema inclusivo, a função do material de aprendizagem mudou: já não podem ser narrações relacionadas com os conteúdos da matéria ou a conjuntos de exercícios ou problemas típicos de matemática ou de outras ciências, mas as atividades de aprendizagem devem se apoiar em materiais novos e com funções diferentes. Os materiais de aprendizagem deixam de ser portadores de informações e se transformam em geradores de atividades de reflexão e ação. Todos os alunos se envolvem na construção do conhecimento, convertendo suas turmas em verdadeiras comunidades de convivência e aprendizagem.

Quando falamos em converter as aulas em comunidades de convivência e aprendizagem, queremos dizer que temos de reorganizá-las para que todas as crianças tenham as mesmas oportunidades de participar na construção do conhecimento baseado na aprendizagem dialógica, no qual o mundo de significados depende da qualidade das interações que se produzem em aula.

> As turmas onde se desenvolve o Projeto Roma são lugares excitantes, onde a reflexão e o debate são constantes, onde as coisas assumem seu significado real. Não se faz nada *porque sim*, sempre há uma razão para tanto. São lugares cheios de humanidade, calor humano, onde a professora e as crianças se empenham na indagação compartilhada como espaços de pesquisa e convivência. Todas as crianças sabem que vão à escola para compartilhar com outros a aprendizagem das coisas e que o conhecimento se alcança com a ajuda mútua. As salas de aula são lugares para a liberdade e a igualdade, ou seja, para a convivência democrática. Costumam ser turmas que se situam nos limites da oficialidade e, por isso, são incompreendidas pelos resto das turmas do colégio e por seus professores.*

O mais importante neste modo de aprender é que os alunos vão se responsabilizando pela sua própria aprendizagem e são capazes de regulá-la onde as conversas, a troca de pontos de vista diferentes e a atividade compartilhada são os pilares do processo de ensino-aprendizagem. Falar é fundamental para aprender. A base da aprendizagem é a conversação, razão pela qual o denominamos aprendizagem dialógica: é uma aprendizagem baseada em situações problemáticas onde o ato de conversar é a base da convivência e a aprendizagem se converte em uma atividade eminentemente dialógica e interativa (BRUNER, 1990; FREIRE, 1993; HABERMAS, 1987a, 1987b; VYGOTSKY, 1979). *Essa aprendizagem dialógica constitui* a terceira estratégia do docente.

De fato, as aulas tradicionais tendem a permanecer em silêncio, exceto quando o professor toma a palavra para explicar algo; mas as aulas centradas na aprendizagem cooperativa são caracterizadas por alunos que refletem, falam e agem coletivamente, enquanto o professor observa ou orienta. Para os alunos acostumados a uma aprendizagem individual onde o professor e o livro didático são os protagonistas e a única preocupação é a aprendizagem de memorização, a aprendizagem cooperativa pode parecer desconcertante.

Na aula de uma professora da educação primária, você pode encontrar várias crianças ao redor de uma mesa discutindo ou simplesmente falando enquanto resolvem uma situação problemática que surgiu da vida cotidiana. Elas trabalham em grupos de quatro ou cinco, dois de seus componentes podem ser uma marroquina e outra equatoriana, uma terceira ser uma criança cuja língua-mãe seja o romeno, além de outra com síndrome de Down. As cinco estão trabalhando com afinco, buscando as estratégias mais adequadas para explicar uma situação problemática que lhes foi colocada, como: *Por que chove tão pouco em Málaga?* A professora percorre os grupos de trabalho reunidos em aula; nesse grupo ela se detém por mais tempo porque lhe fizeram várias perguntas, e ela busca a estratégia mais motivadora para que esse seja o grupo que encontre o caminho para a solução; outro grupo recorre a ilustrações e desenhos para dar resposta à questão levantada: eles estão elaborando um mural. Neste momento, a professora pergunta se algo que está sendo requerido deles já foi estudado em projetos anteriores. Aparecem sorrisos de recordação e de reconhecimento, e, em alguns rostos, certa cumplicidade. O grupo se reanima e continua suas discussões. Quando termina a sessão, a concentração é tão alta que eles não se dão conta de que a professora de religião entrou

---

* Observação. Aula de educação primária, CEIP, Manuel de Falla. Fevereiro, 2005.

na sala. Nessa aula de um colégio malaguenho, que trabalha dessa forma há anos, algo novo está surgindo: por enquanto, tanto a professora quanto as crianças têm vontade de vir ao colégio todos os dias.*

Nessa escola, a professora encontrou sentido nesse modo de educar, um modo que ensina os alunos a pensarem de maneira correta e autônoma, a trabalharem juntos ajudando-se uns aos outros, a saberem utilizar o que aprendem para resolver situações problemáticas da vida cotidiana, e, sobretudo, eles aprenderam a falar e a se escutar, a viver juntos de maneira construtiva e a se respeitar. Essa será a quarta estratégia docente: *a aprendizagem cooperativa e solidária*, onde o currículo atende a todas as dimensões do ser humano e as desenvolve: a cognição e a metacognição, a linguagem e o mundo de significados da comunicação, dos valores e das normas e o desenvolvimento da autonomia pessoal, social e moral. Ou, como afirma Gardner (1995), o desenvolvimento de algumas das oito inteligências. Entendemos por aprendizagem cooperativa uma maneira de construir o conhecimento (cultura de aula) trabalhando juntos por meio da formação de grupos heterogêneos cujos compo-nentes são interdependentes e compartilham um espaço e objetivos comuns, materiais de aprendizagem e cargos que implicam certo grau de responsabilidade (coordenador, secretário, porta-voz e responsável pelo material). A aprendizagem cooperativa substitui a organização competitiva nas salas de aula (JOHNSON; JOHNSON; HOLUBEC, 1999).

O principal propósito dessa experiência educacional é aprofundar a vida democrática da escola; ou seja, reunir esforços para conseguir a liberdade e a igualdade educacionais, procurando, para isso, que o colégio seja cada vez mais um contexto humanizado e culto (LÓPEZ MELERO, 2004). Desde o Projeto Roma, os profissionais que vêm trabalhando para que a inclusão nos colégios espanhóis seja uma realidade consideram que, além de levar em conta os Direitos Humanos, é preciso conhecer suficientemente algumas teorias da educação que, se conhecidas e aplicadas corretamente, farão com que todos os alunos possam melhorar sua aprendizagem. E isso é o que fazemos, estando convencidos de que a educação de qualidade não consiste somente em oferecer o direito à educação, mas em oferecer uma educação onde todos tenham lugar. Por isso, nosso trabalho é uma atividade eminentemente ética, onde nossas ações repercutem de uma maneira ou outra. Por exemplo: devemos estar conscientes de que, quando retiramos alguém da aula ou lhe oferecemos um espaço onde ele não participa com o resto da turma, estamos lhe determinando um destino que dificilmente será superado fora de uma aula participativa e democrática. Neste sentido, a quinta estratégia docente é *saber que a educação é um compromisso com a ação, e não somente um discurso teórico*. Saber quais são as barreiras que impedem a aprendizagem, a participação e a convivência de algumas crianças em aula é o verdadeiro compromisso ético do discurso da escola inclusiva.

Relacionando essas ideias com todo o pensamento anterior, consideramos que o *método de projetos* (DEWEY, 1971; KILPATRICK, 1918) representa a síntese de todas as estratégias assinaladas, especialmente o método de *Projetos de Pesquisa* que temos desenvolvido no Projeto Roma. Tal metodologia favorece a aprendizagem autônoma de todos os alunos, mediante a tomada de decisões reais e o desenvolvimento de estratégias para "aprender a aprender", tais como: a elaboração de situações problemáticas e a explicação das mesmas, a busca de informações, o trabalho compartilhado em grupos heterogêneos, a comunicação horizontal, o conhecimento e a compreensão do contexto, etc. Interessa-nos o desenvolvimento do processo lógico do pensamento, o saber criar itinerários mentais nos alunos, mais do que o resultado.

Os pilares científicos nos quais nos fundamentamos fazem com que nossa prática educacional resgate seu sentido autêntico com base na consistência epistemológica de

---

* Observação. Aula de educação primária, CEIP, Manuel de Falla. Fevereiro, 2005.

Jürgen Habermas (1987a, 1987b) e, mais concretamente, com base na sua *Teoria da ação comunicativa*, até a metodologia mais coerente com tal pensamento, como a concepção da inteligência em Alexander Luria (1974, 1980), como desenvolvimento dos processos lógicos do pensamento e a consequente teoria antropológica de Vygotsky (1977, 1979, 1995), sobre o desenvolvimento e a aprendizagem, assim como a síntese mais atualizada do pensamento dos autores anteriores a nosso juízo representada por Jerome Bruner (1988, 1990, 1997), ao considerar a educação como uma forma de aquisição da cultura no ser humano, onde educador e educando se educam juntos em um encontro dialógico (FREIRE, 1990, 1997). Tudo isso sustentado no pensamento da Biologia do Conhecimento, de Maturana (1994, 1997), como a Biologia do Amor, que caracteriza o desenvolvimento e as ações humanas como consequência de uma enorme série de causas que se inter-relacionam e interagem em um mundo de redes emocionais.

A ideia de *projeto* não é a ideia de tema, no sentido tradicional e que, sequencialmente, os alunos aprendem um após o outro, e nem mesmo é uma taxonomia de objetivos que ordenadamente devem ser atingidos: os *projetos de pesquisa* são um modo de *aprender a aprender em cooperação*, de aprender a pesquisar sabendo que a pesquisa é a base da aprendizagem. É algo dinâmico que primeiro se imagina (pensar) e depois se constrói (agir). A ideia de projeto é, portanto, uma atitude de busca permanente e de indagação dialógica (WELLS, 2001). Tudo isso propiciará o desenvolvimento cognitivo e cultural, assim como a organização mental necessária para a construção do conhecimento e a compreensão do mundo.[3]

Nesse processo de busca e descobrimento, de construção e reconstrução do conhecimento, cada aluno estabelece o que sabia no princípio (Nível de Desenvolvimento Atual) e o que sabe no final do processo ou o que não sabe (Nível de Desenvolvimento Potencial), e como seguirá aprendendo por meio das novas curiosidades que surgiram no caminho e as estratégias que se constroem para sua possível solução (Zona de Desenvolvimento Proximal).

O desenvolvimento dos projetos de pesquisa sempre segue uma sequência lógica e responde a um plano de ação com pretensões (propósitos), um modo de elaborá-los e uma avaliação. O plano sempre surge de uma situação problemática da vida cotidiana. O processo, em síntese, é o seguinte:

1. *Assembleia Inicial.* Partir de uma representação mental (imagem) da situação problemática que vai sendo construída com as diferentes intervenções e os pontos de vista de cada aluno, ou seja, de suas curiosidades epistemológicas. Esse é o momento no qual as aprendizagens são socializadas. O que se sabe da situação apresentada e o que se deve saber? (Nível de Desenvolvimento Atual).

2. *Plano de ação.* Os alunos vão se conscientizando de que há uma situação problemática. Porém, a consciência não basta: é necessário um plano de ação para sair dela. Nesse plano de ação, são planejadas tanto as aprendizagens genéricas quanto as específicas. Com as aprendizagens genéricas, referimo-nos àquelas que pretendemos que os alunos alcancem por meio do projeto, e, com aprendizagens específicas, àquelas que vão ajudar na melhoria de cada pessoa em particular. São processos de aprendizagem interpsicológicos e intrapsicológicos.

3. *Ação.* Tudo o que foi planejado e pensado deve ser seguido. Trata-se de um universo de intercâmbios e interações produzidos na aula a fim de encontrar a solução para a situação problemática (Zona de Desenvolvimento Proximal).

4. *Assembleia Final.* Este é o momento de avaliar todo o processo de trabalho realizado por cada um dos grupos da aula e propor novos projetos (Nível de Desenvolvimento Potencial).

E como fazemos isso na turma? A primeira coisa que os alunos aprendem é que sua turma é como se fosse um cérebro: "O ambiente é o cérebro" (LURIA, 1974). Ou seja, há uma Zona para Pensar (Cognição e Metacognição), outra de Comunicação (Linguagem), uma Zona do Amor (Afetividade) e uma Zona do Movimento (Autonomia). Cada grupo, para elaborar seu projeto, precisa passar por essas zonas. Desde muito jovens, os alunos são submetidos a um itinerário físico em aula para que possam compreender que estão fazendo um processo mental (processo lógico de pensamento), quando já são um pouco maiores, não é necessário o itinerário físico em aula, mas é o processo mental que todo mundo deve fazer. O processo de trabalho é o seguinte:

Analisa-se a situação problemática de forma conjunta na assembleia. Essa situação não é inventada, ela surge. Sem uma situação problemática, não há um projeto de pesquisa, haverá unidades didáticas, contratos de trabalho, etc., mas não haverá projetos de pesquisa. Na assembleia, escolhe-se o nome do projeto e situa-se em uma das quatro dimensões: Cognição e Metacognição, Linguagem, Afetividade ou Autonomia, para sabermos que temos algo em comum que nos unirá durante os próximos dias e qual será a maneira de definir o projeto.

Todos juntos, vamos vendo o que sabemos e o que queremos descobrir sobre a situação problemática, e, uma vez que isso está claro, cada grupo escreve no computador ou em seu caderno de grupo o que foi decidido na assembleia (há uma pasta criada por grupo).

Depois, em grupos heterogêneos, o grupo que está na Zona do Pensar (Cognição e Metacognição) começa a elaborar seu plano de trabalho, que vai lhe permitir responder às questões feitas na assembleia, sempre escolhendo a construção de algo: mural, maquete, conto, revista, etc. Enquanto isso, os demais grupos estão avaliando possíveis atividades para o projeto ou fazendo outras complementares. Terminado o planejamento, cada grupo o escreve no computador, em um espaço criado para seus projetos. No entanto, ainda que as novas tecnologias sejam necessárias para a escola, como facilitadoras dos processos de ensino-aprendizagem, não substituem o mundo de relações e de comunicação que deve ocorrer em aula.

Depois, na Zona de Comunicação (Linguagem), os alunos buscam, tanto nos livros quanto nos computadores, as informações que possibilitarão o desenvolvimento do plano de trabalho que foi elaborado. Os alunos trocam pontos de vista, debatem o que e como fazer, e decidem qual ou quais linguagens são necessárias para esse projeto em concreto. As ideias principais são sintetizadas e colocadas no papel.

Na Zona do Amor (Afetividade), os alunos recordam as normas e os valores necessários para a realização desse plano de trabalho. E, na Zona de Movimento (Autonomia), eles constroem o que haviam decidido, para expor na Assembleia Final.

Uma vez terminado o trabalho a que cada grupo está dedicado, cada um deles reúne tudo o que aprendeu nesse projeto e elabora um mapa conceitual como síntese de sua aprendizagem.

Na Assembleia Final, cada porta-voz conta o que planejaram, que dificuldades tiveram no processo e como as resolveram, quais respostas encontraram para as dúvidas da assembleia e mostra o mapa conceitual que elaboraram.

Quando os grupos terminam a exposição, realizam juntos o mapa conceitual da turma, onde tem de estar refletido tudo o que foi aprendido entre todos os grupos. Esse mapa é o que cada aluno tem no livro que vai construindo ao longo do ano letivo. Com todos os questionamentos dos grupos, surge um novo projeto de pesquisa e, desse modo, segue-se pesquisando, e aprendendo. A base da aprendizagem nessas turmas é a pesquisa. Sem ela, não há aprendizagem.

O trabalho por projetos de pesquisa implica a transformação da aula tanto em grupos quanto na concepção de tempo e espaço. O ensino interativo e o trabalho por grupos heterogêneos devem ser a nova estrutura de organização da aula, organizada para que os alunos, ainda que "não surjam dificuldades", ajudem-se, convertendo-se em um suporte importante para quem as têm. Os professores serão sempre o principal apoio em aula para todos os alunos (AINSCOW et al., 2001; DANIELS; PARRILLA, 1998; PUJOLÁS, 2008; STAINBACK; STAINBACK, 2001). Quando os alunos compreendem que todos seus companheiros podem aprender e que cada pessoa aprende de uma maneira, mas todas se ajudando, podem conseguir que a aula se converta em uma comunidade de convivência e aprendizagem; ou seja, uma comunidade de apoio permanente.

Com esse procedimento de trabalho, o que se pretende é que as crianças se conscientizem de seu próprio processo de pensar por meio de processos de reflexão e autocorreção; ou seja, que adquiram um processo lógico de pensamento: ensinar a pensar para atuar corretamente. Mas também se pretende que construam seus critérios e pontos de vista pessoais para modificar seus pensamentos e suas ações e, consequentemente, fortalecer sua competência para fazer juízos corretos e aprender a se relacionar com os outros de maneira razoável e respeitosa. Em uma comunidade de indagação e de aprendizagem desse tipo, tanto o próprio processo de pensar quanto quem participa dele se transformam e enriquecem, não somente cognitiva e culturalmente, mas em termos de afetividade e comportamento.

CURRÍCULO E EDUCAÇÃO INCLUSIVA

Hoje, o desafio é formular os requisitos de uma escola para todos. Todas as crianças e os jovens do mundo, com seus pontos fortes e fracos, com seus desejos e expectativas, têm direito à educação. Não está certo que certos tipos de crianças tenham direito a nossos sistemas educacionais. É o sistema escolar de um país que deve se adaptar para atender às necessidades de suas crianças. (CONFERENCIA MUNDIAL SOBRE NECESIDADES EDUCATIVAS ESPECIALES, 1995)

A escola pública está vivendo um momento muito significativo em relação à cultura da diversidade. Nos últimos anos, o arco-íris humano que diariamente se forma nas aulas das escolas é ainda mais belo que o arco-íris que se forma no céu. As aulas de qualquer colégio são um mosaico de culturas. Isso, mais que um problema, oferece uma ocasião única e também um desafio para que se consiga uma educação de valores onde o respeito, a participação e a convivência sejam os novos pilares para a aprendizagem. A presença de tais meninas e meninos nas aulas é parte de um movimento mundial a favor dos Direitos Humanos, que defende a inclusão de todas as pessoas e culturas diferentes em todos os âmbitos da vida. É como afirmou Stainback, "receber todos os alunos e todos os cidadãos com os braços abertos em nossas escolas e comunidades" (STAINBACK; STAINBACK, 2001, p. 16).

Às vezes, pensamos que há muita confusão em torno da educação inclusiva, que é concebida como a educação especial da pós-modernidade, quando, na verdade, ela tem a ver com a busca da equidade, com a justiça social global, com a participação e a convivência. Há profissionais que pensam que, pelo mero fato da presença de um menino ou menina excepcional nas aulas, já estão sendo implementadas práticas inclusivas. Mas não é bem assim. Trata-se de eliminar as barreiras que discriminam e impedem a aprendizagem (AINSCOW, 2004). Contudo, enquanto os professores insistirem em falar de "educação especial" e de "integração", de "necessidades educacionais especiais" e de "adaptações curriculares", a segregação continuará sendo uma prática aceita. (TILSTONE; FLORIAN; ROSE, 2003). A educação inclusiva não tem nada a ver com a educação especial, e sim com a escola pública. Necessitamos de outra escola, uma escola mais justa, mais democrática, mais humana. Uma escola onde ninguém sinta a exclusão.

A educação inclusiva foi e ainda é uma das principais preocupações das políticas educacionais das democracias liberais, como a Unesco deixou claro:

> O princípio fundamental desse Marco de Ação é que as escolas devem acolher todas as crianças, independentemente de suas condições físicas, intelectuais, emocionais, linguísticas e outras [...] As escolas têm de encontrar uma maneira de educar com sucesso todas as crianças, incluindo aquelas com dificuldades sérias [...] (CONFERENCIA MUNDIAL SOBRE NECESIDADES EDUCATIVAS ESPECIALES, 1995)

A questão é muito clara: estamos falando de que todas as meninas, todos os meninos e toda a juventude do mundo têm direito à educação. Mas não a uma educação qualquer, e sim a uma educação de qualidade. E isso somente se consegue quando as crianças são educadas juntas. O sistema escolar não tem o direito de receber certo tipo de aluno e de rejeitar outro. O sistema educacional deve mudar a fim de contemplar a variedade de alunos que podem constituir as aulas, e não o contrário. E isso consiste, simplesmente, na educação inclusiva, o resto é um "despotismo ilustrado". No entanto, do pensamento teórico e legislativo às práticas educativas inclusivas há um grande caminho a percorrer. Não existem boas práticas educativas inclusivas.

Portanto, falar de educação inclusiva, da cultura escolar, exige estar disposto a mudar nossas práticas pedagógicas para que, cada vez mais, elas sejam menos segregadoras e mais humanizadoras. Isso implica uma mudança na mentalidade dos professores com respeito às competências cognitivas e culturais das pessoas com discapacidade intelectual, implica mudar os sistemas de ensino e aprendizagem e o modo de desenvolver o currículo; significa que é preciso mudar a organização do espaço e do tempo escolar; significa que é preciso mudar os sistemas de avaliação.

A educação inclusiva não é simplesmente colocar os alunos com dificuldades em uma aula com colegas sem qualquer tipo de deficiência; não é mantê-los em um sistema que permanece inalterado; não consiste em que os professores especialistas deem respostas às necessidades dos alunos com deficiências na escola ordinária. A educação inclusiva tem a ver com como, onde, por que e com que consequências educamos os alunos (BARTON, 1998). Nesse sentido, o professor Gimeno Sacristán ressalta que:

> Enfrentar o problema da diversidade e da diferença na educação e perante ela supõe enfrentar desafios e âmbitos de significados muito polivalentes: a luta contra as desigualdades, o problema da escola única interclassista, a crise dos valores e do conhecimento tidos como universais, as respostas perante a multiculturalidade e a integração de minorias, a educação frente ao racismo e ao machismo, as projeções do nacionalismo nas escolas, a convivência entre religiões e línguas, a luta da escola pela autonomia dos indivíduos, os debates "científicos" sobre o desenvolvimento psicológico e suas implicações na aprendizagem, a polêmica sobre a educação abrangente, as possibilidades de manter, em uma mesma aula, estudantes com diferentes capacidades e ritmos de aprendizado, além da revisão das inflexibilidades do atual sistema escolar e das suas práticas. (GIMENO SACRISTÁN, 1999, p. 69)

Por isso, é preciso que a escola se reconstrua e se transforme em função da diversidade. É preciso uma reestruturação do currículo e da organização escolar, evitando a postura redutivista do projeto integrador tanto no desdobramento organizacional quanto em uma simples situação de adição (AINSCOW, 1995) ou nas adaptações curriculares, em que se exija um ajuste ao sistema dominante das pessoas excepcionais, mas sem transformações. Nesse sentido, Pijl faz uma das críticas mais fortes ao currículo no processo integrador baseado nas adaptações curriculares e propõe a construção de um currículo comum que respeite a diversidade, como alternativa: a integração supôs simplesmente adaptar o currículo da escola aos alunos com necessidades educacionais especiais, enquanto a inclusão supôs desenvolver um currículo comum para todos.

O professor Jurjo Torres descreveu minuciosamente como a aula deve ser reestruturada e convertida em uma comunidade de apoio permanente (TORRES SANTOMÉ, 1994, 2001). Nesse caso, a aula guarda uma coerência harmônica com os princípios do fenômeno da aprendizagem na diversidade. Nessa concepção de aula como apoio permanente, faz sentido estabelecer critérios para fazer os agrupamentos atendendo à diversidade (gênero, excepcionalidade, diferentes níveis socioculturais, etnias, afetividade, autonomia, etc.). É preciso estabelecer critérios de racionalidade e cientificidade em função dos alunos presentes na turma, busca a heterogeneidade nos grupos de trabalho, e não a homogeneidade, estabelecendo o apoio dentro da classe, e não fora dela, a fim de evitar frustrações e comparações, buscando a aprendizagem por descobrimento compartilhado entre colegas, o respeito aos distintos modos e ritmos de aprendizagem, a sintonia da ação entre os professores de apoio e o restante do corpo docente, etc. Assim, a aula se converte em um lugar para conhecer, compreender e respeitar as diferenças (GIANGRECO, 2001). Quais são, então, as barreiras que estão impedindo a participação, a convivência e a aprendizagem dos alunos na escola?

A primeira barreira, em nosso juízo, são as contradições existentes nas leis, nos regulamentos e nas normas com respeito à educação das pessoas e culturas diferentes. Por um lado, existem leis que falam de *Uma educação para todos* (UNITED NATIONS EDUCATIONAL, SCIENTIF AND CULTURAL ORGANISATION, 1990), mas, simultaneamente, permitem-se *Colégios de Educação Especial*. Por outro lado, fala-se de um currículo diverso para todos e, por outro, fala-se de adaptações curriculares. Existem leis que falam da necessidade do trabalho cooperativo entre os professores, enquanto outras permitem que os professores de apoio possam tirar as crianças com deficiências da aula comum. Todas essas contradições políticas obscurecem a construção da escola inclusiva. A administração educacional deve ser coerente no enunciado das leis internacionais, nacionais e autônomas e na implementação destas.

Junto a essa barreira política existe uma barreira cultural entre os professores, que freia a inclusão de maneira muito significativa; referimo-nos à permanente atitude de classificar e estabelecer normas discriminatórias entre os alunos (rotulá-los). Os professores vivem obcecados com a avaliação diagnóstica, buscando uma razão, um pretexto para definir um grupo de crianças como incapazes de aprender e, assim, justificar sua incapacidade de ensinar. Lamentavelmente, essa atitude "define o caráter".

Além dessas barreiras políticas e culturais, existe um acúmulo de barreiras pedagógicas, que estão impedindo o respeito, a participação, a convivência e a aprendizagem. Entre elas, assinalaremos as seguintes:

a. A competitividade frente ao trabalho cooperativo e solidário, quando a aula não é considerada uma comunidade de convivência e de aprendizagem.

b. O currículo estruturado em disciplinas e no livro didático, não baseado em uma aprendizagem para resolver situações problemáticas e nas adaptações curriculares.

c. A organização espaço-temporal: o que a escola sem exclusões precisa é de uma organização de acordo com a atividade a ser realizada. Uma organização *ad-hoc*.

d. A necessária reprofissionalização dos professores, para a compreensão da diversidade. A escola inclusiva precisa transformar os professores de técnico-racionais em professores pesquisadores e com compromisso social.

e. A escola pública e a aprendizagem compartilhada entre famílias e professores exigem escolas democráticas (LÓPEZ MELERO, 2004).

Enfim, para poder construir essa escola sem exclusões são necessárias culturas inclusivas, políticas inclusivas e práticas pedagógicas inclusivas (AINSCOW, 2001). Com práticas pedagógicas simples não se pode conseguir uma escola sem exclusões; é necessária uma pedagogia mais complexa, onde as pessoas e as culturas diferentes possam *aprender a aprender* e *aprender como aprender*. Nesse sentido, existem práticas pedagógicas exemplares tais como O Programa de Desenvolvimento Escolar (School Development Program) do professor James Comer, da Universidade de Yale (COMER, 1968, 2001), ou o programa das Escolas Aceleradas (Accelerated Schools), também criadas nos Estados Unidos, em 1986, pelo professor Henry Levin, da Universidade de Stanford. Não podemos esquecer também o conjunto de projetos denominados Educação para Todos (Education For All), promovidos pelos professores Slavin e Boykin (1996), do Centro de Pesquisa para a Educação de Alunos em Situação de Risco na Universidade Johns Hopkins, nos Estados Unidos. Todos esses são exemplos de que é possível se ter uma escola sem exclusões: basta ter iniciativa para as mudanças e transformações. Essa escola não somente é possível, mas necessária.

Nós, os profissionais do Projeto Roma, assim temos feito. Defendemos a escola pública como espaço cultural que se responsabiliza pela construção de um modelo educacional para a convivência democrática e, portanto, para realizar um ensino com qualidade, respeitando as peculiaridades de cada aluno. Pode parecer uma visão excessivamente otimista, mas não é: tudo o que foi dito é possível e viável. Porém, quero terminar assinalando determinadas limitações ou, como diria Paulo Freire, "possibilidades de melhoria":

1. Os recursos humanos e materiais não implicam maior inclusão. É muito importante dispor de recursos, mas um excesso de especialização pode diminuir as possibilidades de interação entre os alunos.

2. Em algumas instituições, será preciso revisar a função das aulas especiais e a oportunidade de atender em separado os alunos com necessidades de aprendizagem especiais, levando em conta as grandes possibilidades oferecidas pelo próprio grupo e pelo trabalho cooperativo.

3. Também é necessário reconhecer que, ainda que disponhamos de experiências inovadoras, ainda temos muito a avançar, tanto em vivências quanto na sensibilização, para atender adequadamente os alunos com sérias dificuldades cognitivas.

Todos juntos podemos chegar lá.

NOTAS

1 a) Perspectiva do "esquecimento ou abandono" (Exclusão). As pessoas com algum tipo de deficiência não serviam para nada. Elas viviam excluídas de qualquer relação e participação humana. Essas pessoas eram consideradas "seres não humanos", uma situação entre o mistério e a repulsa.
b) Perspectiva assimilacionista (Segregação). Sob essa perspectiva, a diferença e a diversidade são consideradas problemáticas e perigosas social e educacionalmente. Os defensores dessa resposta segregadora e assistencial, mas não educacional, pensam que o melhor lugar para educar as pessoas cognitivamente diferentes são os colégios especiais.
c) Perspectiva integracionista (Integração). Essa é a resposta própria das reformas educacionais. É exigido das pessoas excepcionais que sejam elas que têm de mudar para serem consideradas "integradas", mas sem mudar o currículo, os professores e as formas de ensino, etc. Exige-se dessas pessoas o que não se exige de ninguém: que demonstrem suas competências, esquecendo das famílias e dos professores e do fato de que, para que uma resposta seja educativa, os primeiros a mudar devem ser as famílias, a escola e também a sociedade. Deve haver uma mudança no sistema, e não nas pessoas.
d) Perspectiva inclusiva (Inclusão). Trata-se de um processo para aprender a viver com as diferenças das pessoas. É um processo de humanização e,

portanto, implica respeito, participação e convivência; se estes estão presentes, a aprendizagem é garantida. Falar de educação inclusiva, na cultura escolar, exige que estejamos dispostos a mudar nossas práticas pedagógicas, para que, cada vez mais, elas sejam práticas menos segregadoras e mais humanas.

2 Projeto Roma. Como projeto de pesquisa, pretende contribuir com ideias e reflexões sobre a construção de uma nova teoria da inteligência, por meio do desenvolvimento de processos cognitivos e metacognitivos, linguísticos, afetivos e de autonomia no ser humano. Como projeto educacional, sua finalidade básica e principal se centra na melhoria dos contextos familiares, escolares e sociais, desde a convivência democrática, do respeito mútuo e da autonomia pessoal, social e moral.

3 O professor Severiano Resa Pascual já nos anos 1930 ressaltava que: "Fundamentalmente, atribuise ao Método de Projetos essas quatro características: raciocínio que substitui o velho método de memorização; instrução, mais como meio do que como finalidade; a realidade em vez dos princípios; e a naturalidade substituindo a artificialidade ancestral" (RESA PASCUAL, 1935, p. 11).

REFERÊNCIAS

AINSCOW, M. *Necesidades espaciales en el aula*: guía para la formación del profesorado. Madrid: Narcea, 1995.

AINSCOW, M. et al. *Hacia escuelas eficaces para todos*: manual para la formación de equipos docentes. Madrid: Narcea, 2001.

AINSCOW, M. *Crear condiciones para la mejora del trabajo en el aula*: manual para la formación del profesorado. Madrid: Narcea, 2001.

AINSCOW, M. *Desarrollo de escuelas inclusivas*: ideas, propuestas y experiencias para mejorar las instituciones escolares. Madrid: Narcea, 2004.

ARIAS BEATÓN, G. *La persona en lo histórico cultural*. São Paulo: Linear, 2005.

BARTON, L. *Discapacidad y sociedad*. Madrid: Morata, 1998.

BARTON, L. *Superar las barreras de la discapacidad*. Madrid: Morata, 2008.

BRUNER, J. *Desarrollo cognitivo y educación*. Madrid: Morata, 1988.

BRUNER, J. *Actos de significado*: más allá de la revolución cognitiva. Madrid: Alianza, 1990.

BRUNER, J. *La educación, puerta de la cultura*. Madrid: Aprendizaje-Visor, 1997.

COLE, M. *Psicología cultural*. Madrid: Morata, 2004.

COMER, J. *Comer school development program*. Yale: Yale University, 1968.

COMER, J. School that develop children. *Prospects*, v. 12, n. 7, p. 1-10, 2001.

CONFERENCIA MUNDIAL SOBRE NECESIDADES EDUCATIVAS ESPECIALES, 1994, Salamanca. *Informe final*. [Madrid]: Ministerio da Cultura, 1995.

DARLING-HAMMOND, L. *El derecho de aprender*: crear buenas escuelas para todos. Barcelona: Ariel, 2001.

DEWEY, J. *Democracia y educación*. Buenos Aires: Losada, 1971.

ECHEITA, G. *Educación para la inclusión o educación sin exclusiones*. Madrid: Narcea, 2006.

ELBOJ SASO, C. et al. *Comunidades de aprendizaje*: transformar la educación. Barcelona: Graó, 2006.

FLECHA, R. *Compartiendo palabras*. Barcelona: Paidós, 1997.

FREIRE, P. *La naturaleza política de la educación*: cultura, poder y liberación. Madrid: Paidós, 1990.

FREIRE, P. *La pedagogía de la esperanza*. Madrid: Siglo XXI, 1993.

FREIRE, P. *A la sombra de este árbol*. Barcelona: EI Roure, 1997.

GIANGRECO, M. Celebrar la diversidad, crear comunidad. In: STAINBACK, S.; STAINBACK, W. *Aulas inclusivas*. Madrid: Narcea, 2001. p. 119.

GIMENO SACRISTÁN, J. *La educación obligatoria*: su sentido educativo y social. Madrid: Morata, 1999.

GOULD, S. J. *La falsa medida del hombre*. Barcelona: Orbis, 1987.

HABERMAS, J. *Teoría de la acción comunicativa I*. Madrid: Taurus, 1987a.

HABERMAS, J. *Teoría de la acción comunicativa II*. Madrid: Taurus, 1987b.

JOHNSON, D. W.; JOHNSON, R.; HOLUBEC, E. J.*El aprendizaje cooperativo en el aula*. Buenos Aires: Paidós, 1999.

KILPATRICK, W. The project method. *Teachers College Record*, New York, v. 19, p. 319-335, 1918.

KOZULIN, A. *Instrumentos psicológicos*: la educación desde una perspectiva sociocultural. Barcelona: Paidós, 2000.

KOZULIN, A. *La psicología de Vygotsky*. Madrid: Alianza, 2001.

LÓPEZ MELERO, M. *El proyecto Roma*: una experiencia de educación en valores. Málaga: Aljibe, 2003.

LÓPEZ MELERO, M. *Construyendo una escuela sin exclusiones:* una forma de trabajar con proyectos en el aula. Málaga: Aljibe, 2004.

LURIA, A. R. *El cerebro en acción.* Barcelona: Fontanella, 1974.

LURIA, A. R. *Los procesos cognitivos:* análisis sociohistórico. Barcelona: Fontanella, 1980.

LLOMOVATTE, S.; KAPLAN, C. *Desigualdad educativa:* la naturaleza como pretexto. Buenos Aires: Noveduc, 2005.

MATURANA, H. *El sentido de lo humano.* Santiago: Dolmen, 1994.

MATURANA, H.; NISIS, S. *Formación humana y capacitación.* Santiago: Dolmen, 1997.

NUSSBAUM, M. *Las fronteras de la justicia:* consideraciones sobre la exclusión. Barcelona: Paidós, 2006.

PARRILLA, A.; DANIELS, H. *Creación y desarrollo de grupos de apoyo entre profesores.* Bilbao: Mensajero, 1998.

PUJOLÁS, P. *9 ideas claves:* el aprendizaje cooperativo. Barcelona: Graó, 2008.

RESA PASCUAL, S. *El método de proyectos en una escuela española.* Madrid: Dalmáu Carles Pia, 1935.

SLAVIN, R. E.; BOYKIN, W. *Education for all.* Lisse: Swets y Zeitlinger, 1996.

STAINBACK, S.; STAINBACK, W. *Aulas inclusivas:* un nuevo modo de enfocar y vivir el currículo. Madrid: Narcea, 2001.

TILSTONE, C.H.; FLORIAN, L.; ROSE, R. *Promoción y desarrollo de prácticas educativas inclusivas.* Madrid: EOS, 2003.

UNITED NATIONS EDUCATIONAL, SCIENTIFIC AND CULTURAL ORGANIZATION. *The Dakar framework for a action.* Dakar: UNESCO, 1990.

VYGOTSKY, L. *El desarrollo de los procesos psicológicos superiores.* Barcelona: Crítica, 1979.

VYGOTSKY, L. *Fundamentos de defectología:* obras completas. La Habana: Pueblo y Educación, 1995. t. 5.

VYGOTSKY, L. *Pensamiento y lenguaje.* Buenos Aires: La Pléyade, 1977.

VYGOTSKY, L.; LURIA, A.; LEONTIEV, A. N. *Psicología y pedagogía.* Madrid: Akal, 1986.

WELLS, G. *Indagación dialógica:* hacia una teoría y una práctica socioculturales de la educación. Barcelona: Paidós, 2001.

YOUNG, I. M. *Inclusion and democracy.* Oxford: Oxford University Press, 2000.

A educação e o 23
currículo no espaço europeu:
internacionalizar ou globalizar?

J. Félix Angulo Rasco
Universidade de Cádiz

O fundamento da prudência política [...] está em ver os rumos e as mudanças das repúblicas, de modo que, ao saber para onde cada um se inclina, possas evitar ou antes remediar tais mudanças. (Cícero – *Sobre a República*, Livro II 45)

INTRODUÇÃO

Qualquer tentativa de analisar a situação atual da chamada globalização foge ao escopo do modesto espaço de um trabalho. A bibliografia, a essa altura, é tão imensa como inabarcável; as temáticas são tão diversas como imprescindíveis. Além disso, acontece que estamos vivendo no próprio contexto histórico, social e econômico que queremos desvelar e entender; assim nossa tarefa se torna ainda mais complexa. Não há, portanto, nenhum áugure que possa, com suas adivinhações, prever aonde rumamos. Talvez mais do que nunca na história, a velocidade das transformações, como já nos assinalou Giddens (1993) em seu trabalho pioneiro, seja muito mais intensa e imprevisível do que gostaríamos.[1] Basta olhar ao nosso redor para que nos demos conta disso: nos objetos que empregamos em nossa vida cotidiana, nas comunicações e conexões que nos acostumamos a usar diariamente, nos padrões culturais que passaram a fazer parte de nossas mentes e tantas outras coisas e situações. Talvez tenhamos de aceitar o fato de que, como afirmou Gimeno Sacristán (2001), a globalização seja uma condição humana. Ela já faz parte do que somos como seres humanos e, por extensão, também está inserida em nossa educação e em nossos sistemas educacionais.

Nas páginas a seguir, revisaremos brevemente algumas ideias sobre a globalização, enfatizando seu caráter híbrido, difuso e diverso para depois focar o principal objetivo, ainda vigente: entender os processos de *internacionalização* da educação, por meio dos estudos da teoria da institucionalização. Na última seção deste capítulo, aplicaremos essa teoria para compreender exclusivamente o que está ocorrendo na Europa, com suas enérgicas tentativas não apenas para se converter em uma *região* forte, mas também para levar suas ideias, estruturas e padrões educacionais além dos países-membros da União Europeia.

GLOBALIZAÇÃO E EDUCAÇÃO

Apesar de ser um conceito controverso (RIZVI; LINGARD, 2010), um dos primeiros problemas que enfrentamos ao abordar o sentido e significado da globalização é o que foi associado desde o princípio a uma de suas possíveis expressões. Referimo-nos ao fato de que, de um espectro ou outro da arena política – tanto por parte dos defensores quanto dos críticos do fenômeno –, a globalização é equiparada à ideologia social do mercado, por exemplo, com o neoliberalismo. Não podemos negar que quem assim procede tem certa razão. Porém, não faríamos jus à nossa capacidade de análise se nos contentássemos, inclusive para criticar a globalização, com essa versão das coisas. Beck (1997) denominou essa versão (hoje amplamente difundida) *globalismo*. Por globalismo "entendo a concepção segundo a qual o mercado mundial desaloja ou substitui a atividade política; ou seja, ela é a ideologia do domínio do mercado mundial ou a ideologia do liberalismo" (BECK, 1997, p. 32). Desde a década de 1970 (FRIEDEN, 2007), o neoliberalismo tem sido associado à ideia de que a globalização equivale à extensão da ideologia do mercado ou mesmo tem sido assimilado a essa ideia. Com isso, vem-se reduzindo a pluridimensionalidade da vida social, cultural e, evidentemente, também dos Estados, a uma única dimensão: a economia.[2]

> Em vez de facilitar nossa compreensão das forças que modelam a ordem mundial contemporânea, a ideia de globalização [...] cumpre uma função bastante diferente. Em essência, o discurso da globalização contribui para justificar o projeto global neoliberal e lhe dar legitimidade [...] Nesse sentido, a ideologia da globalização funciona como um "mito necessário". (HELD; MACGREW, 2002, p. 16)

É por esse motivo que a maior parte das críticas à globalização (ESTÉVEZ; TAIBO, 2008) se concentra nesse ponto. Criticá-la pressupõe, fundamentalmente, criticar o neoliberalismo; isto é, a extensão do mercado, a redução do espaço público, o domínio do mercado sobre a vida cotidiana, a redução do Estado ao seu tamanho mínimo, etc. (ANGULO RASCO, 1995). Um exemplo típico e atual de perseverança nesse ponto nos é oferecido pelo inefável Soros, um dos que têm promovido o neoliberalismo econômico e defendido os fluxos descontrolados de capitais – e tirado vantagem desse fenômeno.[3]

> A globalização é um termo demasiadamente empregado que nos remete a uma ampla variedade de significados. Para os propósitos desse livro, a equipararei ao desenvolvimento de mercados financeiros globais e ao crescimento de corporações multinacionais e seu crescente domínio sobre as economias nacionais. (SOROS, 2002, p. 19)

O problema desse enfoque se encontra em ter sido apresentado como um programa TINA (*There Is No Alternative*), ou seja, que "não há alternativa". O fato de que se negue a existência da sociedade (o famoso "não há o que chamam de a sociedade", de Margaret Thatcher) não fez mais do que enfatizar que se trata de acabar com o Estado de Bem-Estar Social, em sua versão economicista pura, ou questionar o Estado como "unidade fundamental da ordem mundial" em sua versão ou transmutação globalizante a partir de meados da década de 1990, conforme disseram Held e McCrew (2002, p. 31). O neoliberalismo se fixa "como um imaginário social" (RIZVI; LINGARD, 2010, p. 35).

Entretanto, não se pode reduzir todo o *discurso possível* ao globalismo e a suas críticas. O panorama é muito mais complicado do que poderia parecer. Beck (1997, p. 33) cedo assinalou esse fato: a globalização significa mistura, sobreposição e relação entre os atores transnacionais. E ela, continua o autor, é um processo *irreversível*.[4]

> Globalização "se refere" não somente a mudanças nas atividades econômicas transnacionais, especialmente no que diz respeito

aos movimentos de capital e finanças, mas também à maneira como a política contemporânea e as configurações culturais vêm sendo remodeladas pelos avanços da tecnologia da informação. É um conceito que é utilizado não apenas para descrever um conjunto de mudanças políticas, mas também para prescrever interpretações desejáveis de tais mudanças e as respostas a estas. (RIZVI; LINGARD, 2010, p. 22-23)

Com isso, voltamos ao que assinalávamos na introdução. A globalização é uma condição humana, uma vez que está conosco desde os primeiros humanoides (OPPENHEIMER, 2004) e que vem se prolongando nos constantes processos de conexão, nas vias de comércio e relação estabelecidas ao longo dos séculos.

De fato, as origens da globalização devem ser buscadas nas relações lentamente trabalhadas pelos seres humanos desde os tempos mais remotos [...] A globalização sempre esteve entre nós, como uma dinâmica humana, embora não estivéssemos cientes de seu avanço. (ROBERTSON, 2003, p. 18)

Porém, não é necessário nos remontarmos a esses precedentes. Podemos aceitar que a globalização como tal é um fenômeno contemporâneo que acompanha os processos históricos de intercomunicação social e comercial. Robertson (2003) fala de três globalizações. A primeira iniciou em 1500 e significa o incremento do comércio regional; a segunda, em 1800, com o começo da primeira fase da industrialização; e a terceira, a partir de 1945, que continua até nossos dias – acelerando.[5]

Assim, encontramo-nos em um contexto diferente. Ainda que aceitemos o peso do "comércio econômico", a interdependência ultrapassa a mera economia. É necessário levar em conta outros planos, como o político, o cultural e o social. E isso não basta. Além disso, trata-se de aceitar que esses planos estão misturados e entrelaçados a tal ponto que não podemos nos contentar com análises superficiais ou uniformizantes.[6] Talvez nenhuma outra pessoa tenha nos ajudado nesse sentido tanto quanto Appadurai (1996). Muito cedo esse autor intuiu que a modernidade estava sofrendo uma série de modificações e que, para entendê-la, tínhamos de relacionar entre si cinco planos ou paisagens. A ideia de paisagem é empregada por ele justamente porque a modernidade assume a forma irregular e fluída na qual as cinco dimensões se relacionam (APPADURAI, 1996, p. 46).[7]

Nesse contexto, a globalização se mostra como um fenômeno muito mais complexo e múltiplo no qual ocupam lugares importantes outras variáveis, e não somente a economia. Na verdade, ainda que a cultura global empregue, como assinala Appadurai (1996, p. 56), ferramentas homogeneizadoras (DU GAY et al., 1997), ela não supõe necessariamente a homogeneização.

Quadro 23.1 Paisagens da globalização

PAISAGEM ÉTNICA	Paisagem de pessoas que constituem o mundo dinâmico no qual vivemos (turistas, imigrantes, refugiados, exilados, etc.)
PAISAGEM TECNOLÓGICA	Configuração global da tecnologia (velocidade de transmissão e mudança e alcance social da tecnologia)
PAISAGEM FINANCEIRA	O plano do capital global (a relação entre os mercados financeiros, as bolsas nacionais e as especulações mercantis)
PAISAGEM MIDIÁTICA	Distribuição de equipamentos para a produção e disseminação das informações (repertório de imagens, narrativas e novas paisagens)
PAISAGEM IDEOLÓGICA	Concatenação de imagens políticas, relacionadas com as ideias dos Estados e as contraideologias

Fonte: Appadurai (1996, p. 46-49).

Parece-me que podemos expor, nesse ponto, algumas conclusões provisórias do resumo que acabamos de apresentar. Em primeiro lugar, é necessário enfatizar que a globalização não é um fenômeno simples nem fácil de entender. Além disso, em sua base, deparamo-nos com intensos fenômenos de interconectividade e "transterritorialidade", razão pela qual as atividades culturais, sociais e, é claro, econômicas, precisam ser entendidas com parâmetros mundiais, e não somente locais. Em terceiro lugar, ainda que o local possa aproveitar os processos gerados pela globalização, existem tensões entre um e outro (SCHOLTE, 2005). Em outras palavras: a identidade e a diferença tendem a se fundir (APPADURAI, 1996). Em quarto lugar, o grande problema para os Estados nacionais se encontra não tanto na globalização em si, mas na imposição de políticas de governabilidade neoliberais (OLSEN; CODD; O'NEIL, 2004, p. 13). Em quinto, as políticas neoliberais podem se ocultar e se mascarar em processos relacionados com a globalização, atuando como "mitos necessários", para o progresso e o desenvolvimento econômico em *tempos de globalização* – eis a ironia (HELD; MCGREW, 2002, p. 16; RIZVI; LINGARD, 2010). Em sexto lugar, a globalização também é um imaginário social onde os grupos da sociedade e os indivíduos adquirem, expandem e desenvolvem sua identidade, proporcionando, por sua vez, novos elementos culturais e, provavelmente, perdendo outros. A globalização assim entendida modela "aspirações e expectativas" (RIZVI; LINGARD, 2010, p. 24).

A seguir, veremos uma das primeiras tentativas de análise global da educação, extremamente importante pelas ideias e orientações que nos ofereceu sobre os sistemas educacionais.

A EDUCAÇÃO COMO INSTITUIÇÃO

Desde o final da década de 1970, um grupo de sociólogos da educação da Universidade de Stanford vem realizando uma série de trabalhos comparativos, formando a chamada corrente do "novo institucionalismo". Essa corrente afirma que os atores sociais de todo tipo "estão inseridos em ambiente organizados socialmente que geram regras, regulamentos, normas e definições da situação que limitam e modelam a ação" (ROWAN; MISKEL, 1999, p. 259). O que o institucionalismo questiona é que as organizações se estruturem com base em padrões de eficiência técnica; ao contrário, como indicaram Meyer e Rowan (1977), as burocracias são mitos racionalizados, compreensões e ideias fortemente institucionalizadas de atuação. Aceitam-se regras e procedimentos porque eles são os que parecem mais "eficazes" e efetivos; não porque sejam os mais racionais. Ou seja, são racionais porque as organizações pensam que as regras que as organizam são as melhores. Contudo, por mais interessante que pareça, aqui não nos interessa o novo institucionalismo como uma teoria organizacional. Ao contrário, o que nos interessa é uma das derivações mais importantes dessa corrente: referimo-nos ao fato de que a conformação das organizações a regras institucionalizadas faz, com o passar do tempo, as organizações se parecerem entre si. Segundo os institucionalistas, são vários os processos que geram a homogeneidade e reduzem a variação: *a) o isomorfismo coercitivo*, no qual a organização segue regras formais e regulamentos procedentes do Estado e de suas agências, igualando-se a ele em estruturas e procedimentos; *b) o isomorfismo normativo*, no qual os códigos profissionais se estendem pelas organizações, fazendo o pessoal que foi socializado e educado seguir tais padrões profissionais; *c) o isomorfismo mimético*, que é produzido quando uma organização imita outra organização prestigiosa e bem-sucedida (ROWAN; MISKEL, 1999, p. 366). As organizações de ensino e os sistemas de educação de massa não estão isentos de tal isomorfismo e conformação, uma vez que também são instituições.

A educação é uma instituição, como o sistema de saúde moderno ou a família, que pode adotar diferentes formas de uma nação para outra e inclusive de uma região para outra dentro de uma mesma nação. Contudo, em um nível mais profundo, a educação está fortemente fixada a normas e regras globais sobre o que ela é e sobre como as escolas deveriam operar. (BAKER; LETENDRE, 2005, p. 8)

Os regulamentos governamentais da educação influenciam efetivamente as atividades da escola, mas o mesmo pode ser dito das normas e regras mais globais, que, por sua vez, também determinam a estrutura, os objetivos e o sentido de nossos sistemas educacionais (ROWAN, 2006), e esse é o ponto que eu gostaria de ressaltar.

Dado o grau de penetração nas nações da moderna instituição escolar, ao redor do mundo se repetem processos educacionais similares com intensidades diversas, criando um isomorfismo escolar considerável. (BAKER, 2006, p. 180)

Na realidade, poderíamos afirmar que esse é um processo não muito distante, que começou em meados do século XIX e, possivelmente, como uma consequência inicial da revolução industrial (entre sua primeira e segunda fase). Dispomos de estudos suficientes para afirmar que os sistemas educacionais ocidentais vêm se desenvolvendo desde a data indicada, passando por dois ciclos (BOLI; RAMÍREZ; MEYER, 1985; NÚÑEZ, 1992; NÚÑEZ; TORTELLA, 1993; RAMÍREZ, 1992; RAMÍREZ; VENTRESCA, 1992; SOYSAL; STRANG, 1989; SWAAN, 1992; THOMAS et al., 1987; UNITED NATIONS EDUCATIONAL, SCIENTIFIC AND CULTURAL ORGANIZATION, 1992, 1994). O primeiro ciclo, que podemos chamar de *quantitativo*, é aquele no qual os sistemas educacionais de massa se desenvolveram, expandiram e consolidaram. Tomando a data anterior como referência, esse ciclo durou até quase a década de 1960. Começou então um novo ciclo que, por comodidade, podemos denominar qualitativo, que é o ciclo no qual ainda estamos imersos. O começo do primeiro ciclo pode ser identificado pelas seguintes características:

Em primeiro lugar, o fenômeno da superação do segundo patamar de alfabetização (de 70% da população), que teve lugar no século XIX, para os países da Europa anglo-saxã e nórdica. Os países católicos do sul e do centro da Europa não o alcançaram antes do final do mesmo século, e os da Europa ortodoxa, do sudeste e leste, em princípios do século XX. Para as nações dos demais continentes, foi preciso aguardar até a década de 1950 para se testemunhar aumentos drásticos na taxa de alfabetização, bem como sua aceleração impressionante. Apesar das bem conhecidas diferenças, atualmente o nível de alfabetização no mundo é superior a 60% da população, ainda que perdure o analfabetismo entre as mulheres dos países não desenvolvidos (NÚÑEZ, 1992; NÚÑEZ; TORTELLA, 1993).

Em segundo lugar, as taxas de escolarização obrigatória (entre as idades de 6 e 14/16) também começaram a aumentar de maneira significativa em meados do século XIX e seguem um padrão similar ao da alfabetização. Países como Canadá, Estados Unidos, Austrália, Áustria, Bélgica, Dinamarca, Alemanha, Inglaterra e País de Gales passaram de uma faixa que, em 1870, atingia entre 40% e 60% da população para os quase 100% entre 1935 e 1940. Esse crescimento constante alcançou grande parte dos países em desenvolvimento, acelerando também a partir de 1970 na África subsaariana, na América Latina e no Caribe, nos Estados árabes e na Ásia Oriental e Oceania. Por exemplo, em 1980, 74% de todas as crianças do mundo estavam escolarizadas, enquanto, em 1962, a taxa era de 72%. Na África, especificamente, a taxa passou de 32%, em 1962, para 63%, em 1980 (NÚÑEZ, 1992; NÚÑEZ; TORTELLA, 1993; UNITED NATIONS EDUCATIONAL, SCIENTIFIC AND CULTURAL ORGANIZATION, 1992, 1994).

De qualquer maneira, esse importante avanço, centrado principalmente na educação primária (de 6 a 11 anos, aproximadamente), precisa ser complementado com o indicador de "expectativa de escolaridade", o qual assinala o número total de anos de estudos que uma criança de 5 anos pode esperar cursar no futuro, em seu próprio sistema educacional. A utilização desse indicador, muito mais realista do que o da taxa de escolaridade, uma vez que não foca o número de matrículas, mas os anos de permanência na escola, oferece-nos mais uma vez uma imagem bastante pessimista. Em 1990, na totalidade dos países da África subsaariana, América do Sul e Ásia (com as exceções da Coreia e do Japão, nesse continente, por exemplo), a expectativa de escolaridade não chega a dez anos, sendo que a média é de apenas cinco anos.[8]

Em terceiro lugar, também em meados do século XIX começaram a ser criados ministérios nacionais para a administração da educação, encarregados do controle, da divisão e da distribuição dos recursos materiais e humanos, bem como da criação da rede escolar necessária para atingir a população que precisa de escolaridade. Os dados disponíveis mostram que mais de 10% dos países europeus já haviam estabelecido tal autoridade antes de 1930, mas que foi necessário aguardar até 1960 para que sua extensão (atingindo mais de 70% dos países) se desse no restante do continente (RAMÍREZ; VENTRESCA, 1992).

Em quarto lugar, também tem importância considerável a existência de leis estabelecendo a educação obrigatória, leis que expressam diretamente a responsabilidade coletiva de todos os cidadãos no acesso à "cultura" e no desenvolvimento intelectual das gerações futuras; e, por último, pela importância atribuída à educação como estratégia de inclusão dos futuros cidadãos com a autoridade simbólica que vem sendo exercida pelos próprios Estados na escolarização das massas. Nesse caso, também foram do norte, centro e sudoeste da Europa os países que se adiantaram em relação aos demais continentes e nações. Em países como Dinamarca, Grécia, Espanha, Suíça, Portugal, Noruega, Áustria, Reino Unido e Irlanda, por exemplo, tais leis foram criadas entre 1814 (a primeira, depois da lei da Prússia, de 1763) e 1892. Nos demais países, foi preciso esperar pelo período entre 1950 e 1970 para que 90% das nações europeias e 50% dos países do restante do mundo aprovassem leis semelhantes (RAMÍREZ; VENTRESCA, 1992).

Uma das conclusões que podemos tirar desse panorama é a mais óbvia: os sistemas educacionais de massa são sistemas recentes e, portanto, o que se tornou parte constitutiva e cotidiana em termos de educação representa uma transformação com pouco mais de 150 anos, apesar de que a "educação" remonte aos primórdios das civilizações. Contudo, há outra conclusão mais interessante. Como já sugerimos, as análises das instituições nos mostram que a presença de Estados-nação como mecanismos de articulação, a erradicação do analfabetismo, o surgimento de ministérios da educação e a expansão da escolaridade obrigatória são acontecimentos relacionados entre si, interdependentes, que apontam à criação, em meados do século XIX, do que foi denominado "isomorfismo institucional". Ou seja, os sistemas de escolarização de massa tendem mais a se parecerem do que a se distinguirem. Não estou afirmando que sejam eles os responsáveis pelo isomorfismo, mas esse é justificado *institucionalmente* pelo desenvolvimento de tais processos normativos e sociais similares. A questão importante se encontra naquilo que poderíamos chamar de *padrão de institucionalização*: o começo de um ciclo quantitativo nos sistemas educacionais de massa, um ciclo durante o qual os sistemas de educação ocidentais se consolidam, são ampliados e, *a fortiori*, convertem-se no modelo a ser seguido. Como afirma Meyer, esse é um fenômeno muito evidente na imitação, imposição ou mera cópia de padrões globais elaborados em países desenvolvidos por parte dos países menos desenvolvidos, que, além de afetar as estruturas, pode alcançar os conteúdos curriculares (MEYER et al., 1992a, 1992b).

Desde aproximadamente os anos de 1970, começa a surgir um novo ciclo. Os indícios parecem ser bastante evidentes e diversos. Nesse caso, não importa tanto a ampliação dos sistemas de educação, um processo que perdura nos países não desenvolvidos, e sim outras questões, que dizem respeito mais ao funcionamento interno dos sistemas e de seus currículos. Vejamos alguns exemplos. Uma das evidências que podemos apresentar se encontra na conferência da OCDE que ocorreu em Paris em 1970, na qual se levantaram suspeitas sobre a falta de "eficácia" e a desigualdade de oportunidades conseguidas pelos sistemas europeus dos países-membros. Mas as evidências também continuam com o dossiê *Uma nação em perigo* elaborado nos Estados Unidos sob o apoio da Administração Reagan (HUSÉN; TUIJNMAN; HALLS, 1992). O discurso posto em circulação, primeiramente no plano ideológico e depois no plano propriamente instrumental, por meio de medidas concretas, encontra-se firmemente ancorado em duas questões: a "perda de competitividade" de seus respectivos sistemas educacionais, detectada pelo declive nos indicadores, e na obsolescência demonstrada da escolaridade excessivamente burocratizada, cara e estanque (CHUBB; MOE, 1990). Outro indício encontramos no incontrolável processo de semiprivatização da educação, fortemente influenciado pela ideologia neoliberal. Entre as posturas mais radicais nesse sentido, encontra-se a da divisão heterogênea dos fundos públicos por meio dos "cheques escolares" (FRIEDMAN; FRIEDMAN, 1980; CHUBB; MOE, 1990); uma medida que faz parte dos planos – ainda que por ora não sejam explicitados – de muitos governos ocidentais, mas que é claramente identificada em um relatório da United Nations Educational, Scientific and Cultural Organization, de 1993 (1994).

Todavia, encontramos um elemento fundamental na forte tendência à homogeneização dos currículos nacionais. Como destacou há bastante tempo o trabalho de Meyer, Kamen e Benavot (1992, p. 6) e Thomas et al. (1987):

> Os contornos homogêneos dos currículos mundiais mudam com o tempo [...] mas a variação entre sociedades nacionais é menos notável [...] A sociedade que constrói currículos para a educação de massa [...] é mais mundial do que nacional ou local; e suas variações em termos de organizações e profissões adotam como seus os padrões – ou ao menos a retórica geral – de um modelo mundial mais amplo. [...] Os idiomas locais são restringidos [...] As variações políticas locais são anuladas, normalmente em nome da política nacional-estatal. Não surpreende que a educação de massa predomine em relação ao conteúdo local por meio da padronização dos significados, uma vez que cada aspecto do sistema moderno é construído com a padronização.

Recentemente, essa questão voltou a ser levantada:

> Apesar do fato de que as nações (e suas divisões, como as Províncias e os Estados) tenham um controle imediato e fiduciário da escolaridade, a educação se converteu em uma empresa global [...] As mesmas ideias, demandas e expectativas globais se infiltram nas nações, tornando suas escolas consideravelmente semelhantes às demais escolas do mundo inteiro. (BAKER; LETENDRE, 2005, p. 3)

Nesse panorama, também podemos ampliar nossas conclusões, aprofundando o ponto anterior sobre a globalização. Aceitamos que a globalização (à qual, tampouco, estão isentos os sistemas educacionais) intensifica o isomorfismo, mas o situa em um lugar de permanente conflito. Por um lado, a globalização aumenta o alcance e a força da homogeneização; mas, por outro, ela revitaliza o particular e diferente: a identidade e diferença, como nos mostrou Appadurai (1996), devoram-se uma à outra. As tentativas de abolição e supressão do particular têm êxito limitado. O isomorfismo curricular não exime os sistemas de conflitos internos, onde o local e o global se chocam por sua a dicotomia. Por exemplo, a tentativa de estabelecer um "livro de história comum para a Europa" (apoiado pela chanceler alemã Angela Merkel) tem sido contestada por muitos países do leste europeu, recém-incorporados à União Europeia.[10]

Depois dessa visão geral, resta-nos focar o caso europeu e ver até que ponto todas essas temáticas se encontram em nosso continente.

DE BOLONHA A LISBOA: EUROPA, CONVERGÊNCIA E FUTURO

> Temos viajado muito mais rápido e mais longe que todos antes de nós, não é verdade? Será que nossos relógios não estão mais lentos ou algo do tipo? (Robert Heinlein, *Las 100 vidas de Lazarus Long*)

Talvez um dos exemplos mais claros de globalização consciente ou de institucionalização proposital de ideias sobre a educação e o sistema educacional se encontre no processo iniciado em 1950 na União Europeia.[11]

Como recorda Robertson (2009), a primeira etapa – que durou até 1980 – teve uma orientação exclusivamente interna: reformar a União Europeia também no terreno da educação, focando fundamentalmente a reforma da educação superior e, em menor medida, a educação primária e secundária (GREEN; WOLF; LENEY, 1999; EUROPEAN COMISSION, 1997). Esse processo inicial de "regionalização" (ROBERTSON, 2008) converteu-se em uma onda que ultrapassou o grupo inicial de 15 países[12] e então tudo tem demonstrado que as estruturações internas atualmente também ultrapassam as fronteiras europeias. Esse é o motivo do enorme interesse no tema. Hoje, o chamado Plano de Bolonha, junto com o impulso da Estratégia de Lisboa, converteu-se em algo mais do que uma proposta apenas para a Europa; devido a seus objetivos e suas implicações, esses planos são artefatos político-econômicos globalizadores e globalizados, ferramentas normativas geradoras do isomorfismo institucional na escala mundial.

Até a década de 1990, os ministros da educação se reuniram com certa assiduidade para discutir a internacionalização *regional* de programas de estudo, de currículos, da mobilidade dos estudantes e das pesquisas. O objetivo era claro: tratava-se de *europeizar* – integrar – os membros da União Europeia. Surgiu, então, o Instituto Universitário Europeu em Florença (1971) e o Programa Erasmus de mobilidade dos estudantes e professores (1987) (COBERTT, 2005; ROBERTSON, 2009), entre outros programas. Como indica o Quadro 23.2, desde a criação do Programa Erasmus (atualmente incorporado ao Programa Sócrates), vêm-se sucedendo novas iniciativas de diversas abrangências: formação profissional, ensino informal da juventude e educação escolar. Fazendo uma análise relativamente superficial, poderíamos afirmar que esses programas se destinam a incrementar a *comunicação* entre as instituições de educação e seus membros e nutrem o sentido europeu de cooperação e inter-relação. Isso fica bastante evidente na mobilidade dos estudantes e professores universitários, mas também pode ser visto nos projetos conjuntos entre instituições de educação primária, secundária e formação profissional (AARKROG; JØRGENSEN, 2008; PHILLIPS; ERTL, 2003), para dar dois exemplos. O primeiro, não nos esqueçamos, vem aumentando paulatinamente sua presença, como mostra a tabela seguinte. Além disso, a Espanha é um dos países que mais recebem estudantes estrangeiros.

Esses programas, como já sugerimos, podem ser denominados comunicativos. Eles possuem um baixo nível de formação, no sentido de que não pretendem remodelar estruturas de forma direta nem estabelecer marcos ideológicos fortes para pedagogias, instituições e currículos. Em conjunto, eles pretendem implementar o Artigo 149.2 da Constituição Europeia, um artigo que estabelece como objetivos da União Europeia os seguintes:

– desenvolver a dimensão europeia da educação;
– fortalecer a mobilidade de estudantes e professores;
– promover a cooperação entre as instituições de educação;
– promover o intercâmbio de informações e experiências;
– promover o intercâmbio entre a juventude;
– fortalecer a educação a distância.

Quadro 23.2 Alunos e professores enviados e recebidos de alguns países da União Europeia 2006/07

País	ALEMANHA	ESPANHA	FRANÇA	PORTUGAL	REINO UNIDO
Erasmus (alunos e professores enviados)	23.884	22.322	22.891	11.219	7.235
Erasmus (alunos e professores recebidos)	17.878	27.464	20.673	3.730	16.508
Total	41.762	49.786	43.564	14.949	23.743

Fonte: O autor.

No entanto, esses programas não são, evidentemente, as únicas iniciativas vigentes. Como indica o Quadro 23.3, a União Europeia, com base em acordos estabelecidos – leve-se em conta – entre ministérios de educação, vem desenvolvendo o chamado Plano de Bolonha para a criação do Espaço Europeu de Educação Superior (EEES),[13] o qual foi posteriormente ampliado, como já citamos, pela Estratégia de Lisboa. Contudo, antes de focar esse caso de regionalização e globalização europeias (ROBERTSON, 2006, 2009), gostaríamos de chamar a atenção para algo que nos afeta bastante.

Quadro 23.3 Cronologia dos Programas Educacionais Comunicativos da União Europeia

PROGRAMAS EDUCACIONAIS COMUNICATIVOS
Programa ERASMUS (desde 1987)
Programa PETRA (desde 1988) (promoção da formação profissional na juventude)
Programa YES (desde 1988) (educação de jovens que estão fora do sistema educacional)
Programa IRIS (desde 1988) Criação de estruturas entre projetos de formação profissional para mulheres
Programa LINGUA (desde 1990) (promoção da aprendizagem de outra língua na formação docente, na educação secundária, na educação universitária e na formação profissional de grau médio)
Programa TEMPUS (esquema de mobilidade transeuropeia para estudos universitários em países do leste europeu)
Programa LEONARDO DA VINCI (desde 1995)
Programa SÓCRATES (desde 1995) Atualmente engloba vários programas, como COMENIUS, GRUNTVICH, LEONARDO e ERASMUS

Fonte: O autor.

É de conhecimento geral que, pelo menos desde o ano 2000, a OCDE (Organização para a Cooperação e o Desenvolvimento Econômico) vem publicando uma série de relatórios sob o título comum de *Education at glance* (Um vislumbre sobre a educação). Esses dossiês têm apresentado indicadores e estatísticas sobre a educação e a economia dos países participantes. Desde o relatório de 2002, observa-se um aumento considerável no número de informações estatísticas relativas à educação superior, a princípio diminuindo e depois praticamente desaparecendo os dados sobre a educação primária e secundária.[14] De certa maneira, essa mudança, ainda que não seja menos significativa, é paralela à expressão dos interesses dos Ministros Europeus que se refletiu em Bolonha, na criação do EEES e, em especial, na promoção da economia baseada no conhecimento inserida na Agenda de Lisboa, a qual analisaremos a seguir. Não pretendo afirmar que uma seja a causa da outra, mas, em uma paisagem de sobreposições, não me parece trivial levar em conta essa inter-relação.

O novo objeto de preocupação da OCDE é principalmente a educação superior, ou seja, ela está focada no desenvolvimento econômico. Por isso também vale a pena nos voltarmos à análise das políticas normativas.

Como recordou Wächter (2004),[15] o documento oficial predecessor do *Processo de Bolonha* é a Declaração de Sorbonne, assinada um ano antes por França, Itália, Alemanha e Reino Unido, uma Declaração que visa à "harmonização da arquitetura do Sistema Europeu de Educação Superior". Contudo, foi definitivamente com a Declaração de Bolonha que a ideia adquiriu sua autêntica dimensão,[16] embora ela tenha sido desenvolvida paulatinamente com declarações posteriores, como indica o Quadro 23.4.

Quadro 23.4 Declarações europeias sobre a educação superior

Declaração de Sorbonne (1998)	1. Melhorar a transparência internacional dos cursos e do reconhecimento das qualificações e dos ciclos de estudo. 2. Facilitar a mobilidade dos estudantes e professores na Europa e sua integração ao mercado de trabalho europeu. 3. Elaborar um sistema comum de grados (*undergraduates*) e pós-grados (mestrado e doutorado).
Declaração de Bolonha (1999)	1. Adotar um sistema facilmente compreensível e comparável de grados. 2. Implementar um sistema baseado essencialmente em dois ciclos universitários. 3. Estabelecer um sistema de créditos (como o ECTS).
Comunicado de Praga (2001)	1. Promover a aprendizagem ao longo da vida (*Life Long Learning*). 2. Aumentar o envolvimento dos estudantes e das instituições de Educação Superior Europeia.
Comunicado de Berlim (2003)	Define as prioridades do Processo de Bolonha para os anos seguintes: 1. Desenvolver o controle de qualidade nos níveis institucional, nacional e europeu. 2. Implantar os dois ciclos do sistema. 3. Reconhecer os graus e períodos de estudo, incluindo o Suplemento ao Diploma para o ano 2005. 4. Elaborar um sistema geral de qualificações para a Educação Superior Europeia. 5. Incluir o nível de doutorado como um terceiro ciclo no processo. 6. Promover os vínculos de conexão e relação entre a Educação Superior Europeia e a Pesquisa Europeia.
Comunicado de Bergen (2005)	Por meio desse comunicado, foram ampliadas as prioridades para o ano 2005, buscando-se o seguinte: 1. Reforçar a dimensão social, removendo os obstáculos à mobilidade das pessoas. 2. Implementar os padrões e as linhas-mestras do controle de qualidade, tal como especificado no *Standards and guidelines for quality assurance in the EHEA*. 3. Implementar o sistema de qualificações no nível nacional. 4. Premiar e reconhecer os cursos de pós-graduação conjuntos. 5. Criar oportunidades para o desenvolvimento de modos flexíveis de aprendizagem na educação superior.

Fonte: Focus on the structure of higher education in Europe 2006/07 (2007).

Em conjunto, os documentos expõem o seguinte:

a. Adoção de um sistema facilmente comparável de carreiras universitárias, baseado essencialmente em três ciclos: graduação (bacharelado), mestrado e doutorado.[17]
b. Estabelecimento de um sistema de créditos que possa facilitar a mobilidade dos alunos (como o ECTS).
c. Promoção da aprendizagem ao longo da vida como elemento-chave de desenvolvimento econômico e empregabilidade.
d. Elaboração de uma estrutura de qualificações para a educação superior (ES).
e. Estabelecimento de um sistema de padrões para o controle de qualidade.
f. Promoção da dimensão Europeia da Educação Superior, apoiando a cooperação "interinstitucional" e os "programas integrados de estudo, treinamento e pesquisa".

Portanto, o Programa de Bolonha é um programa normativo de reorganização da estrutura de ensino europeia.[18] Assim, trata-se de uma iniciativa referendada e iniciada pelos governos europeus. Além disso, como se pode inferir da Declaração de Berlim, a ele foram sendo somados objetivos mais economicistas, como "o aumento da competitividade" (WÄCHTER, 2004).[19]

Se essas fossem as únicas pretensões do Processo de Bolonha, poderíamos afirmar simplesmente que se continua prestando maior ênfase à estrutura, às ideias iniciais que encontramos em documentos e declarações da Comissão Europeia durante a década de 1990[20], ainda que com menor ênfase na democracia e na cidadania europeia. No entanto, precisamos inserir Bolonha em um contexto muito mais explicativo e *político* do que o meramente declarativo e, para isso, temos de ampliar o sistema de referência e inseri-lo na Estratégia de Lisboa.

Na reunião do Conselho Europeu de Lisboa em março de 2000, os primeiros ministros dos diferentes Estados europeus lançaram a chamada "Estratégia de Lisboa", com a missão de transformar a União Europeia no bloco econômico mais competitivo do mundo e atingir o pleno emprego em 2010 (EUROPEAN PARLIAMENT, 2000). A estratégia se baseia em três pilares (KOK, 2004):

– Um econômico, orientado para preparar a transição europeia para uma economia baseada no conhecimento.
– Um social, encarregado da modernização do modelo social europeu, investindo em recursos humanos e combatendo a exclusão social.
– Um meio ambiental, agregado na reunião de Gotemburgo de 2001, o qual visa prestar atenção aos recursos naturais e ao crescimento ecologicamente sustentável (ecoindústrias e ecoinovações).

O relatório elaborado por Kok (2004) se mostra muito crítico com respeito ao alcance dos objetivos fixados. Contudo, além de chamar a atenção à lentidão de sua implantação, ele os modifica, somando outros não menos importantes:

– Enfatizar o mercado interno por meio da livre circulação de bens e capitais, criando um único mercado de serviços.
– Reforçar o mercado de trabalho.

O Tratado de Lisboa reconfigura o espaço da teoria econômica europeia. Ainda que se continue abordando questões como a cidadania, a ecologia e a democracia, não há dúvida de que seu terreno de ação saiu de uma política social ou keynesiana para uma política de intenção neoliberal. Dar prioridade à competitividade econômica e, em especial, à economia baseada no conhecimento, não é nada mais do que adotar formas disfarçadas de neoliberalismo (ROBERTSON, 2008).

Que papel o Tratado de Lisboa tem no Plano de Bolonha? Temos de levar em conta que estamos falando de processos de forte reorganização universitária, os quais criaram um Espaço Europeu de Educação Superior novo e singular. Acrescentamos que na mesma Estratégia de Lisboa (KOK, 2004, p. 19) se está consciente da importância da educação superior como o motor "nacional e regional de competitividade em uma economia global" (ROBERTSON, 2009, p. 9). As universidades devem adotar um papel fundamental na formação da economia europeia baseada no conhecimento, seja ela derivada ou dependente de suas relações com a indústria. "As operações, a governança, as estruturas e os incentivos das universidades – e não somente seus resultados na educação e na pesquisa – convertem-se em um tema da política europeia" (ROBERTSON, 2009, p. 6).

Entretanto, ainda nos falta uma peça para completar esse quebra-cabeças. Voltemos ao Tratado de Lisboa. Esse documento, assim como o Relatório Kok (2004),[21] insiste por meio de suas críticas que é preciso desenvolver uma economia baseada no conhecimento.

Como indicou Godin (2006), o conceito de "economia baseada no conhecimento" mantém a retórica justificativa de que o conhecimento e as tecnologias da informação e comunicação são fatores-chave para a economia; mas, como assinala Robertson (2009), trata-se de concentrar os esforços em um conhecimento que possa gerar benefícios econômicos, como a concessão de patentes. Não nos equivoquemos: não se trata de conhecimentos no sentido amplo e completo; trata-se de uma Europa voltada para o conhecimento específico que gera benefícios econômicos, e não para os demais conhecimentos.[22]

> O imperativo de promover a Europa como um projeto político e econômico e, especificamente, desenvolver uma economia baseada no conhecimento está relacionado com o declínio da Europa e dos Estados Unidos na produção global de bens. Por essas razões, tanto os Estados Unidos quanto a União Europeia compartilham o interesse comum da expansão de uma economia global de serviços, incluindo a educação superior como um mercado, uma máquina para a inovação e um setor-chave para o desenvolvimento de novas formas de propriedade intelectual. (ROBERTSON, 2009, p. 3)

Como fazer essa transformação? Afinal, de certa maneira, as universidades europeias têm mantido um alto nível em termos de pesquisa, produção de conhecimento e relações com empresas e indústrias. A Estratégia de Lisboa visa acelerar e ampliar tudo isso, mas não basta afirmar as intenções e ampliar as estruturas normativas aprovadas para as universidades. Nesse quebra-cabeças, necessitamos de uma terceira peça, que Robertson (2009) indica, mas não desenvolve no sentido que aqui desejo lhe dar. A peça é o *Tuning*, de 2003.[23]

Se por um lado temos um novo Espaço Europeu de Educação Superior em função do Programa de Bolonha e, por outro, um objetivo tão claro como o estabelecido pela Estratégia de Lisboa sobre a economia do conhecimento, o que é preciso é um tradutor que possa converter os conhecimentos desenvolvidos dentro das universidades em conhecimentos viáveis em termos econômicos e mercantis. *Tuning* é esse tradutor, porque entra nos conteúdos dos planos de estudos universitários e os modifica segundo perfis profissionais, da seleção de resultados de aprendizagem e "competências desejáveis em termos de competências genéricas".[24] A introdução desse tradutor significa muito mais do que a conversão "vocacional" da universidade, o que é evidente. *Tuning* seria, de certa maneira, um tradutor universal exportável por si próprio.

> O enfoque *Tuning* consiste em uma metodologia para redesenhar, desenvolver, implementar e avaliar programas de estudo para cada um dos ciclos estabelecidos em Bolonha, de tal modo que possa ser considerado válido mundialmente, uma vez que testado em vários continentes e aprovado.

Assim, existe um *Tuning* latino-americano, um russo e um asiático. A Europa o amplia como se fosse um colonialismo novo e refundado, um modelo empresarial de organização universitária (ROBERTSON, 2006).

Concluindo, encontramo-nos imersos em uma transformação profunda das estruturas universitárias e dos conteúdos disciplinares destas, submetendo ambas às necessidades do novo neoliberalismo representado pela Estratégia de Lisboa e pelo *Tuning*. Aqui, a questão é um pouco mais densa, mais ideológica e política do que discutir a convergência europeia. Trata-se de uma tentativa inequívoca de transformação neoliberal. Como diria Hirshman (1970), é uma estratégia de *saída* (pelo mercado) que substitui e anula a estratégia de *voz* (participação e debate), a qual representava a Europa da democracia e da comunicação cidadã.

Sob a rubrica da economia baseada no conhecimento, a educação superior (na Europa) agora é valorizada por sua contribuição econômica, e não pela cultural, como um mercado lucrativo e um meio para a geração de novos valores por meio das patentes e da inovação. (ROBERTSON, 2006)

Europeizar a educação, especialmente a educação superior, atualmente pressupõe submetê-la a uma estrutura normativa rígida e a uma modificação profunda de seus conteúdos, aproximando-os das necessidades do mercado e da produtividade. Talvez o principal resultado não seja institucional. A mudança neoliberal da política europeia na educação conseguiu que tornássemos cada nação autônoma para o desenvolvimento de sua própria política, quando se trata justamente de uma consequência sempre esquecida das políticas neoliberais: o aumento do controle e da homogeneização (NÓVOA; DE JONG-LAMBERT, 2003, p. 46). Ainda assim, podemos falar de convergência europeia como se ela fosse um tema neutro e isento de consequências políticas questionáveis?

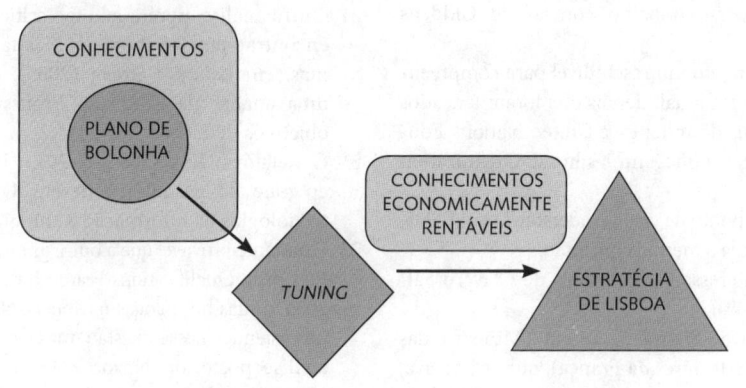

Figura 23.1 *Tuning* como tradutor para a economia baseada no conhecimento.
Fonte: O autor.

NOTAS

1 Veja também Appadurai (1996).
2 É como se tratássemos, continua Beck (1997, p. 32), "um edifício tão complexo quanto a Alemanha como se fosse uma empresa". Na realidade, forçando um pouco o conceito, é como se estivéssemos como o neoliberalismo frente a um *marxismo de direita*. Para os neoliberais, ainda que a infraestrutura não explique completamente o que acontece na superestrutura, sem a primeira, não existiria a segunda. Para os neoliberais, o mercado e a economia movimentam o mundo; por isso, em certas ocasiões eles se chocam de frente com os neoconservadores. Veja Dubiel (1993) e Angulo Rasco (1995).

3   É preciso levar em conta que, em um contexto neoliberal, o capital financeiro é mais importante que o produtivo. Na educação, temos alguns exemplos de equiparação entre o neoliberalismo e a globalização. Veja os trabalhos reunidos em Torres e Burbules (2005).
4   Beck (1997, p. 23) acrescenta: "Globalidade significa o seguinte: faz bastante tempo que vivemos em uma sociedade mundial [...] Não há nenhum país ou grupo que possa viver sem se relacionar com os demais".
5   Observe que as datas são aproximadas. Veja Frieden (2007).
6   Não posso me deter nesse ponto, mas a famosa tese da "macdonalização" da sociedade (RITZER, 1996) explica uma parte de um processo que é polivalente e tem muito mais dimensões e planos. Não estou querendo dizer que tal tese seja errônea, mas – insisto – que ela é insuficiente para compreender com profundidade o que está ocorrendo. Veja Appadurai (1996) e Mackay (1997).
7   Pelo bem da verdade, em Appadurai continua-se pensando o aspecto econômico, mas ele é suficientemente antropólogo para se safar e propor uma estrutura muito mais abrangente. É extremamente interessante levar em conta a coincidência desse trabalho com o de Giddens (1993).
8   Um documento imprescindível para compreender a situação atual, depois que foram lançados os objetivos do milênio, é United Nations Educational, Scientific and Cultural Organization (2004).
9   Sob outro ponto de vista, Anderson-Levitt (2008, p. 363) chega à mesma conclusão.
10 Veja as interessantes reflexões de Clavero Salvador (2004).
11 Refiro-me ao Plano Schuman (Ministro das Relações Exteriores da França), que se baseava, por sua vez, em uma proposta de Jean Monnet.
12 A Espanha ingressou na União Europeia em 14 de novembro de 1988.
13 É preciso observar que, *strictu sensu*, o Plano de Bolonha é uma iniciativa dos Estados Europeus (por meio de acordo dos Ministérios da Educação), ou seja, ele não é um plano da União Europeia, como os programas que denominamos *comunicativos*.
14 Com a inclusão dos dados da prova PISA no relatório de 2002.
15 Veja também Corbett (2005).
16 A Declaração foi assinada por 30 ministros e altos dignitários da educação. A Espanha foi representada pelo Secretário de Estado de Educação, Universidades, Pesquisa e Desenvolvimento (1999-2000) do Governo do Partido Popular, e não pelo Ministro da Educação de então, Mariano Rajoy.
17 Carabaña (2009), em um excelente artigo sobre Bolonha, assinalou que a Espanha, com as atuais mudanças, deixou de ter uma estrutura universitária (LRU) 3+2 e passou a ter uma estrutura 4+1. Ou seja, com as reformas atuais, afastamo-nos de Bolonha, em vez de nos aproximarmos.
18 Em 2009, há aproximadamente 46 países e 5.600 universidades públicas e privadas envolvidas, abrangendo cerca de 16 milhões de estudantes. O EEES inclui a Rússia, o sudeste da Europa e inclusive ultrapassa a União Europeia (ROBERTSON, 2009, p. 4).
19 É certo que se enfatiza a ideia de aprendizado ao longo da vida como um "direito à cidadania europeia", mas essa ideia não deixa de ser uma pretensão economicista. Não temos como nos estender sobre este tema (WÄCHTER, 2004, p. 266–267).
20 Como, por exemplo, European Commission (1997).
21 Outra análise, porém não tão crítica, podemos encontrar em Heichlinger, Määttä e Unfried, mas, em Leney e Green (2005), também há uma análise da Educação Profissional e dos objetivos de Lisboa.
21 O Relatório Kok (2004, p. 20) o indica sob a epígrafe de pesquisa e desenvolvimento das tecnologias da informação e comunicação.
23 É bastante provável que a outra grande peça seja a European Qualifications Framework, lançada em 2005, e suas homólogas nacionais. Não podemos nos estender nessa questão, mas ela merece uma análise posterior. Nóvoa e De Jong-Lambert (2003, p. 46) a entendem da seguinte maneira: "uma diversidade de estratégias – *benchmarking* (comparação de rendimentos), estabelecimento de objetivos, ensaios conjuntos, redes de especialistas, indicadores de rendimento, etc. – é mobilizada a fim de distrair a discussão das questões políticas e reorientá-la para os níveis mais difusos de governo. O 'Estado regulador' implica o Estado avaliador como tal, quando os elementos da economia de mercado são levados ao setor público".
24 Em Angulo Rasco (1995), as implicações do *Tuning* são analisadas com maior profundidade.

REFERÊNCIAS

AARKROG, V.; JORGENSEN, C. H.(Ed.). *Divergence and convergente in education and work.* London: Peter Lang, 2008.

ANDERSON-LEVITT, K. M. Globalization and curriculum. In: CONNELLY, F. M. et al. (Ed.). *The SAGE handbook of curriculum and instruction.* London: Sage, 2008. p. 349-368.

ANGULO RASCO, F. El neoliberalismo el surgimento del mercado educativo. *Kikirikí,* n. 35, 1995. Disponível em: <http://firgoa.usc.es/drupal/node/36471>. Acesso em: 20 nov. 2012.

APPADURAI, A. *Modernidad desbordada.* Mexico: Fondo de Cultura Económica, 1996.

BAKER, D. Institutional Change in education: evidence from cros-national comparisons. In: MEYER, H. D.; ROWAN, B. (Ed.). *The new institutionalism in education.* Albany: University of New York Press, 2006. p. 163-186.

BAKER, D. P.; LETRENDRE, G. K. *National differences, global similarities:* world culture and the future of schooling. Standford: Standford University Press, 2005.

BECK, U. *¿Qué es la globalización?* Falacias del globalismo, respuestas a la globalización. Barcelona: Paidós, 1997.

BOLI, J.; RAMÍREZ, F. O.; MEYER, J. M. Explicación de los orígenes y el desarrollo de la educación de masas. In: ALTBACH, P. G.; KELLY, G. P. (Comp.). *Nuevos enfoques en educación comparada.* Madrid: Mondadori, 1990. p. 123-152.

CARABAÑA, J. Bolonia: rectificar a tiempo. *El País,* 25 mayo 2009.

CHUBB, J. E.; MOE, T. M. *Politics, markets and america's schools.* Washington: The Brookings Intitution, 1990.

CLAVERO SALVADOR, B. ¿Qué historia, para qué constitución, de qué Europa? *Revista de Estudios Políticos,* n. 123, p. 101-128, 2004.

COBERTT, A. *Universities and the Europe of knowledge.* London: Palgrave-MacMillan, 2005.

DU GAY, P. et al. *Doing cultural studies:* the story of the Sony Walkman. London: Open University Press, 1997.

DUBIEL, H. *¿Qué es Neoconservadurismo?* Barcelona: Anthropos, 1993.

ESTÉVEZ, C.; TAIBO, C. (Ed.). *Voces contra la globalización.* Barcelona: Crítica, 2008.

EUROPEAN COMMISSION. *Report:* accomplishing Europe through education and training. Brussels: European Commission, 1997.

EUROPEAN PARLIAMENT. *Lisbon european council:* presidency conclusions. Lisbon: European Parliament, 2000. Disponível em: <http://www.europarl.europa.eu/summits/lis1_en.htm>. Acesso em 20 nov. 2012.

FOCUS on the structure of higher education in Europe 2006/07: national trends in the Bologna process. Brussels: EURYDICE, 2007. Disponível em: <http://eacea.ec.europa .eu/education/eurydice/documents/thematic_reports/086EN.pdf>. Acesso em: 20 nov. 2012.

FRIEDEN, J. A. *Capitalismo global:* transfondo económico de la historia del siglo XX. Barcelona: Crítica, 2007.

FRIEDMAN, M.; FRIEDMAN, R. *Libertad de elegir:* hacia un nuevo liberalismo económico. Barcelona: Grijalbo, 1980.

GIDDENS, A. *Consecuencias de la modernidad.* Madrid: Alianza, 1993.

GIMENO SACRISTÁN, J. *Educar y convivir en la cultura global.* Madrid: Morata, 2001.

GODIN, B. The knowledge-based economy: conceptual framework or buzzword? *Journal of technology transfer,* v. 31, p. 17-30, 2006.

GREEN, A.; WOLF, A.; LENEY, T. *Convergence and divergente in european education and training systems.* London: University of London, 1999.

HELD, D.; MCGREW, A. *Globalización / antiglobalización sobre la reconstrucción del orden mundial.* Barcelona: Paidós, 2002.

HIRSHMAN, A. O. *Salida, voz y lealtad.* Mexico: Fondo de Cultura Económica, 1970.

HUSÉN, T.; TUIJNMAN, A.; HALLS, W. D. *Schooling in modern European society:* a report of the academia europaea. Oxford: Pergamon Press, 1992.

KOK, W. *Facing the challenger ahead: the Lisbon strategy for growth and employment. Report from the High Level Group.* Belgium: European Commission, 2004.

LENEY, T.; GREEN, A. Achieving the Lisbon goal: the contribution of vocational education and training. *European Journal of Education,* v. 40, n. 3, p. 261-278, 2005.

MACKAY, H. (Ed.). *Consumption and everyday life.* London: Open University Press, 1997.

MEYER, J. W.; KAMMENS, D. H.; BENAVOT, A. (Comp.). *School knowledge for the masses:* world models and national primary curricular categories in the twentieth century. London: The Falmer Press, 1992.

MEYER, J. W.; RAMIREZ, F. O.; SOYSAL, Y. N. World expansion of mass education, 1870-1980.

Sociology of Education, v. 65, n. 2, p. 128-149, 1992.

MEYER, J. W.; ROWAN, B. Institutional organizations: formal structure as myth and ceremony. *American journal of Sociology*, v. 83, n. 3, p. 340-363, 1977.

NÓVOA, A.; DE JOHNG-LAMBERT, W. Educating Europe: an análisis of EU educational policies. In: PHILLIPS, D.; ERTL, H. *Implementing european: union education and training policy*: a comparative study of issues in four member states. Dordrecht: Kluwe Academic Publish, 2003. p. 41-72.

NÚÑEZ, C. E. *La fuente de la riqueza*: educación y desarrollo económico en la España Contemporánea. Madrid: Alianza, 1992.

NÚÑEZ, C. E.; TORTELLA, G. (Comp.). *La maldición divina*: ignorancia y atraso económico em perspectiva histórica. Madrid: Alianza, 1993.

OLSEN, M.; CODD, J.; O'NEIL A. M. *Education policy*: globalization, citizenship & democracy. London: Sage Publications, 2004.

OPPENHEIMER, S. *Los senderos del éden*: orígenes y evolución de la especie humana. Barcelona: Crítica, 2004.

PHILLIPS, D.; ERTL, H. *Implementing European union education and training policy*: a comparative study of issues in four member states. Dordrecht: Kluwe Academic Publish, 2003.

RAMÍREZ, F. O. *The nation-state, citizenship, and educational change. institucionalization and globalization*. Holiand: [s.n], 1992.

RAMÍREZ, F. O; VENTRESCA, M. J. Institucionalización de la escolaridad masiva: isomorfismo ideológico y organizativo en el mundo moderno. *Revista de Educación*, n. 298, p. 121-139, 1992.

RITZER, G. *La McDonalización de la sociedad*: un análisis de la racionalización en la vida cotidiana. Barcelona: Ariel, 1996.

RIZVI, F.; LINDGARD, B. *Globlalizing education policy*. London: Routledge, 2010.

ROBERTSON, R. *3 Olas de globalización*: historia de una conciencia global. Madrid: Alianza, 2003.

ROBERTSON, S. L. The politics of construting (a competitive) Europe(an) through internationalizing higher education: strategy, structures, subjects. *Perspectives in Education*, v. 24, n. 4, p. 29-44, 2006.

ROBERTSON, S. L. The Bologna process goes global: a model, market mobility, brain power or state buiding strategy? *Revista Brasileira de Educação*, Rio de Janeiro, v. 14, n. 42, set./dez. 2009.

ROWAN, B. The new intitutionalism and the study of educational organizations: changing ideas for changing times. In: MEYER, H.D.; ROWAN, B. (Ed.). *The new institutionalism in education*. Nueva York: State University of New York Press, 2006. p. 15-32.

ROWAN, B.; MISKEL, C. Institutional theory and the study of educational organizations. In: MURPHY, J.; SEASHORE L. K. (Ed.). *Handbook of research on educational administration*. San Francisco: Jossey-Bass, 1999. p. 359-383.

SCHOLTE, J. A. *Globalization*: a critical introduction. 2. ed. Nueva York: Palgrave-Macmillan, 2005.

SOROS, G. *Globalización*. Barcelona: Planeta, 2002.

SOYSAL, Y. N.; STRANG, D. Construction of the first mass education systems in nineteenth- century Europe. *Sociology of Education*, v. 62, n. 4, p. 277-288, 1989.

SWAAN, A. *A cargo del estado*. Barcelona: Pomares Corredor, 1992.

THOMAS, G. M. et al. *Institutional structure. constituting state, society, and the individual*. London: Sage, 1987.

TORRES, C. A.; BURBULES, N. C. Introducción. In: BURBULES, N. C.; TORRES, C. A. *Globalización y educación*: manual crítico. Madrid: Popular, 2005. p. 7-30.

UNITED NATIONS EDUCATIONAL, SCIENTIFIC AND CULTURAL ORGANIZATION. *Informe mundial sobre la educación*: 1991. Madrid: UNESCO, 1992.

UNITED NATIONS EDUCATIONAL, SCIENTIFIC AND CULTURAL ORGANIZATION. *Informe mundial sobre la educación*: 1993. Madrid: UNESCO, 1994.

UNITED NATIONS EDUCATIONAL, SCIENTIFIC AND CULTURAL ORGANIZATION. *Educación para todos*: el imperativo de la calidad: informe de seguimiento en el mundo de la EPT 2005. París: UNESCO, 2004.

WÄCHTER, B. The Bologna process: developments and prospects. *European Journal of Education*, v. 39, n. 3, p. 265-273, 2004.

PARTE V
O currículo em uma aula "sem paredes"

24 O currículo e os novos espaços de aprendizagem

J. Félix Angulo Rasco
Rosa M. Vázquez Recio
Universidade de Cádiz

Em uma tarde de tédio, visitando o *site* da WordPress, deparei-me com seu *blog*. A princípio, não me pareceu nada diferente dos outros, mas tinha esse dom 2.0 que somente pode ser explicado com *hiperlinks*. Foi algo mágico: dois dias depois, eu estava filiado aos seus *feeds*. Ela era maqueira e eu linuxeiro, trocamos nossos *jabbers* e eu esperava ansiosamente as atualizações do seu *videoblog* enquanto explorava seu *flickr*. Não sei por quê, mas naquele dia decidi procurar seu nome no Facebook. Não fumante, agnóstica, cabelo curto, etc. Mas existem verdades que são muito duras de descobrir: ela pertencia a um grupo de usuários de Windows Vista. Desde então, não sigo mais seu *twitter*. (Daniel de Hoyo, *Ciberp@ís*, 10 anos, 27 de março de 2008)

A INCONTROLÁVEL DENSIDADE TECNOLÓGICA

Nossa sociedade e, consequentemente, nossa vida cotidiana, vêm se enchendo, enriquecendo e saturando de tecnologias; tecnologias que, desde o último quarto do século XX, são essencialmente tecnologias digitais. Talvez esse seja o legado mais importante da revolução industrial: a introdução de tecnologias *consumíveis* e acessíveis economicamente em nossa vida cotidiana (SILVERSTONE; HIRSCH, 1992; LIVINGSTONE; BOVILL, 2001; RIDEOUT; ROBERTS; FOEHR, 2005).

Esse processo de *densificação tecnológica* paulatina – e incontrolável – tornou-se tão normal e tão lógico que nos seria impossível, ou ao menos muito difícil, pensar em uma situação diferente, em um mundo sem tecnologias. Estamos, como diria Echeverría (1999), em um terceiro ambiente (A3), um meio que é uma espécie de nova forma de (sobre)natureza, apoiada nas inovações tecnológicas e na qual a internet é a expressão mais notável e desenvolvida (Quadro 24.1).

MAIS QUE DADOS, TENDÊNCIAS

Examinemos um pouco mais detalhadamente "o conteúdo" desse novo ambiente. Uma das últimas pesquisas EGM[*] sobre o

---
[*] N. de R.: Do espanhol, Estudio General de Medios (EGM), é um instituto de pesquisas, similar ao IBOPE brasileiro.

Quadro 24.1 Contextos da humanidade

TIPO DE CONTEXTO	DESCRIÇÃO
Primeiro Contexto (C1)	Contexto do ambiente natural; adaptação como processo evolutivo.
Segundo Contexto (C2)	Contexto cultural e social; fundamentalmente urbano. Suas formas canônicas são os povoados e conurbações que o ser humano habita.
Terceiro Contexto (C3)	Contexto da informática; em processo de construção. Sua forma canônica é a internet.

Fonte: Echeverría (1999).

equipamento dos lares espanhóis, datada de 2005, oferece-nos informações realmente interessantes. Desde 1987 até 2003, a presença da televisão nos lares espanhóis teve um crescimento paulatino, passando de 98,2% a 99,6%, assim como o rádio (86% a 96%), o telefone (62% a 97%), o fogão, a geladeira, o micro-ondas, o aparelho de vídeo e outros eletrodomésticos. Nos últimos seis anos, incorporamos computadores pessoais, chegando a 38,9%, câmeras digitais (17,4%), consoles de vídeo (18%), conexão à internet (21,5% em 2003 e 20,6% em 2006) e, por último, a tecnologia digital mais bem-sucedida, a telefonia móvel, com uma penetração, em 2006, de 100,5% da população.[1] Deixando de lado a telefonia móvel (TM) e aceitando a presença importante das tecnologias digitais da comunicação, deveríamos aceitar sem muita discussão o fato de que são os meios audiovisuais e, em particular, a televisão, a *tecnologia* que tem presença mais destacada. Esse fato poderia validar a tese de Mernissi (2005),[2] desde que façamos, ao menos, duas ressalvas.

Primeiro, aceitemos que a televisão (deixando de lado a TM) continua sendo a tecnologia fundamental e com o maior número de usuários. Essa circunstância explica por que existe mais de um monitor[3] em mais de 14% dos lares espanhóis no ano de 2003. Segundo, e partindo da ressalva anterior, podemos nos dar conta de uma pequena variação que, no longo prazo, pode ser importante. A chave nos é apresentada pelo resumo geral EGM de 2008 (Figura 24.1). Segundo os dados que apresenta, entre 2005 e 2007, houve uma redução constante de usuários de televisão (com uma leve variação de um décimo em 2008) e um aumento notável de usuários da internet. Como podemos explicar essa situação?

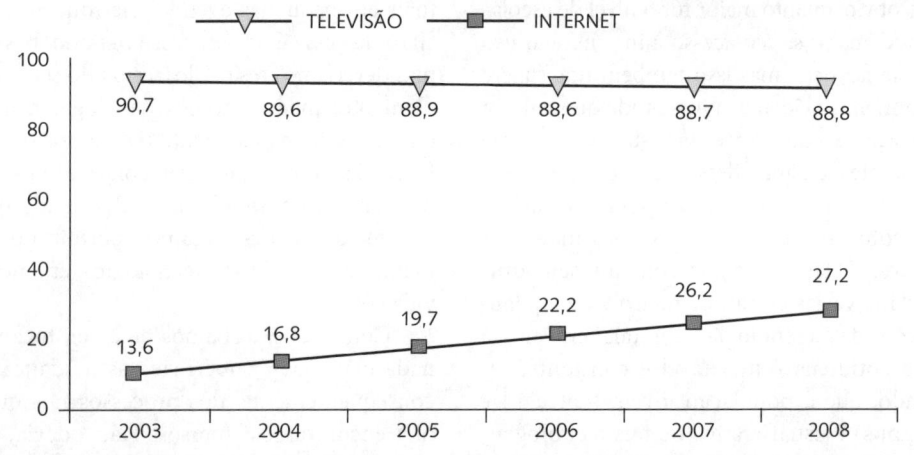

Figura 24.1 Evolução dos usuários da televisão e da internet. Penetração em %.
Fonte: EGM, 2008.

Para responder a essa pergunta, não podemos extrapolar os dados para afirmar simplesmente, por exemplo, que a televisão desaparecerá ao ser absorvida pela internet; isso seria um erro grave.[4] A questão é muito mais complicada e, para analisá-la, temos de invocar uma série de elementos que estão implícitos no terceiro ambiente (A3), no novo ambiente digital. Mas antes, vamos analisar mais alguns dados que podem ser esclarecedores e complementar o que estamos expondo.

Segundo os dados do Instituto Nacional de Estatística espanhol, INE–2007, 51% dos internautas na Espanha têm entre 16 e 34 anos, 24% têm entre 35 e 44 anos, e esse número diminui entre os 44-54 e 55-64 anos, sendo 16% e 6%, respectivamente. Esses dados nos indicam que a população usuária da internet é em massa jovem e está muito envolvida com ela desde os 16 anos.

Porém, se ainda nos restam dúvidas, os dados relativos ao acesso diário ou semanal, de acordo com o nível de estudo, deixam poucas dúvidas a respeito, pois 83% das pessoas que têm estudos universitários são usuários da internet, mas 66% possuem nível de escolaridade técnico e 60% dos estudantes da educação secundária (16 e 17 anos) são também usuários semanais ou diários. Isso nos assinala algo óbvio: quanto maior for o nível de escolaridade, maior será o acesso à internet e o uso que se faz dela; mas isso também nos sugere algo menos evidente: a juventude que cursa a educação secundária é, por sua vez, usuária constante (semanal) dessa tecnologia.

Bastam, por ora, essas poucas estatísticas como mostra das tendências mais evidentes. Delas, podemos concluir sem dificuldade várias coisas: primeiro, que a penetração das tecnologias digitais em nossa vida cotidiana é inevitável e constante; segundo, que a população jovem (entre 14 e 18 anos) é usuária ativa de tais tecnologias, especialmente da internet; e terceiro, que a população que já está chegando às nossas universidades – e esse fenômeno tende a se acentuar com os próximos ingressantes – se criou, vive, age, comunica-se e aprende em um ambiente densamente digital, impensável há 30 anos. De uma maneira clara, a juventude e as novas gerações são *insiders*, frente a nós, que aprendemos a viver com as tecnologias, mas não nascemos rodeados por elas. No melhor dos casos, representamos uma população *outsider* como, não sem certo laconismo, afirmam Lankshear e Knoble (2003, 2006). Mas, antes de continuar, e para poder captar em toda a sua força o que supõe esse novo contexto, vamos expor algumas de suas características e propriedades mais evidentes.

CARACTERÍSTICAS DO CONTEXTO DIGITAL

Uma primeira característica que podemos associar a este novo contexto foi assinalada em sua época e de um modo geral por Negroponte (1995). Segundo esse autor, nos encontra-mo-nos em uma dinâmica incontrolável na qual passamos de "átomos a bits" de informação; ou, resumindo, já não necessitamos carregar os pesados livros atômicos, agora podemos "carregar" informações textuais em pequenas agendas eletrônicas. Está claro que esse é um processo *material* básico, mas deveríamos resituá-lo, aceitando seu complemento: menos átomos dão lugar a mais bits. Ou seja, não somente reduzimos o peso físico da informação, mas conseguimos aumentar sua densidade; uma densidade que, justamente, não esqueçamos, permitiu o aumento da densidade tecnológica em nossa vida cotidiana.

Com o que acabamos de dizer, tocamos nada mais que a superfície das mudanças e, consequentemente, dos processos nos quais nos encontramos imersos. Há, todavia, diversas características mais bem associadas ao novo ambiente e que derivam da anterior.

Portabilidade-proximidade

Portabilidade-proximidade é um processo que parece ter passado um tanto despercebido, devido, precisamente, à sua presença cotidiana. Além disso, há o fato evidente de que os *gadgets*[5], computadores e demais aparatos tecnológicos são cada vez mais fáceis de transportar. Hoje, estamos distantes dos velhos e imensos protótipos Harvard Mark-1, de 1944, e ENIAC, de 1945. Mas eles não são somente fáceis de transportar, além disso (e justamente por isso) ficam mais próximos de nós. Hoje, em nossos bolsos, temos agendas, celulares, leitores *mp3* e outros aparelhos parecidos. Eles estão tão perto de nosso corpo físico que passaram a fazer parte de nossa vestimenta, mas de modo lento, incontrolável. Isso também nos permite levar a qualquer lugar grandes quantidades de informação, algo que se amplifica por meio da internet até limites jamais imaginados.

Hibridização

A *hibridização* é outro fenômeno importante no ambiente digital, segundo o qual as distintas tecnologias e os *gadgets* (apetrechos) se fundem uns aos outros, de tal modo que já não encontramos *gadgets* tecnológicos puros, mas híbridos. Vejamos alguns exemplos: um computador é ao menos uma imprensa digital, um aparelho de som, um editor de vídeo e um receptor de televisão; e isso também ocorre com os celulares, que são, de uma só vez, a agenda e a câmera digital, assim como visores de vídeos e de televisão. E, assim, com todos e cada um dos aparelhos tecnológicos que introduzimos em nossas vidas, incluindo eletrodomésticos típicos como a geladeira, que, em algumas marcas, incorpora conexão com a internet.[6] Queremos assinalar que se trata de algo mais forte que a integração de meios; trata-se de uma autêntica *fusão* de uns nos outros, gerando como consequência aparatos e apetrechos híbridos.

São esses processos básicos que permitem e fazem com que o contexto digital possua uma série de características-chave, as quais, por implicação, são as que incidem na cultura, na educação e no conhecimento de uma maneira bastante evidente. As características às quais nos referimos são as de eficiência/velocidade, quantidade, portabilidade/onipresença, multimodalidade, hipertextualidade[7] (Quadro 24.2).

Quadro 24.2 Características do contexto digital

Instantaneidade/ Velocidade	Os sistemas digitais têm incrementado a velocidade de transporte da informação criando a necessidade social da instantaneidade, da resposta imediata, da mensagem instantânea. Por exemplo, *Wikiwiki* é uma palavra que, em havaiano, significa rápido e que é empregada como parte da denominação de uma plataforma tão importante como a Wikipédia.
Quantidade	Os sistemas digitais, como vimos antes, têm conseguido aumentar a quantidade de informação reduzindo a ocupação física do receptáculo; por isso mesmo, as dimensões da informação que temos armazenado e continuamos incorporando à internet são atualmente medidas por novas unidades, como os exabytes (2^{60} bites) e os petabytes (2^{50} bites).
Portabilidade/ onipresença	Os sistemas digitais, e especialmente a internet, permitem-se ter acesso à informação praticamente de qualquer lugar; bastando uma conexão. Por isso mesmo, a informação não está em somente um lugar, ela está praticamente em todo lugar; basta que nos conectemos, mais uma vez, à internet.
Hipertextualidade	Por hipertexto, entendemos a estrutura básica na qual a informação se apresenta em ambientes digitais, especialmente na internet. Apoia-se na possibilidade de estabelecer *hiperlinks* entre documentos.
Multimodalidade	A multimodalidade é a possibilidade de reunir, em um mesmo documento, formatos distintos e diversos, especialmente de texto, som, imagens fixas e em movimento, objetos bi e tridimensionais.

Fonte: O autor.

Não podemos nos deter em todas as características, mas é conveniente esmiuçar, de forma seletiva e de acordo com sua importância, as duas últimas, a saber: a hipertextualidade e a multimodalidade.

A hipertextualidade

A *hipertextualidade* remonta a 1945, quando Vannevar Busch propôs um sistema para organizar de modo eficiente grandes quantidades de informação. Não obstante, foi Ted Nelson quem, em 1965, empregou claramente tal conceito. Como indicam Caridad e Moscoso (1991, p. 31), para compreender a importância da estrutura hipertextual, deve-se levar em conta que com ela se rompe, digamos, com a tradicional estrutura linear dos textos. Um hipertexto se baseia em uma organização de relações "entre distintas partes informativas". A leitura de um hipertexto, por isso, pode ser feita de muitas maneiras, além da linear, tantos quantos forem os *links* (e a combinação destes) que existirem entre os distintos documentos. Assim, podemos estabelecer um ponto de começo na hora de "ler", mas não podemos prever o curso da leitura. Ao contrário dos livros, que são organizados por capítulos sucessivos, em linhas de textos sucessivas e orações sucessivas, um hipertexto sobrepõe a organização textual *tradicional* e oferece a possibilidade de o leitor saltar de um texto para outro e assim por diante de modo contínuo. O desenvolvimento técnico dos sistemas digitais permitiu que os *links* não sejam somente entre textos (ou conceitos), mas também entre imagens, vídeos e arquivos de som. O exemplo típico de um sistema hipertextual nos é dado pelas páginas da internet. Na realidade, a estrutura hipertextual é uma invenção isomórfica a respeito da mesma estrutura na qual a internet se organiza; trata-se de nexos, nós, fluxos, conexões, malhas e redes que encontramos tanto na rede mundial de computadores quanto em seus documentos básicos.

A multimodalidade

A *multimodalidade*, outra característica fortemente associada às tecnologias digitais, significa que é possível trabalhar e compor mensagens de forma simples, utilizando diversas "maneiras" ou fontes de informação: palavras – faladas ou escritas –, imagens, vídeos, músicas, objetos tridimensionais, etc. Mas, ampliando a ideia, um usuário médio pode estar atuando e negociando, por sua vez, mensagens e informações que procedem e se apoiam nessa pluralidade modal; além disso, tal usuário médio se acostumou com tais sistemas de uma maneira que, como já assinalaram alguns autores, a informação meramente textual está perdendo terreno em benefício de um tipo de informação mais *híbrida* – continuando com o conceito que cunhamos antes – na qual o *textual-alfabético* não seja o modo predominante (LANKSHEAR; KNOBEL, 2003, 2006; KRESS, 2003).

Tomadas em conjunto, as duas últimas características nas quais nos detemos nos colocam frente a um cenário diferente e bem mais complexo do que aquele que se costuma desenhar em quase todas as propostas de utilização das tecnologias digitais na educação. Gostaríamos de esclarecer que, ainda que estejamos desenvolvendo nosso discurso e nossos argumentos em relação às tecnologias digitais, o cenário cujas consequências devemos aceitar e entender não é – digamos – o cenário das máquinas propriamente dito, mas uma nova reconfiguração sociocultural que lhes acompanha (MONTAGU; PIMENTEL; GROISMAN, 2004; TAYLOR; SAARINEN, 1996).[8] Assim, estaríamos equivocados se enfatizássemos, mais do que acabamos de descrever, a necessidade de "escolas ou universidades inteligentes repletas de equipamentos" (ideias que se costuma encontrar em um ou outro documento oficial) ou de apetrechos mais potentes ou rápidos utilizando uma nova geração de *software*. O problema é que as novas gerações, como dizíamos antes, são *insiders* (LANKSHEAR; KNOBEL, 2003), ou seja, nativas de um mundo que está mudando cultural e socialmente de tal forma que se exige dos educadores um novo esforço para que olhemos muito além dos recursos de informática e dos monitores, bem como além das tradições curriculares e das concepções alfabéticas e acadêmicas que mantemos como inquestionáveis. A seguir, gostaríamos de nos deter, dentre as muitas disponíveis[9], em duas temáticas adotadas por grande parte das que até agora abordamos: os espaços e as alfa-betizações.

NOVOS ESPAÇOS SOCIOEDUCATIVOS E A INTERNET 2.0

Por ora, não resta dúvida de que o mundo digital está afetando os espaços socioculturais e, portanto, educativos, que foram construídos nos últimos dois séculos. Além disso, o mundo digital proporcionou a criação de outros novos mundos, até agora desconhecidos. Não se trata aqui da contraposição entre o mundo virtual e o mundo real, tal como Turkle (1997) nos faz ver de uma forma tão extrema. É algo mais *diverso* e, sem dúvida, mais *complexo*.

Não é necessário recordar o lento processo de extensão da escolaridade e da universidade no mundo ocidental; um processo que infelizmente não acabou. As instituições formais de educação e, sem dúvida, a universidade, eram até então os espaços socioculturais e *cognitivos* mais importantes para a humanidade: nelas, as novas gerações eram formadas e tinham acesso ao conhecimento e à aprendizagem das ferramentas básicas com as quais era possível compreender, formar profissionais e, até certo ponto, transformar o mundo. Até agora, entendemos e aceitamos que a escola é um espaço "privilegiado", ou, digamos, o "espaço" do conhecimento e da alfabetização. E assim ocorre com outras tecnologias (desde o quadro negro até a televisão); desde a década de 1960, empenhamo-nos em introduzir tecnologias digitais na forma de *hardware* e *software*, incorporando-as aos nossos processos de ensino sem mudar essencialmente a estrutura curricular ou mesmo física das instituições de educação. Na realidade, aceitamos, encantados, o poder dos novos apetrechos, o potencial dos novos produtos suposto e vociferado pelas lojas de eletrônicos, e nos limitamos a modificar e adaptar a pedagogia às novidades tecnológicas que têm aparecido. Noble (1996) analisou detalhadamente essas adaptações. Segundo ele, se, em 1983 estendeu-se às escolas a programação Basic, em 1984, esforçamo-nos com o LOGO, em 1986 descobrimos os sistemas integrados de exercício e prática (*drill and practice*), em 1988, trabalhamos assiduamente com os processadores de texto, em 1992, começamos a utilizar algumas aplicações hipertexto/multimídia (como a Enciclopédia Encarta da Microsoft) e, desde 1994, começamos, com mais ou menos sorte, a utilizar a internet e os sistemas "didáticos *online*". Mas o espaço físico da sala de aula tem permanecido praticamente inalterado: fixamos os computadores nas mesas, distribuímos as escrivaninhas tecnológicas em fileiras, voltadas para a mesa do docente, como se nada tivesse mudado e, em um arrebato inovador, adquirimos quadros digitais sem ter claro para que vamos utilizá-los e sequer saber se realmente são necessários.

Todavia, gostaríamos de insistir no fato de que a densidade tecnológica significa que agora podemos encontrar e utilizar computadores e outras tecnologias digitais e, com eles, acessar a internet em *espaços não escolares nem acadêmicos*. Esse processo, inicialmente produtivo e econômico, colocou em questão as instituições educacionais em um sentido duplo e complementar: elas não são o único lugar para a gestão da informação e nem o único lugar de utilização das novas tecnologias. Além disso, é justamente nos espaços informais que as novas tecnologias são usadas de um modo muito mais criativo, diverso, motivador e implicativo (LANKSHEAR; KNOBEL, 2003, 2006), e são as gerações *insiders* as encarregadas disso. Nos institutos e espaços de educação (salvo exceções), os usos das tecnologias se mantêm restritos a antigos esquemas acadêmicos, distantes das possibilidades que os *insiders* sabem aproveitar em seu uso cotidiano. Essa situação é, por si só e por enquanto, um grande desafio. Mas perguntemo-nos, antes de nos aprofundar nessa temática, quais outros novos espaços têm aparecido. Para responder a essa pergunta, é necessário diferenciar, para fins explicativos, espaços "reais" e espaços "virtuais".

Novos cenários reais

Entendemos como tais os novos cenários que, cada vez mais, tornam-se protagonistas à medida que nosso mundo se densifica tecnologicamente. Gostaríamos de mencionar dois entre todos os possíveis: o lar e os cibercafés.[10] A razão é bem simples e complementar. De acordo com o terceiro estudo da Associación para la Investigación de Médios de Comunicación (2004) e a enquete feita nos lares pelo INE-CMT em 2002, o lar é o lugar predominante para o uso da internet e seu acesso, seguido pelos locais de trabalho e outros lugares, de acordo com os dados da CMT, como os cibercafés (Figura 24.2).

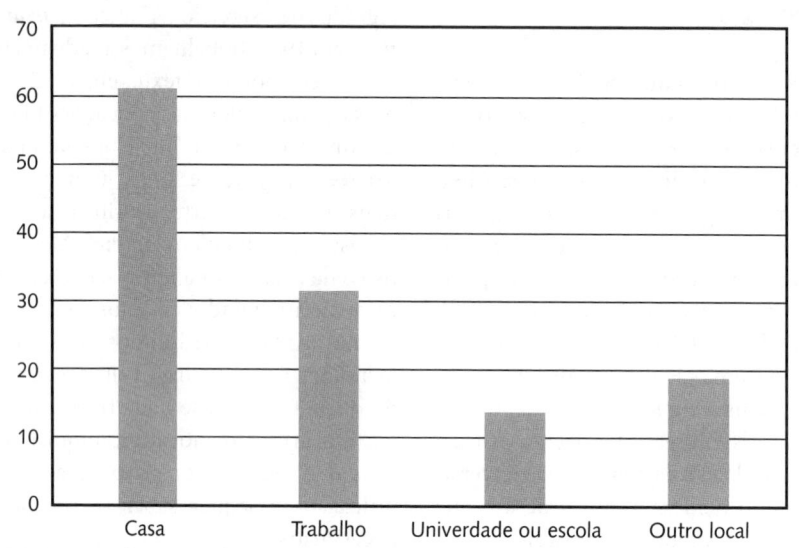

Figura 24.2 Lugar de acesso à internet.
Fonte: Associación para la Investigación de Médios de Comunicación (2004).

Essa situação foi ratificada pelos dados proporcionados pelo último relatório da Fundación Telefónica (2007). Assim como indica a Figura 24.3, nosso lar (sem somar "a casa dos amigos ou familiares") é justamente o "espaço" no qual o acesso mais tem aumentado, seguido pelos centros de estudos, os pontos de acesso público e inclusive as bibliotecas.

À primeira vista, o que esses dados nos dizem é que o acesso e o uso de uma das ferramentas mais importantes que o ser humano criou no último século – a internet – não ocorre nos ambientes cognitivos e de aprendizagem tradicionais, mas em outros cotidianos. Além disso, se nos dermos ao trabalho de analisar com mais atenção, poderemos perceber algo que deveria nos levar à reflexão.[11] Referimo-nos ao lugar exato onde se encontra o computador dentro do lar (Figura 24.4).

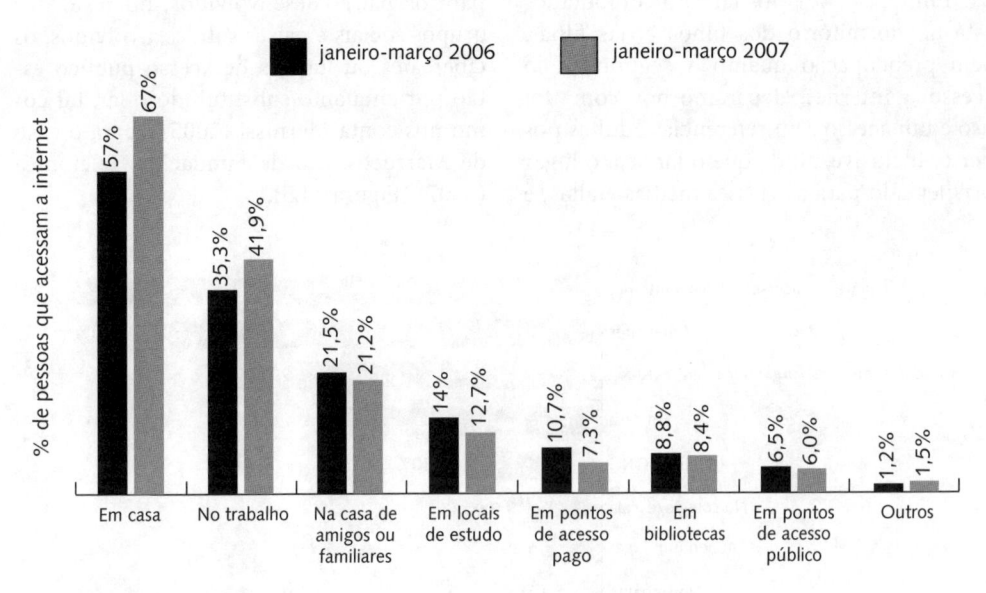

Figura 24.3 Lugar de acesso.
Fonte: O autor.

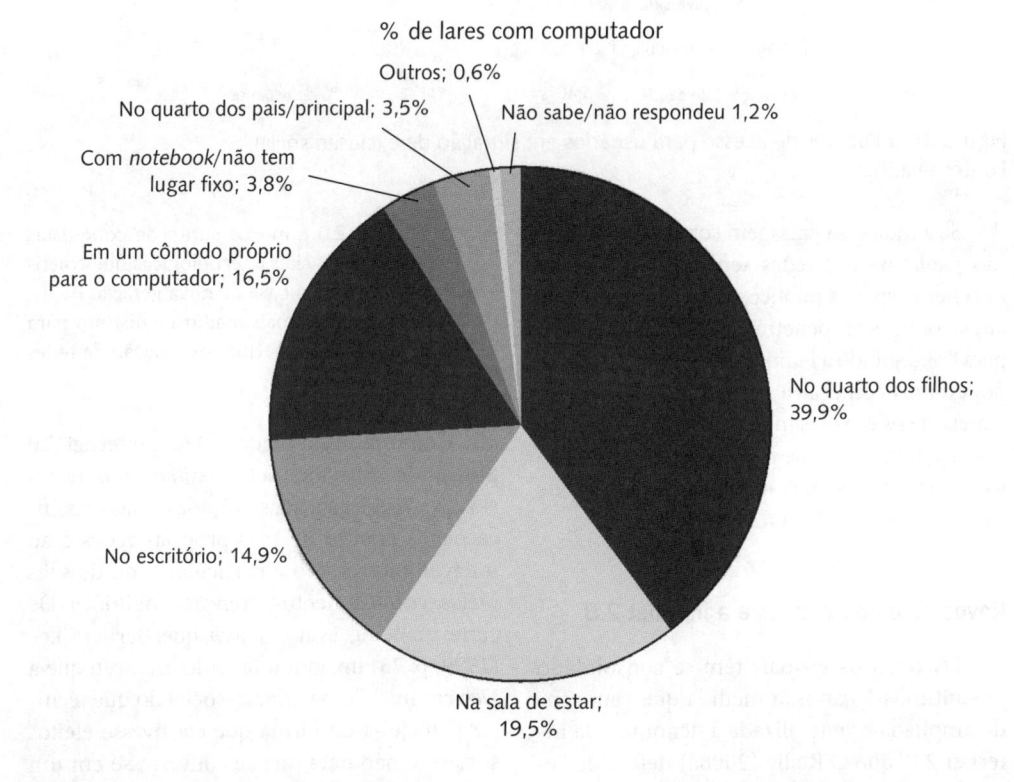

Legend: janeiro-março 2006 / janeiro-março 2007

% de pessoas que acessam a internet:
- Em casa: 57% / 67%
- No trabalho: 35,3% / 41,9%
- Na casa de amigos ou familiares: 21,5% / 21,2%
- Em locais de estudo: 14% / 12,7%
- Em pontos de acesso pago: 10,7% / 7,3%
- Em bibliotecas: 8,8% / 8,4%
- Em pontos de acesso público: 6,5% / 6,0%
- Outros: 1,2% / 1,5%

% de lares com computador:
- Outros; 0,6%
- No quarto dos pais/principal; 3,5%
- Não sabe/não respondeu 1,2%
- Com *notebook*/não tem lugar fixo; 3,8%
- Em um cômodo próprio para o computador; 16,5%
- No quarto dos filhos; 39,9%
- No escritório; 14,9%
- Na sala de estar; 19,5%

Figura 24.4 Localização do computador no lar.
Fonte: O autor.

Em quase 40% dos lares, o computador está no dormitório dos filhos e das filhas. Sem preocupação quanto à segurança do acesso à internet, deparamo-nos com um uso e um acesso sem referências adultas por perto. Inclusive, ainda que o lar seja o lugar privilegiado para as classes médias e altas, e para os países desenvolvidos, no resto dos grupos sociais e países subdesenvolvidos, os cibercafés ou lugares de acesso público estão por enquanto substituindo o lar, tal como nos conta Mernissi (2005)[12] para o caso de Marrocos, e o da Fundación Telefónica (2007) (Figura 24.5).

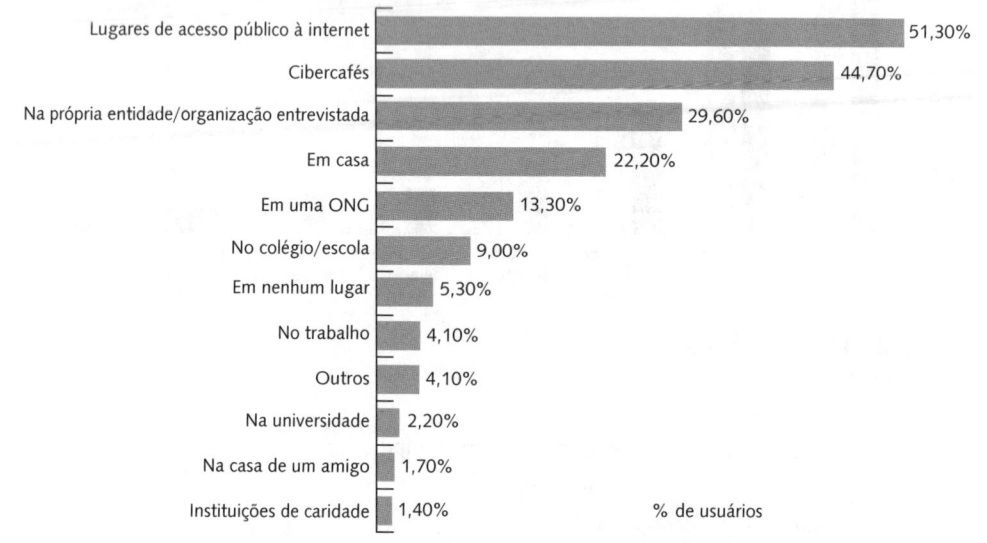

Lugar	% de usuários
Lugares de acesso público à internet	51,30%
Cibercafés	44,70%
Na própria entidade/organização entrevistada	29,60%
Em casa	22,20%
Em uma ONG	13,30%
No colégio/escola	9,00%
Em nenhum lugar	5,30%
No trabalho	4,10%
Outros	4,10%
Na universidade	2,20%
Na casa de um amigo	1,70%
Instituições de caridade	1,40%

Figura 24.5 Lugares de acesso para usuários em situação de exclusão social.
Fonte: O autor.

Se a toda essa paisagem somamos a extensão paulatina das redes sem fio (*wifi* ou *wimax*) em espaços públicos e não somente nos lares, onde sua penetração passou de 3,3% para 8%, segundo a Fundación Telefónica (2007), poderemos começar a entender o alcance e o papel que os espaços informais estão adquirindo e as mudanças que podem estar ocorrendo fora dos "muros" das instituições formais de educação[13] (RHEINGOLD, 2004).

Novos cenários virtuais e a internet 2.0

Os cenários virtuais têm se consolidado nos últimos 10 anos, à medida que vem sendo ampliada e generalizada a denominada internet 2.0, que O'Reilly (2006a) define da seguinte forma:

A internet 2.0 é um conjunto de conquistas econômicas, sociais e tecnológicas que coletivamente forma a base da nova geração da internet, um meio mais maduro e distinto para a participação, a abertura e a criação de redes de e por usuários.

Como indica a Figura 24.6, a internet 2.0 pressupõe uma internet orientada aos usuários, à sua criação, suas opiniões, suas classificações, à criação de suas próprias redes e ao intercâmbio seletivo e particularizado de suas ideias, conhecimentos, crenças e opiniões. De certa maneira, essa é a *web* que Berners-Lee (1999, p. 23) imaginou quando escreveu que a *web* era mais "uma criação social do que técnica; planejei-a de forma que ela tivesse efeitos sociais, e não para que se convertesse em um joguinho técnico".

Internet 1.0	⇨	Internet 2.0
Duplo clique	⇨	Google AdSense
Ofoto	⇨	Flickr
Akamai	⇨	BitTorrent
mp3.com	⇨	Napster
Britannica Online	⇨	Wikipédia
Sites pessoais	⇨	*Blogs*
evite	⇨	upcoming.org e EVDB
especulação com nomes de domínio	⇨	otimização do motor de busca
page view	⇨	custo por clique
screen scraping	⇨	*web services*
publicação	⇨	participação
sistemas de gestão de conteúdos	⇨	*wikis*
diretórios (taxonomia)	⇨	marcar com etiquetas (*folksonomy*)
aderência	⇨	associação de conteúdos

Figura 24.6 Comparação entre internet 1.0 e internet 2.0.
Fonte: O'Reilly (2006b).

Todavia, talvez o mais notável do que nos é oferecido por esse novo ambiente virtual se encontre nas possibilidades que ele oferece aos usuários e usuárias para desenvolver o entretenimento, a comunicação, a relação, a criação e o conhecimento.[14] Algo que as novas gerações souberam aproveitar, talvez de um modo inconsciente, mas claramente ativo.

Está claro que qualquer catálogo dos cenários virtuais (Figura 24.7) se torna quase de imediato obsoleto, por isso preferimos oferecer de forma esquemática alguns dos cenários mais importantes, classificados pela *atividade* predominante que ocorre neles: jogo, comunicação, informação-conhecimento, identidade e criação (Quadro 24.3).

Jogo

Os MUD[15] são cenários digitais originais que vêm evoluindo baseados em um formato inicialmente textual a outros formatos fortemente gráficos e tridimensionais. Neles, não encontramos somente espaços para jogos de ação interativos, mas também espaços sociais. Por exemplo, o World of Warcraft[16] é um jogo de representações de papéis do tipo Multijogador (MMORPG: Massive Multiplayer Online Roleplaying Game) baseado no mundo de Warcraft: um mundo com seres fantásticos, desafios, combates e aventuras. Ele não é um mero jogo de "disparar contra tudo o que se move" (*shot them up*); o jogador não tem somente que adquirir uma identidade fantástica, mas

Figura 24.7 Ambientes virtuais na internet 2.0.
Fonte: O autor.

Quadro 24.3 Atividades e ferramentas da internet 2.0

Atividade predominante	Cenário
Jogo	MUD-MMORPG. *Video games online*
Comunicação	Messenger-Chat
Informação-Conhecimento	Fóruns-Wikipédia
Identidade	MySpace – *Sites* pessoais
Criação	YouTube

Fonte: O autor.

ele também tem que melhorá-la e treiná-la. HabboHotel é outro MUD com uma orientação mais social como o The Sims[17], ainda que menos elaborado e realista que este último. No HabboHotel, o personagem transita por um edifício-hotel onde surgem as relações sociais, ganha dinheiro, frequenta bares públicos, torna-se sócio de clubes privados, entre outras possibilidades *sociais*. O agente pode falar com outros moradores e estabelecer amizades virtuais circunscritas a tais espaços.[18]

Os jogos vêm tendo má fama educativa. A doutrina vigente afirma que aprendizagem é o contrário de diversão. O conhecimento supõe esforço, conforme afirmam, há não muito tempo, as instâncias governamentais. Em nenhum caso o entretenimento deve fazer parte do processo de aprendizagem. Entretanto, recorrendo à importância social crescente dos jogos e aos prolongados estudos originais de seus efeitos benéficos sobre certas disfunções psíquicas (como a agorafobia), um conjunto cada vez mais numeroso de pesquisadores tem nos feito ver que os cenários de jogos, e especialmente os virtuais, são muito mais importantes como espaços de aprendizagem do que se pensou até agora (GEE, 2004; KIRRIE-MUIR; MACFARLANE, 2004; PRENSKY, 2006, 2007). Como ressalta Prensky (2006, p. 4),

> os jogos não são o inimigo. Atualmente, os meninos e as meninas querem estar *ocupados*

e *envolvidos* e os *video games* não somente lhes ocupam, mas também lhes ensinam lições valiosas ao longo do processo, lições que queremos que aprendam. Os jogos de vídeo e de computador, de fato, são meios importantes para que nossas crianças aprendam a se preparar para a vida que virá no século XXI.

Aceitando essas palavras, não queremos dizer que todos os *video games* atuais sejam boas plataformas para a aprendizagem; como tampouco eram todos os jogos que tínhamos quando éramos pequenos. O importante aqui, como claramente enfatizou Gee (2004, p. 60), é que, ao jogar, fundamentalmente se está "aprendendo um novo alfabetismo", que é essencialmente multimodal. Nas palavras do autor, "o conteúdo desses *games*, quando jogados de forma ativa e crítica, é algo como o seguinte: eles colocam o significado em um espaço multimodal por meio das experiências incorporadas para solucionar problemas e refletir sobre os aspectos intrínsecos do projeto de mundos imaginados e do projeto de relações sociais e de identidades no mundo moderno, tanto as reais quanto as imaginárias".

Não podemos, portanto, menosprezar essas possibilidades e, ainda que o façamos, as futuras gerações *insiders* aprenderão e evoluirão cognitiva e afetivamente, pois estão profundamente envolvidas com os *video games*, algo que lhes proporcionará, como acabamos de comentar, formas de aprendizagem que podem entrar em colisão se continuarmos trabalhando da mesma maneira, com as aprendizagens rotineiras e de memorização que costumam ser encontradas nos centros educativos.[19]

Comunicação

A utilização do Messenger e de sistemas Chat tem se convertido em outro cenário de comunicação para os usuários jovens e adultos, complementando a comunicação cotidiana e o uso do telefone celular. Os usuários mais jovens entendem perfeitamente a diferença entre usar o Messenger e qualquer outro Chat. O Messenger é utilizado fundamentalmente para contatar, "conversar" e se comunicar com sujeitos identificados (na lista de contatos); constitui uma espécie de comunicação complementar à comunicação cara a cara. Além disso, ele permite uma maior "individualização" do processo e, por isso, um maior controle sobre a comunicação (GORDO LÓPEZ, 2006). Nesse programa, é preciso adicionar os possíveis internautas (motivo pelo qual é necessário ter seu endereço no Messenger),[20] e uma conversa pode ser aceita ou não a cada momento. Quando um aplicativo de Chat é utilizado, os usuários estão conscientes de que se "fala" com indivíduos não identificados, que podem ou não mentir sobre sua identidade. Tal como nos diziam alguns adolescentes, "no Chat, mente-se, no Messenger, fala-se com os amigos"[21], mas se está tanto em um como em outro endereço para se comunicar socialmente, falando e batendo papo com outros sujeitos e participantes, como se tratasse de uma *praça pública virtual*. Além disso, temos de levar em conta que essa atividade, que ocorre na "tranquilidade" de uma casa ou na sala – às vezes, barulhenta – de um cibercafé, é compatível com outras que podem ser feitas de modo simultâneo no monitor do computador de maneira *multimodal*. Os adolescentes podem se manter *online* no Messenger, recebendo constantemente mensagens de vários internautas enquanto leem alguma página da internet, baixam um filme, buscam alguma informação no Google,[22] escutam música no iTunes, retocam uma fotografia e respondem em voz alta à sua mãe que estão estudando para o exame do dia seguinte.

Informação-Conhecimento

A expansão paulatina das redes de "informação-conhecimento", que de alguma forma se relacionam com o sentido original da internet[23], tem sido espetacular nos últimos 10 anos. Dentre seus múltiplos exemplos, consideramos que dois podem ser destacados: os *fóruns* e a *Wikipédia*. O fórum é um exemplo de um espaço no qual os usuários podem aprender por meio da experiência de outros usuários. Um adolescente, por exemplo, não precisa conhecer o funcionamento completo de um programa como o Photoshop, basta ele ir aprendendo aquelas funcionalidades de que vai necessitando para o tratamento de suas imagens, funcionalidades que normalmente ele adquire em fóruns específicos, não relacionados necessariamente ao programa, mas a ambientes mais diversos. Os fóruns têm se generalizado a tal extremo que se converteram em um complemento de muitas páginas da internet, criando suas próprias comunidades de usuários.

A Wikipédia é um dos espaços de conhecimento mais importantes criados pelos próprios usuários da internet. Fundada em 15 de janeiro de 2001 por Jimmy Wales e Larry Sanger, a Wikipédia é uma enciclopédia comunitária livre em 50 idiomas[24] e com mais de um milhão de artigos até o momento. Ela se baseia na ferramenta Wiki, que, em forma de *site* da *web*, aceita que os usuários criem, editem, apaguem ou modifiquem o conteúdo da página de um modo rápido, fácil e interativo. A informação é estruturada por meio de uma coleção de documentos hipertextuais, o que permite o relacionamento entre os conceitos e as vozes da enciclopédia. Por exemplo, na descrição de um conceito, é normal encontrar *links* que descrevem termos que foram utilizados para tal descrição inicial. Quando analisamos a Wikipédia com atenção, vemos que ela, sem dúvida, é um espaço próprio que tem, ainda que soe paradoxal, um sentido de continuidade maior que o fórum, na medida em que ela está criando uma "base de conhecimento" com sentido de permanência, mas também de mudança constante, de atualização incessante de seu conteúdo, o que lhe proporciona uma tremenda fluidez e adaptabilidade[25].

Identidade

Como já assinalamos antes, não são os aspectos técnicos ou *maquinísticos* que nos preocupam em nossa análise, em que pese aceitarmos a importância tecnológica das infraestruturas nas quais as tecnologias se apoiam. A expansão da internet, a melhoria dos sistemas de envio de dados e a facilitação da gestão de conteúdos têm permitido o incremento constante das possibilidades de "criação" ativa de novos conteúdos pelos usuários. Como indica Wakeford (2000), as páginas da internet têm se convertido em representações culturais tão diversas quanto as culturas que elas expressam, incluindo a "representação" (e construção) da identidade dos usuários. Ainda que seja certo que grande parte da informação na rede seja informação, digamos, corporativa ou grupal, uma parte muito importante desta está sendo ocupada pelas páginas pessoais. "Uma página pessoal é um *website* produzido por um indivíduo (ou um casal ou uma família), organizado em torno da personalidade e identidade de seu autor ou seus autores" (CHEUNG, 2000, p. 44).

O MySpace[26] é, sem dúvida, o exemplo mais difundido e representativo[27]. Uma página típica de tal ambiente mostra um conteúdo relacionado diretamente à informação de quem a criou: fotografias pessoais, do círculo de amigos e de suas atividades; arquivos de vídeo e músicas; descrição do autor da página; descrição do lugar de residência; um diário que aborda sua autobiografia; opiniões sobe questões pessoais, sociais e culturais; expressão de afinidades (artísticas, esportivas ou de outro tipo); informações e *links* relacionados às afinidades, outras páginas de amigos ou familiares e de organizações nas quais esteja participando.[28]

Gostaríamos de nos centrar em dois aspectos complementares das páginas pessoais do MySpace que nos parecem de enorme importância: a forma e o conteúdo. Toda página pessoal é um exemplo claro de espaço multimodal. Nela, seus criadores incluem textos, fotos, vídeos, arquivos de música, cores, *links*, etc. Mesmo que provavelmente a maioria das páginas elaboradas por adolescentes tenda a se apresentar de um modo chamativo na utilização de cores, elementos e efeitos agregados, o fundamental está na rede na qual essa mesma página se encontra, o que nos leva ao conteúdo.

Cada página é, por si própria, uma estrutura complexa. Além das informações básicas sobre o criador, podemos encontrar uma lista detalhada de "interesses". Seu criador pode enviar mensagens, utilizar um sistema de mensagens instantâneas, acrescentar fotos e vídeos, manter um arquivo de som que faz a apresentação da página, um álbum de fotos de seus "amigos", um *blog* e um fórum. E, seguindo esse sentido multimodal, é comum encontrar, tanto nas entradas do fórum quanto em outras páginas da internet, a combinação de fotos, vídeos (muitos deles pertencem ao YouTube) e textos.

Ao seu modo, o MySpace recorda, como indicou corretamente Boyd (2006), a casa de um adolescente, o lugar em que ele "passa seu tempo livre" sozinho, com seus contatos[29] ou seus amigos[30]; uma casa na qual se sente acomodado, pois foi ele que a criou, e, sempre que quiser, pode mudar a decoração. Em comparação com o emprego do Messenger (que mencionamos antes), o MySpace é um espaço de relações públicas e, salvo quem tenha restringido o acesso ao círculo de amigos (o que pode ocorrer), pode ser "visto" por qualquer pessoa que acesse a página principal. Ele também é público, pois os adolescentes se mostram, não de um modo privado, ou seja, aos seus íntimos, mas também a outros usuários, exibindo-se com suas fotos, seus interesses, suas afinidades. Eles convertem o MySpace em um meio de expressão de sua identidade, muito mais seguro e "controlável" que o contato cara a cara (CHEUNG, 2000).

Criação

A criação é uma atividade que jovens e adolescentes desenvolvem de muitas maneiras, utilizando as possibilidades que as tecnologias digitais oferecem. As páginas pessoais da internet, tal como já dissemos, são um bom exemplo disso; especialmente o *nick* (apelido) e a imagem utilizada no Messenger são oportunidades para mostrar sua criatividade.[31]

Assim, um dos espaços, junto aos anteriores, que se converteu em um terreno predominante para a expressão da criatividade é o YouTube. Ele é um "espaço" da internet no qual se colocam vídeos. Ainda que boa parte dos vídeos sejam resgatados da internet (produzidos e realizados por outras pessoas), a maioria se trata de vídeos criados pelos próprios usuários do espaço. Segundo os últimos dados disponíveis, em 2006, foram postados cerca de 65 mil vídeos por dia. Nem todos os arquivos colocados no *site* têm a mesma qualidade técnica ou possuem aquilo que costumamos chamar "qualidade artística". Isso não é relevante para o que quero enfatizar. O YouTube se converteu em um espaço "social" e de trocas públicas[32], no qual os usuários de idades e grupos sociais variados mostram suas "criações" a outros; e, entre os grupos mais ativos, justamente, encontram-se jovens e adolescentes. A única coisa que qualquer adolescente ou jovem precisa fazer para inscrever-se no *site* é aceitar certas normas básicas; uma vez aceitas tais regras, ele poderá colocar quantos vídeos quiser, compartilhá-los com outros (incluindo não somente amigos, mas visitantes desconhecidos), receber comentários, criar sua própria lista de amigos, receber e enviar mensagens sobre vídeos, etc. O YouTube é, portanto, um espaço social ativo para a criatividade e a crítica entre os usuários. De certa forma, o YouTube se parece com o MySpace, uma vez que é possível criar páginas pessoais nas quais se disponibilizam vídeos em que os adolescentes se apresentam e vídeos que são uma expressão clara da sua criatividade.[33]

Nesse mesmo sentido, não podemos esquecer o crescimento e a popularidade extraordinários dos *blogs*. Segundo os dados publicados no Technorati,[34] existem mais de 70 milhões de *blogs* no mundo, 120 mil *blogs* são criados por dia, 1,5 milhão de *posts* é escrito por dia e, nos últimos anos, os *blogs* passaram de 35 para 75 milhões[35]. Tudo isso faz dessa forma narrativa e de geração de informações e ideias um fenômeno muito importante. Portanto, apropriando-nos das novas formas de comunicação, as pessoas – e especialmente os adolescentes e jovens – estão construindo seu próprio sistema de comunicação de massa, por meio de *blogs*, *vlogs*, *podcasts*, *wikis*, etc.

Para concluir, talvez devamos recordar aqui as palavras de Castells (2007, p. 239):

> o sistema de comunicação da sociedade industrial, centrado ao redor dos meios de comunicação em massa e caracterizado por uma distribuição unidirecional da mensagem – de UM A MUITOS –, está sendo substituído na sociedade em rede por uma estrutura em rede global e horizontal de comunicação que inclui a troca multimodal de mensagens interativas de MUITOS A MUITOS, de forma sincrônica e não sincrônica.

Até aqui, fizemos uma revisão necessariamente breve de alguns dos espaços "virtuais" que estão sendo criados e constituídos e dos espaços nos quais os jovens e adolescentes participam de forma ativa. Uma das características que destacamos nesses espaços é o processo (se nos permitem o neologismo) de multiuso que duplica a já mencionada multimodalidade. Por multiuso, quero dizer que os espaços mesclam seus recursos de tal maneira que – por exemplo – o MySpace emprega um sistema de mensagens instantâneas igual ao do YouTube, e tanto um quanto o outro é conectado e mostra a participação dos usuários em outros ambientes (de jogo, comunicação e conhecimento). Contudo, além do uso e da modalidade, o que talvez nos deva importar, como educadores, é que esses espaços e as tecnologias digitais associadas a eles estão transformando os processos de aprendizagem e aquisição do conhecimento. Detenhamo-nos finalmente neste último ponto.

AS NOVAS ALFABETIZAÇÕES E UMA NOVA MANEIRA DE ABORDAR O CURRÍCULO

Em 1996, o The New London Group,[36] um grupo de especialistas em "alfabetização,"[37] publicou um artigo no qual pretendiam ampliar a concepção que se tinha sobre o ensino da língua, querendo enfatizar a multiplicidade dos discursos. Tal multiplicidade, segundo os autores, poderia ser caracterizada por meio de dois aspectos principais. Em primeiro lugar, aceitando a crescente diversidade cultural e linguística das sociedades globais, no sentido do reconhecimento da existência tanto de culturas multivariadas que se inter-relacionam quanto da pluralidade de textos em circulação. E, em segundo lugar, aceitando também a variedade de formas textuais associadas às tecnologias multimídia da informação. Essa nova maneira de entender a linguagem foi denominada alfabetização múltipla. Dito em suas próprias palavras:

> (Encontramo-nos perante) a crescente multiplicidade e integração de modos significativos de produção do significado, onde o textual está relacionado com o visual, auditivo, espacial, comportamental, etc. Isso é particularmente notável nos meios de comunicação de massa, nos meios multimídia e na hipermídia eletrônica. Os novos meios de comunicação remodelam o modo pelo qual usamos a linguagem. Quando as tecnologias do significado mudam com tanta rapidez, não pode haver um conjunto único de padrões ou habilidades que constituam o objetivo da aprendizagem linguística [...] Decidimos usar o termo multialfabetização para enfatizar a crescente diversidade das realidades locais e da conectividade global.[38] (THE NEW LONDON GROUP, 1996, p. 64)

Essa ideia é relevante porque, além de este ser o primeiro grupo com preocupações pedagógicas acerca de compreender as mudanças que estavam acontecendo, seu conceito de alfabetização múltipla se torna extremamente útil na hora de entender as implicações e de orientar as mudanças que, sem dúvida, serão necessárias no processo de ensino-aprendizagem e no currículo (LANKSHEAR; KNOBEL, 2003; KRESS, 2003).[39]

Efetivamente, como mostramos ao longo dos parágrafos anteriores, a incorporação de potentes tecnologias digitais de informação e comunicação à vida cotidiana dos adolescentes está mudando, de uma maneira muito mais rápida do que poderíamos ter imaginado há menos de 10 anos, não somente a maneira com que temos acesso ao conhecimento e à cultura, mas também como os construímos, recriamos, representamos e trocamos.

A seguir, mas sem querer ser exaustivos, gostaríamos simplesmente de destacar algumas dessas mudanças (LANKSHEAR; KNOBEL, 2003; ANGULO RASCO, 2004; SEFTON-GREEN, 1998, 2004):

- A aprendizagem e a aquisição do conhecimento (inclusive o acadêmico) podem acontecer em qualquer lugar; do mesmo modo que aumenta o acesso à internet.
- Aparecem novos espaços virtuais nos quais se pode ter acesso à informação e ao conhecimento, os quais, por sua vez, também transformam os espaços preexistentes à era digital, como as bibliotecas, os cafés e inclusive os lares.
- A aprendizagem *ad hoc* e informal é incrementada e assume lugar predominante em contextos externos aos ambientes educacionais clássicos.
- Aumenta de forma considerável a importância e a extensão de redes e comunidades práticas de aprendizagem (acadêmicas e não acadêmicas).
- A vida cotidiana se encontra fortemente atrelada à vida *online* (conectada) dos adolescentes e jovens. Ambos os mundos se cruzam e sobrepõem inextricavelmente.
- Os papéis nos processos de ensino e aprendizagem se estendem. Adolescentes e jovens podem adotar tanto o papel de "ensinantes" quanto de "aprendizes", com extrema facilidade e tanto em relação ao conhecimento que possuem quanto ao contexto de interação.
- As fronteiras entre consumo e produção de informações desaparecem paulatinamente. Adolescentes e jovens usam a internet para obter informações, mas também produzem informações reorganizando as existentes ou criando novas, que convertem e "postam" na internet.
- São geradas informações multimodais: sons, imagens, textos, *hiperlinks*, etc.; o que nos situa em um contexto pós-tipográfico do conhecimento.
- A estrutura da informação nos ambientes digitais é hipertextual e hipermídia, o que rompe com a estrutura linear-tipográfica dos textos tradicionais.
- A fronteira nítida entre trabalho e entretenimento se dilui. Adolescentes e jovens dedicam muito tempo e esforço à organização e (re)criação da informação, sempre que tal atividade os entretêm, diverte e implica um desafio.
- Adolescentes e jovens elaboram uma "gestão da cópia" ativa e, de certa forma, "criativa"; eles reproduzem, transformam e modificam o original (mudando cores, tipografias, *links*, etc.). Da mesma maneira, cruzam os textos e os justapõem de acordo com seus interesses e utilizando as informações disponíveis na internet.
- Adolescentes e jovens possuem um aguçado e forte sentido da atividade (*performance*). Em geral, eles não fazem referência, em suas práticas "digitais", ao *software* que usam, mas à atividade em si que vão realizar. Em outras palavras, eles "fazem coisas", mas não usam *software*.

UMA NOVA ECOLOGIA DO CONHECIMENTO

Depois do que foi exposto, não resta dúvida de que as coisas estão mudando. Os centros de educação devem estar conscientes dessa realidade. Podemos ignorar (ou não) o que acontece ao nosso redor, mas é fato que nos encontramos imersos em um mundo digital que chegou para ficar. Lankshear e Knobel (2003) resumiram em quatro os desafios que enfrentamos, inevitavelmente, na era digital:

- mudanças no mundo (objetos e fenômenos) a conhecer;
- mudanças na concepção do conhecimento e nos processos de aquisição do conhecimento;

- mudanças na constituição e identidade do conhecedor;
- mudanças no significado relativo de diferentes formas e maneiras de conhecimento.

Talvez a melhor maneira de enfrentar tais mudanças seja entender profundamente o que as novas gerações normalmente fazem fora da escola, nos novos espaços e com as novas possibilidades de tecnologias, mas, ao incrementarmos nossa percepção sobre esse novo mundo, precisamos começar a pensar cenários distintos e inovadores.

Permita-nos oferecer uma ideia com suficiente potencial heurístico para começar a pensar com ela e sobre ela. Todos os desafios e as mudanças que temos tido e que se evidenciam na extensão constante e paulatina das tecnologias digitais deveriam nos obrigar a adotar novas formas de focar o conhecimento e, especialmente, o currículo. Não gostaríamos de nos perder em definições do que é uma nova ecologia do conhecimento. Ao contrário, gostaríamos de oferecer uma ideia intuitiva (e insistimos que com suficiente força heurística), para que isso sirva de marco para a nossa atuação. Assim, tal ambiente ecológico de conhecimento implicaria pelo menos o seguinte:

– transformação dos espaços, contextos e fontes de conhecimento e aprendizagem;
– transformação das metodologias de ensino e aprendizagem;
– transformação das estruturas semióticas de representação, argumentação e aquisição do conhecimento.

Detenhamo-nos no último ponto. Segundo Paul Gee (2004, p. 22), um marco ou âmbito semiótico é "um conjunto de práticas que uma ou mais modalidades utilizam para comunicar tipos característicos de significados". Podemos afirmar que as gerações *insiders* têm vivido em marcos semióticos mais diversos que as gerações *outsiders*. Como tal autor indica, o sentido da alfabetização ao qual estamos acostumados se reduz à leitura/redação de textos escritos; entretanto, as novas gerações se encontram imersas em ambientes semióticos tão diversos e mesclados que, na realidade, não são assimiláveis aos anteriores. Estamos pensando na hipertextualidade e na multimodalidade do conhecimento, além da diversidade essencial das fontes de informação e da mescla de conteúdos culturais (ITO, 2006). Isso significa que temos de prestar mais atenção a tais sistemas e, o que é mais importante, permitir seu desenvolvimento e sua utilização na aprendizagem universitária. Além disso, o conhecimento não pode ser oferecido de uma maneira linear ou plana; sua semiótica deve ser muito mais diversa do que foi até agora. Não podemos pensar somente na bibliografia recomendada; temos de empregar *blogs*, *videoblogs*, imagens, bases de dados e outros ambientes que já se encontram na rede; e temos de ensinar nossos alunos não somente a buscar essas informações, mas a valorizá-las, selecioná-las e apresentá-las, com semióticas criativas. O currículo, tal como vem sendo entendido tradicionalmente, como um conjunto de conteúdos a ser aprendido pelos alunos, precisa se transformar de tal maneira que, sem perder o sentido de seleção da cultura/conhecimento valioso para as novas gerações, incorpore criticamente essa nova ecologia e as novas possibilidades que atualmente estão sendo desenvolvidas com as novas tecnologias digitais. Ainda há muito a experimentar e criar, mas estamos seguros de que essa será uma aventura fascinante.

NOTAS

1 Segundo Abril (2006), a barreira dos 100% foi superada em 31 de março de 2006, com 44,1 milhões de usuários, o que para a jornalista significa que a Espanha entrou no "seleto clube dos países que superaram essa cota", como Luxemburgo, Suécia, Reino Unido e Itália. Embora Abril omita seu impacto na economia cotidiana dos usuários e

das usuárias e os espetaculares lucros das operadoras, está claro que temos de prestar mais atenção à telefonia móvel e à sua incidência na infância e na adolescência do que temos feito até agora. Ver, por exemplo, Ling (2004).
2 A tese de Mernissi (2005), que recebeu certas críticas por parte de seus companheiros universitários, é muito simples: "no mundo árabe, já não existem analfabetos porque o acesso ao saber já não passa pela letra escrita, mas pela comunicação oral. Ao meu entender – acrescenta Mernissi –, a antena parabólica devolveu ao vilarejo o território da narração, como *As Mil e uma noites* de Bagdá, onde a aprendizagem era feita na rua, mediante a comunicação oral, não a base de vários anos na escola ou na universidade decorando manuais" (MERNISSI, 2005, p. 38). Substituam ou complementem "antena parabólica" pela internet ou pela telefonia móvel e terão uma paisagem completa da situação que tentamos descrever aqui.
3 Tal como afirma D'Haenens (2001), a televisão permanece como o meio mais persuasivo nos lares europeus. "Quase todas as famílias com filhos e filhas têm uma televisão, assim como uma estante de livros em algum lugar da casa", e da mesma forma, é a mídia na qual as crianças empregam mais tempo (BEENTJES et. al., 2001) e é o principal assunto na família. Veja também dados parecidos em Rideout, Roberts e Foehr (2005).
4 Ver os dados sobre a diminuição da presença da televisão e o aumento, como substituto, das tecnologias digitais na vida dos jovens espanhóis entre 6 e 14 anos, publicados pelo jornal *El País* (*La tele pierde, consolas y móviles ganan*. 13 de agosto de 2006, p. 33). Além disso, a 8ª pesquisa com usuários da AICM indica que 68,3% das pessoas veem menos televisão ao passar a utilizar mais a internet.
5 Entendemos por *gadget* um dispositivo tecnológico de pequenas dimensões, prático e inovador. O termo provém da companhia Gadget, Gauthier & Cia, encarregada da fundição da Estátua da Liberdade, que, entre 1884 e 1885 e antes da sua inauguração, fabricaram réplicas da famosa estátua. (Definição tomada e adaptada da entrada *Gadget* da Wikipédia em espanhol).
6 A marca Electrolux já lançou no mercado uma geladeira com essas características. Veja o *blog* Xacata sobre *gadgets* e eletrônicos de consumo (http://xacata.com).

7 Sobre essas características, você pode consultar o trabalho de Paul Virilo (1997).
8 Dessa maneira, afastamo-nos do determinismo tecnológico (KELLNER, 2002).
9 Para ter uma visão aproximada das diversas e poliédricas questões que se impõem, ver os trabalhos pioneiros de Sefton-Green (1998), Gauntlett (2000) e Holloway e Valentine (2003).
10 Na Andaluzia, vêm-se desenvolvendo extraordinariamente os Centros Guadalinfo, pontos públicos de acesso em ambientes rurais.
11 Não nos estendemos porque este não é o local para tal propósito.
12 Não podemos esquecer da reciclagem de espaços não escolares para o conhecimento, como as bibliotecas, os museus, os sítios arqueológicos e os jardins botânicos. Ver a análise Wertheim (1999) sobre o espaço e o ciberespaço desde o Renascimento.
13 Em outro trabalho (ANGULO RASCO, 2004), analisamos a transformação que se produz entre cenário físico e computador. Ver também Facer et al. (2001).
14 Talvez um dos fenômenos mais interessantes seja a presença e a extensão de folksonomias, como contraposição às taxonomias do século XIX.
15 É um jogo *online* de representação de papéis executado por um servidor. Os MUDs foram criados nos anos de 1970, na época que a internet surgiu, quando a maioria dos programas era manejada com textos. Obviamente, o gênero evoluiu com o tempo e foram criados jogos do mesmo tipo, mas com interfaces visuais e gráficas cada vez mais avançadas, as quais passaram a ser chamadas de **MMORPG** (Massive Multiplayer Online Role-Playing Game). Os jogos de representação de papéis com jogadores múltiplos online ou MMORPGs (Massive[ly] Multiplayer Online Role-Playing Games), são *video games* que permitem que milhares de jogadores entrem no mundo virtual de forma simultânea por meio da internet e interajam entre si. (Fonte: Wikipédia. Entradas *MUD* e *MMORPG*).
16 O World of Warcraft se encontra em http://www.wow-esp.com/.
17 O acesso geral a "The Sims" se encontra em http://thesims.ea.com/index_flash.php, e, em http://www.lossims.ea.com/pages.view_frontpage.asp, você encontra a versão em espanhol.
18 Temos que lembrar que muitos desses antes eram *video games*. Ver De María e Wilson (2002).

19 Por questões de espaço, não vamos nos deter muito mais no papel dos *videogames* na vida e na cultura cotidiana dos jovens e adolescentes. Sobre esse assunto, ver os trabalhos de Casas (2001) e Rideout, Roberts e Foehr (2005). Sobre o papel educativo deles, além dos trabalhos citados, são referências obrigatórias as obras de Sandford e Williamson (2005) e Facer (2004).

20 Por exemplo, possuir uma longa lista de "contatos" no Messenger é um sinal de "aceitação social" (ANGULO RASCO, 2004), ou, como assinala Gordo López (2006, p. 128), "se valoriza especialmente o fato de ter uma rede de contatos a mais ampla possível, pois isso propicia maiores possibilidades de estabelecer outros contatos, sejam efetivos ou não. O importante é ter a oportunidade ou não perder oportunidades".

21 De modo parecido, Gordo López (2006) assinala que o Messenger estabelece uma conduta de "espera", frente à conduta de "ir à busca" do Chat. "Ter o Messenger aberto inclusive pode 'me mostrar' 'ausente' perante os outros usuários, enquanto vou vendo quais dos meus contatos se conectam" (GORDO LÓPEZ, 2006, p. 127). Mostrar-se ausente, mesmo que conectado, é um *truque* que serve para decidir quando e com quem se quer conversar; esse controle sobre o processo desaparece quase completamente no ambiente do Chat.

22 Gmail, correio do Google, dispõe de um bom sistema de mensagens instantâneas.

23 Recordemos que os fóruns são os descendentes dos sistemas de notícias (Bullettin Board System-BBS) e de Usenet (que se propagaram entre 1980 e 1990).

24 Incluído em Aymara.

25 Apesar de todas suas tentativas, a grande enciclopédia Encarta está em inequívoco e profundo retrocesso, ao menos por ora. Ela pode ser consultada *online* em http://es.encarta.msn.com/.

26 A utilização do MySpace como exemplo não é arbitrária. Atualmente, ele possui mais de 50 milhões de usuários entre os 14 e 24 anos. Como enfatiza Boyd (2006), são visitadas mais páginas do MySpace por dia do que de qualquer outro *site* da internet, exceto as do Yahoo, mas as visitas superam as do Google e do MSN. Em 2005, o MySpace foi adquirido por Rupert Murdoch, por 580 milhões de dólares.

27 Existem muitas opções além do MySpace, como, por exemplo, o LiveJournal e o bem-sucedido Tuenti espanhol (http://www.tuenti.com/).

28 É importante ter presente que a rede mundial de computadores é, por si, um espaço no qual os jovens se agrupam de acordo com suas afinidades, seus gostos e suas preferências. Por exemplo, as páginas de Clubes de Fãs ou de páginas criadas para informar sobre algum personagem da ficção ou real são uma parte importante da rede e, evidentemente, têm um lugar destacado nas páginas pessoais (PULLEN, 2000). Além disso, o MySpace se converteu em um lugar onde cantores e grupos oferecem informações e sua música como uma forma de publicidade gratuita e, pelo que parece, efetiva. Na Espanha, o Tuenti é, sem dúvida, um espaço mais importante que o MySpace. Ver http://www.tuenti.com. O número de usuários chega a 7 milhões. Ver http://es.wikipedia.org/ Anexo: Redes_sociales_en_Internet para uma lista bastante completa das "redes sociais".

29 É o que se denomina em inglês *hanging out* (BOYD, 2006).

30 Realizar comentários na página de outras pessoas, assim como esperar comentários, é uma atividade básica dos usuários e das usuárias do MySpace (BOYD, 2006). Ver também Pisan (2006).

31 Analisamos em outro trabalho, mesmo que de forma breve, a recriação – transformação criativa – da cópia feita pelas adolescentes em seus trabalhos. Em Angulo Rasco (2006), voltamo-nos a outros aspectos da criatividade digital.

32 E mais uma vez precisamos enfatizar, como corretamente assinala Reventós, que era assim muito antes de ser um negócio. Como tantas iniciativas bem-sucedidas na internet, o YouTube surgiu devido à intenção de dois indivíduos de enviar a seus amigos um vídeo que gravaram em uma de suas festas. Perante a impossibilidade de mandá-lo por *e-mail* (dado o tamanho do arquivo), optaram por criar um espaço de "intercâmbio" de vídeos.

33 Ver, por exemplo, a página no YouTube de uma adolescente suíça, Isabelle (http://www.youtube.com/isabeelle). Por outro lado, nem tudo o que aparece no YouTube é correto ética e socialmente. Recentemente, tornaram-se públicos alguns exemplos de vídeos baseados em assédios e agressões. Na maioria dos casos, o YouTube tem reagido retirando-os do servidor.

34 O Relatório Tecnorati se encontra na página http://www.sifry.com/alerts/archives/000493.html. Ver também Piscitelli (2005) e Fundación Orange (2007).

35 A blogueira cubana Yoani Sánchez ganhou, em 2010, o Prêmio Ortega e Gasset de Jornalismo Digital.

36 Ver também o trabalho de Kalantzis e Cope (1997), que pertencem ao The New London Group.
37 Em inglês, emprega-se o termo *Literacy*.
38 Somos obrigados a reconhecer que o trabalho foi escrito levando em conta a tecnologia existente em 1966; 10 anos depois, o cenário digital mudou tremendamente.
39 Ver também os trabalhos de Bawden (2002) e de Gutiérrez Martín (2003), que foi provavelmente o primeiro a enfrentar a transformação do sentido da alfabetização.

REFERÊNCIAS

ABRIL, I. La telefonía móvil supera en España el número de habitantes. *CincoDías*, 2006.

ASOCIACIÓN PARA LA INVESTIGACIÓN DE MEDIOS DE COMUNICACIÓN. *Marco general de los médios*: España 2004. Madrid: AIMC, 2004.

ANGULO RASCO, J. F. *Teenagers and internet*: some ideas about the outer space. Bruselas: European Union, 2004. Documento entregado en la Media Literacy, Digital Literacy, eLearning.

ANGULO RASCO, J. F. *Aprendiendo en cualquier lugar*: dunas, tecnologías y aprendizaje creativo. Cadíz: Universidad de Cádiz, 2006.

BAWDEN, D. Revisión de los conceptos de alfabetización informacional y alfabetizacion digital. *Anales de documentación*, n. 5, p. 361-408, 2002.

BEENTJES, J. W. et al. Children's use of different media: for how long and why? In: LIVINGSTONE, S.; BOVILL, M. (Ed.). *Children and their changing media environment*: a european comparative study. Londres: Lawrence Erlbaum, 2001. p. 85-112.

BERNERS-LEE, T. *Weaving the web*: origins and future of the world wide web. San Francisco: Harper SanFrancisco,1999.

BOYD, D. Identity production in a networked culture: why youth heart MySpace. *American Association for the Advancement of Science*,feb. 2006. Disponível em: <http://www.danah.org/papers/AAAS2006.html>. Acesso em: 20 nov. 2012.

CARIDAD, M.; MOSCOSO, P. *Los sistemas de hipertexto e hipermedios*: una nueva aplicación en informática documental. Madrid: Fundación Germán Sánchez Ruiperez, 1991.

CASAS, F. Video games: between parents and children. In: HUTCHBY, I.; MORAN ELLIS, J. (Ed.). *Children, technology and culture*: the impacts of technologies in children's everyday lives. London: Routledge-Falmer, 2001. p. 42-57.

CASTELLS, M. Communication, power and counter-power in the network society. *Internacional Journal of Communication*, v. 1, p. 238-266, 2007.

CHEUNG, C. A home on the web: presentations of self on personal homepages. In: GAUNTLETT, D. *Web studies*: rewiring media studies for the digital age. London: Arnold, 2000. p. 43-51.

DE MARÍA, R.; WILSON, J. L. *Hig Store! La historia ilustrada de los videojuegos*. Madrid: McGraw-Hill, 2002.

D'HAENENS, L. Old and new media: access ad ownership in the home. In: LIVINGSTONE, S.; BOVILL, M. (Ed.). *Children and their changing media environment*: a european comparative study. Londres: Lawrence Erlbaum, 2001. p. 53-84.

ECHEVERRÍA, J. *Los señores del aire*: telépolis y el tercer entorno. Barcelona: Destino, 1999.

FACER, K. et al. Home is where the hardware is: young people, the domestic environment, and 'access' to new technologies. In: HUTCHBY, I.; MORAN ELLIS, J. (Ed.). *Children, technology and culture*: the impacts of technologies in children 's everyday lives. London: Routledge-Falmer, 2001. p. 13-27.

FACER, K. *Computer games and learning*: why do we think it's worth talking about computer games and learning in the same breath? A discussion paper. Bristol: FutureLab, 2004.

FUNDACIÓN ORANGE. *España 2007*: informe anual sobre el desarrollo de Ia sociedad de Ia información en España. Madrid: Fundación Orange, 2007.

FUNDACIÓN TELEFÓNICA. A. *La sociedade de la información en España 2006*. Madrid: Fundación Telefónica, 2007. Disponível em: <http://sociedadinformacion.fundacion.telefonica.com/DYC/SHI/Articulos_A_Fondo_-_Sociedad_de_la_Informacion_Espana_2006/seccion=1188&idioma=es_ES&id=2009100116310002&activo=4.do>. Acesso em: 20 nov. 2012.

GAUNTLETT, D. *Web studies*: rewiring media studies for the digital age. London: Arnold, 2000.

GEE, J. P. *Lo que nos enseñan los videojuegos sobre el aprendizaje y el alfabetismo*. Málaga: Aljibe, 2004.

GORDO LÓPEZ, Á. J. *Jóvenes y cultura messenger*: tecnología de la información y la comunicación en la sociedad interactiva. Madrid: Fundación de Ayuda Contra la Drogadicción, 2006.

GUTIÉRREZ MARTÍN, A. *Alfabetización digital*: algo más que ratones y techas. Barcelona: Gedisa, 2003.

HOLLOWAY, S. L.; VALENTINE, G. *Cyberkids*: children in the information age. London: Routledge Falmer, 2003.

ITO, M. *Mobilizing the imagination in everyday play*. [S.l: s.n], 2006.

KALNTZIS, M.; COPE, H. Multiliteracies: rethinking what we mean by literacy and what we teach as literacy the context of Global diversity and new communications tecnologies. *Ocasional Paper*, n. 21, 1997.

KELLNER, D. M. Revolución tecnológica, alfabetismos múltiples y la reestructuración de la educación. In: ZINDER, I. (Comp.). *Alfabetismos digitales*: comunicacion, innovación y educación en la era electrónica. Málaga: Aljibe, 2002.

KIRRIE-MUIR, J.; MACFARLANE, A. *Literature review in games and learning*: report n. 8. Bristol: FutureLab, 2004. Disponível em: <http://telearn.archives-ouvertes.fr/docs/00/19/04/53/PDF/kirriemuir-j-2004-r8.pdf>. Acesso em: 20 nov. 2012.

KRESS, G. *Literacy in the new media age*. Londons: Routledge, 2003.

LANKSHEAR, C.; KNOBELL, M. *New literacies*: changing knowledge and classroom learning. Buckingham: Open University Press, 2003.

LANKSHEAR, C. *New literacies*: everyday practices & classroom learning. 2. ed. Buckingham: Open University Press, 2006.

LING, R. C. *The mobile connection*: the cell phones impact on society. London: Morgan Kaufmann, 2004.

LIVINGSTONE, S.; BOVILL, M. (Ed.). *Children and their changing media environment*: a european comparative study. London: Lawrence Erlbaum Ass, 2001.

MERNISSI, F. *El hilo de Penélope*: la labor de las mujeres que tejen el futuro de Marruecos. Barcelona: Lumen, 2005.

MONTAGUE, A.; PIMENTEL, D.; GROISMAN, M. *Cultura digital*: comunicación y sociedad. Barcelona: Paidós, 2004.

NEGROPONTE, N. *El mundo digital*. Barcelona: Ediciones B, 1995.

NOBLE, D. D. Mad rushes into the future: the overselling of educational technologyt. *Educational Leadership*, v. 54, n. 3, p. 18-23. 1996.

O'REILLY, T. *Web 2.0*: principles and best practices.2006a. Disponível em: <http://oreilly.com/catalog/web2report/chapter/web20_report_excerpt.pdf>. Acesso em: 20 nov. 2012.

O'REILLY, T. *Qué es Web 2.0. Patrones del diseño y modelos del negocio para la siguiente generación del software*. In: FUNDACIÓN TELEFÓNICA. [S,l: s.n], 2006b. Disponível em: <http://sociedadin formacion.fundacion.telefonica.com/DYC/SHI/seccion=1188&idioma=es_ES&id=200910011630 0061&activo=4.do?elem=2146>. Acesso em: 20 nov. 2012.

PISAN, F. My Space, el espacio juvenil que da pánico a los adultos. *El País*, 13 abr. 2006.

PISCITELLI, A. *Internet, la imprenta del siglo XXI*. Barcelona: Gedisa, 2005.

PRENSKY, M. *"Don't bother me mom-I'm learning" How computer and video games are preparing your kids for 21 st Century success-and how you can help!* Minnesota: Paragon House, 2006.

PRENSKY, M. *Digital game-based learning*. Minnesota: Paragon House, 2007.

PULLEN, K. I-love-Xena.com: creating online fan communities. In: GAUNTLETT, D.). *Web.studies*: rewiring media studies for the digital age. Londres: Arnold, 2000. p. 52-73.

RHEINGOLD, H. *Multitudes inteligentes*: la próxima revolución social. Barcelona: Gedisa, 2004.

RIDEOUT, V.; ROBERTS, D. F.; FOEHR, U. G. *Generation M*: media in the lives of 8-18 years-olds. Washington: The Henry Kaiser Family Foundation, 2005. Disponível em: <http://www.kff.org/entmedia/upload/generation-m-media-in-the-lives-of-8-18-year-olds-report.pdf>. Acesso em: 20 nov. 2012.

SANFORD, R.; WILLIAMSON, B. *Games and learning*: a handbook from FutureLab. Bristol: Futurelab, 2005.

SILVERSTONE, R.; HIRSCH, E. (Ed.). *Comsuming technologies*: media and information in domestic spaces. London: Routledge, 1992.

SEFTON-GREEN, J. (Ed.). *Digital diversions*: youth culture in the age of multimedia. London: UCL Press, 1998.

SEFTON-GREEN, J. *Literature review in informal learning with technology outside school*. Bristol: FutureLab, 2004.

TAYLOR, M. C.; SAARINEN, E. *Imagologies*: media philosophy. London: Routledge, 1996.

THE NEW LONDON GROUP. A pedagogy of multiliteracies: designing social futures. *Harvard Educational Review*, v. 66, n. 1, p. 60-92, 1996. Disponível em: <http://wwwstatic.kern.org/filer/blog Write44ManilaWebsite/paul/articles/A_Pedagogy_

of_Multiliteracies_Designing_Social_Futures.htm>. Acesso em: 20 nov. 2012.

TURKLE, S. *La vida en la pantalla:* la construcción de la identidad en la era de internet. Barcelona: Paidós, 1997.

VIRILO, P. *La velocidad de liberación.* Buenos Aires: Manantial, 1997.

WAKEFORD, N. New media, new methodologies: studying the web. In: GAUNTLETT, D. *Web. studies:* rewiring media studies for the digital age. London: Arnold, 2000. p. 30-41.

WERTHEIM, M. *The pearly gates of cyberspace:* a history of space from Dante to the internet. London: Virago, 1999.

25 A cidade no currículo e o currículo na cidade

Jaume Martínez Bonafé
Universidade de Valência

[...] não falo sobre a cidade, mas daquilo que através dela nos convertemos. (Rainer-Maria Rilke, *Diário Florentino*)

Não podemos pensar na cidade sem pensar no sujeito que nela habita, no sujeito que a interpreta, que nela vive ou sobrevive. A cidade é uma forma material da cultura, um complexo dispositivo cultural, de onde emergem mensagens, significados, onde se constroem e destroem experiências, de onde se alimentam os relatos, as narrativas, onde se formam e transformam as biografias. O que se pretende, neste texto, é estudar a cidade como projeto e experiência didática; estudar a cidade como currículo, ou seja, como "texto" que penetra a experiência de subjetivação nos diferentes programas educacionais dos quais o sujeito participa ao longo da vida. A cidade é currículo, território semeado por velhos e novos alfabetismos. O sujeito habita a cidade e é habitado por ela. O currículo habita o sujeito e é habitado por ele. Com isso, queremos ressaltar o caráter dinâmico[1] de toda produção cultural, de tudo aquilo que o ser humano gera e significa com suas práticas individuais, sociais e institucionais. Também queremos evidenciar seu caráter dialógico: a cidade é uma linguagem que produz, ao mesmo tempo, significações complementares e antagônicas, alimentando, dessa maneira, a liberdade e a sujeição das pessoas. Ela é carne e pedra em formação mútua.[2]

Mas não nos afobemos. Para essa viagem, é necessária uma passagem de ida e volta. Em primeiro lugar, a escola – não como instituição, mas como experiência de educação – explora a cidade. Para essa exploração, é necessário revisar e ampliar a noção tradicional de currículo. Mas, nesse processo – e este seria o regresso feliz –, a cidade nos acompanha à escola, isto é, desvela-nos as novas possibilidades em potencial de uma metrópole cruzada pelas novas experiências educacionais da mestiçagem, do nomadismo, do devir-mulher do público, da criação artística efêmera, das lutas juvenis, dos vínculos e das redes sociais e, enfim, de tudo aquilo que atua no território urbano como laboratório onde são ensaiadas as transações e transformações sociais e culturais. Na viagem de volta, o currículo chegará à escola renovado.

O CURRÍCULO FOGE DA CIDADE

O currículo tem, tradicionalmente, vivido entre as paredes da sala de aula, isolando-se do mundo e de suas influências. Os saberes dissociados, a fragmentação disciplinar, o academicismo e o texto único são características dominantes desse modelo. Nesse currículo fechado e delimitado da instituição escolar, há, no entanto, olhares e fugas para a cidade. Há novas interpretações e novas possibilidades para a criação de significados. Também há didáticas que iniciam rupturas, desacordos, renovações e complementariedades

Detenhamo-nos por um momento no currículo escolar tradicional. De que modo a cidade é representada nele? Podemos responder nos voltado para os significados explícitos e implícitos nos livros didáticos, a luneta com a qual a escola pretende abordar o mundo exterior. Mas, com esse dispositivo, tudo que é externo à sala de aula é relegado à categoria de coisa, desprovido de vida e experiência.[3] No livro didático escolar, a cidade é um conjunto de temas fragmentados relacionados com os serviços públicos, o transporte, o comércio, a circulação, a rua, o bairro, os bombeiros, o trabalho... enfim, imagens instantâneas e congeladas da vida cotidiana, das quais se suprimiu aquilo que as põe em relação e lhes confere vida: a experiência subjetiva. A cidade – fragmentada – é, por sua vez, um fragmento de uma área do conhecimento para a educação primária que o currículo espanhol denomina Conhecimento do Meio. A abordagem da cidade por meio do currículo escolar ainda é uma análise que depende do funcionalismo: as coisas estão paradas, sem vida, fazendo parte de um contexto discursivo que ignora a interação e as possibilidades indeterminadas de mudança.

Outros olhares, buscando alternativas

Os olhos saltam o muro. A escola como pesquisa. A duas orações anteriores rotulam duas importantes propostas pedagógicas de origem italiana. Na primeira, liderada por Loris Malaguzzi nas escolas infantis da cidade de Reggio Emilia,[4] o reconhecimento da criança como um sujeito ativo que inicia sua vida e seu desenvolvimento em um ambiente complexo situa o desenvolvimento escolar em uma estratégia de oficinas na quais a experiência da vida no bairro e na cidade constitui um dos elementos mais potentes para o desenvolvimento da sensibilidade e criatividade infantil. A escola como pesquisa ou investigação, além de rotular o livro de Tonucci (1979), constitui a síntese de um movimento pedagógico com importantes influências da Pedagogia Freinet, que coloca a necessidade de embasar o projeto curricular na pesquisa e problematização do entorno. Frente à argumentação disciplinar e aos saberes dissociados, características da forma hegemônica de organização do currículo, essas outras propostas o situam na resolução de problemas pluridisciplinares, pensando a cidade como um conjunto complexo no sentido dado por Morin (1994). Uma das referências mais sólidas sobre a necessária cooperação política e educativa entre a escola e a cidade é constituída pela obra de Alfieri (1995), cujas experiências no município de Turim modelam o diálogo entre os tempos e espaços da escola com as "situações culturais" do território. Frabboni (1995, p. 73) também propôs "casar" a escola com o meio, pois o meio "pertence às palavras novas da pedagogia". Todavia, ele não foi tão longe na tradução curricular, segundo nosso parecer, pois deixou a palavra pedagogia dentro da escola. Com efeito, nessa, como nas demais propostas anteriores e nas correntes pedagógicas mais amplas nas quais elas se inscrevem,[5] a cidade é vista como "um livro de leitura" para a escola, uma estratégia de "descentralização" do desenvolvimento curricular na aula, como uma forma de ambientação e contextualização do currículo enquanto um "sistema simbólico-cultural", um "parque ecológico" para a escola; uma forma de abertura e reconhecimento das "primeiras letras"; do primeiro livro de experiências e produção do conhecimento das crianças; uma estratégia, enfim, de revitalização do currículo que as abre para a curiosidade, a pergunta e a investigação do entorno. Uma abordagem mais próxima e igualmente comprometida com a inovação na escola pode ser encontrada em Carbonell (2001, 2008), para quem o território, além de ser um "capital cultural", cumpre uma "função socioeducativa" que exige mudanças de considerável abrangência no diálogo entre a escola e a cidade.

Com muita dificuldade, devido ao conservadorismo curricular, esse discurso vem formando e desenvolvendo diferentes propostas didáticas, as quais atuam em um plano duplo: de um lado, há o plano das metodologias de aula e dos recursos para o desenvolvimento dessas metodologias. Por outro, temos a oferta externa à escola de dispositivos didáticos diferentes que apoiam a viagem do currículo pela cidade (sejam de caráter municipal, empresarial ou de diferentes movimentos sociais e ONGs).

No primeiro caso, o desenvolvimento curricular a partir da aula sugere múltiplas tarefas, como os passeios escolares, os itinerários didáticos, as saídas de exploração e investigação do meio, as visitas, os projetos de trabalho, etc. Nessas tarefas, são propostos e elaborados guias didáticos, documentários, páginas da internet, publicações e arquivos, os quais orientam e ajudam nas atividades do docente para a expansão do currículo em direção à cidade. No segundo, em torno da ideia da cidade educadora,[6] em muitos municípios vêm sendo desenvolvidas ofertas de distintos tipos: departamentos didáticos em museus, bibliotecas e outras instituições, a edição de guias didáticos para o conhecimento de diferentes aspectos da cidade, a oferta de colônias de férias, hotéis-fazenda e escolas agrícolas, as visitas guiadas oferecidas por grandes empresas, diferentes serviços e promoções culturais (cinema, teatro, etc.) são oferecidos para o consumo escolar – até mesmo a polícia e o exército são vistos colaborando em diferentes programas escolares. Algumas grandes lojas e centros comerciais vêm constituindo departamentos didáticos que organizam visitas guiadas e outras atividades para os escolares que se aproximam do consumo e por meio dele se socializam. Embora isso não constitua aqui o núcleo central da análise, não convém esquecer a prática colonialista que determinadas empresas comerciais e instituições fazem da cidade educadora em termos exclusivamente de *marketing*, deixando suas possíveis motivações educacionais para um segundo plano afastado.

Por outro lado, o conceito de ação comunitária[7] nos remete a projetos e práticas institucionais de caráter municipal, na maior parte dos casos, nos quais diferentes agentes e serviços da educação extraescolar – educadores sociais, psicopedagogos, trabalhadores e dinamizadores sociais e culturais, outros profissionais que trabalham com a infância e a juventude fora da instituição escolar – desenvolvem programas educacionais sobre o território em conexão com a escola. Em muitas ocasiões, essa ação está relacionada com políticas de inclusão social ou com o trabalho sobre as diferenças culturais – a experiência da plataforma Amanda, de Vitoria-Gasteiz, é um exemplo emblemático[8] –, mas também está relacionada com outras políticas de recuperação de sujeitos e saberes – idosos, tradições populares –, com os quais se promove uma agenda educacional para o território com base no materialismo cultural.

A análise do discurso

A escola sai ao entorno com o currículo escolar tradicional na mochila e regressa com a mesma estrutura curricular nas costas, porém um pouco mais oxigenada. Poderíamos dizer que a escola saiu da sala de aula sem que realmente tenha havido um deslocamento, uma desterritorialização ou uma mudança de perspectiva. Os saberes dominantes e, sobretudo, as formas dominantes de relação do sujeito com esses saberes não têm sido questionados. Se o currículo é um campo ou espaço submetido a tensões e lutas por seu significado, a passagem da escola pela cidade não modifica a relação estratégica, ou seja, as relações de poder sobre essa construção de saber e subjetivação. A arqueologia das diferentes propostas pedagógicas de aproximação entre a escola e a cidade, do século XIX até as mais recentes políticas municipais das últimas eleições democráticas, mostra – com pequenas diferenças – a mesma política e epistemologia curricular: o conhecimento e uma certa teoria da verdade, o sujeito e uma certa teoria da subjetivação, e os valores e o poder, com uma certa teoria do socialmente necessário, já estavam na mochila da escola quando abrimos a sala de aula para sair à rua. Desse modo, era muito difícil uma experiência reconstrutivista. O currículo já estava acabado – constituía um produto em si mesmo – antes de sair à cidade. Uma vez que as relações do currículo escolar com a cidade têm sido exploradas em diversos estudos pedagógicos, não me ocuparei mais deste ponto, para poder dedicar o grosso do capítulo a outra noção menos explorada: de que maneira o urbanismo[9] atua como projeto curricular da cidade.

A CIDADE É (SE TORNA) CURRÍCULO

> O desenvolvimento do meio urbano é a educação capitalista do espaço. Ele representa a escolha de certa materialização do possível, excluindo as demais opções. (Atila Kotanyi e Raul Vaneigem, do Programa Elementar da Oficina de Urbanismo Unitário)[10]

Afirmar que a cidade é um discurso situa o ponto de partida da reflexão sobre a análise das relações que os saberes produzidos e divulgados nela mantém com o poder[11]. Abrir assim a reflexão permite contemplar opções, caminhos, itinerários de vida diferentes, conscientes e, portanto, opções e caminhos pelos quais construímos os significados e eles nos constroem; ou seja, opções e caminhos de aprendizagem. Dizer que a cidade é currículo é assinalar uma prática de significação que seleciona e ordena formas de conhecer cruzadas por relações de poder. No entanto, uma vez que o currículo é um conceito tão conturbado por epistemologias diferentes, torna-se necessário identificar com que noção estamos trabalhando. Em primeiro lugar, entendo o currículo como um dispositivo cultural que seleciona e ordena saberes; em segundo lugar, é o campo de experiência e possibilidade de aprendizagem com esses saberes e a partir deles. Em terceiro lugar, é um espaço ou campo social em conflito, pois concentra as lutas e os interesses enfrentados pela construção do significado; neste sentido, o currículo também é um dispositivo cultural cruzado por relações de poder. Em quarto lugar, o currículo é um modo de falar, uma linguagem com a qual se nomeia a experiência social, mas também com a qual se constrói a experiência contextual e subjetiva de cada um. É por tudo isso, finalmente, que falamos do currículo que é discurso, relacionando práticas institucionais com linguagens cruzadas por relações de poder.[12] Dizer, então, que a cidade é currículo é dizer que a cidade é produto, mas também é fundamentalmente processo, experiência, construção, projeto e possibilidade de subjetivação e produção de saber.

A cidade é contêiner, mas também é conteúdo: a cidade-contêiner é habitada por sujeitos, saberes, poderes, culturas e representações diversas. O modo pelo qual se estabelecem relações complexas entre esses elementos produz significações, forças de subjetivação que facilitam ou dificultam as composições potencializadoras[13] do sujeito no território urbano. Como tentaremos explicar melhor mais adiante, a cidade produz saberes nos quais são mostrados os conflitos e as tensões para dar significado às experiências da vida. Vejamos isso, agora, por meio da metáfora de um "jogo interativo", como nos descreve Jenaro Talens (2000, p. 397-398):

> Pensemos, por exemplo, em um programa dos chamados interativos, de grande sucesso entre os menores de 12 anos, SIM CITY. O jogador é eleito, já no início, prefeito, e tem em suas mãos a possibilidade de construir e desenvolver sua cidade. Ele decide onde fica localizado o parque, quantos pavimentos deverá ter um edifício, onde são necessárias as escolas, as vias de acesso às autoestradas, os hospitais, as bibliotecas públicas, os cinemas, os corpos de bombeiros ou as delegacias de polícia. Se em um bairro a densidade urbana é muito elevada (há muitos edifícios de apartamentos e muitas famílias com quatro membros em média, digamos), serão necessárias muitas delegacias, entre outras coisas, porque a lógica do programa preestabeleceu que, para determinado número de habitantes, é necessário certo contingente policial, caso contrário, haverá distúrbios. Se, em um parque, os bancos ao longo dos passeios estão à meia luz, o programa não prevê que eles sejam para que os casais possam se beijar com tranquilidade, mas para que a delinquência organizada possa vender drogas. Assim, se o jogador não instala uma boa iluminação – ainda que isso saia caro e vá contra a economia de energia – provoca o disparo de um alarme, o qual acusa que houve um ataque ou um roubo feito por usuários de drogas "na fissura". O jogador-prefeito também pode aumentar ou baixar os impostos, fazer promessas com fins eleitoreiros e depois não as cumprir. Em uma palavra, para resumir, é como se o jogo ensinasse como ser cidadão.

E, de fato, assim como o jogo, a cidade educa. Da mesma maneira que não é dito no jogo, tampouco na cidade se diz que, para "ser cidadão", circulam em suas ruas comportamentos, valores cívicos e morais, estilos e modos de vida, práticas culturais elaboradas, em relação às quais construímos significados sobre o sentido de ser cidadão. No jogo, nos diz Talens, a tolerância e a capacidade de autogestão não estão previstas no programa; quem não se adapta à lógica perde pontos e talvez até mesmo perca a partida. Não é um jogo, obviamente, que busca ensinar a pensar em liberdade. Ao contrário, ele prima pela obediência e sujeição a padrões preestabelecidos. Contudo, a cidade, a cidade real, aquela na qual vivemos, pode ser diferente. As tensões entre saberes e poderes não são – ainda[14] – predeterminadas por um programa de computador. Os discursos da cidade constituem, portanto, uma prática de produção de currículos vários e distintos. Uma de nossas hipóteses de trabalho é que muitos desses currículos nascidos do urbanismo social estão em disputa permanente com os currículos que são oferecidos regrados na escola.

O currículo da cidade como problema de pesquisa

O currículo da cidade é um campo aberto à investigação. Não temos, ainda, estudos suficientes para desenvolver uma compreensão precisa do texto cultural da cidade como projeto de educação, do texto cultural – um diagrama rizomático –[15] como campo de batalha na produção da subjetivação. A partir daqui (até o resto do capítulo), proporemos uma abordagem conceitual à experiência da cidade, a fim de identificar o que poderia constituir os núcleos problematizadores do que temos chamado de o currículo da cidade. Para a identificação dos diferentes campos problematizadores – os novos alfabetismos da cidade –, recorremos a um diálogo cruzado entre nossa própria investigação e as análises elaboradas com base no urbanismo, na sociologia crítica, na psicologia social, na psicogeografia e na psicanálise, na antropologia urbana ou nos estudos culturais (Amendola, Sennet, Delgado, Lipovetsky, Debord, etc.). Tais análises nos permitem formular mapas conceituais que atuam como ferramentas para a definição e identificação dos âmbitos e processos de socialização na experiência urbana. Focaremos alguns deles, falando de um tema que obviamente não esgota o escopo e o conteúdo desse capítulo.

Espaços, lugares e deslocamentos: o currículo *flaneur*

> Por trás da vidraça de um café, um convalescente, contemplando a multidão com deleite, une-se com o pensamento a todos os pensamentos que fervilham ao seu redor [...] ele aspira com delícia todos os gérmens e todos os eflúvios da vida; como esteve a ponto de esquecer tudo, recorda, e com ardor quer se lembrar de tudo. Finalmente lança-se através dessa multidão [...] (Charles Baudelaire, em *El hombre de la multitud*)

Todos os estudos concordam com as profundas transformações do espaço urbano e sua relação com as mudanças culturais e as práticas sociais. As grandes avenidas, as vielas estreitas, as praças e os jardins, os edifícios emblemáticos, durante muito tempo, constituíram um programa cultural no qual identificávamos classes sociais, culturas eruditas e populares, modos de historiografar. A Valência renascentista ou a Madri dos Austríacos, por exemplo, mostram – ainda hoje – itinerários regrados capazes de ordenar hierarquicamente símbolos, valores, culturas. De certa maneira – atrevo-me a dizer –, a cidade legitimava um currículo trançado com os vimes culturais das classes dominantes. Na Viena do *fin de siècle* – diz Amendola –, todos os edifícios do Ring estão repletos de intenções legitimadoras: "A casa de ópera não tinha como não ser barroca; a Prefeitura, gótica; o parlamento e a universidade, clássicos. Por meio da citação dos estilos, estavam assegurados o reconhecimento e a colocação no sistema dos significados e das funções urbanas" (AMENDOLA, 2000, p. 75). Contudo, na cidade contemporânea, tanto em suas formas, mas também, e muito mais, em sua vida cotidiana, é produzido outro tipo de significado governado por novos conceitos: a sobrecarga de estímulos, a cultura de superfície, a hibridização ou a fragmentação remetem a experiências urbanas pós-modernas[16] que tornam mais complexa a relação do sujeito com o significado. O espaço se torna ambíguo e indeterminado (a praça principal ou o centro da cidade perdem o sentido original e profundo do encontro); os lugares originados pela metanarrativa – os molhes de um porto, por exemplo – fragmentam-se em uma colagem desmistificadora e episódica – talvez um moderno centro comercial ou um centro de lazer a entrada ao suburbano é um abarrotamento cultural étnico e social; o presente é, enfim, um bazar de signos, um permanente espetáculo governado pelas mercadorias (DEBORD, 1999) no interior do qual nos movemos e, ao mesmo tempo, somos movidos. Como identificar os novos significados construídos em relação às novas formas de interação com o espaço urbano?

Aqui, é interessante resgatar um conceito atraente para pensarmos a experiência desconstrutivista da cidade como possibilidade de currículo. Referimo-nos ao *flaneur*, personagem comentado por Baudelaire e, mais tarde, resgatado por Walter Benjamin para se referir ao pedestre sem rumo, o urbanita que experimenta a cidade sem qualquer intenção além de perambular ou passear de um modo diletante. Essa imagem me interessa porque permite pensar o currículo *flaneur* como a experiência particular por meio da qual o sujeito constrói e desconstrói significados em sua relação com a cidade, uma relação sem rumo nem objetivo pré-fixado, uma experiência de voyeurismo e passeio à deriva na qual se experimenta o conflito de um processo de subjetivação governado por uma relação espetacular com a mercadoria.[17] De fato, o que é interessante no resgate da figura do *flaneur* por parte de Benjamin, ou no conceito de deriva da Internacional Situacionista, é uma forma particular de ser cidadão expectador em vez de leitor, resistindo a fazer parte da multidão, com capacidade e vontade para a leitura crítica das formas de alienação presentes no território urbano. Por meio dessa figura, posso pensar a cidade como um lugar para o qual olhar e a partir do qual nos olharmos, um texto que deve ser traduzido, uma experiência constantemente modificada por nossos próprios passos nesse território experimental. E, como hoje muito bem encarna a figura do *skatista*, também posso pensar a cidade como um espaço em branco potencial sobre o qual podemos desfrutar nossos grafites. Este é o currículo *flaneur*.

O mercado comum global na etiqueta de uma camisa: o currículo espetáculo

Estou vestindo uma camisa fabricada no México, importada por uma empresa têxtil de Granollers, cujo preço era exibido em quatro moedas e que foi comprada em uma loja que dispõe desse mesmo modelo em filiais distribuídas nas principais cidades do planeta, com um logotipo facilmente identificável por cidadãos com culturas, línguas, costumes e economias muito distintas. A loja fica em um *shopping center*, uma grande superfície comercial que repete sua estratégia de arquitetura em outros *shoppings* de cidades de diferentes continentes e distantes entre si milhares de quilômetros. A experiência cultural em uma galeria ou centro comercial de uma cidade grande, a experiência tanto do *hardware* quanto do *software*, unifica e homogeniza as transações simbólicas do sujeito com as do território. Muitos pesquisadores concordam com o domínio do aspecto cultural nos processos de mutação das cidades, trazendo à vida cotidiana do sujeito as mesmas imagens e metáforas que circulam por metrópoles diferentes.[18]

Se o objeto da reflexão não é tanto a cidade em si, mas a experiência da cidade, e esta – citando Lledó (1999, p. 17) – "não é a aceitação passiva da realidade exterior, mas uma elaboração", pergunto-me pelos efeitos, nos processos subjetivos de elaboração cultural da cidade, de algumas das características que temos chamado de experiência urbana pós-moderna: a intersecção e a hibridização do local com o supranacional, a descontextualização do cotidiano ou de um modelo hedonista de relação com a mercadoria no qual as portas do Partenon feitas de cartão-pedra se abrem para a utopia norte-americana da Disneylândia.[19] Este é o currículo espetáculo: "Na cidade contemporânea, o espetáculo se torna o princípio organizador da vida, não como um momento excepcional, mas como uma dimensão da experiência cotidiana" (AMENDOLA, 2000, p. 88).

Talvez os centros comerciais atuais sejam o texto curricular da cidade por excelência. O que, ao longo dos séculos, tem sido uma característica dominante das ruas e praças centrais da cidade – isto é, a relação entre o consumo e o ócio – hoje fica limitado à bolha segura de um centro comercial, curiosamente construído, na maioria das vezes, em espaços suburbanos. Os mercados de rua, as lojas, os cinemas e os restaurantes, instalados ao redor da Praça Central ou da Avenida, espaços também para o encontro e o passeio, foram transferidos para o *shopping center* ou centro comercial, no qual a "Avenida" ou "Praça Central" agora são formas de dar nome a lugares e espaços dessa nova superfície de cartão-pedra que modificam radicalmente o sentido real e a força original que tiveram no centro da cidade. O que me parece mais significativo, sob o ponto de vista do problema do qual pretendo tratar – as novas alfabetizações urbanas –, é que o texto original está sendo modificado por uma concepção nova e diferente do conceito de consumo e lazer, na qual, como outrora talvez fossem as catedrais, hoje é representado pelo centro comercial, o novo livro didático, a nova enciclopédia da cidade educadora. O que a equipe multidisciplinar projetou no centro comercial[20] foi a recreação e integração dos elementos característicos do modelo urbano tradicional, a apropriação da função pública da cidade, para colocá-la aos pés do consumo, restringindo ou inviabilizando algumas das outras características ou elementos da vida urbana: o conflito social, o crime, a violência, a pobreza.

O que ressalto nessa epígrafe é um modo de experiência cidadã baseada na centralidade da mercadoria e no império da moda na qual cenários mutantes e efêmeros estabelecem com o indivíduo uma relação que confere significado, sentido e identidade e que se fundamenta no desejo e na avidez de consumo como construções sociais e culturais. Um contraponto ou uma variante dessa argumentação pode ser encontrado em Lipovetsky, para quem a moda e o consumo impregnam as crescentes dimensões tanto da vida pública quanto da privada, privando os indivíduos de qualquer sentido de transcendência, desarraigando as opiniões e tornando-as flutuantes, volúveis, mostrando um presente complexo e inconsistente, mas nem por isso pior que qualquer outro tempo passado:

> Sob o reino da moda total, o espírito é mais volúvel, porém é mais receptivo à crítica, menos estável e mais aberto à diferença, à prova, à argumentação do outro. Seria ter uma visão superficial da moda plena se não fizéssemos mais do que assimilá-la a um processo de padronização e despersonalização sem comparação; na realidade, propicia um questionamento mais exigente, uma multiplicação dos pontos de vista subjetivos e o retrocesso da semelhança das opiniões. Não apenas a crescente semelhança de todos, mas também a diversificação das pequenas versões pessoais. As grandes certezas ideológicas esmaecem [...] a favor das singularidades subjetivas, talvez pouco originais, mas criativas e pouco reflexivas, porém mais numerosas e mais elásticas. (Lipovetsky, 2006, p. 33)

Não pretendo, como faz o autor citado, enfrentar a onipotência da lógica consumista à modernidade esclarecida e a fusão dos grandes discursos normativos. Situado no campo do currículo – o currículo da cidade –, o que sugiro é pensar o seguinte paradoxo: por um lado, a hiperprodução de significantes na vida cotidiana – informação para viver e informação para o mercado em uma constante relação espetacular com a publicidade e os meios –, e, por outro, o que efetivamente já havia formulado Ibánez (1985), como o paradoxo do sujeito sujeitado, ou seja, a possibilidade do salto de um conhecimento para ter/consumir até um conhecimento para saber e fazer. A cidade é então o âmbito de criação de experiências culturais nas quais as mensagens normalizadoras que nutrem o desejo consumista do indivíduo podem ser ao mesmo tempo as que desempenham um papel emancipador, ao difundir no conjunto do corpo social os valores do hedonismo e da liberdade. Eis uma nova possibilidade de alfabetização: trabalhar no interior dessa lógica binária a leitura interpretativa do mercado e de seus limites, bem como a formulação das responsabilidades individuais e coletivas na criação e modificação do presente e das possibilidades do futuro. Para esse processo, por fim, tomar o centro comercial como estudo de caso pode ser uma interessante proposta curricular, visto que, como foi assinalado, ele constitui um simulacro articulado ao redor de um sistema de signos no qual são identificados com clareza os modelos sociais pós-modernos, um modelo de relação social no qual se valoriza o espetáculo da mercadoria governando a vida cotidiana e no qual se misturam os diferentes valores culturais e significados, não para construir um discurso de pluralidade e reconhecimento das diferenças, mas exatamente para o contrário: homogeneizar estereótipos no cenário das relações consumo-ócio.

Tribos, bairros, inclusões e exclusões. O currículo entre a diversidade e o medo

> Esse lugar não é um lugar, mas um ter lugar dos corpos que o ocupam no espaço e no tempo. (Delgado, 2007, p. 13)

Vejamos, agora, a experiência da cidade contemporânea em relação às políticas de diversidade no espaço público. Pensar aqui o currículo é analisar, nesse espaço que é comum a todos, "as pontes que são criadas para conectar as pessoas e as portas que se fecham para separá-las", utilizando uma expressão de Benjamin.[21] Se, em uma teoria do público – Hanna Arendt –, a cidade é o lugar de encontro e reconhecimento do outro – o espaço para o encontro, o jogo e o desfrute à vontade, como diziam os urbanistas da Internacional Letrista –, a experiência social mostra, no entanto, a cidade contemporânea como "um arquipélago de ilhas defendidas cultural e praticamente, entre as quais o cidadão aterrorizado pode navegar através de caminhos protegidos" (AMENDOLA, 2000, p. 277). Se já não há nada mais evidente na maioria das cidades do que uma complexa realidade multicultural, a questão problemática é a vivência dessa experiência pelo sujeito urbanita e o modo como ele transforma essa experiência em um significado do outro, em uma teoria da diferença.

Emos, punks, góticos, ska, rappers, rolingas, floggers ou *skin heads*. Essas palavras são apenas algumas das inúmeras tribos urbanas que, em sua manifestação pública, desenvolvem subculturas ligadas à moda e ao gosto, produzindo manifestações diferentes sobre a música, o vestuário, a ideologia, a arte ou o local de encontro e os hábitos nas relações. Em uma recente sessão de debate em aula, conheci, por meio do testemunho de uma estudante "grafitista", a complexa e hierárquica lei não escrita sobre o reconhecimento, o uso dos espaços, os tipos de relação, etc., que é praticada entre os diferentes grupos de jovens que praticam a arte do grafite nos muros da cidade. Se, como foi assinalado nas epígrafes anteriores, o ponto de partida é o sujeito na rua e a sua constante demanda por prazer, reconhecimento e consumo, suas ações de busca e as estruturas para a satisfação põem em relação e criam comportamentos tribais, afirmações de identidade baseadas em símbolos, imagens, marcas, estilos, os quais se mesclam à realidade da cidade com outra realidade imaginada sobre a qual a mídia tem uma enorme capacidade de representação.

Por outro lado, também vinculados à moda e ao gosto – mas não somente a eles – são produzidos movimentos da população que recuperam e revalorizam áreas urbanas com a nova ocupação por grupos sociais superiores, a chamada gentrificação.[22] Outros movimentos e agrupamentos em bairros têm o efeito contrário: a desvalorização e deterioração social como consequência de políticas urbanas excludentes frente a outros setores cultural e economicamente deprimidos, estrangeiros, recém-chegados, *outsiders*, refugiados, etc. A maldição bíblica da Torre de Babel mostra seu novo rosto na crise atual do público no espaço urbano: tribos e grupos diversos condenados a se entender, relacionados pelo urbanismo do medo: câmaras, controles, cercas de proteção, serviços privados de segurança, etc. Este é um ponto sobre o qual convém que nos detenhamos: além das transformações na própria arquitetura urbana, aparecem dispositivos, artefatos, meios e recursos que produzem significados culturais – olhares da vida – nos quais se põe em jogo um olhar da diversidade que pode tanto fomentar a tolerância como, ao contrário, legitimar a intolerância. Além disso, o que me parece uma aprendizagem social significativa é que a visualização da diversidade, inserida no discurso do medo daquilo que é diferente, transforma em indigesto e improdutivo o que deveria constituir o principal alimento do público, ou seja, a presença da diversidade étnica, racial e cultural em qualquer cidade contemporânea.

A projeção do espaço urbano nas histórias de vida nos mostra um olhar ainda não contemplado: o foco no gênero e na reivindicação do direito à mobilidade sem medo, segura, de qualquer mulher. Como bem estudou Del Valle (1997), a cidade mostra ou uma arquitetura do medo, ou contra o medo. A solidão, a má iluminação pública, os chamados "espaços-armadilha", as colunas, os acessos difíceis, os caminhos estreitos, os túneis, etc., fazem com que muitos espaços da cidade sejam lugares de temor para as mulheres. O mesmo estudo comenta o surgimento, no

País Basco, da plataforma política Plazandreok, que, entre suas ações concretas de mudança, incluía que as mulheres fossem reconhecidas por meio de nomes de ruas e monumentos. É evidente, como estamos ressaltando desde o início, que processos e elementos aparentemente arquitetônicos, urbanísticos e econômicos também têm um claro componente simbólico que mantém as estruturas de dominação e forma identidades e subjetividades estáveis. Aprender a ler essas evidências na documentação da cidade é uma nova proposta alfabetizadora.

A geopolítica da cidade: o currículo da pobreza

O urbanismo social na metrópole contemporânea oculta outro problema fundamental por trás dos *outdoors*, das grandes avenidas e de uma imagem espetacular e manipulada da diferença racial. Refiro-me à presença da pobreza como produção estrutural do capitalismo em sua atual fase globalizadora. Concentrada nas grandes cidades, como consequência do êxodo progressivo do mundo rural extenuado, a imagem da pobreza se choca, no entanto, com um discurso urbanita que finge que ela é invisível. O reconhecimento crescente da multiculturalidade e da diferença racial em muitos discursos institucionais da cidade silencia a violência institucional de um sistema econômico que polariza e radicaliza a desigualdade econômica entre sujeitos e classes sociais de diferentes países e continentes. Todas as cidades tiveram, ao longo da história, seus espaços precarizados. Os relatos de Jack London ou Charles Dickens nos lembram os problemas do século XIX, e o filme *Cidade de Deus* nos conduz à realidade da favela brasileira contemporânea. Sempre houve outra cidade que se pretendia ocultar e ignorar, devido ao medo e aos fantasmas do crime e da depravação.

Um enfoque alfabetizador sobre a pobreza na cidade nos conduz à identificação e interpretação das diferentes manifestações dessa realidade: desde as mais espetaculares – e, ainda assim, apenas visíveis em algumas cidades por meio de um avião – como as favelas ou os cortiços e seu contraste com os condomínios residenciais cercados por muros e serviços de segurança particular; até inúmeras práticas da vida cotidiana relacionadas com a qualidade e as condições de trabalho, a alimentação, a saúde, a educação e o lazer, entre outras. Um rosto suburbano, a publicidade de um hipermercado, a linguagem de uma conversa na rua, o itinerário de um serviço de transporte público, o livro didático escolar, o homem que dorme aos pés de um caixa automático, a partida de futebol em um parque no domingo, a porta de uma discoteca, o lixo depositado no contêiner são, enfim, imagens instantâneas de uma geografia política que evidenciam a desigualdade social e a pobreza.

Os movimentos sociais na cidade: o currículo encarnado

Nas cidades, escreve-se uma nova gramática da política, e o texto produzido se torna um movimento social. O urbanismo da vida cotidiana e a razão que o legitima provocam a resposta política da vida cotidiana. A rua mostra, a cada dia, formas diferentes de um movimento organizado que se revolta e contesta as diferentes agressões ao corpo, ao desejo, ao trabalho, à sexualidade, à comunicação, ao deslocamento, à identidade, à moradia, à educação, às relações, etc., e o faz com práticas alternativas no próprio cotidiano. Não é uma experiência social nova – recordemo-nos que as profundas transformações sociais ao longo da história têm sua origem no descontentamento e na insatisfação com o presente e no desejo de outra forma de vida; o que efetivamente é novo –, porque o próprio processo histórico o atualiza – são as formas e os motivos pelos quais tais movimentos se mostram.[23] Assim, o projeto educacional da cidade deverá prestar atenção às atuais emergências de novos sujeitos políticos, às novas vozes e às novas problematizações da política.

Aqui, não podemos nos aprofundar na complexidade que acompanha o conceito e as práticas dos movimentos sociais,[24] mas assinalaremos alguns traços distintivos e sua relação como o tecido urbano interpretado como uma potência do currículo. A primeira característica é a vontade de ser sujeito, de ser sujeito de reconhecimento, sujeito de ação e transformação; esta é uma característica histórica que muda a cada momento dessa história, produzindo um efeito duplo: a criação da diferença – novos sujeitos no cenário social –, a inovação na formulação e desenvolvimento do conflito social, das novas linguagens e das novas formas de criação de conflito. Como nos lembra Herreros Sala (2008, p. 101), os grevistas ou as sufragistas já estavam presentes antes de seu reconhecimento legal; Rosa Parks ocupou o assento do ônibus reservado aos brancos antes que a lei fosse modificada. Nos levantes de maio de 1968, começaram a ser escritas as críticas atuais ao urbanismo selvagem e também em defesa da recuperação do território, as novas concepções da qualidade de vida, o reconhecimento da diferença ou as críticas à burocratização da política.

A segunda característica se relaciona com a atividade política pequena, localizada, pessoal, imediata e local. Na imensidão da metrópole, no meio do oceano discursivo da globalização econômica e cultural, surgem, no nível dos bairros, experiências sociais múltiplas e diferentes que indicam a presença de movimentos geralmente invisíveis aos meios de informação, às pesquisas acadêmicas, aos programas e às agências institucionais da política. São grupos de mulheres, jovens, cidadãos e cidadãs de diferentes índoles e condições que se reúnem para desenvolver um programa concreto de pesquisa e transformação social (o direito à moradia, a solidariedade com a emigração forçada e os destituídos de documentos, o acompanhamento aos adolescentes excluídos do sistema de educação formal, a defesa daqueles que executam trabalhos em condições precárias, a criação cultural e artística, a mobilidade e o transporte público, etc.[25]).

O terceiro traço, intimamente relacionado com o anterior, tem a ver com o cultivo de uma cultura política alternativa aos modelos hegemonizados pelos grandes partidos e sindicatos. Viver o presente, evitar tempos passados, cultivar o desejo, construir o conhecimento da própria existência, buscar a horizontalidade frente à hierarquia, desenvolver redes rizomáticas, recriar a linguagem, reconhecer a subjetividade no trabalho de cooperação, etc., são apenas alguns dos diversos princípios procedimentais que aparecem nos diferentes cenários da cidade.

O currículo dos movimentos sociais é, então, um convite para pôr a vida cotidiana no centro do conflito social e para fazer disso um programa de aprendizagem e um projeto coletivo de construção do conhecimento emancipatório. Além disso, parece-me que uma característica central desse currículo seja a alfabetização nas novas linguagens com as quais podemos expressar a conjunção do sentido ético, estético e racional de toda prática social. O caso do zapatismo foi, nesse sentido, paradigmático. Em geral, o lugar no qual se escreve o texto desses novos currículos são as instituições de educação, os centros sociais, os centros culturais, os pátios ou as casas, as diferentes formas de dar nome ao espaço de encontro, relação e criação da cultura e a política alternativa que tem, na maior parte dos casos, seu lugar e espaço de relação e intervenção no bairro – espaços para a troca de mapas conceituais e procedimentais com os quais aprender a pensar e a agir sobre o próprio bairro e sobre a cidade.

Nós, relações e experiências: o currículo situacionista

> Negro africano, asiático oriental,
> indio americano, africano musulmán,
> blanco europeo, aborígen australiano,
> cinco continentes en un mismo corazón
> Multiracial, multicultural,
> multiracial, multicultural
> Desde Filipinas a América Central,
> desde el Polo Norte hasta Madagascar
> este puto mundo no es de nadie y es de todos,
> cinco continentes en un mismo corazón
> Multiracial, multicultural,
> multiracial, multicultural
> No fronteras, no banderas, no a la autoridade
> no riqueza, no pobreza, no desigualdad
> rompamos la utopía, dejemos de soñar,
> arriba el mestizaje, convivir en coletividad.
> Gritaré que ardan las banderas por la fraternidad
> que caiga el patriotismo y la hostilidad racial
> cultura popular [...]
> (Trecho da música "Mestizaje",
> do grupo SKA-P)*

Contudo, a metrópole contemporânea também nos revela outras possibilidades fundamentais por meio de práticas e experiências com importante potencial de desenvolvimento social e pessoal, com uma importante capacidade liberadora e, portanto, uma importante possibilidade educacional. Jamais as cidades conheceram como hoje a presença da miscigenação étnica e cultural. Ainda que, como foi ressaltado na epígrafe anterior, a interpretação em muitos casos venha acompanhada da intolerância e do preconceito, em outros casos, constitui uma esperançosa e construtiva possibilidade de encontro. A cidade de Granada, por exemplo, tem testemunhado em seus bares de estudantes um diálogo musical espontâneo e frutífero entre o flamenco e as músicas do *magreb*. Outro exemplo: nas metrópoles atuais, a distribuição comercial dos alimentos cada vez mais se concentra em um número menor de supermercados mais poderosos – no caso espanhol, o monopólio é escandaloso: cinco grande empresas controlam mais da metade da distribuição e venda de todos os alimentos.[26] Todavia, proliferam alternativas urbanas de consumo responsável e de pequenos produtores locais e existem cooperativas de consumidores de produtos ecológicos que funcionam nos bairros e estabelecem relações de compra direta com os camponeses e produtores do entorno.

Novas paisagens e novas culturas aparecem e desaparecem em uma relação dinâmica com os fluxos e as transformações da cidade. As manifestações ocorrem nas ruas e nelas são consumidas, com uma clara vontade desinstitucionalizadora; e os museus e as galerias de arte têm de "concorrer" com os muros da cidade e uma forma de mercadinho ambulante e de rua preferido por muitos artistas. A música e as canções populares – que sempre tiveram origem nas comunidades e nas ruas, como o tango e o *jazz* – hoje mostram manifestações novas e radicais relacionadas com outras novas circunstâncias metropolitanas: o *hip hop* ou o *reggaeton* também são manifestações de uma polifonia simbólica na qual determinados grupos ou setores dos mais jovens da população encontram formas de falar, fazer barulho, estar e se manifestar nas ruas da cidade. O bombardeio incessante de imagens e objetos visuais relacionados com a publicidade e o consumo tem criado uma cultura visual fascinada pela imagem, mas, dessa mesma experiência cultural – e comercial –, surgem fotógrafos, cineastas, desenhistas, músicos, que pretendem dar a volta no discurso da voracidade da imagem sobre o indivíduo, recuperan-

---

* N. de T.: Negro africano, asiático oriental, / índio americano, africano muçulmano, / branco europeu, aborígene australiano, / cinco continentes em um mesmo coração / Multirracial, multicultural, / multirracial, multicultural / Das Filipinas à América Central, / do Polo Norte à Madagascar / este mundo puto não é de ninguém e é de todos, / cinco continentes em um mesmo coração, / Multirracial, multicultural, / multirracial, multicultural / Não às fronteiras, não às bandeiras, não à autoridade / não à riqueza, não à pobreza, não à desigualdade / acabemos com a utopia, deixemos de sonhar, / viva a miscigenação, conviver em coletividade. / Gritarei para que ardam as bandeiras pela fraternidade / para que caia por terra o patriotismo e a hostilidade racial / cultura popular [...]

do esse cotidiano imaginário em um sentido alternativo, com novas estratégias de raiz dadaísta e *pop*. O *glamour* do signo *high-tech* na arquitetura também vem acompanhado de um movimento arquitetônico e decorativo que reivindica a sustentabilidade e o uso de materiais recicláveis na criação de novos espaços públicos ou privados. Enfim, o transbordamento demográfico e a aventura de mudar para a cidade – um processo vertiginoso e que não sabemos se pode ser interrompido – está produzindo manifestações culturais e de identidade que tomam como espaço de criação a experiência das ruas e da cidadania, propõem uma leitura desconstrutiva e crítica do cenário urbano e exploram mecanismos de comunicação que põem o sujeito no centro da relação dialógica com o entorno.

Contra o desperdício da experiência

> [...] não outra coisa que o fora, e sim exatamente o dentro do fora. (DELEUZE, 1987, p. 128)

Ao longo das epígrafes anteriores, tentamos uma abordagem inicial à cartografia urbana que é em si mesma uma forma de viver e, portanto, uma forma de narrar, de representar e produzir identidade social. Isso, que já foi magistralmente expresso por Charles Baudelaire (2002) e Walter Benjamin (2005), constitui para nós um objeto de estudo ao o considerarmos como currículo, ou seja, uma estrutura de conhecimento e dispositivos culturais no âmbito – social, antropológico, econômico e urbanístico – da cidade, com os quais os sujeitos urbanitas interagem e constroem sua identidade (ou são construídos por ela). No entanto, os currículos – tanto escolares quanto extraescolares – vivem se instalando em uma racionalidade dominante que desperdiça e dá as costas a uma estratégia de elaboração do conhecimento que parte do reconhecimento do sujeito e de sua capacidade de problematizar sua experiência. Considerar a cidade como currículo, no sentido que tentei colocar, obriga-me, contudo, a sugerir as condições necessárias para pôr tal racionalidade em crise.

A primeira condição é de caráter epistemológico e passa pelo questionamento radical de uma forma de racionalidade que fragmenta a abordagem e concebe o conhecimento como um trânsito do desconhecimento ao conhecimento absoluto. O ponto de partida para o questionamento ou a ruptura com essa racionalidade hegemônica seria o seguinte:

1. A compreensão do mundo, da vida e de suas estratégias escolares e educacionais excede muito a compreensão acadêmica desse mundo. A experiência social e educacional do sujeito na cidade é muito mais ampla do que a tradição acadêmica reconhece e considera importante.

2. A compreensão acadêmica do currículo escolar e do modo como se torna hegemônica e atua como forma e relação de poder tem muito a ver com esse desprezo duplo: *a)* o desprezo à historicidade e ao caráter localizado/situacional dos problemas sociais, culturais e educacionais; *b)* o desprezo e, portanto, também o desperdício, da experiência social e subjetiva construída no interior do campo social da educação.

3. Para combater o desperdício da experiência e tornar visíveis as iniciativas e os movimentos alternativos e lhes dar credibilidade, pouco serve recorrer a novas propostas ou modelos científicos e acadêmicos. Em grande parte, a própria academia é responsável por essa invisibilidade. É necessário que se proponha uma mudança de racionalidade, um diferente modelo de racionalidade.[27]

A racionalidade ocidental tem sido edificada sobre o privilégio de uma forma de conhecimento científico cartesiano e positivista assentado nas dicotomias: natureza/cultura; natural/artificial; mente/matéria; vivo/inanimado; observador/observado; subjetivo/objetivo, etc. Como consequência dessa epistemologia, a pedagogia e a escola têm enfrentado este e outros pares dicotômicos: crianças e programas; práticas e teorias; professores e pesquisadores; conhecimento e experiência [...] cidade e escola. O mundo do currículo não escapa desse modelo e, além de fragmentar a experiência cultural na escola em diversas disciplinas acadêmicas, fragmenta e separa essa experiência escolar da experiência cidadã. Como foi assinalado no início deste capítulo, quando o currículo escolar sai para a cidade, o faz para incorporar essa abordagem fragmentada da experiência do sujeito da cidade.

Todavia, esse modelo curricular está em crise por várias razões e de muitas maneiras que aqui não temos como examinar com mais detalhes. A autoridade disciplinar se confunde com o tablado da sala de aula; a fragmentação disciplinar dá o salto mortal do tédio cotidiano ao absurdo permanente. Como dizia Morin (1999), para equipar bem a cabeça hoje, são necessários outros saberes, com outra organização e outro sentido.

O problema do conhecimento e das oportunidades e experiências de reação do sujeito com o conhecimento exige hoje uma nova abordagem de currículo escolar como espaço no qual se dá o combate pelo reconhecimento da experiência. Essa nova abordagem já não pode contemplar a cidade como um espaço extracurricular porque, se, como temos ressaltado, grande parte das relações entre conhecimento, poder e identidade social se produz na cidade, uma teoria do currículo que contemple essa relação tripla e íntima como experiência educacional tem que compreender e intervir nessa relação, porque esse é um espaço privilegiado de produção de formas de saber e formas de subjetividade. A abordagem de uma teoria do currículo sob o pós-estruturalismo e os estudos culturais – onde vejo uma importante contribuição de Silva (2001) – permitir-nos-ia fugir de uma concepção estática, pré-elaborada e idealista do conhecimento produzido na cidade para entender melhor essa produção em termos de uma relação viva, política e histórica entre os sujeitos que vivenciam a cidade. Em outras palavras, o currículo da cidade não é uma lista de conteúdos da cidade, mas uma atividade social cruzada por relações de poder onde são possíveis diferentes e contraditórias produções de identidade e subjeti-vação; uma experiência na qual vamos nos construindo como sujeitos concretos, particulares e específicos. A cidade, a cidade na qual vive mais da metade da população do planeta, é uma poderosa narração sobre nós próprios e o mundo, sobre nós e os outros (que são diferentes de nós), sobre o que foi, o que está sendo e o que será; uma narração cruzada de significados e repleta de conflitos e lutas por significado. O currículo da cidade é o conto da cidade, mas também a desconstrução crítica dessa narrativa e a possibilidade de outras abordagens e outras leituras que o subvertem.

As alternativas didáticas concretas e coerentes com os argumentos anteriores são tantas e tão complexas quanto as experiências da vida cidadã, posto que, na prática, o que se propõe não é mais do que a ação estratégica que problematiza a própria existência na chave educativa. Todavia, é possível formular alguns princípios geradores. Em primeiro lugar, a recuperação e a revisão da memória e da historicidade da pedagogia renovadora do século XX. O esquecimento é, além de uma construção social, uma trapaça da história que deixa a mudança ao plano mais superficial e irrelevante. O século passado teve uma longa trajetória de pesquisas didáticas e pôs dentro das aulas práticas alternativas de grande porte. Não recorreremos a uma lista fácil, mas quem trabalha neste campo conhece as possibilidades da chamada Pedagogia Freinet, uma longa trajetória de trocas colaborativas de práticas alternativas nascidas da experimentação do próprio movimento de professores. Situar Freinet na cidade – como já dissemos – não é a excursão e a visita ao museu. É algo radicalmente distinto, porque é pôr a palavra e a experiência do sujeito no centro do desenvolvimento curricular. Não é possível esquecer, tampouco, todo o movimento de educação popular no sentido originado por Paulo Freire, que esse movimento nos oferece experiências para pensar a cidade como criação política e educacional: sem dúvida, Freire nos diria que não se aprende com a cidade falando dela, mas vivenciando-a e experimentando-a, e isso relaciona, dentro da prática educacional, uma teoria diferente da cultura e do sujeito. O movimento do professor-pesquisador e a experiência do HCP promovida por Stenhouse é outra referência inevitável, porque, novamente, põem no centro do desenvolvimento curricular as questões relevantes da experiência do sujeito, superando a estrutura das disciplinas para configurar o currículo e conferindo ao professor um novo papel dinamizador da relação entre sujeito, conhecimento e experiência. O trabalho por projetos é outra longa tradição renovadora que põe o pensamento, a palavra e o desejo do sujeito discente e docente no núcleo do currículo escolar e problematiza a experiência social, concreta e imediata. Enfim, a revisão dessas alternativas didáticas pode ser muito extensa. Restariam a ser explorados os não lugares do currículo, que são aquilo que a história, a política, a teoria e a prática do currículo ainda não conseguiram experimentar.[28] Neste último sentido, pretendo inserir a proposta deste texto.

A didática que se propõe também deve revisar o papel atribuído ao docente e, em termos mais gerais, ao sujeito adulto dinamizador dos processos de encontro e exploração educacional da cidade. Os movimentos pedagógicos anteriormente citados deram sugestões e ofereceram exemplos interessantes, tanto sobre as práticas docentes relacionadas com a exploração e a pesquisa do território, a apropriação e o desenvolvimento cultural quanto sobre o diálogo com outros agentes e outras agências que promovem o ativismo cultural e educacional na cidade. O debate, então, sobre o sujeito docente e sobre o saber e as práticas que ele deveria cultivar, é um debate necessário que põe em crise a obsessão academicista sobre a ultraespecialização disciplinar e o autismo perante as abordagens complexas e as vozes de uma pesquisa social e pedagógica comprometida e militante. Neste último sentido, têm especial relevância novas formas de redes e movimentos sociais que atuam sobre o território e desenvolvem, em sua prática, um novo modo de pedagogia social que precisa ser levado em conta.

***

Concluímos o início de algumas observações que pretendem ser uma abordagem sobre a cidade como uma forma de urbanismo social dinâmico, indeterminado e inconcluso. Por essa razão, essa abordagem convida ao pensamento da cidade como forma de criação do currículo que põe o sujeito – que sai de casa e da escola – para uma potência múltipla e complexa de experiências. Assim, a cidade seria um laboratório onde se ensaiam diversas formas de subjetivação, transição e transformação social e cultural.

NOTAS

1 Aqui, apoiamo-nos nos *Cultural Studies* e no conceito de materialismo cultural formulado por Raymond Williams (1994).
2 Ver Sennet (1997).
3 Detemo-nos na análise sobre as políticas de controle sobre o currículo por meio do livro didático em Martínez Bonafé (2002).
4 Ver: Escuelas Infantis Reggio Emile (2000).
5 Podemos reconhecer aqui diferentes propostas da Escola Nova ou da pedagogia enraizada na realidade social e cultural desenvolvida por Paulo Freire. Um bom resumo dessas correntes pedagógicas pode ser encontrado em Palacios (1978).
6 Um interessante capítulo que desenvolve a temática da cidade educadora pode ser encontrado em Carbonell (2008). É possível consultar a carta de fundação da Associação Internacional de Cidades Educadoras em: http://www.bcn.es/edcities/aice/estatiques/espanyol/sec_

charter.html. A revista *Cuadernos de Pedagogía* dedicou uma interessante monografia em seu número 278, de março de 1999. Contudo, a obra-chave que iniciou esse movimento plural e controvertido é o livro de Tonucci (2001), *La ciudad de los niños*.

7 Ver *La escuela en la comunidad, la comunidad en la escuela*. Barcelona, Graó, 2009a.

8 Ver *La sistematización de uma experiência de acción comunitaria*, em AAVV (2009b).

9 Refiro-me ao Urbanismo não apenas como disciplina científica, mas também como política, cultura e experiência social que ordena e organiza a vida do sujeito na geografia política da cidade. Nesse sentido, também incluo nele, como hipótese central do capítulo, seu caráter pedagógico.

10 Publicado no nº 6 de "Internationale Situationniste". Tradução extraída de *Internacional situacionista, vol. I: La realización del arte*. Madrid: Literatura Gris, 1999.

11 Díaz e Goin, (2008, p. 17).

12 Baseei-me, para essa síntese conceitualizadora, em Silva (2001) e Paraiso (2007).

13 No sentido dado por Deleuze (1975); ver também Larrauri (2000).

14 Uma boa reflexão a respeito disso é sugerida pelo filme *Blade Runner*, dirigido por Ridely Scott e cuja estreia foi em 1982, onde o Estado e seus dispositivos de repressão, o poder corporativo e as novas tecnologias acabam determinando um futuro urbano marcado pela imagem perversa e degrada de qualquer utopia ou futuro ideal para a cidade. A perseguição e o aniquilamento dos replicantes efetuada pelos *blade runners* nesse filme de ficção científica lembram as palavras de Walter Benjamin, que dizia que não há documento de uma cultura que não constitua, ao mesmo tempo, um documento da barbárie humana.

15 Nos trabalhos de Deleuze e Guattari, um *rizoma* é um modelo descritivo ou epistemológico no qual a organização dos elementos não segue linhas de subordinação hierárquica, mas no qual qualquer elemento pode afetar outro ou nele incidir (DELEUZE; GUATTARI, 1994, p. 13).

16 Ver, Amendola (2000), Cap. III.

17 Em *A obra sobre los passajes*, Walter Bęnjamin considera a galeria comercial e os bulevares da cidade de Paris do século XIX com uma forma de relação com o "mundo das mercadorias", que – perversamente – permite e proíbe ao mesmo tempo, em um só gesto, o acesso do ser humano a toda a riqueza que o trabalho soube obter da natureza.

18 Jaume Carbonell faz referência à metáfora de Saramago em *La caverna* em relação aos processos de substituição urbana, à perda do artesanato e à onipresença dos centros comerciais: uma nova ordem econômica e também de vida. Veja Carbonell (2008, p. 69).

19 Ver Giroux (2001).

20 Desconhecemos o procedimento real, mas não podemos imaginar o desenho tão potente desse novo espaço pós-moderno sem a interação de urbanistas, arquitetos, economistas, psicólogos, especialistas em promoção, policiais, vereadores, banqueiros, artistas, etc. A lista pode ser muito extensa e alcançar até mesmo um filósofo!

21 Citado em Amendola (2000, p. 278).

22 Ver Amendola (2000) p. 29.

23 Alberto Melucci (2002) dá uma valiosa contribuição à revisão dos enfoques teóricos tradicionais e contemporâneos sobre as redes e os movimentos sociais na obra *Acción colectiva, vida cotidiana y democracia*.

24 Sobre a transformação do entorno pela ação cidadã, pode ser consultado o *site* de Area Ciega, http://areaciega.net/index.php/plain/observatorio.

25 Podem ser consultados: Herreros Sala (2008); Collectiu Investigació (2005); Malo de Molina (2004), Wallerstein (2002).

26 Ver Vivas (2008), La cara oculta de los supermercados, *Público*, 25 de fevereiro, p. 7.

27 Para o desenvolvimento desses argumentos, ajudou-nos especialmente o estudo dos textos de Santos (2000, 2005). É óbvio, por outro lado, que várias das categorias utilizadas têm suas raízes no campo conceitual do pensamento freireano. E, ainda que conceitos como sujeito, diálogo, relação, experiência, historicidade, conhecimento, identidade, poder, entre outros, devam-se a um complexo mapa bibliográfico, novamente aqui é reconhecida a contribuição dos textos de Paulo Freire. Uma abordagem sobre a atualidade da obra desse autor pode ser encontrada em Scocuglia (2007).

28 A respeito daquilo ainda não explorado pela teoria do currículo, pode-se consultar: Alves Paraiso e Matínez Bonafé (2009).

REFEERÊNCIAS

AAVV. *La escuela en la comunidad, la comunidad en la escuela*. Barcelona: Graó, 2009a.

AAVV. *Educación para la ciudadanía global*: debates y desafíos. Bilbao: Hegoa, 2009b.

ALFIERI, F. Crear cultura dentro y fuera de la escuela: algunos modelos posibles. In: AAVV. *Volver a pensar la educación*. Madrid: Morata, 1995. v.1

ALVES PARAISO, M. *Currículo e mídia educativa brasileira*: poder, saber e subjetivação. Chapecó: Argos, 2007.

ALVES PARAISO, M.; MARTÍNEZ BONAFÉ, J. El currículum: las presencias y las ausências. *Cuadernos de Pedagogía*, Barcelona, n. 389, p. 84-90, abr. 2009.

AMENDOLA, G. *La ciudad postmoderna*. Madrid: Celeste, 2000.

BENJAMÍN, W. *El libro de las pasajes*. Madrid: Akal, 2005.

BAUDELAIRE, C. *Obra poética completa*. Madrid: Akal, 2002.

CARBONELL, J. *La aventura de innovar*: el cambio en la escuela. Madrid: Morata, 2001.

CARBONELL, J. *Una educación para mañana*. Barcelona: Octaedro, 2008.

CELSO SCOCUGLlA, A. (Org.). *Paulo Freire en el tiempo presente*. Xàtiva: Institut Paulo Freire de España, 2007.

COLLECTIU INVESTIGACIÓ. *Recerca activista i moviments socials*. Barcelona: El Viejo Topo, 2005.

DEBORD, G. *La sociedad del espectáculo*. Valencia: Pre-textos, 1999.

DELGADO, M. *Sociedades movedizas*: pasos hacia una antropología de las calles. Barcelona: Anagrama, 2007.

DEL VALLE, T. *Andamios para una nueva ciudad*. Valencia: Universitat de Valéncia, 1997.

DELEUZE, G. *Spinoza y el problema de la expresión*. Barcelona: Muchnik, 1975.

DELEUZE, G. *Foucault*. Barcelona: Paidós, 1987.

DELEUZE, G; GUATTARI, F. *Mil mesetas*: capitalismo y esquizofrenia. Valencia: Pre-textos, 1994.

DÍAZ, S.; GOIN, A. (Ed.). *Territorios em red*: prácticas culturales y análisis del discurso. Madrid: Biblioteca Nueva, 2008.

ESCUELAS INFANTILES REGGIO EMILIA. *La inteligencia se construye usándola*. Madrid: Morata, 2000.

FRABBONI, F. Un manifiesto pedagógico de la educación ambiental: por qué y cómo el médio ambiente en la escuela. In: AA.VV. *Volver a pensar la educación*. Madrid: Morata, 1995. v. 2

GIROUX, H. *El ratoncito feroz*: Disney o el fin de la inocencia. Madrid: Fundación Germán Sánchez Ruipérez, 2001.

HERREROS SALA, T. Entender los movimientos sociales desde otras miradas. In: HERAS, P. (Coord.). *La acción política desde la comunidad*. Barcelona: Graó, 2008.

IBÁÑEZ, J. *Del algoritmo al sujeto*: perspectivas de la investigación social. Madrid: Siglo XXI,1985.

LARRAURI, M. *El deseo según Gilles Deleuze*. Valencia: Tandem, 2000.

LIPOVETSKY, G. *Los tiempos hipermodernos*. Barcelona: Anagrama, 2006.

LLEDÓ, E. *El silencio de la escritura*. Madrid: Espasa Calpe, 1999.

MARTÍNEZ BONAFÉ, J. *Políticas del libro de texto escolar*. Madrid: Morata, 2002.

MALO DE MOLINA, M. *Nociones comunes*: experiencias y ensayos entre investigación y militancia. Madrid: Traficantes de Sueños, 2004.

MELUCCI, A. *Acción colectiva, vida cotidiana y democracia*. Mexico: El colegio de Mexico, 2002.

MORIN, E. *Introducción al pensamiento complejo*. Barcelona: Gedisa, 1994.

MORIN, E. *La cabeza bien puesta*: repensar la reforma: reformar el pensamiento. Buenos Aires: New Visión, 1999.

PALACIOS, J. *La cuestión escolar*. Barcelona: Laia, 1978.

SANTOS, B. S. *Crítica de la razón indolente*: contra el desperdicio de la experiencia. Bilbao: Desclée de Brouwer, 2000.

SANTOS, B. S *El milenio huérfan*: ensayos para una nueva cultura política. Madrid: Trotta, 2005.

SENNET, R. *Carne y piedra*: el cuerpo y la ciudad en la civilización occidental. Madrid: Alianza, 1997.

SILVA, T. T. *Espacios de identidad*: nuevas visiones sobre el currículum. Barcelona: Octaedro, 2001.

TALENS, J. *El sujeto vacío*: cultura y poesia en territorio Babel. Madrid: Cátedra, 2000.

TONUCCI, F. *La escuela como investigación*. Barcelona: Avance, 1979.

TONUCCI, F. *La ciudad de los niños*: un nuevo modo de pensar la ciudad. Madrid: Fundación G. Sánchez Ruipérez, 2001.

VIVAS, E. La cara oculta de los supermercados. *Público*, p. 7, 25 feb. 2008.

WALLERSTEIN, I. *Análisis del sistemamundo*. Mexico: Siglo XXI, 2002.

WILLIAMS, R. *Sociología de la cultura*. Barcelona: Paidós, 1994.

Outras escolas, outra educação, outra forma de pensar o currículo

José Contreras Domingo
Universidade de Barcelona

O PENSAMENTO CURRICULAR DEPENDE DE UM MODELO ESCOLAR

A questão básica por trás de qualquer planejamento ou proposta curricular é sempre quais experiências educacionais vale a pena proporcionar em nossas instituições educacionais. No entanto, essa pergunta e a forma na qual nos pomos a respondê-la estão cheias de questões implícitas, de pressupostos que operam em nosso pensamento sobre como são esses lugares que chamamos de instituições educacionais e como elas realizam suas atividades. Isso tem a ver, como tentarei mostrar, com uma ideia concreta de escola[1] que se estabilizou em nossa experiência e em nossa imaginação. Contudo, também se relaciona com a própria história do termo currículo, forjado por determinada visão instituição educacional e a própria ideia de processo de ensinar.

As pesquisas de Hamilton (1989[2], 1999b) sobre o surgimento do termo currículo nos ajudam a entender que seu sentido original está relacionado com determinada visão de escolaridade e ensino. A noção do currículo, no âmbito da escola europeia moderna relaciona-se com a introdução do que Hamilton (1999b, 2007) chamou de *mudança instrutiva* na concepção da educação ao longo dos séculos XVI e XVII, a partir da qual a literatura pedagógica começa a se concentrar mais no ensinar do que no aprender. Surgiram então outros conceitos, que hoje nos parecem os habituais da terminologia didática, como programa, ano letivo, turma, método, os quais determinaram toda uma maneira de entender a organização, tanto da atividade de ensino quanto da própria instituição escolar. Em particular, a conceitualização curricular está historicamente ligada a uma forma de entender a trajetória educacional que se preocupa com a *disciplina*, a *ordem* e a *sequência* que esta deve seguir (HAMILTON, 1989, p. 45). Disciplina, ordem e sequência correspondem a uma concepção da escolaridade como um percurso disciplinado e previamente estabelecido pelas experiências de educação.

Não estamos, portanto, perante um termo inocente que se pergunta sobre quais experiências educacionais valem a pena, mas frente a um termo que traz consigo o peso de sua própria história, a qual nos condiciona na forma de pensar a educação, ou seja, frente àquilo que Reid (1998) chamou de "categoria institucional". Da mesma maneira, não podemos facilmente pensar nas instituições educacionais deixando de lado a história que as constituiu e deu forma. As práticas de educação são sustentadas por uma linguagem que, volta e meia, faz com que tenham um mundo de significados, dos quais não é fácil se desvincular. Afinal, o que revela a história da linguagem didática mais convencional mencionada anteriormente (ano letivo, currículo, turma, programa, instrução, método) é a sua dependência em termos de organização, sua relação com as formas de administração de um sistema, misturando, confundindo ou justificando mutuamente as razões administrativas com as educacionais.

O efeito fundamental desta dependência mútua entre as questões da administração e da educação tem sido a limitação de nossa imaginação pedagógica, de tal modo que se torna especialmente difícil, e inclusive, às vezes, parece ser mesmo impossível ou mesmo impensável, outro tipo de experiência escolar que não se ajuste àquilo que o vocabulário em uso permite dizer. O risco é que aquilo já instituído se converta no limite do que é possível, de tal maneira que qualquer ideia de inovação ou transformação na educação pareça poder somente significar aquilo que se modifica dentro dos parâmetros do que já foi estabelecido. Esta visão combina com a ideia de que o político é aquilo que somente é concebido e resolvido nos termos do administrado e do administrável, nos termos do que já está instituído e do que somente é reconhecido à medida em que é produto da regulação, consequência das normas e leis, produto do que se cria a partir do poder.

Contudo, se entendemos como curricular o que se relaciona com as perguntas (e respostas) sobre as experiências que são educativamente valiosas (em vez daquilo que é relacionado com a seleção, a ordem e a sequência do que tem que ser ensinado e aprendido), e se entendemos por política o que se relaciona com as formas que são praticadas para tornar esse mundo mais humano e mais habitável, para criar mais instâncias e mais possibilidades com as quais viver (em vez daquilo que se relaciona com o poder e as leis), poderemos nos abrir com mais facilidade para a exploração daquelas questões que, como veremos, serão provocadas pela experiência de "outras escolas", o que nos ajudará a poder pensar de novo qual seria o sentido da educação.

O propósito deste capítulo é mostrar que, frente àquelas convicções que limitam nossa imaginação pedagógica e nossa capacidade política, ao longo da história (e talvez pudéssemos dizer até mesmo contra todos os prognósticos), sempre existiram outros modos, outras experiências educacionais e escolares e é exatamente por não responderem a todos os parâmetros com os quais têm se configurado as formas de escolas convencionalmente instituídas que não somente nos mostram outra realidade e, portanto, outra possibilidade, mas também, em contraste, conscientizam-nos sobre a linguagem e o imaginário com os quais pensávamos a educação.

Aos mostrarmos essas "outras escolas", essa outra realidade, ficam evidenciados os axiomas da educação implícitos no modelo escolar convencional, o que pode nos ajudar a repensar aspectos da educação nos quais já não pensávamos mais, por estarem inseridos em um limite do "pensável" proporcionado pelo nosso imaginário sobre a escola, bem como a linguagem com a qual ele era pensado. A questão é, portanto, pensar, tendo em vista a história de outras escolas, se é possível outra maneira de pensar a educação e se podemos criar um novo significado para a linguagem com a qual nos referimos a ela ou mesmo até que ponto esta parece ser um entrave que dificultará que possamos dar certos saltos na concepção e na prática educacional, de tal maneira que o que, na realidade, necessitaríamos seria outra linguagem para a escola, para outra educação.

No entanto, a referência a outras escolas não pode ser representada por uma ideia unificada, mas, ao contrário, abre-se a uma pluralidade de concepções e experiências mais ampla e variada do que posso abordar nestas poucas páginas. Portanto, embora o ideal fosse que, ao longo do capítulo, pudéssemos explorar algumas dessas escolas concretas e aprofundar sua pedagogia, para dessa maneira poder repensar o sentido da escola, do ensino e da educação, aqui, o estudo necessariamente terá de ser sintético e seletivo, atendendo tão somente a alguns aspectos-chave com os quais podemos pensar as contribuições de algumas dessas escolas.

OUTRAS ESCOLAS? DA ESCOLA "NATURALIZADA" AO SIGNIFICADO DE "OUTRAS ESCOLAS"

O problema inicial é poder delimitar o foco de atenção. Afinal, a expressão "outras escolas" é uma forma pretensamente ambígua que uso para me referir a um fenômeno concreto: a existência de escolas que não foram configuradas pelos padrões que temos associados ao que é uma escola, o que muitas vezes também é chamado "escolas alternativas" (CARNIE, 2003; KORN, 1991) ou "escolas livres" (GRAUBARD, 1981; GRIBBLE, 1998). De fato, a dificuldade costuma ser esta, o fato de ser difícil para nós entender o que poderia ser "outra escola", já que geralmente consideramos tão natural a própria ideia de escola que nos faz pensar que cobre todo o espectro daquilo que é possível. Todavia, esta ideia que está tão interiorizada em nós, tão naturalizada, tão "universalizada", não deixa de ser uma concepção não somente "arbitrária" (no sentido de contingente, de que não responde a nenhuma necessidade natural de que seja assim), mas histórica (no sentido de que se pode reconstruir o relato e as razões pelas quais assim se configurou) e relativamente recente (na forma que a conhecemos atualmente, com as características que hoje mais se destacam nela,

sua origens na Espanha remontam a pouco mais de um século).

Essa naturalização da ideia de escola é muito bem exposta por Viñao (1990, 1998) ao tratar a história da escola seriada, o protótipo do modelo escolar que está interiorizado em nós:

> O termo escola hoje sugere uma determinada forma de instituição e um modo concreto de organização. Evoca, antes de tudo, um lugar e um prédio nos quais paredes e muros delimitam espaços e usos diferentes. Em um desses espaços, a sala de aula, aquele que, ao menos em teoria, define o conjunto, um professor leciona a um grupo de alunos com idades e conhecimentos, em tese, homogêneos, um currículo mais ou menos próximo a outro formalmente prefixado. Tal currículo, fragmentado em anos ou séries, cobre ao longo de vários anos acadêmicos determinado nível de educação. Os alunos, por sua vez, são periodicamente submetidos a alguns exames e provas que pretendem medir, de modo objetivo, seus conhecimentos parciais ou totais de tal programa. Sua avaliação se reflete em uma nota ou qualificação global, para cada curso ou nível, que determina a adoção de diferentes decisões sobre seu futuro acadêmico e profissional: a promoção ao ano ou ao nível seguinte, a orientação para determinadas derivações ou especializações, a recuperação, a repetição de ano, o abandono escolar, a expulsão, etc.
> Este tipo de organização implica determinada ordenação do espaço, das tarefas, dos ritmos e do tempo, bem como uma distribuição ou atribuição de usos dos espaços e objetos e uma classificação e avaliação dos professores e alunos. Em suma, implica não apenas uma divisão horizontal e vertical do trabalho, mas, sobretudo, uma cultura ou um modo de vida específico.
> Tudo isso hoje não nos parece estranho ou excepcional. Muito pelo contrário, é considerado o único modelo de escola possível, a única organização e cultura que pode ser qualificada como escolar. E, mais do que isso, como educativa. Disso advém sua força expansiva. Sua adoção por qualquer outra instância social que pretenda transmitir saberes, habilidades e conhecimentos; em outras palavras, que pretenda ensinar. (VIÑAO, 1990, p. 7)

De fato, hoje, pensar na escola implica pensar em grandes salas separadas dentro de edifícios que constituem recintos fechados, sem vida própria além da vida escolar; aulas nas quais convivem (com mais ou menos restrições a essa convivência) meninos e meninas da mesma idade, sob a presença de um único adulto, em relações normalmente massificadas, cheias de normas impostas pela massificação. Nestas aulas, as atividades fundamentais ocorrem enquanto os alunos estão a uma mesa, seguindo uma sequência de atividades determinadas por um currículo fragmentado por anos e disciplinas, horários e um calendário que estabelecem o momento e o *tempo* para a aprendizagem acadêmica, separada, por sua vez, de outras experiências e saberes. Toda esta estrutura pressupõe que a escola seja fundamentalmente o espaço de ensino (é interessante observar que costumamos dizer que a escola é o lugar no qual se vai para aprender, mas o certo é que a escola está pensada e organizada como um espaço, antes de tudo, para se ensinar), já que, da perspectiva dos alunos, ela é o lugar para *ser ensinado* (e no qual, em todo caso, aprender é consequência de ser ensinado); ensinar, ser ensinado e aprender exigem uma ordem sequenciada, e a atividade em aula passa por variações de um princípio fixo: todos fazem a mesma coisa, de uma só vez e da mesma maneira, para chegar ao mesmo lugar. E isso pressupõe a aceitação de que ser ensinado, "educar-se" é uma obrigação, o que significa que deve advir da força de vontade perante o dever; mas também supõe que, se tal vontade não surge, ela também pode ser obrigada, imposta à força (ou "motivada"; muita energia e tempo são investidos para tratar de "convencer" ou "seduzir" os alunos, mediante artifícios de todo tipo, da necessidade do que devem aprender). Por outro lado, como experiência da vida social, a vida na escola é bastante singular (meninos e meninas da mesma idade, convivendo com apenas um adulto, isolados de qualquer outra oportunidade de relação ou experiência, exceto a que se origina nesse cubículo que chamamos de sala de aula), e raramente se repetem tais circunstâncias sociais no resto de nossas vidas.

Todo o espectro de possibilidades do que pode ser a experiência educacional, a vida dos meninos e meninas em crescimento, sua incorporação a saberes e práticas culturais, tudo o que pode ser educar-se, tem sido submetido a um único modelo: a escola seriada, isolada, massificada, baseada na instrução (isto é, no aprender como consequência de ser ensinado), na ordem correta das aprendizagens e na obrigação. Esta escola, além disso, tem se convertido em uma engrenagem de um monstro gigantesco, no "sistema educacional", cheio de burocracia, de controles, de razões mais administrativas que pedagógicas para uma infinidade de suas práticas, que baseia o funcionamento de sua maquinaria na lógica normativa (que busca o cumprimento obrigatório, sem levar em consideração as pessoas envolvidas), mais do que na lógica da relação, que é o espaço para encontrar o que melhor se adeque ao texto.

Não deixa de chamar a atenção o fato de que toda a crítica acadêmica às práticas educacionais da escola, assim como toda a atual consistência da instituição em crise (com um setor do professorado descontente, com o desinteresse ou mesmo a violência por parte dos alunos, com a falta de credibilidade e reconhecimento social, etc.), apenas têm levado à recomendação de que seria necessário modificar as práticas no *interior* da escola ou suas relações com o *exterior*, mas não à recomendação de que seria necessária uma reconsideração profunda da própria ideia de instituição escolar que se consagrou como a única possível.

O que significa, então, "outras escolas"?

A questão, por ora, é entender que há escolas que não respondem a esses parâmetros. E nossa pergunta necessária é se cabe a possibilidade de pensar experiências educacionais, estabelecimentos escolares que, sem responder a essas pautas e princípios estabelecidos, possam ainda assim fazer sentido, ser defensáveis como formas de educação, possam proporcionar experiências de formação que valham a pena ser levadas em conta.

Evidentemente, com a denominação "outras escolas", poderíamos nos referir a qualquer experiência que não se atenha aos cânones deste modelo escolar universalizado. Para alguns, inclusive, a ideia de escolas alternativas remete a um conceito de desenvolvimento espontâneo, sem mais critérios pedagógicos além de deixar as crianças vagando em meio à natureza, sem a presença nem a intervenção de adultos. Esta imagem provavelmente cumpre o objetivo de reforçar o modelo universalizado, ao propor uma alternativa ao modelo como uma posição sem critérios pedagógicos. Todavia, as escolas às quais me refiro aqui como "outras escolas", as quais tomo como referência, afastam-se desses tópicos, além de mostrar claras diferenças com respeito ao modelo convencional, e têm uma série de dimensões que podem ser resumidas da seguinte maneira:

- São escolas que não nascem em função de cumprir com as expectativas oficiais do sistema, e sim com base na preocupação em pensar e implementar uma proposta educacional que atenda ao que se considera o núcleo de um espaço educativo: cuidar do que é mais próprio de cada menino ou menina e também pensar os ambientes, as relações e experiências que possam ajudar cada um e cada uma, para que possam prosperar, possam desenvolver seus recursos. É uma aposta para viver com as crianças, acompanhando-as em suas aventuras de vida, oferecendo-lhes novas possibilidades.
- Embora não se trate necessariamente de escolas "em meio à natureza" – e inclusive algumas possam dispor de poucos recursos e espaços –, trata-se de escolas que procuram gerar ambientes com níveis mais elevados de liberdade do que aqueles que se pode conseguir em escolas circunscritas pelas disposições ao uso (em relação a espaços, tempos, níveis, programas, tarefas, qualificações, etc.).
- São escolas nas quais os espaços não correspondem à imagem de edifícios cheios de salas e escrivaninhas, mas são espaços diversos, com mobiliário e ambientes que sugerem outras disposições do corpo e do ânimo além de se sentar a uma mesa e esperar ordens para executar determinada tarefa. São ambientes nos quais se pode tomar iniciativa, fazer coisas, reunir-se de diferentes maneiras; espaços semelhantes a oficinas de todo o tipo, salas de estar, bibliotecas, clubes de lazer, locais diferentes. Evidentemente, a diversidade de espaços significa também o movimento, os percursos entre eles, o que supõe multiplicar as possibilidades de experiência.
- São escolas nas quais são oferecidos espaços, materiais, experiências, propostas que podem ser vividas como importantes e necessárias, que lhes permitam se incorporar às mesmas com toda sua energia vital e desenvolvê-las segundo seus próprios recursos e características. Essas propostas, em muitos casos, são voluntárias e abertas.
- São escolas nas quais o corpo, o movimento, o fazer com o uso de diferentes recursos e materiais, a criação física, a expansão, a expressividade, etc., são considerados experiências necessárias e aspectos cruciais para o desenvolvimento e a aprendizagem.
- São escolas nas quais se presta atenção especial à observação e escuta dos meninos e das meninas. Nelas, conta-se com o que cada indivíduo tem: sua curiosidade, sua vontade de explorar o que o rodeia, sua necessidade de dar sentido ao mundo, seu forte (e, às vezes, conflituoso) vínculo com a família, seu desejo de encontrar seu lugar na relação com os outros. Mas também são levados em consideração os bloqueios dos alunos, suas fugas perante certos conflitos e dificuldades; sua pré-disposição na forma de encarar a vida e como essas questões a facilitam ou dificultam.

- São escolas onde meninos e meninas podem se voltar ao sentido íntimo de seu ser, em relação aos demais e onde a tarefa sempre em construção (enquanto se faz e se vive todo o resto) é, no fundo, a exploração da liberdade, entendida como a exploração e a abertura de si ao outro, como ir assumindo seu próprio caminho, suas próprias explorações e decisões e as consequências acarretadas.
- Trata-se de escolas que não se baseiam em sistemas de pressão e controle sobre as aprendizagens e não os utilizam, mas que buscam a vivência do sentido, do valor em si, do desejo, da apreciação do que se faz pelo que significa e implica como experiência e aprendizagem para quem participa. Pela mesma razão, são escolas que se mantêm o máximo possível à margem de qualquer tipo de pressão e controle institucional, para poder realizar aquilo que consideram como tendo sentido e valor para aqueles que compõem a comunidade educativa.
- São escolas nas quais não há uma separação entre o tempo de viver e o tempo de aprender. São fundamentais as situações informais, as diferentes formas de convivência, o jogo, a experimentação, os projetos e planos próprios, o tempo pessoal, as próprias decisões e ações. Mas também as atividades e organizações que surgem da necessidade da vida em comunidade podem ser parte do que é composto pela experiência cotidiana.

Por que nos parece tão difícil conceber algo assim em nossas escolas comuns? O que torna tão difícil que uma escola convencional possa desenvolver propostas pedagógicas inspiradas em ideias como as que acabei de expor? Quantas dúvidas isso nos gera a respeito de suas virtudes pedagógicas? Quantas dúvidas a respeito de seu funcionamento prático? Para responder a essas perguntas, creio que seja necessário que retomemos nossa ideia de escola naturalizada e que nos fixemos em como ela se constituiu, pois é provável que, assim, possamos entender melhor como se firmou entre nós uma pedagogia que está intimamente relacionada com esse modelo de escola. Afinal, a questão não é somente o fato de que temos um modelo escolar que dificulta outra prática, mas que estamos socializados em um modelo escolar que nos dificulta outro pensamento pedagógico.

A ESCOLA SERIADA E A "NATURALIZAÇÃO" DE SUA PEDAGOGIA ASSOCIADA

Seria possível contar a história da escola atual como a história da vitória ou do sucesso do modelo de escola seriada, um conceito que introduziu novas possibilidades em comparação com as formas anteriores de organização do ensino, mas que também veio cheio de problemas, como explicou com detalhes Viñao (1990) com relação ao caso espanhol. Entre nós, espanhóis, este modelo tem pouco mais de 100 anos, mas conseguiu gerar frutos e ser aceito como o melhor e, com o passar do tempo, como o único modelo de escolaridade. Conhecer a história da escola por séries é importante porque pode nos ajudar a entender como surgiram ou ao menos como se consolidaram e fixaram no cenário do ensino escolar uma série de "categorias institucionais" (REID, 1998), de práticas e mentalidades pedagógicas que passaram a fazer parte do "bom-senso" ou mesmo a serem vistas como inevitáveis.

Antes da escola seriada, os estabelecimentos de educação consistiam no que poderíamos chamar de escola-aula, isto é, um local onde um único professor atendia a um número normalmente elevado de alunos de todas as idades e todos os níveis de conhecimento ao longo de toda a escolaridade dessas crianças (algo similar ao que hoje chamamos de "escolas unitárias"). Com esta organização, o conjunto de alunos não consistia em um grupo homogêneo; cada um deles seguia seu processo de progressão e aprendizagem; em muitas dessas escolas, implementava-se um sistema de seriação interna criando, dentro do mesmo recinto, subgrupos por níveis, onde os auxiliares ou alunos com mais idade ajudavam o professor nessas tarefas. Ainda que este tenha sido o padrão habitual das escolas durante muito tempo, sem dúvida desde o final do século XIX, esse sistema passou a ser interpretado e julgado como desordenado, uma ideia que começa a ser introduzida em relação a outras dimensões da escola, como a falta de um calendário que defina com clareza o começo e o final do ano letivo ou de um horário diário que organizasse a jornada (ESCOLANO, 2000; VIÑAO, 1998). Esse foi o momento da introdução no regime escolar do novo espírito da racionalidade da organização dos horários, espaços e atividades, uma mentalidade que já havia aparecido na organização da produção (no que foi chamado de organização científica do trabalho) e que, pouco a pouco, foi se estendendo às instituições a cargo do Estado.[3]

A busca pela ordem e racionalidade, contra a desordem anterior, é concebida mediante a graduação ou organização em graus, níveis, um modelo que já estava em prática há algumas décadas nos Estados Unidos (TYACK; LARRY, 2000). Em essência, o sistema de graduação (que já existia nos institutos de educação secundária e em muitas escolas privadas) consistia em criar grupos de alunos homogêneos, normalmente com base na idade deles, para que, sob a direção de um professor por grupo, pudessem trabalhar em uníssono no avanço do programa escolar. Essa nova configuração das escolas conduziu a uma série de transformações que, de acordo com o estudo de Viñao (1990), poderíamos resumir da seguinte maneira:

a. Surge uma nova organização, que começa com uma nova concepção do prédio escolar. Agora, as escolas têm de ser prédios que abriguem diferentes salas de aula, além de novos espaços previstos, como biblioteca, laboratórios, salas de aula especiais, ginásio, refeitório, escritório da diretoria, sala de reuniões, etc. A escola passa a ser uma organização mais complexa, com diretoria, que administra as aulas, os equipamentos, o corpo docente, etc., e onde aumentam drasticamente as necessidades burocráticas.

b. Uma nova concepção do programa ou currículo. Com o modelo anterior de escola-aula, sob um único professor e com um corpo discente que incluía todas as idades de escolaridade e todos os processos de progressão no programa escolar, cada aluno seguia seu próprio nível (ainda que seja verdade que, dentro dessas aulas, já se empregavam técnicas de graduação; mas por ser uma organização interna, sempre era possível remodelá-la em função das necessidades, reajustando os agrupamentos na medida do necessário). Hoje, no entanto, pressupõe-se que cada grupo tem e deve ter um mesmo nível. Consequentemente, a ideia de programa ou currículo, associada às noções de ordem, sequência e progressão, ainda tem grande força. Já não é somente uma concepção de ensinar e aprender, mas uma necessidade do regime escolar seriado.

c. Como consequência do currículo sequenciado, os conteúdos correspondentes a cada nível têm de ser distribuídos com precisão ao longo do curso, fixando-se um único ritmo de aprendizagem para todos. O horário, como o estabelecimento de horas por matéria e as programações, como forma de distribuição do tempo em tarefas e aprendizagens, é um instrumento fundamental. Uma das consequências dessa visão curricular sequenciada é a necessidade de um ritmo de aprendizagem para todos os alunos do curso, que supostamente partem de um mesmo nível e devem acabar o curso também todos em um nível igual.

d. O fato de que se concebam os grupos como homogêneos e a aprendizagem por anos como uma sequência igual para todos a fim de chegarem a um único nível de resultados levou ao enfrentamento do problema da aprovação. Para constatar que os alunos estavam em condições de passar de ano, foram fixadas provas de nível que certificavam que os alunos haviam alcançado os resultados esperados. Logicamente, os exames e a decisão sobre a aprovação deram lugar, necessariamente, a seu oposto: o fracasso escolar e não passagem de ano e, portanto, a repetição.

e. A própria natureza desse modelo escolar, baseado na classificação e sequenciação, cria um problema inerente: a aspiração ao ideal do grupo homogêneo e sua impossibilidade fática. Tal situação conduz a diversas tentativas de solução. Por um lado, a criação de grupos especiais para atrasados, de modo que eles não interfiram nos grupos "normais". Contudo, também aparece o problema dos "adiantados" em relação ao nível médio.[4] A consciência desta impossibilidade de homogeneização dos grupos e de garantir a divisão do trabalho que conduziu a sistemas de organização curricular como a ordem cíclica ou a concêntrica, sem dúvida baseados na repetição: sempre se tratava o mesmo, porém cada vez com mais profundidade, com a esperança de que todas as crianças pudessem, dessa maneira, ir avançando, com base na repetição que vai ampliando a extensão do tratado.

f. A mentalidade da seriação sempre significa um jogo duplo: é preciso conseguir criar grupos adequados às características a partir das quais os grupos foram concebidos. Ainda que se procure que os cursos se ajustem às crianças, na prática, são elas que têm de se ajustar ao pressuposto homogeneizador do curso. Se passa, assim, da descrição científica da "criança", à submissão de cada aluno à sua descrição. As práticas de classificação "científica" da infância acabam sendo em função de sua melhor ou pior adequação ao artifício construído pela escolaridade graduada: ter o nível fixado pelos anos; corresponder às atribuições fixadas como uma idade mental ou com os níveis de instrução; aprender e progredir de acordo com o ritmo temporal estabelecido, etc.[5]

g. No entanto, apesar do que foi dito anteriormente, não podemos esperar que a escola seriada apareça como um inovação apenas organizativa, mas também no seio das inovações pedagógicas da Escola Nova. A seriação pressupõe estabelecimentos com mais recursos que permitam outras práticas escolares (pela primeira vez, aparecem as escolas que contam em suas instalações com espaços para jogos e esportes; além disso, algumas também dispõem de horta, cozinha, sala de desenho, sala de música, biblioteca, laboratório, etc.). Também se busca incorporar, graças à homogeneização da turma, uma pedagogia de grupo, centros de interesse, sistemas de projeto, passeios, enfim, formas de ensino ativo que se baseiam na possibilidade de serem compartilhadas por todo o grupo. Pretende-se, exatamente devido ao fato de que os alunos participam todos juntos de tais atividades, que as formas de controle por parte do professor possam ser mais brandas do que era necessário quando, em um grupo massificado, apenas conseguia atender a pequenos grupos de cada vez, convertendo o resto em um alvoroço que só podia ser controlado por meios autoritários.

h. Mas não há dúvida de que o método que acaba sendo imposto é o do ensino oral e do sistema simultâneo, isto é, do sistema baseado na repetição de lições uníssonas, de maneira que, graças à ilusão do grupo homogêneo, o professor se dirige e "recita" sua lição para todo o grupo presente em aula, exigindo a atenção simultânea de todos e que os alunos respondam "em coro" às suas perguntas ou façam os exercícios do livro didático. A configuração didática à qual a escola sequenciada conduz (e que realmente se busca) vem condicionada pela concepção da aula como espaço unificado e homogêneo no qual *todos os meninos e as meninas fazem a mesma coisa, ao mesmo tempo, da mesma maneira, para chegar ao mesmo resultado*[6].

Na realidade, nem todas essas características aparecem em função da escola seriada; muitas delas, como mostraram diversos autores (CARUSO; DUSSEL, 1999; ESCOLANO, 2000; HAMILTON, 1989; QUERRIEN, 1994), foram sendo geridas anteriormente, modelando uma visão pedagógica que, isso sim, encontrou uma correspondência perfeita na escola seriada. Chegou-se ao extremo de, como já vimos, estas características serem convertidas em sinônimo de escolaridade, criando uma estreita correspondência entre uma forma de organização, uma concepção da infância, uma metodologia do ensino, uma visão do currículo, etc. Este modelo se tornou tão potente que alguns autores falaram da "gramática da escola" (TYACK; TOBIN, 1994) ao se referir a seu poder de absorção e neutralização das tentativas de transformação dessa estrutura e das pautas didáticas que fazem parte dela. Exceto pelas mudanças temporárias, ou superficiais, a gramática escolar permanece inalterada em sua essência até os nossos dias.[7]

HÁ OUTRAS ESCOLAS

O surgimento de "outras escolas" ao longo da história tem respondido, de uma maneira ou outra, à busca por outros modos de escolaridade que não estivessem moldados por esses padrões que temos visto como atrelados à escola seriada. Isso respondeu ao desejo, por parte de seus criadores, de dar vida a outros espaços para o cuidado, o desenvolvimento e a aprendizagem da infância, pensados com outras premissas.

É necessário levar em conta que a época na qual estava sendo gerida a escola seriada se caracteriza como um período no qual se buscava uma ideia de escola, novos modelos, precisamente pelo fato de ainda não estar fixada a ideia de como deve ser essa instituição. Era uma época na qual se ensaiavam novos modelos de escola e também que revelava as diferentes visões sobre o que deve ser a educação da infância. Assim, encontramos ao longo da história exemplos e criações que buscaram não somente uma nova organização, mas também a oportunidade de levar a cabo novas maneiras de educar. Os exemplos mais famosos, como a escola fundada por Tolstoi (2003) em meados do século XIX; a Escola Laboratório, de Dewey (1994), nos últimos anos do século XIX; a Escola Moderna de Barcelona, de Ferrer e Guàrdia, nos primeiros anos do século XX; ou as escolas Montessori (STANDING, 1973), na mesma época, são apenas as amostras mais difundidas do que estava ocorrendo nesses momentos na Europa e nos Estados Unidos, como demonstra a obra de Dewey e Dewey (1918), *Escuelas de mañana*, na qual é analisada uma diversidade de escolas que propunham novas práticas educacionais e novas maneiras de entender aquilo que deveria consistir um estabelecimento educativo. Da mesma maneira, nos inícios do movimento da Escola Nova, como documentou Luzuriaga (1924, 1925, 1964), proliferaram as escolas experimentais.

Sem dúvida, a mais famosa dessas experiências é Summerhill. Contudo, ainda que tenha sido fundada em 1924, sua projeção internacional se deu apenas nas décadas de 1960 e 1970, por ter sido esta uma época na qual proliferaram não somente as escolas alternativas, mas também os debates acadêmicos sobre elas (GRAUBARD, 1981). Muitas dessas experiências perduram na atualidade, outras foram surgindo paulatinamente nos anos seguintes e em diferentes países do mundo inteiro (GRIBBLE, 1998). Estas escolas são de todo o tipo, com distintas propostas pedagógicas e em diferentes contextos e desenvolvimentos, tanto escolas em meio à natureza quanto escolas urbanas (DENNISON, 1972; MERCOGLIANO, 1998, 2004), inclusive algumas delas destinadas a populações de risco (como a exposta em DENNISON, 1972), ou em contextos humildes como a Índia ou a Tailândia (documentadas em GRIBBLE, 1998). Também há escolas que recebem crianças com dificuldades e incapacidades graves (como O Pelouro, na Galícia; ver CONTRERAS, 2002). Enquanto algumas dessas escolas vêm sendo desenvolvidas e consolidas – ainda que com pouca difusão ou sem ter suas experiências teorizadas –, outras, como a escola Pestalozzi (conhecida como El Pesta), do Equador, que aprofundaram sua experiência ao longo dos anos de seu desenvolvimento, têm fundamentado e explicado sua concepção e suas práticas e as difundido amplamente (WILD, 1999, 2003, 2004, 2006, 2007, 2009). Já outras escolas, como a Sudbury School, dos Estados Unidos, vêm criando uma rede internacional de escolas que nelas se inspiraram. Enfim, ao longo dos anos, sempre tem havido, em todas as partes do mundo, escolas não convencionais. Nem sempre essas experiências conseguiram sobreviver; algumas devido à pouca solidez das propostas que as originaram; outras em função de dificuldades materiais ou políticas; e outras ainda, como a relatada por Dennison (1972), devido à complexidade da situação-limite que abordaram. Contudo, em todos os casos, muitas dessas experiências têm mostrado um caminho possível e real.[8]

Houve uma época na qual essas escolas animaram o debate pedagógico e inspiraram docentes em seus projetos escolares. No entanto, na atualidade, esse tipo de experiências e a bibliografia que vem sendo gerada têm perdido o reconhecimento acadêmico que tiveram nos anos de 1970. Quando se trata de escolas alternativas, continua-se pensando em algo do passado, e não em experiências atuais e em novas formas de conceber a educação escolar. Em muitas ocasiões, a pedagogia, preocupada com a ideia de escola "estatal-pública", tem pensando mais como o legislador que busca um modelo igual para todos, e, frente àquilo que não era homogeneizável nem podia ser realizado por todos, o rechaçou ou ignorou. Não interessa absolutamente nada aquilo que não pode ser aplicado por igual em todo o sistema educacional, que não pode ser generalizado, rejeitando-se tudo o que não poderia ser adotado aqui e agora por qualquer escola-padrão e por qualquer educador comum.

ALGUMAS CHAVES PARA OUTRA EDUCAÇÃO COM BASE NAS ESCOLAS NÃO CONVENCIONAIS

Falar de algumas chaves pedagógicas que podem ser extraídas das escolas alternativas é, ao mesmo tempo, uma necessidade e um desafio. É uma necessidade porque este é exatamente o tipo de lições para outra educação que necessitamos aprender com a experiência de outras escolas. No entanto, também é uma dificuldade, porque as escolas alternativas não constituem um conjunto homogêneo, não correspondem a um padrão, não são "um modelo". Elas representam novas buscas, mas não os mesmos desafios. Muitas delas respondem a uma sensibilidade pedagógica inicial em comum, mas sequer a interpretam da mesma maneira nem a resolvem pelos mesmos caminhos ou de forma igual. Portanto, o exercício de comparação que estabeleço, para extrair algumas ideias centrais, é um reflexo de minha própria leitura pedagógica, na medida em que presto atenção a aspectos que considero relevantes porque permitem repensar a relação escola-educação em certas direções. Também escolho, fundamentalmente, aquelas que supõem uma clara diferença com respeito ao modelo naturalizado de escola que temos visto representado na institucionalização da escola seriada.

1. *Escolas pequenas:* Para algumas dessas escolas, estamos falando de 10 ou 20 alunos; outras podem ter até mesmo 200 alunos. Não se trata tanto de uma questão de números, mas de uma medida mais humana,[9] o que tem a ver tanto com o número total de alunos quanto com a forma como se vive na escola, de tal maneira que as relações particulares com os adultos ou com as outras crianças, bem como a possibilidade de ficarem sozinhos, são respeitadas. Isso significa uma organização que não massifica, que não cria grandes agrupamentos de alunos, mas que possibilita a ação individual ou em pequeno grupo. Muitas dessas escolas se encontram em prédios que não foram projetados para serem "escolas", mas que originariamente foram casas de família, pequenos hotéis, propriedades rurais, etc. Ou seja, lugares nos quais não costuma haver grandes salas no estilo de uma sala de aula e onde os espaços e sua distribuição também representam e propõem outras relações e experiências.

2. *Convivência entre diferentes grupos etários:* Uma convicção bastante difundida nessas escolas é que os meninos e as meninas aprendem (a conviver, mas também as muitas facetas da vida e muitas de suas noções e experiências) a partir da relação entre eles; e a ideia de seriação, de separação por idades, vai contra essa ideia, pois se baseia na ideia de favorecer (e somente nisso) a relação entre os mais próximos em saberes e experiências. É evidente que se aprende observando e compartilhando com os maiores; mas o mesmo é verdade quando cuidamos dos mais jovens ou lhes ensinamos ou mesmo quando observamos e resgatamos com eles aspectos que uma pessoa já esqueceu ou abandonou.[10] Evidentemente, em espaços não seriados, acaba-se com a ideia de homogeneidade do grupo e se torna possível estar mais atentos à singularidade de cada criança.

3. *A não linearidade da aprendizagem e do crescimento:* A escola seriada parte do pressuposto de que todas as crianças crescem da mesma forma e na mesma idade e de que é a instituição que tem de organizar seus contatos e suas relações, favorecendo (impondo) os produzidos entre os mais parecidos. Contudo, na realidade, sabemos que tanto o desenvolvimento quanto a aprendizagem não são lineares. Ambos são, para todas as pessoas, como os dentes de uma serra, com irregularidades, avanços e recuos, e cada um segue seus próprios caminhos difíceis, o que é bom para a criança a cada momento. Não existe uma fórmula que nos diga o que uma menina ou um menino em cada tempo está em condições de experimentar e aprender, o que é adequado para aquela pessoa em particular, que relações são as necessárias, de quem aprende e o que aprende, em que coisas ele está "adiantado" e em quais está "atrasado", mas sabemos mais sobre essas coisas *a posteriori* e com dúvidas sobre a interpretação de seu significado. Isso põe em crise a própria ideia que temos do currículo como plano sequenciado e homogeneizado de aprendizagem, do currículo linear e que avança linearmente ao longo do tempo, da aprendizagem como algo que se atém a um plano, de meninos e meninas como objeto de uma programação à qual devem se adequar.

Se, além disso, levamos em conta que muitos meninos e meninas trazem consigo problemas emocionais, o desejo de atender a uma urgência de aprendizagens formais ou acadêmicas pode ir contra a própria necessidade do que deve ser resolvido antes. Aqui, uma ideia fundamental é respeitar o tempo, antes o *kairós* (o momento adequado, o tempo da oportunidade) que o *cronos* (o tempo homogêneo e imparável do relógio).

4. *Aprendizagem articulada:* Em relação ao anterior, cada um precisa seguir sua própria trajetória para aos poucos compreender o mundo e seus próprios recursos e poder se relacionar com ele. As maneiras nas quais são conectadas as experiências, bem como os nós e as redes que elas formam, são singulares, mas também circunstanciais, caso se queira manter viva a implicação pessoal com a experiência, o saber e o aprender. É o próprio caminho que cada um segue, ou seja, a sensibilidade e a captação dos estados e momentos particulares de cada um por parte dos educadores, o que torna possível que essa ideia de aprender como algo articulado siga seu curso.

Porém, há outro aspecto fundamental nessa ideia de aprendizagem articulada: sua irredutibilidade a uma mera dimensão cognitiva (como ultimamente esta tem sido entendida, como a formação de esquemas de noções e conceitos, como o acúmulo de ideias e pensamentos que um menino pode ter). Nós, os seres humanos, não somos somente mente, razão, esquemas cognitivos. Cuidar de uma aprendizagem articulada em crianças e jovens supõe prestar atenção especial às sensações que elas experimentam, ao que se vive com toda a corporeidade, à sensibilidade que se desperta, ao amadurecimento articulado e neurológico que é propiciado por meio das experiências na vida natural, social e cultural. A aprendizagem articulada supõe o reconhecimento de um motor interno que se torna independente se é mantido sensível, reconhecendo-se em seu corpo, sendo reconhecido em seu corpo, que se relaciona criativamente como o meio ambiente e os próprios recursos inatos e aprendidos e que, por meio da relação com os outros (adultos e crianças mais jovens ou mais velhas), vai construindo o sentido das coisas e o sentido reflexivo sobre a relação com os outros e com o mundo.[11] Além disso, ser educado não é incorporar uma cultura, mas *se* incorporar a uma cultura, isto é, ela é a relação que é criada entre o pessoal/singular próprio de cada um, como o mundo social, natural e cultura.

Uma aprendizagem e desenvolvimento articulado – e é importante ressaltar isso – também se reflete na própria escola. Normalmente, essas escolas não são a materialização de um projeto previamente definido, mas o desenvolvimento, com avanços e retrocessos, como caminhos sondados e reconsiderações em função da experiência, a partir das intuições e das convicções com as quais nasce o projeto.

5. *Liberdade e responsabilidade:* Uma ideia fundamental dessas experiências é que um menino ou menina deve, em primeiro lugar, entender-se consigo próprio e isso somente é possível se ele ou ela se insere em um ambiente no qual tem de decidir o que fazer e assumir as consequências e a responsabilidade dessa decisão. Neste espaço, ela deve desfrutar de sua liberdade em relação aos demais, com os quais tem de se entender e conviver – esta é sua aprendizagem mais significativa para sua vida presente e futura. Essas experiências também mostram que não há uma ideia ingênua de liberdade; não se trata de "fazer o que se quer", mas de tomar decisões, assumir o que se faz e viver os conflitos e as alegrias decorrentes dessas decisões. Isso significa uma estrutura (relacional, social, natural, cultural) que acolhe e cria possibilidades, mas essa estrutura tem de ser pensada para a experiência de cuidar de si próprio; não pode ser, portanto, uma reprodução das formas de controle e imposição que dominam tantos âmbitos de nossa vida social. Essa ideia de liberdade e responsabilidade costuma ter como cenário fundamental, em muitas dessas escolas, as formas de regulação e decisão coletiva, nas quais as crianças deliberam e decidem sobre muitos aspectos do funcionamento da escola.

6. *O respeito profundo pela infância e juventude:* O que todas essas experiências mostram principalmente é que o respeito e o amor à infância é o que dá impulso, em primeiro lugar, ao próprio desejo de criar, nadando contra a corrente, essas escolas. Mas também é um profundo respeito e amor que há por trás do desejo de buscar entender, atender e cuidar o que cada menino e menina traz consigo como próprio e singular, e a forma na qual se busca que sua incorporação à vida social e cultural não seja à custa disso, que é genuíno delas e próprio e que tem de ser protegido a qualquer preço. Isto exige a atenção e o cuidado, por parte dos educadores, para conectar com a energia própria, os recursos e interesses de cada criatura, para que possam cultivá-los e ampliá-los em uma relação e um respeito mútuo. Além disso, exige a disponibilização de um espaço educacional que não seja fixo, mas aberto à necessidade e às circunstâncias, sempre em adaptação – uma estrutura escolar que se preste a sofrer mudanças contínuas para poder atender e cultivar o fundamental.

7. *Uma oportunidade para as famílias:* À medida em que essas escolas representam outra maneira de entender a educação, elas oferecem às famílias a oportunidade de repensar muitos aspectos da criança e do acompanhamento dos filhos e das filhas ao longo de seu desenvolvimento, bem como do tipo de vida no qual eles estão sendo criados. Por outro lado, muitas das famílias que buscam essas escolas o fazem porque estão desenvolvendo essa reflexão ou estão buscando outro tipo de vida em relação ao trabalho, ao consumo, às relações comunitárias, à saúde, etc.

OUTRA MANEIRA DE PENSAR O CURRÍCULO

Todas essas ideias representam uma pedagogia: um modo de abordar as relações entre adultos e crianças e jovens, uma maneira de entender a relação entre as novas gerações e a sociedade e a cultura, uma compreensão do que envolve aprender e crescer, amadurecer como pessoa em uma sociedade. Ou seja, representam uma pedagogia que tenta responder quais são as experiências que as crianças e os jovens precisam ter para crescer com equilíbrio, segurança e decisão, para poder viver suas próprias vidas com dignidade, responsabilidade e liberdade. Essa pedagogia se propõe a cuidar dos recursos pessoais e fortalecê-los para encarar a vida com desejo, sensibilidade e abertura; buscar proporcionar-lhes espaços, relações e experiências para poder enfrentar suas vivências com os outros, para poder ampliar e contrastar suas visões e convicções sobre o mundo, os outros e sobre si próprios, para poder encontrar os equilíbrios entre a vida própria, os desejos e as necessidades próprios e os dos outros indivíduos. Essa pedagogia, portanto, pressupõe uma visão de currículo do tipo proposto no princípio deste capítulo, isto é, uma orientação concreta à pergunta: que experiências de educação valem a pena ser proporcionadas em nossas instituições de educação?

Não há dúvida de que se trata de uma pedagogia e visão de currículo compartilhada por muitos professores e que orienta suas atividades em aula e nas escolas mesmo do tipo convencional. Há educadores que tentam viver em suas aulas outra ideia de tempo, acompanhando os acontecimentos relevantes; e outra ideia de espaço, como lugar de relação e convivência. Ou então que entendem seu trabalho como forma de apoio a conversas produtivas, das quais nascem projetos e ações que permitem que seus alunos possam se apoiar em si próprios, em suas vivências, seus saberes, suas necessidades e seus desejos; que respeitam os projetos pessoais e se preocupam com as necessidades e singularidades dos que convivem na turma; que estão abertos ao que surge do encontro, que aproveitam o imprevisto, que favorecem as trajetórias de atividade e de aprendizagem, as quais adquirem sentido individual e/ou coletivo. Contudo, não há dúvidas de que isso não precisa ser feito dentro de um espaço institucional concebido com uma estrutura e para funcionar com uma lógica que estão inscritas na escola seriada. Isso significa, para eles, ir contra a corrente da organização e da lógica instituídas, ou seja, das aulas concebidas como espaços determinantes da atividade, com mobiliário pensado para se trabalhar sentado, com a ideia de grupo etário como um grupo em que todos realizam as mesmas atividades, com horários nos quais se prima pela separação de atividades, segundo a lógica disciplinar, com uma ideia de aprendizagem ordenada, sequenciada, em progressão linear, coletiva, pré-fixada, etc.

Todos esses elementos – graus, horários, aulas, móveis, resultados previstos, etc. – levam continuamente em direção a uma pedagogia coerente com uma visão curricular: um currículo linear em um tempo linear, o curso de cada grau como o que corresponde a uma "porção curricular" e um ensino entendido como "ação de instruir" (isto é, a ação dirigida ao aluno para que este faça aquilo que lhe é solicitado, entendendo-se que essa ação é a que faz com que o aluno aprenda e aprenda aquilo que foi previsto: o currículo programado). Assim, torna-se extremamente difícil manter uma pedagogia aberta ao imprevisto, que considere os mundos pessoais e os interesses e desejos dos alunos, onde aprender envolve a oportunidade e o sentido em função das múltiplas variáveis sempre dinâmicas, se a referência curricular e pedagógica permanece imutável na instituição: a aprendizagem ordenada e a sequência em grupos, que avançam de nível ao mesmo tempo, ano após ano.

Não obstante, seria ingênuo pensar que bastaria "desgraduar" a escola para reverter a situação, já que estamos enfrentando uma confluência de três elementos: a organização escolar (a escola por graus), uma categoria institucional (o currículo como ordem e sequência no ensino e aprendizagem) e uma pedagogia (o ensino como ação de instruir). Portanto, ainda que a modificação de um dos três elementos possa desestruturar os outros dois, o mais fácil é que ocorra o contrário: que os outros dois voltem a instaurar o que se modificou.[12] Por essa mesma razão, tampouco é suficiente ter outra visão pedagógica se a estrutura institucional está reclamando em sua lógica interna a ordenação em sequência, a ordem de aprendizagem, homogeneidade e igualdade de resultados. Isso explica por que propostas bem-intencionadas de modificação pedagógica acabam sendo, outra vez, absorvidas pela pedagogia da instrução. Além disso, esse tipo de docência (a que entende como "ação de instruir") cria a sensação de segurança, ao ter seguido a lógica da organização, isto é, a lógica do ensino ordenado e do currículo sequenciado, em vez do sentido, mais arriscado, do encontro aberto entre crianças e adultos, da exploração da liberdade, da abertura às inquietudes e curiosidades, do acompanhamento maduro e reflexivo àquilo que as crianças mostram como potencial, como singularidade, como capacidade de iniciativa e decisão, transformando tudo isso na oportunidade e no caminho para a aprendizagem. Assim como McNeil (1986) assinalou, o modo pelo qual as normas e os controles exercidos sobre as escolas e os professores forçam estes ao que denominou "ensino defensivo" (isto é, modos de conduzir seu trabalho docente orientados para não entrar em conflito com as exigências e os controles, e não tanto preocupados com a promoção de um ensino comprometido) e é assim como Gardner (1993) explicou, as exigências por resultados costumam levar os professores e alunos a se contentarem com os "meios-termos das respostas corretas", em vez de "se arriscar à compreensão", poderíamos dizer que o sistema escolar que temos tende a criar um "meio-termo de instrução sequenciada", frente ao risco do encontro aberto entre crianças, jovens e adultos, frente ao risco de propostas e explorações abertas, ao risco de contar com desejos, interesses, necessidades, iniciativas e projetos singulares, frente ao risco do imprevisto, do não programado.

O que as experiências e algumas escolas alternativas mostram é que o ensino, a aprendizagem, a educação e a própria instituição educativa podem ser diferentes. E também que a pedagogia que as guia pode mudar a organização e a natureza da categoria institucional do currículo, de tal maneira que este deixe de ser a forma de definição do plano de instrução para ser o modo de reflexão tanto das propostas oferecidas quanto daquelas que nascem do encontro educacional, para poder pensar e analisar sobre o que estas significam para cada criança ou para cada jovem, o que revelam tanto do valor da proposta quanto de quem são e o que é bom para cada uma dessas crianças, sem determinar quem são ou quem serão, mas deixando-os abertos a quaisquer possibilidades e oportunidades que possam surgir, ser imaginadas ou necessitadas.

O que precisamos, portanto, é de uma maior abertura institucional, de tal maneira que possam proliferar distintas formas de conceber a organização institucional da escola, bem como distintas maneiras de conceber as propostas de ensinar e os encontros educacionais que possam ocorrer em seu seio. E isso pressupõe o abandono das formas de administração que vêm com a lógica da regulação, da generalização e da homogeneização dos próprios espaços escolares. É preciso uma abertura administrativa que admita a capacidade de experimentação, criação e desenvolvimento de outro tipo de escola, com outra lógica em seus processos, relações, experiências e aprendizagens, que possam atuar como um modo de manter um debate crítico sobre o que deve ser uma escola ou o que ela pode vir a ser. Afinal, perguntar-nos o que poderia ser uma escola, com base nas experiências de outras escolas que nos mostram outros caminhos, também é a forma de nos mantermos abertos ao debate sobre qual é a educação que queremos oferecer a nossos filhos e qual é o mundo que desejamos lhes deixar.

NOTAS

1 Ao longo do texto, utilizarei o termo "escola" para me referir em geral às instituições de educação regulamentadas.
2 Alguns capítulos desta obra se encontram traduzidos ao idioma espanhol em Hamilton (1991a, 1991b, 1999a).
3 De fato, já fazia tempo que se praticavam distintas modalidades de racionalização e disciplinamento dessas escolas-aulas, como a organização interna por seções, os sistemas de ensino mútuo, etc. (DUSSEL; CARUSO, 1999; ESCOLANO, 2000; HAMILTON, 1989), toda uma série de princípios de organização, de inspiração militar e com uma clara continuidade na organização científica do trabalho, com os quais se pretendia aumentar a ordem e o rendimento. No entanto, esses modelos não questionavam a ideia de escola como aula unitária, mas pretendiam torná-la mais eficiente.
4 Inclusive, para garantir sistemas de classificação refinados, propõe-se que os grupos escolares sejam numerosos (chegando até mesmo a mais de mil alunos), para que se possa criar quantas turmas sejam necessárias (o que permitiria criar turmas não somente por idades, mas também por conhecimentos ou níveis de inteligência dentro de uma mesma idade). Essa política teve seus detratores quando seu funcionamento foi convertido em "escolas-quartéis", com métodos de disciplina militar, devido à massificação (VIÑAO, 1990, p. 45). Devemos levar em conta que, nessa época da organização científica do trabalho, surgiu a psicologia da classificação, preocupada com a medição, as escalas métricas de inteligência, a determinação da idade mental, as escalas de instrução, etc. Ou seja, o triunfo da psicologia "científica" (VIÑAO, 1990, p. 83).
5 Um autor da época expressa isso da seguinte maneira: "o ensino graduado se fundamenta no desenvolvimento gradual e harmônico da natureza da criança. Ele exige um plano de ensino [...] racionalmente orgânico [...] desenvolvido em períodos evolutivos [e a] submissão racional ao mesmo por parte dos alunos e professores". (V. PINEDO, 1911, apud VIÑAO, 1990, p. 96).
6 Ver, por exemplo, uma descrição com pretensões de ser um modelo, das turmas de uma escola seriada da década de 1930: "Geralmente, o professor trabalha de pé e as crianças, sentadas. O material mais utilizado pelo professor é o giz que ele usa no quadro-negro. As crianças do 1º ano escrevem a lápis em folhas de papel branco, que, pouco a pouco, são substituídos pela pena e folhas de papel quadriculado; em todos os anos são utilizados o caderno e a pena. Nos cadernos, os alunos copiam o que o professor escreve no quadro, o que é ditado, os resultados da conversa ou o que for necessário para determinada atividade, o que eles quiserem escrever ou desenhar. O caderno é único; é um instrumento de trabalho. O professor não corrige nenhum trabalho; de seu posto, de frente às crianças, ele observa a maneira pela qual todos trabalham; ouve o que dizem; ao circular entre as mesas, observa o que as crianças estão fazendo. Assim, ele se inteira para modificar sua atividade, insistir em um ponto ou outro, assinalar pessoalmente os erros possíveis, para que cada criança procure descobrir seus erros e corrigi-los" (apud VIÑAO, 1990, p. 115).
7 A consciência do estorvo dessas estruturas escolares tão fortemente instituídas está presente (certas ocasiões) em alguns autores, como em Meirieu: "enfrentamos um obstáculo considerável [...] trata-se da própria noção de 'turma'. Obviamente, como assinala G. Avanzini, 'esse modelo é relativamente recente na história das instituições escolares, já que praticamente se generalizou antes do fim do século XIX', mas está tão inserido em nossas mentes que não conseguimos imaginar que seja possível ensinar de outra forma. Não obstante, e nunca insistiremos o suficiente, é a noção de turma que nos prende, que nos faz deixar certas soluções homogêneas em prol de outras heterogêneas, tão insatisfatórias quanto as outras; é a noção de turma que nos mantém presos a progressões lineares, que entedia alguns de nós, enquanto para outros falta tempo; é a noção de turma e de sua dependência dos horários que nos impõe em maior ou menor grau o fato de recomeçar eternamente o mesmo método expositivo, a noção que nos proíbe variar os exercícios, sair da escola; é a noção de turma e de disciplina, tão intimamente associadas, que remetem ao encontro metodológico com o aluno e à ajuda ao trabalho pessoal a determinadas margens que poderiam ser muito

decisivas para seu êxito; é a noção de turma e a geografia de aprendizagem imposta por ela que molda a comunicação, proíbe ou torna muito difícil a coleta de informações; é a noção de turma que gera essas repetições absurdas que sabemos muito bem que não resolvem praticamente nada; é a noção de turma, enfim, que prende os docentes ao individualismo e torna o trabalho em equipe uma epopeia heroica [...] É, portanto, a noção de turma que deve ser abolida ou, ao menos, flexibilizada" (MEIRIEU, p. 176-177).

8 É impossível mencionar aqui toda a diversidade de escolas não convencionais, com toda sua variedade de abordagens e a singularidade das histórias e circunstâncias que as geraram. Para ter uma ideia a respeito disso, pode-se consultar a monografia publicada na revista *Cuadernos de Pedagogía* de dezembro de 2004, "Otra educación, otras escuelas" e, em particular, a seção "Para saber más", na qual é apresentada uma bibliografia básica, uma seleção de escolas alternativas do mundo inteiro e redes de escolas e diferentes organizações e *sites* da internet, os quais, por sua vez, permitem o acesso a várias outras escolas.

9 Existe, de fato, um movimento no Reino Unido chamado Human Scale Education, que promove e apoia escolas alternativas, entendidas sobretudo como escolas pequenas. Ver www.hse.org.uk.

10 Isso é sempre importante, ainda mais nas sociedades que, a cada dia, têm mais filhos únicos e nas quais aumentam as dificuldades para uma relação espontânea nos espaços públicos entre crianças e jovens.

11 Para uma explicação mais detalhada e bem fundamentada dessa ideia, consulte Wild (2003, Cap. 4).

12 Isto pode ser observado no fato de que algumas escolas unitárias, apesar de serem uma escola com apenas uma turma, com uma só sala de aula e meninos e meninas de todas as idades da educação primária, voltam a adotar a separação por idades, atribuindo tarefas separadas, ordenadas e sequenciadas.

REFERÊNCIAS

CARNIE, F. *Alternative approaches to education*. London: Routledge Falmer, 2003.

CONTRERAS, J. O Pelouro: más allá de la integración. *Cuadernos de Pedagogía*, Barcelona, n. 313. p. 47-78, 2002.

CUADERNOS DE PEDAGOGÍA. Otra educación, otras escuelas. Barcelona, n. 341, p. 11-56, dic./2004.

DENNISON, G. *Las vidas de los niños*: una descripción práctica de la libertad en relación con el crecimiento. Mexico: Siglo XXI, 1972.

DEWEY, J.; DEWEY, E. *Las escuelas de mañana*. Madrid: Hernando, 1918.

DEWEY, J. *Antología sociopedagógica*. Madrid: CEPE, 1994.

DUSSEL, I.; CARUSO, M. *La invención del aula*: una genealogía de las formas de enseñar. Buenos Aires: Santillana, 1999.

ESCOLANO, A. *Tiempos y espacios para la escuela*: ensayos históricos. Madrid: Biblioteca Nueva, 2000.

GARDNER, H. *La mente no escolarizada*. Barcelona: Paidós, 1993.

GRAUBARD, A. *Liberemos a los niños*: el movimiento de las Escuelas Libres. Barcelona: Gedisa, 1981.

GRIBBLE, D. *Real education*: varieties of freedom. Bristol: Libertarian Education, 1998.

HAMILTON, D. *Towards a theory of schooling*. London: Falmer, 1989.

HAMILTON, D. Orígenes de los términos educativos 'clase' y 'currículum'. *Revista de Educación*, n. 295. p. 187-205, 1991a.

HAMILTON, D. De la instrucción simultánea y el nacimiento de la clase en el aula. *Revista de Educación*, n. 296. p. 23-42, 1991b.

HAMILTON, D. Adam Smith y la economía moral del sistema del aula. *Revista de Estudios del Curriculum*, v. 2, n. 1, p. 11-38, 1999a.

HAMILTON, D. The pedagogic paradox (or why no didactics in England?). *Pedagogy, Culture & Society*, v. 7, n. 1 , p. 135-152, 1999b.

HAMILTON, D. The instructional turn (constructing an argument). *Working Papers from the Textbook Colloquium*, n. 3, 2007.

KORN, C. V. *Alternative american schools*: ideais in action. Albany: SUNY, 1991.

LUZURIAGA, L. *Escuelas de ensayo y de reforma*. Madrid: Museo Pedagógico Nacional, 1924.

LUZURIAGA, L. *Escuelas activas*. Madrid: Museo Pedagógico Nacional, 1925.

LUZURIAGA, L. *La educación nueva*. Buenos Aires: Losada, 1964.

MCNEIL, L. M. *Contradictions of control*. New York: Routledge, 1986.

MEIRIEU, P. *Aprender, sí. Pero ¿cómo?* Barcelona: Octaedro, 1992.

MERCOGLIANO, C. *Making it up as we go along*: the story of the Albany Free School. New York: Heinemann, 1998.

MERCOGLIANO, C. *Teaching the restless*: one school's remarkable no-retalin approach to helping children learn and success. Boston: Beacon, 2004.

QUERRIEN, A. *Trabajos elementales sobre la escuela primaria*. Madrid: La Piqueta, 1994.

REID, W. A. Currículos extraños: orígenes y desarrollo de las categorías institucionales de Ia escolarización. *Revista de Estudios del Currículum,* v. 1, n. 3, p. 7-24, 1998.

STANDING, E. M. *La revolución Montessori en educación*. Mexico: Siglo XXI, 1973.

TOLSTÓI, L. *La escuela de Yásnaia Poliana*. Barcelona: Olafíeta, 2003.

TYACK, D.; LARRY, C. *En busca de la utopia*: un siglo de reformas de las escuelas públicas. México: Fondo de Cultura Económica, 2000.

TYACK, D.; TOBIN, W. The 'grammar' of schooling: why has it been so hard to change? *American Educational Research Journal,* v. 31, n. 3, p. 453-479, 1994.

VIÑAO, A. *Innovación pedagógica y racionalidade científica*: la escuela graduada pública em España (1898-1936). Madrid: Akal, 1990.

VIÑAO, A. *Tiempos escolares, tiempos sociales*. Barcelona: Ariel, 1998.

WILD, R. *Educar para ser*: vivencias de una escuela activa. Barcelona: Herder, 1999.

WILD, R. *Calidad de vida*: educación y respeto para el crecimiento interior de niños y adolescentes. Barcelona: Herder, 2003.

WILD, R. El centro experimental Pestalozzi. *Cuadernos de Pedagogía,* n. 341, p. 18-21, 2004.

WILD, R. *Libertad y limites*: amor y respeto: lo que los niños necesitan de nosotros. Barcelona: Herder, 2006.

WILD, R. *Aprender a vivir con niños*: ser para educar. Barcelona: Herder, 2007.

WILD, R. *La vida en una escuela no-directiva*: diálogos entre jóvenes y adultos. Barcelona: Herder, 2009.

Parte VI
A melhoria do currículo

27 A pesquisa no âmbito do currículo e como método para seu desenvolvimento

Nieves Blanco García
Universidade de Málaga

O QUE SIGNIFICA PESQUISAR?[1]

Muitas vezes, não há dúvida, como disse Charles Kettering, que "pesquisa é uma palavra sofisticada que assusta muita gente". Não há dúvida sobre isso e, na verdade, essa é uma questão desnecessária porque, continua o autor, na realidade, pesquisar é algo bastante simples:

> Essencialmente, a pesquisa não é mais do que um estado mental [...] uma postura amável e receptiva às mudanças [...] A pesquisa é um esforço por tornar melhores as coisas e fazer com que o momento da mudança não nos pegue adormecidos. O pesquisador tem uma mente que resolve problemas, em contraste com a mente do conformista. É a mente do amanhã, em vez da mente de ontem. (SHAGOURY; MILLIER, 2000, p. 18)

Segundo o dicionário de María Moliner, a palavra *investigación*, pesquisa em espanhol, deriva de *vestigium*; seus significados fazem referência a indagar, tomar providências ou fazer diligências para descobrir determinada coisa. Seu campo semântico está ocupado por termos como: averiguar, buscar, ser curioso, inteirar-se, inquirir, pesquisar, examinar, explorar, observar, perguntar, etc.

Portanto, segundo sua etimologia, investigar ou pesquisar significa olhar detidamente, seguir as impressões, os vestígios de algo. Isto nos leva a estabelecer que não basta apenas olhar e fazer perguntas a si próprio: também é preciso fazê-lo com certa postura e de maneira ordenada ou sistemática. Em algumas línguas, como o inglês (*research*) ou o catalão (*recerca*), o termo mantém o sentido insistente de uma busca, um desafio intelectual para encontrar o sentido de algo, responder às perguntas, voltando a olhar de maneira sistemática, detida e intencional. Até mesmo as coisas aparentemente conhecidas passam a ser vistas com outros olhos, porque, afinal de contas, como disse Eisner (1998, p. 62), "o olho não é somente uma parte do cérebro, mas uma parte da tradição".

Trata-se, então, de algo bastante comum, mas não tão simples como poderia parecer. Pesquisar ou investigar são verbos cujo significado abarca ou se refere a ações que, ainda que tenham uma referência em comum –

o ato de indagar ou buscar o conhecimento de algo –, podem se referir a realizações muito diversas. Um cientista em seu laboratório pesquisa, assim como quem busca em uma biblioteca ou arquivo o que um autor ou uma autora disse certa ocasião, quem pergunta às pessoas sobre algo, quem quer saber onde perdeu algo, etc.

A polissemia compreendida no verbo pesquisar se restringe significativamente quando se fala do sujeito que pesquisa (o pesquisador) ou quando se trata do resultado da ação: a pesquisa realizada. O uso do termo nestes dois casos é mais limitado. Não se diz que todo aquele que indaga é um "pesquisador", assim como nem todos os processos são admitidos como pesquisa. É como se o sentido fixado na linguagem estivesse nos indicando que há muitas das nossas atividades que nós, os seres humanos, denominamos pesquisa, mas nem todas elas são realizadas por pesquisadores e nem todos os resultados obtidos com essas atividades são considerados pesquisas.

Pesquisar é uma atividade que pode ser praticada por qualquer um que siga as exigências básicas do pensamento rigoroso; a pesquisa não é uma tarefa que exclua, singularize ou diferencie as pessoas que querem conhecer melhor a educação, separando-as com a distância gerada pelo halo do prestígio da pesquisa. Ser pesquisador é, antes de tudo, ser estudioso sobre algo, ser alguém que pensa, que busca o conhecimento. Pesquisar é, basicamente, pensar. O pensamento nem sempre é suficientemente preciso, rigoroso, sistemático; ele nem sempre está sujeito a um plano, é guiado por um método ou submetido à crítica e revisão. Além disso, ocorre que aquilo que, em termos acadêmicos, costuma-se reconhecer como pesquisa nem sempre segue as normas ou os critérios de qualidade do pensamento rigoroso.

Fred Kerlinger – um reconhecido especialista em pesquisas positivistas – indicava que se pode atribuir tal nome à indagação "sistemática, controlada, empírica e crítica de proposições hipotéticas sobre as relações entre os fenômenos naturais" (COHEN; MANION, 1990, p. 27). Assim, a pesquisa se distingue de outras formas de indagação por ser sistemática e controlada, baseada no método hipotético-dedutivo; é empírica e autocrítica ou sujeita ao escrutínio público.

Já Van Manen (2003, p. 29), com base em uma posição epistemológica bem distinta – a fenomenologia –, assinala quais são as características que a indagação deve reunir para que possa ser considerada científica: sistematização, explicitação, autocrítica e contraste intersubjetivo.

No âmbito do currículo, devemos a Stenhouse (1987, p. 42) a caracterização da pesquisa como "uma indagação sistemática e contínua, planejada e autocrítica, que se encontra submetida à crítica pública e às comprovações empíricas, quando estas forem adequadas". Ela é embasada, segundo o autor, na curiosidade e no desejo de compreender, e sua materialização é feita de maneira consciente, sistemática e pública.

Pedir que a indagação, para que seja qualificada como pesquisa, seja autocrítica, significa que ela deve estar aberta ao questionamento público. Isso significa que, a princípio, ela se opõe à privacidade e à postura da autojustificação, que é o que ocorre quando "ter razão" prevalece sobre a compreensão das situações. Além disso, como ela é pública, deve estar aberta ao escrutínio de outras pessoas, ser comunicada e posta à disposição dos demais (docentes, estudantes e suas famílias, administração) através de canais diversos, tanto de comunicação oral (em conselhos ou seminários) quanto escrita (livros ou revistas especializadas, relatórios de pesquisa, entre outros).

Falar de sistematização implica intencionalidade, consciência e organização. Isto sugere o planejamento, a coleta de informações e a elaboração destas; exige que lhe dediquemos atenção e tempo e que tenhamos algum esquema de interrogação para obter as respostas que estamos buscando. Também nos indica que a coleta de informações deve ser coerente com as perguntas que nos fazemos e com o contexto no qual trabalhamos. Afinal, como enfatiza Stake (1998, p. 28), "a boa pesquisa não é tanto uma questão de bons métodos, mas de um bom raciocínio". Com isso, ele quer enfatizar a necessidade de rigor e de disciplina no projeto e desenvolvimento da pesquisa. Trata-se, então, de uma atividade que exige rigor, mas não rigidez.

PESQUISAR É PERTENCER A UMA COMUNIDADE

Ainda que, em geral, tenha-se a imagem do pesquisador como um indivíduo solitário e um tanto ensimesmado que – subitamente – tem um momento de genialidade, a verdade é que a pesquisa é realizada dentro de comunidades, e aqueles que se dedicam a essa tarefa dividem orçamentos e recursos (conceituais e técnicos).

Devemos a Thomas Kuhn[2] a comprovação de modo incontestável de que a atividade científica não é somente um empreendimento intelectual, mas também um empreendimento social que deve fazer julgamentos e compreender, em seu devir histórico. Para se referir ao conjunto de pressupostos que – em contextos e momentos definidos – a comunidade científica compartilha, o autor cunhou o termo paradigma; um termo que tem tido grande aceitação, apesar de que, paradoxalmente, não tenha uma definição precisa (basta dizer que, na obra do pensador, já foram identificados nada menos do que 22 usos diferentes da palavra). Com um sentido próximo ou equivalente, o termo paradigma também tem grande aceitação no conceito de programa de pesquisa do filósofo da ciência Imre Lakatos. Também o faz Witrock (1989, p. 11) em um texto já clássico no qual sistematiza os paradigmas ou programas de pesquisa no ensino até os anos de 1980, definindo-os como "aquelas concepções dos problemas e dos procedimentos que os membros de determinada comunidade de pesquisadores compartilham, e em função dos quais realizam suas pesquisas e exercem seu controle".

Portanto, sempre que alguém inicia uma pesquisa, situa-se em "uma plataforma ou matriz conceitual, um paradigma, o qual define as características do objeto de pesquisa, o tipo de problema a ser colocado e resolvido, a própria essência dos processos de pesquisa, as estratégias, as técnicas e os instrumentos que são considerados mais adequados e os critérios de validação e legitimação do conhecimento produzido" (PÉREZ GÓMEZ, 1992, p. 117). Essa plataforma ou matriz conceitual deve ser coerente com o modo pelo qual concebemos a natureza dos fenômenos que pesquisamos e com o propósito que orienta nossa indagação.

Guba e Lincoln (2005, p. 193) afirmam que podemos estabelecer paradigmas alternativos atendendo a seus pressupostos ontológicos (suas concepções sobre a realidade), epistemológicos (as concepções sobre as formas legítimas de conhecer) e metodológicos (as concepções sobre as vias apropriadas de conhecer). Ou, em outras palavras: quando falamos de paradigmas alternativos, é porque, entre eles, podemos encontrar diferenças substanciais nos princípios que os fundamentam, as quais se relacionam com: *a)* a natureza da realidade; *b)* a relação entre sujeito e objeto; *c)* os critérios de veracidade; *d)* a determinação das relações causa-efeito e *e)* a axiologia, ou seja, os valores.

Na literatura especializada, costuma-se aceitar que existem dois grandes paradigmas ou conceitos de interpretação da realidade, os quais orientam, por sua vez, epistemologias e metodologias de pesquisa diferenciadas: o paradigma racionalista-quantitativo e o naturalista-qualitativo.

Stake (1998, p. 42) estabelece três âmbitos nos quais se materializam as diferenças entre ambos os paradigmas: *a)* o objeto da pesquisa (explicação *versus* compreensão); *b)* o papel de quem pesquisa (função pessoal *versus* impessoal) e *c)* como se constrói o conhecimento (descoberto *versus* construído).

Não se trata, portanto, de distinções no tipo de dados que são coletados (qualitativos, quantitativos), mas de divergências a respeito daquilo que se busca, como se busca e que relação temos com isso.

Sintetizando, diríamos que o paradigma racionalista-quantitativo (também chamado positivista, científico-naturalista ou científico-tecnológico, entre outros termos) almeja um conhecimento sistemático, comprovável, mensurável e replicável; ele busca a eficácia e segue o método hipotético-dedutivo; entende que a realidade é observável e quantificável; busca a generalização dos resultados a partir da escolha de uma amostra significativa e considera que o trabalho científico está destituído de valores.

Já o paradigma naturalista-qualitativo (também denominado hermenêutico, interpretativo ou fenomenológico, entre outros termos) busca compreender a realidade descobrindo e interpretando os fatos vinculados a seu contexto; não pretende a generalização, mas a compreensão em profundidade dos casos concretos nos quais a interpretação dos significados é um eixo principal e entende que a relação entre sujeitos é aberta e vinculada aos valores.

Eisner (1998) sistematiza essas diferentes posições, indicando que os pesquisadores quantitativos buscam as causas, a exploração e o controle; já os qualitativos se centram na busca do acontecimento e destacam a compreensão das relações complexas nos fatos humanos porque entendem que a "a função da pesquisa não é necessariamente traçar o mapa e conquistar o mundo, mas ilustrar sua contemplação" (EISNER, p. 46). Quem pesquisa desempenha um papel fundamental; na investigação quantitativa, pretende-se que esse papel seja neutro, objetivo; na qualitativa, quem pesquisa é o principal recurso de pesquisa, coerente com a ideia de que "o conhecimento é algo que se constrói, mais do que algo que é descoberto" (EISNER, p. 89).

São essas diferenças fundamentais – ontológicas, epistemológicas e metodológicas – que, além da vontade real de entendimento entre os especialistas, permitem-nos entender a dificuldade de estabelecimento de um diálogo frutífero entre aqueles que se situam em uma posição ou outra. Tampouco tem ajudado a confusão (e a mistura) entre os aspectos epistemológicos e metodológicos. Assim, enquanto alguns têm sustentado que é possível e necessário um acordo, uma mescla de metodologias e recursos para a coleta de informações, outros têm entendido que o que existe é um "choque básico entre paradigmas metodológicos [sustentado que] cada tipo de método se encontra ligado a uma perspectiva paradigmática distinta e única, e são essas duas perspectivas que se encontram em conflito" (COOK; REICHARDT, 1986, p. 27).[3]

Sintetizando o que foi dito, e como assinalam os sociólogos Taylor e Bogdan (1986) em um dos manuais sobre a pesquisa qualitativa mais utilizados, nas Ciências Sociais, têm prevalecido duas perspectivas teóricas principais para a orientação da pesquisa: a positivista – que busca os fatos ou as causas dos fenômenos, entendidos como independentes das pessoas e de seus estados subjetivos –, e a fenomenológica, que busca compreender os fenômenos sob a perspectiva das pessoas que os vivenciam. No primeiro caso, o que se busca é a explicação, no segundo, a compreensão.

A pesquisa de orientação positivista tem desfrutado de enorme crédito, sendo a ela atribuída, durante muito tempo, a legitimidade para a geração do conhecimento científico. Na década de 1960, tornou-se generalizado um modelo de pesquisa que conhecemos como "pesquisa e desenvolvimento" (R&D, na sigla em inglês), que é o modelo próprio das ciências e das tecnologias. Ainda que, na educação, ele jamais tenha sido hegemônico e já tenha sido fortemente criticado, a verdade é que sua hegemonia ainda é muito pouco discutida. O mesmo não ocorre com a pesquisa de orientação naturalista ou qualitativa, que, a partir da década de 1970, passa a ter ampla aceitação, apesar de que os recursos ou as técnicas de coleta de informação por ela empregada, como a observação e a entrevista, são "tão antigos quanto a própria história" (TAYLOR; BOGDAN, 1986, p. 17).

No início da década de 1990, ao fazer uma revisão da investigação no âmbito do currículo, Walker (1992) afirmava que aquela era uma época interessante para aqueles se interessavam pela metodologia da pesquisa na educação. A velha ordem, escreveu o autor, baseada na doutrina positivista, tem perdido sua influência e estão sendo abertas muitas possiblidades para quem pesquisa o currículo. "O clima nunca foi tão favorável à aceitação de novos métodos" (WALKER, 1992, p. 98), e acrescenta que esses métodos, por fim, permitem-nos estudar aquilo que sempre acreditamos e dissemos que era importante: metas, propósitos, planos, valores, crenças, desejos, experiências, sentimentos, intuições, etc.

Norman Denzin e Yvonna Lincoln, 12 anos depois, confirmam esta tendência e afirmam que o último quarto do século XX produziu uma autêntica revolução metodológica no âmbito das ciências sociais, que pode ser observada tanto em um esmaecimento das fronteiras entre os campos de conhecimento quanto na aceitação e na extensão generalizada de abordagens teóricas e metodológicas interpretativas ou qualitativas. Contudo, continuam os autores, isso vem ocorrendo ao mesmo tempo que está sendo produzido o ressurgimento das propostas neopositivistas (em concordância com os postulados neoconservadores, tão potentes nas últimas décadas), também chamados "epistemologias baseadas em evidências" (DENZIN; LINCOLN, 2005, p. 9). Os líderes dessas posições, continuam esses autores, são muito combativos e defendem suas propostas nos círculos de poder, afirmando que a pesquisa qualitativa "não é científica, não deveria receber verbas federais e tem pouco valor no terreno da política social".

Uma vez que estamos falando sobre pesquisa, é importante enfatizar, como temos feito, os aspectos epistemológicos. Mas isso não deve nos fazer esquecer que os debates neste âmbito nunca são meramente técnicos, e sim que, como assinala Popkewitz (1988), os debates sobre a pesquisa nunca são apenas debates técnicos, mas que o que está em jogo são questões substantivas relativas a aspectos de caráter filosófico, social, político e ético. Por isso, ele dirá, referindo-se aos controvertidos e apaixonados debates que ocorreram nas décadas de 1970 e 1980, que "os pressupostos, questionamentos e métodos de pesquisa, que competem entre si, contêm valores que respondem a profundas divisões da sociedade norte-americana no que se relaciona aos princípios de autoridade, transformação institucional e ordem social. Incorporadas à atividade de pesquisa, há questões epistemológicas políticas e da teoria cognitiva, bem como respostas dos indivíduos à sua existência material" (POPKEWITZ, 1988, p. 25).

DE ONDE VIEMOS: A PESQUISA NO ÂMBITO DO CURRÍCULO

Conforme Walker (1992), na pesquisa sobre o currículo, não existe a tomada de posição por uma metodologia que defina esse campo de estudo, da maneira como é a etnografia da antropologia ou a enquete para a sociologia. Isso tem muito a ver com a natureza da pesquisa no currículo, que é complexa e muito diversificada, uma vez que corresponde a um âmbito que é prático, moral e político. Isso não quer dizer que não seja preciso prestar atenção às questões epistemológicas e metodológicas, mas, que, na verdade, para enfrentar essa complexidade, "não devemos esperar pela salvação em novos métodos ou em novas formas de pensar sobre a metodologia" (WALKER, 1992, p. 113).

Na primeira grande revisão feita sobre a pesquisa no campo do currículo, Walker relata a tensão entre as tradições científicas e humanistas[4] (ou experimental e filosófica), nos primórdios da pesquisa sobre a educação. Esta tensão pode ser entendida em função das origens do campo de estudo da educação, desvinculado da filosofia que tem seguido o modelo das humanidades. No final do século XIX, por influência da psicologia, a educação passou a ser considerada uma ciência, seguindo o modelo das ciências experimentais.

Esse domínio da psicologia volta a se acentuar após a Segunda Guerra Mundial, com o predomínio da psicologia behaviorista e a preponderância da conduta observável como eixo de estudo, de tal maneira que se entende que somente o que é diretamente observável pode ser considerado objeto de estudo. As críticas ferrenhas de estudos como o de Thomas Kuhn e a incapacidade dessa abordagem de pesquisa para lidar com a realidade fazem com que comecem a surgir outras metodologias, acompanhando os desenvolvimentos em outras disciplinas, como a Antropologia ou a Sociologia.

Nos Estados Unidos, o lugar de nascimento dos estudos acadêmicos e profissionais sobre o currículo escolar, no último século houve um jogo de influências híbrido, com tradições científicas e humanistas. Nesse jogo, destacam-se as controvérsias entre a pesquisa orientada pelas grandes reformas (de caráter positivista) e a orientada pelos interesses de pesquisa nas salas de aula e escolas (de caráter qualitativo).

O debate metodológico surge na década de 1970, e pode ser acompanhado por meio da revisão dos volumosos manuais sobre pesquisa no ensinar. O primeiro deles, editado por Nathaniel Gage em 1963, somente contém um capítulo sobre a pesquisa: "Projetos experimentais e semiexperimentais na pesquisa sobre o ensinar" (de autoria de Donald Campbell e Julian Straney). Dez anos depois, o segundo manual dedica 13 capítulos a questões relacionadas com os métodos de pesquisa. A maioria deles reflete a importância do paradigma positivista, dominante, embora alguns comecem a expressar a necessidade de rever as posições estabelecidas. No entanto, não aparece a orientação qualitativa, ao menos de maneira explícita. Será preciso aguardar mais uma década para que surja o terceiro manual (WITTROCK, 1986), no qual, pela primeira vez, há um longo capítulo sobre a metodologia qualitativa, escrito por Fredrick Erickson.

Não resta dúvida de que, nos últimos 50 anos, a metodologia qualitativa conquistou um lugar indiscutível na pesquisa sobre o currículo, contando com suas próprias revistas, associações científicas, reuniões especializadas e postos acadêmicos. Contudo, isso não significa que se tenha conseguido um esclarecimento das abordagens e posições que são agrupadas sob esse termo abrangente.[5] Parece exagerado e pouco preciso dizer que o que os une é "a oposição em comum a uma metodologia científica de visão estreita" (WALKER, 1992, p. 105), mas é inegável que ele continua incluindo "múltiplas formações paradigmáticas" (DENZIN; LINCOLN, 2005, p. 10). Tanto isso é verdade que se pode dizer que "se torna realmente difícil se conseguir determinar quais são os métodos de pesquisa qualitativos e estabelecer uma tipologia dos mesmos" (RODRÍGUEZ; GIL; GARCÍA, 1996, p. 39).[6]

A isso, é necessário somar a distinção realizada entre abordagem ou paradigmas, metodologias e métodos.[7] Assinalaremos vários exemplos. O exemplo mais extremo é o do estudo realizado por Cohen e Manion (1990), que não diferencia entre abordagens qualitativas e quantitativas e que, ao falar de métodos de pesquisa, faz referência aos seguintes: pesquisas históricas, descritivas, estudos de caso, enquetes, pesquisas correlacionais, pesquisas de caráter *ex post facto*, experimentos, pesquisas na ação, relatos, entrevistas, psicodramas, construções pessoais e medidas multidimensionais.

Pérez Serrano (1994) reserva o conceito de métodos de pesquisa qualitativa para os estudos de caso e as pesquisas-ação e fala de técnicas de pesquisa para se referir a: observações, histórias de vida, biografias, autobiografias, entrevistas, diários, cadernos de notas, anedotários, notas de campo, fotografias, vídeos, consultas de documentos, listas de controle, etc.

Denzin e Lincoln (2005), na última edição de seu manual sobre pesquisa qualitativa, abordam os seguintes paradigmas: etnografias críticas, pesquisas feministas, teorias críticas, estudos culturais e teorias *queer*. Como estratégias de pesquisa, falam de *performance ethnographies* (etnografias do desempenho), *public ethnographies* (etnografias públicas), *interpretative practices* (práticas de interpretação), estudos de caso, observações participantes, *grounded theories* (teorias embasadas), etnografias críticas, testemunhos, pesquisas com ação participativa e pesquisas clínicas. Quanto aos métodos de coleta de informações e análises de dados, referem-se a pesquisas narrativas, indagações baseadas na arte, entrevistas, observações, artes visuais, autoetnografias, etnografias *on line*, perspectivas analíticas, metodologias foucaultianas, análises de textos e arquivos orais e *focus group* (grupo de enfoque).

Esse "festival"[8] de nomes não é, portanto, absolutamente novo. Ele já se tornou usual, para o desespero de estudantes e o regozijo dos puristas. A proliferação de denominações se une à dificuldade para estabelecer os limites entre elas. O que explica essa propensão a compartimentar a pesquisa, a atribuir nomes que geralmente nos confundem? De onde procede a necessidade e a dificuldade de diferenciar uma abordagem da outra? Rodríguez, Javier Gil e García (1996) indicam que isso se explica porque estão convivendo e mesclando-se tradições procedentes de diferentes disciplinas (Sociologia, Antropologia, Filosofia, etc.); além disso, encontramo-nos com o fato de que, em determinadas ocasiões, enfatizam-se os pressupostos teóricos e, em outras, os procedimentos de coleta de informações. Isso também indicaria que se trata de um campo intelectual e prático ainda em construção, aberto a novas concepções e novas tentativas de compreensão da realidade.

PESQUISA SOBRE A EDUCAÇÃO *VERSUS* PESQUISA EDUCACIONAL

Em uma epígrafe anterior, dizíamos que pesquisar é pertencer a uma comunidade, a uma tradição que estabelece a legitimidade das ações que podemos qualificar como pesquisa e a legitimidade de quem as pode realizar. Ter legitimidade é ter a capacidade de definir o que vale a pena conhecer, quais são os problemas aos quais devemos dedicar atenção; perguntar-se quem pode pesquisar é se situar em um contexto de relações de poder. Afinal, no âmbito do ensino, existe uma clara divisão entre quem elabora e define o que é conhecimento relevante e quem o utiliza, de tal modo que os pesquisadores e acadêmicos elaboram o que se considera conhecimento legítimo, aquele que pretensamente guia a prática pedagógica, ainda que raramente provenha dela.

À pesquisa universitária, aquela realizada por especialistas, outorgou-se o título de "o" modelo dessa atividade, e definiu-se que a pesquisa legítima é aquela que é feita sobre os "outros", a fim de prever e/ou controlar o que deverão fazer. Essa concepção responde a uma distribuição de poder e legitimidade que, por sua vez, apoia-se em uma concepção específica de qual é o propósito da pesquisa. A divisão social do trabalho no ensino se mostra na separação e hierarquização entre a pesquisa e a prática, entre quem pesquisa (de dentro da universidade) e quem ensina (nas salas de aula), entre quem cria conhecimento para regular a prática por meio da descoberta de leis e princípios e quem aplica essas normas (CONTRERAS, 1991).

Portanto, podemos dizer que a tradição dominante na concepção do que significa pesquisar e de quem pode fazê-lo tem privilegiado aquela que se conjuga "em terceira pessoa" (quem pesquisa fala sobre outras pessoas), ou, quando muito, "em segunda pessoa" (quem investiga fala com as pessoas envolvidas).

Ainda que o conceito de professor como pesquisador seja antigo (HENSON, 1996), devemos a Lawrence Stenhouse (1987) a extensão de seu uso e termos conseguido sua difusão na teoria pedagógica. Foi esse autor que, com sua concepção de ensino como pesquisa e sua caracterização dos docentes como pesquisadores na aula, mais contribuiu para distanciar essa relação social hierárquica entre a pesquisa e o ensino; além do mais, ele considera que a única pesquisa com valor educacional é aquela que pode contribuir para o aperfeiçoamento do ensino: "A pesquisa é educativa à medida que pode se relacionar com a prática da educação. E ela somente pode dar tal contribuição ajudando os professores e as professoras a desenvolver suas próprias ideias, facilitando a reflexão sobre seu ensinar e os critérios que a regem." (STENHOUSE, 1987, p. 42).

Dessa tradição, advém a distinção entre pesquisa sobre educação e pesquisa em educação (ou educacional). Assim as denomina John Elliott, em um texto intitulado *Investigación en el aula: ciencia o sentido común?* (Pesquisa na aula: ciência ou senso comum?), publicado pela primeira vez em 1978.[9] Ambas cumprem funções importantes, mas distintas. A pesquisa sobre a educação é um campo de trabalho interdisciplinar para o qual confluem – ou podem confluir – os interesses da psicologia, sociologia, história, filosofia, economia, etc. A pesquisa responde aos interesses, perspectivas e critérios de rigor das disciplinas com base nas quais a pesquisa é iniciada. É usual ter como propósito elaborar abstrações, estabelecer regras e normas para regular, prever e controlar a realidade (em nosso caso, a prática do ensinar) geralmente através de decisões e regulamentos político-administrativos.

A pesquisa educacional é aquela que tem como finalidade compreender a prática e enriquecer o critério profissional dos docentes, ou seja, aquela que se relaciona com a melhoria das práticas concretas nas quais estão envolvidos os professores em concreto. E melhoria quer dizer tanto a busca pelo aperfeiçoamento das professoras e dos professores quanto a realização, na prática, de valores considerados educacionais, isto é, desejáveis, como parte de uma vida boa e digna.

A pesquisa sobre a educação é desenvolvida habitualmente por especialistas universitários, enquanto a pesquisa educacional é realizada, com frequência, pelo próprio professorado, cuja prática pretende melhorar. Em todo caso, o papel do corpo docente se modifica substancialmente, seja porque os professores se transformam em pesquisadores ou porque o papel exige – como afirmava Stenhouse (1987, p. 69) – que os pesquisadores profissionais se ponham a serviço dos docentes, do modo que o conhecimen-to que geram, em vez de se impor a seu critério, "é obrigado a complementá-lo e a enriquecê-lo".

Além do papel cumprido pelos protagonistas da ação, as diferenças entre pesquisa educacional e pesquisa sobre a educação se mostram na perspectiva que adotam, nos conceitos que utilizam, no tipo de teoria que tratam de desenvolver, bem como nos aspectos metodológicos, os quais Elliot (1990, p. 34) sistematiza da maneira a seguir (Quadro 27.1).

Quadro 27.1 As diferenças entre pesquisa educacional e pesquisa sobre a educação

	Pesquisa educacional	Pesquisa sobre a educação
Perspectiva	Objetiva-natural	Científica
Conceitos	Sensibilizadores	Definidores
Dados	Qualitativos	Quantitativos
Teoria	Substantiva	Formal
Método	Estudo de caso	Experimental
Generalização	Naturalista	Formalista
Participação na análise de dados	Participam professores e alunos	Não participam professores nem alunos
Técnicas	Observação participante e entrevistas informais	Observação não participante, empregando sistemas de categorias *a priori*

Fonte: O autor.

Podemos dizer que tanto a pesquisa sobre o ensino quanto a pesquisa realizada pelos professores desfruta de reconhecimento científico e acadêmico? Os dados indicam que a situação é bastante distinta para cada uma delas. Como assinalam Cochran-Smith e Lytle (2002), a pesquisa realizada pelos professores tem sido excluída tanto como possibilidade quanto, nas últimas décadas, como referência acadêmica. As autoras embasam essa afirmação na análise do terceiro manual sobre pesquisa em educação, editado em 1986. Nenhum dos 37 ensaios que ocupam suas mais de mil páginas foi escrito por uma professora ou um professor; tampouco são citadas pesquisas realizadas por eles. Assim, as autoras concluem que "tanto a perspectiva da pesquisa processo-produto quanto a perspectiva interpretativa oprimem e, ao mesmo tempo, tornam invisíveis os papéis do corpo docente nos processos de produção de conhecimento pedagógico sobre o ensino e a aprendizagem nas salas de aula" (COCHRAN-SMITH; LYTLE, 2002, p. 31). Mudar esse pressuposto, firmemente arraigado entre os acadêmicos e também entre os professores, é necessário e ao mesmo tempo complicado, porque, conforme indicam as autoras, "levar a sério a pesquisa dos professores representa um desafio radical aos pressupostos sobre as relações entre a teoria e a prática, entre escolas e universidades e entre a estrutura social e a reforma da educação" (COCHRAN-SMITH; LYTLE, 2002, p. 17).

Entretanto, essa exclusão dos professores da legitimidade da pesquisa implica uma perda importante para o conhecimento da educação, dado que a sua compreensão sobre a educação fica fora do conhecimento legítimo, daquele que ajuda a entender o ensino, que faz parte da formação dos professores.

A PESQUISA DOS PROFESSORES

Stenhouse (1987) estendeu o conceito de professor-pesquisador, embora sejam antigas a ideia e a prática de que os docentes pesquisem e que esta seja uma forma apropriada de gerar conhecimento pedagógico. John Dewey, em 1904, já ressaltava a importância da reflexão dos professores e sua implicação na geração de conhecimentos valiosos nos quais sustentar as práticas pedagógicas, algo que Celestin Freinet pôs em prática na Europa, criando um movimento internacional de enorme transcendência.[10]

Cochran-Smith e Lytle, provavelmente as especialistas de maior reconhecimento internacional sobre esses temas, definem a pesquisa feita por professores como o "estudo intencional e sistemático sobre o ensino, a aprendizagem e a escolarização, realizado pelos docentes em suas próprias salas de aula e escolas" (COCHRAN-SMITH, 2002, p. 59).

Os professores devem pesquisar seguindo os cânones que são considerados exigíveis para a pesquisa realizada por especialistas universitários? Ainda que haja distintas opções, a maioria deles compara uma à outra e considera a pesquisa universitária como modelo. Estas autoras, em uma exaustiva revisão do tema, mostram as diferenças substanciais que encontram entre a pesquisa sobre o ensino e a pesquisa dos professores, focando os seguintes aspectos: *a)* os agentes; *b)* as estruturas de apoio; *c)* as perguntas da pesquisa; *d)* a generalização; *e)* os modelos teóricos que a sustentam; *f)* a natureza das informações coletadas e dos processos de análise.

A pesquisa desenvolvida pelos professores costuma diferir em muitos aspectos em relação à realizada pelas universidades e desafia alguns de seus pressupostos mais estáveis. Assim, por exemplo, para os professores, o propósito de iniciar uma pesquisa não se encontra na generalização, no desenvolvimento de normas e abstrações ou, de maneira mais simples, em contribuir para o incremento do conhecimento especializado. Na verdade, seu interesse costuma estar em compreender melhor a própria prática ou mesmo em reverter na melhoria da aprendizagem de suas alunas e seus alunos, as relações com as famílias deles e a qualidade de vida da escola. Os professores, portanto, costumam se manter em suas pesquisas próximos da prática, da sua prática profissional; e isso não se dá por incompetência, por que não sabem se virar com abstrações, como indica Frederick Erickson, mas porque, em seu trabalho, "o concreto tem dignidade e centralidade irredutíveis" (COCHRAN-SMITH; LYTLE, 2002, p. 10).

A proximidade física e emocional que os professores têm com as realidades que pesquisam não constitui barreiras ou limitações para a qualidade e o rigor da pesquisa. Mas a pesquisa não nos pede o distanciamento, e sim a preocupação, um interesse intrínseco em conhecer em profundidade, em entender, uma escuta atenta ao que dizem, uma observação cuidadosa do que ocorre ao nosso redor. Com rigor, com sistema, com ordem, mas também com envolvimento, proximidade, deixando-se afetar, porque "somente poderemos entender esse algo ou esse alguém por quem nos preocupamos" (VAN MANEN, 2003, p. 24).

Quando pesquisam, as professoras e os professores fazem indagações tanto empíricas como conceituais. Entre as primeiras, costumam estar presentes as seguintes: *a)* os diários (descrições da vida da aula); *b)* as pesquisas orais (explorações através de entrevistas e conversas); e *c)* os estudos de aula (explorações através de observações, entrevistas e análises de documentos). A pesquisa conceitual costuma adotar a forma de ensaios, que supõem interpretações a partir da análise da experiência em aula (própria e/ou de seus estudantes).

Na atualidade, quando se fala de pesquisa dos professores, referimo-nos a um conceito genérico que inclui diferentes tradições e atividades. A mais conhecida, a ponto de ser frequentemente utilizada como sinônimo de pesquisa feita pelos professores, é a pesquisa-ação. Embora não exista uma definição única nem, tampouco, um único modo de praticá-la[11], podemos dizer que a pesquisa-ação é aquela pesquisa – habitualmente realizada em colaboração – na qual os "docentes elaboram e criam intercâmbios valiosos entre suas turmas e entre outros ambientes de aprendizagem" (ELLIOTT, 2007).

Além disso, e como variantes da pesquisa realizada por professores, Cochran-Smith e Lytle (2009) falam de: *a)* A pesquisa dos professores (*teacher research*), com características muito similares à pesquisa-ação. Fazem referência à indagação realizada por professores de educação obrigatória, geralmente em colaboração com professores universitários e outros educadores, que tem como finalidade analisar suas próprias concepções, sob uma posição socialmente comprometida; *b)* O autoestudo, ou as indagações realizadas com a educação universitária por acadêmicos que trabalham em formação inicial ou permanente dos professores e que costumam se apoiar em relatos narrativos e biográficos; *c)* A pesquisa narrativa ou auto-biográfica, muito próxima da anterior e baseada na ideia de que nossas narrações são uma fonte de conhecimento.[12]

Entre essas variantes de pesquisa dos professores, há diferenças que derivam de onde é colocada a ênfase, bem como das tradições históricas e epistemológicas nas quais se apoiam, ainda que compartilhem características essenciais (COCHRAN-SMITH; LYTLE, 2009, p. 41): *a)* Quem tem o lugar central na pesquisa é o professor ou a professora, que, portanto, desempenha um papel duplo (pesquisador/a e professor/a); *b)* Quem vive uma situação tem um conhecimento e uma perspectiva relevante sobre esta; *c)* O contexto no qual se desenvolve a prática é o lugar apropriado para a pesquisa, e a pesquisa centra-se nos problemas e nas perguntas que dele surgem; *d)* Esmaecem as fronteiras entre sujeito e objeto; *e)* As ideias de generalização e validade são diferentes das ideias da pesquisa convencional; *f)* Compartilham as características de sistematização e intencionalidade em termos de coleta de informações e análise das mesmas; *g)* Enfatizam que os trabalhos devem ser públicos; e a crítica de uma comunidade, mais ampla.

Em sua obra mais recente, essas autoras afirmam que o movimento de "Pesquisa dos professores" é nada mais que a descrição de uma atividade realizada pelos professores, sem uma tomada de posição, indicando que não se trata, simplesmente, de um projeto ou uma atividade limitada e marginal que é realizada pelos docentes ou aqueles que se preparam para essa carreira, mas que constitui "uma tomada de posição epistemológica" que redefine tanto o sentido da pesquisa quanto quem a realiza e quais são os lugares adequados para seu desenvolvimento. Essa tomada de posição agrega valor ao conhecimento gerado em contextos locais; ou seja, valoriza o conhecimento que existe na prática docente. Assim, ela legitima perguntas do tipo: Quem sou eu como professor? Quais são minhas ideias sobre esses meninos e meninas, esta turma, esta escola? Essas perguntas são compartilhadas tanto pelos professores experientes quanto pelos que iniciam a atividade de ensinar, pois ambos enfrentam o mesmo desafio intelectual.

A PESQUISA COMO MÉTODO PARA A MELHORIA DO CURRÍCULO

"A pesquisa como base dos processos de ensinar" foi o título de uma dissertação de Lawrence Stenhouse na conferência inaugural da Universidade de East Anglia, em fevereiro de 1979. Também é o título da coletânea de textos que Jean Ruddock e David Hopkins fizeram em 1985, após o falecimento de Stenhouse em setembro de 1982. Essa seleção contém os escritos mais importantes de um autor que teve enorme influência no desenvolvimento da teoria da pedagogia e da evolução do pensamento sobre o currículo, a pesquisa e a melhoria da ação de ensinar (STENHOUSE, 1984, 1987). Ele foi, sem dúvida, um importante teórico, mas também, sobretudo, alguém que pôs em prática suas ideias. O *Humanities Curriculum Project*,[13] desenvolvido no início da década de 1970, continua sendo uma fonte de inspiração para educadores de todo o mundo e um exemplo do modo pelo qual a pesquisa é a base do ensino e o método mais apropriado para o aperfeiçoamento do currículo.

John Elliott, que colaborou intensamente em *Humanities*, tem sido um dos continuadores dessa linha de pensamento. Ao longo das três últimas décadas, ele vem se aprofundando na teoria e na prática da pesquisa-ação, bem como na filosofia prática, aquela que une a teoria à prática. Em um texto recente, retomou a distinção que fizera há 30 anos entre pesquisa educacional e pesquisa sobre a educação. Na época, afirmara que a pesquisa educacional, aquela cuja intencionalidade está em mudar uma situação de modo que seja mais coerente com os princípios que a orientam, era uma forma de "teorização de sentido comum", em contraste com a "teorização científica", própria da pesquisa sobre a educação (ELLIOTT, 1990). Ainda que falar de "teorização de senso comum" possa parecer um contrassenso, uma vez que o senso comum tende a ser entendido como oposto ao conhecimento científico, devido à ausência de reflexibilidade, Elliott argumenta que isso não é verdade. Ele se refere ao fato de que, ainda que seja verdade que grande parte do conhecimento tido como senso comum não seja objeto de reflexão e seja considerado inquestionável, nem sempre ou necessariamente é assim. A característica fundamental desse conhecimento é que ele pode ser expresso através da linguagem comum, e isso permite que as pessoas relacionem suas atividades cotidianas com os propósitos que as orientam. Tal conhecimento pode ser transmitido, mas de modo distinto ao que se faz com o conhecimento científico: ele é transmitido de modo tácito, não declarado, através da indução em uma tradição prática. Contudo, isso não significa que se rechace o que não for necessário do conhecimento declarativo, ou conhecimento novo, não disponível na tradição.

Todavia, a pesquisa do professorado não deve ser somente uma opção, mas também uma necessidade, e Elliott adverte que não se trata de um assunto metodológico, mas sistêmico. Ou seja, a ideia dos professores como pesquisadores em aula aparece ligada à construção de uma teoria da educação (ELLIOTT, 2007) e sustenta que a tarefa dos professores-pesquisadores é elaborar um corpo de conhecimentos a partir das ações comprovadas nos contextos particulares das práticas.

Por isso, o autor se mostra insatisfeito com os rumos tomados, em alguns casos, pela pesquisa-ação. Esses rumos nos quais se distorceu o sentido original desse tipo de pesquisa, concebida como uma filosofia da prática, para se converter em um recurso metodológico, caíram na batalha entre a pesquisa qualitativa e a quantitativa e, quando isso ocorre, pensa-se que a pesquisa-ação perde de vista o que é sua essência, a pergunta sobre o modo pelo qual realizamos valores educacionais na prática, para focar disquisições metodológicas. E isso ocorre porque sua capacidade de promover a realização de valores educativos e melhorar a prática não se relaciona com questões metodológicas (quais procedimentos de coleta de dados, quais fases no processo, etc.), mas com "o compromisso de criar espaços para uma comunidade de pesquisadores envolvidos em um bom diálogo com outros sobre o melhor modo de expressar em suas ações seus valores educativos" (ELLIOTT, 2007, p. 37).

Para alcançar esses propósitos e fazer com que a pesquisa seja um método, um caminho em direção ao aperfeiçoamento do currículo, os professores necessitam do apoio dos acadêmicos e dos especialistas, os quais têm o desafio de integrar também seus dois papéis: de professores e pesquisadores, de modo que, além de verem a si próprios como "pesquisadores sobre a educação", possam se ver como um apoio para que os professores façam seu trabalho: como realizar valores educativos na prática. Dessa maneira, podem contribuir para a busca de soluções para os problemas que surgem em aula.

No momento atual, continua Elliott, a complexidade desses problemas é tamanha que a pesquisa convencional não tem a capacidade de abordá-los. Tal pesquisa, continua, "pode ter garantida sua publicação em revistas de prestígio, mas tem pouca probabilidade de apoiar os professores a abordar mudanças educacionais valiosas para suas aulas e suas escolas" (ELLIOTT, 2007, p. 37).

PESQUISAR É UMA ATIVIDADE COMPROMETIDA ETICAMENTE

A pesquisa jamais é neutra. Não existem ciência nem pesquisa alheia às controvérsias e deliberações sobre os propósitos, os procedimentos e as consequências possíveis do conhecimento que geram. Toda pesquisa responde a motivações, a perguntas, e sempre tem efeitos e consequências. Tanto as primeiras quanto as últimas são necessariamente de caráter moral. Quando pesquisamos, não adotamos somente uma posição intelectual perante a realidade, mas também uma posição ética; respondemos não somente ao que é possível, mas sobretudo ao que é desejável e adequado. Portanto, estamos falando de uma atividade regida por valores relacionados com os propósitos da pesquisa, com a própria natureza do processo de pesquisar e as relações com as pessoas.

A pesquisa é uma atividade na qual há tensões éticas e dilemas (EISNER, 1998, p. 246) perante os quais temos de agir sem que existam regras a aplicar. "Se existissem simples regras para aplicar – continua –, poder-se-ia ensinar facilmente a segui-las e, assim, sentiríamos a confiança de estar fazendo o certo o tempo todo. Ah, mas não há regras, ao menos que eu saiba! Existem princípios, conceitos, considerações. E também há autênticos dilemas."

Na educação, não investigamos objetivos ou realidades físicas estáveis, mas ideias, pensamentos, juízos ou ações de pessoas singulares (sejam elas criancinhas, jovens, mães, pais, docentes, etc.). Não são dados ou artefatos técnicos o que temos perante nós, mas "pedaços" da vida de alguém: suas ideias, temores, certezas, preocupações, ações [...] E é importante pensar no compromisso que adquirimos com as pessoas com as quais nos relacionamos para tratar de conhecer com profundidade uma realidade.

A pesquisa sempre está comprometida com a realização de certos valores, nunca é simplesmente um assunto intelectual (buscar o conhecimento), como se isso não afetasse o "para o quê", "para quem", "quem é beneficiado", "se alguém será prejudicado", "se será útil para alguém", etc. Embora perguntar para que se pesquisa possa parecer uma pergunta retórica, é muito importante fazer tal indagação e estar consciente da dimensão ética que está implícita na pesquisa. É eticamente justificável uma pesquisa somente para satisfazer nossa curiosidade intelectual? Toda pesquisa deve ter uma utilidade social? O que significa ser socialmente útil? Quem define isso? Trata-se de questões de enorme importância, mas que não têm apenas uma resposta, pois não é possível estabelecer, de uma vez por todas, o que é um bem público ou como uma pesquisa pode ajudar a aprimorar a prática. Podemos e devemos nos fazer as perguntas relevantes e buscar as respostas com honestidade.

A pesquisa educacional, aquela que busca melhorar a prática, presta atenção especial aos pontos de vista das pessoas. E isso faz que consideremos como acessar esses pontos de vista, se existem limites às perguntas possíveis e como garantir que aqueles que nos oferecem informações não corram riscos ao torná-las públicas. O princípio básico seria aquele que indica que os interesses das pessoas prevalecem em relação a quaisquer outros; que é responsabilidade de quem pesquisa estabelecer as normas para proteger as pessoas (inclusive evitando temas que sejam "delicados", a menos que sejam essenciais) e mediar os conflitos de interesse, sempre se pondo do lado daqueles que têm menos capacidade de se fazer ouvir e defender suas posições. Há algumas normas básicas estabelecidas neste sentido: o consentimento informado, a confidencialidade e o anonimato são as mais comuns. O consentimento informado implica o fato de que buscaremos formas de as pessoas que nos oferecem informações as deem sabendo o que estão fazendo e que uso será dado às informações. O anonimato implica que nenhuma pessoa será identificada e que buscaremos o modo de proteger sua identidade de maneira que não corra nenhum risco ao ser exposta publicamente. A confidencialidade se refere ao compromisso de utilizar o que alguém nos disse de maneira discreta, sem revelar a autoria e prejudicar essa pessoa.

A pesquisa educacional nos exige um complexo equilíbrio entre compromisso e distanciamento. O distanciamento nos permite ver o que temos perante nós, relacionar-nos com a pesquisa sem nos fundirmos com ela, sem nos confundirmos, assim como o compromisso necessário para nos envolvermos, deixar-nos afetar por aquilo que investigamos. Afinal, como escreve Eisner (1998, p. 17): "Não creio que seja possível melhorar nossas escolhas se nos distanciamos de seus problemas ou seus ganhos. Imparcialidade e distanciamento não são virtudes quando um indivíduo quer melhorar as organizações sociais complexas ou uma realização tão complicada como o ensino". As mais importantes filosofias do século XX nos propõem a reconsideração da exigência de objetividade, desde suas raízes. Zambrano (2000, p. 117) escreveu que reconhecer algo como objeto significa "deter-se perante isso, ficar enfeitiçado, preso, dar-lhe crédito; ficar, de certo modo, apaixonado". A máxima proximidade, a que supõe se apaixonar por um ser concreto, por um semelhante, "seria a experiência necessária para chegar a encontrar as ideias, o conhecimento da verdadeira realidade: a realidade invulnerável". E Hannah Arendt – explicando o modo de se aproximar da compreensão do totalitarismo – argumentará que "a ausência de emoção não se encontra na origem da compreensão, pois o oposto do emocional não é, de modo algum, o 'racional' – seja qual for o sentido que demos a esse termo –, e sim, em todos os casos, a 'insensibilidade', que muitas vezes é um fenômeno patológico, ou o 'sentimenta-lismo', que é uma perversão do sentimento" (BIRULÉS, 2007, p. 172).

Somente aquilo que nos afeta nos provoca um interesse autêntico, que, por sua vez, será o que percebem as pessoas com as quais entramos em relação. O respeito a essas pessoas será o pilar sobre o qual poderemos construir a confiança que devemos gerar para alcançar a necessária compreensão sobre aquilo que pesquisamos. A credibilidade dos dados que obtemos depende, em primeira instância, da confiança que conseguirmos gerar em quem os oferece a nós. Assim, trata-se de um critério de ordem ético com claras repercussões de ordem epistemológica.

NOTAS

1 As ideias desenvolvidas nesta seção são uma continuidade daquelas que, em colaboração com José Gimeno, apresentamos como parte do material de formação para os professores independentes da Junta da Andaluzia que desenvolvem projetos de pesquisa.
2 Thomas Kuhn (1922–1996), historiador da ciência, publicou em 1962 *La estrutura de las revoluciones científicas* (traduzido em 1970 pelo Fondo de Cultura Econômica), uma obra que propôs uma reconsideração e crítica à posição dominante nesse momento na filosofia da ciência e que se tornou um grande sucesso de vendas.
3 Ao debater essa possibilidade e tratar de estabelecer esse diálogo, contribuiu, no início dos anos de 1980, esse texto coordenado por Cook e Reichardt (1986), traduzido para o espanhol em 1986. O primeiro capítulo, escrito por estes autores, tem um título significativo: "Por uma superação do antagonismo entre os métodos qualitativos e os quantitativos". É extremamente interessante a introdução na edição espanhola (1986), escrita por Juan Manuel Álvarez Méndez.
4 Este é o nome dado pelo primeiro manual de pesquisa sobre o currículo escolar, editado por Phillip Jackson, em 1992.
5 Tanto é assim que, na introdução da terceira edição de seu manual de pesquisa qualitativa, Denzin e Lincoln (2005, p. 10) dirão que "a pesquisa qualitativa é, entre outras coisas, o nome de um 'movimento reformista que começa na academia no início da década de 1970'. Os paradigmas interpretativo e crítico, em suas múltiplas formas, são cruciais a esse movimento. No entanto, ele engloba inúmeras formulações paradigmáticas. Ele também inclui complexas críticas epistemológicas e éticas à pesquisa tradicional nas ciências sociais".
6 Como acabo de indicar, foi somente em 1986, no terceiro manual sobre pesquisa no ensino, que apareceu um capítulo sobre metodologia qualitativa. Nele, Frederick Erickson assinala que vai repassar os aspectos fundamentais da teoria e dos métodos "dos enfoques de pesquisa sobre o ensino respectivamente chamados etnográfico, qualitativo, fenomenológico, construtivista e interpretativo" (ERICKSON, 1989, p. 195).
7 Com frequência, metodologia e métodos são utilizados como sinônimos para se referir ao percurso seguido para a geração de conhecimentos. Assim, Taylor e Bogdan (1986, p. 15) falam de metodologia para se referir ao "modo pelo qual enfocamos os problemas e buscamos as respostas"; e Rodríguez, Gil e García (1996, p. 40) falam de método como a forma característica de pesquisa determinada pela intenção fundamental e o enfoque que a orienta". Em outros casos, estabelece-se a diferença e a relação entre metodologia e método. Assim procede Van Manen (2003, p. 46): "Poderíamos dizer que a metodologia é a teoria que está por trás do método, incluindo o estudo de qual método deve ser seguido e por quê. [...] Portanto, a metodologia significa 'a busca do conhecimento'. Já na noção de método, fica implícito determinado 'modo' de pesquisa". Já Noffke (2009, p. 21), baseando-se na distinção feita por Sandra Harding, afirma que a metodologia define o papel da teoria e dos procedimentos de análise que nos indicam como deveríamos proceder para fazer com que os dados que coletamos se expressem através de diferentes métodos, enquanto um método é a técnica ou o procedimento de coletar dados concretos.
8 Tomo essa analogia das palavras de Walker (1992, p. 105), que, ao falar das diferentes abordagens que convivem sob a denominação pesquisa qualitativa, assinala que os pesquisadores que seguem esses enfoques "desfilam" com muitas "bandeiras", rotuladas com nomes como qualitativa, interpretativa, etnográfica, clínica ou naturalista.

9 Foi incluído em *La investigación-acción en educación*, a primeira coletânea de textos de John Elliott em espanhol, publicada pela editora Morata em 1990.

10 Os professores que desenvolvem a Pedagogia Freinet se agrupam em organizações internacionais, como a Federação Internacional de Movimentos da Escola Moderna (FIMEN), ou nacionais, como o Movimento Cooperativo da Escola Popular (MCEP) espanhol, o MCE italiano ou o Movimento Mexicano para a Escola Moderna.

11 Podem ser consultados os textos já considerados clássicos, como o de Elliott (1990, 1993) e o de Kemmis (1988). Uma abordagem mais simples, porém rigorosa, pode ser encontrada em Contreras (1994). Um estudo mais exaustivo e atual sobre o sentido e os desenvolvimentos da pesquisa-ação no nível mundial é Noffke e Somekh (2009).

12 Pode-se consultar, para ampliar a informação sobre a pesquisa narrativa, o texto de Rivas Flores (2007), onde se faz referência à bibliografia básica sobre o tema.

13 O texto que, a meu ver, melhor permite conhecer esse projeto e as ideias que o sustentam é *Cultura e educação*, publicado originalmente em 1967 e traduzido ao espanhol (*Cultura y educación*) em 1997.

REFERÊNCIAS

BIRULÉS, F. *Una herencia sin testamento*: Hannah Arendt. Barcelona: Herder, 2007.

COCHRAN-SMITH, M.; LYTLE, S. L. *Dentro/fuera-enseñantes que investigan*. Madrid: Akal, 2002.

COCHRAN-SMITH, M.; LYTLE, S. L. Teacher research as stance. In: NOFFKE, S.; SOMEKH, B. (Ed.). *The sage handbook of educational action research*. London: Sage, 2009. p. 39-49.

COHEN, L.; MANION, L. *Métodos de investigación educativa*. Madrid: La Muralla, 1990.

CONTRERAS, J. La investigación-acción. ¿Qués es? ¿Cómo se hace? *Cuadernos de Pedagogía*, Barcelona, n. 224, p. 8-19, 1994.

CONTRERAS, J. El sentido educativo de la investigación. *Cuadernos de Pedagogía*, Barcelona, n. 196, p. 61-67, 1991.

COOK, T.; REICHARDT, C. H. *Métodos cualitativos y cuantitativos en investigación evaluativa*. Madrid: Morata, 1986.

DENZIN, N.; LINCOLN, Y. *The Sage handbook of qualitative research*. London: Sage, 2005.

EISNER, E. *El ojo ilustrado*: indagación cualitativa y mejora de la práctica educativa. Barcelona: Paidós, 1998.

ELLIOTT, J. *La investigación-acción en educación*. Madrid: Morata, 1990.

ELLIOTT, J. *El cambio educativo desde la investigación-acción*. Madrid: Morata, 1993.

ELLIOTT, J. *Investigación-acción*. [S.l: s.n], 2007.

ERICKSON, F. Métodos cualitativos de investigación sobre la enseñanza. In: COCHRANSMITH, M.; LYTLE, S. L. *Dentro/fuera- enseñantes que investigan*. Madrid: Akal, 1989. p. 9-12.

GUBA, E.; LINCOLN, Y. Paradigmatic controversias, contradictions, and emerging confluences. In: DENZIN, N.; LINCOLN, Y. *The Sage handbook of qualitative research*. London: Sage, 2005. p. 191-215.

HENSON, K. T. Teachers as researchers. In: SIKULA, J. (Ed.). *Handbook of research on tea-ching education*. New York: Macmillan, 1996. p. 53-63.

KEMMIS, S. *¿Cómo planificar la investigación- acción?* Barcelona: Laertes, 1988.

NOFFKE, S.; SOMEKH, B. (Ed.). *The Sage handbook of educational action research*. London: Sage, 2009.

NOFFKE, S. Revisiting the professional, personal, and political dimensions of action research. In: NOFFKE, S.; SOMEKH, B. (Ed.). *The Sage handbook of educational action research*. London: Sage, 2009. p. 6-23.

PÉREZ GÓMEZ, A. I. Comprender la enseñanza en la escuela: modelos metodológicos de investigación educativa. In: GIMENO SACRISTÁN, J.; PÉREZ GÓMEZ, A. I. *Comprender y transformar la enseñanza*. Madrid: Morata, 1992. p. 115-136.

PÉREZ SERRANO, G. *Investigación cualitativa*: retos e interrogantes. Madrid: La Muralla, 1994.

POPKEWITZ, T. *Paradigmas e ideologia en investigación educativ*: las funciones sociales del intelectual. Madrid: Mondadori, 1988.

RIVAS FLORES, J. I. *La investigación biográfica y narrativa*. [S.l: s.n], 2007.

RODRÍGUEZ, G.; GIL, J.; GARCÍA, E. *Metodología de la investigación cualitativa*. Archidona: Aljibe, 1996.

SHAGOURY, R.; MILLER, B. *El arte de la indagación en el aula*: manual para docentes-investigadores. Barcelona: Gedisa, 2000.

STAKE, R. *Investigación con estudio de casos*. Madrid: Morata, 1998.

STENHOUSE, L. *Investigación y desarrollo del currículum*. Madrid: Morata, 1984.

STENHOUSE, L. *La investigación como base de la enseñanza:* selección de textos de Jean Rudduck y David Hopkins. Madrid: Morata, 1987.

TAYLOR, S.; BOGDAN, R. *Introducción a los métodos cualitativos de investigación*. Barcelona: Paidós, 1986.

VAN MANEN, M. *Investigación educativa y experiencia vivida*. Barcelona: Idea Books, 2003.

WALKER, D. Methodological issues in curriculum research. In: JACKSON, P. (Ed.). *Handbook of research on curriculum*. New York: Macmillan, 1992. p. 98-118.

WITTROCK, M. *La investigación de la enseñanza*. Barcelona: Paidós, 1989. v.1-2.

ZAMBRANO, M. *Hacia un saber sobre el alma*. Madrid: Alianza, 2000.

28 A formação dos professores e o desenvolvimento do currículo

Francisco Imbernón Muñoz
Universidade de Barcelona

Não há desenvolvimento do currículo sem desenvolvimento do professor. (Lema colado na parede durante o *Humanities Project*, de Stenhouse, 1984)[1]

QUESTÕES INICIAIS

Antes de desenvolver e analisar algumas ideias sobre a relação existente entre a formação dos professores e o desenvolvimento do currículo, preciso me perguntar (e também perguntar ao leitor) algumas coisas que, a título de reflexão, ajudar-nos-ão a antecipar os pontos-chave do que pretendo compartilhar nas páginas a seguir. Essas perguntas são:

a. O currículo tem permitido aos professores fazer uma reflexão que lhes permita superar as concepções que somente haviam contemplado os elementos técnicos e reprodutivistas das relações de poder, sabendo que essas concepções haviam prescindido de fatores como a autonomia e a resistência, que conduziram a determinada formação?

b. O currículo é focado como elemento importante para o aumento do profissionalismo dos professores (o que implica melhor formação e maior autonomia), permitindo questionar os valores e a cultura que o embasam e como estes são postos em prática nas escolas ou simplesmente é um elemento técnico que precisa ser reproduzido?

c. É verdade que o currículo se relaciona mais com as decisões amparadas no juízo dos professores (e, portanto, em sua formação) do que nas decisões administrativas sobre quais devem ser os comportamentos, os processos e os pensamentos do corpo docente e discente para adquirir uma determinada cultura?

Com esses questionamentos iniciais e o que talvez eu tenha sugerido à mente do leitor, passo para o tema.

A RELAÇÃO ENTRE A FORMAÇÃO DOS PROFESSORES E O DESENVOLVIMENTO DO CURRÍCULO

A formação dos professores tem uma finalidade fundamental: o aprimoramento da ação de ensinar e da aprendizagem, ou seja, a melhoria de todos os componentes que intervêm no currículo. Se a formação pode ser definida, de modo amplo, como o processo que melhora os conhecimentos referentes às estratégias, à atuação e às atitudes de quem desempenha essa profissão (ou a desempenharão, no caso da formação inicial) nas instituições educativas, a relação com o currículo é imprescindível.

Portanto, se o currículo se relaciona com o ensinar e a aprendizagem nas instituições educacionais, ele obrigatoriamente também se relaciona com a formação dos professores, com o que se produz dentro delas e cujo fim é favorecer a aprendizagem dos estudantes. É óbvio que isso exige reflexão e ação constante sobre a atuação dos docentes nas instituições educativas em sua globalidade e nas aulas, em particular.

Para alcançar essa finalidade educacional, posso vislumbrar caminhos e rumos diferentes, cujos itinerários dependem de determinadas concepções sobre a função da educação escolar, o papel do professor como executor ou facilitador da aprendizagem, o desenvolvimento do aluno, o significado dos resultados, a relação com os alunos, o que a formação desenvolve e pretende, etc., por isso, essa importante finalidade (favorecer a aprendizagem dos estudantes) nem sempre tem sido vista como o alvo que deveria ser atingido nem tem estado isenta de polêmicas nas políticas e práticas de formação dos professores.

A formação inicial era concretizada em um amálgama de conhecimentos que, embora tratassem de elementos curriculares, eram tão superficiais e atomizados que se tornava impossível extrair os elementos para sua melhoria. Além disso, a formação permanente era reduzida a certas especificações técnicas que não ofereciam elementos de reflexão nem de mudança, mas de assimilação e repetição. Qual era o motivo para que não se planejasse e oferecesse uma formação baseada no desenvolvimento do currículo, ou, em outras palavras, na capacidade dos professores em adaptar, moldar, investigar o currículo e refletir sobre ele?

Durante todo o século XX[2], e sobretudo nas últimas três décadas, foi se configurando uma nova forma de entender o currículo nas instituições educativas e, portanto, a formação dos professores. Ao analisar a história do currículo, como foi feito mais amplamente em outros capítulos, não me estenderei, apenas darei algumas pinceladas e farei a conexão com a formação dos professores. Em 1949, Tyler ("educar é mudar os padrões de conduta dos estudantes. Esses padrões desejáveis de conduta devem ser o próprio objetivo da educação") adota uma abordagem eficientista do currículo, na qual se observa claramente uma forma de conceber os objetivos educativos, centrando neles os elementos fundamentais do currículo. A repercussão desse enfoque na formação dos professores será significativa e ampla (no tempo, nos modos e nas ideias), onde o fundamental se centrará em oferecer um formato científico "mais moderno", sobretudo no planejamento desses objetivos, com a "garantia" ilusória que supunha o apoio ao pensamento pedagógico em uma corrente psicológica qualificada como científica ou mal interpretada na educação, ou seja, o behaviorismo, apoiando-se em um esquema que fora traçado pela aplicação que Bobbit (1924) havia feito do modelo de produção industrial transferido às instituições de educação. Além disso, a formação dos professores se converteu automaticamente, durante muito tempo, a encontrar soluções aos problemas técnicos do ensino (registrar programações em tabelas, avaliar e qualificar, metodologias determinadas, etc.), e não em dar respostas às situações problemáticas da cultura e do ensinar (que permitem mobilizar saberes e experiências no contexto do desenvolvimento curricular), como deveria ser uma formação que permitisse intervir no desenvolvimento curricular. Era uma formação inútil para a melhoria da ação de ensinar ou era uma formação útil para a reprodução do ensino elaborado por agentes externos.

Nessa época (e ainda com grandes vestígios na atualidade), os modelos de formação predominantes são o individual (é ele ou ela quem determina seus próprios objetivos e seleciona as atividades de formação que podem lhe ajudar a atingir tais objetivos) e o do treinamento ou da formação silenciosa, onde o formador ou a administração da educação seleciona as atividades de formação que supostamente ajudarão os docentes a alcançarem os resultados esperados na aprendizagem dos alunos (os quais devem reproduzir uma série de comportamentos e técnicas que os professores desenvolveram em aula). O silêncio dos professores era evidente. Apenas eram ouvidas as vozes dos formadores (ou formadoras) ou das normas.

Posteriormente, diversos autores como Taba (1974), Stenhouse (1984) e Tanner (1980) tenderam a considerar abordagens amplas da teoria curricular onde se relacionavam sistematicamente e entre si os diversos elementos, fazendo desta uma teoria do processo de ensino-aprendizagem, proporcionando um guia para o planejamento de uma ação educacional coerente com todos os elementos que intervêm nesse processo: *sujeito, sociedade, cultura, relações de comunicação, suporte técnico, procedimentos de avaliação,* etc. A partir desse momento, ocorre uma mudança fundamental, os objetivos passam a ter um sentido orientador e admitem diferentes níveis de precisão, sendo estudados em relação com os demais elementos, e elementos importantes na forma de pensar o currículo foram introduzidos. A formação dos professores, consequentemente, assume um novo enfoque. É como se constantemente se voltasse para o que vinha sendo exigido há décadas.

As situações problemáticas do ensinar, tanto as teóricas como as práticas, são entendidas como específicas, múltiplas e inter-relacionadas. Fullan e Hargreaves (1996) nos dirão que nenhuma reforma educacional pode ser implementada sem a colaboração dos professores, que se poderá mudar uma lei, mas não a escola. E eles têm toda a razão. O currículo deve estar nas mãos dos professores para ser moldado. É como uma massa de barro que precisa adotar uma forma ou outra segundo o contexto, especialmente na atualidade, quando a maioria dos conteúdos, constantemente atualizados, está na internet e o monopólio do conhecimento já não está nas mãos das escolas, mas é compartilhado por atores múltiplos, alguns mais motivados do que os próprios professores das escolas. E a formação dos professores deve ajudar-lhes a desvelar seus segredos, torná-los especialistas e adequá-los aos melhores processos de ensino-aprendizagem no contexto atual.

Isso implicará, pouco a pouco, um novo enfoque na formação dos professores, que será gerido nas décadas posteriores; assim, planejar o currículo suporá estruturar uma ação que considera como é a situação concreta na qual se atua, como se pode influir sobre ela sabendo até onde devemos nos mover. A introdução da diversidade e do contexto significará a mudança da forma de entender o currículo escolar e a educação. E a formação tenta abandonar o conceito que estabelece que ela consiste na atualização científica, didática e psicopedagógica dos professores (normalmente, orientados de cima para baixo), e introduz os processos que ajudam a apresentar os saberes e as experiências que há na prática curricular.

A formação deve ajudar a recompor o equilíbrio entre os esquemas práticos predominantes quando se atua na instituição, na aula e nos esquemas teóricos que sustentam esse equilíbrio. Mais isso é difícil – e não tem sido fácil introduzir esse conceito de formação, já que ele parte do princípio de que os professores são construtores de conhecimento pedagógico de forma individual e coletiva, e a formação tem de facilitar os elementos para essa construção. Isso parte do protagonismo dos professores, de eles serem sujeitos de sua formação, e implica modificar os modelos e as metodologias de formação.

Modificar os modelos de formação não é uma tarefa simples, já que há muito tempo a formação vem sendo dominada por um pensamento simplificador, redutivista, disjuntor. Além disso, a ruptura que isso supõe é grande, tão grande que é muito difícil introduzir um novo conceito e processo de formação no trabalho com o currículo. Em primeiro lugar, isso ocorre porque os problemas relacionados à maneira de definir os objetivos têm caráter menor dentro desse enfoque globalizante (ainda que durante anos tenha sido dito o contrário). Já não funcionam os modelos individuais e os de treinamento para tudo (não negamos, contudo, que eles servem para algumas questões da formação), mas começam a aparecer os modelos de formação centrados no desenvolvimento e aperfeiçoamento do ensino (este modelo se manifesta quando os professores estão envolvidos em tarefas de desenvolvimento do currículo, elaboração de programas, ou em geral, de melhoria da escola, e tratam por meio de tudo isso de resolver problemas gerais ou específicos relacionados com o ensino). Posteriormente, surge um modelo indagador ou pesquisador (os professores identificam uma área de interesse, coletam informações e, baseando-se na interpretação desses dados, realizam as mudanças necessárias no ensinar). Os dois modelos começam a aparecer na formação, ainda que muito timidamente, e, nos últimos anos, vêm sendo difundidos.

Também contribuirá para essa mudança a reflexão sobre o conceito de cultura aplicado à cultura da formação. Os novos conceitos de cultura introduzidos há tempo por Bruner (1989), como a negociação de significados, e Feuerstein (1980), com o conceito de mediação da transmissão cultural como conhecimentos, valores e credos que pode provocar privação nos sujeitos, introduzem novos elementos de análise da cultura (cultura de relação[3]) e consideram que as práticas curriculares não podem se limitar à elaboração e transmissão acrítica dos conteúdos culturais, mas devem ter como meta a liberdade e a emancipação dos indivíduos e grupos sociais. Portanto, o currículo tem extrema importância nessa transmissão cultural, e sua análise e prática influirão na formação dos professores, já que estes, como transmissores culturais, estabelecem relações entre a cultura e os alunos.

Grundy (1991, p. 39) explica da seguinte maneira:

> Assim, um currículo emancipador tenderá à liberdade em uma série de níveis. Antes de tudo, no nível da consciência, os sujeitos que participam na experiência educacional chegarão a saber, teoricamente e ao final de sua própria existência, quando as proposições representam perspectivas deformadas do mundo (perspectivas que servem aos interesses da dominação) e quando representam regularidades invariantes da existência. No nível da prática, o currículo emancipador envolverá os participantes no encontro educacional, tanto o professor quanto o aluno, em uma ação que trate de mudar as estruturas nas quais é produzida a aprendizagem e que limitam a liberdade de maneiras frequentemente desconhecidas. Um currículo emancipador supõe uma relação recíproca entre autorreflexão e ação.

A partir de tudo isso, surgem novos elementos que irão sendo incorporados aos processos de formação: *negociação, contexto, coletivo, comunidade, rede, cultura* e *processo* e, portanto, uma formação que terá como objetivo trabalhar a organização do currículo mediante uma lógica distinta daquela do modelo de meios e fins, mas como enculturação e processo. Os processos de formação são repensados, já que não será (ou ao menos não deveria ser)[4] uma formação estritamente acadêmica e de noções, mas deve desenvolver uma cultura profissional que integre saberes, esquemas de ação, experiências, sujeitos, práticas, posturas, etc.; tentando estabelecer novas relações entre o conhecimento dos professores e a sua capacidade de desenvolver e investigar um currículo adequado ao contexto, para analisar as relações dos alunos com a cultura.

A FORMAÇÃO DOS PROFESSORES EM UMA CONCEPÇÃO CURRICULAR DE PROCESSO

Faz tempo que se questiona a formação dos professores quando ela pretende ser uma aplicação de "teorias científicas", ou mesmo de protocolos padronizados e fragmentados, para a resolução de problemas técnicos nesse ambiente controlado e uniformizante que se supõe que seja a sala de aula. A principal objeção a isso é que, desta forma, não é levada em conta a ambiguidade, a idiossincrasia, a diversidade, a complexidade, a incerteza e o indeterminado, fatores que aparecem constantemente na relação educacional. Além disso, se levamos em conta os elementos anteriores, a formação dos professores exige que demos mais importância às ações interpretativas, à reflexão com o conhecimento de causa[5], à experiência e aos esquemas procedimentais do que à normalização ou à vazia prescrição generalizante.

A formação é poliédrica. E o currículo não pode ser unicamente esse instrumento que ajuda os alunos a aprenderem mais (as matérias), mas deve permitir a seleção dos melhores meios no contexto, para desenvolver a aprendizagem. Elliott (1990, p. 212) o dirá com estas palavras: "Os professores não devem se limitar a consumir o currículo, mas devem intervir nele". A formação deve ser coadjuvante dessa intervenção, e não da mera reprodução.

Assim, o debate continua aberto, pois a formação dos professores não é uma atividade isolada e individual nem pode ser considerada uma parcela autônoma e independente do conhecimento e da pesquisa educacional; sua concepção está vinculada aos marcos teóricos e aos pressupostos que predominam no conhecimento social, educacional e cultural. Na formação, como em toda prática educacional e curricular, a base é uma determinada concepção da educação. Essa cosmogonia (paradigma, enfoque conceitual, cosmovisão, etc.) determina um conceito de formação dos professores que orientará a ação formativa posterior. Portanto, a revisão do conceito curricular abriu as portas para uma nova concepção da formação dos professores.

Se o currículo é uma hipótese comprovável na prática educativa, com um processo de pesquisa, seu desenvolvimento deve corresponder aos professores como membros de uma instituição que o desenvolve na prática e que lhes permite estudar os problemas práticos do ensino. Portanto, está necessariamente vinculado à formação dos professores, já que se centra no conhecimento e na compreensão dos elementos que intervêm, e a formação terá a finalidade de construção a partir de estruturas, conceitos e critérios.

Isso implica outra concepção: os docentes adquirem conhecimentos e estratégias através de sua participação no processo de desenvolvimento do currículo. Essa implicação supõe que os indivíduos estejam cientes das posições dos outros membros da instituição educacional, de suas vivências e experiências, e exige, além disso, saber como participar no grupo e analisar problemas. De qualquer maneira, é preciso considerar que a formação dos professores e o aperfeiçoamento da escola e do currículo são processos que devem andar juntos; eles são indissociáveis, tornam-se inseparáveis.

A formação começará a dar importância à maneira de estudar os problemas e efeitos da ação de ensinar, ao desenvolvimento de cada um (autoestima, autoconhecimento), o que conduz ao desenvolvimento pessoal dos professores mediante a reflexão individual e grupal, à troca de experiências e de práticas entre iguais, aos processos de pesquisa-ação e de pesquisa cooperativa, ao estabelecimento de comunidades de formação, à observação, à narração,[6] à conversação. Conversar, trocar experiências, trabalhar juntos, dialogar, cooperar, colaborar – tudo isso pressupõe um encontro com o outro e, portanto, é uma oportunidade para a exposição de pontos de vista, emoções, o vencimento de resistências às mudanças, o confronto de experiências ou ideias de luta contra a instabilidade pessoal e profissional que, às vezes, é institucional. É a oportunidade de encontrar no outro aquilo que ainda não foi encontrado na experiência própria. Também são resgatados do esquecimento modelos que vinham sendo geridos desde o princípio do século e que, quando aparecem em contextos problemáticos, de incertezas e mudanças, de currículos contextualizados, são os mais idôneos para a formação dos professores. No entanto, para tudo isso, será necessário também lutar contra muitas coisas e contra si próprio; será preciso estabelecer mecanismos de revisão e "desaprendizagem" para voltar a aprender um novo modo de ver o ensinar e a formação docente.

A FORMAÇÃO DOS PROFESSORES NA CONSTRUÇÃO DE PROJETOS DE INOVAÇÃO CURRICULAR

Historicamente, os processos formativos vêm sendo implementados para solucionar problemas genéricos, uniformes, padronizados. Tenta-se solucionar questões que, em tese, eram feitas por todos os professores e que deviam ser resolvidas mediante a fórmula genérica oferecida pelos especialistas no processo de formação dos professores. Esse procedimento tem gerado algumas modalidades de formação nas quais predominam uma grande desconsideração do contexto do ensino, dos ambientes reais dos professores, já que, para problemas de educação distintos, sugeria-se a mesma solução, também desconsiderando a situação geográfica, social e educacional concreta do professor ou da professora e quais foram as circunstâncias nas quais tal problema de educação se inseria. A formação sempre havia pressuposto um processo em dois momentos: em primeiro lugar, o recebimento da formação e, em segundo, a passagem à prática, para realizar um projeto de mudança no currículo. Hoje, esse processo deve ser invertido. Os professores trabalham em conjunto em um processo de inovação curricular e, para isso, recebem a formação que for necessária. Eles se apropriam do processo mediante a interação e a colaboração.

Quando os professores querem resolver problemas gerais ou específicos relacionados com o ensinar, envolvem-se com tarefas e com o desenvolvimento curricular, com a elaboração de programas ou, em geral, com a melhoria da escola. Os professores adquirem conhecimentos e estratégias por meio de sua participação no aumento da qualidade da escola ou no processo de desenvolvimento do currículo, o que implica que estejam conscientes das posições dos demais membros da escola. No entanto, aqui acredito que, para intervir no currículo, os professores precisam adquirir conhecimentos ou estratégias específicas (p. ex., em novas metodologias, na avaliação alternativa, em processos interativos, em processos de reflexão, etc.). Esses conhecimentos podem ser obtidos mediante leituras, práticas, discussões, intercâmbios, observações, etc. Ninguém duvida que, quando surge a necessidade de conhecer algo concreto ou de resolver determinado problema, gera-se uma motivação intrínseca importante para a formação, e esta, então, parte do fato de que o professorado aprende quando se orienta pela necessidade de dar resposta a determinadas situações problemáticas. Vai sendo criado um saber profissional que lhe confere uma nova experiência prática.

O professor é o agente mais próximo do currículo. Para ele ou ela, o currículo é seu instrumento de trabalho e, claro, é quem tem a melhor compreensão do que é necessário para melhorá-lo. Se os professores recebem essa oportunidade, são capazes de desenvolver propostas que melhoram as escolas e o ensino; se ela for negada, o ensino cairá na reprodução, transmissão e rotina.

Nesse ponto, a formação oferece aos professores a capacidade de abordar os problemas curriculares e refletir sobre eles. O desenvolvimento do currículo não somente exige o conhecimento de seus conteúdos, mas também que se adquiram estratégias de ação. Isso pressupõe que a formação relacionada com o currículo implica o desenvolvimento da capacidade de pensamento abstrato por parte de cada um dos membros do grupo. Como resultado desse processo de envolvimento da instituição de educação, os professores podem vir a desenvolver novos currículos escolares, refletir, agir e mudar as formas de relação (com as famílias, a comunidade, seus colegas de trabalho, os alunos, etc.).

O processo de formação dos professores está centrado no aperfeiçoamento do currículo escolar (uma diferença com os processos de pesquisa é que esses podem ir além das questões curriculares), com o objetivo final de realizar um projeto de inovação curricular na instituição de educação.

Para isso, é necessário compartilhar as coisas que "preocupam", assumir a situação coletivamente, negociar com todos e buscar o sentido da formação necessária. É preciso se perguntar: Esta é a melhor maneira de fazer as coisas? Deveríamos fazer de outro modo algumas coisas importantes? Deveríamos modificar nossos objetivos e nossas estratégias para alcançar tais objetivos? Como podemos fazer isso juntos?

A ação leva à revisão das informações existentes sobre o tema que se deseja abordar.

O processo em si próprio se torna formativo, já que a mudança é realizada de dentro para fora, o que é altamente motivador para todos. Ao longo do processo, podem surgir diversos processos de formação.

São muitas as experiências de formação nas quais os professores têm se envolvido em projetos de desenvolvimento do currículo, mas há poucas pesquisas sobre o impacto de suas experiências ou sobre o aperfeiçoamento profissional que esse processo têm significado. As pesquisas que têm sido realizadas tendem a valorizar os impactos da tal implicação em referência não tanto ao desenvolvimento profissional, e sim em relação à satisfação com o trabalho, os custos ou o envolvimento do corpo docente, que evidentemente são questões significativas.

Contudo, ainda que sejam exíguas as avaliações e as pesquisas sobre o impacto que esse processo de formação tem no conhecimento e nas estratégias dos professores, de qualquer maneira posso afirmar que:

- É importante um acordo inicial, um compartilhamento, para dar continuidade ao processo de formação por parte da instituição de educação e para a obtenção de recursos para a implantação desse processo.
- É preciso realizar uma formação que ajude a pensar e repensar o que está sendo feito.
- Os professores devem ter tempo para se reunir, refletir e desenvolver o projeto.
- O projeto deve ter uma direção que oriente e conduza o processo, para que as decisões significativas sejam tomadas por todos os professores participantes.
- Os professores precisam se sentir apoiados.

Será necessário, portanto, criar estruturas que favoreçam e valorizem os esforços dos professores e da instituição de educação.

UM PASSO ALÉM: O MODELO DE FORMAÇÃO POR MEIO DO QUESTIONAMENTO – O DOCENTE COMO INVESTIGADOR OU O DIREITO DE EXPERIMENTAR E GERAR CONHECIMENTOS PEDAGÓGICOS

Um passo além, na linha marcada nas etapas descritas, é a formação baseada na pesquisa do currículo, o que costuma ser chamado de professorado pesquisador. A pesquisa é um potente procedimento para a formação dos professores, graças à ação cooperativa ou colaborativa envolvida e ao trabalho em equipe, mediante o qual os professores analisam, propõem e avaliam suas situações problemáticas e tomam decisões para melhorar, analisar ou questionar a prática de ensinar.

Na atualidade, a pesquisa com os professores se mostra como um dos processos mais relevantes na sua formação. Sob essa perspectiva, o interesse pelos processos de pesquisa e inovação destaca, entre outras coisas e por diversos motivos: a possibilidade de se refletir sobre o que se faz; a união da formação a um projeto de mudança; a execução de uma formação de dentro para fora (da instituição de educação); um processo orientado para as decisões colaborativas, já que surge a necessidade de estabelecer pontes de comunicação entre os colegas (intercâmbios); o interesse pelo desenvolvimento democrático do currículo; a aproximação entre a teoria e a prática, etc. É importante destacar que, na pesquisa com os professores, pretende-se que estes passem de conhecedores e donos da razão instrumental do currículo (o que os faria transformadores de objetos) a pessoas capazes de desenvolver uma nova linguagem e novas propostas de ação.

Os professores são formados e se (auto) desenvolvem quando adquirem um conhecimento mais profundo da situação complexa na qual a sua ação de ensinar se insere. Por isso, eles devem aprender a encontrar o equilíbrio entre a teoria e a prática, o saber e a experiência, a reflexão, a ação e o pensamento, tanto para seu desenvolvimento pessoal quanto profissional. Tudo isso implica que essa pesquisa na formação dos professores seja assumida como um compromisso político – e não técnico ou mesmo apenas de aperfeiçoamento profissional.

A pesquisa com os professores oferece a possibilidade de comprometer e transformar o conhecimento que os professores-pesquisadores têm a respeito de si próprios, levando-os a reconstruir e transformar sua prática cotidiana e, além disso, a teorizar e revisar continuamente seus processos educacionais. Ela possibilita, dentro do marco de uma prática de colaboração, o desenvolvimento dos professores, que eles aprendam novas habilidades, métodos e potencialidades analíticas e que se motivem e aprofundem em sua consciência profissional, assumindo alternativas adicionais de inovação e comunicação.

A formação presumirá que a prática se modifica, alternando não somente os professores, como também os contextos que incluem a educação e a maneira de compreendê-la. A formação não dirige a ação mediante prescrições provenientes da teoria, mas pretende esclarecer o contexto, para que os agentes da prática sejam aqueles que autorregularão seus conhecimentos e suas experiências educacionais.

Pesquisar o currículo significa crer na capacidade dos professores para formular questões válidas sobre sua própria prática, gerar conhecimentos durante sua própria ação e estabelecer objetivos que tratem de responder a tais questões; ou seja, a capacidade de gerar conhecimentos pedagógicos com base em seus conhecimentos e suas experiências. Na formação dos professores, que tem como eixo a pesquisa do currículo, os docentes identificam uma situação problemática[7] e coletam informações sobre ela, interpretam os dados e realizam as mudanças necessárias no ensino.

Parte-se de três elementos essenciais que fundamentam essa concepção:

- Os professores são inteligentes e podem fazer uma pesquisa de forma competente e baseada em sua experiência.
- Os professores tendem a buscar dados para responder a questões relevantes e refletir sobre esses dados, para obter respostas aos problemas do ensino.
- Os professores desenvolvem novas formas de compreensão quando podem contribuir para formular suas próprias perguntas e coletar seus próprios dados para dar-lhes resposta.

Isso significa que os docentes reconstroem e transformam sua prática cotidiana, e essa concepção também lhes ajuda a teorizar e revisar continuamente seus processos educacionais. Aqui, a formação dos professores permite preencher o vazio existente entre a pesquisa e a prática, além de permitir a eles a possibilidade de desenvolverem a capacidade de tomada de decisão (PERRENOUD, 2004) e se desenvolverem como profissionais independentes. Também é importante recordar que o desenvolvimento da autonomia[8] (individual e grupal) será uma das principais funções da formação dos professores.

Essa formação contribui para a mudança do conhecimento dos professores, do modo de pensar o currículo, aprimorando as formas de relação, colaboração, comunicação e tomada de decisão grupal (aprender da perspectiva do outro). Quando se realiza um processo de análise curricular, os professores vão além do imediato, do individual e do concreto, e essa postura os leva a compartilhar evidências e informações e a buscar soluções.

A formação dos professores na análise da complexidade[9] educacional exige, necessariamente, dar a palavra aos protagonistas da ação, responsabilizá-los pela sua própria formação e desenvolvimento na instituição educativa, mediante a realização de projetos de mudança. A formação baseada na pesquisa do currículo permite o enfrentamento dos problemas importantes das instituições educativas mediante a colaboração entre todos, e com isso aumentam as expectativas que favorecem os estudantes; ou seja, seu potencial está no fato de permitir aos professores a reflexão pessoal e com seus colegas sobre as situações problemáticas que lhes dizem respeito.

O CURRÍCULO COLETIVO E A FORMAÇÃO COLETIVA DENTRO DO TRABALHO OU DA PRÁTICA

Transformar, adaptar, modificar, revisar, refletir o currículo são palavras vazias se não exigirem o trabalho de todos, a colaboração entre os colegas, o intercâmbio entre iguais, a criação entre as instituições educativas de comunidades formadoras da prática. Para isso, é necessário romper o isolamento que impõe tantas limitações, faltas de comunicação, e, inclusive, em determinadas ocasiões, a sensação de fracasso profissional (FULLAN; HARGREAVES, 1996, falam de incompetência ignorada). Instaurar processos de reflexão coletiva na formação dos professores é fundamental para o aperfeiçoamento da profissão e da educação.

Stenhouse (1984, p. 222) dizia que

> o poder de um professor isolado é limitado. Sem seus esforços, jamais se conseguirá o aprimoramento das escolas; mas os trabalhos individuais são ineficazes se não estiverem coordenados e não receberem nenhum apoio. A unidade primária de coordenação e apoio é a escola.

E ele tinha toda a razão. Portanto, a abordagem que defendo não é uma formação centrada unicamente nas tarefas curriculares da aula nem considera os professores aplicadores miméticos de tarefas curriculares elaboradas por outros (às vezes, no formato de livros didáticos), alijados do contexto onde se dá a prática, mas uma formação orientada para um profissional reflexivo e (auto)crítico que desenvolve capacidades de processamento da informação, análise e reflexão sobre seu trabalho, que analisa processos e formula projetos, tanto de trabalho como sociais e educacionais, em seu contexto e com seus colegas.

A questão é reduzir os cursos (ou seu formato com denominações diversas) nas quais a metodologia de trabalho está mais orientada para práticas de formação individuais (o que não significa que sejam úteis na formação, sobretudo para o desenvolvimento do estado da questão) em benefício de uma formação de caráter coletivo, de desenvolvimento e melhoria do currículo e que ponha em prática processos de reflexão e questionamento dentro das instituições educativas. Esse novo enfoque parte de uma visão da instituição educacional como uma comunidade formadora de prática onde é preciso tratar as situações problemáticas e a inovação do currículo, o que pode ser denominado formação de dentro ou de aprender com os outros e a partir deles, ou seja, converter a instituição educativa em um lugar de formação dos professores e inovação curricular.[10]

Chang e Simpson (1997) explicam este enfoque da seguinte maneira:

- Aprender DOS OUTROS (cursos): implica a presença de um formador especialista em um âmbito de conhecimento disciplinar, o qual determina o conteúdo, bem como o plano de atividades. Ainda que a formação se oriente de forma homogênea para o grupo, a aprendizagem é entendida como um processo individual.[11]
- Aprender SOZINHO (autoformação): qualquer profissional é um indivíduo capaz de iniciar e dirigir por si próprio um processo de aprendizagem. Trata-se de uma formação aberta e não planejada, na qual a experiência serve como argumento para a aprendizagem e na qual a reflexão desempenha um importante papel.[12]
- Aprender COM OS OUTROS: em muitas ocasiões, aprendemos com outros realizando tarefas em grupo. A aprendizagem colaborativa compreende os processos de formação destinados ao grupo; o que identifica essa modalidade formativa é o caráter compartilhado das metas de aprendizagem. Isso não apenas significa que as atividades de aprendizagem sejam realizadas com outros companheiros presentes fisicamente, mas que as metas e os resultados da aprendizagem também sejam de caráter grupal.[13]

Trabalhar de dentro na instituição educativa, mediante um sistema de elaboração de projetos de inovação curricular ou de questionamento, é um processo de formação que capacita os professores em conhecimentos, habilidades e posturas para o desenvolvimento de profissionais mais reflexivos, inquietos, críticos, pesquisadores... capazes de analisar o que ocorre dentro e fora da instituição, que trabalham em grupo para o aperfeiçoamento pessoal e coletivo que lhes permite desenvolver instrumentos intelectuais que promovem as capacidades de reflexão sobre a própria prática docente, e cuja meta principal é aprender a interpretar, compreender e refletir sobre o ensino e a realidade social. Isto os torna elementos transformadores.

Portanto, é necessário que a formação fomente a participação ativa e crítica a partir de seu próprio contexto e dentro dele, em um processo dinâmico e flexível, onde primam a autonomia e a decisão coletiva. Sem a participação dos professores, qualquer processo de inovação pode se converter em uma ficção ou miragem, que, inclusive, pode chegar a refletir processos imaginários ou mesmo simplesmente uma mera mudança técnica ou terminológica, promovida de cima para baixo.

Essa formação dos professores deveria promover:

- A reflexão prático-teórica sobre a própria prática, mediante a análise da realidade, a compreensão, a interpretação e a intervenção sobre esta.
- A troca de experiências entre iguais e com a comunidade, para possibilitar a atualização em todos os campos de intervenção educacional e o aumento da comunicação entre os professores.
- A união da formação a um projeto de trabalho na instituição educacional.
- A formação como uma reação crítica a práticas de trabalho marcadas pela hierarquia, o sexismo, a proletarização, o individualismo, etc.; e a práticas sociais como a exclusão, a segregação, a intolerância, etc.

É necessário um desenvolvimento pessoal, profissional e institucional dos professores, otimizando um trabalho colaborativo que possa transformar a prática. A colaboração é necessária para analisar em profundidade todos os elementos curriculares (estáticos e dinâmicos), e a formação deve potencializar esse processo de consciência colaborativa. Trabalhar sozinho provoca o isolamento, a falta de comunicação, os processos rotineiros e o desânimo. A formação deve possibilitar a passagem da experiência de inovação (isolada e celular) que cada um põe em prática em sua aula para a inovação curricular institucional, que repercute em todo o grupo.

Em resumo, a formação dos professores baseada em situações problemáticas centradas nos problemas práticos responde às necessidades definidas pela instituição educativa. A escola se converte no lugar de formação prioritário mediante projetos, superando outras modalidades formadoras de treinamento. Ela passa a ser a unidade básica de mudança, desenvolvimento e melhoria. Não existe o mesmo valor entre a instituição educativa que produz determinada inovação curricular e aquela instituição que é sujeito e objeto da análise constante com base no currículo e na formação.

FAZENDO UMA SÍNTESE: ALGUMAS NECESSIDADES NA FORMAÇÃO DOS PROFESSORES PARA O APRIMORAMENTO DO CURRÍCULO

Ao longo das últimas décadas, as pesquisas e as práticas de formação têm evidenciado que a formação não é um processo técnico igual para todos, mas que está cheio de incertezas, complexidades, diversidades e processos não lineares. Também se trata de um processo lento, no qual os docentes devem interiorizar e vivenciar as práticas inovadoras, o que não é nada fácil. Para alcançar este objetivo, seria preciso levar em conta uma série de princípios que a teoria, a prática e as experiências da formação têm nos revelado:

- A formação dos professores requer tempo. A formação implica, sobretudo, uma mudança cultural, e as mudanças culturais são lentas.
- A formação permanente dos professores exige um clima de colaboração, uma apropriação coletiva. A formação individual deve vir acompanhada do desenvolvimento coletivo da instituição eudcativa mediante o trabalho colaborativo. Isso inclui uma mudança no tipo de formação individual e coletiva dos professores. A metodologia de trabalho e o clima afetivo, emocional, devem ser pilares do trabalho colaborativo. Esse clima e essa metodologia precisam colocar os professores em situações de identificação, participação, aceitação de críticas, discordância, suscitando a criatividade e a capacidade de mudar as respostas. Também é preciso ter a capacidade de respeitar as diferenças, ter tolerância profissional e saber elaborar itinerários diferenciados com ferramentas distintas, com caráter aberto e gerador de dinamismo e diversas situações. Essa formação supõe uma orientação a um processo de reflexão baseado na participação (mediante o estudo de caso, debates, leituras, trabalhos em grupo, incidentes críticos, situações problemáticas, etc.) e exige um posicionamento crítico da formação profissional, uma análise da prática profissional da perspectiva dos pressupostos ideológicos e de ação que a sustentam. Isso significa que a formação será mais adequada se, em vez de ver os professores como submissos ou dependentes da norma, for lhes atribuída uma autonomia profissional compartilhada com seus colegas. Isso também não se consegue tanto do ponto de vista da atualização, mas da possibilidade de aprender em espaços de participação, reflexão e formação. A formação deve enfatizar a aprendizagem dos professores, e não tanto seu ensino. Assim, a formação é produzida no contexto de trabalho.

Portanto, a formação adota um conhecimento que permite criar processos próprios de intervenção, em vez de oferecer uma instrumentalização já elaborada; para isso, será necessário que o conhecimento seja submetido à crítica em função de seu valor prático, do grau de conformidade com a realidade e analisando os pressupostos ideológicos nos quais ele se baseia.

Um processo possível seria o seguinte:

- Partir dos projetos das instituições educativas, para que os professores decidam de que formação necessitam. A união da formação com um projeto de inovação e mudança curricular será imprescindível.
- Pensar e repensar o currículo significa uma reflexão prático-teórica sobre a própria prática, mediante a análise da realidade educacional e social do território, bem com a compreensão, intepretação e intervenção sobre esta.
- Uma formação, não unicamente em noções ou disciplinas, mas também de conhecimento sobre si próprio, que inclua também a comunicação, a dinâmica de grupos, os processos de tomada de decisão coletiva. Esses elementos facilitam a inovação e a mudança.
- É preciso reivindicar a autonomia na formação, a capacidade de gerar conhecimentos pedagógicos, o direito a experimentar, etc. – todos esses aspectos são fundamentais para o desenvolvimento dos processos de formação profissional dos professores.
- Também será necessário estabelecer redes formais e informais de intercâmbio, criar comunidades de prática e redes ou associações de aprendizagem que potencializem a colaboração e cooperação entre os professores. Essas redes deverão ser flexíveis, para utilizar o conhecimento individual e coletivo e permitir a abordagem dos problemas do ensino e a superação das contradições constantes entre a teoria e a prática, analisando de forma flexível a obsolescência, a dinâmica do conhecimento e sua complexidade.

A melhoria da escola exige um processo sistêmico, o que supõe que as mudanças em uma parte do sistema afetam as demais partes. Portanto, a formação dos professores influencia e sofre influência do contexto no qual se dá, e essa influência condiciona os resultados que podem ser obtidos. A formação dos professores não pode se limitar ao fato de que eles sejam objetos de seus processos, mas que sua participação deve englobar tarefas de desenvolvimento curricular, de elaboração de programas e, em geral, de aperfeiçoamento da instituição de educação, em uma tentativa para resolver situações problemáticas gerais ou específicas relacionadas com o ensino no contexto da sociedade do conhecimento. É imprescindível superar a tentação de continuar fazendo o que sempre se fez, superar o acomodamento, a tendência a não ser criativo, o medo da inovação e, sobretudo, vencer o medo de desconhecer as possibilidades dos fenômenos emergentes. É preciso saber aprender com os erros, aproveitar a independência e a experiência singular que fazem a riqueza da vida cotidiana na classe e nas escolas e suas redes informais. Assim, é possível que consigamos mudar as práticas de educação e a realidade social. É possível outra formação dos professores.

NOTAS

1 Lawrence Stenhouse (1926–1982) é uma das principais personalidades da corrente surgida em torno da pesquisa e do desenvolvimento curricular da década de 1970. A teoria de Stenhouse deu um novo enfoque ao modo de elaborar, desenvolver e aplicar o currículo, tornando-o um elemento-chave tanto para a aprendizagem do aluno quanto para a formação dos professores. "Serão os professores que, sem dúvida, mudarão o mundo da escola, en-

tendendo-a". Stenhouse dirigiu o *Humanities Project*, dando prioridade ao currículo na realização de tarefas que os professores puderam utilizar e com elas aprender dentro das próprias salas de aula, surgindo o currículo pela pesquisa feita pelos professores.
2 Seria óbvio comentar todas as mudanças sociais, tecnológicas, educacionais, etc. que vêm ocorrendo de maneira vertiginosa ao longo das últimas décadas. Tais mudanças são consideradas implícitas no desenvolvimento deste capítulo.
3 A cultura como relação trata da construção de uma relação com o mundo, uma relação com os outros e uma relação consigo próprio. A relação começará a ter muita importância na formação.
4 Neste capítulo, não quis fazer uma análise histórica da formação nem uma análise crítica do que está sendo feito, mas uma reflexão sobre o que – no meu ponto de vista – deveria ser feito e o que deveria repercutir nas políticas, práticas e experiências de formação dos professores. Assim, no texto, considero evidentes algumas coisas que não coincidem com muitas políticas de formação.
5 A formação baseada na reflexão e na colaboração para a análise das situações problemáticas é o que mais ajuda os professores a pensar no ensino e na aprendizagem de seus alunos (INGVARSON; MEIER; BEBÁIS, 2005).
6 Narrar é compartilhar (alguém conta a outra pessoa sua experiência, compartilhando fragmentos da vida cotidiana), relatar aos outros o que foi aprendido, ou seja, viver a história de dentro.
7 Utiliza o termo "situação problemática" em vez de "problema", já que o primeiro atende mais à situação do contexto do que a questões genéricas. Partir, então, de situações problemáticas educativas advindas da análise do grupo (a formação sempre tentou "solucionar problemas genéricos", e não resolver situações problemáticas únicas, que são as vividas pelos professores).
8 A formação traz consigo um conceito de autonomia dentro das escolas, e a autonomia de cada um dos professores e professoras somente é compatível mediante sua vinculação a um projeto comum e a certos processos autônomos de formação, a um poder de intervenção curricular e organizativo, enfim, a certos compromissos que vão além do meramente técnico, para afetar os âmbitos pessoal, profissional e social.
9 Interpretando Morin (1999), poderia dizer que a complexidade na formação é uma nova visão epistemológica que trata de encontrar, dentro do aparente caos irracional, o autorregulado, dirigido a vencer a tentação da rotina, da simplificação e da superficialidade, do determinismo mecanicista e da inércia, da repetição acrítica dos mesmos esquemas mentais e práticos por força do costume ou devido a vícios profissionais dos quais os professores, muitas vezes, padecem. O paradigma da complexidade implica uma formação que se centre no processo e nas potencialidades internas do processo – e não no produto –, na mudança, no interno e em seu vínculo com o contexto, como as subjetividades onde quem desempenha um papel decisivo são os professores, não seus formadores. A complexidade possibilita a organização em redes, sobretudo as redes não estruturadas inicialmente e os processos emergentes, como a ruptura com estruturas estabelecidas.
10 Alguns autores abordam esse conceito quando falam de "Desenvolvimento Curricular Baseado na Escola (DCBE)".
11 Ao longo deste capítulo o denomino modelo de treinamento.
12 Ao longo deste capítulo o denomino modelo individual.
13 Ao longo deste capítulo o denomino modelo de desenvolvimento e melhoria do currículo e modelo imaginativo (os autores fazem dele a distinção entre os outros dois modelos).

REFERÊNCIAS

BOBBIT, F. *How to make a curriculum*. Boston: Houghton Mifflin, 1924.

BRUNER, J. *Acción, pensamiento y lenguaje*. Madrid: Alianza, 1989.

CHANG, E.; SIMPSON, D. The circle of learning: individual and group processes. *Educational Policy Analysis Archives*, v. 5, n. 7, 1997.

ELLIOTT, J. *Investigación-acción en educación*. Madrid: Morata, 1990.

FEUERSTEIN, R. *Instrumental enrichment*: an intervention program for cognitive modiafiability. Glenview: Foresman and Company, 1980.

FULLAN, N.; HARGREAVES, A. *What's worth figthing for in your school?* Buckingham: Open University, 1996.

GRUNDY, S. *Producto o praxis del currículum.* Madrid: Morata, 1991.

INGVARSON, L.; MEIERS, M.; BEAVIS, A. Factors affecting the impact of professional development programs on teachers' knowledge, practice, student outcomes and efficacy. *Educational Policy Analysis Archives*, v. 13, n. 10, 2005.

MORIN, E. *Los siete saberes necesarios a la educación del futuro.* Paris: [s.n], 1999.

PERRENOUD, P. H. *Diez nuevas competencias para enseñar.* Barcelona: Graó, 2004.

STENHOUSE, L. *La investigación como base de la enseñanza.* Madrid: Morata, 1984.

TABA, H. *Elaboración del currículum.* Buenos Aires: Troquel, 1974.

TANNER, D.; TANNER, L. *Curriculum development:* theory into practice. New York: McMillan, 1980.

TYLER, R. W. *Basic principles of curriculum and instruction.* Chicago: The University of Chicago Press, 1949.

29 As reformas e a inovação pedagógica: discursos e práticas

Jaume Carbonell Sebarroja
Diretor de *Cuadernos de Pedagogía*

Peter Holly assinala que nos últimos tempos houve três movimentos de reforma educacional. O primeiro supunha "fazer o mesmo, porém fazer mais"; o segundo, "fazer o mesmo, porém fazer melhor"; e o terceiro, "reestruturar e replanejar o sistema educacional". Na maioria dos casos, são seguidas as duas primeiras direções, afetando mais os aspectos quantitativos do que os qualitativos e muito mais a superfície do que a medula e o coração do sistema educacional. Com efeito, tanto nos países desenvolvidos quanto naqueles em via de desenvolvimento, os efeitos mais visíveis dos processos de reforma são percebidos na extensão do direito à educação, primeiramente até conseguir a cobertura total da educação básica e obrigatória e depois para estendê-la aos níveis superiores e inferiores.

ENTRE A RETÓRICA E A REALIDADE

O ditame da legalidade não se torna efetivo em muitos países, devido à falta de financiamento e às significativas taxas de abandono e absentismo escolares por razões socioeconômicas. Na América Latina, por exemplo, a generalização da educação obrigatória continua sendo uma quimera, e os governos sistematicamente descumprem seus objetivos fixados. O aumento da pobreza e das desigualdades sociais, apesar do crescimento econômico de algumas regiões, ainda condiciona o acesso ao ensino, a permanência dos alunos ao longo da escolaridade e a obtenção de resultados minimamente satisfatórios.

Uma das causas de tais carências é a hegemonia das políticas neoliberais de desmantelamento do Estado e aumento da privatização, inclusive dentro do setor público, com a tentativa de novos mecanismos de gestão e avaliação empresarial. Na Europa e nos países desenvolvidos – regiões que são o foco deste breve capítulo – a universalização da escolarização é alcançada nas décadas de 1960 e 1970, ainda que tenha atrasado em países como a Espanha, onde ocorreu apenas com o término da ditadura e o advento da democracia, nos anos de 1980.

A extensão da escolarização tem efeitos contraditórios. De um lado, há um avanço na democratização do saber e no aumento do capital cultural por parte da população e, como consequência, na igualdade de oportunidades em relação à educação. Por outro lado – e ao mesmo tempo –, a massificação dos alunos e dos professores, que convivem em escolas do século XIX alheias a qualquer transformação em sua organização e currículo, mostra as carências e disfunções que fazem disparar os alarmes nos organismos de educação nacionais e internacionais. Assim, a partir da década de 1970 e até hoje, continua-se fazendo referência à crise da educação, agravada pela celeridade das mudanças tecnológicas, sociais e culturais na chamada sociedade da informação e do conhecimento, que afligem a instituição escolar de maneira muito lenta e instável. Além disso, o abismo entre o saber escolar, governado pela rigidez do código disciplinar, fragmentado em elementos compartimentados e desconexos, e a realidade atual e os novos desafios do mundo do trabalho e da cultura é cada vez mais amplo e profundo. Todavia, sabe-se que os problemas, cada dia mais multidisciplinares, transversais e multidimensionais, exigem uma abordagem sistêmica e integrada.

São constatadas, portanto, as limitações e a incapacidade das reformas para conseguir que a expansão da educação corresponda à obtenção de resultados satisfatórios e para garantir o direito a uma boa educação e a uma aprendizagem sólida – e não a uma mera escolarização – para todas as crianças e adolescentes. Afinal, aos problemas de equidade – igualar alunos desiguais – e de qualidade, soma-se a atenção de alunos cada vez mais diversos em relação à sua procedência sociocultural e às suas faculdades e seus ritmos de aprendizagem, em sociedades marcadas pelo cosmopolitismo, pelo multiculturalismo e pela complexidade.

Isso explica por que, em todos os movimentos de reforma, existem duas palavras e conceitos-chave como a igualdade de oportunidades e a qualidade do ensino, a partir dos quais são estruturados todos os discursos, os programas de ensino, as mensagens, as leis, as recomendações e as intervenções que, às vezes, mostram-se na realidade e, outras vezes, ficam na mera retórica. Estas são palavras ambíguas, polissêmicas, com significados contraditórios, distintos conforme quem os usa e em qual contexto se encontram. A mesma ambiguidade e versatilidade estão presentes na noção de reforma, um conceito abrangente no qual cabe quase tudo: o aperfeiçoamento, a manutenção da ordem estabelecida, a mera modernização, a mudança maquiada, o envolvimento e a bruma do discurso retórico. A reforma expressa visões gerais ou particulares e compromissos com a educação (valores que são priorizados, a regulação dos ensinos público e privado, a gestão do ensino, os modelos de inclusão e exclusão escolar, etc.), interesses, relações de poder e alianças entre partidos políticos, agentes educacionais e *lobbies* educativos que agem como verdadeiros poderes de fato: a Conferência Episcopal e seus satélites Neocom, os altos funcionários do Poder Executivo e das Inspetorias de Educação, as Associações de Diretores e Professores Universitários, os sindicatos de professores corporativos, os comentaristas da mídia, etc.

A terceira onda de reformas, à qual Holly aludiu no início deste capítulo, é a que quase sempre fica pendente: a da reestruturação do sistema educacional, porque "os reformadores costumam carecer, em geral, de perspectiva histórica. Padecem de um mal conhecido como adanismo, presentismo ou a-historicismo. Acreditam que partem do zero, não aprenderam com o que aconteceu com as reformas anteriores e agem como se não existisse isso que se passou a chamar de as culturas escolares ou de gramática da escola: esse conjunto de tradições – ideias, mentalidades, práticas – sedimentadas no tempo, não questionadas, em parte produto do saber empírico dos professores, mas também do jogo de forças internas que são geradas nos sistemas de educação" (VIÑAO, 2005).

Muitas reformas, de fato, permanecem na periferia da inovação, entendida esta como um conjunto mais ou menos articulado de ideias, processos e estratégias que provocam mudanças nas práticas educativas vigentes. Essas iniciativas de reforma afetam somente a fachada: materiais curriculares mais modernos e sofisticados, listas de objetivos e competências concebidas sob a ótica tecnocrática, a supressão ou a introdução de novos conteúdos, as saídas a campo concebidas como um apêndice anedótico à margem do currículo e mediante uma abordagem transmissiva tradicional, o uso de técnicas e a realização de atividades teoricamente renovadoras, mas desprovidas de qualquer finalidade educativa e totalmente descontextualizadas, que acabam perdendo vigor e se convertendo em um puro e inútil ativismo... Assim, ao contrário, elas não questionam em absoluto a cultura escolar, propondo outro tipo de conhecimentos mais relevantes, não alteram a vida cotidiana nas aulas, com um maior protagonismo e uma maior transferência de poderes aos alunos e professores, não transformam os processos de ensino e aprendizagem, não contribuem para construir comunidades escolares inclusivas e participativas.

POR QUE AS REFORMAS FRACASSAM?

Em meu livro *Una educación para mañana* (CARBONELL, 2008, p. 101-106), assinalo sete fatores que dificultam o sucesso das reformas: estes são os obstáculos nos quais os sistemas de educação quase sempre tropeçam. Os fatores são os seguintes:

a. A ausência de um diagnóstico real e profundo da realidade educacional que responda aos novos elementos que configuram a realidade macroeducativa e microescolar, ao grau de aplicação dessas reformas, ao impacto das medidas mais emblemáticas, às cumplicidades e resistências geradas entre os professores e os outros agentes da educação, aos necessários processos de acompanhamento e avaliação para determinar que aspectos devem ser corrigidos e quais outros não devem ser tocados. Ainda assim, às vezes, por uma daquelas ironias da história, o maior sucesso precisa ser buscado no fracasso de certas reformas.

b. O financiamento nulo ou insuficiente, com políticas de ajuste e cortes de orçamento, sobretudo – mas não somente – em épocas de crise e de vacas magras. É sabido que as grandes reformas espanholas – e a maioria das latino-americanas – fracassaram na hora de conseguir a gratuidade do ensino, uma maior igualdade de oportunidades ou a melhoria da qualidade dos processos de ensinar.

c. A falta de consenso ou de um pacto educacional em torno das grandes questões educacionais que as reformas contemplam a fim de garantir uma estabilidade mínima ao sistema educacional e evitar que qualquer mudança de governo suponha uma nova reforma. A falta de pacto se dá em diferentes planos: entre os partidos políticos, entre os diversos setores da comunidade da educação, entre os diversos atores sociais e entre os poderes públicos centralizados e descentralizados. Diversos organismos recomendam que as reformas, com seus necessários ajustes conjunturais, tenham uma vigência de 20 ou 25 anos. O caso da Finlândia é paradigmático a esse respeito: leva um quarto de século com a mesma reforma e, a julgar pelo Relatório PISA e outras avaliações internacionais, é um dos sistemas de educação mais bem-sucedidos.

d. A formação inicial e continuada dos professores, para a qual é preciso uma seleção mais exigente dos candidatos e uma oferta mais sólida a respeito dos conteúdos culturais e profissionais – e não meramente didático-metodológicos –, bem como uma maior relação com a prática. Ela pressupõe, além disso, uma nova cultura docente mais colaborativa, mais aberta às ideias inovadoras e mais comprometida com a mais ampla diversidade de alunos e alunas, bem como com a comunidade educacional e seu meio social.

e. Os problemas de aplicação e implementação de medidas coerentes com as orientações gerais, e que, no dia a dia, consiga-se envolver os professores e aprimorar a educação.

f. A existência de programas uniformes para realidades diversas, que são exportados a outros países, seguindo as recomendações de especialistas, ignorando a voz dos professores e o contexto socioeducativo. Ou então os programas que são aplicados de forma homogênea no interior de um país, sem atender às singularidades específicas de cada lugar.

g. A solidão das reformas educacionais que, na prática, circunscrevem-se a reformas meramente escolares, que não respeitam a variedade, a riqueza e a influência de outros contextos de aprendizagem e socialização cada vez mais influentes e que, por outro lado, não se articulam com outras políticas culturais e sociais públicas: a única maneira de oferecer uma resposta global aos problemas escolares e educativos relacionados com a distribuição sólida e equitativa do conhecimento e a coesão social, mediante a corresponsabilidade de todos os agentes da comunidade.

Existem outras razões que levam ao fracasso das reformas da educação. Uma delas se relaciona com o processo de elaboração e execução de cima para baixo, prescindindo da participação e do envolvimento dos professores e, como consequência, gera reações de oposição, rejeição, desconhecimento, desilusão e indiferença. Isso faz parte de outra retórica: tudo se faz em nome dos docentes, mas sem eles. Outra razão tem a ver com os tempos e ritmos de gestação e aplicação das reformas: as reformas perdem gás e minguam com o passar do tempo, alguns de seus objetivos iniciais se desvirtuam e, aos poucos, perdem-se os hipotéticos entusiasmos e as cumplicidades iniciais. Basta ver o conteúdo dos esboços e documentos iniciais, o desenvolvimento das leis e dos decretos resultantes: seja qual for a filosofia e a orientação da reforma, aos poucos perde-se o impulso inicial e se observa uma deterioração progressiva. Assim ocorreu com a Lei Geral da Educação espanhola de 1970, após a elaboração do Livro Branco – um dos diagnósticos mais críticos e ambiciosos sobre a educação nesse país – e o descumprimento posterior e sistemático dos princípios de obrigatoriedade e gratuidade da educação, entre muitos outros aspectos. O mesmo ocorreu com a Lei de Ordenamento Geral do Sistema Educacional Espanhol (LOGSE) de 1990.

Uma terceira razão se relaciona com o divórcio entre a legalidade e a realidade: as reformas e as macropolíticas vão por um caminho, e a realidade das escolas e salas de aula vai por outro: são dois mundos desconectados que funcionam com total autonomia. Prova disso é que, com reformas socialmente segregadoras e pedagogias tradicionais, têm sido desenvolvidas experiências inovadoras progressistas e alternativas de grande interesse. Já as escolas, com modelos abrangentes, têm estabelecido itinerários hipócritas e agrupamentos de caráter segregador. Por outro lado, boa parte do que sancionam as leis, devido ao excesso de regulamentação e regulação burocrática, apenas se torna visível nas escolas, sobretudo no que concerne ao campo da inovação educacional. Por isso, diz-se que com frequência não são as reformas que mudam as escolas, mas as escolas que mudam as reformas.

Um último aspecto alude à ausência de políticas educativas globais que respondam a todos os fatores que interferem na escola e que, de modo direto ou indireto, repercutem no processo educativo das crianças e adolescentes. Existem atuações mais ou menos felizes, mas não políticas que as integrem de forma coerente a um projeto comum, instalando-se uma complexa trama de vãos incomunicantes ou de muros entre a legalidade e a realidade, entre o sistema universitário e o não universitário, entre as culturas profissionais dos diferentes níveis de educação, entre os discursos pedagógicos e os materiais curriculares, entre o ensino e a aprendizagem, entre as exigências feitas aos professores e sua frágil formação continuada, entre as diferentes disciplinas e áreas de conhecimento, entre a realidade escolar e a social, entre o que se aprende dentro e fora da escola, entre algumas propostas curriculares e a rigidez dos tempos e espaços, entre a autonomia docente e o controle democrático e, enfim, entre os diversos departamentos da administração da educação que, devido às complexas relações de poder e às diversas sensibilidades, atuam como reinos isolados.

ALGUNS MARCOS SIGNIFICATIVOS DAS REFORMAS MAIS RECENTES NA ESPANHA E EM OUTROS PAÍSES

Por trás de cada reforma, de maneira mais ou menos explícita, existem, ao menos, estes quatro modelos: social, escolar, de gestão e pedagógico. Esses modelos são química ou ideologicamente puros ou com algumas hibridizações e contradições, à medida que, nos dias de hoje, a linha divisória traçada por Norberto Bobbio e outros cientistas políticos entre a direita e a esquerda vem se diluindo, sobretudo por parte desta última, devido ao seu difícil encaixe nos novos cenários socioeconômicos ou às suas próprias debilidades e renúncias ideológicas. É evidente, por exemplo, que a social-democracia continua usando a defesa da igualdade como um de seus traços específicos irrenunciáveis, mas, além disso, ao contrário de outrora, essas propostas também convivem com políticas neoliberais. O desenvolvimento da LOGSE, de algumas reformas autônomas como a Lei Catalã da Educação (LEC) ou de alguns países da América Latina que seguiram o modelo da LOGSE são alguns exemplos que mereceriam um estudo mais cuidadoso. Vejamos, de maneira mais detalhada, cada um destes quatro modelos:

O modelo social

A questão essencial que se coloca é se educamos para a exclusão ou para a inclusão, com todas suas implicações relativas à igualdade de oportunidades, à equidade, à coesão e à justiça social. A escola por si só não tem como conseguir a igualação de alunos desiguais em função de sua procedência social, mas pode, de fato, ativar políticas e medidas de compensação escolar, de discriminação positiva, de reforço e atenção à diversidade, tratando de aliviar alguns déficits de origem dos alunos socialmente desfavorecidos. Este tem sido, como dizíamos anteriormente, um dos eixos prioritários das políticas educacionais promovidas pelas forças progressistas de esquerda.

Outro traço singular é a aposta no modelo de educação abrangente, testado com sucesso nas décadas de 1960 e 1970 em países nórdicos e anglo-saxões, como a Suécia e a Grã-Bretanha e, posteriormente, aplicado na reforma espanhola da LOGSE – promovida pelo Partido Socialista Trabalhista Espanhol (PSOE) e apoiada por outras forças de esquerda e centro-direita, com a oposição frontal do PP (Partido Popular), o principal partido de oposição da época, de caráter muito conservador –, mediante um currículo comum para todos os alunos, sem separações e agrupamentos por níveis de rendimento, até o término da escolaridade obrigatória, fixada nos 16 anos. Já as reformas conservadoras apostam em modelos de segregação escolar que classificam e selecionam os alunos socialmente desfavorecidos e com mais dificuldades escolares, mediante itinerários, agrupamentos e outras vias paralelas de escolarização durante a escolaridade básica, a partir dos 10 ou 14 anos, conforme cada caso.

O projeto da escola inclusiva e abrangente se baseia na confiança de que educar alunos diversos é benéfico e possível, já que pode modificar as expectativas iniciais dos alunos e resultar em determinado grau de mobilidade social. As experiências das escolas aceleradas, das comunidades de aprendizagem ou das redes de escolas democráticas ressaltam os progressos educativos alcançados nesse sentido.

O modelo escolar

A questão que se coloca neste caso é o lugar do Estado e do mercado na regulação e no controle da escolarização, e, portanto, o peso e a defesa do público frente à escola privada e aos processos de privatização. Mais Estado ou mais mercado? Nas reformas educacionais progressistas, os poderes públicos – seja através de uma administração centralizada ou através de instâncias territoriais descentralizadas – têm assumido um protagonismo especial na hora de estender o direito à educação obrigatória e gratuita a toda a população, algumas vezes, priorizando os investimentos na rede pública, outras, atendendo tanto a rede pública como a privada, mediante subsídios a esta última ou uma série de concessões que, na prática, convertem todo o serviço público do ensino em um serviço genérico e confuso, com as portas abertas a diversos processos e mecanismos de privatização: desde a educação infantil à universidade.

Por outro lado, as políticas neoliberais dos neoconservadores, seguindo o discurso de Hayek – um de seus principais idealizadores –, que se cristalizaram nas reformas educacionais dos Estados Unidos e da Grã-Bretanha nos governos de Reagan e Thatcher na década de 1980 e que influenciaram outros projetos reformistas, tanto nos países do Hemisfério Norte como do Sul, são partidárias da redução do serviço e do gasto público na educação, visando reduzir a função e responsabilidade do Estado e substituí-lo pelas leis da oferta e da demanda do mercado. Privatização, desregulação, flexibilidade, gestão empresarial e liberdade de escolha da escola são seus lemas mais proclamados. Seus efeitos são bem conhecidos: restrição ao acesso e/ou expulsão dos alunos socialmente desfavorecidos, mediante processos rudimentares ou sofisticados de seleção e segregação escolar. Na Espanha, o Partido Popular, sobretudo por meio de seu laboratório de ideias FAES (Fundación para el Análisis y los Estudios Sociales), introduziu alguns desses postulados neoliberais na Lei Orgânica do Direito à Educação (LODE) e nas políticas educativas de algumas Comunidades Autônomas que governa.

Os neoconservadores – nos Estados Unidos, na Grã-Bretanha, na Espanha ou em outros países –, não obstante, defendem um Estado forte que vele pelo controle da segurança, o aumento do gasto militar e o desenvolvimento da indústria armamentista e pela preservação dos valores mais tradicionais e reacionários: família patriarcal, religião em sua versão mais fundamentalista, oposição à homossexualidade e ao aborto, etc. Na Espanha, as pressões e campanhas para manter o caráter confessional do Estado, apesar da aconfessionalidade constitucional e da religião na escola e da recusa à disciplina Educação para a Cidadania, são uma amostra muito eloquente. A história tem demonstrado várias vezes que a defesa de um Estado fraco e que retira direitos sociais é perfeitamente compatível e coerente com a tutela de um Estado forte para garantir o controle ideológico e moral da cidadania.

O modelo de gestão

Seguindo o mesmo esquema de análise das reformas promovidas pela direita ou pela esquerda – ou por neoconservadores e progressistas –, a tendência geral é que as primeiras enfatizem a criação de órgãos e estruturas de organização verticais e muito hierárquicas, com cargos e responsabilidades pessoais e lideranças individualizadas, com uma forte tendência autoritária e pouca ou nenhuma participação por parte dos professores e de outros agentes da comunidade escolar. Em contraste, as reformas progressistas regulam ou ao menos deixam certa margem para a existência de estruturas mais horizontais, flexíveis e democráticas, com as quais é possível formar equipes de direção e outros tipos de órgãos mais colaborativos, assim como permitem os mecanismos de consulta, participação e decisão. É preciso recordar, não obstante, que, em muitos casos, a participação é mais formal que real e que vários desses órgãos de participação têm perdido seu potencial democrático devido a causas muito diversas: a confusão ou ineficácia de suas funções, a regulação por decreto de um modelo uniforme, a falta de implicação dos diversos agentes educacionais, o corporativismo docente, etc.

Por outro lado, o modelo de gestão empresarial – uma das características básicas do discurso neoliberal – vai penetrando com força em diferentes instâncias do sistema educacional: dos órgãos do Poder Executivo às escolas. A idealização sobre as virtudes do rigor e a eficiência no mundo empresarial é transferida mimética e acriticamente à escola, e, como muito bem argumentou Laval (2004), entre outros, a escola não é uma empresa. Mas esse discurso também seduz os poderes públicos governados pela esquerda que não deixam de externalizar serviços de educação e ficam tentados no momento de transferir a direção das escolas a empresas ou profissionais externos.

O modelo pedagógico

Nas reformas neoconservadoras expressa-se o modelo da pedagogia tradicional da cultura academicista e enciclopédica – cabeças mais cheias que bem organizadas –, da "decoreba" e da repetição, da passividade e ausência de participação dos alunos, do mantimento da rigidez e da divisão por disciplinas, ornadas com abordagens mais nitidamente tecnocráticas da pedagogia por objetivos ou competências e com alguns toques de modernidade no uso de materiais educativos e recursos tecnológicos, mas sem aproveitar seus potenciais cognitivos e criativos e, evidentemente, sem modificar os processos de ensino e aprendizagem. Tudo isso é acompanhado por dois discursos tão maçantes como inconsistentes: a responsabilização dos alunos (que não se esforçam), quando se sabe que o esforço guarda uma estreita relação com o interesse e a curiosidade que os professores suscitam, o currículo e a instituição escolar; e o discurso da queda do nível da educação, que é atribuído, sobretudo, à aplicação de reformas como a LOGSE e de pedagogias inovadoras, abstraindo o contexto educativo e social e omitindo os dados que mostram que, apesar de todas as insuficiências assinaladas, a democratização da escolarização implicou uma melhoria no capital cultural dos cidadãos (ESTEVE, 2009; GIMENO SACRISTÁN, 2009).

As reformas progressistas oscilam entre o discurso e as práticas das pedagogias inovadoras e o discurso da neotecnocracia, seja através de mensagens explícitas ou subliminares, de orientações gerais ou de regulações concretas. A LGE de 1970 listou os rumos da pedagogia por objetivos, enquanto na LOGSE coexistem propostas de caráter inovador com outras de cunho tecnocrático, visíveis sobretudo no Projeto Curricular Básico, um enfoque construtivista de cunho claramente psicologista e com uma clara ausência de referentes pedagógicos, sociológicos e filosóficos. Essa regulação excessiva acabou asfixiando, diluindo ou deixando em segundo plano uma série de contribuições teóricas e práticas que tinham grande força durante a transição à democracia na Espanha e que foram reconhecidas no processo prévio de experimentação da reforma. Hoje, a LOE busca harmonizar o currículo duplo dos conteúdos com o uso do currículo das competências básicas.

OS DISCURSOS E AS PEDAGOGIAS INOVADORAS: ENTRE O PESO DA TRADIÇÃO E OS DESAFIOS DO PRESENTE-FUTURO

Durante muito tempo, o modelo pedagógico dominante foi – e, em muitos lugares, continua sendo – o da escola tradicional, caracterizado pelo autoritarismo, o enfoque no professor; a passividade e a subordinação do aluno ao programa escolar; o individualismo, a aula expositiva e o livro-texto como instrumentos únicos; a preocupação unidimensional com a transmissão de conteúdos – social e culturalmente pouco relevantes – e a despreocupação com os modos de ensinar e aprender; a memorização e a repetição; a fragmentação do conhecimento; a rigidez dos períodos de tempo e dos espaços escolares e a resistência da escola à mudança, sem alternar a ordem estabelecida.

Frente a esse discurso pedagógico, sancionado pelo poder e tornado oficial, implícita ou explicitamente, através de leis, reformas e disposições e reproduzido pelas inércias do sistema educacional, o funcionamento das escolas e das rotinas dos professores, surgem novas narrativas, relatos pedagógicos que buscam modificar essa ordem escolar mediante mudanças que, de forma parcial ou global, mais moderada ou radical, mais concreta ou mais genérica, afetam a maneira de pensar a educação em relação a seus fins e valores, a seleção e organização dos conteúdos, os métodos e materiais de ensino e o lugar dos alunos e professores.

Essas narrativas, conhecidas como as pedagogias inovadoras, contêm grandes doses de esperança, otimismo e comprometimento com a educação e de confiança – com frequência excessiva e idealizada – em seu poder regenerador e transformador. Diversos autores, hoje reconhecidos como os grandes clássicos ou "inventores" da educação, criaram alternativas e utopias que, em muitos casos, tiveram grande impacto e difusão. Estas se inspiraram ou são traduções de correntes de pensamento muito diversas: desde o iluminismo ou o liberalismo até o anarquismo e o marxismo, entre outros ismos, com influências religiosas ou nitidamente laicas. Às vezes, essas contribuições se restringem a um mero credo educativo, mas, em geral, concretizam-se em novos sistemas de ensino e aprendizagem, em experiências únicas ou que se estendem e inclusive em movimentos pedagógicos de abrangência mundial e atual.

> Como dizíamos anteriormente, a escola tradicional se converte no principal alvo de críticas desses autores, sobretudo dos mais relacionados com a Escola Nova, como Dewey, Giner de los Ríos ou Montessori, que também denunciam abertamente o caráter centralizador e burocrático do sistema escolar. No caso de Freinet, a crítica se estende a certas formas demasiado idealistas e artificiais da Escola Ativa. Piaget, por outro lado, questiona a tradição empirista e inatista. Os demônios particulares de Ferrer e Guàrdia são a sociedade burguesa e clerical. Para Neill, são o autoritarismo, o medo, o ódio, a religião e a política. Para Makarenko e Rousseau, o mito da bondade infantil. Para Milani, a escola burguesa e mercantilista, com seus mecanismos de seleção e fracasso escolar. Para Freire, a educação bancária, o neoliberalismo e a opressão. E, para Stenhouse, a pedagogia tecnocrática por objetivos e os discursos de cunho empresarial que são introduzidos na escola. (CARBONELL, 2000, p. 9)

As pedagogias inovadoras, apesar de suas coincidências nas críticas à escola tradicional e sua incisividade comum, são de abrangência muito distinta. Há pedagogias progressistas e outras um tanto conservadoras, que tratam de adaptar a escola aos novos tempos ou de modificá-la ou transformá-la radicalmente, com experiências dentro ou fora do próprio sistema educacional ou em sua periferia, algumas se aproximando da ilegalidade, com dificuldades para subsistir – a Escola Moderna de Ferrer e Guàrdia foi banida por ordem governamental – ou se refugiando na Sociedade Civil e na iniciativa privada. Assim, algumas ressaltam a dimensão psicológica, o estudo da evolução infantil e a escrupulosa defesa dos interesses e das necessidades da infância; outras radicalizam esse discurso se amparando na espontaneidade e na liberdade individual, com poucas normas e limites por parte dos alunos, para que estes sejam plenamente felizes; outras focam a defesa da coletividade e a atenção aos setores sociais mais carentes e a obtenção da igualdade e do êxito escolar; outras realçam o potencial da aprendizagem da democracia e o ensaio da cooperação escolar; outras, ainda, refletem sobre o valor da experiência pessoal e social para a formação de um pensamento reflexivo; e outras, finalmente, centram sua preo-cupação na gênese de um novo currículo, com saberes mais globalizados e interdisciplinares e mais relacionados com a realidade. Muitos desses discursos se mesclam e se complementam.

Quais são as características comuns destas pedagogias inovadoras? *A primeira* é a aposta na educação integral e no desenvolvimento dos diversos componentes do desenvolvimento infantil: cognitivos, afetivos, sociais, éticos, estáticos, físicos e sensoriais, onde não se entende a separação entre o trabalho manual e o intelectual, entre corpo e mente, entre razão e emoção, entre o saber que é transmissível e suas implicações ético-morais, entre jogo e trabalho, entre conteúdos instrumentais, científicos e artísticos, entre os diversos saberes e suas correspondentes linguagens. Porque se entende que a conquista do bem-estar e da felicidade infantil exige um meio ecológico adequado para o pleno desenvolvimento das diversas capacidades do ser humano. Nesse sentido, supera-se a clássica e estendida contraposição entre as funções de instruir e educar, já que ambas estão intimamente entrelaçadas. Lóris Malaguzzi relata-a muito bem em um belo poema, do qual selecionamos a segunda parte:

> [...] *El niño tiene/cien lenguajes/ (y más de cien, cien, cien)/ pero les roban noventa y nueve/ La escuela y la cultura/le separan la cabeza del cuerpo/ Le dicen:/ que piense sin manos/que haga sin cabeza/ que escuche y que no hable/ que entienda sin alegrías/ que ame y se maraville/ sólo en Semana Santa y en Navidad/ Le dicen:/ que el juego y el trabajo/ la realidad y la fantasía/ la ciencia y la imaginación/ el cielo y la tierra/ la razón y el sueño/ son cosas que no están juntas/ De echo le dicen/ Que el cien no existe. / El niño dice:/ En cambio cien existe* (HOYUELOS, 2003, p. 9).*

---

* N. de T.: "[...] A criança tem/cem linguagens/ (e mais de cem, cem, cem)/mas lhes roubam noventa e nove/A escola e a cultura/separam sua cabeça do corpo/Dizem-lhe:/ que pense sem mãos/que faça sem cabeça/ que escute e que não fale/ que entenda sem alegrias/ que ame e se encante/ somente na Semana Santa e no Natal/ Dizem-lhe:/ que o jogo e o trabalho/ a realidade e a fantasia/ a ciência e a imaginação/ o céu e a terra/ a razão e o sonho/ são coisas que não estão juntas/ De fato lhe dizem/ Que o cem não existe./ A criança diz: /Por outro lado, o cem existe."

A segunda característica tem a ver com o deslocamento do professor e do programa, considerados como o epicentro do processo de ensino e aprendizagem, até o aluno, que se converte em seu protagonista e o qual deve ser conhecido, respeitado e motivado mediante atividades variadas que se relacionem com sua própria experiência e a do entorno, em alguns casos muito polarizado no meio natural e em outros no contexto social mais amplo. Por essa razão, a escola tem de se adaptar aos interesses e às necessidades dos alunos, pôr-se a seu alcance. Contudo, tanto Rousseau como Montessori, Korczak e Freinet, para dar apenas alguns exemplos, sempre deixaram claro que se pôr a seu alcance não significa se pôr no seu nível, não é desistir de fazer com que ele progrida. "Pôr-se ao seu alcance, ao contrário, é nos apoiar sobre o que os alunos já sabem, para unir ao dado novas competências e capacidades; para o menino apaixonado por carros, mas incapaz de estruturar um texto escrito, deverá ser proposta a redação de um artigo para o jornal da escola sobre o último modelo de automóvel" (MEIRIEU, 2004, p. 21.)

E, por fim, *a terceira característica* se refere à dicotomia indivíduo-sociedade e à tensão entre a liberdade pessoal – cuja prática é inerente a qualquer proposta inovadora – e a igualdade e sua projeção na coletividade: na defesa de certos valores e normas que lhes dão sentido, garantem sua convivência e lhes dão coerência. Trata-se, enfim, de aprender a viver em liberdade e de conviver em uma sociedade democrática na qual é preciso compartilhar direitos e responsabilidades e valores como o respeito, a cooperação e a solidariedade. Nesse sentido, a escola é uma comunidade social em miniatura, onde os alunos aprendem a assumir compromissos, a participar e a compartilhar; onde o sujeito vai se conscientizando sobre sua identidade própria em relação à sua realidade cotidiana e ao mundo; e onde, enfim, prepara-se para a sociedade democrática do futuro.

O QUE RESTA DESSAS PEDAGOGIAS INOVADORAS? ALGUMAS NARRATIVAS DA PÓS-MODERNIDADE

Os clássicos, por definição, nunca morrem – tampouco, os clássicos da educação – porque constituem um capital e patrimônio rico em ideias, reflexões, práticas, intuições e provocações que nos ajuda a pensar e a repensar a educação. Algumas ideias mais do que outras, mas naturalmente é necessário lê-las à luz dos novos tempos e contextos. No livro *La aventura de innovar. El cambio em la escuela* (CARBONELL, 2002), são assinaladas as derivações, os desvios, as aplicações e as críticas às pedagogias inovadoras, bem como o fato de que, com frequência, questionam-se mais os excessos e as aplicações desvirtuadas da essência das ideias e aplicações originais. O impacto disso no Estado espanhol foi particularmente forte durante a II República (1931–1938) – a idade de ouro de nossa pedagogia – e foi resgatado durante a transição, após sua marginalização e seu esquecimento no tempo da ditadura franquista. Não obstante, com a aplicação da LOGSE e posteriormente, tornou a cair em certo esquecimento e letargia, frente à emergência de um currículo oficial excessivamente tecnocrático e psicologista, que recuperou apenas em pequena parte o rico legado pedagógico. Contudo, as modas também têm influído na perda de prestígio e na recuperação dessas teorias e práticas.

Também é certo que, nas últimas décadas, vêm aflorando novas narrativas pedagógicas, algumas das quais se conectam direta ou indiretamente com as pedagogias inovadoras originárias, enquanto outras se nutrem de outras correntes de pensamento e epistemologia, com a irrupção de novas disciplinas e enfoques multidisciplinares. Por outro lado, a substituição da sociedade da informação e do conhecimento pela sociedade industrial e o desenvolvimento da pesquisa, sobretudo de tipo qualitativo, também tem contribuído para a presença de novos discursos em torno da escola e da educação. Assim, tem sido ampliado o conhecimento sobre a aprendizagem: sobre as coisas mais simples e as mais complexas, que podem ser adquiridas por meio da experiência ou que precisam de um ensino; sobre as teorias de Piaget e seus estados de desenvolvimento universais e específicos associados ao funcionamento cognitivo ou as de Vygotsky sobre a influência determinante do entorno social e cultural na aprendizagem humana; sobre as conexões que são estabelecidas a partir das interações nas redes temáticas e sociais; sobre a metacognição ou a capacidade de reflexão sobre o próprio pensamento; sobre suas conexões com a mente, a adição e a modificação de novos mapas mentais e os processos e níveis de compreensão; sobre sua relação com a motivação e as emoções; ou sobre os diversos modos de aprender e de ser inteligente; a partir da definição das oito inteligências feitas por Gardner: linguística, musical, interpessoal, intrapessoal, lógico-matemática, corporal, espacial e naturalista. Em um sentido similar, convém ressaltar o grande impacto que teve o Relatório Delors ao fixar os quatro grandes pilares da educação: aprender a conhecer; aprender a fazer; aprender a ser e aprender a conviver.

Ou então as contribuições sobre a aprendizagem relevante "de uma cultura intelectual que é gerada, reproduzida e trocada no espaço escolar, mantém procedimentos similares a da aprendizagem vital dos esquemas intuitivos e vulgares que cada indivíduo constrói em sua vida cotidiana. Portanto, aprender fazendo, como propõe Dewey, envolvendo-se ativa, intencional e, se possível, de forma apaixonada em projetos de intervenção sobre os aspectos mais diversos da realidade natural e social, permite e exige que se parta de problemas e questionamentos, planeje e desenhe processos e atividades de coleta, seleção, organização e contraste de informações adequadas ao problema e/ou às questões feitas, à geração de hipóteses explicativas e interpretativas de desenvolvimento de capacidades expressivas de comunicação, redação de relatórios e relato de experiências, nas mais diferentes e complementares plataformas de comunicação: oral, escrita e audiovisual" (PÉREZ GÓMEZ, 2003, p. 84).

Também têm significativa incidência as teorias críticas que concebem a realidade como uma contínua construção e reconstrução social e sobre a pesquisa-ação promovida pela reflexão dos professores com base na ação e para ela; ou os estudos etnográficos que nos permitem examinar o que ocorre dentro das salas de aula, as concepções implícitas dos professores e das professoras, sobre seu próprio trabalho, bem como o "currículo oculto". Dentro de uma conjuntura distinta, cabe mencionar as contribuições dos diversos construtivismos, de caráter mais psicológico e social, inspirados em Piaget, Bruner ou Vygotsky, entre diversos outros autores e sobre os quais têm sido feitas adaptações muito particulares, como a que orientou o currículo oficial da LOGSE, onde os alunos deixam de ser sujeitos passivos que armazenam e repetem o conhecimento e se tornam sujeitos ativos que constroem seu próprio conhecimento; ou do pensamento complexo proposto por Morin, que estuda a quantidade de interações e interdependências do mundo atual com fatores previsíveis e outros totalmente imprevisíveis que perdemos em um estado de crescente incerteza.

Por fim, cabe destacar a teorização sobre a aprendizagem dialógica posta em prática nas comunidades de aprendizagem. Esta se alimenta, entre outras fontes, da concepção comunicativa da aprendizagem dialógica, da teoria da ação comunicativa de Habermas, que parte da premissa de que todas as pessoas têm a capacidade da linguagem e da ação; da teoria sociocultural do desenvolvimento e da aprendizagem de Vygotsky, onde adquire uma relevância ideal o conceito de zona de desenvolvimento proximal: a distância entre aquilo que o aluno sabe fazer e aquilo que ele é capaz de fazer com o auxílio de outra pessoa mais experiente; e da teoria e da prática dialógica de Freire, baseada na pergunta e no questionamento do ambiente para transformá-lo em suas amplas e bem-sucedidas campanhas de alfabetização. "A aprendizagem dialógica introduz mudanças em dois aspectos-chave: a orientação do ensino para os níveis máximos de aprendizagem e o papel dos professores como agentes educacionais colaborativos" (AUBERT et al., 2008, p. 78). Isso também se dá com a colaboração de outras pessoas alheias à escola porque "ao aumentar o número e a diversidade de interações não somente se incentiva as pessoas a se colocarem no lugar das outras, mas também a ampliar os pontos de vista próprios porque 'o outro' também se diversifica" (AUBERT et al., 2008, p. 117).

Todas essas narrativas têm questionado, revisado ou relativizado alguns dos postulados históricos das pedagogias inovadoras. Vejamos alguns exemplos que têm gerado muita polêmica: Um é o lugar da memória, menosprezada em algumas tradições da Escola Nova, e que hoje é considerada vital para a aquisição de conhecimentos: em alguns casos, ativando os mecanismos de memorização mecânica e, em outros, sobretudo, da memória compreensiva. O outro se refere ao debate sobre os processos e os conteúdos nos quais, como no caso anterior, tem havido uma supervalorização dos primeiros em detrimento dos segundos. O tão falado "aprender a aprender" e, inclusive, o acúmulo de competências que se tenta desenvolver perdem sentido e eficácia se não são articulados com conteúdos social e culturalmente sólidos e relevantes. A dificuldade de passar por um crivo e seleção destes por razões corporativas e de outro tipo conduz a esse salto avante onde, na prática, tal como está ocorrendo com a reforma atual da LOE, oferece-se um currículo duplo: o dos conteúdos clássicos, puros e duros, e o das competências, com poucas articulações ou nenhuma. Já a escola inclusiva está obrigada a garantir a aquisição de conteúdos mínimos, mas significativos para a garantia do sucesso de toda a população, para tornar efetivo o direito a uma boa educação.

Esses novos discursos têm sido objeto de uma imensa produção editorial própria ou traduzida de outras línguas que não corresponde ao nível leitor dos professores nem à pesquisa da comunidade universitária, apesar de alguns notórios avanços. O mais difícil é saber qual tem sido seu impacto real sobre a cultura docente e dentro das escolas e salas de aula. Em alguns casos, notamos que o impacto não é geral, embora seja significativo, mas não existem avaliações de impacto qualitativo e também nem sempre esses relatos aparecem de forma autônoma, mas estão mesclados uns aos outros, e com frequência parecem ser fotocópias borradas do original.

CARACTERÍSTICAS IDENTITÁRIAS DE ALGUMAS BOAS PRÁTICAS INOVADORAS

Embora seja certo que as estratégias da inovação na educação sejam diversas e que convém contemplar e inclusive trabalhar com essa pluralidade, também é verdade que nem todos os caminhos são igualmente bem-sucedidos, se queremos obter alguns dos objetivos esboçados até aqui, relativos tanto às narrativas clássicas quanto às mais atuais. Sem a pretensão de exaurir o tema e a título de orientação, selecionamos meia dúzia de características típicas.

1. *A globalização do conhecimento.* Um dos indicadores mais genuínos do conhecimento social e culturalmente relevante é o grau de relações e relações cruzadas que são estabelecidas entre os diferentes conhecimentos, já que, na prática, tem se demonstrado que este proporciona uma melhor compreensão do mundo próximo e do distante e dos diversos fenômenos que exigem explicações com causas múltiplas e transdisciplinares. Trata-se de romper a lógica disciplinar mediante propostas interdisciplinares, globalizadas e de conhecimento integrado. Nesse sentido, existem experiências muito ricas de organização do currículo a partir de problemas, centros de interesse, núcleos temáticos básicos ou projetos de trabalho. Esta última proposta vem sendo estendida gradualmente, sobretudo – mas não somente – na educação infantil e conta com uma rigorosa e atualizada teorização. Os projetos de trabalho pressupõem um exemplo emblemático na hora de construir e compartilhar o conhecimento, pois são exploradas as ideias prévias dos alunos, formuladas perguntas cujas respostas devem ser buscadas na própria escola, na família ou na comunidade, mediante a consulta a documentos da biblioteca e da internet, do diálogo e da entrevista, e é realizado um trabalho contínuo e intenso de equipe – sempre com o acompanhamento e os apoios necessários por parte do corpo docente –, onde as informações são compartilhadas, selecionadas, classificadas, relacionadas e sintetizadas.

2. *A relação educacional baseada no diálogo.* A proximidade nas relações entre o corpo docente e o discente, sem cair obviamente no nepotismo e respeitando a hierarquia, gera um clima de confiança em aula e uma maior receptividade para o ensino e a aprendizagem. Essa é a condição prévia para tornar possível o diálogo, um dos instrumentos básicos para a troca e a aquisição de conhecimentos, a pesquisa, a cooperação, a participação democrática e a resolução de todo tipo de problemas e conflitos. Essa conversa e esse diálogo devem ser travados com os professores, com seus iguais, consigo próprios e com a vida cotidiana, com a natureza, com a arte e com a cultura. A conversa precisa estar cheia de perguntas e questionamentos, algo tão importante quanto obter respostas. As perguntas, além disso, ajudam a questionar o conhecimento oficial, a ampliar a visão, a modificar tópicos e esquemas e, enfim, a formar um critério moral e cultural autônomo. Contudo, a arte de fazer perguntas, assim como a de argumentar, exige uma aprendizagem, pois há perguntas banais e perguntas substanciais, e um atento processo de observação e escuta por parte dos professores. No amplo repertório de ensaios inovadores, a conversação fluída e permanente faz parte do cotidiano da escola.

3. *A curiosidade e o desejo.* A relação educacional e o diálogo propiciam, além disso, a motivação, o encantamento, o desejo, a surpresa e o estupor. Os professores sábios e sensíveis dispõem de mil estratégias para encantar seus alunos, para atraí-los e envolvê-los com uma história, uma experiência, uma conversa, um projeto ou qualquer outra atividade. Esse desejo cresce à medida que aquela relação se intensifica e enriquece com uma variedade de interações. Por isso, há práticas pedagógicas que estimulam a curiosidade e outras que a sufocam. Por outro lado, o conhecimento tem um componente emotivo que produz episódios de assombro e fascínio que ajudam a prender ainda mais a atenção, a facilitar a compreensão e a fixar de modo mais eficaz as lembranças, pois a memória é muito seletiva e as pesquisas têm dado evidências de que esses episódios são retidos com mais força e frequência. A incerteza e a complexidade também são outras fontes de curiosidade. O tópico no qual os alunos não se esforçam desperta interesse quando se ativa a curiosidade infantil, quando se consegue determinado nível de satisfação e quando, em uma prática pedagógica, combina-se o prazer com a exigência, conceitos, em muitos casos, complementares.

4. *A atenção à diversidade.* A diversidade é inerente à condição humana e, em muitas escolas inovadoras, cultiva-se e respeita esse direito, estimulando cada sujeito a construir sua própria subjetividade, seu próprio percurso, segundo sua maneira de ser, seus interesses e seus ritmos de aprendizagem. Com base no feminismo da diferença e em outras perspectivas, põe-se a ênfase no cuidado de cada pessoa, em seu potencial experimental, partindo de si própria e dos vínculos afetivos que vão sendo estabelecidos com seus semelhantes. A escola que está atenta ao reconhecimento das identidades trata de organizar um currículo com atividades e oportunidades para o desenvolvimento dessa diversidade. Do mesmo modo, procura-se que essa diversidade não se converta em uma diferença e em um fator de discriminação e exclusão social. Algumas medidas reformistas e de atenção à diversidade nos processos de acolhida e reforço da população escolar imigrante, socialmente desfavorecida ou com algum tipo de dificuldade em prol da proteção da diferença, revertem contra a necessária igualdade e inclusão escolar e social. Afinal, antes de tudo e sobretudo quando nos referimos ao direito a uma boa educação, deve primar a conquista da igualdade em relação ao respeito pela diferença.

5. *Os ambientes de aprendizagem.* As práticas inovadoras evitam o livro-texto e a aula tradicional como o único recurso e o único cenário de aprendizagem. Assim, em consonância com os modos de ensinar e aprender descritos anteriormente, elas enchem de vida a classe, com objetos de fora e com produtos dos próprios alunos, a convertem em uma biblioteca-museu-midiateca-rede telemática-laboratório-centro de documentação onde se trabalha e experimenta com uma diversidade de recursos, fontes de aprendizagem e linguagem em função das exigências de cada atividade ou projeto. São espaços para observar, fazer e desfazer, para se perguntar e se equivocar, dentro e fora da sala de aula, transformando também o pátio em um espaço pedagógico e, é claro, viajando pelo entorno natural e social, nas diferentes partes do território, dialogando com a arte, visitando locais de trabalho, aprendendo com a experiência das pessoas adultas e idosas. Explora-se este livro aberto que é o território e que se transforma em uma comunidade de aprendizagem ou em uma cidade educadora. Cria-se uma cultura experimental que se relaciona com a cultura escolar e que lhe propicia um maior conteúdo e sentido cultural e social, que facilita a transferência entre os distintos saberes e que se vai reelaborando em um currículo aberto, crítico e de cunho globalizante.

6. *Um corpo docente reflexivo e crítico.* Há múltiplas imagens sobre o professor inovador. Stenhouse se refere a ele como a pessoa que é capaz de transformar o processo de instrução na aventura da educação. Elliot nos presenteia com a imagem do professor que se transforma em aprendiz junto a seus alunos. Ele também é definido como um intelectual crítico, um pesquisador, um agente que é capaz de refletir sobre sua própria experiência. Outras qualidades dos professores inovadores se relacionam com sua capacidade de observação e conhecimento da infância e adolescência no meio escolar e em outros contextos de socialização, de acompanhamento e tutela dos alunos na busca e utilização das distintas fontes de informação e linguagens de comunicação, de transmissão de afetividade e do despertar curiosidade pelo conhecimento, de exercer sua autoridade intelectual e moral, de interessar-se pelas diversas manifestações culturais e sociais, de enfrentar as incertezas "porque é importante aprender a navegar em um oceano de incertezas, através de arquipélagos de certezas" (MORIN, 2001). Por fim, é preciso assinalar que os professores inovadores não trabalham isolados, mas em cooperação e conectados a redes presenciais e virtuais, que eles se renovam de forma permanente e têm o compromisso de melhorar e transformar a educação assumido com as crianças e com a sociedade para a melhoria e a transformação da educação".

REFERÊNCIAS

AUBERT, A. et al. *Aprendizaje dialógico en la sociedad de la información.* Barcelona: Gedisa, 2008.

CARBONELL, J. *La aventura de innovar*: el cambio en la escuela. Madrid: Morata, 2002.

CARBONELL, J. La memoria, arma de futuro. *Cuadernos de Pedagogía*, Barcelona, 2000.

CARBONELL, J. *Una educación para mañana.* Barcelona: Octaedro, 2008.

ESTEVE, J. M. ¿De qué hablamos cuando se habla de nivel educativo? *Cuadernos de pedagogía*, Barcelona, n. 393, sep. 2009.

GIMENO SACRISTÁN, J. El nivel sube y cambia. *Cuadernos de Pedagogía*, Barcelona, n. 393, sep. 2009.

HOYUELOS, A. *La complejidad en el pensamiento y obra de Loris Malaguzzi.* Coyoacán: Multimedios, 2003.

LAVAL, C. *La escuela no es una empresa.* Barcelona: Paidós, 2004.

MEIRIEU, P. *En la escuela hoy.* Barcelona: Octaedro, 2004.

MORIN, E. *Los siete saberes necessários para la educación del futuro.* Barcelona: Paidós, 2001.

PÉREZ GÓMEZ, A. *Más allá del academicismo*: los desafíos de la escuela en la sociedad de la información y de la perplejidad. Málaga: Universidad de Málaga, 2003.

VIÑAO, A. Éxito y fracaso de las reformas. *Cuadernos de Pedagogía*, Barcelona, n. 348, 2005.

30 Melhorar o currículo por meio de sua avaliação

Eustaquio Martín Rodríguez
Universidade de Educação a Distância (UNED)

A avaliação educacional dos alunos foi, durante muito tempo, a única tarefa avaliativa realizada com regularidade na escola. A preocupação em conhecer e avaliar que ocorria com outros elementos dos sistemas de educação, como é o caso do currículo, não surge até a década de 1930, quando começaram a ser realizados os primeiros estudos para avaliar os êxitos e as deficiências de certos programas curriculares através dos resultados obtidos pelos alunos. A emergência desse novo âmbito de avaliação de programas, no qual se enquadra a avaliação curricular, vai se constituir com o passar do tempo em um frutífero campo de estudo e de atividade profissional que, por um lado, facilitará o surgimento de outras tipologias e âmbitos que foram aparecendo na segunda metade do século XX, como a avaliação institucional de docentes ou a dos próprios sistemas educionais e que, por outro lado, será uma referência inevitável para continuar avançando no desenvolvimento da teoria e da prática da avaliação educacional.

Quanto à avaliação do currículo, não parece que existam muitas discrepâncias em considerá-la como uma das ferramentas com a qual abordar seu aperfeiçoamento, já que é com base no conhecimento e na valorização de seus processos e resultados que serão decididas as atuações e os planos de intervenção sobre este. Isto não significa, no entanto, que toda avaliação sempre seja seguida de uma proposta para a abordagem dos problemas que se tornaram evidentes com a realidade estudada, seja porque o que se pretendia era somente conhecer ou ter uma visão mais ampla dessa realidade, seja porque a natureza ou a modalidade da avaliação realizada não facilite ou permita uma intervenção para melhoria.

A presença, a importância e os formatos adotados pela avaliação curricular não podem ser compreendidos com justiça se não forem analisados, entre outros aspectos, as diretrizes das políticas educativas e dos próprios currículos; os debates, as deliberações e os avanços que têm configurado o âmbito da avaliação de programas como campo de estudo e pesquisa; e o papel e o protagonismo adotado pelas escolas e pelos atores da educação tanto nos projetos de avaliação curricular quanto nos de inovação educacional.

ORIENTAÇÕES E CARACTERÍSTICAS DA AVALIAÇÃO CURRICULAR EM RELAÇÃO ÀS DIRETRIZES DAS POLÍTICAS DA EDUCAÇÃO

A situação atual da avaliação do currículo está inseparavelmente associada à avaliação socioeducativa e às diretrizes das políticas educativas dos países desenvolvidos do mundo ocidental durante a segunda metade do século passado. A identificação de determinados momentos-chave e de suas características mais substanciais, ainda que apenas seja em termos gerais, é um passo necessário para entender como a avaliação curricular vem assumindo cada vez mais um maior protagonismo, conforme vai se conseguindo o desenvolvimento dos sistemas de educação e qualificação profissional dos cidadãos.

Se tivéssemos de começar nossa análise com datas significativas, sem dúvida seria preciso nos fixarmos nos primeiros anos da década de 1970, quando se desencadeou uma das primeiras grandes crises econômicas do sistema capitalista. Até o momento, no surgimento da avaliação, sempre se faz referência aos anos de 1930 e às obras de Ralph Tyler como o momento de fundação da avaliação educacional no campo curricular, bem como o impulso que foi dado aos estudos de avaliação no final dos anos de 1950, como consequência da aprovação de novas leis de educação nos Estados Unidos que contemplavam a obrigatoriedade de submeter à avaliação os novos programas educacionais que seriam experimentados nas matérias ou disciplinas principais do currículo (Matemática, Biologia, Física, Língua Inglesa, Ciências Sociais).

A crise econômica da década de 1970, gerada, em grande parte, pela alta dos preços dos insumos energéticos, levaria a um período de recessão, inflação e aumento das taxas de desemprego, o que teria consequências no terreno da educação. De certa maneira, gera-se um clima de desconfiança perante determinados setores públicos e, entre outros, o da educação, visto que, ao contrário do que se pensava nas décadas de 1950 e 1960, os investimentos feitos no setor da educação não resultaram nos níveis de desenvolvimento econômico e bem-estar social esperados. Isso dará lugar, de um lado, a um restabelecimento dos valores sociais e educativos, com fortes cortes orçamentários em tudo relacionado aos programas sociais e à generalização de certo ceticismo em relação às instituições de educação e aos professores. Por outro lado, fará com que diferentes iniciativas políticas e sociais promovam medidas encaminhadas para que o controle dos currículos escolares não fique apenas nas mãos dos professores e para que os centros de educação divulguem seus êxitos e resultados, segundo exigia, por exemplo, o movimento da *accountability* que as políticas anglo-saxãs promoveram nos Estados Unidos e, posteriormente, no Reino Unido.

O problema que forçou as instituições educativas e os professores à prestação de contas não residia nas demandas de informação pública, que eram consideradas legítimas, mas nos formatos e nas abordagens de avaliação utilizados para seu julgamento, já que se centravam exclusivamente nos produtos ou resultados acadêmicos dos alunos. As experiências de avaliação desenvolvidas neste contexto da *accountability*, cujo impulso mais decisivo se deu com a adoção das primeiras políticas neoliberais, resultaram, na década de 1980, no surgimento daquilo que Neave (1988) denominou *Estado Avaliador* na educação superior. Com essa expressão, faz-se referência à alteração produzida nas relações entre Estado, Sociedade e Educação Superior em uma grande parte dos países da Europa Ocidental no final da década de 1970 e início da década de 1980.

Neave e Van Vught (1994) argumentam que a passagem do *Estado Facilitador*, que possibilitou a expansão da educação superior enfrentando os desafios da grande demanda de estudos mediante a continuidade das relações entre as instituições de educação superior e os governos, ao *Estado Avaliador* evidencia um novo contexto de mudanças sociais, econômicas e culturais de peso considerável. Dentre eles, é preciso destacar, ainda que a influência de cada um dos fatores possa ser distinta conforme o país, os seguintes: os cortes de orçamento nas dinâmicas de crises do Estado de Bem-Estar Social; as reformas generalizadas no setor público em consequência do início das políticas neoliberais; o fenômeno da massificação da educação superior que é desencadeado na maioria dos países na década de 1960; e a busca por uma maior adequação das relações com o mercado de trabalho e o mundo da indústria.

A modificação do sistema e do tipo de relações se traduziria, entre outros aspectos, na passagem de uma avaliação de manutenção a uma avaliação estratégica. Mediante esta, põe-se em prática uma revisão permanente dos objetivos das reformas educacionais, valorizando seus resultados e identificando as dificuldades, os erros ou as deficiências destas. As características mais relevantes da avaliação estratégica são que se trata de uma avaliação *a posteriori*, em vez de *a priori*, e que ela não dá importância ao processo, mas aos resultados, ou seja, há uma mudança de ênfase do processo ao produto, do estado inicial ao resultado. Essa mudança da função e do próprio conceito de avaliação implica, de acordo com Neave (2001, p. 224), que o rendimento dos estudantes, o nível e a média das qualificações, a produtividade da instituição e dos departamentos, que antes eram revisados de uma maneira apenas ocasional e analisados em momentos de crise, passam, a partir de então,

> a ser objeto de mecanismos extremamente complexos e críticos, regularmente aplicados e revisados e intimamente relacionados ao propósito estratégico não somente de orientar a política da educação nacional, mas também, e ao mesmo tempo, de que a instituição fizesse sua própria autoavaliação, a fim de poder discernir que lugar ocupava no cenário nacional e de planejar as maneiras de melhorar ou considerar tal propósito estratégico.

Nessas circunstâncias, a avaliação adquire uma relevância jamais imaginada. Não em vão, já que, durante a década de 1980 nos Estados Unidos, como indica House (1992), a avaliação foi considerada demasiado importante para ser deixada nas mãos dos avaliadores, e as grandes burocracias criaram suas próprias agências de avaliação. O próprio House (1998) identifica essas avaliações como uma modalidade de avaliação interna, para diferenciá-las das realizadas por avaliadores independentes, e ressalta os problemas de credibilidade e procedimentos que derivam da falta de independência política dos avaliadores, bem como o fato de que grande parte da teoria da avaliação foi construída e fundamentada com base nas relações contratuais entre os avaliadores externos e as organizações. Esses problemas foram gerados pela adoção de postura dos avaliadores e acadêmicos sobre a necessidade e importância de que continuassem existindo espaços para os estudos independentes, como propuseram, por exemplo, na Espanha, Angulo Rasco, Contreras Domingo e Santos Guerra (1994), em seu artigo sobre avaliação da educação e participação democrática.

Em relação também ao controle da avaliação e à prática extinção da avaliação independente, desde meados da década de 1980, observa-se o surgimento de poderosos "intermediários especializados" que realizaram, como agentes de avaliação, a coleta de dados e informações da educação superior. Outro tanto ocorre na educação não universitária em finais dos anos de 1980 e durante toda a década de 1990, com a criação de instituições *ad hoc* para a avaliação da qualidade, Institutos ou Centros de Avaliação e/ou Qualidade em geral subordinados aos Ministérios da Educação.

O conceito de Estado Avaliador, segundo Whitty, Power e Halpin (1999, p. 55), pode ser aplicado também às etapas obrigatórias dos sistemas educacionais. Eles o associam, dentro do sistema da reestruturação, ao "racionalismo econômico", no sentido de considerar a educação um bem de consumo e a política da educação um meio pelo qual ele pode ser regulado e distribuído com eficiência e eficácia. Sob sua perspectiva, há dois elementos que explicam a natureza das reformas curriculares que vão ser feitas nos sistemas educacionais, bem como a função da avaliação nestes. Por um lado, observa-se a onipresença do discurso econômico e sua mudança de relação com o discurso político no contexto da globalização. Por outro, há o reforço das tendências neoconservadoras das políticas educativas.

A retomada do fortalecimento das políticas neoliberais nesses momentos introduz mudanças de grande porte no discurso da educação, pois provoca o deslocamento dos propósitos sociais e culturais. No jogo da oferta e da demanda do mercado, a educação passa a ser mais um bem de consumo que um direito, e os atores sociais, mais em seus papéis de consumidores do que de cidadãos, são convidados a julgar a "qualidade" desta mediante parâmetros e indicadores que ressaltam seu valor em termos econômicos. O selo da "qualidade" e a parafernália dos modelos e das normas para sua catalogação não é nada mais do que uma tentativa de levar até as últimas consequências a gestão dos processos de produção e controle dos produtos, adotados pelas organizações industriais, a uma grande parte das instituições do setor público.

No novo rumo desse discurso da educação, não podemos perder de vista as políticas de descentralização que delegam responsabilidades às instituições e aos docentes. A autonomia das escolas e dos professores, com relativa frequência, não deixa de ser também uma maneira limitada de determinar o protagonismo de uns ou outros, já que sua margem de manobra é mínima quanto à capacidade de decisão de suas trajetórias. Suas incumbências habituais são de caráter metodológico-instrumental, mas não incluem a deliberação dos objetivos ou propósitos e, pelo contrário, não são facilitadas as condições para a criação de uma cultura institucional na qual se prime pelas formas de participação e colaboração que, por meio de projetos pedagógicos concretos, conduzam ao desenvolvimento profissional e institucional. Todavia, isso sim, continua-se mantendo e reforçando os mecanismos de controle nos quais a avaliação ainda desempenha um papel fundamental.

Como se pode ver, essas novas formas de conceber e instrumentalizar a avaliação pressupõem, em muitas ocasiões, uma nova reedição corrigida e ampliada das primeiras políticas neoliberais da *accountability*, das décadas de 1970 e 1980, que iriam adquirir, ao longo da década de 1990 e dos primeiros anos do novo século, uma grande projeção internacional. Seu discurso passa a ser recorrente desde os anos de 1970 até a atualidade, e, mesmo quando seus argumentos assumem tons específicos, em diferentes momentos ou fases, sua finalidade é inequívoca: valorizar a produtividade e a rentabilidade das instituições educacionais.

A AVALIAÇÃO CURRICULAR NO CONTEXTO DAS CONTRIBUIÇÕES E DOS AVANÇOS DA AVALIAÇÃO DE PROGRAMAS

O desenvolvimento da avaliação curricular, como um componente da avaliação de programas, surge vinculado aos debates, às deliberações e às contribuições que são dadas neste como campo de estudo e prática profissional. Nesse sentido, é preciso reconhecer que os primeiros estudos sobre os currículos são feitos quando a tradição psicométrica e o movimento testológico (a construção de testes para medir capacidades intelectuais e traços de personalidade) demonstraram que é possível medir a aprendizagem humana.

A esse respeito, entende-se que o surgimento da figura de Ralph Tyler, a quem se deve a denominação de avaliação educacional, pressupôs um avanço nas propostas que passarão a definir o campo da avaliação durante as décadas de 1930 e 1940, a chamada *época tyleriana*, ainda que sua influência tenha se projetado muito além da década de 1960 e continue presente em nossos dias, como teremos a oportunidade de ver. Um primeiro aspecto que é preciso assinalar é que suas contribuições jamais perdem de vista a dimensão educativa da relação entre currículo e avaliação. A definição e delimitação dos objetivos que deviam ser alcançados tinham de considerar o currículo que seria posto em prática, bem como o rendimento dos alunos determinado por este.

Em sua pesquisa *Eight-year study* (SMITH; TYLER, 1942), na qual se pôs em prova a eficácia do desenvolvimento dos currículos e das estratégias didáticas que estavam sendo realizadas em uma centena de escolas dos Estados Unidos, o autor teve a oportunidade de experimentar e difundir suas concepções da avaliação educacional. Nesse estudo, ao contrário da tradição das experiências psicológicas com grupos de controle e grupos experimentais, procede-se à comparação interna entre objetivos e resultados para verificar os êxitos alcançados pelos estudantes. Dessa maneira, o grau de êxito é medido diretamente pelas pontuações obtidas nos testes elaborados com referência aos objetivos educacionais que devem ser conseguidos, em vez do uso de provas padronizadas de capacidade e aptidões intelectuais ou mediante indicadores indiretos, como o equipamento e os materiais disponíveis nas escolas ou a participação da comunidade nos centros de educação.

Sem dúvida, as propostas e realizações de Tyler significaram, em seu contexto, uma contribuição relevante nos avanços conseguidos na avaliação dos programas. Sua ênfase em centralizar a avaliação na relação entre objetivos e resultados perdurou até a atualidade em muitas das propostas de avaliação curricular que ainda são feitas utilizando a abordagem quantitativa experimental.

No final da década de 1950, durante toda a década de 1960 e os primeiros anos da década de 1970, vivenciou-se um período de florescimento da avaliação, já que, pela primeira vez, observou-se que de fato ocorreu uma mudança no objeto de avaliação, passando dos alunos – o tema quase exclusivo de toda a bibliografia até a década de 1960, à avaliação de programas, projetos e materiais didáticos. Nesse período, como documenta Cronbach na avaliação entendida como aperfeiçoamento, observa-se a necessidade de pôr em prática projetos nos quais se questiona se é possível trabalhar com objetivos prévios, programas experimentais e utilizar estratégias de avaliação aplicada ao término dos programas, porque, neste momento, se a avaliação mostrar deficiências, será tarde demais para saná-las. Stake (1974), com sua proposta de avaliação respondente, responsiva ou de réplica – as três maneiras que se traduziu o termo "responsive evaluation" –, também enfatiza que a avaliação deve se centrar nas atividades do programa, em vez de em seus propósitos, que ela deve responder às necessidades de informação de todas as audiências e não somente dos patrocinadores e que, na informação sobre seus êxitos e suas deficiências, é preciso levar em conta as diferentes perspectivas dos valores dos grupos e das pessoas envolvidas.

Como se pode observar no avanço das deliberações sobre a avaliação de programas, a partir de meados da década de 1960, vão se firmando várias posições alternativas à abordagem de objetivos-resultados, que ainda era hegemônica. Alguns autores, como já vimos, começam a questionar a primazia dos objetivos na hora de avaliar. Além disso, certos autores, como, por exemplo, Scriven, expressamente assumem em sua proposta ou abordagem o que este denomina avaliação livre de metas. Cronbach também propõe a necessidade de avaliação do programa quando ele ainda está em processo de realização, e não quando já está concluído, modalidade de avaliação cuja delimitação Scriven também ajuda a delimitar, ao contrapô-la à avaliação somativa ou de resultados. Para nós, o reconhecimento da necessidade e legitimidade das audiências de avaliação e o pluralismo de valores na hora de julgar os distintos elementos de um programa são de transcendência igual ou superior.

Ainda que sejam muito importantes os passos dados em todas essas novas propostas de avaliação, a única coisa que havia sido modificada desde a emergência do modelo tyleriano era a excessiva dependência que ainda tinha o paradigma positivista. Este é um dos pontos expressamente assinalados por Gusa e Lincoln (1989) quando fazem uma revisão das três primeiras gerações de avaliação. Em sua análise, continuam insistindo na ausência do contexto nos estudos, na utilização de medidas quantitativas na apresentação dos dados e na legitimação da avaliação através do emprego de "métodos científicos". O próprio Stake reconhecia, muitos anos depois, segundo Abma e Stake (2004, p. 8), em relação à sua proposta de avaliação respondente ou de réplica, que:

> Na época, eu pensava que não era preciso mudar os métodos de avaliação; que bastaria observar alguns dados adicionais necessários. E que, portanto, era possível continuar com a abordagem semiexperimental ou utilizar estudos correlacionais que garantissem a incorporação desses dados extras. Pouco a pouco, fui me dando conta de que havia outras grandes diferenças que devíamos enfrentar; questões políticas diferentes e novas questões de validade e legitimidade.

Com efeito, ainda foi preciso transcorrer algum tempo para que se começasse a gerar uma metodologia diferente de avaliação. Foi somente nos primeiros anos da década de 1970 que parece ter surgido o momento de retomada desses temas que, ainda hoje, estão pendentes, entre os quais o de buscar uma alternativa para a metodologia que vinha sendo utilizada desde os primórdios da avaliação de programas: a avaliação quantitativa experimental. Na reunião ocorrida no Churchill College de Cambridge em 20 de dezembro de 1972, um grupo de avaliadores e pesquisadores britânicos e norte-americanos compartilhou as preocupações e inquietudes sobre o rumo que tais estudos haviam tomado. Nela, os avaliadores e pesquisadores assistentes – entre outros, MacDonald, Parlett, Hamilton, Stake, Smith e Helen Simons – expressaram especialmente sua insatisfação com as avaliações das práticas educativas que vinham sendo feitas, porque não ofereciam provas dos efeitos destas, devido à insuficiente atenção prestada aos processos educionais, por se centrarem exclusivamente nas mudanças mensuráveis e devido ao predomínio de um tipo de pesquisa educacional que priorizava a precisão da medida e a generalidade da teoria.

A reunião de Cambrigde foi, sobretudo, um lugar de encontro para repensar a avaliação por meio da apresentação das experiências compartilhadas por um conjunto cada vez mais importante de estudiosos da teoria e da prática da avaliação. Tinha-se interesse especialmente em buscar outras referências disciplinares, além da Psicometria e da Psicologia Experimental, buscando comprovar que era possível aprender com outras pesquisas – feitas por historiadores, economistas, sociólogos e antropólogos – e valorizando as implicações, possibilidades e dificuldades dos novos estilos de avaliação.

Essas colocações e, de modo especial, as críticas que Mac Donald (1976) fez às avaliações que então eram feitas nos Estados Unidos, chamando-as de burocráticas, ou seja, de estarem a serviço dos patrocinadores e de adotar uma perspectiva gerencialista, ou autocráticas, ao serviço incondicional do patrocinador, mas sendo legitimizadas pelos círculos acadêmicos e de pesquisa, farão com que os aspectos responsivos e as audiências da avaliação sejam outros dois elementos-chave no foco do debate então iniciado. Nessa mesma linha, a proposta da avaliação como iluminação de Parlett e Hamilton (1976), na qual expressamente se opta por um paradigma socioantropológico com o qual se busca conhecer a tradução e a interpretação que os professores e alunos fazem do programa na realidade da aula, em vez de se fixar se foram atingidos ou não os objetivos através da medição dos resultados dos alunos, como era habitual com a abordagem tecnológica ou o paradigma positivista, traz um importante reforço à nova direção adotada.

House (1992, 1998), por exemplo, agrupa as abordagens ou os modelos de avaliação existentes até então utilizando como critérios de classificação: as opções epistemológicas, nas quais distingue uma epistemologia objetivista (conhecimento explícito), que, por sua vez, subdivide em objetividade quantitativa e objetividade qualitativa; de uma epistemologia subjetivista (conhecimento tácito), no qual também faz a diferença entre o domínio mediante a experiência e o conhecimento mediante a negociação; as considerações éticas, considerando uma ética subjetivista, seja de caráter utilitário ou intuicionista-pluralista e uma ética objetivista cujo fundamento é a consideração da justiça como equidade; e suas concepções ou derivações políticas, distinguindo entre as abordagens que têm um caráter gerencialista (elite), de usuários (massas), profissional (elite) e participativa (massas). Segundo afirma, os elementos principais para compreender as abordagens são sua ética, sua epistemologia e suas derivações políticas.

No que se refere aos novos enfoques da avaliação, cabe afirmar que, no transcurso de apenas alguns anos encontramo-nos com um conjunto de denominações, tais como *avaliação democrática* (MACDONALD, 1976), *estudos de caso* (STAKE, 1978), *avaliação qualitativa* (LECOMPTE; GOETZ, 1982), *avaliação naturalista* (GUSA; LINCOLN, 1989), *avaliação construtivista* (GUSA; LINCOLN, 1989), *avaliação democrática deliberativa* (HOUSE; HOVE, 1999), que se constituem, baseadas nas diferentes culturas acadêmicas e referências disciplinares – Antropologia, Educação, Sociologia – em outras tantas propostas de avaliação. Em geral, todas elas, ao enfrentar as abordagens positivistas da relação entre objetivos e resultados, contrapõem a relevância da avaliação de processos e a formativa; concebem a avaliação como um processo de compreensão, descrição e interpretação do que ocorre nos cenários naturais nos quais são desenvolvidos os programas; suas metodologias utilizam sistemas flexíveis e abertos que permitem ir incorporando as manifestações e os fenômenos não previstos inicialmente; as técnicas e os instrumentos de avaliação como a observação, a entrevista, os grupos de discussão, os registros de imagem e os sons são empregados para registrar, por meio das vozes dos atores, suas posições, opiniões e avaliações; no planejamento do estudo, na coleta de dados e informações e no relatório de avaliação, sempre se levam em conta os interesses e as necessidades das audiências envolvidas; a emissão de juízos de valor considera o pluralismo axiológico das pessoas e dos grupos que participam na avaliação, etc.

O desenvolvimento dessas novas abordagens de avaliação se deu de uma maneira progressiva durante as décadas de 1980 e 1990 e, pouco a pouco, contaram com a aceitação de uma parte considerável da comunidade acadêmica e do mundo profissional dos avaliadores. Em determinado momento, surgiram propostas para combinar ambas as metodologias a partir de posições com certo ecletismo metodológico, tratando de unir a utilização das técnicas e dos instrumentos de coleta de informação de caráter quantitativo e qualitativo. Há tempo – e com uma frequência cada vez maior –, defende-se um pluralismo metodológico quando o objeto de avaliação o exige e as contribuições combinadas de cada um dos métodos contribuem para o sucesso de um conhecimento mais amplo e rico da realidade estudada.

De qualquer maneira, é preciso assinalar que a aparição de novas abordagens não pressupôs em todos os casos o desaparecimento das anteriores. No que diz respeito à metodologia quantitativa experimental, devemos ressaltar que ela continuou avançando rumo à melhoria dos projetos de pesquisa, no desenvolvimento de técnicas estatísticas de modelação de múltiplos níveis, na elaboração de provas de avaliação por critérios, que implicam a elaboração dos itens de acordo com os objetivos do programa ou do currículo tratado, bem como no estudo por meio de métodos não paramétricos da estrutura dimensional das provas empregadas para a medição dos resultados dos alunos.

ESTUDOS E REALIZAÇÕES NA AVALIAÇÃO CURRICULAR: POSSIBILIDADES E LIMITAÇÕES

Em apenas pouco mais de meio século, desde o surgimento dos primeiros estudos de avaliação curricular, é inegável a presença e a importância adquiridas por ela no campo da educação. É verdade que os ritmos e progressos em sua implantação não foram os mesmos nos diferentes países do mundo ocidental até boa parte da década de 1990, mas também é certo que, desde então, vem ocorrendo com inusitada rapidez a generalização e internacionalização das diferentes propostas, abordagens e sistemas de avaliação educacional.

Perante esse panorama, seria conveniente analisar as propostas de avaliação curricular que estão sendo feitas em diferentes contextos culturais para ver quais são suas características em relação às abordagens e metodologias utilizadas, que modalidades de avaliação são as que predominam e se o conhecimento que é oferecido pelos estudos permite a elaboração de atuações e planos de aperfeiçoamento.

Para efeitos de nossa análise, preferimos apresentar em separado as avaliações feitas pelos agentes externos aos programas ou às instituições nas quais é desenvolvido ou experimentado o currículo daquelas outras desempenhadas pelos atores que estão diretamente envolvidos na implementação do currículo.

Avaliação realizada por agentes externos

Sem dúvida, a tendência predominante na atualidade na avaliação externa do currículo continua centrada na avaliação dos produtos ou resultados, ou seja, na mediação das aprendizagens ou conhecimentos dos alunos em determinadas matérias ou áreas do currículo. Nessa abordagem de avaliação é possível identificar ao menos três tipos de estudo, a saber: os que tratam da avaliação geral do currículo das diferentes etapas e ciclos do sistema educacional, os de avaliação diagnóstica normalmente realizados nos anos de determinados ciclos de cada etapa da educação, e as avaliações do sistema de medição de valor agregado.

Quanto aos primeiros, é preciso dizer que estão plenamente institucionalizados no contexto internacional como um dos encargos periódicos dos Institutos de Avaliação, Institutos de Qualidade ou de determinados organismos nacionais criados *ad hoc* pelos respectivos Ministérios da Educação. Na Espanha, por exemplo, desde o ano 1995, vêm sendo realizados estudos de avaliação da educação primária, com periodicidade quadrienal, nas áreas curriculares de Conhecimentos do Meio Ambiente, Língua e Literatura Espanhola e Matemática, incluindo-se também, a partir de 2007, a Língua Inglesa. Costumam ser realizadas ao final de cada etapa (equivalente ao 6º ano no Brasil, alunos com 12 anos), e seu propósito é, como afirmava o Instituto de Evaluación, averiguar o que os alunos de cada etapa aprenderam. Este modo de proceder, como sistema de avaliação, está bastante difundido em vários países. No caso da América Latina, o Instituto Nacional para la Evaluación de la Educación (do México), a Dirección Nacional de Información y Evaluación de la Calidad Educativa (da Argentina), o Instituto Nacional de Estudos e Pesquisas Educacionais (do Brasil) e o Sistema de Medición de la Calidad de la Ecucación (do Chile) são alguns exemplos das instituições que se ocupam dessas atividades.

As avaliações diagnósticas são mais recentes no contexto espanhol, já que foi a Lei Orgânica da Educação de 2006 que incluiu a obrigatoriedade de sua realização ao final do segundo ciclo da educação primária (equivalente ao 4º ano, alunos com 10 anos) e do

2º ano da educação secundária obrigatória (equivalente ao 8º ano, alunos com 14 anos). Distinguem-se duas modalidades: as Avaliações Diagnósticas Gerais, que como tal abarcam todo o sistema, nos âmbitos dos estados e das Comunidades Autônomas, e que são feitas mediante avaliações externas de amostras de alunos selecionadas com o objetivo de fazer um diagnóstico do sistema educacional; e as Avaliações Diagnósticas Censitárias, que avaliam todo o universo de alunos através de avaliações internas, e cujo propósito é elaborar atuações e planos de melhoria dirigidos aos alunos, às aulas e às escolas. Essa avaliação vem sendo feita desde o final do ano letivo 2008/09 sobre as seguintes competências básicas do currículo: comunicação linguística, matemática, conhecimento e interação com o mundo físico, competência social e cidadã, dentre de um sistema de colaboração entre o Instituto de Evaluación espanhol, o Ministério da Educação e os serviços das Comunidades Autônomas.

As qualificações escolares dos alunos nos exames nacionais também são contempladas em países como a França, a Inglaterra, os Países Baixos, etc., e, em menor grau, na Espanha, como medidas da qualidade do ensino oferecido pelas escolas e pelos docentes. Na França, por exemplo, anualmente são publicados os resultados oferecidos por cada estabelecimento de educação secundária nos exames do Baccalauréat (BAC). Na edição anual de *Le Monde de l'Éducation* dedicada a difundir os resultados, é apresentada uma informação que contextualiza as taxas brutas de cada liceu com as médias da academia e do país, e com quatro tipos de indicadores (DEMAILLY et al., 1998, p. 83-84): resultados dos alunos, características da população de alunos, recursos e meios e funcionamento e ambiente, de modo que a informação oferecida possa ser avaliada em relação às demais características de cada escola.

No Reino Unido também, desde 1980, o Departamento da Educação e Emprego (DEE) vem publicando os resultados dos alunos nos diferentes exames nacionais, como, por exemplo, no Certificado Geral de Educação Secundária (CGSE). A partir da década de 1990 e em função das críticas que esse tipo de dados brutos recebiam por desconsiderar as características de cada escola, vem sendo imposto o sistema de "medidas de valor agregado da eficácia da escola" (MVA). Thomas (1998, p. 104) entende como valor agregado "a medida do progresso médio dos alunos ao longo de um período de tempo dado (que, nas escolas de educação secundária, vai, como regra geral, do momento de ingresso no centro docente até os exames oficiais, e, nas escolas primárias, inclui alguns anos específicos) em uma escola determinada, em comparação com outras escolas da mesma amostra".

O procedimento que se segue para estabelecer essas medidas consiste em determinar o nível de conhecimento inicial e final dos alunos, através de uma série de provas normalizadas (*pretest-protest*) e comparar o grau de conhecimentos adquiridos tanto no interior de cada escola como em relação com os alunos de características similares de outras escolas. Para isso, são utilizadas técnicas estatísticas de modelação de múltiplos níveis com as quais se controlam as variáveis contínuas e discretas dos alunos (capacidades, idade, sexo, etnia, etc.) e se consegue medir os efeitos da escolarização.

Saundres (1999, p. 22), pesquisadora da National Foundation for Educational Research (NFER), instituição promotora desse tipo de estudos no Reino Unido, alerta sobre as precauções que devem ser tomadas quanto às medidas de valor agregado, assinalando, entre outros aspectos, que elas são apenas um instrumento de avaliação, que as relações entre as medidas são de associação e não de causalidade, que as medidas dependem em qualidade dos dados nos quais se basearem e que não proporcionam soluções rápidas ou respostas corretas aos problemas de melhoria das escolas.

Quando observamos as características dos três tipos de estudo, o que eles conseguem ou conseguirão fazer no caso da avaliação diagnóstica é oferecer uma série de dados sobre o que sabem os alunos de primária e secundária em determinadas áreas ou matérias do currículo, segundo as pontuações obtidas por eles em um conjunto de provas elaboradas de acordo com a avaliação sujeita a critérios, ou seja, contemplando e incluindo itens ou perguntas relativas aos objetivos educacionais que devem ser atingidos em tais áreas ou matérias. Em relação a suas possibilidades, portanto, é preciso observar que eles nos oferecem uma informação geral, sistemática e periódica de diferentes cursos e etapas do sistema educacional com base nos resultados obtidos em provas que são iguais para todos os alunos que fazem parte das amostras ou do censo das Comunidades Autônomas do Estado espanhol.

Em função das características dos estudos, o que o avaliador trata de conhecer, parafraseando Stenhouse (1984), é se realmente o currículo funciona, comprovando o alcance dos objetivos pretendidos, enquanto as preocupações que um professor teria seriam mais no sentido de saber o que o currículo selecionado agrega de valioso e como ele poderia aproveitar os benefícios oferecidos por ele. Enfim, o que essas formas tão distintas de entender a avaliação curricular evidenciam é o contraste entre as concepções do currículo por objetivos e do currículo como processo.

Por outro lado, as limitações que ficam evidentes nesses estudos, que vêm sendo feitos há 10 ou 15 anos, não são nenhum segredo, se nos atemos às coincidências produzidas na identificação dos mesmos no contexto internacional. Se vemos, por exemplo, as limitações mencionadas nos diferentes textos da publicação da Organización de las Naciones Unidas para la Educación, la Ciencia y la Cultura (2008) para a América Latina e o Caribe, constatamos semelhanças na maior parte delas. Entre as limitações mais evidentes, é preciso destacar, entre outras, as seguintes: os estudos se limitam a poucas áreas ou matérias do currículo, assim os resultados não podem ser estendidos à totalidade do currículo escolar; o currículo é manipulado para enfatizar o ensino das áreas sobre as quais são feitas as provas; os resultados obtidos com as provas são considerados uma perfeita manifestação ou um critério de qualidade do sistema educacional; não são utilizados os resultados das avaliações para a definição de novas políticas educativas nem são feitas propostas de melhoria para a escola, as aulas ou a formação permanente dos professores; a interpretação dos resultados das escolas é limitada ou parcial quando estes são publicados nos meios de comunicação, são comparadas entre si as escolas e, de uma ou outra maneira, são feitas avaliações de sua qualidade e da qualidade dos professores apenas empregando tais resultados, etc.

A avaliação realizada pelos membros da instituição de educação

A melhoria do currículo e da qualidade do ensino exige o comprometimento dos atores da educação em geral e dos professores em particular. É provável que a avaliação do currículo por meio da medição das aprendizagens dos alunos, como de uma maneira regular vêm fazendo as administrações da educação, ofereça uma imagem panorâmica do sistema educacional em relação a seus conhecimentos em determinadas matérias ou áreas curriculares. Contudo, o foco quase exclusivo nos produtos ou resultados faz com que se deixem à margem os processos, o que realmente ocorre no interior das instituições e que se deixe de questionar a influência dos demais elementos que intervêm no desenvolvimento curricular, tais como os conteúdos, os meios, os recursos e materiais didáticos, as metodologias docentes envolvidas nos processos de ensino e aprendizagem, etc.

Como foi exposto anteriormente, as avaliações externas não se empenham em estudar os processos e sua relação com os resultados ou, quando o fazem, isto ocorre através da seleção de determinadas variáveis que são trabalhadas estatisticamente para se obter, em certos casos, medidas de associação entre tais variáveis e as pontuações obtidas nas provas e, em outros, para determinar se existem ou não diferenças significativas entre grupos formados para tal. A alternativa ou o complemento desse tipo de estudo é fundamentalmente as propostas de autoavaliação, promovidas pelos atores e pelas instituições educacionais para saberem por si sós o que ocorre com o currículo de acordo com uma visão mais holística e integradora de seus diferentes elementos. Sua aceitação, ao contrário do que ocorre com as avaliações externas, é muito maior por parte dos professores e tem a vantagem de que as tarefas de avaliação recaem nos mesmos atores, que têm de elaborar e executar a seguir as atuações e os planos de melhoria. Além disso, como assinala de modo inequívoco Kemmis (1986, p. 131), ao valorizar os estudos de autoavaliação:

> enfatizar o valor da autocrítica não significa defender o isolamento de um programa. Ao contrário, é buscar o desenvolvimento do programa com base em um debate onde os participantes possam adotar pontos de vista mais amplos que os pessoais, chegando à visão global do programa, dentro de um amplo contexto histórico. No entanto, também é recordar que uma vez que um programa deixa a autocrítica para dar lugar à autoridade externa, está perdendo sua autonomia como comunidade intelectual.

Dentre os diferentes tipos de autoavaliação que surgem no contexto das políticas anglo-saxãs da *accountability*, o relacionado aos movimentos da pesquisa-ação e da avaliação democrática é o que assume os estudos do processo a partir do questionamento do currículo por objetivos e pela mediação das aprendizagens dos alunos por meio de testes e provas objetivas.

Sobre esse tipo de autoavaliação, há pouca informação disponível nos estudos realizados entre meados da década de 1970 e o início da década de 1980, ou pelo menos são raros os relatórios que foram divulgados, por exemplo, no Reino Unido. MacCormick e James atribuem isso ao fato de que em sua maioria, estes são estudos que abordam o desenvolvimento profissional e a melhoria do currículo, e seu conhecimento não ultrapassa os limites da comunidade escolar nos quais foram conduzidos. Não obstante, eles apresentam um conjunto de experiências que podem ser catalogadas como avaliações realizadas pelos professores nas escolas e cuja documentação puderam ter acesso depois de ter realizado um apelo na imprensa da educação para que as escolas e os professores que tivessem participado de alguma experiência dessa natureza fizessem contato com eles. Das respostas recebidas, cerca de 200 consistiam na contribuição de documentos normativos e bibliografia em geral, e um grupo menor, com cerca com 50 respostas, proporcionava informações e dados de ações desenvolvidas por várias outras escolas de educação primária e secundária.

Em relação à secundária, são descritos com base na documentação oferecida os casos de quatro escolas nas quais a maior parte dos professores abordou de maneira conjunta e coordenada as atuações em temas como o planejamento cooperativo de turmas para o ensino de grupos de diferentes capacidades, em uma escola típica mista; a revisão das atividades dos professores e do currículo em uma escola de educação secundária; o estudo do ensino e aprendizagem da linguagem em uma escola; e o plano de formação permanente baseado na escola dos professores de alunos com necessidades educacionais especiais moderadas. Nos quatro casos, há o envolvimento da diretoria e dos professores na realização dos projetos e, para algumas tarefas, se dispôs da ajuda de assessores, embora nem sempre tenha sido aceita a presença de participantes externos.

O contrário desse modo de proceder, ou seja, a promoção da capacidade de decisão dos centros e dos professores para determinar os aspectos principais de seus estudos, a prestação de contas contratual, ou seja, a exigida pelos administradores, foi feito no Reino Unido através de protocolos ou listas de perguntas que as instituições ou os professores deviam responder, oferecendo as informações e os dados solicitados. Esses dois tipos de autoavaliação têm perdurado até a atualidade, ainda que com modificações em seus fundamentos, suas temáticas e seus propósitos, se é que se pode continuar denominando da mesma maneira os estudos que dispõem de autonomia tanto na elaboração como na sua implementação e aqueles outros que precisam se limitar ao cumprimento dos protocolos enviados à escola.

Em determinado momento, as propostas de autoavaliação da década de 1990 foram feitas em um contexto mais amplo, como o da escola, e não foi rara a afirmação de que tais experiências se harmonizaram e foram compatíveis com as avaliações externas realizadas pelos serviços de supervisão ou inspeção escolar. Esse é o caso, por exemplo, do primeiro plano de avaliação de escolas – o Plano EVA – Espanha (1992), que foi feito na Espanha entre os anos de 1992 e 1996 e no qual as escolas foram convidadas a utilizar alguns dos instrumentos de coleta de informação de tal plano para efetuar avaliações internas. Essa mesma orientação de combinar as avaliações externa e interna também ocorreu na França, (Guibert e Reverchon, 1996), e na Inglaterra, (Great Britain, 1997). A inspetoria inglesa, Office for Standards in Education, Children's Services and Spills (1998) chegou inclusive a defender que, uma vez que a autoavaliação complementa a avaliação externa realizada pela inspeção, a necessidade de que as avaliações das escolas, com vistas a incrementar sua eficácia e complementaridade, utilizem os mesmos critérios e indicadores e até mesmo técnicas similares às empregadas pela inspeção. Essa proposta sempre tem gerado a recusa dos movimentos e autores partidários da autoavaliação entendida como proposta vinculada à melhoria do currículo e ao desenvolvimento profissional e institucional.

Atualmente, perduram os dois tipos de autoavaliação assinalados. Um deles se enquadra dentro do modelo de Gestão da Qualidade, embora seja preciso assinalar que, como ocorria com os formatos utilizados na prestação de contas contratual, também não se trata de um modelo de autoavaliação, já que as escolas e os atores não têm a capacidade de decisão sobre os elementos fundamentais do estudo e, em troca, são chamados a completar um questionário como em qualquer outra avaliação externa, através do qual são obtidas informações que permitem avaliar se está sendo implantado um modelo de gestão institucional e até que ponto isso está ocorrendo. Na Espanha, a difusão e experimentação desse modelo se deu no final da década de 1990, com a administração do Partido Popular. Posteriormente, com a transferência das competências de educação às Comunidades Autônomas, as comunidades de Castela e Leon, Madri e Valência têm adotado esse sistema nos últimos anos.

O outro tipo corresponde a propostas próprias, que têm como referência as contribuições que estão sendo feitas desde os primeiros tempos do surgimento da autoavaliação, tanto dos círculos e movimentos acadêmicos, como, por exemplo, os da Teoria da Mudança, Melhoria da Escola e Pesquisa-Ação, quanto através das experiências realizadas em diferentes projetos europeus, ou seja, o Programa Sócrates, o Consórcio de Instituições para a Pesquisa e o Desenvolvimento da Educação na Europa (CIDREE), etc. Na experiência espanhola, desde o final da década de 1990, as Comunidades Autônomas da Catalunha e das Ilhas Canárias optaram por esse tipo de autoavaliação, que conferia às escolas e aos professores a liberdade para apresentar seus projetos, oferecendo-lhes apoio na forma de assessoramento, materiais, instrumentos, etc. Além disso, a partir do ano 2003, na Andaluzia, e de 2005, em Astúrias, são convocados, respectivamente, pelos Conselhos de Educação de ambos os governos autônomos, projetos de autoavaliação e melhoria, no primeiro caso, e projetos experimentais de autoavaliação, e melhoria das escolas, no segundo. O propósito de ambos é envolver os atores e as instituições no trabalho de revisão continuada de suas atividades docentes e contribuir para a geração de conhecimentos institucionais com os quais se possa fundamentar seus desenvolvimentos curricular, institucional e profissional. Nessa ocasião, também se ofereceu a liberdade para a apresentação de planos e projetos, os quais, por sua vez, contam com apoios, no que se refere à difusão de seções e jornadas de formação e a disponibilização de diversos materiais e recursos na internet.

Os processos de desenvolvimento e aperfeiçoamento do currículo exigem ações que incorporem as tarefas habituais dos docentes. Para isso, a modalidade de autoavaliação que surgiu com o comprometimento das instituições e dos atores pode ser o veículo pelo qual se compartilhariam os problemas e as inquietudes profissionais, seriam trocadas as experiências inovadoras que estão sendo realizadas e se identificariam todos aqueles componentes e atribuições curriculares e institucionais que podem ser objeto de aperfeiçoamento. Não obstante, para assegurar a viabilidade e continuidade desse tipo de estudos e indagações, é necessário que eles não sejam desvinculados do desenvolvimento profissional e da formação dos professores, que a geração de conhecimentos seja incorporada aos projetos institucionais, ficando registrados e formalizados em diferentes documentos para sua difusão e que se avance na criação de propostas interinstitucionais e de redes de escolas.

UM BALANÇO

A avaliação do currículo, que começou sua história por volta da década de 1930, tem estado vinculada, em sua configuração como campo de estudo e prática profissional, tanto pela definição das políticas educacionais dos países do mundo ocidental quanto pelo desenvolvimento e pela consolidação da avaliação de programas. Com o passar do tempo, a avaliação curricular, por um lado, tem adquirido uma crescente importância no surgimento dos sistemas educacionais, até chegar a assumir um protagonismo central com a criação, por parte das administrações públicas, na década de 1990, de Institutos de Avaliação e/ou Qualidade ou de serviços ou organismos do mesmo tipo que têm se encarregado de implantar as diferentes avaliações externas, que são realizadas nos contextos nacionais. Por outro lado, quanto a seus progressos como disciplina, a abordagem originária da relação entre objetivos e resultados, própria da metodologia quantitativa experimental, tem sido acompanhada de outros enfoques e outras propostas que, centrando-se nos processos e adotando uma dimensão formativa, vêm deixando de lado a tradição psicométrica para aproveitar as experiências e contribuições da sociologia, da história, da antropologia, entre outras áreas, razão pela qual tem se chegado a uma situação caracterizada por certo pluralismo metodológico.

No panorama atual da avaliação curricular, observa-se toda uma série de desafios relacionados, entre outros pontos, à necessidade de que as avaliações externas realizadas pelos Institutos de Avaliação sejam complementadas por avaliações independentes que ofereçam informações e dados além das medições dos conhecimentos dos alunos; e à adoção de medidas que apoiem propostas de autoavaliação nas quais se respeite e promova a capacidade de decisão das instituições e dos atores da educação para indagar sobre o conhecimento dos processos que contribuem para a melhoria e a renovação do ensino. Ambas as atuações são imprescindíveis para a melhoria de nossos sistemas de educação.

REFERÊNCIAS

ANGULO RASCO, J. F.; CONTRERAS DOMINGO, J.; SANTOS GUERRA, M. A. Evaluación educativa y participación democrática. In: ANGULO, J. F.; BLANCO, N. (Comp.). *Teoría y desarrollo del currículum*. Málaga: Aljibe, 1994. p. 343-354.

DEMAILLY, L. et al. *Évaluer les établissements scolaires enjeux, expériences, débats*. Paris: L'Harmattan, 1998.

GREAT BRITAIN. *House of commons*: Excellence in Schools. London: The Stationery Office, 1997.

GUSA, E. G.; LINCOLN, Y. S. *Fourth generation evaluation*. Newbury Park: Sage, 1989.

GUIBERT, N.; REVERCHON, A. A chacun de se saisir des outils de l'évaluation: un entretien ave C Claude Thelot, directeur de l'évaluation. *Le Monde de l'Éducation*, n. 240, p. 34-38, sep. 1996.

HOUSE, E. R. Tendencias en evaluación. *Revista de educación*, n. 299, p. 43-55, 1992.

HOUSE, E. R. Acuerdos institucionales para la evaluación. *Perspectivas*, v. 28, n. 1, p. 123-131, mar. 1998.

KEMMIS, S. Seven principles for Program evaluation in curriculum-development and innovation. In: HOUSE, E. R. (Ed.). *New directions in educational evaluation*. Lewes: The Palmer Press, 1986. p. 117-140.

LECOMPTE, M. D. Un matrimonio conveniente: diseño de investigación cualitativa y estándares para la evaluación de programas. *Revista Electrónica de Investigación y Evaluación Educativa*, v. 1, n. 1, 1982.

MACDONALD, B. Evaluation and the control of education. In: TAWNEY, D. *Curriculum evaluation today*: trends and implications. London: Mac Millan, 1976.

ESPANHA. Ministerio da Educação. *Plan de evaluación de centros docentes*: niveles no universitários: programa piloto para el curso 1991-1992. Madrid: MEC, 1992.

NEAVE, G. On the cultivation of quality and enterprise: an overview of recent trends in higher education in Western Europe, 1986-1988. *European Journal of Education*: research, development and policies, v. 23, n. 1-2, p. 7-23, 1988.

NEAVE, G. *Educación superior*: historia y política: studios comparativos sobre la universidad contemporánea. Barcelona: Gedisa, 2001.

NEAVE, G.; VAN VUGHT, F. A. *Prometeo encadenado*: estado y educación superior en Europa. Barcelona: Gedisa, 1994.

OFFICE FOR STANDARDS IN EDUCATION, CHILDREN'S SERVICES AND SKILLS. *School Evaluation Matters*: raising standards series. London: Ofsted, 1998.

ORGANIZACIÓN DE LAS NACIONES UNIDAS PARA LA EDUCACION, LA CIENCIA Y LA CULTURA. *Reflexiones en torno a la evaluación de la calidad educativa em América Latina y el Caribe*. Santiago: UNESCO, 2008.

PARLETT, M.; HAMILTON, D. Evaluation as ilumination. In: TAWNEY, D. *Curriculum evaluation today*: trends and implications. London: MacMillan, 1976.

SAUNDERS, L. Work in 'value-added' analysis of schools' pertormance at the National Foundation for Educational Research (NFER). *Infancia y Aprendizaje*, n. 85, p. 19-32, 1999.

STAKE, R. E. Responsive evaluation. *New Trends in Evaluation*, n. 35, 1974.

STAKE, R. E. *Standards-based and responsive evaluation*. London: Sage, 2004.

STENHOUSE, L. *Investigación y desarrollo del currículum*. Madrid: Morata, 1984.

THOMAS, S. Medir el valor añadido de la eficacia de las escuelas en el Reino Unido. *Perspectivas*, v. 28, n. 1, p.101-122, mar. 1998.

WHITTY, G.; POWER, S.; HALPIN, D. *La escuela, el estado y el mercado*. Madrid: Morata, 1999.

APÊNDICE
Sistema educacional espanhol

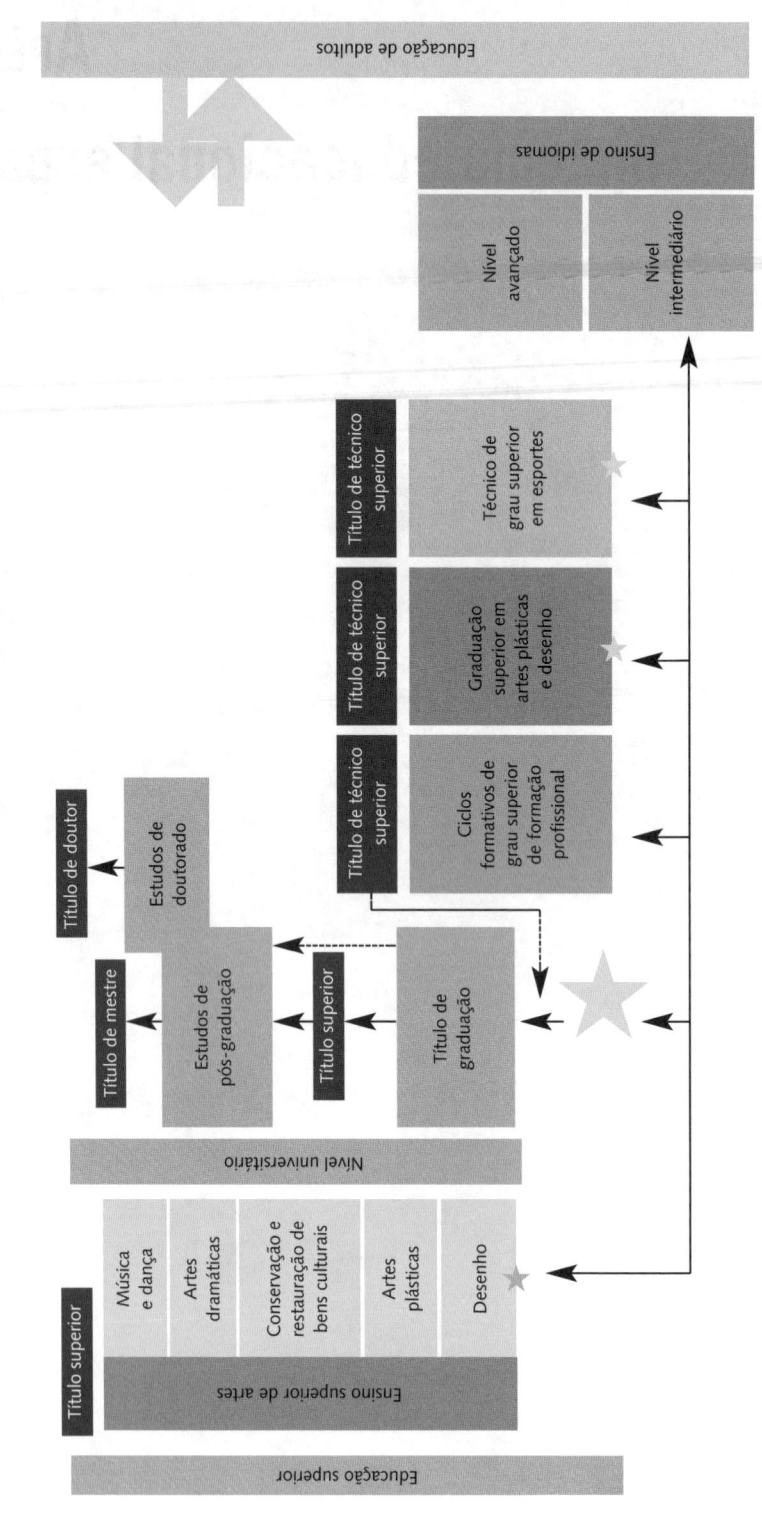

Sistema de Educação Espanhol (LOE–2006)

Educação de adultos

Ensino de idiomas
- Nível avançado
- Nível intermediário

Educação superior

Nível universitário
- Título de doutor — Estudos de doutorado
- Título de mestre — Estudos de pós-graduação
- Título superior
- Título de graduação

Título de técnico superior
- Técnico de grau superior em esportes
- Graduação superior em artes plásticas e desenho
- Ciclos formativos de grau superior de formação profissional

Ensino superior de artes — Título superior
- Música e dança
- Artes dramáticas
- Conservação e restauração de bens culturais
- Artes plásticas
- Desenho

Apêndice **539**

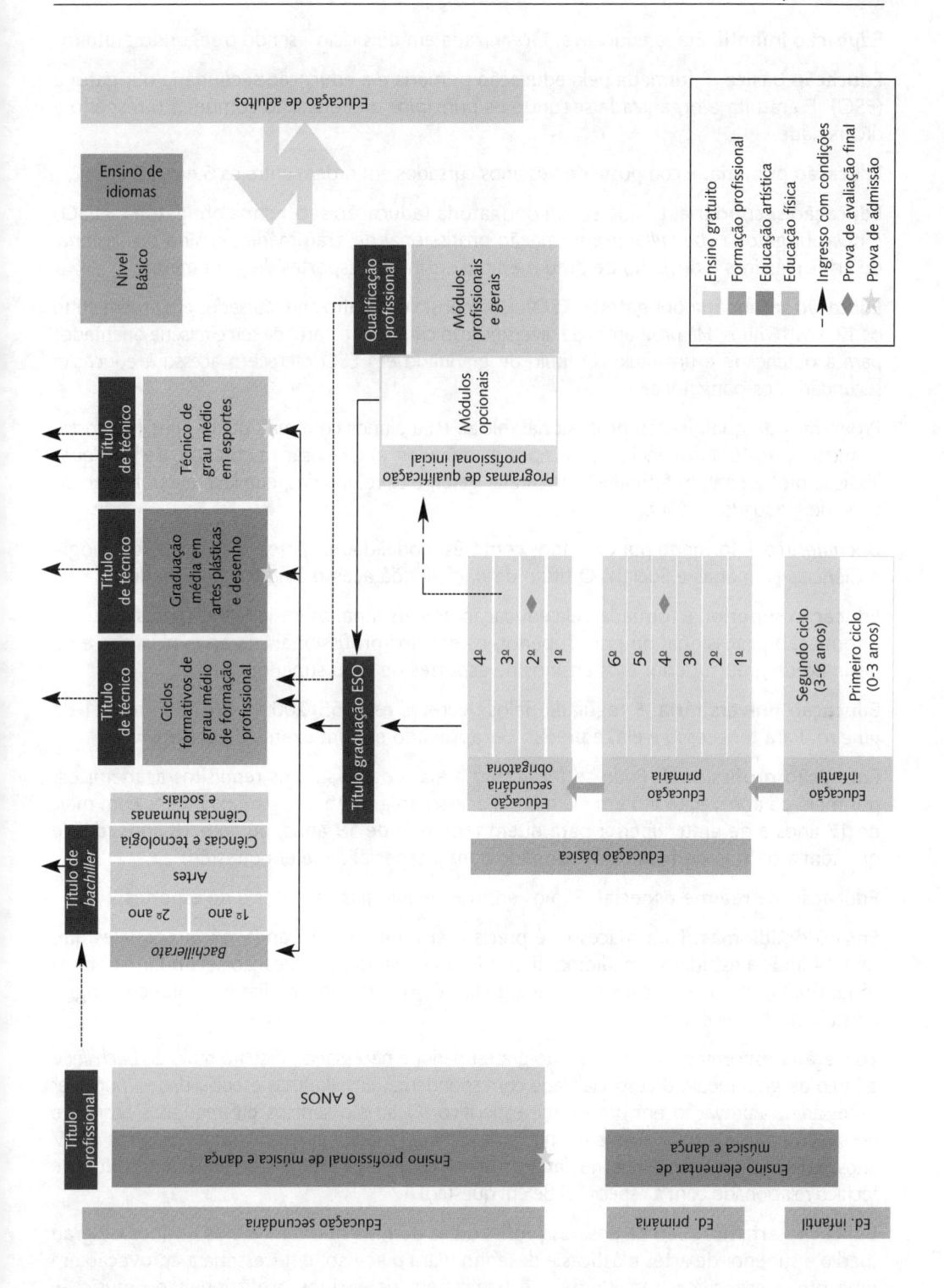

Legenda:
- Ensino gratuito
- Formação profissional
- Educação artística
- Educação física
- → Ingresso com condições
- ◆ Prova de avaliação final
- ★ Prova de admissão

Educação de adultos
- Ensino de idiomas
- Nível Básico

Educação básica

Educação infantil
- Primeiro ciclo (0-3 anos)
- Segundo ciclo (3-6 anos)

Educação primária
- 1º, 2º, 3º, 4º, 5º, 6º

Educação secundária obrigatória
- 1º, 2º, 3º, 4º

Título graduação ESO

Programas de qualificação profissional inicial
- Módulos opcionais
- Módulos profissionais e gerais
- Qualificação profissional

Bachillerato
- 1º ano / 2º ano
- Artes
- Ciências e tecnologia
- Ciências humanas e sociais

Título de *bachiller*

Ciclos formativos de grau médio de formação profissional → Título de técnico

Graduação média em artes plásticas e desenho → Título de técnico

Técnico de grau médio em esportes → Título de técnico

Ed. infantil / **Ed. primária** / **Educação secundária**

Ensino elementar de música e dança

Ensino profissional de música e dança — 6 ANOS

Título profissional

Educação infantil. Etapa educativa. Organizada em dois ciclos, sendo o segundo gratuito.

Educação básica. É formada pela educação primária e a educação secundária obrigatória (ESO). É gratuita e organizada segundo os princípios de educação comum e o respeito à diversidade.

Educação primária. É composta de seis anos cursados em ordem entre os 6 e os 12 anos.

Educação secundária. Divide-se em obrigatória (educação secundária obrigatória – ESO) e pós-obrigatória (*bachillerato*, formação profissional de grau médio, ensino profissional de artes plásticas e desenho de grau médio e ensino de esportes de grau médio).

Educação secundária obrigatória (ESO). É composta de quatro anos cursados em ordem entre os 12 e os 16 anos. Há programas de diversificação curricular a partir da terceira série orientados para a obtenção de um título. O título de graduado em ESO oferece o acesso à educação secundária pós-obrigatória.

Programas de qualificação profissional inicial. Para alunos com mais de 16 anos (excepcionalmente com 15 anos). Incluem três tipos de módulos: a) que visam a obtenção de uma qualificação profissional; b) formativos de caráter geral; e c) voluntários, que levam à obtenção do título de graduado na ESO.

Bachillerato. É formado por dois anos com três modalidades: Artes, Ciências e Tecnologia e Ciências Humanas e Sociais. O título de *bachiller* dá acesso à educação superior.

Educação superior. É formada pela educação universitária, os ensinos superiores de artes, a formação profissional de grau superior, os ensinos profissionais de artes plásticas e de desenho de grau superior e os ensinos de esportes de grau superior.

Educação universitária. É regulada pelos decretos reais 55/2005 e 56/2005, de 21 de janeiro. Para ter acesso a ela, é preciso ser aprovado em um exame de acesso.

Formação profissional. Pode-se ter acesso a ela mesmo sem os requisitos acadêmicos, por meio da aprovação em um exame (de acesso ao grau médio para os jovens com mais de 17 anos e de grau superior para quem tem mais de 19 anos, ou com 18 anos, desde que tenha o título de técnico relacionado com a especialidade em questão).

Educação de regime especial. São os ensinos de idiomas, de artes e de esportes.

Ensino de idiomas. Para o acesso, é preciso ter ao menos 16 anos, exceto aqueles que têm 14 anos e estudam um idioma diferente do cursado na educação secundária obrigatória. Com o título de *bachiller*, o acesso é direto ao nível intermediário da primeira língua cursada no *bachillerato*.

Educação desportiva. Para o acesso ao grau superior é necessário possuir o título de *bachiller* e o título de grau médio da especialidade correspondente. Em algumas especialidades, pode ser necessária a aprovação em um exame específico. O acesso sem os pré-requisitos básicos é possível mediante a aprovação em um exame (de grau médio para candidatos com mais de 17 anos, e de grau superior, para candidatos com mais de 19 anos ou 18, se já possuírem o título de técnico relacionado com a especialidade em questão).

Educação artística. São os ensinos profissionais de música e dança e os ensinos de grau médio e superior de artes plásticas e desenho. Para o acesso, é necessária a aprovação em uma prova específica. Os alunos que finalizarem os ensinos profissionais de música e dança obterão o título de *bachiller* se forem aprovados em todas as matérias comuns do *bachillerato*. É possível o ingresso nos ensinos profissionais de artes plásticas e desenho de nível superior sem os requisitos acadêmicos caso se obtenha a aprovação em um exame de grau médio para os candidatos com mais de 17 anos ou em um exame de grau superior para aqueles com mais de 19 anos ou 18, se já possuírem o título de técnico relacionado com a especialidade em questão).

Ensino superior de artes. Para o acesso, é exigida, além do grau de *bachiller*, a aprovação em uma prova específica. Podem ser estabelecidos convênios com as universidades para a organização de estudos de doutorado específicos para esses ensinos.

Educação de adultos. Destina-se aos maiores de 16 anos. Sua metodologia é flexível e aberta. Para facilitar a inclusão dos alunos ao sistema educacional, são feitas provas para a obtenção de títulos e para o acesso aos diferentes tipos de ensino.

Fonte: Ministério da Educação e Ciência da Espanha.

OS SISTEMAS BRASILEIRO E ESPANHOL DE EDUCAÇÃO: EQUIVALÊNCIA DE NÍVEIS

Idade	Sistema Educacional Espanhol			Sistema Educacional Brasileiro
	Sistema anterior	Sistema nuevo		
0-3	Educação		1º CICLO	Creche
3-6			2º CICLO	Pré-escola
6-7	1º Educación General Basica	1º Educación Primaria	1º CICLO	1ª série
7-8	2º Educación General Basica	2º Educación Primaria		2ª série
8-9	3º Educación General Basica	3º Educación Primaria	2º CICLO	3ª série
9-10	4º Educación General Basica	4º Educación Primaria		4ª série
10-11	5º Educación General Basica	5º Educación Primaria	3º CICLO	5ª série
11-12	6º Educación General Basica	6º Educación Primaria		6ª série
12-13	7º Educación General Basica	1º Educación Secundaria Obrigatoria (1º ESO)		7ª série
13-14	8º Educación General Basica y titulo de Graduado Escolar Certificado de Escolaridade	2º Educación Secundaria Obrigatoria (2º ESO)		8ª série
14-15	1º B.U.P. 1º F.P. Primer Grado	3º Educación Secundaria Obrigatoria (3º ESO)		9ª série
15-16	2º B.U.P. 2º F.P. Primer Grado y título de Tecn. Auxil.	4º Educación Secundaria Obrigatoria (4º ESO)		1º ano Ensino Médio
16-17	3º B.U.P. y título de Bachiller 3º F.P. 2º Grado (Rég. Ens. Especializadas) 2º F.P. Grado (Rég. General)	1º Bachillerato		2º ano Ensino Médio
17-18	C.O.U.	2º Bachillerato		3º ano Ensino Médio

IMPRESSÃO:

Pallotti

Santa Maria - RS - Fone/Fax: (55) 3220.4500
www.pallotti.com.br